U0035195

基督教入門讀物

基督教真義問答

平正　著

若真愛一個人就教他理性做人，

若真心行善就教人理信上帝。

白象文化

目錄

宗教篇

哲學篇

政法篇

教育篇

經濟篇

隨筆篇

序言

如果你能聽懂遠古呼嘯的風聲，近世佛陀的低語，使徒的呼喚，摩尼的呢喃，你就會明白人類是何等的渺小與無知。風從哪裡來？要到哪裡去？人從哪裡來？生命終歸何方？如何使生命多姿多彩，充滿神的恩賜？所有的問題困擾著人類，使人類在幾千年的歷史長河中艱難地踽踽前行，如同暗夜行路，常常痛苦而絕望。偶有眞理的信徒爲尋覓眞理而苦苦追尋，艱辛的努力卻常被人誤解。爲貪戀短暫的幸福，更多的人選擇了疏遠信仰，追求屬世聲色犬馬、自生自滅的生活。人類因此變得驕傲貪婪，卑微短視。神賜予人類的良知與理性[1]被忽視，人類視神爲陌路，不再尋求與神溝通。

隨著時間的推移和科技的進步，世界卻步入屬靈的蠻荒。既然神創設了一切，自然不會漠視這種人類靈魂的墮落，祂必會興起那從遠古就已預定的「聖人」，來引領這末世的眾生重新邁上尋求神國的道路。一切的一切仿佛都已預定好的，隨機而發，宛如「隨風潛入夜，潤物細無聲」。「上帝給了我們一束我們的祖先不曾具有的火炬，用它照亮我們的智慧，啓蒙我們的理性，使我們得以找出我們的祖先由於缺少機緣而沒有發現的決定人類命運的基本原因。」 姍姍來遲的基督教用它無與倫比的大愛和理性使這古老的神州大地重新歷經了一場風雨的洗禮。今天當它再次煥發出新的光彩，神的恩典也將重新照臨這片神州大地，啓蒙埋藏的理性，喚醒人們沉睡的靈魂。神的子女必將睜開屬靈的眼睛，尋求那生命的眞道，找回失去的良善和眞理，重新回到神的國度。

自中國改革開放以來，隨著宗教自由政策的貫徹落實，中國國內的宗教信仰有了極大的復興。如基督徒人數已由建國初的約 150 萬人發展到 2010 年的兩千多萬，這種現象無疑是歷史的巨大進步。但是，隨著基督徒人數的飛速增長，對基督教教義的解釋也變得五花八門，紛繁複雜起來。如傳統的與現代的，正統的與異端的，自由的與基要的，靈恩的與福音的等等。各種教派的教義既有來自聖經或聖靈的啓示，也有來自後人的感悟和揣測。其中有眞理也有僞理，有理信也有迷信，有公義也有私欲。由於眞理本身的唯一性和複雜性，使得眞正來自神的美好資訊往往容易被人忽視，而出自各種雜亂信仰

[1] 本書所講理性若無特別說明通常是指自然理性，特與世俗理性相區別。

和世俗理性[2]的東西卻大量地、堂而皇之地在教會內部出現，長期地攪擾信眾。

世相萬變，眞理難尋。各種基督教派的認識分歧不但難以引領信徒認識眞理，相反會使一般信徒產生困惑甚至懷疑。由於每個基督徒的知識層次、生活閱歷、社會地位以及脾氣性情等都不相同，受這些因素的綜合影響，就使人無法對眞理產生一個準確認知。又因爲各種教條神學、宗教迷信和世俗理性具有的僞善性，致使一般基督徒做事時很容易被這些東西的僞善性所迷惑，不知不覺中陷入謬誤卻難以省察。

更有一些打著基督教旗號，卻散布與基督信仰完全相悖的邪教組織，通過採取一些世俗宗教的做法，拉人頭，騙錢財，搞迷信，毀三觀。爲幫助基督徒明辨是非，尋得基督教眞義，擺脫教條神學、宗教迷信、雜亂信仰以及各種世俗理性等謬誤的捆綁，同時避免受邪教蠱惑人心的歪理邪說的傷害，本書依據基督教的唯一權威——《聖經》，並結合歷代基督教代表人物的觀點學說努力進行闡釋。希圖能盡己所能爲基督教眞義在基督徒心中得以辨明，使眞理之光照亮基督徒心中的聖殿，爲基督福音早日傳遍神州大地並造福中華，爲引領神州子民重回神的懷抱盡一微薄之力。

有鑒於基督教初期教學問答方式的通俗易懂和簡便易行，本書決定也以這種方式闡明基督教的基本眞義。本書是獻給那些眞心追求屬靈生命的人，希望他們能通過閱讀本書有所收穫。

對一個沒有在基督教環境生活過，沒有接受過任何基督教教育（當然也不會受到神學教育的毒害），也沒有接觸過基督信仰方面的導師的人來講，本人能夠獨自依賴基督信仰和聖靈的啓示完成本書，不能不說是一項艱巨的事工。這項事工的艱巨程度完全超越本人的能力，很多次都覺得寫不下去了，但又很多次相逢「柳暗花明又一村」。相信若非有聖靈的引領，本人絕無可能完成本書的創作。在撰寫本書的過程中，本人深深體會到個人屬靈生命的成長，以及對眞理的認知能力相應得到大大提升，相信讀者在閱讀本書的過程中也會有所體悟。

鑒於本人的生命境界和認知眞理的能力畢竟有限，而所探討的內容又過於博大精深，所以本書的內容可能會存在許多不盡人意之處，還請讀者在閱讀過程中給予包容和理解。本書能夠順利完成並出版還要感謝那些支持和鼓勵本人的家人和朋友們，沒有你們的眞心幫助就不會有本書的誕生，在此一併致謝。

最後聲明，本書內容只代表作者一家之言，絕非權威，僅供參考。

---

2 世俗理性是一種較低等的思維意識，主要出於人類自身的肉體私欲。它使人類的目光短淺、境界低下，使人類的生命境界不斷趨於世俗，極端時甚至會滑落到非理性的境地。詳見下文《什麼是世俗理性？》

教史篇

「神愛世人，甚至將他的獨生子賜給他們，叫一切信他的，不至滅亡，反得永生。」

（約翰福音 3：16）

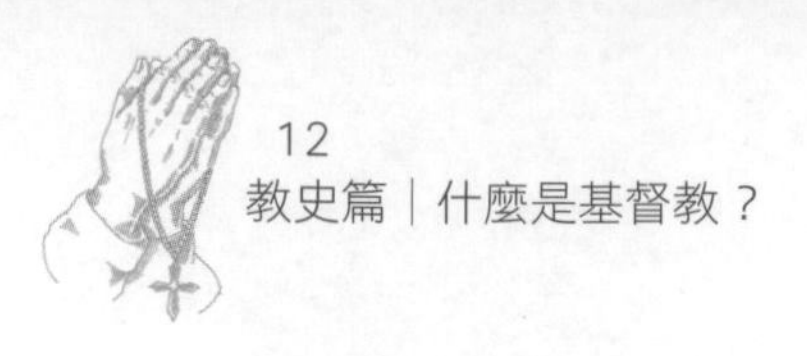

什麼是基督教？

關鍵字：基督教 ；純正信仰；自然理性；真理性

人們從書本上或網路上查到的基督教定義實際上通常講的是基督教產生的歷史，以及一些基督教故事，而眞正基督教所蘊含的眞義卻鮮少提及，本文主要就基督教所蘊含的眞義進行簡要闡明。

基督教是以基督爲眞理，並以其爲研究對象的一門學問。基督教與其他宗教一樣都是在屬靈世界尋求眞理的一門學問，只不過它所追隨和信仰的屬靈對像是耶穌基督。

基督教與其他宗教相比，既有相同之處，也有不同之處。因爲眞理是良善在世間的反映，所以基督教與其他宗教一樣都是以勸人向善爲目的，這是所有宗教的共同屬性。

基督教與其他宗教不同的是它的入世性，基督從天上降臨人世，不是要組織出世的宗教社團，也不是要過閑雲野鶴的修行生活，更不是關起門來閉門苦修。祂是來告訴世人眞理的內涵就是良善。所以不管世人如何看祂，祂都不會介意。直到被釘在十字架上，祂還在同情世人的愚昧和不幸。

基督教主張入世是因爲眞理原本就是爲人而設，沒有人就沒有眞理。眞理是要在人群中發光發熱，而不是遠離人群，躲在沒人的地方掩藏自己的光和熱。基督教的入世主張與基督的行爲密切相關，因爲基督總是出現在人群中，無論是在學識淵博的人中間，還是在愚昧無知的婦孺中間，甚至是在聲名狼藉的罪人中間，基督都發散著寬恕和愛的光輝，並傳講著天國的眞理和良善。

基督教的入世性來自於基督本身具有的自然理性[3]。自然理性是著眼於全人類或整個自然界的角度思考問題的能力，這種全域性的視野能使人具備了神一般的境界。自然理性是一種境界很高的思維意識，這種意識通常只出現於哲學家的頭腦中。具有自然理性的人通常不能爲世人理解，因爲他們思考問題的境界太高，所以他們普遍都很孤獨。他

3. 自然理性源自於人類天賦的神性（即良心），是人作為萬物之靈所具有的特徵，以往主要體現在哲學家的思想理論中，當今世界主要表現為自由、平等、民主、法治等普世價值觀。詳見下文《什麼是理性？什麼是哲學？什麼是法律？什麼是形而下？》

們不但孤獨，而且爲人處世也異于常人，時常表現爲「處眾人之所惡」。但他們並不想改變自己，「那些已達到這一高度的人不願意做那些瑣屑俗事，他們的心靈永遠渴望逗留在高處的眞實之境。」[4]「達到這一高度的人」其實就是具有理性的人，「高處的眞實之境」指的就是人類所嚮往的眞理之境。基督來自於神，本身就具有自然理性。祂以及祂的門徒都具有這種著眼於全人類思考問題的能力，所以他們的結局在世人的眼中都很悲慘。正是自然理性常使他們「處眾人之所惡」，但卻反襯出他們身上「善利萬物而不爭」的神性。這也是講基督具有眞理性的原因之一。（詳見下文《何謂眞理？》）

基督的眞理性不僅來自于祂的自然理性，更根植於祂的純正信仰。基督信仰所代表的純正信仰決定了基督徒所信仰的神只能是獨一的，除祂之外再無別神。關於這一點，同根而異枝的猶太教、基督教或伊斯蘭教都是一致的。基督教的信仰不會像雜亂信仰那樣將眾生導向多神、活人或無神等信仰中，最終迷失方向。基督信仰所具有的純正信仰，幫助基督徒建立起一套完善的「三觀」。（詳見下文《什麼是基督教的「三觀」？》）

基督教的世界觀告訴基督徒，世界是由屬靈世界和屬世世界結合的統一體，其中屬靈世界爲主，屬世世界爲輔。在屬世世界裡又顯明世界一體，人類一家。世界一體是指自然界的生物之間以及自然界與人類之間互相影響、彼此作用的道理。人類一家是指人類擁有一個共同的祖先，本身構成一體。「**就如身子是一個，卻有許多肢體；而且肢體雖多，仍是一個身子。**」（哥林多前書 12：12）個人只是整個人類中的一分子，任何一個人生活不幸，作爲人類的整體都不會幸福。他人幸福了自己才能幸福，沒有人能在別人痛苦的基礎上過上幸福的生活。「**若一個肢體受苦，所有的肢體就一同受苦；若一個肢體得榮耀，所有的肢體就一同快樂。**」（哥林多前書 12：26）所以必須要爲整體的幸福而活，「每個人在自己的位置上都要爲了全體的好處，如果他不是這樣獻上自己，他就是不義。」

基督教的人生觀告訴基督徒，人的生命是由屬靈生命和屬世生命結合而成的統一體。屬靈生命是根本，屬世生命是表像，提升屬靈生命的境界才是屬世生命的意義。如何提升生命的境界取決於人靈魂中的神性是否完全覺醒並恢復如初，而這需要人用心靈和誠實去敬拜神，同時以眞心去愛人如己。「**你要盡心、盡性、盡意，愛主你的神。這是誡命中的第一，且是最大的。其次也相仿，就是要愛人如己。**」（馬太福音 22：37-39）表現出來就是人不是爲自己而活，而是爲他人而活，「我們一旦在基督裡，我們就是爲了別人，而不是爲了我們自己而活。」這背後的眞義是愛人如己的人道向無私至善的神道趨同，人活著即是爲神作見證。

基督教的價值觀告訴基督徒，屬靈世界高於屬世世界，屬靈生命重於屬世生命。遵

[4] 柏拉圖，《理想國》，商務印書館 2012 年版，第 279 頁。

照基督的教誨，「**一個人不能事奉兩個主。不是惡這個愛那個，就是重這個輕那個。你們不能又事奉神，又事奉瑪門**（注：「瑪門」是「財利」的意思）。」（馬太福音 6：24）生命絕不要被屬世世界裡的財富拖累，而屬世世界裡的物質財富也一定要爲屬靈世界的精神財富服務。爲了追求天上的財寶，基督徒願意放棄地上的財富。從古至今，基督徒放棄地上財富的例子數不勝數，從古羅馬時期基督徒奴隸主大量地釋放自己的奴隸，到中世紀基督徒人群的慈善義舉，再到今天基督徒富翁的裸捐，都充分表明了他們明白做人一定要通過在屬世世界裡創造價值、造福人群來傳遞神對人的愛。靈魂的糧是以愛的形式源源不斷地從神那裡發出，生命正是得自這愛的滋養才能夠流光溢彩。愛是屬靈世界裡的物質形態，也是生命的本質。這愛是人們白白地得來也一定要白白地舍去，「**你們白白地得來，也要白白地舍去。**」（馬太福音 10:8）這一得一舍之間，就實現了一種靈命的成長。唯如此，通過這不斷循環地得舍，人類的心靈才能不斷地得到生命靈糧的滋養，從而趨向良善。人的肉體生命需要接受無數的人服務才能生長，人的屬靈生命也需要通過爲無數的人服務才能得到成長。俗話講的「人人爲我，我爲人人」就是這個道理。在這中間不只是物質需求的接受和付出，更多的是愛的湧動和傳遞。所以這愛就要像陽光雨露一樣撒播給所有的人，正如經上所講，「**日頭照好人，也照歹人；降雨給義人，也給不義的人。**」（馬太福音 5:45）

基督徒在這一過程中明白了神性的無私和至善，進而增進靈魂中的神性，使自己的靈魂成爲接近神那樣無私至善的存在，最終在靈魂脫離肉體時能夠成爲神國裡的一員。

基督徒的純正信仰使他們心中時刻有神，行事爲人時總是將自己置於神的鑒察之下。因爲心中有神，就能時刻警醒自守。這對沒有信仰或信仰雜亂的人來講，可能無法理解。無論信神與否，人們可能都會行善。但是不明白道理的人行善是做給人看，心裡想的就是要讓人知道，這其實是一種僞善。明白道理的人行善是做給神看，心裡想的是不要讓人知道，正如耶穌講，「**你們要小心，不可將善事行在人的面前，故意叫他們看見。若是這樣，就不能得你們天父的賞賜了。所以你施捨的時候，不可在你前面吹號，像那假冒為善的人，在會堂裡和街道上所行的，故意要得人的榮耀。我實在告訴你們，他們已經得了他們的賞賜。你施捨的時候，不要叫左手知道右手所作的。要叫你施捨的事行在暗中，你父在暗中察看，必然報答你。**」（馬太福音 6:1-4）不明白道理的人行善是爲了有利可圖，總是追求來自人的虛榮。如政客們是爲了當官，商人們是爲了發財，有知識的人或宗教人士是爲了獲取好名聲，當然更多的可能是爲了名利雙收。明白道理的人行善是因爲增進神性只此一途，他們心裡想的只有神的榮耀。「**你們的光也當這樣照在人前，叫他們看見你們的好行為，便將榮耀歸給你們在天上的父。**」（馬太福音 5：16）

一些不明白道理的人選擇在屬世世界裡苦修，他們躲在荒無人煙之地或閉門索居，努力地擺脫屬世世界裡各種煩惱的糾纏。明白道理的人選擇在屬世世界裡彰顯自身的神性，他們努力地幫助他人是爲了讓所有人都明白：人身上具有神性，每個人都能通過純正自己的信仰，啓蒙自身的理性，恒心行善而增進自己與生俱來的神性，最後找到回家的天路。正是憑藉這種信念，基督徒爲了他人的好處而寧願獻上自己的生命，因爲基督說，「**人為朋友捨命，人的愛心沒有比這個大的。**」（約翰福音 15：13）即使身處修道院裡，他們也隨時準備扛起斧子、鋤頭，拿起《聖經》，將基督的福音和天父的愛傳遞到世界的任何一個角落。不明白道理的人是按照聖經舊約裡的要求拿出收入的十分之一去捐給會堂，明白道理的人是拿出自己的所有去周濟窮人，因爲基督講，「**你若願意作完全人，可去變賣你所有的，分給窮人，就必有財寶在天上；**」（馬太福音 19：21）「**你們要變賣所有的周濟人，為自己預備永不壞的錢囊。**」（路加福音 12:33）

基督講祂是眞理，就是因爲祂本身是純正信仰和自然理性的完美結合。基督的眞理性體現在祂的話語裡，「**除了神一位之外，再沒有良善的。**」（路加福音 18:19）「**你要盡心、盡性、盡意，愛主你的神。這是誡命中的第一，且是最大的。其次也相彷，就是要愛人如己。這兩條誡命是律法和先知一切道理的總綱。**」（馬太福音 22:37-40）「**那真正拜父的，要用心靈和誠實拜祂，因為父要這樣的人拜祂。神是個靈，所以拜祂的，必須用心靈和誠實拜祂。**」（約翰福音 4:23-24）「**叫人活著的乃是靈，肉體是無益的。**」（約翰福音 6:63）「**無論何事，你們願意人怎樣待你們，你們也要怎樣待人。**」（馬太福音 7：12）

基督諸如上述的話語在聖經中還有很多，這些話語中所表達出的純正信仰和自然理性充分證明了基督本身具有完全的神性，且是來爲眞理作見證。「上帝把他自己啓示於基督，也就是說，直接啓示於基督的心……只有心領會了一件事，才算是對於這件事理解了。」[5]「上帝的智慧在基督本身具有了人的性質，基督是得救的道路。」[6]

基督徒信仰基督不是因爲祂是天父上帝的兒子（神又不是人，哪裡來的兒子。聖經裡之所以這樣講，完全是爲了適合理性水準低的人方便理解，正如哲人所講，「『擬人論』者因爲聖經有時候以口，耳，目，和手足形容上帝，便以爲上帝是有形的，他們這種講法……只不過使對祂的認識適合於我們的膚淺見識而已。」[7]「所以我們斷定上帝之被說成是一個立法者或國君，稱他是公正的、仁慈的等等，只是因爲遷就一般人的理解力與一般人不完善的知識。」[8]），而是因爲祂是眞理的化身。基督徒認基督爲主，實乃是認

---

5 斯賓諾莎，《神學政治論》，商務印書館 2009 年版，第 67 頁。
6 《神學政治論》，第 16 頁。
7 約翰．加爾文，《基督教要義》，宗教文化出版社 2010 年版，第 133 頁。
8 《神學政治論》，第 68 頁。

眞理爲主，基督徒實乃爲眞理的信徒。基督教能成爲今日世界第一大宗教蓋源於此。

基督的眞理性帶給世人以道路、眞理和生命，「**我就是道路、真理、生命；若不藉著我，沒有人能到父那裡去。**」（約翰福音 14：6）眞正認識祂的人無不被祂的犧牲所激勵。藉著祂的恩典和大愛，世人的良知得以復蘇，理性得以啓蒙，並由此樹立起理信。世人藉著理信，生命得以完全，成爲了眞理在世間的見證人。所以講，基督的偉大在於基督自身所具有的眞理性。

基督的眞理性今天已經在世間顯明：今日幾乎全世界各國都以祂的出生時間紀元；全世界一半以上的人信仰祂（伊斯蘭教稱祂爲「爾薩」，是天使和先知）；幾乎所有的人都在有意或無意中歡度紀念祂的節日「耶誕節」；祂的標誌「十字架」遍布世界各地的醫院、各種醫療機構以及紅十字會等慈善組織；記載祂事蹟的《聖經》從古至今都是全世界發行量最大的一本書；很多偉大的科學家都是基督徒，現今使用的物理學單位很多都是基督徒的名字；當今世界上排名前列的國家幾乎都是基督教國家；當今世界上排名前列的大學最初幾乎都是基督徒開辦的私立大學；諾貝爾獎的獲得者 90%都是基督徒或與基督教有關的人……這樣的事如果眞要細說下去，恐怕直到天荒地老也說不完。（詳見前書《基督教啓蒙讀物——最後的爭戰》）

基督雖然具有眞理性，但絕不意味著基督教就是眞理。恰恰作爲一門人造的學問，基督教內外部經常充斥著人造的各種理論衝突。其歷時之久，衝突之激烈，不得不令人感歎人類的頭腦如此的愚陋淺薄以及造物主的安排如此地造化弄人。從最初受猶太教的逼迫，到羅馬帝國長達三百年的迫害，再到中世紀基督教一家獨大之後內部的黨同伐異，最後到宗教改革後，基督教內部又大鬧了一通後才算基本消停。在近兩千年的時間裡，理信的基督徒總是不斷地呼籲宗教信仰要寬容，因爲眞理的本質就是良善，而寬容恰好能體現出良善的一面。基督教血淚斑斑的歷史本身就是對宗教極端化的控訴，但是林子大了什麼鳥都有，基督教作爲世界第一大宗教，其內部也總是充滿了世俗化和迷信化的傾向。（詳見下文《什麼是信仰？什麼是宗教？什麼是律法？什麼是形而上？》）

基督教既然是一門人造學問，那它就會因爲教徒本身的原因而出現各種各樣的問題。比如基督教裡也有教條神學，這主要是因爲世人驕傲自大的罪性作怪；基督教裡也有世俗組織，這主要是因爲宗教信仰裡夾雜了太多人類的肉體私欲和世俗理性；基督教也會有很多的宗教迷信，這主要是因爲人的貪婪和恐懼；甚至個別邪惡的人還會利用基督教的教義大搞邪教，這也是因爲世俗宗教與邪教有著太多的相似性（詳見下文《如何認清邪教的眞實面目？》），而偏信盲從的掛名信徒總是難以分清善與惡之間的本質區別。

基督教雖是關於屬靈世界的學問，但是因爲基督教的入世性使它對屬世世界產生出巨大的影響力。從對人類歷史的正面影響看，基督徒在行善的過程中自然彰顯出神性，並顯著地提高了人性。我們看見在靈魂覺醒的地區理性也獲得啓蒙，理性中的愛人如己彰顯出一種博愛精神，進而被人詮釋爲人道主義精神；理性中的彰善癉惡表現爲一種公平正義的理念，進而被人詮釋爲普世價值觀；理性中的以人爲本表現爲一種自然權利的理念，進而被人闡釋爲人權理念；理性中的可知論顯示爲一種自然規律，經人類不斷探索發現進而被詮釋爲近現代的科技文明。從對人類歷史的反面影響看，基督教一旦陷入教條主義神學，宗教徒的狂熱根本就不是什麼信仰，而是愚昧、無知、偏信、盲從、野蠻、殘暴的混合體；基督教一旦與世俗理性結合，宗教組織、教會利益還有一些教會成員的個人情欲混雜在一起，非但不能對人的信仰給予正確引導，反而推波助瀾，造成一幕幕人間悲劇；基督教一旦被邪惡的人利用，甚至會發展成爲邪教一類的組織，禍害世間。

所以應當理性地看待基督教內部存在的各種問題，既不能因爲一些人的胡言亂語而視之爲宗教迷信，也不能因爲一些人的貪婪自私而混同爲世俗組織，更不能因爲部分人的迷信心理而歸之爲精神鴉片，最不能容忍的就是因爲個別惡者的邪惡行徑而認之爲邪教。

今天全世界有二十多億基督徒，十多億伊斯蘭教徒，合起來有將近當今世界人口總數一半的人信仰耶穌基督（爾薩）。由此可見，耶穌基督的影響無與倫比。拿破崙晚年曾講過：「我曾率領過百萬雄獅，而今連一兵一卒都沒有了！我曾橫掃三大洲，建立雄霸天下的大帝國，而今連立足之地都沒有了！我遠比不上拿撒勒的耶穌基督。他沒有一兵一卒，也沒有占領過一寸土地，可是，他的國卻建立在人心裡，他已經贏得了千千萬萬的心靈，使他們心甘情願爲他犧牲、爲他服務 ，並且把他的福音傳遍天下。」

基督的福音無疑已經按照聖經中的預言傳遍了全地，如果那些尚未認知基督福音的人們能夠眞正理解基督（爾薩）的教誨，能夠眞正體會祂爲世人犧牲的大愛，能夠眞正認清祂所顯明的眞理，相信會有更多的人信靠祂，跟隨祂，讚美祂。一種接近眞理的信仰將重塑人類的靈魂，神的國度也將重新回到每個人的心裡。

為什麼說基督教與伊斯蘭教同根同源？

關鍵字：基督教；伊斯蘭教

猶太人的《聖經・舊約》記載了本民族的悠久歷史，其中有些可能經過後人的修飾，但基本完整記錄了該民族的發展歷史和大部分的重要事件。《聖經・創世紀》裡講述了一個故事，猶太人的祖先亞伯拉罕因爲妻子撒拉的要求和神啓的緣故，將自己的妾夏甲和兒子以實瑪利驅逐。而神應允以實瑪利將成爲一個民族的始祖，這個民族就是今天的阿拉伯民族。所以猶太民族和阿拉伯民族源自同一祖先，他們的信仰也因此而基本相同。

在阿拉伯人的信仰當中，他們的六位先知有四位與猶太教的先知相同，只是發音不同，他們分別是阿丹（亞當）、努哈（挪亞）、易蔔拉欣（亞伯拉罕）和穆薩（摩西）。脫胎於猶太教的基督教與阿拉伯民族的關係更近，原本在穆罕默德創立伊斯蘭教以先，阿拉伯人對基督教是很有好感的，他們相信耶穌基督是上帝派來的使者和先知，並爲他們帶來了天書《引支勒》[9]，因此他們尊耶穌爲第五位先知，即伊斯蘭教的先知爾撒（耶穌）。但是阿拉伯人卻並沒有信仰基督，而對他們關上基督教大門的正是基督徒自己。充滿悖論的是，許多手裡舉著十字架，脖子上掛著十字架，嘴裡喃喃不停基督名字的「基督徒」卻是基督聲稱從不認識的人。「**我從來不認識你們，你們這些作惡的人，離開我去吧！**」（馬太福音 7：23）因爲這些「有學識的無知」不但自己歪曲誤解基督的福音，而且也把他人瞭解福音的道路阻塞了，「**你們把知識的鑰匙奪了去，自己不進去，正要進去的人你們也阻擋他們。**」（路加福音 11：52）

伊斯蘭教的創始人穆罕默德本是一位追求眞道的人，但是在這些「基督徒」手中卻屢遭磨難。「穆罕默德卻在某些狂熱的基督徒手中遭盡苦難，那些人通常缺乏判斷力，不等他開口講話，就宣稱他是騙子，僞先知。」[10]說起來，耶穌基督也是在同樣狂熱的猶太教徒手中受盡苦難，最後被釘死在十字架上。不同的是，穆罕默德生前就已經成爲受人

[9] 引支勒（ 阿拉伯語: إنجيل, 音譯’ Injīl），穆斯林認為是耶穌（爾撒）福音的阿拉伯語名。據古蘭經中的記載，引支勒是四部天啟的伊斯蘭聖書之一，意思是「好消息」。

[10] 房龍，《寬容》，三聯書店 2014 年版，第 152 頁。

崇拜的政教領袖，而耶穌基督卻沒有選擇來自人的榮耀，只順服地選擇了十字架的道路。相同的是，兩人的信徒都創立了一門宗教，且這兩門宗教在以後的發展道路上彼此指責，互相攻擊，爲了所謂相似的眞理而殺得你死我活。直到今天，這場爭戰還沒有停止的跡象，眞是令人哭笑不得。

其實，在人類很多頂著光環的口號下從事的行爲，無不掩蓋著赤裸裸的私欲。不但宗教信仰如此，忠君愛國、保家衛國又何嘗不是如此呢？國家是什麼？不過也是如宗教一樣的抽象概念。從古至今，沒有一個國家是一成不變的。比如波蘭這個國家，在歷史上一會兒從無到有，一會兒從小到大，一會兒從大到小，一會兒從有到無，再一會兒又從無到有。因此，爲國家（或是爲民族爲主義）而戰，不過是爲統治階級的利益而戰。再舉個中國的例子，戰國時期的山東南部是魯國，山東北部是齊國，兩國爲了各自的利益打得你死我活。在今人的眼裡，不過就是山東人打山東人，何嘗爲什麼國家利益，不過是掩蓋在大口號下的利己行爲而已。可惜的是民眾自己，放著好好的「園主」[11]不做，偏要去爲「園戶」賣命，眞正是可惜了上帝賦予的神的形象。

說了些題外話，其實就是想說，不管是根據《聖經》還是依據世界各民族的古老傳說，人類都是源自同一祖先，從這個意義上講都是一家人。做人處事上都應當寬容一些，理性一些，不要動不動就互相攻擊、謾罵甚至動手。人類是具有良知和理性的靈體，不要把自己變成良知泯滅、理性缺失的犬類。

懷古望今，今天的基督徒有多少人能按耶穌基督的教誨去做呢？同樣，今天的伊斯蘭教徒又有多少人能按穆罕默德的教誨去做呢？必須記住，不論是《聖經》還是《古蘭經》，它們所講的內容都是關於寬容和愛。人類的災難經常不是出於殺人放火，而是在傲慢的教條態度和自尊自大的作風中形成的。

11 在馬太福音第 21 章、馬可福音第 12 章、路加福音第 20 章中都講了一個園戶忘恩負義，背棄園主的重托，心生歹意侵占了園主葡萄園的故事。寓意是當園主忘記了自己的「天職」，只想享受權利，不願承擔義務時，他們就會淪為奴隸，如封建君主專制下的臣民。園戶就會濫用他的代理權而變成「賊」，如封建君主。

如何認識文藝復興、宗教改革和啟蒙運動的本質？

關鍵字：文藝復興；宗教改革；啟蒙運動；自然理性

文藝復興和宗教改革都是針對中世紀基督教神學的謬誤而產生的兩大屬靈復興運動。在將世人定性爲罪人的中世紀，人與生俱來的神性被忽視了，人自身的良知也被抹殺了。人成了罪的奴隸，也成了教會的奴隸。貪婪怯懦、自私野蠻、愚昧盲從的非理性在社會中蔓延，而基督帶給世人的寬容和博愛，在教條神學和世俗宗教的雙重夾擊下艱難地維存。追求個體解放的文藝復興正是在這一環境下產生，它是藉著基督的精神由外而內地向基督教世界灌輸著自由、平等、博愛的自然理性，啓示世人擺脫奴性，追求自由的精神。[12]

表面上文藝復興是借助古希臘文化來與天主教文化抗衡，實際上是以古希臘文化中的自然理性糾正當時基督教神學對基督信仰的歪曲和誤導，根本目的是純正基督信仰。從當時人文主義的一位代表人物斐未斯的話中可以感受到文藝復興的眞正內涵。「我們的心靈爲它深處的黑暗所拖累；我們的感情被罪所煽動，以厚厚的塵土蒙蔽了理性的慧眼。我們所需的乃是心如明鏡，心如止水，心無所動。道德哲學的所有訓誡都不出基督的教誨之外。從他的教導和言說中，人們必可尋獲治療一切道德痼疾的良方、一切借理性的力量和指引而降服心魔的法門。一旦他的教誨被付諸實踐，人們不僅將學會妥善處理與自己、上帝和鄰人的關係；而且無論在家室之內，還是在社會與政治的公共生活中，都將進退有節。」[13]

文藝復興喚醒世人沉睡的靈魂，復蘇了人的良知，啓蒙了人的理性，不但讓人們意識到奴性的可悲一面，更是使人們恢復了對自由和良善的嚮往，爲接下來的宗教改革創

[12] 中國一直缺少一次文藝復興，文藝復興的背後實質是一場追求以基督信仰為名的真理大復興。
[13] 瑪格麗特，《道成肉身：基督教思想史》，中央編譯出版社 2012 年版，第 307-308 頁。

設了外部環境。

宗教改革與文藝復興不同的是，它是一場基督教內部爲純正基督信仰而爆發的眞理之戰。由基督教內部一些堅持眞理，充滿屬靈智慧的勇士，冒著無情逼迫和生命危險，與巨無霸一般的天主教會進行的一場力量懸殊的生死爭戰。它比文藝復興的內涵更加深刻，也更加劇烈。它追求的不僅是理性解放，而且更加注重靈魂層面的神性覺醒。它發生在基督教內部，影響卻遍及整個世界。

宗教改革家們既認識到人類自身的拘限性，同時也認識到人——這一上帝的創造物所具有的神性：每一個人都具有與上帝溝通的特質，這源於上帝賜予的靈；每一個人在上帝面前都自由平等；上帝不偏袒任何一個受造物，只要他願一無掛慮地親近神，都會得到神的祝福與保守。世俗的宗教已經脫離了宗教自身的本質，它非但沒有將人類引向正確的信仰，相反卻誤導民眾，使民眾相信他們那套人造神學以及陷入迷信之中。中世紀的黑暗並非基督教本身的黑暗，而是人造基督教教條主義神學所造成的黑暗。這黑暗籠罩人心，不但剝奪了人天賦的權力和自由，更使人喪失了獨立思考和自由信仰的勇氣，逐漸變爲自私貪婪、愚昧野蠻、偏信盲從、驕傲自大的行屍走肉。賜予人類生命的神自然不會無視自己的造物如此地沉淪下去，祂必要在預定的時刻興起那拯救世界的人群，正如祂派耶穌基督降世救贖一般。

當人類的思想精華——哲學又一次在基督教中煥發生機的時候，一批來自於教會內部既有純正信仰又有自然理性的人，如羅吉爾・培根、約翰・威克裡夫、約翰・胡斯、馬丁・路德、伊拉斯謨、烏爾德利希・茨溫利、約翰・加爾文等人爲了基督的眞理不被歪曲，勇敢地向世俗化的教會發起挑戰。馬丁・路德劃時代的話語驚天動地，「現在我們看到，那些由上帝和使徒置於俗世權柄以下的人是怎樣毫無聖經的根據，用他們的邪惡剝奪了基督教界的自由。」[14]「他們就實在是敵基督者和魔鬼一夥的人，除了空名以外，沒有一樣屬基督的。」[15]雖然這些人有的被開除教籍陷於危險之境，有的被投入監獄身陷囹圄，有的被熊熊烈火燒死，還有的甚至被掘墓焚屍。但是通過他們的犧牲，眞理的火焰被重新挑旺，屬靈的眼睛得以重新睜開。羅馬教會一統歐洲的局面被改變，一場偉大的屬靈復興運動影響了整個歐洲。

文藝復興和宗教改革的偉大之處不僅在於打破了羅馬教會在基督教世界的專制統治，更在於它糾正了羅馬教會的謬誤，重新發現了眞理，使基督信仰重新煥發出蓬勃的生命力，並由此掀開了人類近代史。

在追求眞理的宗教改革運動之後，屬靈復興也漸漸平息，人類屬靈方面再次出現疲

---

14 馬丁・路德，《馬丁・路德選集》，宗教文化出版社 2010 年版，第 112 頁。
15 《馬丁・路德選集》，第 116 頁。

態，肉體方面的軟弱又逐漸占據上風。雖有德國的「敬虔運動」、英國的「清教運動」等小範圍的屬靈復興運動此起彼伏，但是整個歐洲的宗教信仰狀況又一次陷入教條主義神學的泥沼之中，剛被解放的理性再一次面臨重新被禁錮的危險。這種局面無論在深受天主教影響的地區，還是在新教影響的地區都表現地非常明顯，信徒們「把自己置於祭司的手中，但祭司給他們的頭腦中充滿了對上帝的錯誤觀念。崇拜時就隨他們高興，用愚蠢的儀式；可怕的或狡詐的事一旦開始，虔誠的獻身就使之變得神聖，宗教就成了一成不變的。在這種對於眞正上帝的黑暗無知中，邪惡和迷信就掌握了世界，得不到理性的幫助和來自理性的希望，無法聽見理性的聲音，而且被認爲與信仰的問題無所相干；祭司們，爲了保障他們的帝國，就把理性驅逐出他們關於宗教的任何事務中。在種種錯誤的觀念和虛構的儀式中，世人幾乎喪失了對於唯一眞正上帝的認識。」[16]

但是經歷了文藝復興和宗教改革的重新洗禮，再加上這一時期自然哲學（包括自然科學）的突飛猛進，人類對眞理的認知從來沒有像這一時期這樣接近過。爲避免歷史開倒車，一些追求眞理同時又具有自然理性和純正信仰的人開始積極行動起來。他們大都接受過新教的影響，有些人更是直接接受過清教主義薰陶。他們依據以往的經驗和自己對眞理的感悟，在宗教信仰被教會掌握的情形下，通過著書、編輯《百科大全》以及各種形式的論戰啓蒙民眾的自然理性，並由此開啓了一場影響人類歷史的啓蒙運動。

這些勇於追求眞理的人大都不是基督教會內部的人士，他們身處教會之外，更加清醒地認識到基督教會的世俗化和腐朽化。他們猛烈地抨擊腐朽僵化的教會，並理性地意識到光有純正信仰還遠遠不行，還必須加強世人的理性啓蒙。

理性是人類賴以維持自身存在和發展的意識形態，它有自然理性和世俗理性之分（詳見下文《什麼是理性？什麼是哲學？什麼是法律？什麼是形而下？》）。由於人類肉體的軟弱和私欲的旺盛，以及受自身學識、所處環境等因素的影響，人通常思考問題都具有很大的局限性。絕大多數人都習慣從自身的角度出發考慮問題，缺乏全域性和前瞻性的思維意識，形成各種形態的世俗理性（即通常所謂的「聰明」）。「聰明」的結果就是無視全域性利益，爲滿足一己之私爾虞我詐、恃強淩弱、巧取豪奪，導致人人自危，全域性良性循環難以維繫，加重社會生態的惡性循環。在這種情形下，基督教受世俗理性的影響逐漸蛻變爲一門世俗宗教，由此造成無論多麼利他的初衷最終都會演變成利己的私欲。

基督教本身所具有的自然理性是從全域、整體的角度思考問題的能力，這種能力越強大，思考問題的角度就越全面、越深刻，解決各種問題的能力就越高超。比如今天人類社會解決人類問題的人道主義，解決各種社會難題的普世價值觀，解決各類生存困境

---

[16] Locke, John.The Reasonableness of Christianity,p.57,Standford University Press, 1958.

的科教文衛都是來自自然理性。自然理性本身就是眞理的重要組成部分，也是人類認識神並恢復神性的必要條件。（詳見下文《何謂眞理？》）

理性啓蒙者正是意識到對民眾進行自然理性啓蒙的重要性，所以通過著書、編輯《百科大全》以及各種形式的論戰，啓蒙民眾的自然理性，並藉以喚醒世人靈魂深處的良知和善念。由於他們對抗世俗教會和專制政府的武器是自然哲學（包括自然科學），又因爲他們還是虔誠的基督徒，所以他們通常被世人稱爲自然神論者，其實這是對他們的一種誤解。在人類以往的歷史中，最早一些古希臘哲學家因爲將神與自然視爲一體，所以曾被稱爲自然神論者。但是啓蒙運動中的思想家們與他們顯然不同，他們不但具有古希臘哲學家所具有的自然理性，而且還具有古希臘哲學家所不具有的純正信仰。他們的基督信仰使他們能直面眞理，產生出一種人類歷史上最接近眞理的認知，這種認知使他們可以避免各種雜亂信仰和世俗理性的幹擾，將純正信仰與自然理性完美地結合起來，幫助人類正確認知眞理，樹立理信，這是古希臘自然神論者所無法比擬的。

歐洲的民眾在這一場潛移默化的啓蒙運動過程中逐漸提高了對眞理的認知，認清了世俗教會僞善的面目以及專制政府的獨裁本質。他們積極行動起來，要求行使自身天賦的主人權力。但是世俗教會與專制政府始終堅持錯謬的立場，最終導致英國清教徒革命、美國獨立戰爭和法國大革命的相繼爆發。無數人血流成河，換來的是教皇被趕出了教皇國，國王也被送上了斷頭臺。人類歷史的洪流不可逆轉地向前推進，一切試圖阻止它的力量都將被嘎嘎碾碎。

文藝復興、宗教改革和啓蒙運動本質上都是啓蒙理性，復蘇良知和喚醒靈魂的屬靈復興運動。它們都是在人類理性蒙昧，良知泯滅，靈魂沉睡的狀態下，爲了擺脫世俗教會和專制政府的奴役而追求眞理的自我解放運動，它們都極大地推動了人類歷史前進的車輪。但是由於人類與身俱來的肉體私欲以及與之相伴而生的世俗理性不斷地攪擾世人，在這些運動產生前進動力的同時不可避免地遇到了強大的反作用力。在這些力量的不斷碰撞中，人類的苦難由此而生，人類的希望也由此而延續。

為什麼斯賓諾莎說基督屬於全人類？

關鍵字：斯賓諾莎；自然理性；世俗理性；人權；普世性

斯賓諾莎曾講：「基督被打發了來，不只是教導猶太人，而是教導全人類。」[17]斯賓諾莎[18]，這位哲學界裡的聖人並非基督徒，而是一位被猶太公會除名的猶太教徒。但他對基督的認識和瞭解遠遠超過很多基督徒，如果查士丁講蘇格拉底是「在基督以前的基督徒」，那麼斯賓諾莎完全可以稱得上「理解基督信仰眞義的基督徒」。

斯賓諾莎爲說明他上述觀點的來源還講過，「上帝的智慧在基督本身具有了人的性質，基督是得救的道路。……只有基督不借想像中的語言或異象接受了上帝的啓示。」[19]「上帝把他自己啓示於基督，也就是說，直接啓示於基督的心……只有心領會了一件事，才算是對於這件事理解了。」[20]那麼斯賓諾莎作爲一名猶太教徒憑什麼認爲基督領會了上帝的智慧呢？關於這一點，本書認爲斯賓諾莎是以一名偉大哲學家的自然理性洞悉這一眞相的。基督具有的自然理性是來自於祂自身的神性，正是這種自然理性使基督具有了神一般審視人類世界的高度，且以祂留給人類的福音爲全人類帶來福祉。這福祉概括來講是自由，具體來講就是人權。

關於基督爲全人類帶來的自由，下文中還將詳細論述（詳見下文《爲什麼耶穌講「眞理必叫你們得以自由」？》）。本文主要闡明的是，人權的每一次進步都隱含著基督的恩典，以及人類歷史每一件里程碑事件的背後都有基督的身影，並由此印證斯賓諾莎的斷言是確實可信的。

因爲中國社會特殊的歷史情況，要講基督福音造福於全人類，首先需要消除兩個誤解。很多人尤其是中國人將宗教視爲一種組織，並按照這種組織的所在地將宗教劃爲本

[17] 《神學政治論》，第 66 頁。

[18] 巴魯赫．德．斯賓諾莎（Baruch de Spinoza，1632 年 11 月 24 日—1677 年 2 月 21 日），猶太人，近代西方哲學的三大理性主義者之一，與笛卡爾和萊布尼茨齊名。他的主要著作有《笛卡爾哲學原理》、《神學政治論》、《倫理學》、《知性改進論》等。

[19] 《神學政治論》，第 16-17 頁。

[20] 《神學政治論》，第 67 頁。

國的宗教和外國的宗教，並由此認爲基督教是西方宗教，其實這是一個誤解。宗教只是一門在屬靈世界追求眞理的學問，無所謂本國的，他國的，本民族的，他民族的之分。所有宗教的根本目的都是勸人向善，無論中國本土的道教，還是外來的佛教、基督教、伊斯蘭教等。若非出於這個根本目的，那宗教的目的性就很値得人懷疑了。此外因耶穌誕生於今天西亞的巴勒斯坦地區，由祂而來的基督教即按地域而論也屬於亞洲宗教，只不過因它在歐美地區發揚光大，所以才讓人產生了基督教是西方宗教的誤解。

其次很多人總是錯誤地將基督教與基督等同，以爲各種由人組成的基督教會以及各種人造的基督教教義就能代表基督的眞義，這簡直是大錯特錯。宗教只是人類在屬靈世界追求眞理的一門學問，只不過它所關注的對像是屬靈世界，那是一個普通人看不見摸不著的世界，所以特別容易讓人產生各種各樣的誤解。基督教是以基督爲研究對象的一門屬靈學問，它與基督完全不是一個層面上的概念，就如佛與佛教，道與道教一樣。很多人不明白這其中的道理，總習慣將研究神的宗教與神本身等同，再出於世俗理性去理解和崇拜世俗宗教組織裡的領袖，或者崇拜寺廟堂觀裡那些泥塑木雕的偶像，或者崇拜那些人造的高深莫測的宗教經書，卻完全忽視了宗教本身勸人向善的精神，實在是可悲可歎！

很多人不理解基督教與基督的關係，所以說起基督總是習慣拿基督教說事。比如說因爲基督教會具有某種地域性，做事自然帶有很明顯的集團利益在裡面，像當年教皇爲了保教權還與世俗政府發生過爭端。由此認爲既然基督教會並非爲全人類謀福利，那麼他們信仰的基督也是爲信仰祂的人服務的。因爲基督是眞理（詳見下文《何謂眞理？》），所以千萬不要將基督和基督教劃等號。基督教會的屬世性是由於基督教會裡人的肉體私欲和世俗理性造成的，所以基督教會在人類歷史長河中犯得錯誤比比皆是。隨舉一例，從早期基督教會裡主教制的誕生就能看出世俗宗教組織存在很多世俗利益的原因。

原本基督教會只是一群信仰基督的人在靈裡的集合，這種自發的屬靈的集合本不需要什麼宗教領袖或組織之類的東西。在起初信徒人數較少的時候這個問題還不明顯，但是後來隨著人數的增多，自然而然出現了長老、執事等管理者，但主要還是爲服務大家而設置。再後來，隨著有形教會不斷地發展壯大，開始出現了主教。主教制的出現有人歸因於異端的攪擾，有人歸因於教會的無序，還有人歸因於教會的發展。我們試分析一下看這些理由是否成立，第一什麼是異端，基督也曾被認定爲異端，新教也曾被定義爲異端，所以異端本身並不一定就是不好，它常常爲基督教帶來新生命，因此這個理由不能成立；第二，教會本就是一個屬靈的集合，當然是自由地靈裡交流，基督也說聖靈就像風吹一樣，不知從何而來，又往哪裡去？「**風隨著意思吹，你聽見風的響聲，卻不曉得從哪裡來，往哪裡去；凡從聖靈生的，也是如此。**」（約翰福音 3:8）所以爲什麼教會就要井然有序呢？如果眞遇到虛僞狡詐的祭司和法利賽人，井然有序的教會豈不成爲害人的工具？中世紀的基督教會不正是這樣成了愚化痲木民眾的工具嗎？所以這一點也不能成立；第三，教會作爲一個屬靈裡的集合需要什麼樣的發展？它需要像世俗組織那樣成立一個組織，選出一個領袖來嗎？基督講過這樣的話嗎？肯定沒有。因爲屬靈世界完全是憑個人的覺悟去領會的，不是哪個領袖決定能不能去的。選出一個人來做領袖，就像《撒母耳記上》裡所講的那樣[21]，世人是捨棄了神而選擇了人。這樣愚蠢的選擇就註定了信徒們要做那些領袖們的奴僕，任由那些罪人們隨己意擺布，所以這一點也不能成立。

主教制的誕生意味著基督教加快了世俗化的步伐，漸漸引導信徒偏離了追求眞理的方向。當時就有人開始發現基督教出了問題，「對於基督徒來說，主教制的出現有什麼權威性？……甚至在 3 世紀，也有許多基督徒感到主教制的出場意味著聖靈離去了。」[22]主教制的發展伴隨著教會的各種世俗利益，教會初期那種人與人之間純潔樸實的基督之愛開始變質，基督信仰與生俱來淨化人心的功能日益衰退，基督教會逐漸演變爲一個主教控制下的世俗組織，「主教控制了聖靈」。在日益繁瑣的神學教條和宗教儀式掩蓋下，人的意念取代了神的誡命。「**因為不知道神的義，想要立自己的義，就不服神的義了。**」（羅 10：3）基督信仰與基督教開始漸行漸遠，等到接下來教皇閃亮登場時，可能沒人意識到基督教離陷入謬誤已經不遠了。

如果說主教制的出場意味著聖靈的離去，那麼教皇制的登場可能就意味著以教皇爲首的基督教會成爲反基督的組織。當約翰・威克裡夫和馬丁・路德痛斥教皇就是敵基督時，可能很少有人意識到世俗化的基督教會已經背離了普世性的基督信仰，他們可以爲了一己之私、一個集團的利益而置更廣大範圍人群利益於不顧，這就是世俗化的宗教組織與普世性的宗教信仰之間最大的區別。而普世性的基督信仰正是由於受到世俗化基督教會的影響而被很多不明眞相的人們誤解，從而讓人即使面對眞理卻因誤解而不能認識，錯過了追求眞理的機會，造成終生遺憾。

消除了這兩個誤解，我們再來看看基督信仰的普世性到底體現在哪裡？基督信仰誕生於西亞的巴勒斯坦地區，由於受到當地猶太教徒的逼迫，很快它就出走希臘、羅馬等地，並在那些地區生根發芽。但是由於基督信仰對人的特別關注，使基督徒一開始就重視人的基本權利。這種對人權的重視體現出基督信仰的普世性，這種普世性主要體現在基督有關自由、平等的思想方面以及博愛精神方面。「基督之愛充分表現在關心窮人、寡婦和孤兒中，表現在探訪坐監或被判處在礦坑中活埋的兄弟中，表現在饑荒、地震和戰爭期間的善舉中。有一種基督之愛的表現方式具有特別深遠的效果。教會常常爲窮苦的

---

21 見《聖經舊約・撒母耳記上》八章 4-20 節。
22 布魯斯・雪萊，《基督教會史》，北京大學出版社 2004 年版，第 77 頁。

弟兄提供葬禮服務。」[23]試想一下，在古羅馬那樣一個物質貧乏，人情淡薄的社會，有這樣一群因著對神的信仰而互相關心，互相幫助的人，他們會對社會底層那些孤苦無依的窮人產生多麼巨大的影響力。對基督的信仰起初就是產生於對基督之愛的切身感受上，所以他們就一無掛慮地追隨祂，即使祂是被釘死在十字架上的囚犯。

但是這種源自自然理性的愛卻觸怒了充滿世俗理性的統治階級，羅馬帝國的統治者們對這樣的自然理性無法理解，他們嘲笑基督徒是一群低能或幸福過頭的人。但是很快他們就發現這些基督徒都生活嚴謹並且普遍具有虔誠的信仰，他們幫助人並不分猶太人、希臘人或羅馬人，也不區分男人女人、窮人富人、平民奴隸，「**並不分猶太人、希利尼人、自主的、為奴的、或男或女·因為你們在基督耶穌裡，都成為一了。**」（加拉太書 3：28）而且也不指望任何回報，只是爲了榮耀他們的神而做出這些行爲。他們的基督信仰使他們沒有國家、民族、種族、性別、貧富、階級等觀念，這種沒有國界，沒有民族、種族，沒有性別、貧富、階級的信仰使那些被世俗理性轄制的人們感到難以理解和接受，當他們看到接受這種普世性宗教信仰的人數與日俱增乃至影響到他們自己的宗教信仰時，他們變得怒不可遏，於是羅馬帝國的統治者開始處心積慮地迫害起基督徒來，這一迫害就是將近三百年的時間。這一迫害的時間之長，手段之殘忍，西方歷史學家對此多有評述，在此不再贅言。

在此想要強調的是，浸淫於世俗理性的人群很難認知自然理性的內涵，他們總是習慣用狹隘的世俗價值觀來曲解境界高遠的普世價值觀。這一現象總是出現在一個被世俗理性捆綁的地區向自然理性轉變的時期，雖然開始具有自然理性的人們會爲此付出巨大的犧牲，但是因爲「那些已達到這一高度的人不願意做那些瑣屑俗事，他們的心靈永遠渴望逗留在高處的眞實之境。」[24]所以無論專制主義者採取如何恐怖的手段，基督徒都毫不畏縮，他們爲了追求眞理，勇於捨身殉道。因爲基督告訴他們，「**那殺身體不能殺靈魂的，不要怕他們；惟有能把身體和靈魂都滅在地獄裡的，正要怕他。**」（馬太福音：10：28）所以肉體生死在他們眼中根本不足憂懼，他們根本就不畏懼那些人世間的掌權者，他們的心靈已將他們的生命帶往更高處的眞實之境。

這種充滿自然理性的普世價值觀深深震撼了部分羅馬人的心靈，當他們在見證基督徒一次次充滿信心的殉道後，他們拋棄了自己以前的宗教信仰，選擇接受這一美好信仰——基督信仰。君士坦丁大帝正是見證了這一美好信仰後選擇受洗成爲基督徒。「給他（君士坦丁大帝）留下了深刻影響的是，截然不同的基督徒行爲準則和道德，基督教儀式中毫無血腥的美，基督徒對神職人員的順從，以及懷著勝過死亡的喜樂謙卑接受生活

---

23 《基督教會史》，第 38-39 頁。
24 《理想國》，第 279 頁。

中的不公平的態度。」[25]

當羅馬人開始逐漸接受基督信仰成爲基督徒後，羅馬人嗜血好殺的習性得到大大改變。人們不但拒絕觀看角鬥士表演，而且還從法律上廢除了這一泯滅人性的惡習。此外人們也不再隨意地殺嬰棄嬰，而是更加重視生命的神聖。雖然在古羅馬時期，人類還沒有基本的人權觀念，但是出於基督信仰，基督徒奴隸主不再將奴隸當作自己的財產，而是當作自己的朋友和兄弟。在保羅寫給同工腓利門的信中，保羅爲一位奴隸向腓利門求情，「**憑著愛心求你，就是為我在捆索中所生的兒子阿尼西母求你……他暫時離開你，或者是叫你永遠得著他；不再是奴僕，乃是高過奴僕，是親愛的兄弟。**」（《腓利門書》）他們不但與奴隸交往就像與自由民交往一樣，而且大量釋放自己的奴隸，賦予這些奴隸以人身自由。「據說聖梅拉尼亞釋放了 8000 名奴隸；聖奧維迪烏，一位富有的高盧殉道士，釋放了 5000 名；克羅馬提烏，戴克理先時期的一名羅馬長官，釋放了 1400 名；赫爾梅斯，圖拉真時期的一名長官，釋放了 1200 名；（還有）在聖奧古斯丁統治下的希波城裡的許多基督教神職人員和普通平民，把釋放他們的奴隸視爲一種敬虔的行爲。」[26]

當西羅馬帝國日落西山時，入侵的蠻族人推翻了他們腐朽沒落的統治。但是當這些沒有什麼文化知識，但並不缺少樸實性格的蠻族人來到基督信仰面前時，他們很快就被這一沒有種族、民族、國家、階級等界限的普世性宗教信仰所吸引，並且低下高昂的頭顱，接受基督的洗禮。同時入侵英格蘭的盎格魯-撒克遜人也在與歐陸隔海相望的英格蘭接受了基督信仰，令人驚奇的是，他們對這一普世性宗教懷有一種令人難以理解的情懷。據說他們被賦予將這一普世性宗教信仰傳播到整個世界的使命，而且他們後來也眞是這麼幹的。隨著日不落帝國的日漸形成，基督信仰隨著傳教士的腳步傳遍了大地的四極，眞正應驗了聖經裡的話。「**我已將我的靈賜給他，他必將公理傳給外邦。**」（以賽亞書 42：1）「**聖靈降臨在你們身上，你們就必得著能力；並要在耶路撒冷、猶太全地和撒瑪利亞，直到地極，作我的見證。**」（使徒行傳 1：8）

這還不算，除了傳播基督福音外，他們破天荒的開拓性的解釋爲全人類形成人權理念做出了歷史性的貢獻。這一偉大功績主要體現在三件事上：

1215 年，英格蘭民眾在坎特伯雷大主教斯蒂芬．蘭頓的帶引下組成的「上帝和神聖教會軍隊」占領了倫敦，約翰王在走投無路的情形下被迫接受了具有人類歷史里程碑式的憲法性檔——《自由大憲章》，這份憲法性文件的誕生標誌著人類社會從人治走向法治的開始。在這份文件的第 39 條有如下的規定，「任何自由人，如未經其同級貴族之依法裁判，或經國法判決，皆不得被逮捕，監禁，沒收財產，剝奪法律保護權，流放，或加

---

[25] 阿爾文．施密特，《基督教對文明的影響》，北京大學出版社 2004 年版，第 21 頁。
[26] 《基督教對文明的影響》，第 255 頁。

以任何其他損害。」這就是人類歷史上最早的關於人權的成文法律條文，也是今日我們所理解的司法正當程式的濫觴。

第二件事是 1776 年，新英格蘭人民爲了反抗宗主國的過度壓迫，揭竿而起，爲此而發表的《獨立宣言》。在發表《獨立宣言》之前，英國啓蒙思想家在理論上對人權理念已進行了深入地探索和解讀，約翰·洛克依據自然理性對人權理念作出了高度概括：「人們生來就享有完全自由的權利，並和世界上其他任何人相等，不受控制地享受自然法所賦予的一切權力和利益。」[27]遵從基督信仰，人天生就應該享有某些不可讓出的自然權利，如生命、自由和擁有財產的權利。這些權利不是人造的，而是上帝出於創造者的恩典而賦予人類的，任何人都不得以任何理由剝奪。在此基礎上，形成了英國《人權請願書》（1618 年）和《人權法案》（1689 年）。深受上述思想和法律影響的新英格蘭移民們，接受並發展了這種觀點，在《獨立宣言》中他們這樣寫道：「我們認爲這些眞理是不言而喻的：人人生而平等，他們都從他們的『造物主』那邊被賦予了某些不可轉讓的權利，其中包括生命權、自由權和追求幸福的權利。」爲了捍衛他們的天賦權利，通過制定美國憲法以及後來的歷次民權運動不斷地將人權理念向前推進，直到今天也一直沒有停止過。

第三件事是 1948 年在英美等基督教國家的主導下，在第三屆聯合國大會上通過了《世界人權宣言》，這是國際社會第一次就人權問題作出的世界性宣言。《世界人權宣言》提出，「人人生而自由，在尊嚴和權利上一律平等；人人都有資格享受本《宣言》所載的一切權利和自由，不論其種族、膚色、性別、語言、財產、宗教、政治或其他見解、國籍或其他出身、身分。這些權利和自由可分爲公民權利和政治權利以及經濟、社會和文化權利兩大類。」《世界人權宣言》裡的人權內容顯然是與基督信仰一脈相承，並再次證明了基督福音爲全人類謀福祉的事實。

從上述脈絡中可以發現，人類關於人權理念的每一次進步都與基督信仰息息相關。正是因爲基督信仰使基督徒具有了特殊的世界觀(詳見下文《什麼是基督教的「三觀」？》)，他們的世界觀告訴他們，「世界一體，人類一家」。人類擁有一個共同的祖先，本身構成一體。「**就如身子是一個，卻有許多肢體；而且肢體雖多，仍是一個身子。**」（哥林多前書 12：12）個人只是整個人類中的一分子，任何一個人生活不幸，作爲人類的整體都不會幸福。他人幸福了自己才能幸福，沒有人能在別人痛苦的基礎上過上幸福的生活。「**若一個肢體受苦，所有的肢體就一同受苦；若一個肢體得榮耀，所有的肢體就一同快樂。**」（哥林多前書 12：26）每個人都必須要爲整體的幸福而活，「每個人在自己的位置上都要爲了全體的好處，如果他不是這樣獻上自己，他就是不義。」

---

[27] 約翰·洛克，《政府論》，湖南文藝出版社 2011 年版，第 140 頁。

基督徒不僅是這樣說的也是這樣做的，從人權歷史的發展軌跡就能清楚地證明這一點。基督徒的背後無疑是基督信仰在支撐著他們的思想和行爲，正是這些思想和行爲使他們爲全人類作出了無與倫比的貢獻，這些貢獻包括普世價值觀、民主法治觀、人民主權原則、三權分立原則、法律至上原則等思想意識形態以及民主政治體制、現代教育理念、自由經濟制度、近現代科技文明、現代社會福利保障體系等人類社會文明成果。[28]

今天人權理念已經深入人心，但是個別地區的人們對人權理念的內涵依然比較模糊，原因是多方面的，但主要是受專制主義的幹擾。如果仔細觀察就會發現，越是世俗理性根深蒂固的地區，專制主義就越發達，人們對人權的觀念就越淡薄，這是爲什麼呢？這是因爲人權的核心是人，而作爲人最重要的是具有自然理性。但是源自於世俗理性的專制主義卻叫人以爲人是屬世的產物，總是使人活在個人狹小的世界裡，小看個人自身的社會價值，將自己放在小老百姓或小民的位置上，方便專制主義者實行統治。不要小看這「人」與「民」的關係，「人」是一個頂天立地的靈體，具有天賦的人格和尊嚴，享有天賦的自由和權力，並由此產生出作爲社會主人翁的權力意識。而「民」則是一個世俗社會裡的附屬品，他缺乏對靈魂的認知，更缺乏對至高者的信仰和認知。因爲眼光僅局限於肉體的緣故，世人形成了以肉體爲中心的等差之愛，又因爲世俗理性的緣故，使人的等差之愛可以擴展到愛家、愛族乃至愛國，但卻由於世俗理性的本質而使人永遠達不到愛全人類的高度。這種高度唯有自然理性能夠賦予，而唯有基督信仰能夠爲自然理性提供原動力和永久支撐。

在專制主義人治社會裡，由於自然理性的嚴重缺乏，人們僅僅對肉體產生出主人意識，而缺乏對整個社會乃至自然界產生出主人意識。自然理性的匱乏導致人權理念缺少產生的土壤，無論是作爲統治階級的專制主義者，還是作爲被統治階級的民眾都無法產生出作爲人的權力意識。馬裡旦講過：「人權的哲學基礎是自然法」，而自然法是依自然理性觀察世界而認知的道理（詳見下文《什麼是自然法？》）。自然理性使人類產生出自然權利和自然法的觀念，而人權的理念就來自天賦的自然權利，並受自然法保護。所以人權產生的真正基礎是自然理性，而自然理性唯有在基督福音裡才能得到充分地彰顯。因此「天賦人權」思想誕生於歐美國家絕非偶然，這裡面蘊含著基督信仰教人把自己當人看的真理。

可能會有人說，既然造福人類的人權理念是由自然理性所決定，那麼古希臘哲學家中就有人具有自然理性，而且早在基督之前他們就已經闡明了自然理性，並且提出了自然法思想，這樣一來人權的誕生則應當歸功於古希臘哲學家才對。產生這種片面認識的

[28] 參見阿爾文．施密特著《基督教對文明的影響》，或前書《基督教啟蒙讀物——最後的爭戰》。

原因在於不瞭解自然理性的特點，自然理性具有人身專屬性，只有具有自然理性的人才會具有那種站在整個自然界或全人類的高度看問題的能力。當這人去世後，這種自然理性就會隨之而去，沒有繼承性。這就是古希臘哲學家的自然理性在最初的智者逝去後就難以為繼的原因。但是作為眞理化身的基督賦予了自然理性一個不斷延續下去且影響公眾心理的普遍性支撐，這就是純正信仰。

純正信仰告訴世人：（一）良善來自於神，「**除了神一位之外，再沒有良善的。**」（路加福音 18:19）所以基督徒默默行義卻不以此自誇，他們樂於助人卻不驕傲，他們廣施善舉卻不張狂。因為他們明白這一切不是出於自己，而是都來自於神，並發自內心地將這一切榮耀歸於神；（二）神愛世人，並為人類送來了眞理，「**神愛世人，甚至將他的獨生子賜給他們，叫一切信他的，不至滅亡，反得永生。**」（約翰福音 3：16）神藉著耶穌基督來為世人引路，而世人卻總不能領會神的至善，總是以人的心思去揣測上帝的意志。結果出於肉體私欲每每陷入罪中，「**私欲既懷了胎，就生出罪來；**」（雅各書 1:15）這罪使人類總是與靈魂中的神性發生著爭戰，所以基督教才一次次地警醒世人，人生就是一場靈與肉的爭戰。在許多西方影視作品裡，將人靈魂中的神性和肉體裡的私欲通過天使和魔鬼的形象表現出來正是基督信仰的產物；（三）基督的眞理性和普世性來自於基督的神性，「**我對你們所說的話，不是憑著自己說的，乃是住在我裡面的父做他自己的事。**」（約翰福音 14:10）「上帝把他自己啓示於基督，也就是說，直接啓示於基督的心……只有心領會了一件事，才算是對於這件事理解了。」神創造了人類，並要人為祂作見證，因為神天然具有眞理性和普世性。而基督雖然有肉體，但卻因為具有了完整的神性而擺脫了肉體私欲和世俗理性的轄制，具備了眞理性和普世性，成為了神在世間的代言人；（四）人具有上帝的形象並含有一絲上帝賜予的神性（良心），人若能保守好自身的神性（良心），就可以實現生命的眞義。「**你要保守你心，勝過保守一切（或作「你要切切保守你心」），因為一生的果效，是由心發出。**」（箴言 4:23）所以人若能保守好自己的良心，自己就是自己的主人。既然是主人就必須努力擺脫肉體的羈絆，罪性的轄制，唯有認識並追求眞理的人才能藉著眞理的光，彰顯自己身上的神性。「**但行真理的必來就光，要顯明他所行的是靠神而行。**」（約翰福音 3：21）

正是因為具有了純正信仰，自然理性才得以在基督教世界發揚光大，並代代相傳。正是因為基督教哲學家重新掌握了自然理性，並將運用自然理性認識到的自然規律重新命名為自然法，以使具有普世性的自然法能夠在人類近代史上重新煥發出旺盛的生命力。源自自然法理論的自然權利由近代啓蒙思想家們所發現和闡釋，並為近代人權理念的誕生奠定了堅實的理論基礎。因為人權不是屬於某人、某地或某國，而是屬於全人類，由此為人權理念提供思想沃土的基督福音，也借著人權理念不斷地向世人彰顯出其所代表的眞理性。

眞理具有普世性，而基督是眞理的化身。當「基督是眞理」在西方世界被人廣爲認知後，隨著基督教哲學家不斷地闡明基督信仰的眞義，基督福音所具有的普世性也越來越得到世人的普遍共識。由基督福音的眞理性和普世性結合而成的普世價値觀，也不斷隨著基督教的影響傳播到世界的每個角落。

但是在那些千百年來受世俗理性乃至非理性浸淫的地區，人們的理性卻非一朝一夕就能改變。這些地區的人們依然憑藉傳統的生活習俗以及思維意識頑固地保守著那些眼瞅著就要被淘汰的陳腐觀念，由於習慣出自然，總是熱衷抱著專制主義的裹腳布只喊香。雖然他們終究改變不了歷史前進的腳步，但是他們的行爲可以拖延這種進程的節奏，貽誤更多的年輕生命。當然這些人在做這些事的時候，有時並沒有意識到他們自身行爲所具有的惡，因爲受限的眼光阻礙了他們認識無限的世界。由於久處黑暗之中導致他們並不認識善，所以他們就以惡爲善地繼續作惡，這也是他們敢於作惡並不斷地遭受災禍的根本原因。「**光來到世間，世人因自己的行為是惡的，不愛光倒愛黑暗，定他們的罪就是在此。**」（約翰福音 3:19）

正因不認識善，在這些地區對基督信仰普遍存在抵觸甚至仇視的情緒，正如前面所講的古羅馬的情形，人們骨子裡的世俗理性因爲不認識自然理性的高遠，所以自然而然地拒絕接受自然理性，並出於根深蒂固的世俗理性而對產生自然理性的良善宗教也產生出一種天然的敵意。因爲「**凡作惡的便恨光，並不來就光，恐怕他的行為受責備；**」（約翰福音 3:20）在這種缺乏自然理性的環境裡，人們不可能產生出自然權利的意識，當然也不會產生出自然法或人權的理念。即使爲了附庸時代的進步，從其他地方學來人權的理念，也只不過是一個空洞的概念，毫無實際意義。

雖然紙面上對人權理念進行了一般性解釋，但是骨子裡充滿世俗理性的人們根本就不認可這個外來的理念。從由專制主義者掌控的政府，到民間的市井小民，即使書本裡的人權理念講得再好，對他們來講也不過是不切合實際的空談。而由人權而來的民主法治，更是一對好聽而不實用的漂亮詞彙。因爲這些舶來品本身所具有的深邃內涵，根本不是一個世俗理性根深蒂固的民族所能理解的（詳見下文《民主爲什麼必然會從基督教國家中誕生？》）。對一個以務實出名的民族而言，務虛的自然權利遠比不上升官發財更爲實際。不改變這民心中的世俗理性，無論這國的面積有多大，人口有多多，經濟有多強，這國和這民都註定不會成爲一個富強的國家和偉大的民族。

因爲這些人的心依然活在肉體私欲的世俗理性之中，所以缺少對代表眞理的自然理性的認知。不認識自然理性就無法形成理信，由此造成這國和這民都無法眞正長大，無論對屬靈層面的自由、平等、博愛，還是屬世層面的民主、法治、人權都不可能眞正理解和接受。世俗的眼光，聰明的頭腦，使他們對屬靈世界的事沒法理解，屬世世界在他們眼中也只是一個爾虞我詐、巧取豪奪的競技場。在肉體私欲和世俗理性影響下，活信仰變成了死宗教，世俗理性遮蓋了自然理性，追求眞理的哲學變成一門艱深晦澀的枯燥學問，直至被教育邊緣化。厚重的歷史年復一年，日復一日地重複，眞理總是被以各種世俗理性甚至非理性的藉口拒之門外，感慨古今聖賢上下求索的精神和先憂後樂的品格，歎息今人在眞理面前的躊躇不前和冥頑不靈。

今天，藉著對基督信仰的眞正認知，我們應當清醒地認識到，基督就是眞理的化身。整個世界都因爲祂而改變，全人類都因祂而受惠，這難道還有什麼值得懷疑的呢？世人在恐懼自私的捆綁中受罪，卻因著世俗理性繼續犯罪。中華民族從古至今苦難深重，就是因爲受世俗理性蒙蔽的時間太久了，不論是來自專制政府的倫理綱常，還是市井鄉間的陳規陋習，都使我們無緣認識苦苦追尋的眞理。

今天，中國社會中面子上的東西都基本西化了，但是骨子裡的東西卻還緣著世俗理性因循守舊，保守僵化，這就是「知其然，而不知所以然」的道理。西方文明的精髓是基督信仰，中國只是學了西方文明的一些皮毛，這不能不叫那些不遠萬裡，歷經艱辛甚至死亡的威脅給中國送來眞理的傳教士們深以爲憾。在他們看來，他們給中國送來的一棵參天大樹——基督福音，中國人只擷取了一個小果子。

今天的中國正面臨著一個千載難逢的契機，無論是順之還是逆之，基督信仰的普世化都只是一個時間早晚的問題。所以我們已經被誤了，別再誤了孩子。

今天，我們終於有機會瞭解眞理的本相，那就是基督所許諾給我們的自由。「**主的靈在我身上，因為他用膏膏我，叫我傳福音給貧窮的人；差遣我報告被擄的得釋放，瞎眼的得看見，叫那受壓制的得自由；**」（路加福音 4：18）

今天如果我們還不夠自由，那是因爲我們還沒有眞正認識基督信仰的眞理性和普世性。今天如果我們通過努力有機會認識這一眞相，我們就會理解斯賓諾莎的話，「基督被打發了來，不只是教導猶太人，而是教導全人類。」就會眞正明白：眞理不分國界，基督屬於全人類。

教義篇

「我就是道路、真理、生命；若不藉
著我，沒有人能到父那裡去。」

（約翰福音 14：6）

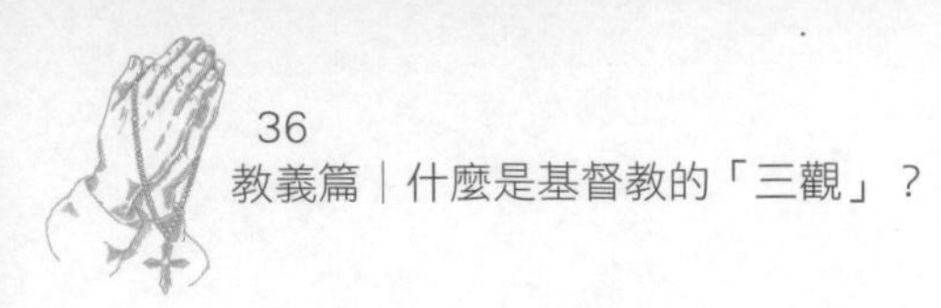

什麼是基督教的「三觀」？

關鍵字：世界觀；人生觀；價值觀；自由價值觀

1.基督教的世界觀

世界觀是指人對世界以及人與世界之間關係的認識，基於人類生活的環境、人自身的性情和接受的教育千差萬別，所以每一個人的世界觀都是不同的，這是由人的個體性決定的。根據以往的經驗和理論，今天的哲學家將世界觀基本分爲兩大類，即唯心主義世界觀和唯物主義世界觀。唯心主義世界觀認爲人類生活的這個世界是由一個形而上的屬靈世界與一個形而下的屬世世界共同構成，且屬靈世界高於或先於屬世世界。人本身也具有一個屬靈生命和一個屬世生命，二者統一於人這個生命體。兩個世界和兩個生命通過「人」——這一萬物之靈相互感應，並互相影響，形成一種「相應關係」。中國古人所講的「天人感應」說就是基於這一認識。此外世界上幾乎所有民族的古老傳說裡都有關於這方面的認知，最常見的說法就是「萬物有靈」。

「萬物有靈」應當是全世界各個民族從古至今都普遍存在的一種世界觀，它的起源大同小異，基本都建立在有神論的基礎上，通常都是承認一個屬靈世界的存在和天地間有一位神（中國人稱爲「上帝」或「道」）。中國古人很早就認識了這位神，據《史記·封禪書》記載，在中華始祖炎黃之前老早就有在泰山祭祀神的儀式。後來商周時期，「萬物有靈」思想發展地非常普遍，不但老百姓相信鬼神的存在，作爲統治階級的奴隸主更是凡事都要用蓍草龜甲等占卜以預測吉凶。但因爲占卜出自人的私欲，預測吉凶實乃違背天道，所以後來對神的信仰變成了遍地鬼神，處處邪靈的宗教迷信。很多人不明白宗教信仰是什麼，看見宗教迷信就以爲代表了宗教信仰，於是從一種無知走向了另一種無知。

基督教從一開始就認識到算命占卜違背天道，聖經裡講「**不可用法術，也不可用觀**

兆。」（利未記 19:26）「**你們中間不可有人使兒女經火，也不可有占卜的、觀兆的、用法術的、行邪術的、用迷術的、交鬼的、行巫術的、過陰的。凡行這些事的，都為耶和華所憎惡；**」（申命記 18:10-12）因此基督徒從來不會找人算命，他們相信那背後隱藏的不是神，而是邪靈。眞正的「萬物有靈」不是遍地鬼神的意思，而是指自然界裡的任何事物在屬靈層面都有一個相應體。不論天上飛的、地上跑的、水裡遊的動物；不論山上長的、地裡種的、水裡生的植物；不論我們吃的食物、喝的水、穿的衣服、住的房舍等都有靈在其內部存在，都依循道的規律生存。

那麼什麼是「道」呢？中國古人是這樣理解「道」的，「有物混成，先天地生。寂兮寥兮，獨立不改，周行而不殆，可以爲天地母。吾不知其名，強字之曰『道』，強爲之名曰『大』。」而將世界的產生喻之爲「道生一，一生二，二生三，三生萬物。」後來又將道與神等同，得道者既能成仙。這一點基督教也有著類似的認識，聖經上講，「**太初有道，道與神同在，道就是神。**」（約翰福音 1:1）

那麼到底「道」是什麼樣子呢？爲了幫助人理解，中國古人作了一個形象的比喻，「上善若水。水善利萬物而不爭，處眾人之所惡，故幾於道。」用水來比喻「道」，用水的特性來反映「道」的本質，從中也映射出神無私至善的神性。

中國古人講的「道」顯然比較深奧，比較抽象，很難爲人理解。基督教的神因爲採用擬人化的形式所以較好理解，關於祂的事主要來自於聖經舊約裡記載的耶和華神。聖經舊約開篇就講神用七天創造世界，第一天造了光，有了晝夜；第二天造了空氣；第三天造了陸地、蔬菜果木；第四天造了日月；第五天造了飛鳥遊魚；第六天造了陸地上的動物和人類。聖經上的內容顯然是爲了讓人理解而將神擬人化了，這是任何具有智慧的人都能看出來的。「『擬人論』者因爲聖經有時候以口，耳，目，和手足形容上帝，便以爲上帝是有形的，他們這種講法……只不過使對祂的認識適合於我們的膚淺見識而已。」[29]「所以我們斷定上帝之被說成是一個立法者或國君，稱他是公正的、仁慈的等等，只是因爲遷就一般人的理解力與一般人不完善的知識。」[30]

但是正如智者所講，絕大多數的迷信者卻恰恰屬於缺少見識、理性不足的人，雖然聖經採用擬人化法的初衷是爲了使人更好地理解要講的道理，但是因爲迷信者自身的貪婪怯懦、無知悖逆和崇拜偶像心理，導致很多猶太教徒和基督徒陷入迷信的泥沼，成爲世俗宗教的犧牲品。這就是東西方宗教爲什麼表面上看似不同，卻都容易陷入迷信的總根源。猶太人使用擬人化的方式將神人格化，結果導致大量的迷信因此而產生。耶穌正是發現了這種情況，痛心地批評他們說，「**你們是離棄神的誡命，拘守人的遺傳。**」（馬

[29] 《基督教要義》，第 133 頁。
[30] 《神學政治論》，第 68 頁。

可福音 7：8）

其實「萬物有靈」是顯而易見的事實，曾有一位國外的科學家對水做了一個實驗，當他播放優美的音樂時，水的結晶就會排列出優美的圖案。但是播放刺耳的噪音時，水晶體就會排列出醜陋破碎的圖案。沒有生命的水尚且如此，何況是具有生命的動植物。天空的飛鳥不用教天生就會覓食、築巢、下蛋、孵蛋、餵食小生命；蠶寶寶天生就知道何時吐絲，何時破繭而出，何時孕育下一代；小蜜蜂天生就知道采花蜜、築蜂巢、保護蜂巢和蜂蜜。在人類看來很神奇的這些事，就是因爲它們有靈的存在。再看植物，小小的種子從抽出新芽，到枝繁葉茂，再到開花結果，最後再結出種子，這其中的奧妙實在超乎人類的想像，這也因爲它們有靈的存在。當人類瞭解自然界的一切事物都有靈的存在時，人就會自然而然地生出一種敬畏之心，敬畏那造化萬物的主宰，並會更加地重視和愛護人類生存的環境，愛護青山綠水，珍惜自然界的所有生命。但是當人類拒絕相信萬物有靈時，人就自己閉上了屬靈的眼睛，切斷了自己與屬靈世界的通道，一心只想著在這個屬世世界裡爲所欲爲。原本爲方便人類生產生活發明出來的科技成果卻成爲破壞自然，污染環境的隱形殺手。當青山綠水變成荒漠戈壁、臭水死水時，本來符合道的方式被背道的行爲所毀，屬靈世界與屬世世界同時都會因此而毀滅消失。

由於屬靈世界和屬靈生命都不爲人的肉眼所能觀察，所以對屬世世界裡的人來講就顯得非常神祕。因爲人到這個世界來本身就是一次生命修行，當然不可能提前獲知世界的眞相和生命的奧祕，因此對這方面的認知就需要相當的悟性以及特殊的機緣。早在人類社會的初期，當時的人雖然物質貧乏，生產能力低下，但是由於淳樸的天性和無虧的良心使他們對屬靈世界的認知能力和水準較之當今社會的人爲高，所以在人類社會的早期，世界各地的人類都有關於與神或者精靈交流的記載。隨著人類世界逐漸地世俗化，人類認識屬靈世界的能力日益退化，乃至將以前人類早期的這種記錄都當作神話傳說看待。

人類與屬靈世界的疏遠經歷了一個由近及遠的過程，亦即今天人類世界所謂的黃金時期、白銀時期、青銅時期和黑鐵時期。在這一過程中，人類越來越體會不到屬靈生命的存在，越來越關注自身的肉體生命，越來越沉浸在外在肉體感官的享受上。正因爲世人越來越感應不到屬靈世界的存在，所以幾千年下來幾乎徹底斷絕了人類本身內外生命的溝通，人類只將外在的屬世世界當作世界的本質，並提出了唯物主義世界觀。

唯物主義世界觀是將外部的屬世世界當作世界的唯一本質，完全忽視了內在的屬靈世界。將人類簡單地作爲這個外部客觀環境的產物，意識不到這個外部的屬世世界只是一個提供給人類修煉的考場。這場考試只有短短的幾十年，與人類不滅的靈魂相比相當短暫。因爲將考試當成了人生的全部，所以意識不到生命的無限，只是拼命想在有限的肉體生命中獲取最大的利益。由於主客顛倒，這場考試註定只會獲得一個很低的成績，而這個成績卻要決定死後很長一段時間的靈魂狀態。受唯物主義世界觀的影響，人類只會將肉眼所見的形而下世界當作世界的本質，將人的肉身私欲當作首要實現的價值目標。直接導致人類世界變成了一個爾虞我詐、強取豪奪、弱肉強食的競技場，而人類自身則墮落爲一種高等動物。

當人類無法借著正確意念認知世界時，人就會變成一個徹底的世俗理性者，瘋狂地在這個屬世世界裡追名逐利、爭權奪利，努力地實現自己的「人生價值」。卻不知就在自己功成名就之時，自己的良心已經受虧損，自己的生命已經失喪了。正如耶穌講，「**人若賺得全世界，賠上自己的生命，有什麼益處呢？人還能拿什麼換生命呢？**」（馬太福音16:26）不明白生命眞義的人總是將這裡的生命理解爲屬世生命，只是以爲自己既功成名就，又沒有死亡，就是實現了人生的意義。卻不知耶穌這裡講的是人的屬靈生命。就在這些人拼命獲取屬世世界的名利時，他們根本沒有意識到他們的生命越來越弱小，越來越暗淡。正如巴克斯特所說，「當人在世上發達，他們的心思就和他們的產業一同得到提升，當他們感覺自己如此富有，他們很難相信他們是如此糟糕。」這就是受唯物主義世界觀錯誤引導的結果。

唯心主義世界觀因爲對世界本質有了正確認識，所以他們特別重視人的屬靈生命。在追求人的屬靈生命層面上，基督徒一直是走在前面的。基督徒的世界觀受人類歷史上最古老的猶太信仰影響，對屬靈世界和屬靈生命的存在一直是確信不疑的。後來猶太教聖經舊約中預言的彌賽亞（即聖經新約中的耶穌基督）藉著福音對如何提升屬靈生命，進而實現永生又給予正確地指引和顯明，使得每一個基督徒對提升屬靈生命進而獲得永生都不再只是一種奢望，而是變得切實可行，並能夠通過基督徒的理信行爲使自己獲得屬天國度的門票。在積極行善並傳遞愛的過程中，基督徒首先明白屬靈世界和屬世世界是一體兩面，且屬靈世界爲主，屬世世界爲輔；其次屬靈生命和屬世生命也共同構成一體，集中體現在人的身上；第三屬世世界自身也形成一個系統，並且內部各因素互相影響，彼此作用；第四屬世生命也是一脈相承，共同構成一個整體。這四個方面也可以四個詞來概括：天人合一、內外統一、世界一體、人類一家。

「天人合一」是屬靈世界與屬世世界的關係，「天人」是表面現象，「合一」才是深層根源。在屬靈世界「利他」是一切事物的本質，是無私至善的神性顯現，也就是基督教宣導的「愛」。人的生命境界高低完全體現在對「利他」的感悟上，這裡的「利他」是建立在自然理性的基礎上，而非世人通常理解的世俗理性。在屬世世界裡，世人通常根據世俗理性以爲「利己」是一切事物的本質，如俗話講「人不爲己天誅地滅」，從表面上看似乎沒錯。但是如果從深層探究，人在屬世世界裡只不過是一個匆匆過客，其來世間的目的並非吃喝享樂，而是有著更深的屬靈意義：尋找生命眞義，提升生命境界，爲神作見證並彰顯自身神性。如果能明白這個道理，就會明白耶穌基督的話，「**我的國不屬這世界。**」（約翰福音 18:36）「**你們要謹慎自守，免去一切的貪心，因為人的生命不在乎家道豐富。**」（路加福音 12：15）「**你若願意作完全人，可去變賣你所有的，分給窮人，就必有財寶在天上**」。（馬太福音 19：21）

基督話裡的意思就是要人通過「愛」（利他）來恢復人內心中的神性，打通人與神之間的通道，使人通過「愛」（利他）這一橋樑連通兩個世界。眞正的基督徒都是心中有天堂（即心中有神），相信神的存在，敞開心扉面向天堂，樂意被神帶領。其實每一種宗教的開端和根基都是以此爲基礎，不相信神存在的信仰不是眞信仰。但是世俗宗教不明白神是無私至善的恒在，總是意圖賦予神以人的性情，這必然導致悟性不高的人陷入迷信之中，也使宗教淪爲了某些人愚昧他人的工具。當一個人明白了神是無私至善的恒在，並全然沉浸在這一心意中，他就能天人合一，徹底將兩個世界連爲一體。這時通常我們講這個人得道了（或重生），即意爲此人明白了世界的本質和人生的眞義，進入了更高的生命層次。

「內外統一」是指屬靈生命和屬世生命的對應關係，如果講屬靈世界和屬世世界是兩個大世界的對立統一，那麼屬靈生命和屬世生命就是兩個小世界的對立統一。基督明確告訴世人，「**愛惜自己生命的，就失喪生命；在這世上恨惡自己生命的，就要保守生命到永生。**」（約翰福音 12：25）藉著對基督眞理性地認知，基督徒都對人的生命有一種更深層次地體驗，他們清楚屬靈生命才是根本，屬世生命只是一段寄居的旅程。當人的屬靈生命覺醒時，人的內在本質將向天堂開啓，並且由內而外擴及整個人身，形成內外統一；當人僅依靠外在的肉體生命活著時，人限於肉身的束縛，專注於世俗情欲的誘惑，只會以自然界的思維方式思考問題，無法感受來自天堂的資訊。由於心中沒有天堂，內在本質必然關閉，不可能具有屬靈的智慧，最終導致內外斷絕。當人的生命在這種狀態下脫離肉體進入靈界時，由於沒有開啓內在生命，不能感受到來自天堂的眞光，結果靈魂只能趨向地獄。

眞正的基督徒都是心中有天堂，借著對神和人的愛，努力地恢復與生俱來的神性。通過認識神的良善和眞理，以自己的善行義舉保守好自己的良心，並架設通往天國的橋樑。千百年來，他們用自己的信仰和行爲向人類作出了美好的見證，並影響了整個世界的進程。（詳見前書《基督教啓蒙讀物——最後的爭戰》）這就是基督徒對人的內在生命和外在生命相統一的一種更深層次理解，也是許多非基督徒難以理解之處。

「世界一體」是從屬世世界的角度出發來思考自然界的生物之間以及自然界與人類之間的關係，這個相對屬靈層面的事較易理解。曾有一個人們常講的例子，「一隻南美洲亞馬遜河流域熱帶雨林中的蝴蝶，偶爾扇動幾下翅膀，可以在兩周以後引起美國德克薩斯州的一場龍捲風。」這個事例無從考證，不過它正說明了一個自然界事物之間互相影響、彼此作用的道理。以往人類因爲個體性的無知和對自然界影響力的弱小，人類對自然界的認識和影響都微不足道。今天隨著科技進步，人類對物質世界的認知能力和影響力越來越強。人類越來越認識到自然界是一個統一的整體，局部受到破壞就可能對整體構成影響。人類作爲自然界中的一員，爲了維護自身的生存與發展，也要從維護生態平衡的角度思考問題。自然界的資源是有限的，對自然界的無止境地索取和無序地破壞終將影響人類自身的生存。今天世界各國、各地區都開始將世界作爲一個整體來考慮，爲了地球這個人類共同的家園積極獻計獻策。對整個人類命運身懷使命感的基督徒無論從屬世層面普及科學文化，啓蒙人文精神，還是從屬靈層面培養人類的自然理性都作出了巨大的貢獻。客觀地講，從世界的近代史起，就是由基督教國家在引領著整個世界前進的腳步。

「人類一家」是從屬世世界的角度來思考人與人之間的關係，這對於屬靈層面靈與肉的關係也相較易懂。基督教教義認爲，人類是上帝的創造物，擁有一個共同的祖先，本身構成一體。「**就如身子是一個，卻有許多肢體；而且肢體雖多，仍是一個身子。**」（哥林多前書 12：12）個人只是整個人類中的一分子，任何一個人生活不幸，作爲人類的整體都不會幸福。他人幸福了自己才能幸福，沒有人能在別人痛苦的基礎上過上幸福的生活。「**若一個肢體受苦，所有的肢體就一同受苦；若一個肢體得榮耀，所有的肢體就一同快樂。**」（哥林多前書 12：26）因此基督徒總是努力地爲他人的幸福忙碌，甚至樂於爲他人捨命。因爲基督講，「**人為朋友捨命，人的愛心沒有比這個大的。**」（約翰福音 15：13）基督徒對「愛」的理解源自於基督，因爲「**惟有基督在我們還作罪人的時候為我們死，神的愛就在此向我們顯明了。**」（羅馬書 5：8）是基督用自己的犧牲爲人類詮釋了神對人的愛，而這愛就是基督要告訴人類的眞理內涵。

遵照耶穌基督的教諭，「**凡遵行我天父旨意的人，就是我的弟兄、姐妹和母親了。**」（馬太福音12：50），所以基督教裡的家人不是指血緣上的家人，而是視每一個追求屬靈生命的人都是自己的家人。世俗家人之間可能還有爲了利益惡言相向，甚至對簿公堂的。但是基督徒之間卻是互相關愛，彼此忍讓（當然掛名基督徒除外）。「我們一旦在基督裡，我們就是爲了別人，而不是爲了我們自己而活。」「每個人在自己的位置上都要爲了全體的好處，如果他不是這樣獻上自己，他就是不義。」他們通過「愛人如己」，甚至「愛人勝於己」的善行去傳遞基督的愛，並將感恩的心帶給每一個受助者。基督徒所行的這一切都是源於基督的教導，「**你們的光也當這樣照在人前，叫他們看見你們的好行為，便將榮耀歸給你們在天上的父。**」（馬太福音5：16）

基督徒的世界觀不僅使他們敬畏神聖，同時也使他們重視與周圍人的關係，因此歷史上他們的慈善義舉俯拾皆是（慈善的本意就是博愛）。在他們的身上，「人類一家」的理念得到了最好地詮釋。關於這一點，我們可以從那些不遠萬水千山，歷經九死一生，誓將基督福音傳遍世界每一角落的基督教傳教士所講的話中窺見一斑，「竊爲萬國猶一家也，一家猶一人也。」[31]「嘗念地球上人，雖分五洲四種，在上天則視爲一家。」[32]

通過以上四個方面，基督徒形成了基督教特有的世界觀。基督徒認爲世界是統一的，無論是看不見的屬靈世界還是看得見的屬世世界，抑或是看不見的屬靈生命還是看得見的屬世生命。自然、社會還有人類也都相互關聯，休戚相關，任何一個環節受到破壞，其周邊環境乃至整個自然系統都要受到影響。正如中國人講的「抬頭三尺有神靈」一樣，基督教也認爲有一位神無時無刻地關注著我們，如果人類積極向善，誠實守信，敬神愛人，那麼世界就會良性發展；如果人類自私自利，不講誠信，野蠻愚昧，那麼世界就會惡性發展。這裡的神似乎更像是一種善意，祂將事情的決定權賦予了人類。如果人類依著與生俱來的良心而活——也就是活在對神和對人的愛裡，人類世界就會相應產生出天國的善和眞理；相反，如果人類選擇了拒絕神和遠離對人的愛，人類世界就會相應產生出地獄的邪惡和虛僞。如何判斷是良善還是邪惡就要看人類社會發展的結果，「**凡好樹都結好果子，惟獨壞樹結壞果子。好樹不能結壞果子，壞樹不能結好果子。**」（馬太福音 7：17-18）

社會作爲人類大家庭也是統一的，任何一個社會環節出問題，整個社會系統都會受影響。人類作爲所有個人的集合也是統一的，當任何一個人受到不公平的對待時，整個人類都會受到負面影響。基督徒嚮往的世界是一個充滿愛的世界，因爲愛是基督用生命詮釋的宇宙眞理，而能否實現這一眞理取決於人類是否能眞正明白愛的深邃內涵。

今天，基督教世界觀已經改變了整個世界，因爲地球人都明白：世界要和諧，必須學會珍惜自然資源，因爲人類只有一個地球；社會要和諧，必須明白唯有愛才是維繫這個社會的紐帶，必須理性地考慮他人的利益和需要，遏制自己有損於他人的欲念，遵守「**無論何事，你們願意人怎樣待你們，你們也要怎樣待人。**」（馬太福音 7：12）人類要和諧，必須學會寬容和愛，因爲每一個人都是人類統一體的一個分子，每一個人都是其他人的兄弟姐妹。只有人類大家庭裡的每一個成員都幸福，自己才能眞正幸福；個人要和諧，就必須專注於神，實現內外統一，認識良善和眞理，摒棄自私自利的世俗理性，「**因為人的生命不在乎家道豐富。**」（路加福音 12：15）

---

[31] 顧衛民，《基督教與近代中國社會》，上海人民出版社 2010 年版，第 239 頁。
[32] 同上。

2.基督教的人生觀

人生觀講起來很抽象，各種解釋五花八門，其實去繁存簡不過就兩類：一類人活著是爲了滿足自己在屬世世界的肉體私欲，一心貪圖自身的肉體享樂，直白點說就是爲自己而活；另一類人活著是爲了使自己成爲神那樣的存在，一心彰顯自身的神性，直白點說就是爲他人而活。人生觀直接受世界觀影響，有什麼樣的世界觀就會有什麼樣的人生觀。受唯物主義影響的中國人目前大多屬於第一類，並且會認爲主張第二類人生觀的人都很虛僞，明明是爲了物質卻說是爲了精神。客觀現實無疑支持了他們這種說法，因爲在今天的中國社會裡純正信仰幾乎絕跡，而來自自然理性的普世價值觀也被官方視爲洪水猛獸拒之門外。

當不瞭解世界本質時就不會懂得人生眞義，自然不認識眞理，也不明白良善來自於神。不認識眞理就分不清什麼是純正信仰什麼是雜亂信仰，什麼是自然理性什麼是世俗理性。缺少了純正信仰的引領必然導致雜亂信仰的盛行，缺乏自然理性的指引必然導致世俗理性的猖獗。你看今日中國社會的現狀，敬拜偶像者有之，崇拜權力者有之，信仰金錢者更是大有人在。而這一切的背後都有雜亂信仰與世俗理性推波助瀾的影子。你看那些迷信神佛的信徒，爲了滿足個人私欲總是試圖與神佛勾兌，將宗教信仰當作與神靈交易的工具；那些腐敗官員爲了自己的前途，什麼寡廉鮮恥的事都能做得出來；而整個社會更是沉溺於金錢萬能的漩渦裡，幾乎每一件東西都能以金錢來衡量，包括人的肉體、尊嚴、自由乃至生命。整個社會都沉淪在醉生夢死的喧囂中。而那些不能給人帶來物質利益，不能滿足人肉體私欲的理想主義就簡單而直接地被人拋棄了。

純正信仰教人熱愛眞理和良善，自然理性教人關愛全人類乃至整個自然界，結果因爲不能給人帶來具體的現實利益而直接就被這個世界選擇性遺忘或直接被拒絕。雖然眞理借著人道主義和普世價值觀給人類帶來前所未有的自由生活，可是習慣了這種生活的人們卻已經忘記了他們今天所享有的自由生活從何而來。他們不明白今日的世界文明源自何方，不清楚那些維護人類權利、尊嚴、自由和生命的思想出處。在那些世俗理性控制的專制政府影響下，人們很難接觸到眞理，更別提有機會深入瞭解眞理。

忘恩就意味著負義，就預示著人類將自己當作這個世界的中心，將自己的肉體需要當作生活中的頭等大事。愛己之心會使人凡事以自身的利益爲出發點，不在意他人的需要。這種人的人生觀就是爲自己而活，他人（包括國家、任何組織或公眾）都是爲自己服務或被自己利用的工具。愛己的人偶爾也會表現出愛人，但是這種出於愛己之心的愛人會刻意隱藏某種自私的成分。這種出於世俗理性的愛實際是一種世俗之愛，它可能是受時下社會風氣的影響，也可能是爲博取公眾的眼光，更可能是收買人心，爲獲取更長

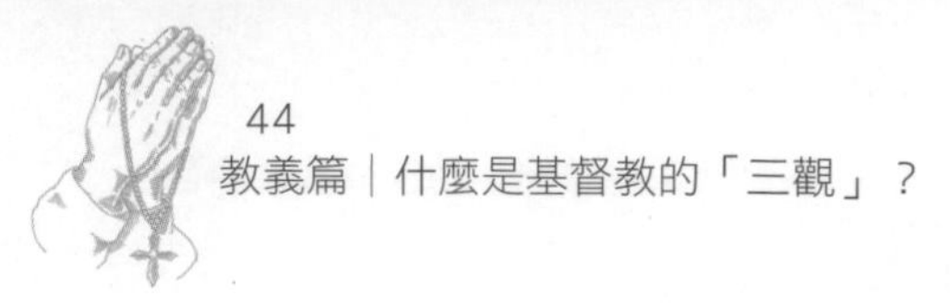

遠的利益做準備。

自私自利的人生觀產生於錯誤的世界觀，自然不具有純正信仰和自然理性，當然也不明白眞理來自於神。他們發自內心本能地拒絕任何教導人良善的資訊，對哲學如此，對人道主義如此，對普世價值觀亦如此。

自私自利的人不明白人不過是這個物質世界的匆匆過客，他們精心地在這個世界追名逐利。即使這種人有所感悟，開始對精神層面的東西有所追求。但是自私的意念會很容易將他們的思維導向專注於自我和身邊的世界，愛己和愛世之心也會假冒爲善地領其誤入歧途。這種人平時表現地似乎頗有理性，談論起人生觀來滔滔不絕，頭頭是道，但是他們的心卻連同他們的財富一樣駐守在塵世之中。因爲「**你的財寶在哪裡，你的心也在那裡。**」（馬太福音 6：21）這種人在今天的社會被稱爲「精緻的利己主義者」，主要集中在政界、文化界以及經濟界裡。

還有一些人表面上追求的是屬靈生命，實際上卻因爲不明白「大隱隱於市，小隱隱於野」的道理，雖然努力脫離開塵世，卻因只求自身的解脫，結果由於選擇了較易的考試難度，導致還是陷入愛己之中，只能修成小道。中國的道教原本是入世宗教，目的是濟世救人。但是後來卻由於喪失了目標而陷入「大道若隱」，與佛教相混同蛻變成一門出世宗教。由此道教本身自有的積極作用幾乎喪失殆盡，完全淪爲一門故弄玄虛的「術」。正如林語堂所說：「道教的歷史是很奇怪的。從老子智慧的高峰降到民間道教的神祕學、法術、驅邪逐鬼，從來沒有一個宗教退化的這樣厲害。」[33]

宗教原本都是勸人向善的一門屬靈學問，但是由於一些宗教信徒不明白屬靈世界與屬世世界共存於一個世界中，屬靈生命與屬世生命共存於人的身體之中，所以選擇去荒郊野外，戈壁沙漠等荒無人煙之處，或躲在寺廟道觀等宗教場所裡修行，希望能通過苦待己身、禁絕情欲，而使自己近距離認識眞理，得享天國榮耀，這是根本沒明白神性是什麼的緣故。在他們的行爲中你能看到愛嗎？可能是另一種變相的愛自己吧。神造人在這個世界是要人通過不斷地靈與肉的爭戰，來領悟愛才是天國的本質。在屬靈世界裡人通過良善與神相合，在屬世世界裡人通過眞理與人爲善。這良善與眞理的背後都是通過人與人之間傳遞的愛來表現，缺少愛的生命修行是死的。那些主張出世主義的宗教徒是選擇逃避考試，藏在沒有人的地方躲清閒。他們都缺乏愛的經驗和體會，不理解沒有愛的滋養，生命就會枯萎，在這個問題上都犯了相同的錯誤。由於受這些宗教信徒的影響，宗教變得與大眾的日常生活相去甚遠，致使幾千年下來對世俗社會的影響幾乎微乎其微。但是一旦這些宗教信徒選擇入世，則很快會暴露出由愛己而愛世的本質，由他們控制的

---

[33] 林語堂，《信仰之旅》，新華出版社 2002 年版，第 130 頁。

宗教很快會由出世宗教而向世俗宗教轉化。近些年來宗教世俗化現象非常嚴重，甚至成為某些個人或組織圈錢的工具，根本原因就在於此。

出世宗教的弊端是顯而易見的，但是出世宗教紛紛入世所造成的弊端近年來也不斷引起世人的矚目。事實上，對這些不論是出世還是入世的宗教信徒來講，只要懷揣著一顆愛己或愛世的心，只要這顆心還主導著個人的思想和行為，無論什麼宗教（包括基督教）都不可能使其擺脫肉體私欲和世俗理性的控制，總會陷入各式各樣的迷信之中難以自拔。

主張「愛人如己」，追求博愛的基督教，就是因為不能被世俗理性根深蒂固的國人理解，而被貼上西方舶來物的標籤受到種種非議和責難。因為不認識世界的本質和生命的真義，源自世俗理性的民族自尊心莫名其妙、毫無道理地將充滿自然理性的普世價值觀拒之門外，導致帶來民主科學的基督信仰被誤解和冷落。在整個社會物質空前繁榮的情形下，精神領域卻變成了一片荒漠。

基督徒的人生觀是以理信神為前提，他們憑藉自己的良心認識真理，藉著真理他們看見了神並發自內心地愛祂。由此基督徒努力地向世人彰顯自身的神性，期望更多的人能夠借著他們的愛心義舉看見神的大能，並將感恩的心獻上給神。「**你們的光也當這樣照在人前，叫他們看見你們的好行為，便將榮耀歸給你們在天上的父。**」（馬太福音 5：16）正是因為愛神的心，使基督徒作出了無窮無盡的利他行為，並由此獲得了來自上帝的智慧和祝福。正如斯賓諾莎所說，「最高的幸福……就是愛上帝和瞭解上帝。」[34]那麼如何愛上帝和瞭解上帝呢？這是一個人類自始至終都在探索的問題，亦即終極問題。使徒保羅說：「**因為十字架的道理，在那滅亡的人為愚拙；在我們得救的人卻為神的大能。**」（哥林多前書 1：18）保羅的話告訴世人，瞭解神最簡便、最有效的方法就是信靠基督，因為「**我們既因信稱義，就藉著我們的主耶穌基督得與神相和。我們又藉著他，因信得進入現在所站的這恩典中，並且歡歡喜喜盼望神的榮耀。不但如此，就是在患難中也是歡歡喜喜的。因為知道患難生忍耐，忍耐生老練，老練生盼望；盼望不至於羞恥。因為所賜給我們的聖靈將神的愛澆灌在我們心裡。因我們還軟弱的時候，基督就按所定的日期為罪人死。為義人死，是少有的；為仁人死，或者有敢作的；惟有基督在我們還作罪人的時候為我們死，神的愛就在此向我們顯明了。**」（羅馬書 5:1-8）

每個人都有一顆良心，它隱含著來自神的覺悟。人憑著與生俱來的良知就能分辨出事物的善惡良莠，感知出道理的是非對錯，這是人與神相通之處。很多人信仰基督是因著感受到基督福音裡由內而外散發出來的來自天堂的光明和溫暖，帕斯卡曾講，「我們僅

[34] 《神學政治論》，第 62 頁。

僅由於耶穌基督才認識上帝。沒有這位居間者，也就取消了與上帝的一切相通；由於耶穌基督，我們就認識了上帝。」[35]基督徒正是藉著自身的良知發現了基督身上的神性，以及從基督福音中彰顯出來的眞理性。

基督曾告訴世人做人的總綱是，「**你要盡心、盡性、盡意，愛主你的神。這是誡命中的第一，且是最大的。其次也相仿，就是要愛人如己。這兩條誡命是律法和先知一切道理的總綱**」（馬太福音 22：37-40）基督在第一句話裡告訴人，做人最重要的是愛神。只有全身心地愛神，人才能開啓內在層次（睜開屬靈的眼），感受神的無私和至善，領悟生命的眞義，活出最幸福的人生。

如果從屬靈的角度說做人的最大幸福是愛神，那麼從屬世的角度來說做人的最大幸福就是愛人，因爲基督在第二句話裡告訴人，愛人僅次於愛神。聖經上講人類擁有共同的祖先——亞當，全人類就是一個大家庭，所以愛人就是愛全人類。又因爲今天的世界越變越小，每個人的生活都息息相關，只有所有人都生活幸福，世界才會和諧，個人才會眞正幸福。所以基督告訴祂的信徒，「**我賜給你們一條新命令，乃是叫你們彼此相愛；我怎樣愛你們，你們也要怎樣相愛。你們若有彼此相愛的心，眾人因此就認出你們是我的門徒了。**」（約翰福音 13:34-35）所以說基督教就是愛的宗教，基督徒就是愛的載體，他們無論走到哪裡都要把愛帶到那裡。在此，基督教與猶太教發生了根本的衝突，因爲猶太教要求對敵人要「以牙還牙，以眼還眼」。而基督教卻要求「**要愛你們的仇敵，為那逼迫你們的禱告。**」（馬太福音 5：44）不管你理不理解，他就是愛你，因爲這是認識神和愛神、得神榮耀並實現人生最大幸福的唯一途徑。

因爲信靠基督，世人獲得理信，又因爲獲得理信，人們明白了生命的眞義在於向世人彰顯神的愛。歷史上各個國家和地區都有過個人善舉和義行，但是都是個別和零星的，唯有基督徒的義行是群體的。他們成立各種志願團體幫助遭患難之人（如窮人、寡婦等）；他們建立孤兒院收養大量的孤兒；他們建立醫院幫助生病的人；他們建造收容所幫助流浪的人；建立瘋人院收治精神病患者；建立養老院收養孤寡老人等等。德爾圖良曾告訴世人，在早期基督徒物質生活還很貧乏的情況下，他們就自願地、毫不勉強地建立了一個共同的基金會，用來幫助那些寡婦、殘疾者、孤兒、病人，爲基督信仰身陷牢獄者，需要幫助的傳道人；爲窮人提供葬禮費用，有時還出資贖買奴隸等。

歷史上的基督徒爲了他人的利益可謂犧牲的太多太多，從古羅馬的鬥獸場到野蠻人的山寨，從富裕的城市到貧窮的鄉村，從亞洲到歐洲到非洲到美洲到澳洲再到亞洲，整個世界都在它的影響下獲得了近代文明的洗禮。人類今天能夠過上這樣自由和幸福的生

---

[35] 布萊斯．帕斯卡，《思想錄》，上海世紀出版集團 2007 年版，第 216 頁。

活，其中浸透了許許多多基督徒無私的奉獻。但是在世俗人眼中他們無疑屬於「傻瓜蛋」，一群幸福過頭的人。「基督徒」從一開始就是一個貶義詞，是一個爲素不相識的人而獻出自己生命的「傻瓜」的門徒。然而吊詭的卻是他們堅如磐石般的信念，「**為基督的緣故，就以軟弱、淩辱、急難、逼迫、困苦為可喜樂的，因我什麼時候軟弱，什麼時候就剛強了。**」（哥林多後書 12:10）在他們的信仰中，若不是爲他人而活的人就不配稱爲基督徒。正如理查・巴克斯特在《基督教指南》中所講，「我們活著是爲了他人的利益，我們推崇公眾福利，尤其當我們有機會對他人行善時……」。[36]

基督徒在基督福音中瞭解了什麼是愛，認識了神性，並擁有了一顆常人無法理解的愛心，因爲「**沒有愛心的，就不認識神，因為神就是愛。**」（約翰一書 4：8）人性若要向善，就必須獲得靈糧的滋養。靈魂的糧是以愛的形式源源不斷地從神那裡發出，生命正是得自這愛的滋養才能夠流光溢彩。愛是屬靈世界裡的物質形態，也是生命的本質。這愛是人們白白地得來也一定要白白地舍去，「**你們白白地得來，也要白白地舍去。**」（馬太福音 10:8）這一得一舍之間，就實現了一種靈命的成長。唯如此，通過這不斷循環地得舍，人類的心靈才能不斷地得到生命靈糧的滋養，從而趨向良善。在這愛的傳遞中，人的肉體生命需要接受無數人的服務才能生長，人的屬靈生命也需要通過爲無數的人服務才能長成。「人人爲我，我爲人人」講的就是這個道理。

基督用自己的復活告訴了人類一個眞理，爲他人犧牲自己並不會眞正滅亡，反而會靈魂得永生。所以相信永生的基督徒一定會爲他人而活，甚至犧牲自己的生命。在人類歷史上，這樣的事情屢見不鮮。因爲他們明白，愛就是利他，通過利他彰顯出上帝無私至善的神性，恢復神性是人能夠與神相合，回歸天家的前提。

基督徒明白人生就是關於愛的一次考試，關於利他的一場修行，關於神性的一種領悟。通過考試、修行和領悟，人開啓了內在通向天國的大門，修復了與神交流的通道。通過溝通，人的靈魂會與神交流，通過交流，人的屬靈生命不斷地成長和完善，人的屬世生命也越來越具有價值（功用）。這時的人才眞正活出了人生的眞義，完成了生命的昇華和永恆。這就是基督徒的人生觀，當眞正感悟到生命的眞義時，回歸天家才是理所當然的唯一選擇。

基督徒的人生觀源自于他們的純正信仰，但在現實生活中卻通常體現爲一種崇高精神。很多不理解基督徒人生觀的人，即使稱讚他們的行爲，卻還是不理解產生這種行爲的眞正動機。毛澤東曾稱讚諾爾曼・白求恩的精神是「毫不利己，專門利人」的國際共產主義精神，這種認識是典型地站在不瞭解事物本質的角度去判斷他人行爲的例證。白

[36] 羅伯特・金・默頓，《十七世紀英格蘭的科學、技術與社會》，商務印書館 2011 年版，第 101 頁。

求恩的精神與國際無關，與共產無關，與主義更沒有關係，這些人造的東西，從來都是引人誤入歧途的糟粕。白求恩的精神只與他的自然理性有關，他的自然理性從何而來，當然是從他生活的社會氛圍以及打小的家庭教育而來（這與馬克思有著相似之處）。白求恩的父母都是虔誠的基督徒，他的父親更是基督教會裡的牧師。白求恩從小接受的基督教教育，培育出他那種大公無私、心懷天下的自然理性。但是在其後來成長的人生道路上，他也清醒地認清了宗教信仰的衰落以及世俗宗教的虛僞（這也與馬克思很相似），於是他選擇了同樣出自于自然理性的共產主義事業，並積極參與其中，直到爲此付出了寶貴的生命。若問白求恩大公無私的自然理性從何而來，除了源自其父輩的純正信仰外，還會是什麼？「毫不利己，專門利人」很精闢地形容出了基督徒的人生觀，但是不瞭解基督信仰的人是無法眞正領會這種人生觀的。

不僅是非基督徒不瞭解基督教的人生觀，即使在基督徒裡也存在很多分歧，這是因爲他們各自的生命境界不同，對生命的領悟程度和人生眞義認識也不同，甚至對基督福音也存在著不同看法。有的人專顧屬靈生命，對屬世生命不屑一顧，對他人的生活也不理不睬，結果與出世宗教相混同，陷入到利己主義的漩渦中，具有代表性的是那些在深山老林或家宅中修行的基督徒；有的人專顧屬世生命，結果成了一個掛名基督徒，具有代表性的就是那些成天嘴上「神啊」、「神啊」地求神保佑這兒、求神保佑那兒的人。這種人完全是把信仰當成了生意做，有求必應就信，有求不應就拜拜，再找新的偶像。這種信仰本書稱爲「隨信」；有的人明明貪戀屬世生命，卻要裝模作樣地讀神學。明明熱愛屬世世界，卻要裝出追求屬靈生命的樣子，把一門宗教信仰變成世俗事業來做。這種人雖然滿嘴頭頭是道，但是由於內在層次依然關閉，所以仍無法理解其中的眞義，最具代表性的就是聖經裡講到的文士和法利賽人，這種人本書稱爲「迷信」；還有人主張信仰應當既兼顧自己的利益又能惠及他人的利益，即利人利己。表面上他們的觀點很有迷惑性，畢竟一個人如果連自己都不愛，怎麼可能去愛別人。但是這裡有一個認識誤區，這裡的利益指的是靈魂方面的，還是肉體方面的。這兩者的差距可有著天壤之別。如果注重的是靈魂方面的利益，可能會做到利人利己，但是能否被人理解就不一定了。如果注重的是肉體方面的利益，要做到凡事都能利人利己可不容易，就怕關鍵時利己的念頭會勝過利人的念頭，那麼就會對信仰或者人生產生懷疑。最終要麼認罪悔改，背起十架重走天路。要麼喪失信心，逐漸遠離信仰生活，成爲一個既想相信上帝，又牽掛世俗利益，猶豫彷徨在信仰邊緣的人。這種人在日常生活中是很多的，本書稱其爲「淺信」；眞正能夠通過理信而利他的基督徒是很少見的，他們遵循耶穌基督的教誨，「**若有人要跟從我，就當舍己，背起他的十字架來跟從我。**」（馬太福音 16：24）這種人才是眞正瞭解福音的內涵，認清了眞理的本質，參悟了生命的眞諦，通過徹徹底底地利他活出了豐盛生命的人。

可能他們過得很貧窮，甚至過得非常艱辛，但是他們的生命都會爆發出一種震撼人心的力量。最具代表性的就是那些堅守信仰，爲維護世人的自由、平等、良知和理性，擔負來自四面八方的嘲諷、逼迫、誘惑乃至殺戮的人。在世間他們可能默默無聞、艱難地度過一生，唯有死後才能得享天國的榮耀。

基督因爲純全的神性，所以祂能做到爲人類徹底無私。而普通人因爲靈魂的弱小、肉體的軟弱以及私欲的旺盛，再怎麼努力也很難做到像祂那樣徹底地利他。即使像使徒們那樣已經算是做到極致了，可就連他們也爲自己的肉體叫苦連天。「**我真是苦啊！誰能救我脫離這取死的身體呢？**」（羅馬書 7:24）所以講，眞正成爲一名基督徒是一件非常困難的事。今天，人們看到的基督徒大都是世俗化的基督徒，每周去教堂吃次精神速食都算是虔誠的，所以千萬不要將這些世俗化的基督徒等同於屬靈意義上的基督徒。從古至今，能夠眞正領會基督教人生觀，並將之融入到生命裡，完全用心靈和誠實敬拜上帝，用愛人如己的理念服務人群的基督徒都是鳳毛麟角般的珍稀。

基督教的人生觀說起來確實有些令人費解，對那些爲自己肉體私欲而活的人而言，追求屬世的權利和金錢最實際。而爲他人而活的人明白權利和金錢只有在正確使用時才有價値，否則非但無益反而有害。比如中國社會中的父母總是以爲爲孩子們存錢是愛，卻不知這恰恰是在害孩子。孩子們既不珍惜父母的勞動所得，認爲是理所應當的父母責任，又培養了依附心理和懶惰。更糟糕的是年輕人最需要懂得的做人道理卻沒人教給他們。世俗社會庸俗不堪的世俗理性把人都教成了利慾薰心、財迷心竅、自以爲是的人。爲他人而活的基督徒相信虔誠敬業獲取的金錢是神賜予的，它不是個人財富，而是社會利益。個人只是這些財富的管家，本著愛人如己和造福大眾的理念，基督徒要用金錢爲人類創造更豐富的產品，更方便的生活和更自由的世界。

另外對權力的觀念上，世俗理性者一向認爲權力是爲個人利益服務的，他們爲他人付出也僅是爲了有助於提升自己的地位和聲望。他們謀取權力並非出於國家和社會的考量，只是想獲得物質上的滿足和居於他人之上的卓越感，這也是世俗社會裡貪污腐敗橫行的根源。而基督徒明白權力來自於民眾的信託，所以必須要做一位「**忠心有見識的管家**」（路加福音 12:42），盡心盡力代主人管好家，不辜負主人的信任和託付，忠實地遵行耶穌基督關於「**僕人不能大於主人，差人也不能大於差他的人**」（約翰福音 13:16）的教諭。基督徒也謀求權力，但並非是爲自己做打算，而是因爲這樣可以貢獻更多，同時幫助更多的人。

基督徒能夠這樣做是出於他們的人生觀，爲了「神的榮耀和其他人的好處」。「神的榮耀」完全來自內在層次對來自天堂的眞理的感受。「其他人的好處」不單是指物質上的益處，更多的是指幫助他人獲得屬靈生命的豐盛和良心的自由。

不同人生觀的人對人生是否成熟也有著完全不同的看法，屬世的人認爲擁有一技之長或獲得安身立命之所，知道爲自己的利益努力爭取就代表成熟；而屬靈的人則認爲能夠不計個人得失與世俗眼光安心地侍奉神和服務人，並能夠爲追求良善和眞理而犧牲個人利益才眞正代表成熟。在屬世之人的眼中，屬靈的人有點弱智和瘋癲，而在屬靈的人眼中，屬世的人還沒有眞正長大。

基督徒的人生觀不是在神學院或修道院裡通過學習或教導培養出來的能力，而是在向他人傳遞愛的行爲中養成的。基督徒的人生觀不僅使自身屬靈生命得以提升，同時也使整個人類社會受益匪淺。不論是在思想文化、政治法律、教育科學，還是音樂美術、曆法節日、風俗習慣等方面，都因爲基督徒的努力而深刻、永久地改變了這個世界（詳見前書《基督教啓蒙讀物——最後的爭戰》）。不論你是否承認，整個世界都因爲基督徒的人生觀而發生了翻天覆地的變化。

基督教的人生觀有始有終，它使人明白自己從何而來，要往何處去。它教人相信生命的活水是愛，靈魂的食糧是愛，人生的眞義是愛，天國的主題還是愛，而愛就是利他，也是通往天國的唯一途徑。具有這樣人生觀的基督徒內心中總是充滿平安喜樂，他們很少會爲自己的私欲牽腸掛肚。在神的祝福下，基督徒藉著耶穌基督的福音尋找到了生命的眞義。他們透過良心和理性培養出的理信，實現了內心世界的和諧統一，並通過善行義舉由內而外地影響著外部的世界。

基督徒藉著靈魂守望努力地與神交通，積極地在世間思考和探索生命的眞義，熱情地爲他人服務，並在這種人生觀引導下使屬靈生命與屬世生命一同成長。

3.基督教的價値觀

價値觀顧名思義就是人對事物的價値判斷，價値觀簡而言之有兩類，一類是認爲物質世界高於精神世界；另一類則認爲精神世界高於物質世界。基督徒的價値觀受其世界觀的影響明確屬於後一類。在基督徒的眼中，屬靈的世界永遠高於屬世的世界，天上的財寶永遠重於地上的財富。正如保羅所講，「**原來我們不是顧念所見的，乃是顧念所不見的。因為所見的是暫時的，所不見的是永遠的。**」（哥林多後書 4:18）基督徒遵照耶穌的教誨，將自己辛勞所得的財物無償拿出來幫助那些物質貧乏的人們，借此將神的愛傳遞出去，以使自身的神性得以彰顯。「**你若願意作完全人，可去變賣你所有的，分給窮人，就必有財寶在天上**」。（馬太福音 19：21）

爲了追求天上的財寶，基督徒願意放棄地上的財富。從古至今，基督徒放棄地上財富的例子數不勝數，比如從古羅馬時期基督徒就大量地釋放自己的奴隸，「據說聖梅拉尼亞釋放了 8000 名奴隸；聖奧維迪烏，一位富有的高盧殉道士，釋放了 5000 名；克羅馬提烏，戴克理先時期的一名羅馬長官，釋放了 1400 名；赫爾梅斯，圖拉真時期的一名長官，釋放了 1200 名；（還有）在奧古斯丁統治下的希波城裡的許多基督教神職人員和普通平民，把釋放他們的奴隸視爲一種敬虔的行爲。」[37]再如把自己的財富接濟那些孤兒寡婦，失養的老人，生病的、爲義坐監的窮人，救助饑荒、地震和戰爭期間的難民。他們不分信教的或不信教的都予以盡可能的幫助。就連仇視基督教的羅馬皇帝朱利安也哀歎：「通過向陌生人提供愛心服務，通過關心亡者的葬禮，無神論（羅馬人將基督徒視爲無神論者，因爲基督教敬拜的上帝沒有具體形象）已經得到長足的發展。沒有一個猶太人是乞丐，無神的加利利人不僅僅關心他們中的窮人，而且也關心我們中的窮人，而屬於我們的人在尋求我們應當提供給他們的幫助時，卻一無所獲，這太不像話了。」[38]

基督徒的價值觀是建立在他們的世界觀和人生觀的基礎上，基督徒的世界觀告訴他們屬靈世界和屬靈生命屬於內在的、核心的、高級的生命領域，屬世世界和屬世生命屬於外在的、邊緣的、低級的生命領域。兩者雖然相互關聯，互爲一體，但是卻有高低之分，輕重之別。基督徒的人生觀告訴他們利他是人生的根本目標，基督所講的良善和愛都是通過利他表現出來的。而現實生活中利他就是通過爲他人創造價值和提供服務來實現，所以人們常講的「人生的價值就在於奉獻」以及商家常講的「顧客就是上帝」都是從這裡衍生出來的。因爲人的世界觀和人生觀決定了人的價值觀，所以人對生命有什麼樣的認知就對世界有什麼樣的價值取向。

基督徒對人生和世界的看法正如上文所講，他們認爲天堂的善和眞理才是眞正值得追求的事物，而俗世的功名利祿不過都是世人的虛榮。所以他們捨得放下一切外在的物質享受，一心追求天堂裡的善和眞理。基督徒的價值觀使他們能夠無私地犧牲自己的利益，爲那些素不相識的人提供幫助。對爲自己而活的人來說，這種價值觀簡直不可思議，他們從自身的世俗理性出發去揣摩基督徒的行爲，必然會強加給他們一些自私的念頭，即使十分牽強的理由自私的人也能說出口，因爲這本身就是他們的眞實想法。但基督徒會選擇原諒他們，因爲基督告訴他們，「**要愛你們的仇敵，為那逼迫你們的禱告。**」（馬太福音 5：44）正像祂在十字架上所做的那樣。

基督徒的價值觀並非基督教獨有，在早期人類歷史上，幾乎所有敬天愛人的民族都產生過與之相似的價值觀。比如古代中國人就認爲敬天愛人是爲人之本。在全世界所有宗教（邪教除外）理論中也都能看到這一觀點，可以說，就良善是屬靈世界的本質屬性這一點，所有的宗教乃至哲學都能達成共識。在哲學方面，偉大的思想家們也研究出了

---

[37] 《基督教對文明的影響》，第 255 頁。
[38] 《基督教會史》，第 39 頁。

這一理念，如蘇格拉底就曾講過，「我覺得，在可知世界中最後看見的，而且是要花很大的努力才能最後看見的東西乃是善的理念。我們一旦看見了它，就必定能得出下述結論：它的確就是一切事物中一切正確者和美者的原因，就是可見世界中創造光和光源者，在可理知世界中它本身就是眞理和理性的決定性源泉；任何人凡能在私人生活或公共生活中行事合乎理性的，必定是看見了善的理念的。」[39]這裡所講的「善」與宗教所講的「善」，在內涵和外延上都是一致的。

「善」的表現就是愛，它是連結人與神之間的紐帶。唯有基督明白這一眞理，所以祂爲向人類彰顯這一眞理，捨身作了贖罪祭，在十字架上向世人顯明了愛的內涵——無私和至善。基督身上的神性正表現爲徹底地愛人，徹底地利他，純全爲世人舍己，無一絲一毫地保留，藉此彰顯出祂純全的神性。「**惟有基督在我們還作罪人的時候為我們死，神的愛就在此向我們顯明了。**」（羅馬書 5：8）

基督徒從基督身上明白了生命的眞義以及一套世人匪夷所思的價值觀。通常基督徒相信有一個肉眼看不見的屬靈世界，有一位全能的神。而這位神是無私、至善和公義的神，因此他們積極地行義，希望能藉此榮耀神，得神祝福。經上講「**憐憫貧窮的，這人有福**」。（箴言 14：21）爲得著這祝福，並最終能進入天國，得享永生，基督徒不管是有錢人還是沒錢人都積極地行義。有錢人將自己的財富分給那些眞正需要幫助的人，沒錢人放棄追求屬世財富的機會，眞正充滿愛心地關心人、幫助人、服務人。在這裡有一個中國人最關心的問題——吃飯問題，難道基督徒都不用考慮衣食住行嗎？這確是重視屬世世界的人時刻思考的問題，在現實世界中基督徒經常會遇到這個問題。在聖經中耶穌對祂的門徒講：「**不要為生命憂慮吃什麼，喝什麼；為身體憂慮穿什麼。生命不勝於飲食嗎？身體不勝於衣裳嗎？**」（馬太福音 6:25）「**不要憂慮說：『吃什麼？喝什麼？穿什麼？』這都是外邦人所求的。你們需用的這一切東西，你們的天父是知道的。你們要先求他的國和他的義，這些東西都要加給你們了。**」（馬太福音 6：31－33）還說：「**你們要謹慎自守，免去一切的貪心，因為人的生命不在乎家道豐富。**」（路加福音 12：15）

有了基督的教訓，所以基督徒並不在意屬世世界中的家道豐富，但這並不意味著就會貧窮。基督徒的天職觀是服務人榮耀神，不管是做服務員、公司高管、政府雇員還是教師、醫生或任何其他職業都是以服務他人爲目的。每個人的工作都是一樣神聖，工作本身沒有高低貴賤之分。人們工作的目的都是通過愛人並爲人服務而榮耀神，正如列夫・托爾斯泰所說：「我相信一個人的眞正的幸福在於完成神的意志，我相信神的意志是要一切人愛他的同類，永遠爲了他們服務。」[40]通過爲人類服務，基督徒自然會獲得相應

[39] 《理想國》，第 279 頁。
[40] 羅曼・羅蘭，《托爾斯泰傳》，華文出版社 2013 年版，第 78 頁。

的報酬，因此基本的生活開支是無虞的。如果爲人類做的貢獻越多，像洛克菲勒、諾貝爾、比爾・蓋茨那樣，他的報酬就越大，得自神的榮耀就越多。從這個意義上講，基督教對賺錢的概念實際上就是爲社會創造財富，爲人類提供更加方便自由的生活，同時彰顯基督聖愛的過程。

既然人是爲他人而活的，既然天堂是以人的良善和愛爲衡量標準，那麼人就沒有必要爲獲取金錢而勞心費神、疲於奔命，更不會爲了屬世的財富不守誠信、爾虞我詐、巧取豪奪、傷天害理。基督徒這樣的價值觀使他們相信在賺錢方面一定要誠實守信，昧良心賺來的錢本身就帶著詛咒。在使用金錢上也一定要以創造最大的社會效益，謀求人類最大的幸福爲宗旨。所以他們絕不會做金錢的奴隸，並相信惟有會正確使用金錢的人才是金錢的主人，「金銀屬於那些懂得使用金銀的人，……一個人只有在正當地使用某物時，才可以說是擁有它。」[41]

那麼基督徒對金錢怎麼看呢？基督徒相信虔誠敬業獲取的金錢是神賜予的，它不是個人財富，而是社會利益。這樣的金錢當然不能亂花，但是如何管理金錢是一個考驗基督徒的現實問題，基督教對此提出了一個「管家」理論。金錢就是一種工具，人類一定要做金錢的管家而非奴隸。本著愛人如己和服務大眾的理念，基督徒要用金錢爲人類創造更多的財富，更方便的生活和更自由的世界。基督徒這樣做是爲了「神的榮耀和其他人的好處」，「其他人的好處」不單是指物質上的益處，更多的是指幫助別人獲得屬靈生命的豐盛和靈魂的得救。同時基督徒也很清楚，如果管理不好金錢就會使人產生驕傲，自以爲是，阻斷對神的感恩之心。「**因為那時人要專顧自己、貪愛錢財、自誇、狂傲、謗瀆、違背父母、忘恩負義、心不聖潔**」。（提摩太后書3：2）從而追求奢侈，輕慢窮人，最終引人走向滅亡。「**但那些想要發財的人，就陷在迷惑、落在網羅和許多無知有害的私欲裡，叫人沉在敗壞和滅亡中。貪財是萬惡之根！有人貪戀錢財，就被引誘離了真道，用許多愁苦把自己刺透了。**」（提摩太前書6：9－10）人類能否成爲金錢的管家，價值觀起到了關鍵作用。只有眞正認識眞理，完全信靠神的人才能最終成爲金錢的管家。

就如看待基督徒的人生觀一樣，世俗之人也總是難以理解基督徒的價值觀，古羅馬人嘲笑他們低能，或者是群「幸福過頭」的人。今天仍然有人認爲基督徒的行爲違背「理性」，是群不可理喻的人。確實他們對物質享受看得很淡，每日粗茶淡飯，他們的人生目標也不是爲了享樂，他們眼睛盯的是天國的榮耀和基督的允諾。「**你們要變賣所有的周濟人，為自己預備永不壞的錢囊，用不盡的財寶在天上，**」（路加福音12:33）「**在我父的家裡有許多住處；若是沒有，我就早已告訴你們了；我去原是為你們預備地方去。**」（約翰

41 H.A.Deane.The Political and Social of St.Augustine (New York:Calumbia University Press.1963) p.293

福音14:2）因此他們努力地工作是爲了追求天國的義，並由此而獲得來自天國的榮耀和內心的安寧。「在一件事中得到快樂，並且從中獲得內心的安寧，即樂於爲大眾服務，虔誠地思考神的靈。」[42]他們通過服務人群而創造了大量的財富，又用這些財富繼續爲人類服務。因此，基督教國家通常比較富有，慈善事業也非常興旺。

不管是有錢人還是沒錢人，基督徒都已擺脫了屬世財富的羈絆，眞正著眼於天上的財寶，即耶穌基督許給信徒們的天國門票，有了這張門票，生命將會獲得永恆的價值。

基督徒的價值觀確是令常人難以理解，他們視金錢爲身外之物，辛苦得來卻輕易地舍去。因爲他們相信生命的價值在於奉獻，而非索取。人只有在爲他人的服務中，屬靈生命才能得以眞正成長。從古至今基督徒的善舉源遠流長，古羅馬時期基督徒就釋放了大批奴隸，中世紀像法蘭西斯這樣的聖徒把自己身上僅有的衣服都送給了窮人，近代的美國石油大亨洛克菲勒，平日生活十分簡樸，但是一生熱愛慈善事業，如爲北京協和醫院的創建捐出了大筆資金。偉大的發明家諾貝爾一生發明無數，僅專利就有355項，其去世前將自己的所有財富捐出來設立了著名的諾貝爾獎。當今的有比爾·蓋茨和巴菲特的裸捐，他們都是認識神的人，知道孰輕孰重，也都明白拜金的人一定是遠離神的人。

但是生活在地上的基督徒也清醒地意識到，要想保持他們的這種唯心價值觀，就必須擁有自由。自由是神賦予人類按照良知（神性）行事的內心意念和行動力，也稱自由意志。自由是人與生俱來的天賦權力，不是某個人或組織或法律制度賜予的權力。自由通常也稱爲個人自由，它包括良心自由（屬靈自由）和行爲自由（屬世自由）。（詳見下文《爲什麼耶穌講「眞理必叫你們得以自由」？》）

良心自由眞正產生於人的內在意念，是人發自於內心的眞情實感。這種發自內心的自由是與內心中的愛和意念連爲一體，屬於人內在本質的自由。這種自由帶著神性的愛和智慧，散發著神性的光輝，本質上體現的是神之眞理。

良心自由幫助人類在神性的光照下，依著聖靈的指引尋得眞理，並在眞理的幫助下看見神，恢復與生俱來的神性，且啓蒙理性，樹立理信，實現生命的飛躍。基督徒藉著基督賜予的福音眞理獲得了良心自由，「**你們必曉得真理，真理必叫你們得以自由。**」（約翰福音8：32）因爲擁有了良心自由，基督徒能夠分清善惡，並選擇向善，活出了神賦予的美好生命，且爲神作出了美好的見證。而如果失去良心自由，人就無法做出正確的價值判斷，無法辨別善惡，只能隨著他人的引導，無論向善向惡都只能偏信盲從。當處於這種境地時，人只能聽天由命，以致時常陷入謬誤，淪爲愚氓，任人宰割。

有感于自由來自於眞理，而眞理來自於神，所以基督徒明白自由的背後有著神的影

---

[42] 克萊門，《勸勉錄》，安徽人民出版社2013年版，第115頁。

子，每個人要想實現人生眞義就必須獲得良心自由。這種認識使基督徒對自由的重視超越了對死亡的恐懼，所以有基督徒講，「無自由，毋寧死」。 他們爲了捍衛良心自由不懼生死，也不畏懼任何屬世的權勢和暴君，因爲基督告訴他們，「**那殺身體不能殺靈魂的，不要怕他們；惟有能把身體和靈魂都滅在地獄裡的，正要怕他。**」（馬太福音 10:28）

自由如此重要，使基督徒形成了一種特有的自由觀。這種自由觀由於受基督教世界觀的影響將自由分爲良心自由和行爲自由，具體來講，良心自由是指形而上的信仰自由，行爲自由是指形而下的思想自由、言論自由、出版自由等精神方面的自由以及集會自由、結社自由、遊行自由、遷徙自由等肉體方面的自由。這種自由觀使人類逐漸認清了由世俗理性培養出來的虛僞自由觀，那種僅僅以行爲自由爲主導的自由觀，使世人不知不覺中陷入到肉體感官的束縛中，被私欲捆綁，變得自私貪婪、驕傲自大、頑梗悖逆，最終淪爲罪的奴隸。基督教的自由觀使人類逐漸擺脫了肉體私欲的羈絆，世俗理性的束縛以及罪性的轄制，擁有了長久的眞實自由，並形成了一種特殊的自由價值觀。

基督徒的自由價值觀對認識眞理起到了絕對的作用，不但印證了基督的話，「**你們必曉得真理，真理必叫你們得以自由。**」（約翰福音 8：32）同時也是基督教「三觀」的立身根基。缺乏對自由的認知，基督教的三觀隨時都有傾覆的可能。因爲人靈裡的神性總是沒有肉體私欲來的強大，這是良知裡的善總是敗給肉體裡的惡的主因。人的一生無時無刻不在經歷著靈與肉的爭戰，整個世界也借由二者之間的爭戰維持著動態的平衡。人維持二者平衡的就是良心，唯有獲得良心自由，人才能跳出深井，走出山洞，認識眞理；而唯有認識眞理，人才能理信地思考和選擇，並由此獲得良心自由。二者相輔相成，人才能培養出正確的三觀，且獲得靈魂的覺醒和生命的重生。

基督徒的自由價值觀引領著基督徒不斷地追求良心自由，在思想意識層面，他們獨創了自由、平等、博愛的普世價值觀；在政治層面，他們樹立了人人平等的民主意識；在法律層面，他們創設了法律至上的法治理念；在教育層面，他們創建了獨立自由的大學之魂；在科學層面，他們建立了萬物可循的自然哲學；在公益層面，他們創造了扶危濟困的人道主義。自由價值觀不僅爲人類思想意識設立了根基，而且也爲經濟發展提供了理論模式。基督徒意識到，失去了物質基礎的自由，思想意識的自由也難以得到保障。所以，基督教的自由價值觀爲後世自由市場經濟的形成奠定了思想和理論基礎。（詳見下文《什麼是經濟的目的？它與經濟性質有什麼關係？》）

基督徒憑藉良心、誠心和信心，並藉著基督的福音戰勝了世俗理性，擁有了屬靈的智慧。依據這種智慧培養出來的價值觀就是基督徒的價值觀。這種價值觀不僅在屬靈世界裡閃亮，即使在屬世世界中也依然證明了它的眞理性。

什麼樣的世界觀決定了什麼樣的人生觀，對世界有正確認知的人，心中自會存有一種對神靈的敬畏，這也解決了他們對自身來歷的認知。基督徒的世界觀無疑使他們的眼界和格局不同于常人，也使他們能更加清醒地認識到生命的眞義。基督徒藉著對眞理的認知，使他們對神產生出純正信仰，對人產生出自然理性，且由此使他們明白了生命之道就在於愛神的果效要體現在愛人上。所以無需置疑他們爲什麼無條件地愛人，因爲他們心中那位無私至善的神就是無條件地愛人。不要因爲不理解他們，就懷疑他們愛人的目的，這與他們的信仰密切相關。

正是基於對世界本質的認知，基督教的人生觀告訴基督徒，爲達到那眞實的至高之境，就必須要在這個屬世世界證明自己，證明自己的心已經達到那個高處的眞實之境。所以他們努力地創造價值，造福人群，爲自己身上的神性作見證。這種人生觀表現在日常生活中，就是設身處地地爲他人著想，盡可能地去幫助那些有困難需要幫助的人。這種幫助當然不僅是指物質層面的幫助，更主要的是在屬靈層面提供幫助。他們辛苦地創造價值，並積極地去行善，就是因爲進入天國在基督徒的心裡比什麼都重要，而肉體只不過是靈魂用來提升自我的一個工具。因此絕不能本末倒置，爲了耽於肉體享樂，而罔顧生命到此世間的眞正目的。

為什麼不能隨己意自稱「神的僕人」？

關鍵字：神的僕人；眾人的僕人

平時總能看見有人或有文章作者自稱「神的僕人」，博客名或QQ名或微信名直接就以神的僕人自居，窺其心理，不外是一方面顯得自己與神的關係較近，另一方面也顯得自己與眾不同，似乎高人一等，就好像講自己是總統先生的廚師一樣。那麼神眞的需要僕人嗎？就像官老爺們一樣，喜歡前呼後擁，被阿諛奉承地捧著、抬著？難道神眞是這樣嗎？聖經裡神藉著先知的口說，「**我喜愛良善（或作「憐恤」），不愛祭祀；喜愛認識神，勝於燔祭。**」（何西阿書 6:6）

也許很多人不以爲然，從古至今，無論何種宗教信仰似乎都喜歡對自己信仰的神頂禮膜拜，幾乎無有例外。你看香煙繚繞的廟宇、道觀，安靜肅穆的教堂、清眞寺，還有許許多多的宗教場所似乎都在印證著這個事實——神喜歡人敬拜，神喜歡人服侍。所以呢，從古至今，神就沒缺過僕人，這些願意做神僕人的人擋都擋不住。他們除了常去宗教場所敬拜偶像，還在家裡供奉偶像，身上掛著偶像，甚至從服飾上就能看出他拜的是那位偶像。他們遵守著宗教教條規定的清規戒律，甚至有些宗教徒不惜苦修肉身，即使摧殘肉身也樂在其中。

保羅對這種事情有清醒地認識，「**這些規條使人徒有智慧之名，用私意崇拜，自表謙卑，苦待己身，其實在克制肉體的情欲上是毫無功效。**」（歌羅西書 3：23）那麼耶穌基督對此又是怎麼說的呢？「**你們將薄荷、芸香並各樣菜蔬獻上十分之一，那公義和愛神的事反倒不行了。**」（路加福音 11:42）可見耶穌更在乎人去行公義和愛神。行公義好理解一些，正如耶穌所說的「**因為我餓了，你們給我吃；渴了，你們給我喝；我作客旅，你們留我住；我赤身露體，你們給我穿；我病了，你們看顧我；我在監裡，你們來看我。……我實在告訴你們：這些事你們既做在我這弟兄中一個最小的身上，就是做在我身上了。**」（馬太福音 25：35－40）那麼愛神呢？這些人不正在拼命地表現愛神嗎？聽聽耶穌是怎麼講愛神的。「**那真正拜父的，要用心靈和誠實拜祂，因為父要這樣的人拜祂。神是個靈，**

所以拜祂的，必須用心靈和誠實拜祂。」（約翰福音 4:23-24）

這裡的心靈指的就是人的良心，聖經裡講，「**你要保守你心，勝過保守一切（或作「你要切切保守你心」），因為一生的果效，是由心發出。**」（箴言 4:23）「**我因此自己勉勵，對神、對人，常存無虧的良心。**」（使徒行傳 24：16）馬丁・路德認爲，「良心是『人與上帝關係的依託』，是『人的信仰之根』[43] 。誠實相對好理解一些，用基督的話來說就是，「**你們的話，是，就說是；不是，就說不是；若再多說，就是出於那惡者。**」（馬太福音 5:37）保羅這樣解釋要人誠實的原因，「**你們要棄絕謊言，各人與鄰居說實話，因為我們是互相為肢體。**」（以弗所書 4:25）看來神不喜歡謊言、詭詐以及一切掩蓋私欲的東西，人類的那一套世俗理性在屬靈世界根本行不通。

在所有宗教信仰中（邪教除外），沒有哪個宗教的神會要求人做祂的僕人。神是靈，祂根本不需要人做祂的僕人。相反神賜予人祂的形象和獨立的位格，要人按照自己的良心和理性管理好自己。這本是生命的眞義，也是神造人的初衷。因此人是否信仰神，完全是個人靈魂的事，沒必要給他人表現出來，甚至爲此刻意崇拜，自表謙卑，就像那些法利賽人一樣人，「**他們一切所做的事都是要叫人看見，所以將佩戴的經文做寬了，衣裳的穗子做長了；喜愛筵席上的首座，會堂裡的高位；又喜愛人在街市上問他安，稱呼他拉比（「拉比」就是「夫子」）。**」（馬太福音 23:5-7）

那不能做神的僕人，還能做誰的僕人呢？讓我們聽聽耶穌是怎麼說的，「**在你們中間，誰願為首，就必作眾人的僕人。**」（馬可福音 10:44）聽明白了嗎？想要與神親近就先要做眾人的僕人。可能有人又會舉出保羅和彼得都以基督的僕人自居，這裡想說的是：第一，這些人根本沒有可比性；第二，他們能自稱基督的僕人是因爲他們明白在成爲基督的僕人以先，先要做眾人的僕人。做不了眾人的僕人就不能做基督的僕人。「**我雖是自由的，無人轄管，然而我甘心作了眾人的僕人，為要多得人。**」（哥林多前書 9:19）這就是說，他們都明白愛神的果效要體現在愛人上。那些一心想做神僕的人，應當首先記住這句話，「**敗壞之先，人心驕傲；尊榮以前，必有謙卑。**」（箴言 18:12）所以在想要自稱神的僕人之前，先要眞正謙卑下來，然後努力去做眾人的僕人。

當人眞正明白這些道理後，人不會再以神的僕人自居，相反人會與神爲友，因爲耶穌講：「**你們若遵行我所吩咐的，就是我的朋友了。以後我不再稱你們為僕人，因為僕人不知道主人所作的事；我乃稱你們為朋友，因我從我父所聽見的，已經都告訴你們了。**」（約翰福音 15:14-15）耶穌的話清楚地告訴我們，只有不認識神的人才自稱是神的僕人，當人眞正認識神後，神與人的關係就是朋友。所以不要到處宣稱自己是神的僕人，那只

43　哈樂德・伯爾曼，《信仰與秩序——法律與宗教的複合》，中央編譯出版社 2011 年版，第 138 頁。

會讓自己更加遠離神。

需要注意的是，人若不注意按照心靈和誠實敬拜神，反而喜歡用私意崇拜，自表謙卑，那麼很容易受肉體私欲的誘惑而陷入愛己之中，不知不覺中犯了罪，最終淪爲了罪的奴僕。「**私欲既懷了胎，就生出罪來；**」（雅各書 1:15）「**我實實在在地告訴你們：所有犯罪的，就是罪的奴僕。**」（約翰福音 8:34）

耶穌為什麼講:「不要為明天憂慮，因為明天自有明天的憂慮；一天的難處一天當就夠了。」

關鍵字：活在當下；愛神的人；愛人的人；愛世的人；愛己的人

中國古人出於自然理性對「活在當下」有著特別的認知，正如我們俗話講的「船到橋頭自然直」。古人基於一種自然理性的認知，明白過多的憂慮非但解決不了問題，反而會增加人的心理負擔。所以主張放下屬世的煩惱，舒展思慮，使心境變得高遠遼闊。恰如陶淵明所說，「問君何能爾？心遠地自偏。」很多人以爲人要有長遠打算，否則很快就會陷入麻煩之中。正如成語「人無遠慮，必有近憂」所講。這句話本身沒有錯，因爲人具有智慧，出於對未來的未知會有打算當然正常。但是這種打算應是爲增長屬靈生命的智能和智慧，學會認識神，使人生過得更有意義。而非基於個人世俗利益，只考慮肉體私欲，爲此每日過得憂心忡忡，甚至食不甘味，夜不能寐。或者徒有豐富的學識和崇高的地位，卻只是憑藉世俗的眼光體會一切，並傾向於將神摒除在外，依然每日爲世俗虛榮勞心勞力。其實這也屬於一種僞智（表現爲世俗理性），表面上通過努力敬業獲得了別人的讚賞和敬重，到頭來終究是爲了一己之私，一旦有了作惡的機會，就會暴露出其內在的邪惡本質。

如果是出於形而下世界低等動物來考量，那麼無話可說。但是人是具有智慧和良知的生命，人打從被創造起就註定要「**管理海裡的魚、空中的鳥、地上的牲畜和全地，並地上所爬的一切昆蟲。**」（創世紀 1:26）人的肉體起初來自於泥土，它是沒有生命的，只有當神賜予人靈魂的那一刻，人才有了生命，所以基督講，「**叫人活著的乃是靈，肉體是無益的。**」（約翰福音 6:63）

不明白「**叫人活著的乃是靈，肉體是無益的**」（約翰福音 6:63）道理，人就會忙於滿足自己的肉體需求以及虛榮心，且總是沉溺於屬世的憂患之中，整日裡費盡心機，算計來算計去，不但自己活得累，也把這個屬世世界攪擾地紛紛擾擾，永無寧日。中國四千多年的專制史，實際就是一部肉體私欲主宰下的世俗理性史。你看那些官場上的官吏、市井中的商販、書齋裡的腐儒，哪個不是爲了功名利祿耗盡心機，甚至出賣自己的良心和肉體。越憂慮未來，越缺乏信心，越容易陷入各種各樣的利益陷阱中難以自拔。整個世界就是因爲人們的你爭我搶、爾虞我詐、強取豪奪而變得波譎雲詭，變幻莫測。

其實，大道至簡。世界本沒有那麼複雜，只是人心的欲望沒有止境，才會將這個屬世世界搞得烏煙瘴氣。上古的人們能夠活得輕鬆自然，就是因爲他們沒有那麼多的物質需求，也沒有後世之人那麼重的虛榮心。他們相信上帝，本著一顆淳樸善良的心，愉快地度過生命中的每一天。而今天的世人活得很累，就是因爲完全喪失了對神的敬畏，不明白生命的眞義就是爲神作見證。無視良善和眞理的存在，肆意地放縱自己的肉體私欲，使自己陷入形而下的外在感官刺激中。這樣的生活只會使人墜入短暫的肉體愉悅中，隨之而來的卻是巨大的空虛失落感，這種情形也會使人在無邊的欲孽中失去人生的方向。

每個人對人生的看法，決定了對活在當下的心態，根據不同的心態大致可以分爲四種類型：愛神的人、愛人的人、愛世的人和愛己的人。

愛神的人因爲屬靈生命已經覺醒，所以看清了世界的本質和生命的眞義，不再爲屬世生命而困惑。藉著對眞理和良善的認知，他們取得了身心平衡，獲得了良心自由和理性啓蒙，並由此樹立起理信。明白了明天還有明天的試煉，「**明天自有明天的憂慮**」（馬太福音 6：34），因此做好當下的功課最重要。做好當下的功課，就是要將對神的愛彰顯在每個人的面前，「**你們的光也當這樣照在人前，叫他們看見你們的好行為，便將榮耀歸給你們在天上的父。**」（馬太福音 5：16）因爲愛神的果效一定要體現在愛人上，所以愛神就是愛人，不愛人的人就不可能愛神，這方面基督徒就是光輝的典範。對基督徒來講，過好每一天就是要在生命的每一天裡都愛人如己。「我們一旦在基督裡，我們就是爲了別人，而不是爲了我們自己而活。」「每個人在自己的位置上都要爲了全體的好處，如果他不是這樣獻上自己，他就是不義。」

爲神作見證不是一件容易的事，因爲爲神作見證就是要懷著喜樂的心情活在當下，這說起來容易，做起來很難，相信每一個愛神的人都能理解這其中的道理。聖經裡講了一個很典型的例子，在《聖經．約伯記》裡，記述了這樣一個故事。一個叫約伯的人，生活富有，家庭和睦，人間可以想到的一切幸福幾乎都擁有了。而且他本人還是一個虔誠信神、樂善好施的人。就是這樣一個人，有一天，突然受到神的試煉。神收走了他所有的財富，且使他家破人亡。可是他仍然堅信神的至善和全能，並不以受傷記恨神。但是接二連三的打擊接踵而至，他從頭到腳都長滿毒瘡，活得人不人鬼不鬼。這時他終於受不了了。他祈求神要他死，不要再折磨他了。這麼有信心的人在連番打擊下也喪失了信心，可見要懷著喜樂的心情活在當下有多難。幸好神的試探結束了，約伯雖然厭惡自己，甚至抱怨神的試探。但是神只是告訴約伯，神意的長闊高深不是有限的人能夠測量的，所以不要抱怨，更不要憤怒，而要學著接受各種試煉，因爲人生來就是要經受考驗的。不僅是在生活美滿時要對神充滿信心，更要在生活悲慘時依然要堅守信心，美好的見證就是無論如何都要充滿信心地過好每一天。

約伯的故事告訴我們，愛神的人就能做到恒善嗎？這需要試煉。很多僞善的人平日裡滿嘴仁義道德，實際上卻是滿肚子男盜女娼，這樣的例子應該在現實生活裡十分普遍吧。即使眞是一個愛神的人，保不齊偶爾也會犯錯，尤其是在思想方面。很多人以爲只是想想沒什麼，但是決定人行爲的恰恰是人的意念。因意念決定思維，思維決定行爲。當眞的情況出現時，難保不會造成犯錯的嚴重後果。所以不想做出錯誤的事情，就必須讓自己的心中充滿愛，因爲愛是良善的表現，是智慧的源泉。眞正心中充滿愛的人，才是明白人生眞義，正確活在當下的人。

正確活在當下的人，那才叫活得一個眞實。他們看淡生死，明白叫人活著的乃是靈，靈魂的覺醒才是最最重要的。所以他們明白人生的各種苦難都是神每天爲人布置的功課，所以基督徒都聽從主的話，「**不要為明天憂慮，因為明天自有明天的憂慮；一天的難處一天當就夠了。**」（馬太福音 6：34）因爲了然了生命的眞義，所以對未來充滿信心，生命不再迷茫。體現在現實生活中，一方面積極地創造價值，造福人群；一方面傳播主的眞理，傳遞主的愛；一方面傳揚神的恩典，傳頌神的至善。愛神的果效使世界變得充滿和諧安寧，讓生命活得豐盛而有意義。

愛人的人相較愛神的人顯得較理性一些，因爲靈眼沒有完全睜開，所以依然是在屬世世界中探索，但是一顆愛人的心使他們異于常人，這些人的代表是哲人。愛人的人在日常生活中不僅爲自己的事憂慮，還要爲他人的事憂慮。他們的思想較之常人深遠，代表思想是「先天下之憂而憂」。愛人之人的情懷通常受到人們的稱讚，被視爲一種高尚的美德，如「仁者愛人」。但是這種受形而下世界影響的情懷總會給人帶來各種負面情緒，輕微的可能會使人發脾氣，嚴重的就會使人得抑鬱症。總之，不認識神的人，勘不破神的美意，只能以人的角度去理解世事的變化，有時會發出無語問青天的慨歎，有時會生出哀民生之多艱的愁緒，有時又會爲生靈塗炭而感到憤慨，所以很難做到懷著喜樂的心情活在當下的意境中。

愛世的人比較複雜，因爲靈眼很少睜開，所以只注重在屬世世界裡追求利益。愛世之人的複雜性表現在，他們雖然喜歡世俗利益，但是也很在乎世人的眼光。他們在爲自己利益打算的同時，間或也會爲他人的利益考慮。

愛世的人因爲關注世俗的虛榮，所以很看重他人的看法。如果遇到社會風氣良好的時候，他們也會表現得很優秀。如果遇上社會風氣不好的時候，他們就會表現得很詭詐。一方面他們還是很勤奮努力，想要獲得社會的稱讚。另一方面卻總是意圖遮人耳目地撈取金錢、權力、名聲或女色等，他們爲善的目的顯然還是專注於世俗事物，並沒有理解自身的內心狀態和生命的本質。

愛世的人出於世俗虛榮也會表現出愛人，但是它與基督徒的愛人迥然不同。愛世的人愛人只是爲了行一己之私及貪圖世間的一切，若不是因爲害怕法律的制裁，擔心失去名聲、財富和生命，他們肯定會做出有違公義和誠信的勾當。由於他們不認識神，也不畏懼神的律法，因此內心全然不受約束，只要一有機會，他們便會恣意對他人使出欺騙和搶奪的手段，並以此爲樂。

基督徒的愛人則是因爲靈裡專注於神，所以他們不僅是爲了遵守法治和道德而實行誠實和公義，更是爲了遵從神的戒律。由於他們的內在已經開啓，所以時時能收到主的資訊。藉著這資訊轉變爲信念，並由內而外表現爲信心，在道德和法治生活中行誠實和公義的一切事。

雖然愛世的人與基督徒從一出生起都已開始接觸法治和道德，無論哪一種人均會遵守道德和法治，沒有人會刻意想背負不誠實和不公義的名聲。因此在平時幾乎每個人都以誠實和公義的外表示人，甚至會誤以爲他們是發自內心的行誠實和公義。但是由於內在靈性層次的開啓和關閉，即使外表上呈現出的誠實和公義看似無異，但其實內在本質卻有著天壤之別。

那麼愛世的人能否正確活在當下呢？由於愛世的人欲望沒有止境，他們始終生活在私欲的泥沼中，見不得別人比自己幸福，更不能忍受自己過得不如別人（當然實際情況並非眞如他個人的想像）。這種「人比人，氣死人」的心態使貪婪的心永遠不可能知足於活在當下，他們即使活得已經比大多數人幸福了，仍然不知滿足。還要繼續地尋找下一個攀比目標，這種人永遠是精神上的乞丐，永遠不懂得愛是什麼。

也許有人要問，難道愛世的人就沒有行善的可能嗎？有，愛世的人有時候也會做出一些善舉。但是這種善舉因爲沒有愛的支撐，結果只能是一種僞善。當然愛世的人有時候也會出於各種原因而表露出一種眞善，比如見到天眞無邪的小孩。但是這種善只能保存片刻，因爲詭詐多端、積習難改的本性很快會使他重回到愛世的狀態。這主要因爲他們以惡爲善，將謬誤當作眞理，思想裡充斥著各種邪惡的念頭，並將自己的愛以各種世俗理性合理化，最終導致自身的良知泯滅。所以，人生境界的高低和理智成熟的程度會左右人們對當下生活的基本態度。

有時我們也能見到極少數愛世的人幡然醒悟的個案，究其根源，這種愛世者一定出於良知未泯。他們要麼有家庭前期的良善教育，要麼悟性和機緣異于常人，更多的是兩者兼而有之。但即使他們因爲一個善的契機而改過自新，還是會因爲過去的一些習慣而經常犯錯，這也是正確活在當下的難處。

基督徒和愛世的人可能都表現爲努力活在當下，但是因爲生命境界和理性的程度不同，導致二者行爲的果效有著天壤之別。基督徒活在當下的行爲會使整個世界越來越趨向和諧理性，平安喜樂。愛世之人活在當下的行爲卻會使整個世界越來越人心浮躁，紛爭不休。導致這一天壤之別的根本原因就在對眞理的認知，基督徒因爲認知眞理而長期培養出來的純正三觀，使他們能夠時刻保持一份對人或對事的寬容心態，這其中充滿著對神的信心和對人的關愛。愛世之人卻因爲長期受僞理的影響而培養出虛僞的三觀，這種三觀使他們總是帶著一層虛假的面具活在人群中。所以，雖然兩者表面都表現爲活在當下，但是一個是內心充滿喜樂，懷著感恩的心爲周圍的人服務；另一個卻是內心充滿詭詐，並時時刻刻在爲自己今後的安排做打算。

愛己的人相對簡單一些，給人的印象就是凡事以自身的利益爲出發點，不考慮他人（社會、國家或任何公眾），完全以成就自己的名聲、地位和榮耀爲目標。在爲他人付出前，常常會在心中衡量著，「這和我有什麼關係？」、「我爲什麼要這麼做？」、「我該怎麼從中得到好處？」……等等，對與自身利益相衝突的事則絕對不做。愛己者愛屬於自己的一切，以及和自己相關的所有東西。

有些愛己的人常給人一種假像，好像很滿足於眼前的生活，很少替未來憂慮。其實他們的生命並非表面上看地那樣瀟灑或超脫，實際上卻是冥頑不靈，對生命的眞義惰於思考，懶於行動。他們不思進取，渾渾噩噩，今日有酒今日醉，做一天和尚撞一天鐘。這種只知道圍著自己的肉體私欲轉，根本不明白人生眞義的人，當然就顯得無憂無慮了。這種愛己的人不但靈性全無，就連理性（包括自然理性和世俗理性）也顯得十分稀缺。其實他們不是不願憂慮，而是不會憂慮。他們的意識行爲最接近動物，實在是一群難以理喻的生命。

缺少長期培養的純正三觀和屬靈智慧，不但無法保持正確活在當下的狀態，而且還會爲擺脫眼前的憂慮而將希望寄託在他人身上，這是人類產生偶像情結的原因。因爲對未來缺乏信心，人類盲目崇拜偶像，希圖借助偶像的庇護過好生活。結果卻屢屢成爲偶像的玩物，這在人類以往的歷史事件中得到廣泛而充分的證明。是人都會犯錯，連聖經上都講，沒有一個義人，潛臺詞就是都是罪人。所以基督徒藉著基督賜予的眞理，能夠時刻保持清醒地認識，「基於人有罪的觀點，清教徒拒絕給予個人過多的權力。權力有腐敗趨勢，並且可以被用來打壓別人。因此，統治者的權力必須予以妥善地監督。」[44]基督徒因爲對生命眞義的理解以及對人性的複雜有著清醒地認識，所以明白人正確地活在當下很難，人時常會出於複雜多變的性情和各種各樣的私欲而做出錯誤的行爲。所以基督徒絕不會盲目地崇拜某一個人，更不會因爲某個人的偉大功績而把他推向神壇。基督徒的信仰告訴他們，唯有神是無私至善的恒在，唯有神的道才是眞理。「**你的道就是真理。**」（約翰福音 17:17）所以基督徒努力地追求人間眞理，盡可能地保持警醒守望的人生態度，不給邪惡的意念留下一點可供作亂的空間。「**生氣卻不要犯罪，不可含怒到日落；也不可給魔鬼留地步。**」（以弗所書 4:26-27）

正確活在當下，是每一個通過信心見證生命眞義的人需要持有的生命態度。他們能保守好自己的良心，保持一個和平的心態，並保有一個與人爲善的信念。他們不會因爲一點屬世的利益得失而失去原本對生命所持有的正確態度，以及對神的信心。更不會因爲苟且於眼前的安逸，而將信心交托給不靠譜的人。

正確活在當下，就不能總是回首過去。既不要沉溺在過去的悲傷和痛苦裡，也不要陶醉在過去的美好和榮耀中，更不要生活在過去的恐懼與死亡的陰影裡。基督講，「**手扶著犁向後看的，不配進神的國。**」（路加福音 9：62）想過好當下，就要努力放下過去的一切，勇敢地與過去說再見。「**就是忘記背後，努力面前的，向著標杆直跑**」（腓立比書 3:13-14）。

正確活在當下不僅對待過去如此，對待未來也是一樣。基督曾對憂慮的人們講，「**不要為生命憂慮吃什麼，喝什麼；為身體憂慮穿什麼。生命不勝於飲食嗎？身體不勝於衣裳嗎？**」（馬太福音 6：25）「**你們那一個能用思慮使壽數多加一刻呢〔或作使身量多加一肘呢〕？**」（馬太福音 6：27）「**你們需用的這一切東西，你們的天父是知道的。你們要先求他的國和他的義，這些東西都要加給你們了。所以，不要為明天憂慮，因為明天自有明天的憂慮；一天的難處一天當就夠了。**」（馬太福音 6：32-34）基督在此告訴世人，未來之事自有神安排，不要爲那些屬世的欲望牽腸掛肚。神知道每一個人的需要，人們該做的是瞭解天國和天國的眞理。明白了世界的眞理和神的道，人還用爲那些形而下的俗事煩惱不休嗎？

正確活在當下的人一定是明白天道的人，也是遠離肉體私欲且信靠神的人。他們明白做人要無愧於心，不會爲世俗理性牽絆，受世俗虛榮纏累；不會爲肉體情欲奔波，墮落爲一個追求低級趣味的動物；也不會爲了五斗米奴顏媚骨，爲虎作倀，變成一個受罪性轄制的奴才；更不會爲了一己之私巧取豪奪、爲非作歹，淪爲一頭披著人皮的野獸。

---

[44] 約翰・艾茲摩爾，《美國憲法的基督教背景》，中央編譯出版社 2011 年版，第 20 頁。

正確活在當下的人是眞正自由的人，自己就是自己的主人。他會視功名利祿如浮雲，視生老病死爲自然。超然物外，淡泊名利，悠然自得，身心澄淨。就像陶淵明所講「采菊東籬下，悠然見南山。」這種理性狀態已經達到很高的境界，但是因爲缺乏顯明的眞理化身供參照，仍然是只知其然，而不知其所以然。「此中有眞意，欲辨已忘言。」忘的是什麼呢？就是對無私至善的老天爺的敬畏之心。中華民族自古以來有許多像陶淵明這樣的賢人志士，他們雖然努力地上下求索，但是只可惜神的安排不是人的智慧能夠窺探和察明的。中華民族苦苦徘徊在世俗理性的漩渦裡數千年，一個個朝代興亡交替，但是苦難卻與中華民族時時相伴。直到清末，以馬禮遜爲首的基督教傳教士將眞理的福音帶到這片原本屬於神的「神州大地」。但可惜的是，人們久處黑暗中的眼睛一時無法適應那突來的光芒。人們不願接受它，反而發自人類愛世和愛己的心理拒絕它。「**光照在黑暗裡，黑暗卻不接受光。**」（約翰福音 1:5）中華民族的罪還沒有結束，苦難就遠無止境。（撰寫本文時又快到耶誕節了，原本代表快樂、平安、光明和愛的節日，卻因極少數人狹隘自私的三觀而欲以洋節之名拒之門外，這發生在今天日益趨向國際化、多元化的中國，如何不令人扼腕歎息。）

從西方而來的基督信仰，爲久違的中國人送來了天國的福音。但是在眞理的大樹上，務實的中國人只選擇了科學和民主兩個小果子，眞正的生命之道卻被以唯心主義之名拒之門外。與兩千多年前的孔子不同的是，孔子是因爲不理解而敬而遠之。今人卻是不懂裝懂，人爲製造出一大幫「有學識的無知」，再由這些人秉承上意徹底不願承認事實，甚至故意抹殺之。這種生命態度只會使人喪失理智，不斷地在屬世世界裡非左即右的折騰，悲慘痛苦地互相折磨。當人苟且偷生於眼前的安逸時，他們的悲慘命運就已經註定。

近日在「朋友圈」裡看見一篇文章，文章以文革前後爲切入點，對中國現代歷史作了一番精彩評述。在文章所舉的例子中，可以看到那些在文革中遭受迫害的文人、科學家、政治家和藝術家等早在文革之前就已經開始昧著良心說假話，先助紂爲虐迫害他人，後來輪到自己才傻了眼。這讓人不禁想起德國馬丁牧師在波士頓猶太人屠殺紀念碑上說的話。馬丁牧師只是保持沉默，而前述的這些國人已經擼起袖子開始幹。他們的悲慘遭遇早已在他們喪失良知和理智時就已註定，歷史從來沒有偶然。

所有罪惡產生之初都是因爲各種各樣的私欲遮蔽了人的良心，由於缺少眞理的呼喚和警醒，人們開始變得迷茫無措，接著良知在貪念和恐懼下一點點地滅失，最後幾乎都淪爲偶像的奴隸。「**良心既然喪盡，就放縱私欲，貪行種種的污穢。**」（以弗所書 4:19）悲哀的是，在此過程中沒有哪個聰明的奴隸敢於指出皇帝沒穿衣服。大家都出於肉體私欲和世俗理性瞻前顧後，擔驚受怕，明哲保身，而將當下生活活得一團糟。最終當那位皇帝裸著身子獻完醜後，他不扒光所有人的衣服才怪。這篇文章篇幅很長，內容很多，但都在講結果，卻對造成這種結果的原因不甚了然。不單是這篇文章如此，幾乎近來所有批評中國現狀的文章都是如此。因爲不明白世界的本質和生命的眞義，總是延續形而下世界的思維模式，出現這種現象再正常不過了。

正確活在當下的人必定明白，**「人活著，不是單靠食物，乃是靠神口裡所出的一切話。」**（馬太福音 4:4）也明白基督就是眞理，因爲祂眞正明白了神口裡的話。「上帝把他自己啓示於基督，也就是說，直接啓示於基督的心……只有心領會了一件事，才算是對於這件事理解了。」[45]基督清楚地明白「活在當下」的道理，祂用簡明易懂的話語道出了這一世界的眞相。因爲祂明白，**「叫人活著的乃是靈，肉體是無益的。」**（約翰福音 6:63）所以祂要人追求天國的義，而放棄屬世的財富。**「你若願意作完全人，可去變賣你所有的，分給窮人，就必有財寶在天上」**。（馬太福音 19：21）因爲祂明白，**「饑渴慕義的人有福了．因為他們必得飽足。」**（馬太福音 5:6）所以祂叫人棄絕貪心，不要把目光盯在家庭幸福上。**「你們要謹慎自守，免去一切的貪心，因為人的生命不在乎家道豐富。」**（路加福音 12：15）因爲祂明白，**「人若賺得全世界，賠上自己的生命，有什麼益處呢？人還能拿什麼換生命呢？」**（馬太福音 16:26）所以祂叫人放下今生的思慮，過好生命中的每一天。**「不要為明天憂慮，因為明天自有明天的憂慮；一天的難處一天當就夠了。」**（馬太福音 6：:34）

受基督的教誨，眞正的基督徒都明白基督所講的道理，他們擁有常人無法理解的三觀和屬靈智慧。他們藉此追求看不見的善（生命），放棄看得見的名利。**「原來我們不是顧念所見的，乃是顧念所不見的。因為所見的是暫時的，所不見的是永遠的。」**（哥林多後書 4:18）他們努力地行善，通過不斷地創造價值，服務人群，使自己的靈命不斷得到提升，並由此使得這個屬世世界也變得充滿愛的和絃。

正確地活在當下，必然是對生命的眞義有所領悟，對世俗的利益懂得取捨，並不斷地通過正確選擇完成此生的修行。

[45] 《神學政治論》，第 67 頁。

耶穌為什麼說「你們的話，是，就說是；不是，就說不是；若再多說，就是出於那惡者。」

關鍵字：認錯；改錯

中國人有句俗話「無理攪三分」，就是指那些不講道理的人反而強詞奪理，非要把不占理的事辯成占理的事。其實這種「無理攪三分」的行爲雖不符合自然理性，但卻符合世俗理性，所以在世俗理性盛行的地方非但不吃虧，反而處處占便宜。正是這種是非顛倒、善惡混淆的現實環境使深受肉體私欲和世俗理性浸淫千年的人群並不以此爲「無理」，反而認爲這是維持生存、過好日子的「合理」之舉。這裡面就存在一個對是非善惡的認定問題，不把這個問題搞清楚，就談不上講不講道理的問題。

我們知道人類都是趨利避害的，這源自人的本性，也是人類不斷向前發展的動力。問題的關鍵就在於對人來講最大的利益是什麼？最大的害處是什麼？搞清楚這個問題取決於人對這個世界本質的認識和對人生眞義的參透。

很多年以來，人類社會走過了被稱爲「黃金時代」、「白銀時代」、「青銅時代」和「黑鐵時代」四個時期，每個時期的人類都有著不同的世界觀，相應也有著對應的人生觀和價值觀。在被稱爲「黃金時代」的上古時期，人類普遍都是信神的，而且人心淳樸善良，沒有那麼多的私欲和詭詐。這時的人類與屬靈世界的溝通方式較多，人們能夠隨時感應到靈界的存在。通過這種溝通管道，人類知道自己從何而來，終歸何方。所以那個時期的人類更明白世界的本相和生命的眞正意義，也能在艱難的人生中活出這種眞義。

進入「白銀時代」，人類與靈界的交往日少，但是人們依然相信前人留下的資訊，並依據這些有關生命的資訊生活。用通俗的話講，人們雖然看不見靈界，但是人們相信「抬頭三尺有神靈」、「人在做天在看」、「善惡有報」等等。人們依據這些生命資訊努力地棄惡從善，希圖心懷善念，不但死後自己能去天堂，後代子孫也能享受陰德。

再後來人類進入「青銅時代」，這時的人們逐漸遠離了靈界，而且也失去了前人留下的生命資訊。他們努力地追求科學技術和文教事業，相信這才是造福人類的根本途徑。雖然人們這時不再追求信仰神靈，但是還遵守基本的社會道德準則，如「人人爲我，我爲人人」、「與人爲善」、「誠實守信」、「勤儉持家」等等。

最後當人類進入「黑鐵時代」，這時的人類完全無視靈魂方面的需要，只關注肉身方面的需求。更可怕的是忽視了良心對善的渴求，完全排斥人的內在良知的存在。所有有關靈魂、生命以及形而上的事物都視若浮雲，唯有與肉體生命相關的事物皆系於心。這時的人貪婪詭詐，自私自利，喪失做人的基本道德標準，什麼壞事都敢做。正如經上所講，「**因為那時人要專顧自己、貪愛錢財、自誇、狂傲、謗瀆、違背父母、忘恩負義、心不聖潔、無親情、不解怨、好說讒言、不能自約、性情兇暴、不愛良善、賣主賣友、任意妄為、自高自大、愛宴樂、不愛神，有敬虔的外貌，卻背了敬虔的實意**」（提摩太后書3：2-5）。

「黑鐵時代」的人徒有敬虔的外貌，而無敬虔的實意。官員變身政客，教師成了叫獸，醫生化身乘人之危的藥品販子，至於商人稱爲奸商都算客氣。當然還有一些宣揚神佛的和尚道士、牧師神父等，都成了教人迷信的神棍。在這個社會裡，人們如何還能分辨得清什麼是善與惡，什麼是是與非。人們生活於是非顛倒、善惡混淆的社會裡，耳濡目染的都是人的私欲和世俗理性，寄居於這種情境下，絕大多數人只能是隨波逐流，偏信盲從。正如美國建國者所講，「人民終日受那些別有用心的寄生蟲和馬屁精的欺騙，受到野心家、貪污犯、亡命徒的欺詐和坑害，受那些不值得信任的人的蒙蔽，受到巧取豪奪的人的耍弄。要說人民在經常受到這樣一些幹擾的情況下，也不會經常犯錯誤，勿寧說這是個徹頭徹尾的神話。」

這樣的社會在我幼時還不相信會有，因爲那太不符合人的良心和理智。但是從小到大的經歷使人不得不相信，人類有時候眞的愚昧無知到了極點，他們只能看見眼前的一點利益，再遠一點就看不見了。他們總是輕易地相信他人的甜言蜜語，稍不順耳的話就聽不進去，甚至很多自詡聰明的人也時常掉入自以爲是的陷阱。每每當災難降臨之際，人們才發覺原來是自己錯了，這時再哭天搶地地抱怨已經爲時已晚。但是就是此時你讓他們承認錯誤也是很難，因爲世俗理性告訴他們承認錯誤不但有失面子，而且也並不能挽救自己，所以必須堅持「無理攪三分」，死都不能承認自己錯了。

這方面中國人很有代表性，中國人的世俗理性叫人死不認錯，認錯就是認輸，認輸就是沒有面子，沒有面子人還活個什麼勁。俗話講，「人活一張臉，樹活一層皮」，中國人的這種虛榮心實在是中國人的一種劣根性。它嚴重地阻礙了中華民族的前進腳步，使中國人數千年來不求眞、不務實，只在虛僞的面子上下功夫。有時候，你不得不對這種愚昧可笑的行爲搖頭歎氣，卻又無可奈何於這種惡習的根深蒂固。雖然很多人心裡也清楚爲那種不值一錢的面子受罪不值得，可是臨到自己總是糾纏不過那種醜陋的世俗理性。大量的時間、精力、金錢和機會浪費在那些無用的虛僞的面子上，人們可能沒有特別意識到，正是與這種僞理的糾纏使眞理遲遲不能來到我們身邊。中國人的世俗理性發展到後來居然形成一門學問——厚黑學，這門學問教人做人臉皮要厚，心要黑。最高境界爲厚無形，黑無色。這簡直就是赤裸裸的魔鬼禮物，也是將人引入地獄的邪惡勾當。

也許謊話說多了就會當作眞話，很多人不願意認錯是因爲三觀顚倒，以非爲是，以惡爲善。這種人無論遇到什麼事都會自動將善轉化爲惡，用僞理取代眞理。因爲是非觀顚倒，這種人甚至會認爲他們做的事很偉大，甚至會主動爲了他們的事業獻出生命。封建專制社會的忠臣如此，德國納粹黨徒如此，日本軍國主義戰犯也如此。這些人都披著忠君愛國的戰袍，但是狹隘自私的世界觀阻礙了他們對世界和人類的認知，無一不陷入專制主義布下的網羅。對這些已經淪入惡者之口的人來講，要他們改變自己的是非觀眞的很難，無異於與虎謀皮。這種錯誤是非觀的流布通常有著悠久的歷史淵源，千百年來受各種人造的世俗理性或非理性的捆綁，形成一種根深蒂固的偏狹意識，比如我們經常聽到的國家主義、民族主義、集體主義、小農意識等。這些主義和意識常常誤導世人陷入狹隘的思維困境，再加上人類本身的肉體私欲，更使思維局促的人無論如何都擺脫不掉這種種桎梏。

由於這些思維意識由來已久，所以具有很深的遺禍性。就如中國封建社會的專制主義，經過千百年來「三綱五常」等世俗理性乃至非理性的洗腦，使國人培養出一種慣性的奴性思維。人們盲目崇拜皇權，失去皇權就轉而崇拜權力或金錢。卻不知恰恰是這些東西使人良心迷失，喪失本心，淪爲了罪的奴隸。今天的人們依然活在這種顚倒的是非觀裡，依然不明白世界的本質和生命的眞義。比如共產主義原本就是理性的一個產物，卻被專制主義借屍還魂，成爲繼續愚昧壓制民眾的工具。而民眾在官媒的統一宣傳口徑下，習慣性奴性思維和偏信盲從官方的心理使其很難在思想意識層面有所突破。比如如果今天去問一些三四線城市或者廣大農村的老人對工作的看法，他們肯定會告訴你上大學當公務員是最好的選擇。而在這些老人以及專制政府教育機構的培養和灌輸下，你去問中小學生學習是爲了什麼？答案很可能就是爲了考上一所好大學。如果問大學生學習的目的是什麼？答案很可能就是爲找份好工作，這裡面就隱含著升官發財，出人頭地的世俗理性。所有這些回答的背後都隱藏著一己私欲，而且都是形而下的肉體私欲。在這些答案裡你看不到任何靈魂方面的資訊，也反映不出任何生命方面的追求。你能指望通過這樣的教育方式培養出什麼自由的精神、獨立的品格或者高尙的靈魂？你能指望以這樣的教育方式能培育出正確的三觀？你能指望以這樣的教育方式能培育出眞正的主人翁精神？說到底，這種扭曲的思想意識是受眼界局限影響，是受世俗理性影響，是受三觀不正影響。

爲糾正人們對世界和生命的錯誤認知，耶穌對眾人講，「**叫人活著的乃是靈，肉體是無益的。**」（約翰福音 6:63）「**神是個靈，所以拜祂的，必須用心靈和誠實拜祂。**」（約翰福音 4:24）這話本是爲要叫人們得著生命，不要局限於形而下的肉體而忽視了形而上的靈魂。當人們不能明白良善和眞理是生命之源，不能理解愛和信仰是智慧之本，不能瞭解愛神和認識神是最高幸福時，人就無法跳出困境，永遠都不知道外面還有一個更廣闊的新天地。

相較而言，爲了面子而拒不認錯的人還好一些，畢竟心裡還清楚自己不對，只是出於世俗理性而不願意低頭認錯。還有一種人不願認錯是因爲受肉體私欲和世俗理性的長期影響，已經沒有了是非善惡的概念。他們在愛己之心的影響下，只把自身利益作爲衡量一切事物的標準。他們自小就發現掩蓋錯誤可以使自己得利，進而在頭腦中形成一種世俗理性，欺騙他人可以使自己獲利。於是以後每當錯誤發生後的第一反應就是試圖掩蓋。殊不知，這種錯誤的行爲非但不能因此而得到糾正，反而會形成一種常態，無論大事小事都計算著如何欺騙更有利可圖。結果任其發展最終可以爲了一己私利欺上瞞下、栽贓陷害，甚至殺人滅口。最近上演的一部頗受歡迎的迪士尼動畫片《尋夢環遊記》裡，那個著名歌手不就是這樣一個人嗎？爲了滿足一己之私，不擇手段，不惜殺人，甚至在陰間也想著殺鬼滅口。這種人其實早已淪爲罪的奴僕，「**我實實在在地告訴你們：所有犯罪的，就是罪的奴僕。**」（約翰福音 8:34）他們徒具人的外形，其實良心早就已死掉了，「**私欲既懷了胎，就生出罪來；罪既長成，就生出死來。**」（雅各書 1:15）在電影裡我們清楚他是一個邪惡的人，可是在現實生活中又有多少人能夠意識到遮掩錯誤實際上是犯了一個更大的錯誤呢。美國歷史上的「水門事件」，不就是一個典型的例證嗎？還好基督徒的良心使尼克森懸崖勒馬，沒有犯下更大的錯誤。可是對於那些缺乏眞理警醒守護的人，又能依靠什麼看護自己的良心呢？

人的世俗理性總是教人習慣看近處，遮掩錯誤短時可以獲利。但是從長遠看，遮掩錯誤只會爲長期犯錯埋下一個更深的隱患。其實，生活中很多的事例和智語都告訴我們一個淺顯的眞理，越快承認錯誤越容易得到諒解，並加以改正。雖然當時可能有些難堪，可是這是最好解決問題的方法，也是提高自我最有效的途徑。而那些一味尋找藉口，拖延改正的人，只會徒增改錯的難度。而當難度達到一定程度時，就會積重難返，只能用越來越多的謊言去掩蓋。當最後謊言也遮掩不住時，就只能殺人滅口了。壞人是怎麼來的？就是從犯錯而又死不改悔中產生的，《尋夢環遊記》裡的故事應該很能說明這個問題吧。

對明知不對而說謊的人，只要糾正錯誤的三觀，還是能夠使其重獲新生的。要使愛面子的人明白，不要以爲認錯是認輸服軟的表現，那更是一種挑戰老我，勇於接受眞理的勇敢姿態；不要以爲掩蓋就會沒人知道，殊不知人在做天在看，「**掩蓋的事，沒有不露出來的；隱藏的事，沒有不被人知道的。**」（路加福音 12:2）所以邪惡的念頭最好是想都不要想；不要以爲替自己的錯誤辯解就會沒事，人這時心中原本的善就會在不知不覺間被惡所壓制，人的良知也會在不知不覺中泯滅。而由此產生的後果就是善有善報，惡有惡報，「**我必因他們所行的懲罰他們，照他們所做的報應他們。**」（何西阿書 4:9）有鑒於世人的貪婪和無知，耶穌來是要把世人拯救，所以祂對眾人說，「**你們的話，是，就說是；不是，就說不是；若再多說，就是出於那惡者。**」（馬太福音 5:37）

承認錯誤一定要眞心誠意，基督講，「**神是個靈，所以拜祂的，必須用心靈和誠實拜祂。**」（約翰福音 4:24）對人也要一樣，缺乏誠意的認錯只會變成推卸責任或騙取信任。推卸責任會使認錯的誠意全失，變成繼續犯錯。而騙取信任根本就是惡者的行爲，其目的就是博取善良者的好感，然後使善良者不知不覺中掉入他們設計好的陷阱，成爲他們擺布的棋子。這些人都是惡者，或屈服惡者的人。可能連他們自己都沒意識到自己已經被僞理和罪性裹挾，成爲一種黑暗的生命體。對於這種人，基督很乾脆地告訴他們，「**我從來不認識你們，你們這些作惡的人，離開我去吧！**」（馬太福音 7：22-23）

說實話的人明面上可能會吃虧，但是靈裡卻會得益處，「**說謊話的嘴，為耶和華所憎惡；行事誠實的，為他所喜悅。**」（箴言 12：2:2）這就是通達人所講的「吃虧是福」的道理。說實話的人都有一顆敬畏之心，他們清楚說假話會使自己的良心虧欠，且會對自己的生命不利。聰明人反而不明白這個道理，他們以爲說假話可以占便宜，出於愛己和愛世的心，昧著良心說假話。通過花言巧語、爾虞我詐、巧取豪奪等不義之舉獲得了金錢和權力，可就在這個過程中，他們的良心受虧欠，「**有人丟棄良心，就在真道上如同船破壞了一般。**」（提摩太前書 1：19）生命的狀態也由此受虧損，「**人若賺得全世界，賠上自己的生命，有什麼益處呢？人還能拿什麼換生命呢？**」（馬太福音 16:26）

還有一種人，既不說是，也不說不是，揣著聰明裝糊塗。遇事則明哲保身，任由錯誤的發生而不加以阻攔。短期看似乎本人沒因此受害，可是從長遠看呢？你不覺得波士頓猶太人屠殺紀念碑上馬丁牧師的話言猶在耳嗎？你不覺得你是作惡者的同謀嗎？英國的智者艾德蒙．柏克曾說：「邪惡之所以得逞，是因善良之人無所作爲。」這句話看來不很正確，那些無所作爲的人還能稱爲善良之人嗎？他們與那惡者只是五十步與一百步的差別吧。

中國人一直活在一個假像裡，說假話的受益，說實話的吃虧。這個社會由此到處充斥著謊言，而人們卻對這種不正常的現象安之若素，習以爲常。千百年來，中國人一直活在一個惡性循環裡，越是能騙的越受推崇，越是老實的越不受待見。人們行事爲人時總是想不起老天爺的存在，災難降臨時呼天搶地呼喚老天爺開眼。世人總是善忘，這個世界沒有偶然之事，皆是因緣果報。「**凡好樹都結好果子；惟獨壞樹結壞果子。好樹不能結壞果子，壞樹不能結好果子。**」（馬太福音 7:16-18）

歷史和現實不斷地告訴我們，中國落後於世界不是因爲中國人笨，恰恰是因爲中國人太聰明。聰明地以爲可以騙天騙地騙過所有人，而所謂的天堂地獄只不過是一個騙人的神話故事。缺少了對神聖的敬畏之心，人還有什麼不敢做的呢？幾千年的君權神授騙得中國人苦不堪言，但是中國人並沒有從中吸取教訓。相反，封建王朝不存在了，但是專制體制依舊；三綱五常不存在了，但人們的世俗理性依舊；頭上的辮子沒有了，心裡的辮子還紮得很緊。即使近代西方文明爲中國人送來了自由、平等、民主、法治、人權等普世價值觀也依然無濟於事，因爲我們就是不願意認錯，依然堅持今天所有的一切幸福生活是來自我們老祖宗的智慧。其實，說這些話的人眞的相信老祖宗嗎？錯，這種不願認錯的行爲只是爲了繼續掩蓋自己的無知。因爲人們一旦認識到眞相，那些野心家、貪污犯、亡命徒以及無數的寄生蟲和馬屁精們就可能失去他們手中的既得利益，並且他們不惜喪失良心和人格爲代價換取的物質財富也將變得一錢不值。這就是他們拒不認錯的根本原因。

深諳西學的胡適先生對此深有認識，他曾說：「我們如果還要把這個國家整頓起來，如果還希望這個民族在世界上占一個地位，——只有一條生路，就是我們自己要認錯。」他大聲疾呼，「肯認錯了，方才肯死心塌地的去學人家。不要怕模仿，因爲模仿是創造的必要預備工夫。」[46]胡適先生的心情是可以理解的，面對專制主義統治下的貧弱中國，只要是個有理性的人都會像他那樣爲國家和民族的未來尋找出路。然而可惜的是，他所想要學的東西是學不來的，也是仿不來的，因爲那是涉及靈魂層面的東西。在這一點上，林語堂先生要比他認識得更清楚。

胡先生和林先生都有國外求學和生活經歷，但是兩人自小接受的教育卻完全不同。胡先生自小接受的是東方教育，林先生自小接受的是西方教育，這打小的教育使二人的人生底蘊本就差異，也使二人以後的生命境界迥然不同。胡先生憑著理性在屬世世界裡找尋出路，找到的頂多是西方文明中的精神文明，但對決定精神文明的純正信仰則從未有所觸及。而林先生不同，林先生的家傳就是基督信仰，雖然他中途迷失過，但是孩提時種下的慧根一直引領著他追求眞理（詳見下文《如何體悟林語堂先生的「信仰之

46　胡適，《胡適文選》，遠流出版事業公司 1986 年版，第 12 頁。

旅」？》)。最終林先生又回到了基督信仰，並且領悟到改變個人生命的關鍵在於認識那個令人震驚的天。「宗教自始至終是個人面對那個令人震驚的天，是一件他和上帝之間的事；它是一種從個人內心生髮出來的東西，不能由任何人來『給與』。」[47]因爲信仰源於靈魂中的神性，也是由內而外產生出的生命需求，所以它是一個人面對一個令人震驚的天，而這個「天」又是只有自己能夠感知和領悟的，外人卻根本無法介入其中。正如老話所講，「師父引進門，修行在個人。」

不明白世界的本質和生命的眞義，只能是在形而下的屬世世界裡尋找出路，即使對已經意識到中國人必須認錯的胡先生來講，依然只是從物質層面的謬誤中又陷入到精神層面的謬誤中，而沒有認清影響中國落後的根本原因在靈魂層面。西方文明厲害的不是物質文明，也不是精神文明，而是源於一個良善宗教所賦予的純正信仰。因爲這個純正信仰保守住了民眾的良心自由，並培養出自然理性，更進而結合形成一種理信。在這種理信的影響下，西方國家的基督徒形成了他們獨具特色的三觀，以及由其而出的普世價值觀。

正是因爲這個普世價值觀，爲今天的人類帶來了人類歷史上前所未有的自由生活。今天的中國還在拒絕著普世價值觀，因爲很多人還受世俗理性（或者非理性）捆綁，還被專制主義控制，還寄希望於千百年來傳承的人治理念。就因爲缺少一個溝通天地的中保，這個曾經的神州大地至今無法重回神的懷抱，這地上的人們也無法恢復神性，培植理性乃至理信。於是人們將對上帝的信仰當作迷信給拋棄了，自身也淪落爲形而下世界裡的一頭動物。

中國人再不認識到錯誤，就將永遠在人治的怪圈裡循環下去，這場專制主義的噩夢就永遠沒有醒來的一天。即使你們這些人不想醒來，也請你們放過自己的孩子吧。給他們一個做人的機會，不要讓他們繼續活在一個由謊言構建的社會裡，活得一分似人九分似鬼。也不要再給孩子們灌輸那些錯誤的三觀，正如胡適先生所說：「不要怕喪失我們自己的民族文化，因爲絕大多數人的惰性已盡夠保守那舊文化了，用不著你們少年人去擔心。你們的職務在進取，不在保守。」[48]

今天，中國人需要改正的錯誤還有很多，但是首先必須要從培養承認錯誤、改正錯誤的勇氣開始。因爲民族復興要從個人認識眞理做起，而認識眞理就要從辨明僞理、棄絕僞理開始，而棄絕僞理要從學說實話做起。因爲「**你們的話，是，就說是；不是，就說不是；若再多說，就是出於那惡者。**」（馬太福音 5:37）

---

47 《信仰之旅》，第 2 頁。
48 《胡適文選》，第 12 頁。

耶穌為什麼講「駱駝穿過針的眼，比財主進神的國還容易呢」？

關鍵字：有錢人/富人；貧窮人；進天國

我們知道駱駝穿過針眼是不可能的，除非發生奇跡。那麼爲什麼財主進天國比駱駝穿針眼還難呢？這可能是由兩者的本質屬性決定的。極其自私的財主的心就如沉重的石頭，而屬靈世界的天國就如輕輕的空氣，一個向上升，一個向下沉，正如成語「風馬牛不相及」。耶穌講道：「**你的財寶在哪裡，你的心也在那裡。**」（馬太福音6：21）這些有錢人的財富全在這個屬世世界裡，那麼可想而知他們的心思意念自然也全在這個屬世世界裡。屬靈世界裡的天國他們根本就不相信，自然也不會嚮往，他們只相信看得見、摸得著的金錢。聖經裡耶穌講了一個故事，有一個叫拉撒路的乞丐生前受苦，死後卻在天國裡得安慰。而一個天天奢華宴樂的財主生前享福，死後卻墜入地獄中受苦。但是這位財主還想要乞丐來幫助他解決痛苦，但是亞伯拉罕告訴他，天堂與地獄有著天壤之別，二者之間互不相通。他又請求亞伯拉罕打發乞丐去他家裡，告訴他的兄弟不要再像他一樣到地獄受苦。但是亞伯拉罕告訴他，「**若不聽從摩西和先知的話，就是有一個從死裡復活的，他們也是不聽勸。**」（路加福音16:31）

從這個故事裡可以看出，財主即使死了依然懷著一顆役使他人的心，還以爲可以像自己活著時那樣差使他人爲自己服務。正是這顆愛己的心，使財主墜入黑暗的地獄。眾所周知，有錢人在獲取財富的過程中，絕大部分人可謂機關算盡，損人利己，甚至做出一些巧取豪奪、傷天害理的事。所以由這些不義的行爲獲取的金錢只會帶著他們的靈魂向下沉。這些人雖生前整日活在人前耀武揚威，或者陶醉在屬世世界的虛榮中。但卻不知隨著他們屬世生命的豐富多彩，他們的屬靈生命卻暗淡無光。正如巴克斯特所說，「當人在世上發達，他們的心思就和他們的產業一同得到提升，當他們感覺自己如此富有，他們很難相信他們是如此糟糕。」

大多數有錢人每日都忙於賺錢，因著他們所處的環境，他們很難看見屬靈世界的存在。天天接觸屬世世界就以爲世界的本質就是眼前的這個屬世世界，所以有錢人更多的是在這個屬世世界裡摸爬滾打，要想進入天國確實非常難。有預言講有錢人進天國的概率是千分之一，即使這唯一的「之一」也必是一位瞭解生命眞義，以爲世人創造更豐富、更舒適、更自由的生活爲目的的虔誠敬業的有錢人。若非如此，斷進不了天國，因著天國是義人的國，而非罪人的樂園。

愛己的有錢人以爲人只有屬世生命，而屬靈生命只存在於幻想之中。所以，他們在拼命獲取金錢的同時，卻失去了生命的眞義。他們不明白耶穌爲什麼講，「**人若賺得全世界，賠上自己的生命，有什麼益處呢？人還能拿什麼換生命呢？**」（馬太福音16:26）他們貪婪自私，受著肉體私欲的驅使，追求奢侈享樂的感官刺激。金錢在他們眼中就是享樂的工具，而非造福世人的工具。金錢本是一種等價交換的工具，將其用於良善的用途，使用者將會獲得一種心靈的享受。若將其用於邪惡的用途，使用者的心靈將會與其邪惡目的一樣變得污穢不堪。這樣的心靈本就是骯髒腐敗的，怎麼可能進到天堂呢？這樣的人由於過於自私和貪戀世俗的利益，內在的思想和情感因而遠離神和天堂，光只注重己身，最終形成爲富不仁。這也是有錢人遠離天堂的根本原因。

有些愛世的有錢人表面上做了一些慈善事業，可能被認爲或自認爲是善人，他們卻不能進入天國，這到底是爲什麼呢？我們常講，內在特質決定外在的表現，決定最後審判的是人的思想和意念。但是人心是複雜的，有些愛世的有錢人非常善於掩藏自己的眞實想法。他們爲了博取世俗的名聲和利益，僞裝成熱愛公益的人。雖然他們的外在行爲看似充滿愛心，但其實內在的思想和意念卻存在著欺詐的根源，他們的內心險惡，根本與天堂無緣。

那麼有錢人是否都進不了天堂呢？答案顯然不是。因爲耶穌講的是，財主進天國比駱駝穿針眼都難，但有錢人並不都如財主那樣貪婪自私。基督徒裡也有許多有錢人，他們按照基督的教導，過著愛人與敬虔的生活，即使非常有錢也同樣能上天堂。

在基督徒中，有許多將精力投注于經商而致富的人，最終也有機會上天堂。如果仔細觀察這些人就會發現，他們都具有一些共同特徵，比如他們都爲人正直負責，認眞工作，對他人心存慈悲。他們即使有作惡機會，也不會產生非分之想。他們的思想和意念深具良知，意即心中有神和天堂的存在。他們僅僅將金錢視爲一種便於生活的工具，一種身外之物。他們積極行善，用他們的財富爲廣大人群創造更方便、更舒適、更自由的生活。按照基督的教導，「**你若願意作完全人，可去變賣你所有的，分給窮人，就必有財寶在天上；**」（馬太福音 19：21）他們明白愛神的果效要體現在愛人上，所以他們在屬世世界中充分使用他們的金錢爲社會創造最大程度的利益，用事實證明他們的心連同他們

在天上的財寶一起得到昇華。「**你的財寶在哪裡，你的心也在那裡。**」（馬太福音 6：21）

相較有錢人而言，窮人上天堂的機會更大一些。因爲很多的窮人樂天知命，沒有過高的物質欲望。他們遠離世俗誘惑，所以較少受到各種惡性污穢的影響，能夠較好地保守良善的心性。他們工作努力，不虛度生命，爲人誠實可靠，過著愛人如己的生活。無論有無信仰，他們都能夠保守一顆善良的心。樸素的世界觀告訴他們「抬頭三尺有神靈」、「人在做，天在看」、「善有善報，惡有惡報」等，這些淺顯的做人道理使這些窮人心存公義，並起而行之。他們可能沒有什麼信仰，但是良心就告訴了他們爲人處世的準則，正如保羅所說，「**沒有律法的外邦人，若順著本性行律法上的事，他們雖然沒有律法，自己就是自己的律法。這是顯示律法的功用刻在他們心裡，他們是非之心同作見證，並且他們的思念互相較量，或以為是，或以為非。**」（羅馬書2：14－15）

窮人比有錢人更容易上天堂的原因，就是他們較少受到誘惑，更多的能保守一份淳樸的良心。但是窮人就一定能上天堂嗎？不一定。決定上天堂的不是富有或貧窮，而是每個人的生命狀態。貧窮也會誘使人墮落，許多貧窮的人不瞭解生命的眞義，不明白貧窮不過也是一份生命修行的道具。當他們得不到想要的東西時，便會開始怨天尤人，甚至嫉妒他人所擁有的一切。一有機會便想要欺騙他人，沉溺於無恥的快感之中。像這樣的窮人，同樣也會被拒于天堂之外。

可見能否上天堂不是由貧富決定的，而是由愛神和愛人的心決定的。很多人不明白這個道理，他們燒香獻祭，希望能夠借此得神喜悅，更能夠因此蒙恩進入天國，如聖經裡記載的古猶太人經常用牛羊燔祭他們的神。但是神眞的喜歡人的這種燒錢行爲嗎？聖經裡神借著先知的口告訴世人，「**我喜愛良善（或作「憐恤」），不愛祭祀；喜愛認識神，勝於燔祭。**」（何西阿書6:6）耶穌也對這種迷信給予了批評，「**你們將薄荷、芸香並各樣菜蔬獻上十分之一，那公義和愛神的事反倒不行了。**」（路加福音11:42）可見神更喜歡的是良善、公義和敬虔。良善並非富人所有，施憐憫也非富人的專利，貧窮人同樣可以懷著同情心對人施憐憫。早期的基督徒絕大部分都是貧窮人，但是他們的義行大大地震撼了羅馬帝國，並以虔誠的信仰和仁慈的愛感化了千千萬萬羅馬人的心。

有人發現基督教國家的民眾在慈善方面做得很好，尤其是人與人之間的關係相處地十分和諧。無論有錢人還是貧窮人都積極地行善，由此使國家的慈善事業非常發達，民眾的生活相應也更加和諧穩定。於是許多其他國家的有錢人或有權人，選擇自己或將自己的家人移民這些國家。但是由於並不明白這些基督教國家的民眾何以能夠做到如此，所以他們總是感到無法融入到這些國家的生活中去，並且總覺得與社會有一種隔閡感，造成這種現象的根本原因就是不理解基督教的三觀。（詳見上文《什麼是基督教的「三觀」？》）

基督教的三觀決定了基督徒都相信上帝和天國的眞實存在，因爲他們的主說：「**在我父的家裡，有許多住處。若是沒有，我就早已告訴你們了。**」（約翰福音14:2）所以他們一定要努力通過自己的思想和行爲去獲取天國的門票。那麼如何才能獲得天國門票呢？基督說：「**你若願意作完全人，可去變賣你所有的，分給窮人，就必有財寶在天上；**」（馬太福音19：21）所以不管是有錢人還是沒錢人都積極地行善，有錢人將自己的財富分給那些物質上需要幫助的人，並借此傳遞神對人的愛。沒錢人也放棄追求屬世財富的機會，通過各種方式眞正充滿愛心地關心人、幫助人、服務人。基督徒藉著他們的信仰都已擺脫了屬世財富的羈絆，眞正著眼於天上的財寶，即耶穌基督許給他們的天國門票。

基督徒通過基督的教導清楚，只有創造價值造福人群而獲得的財富才是神的祝福，在使用金錢上也一定要以創造最大的社會效益，謀求人類最大的幸福爲宗旨。所以他們將個人財富當作社會利益，並按照基督的教誨，「**你們白白地得來，也要白白地舍去。**」（馬太福音10：8）通過在世界各地建立學校、醫院、孤兒院、養老院、紅十字會等公益機構造福人類，並由此彰顯出自身的神性，實現了進入天國的夢想。

人若想改變自己的生命狀態，就必須認識基督的眞理性。祂的每句話都深藏著眞理，祂的行爲更爲人類追求眞理指明了方向。「**我就是道路、真理、生命；若不藉著我，沒有人能到父那裡去。**」（約翰福音 14：6）這句話絕非欺人，更非自欺，而是眞正來自天國的福音。「**我對你們所說的話，不是憑著自己說的，乃是住在我裡面的父做他自己的事。**」（約翰福音 14：10）世人只有眞正認識基督的眞理性，才會清楚世界的本相，才會明白人生的眞義，才能得享天國的榮耀。

世人迷惑，眞理難尋，在位者又爲一己之私行愚民之政。紅塵滾滾，人心盡被世俗的私欲裹挾而去。到頭來，人生空走一遭，房子、車子、票子、妻子……又能帶走哪樣，可惜的是一次獲得永生的機會就這樣白白失去了。世人多不明白人生的道理，受著肉體私欲和世俗理性的誘惑與誤導，喜歡親近有錢人，爭做有錢人。今日這等世風無疑助長了這種盲從心理，這是害死人下地獄的惡行，希望世人能從福音眞理裡領悟到生命的眞義，早日改變自己的生命狀態。

藉著基督福音所賜予的智慧，辨清這世間變幻莫測的假像，遠離那些爲富不仁的有錢人吧！他們進不了天國，更不會幫他人進入天國。地獄裡是壞人堆堆，那裡充滿了邪惡和虛僞。如果你想與那些東西爲伍，儘管隨心所欲地造吧！如果你還有一絲良知未泯，還不想與那些蛇蠍的種類相伴，多親近窮人吧。因爲他們的基數大，良善樸實的品質也保存的多，相較富人而言，他們進入天國的概率更大一些。在貧窮人裡，很多善良的人因做不出虧心事而吃苦受窮，但他們卻不會因此受餓，因爲「**饑渴慕義的人有福了，因為他們必得飽足。**」（馬太福音 5:6）很多義人因行義而受貧窮困苦逼迫，但他們卻是天

國的子民。「**為義受逼迫的人有福了，因為天國是他們的。**」（馬太福音 5:10）

基督和祂的門徒正是在貧窮人中發現了一些美好的品行和閃閃發光的東西，所以他們更願意親近貧窮人。通過對他們的憐憫和恩惠，基督的神性得到彰顯，神對人的愛也藉著祂的善行傳遞給了人類。基督徒正是藉著基督對人的愛看見了活生生的眞理，並且通過服務人榮耀神，實現了生命的眞義，即爲神作見證。

天國與地獄，就如好人堆堆與壞人堆堆一樣，千萬不要爲了滿足個人的私欲去拼命獲取金錢，那會使自己滾到壞人堆堆裡去，到那時悔之晚矣。願大家傾聽主的福音，認識天國的眞理，生命獲自由，受祝福，得永生。

耶穌為什麼講「除了神一位之外，再沒有良善的」？

關鍵字：神；良善；純正信仰；雜亂信仰；迷信；懷疑論；有知；無知

人的良善來自於神，人必須認識神才能變爲良善，並且獲得自由。

人因爲肉體的緣故，本性裡都帶有惡。爲了生存，人們用自由去換取溫飽。失去自由，人無法認識眞理，無法認知生命的本質是善（也就是愛），進而無法認識神並實現生命的眞義。

可以說人類的所有行爲都是爲了獲取自由，宗教哲學、政治法律、科學教育、經濟慈善等所有行爲的最終目的都是爲了人類獲得更多的自由。而獲得自由的目的是爲了使人類按照良知和理智去順服眞理和良善，進而活出生命的眞義。明白這個道理的人就不會人爲物役，就不會爲五斗米折腰，更不會助紂爲虐、做惡人的幫兇。而會明白人生的眞義是追求善，「我覺得，在可知世界中最後看見的，而且是要花很大的努力才能最後看見的東西乃是善的理念。我們一旦看見了它，就必定能得出下述結論：它的確就是一切事物中一切正確者和美者的原因，就是可見世界中創造光和光源者，在可理知世界中它本身就是眞理和理性的決定性源泉；任何人凡能在私人生活或公共生活中行事合乎理性的，必定是看見了善的理念的。」[49]

在上文中，柏拉圖借著蘇格拉底的口講出了哲學的眞諦，作爲哲學家的他們無疑都是偉大的智者。他們能看出善是創造光和光源者，是眞理和理性的決定性源泉。由此可以看出他們對哲學的認知已經達到哲學的頂峰，如果他們能有機會認識基督的話，相信更能明白，善實際爲來自天堂的生命之源，是神性之愛，並反映出神的本質。雖然如此，作爲哲學家的蘇格拉底也幾乎達到初識眞理的程度，難怪查士丁會稱蘇格拉底爲「基督之前的基督徒」。

---

[49] 《理想國》，第 279 頁。

古希臘哲學裡的斯多葛學派將善稱爲宇宙的公理或「神明的律法」，他們將對善的追求轉化爲愛人的行爲。他們希望通過這些行爲成爲一個善人，進而實現人生最大的幸福。雖然斯多葛學派不明白「愛神的果效要體現在愛人上」，也不清楚「神就是愛」，但是他們在愛人這一點上確實做得很好。雖然不認識神，但他們確實看出愛是善的樣式，成爲善必須以愛爲出發點，加以實踐。斯多葛學派不愧代表了人類自然理性的高峰，並爲後世哲學思想指明了正確的發展方向。

古羅馬哲學家繼承了古希臘哲學家對善的認知，並且同樣出於自然理性而將這善歸於自然。西塞羅就將人的善視爲一種德性，並且是臻於最高境界的自然。「這種德性不是什麼別的，就是達到完善，進入最高境界的自然。」[50]古希臘哲學家和古羅馬哲學家將善歸因於自然情有可原，因爲畢竟他們活在西元前，他們的自然理性使他們對神話裡那些具有各種人類情感的神靈很難產生崇敬感。而那些人造神靈無一不是人類世俗理性的產物，在哲學家眼裡就猶如人類本身一樣愚陋淺薄，並且從對他們的信仰中根本就不可能產生出純正信仰。而缺乏純正信仰的指引，哲學的自然理性必然會在後世更迭中湮沒。

而在西塞羅之後的波埃修斯相較更幸福一些，因爲他生活在西元 5 世紀。雖然兩人在命運上頗有相似之處，但在眞理認識水準上，後者明顯強於前者，因爲後者有機會接觸到眞理，並通過自己的努力在對善的認識上更加明確清晰。他借著哲學女神之口說出了「至高的上帝充滿了至高的善。」[51]「上帝-萬物的本源-是善的，所有人類頭腦裡都存有的共同觀念證明了這個命題。」[52]接下來他又繼續闡明，「人是因爲獲得幸福本身而變得幸福，並且幸福本身就是神性」[53]，「幸福就是善」，在此波愛修斯已經意識到善與神性的關係。作爲良善的神，祂是人類幸福的源泉，人類唯有親近神，才能擁有善，進而獲得幸福。

古中國哲學與古希臘哲學較爲相近，因爲缺乏一個純正信仰，它對善的理念也接近于一種自然存在。在《道德經》書中這樣解釋善，「天之道，利而不害」，接著爲讓世人對善有一個感性認知，又拿水來爲善做一形象比喻，「上善若水。水善利萬物而不爭，處眾人之所惡，故幾於道。」天之道指的就是神的本質，也就是善。只不過這種善是以一種自然物質——水體現出來，通過水的各種表現使善與道得以合一，神性也從中得以映射出來。此外道家對水的認識「上善若水」與古希臘哲學家泰勒斯對水的認識「水是萬物的第一始基」有著相通之處。

---

50 西塞羅，《論法律》，中國政法大學出版社，1997 年版，第 193 頁。

51 波埃修斯，《哲學的安慰》，大象出版社 2011 年版，第 112 頁。波埃修斯，古羅馬哲學家，政治家，因基督信仰而認識神，其在《哲學的安慰》一書中，借著哲學女神的口講述了神的本性乃是善。

52 《哲學的安慰》，第 111 頁。

53 《哲學的安慰》，第 112 頁。

古中國儒家學說也明白善的重要性，但是因爲無法窺透形而上屬靈世界的奧祕，只能退而求其次在屬世世界裡追求眞理。在《大學》一書裡，開篇就開宗明義地闡明，「大學之道，在明明德，在親民，在止於至善。」這裡的「至善」講的就是道，也就是神。只不過儒家不認識也不理解神，這使他們不得不對神靈敬而遠之，止步於至善面前。但是他們在字裡行間依然難掩對神的渴求，如「朝聞道，夕死可矣。」與一般古代哲學不同的是，儒家思想在不通道的情形下卻一心從政，結果表面上得到歷代統治階級的追捧，實則淪爲封建專制統治階級的御用工具，也成爲愚昧民眾和壓迫民眾的桎梏。

在基督教教義裡道與神是合一的，「**太初有道，道與神同在，道就是神。**」（約翰福音 1:1）這裡的道實際指的就是神的本性。而基督來自於神，祂對神的道理有著世人無法想像的瞭解，「**這道理就是曆世歷代所隱藏的奧祕，但如今向他的聖徒顯明了。**」（歌羅西書 1:26）「**要叫他們的心得安慰，因愛心互相聯絡，以致豐豐足足在悟性中有充足的信心，使他們真知神的奧祕，就是基督，所積蓄的一切智慧知識，都在他裡面藏著。**」（歌羅西書 2:2-3）所以基督能道出神的奧祕，「**除了神一位之外，再沒有良善的。**」（路加福音 18:19）

這世間的一切良善皆來自于神，人心中的良善也來自於神。人類基於自己靈魂中的神性能感受到來自神的良善和眞理，並根據個人感受程度的不同，形成不同的心理影響。越是能認清一切良善來自於神，越是能接收來自神的眞理，越能行出神的愛，越能充滿理智和感到幸福；相反如果人沒有認識到神是一切良善的源頭，以爲良善是出於自己的心，並爲此而沾沾自喜者皆會成爲僞善。僞善者非但不會眞正行善，相反會給自己和他人的生命帶來不幸。他們竊取神的良善以爲是自己的，又出於愛世和愛己的心使自己陷入世俗理性之中，不知不覺中遠離善，將眞理化成僞理，將生命引向死亡。

基督的到來向世人宣告了一個眞理：一切良善都來自於神，除神之外再沒有良善，人類爲了追求幸福和愛必然信仰神。由此基督爲世人帶來了一個純正信仰，這個純正信仰爲全人類能夠認識生命眞義，且理解生命之道指明方向，就是回歸良善，歸向神。唯有信仰基督，人類才能獲得這一純正信仰，並藉著基督身上的眞理之光發現神性之善，且由此獲得期盼已久的幸福和永生。之後這一純正信仰與哲學裡的自然理性完美結合，並產生出一門人類歷史上最接近眞理的學問——基督教哲學。藉著這門學問，人類不斷地從謬誤中被拯救出來，人類社會也由此不斷地向前發展。基督本人也因爲這一無與倫比的偉大功績而被人類歷史見證爲眞理的化身，上帝的代言人。

從古至今，沒有一個人不想追求神的，即便他不認識神。「然而在人類中，不管哪個民族，無論是發達的或野蠻的，沒有不知道應該承認神的存在的，即使它並不知道應該承認誰是神。」[54]這讓人不禁想起中國老百姓心中的老天爺，好像沒人認識祂，可卻總是在內心中承認有這麼一個至高的存在。人們追求神，固然出於尋求神庇護的心理，但是這種心理並不違反人類追求眞善美的初衷。畢竟神在世人的心目中代表著一切美好的事物。只是因爲缺少認識神和瞭解神的管道，導致人們出於肉體私欲和世俗理性的影響而對神產生出各種各樣的雜亂信仰，並由此變得或迷信或懷疑或耽於享樂。

雜亂信仰使迷信者喜歡將神想像爲一位公正仁慈的王者，這當然出自他們的世俗理性。他們不能理解神就是一切良善的根源，也是生命的根源。他們出於無知和貧乏的理解力，總是企圖與想像中的神套近乎，所以哲學家對迷信者的迷信心理作出如下分析，「所以我們斷定上帝之被說成是一個立法者或國君，稱他是公正的、仁慈的等等，只是因爲遷就一般人的理解力與一般人不完善的知識。」[55]迷信者喜歡給神套上人類的感情，把祂想像成人一樣的存在。這種將神擬人化，同樣是爲了配合他們膚淺的認識。「『擬人論』者因爲聖經有時候以口，耳，目，和手足形容上帝，便以爲上帝是有形的，他們這種講法……只不過使對祂的認識適合於我們的膚淺見識而已。」[56]可能有讀過新約聖經的人會說，耶穌也曾將神擬人化，那是因爲「他之所以這樣做是因爲人們的無知與固執。」[57]

正是出於無知與固執，迷信者就將神當作了交易對象，任由他們按照想像中的方式做著自己心目中的交易。當他們不能實現自己的利益時，就會埋三怨四，不是認爲神不幫自己，就是認爲神不存在。當自己的利益得到滿足時，就會變得驕傲自大，自以爲是，以爲他才是與神最親近者，不知不覺中變成一個迷信者。迷信嚴重的人甚至會走火入魔，淪爲邪魔歪道。

雜亂信仰使有理性的人很容易懷疑人生，因爲不明白神即良善的道理，他們喜歡質疑一切事物，久而久之甚至陷入爲懷疑而懷疑的境地。懷疑論者古已有之，從古希臘時代起，懷疑論者就對這個世界的方方面面產生懷疑。因爲懷疑，他們拒絕眞理，理由很牽強，因爲眞理不能自證其爲眞理，所以這個世界沒有眞理，亦或者存在就是眞理。懷疑論者無疑是錯誤方法論的受害者，因爲他們無法確定一個初因，所以無論如何都繞不回一個終論。結果只能是不停地假設，不停地否定假設，陷入一個沒有休止的怪圈。當然懷疑論者不是傻子，恰恰都是些智者。他們之所以這樣做是因爲眞理無法確定，那麼在這種情況下他們提出中止判斷，「一個關鍵的例子，是神祇的存在或者不存在。『因爲，

[54] 《論法律》，第 192—193 頁。
[55] 《神學政治論》，第 68 頁。
[56] 《基督教要義》，第 133 頁。
[57] 《神學政治論》，第 67 頁。

不同的人，對神祇有不同的和不一致的想法，其結果導致既不可能相信它們全部，因爲它們是衝突的；也不可能相信它們中的一些，因爲它們存在同等的力量。』」[58]

懷疑主義是一種認知態度，它源於對眞理的不解。當不能確定何爲眞理時，這種態度是値得肯定的。但是，當眞理就在你面前時，你再懷疑，那就是人生的悲哀了。如果能夠認識到神就是良善，而世界又是藉神造的，那麼也許就不會有那麼多的懷疑，而是實實在在做個良善的人了。

懷疑論者很容易對眞理失去信心，而滑向享樂主義。這一點在古希臘哲學家伊壁鳩魯身上得到很好的體現。在看到紛紛擾擾、亂七八糟關於神祇的概念後，伊壁鳩魯選擇了擱置。他認爲與其迷信亂七八糟的神祇，不如盡情地享受人生。伊壁鳩魯的享樂主義其實多是停留在精神層面上，雖然他認爲快樂是人最重要的東西，但是眞正的快樂是「身體沒有痛苦，靈魂沒有紛擾。」畢竟一位哲學大師不會如世俗之人一樣完全追求物質層面的低級趣味。但是由於他把這個世界看爲物質的，所以後人在多不清楚伊壁鳩魯本意的情況下穿鑿附會，將享樂主義世俗化，演變成今天這種奢靡腐化，驕奢淫逸，縱情聲色，寡廉鮮恥的享樂觀。

世俗理性使人執迷於自我，凡事皆以自身的利益爲出發點，不考慮他人的利益。在做事前總是會問自己：「這事與我有什麼關係？對我有什麼好處？」對與自己有利的事搶著做，與自己無益的事則絕對不做。有時看似是爲大家忙碌，其實還是爲自己的利益考量。這種人也講愛，但這種愛是利己之愛，是以造福自己爲中心，它與以造福他人爲核心的利人之愛有著天壤之別。

現今很多人在享有前人創造的自由時，因爲世俗理性的緣故，迷失於自我，凡事以自我爲中心，進而遠離良善，拋棄了神的形象，不知不覺中就陷入了罪的羅網。「**良心既然喪盡，就放縱私欲，貪行種種的污穢。**」（以弗所書 4:19）這種人在今天社會裡十分常見。人類文明創造的自由只屬於那些眞正會使用它的人，唯有認識神即是善的人才會使用它。而對那些不認識神即是善的人，自由只是提供了一種輕慢生命的工具，使人白白浪費了這一得來不易的機會。

在人類發展史上，絕大部分時間由於生產力水準低下，人們爲了自身的物質需求以及生存需要，被迫將自己的自由（包括良心自由和行爲自由）廉價出賣給他人。人原本出於良心自由才能接受神的良善引導，不斷地棄惡從善，成爲善的存在。但當人失去了良心自由就喪失了選擇行爲的自由意志，從而也就自然而然地順服了惡，並將來自神的善轉爲來自肉體的惡。這時的人們活得如同行屍走肉，每日只是爲肉體生計奔波勞碌。

58　科林・布朗，《基督教與西方思想》，北京大學出版社 2005 年版，第 40 頁。

全然不懂「**叫人活著的乃是靈，肉體是無益的。**」（約翰福音 6:63）而那些惡者利用手中的資源占有他人的自由，爲逞一己之私行寡廉鮮恥之舉，敗壞世風。更有甚者因爲缺少純正信仰和自然理性，心甘情願陷入罪性之中，爲人處世爾虞我詐、巧取豪奪，甚至謀財害命。這種人的良心都叫狗吃了，哪裡還知道有什麼良善，有什麼神。在以往愚昧野蠻的人類歷史上，這種情形十分常見。只有當人類眞正認識眞理的化身後，人類才開始眞正認識神，人類社會才開始向近代文明轉化。

認識神即良善的人不會迷信，也不會懷疑，更不會追求肉身享樂。他們只會產生出一種行爲，那就是良善做人，將神的愛傳遞給周圍的人，並使自己成爲神那樣良善的存在。早在羅馬帝國統治下的基督徒就爲此做出了美好的表率。他們積極地行動起來，爲那些孤兒寡婦、貧困的人、生病的人、將死的人、因義坐監的人等提供力所能及的幫助。他們之所以這樣做，是因爲知道神是良善的，他們這樣做就會與神親近，成爲神所喜愛的人。

基督徒愛人並非單只照顧人的肉體，他們在幫助人的肉體時，更多關注造益人的靈魂。他們藉著愛與信仰，良善與眞理，在人與人之間傳遞著愛的資訊，並用愛的行爲幫助那些受助者感受什麼是良善，以及良善源自於神。當受助者由此認識到神即良善時，自然而然會產生出一種對神的純正信仰。藉著這種純正信仰再煥發出愛的光輝和行爲，並由此不斷地傳遞正能量，最終用愛來充滿整個世界。

不認識神即良善的人就會以爲善惡皆出於自己，進而以自我爲中心。以自我爲中心的人，若遇順境就會將自己當作神，盲目妄自尊大；若遇逆境就會將自己當作空氣，私下妄自菲薄。無論順境逆境，不認識神的人總是活在自我的陰影中，每日活在擔憂、惶恐、驚慮之中，成爲一具形而下世界裡的行屍走肉。這樣的人根本不理解天道，也無法辨悟和領會人道，只能順著肉體私欲自然而然地淪入地道之中，成爲罪的奴僕。「**私欲既懷了胎，就生出罪來；**」（雅各書 1:15）「**所有犯罪的，就是罪的奴僕。**」（約翰福音 8:34）

認識神即良善的人，才會發現生命的眞義，並且無論順境逆境都會明白這是人生的修行，都會以感恩的心去體悟生命之道以及實踐生命的眞義。認識神的人會在生命的長河中始終懷有一顆對神的敬仰和感恩之心，並且保守好自己的良心不受虧損。唯有這樣的人才能淡看世事滄桑，遇事榮辱不驚，並實現自我超越，最終成爲神那樣的存在，以致在脫離開肉體生命的束縛後回歸神的天家。

本書將認識神即良善的人稱爲有知，根據有無學識可以分爲無學識的有知和有學識的有知。將不認識神即良善的人稱爲無知，根據有無學識可以分爲無學識的無知和有學識的無知。

無學識的無知多是些沒有學識，淺薄浮躁，自以爲是，滿腦子自私自利世俗理性的

人。他們不明白神即是良善的道理，總是出於世俗理性將神想像成一個人的樣子，然後跟在有學識的無知後面爲非作歹，還以爲自己是如何的虔誠，這些人的代表就是跟在祭司和法利賽人後面的信眾。他們平時給神獻祭，向神禱告，表現得十分虔誠。但是當有人觸犯了他們的「信仰」時，他們就會咒罵、吐口水、扔石塊，甚至將瀆神者釘十字架。無學識的無知出於世俗理性喜歡追隨同樣出於世俗理性的有學識的無知，因爲思路相通，所以更容易理解和接受有學識的無知提供的精神速食。無學識的無知人數眾多，他們往往成爲有學識的無知的幫兇，所以基督稱這些人是「地獄之子」，「**你們走遍洋海陸地，勾引一個人入教，既入了教，卻使他作地獄之子，比你們還加倍。**」（馬太福音 23:15）

有學識的無知表面上很有學識，講起經來頭頭是道，使得無學識的無知對其頂禮膜拜，甚至有些無學識的有知也受其迷惑。但是實際上有學識的無知依然是活在世俗理性甚至非理性中，因爲不明白良善來自於神，就以爲所有善舉是自己所爲，就會高舉自己，貪慕虛榮，陷入僞善或愛己的泥沼。他們「**將善事行在人的面前，故意叫他們看見。**」（馬太福音 6:1）「**愛站在會堂裡和十字路口上禱告，故意叫人看見。**」（馬太福音 6:5）「**他們一切所做的事都是要叫人看見，所以將佩戴的經文做寬了，衣裳的穗子做長了；喜愛筵席上的首座，會堂裡的高位；又喜愛人在街市上問他安，稱呼他拉比（「拉比」就是「夫子」）。**」（馬太福音 23:5-7）有學識的無知喜歡出人頭地，人前顯聖，即使居於荒僻之地也樂於接受來自世俗的榮耀。他們的心思意念表明，他們「**愛人的榮耀過於愛神的榮耀。**」（約翰福音 12:43）有學識的無知雖不認識神，卻還要阻攔他人認識神。「**因為你們把知識的鑰匙奪了去，自己不進去，正要進去的人你們也阻擋他們。**」（路加福音 11：52）有學識的無知是瞎眼的，但卻要別人和他們一樣也變成瞎眼的。「**他們是瞎眼領路的；若是瞎子領瞎子，兩個人都要掉在坑裡。**」（馬太福音 15:14）

他們的行爲使宗教信仰徹底變了味，有哲人看清他們的面目後這樣評價道：「我常怪自誇信從耶教的人，以仁慈、欣悅、和平、節用、博愛炫於眾，竟懷忿爭吵，天天彼此憎恨。……世俗的宗教不外是對教士的尊崇。這種錯誤觀念的傳布使無用之徒醉心獲得教職，這樣，傳播宗教的熱誠遂衰敗退化，一變而爲卑鄙的貪婪與野心。」[59]有學識的無知出於世俗理性熱衷獲得教職，而且對領袖等象徵權力的詞語有著盲目地崇拜和嚮往，這直接導致許多隨信、淺信和迷信的人誤入歧途。基督比喻他們是把種子撒在荊棘裡，「**後來有世上的思慮，錢財的迷惑，把道擠住了，不能結實；**」（馬太福音 13:22）還有些有學識的無知出於非理性而陷入教條主義神學的陷阱，在追求屬靈生命的同時迷失於雜亂信仰之中，捲入犯罪的漩渦。他們雖然成天「主啊，主啊」地叫著，但是他們的心

59　《神學政治論》，第 4-5 頁。

早已遠離眞道。基督對他們說：「**我從來不認識你們，你們這些作惡的人，離開我去吧！**」（馬太福音 7：22-23）

無知的人無論是否具有學識都一樣充滿世俗理性，愛慕屬世世界裡的虛榮，總會「**因為不知道神的義，想要立自己的義，就不服神的義了。**」（羅馬書 10：3）無知的人總是出於世俗理性特別迷戀和崇拜世俗名利，比如他們認爲教堂建地越大，教階升得越高，教儀設計地越繁瑣，教義編造地越神祕就越屬靈。就在那種人造的「神聖」場景中，無知們找到了自己心目中想像的神，跪拜獻祭，向神靈表忠心，迷信地無以復加，還以爲自己屬靈地不得了，眞正是可悲可歎。聖經中神的話語他們聽不進去，「**我喜愛良善（或作「憐恤」），不愛祭祀；喜愛認識神，勝於燔祭。**」（何西阿書 6:6）他們只喜歡按照自己的一套世俗理性崇拜自己想像中的神，難怪有哲人見此光景，無奈感歎世人的無知，「無怪舊日的宗教只剩了外表的儀式（連這些儀式，在大眾的嘴裡，也好像是神的阿諛，而不是神的崇拜）。信仰已經變爲輕信與偏見的混合。」[60]

無知者的世俗理性導致宗教信仰日益世俗化，這不只限於某一種宗教，而是今天所有宗教都面臨的共同處境。在這種世俗化的宗教環境裡，寺廟道觀教堂裡回蕩的不是眞理的回聲，而是彌漫著肉體私欲、雜亂信仰以及世俗理性的迷霧。信徒們出於輕信與偏見，將自己交托給那些追求自以爲義的祭司和神學家，不明白唯神爲善的道理，將那些自稱神僕的活人，木雕泥塑的偶像以及各樣人造的思想主義視爲神聖，奉爲偶像，深深陷入迷信之中，徹底失去了認識眞神的機會。

無知的人還喜歡用非理性研究神，在幻想中探索神的世界，結果創造出一門害死人不償命的學問——神學。神學是以雜亂信仰爲主，世俗理性爲輔。由於非理性自始即於人無益，所以神學不可能幫助人樹立理信。相反卻總是使人在世俗理性或非理性的漩渦裡盤旋，專注在私欲裡或幻想中探索神的世界，這就註定它因欠缺良善而愛慕虛榮或虛妄荒誕，總是使人陷入迷信。神學不是在追求眞理，而是以人的非理性探索一個臆造的神。神學打敗了哲學，並不意味著靈魂打敗了肉體，而是意味著屬靈的宗教進入了非理性的誤區，導致僞理戰勝了眞理。

無知的人出於無知和固執總是容易迷信，他們沒有想過通過自身良善的行爲爲神作見證，而總是渴望看見神的行跡，好爲自己屬靈作見證。結果，不是因爲看不見神跡而沮喪，就是聽信他人的虛僞見證而迷信。其實，神的良善無處不在，只是人心的懵懂無知不能體察罷了。

有知者與無知者完全不同，因爲明白良善來自於神，「**除了神一位之外，再沒有良善**

[60] 《神學政治論》，第 5 頁。

的。」（路加福音 18:19）所以具有一種常人難以理解的純正信仰。這種純正信仰培育出正確的人生觀，正確的人生觀能夠引導出正確的生活態度，同時也能夠改善人的生命狀態。他們默默行義卻不以此自誇，他們樂於助人卻不驕傲，他們廣施善舉卻不張狂。因為他們明白這一切不是出於自己，而是都來自於神，並發自內心地將這一切榮耀歸於神。他們謙卑自視己小，於細微處感受神的良善，且總是懷著感恩的心視別人比自己更高。「**凡事不可結黨，不可貪圖虛浮的榮耀；只要存心謙卑，各人看別人比自己強。**」（腓立比書 2:3）

有知者藉著純正信仰從不迷信世俗化的宗教教規和儀式，他們很清楚神不在外部世界，而在內心世界。「**因為神的國就在你們的心裡。**」（路加福音 17:21）所以對那種大眾式的、阿諛神的精神速食感到厭倦。他們通常不會去那些世俗化的教堂，而是憑藉自身具有的純正信仰和自然理性創造出各具特色的敬拜方式。比如美國聖人佛蘭克林就有一套自創的敬拜方式。「幾年前（也就是 1782 年），我曾編排了一個小小的禮拜儀式……供自己私下使用……不再去教堂做禮拜了。」[61]

有知者不但不迷信教規儀式，而且也看淡生死。因為站在高處的眞實之境，他們認識神即良善，也清楚「**叫人活著的乃是靈，肉體是無益的。**」（約翰福音 6:63）更相信「**為義受逼迫的人有福了，因為天國是他們的。**」（馬太福音 5:10）所以他們不再畏懼死亡的威脅，敢於為追求眞理和良善與邪惡勢力作鬥爭。雖然他們為此遭受了無情的迫害和殺戮，但是由於他們美好的見證，整個世界發生了翻天覆地的變化。

無學識的有知雖然本身沒有什麼學識，但是源於純正的信仰，使他們也能夠心無掛慮，一心向善，這就是經上所講，「**沒有律法的外邦人，若順著本性行律法上的事，他們雖然沒有律法，自己就是自己的律法。這是顯示律法的功用刻在他們心裡，他們是非之心同作見證，並且他們的思念互相較量，或以為是，或以為非。**」（羅馬書 2：14－15）無學識的有知雖然在學識方面有所欠缺，但是因為正確的人生觀引導出正確的生活態度，所以他們本著內心的良善，在人群中散發出造益人的愛和美德。即使不清楚神為何為善，但能夠遵從本心，已然與神相合，活出了豐盛的生命。

有學識的有知通常都有一顆追求眞理和良善的心，因為能保守好這顆良心，所以他們能夠歷經隨信、淺信、迷信等階段，最終達到理信的境界。理信的人不會再迷信偶像，崇尚權勢，貪戀錢財，當然對肉體生命也會抱有一種超然的態度。理信的人除了認識神即良善外，還瞭解世界的本質和生命的眞義。他們出於愛人而不斷地為社會創造價值，不僅是物質財富，更重要的是精神食糧。同時出於愛神必先體現在愛人上，故而時刻以

[61] 本傑明．佛蘭克林，《佛蘭克林自傳》，吉林出版集團有限責任公司 2012 年版，第 98 頁。

造福人群爲出發點，不停地傳播良善和眞理，傳遞主的愛，傳揚神的恩典。通常他們不介意來自人的榮耀，因爲他們明白人的榮耀會遮擋神的榮耀。所以他們時常定睛於神的國和神的義，並且將永生的榮耀作爲今生的盼望和追求。

與有學識的有知相比，無學識的有知因爲缺乏學識，所以時常有被有學識的無知迷惑的危險。有學者經過研究發現，「當宗教在一個國家遭到破壞的時候，智力高的那部分人將陷入遲疑，不知所措，而其餘的人多半要處於麻木不仁狀態。.........這樣的狀態只能使人的精神頹靡不振，鬆弛意志的彈力，培養準備接受奴役的公民。一個民族淪於這種狀態後，不僅會任憑自己的自由被人奪走，而且往往會自願獻出自由。」[62]有學識的有知則不會輕易受到有學識的無知的迷惑，他們能夠通過純正信仰和自然理性對有學識的無知的言論進行辨識，即使有學識的無知言論講地再好，也可以透過他們的行爲以及行爲的果效看清他們的本質。「**因為他們能說不能行。**」（馬太福音 23:3）相較無學識的有知而言，他們更能「知其然，也知其所以然」。

有學識的有知由於具備自然理性，所以能夠對「神即良善」有著更深層次的認知和理解。這種認知和理解不僅能指導自己的言行符合良善和眞理，而且也能幫助他們超越個人及周圍人群的範疇，而對全人類作出了巨大的貢獻。由他們創造出的自由、平等、博愛、人權、民主、法治以及其他普世價値觀深深地影響了人類社會的前進軌跡，同時也爲眞理的普世性作出了最好的注腳。

其實每個人的出生、經歷、學識以及性情不同，也即個性存在差異，這導致人內心中的良知也因人而異。良知多的人行的善就多，良知少的人行的善就少，良知缺失的人就不會行善。行善多的人天國的福報就大，行善少的人天國的福報就少。不行善的人不但沒有福報，甚至會連以往的福報都會消去。「**因為凡有的，還要加給他，叫他有餘；沒有的，連他所有的也要奪過來。**」（馬太福音 25:29）這就是經濟學界講的「馬太效應」。很多人以爲馬太效應講的是關於賺錢的事，其實耶穌怎麼會教人怎麼賺錢呢？耶穌曾講，「**一個人不能事奉兩個主。不是惡這個愛那個，就是重這個輕那個。你們不能又事奉神，又事奉瑪門**（注：「瑪門」是「財利」的意思）。」（馬太福音 6：24）耶穌對世人講的都是關於天國的事，只有無知的人才會以字面含義去領會。在馬太福音 25 章講的故事裡，先有主人交給僕人們銀子，這銀子其實指的就是來自神的善。而僕人們拿銀子去賺銀子，實際指的是用善心去創造價値，造福人群。主人回來後，僕人們將賺來的銀子交還給主人，指的是將因善行而得的榮耀歸給神。神又交給他更多的事去做，並賜予他主人的快樂，是指善有善報，人因行善而獲得天國的福報。正如耶穌所講，「**你若願意作完全人，**

[62] 托克維爾，《論美國的民主》，商務印書館 2013 年版，第 590 頁。

可去變賣你所有的，分給窮人，就必有財寶在天上；」（馬太福音 19：21）

認識神的人知道良善來自於神，也知道人與身俱來帶有惡的因數，「**我也知道在我裡頭，就是我的肉體之中，沒有良善。因為立志為善由得我，只是行出來由不得我。**」（羅馬書 7:18）所以人能否戰勝惡取決於人能否認識善，認識神。爲善的過程實際就是一場靈與肉的爭戰過程，在此保羅爲世人做出了光輝的榜樣。「**我從前是褻瀆神的，逼迫人的，侮慢人的，然而我還蒙了憐憫，因我是不信、不明白的時候而做的。並且我主的恩是格外豐盛，使我在基督耶穌裡有信心和愛心。『基督耶穌降世，為要拯救罪人。』這話是可信的，是十分可佩服的。在罪人中我是個罪魁。然而我蒙了憐憫，是因耶穌基督要在我這罪魁身上顯明他一切的忍耐，給後來信他得永生的人作榜樣。**」（提摩太前書 1:13-16）

保羅通過基督認識了神，又因爲肉體的緣故而陷入與老我的苦苦爭戰之中。他沒有因爲教徒的恭維而沾沾自喜，也沒有因爲自己的功績而得意忘形，他總是時刻警醒自守，總是看別人比自己高。他一生傳播主的福音，傳遞主的愛，傳揚主的恩典，唯獨忘記了自己。「**但我斷不以別的誇口，只誇我們主耶穌基督的十字架。因這十字架，就我而論，世界已經釘在十字架上；就世界而論，我已經釘在十字架上。**」（加拉太書 6：14）保羅經過一生靈與肉的爭戰，經受了人間的百般試煉，終於守住了內心中的良善，爲神作出了美好的見證。「**那美好的仗我已經打過了，當跑的路我已經跑盡了，所信的道我已經守住了。**」（提摩太后書 4：7）

保羅無疑是追求眞理和堅守良善的美好表率，但是無知者通常不能理解他的行爲。他們習慣以人類有限的智慧窺測神無限的奧祕，他們不能理解天國的義，卻以爲「好人不長命，惡人活萬年」。他們不明白所謂的好人經受磨難是對他們是否眞善的考驗，《約伯記》裡約伯的故事清楚地告訴我們神要鑒察人心，越是外表良善的人越要接受鑒察。是眞善還是僞善，只有在經歷各種試煉後才能辨明眞僞。人只有在屬世世界裡經受住考驗，才能在屬靈國度裡收穫福報。「**你這又良善又忠心的僕人，你在不多的事上有忠心，我把許多事派你管理，可以進來享受你主人的快樂。**」（馬太福音 25:21）只有認識到這個世界的短暫渺小，才能明白那個世界的永恆偉大。只有在現實世界裡感受到神的良善無處不在，才能在屬靈世界裡活出神的良善和無私。所以保羅說：「**不要效法這個世界。只要心意更新而變化，叫你們察驗何為神的善良、純全、可喜悅的旨意。**」（羅馬書 12：2）

無知者不能理解無私至善的神怎麼會沒有感情，卻恰恰意識不到要有情感的話，神還會無私至善嗎？那豈不成了某些人或某族人或某國人專有的神祗了嗎？神是良善的，因此不會具有所謂人類的感情。在神的眼中，每個人都是一樣的。即使出生不同，但是只要後天努力，都會有不同凡響的表現。所以神的良善恰恰是視眾生平等，絕不會偏愛某些人或某個民族。正如《道德經》裡所講，「天地不仁視萬物爲芻狗」。但是很多人總喜歡將神擬人化，以配合他們膚淺的認識，這方面最典型的例子就是猶太人。在舊約聖經裡猶太人將上帝雅威變成了猶太人的專有神祇。這位神祇充滿人類的情感，不但脾氣很大，而且爲了行所謂公義還出手殺人。猶太教信奉的「以血還血，以牙還牙」教條，就是來自於這位上帝的教諭。猶太人的信仰完全將這位神祇擬人化，而他們自己也自詡受上帝的揀選，是得神祝福的民族。可是，實際情況卻是命運多舛。

歷史上的猶太民族多災多難，四處漂泊，如雨打浮萍，到處遭人欺淩。這難道是神不愛猶太民族嗎？非也，其實他們信仰的神是被他們世俗化的神，眞正的神他們根本就不認識。所以聖經裡神多次說，「**他們卻不聽從，竟硬著頸項，效法他們列祖，不信服耶和華他們的神。**」（列王紀下 17:14）神是無私至善的恒在，每一個人身上都有祂的影子，祂對每一個人都一視同仁。猶太民族的災難完全是不認識眞神的緣故。他們明知神應許在他們民族裡誕生一位彌賽亞（救世主），這位救世主會將人類的災難背負在自己肩上，用自己做活祭拯救負罪的世人。「**他誠然擔當我們的憂患，背負我們的痛苦；我們卻以為他受責罰，被神擊打苦待了。哪知他為我們的過犯受害，為我們的罪孽壓傷。因他受的刑罰，我們得平安；因他受的鞭傷，我們得醫治。我們都如羊走迷，各人偏行己路，耶和華使我們眾人的罪孽都歸在他身上。**」（以賽亞書 53：4－6）但是當這位救世主眞正降臨人間，他們卻出於雜亂信仰和世俗理性拒絕眞理的化身，將祂釘在十字架上。「**我將在神那裡所聽見的真理告訴了你們，現在你們卻想要殺我！**」（約翰福音 8:40）拒絕眞理就是拒絕良善，就是拒絕神。猶太民族的苦難其實從他們迷信神的那一天起就已經註定。當猶太學者斯賓諾莎發現這一祕密後，他們沒有接受他的理智勸告，相反卻是將他開除出教，而且還對斯賓諾莎發出荒唐而可笑的詛咒。類似的事情在脫胎於猶太教的基督教和伊斯蘭教中也時常能見到。

猶太民族的災難歷經數千年，中華民族的災難也不遑讓。我們總說中華民族多災多難，天災人禍連綿不斷，一波未平一波又起。爲什麼兩個世界上最偉大的民族都會遇到這麼多的災難和不幸？歸根結底，他們都不認識神，都不明白神即良善的道理，總是出於人類的各種雜亂信仰和世俗理性曲解神。

中華民族數千年來一直缺少一個回歸神的契機，眞正認識那位賜人活水的、救人生命的、帶來眞理的救世主。雖然祂早已來到我們身邊，但是我們就是不願認識祂。「**光照在黑暗裡，黑暗卻不接受光。**」（約翰福音 1:5）就因爲我們遲遲不願接受祂爲主，我們的生命遲遲得不到變化更新，一直在黑暗的漩渦裡打轉，受著罪性的煎熬。「**光來到世間，世人因自己的行為是惡的，不愛光倒愛黑暗，定他們的罪就是在此。**」（約翰福音 3:19）

中華民族的復興必須要從認識神開始，而認識神必要從認識神即良善開始。基督很早就告訴世人，「**除了神一位之外，再沒有良善的。**」（路加福音 18:19）所以今天就讓我們從瞭解基督的話開始，重新認識那位良善的神。

耶穌為什麼講「叫人活著的乃是靈，肉體是無益的」？

關鍵字：靈；神性；肉體私欲；罪；修心（靈修）；良心；天堂的光和熱；愛；生命

肉體是人賴以存在的物質基礎，人離開肉體就死了，這是書本或老師教給我們的常識。所以中國有句俗話叫「好死不如賴活著」，意思就是叫人無論如何都要活著，因爲「人死如燈滅」，死了就什麼都沒有了。可是任何宗教都說有另一個世界存在，那裡有天堂和地獄，有神也有鬼，總而言之那是一個肉眼看不見的世界。難道世界上所有的宗教都是騙人的嗎？如果是，爲什麼那麼多的人還要對之頂禮膜拜，難道世人都瘋了嗎？看來事情並不是那麼簡單。

大科學家愛因斯坦是信仰猶太教的，當然猶太人大部分都是猶太教徒，他們的出生就已經決定了他們的信仰。猶太教歷經數千年，培養出無數優秀的人物，稍微有些知識的人都知道這個事實，無需贅言。在世人眼中，愛因斯坦無疑是唯物的，他是一個大科學家。那麼他的宗教信仰與那些滿嘴神鬼的人的宗教信仰又有什麼不同呢？看看愛因斯坦自己怎麼說，「任何一位認眞從事科學研究的人都深信，在宇宙的種種規律中間明顯地存在著一種精神，這種精神遠遠地超越於人類的精神，能力有限的人類在這一精神面前應當感到渺小，這樣研究科學就會產生一種特別的宗教情感。但這種情感同一些幼稚的人所篤信的宗教是大不相同的。」[63]看來愛因斯坦相信的上帝是一種強大的精神，祂無形且充斥於宇宙之中，這好像不是我們日常理解的那位慈祥或威嚴的老者形象。

基督教是從猶太教裡分離出來的，他們讀的是一本經，所以兩教的信仰非常相似，他們都信仰上帝耶和華（或稱雅威）。但是又有些本質的不同，因爲基督教比猶太教多出一部《新約》來，而耶穌基督是新約的主角，整部新約就是圍繞耶穌基督來講述的。新約講耶穌基督是上帝的兒子，爲拯救世人甘願犧牲自己，選擇爲世人做贖罪祭上十字架。

[63] 愛因斯坦，《愛因斯坦談人生》，世界知識出版社 1984 年版，第 35－36 頁。

因爲耶穌基督的緣故，人類與上帝訂立了新約，凡願意認基督爲主的人都可以獲得救贖及永生。在此神以人的形象出現，並且將天國的福音直白地告訴人類，爲人類指明了一條通往天國的道路。這有點讓人不可思議，神怎麼可能會是人的形象？神不都是全能的嗎，怎麼可能會被人釘死？連一直以來都認爲上帝會降彌賽亞（救世主）來拯救猶太人的猶太人也不相信，他們很乾脆地將耶穌送上了十字架，還嘲笑祂有本事就自己走下來。西元 33 年，耶穌上了十字架。（西元紀年是以傳說耶穌誕生之年開始紀元，耶穌只活了 33 歲）本來一個沒上過學的木匠，只在巴勒斯坦一帶傳了三年的福音，人類歷史上幾乎沒有什麼關於祂的記錄，可是奇跡卻發生了，祂活著時講的話被傳遍了整個世界，影響了人類接近兩千年的歷史，無數人的命運爲之改變，正應了經上的話，「**我還要使你作外邦人的光，叫你施行我的救恩，直到地極。**」（以賽亞書 49:6）人類的歷史因祂而改變，這眞是一個千古難解之謎。耶穌到底是誰？這不是本文要討論的問題，本文要講的是祂講的那個世界是不是眞的存在。

耶穌基督在聖經裡清清楚楚地告訴世人那個世界是存在的，「**在我父的家裡，有許多住處。若是沒有，我就早已告訴你們了。**」（約翰福音 14:2）「**我的國不屬這世界。**」（約翰福音 18:36）「**所以，不要憂慮說：『吃什麼？喝什麼？穿什麼？這都是外邦人所求的。你們需用的這一切東西，你們的天父是知道的。你們要先求他的國和他的義，這些東西都要加給你們了。』**」（馬太福音 6：31－33）「**你們若不回轉，變成小孩子的樣式，斷不得進天國。**」（馬太福音 18：3）「**駱駝穿過針的眼，比財主進神的國還容易呢！**」（馬太福音 19:24）信基督的人一定相信這些話，自然也相信屬靈世界的眞實存在，但是那些缺少機緣的人呢？那個世界對他們來講眞是非常地模糊不清。

世人總是迷惑於另一個世界的不可知、不可測，無論那些屬靈大師們如何地解說，還是感覺太玄奧了。但是神做功完全出乎人的想像，有些人天生就能看見另一個世界的存在，這是何等奇妙。臺灣有一位叫劉柏君（或索菲亞）的女士，她是一位天生就能看見另一個世界的異人（俗稱陰陽眼），她根據自己自小到大的經歷寫了一本書，書名叫《靈界的譯者》。在書中，她樸實直白地將自己從小到大的所見所聞記錄下來，沒有想像也沒有發揮。只是記錄，知道就是知道，不知道就是不知道。正如她自己所說：「我有責任與眾人誠實地分享經驗。」[64]她的這種坦誠敘述，使每一個看過她書的人都會對另一個世界的存在產生客觀上的認知，進而不再盲目地拒絕。這本書並沒有告訴人另一個世界爲什麼會存在，也沒有詳細描述另一個世界到底是一個什麼樣子，它只是通過作者的親眼所見說明另一個世界的客觀存在。也許會有人說，存在不存在又與我有什麼關係呢？你想

64　索菲亞，《靈界的譯者 2》，三采文化出版事業有限公司 2014 年版，第 66-67 頁。

想，如果那個世界眞是客觀存在的，那麼人的靈魂就是存在的，肉身腐朽了，靈魂又將何處安身呢？如果你只圖這一世的享受，那麼隨你了，祝你好運。如果你還想死後靈魂有個好去處，那就努力吧。

也許有人要問努力什麼呢？努力恢復你身上的神性，就是那儲存在人良心裡的良善和愛（這愛是指屬天之愛而非世俗之愛，世人多在此混淆）。具體點說，就是努力效仿耶穌基督。因爲神性在耶穌身上彰顯得更加純全，就好像祂得到的靈如一件衣服，而普通人得到的只是衣服上的一根線。所以耶穌天然具有純全的神性，「**因為神本性一切的豐富，都有形有體地居住在基督裡面。**」（歌羅西書 2:9）神性與我們平時所講的人性有著本質的不同，神的無私、至善和永恆都在祂身上得到彰顯，肉體對祂來說就是作見證的道具，爲的是讓人以肉眼的方式也能看見神的作爲。基督降世是要爲神作見證是可信的，祂告訴人類什麼才是眞理，什麼才是人眞正應當追求的生命之道。我們稱祂的話爲福音，就是來自天上的好消息。這福音體現的就是生命，就是靈。「**我對你們所說的話就是靈，就是生命。**」（約翰福音 6：63）因爲基督具有純全的神性，所以祂說的話就是賜人生命的靈糧。世人努力按照祂說的話去做，就能爲自己的靈魂選擇好去處提供保障。這也是稱基督爲「中保」的原因。

可悲的是世俗教會裡那些爲肉體禱告的「基督徒」，愚昧地難以附加，卻還以爲自己屬靈地不得了。耶穌爲人治療肉體病痛總是出於無奈，祂甚至對那些求祂的人說：「**若不看見神跡奇事，你們總是不信。**」（約翰福音 4:48）世人根本不明白「**叫人活著的乃是靈，肉體是無益的。**」（約翰福音 6:63）他們動心起念都是自己的肉身私欲，拼命想擺脫的都是肉體的病痛苦處，殊不知「**愛惜自己生命的，就失喪生命；在這世上恨惡自己生命的，就要保守生命到永生。**」（約翰福音 12：25）這裡的第一個生命指的是屬世生命，第二個生命指的是屬靈生命。同樣，保羅在羅馬書中寫道，「**就如罪作王叫人死；照樣，恩典也藉著義作王，叫人因我們的主耶穌基督得永生。**」（羅馬書 5：21）這裡的死和永生指的都是屬靈生命，而非屬世生命。詩人臧克家寫過一句詩「有些人活著他已經死了，有些人死了他還活著。」這兩句話前面的「活著」和「死了」指的是屬世生命，後面的「死了」和「活著」指的是屬靈生命。我們講《聖經》是一本關於生命的書，指的就是它對提高屬靈生命的幫助，如果沒有開啓屬靈的眼睛是無法眞正看懂它所講述的內容的。

現實生活中很多的基督徒眞的就如保羅所講的那樣，「**屬血氣的人不領會神聖靈的事，反倒以為愚拙，並且不能知道，因為這些事惟有屬靈的人才能看透。**」（哥林多前書 2:14）他們雖然嘴裡奉基督爲主，實際上是奉自己爲主。他們不明白屬靈世界的事情，只是簡單地以爲信了就可以上天堂，信了就可以保平安（詳見下文《是「先信仰後理解」還是「先理解後信仰」？》）。其實這些人的信仰都是迷信，他們連兩個世界、兩種生命、

理信迷信、靈魂和肉體都沒搞清楚就信了，這是非常危險的。很多「披著羊皮的狼」就是利用他們的這種無知將他們控制，使他們在不知不覺中失去了良心自由，淪落爲「地獄之子」。（推薦觀看一部印度電影《我的神啊》，相信會對追求信仰的人能有所啓示）

那麼人的屬靈生命從何而來？從神那兒來，聖經裡開篇就寫了上帝造人的事，「**耶和華神用地上的塵土造人，將生氣吹在他鼻孔裡，他就成了有靈的活人，名叫亞當。**」（創世紀 2:7）在全世界各地都有類似的古老傳說，比較著名的有古希臘的普羅米修士造人，古印度的濕婆造人，古中國的「女媧造人」等。所有的神話都告訴人類一個共同的事實，人的靈魂和肉體都來自於神，而使人活起來的是神賜予的靈。因爲「**神是靈**」（約翰福音 4：24），所以人的靈魂來自於神，它原本無私而至善，自由而高貴。但是人的靈又不同於神的靈，因爲它實在弱小，很容易受到外界的影響而泯滅。爲使它強大起來，人必須借助於肉體而讓靈歷經磨練，在各種不同的艱難困境下茁壯成長。肉體與靈的關係就是一個二律背反（詳見下文《什麼是二律背反？如何解決二律背反？》），靈裡的神性越強大，肉體的私欲消亡地越快；肉體的私欲越旺盛，靈裡的神性泯滅地越快。阻礙靈裡神性成長的主要就是私欲，這私欲產生自肉體，充滿著世俗的欲望，不斷地與靈裡的神性爭戰。而靈裡神性的成長需要對世界本質和生命眞義的感悟，這又需要借助這幅肉體，沒有了這幅肉體，靈無所依存，更無法修煉。這就好像在一個身體裡面有兩個生命，彼此相生相剋，維持著一種動態的平衡。在西方的電影裡時常可以看見人的身體裡總有一個天使和一個魔鬼在打架，其實指的就是來自神的神性與來自肉體的罪性在互相爭戰。就在這種動態平衡中，靈魂和肉體在善與惡的取向裡不斷地驗明生命的價值。

隨著人的肉體不斷地長大成熟，人的欲望自然而然地變得旺盛起來，人靈裡的神性也將不斷地受到來自肉體私欲的侵蝕，這就是通常所講的靈與肉的爭戰。這個爭戰過程就是人修煉的過程，也是人靈裡的神性能否得以保存，並獲得提升的過程。如果社會大環境良好的話，靈裡的神性就能得到很好地守護，這時良心就能經得起私欲的試探引誘且戰而勝之。而當周遭的環境不好，人又缺乏理性，不能警醒自守控制住肉體的私欲時，私欲就會逐漸控制人的意識，產生出一種以肉身利益爲本的世俗理性（詳見下文《什麼是世俗理性？》）。世俗理性使人驕傲自大，自以爲是。不知不覺中做壞事，逞私欲，淪爲罪的奴隸。「**私欲既懷了胎，就生出罪來；罪既長成，就生出死來。**」（雅各書 1:15）此時的靈就會彷徨失措，良知泯滅，進而受私欲的誘惑被引向地獄的方向。這時人的生命狀態會隨著神性的喪失而趨向死亡，雖然表面上人是活著的，但是失去神性的人不過是一具行屍走肉。

當人離世時，人的靈就會以他當時的形態存在。但是不久之後不同性質的靈會隨著時空的轉移而發生變化，這取決於他的靈人本質。失去神性的靈會趨向地獄，充滿神性的靈會趨向天國。所以宗教在強調存在另一個世界時，都要人努力在世修行。因爲你修行的結果會決定你死後的靈魂狀態，「人的福報或業障，端看自身的努力，調攝自己的起心動念，愼管自己的言行舉止，修行即在眼前當下。」[65]

人的罪又從何而來？從上文可知是從肉身的私欲而來。肉體很軟弱，因爲它從塵土中來，一捏就碎。肉體又很低賤，因爲它來自形而下的世界。當人不明白「**叫人活著的乃是靈，肉體是無益的**」（約翰福音 6:63）時，人所關注的就是自己的肉體。因爲肉體的沉重，私欲就會借著各種欲念拖引人的意識向外發展，也即向下發展，成爲一個愛己或愛世的人。人若長期在這樣的環境中生活，靈魂裡的神性被壓制，長期接受肉身私欲和從其而出的世俗理性的影響，人就逐漸長成一個「巨嬰」。這種「巨嬰」在眼下的社會中十分常見，這是人良知泯滅、理性蒙昧的慣常表現。當一個人只長私欲不長靈智時，你說他的行事爲人能不犯罪嗎？保羅講的「**那時人要專顧自己、貪愛錢財、自誇、狂傲、謗瀆、違背父母、忘恩負義、心不聖潔、無親情、不解怨、好說讒言、不能自約、性情兇暴、不愛良善、賣主賣友、任意妄為、自高自大、愛宴樂、不愛神，有敬虔的外貌，卻背了敬虔的實意**」（提摩太后書 3：2-5）就是對這種情形的眞實描述。

當罪隨著肉身私欲一起不斷地成長時，人爲了自己的肉身安逸，就可以不擇手段地爾虞我詐、巧取豪奪，甚至殺人放火、欺天滅地。這樣的人，我們就說他是良知泯滅的行屍走肉。「**良心既然喪盡，就放縱私欲，貪行種種的污穢。**」（以弗所書 4:19）這時的人已經完全受肉體私欲控制，淪爲了罪的奴僕。「**所有犯罪的，就是罪的奴僕。**」（約翰福音 8:34）因爲肉體私欲只關注外在的世界，所以就會拒絕任何來自靈裡的良善和愛。當人對屬世世界的執著日益強化時，他們的肉體就會被私欲裹挾誘導向世界一面轉化，人動心起意的就是來自肉體的各種欲念。這時人思考問題只會從屬世角度出發，拒絕接受任何天堂的觀念。因爲他的意念已經使他在接受這個世界的同時，關閉了通往天堂的門，順帶也幫他打開了地獄的門。

這些都是我們肉眼所看不見的，但卻從人的外形上又能看出一些端倪。我們中國人常講的「相由心生」，就是根據人的外在形象來對人的內在境況作出判斷。這樣看來人的肉身就是爲人的靈提供了一份試卷，沒有這份試卷人生就失去了意義。但有了這份試卷又會產生很大難度，私欲用各種各樣的欲望捆綁人的靈魂，阻攔人的靈魂返還天家。所以這個神所創造的肉身既是我們屬靈生命存在的物質基礎，同時也是屬靈生命進階的羈絆。因此我們就必須好好使用它，不要辜負了這一天賜的修行機會，再轉入那不可知、不可測的世界中苦苦等候下一次修煉的機會。

[65] 《靈界的譯者 2》，第 128 頁。

世界上各種宗教都有自己的一套修行方法，但一定都是以修心（或稱靈修）爲主。在前面提到的臺灣異人劉柏君寫的《靈界的譯者》一書中也談到這一點，在她第一次接的出文最後兩句這樣寫道，「問天何爲修正道？萬道萬學不離心！問地何時成正道？道在我心一點清！」[66]王陽明亦講：「身之主宰便是心」，臨終遺言更是：「此心光明，亦複何言。」可見修心對靈魂的成長非常重要。

當人的靈魂成型後，人就應當修行。這修行修的就是心，「**因為神的國就在你們的心裡。**」（路加福音 17:21）這心就是指人的良心，「良心是『人與上帝關係的依託』，是『人的信仰之根』，決定並支配著人生一切活動。」[67]人的良心若保守地好，人的靈魂就充滿光明。人的良心若泯滅了，人的靈魂就暗淡無光。「**你眼睛就是身上的燈。你的眼睛若了亮，全身就光明；眼睛若昏花，全身就黑暗。**」（路加福音 11:34）很多人看不明白這屬靈話語中的含義，不明白這「眼睛」指的就是人的良心，「全身」指的就是人的靈魂。這良心是與神性相通的，它時刻警醒靈魂遠離肉體的私欲，「**你們要謹慎自守，免去一切的貪心，因為人的生命不在乎家道豐富。**」（路加福音 12：15）

那要如何修行呢？其實萬變不離其宗，各種宗教都勸告世人要保守好良心並遠離邪惡，要敬天愛人遠離世俗，要追求眞理遠離僞理。具體點講，就是「**行事為人要端正，好像行在白晝。不可荒宴醉酒，不可好色邪蕩，不可爭競嫉妒。總要披戴主耶穌基督，不要為肉體安排，去放縱私欲。**」（羅馬書 13：13－14）這是修行的基本準則，因爲具體情形千差萬別，所以做人做事時要依據具體情況分析辨別。任何宗教教人修行的目的都是要保守好我們最初的那顆「本心」。因爲「**你要保守你心，勝過保守一切（或作「你要切切保守你心」），因為一生的果效，是由心發出。**」（箴言 4:23）這顆心天然淳樸，無私無欲，至善至純，與神相合。保守好這顆「本心」，我們就能行出神的行，彰顯神的形，榮耀神的名。

這顆「本心」就是良心，它來自於神，爲便於理解也可以稱之爲神性感應器。這個神性感應器能夠感知神的資訊，也就是來自天堂的光和熱。這天堂的光代表眞理和智慧，構成生命理智；天堂的熱代表善和愛，構成生命意念。生命的精髓是熱而非光，除非是帶有熱度的光。生命之所以源自於熱，是因爲生命一旦失去了溫度就會逝去。若只有光沒有熱，生命依舊冷冰冰，就如同冬天雖然有光，但因爲缺少溫暖，萬物便會因此而凋零。今天許多地方的基督教會就是這般缺少愛的光景。若只有熱沒有光，那就如黑暗中壓抑的狂熱，愛己和愛世之心會使人產生出摧毀一切的邪惡傾向。從古至今專制主義的獨裁統治就是明證。光與熱的結合，使生命得以生生不息，茁壯成長，正如世上溫暖的

---

66 索菲亞，《靈界的譯者》，三采文化股份有限公司 2015 年版，第 57 頁。

67 《信仰與秩序——法律與宗教的複合》，第 138 頁。

陽光在春夏之際滋養萬物一樣。因爲光，人們信眞理，因爲熱，人們愛良善。天堂之所以被稱爲樂園，是因爲在那裡眞理與良善的結合，信仰與愛的結合，就像在世間的春季中光與熱的結合一樣。天堂的光和熱賦予了生命神聖的光彩，使人的生命在屬世世界自然之光中也能熠熠生輝。

天堂的光和熱在人的生命中體現爲愛，愛是生命的根本。因爲愛，人心感受到溫暖，失去愛，人心是冷的，倘若愛完全消失，生命也會隨之死亡。基督說：「**我對你們所說的話就是靈，就是生命。**」（約翰福音 6：63）從祂身上所散發出的神性之愛具有良善和眞理的本質，是天堂光與熱的合一。所以信仰基督，就能認識神之眞理，感受神性之愛。

基督教是愛的宗教，基督用自己的生命詮釋了愛的眞諦。祂教導人如何去愛，這愛正是溝通神性感應器的信號。「**這愛是從清潔的心和無虧的良心、無偽的信心生出來的。**」（提摩太前書 1:5）藉著這愛，人們感受到了來自天堂的光和熱，活出了神所賦予的豐盛生命。當人心中無愛，或雖有愛但因肉體私欲遮蔽了神性感應器，就如耶穌講的，「**後來有世上的思慮，錢財的迷惑，把道擠住了，不能結實；**」（馬太福音 13:22）導致人無法接收來自天堂的資訊，無法感受來自天堂的光和熱，人的生命就會毫無生氣，彷彿一具行屍走肉。即使偶爾有片刻的靈光一閃，善心大發，但是因爲良心虧欠已久，導致神性感應器幾乎失靈，雖有一時生命更新的跡象，但是積習難改，很快又會將謬誤當作眞理，重新回到老我中。

人若想始終保持神性感應器的靈敏，就必須守好自己的良心。認識基督並接受祂成爲自己的主，無疑是保守良心的最好方法。保羅藉著對基督的信仰擺脫了老我的陰影，活出了神喜悅的美好生命。「**基督若在你們心裡，身體就因罪而死，心靈卻因義而活。……你們若順從肉體活著，必要死；若靠著聖靈治死身體的惡行，必要活著。**」（羅馬書 8:10-13）由此而知，生命的死活全在靈肉的爭戰中，爭戰得勝則生，爭戰失敗則死。

靈與肉的爭戰就是修心（靈修），修心就是要喚醒人類靈魂深處隱藏的神性，當神性得以復蘇時，保守好它，我們就能找到回歸天家的路。若心迷失了方向，順著肉體的私欲墜入黑暗的地獄，又能怨得誰來？那些有學識的無知們死後才能明白，不但有學識的有知比他們境界高得多，即使那些無學識的有知也比他們的境界高得多。古往今來，無數聖賢先知窮其一生想找一條通天之徑，可惜都力有不逮。直到「聖靈感孕」、「道成肉身」，神藉著耶穌以人的形象昭示世人，眞理藉著基督福音傳入世界。「**道成了肉身，住在我們中間，充充滿滿地有恩典，有真理。**」（約翰福音 1:14）這「恩典」和「眞理」指的就是耶穌基督。那麼也許會有人要問，耶穌基督這麼偉大爲什麼還會被釘死呢？其實耶穌基督在被釘死前早就知道這件事，但是祂不能回避，因爲這就是眞理來到世間背負世人罪惡的贖價。任何事都有規則，即使神也不能違反。普羅米修士將火種傳給人類，

祂就要天天被神鷹叼啄，活得痛不欲生；神農嘗百草以解世人的病痛，祂就要多次中毒，直至被毒身亡；基督將天國福音傳給人類，祂就要受淩辱被鞭撻，最後還要被釘死在十字架上。這就是神爲拯救世人所作出的犧牲，神對世人的愛就在此顯明了。「**惟有基督在我們還作罪人的時候為我們死，神的愛就在此向我們顯明了。**」（羅馬書 5:8）眞理藉著耶穌基督來到了世間，雖然黑暗裡的眼睛接受這光還需要時間，但是人類自此有了希望，此後人類的歷史就是在不斷地印證著這一眞相。

眞正的基督徒從來都不會貪戀這肉體的生命，因爲他們知道這個肉體生命是寄居的，是短暫的，而主所賜予的生命是常居的，是永恆的。「**因為凡要救自己生命的（「生命」或作「靈魂」，下同），必喪掉生命；凡為我喪掉生命的，必得著生命。**」（馬太福音 16:25）從使徒們受難到基督徒殉道，從宗教改革到宗教戰爭，從清教徒革命到獨立戰爭，基督徒都在用生命譜寫著一首屬靈聖歌，這首歌的歌名就叫「保守你心」。因爲「**你要保守你心，勝過保守一切（或作「你要切切保守你心」），因為一生的果效，是由心發出。**」（箴言 4:23）

這世界上的一切盡都是過眼雲煙，縱使眼前熙來攘往，歌舞昇平，但當曲終人散，繁華不再，留下的只會是一片虛妄的蒼白。從所羅門王的虛空到普通老百姓的空虛，都在訴說著靈裡豐盛的重要。這靈才是人在這個世間眞正需要守護的，看護好它比什麼都重要。

雖然每個人在世間的命運不同，有的人生來富貴，有的人生來貧賤；有的人生來健康，有的人生來殘疾；有的人生來聰穎，有的人生來愚笨。但是如果能眞正認清生命眞義，就不會因爲那些與身俱來的東西而跌倒。任何肉體生命的煎熬和苦痛都是屬靈生命提升到更高層次的必然考驗。沒有必要回避它，更無須逃避。只有打過那美好的仗，我們才能說「**那美好的仗我已經打過了，當跑的路我已經跑盡了，所信的道我已經守住了。**」（提摩太后書 4：7）無論是什麼樣的苦難，我們都應當正視它，明白它是對我們的考驗，是上帝發給我們的考題。當明白了這些道理，我們就不會再因肉體軟弱而倒下，更不會爲惡所勝，因爲耶穌基督用復活向世人驗證了，「**在世上你們有苦難，但你們可以放心，我已經勝了世界。**」（約翰福音 16:33）

耶穌為什麼講我來「乃是叫人紛爭」？

關鍵字：紛爭；爭戰

耶穌基督的世界不是我們肉眼看見的這個世界，祂說「**我的國不屬這世界。**」（約翰福音 18:36）同時祂對自己的門徒說「**你們不屬世界**」（約翰福音 15:19），所以基督的信徒追求的世界不是這人的世界，而是屬於神的世界。他們勇於彰顯神性，爲神作見證。不信神的人不會理解，因爲「**屬血氣的人不領會神聖靈的事，反倒以為愚拙，並且不能知道，因為這些事惟有屬靈的人才能看透。**」（哥林多前書 2:14）

基督徒相信耶穌基督的話，並且以祂作爲效法的榜樣。他們都願像基督那樣舍己做「活祭」，犧牲自我造福他人。這不是普通人或一些世俗宗教能夠理解和認同的，因爲這違反世俗理性。在神性面前自私的人性總是顯得低微而卑賤，且總是想通過各種人爲的手段掩飾這種難堪。人性總是企圖冠給神性各種荒謬的意義，故意誤解它，歪曲它，欺淩它甚至滅殺它。人性的醜陋總是經不起良善的神性省視，它習慣躲於黑暗中避開光的照射。「**光照在黑暗裡，黑暗卻不接受光。**」（約翰福音 1:5）人性是軟弱的，因爲這肉體叫人軟弱。這肉體本是出於塵土，它一捏就碎，脆弱而短暫。而人的良心來自神，它自由而高貴、無私而至善，若不受肉體之累，沒有人能讓它屈服，所以基督講，「**那真正拜父的，要用心靈和誠實拜他，因為父要這樣的人拜他。**」（約翰福音 4:23）

人一出生到這個世界，就受著肉體的拖累。肉體是人存在於此世界的形式，也是生命修行的道具。肉體使人貪戀世界，追求奢侈享受，忘記自己與生俱來的神性。肉體使人變得自私狹隘，驕傲自大，貪婪狡詐，甚至自己都不認識自己。人出於肉體的自我實現是一個趨死的過程，在此過程中人爲了獲取屬世的權力、金錢、名聲、地位等可以出賣肉體乃至靈魂。這時的人變得低微而卑賤，愚昧而野蠻，甚至奴性十足，逐漸墮落爲「動物」（事實上他們也承認自己是高等動物）。但是對一些屬靈的人來說，隱藏於人類靈魂深處的神性又時常在不經意間拷問人的靈魂：你到底是什麼？你從何而來？你這樣做對嗎？眞正善良的人總是面對良心的責問無法回避，並且爲此飽受靈魂的煎熬。這正

如保羅所講，「**我真是苦啊！誰能救我脫離這取死的身體呢？**」（羅馬書 7:24）

面對著肉體所代表的老我，屬靈的人首先必須與自己紛爭。這場紛爭是靈與肉，善與惡，眞理與僞理的紛爭。唯有經過一生的努力，歷經九死一生，且戰而勝之，人才能講「**那美好的仗我已經打過了，當跑的路我已經跑盡了，所信的道我已經守住了。**」（提摩太后書 4：7）在這場紛爭中，人單憑自己的力量是不能戰勝惡的。人憑自己做不了什麼，人要徹底戰勝惡，就一定要跟隨且效法基督，因爲祂是道成肉身，是眞理的化身。祂將從神那裡獲得的福音眞理傳授給世人，「**我對你們所說的話，不是憑著自己說的，乃是住在我裡面的父做他自己的事。**」（約翰福音 14:10）唯有藉著祂，人才能夠擺脫肉體的束縛，私欲的羈絆和老我的控制，自豪地講「**感謝神！靠著我們的主耶穌基督就能脫離了。**」（羅馬書 7:25）

藉著耶穌基督人才能夠與神相和，恢復與生俱來的神性，且得神榮耀與祝福。「**有了我的命令又遵守的，這人就是愛我的；愛我的必蒙我父愛他，我也要愛他，並且要向他顯現。**」（約翰福音 14:21）人唯有恢復神性，才能戰勝肉體裡的罪性，眞正成爲新天新地裡的新人。這讓人不禁想起《悲慘世界》裡的主人公冉阿讓。原本冉阿讓懷著一顆多年受傷的心對世界充滿仇恨，但是當他以怨報德後，是基督的愛通過主教卞汝福的口將冉阿讓那顆失喪的靈魂重新贖回，「冉阿讓，我的兄弟，你現在已經不是惡一方面的人了，你是在善的一面了。」正是藉著基督和祂的朋友，罪人冉阿讓戰勝了自己身體裡的老我，成爲以善勝惡的榜樣。「**你不可為惡所勝，反要以善勝惡。**」（羅馬書 12:21）

其次是與人的紛爭。但是當人恢復神性後，周遭的人依然會以肉體的老我看你，會很自然地認爲你行爲反常，總是做出違反人性的行爲。他們會嘲笑、譏諷、逼迫甚至傷害你，就如《天路歷程》中天路客所遇到的一樣。當天路客將自己的擔憂告訴家人後，他的家人起先不當回事，後來發現他依然如故甚至愈發嚴重時就嘲笑他，責罵他甚至驅趕他。這也不能全怪他們，人因著無知心裡就變得剛硬。此時，紛爭已經開始轉化，不再是與自己，而是與所有靈魂依然沉睡的人。

與人的紛爭首先是與自己相近的人，也就是耶穌所講的家人。這時候覺醒的人可能會面臨親情、友情或愛情的逼迫，所有這些情皆出於人的肉體，都是讓人迷失自我的私欲。人往往在這個時候會陷入迷茫、困惑、沮喪、悲哀、掙紮等負面情緒之中，這時候信仰就是唯一的支柱。這場紛爭是每一個基督徒都必須面對的，唯有像保羅那樣以基督爲榜樣，「**為基督的緣故，就以軟弱、淩辱、急難、逼迫、困苦為可喜樂的，因我什麼時候軟弱，什麼時候就剛強了。**」（哥林多後書 12:10）

基督徒很清楚肉身的家人是暫時的，只有成爲神家裡的一員才是永恆的。因此他們明白基督的話，「**聽了神之道而遵行的人，就是我的母親、我的弟兄了。**」（路加福音 8:21）

爲了自身的靈命成長，也爲了肉身親人的靈命成長，這場紛爭無可避免。「**從今以後，一家五個人將要紛爭：三個人和兩個人相爭，兩個人和三個人相爭；父親和兒子相爭，兒子和父親相爭；母親和女兒相爭，女兒和母親相爭；婆婆和媳婦相爭，媳婦和婆婆相爭。**」（路加福音 12:52-53）但是這爭戰屬於靈裡的爭戰，即非言語的傷害，更非肢體的衝突，而是和平的忍耐。因爲「**你們常存忍耐，就必保全靈魂（或作「必得生命」）。**」（路加福音 21:19）

其次是與周圍的人，包括周圍認識或不認識的人。與這些人的紛爭就是要將基督的愛傳遞給他們，並幫助他們理信上帝。這說起來容易，做起來可就很難了。基督教作爲入世的宗教，基督徒作爲社會中的一員，其天職的一部分就是作一位好鄰舍。基督教導世人，「**當愛你的鄰舍。**」（馬太福音 5：43）意即幫助他們，爲他們的福祉著想，深入他們生活的各個層面，時時行善與公義，誠實爲人服務，「我們一旦在基督裡，我們就是爲了別人，而不是爲了我們自己而活。」「每個人在自己的位置上都要爲了全體的好處，如果他不是這樣獻上自己，他就是不義。」

但是世人多受肉體私欲和世俗理性的捆綁，他們認知的世界與基督徒認知的世界往往不在一個層面。基督徒幫助他人更重視的是屬靈層面的扶助，因爲他們明白肉體雖然重要，但那只是因爲靈魂修行需要肉體作爲道具，這就好比書與紙。靈魂就如書的內容，肉體就像書的載體——紙，書的價值在於內容而不在於紙，人的價值在於靈魂而不在於肉體。雖然沒有紙內容無所依附，但是孰輕孰重，基督徒較之很多缺乏信仰或異教迷信的人分得更清。（詳見上文《耶穌爲什麼講「叫人活著的乃是靈，肉體是無益的」？》）

正因爲基督徒明白生命的眞義，所以他們在努力幫助他人屬世生命的同時，總是希望受助者能通過獲得物質幫助的同時在靈魂層面也學會認識神，信靠神，並提升生命境界，最終成爲天國裡的人。但是由於人類肉體的私欲和由此而出的世俗理性，使得基督徒的善舉往往得不到周圍人群的理解和信任。他們很容易對自己不理解的事產生誤解，正如古羅馬人對基督徒的指控就源自於他們的想像。「這種野蠻的指控源自人本性中的一個特點——保密會產生不信任。當公眾認識到他們被禁止參加基督教的各種崇拜活動時，他們便聽憑自己的想像，從聽信流言到滋生仇恨」。[68]因爲超越人本身理解能力的事很難取得他們的認同，如同井底之蛙無法明白井外世界的廣闊無垠一樣。由此造成無數的人間悲劇，其中最大的一出莫過於「基督受難」。

原本叫人和睦的基督信仰，絕非是要人互相傷害。當有人拒絕基督信仰時，他們絕非以利誘人，或用言語恐嚇，更不會拿著鋼刀架在人脖子上逼迫。他們只會默默地爲他

---

[68] 《基督教會史》，第 46 頁。

們禱告，求神引領那迷途的羔羊早日找到回家的路。「**倘若那不信的人要離去，就由他離去吧！無論是弟兄，是姐妹，遇著這樣的事都不必拘束。神召我們原是要我們和睦。**」（哥林多前書 7:15）也有那麼些「基督徒」，用威脅、利誘、恐嚇等手段強迫他人信仰，不但與異教徒勢同水火，對同爲基督徒的弟兄也橫眉冷對。這背後「**有世上的思慮，錢財的迷惑，把道擠住了，不能結實；**」（馬太福音 13:22）他們雖然總「主啊，主啊」地叫著，但是他們的心早已遠離眞道。基督對他們說：「**我從來不認識你們，你們這些作惡的人，離開我去吧！**」（馬太福音 7：22-23）

與周圍人的紛爭最讓人感到艱辛，因爲它隨時隨地地影響人，尤其是生活在一個世俗理性根深蒂固的世界裡，更是時常讓人感到力不從心，心力交瘁。雖然明知這場紛爭異常艱難，但爲了永生，「**你要為真道打那美好的仗，持定永生。**」（提摩太前書 6：12）。

第三是與世界的紛爭，就是要將天國的福音傳遍世界，幫助世人睜開屬靈的眼睛認識眞理和良善，並由此回歸眞道而產生的紛爭。這場紛爭主要體現爲人類社會的各種思想文化之爭，也是範圍最廣大、內容最深刻、影響最深遠的紛爭。

基督徒根據基督的教諭，「**你們要去使萬民作我的門徒，奉父、子、聖靈的名給他們施洗。凡我所吩咐你們的，都教訓他們遵守，我就常與你們同在，直到世界的末了。**」（馬太福音 28：19-20）無數傳教士帶著美好的生命祝福，四處爲眞理作著見證。他們冒著九死一生的危險，翻山越嶺，漂洋過海，誓將眞理傳到世界的每一個角落，直到眞理完全進入人心的那一天。

對基督徒來講，鄰舍不僅只限於個人，它還包括社群、國家和教會。所以這場紛爭就隨著範圍的擴大而不斷加深，以致遍及今日世界的每一個角落。傳教士從起初的走街串巷、走村串戶，到跨越鄉界、州界直到穿越國界，從翻山越嶺到漂洋過海，從本鄉本土到異域他鄉再到不毛之地。哪裡有人煙，他們就一定要把基督福音送到他們身邊。不論這會引起多大的紛爭，爲了讓世人從罪中解放出來，爲了讓神的眞光照亮被黑暗籠罩的世界，他們就是披肝瀝膽，九死一生，也要誓與這被私欲和僞理統治的世界爭戰到底。

因爲生命境界的不同，在無私的神性與自私的人性之間，必然會產生一場善與惡的紛爭。這場紛爭從古羅馬帝國時就開始上演，由於無數基督徒損己利人的高尚品格和視死如歸的殉道行爲，大大震撼了那個野蠻時代的人心，使許多迫害基督徒的羅馬人後來成爲了基督徒。正是借著這些善行和義舉，基督徒不斷地改變著周遭人群對基督教的看法，他們用自己的鮮血和生命爲那美好的眞理作著見證，並由此改變了整個世界的面貌。

在這場嚴酷紛爭中，基督徒依然秉承著和平理念，在羅馬帝國將近三百年的迫害中，他們卻從未「攻擊過他們的外邦敵人；他們沒有流過無辜人的血，除了他們自己的」，「給他（君士坦丁大帝）留下了深刻影響的是，截然不同的基督徒行爲準則和道德，基督教儀式中毫無血腥的美，基督徒對神職人員的順從，以及懷著勝過死亡的喜樂謙卑接受生活中的不公平的態度。」[69]三百年中，他們在家裡或者地下墓穴中堅守著自己的信仰，他們用自己的寬容、鮮血和淚水征服了殘酷的羅馬帝國。

從古至今，傳教士爲傳播基督福音流血犧牲的事蹟從來就沒有斷過。看過電影《矛尾》的人可能都知道這是一個眞實的故事，在上世紀五十年代，五名美國傳教士在厄瓜多爾慘遭奧卡印第安人殺戮。事件發生後一個月，一位受害者的妻子和另一位受害者的姐姐勇敢地去和這個部落的人一起生活。在和當地印第安人居住的日子裡，她們讓基督信仰發出了耀眼的光芒。不久之後，六個參與殺戮的人成爲了基督徒。今天，奧卡村非常安寧，村子中央聳立著一座基督教堂。[70]

從古至今，傳教士遵照基督的教誨努力向世界各地的人們傳播基督福音，傳遞主的愛，傳頌神的恩典。但是這來自神的神性是要與人性發生紛爭的，因著這紛爭，福音在舉世傳揚的同時也伴隨著基督徒的淚水和鮮血。歷史無數次的證明，基督的福音確爲全人類帶來了無與倫比的巨大影響：它爲人類帶來了珍愛生命、摒棄暴力的生命觀；救死扶傷、關愛弱小的人道主義精神；追求民主自由和人人平等的普世價値觀；拒絕愚昧、遠離迷信的純正信仰以及方便舒適的現代生活方式。（參見前書《基督教啓蒙讀物——最後的爭戰》）

人們往往只注意到西方文明中所蘊含的科學和理性，但是它們背後所隱藏在基督福音裡的神性卻總是被忽視，尤其是還在追求人性的中國更是無法被認同。中國社會近代化過程是吸收西方文明的過程，但是這個過程總是半途而廢。往往多年的努力卻只學到西方文明的皮毛，而其所蘊含的精華，中國人一直沒能領會。這一點早在清末就已被西方傳教士所發現，他們毫無私心，出自愛人如己的博愛精神給中國開出了復興的良方。「我們認爲一個徹底的中國維新運動，只能在一個新的道德和新的宗教基礎上進行。除非有一個道德的基礎，任何維新運動都不能牢靠和持久。……只有耶穌基督才能供給中國所需要的這個新道德的動力。」[71]「現在中國的教育制度，以及宗教和政府的形式，早已在天平秤上顯出了非常的不足。怎樣把中國從目前日本的魔爪和可以預見的西方列強的支配中拯救出來，已經開始成爲人們急切要解決的問題。外國的武器，外國的操練，外國的兵艦都已試用過了，可是都沒有用處，因爲沒有現成的合適的人員來使用它們。這種人是無法用金錢購買的，他們必須先接受訓練和進行教育。……不難看出，中國最大的需要，是道德的或精神的復興，智力的復興次之。只有智力的開發而不伴隨道德的

69 《基督教對文明的影響》，第 21 頁。
70 《基督教對文明的影響》，第 24 頁。
71 《基督教與近代中國社會》，第 239－240 頁。

或精神的成就，決不能滿足中國永久的需要，甚至也不能幫她從容地應付目前的危急。……中國如要成爲一個眞正偉大的國家，要求擺脫壓迫者的壓迫而獲得自由，那就必須把智力培養和基督教結合起來。」[72]

但是他們所遇到的中國正處於大黑暗時期，這一時期的中國人連人性是什麼都不知道，甚至淪爲赤裸裸的奴性。當西方世界在良心解放後開始復興神性時，受西方傳教士影響的東方才開始人性覺醒，並努力認識深藏於肉體之中的奴性。

中國的近現代文明受惠于西方文明良多，這一點即使刻意掩蓋也無濟於事。有識之士早就意識到西方文明對中國社會的造詣，單就婦女解放一條就足以說明問題。胡適先生曾講，「『把女人當牛馬』，這句話還不夠形容我們中國人待女人的殘忍和慘酷。我們把女人當牛馬，套了牛軛，上了鞍轡，還不放心，還要砍去一隻牛蹄，剁去兩隻馬腳，然後趕他們去做苦工！全世界人類裡，尋不出第二國有這樣野蠻的制度！聖賢經傳，全沒有拯救功用。一千年的理學大儒，天天談仁說義，卻不曾看見他們的母妻姊妹受的慘無人道的痛苦。忽然從西洋來了一些傳教士。他們傳教以外，還帶來了一點新風俗，幾個新觀點。他們給了我們不少教訓，其中最大一點是教我們把女人當人看。」[73]胡適先生所講的正是今天中國女性所享受到的自由的來歷（但是在今天這種缺少信仰省察的社會環境中，這種自由正在變得有越來越被濫用的趨勢）。中國人享受到的其他福利還有醫院、學校、慈善機構、科學技術等實實在在的物質幫助以及政治民主、法律平等、教育獨立、新聞自由等思想觀念。這些恩惠都是基督教傳教士藉著基督福音與傳統世俗勢力經過無數次的紛爭，人們逐漸從中感受到有益於自己的工作和生活後，才融入到中國社會中來的。今天我們在享受著這些因傳教士們無私奉獻而得來的方便、舒適、自由的生活時，卻不知將感恩的心獻上，是何等的忘恩背義。

雖然基督福音爲全世界人民帶來了神的祝福，但是福音在與世界各地各民族思想文化的交融過程中，由於人們對神性、人性乃至奴性還有一個認知的過程，由此而產生的眞理與僞理之爭，自然理性與世俗理性之爭，純正信仰與雜亂信仰之爭等等紛爭也還需要時間慢慢去解決。這個過程可能因人因地因時而異，其間也許還會產生各式各樣的紛爭，我們不妨拭目以待。也許不經意間，驀然回首，不知東方之既白。

---

72 《基督教與近代中國社會》，第 240 頁。

73 胡適，《人生大策略》，湖南文藝出版社 1989 年版，第 242－244 頁。

如何做一個完全人？

關鍵字：完全人；不完全人

如何做一個完全人？聖經裡有明確的答案。耶穌對那少年人講：「**你若願意作完全人，可去變賣你所有的，分給窮人，就必有財寶在天上；你還要來跟從我。**」（馬太福音 19：21）從這句話可以看到，做一個完全人至少要符合三個條件：第一，首先要身無餘財，像方濟各那樣脫離地徹徹底底，一無所有。一個人要想能夠超凡出塵，必須割斷與屬世世界的一切利益糾葛，完全定睛於天上的國，因爲「**你的財寶在哪裡，你的心也在那裡。**」（馬太福音 6：21）但基督徒並不像佛教、道教等強調出世修行的宗教，它要求基督徒都要在現世修行，要在屬世世界中爲神作見證。所以基督徒要爲他人服務，爲社會造福，且彰顯神對人的愛。相應基督徒會創造出大量的社會財富，如馬克斯．韋伯在《新教倫理與資本主義精神》中所分析的那樣。根據基督教的「管家」理論，基督徒認爲他們並非這些財富的眞正主人，而只是管家。他們因爲自己的努力工作而獲得的這些財富非但不屬於自己，相反還負有管理好這些財富並使之造福於更廣大人群的責任。

基督教的人生觀就是爲他人而活，「我們一旦在基督裡，我們就是爲了別人，而不是爲了我們自己而活。」「每個人在自己的位置上都要爲了全體的好處，如果他不是這樣獻上自己，他就是不義。」基督徒本身並不需要多餘的財富，所以，他們努力創造出大量物質財富卻不是用於自身享樂，反而是爲更好地造福人群，讓更多的人從中感受神的恩典，並將感恩的心獻上給神。

在此需要注意的是，基督要人將所有的都拿出來，而不是舊約裡所講的十分之一。基督批評文士和法利賽人，「**你們將薄荷、芸香並各樣菜蔬獻上十分之一，那公義和愛神的事反倒不行了。**」（路加福音 11:42）因爲人但凡有一點兒私心就與神無緣了，耶穌基督將自己完全地獻上，舍己做活祭，沒有一絲的利己之心，就是要人明白基督要帶引人去的世界不是這個肉眼看見的世界，那是一個以愛爲核心的世界。所以基督徒對裸捐行爲並不稀奇，眞正基督徒都明白他們的世界不屬於這個世界，所以不會貪戀這個世界的

任何事物。關於這一點基督教與佛教、道教等宗教的認識是相近的。

第二，基督要人把財產分給窮人，注意不是捐給教會或政府。爲什麼基督不要求將財富捐給教會或政府呢？基督不願意他的教會富甲天下嗎？不是的。基督早就清楚世俗教會和政府都是人組成的機構，都有腐敗的趨勢。當有利可圖時，世俗教會和政府都可能會成爲魔鬼代言人，赤裸裸的人欲將充滿著原本屬於神的聖殿。基督在聖殿外砸了那些商人的攤子，但是他毀不去人類那顆貪婪自私的心。如果你把錢財交給世俗教會或政府，那些需要幫助的人卻得不到他們眞正需要的幫助，即使能得到點物質幫助卻感受不到神的愛，還得搭上窮人的尊嚴；而那些施救的世俗教會或政府，首先需要經受支配金錢的考驗。如果一時把握不住貪欲而貪污或挪用了善款，那正是你害了他。即使世俗教會或政府裡的人戰勝了自私的念頭，沒有多沾一分善款。但是只爲完成任務將善款過了一下手，並沒有將神的愛傳播出去，這種敷衍了事的行爲是多麼地缺乏愛。施的人沒有愛，受的人沒有感激。原本爲增進人與人之間的關係，得到的反而是彼此憎恨。更有甚者，在施的過程中產生驕傲，這驕傲自視己大的罪又該由誰承擔？

所以基督要求人自己去把財產分給窮人，這就需要人與人之間直接地接觸。只有通過直接接觸才能瞭解受助者眞正的需要。基督徒並非想用自己的錢財培養酒鬼和懶漢，他們幫助人的目的是解決受助人的眞正困難，並引領受助人改善自身的生命狀態，獲得更高境界的生命。所以不要以爲基督徒幫助他人只是爲解決受助人屬世生命裡的需要，那就太低估基督徒的價值觀了。他們無私地幫助別人，不是想要獲得人們的感激，也並非希望人們貪戀屬世世界裡的東西，而是希望把天國的福音告訴他們，要人們活出神的形象，爲神作見證。

在此需要注意的是，基督徒幫助人儘量不要讓人知道，因爲基督徒做事不是做給人看，而是做給神看，「**無論做什麼，都要從心裡做，像是給主做的，不是給人做的，因你們知道從主那裡必得著基業作為賞賜。**」（歌羅西書 3:23-24）基督也爲此明確地告訴世人，「**你們要小心，不可將善事行在人的面前，故意叫他們看見。若是這樣，就不能得你們天父的賞賜了。所以你施捨的時候，不可在你前面吹號，像那假冒為善的人，在會堂裡和街道上所行的，故意要得人的榮耀。我實在告訴你們，他們已經得了他們的賞賜。你施捨的時候，不要叫左手知道右手所作的。要叫你施捨的事行在暗中，你父在暗中察看，必然報答你。**」（馬太福音 6:1-4）

第三，要眞正做一個完全人，還要做到最關鍵的一點——跟隨基督。跟隨基督就是要效法基督（具體做法可以參閱湯瑪斯．厄．肯培的《效法基督》），跟隨基督就是背起十字架前進的過程，「**因為十字架的道理，在那滅亡的人為愚拙；在我們得救的人卻為神的大能。**」（哥林多前書 1：18）就是信守基督福音的過程，「**我不以福音為恥；這福音本**

是神的大能，要救一切相信的」。（羅馬書 1：16）就是爭戰得勝，獲得美好生命的過程，「**既在十字架上滅了冤仇，便藉這十字架使兩下歸為一體，與神和好了，並且來傳和平的福音給你們遠處的人，也給那近處的人。**」（以弗所書 2：16－17）

跟隨基督必然要在屬世世界中歷經磨難，又不忘關愛他人。基督徒都很清楚這世界就是靈魂的試煉場，人到這個世間來就是要經受各式各樣考驗。經受被人各種各樣輕慢、淩辱、譭謗、逼迫甚至死亡的威脅，卻能從不喪失信心、公義、敬虔、良善的本分。我們這裡講的「完全人」，就是指這種把苦難當作修煉的人。聖經中舉了幾位這樣的「完全人」：他們是挪亞，「**挪亞是個義人，在當時的世代是個完全人。**」（創世紀 6:9）是亞伯拉罕，「**亞伯蘭年九十九歲的時候，耶和華向他顯現，對他說：「我是全能的神，你當在我面前作完全人**」（創世紀 17:1）是摩西，「**你要在耶和華你的神面前作完全人。**」（申命記 18:13）是約伯，「**我這求告神，蒙他應允的人，竟成了朋友所譏笑的；公義完全人，竟受了人的譏笑！**」（約伯記 12:4）

這些完全人都有一個共同點，他們都經受了各種各樣的試煉和考驗，尤其是約伯，可以說在聖經一書裡受神考驗和打擊最多的就屬他了。這些人雖屢經磨難，但是最終都保守了最初的本心。無論是在富足中還是在貧困裡，無論是在掌權時還是在落難時，無論是在順境裡還是在逆境中，他們做人公義正直，誠實善良的心和對神忠誠敬虔的靈都沒有絲毫地改變。他們都是屬靈的巨人，信心的榜樣。這樣的人才能稱之為「完全人」。

追隨基督就意味著要經受各式各樣的考驗，「**只因你們不屬世界，乃是我從世界中揀選了你們，所以世界就恨你們。**」（約翰福音 15:19）「**他們若逼迫了我，也要逼迫你們。**」（約翰福音 15:20）基督徒從基督的話語中早就預知了等待他們的會是什麼，所以他們不畏懼苦難，甚至死亡的威脅，勇敢地背起十字架，選擇走那通往天國的窄路。因為基督早就用復活向世人宣告，「**在世上你們有苦難，但你們可以放心，我已經勝了世界。**」（約翰福音 16:33）

基督所賜予人的眞理不是這世上屬世之人所能理解和接受的，他們非但不能理解和接受，反而發自肉體私欲和世俗理性而厭惡眞理。因為這世上掌權的是他們的王，這王就是要叫他們因為肉體的軟弱而跌倒，淪為一個「不完全人」。

那麼什麼是「不完全人」？不明白苦難是生命成長的基石，刻意躲避苦難，追求安逸享樂，墜入各種各樣肉體私欲的陷阱而不能自拔的人就是「不完全人」。這類人可以說是代表了絕大多數人，他們為了這世間的功名利祿可謂費盡心機，甚至不擇手段。就如我們常見的那樣，熬資歷、拼成績、求名利、享安逸。這是人之常情，但卻是叫人死的罪性。「**罪既長成，就生出死來。**」（雅各書 1:15）在屬世世界裡混得越是風生水起，滋潤得很，在屬靈世界裡就越貧窮越可憐。正如基督在福音裡講的財主和乞丐的故事一樣，

在天堂裡享福的是乞丐拉撒路，在地獄的火焰裡受罪的是財主。（路加福音 16:19-31）

不完全人的心是活在這個世界上，即便告訴他們有天國和地獄的存在也無濟於事，正如上面講的財主和乞丐的故事裡，財主乞求亞伯拉罕打發拉撒路告訴他活在世上的兄弟不要再犯罪。但是亞伯拉罕告訴他：**「若不聽從摩西和先知的話，就是有一個從死裡復活的，他們也是不聽勸。」**（路加福音 16:31）不完全人不明白世界的本質和人生的真義是什麼？他們追求的東西他們不明白，他們以爲這個世界是人生命的歸宿，彷佛「人死如燈滅」。其實他們不明白，就在他們努力想方設法地滿足肉體私欲的過程中，罪已經形成了。**「私欲既懷了胎，就生出罪來；」**（雅各書 1:15）

這個「罪」在佛教裡稱爲「業」，這「業」根據具體人的具體情況千差萬別，沒有完全相同的。良善之人損己利人，智慧之人利人利己，聰明之人損人利己，愚昧之人損人損己。個人因著不同的情形積下了不同的「業」，這個世界也因此變得紛繁複雜，波譎雲詭。

不完全人舉世皆同，中國人信仰的佛教、道教也講述了天堂和地獄的故事，但是貪官污吏、奸商巨蠹、惡棍宵小從來就沒缺少過，甚至還影響了整個社會的風氣，這實在是中華民族巨大的悲哀。但是仁人義士也從來沒有斷過對完全人的追求，只不過他們稱之爲「大丈夫」。孟子曰：「居天下之廣居，立天下之正位，行天下之大道；得志，與民由之；不得志，獨行其道。富貴不能淫，貧賤不能移，威武不能屈，此之謂大丈夫。」大丈夫的所行所爲非常符合完全人的標準，只是大丈夫的信念在中國社會從來沒有成爲意識的主流，究其根源，就在於缺少一個純正的信仰。

純正信仰教導人認識生命的真義，**「叫人活著的乃是靈，肉體是無益的。」**（約翰福音 6:63）**「凡想要保全生命的，必喪掉生命；凡喪掉生命的，必救活生命。」**（路加福音 17:33）**「所以，不要憂慮說：『吃什麼？喝什麼？穿什麼？這都是外邦人所求的。你們需用的這一切東西，你們的天父是知道的。你們要先求他的國和他的義，這些東西都要加給你們了。』」**（馬太福音 6：31－33）**「你們要謹慎自守，免去一切的貪心，因為人的生命不在乎家道豐富。」**（路加福音 12：15）

因爲缺乏純正信仰，導致願意做完全人的人在中國社會只能成爲小眾，甚至微眾，而願做不完全人的卻成爲大眾。完全人藉著純正信仰認識了生命的真義，所以與不完全人有了本質的不同。不完全人爲屬世生命奔波，完全人爲屬靈生命操勞；不完全人滿眼看見的都是屬世世界的虛華，完全人眼睛裡看見的只有屬靈生命的豐盛；不完全人起心動念都是肉體私欲和世俗理性，完全人心裡想的只有神的國和神的義。

不完全人不理解完全人的信仰和理性，完全人明白不完全人的心理和行爲。不完全人不能夠理解和認同完全人的信仰，對完全人的理性更是視爲偏激、無理。完全人能夠理解和包容不完全人的心理，對不完全人的行爲也持寬容態度，雖然這常常使他們更多地陷入被動甚至受難的境地。其實，兩種人代表的是兩種境界，雖然境界不同，但是都應當互相尊重。不完全人可以視完全人爲一種有益無害的生命選擇，即使不能理解也無需耿耿於懷。完全人可以視不完全人爲他的成長期，要想長大還需要一個長期的成長過程。二者相互之間都保有一份寬容的態度其實比什麼都重要，因爲寬容就是愛。爲了世間的和平，切勿互相指責謾罵，以至於水火不容，這是缺乏理性和極不成熟的表現。

作爲完全人的基督徒更應當爲不完全人作出光輝的榜樣，不要住著一套房子還想著再買一套房子，不要月收入過萬還喊著沒錢，不要有了權力就忘了自己的初衷等等，這些都不是基督徒所爲，更不符合一個完全人的標準。確實，在今天這樣一個物欲橫流、金錢萬能的社會裡做一個完全人眞的很難，簡直可以講難於上青天。其實在耶穌基督生活的時代社會也是這樣的，那個一心想要做完全人的青年，因爲受著世上思慮的拖累在一個極好的機會面前退卻了。青年的退卻不僅因爲散盡家財幫助窮人難做，而是由此產生的後果令人難以承受。首先是家人的不解和背離，其次是周圍人的譏笑和嘲諷，最後是整個世界的敵意和幸災樂禍。所有這些連同自身的欲念會將一個心志不堅的人壓得粉碎。保羅十分清楚這其中的難處，所以他告誡基督徒：「**因為我們沒有帶什麼到世上來，也不能帶什麼去，只要有衣有食，就當知足。但那些想要發財的人，就陷在迷惑、落在網羅和許多無知有害的私欲裡，叫人沉在敗壞和滅亡中。貪財是萬惡之根！有人貪戀錢財，就被引誘離了真道，用許多愁苦把自己刺透了。但你這屬神的人要逃避這些事，追求公義、敬虔、信心、愛心、忍耐、溫柔。你要為真道打那美好的仗，持定永生。你為此被召，也在許多見證人面前已經作了那美好的見證。**」（提摩太前書 6:7-12）

基督徒既然認基督爲主，願意跟隨基督，那就一定要按照基督的教導去做。首先要倒空自己，「**你們白白地得來，也要白白地舍去。**」（馬太福音 10:8）棄絕肉體私欲和世俗理性，使自己謙卑下來，成爲一個警醒自守的人；其次要走進世界服務他人，要清楚愛神的果效要體現在愛人上，「**不愛他所看見的弟兄，就不能愛沒有看見的神。**」（約翰一書 4：20）努力通過自己的言行在這世上作光作鹽。愛人是通過在人與人之間傳遞愛才得以成全，不是坐在家裡或是待在教堂中能夠成全的；第三要在世間的苦難中學會忍耐，學會包容，學會盼望。「**因為知道患難生忍耐，忍耐生老練，老練生盼望。**」（羅馬書 5:3-4）完全人是仰望著基督的人，祂使膽怯的人變得剛強，貧窮的人變得富足，弱小的人變得強大。

藉著基督的指引，基督徒找到了做完全人的窄路，他們不再迷茫，不再彷徨，不再苦悶。他們不再拒絕苦難，相反視苦難爲財富，爲生命成長的經驗值。他們時刻預備接受苦難，面對苦難不逃避，不妥協，不屈服，反而將感恩的心獻上給神。「**我為基督的緣**

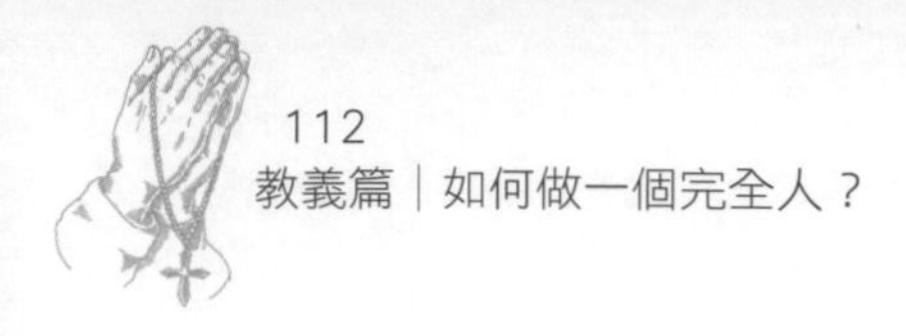

故，就以軟弱、淩辱、急難、逼迫、困苦為可喜樂的，因我什麼時候軟弱，什麼時候就剛強了。」（哥林多後書 12:10）

做一個完全人不是件容易的事，那是一種很高的生命境界。達到那種生命境界的人完全相信基督的話，「**你們要變賣所有的周濟人，為自己預備永不壞的錢囊。**」（路加福音 12:33）他們已經能夠看透屬世世界的虛妄，放下一切虛榮心，完全憑藉信心追求屬靈生命。他們相信上帝造人是爲了讓人見證祂的無私和至善，相信人類只有通過互相關愛才能彰顯深藏於靈魂深處的神性，相信只有恢復神性人類才能找到回家的路。

眞正的完全人都相信有天國，並且在那裡已經爲他們預備好了住處。那是一個永生的和平世界，那裡的人都是用心靈和誠實敬拜上帝的人。主基督也在那裡，祂將祂的信徒（祂稱他們爲朋友）引領在神榮耀的恩光之中。

為什麼說聖經也是一部信經？

關鍵字：信；理信；迷信；真信；假信；信心

整部《聖經》可以用三個字概括，「信上帝」。聖經裡說了那麼多的話，目的只有一個，要人信上帝。舊約中有179個信字，教導人們要信上帝。新約中有583個信字，教導人們不但要信上帝，還要信救主耶穌基督，因爲「**神的奧祕就是基督**」(歌羅西書2:2)。爲了幫助人們更好地「信」，使徒們和教父們總結出一些信條，希望後人們能少走彎路，更方便地獲知眞理，成爲一名有知的理信者。使徒們和教父們的出發點無疑是好的，但是他們忽略了一個問題，沒有經歷風雨就不可能看見彩虹，輕鬆得來的東西人們就不會珍惜。苦難才是眞理的試金石，安逸舒適的環境只會使人類對眞理和良善的感知力遲鈍，就像溫水中的青蛙在不知不覺的情況下就被安樂死了。

基督教經過早期三百年的苦難之後，奇跡般地成爲了羅馬帝國的國教。但是一下子變得寬鬆的宗教氛圍並沒有給基督信仰帶來屬靈的興旺，相反，基督信仰受到來自宗教界和世俗社會兩方面的追捧，大量的異教迷信和世俗權欲借著信仰的名義湧入教會，剛剛擺脫肉體迫害的基督徒馬上又面臨信仰方面的生死考驗。隨著基督徒信仰方面的世俗化和迷信化，早期使徒和教父們用生命闡釋的信條被教會裡的「法利賽人」隨意拿出來，在它們的基礎上編纂出更多淺薄刻板的教條，這些害死人不償命的教條限制信徒的自由，捆綁信徒的靈魂，蒙蔽了信徒的靈眼。本來給人自由的信仰反過來成了捆綁人的枷鎖，「信」不知不覺間變成了迷信。信徒們不懂得什麼是眞理就信了，結果成了神棍們玩於股掌之上的信奴。信徒們「把自己置於祭司的手中，但祭司給他們的頭腦中充滿了對上帝的錯誤觀念。崇拜時就隨他們高興，用愚蠢的儀式；可怕的或狡詐的事一旦開始，虔誠的獻身就使之變得神聖，宗教就成了一成不變的。在這種對於眞正上帝的黑暗無知中，邪惡和迷信就掌握了世界，得不到理性的幫助和來自理性的希望，無法聽見理性的聲音，而且被認爲與信仰的問題無所相干；祭司們，爲了保障他們的帝國，就把理性驅逐出他們關於宗教的任何事務中。在種種錯誤的觀念和虛構的儀式中，世人幾乎喪失了對於唯一眞正上帝的認識。」[74]基督信仰就在繁瑣的教義和儀式、華貴的教堂和服飾、枯燥的教條和概念中不知不覺間出生入死了。

這一過程跨越了整個中世紀，近千年的時間跨度裡充滿著令人窒息的絕望。其間也有極少數智者發現基督教陷入了謬誤，但是他們就如夜空裡的流星，留給人類的只是一絲的希望，而無力劃破黑暗的夜幕。這種境況一直延續到十六世紀，一個偶然的機會讓德國神父馬丁．路德發現了這一眞相，並通過他的驚天之舉引爆了歐洲大陸的宗教改革。馬丁．路德是在布道的同時發現很多基督徒處於迷信之中，他們根本不理解什麼是「信」，以爲嘴上說信就是信了，卻不知這「信」是要用心靈和誠實來證明的。不是去去教堂，做做禮拜，吃吃聖餐，行些善事就是信了。他在解釋「因信稱義」時說：「許多人以爲基督徒的信，乃是一件容易之事……他們其所以如此行，是因他們沒有信的經驗，也從來沒有嘗到信的大能。」[75]

那麼「信」到底是什麼呢？「**信就是所望之事的實底，是未見之事的確據。**」（希伯來書 11:1）用白話講就是，「信」是不憑肉眼所見就確知要發生的心理預知，是對眼前已經發生的事情的心理驗證。再通俗點說就是提前得以預知，事後得以驗證。許多人認爲宗教信仰是迷信，因爲禱告了半天卻沒有驗證。那是因爲禱告的人根本就沒有提前預知，一味地盲目禱告，不理解基督所講「**你們禱告，無論求什麼，只要信，就必得著。**」（馬太福音 21:22）這話是講給那些理信的人，不是講給迷信的人。

理信是借著良心和自然理性結合而生的純正信仰，迷信是借著私欲和世俗理性結合而生的雜亂信仰。自然理性和純正信仰共同構成眞理的兩面（詳見下文《何謂眞理？》），所以這信一定要建立在對眞理的認知上，如果沒辨清什麼是眞理就信了，那無疑就是一種迷信。整本聖經告訴人們，上帝就是眞理，而耶穌基督就是祂在人世間的代言人。「基督與其說是一個預言家，不如說是上帝的發言人。」[76]耶穌自己也清楚地告訴世人，「**我就是道路、真理、生命；若不藉著我，沒有人能到父那裡去。**」（約翰福音 14：6）但是自古及今能夠眞正理解這句話所蘊含的眞義之人屈指可數，這就是馬丁．路德講「信」是一件很難的事的根本原因。

正確的信仰必須和眞理相結合，只有掌握眞理才能不被迷信所誤導，才能明白生命的眞義，並活出豐盛的人生。與眞理相結合的信仰稱之爲眞信，眞信可以根據不同的情形大致分爲四個層次。這四個層次可以用耶穌的話來說，「**有一個撒種的出去撒種。撒的時候，有落在路旁的，飛鳥來吃盡了；有落在土淺石頭地上的，土既不深，發苗最快，**

---

74 Locke, John.The Reasonableness of Christianity,p.57,Standford University Press, 1958.

75 《馬丁．路德選集》，第 235 頁。

76 《神學政治論》，第 66 頁。

日頭出來一曬，因為沒有根，就枯乾了；有落在荊棘裡的，荊棘長起來，把它擠住了；又有落在好土裡的，就結實，有一百倍的，有六十倍的，有三十倍的。」（馬太福音 13:3-8）第一層次的眞信可以稱之爲隨信，就是屬於隨大流，看別人都信，自己也跟著信。實際上根本沒有做好信的準備，一隻耳朵進一隻耳朵出，完全沒有眞正體會到信的大能。第二種眞信可以稱之爲淺信，屬於聽福音時當下能感受神的大能，心情歡喜領受，靈魂受感動。可是「**只因心裡沒有根，不過是暫時的，及至為道遭了患難，或是受了逼迫，立刻就跌倒了；**」（馬太福音 13:21）這種信因爲在心中沒有根，所以很容易跌倒，這種信在信眾中很普遍；第三種眞信可以稱之爲迷信，屬於做好了眞信的準備，也努力追求眞道。但是「**後來有世上的思慮，錢財的迷惑，把道擠住了，不能結實；**」（馬太福音 13:22）迷信的人表面上很熱忱，但是因爲夾雜了屬世的私欲，不知不覺中走入了歪路。他們一般都掌握了宗教基礎知識，比普通信徒更能熟練運用聖經上的話語。但是他們還未能眞正領悟聖經裡的話語，也未能用心靈和誠實敬拜上帝。他們還貪戀屬世的虛榮，「**他們愛人的榮耀過於愛神的榮耀。**」（約翰福音 12:43）無法擺脫屬世的自大心，更熱衷世俗教會的教職和教條儀式。他們被一層層屬世的光環籠罩住，變得虛僞而狡詐。他們僅僅披了一張虔誠的皮，內心裡根本沒有明白唯有寬容和愛才是進入窄門的鑰匙。迷信的人最喜歡神學教條，那種便宜東西拿來嚼吧嚼吧就成了自己的東西，好像自己就變得與神一樣了。正是因爲他們傲慢的教條態度和自尊自大的作風，使活的信仰變成了死的宗教，實在是害人不淺。這種人的代表就是法利賽人，所以耶穌批評他們「**是離棄神的誡命，拘守人的遺傳。**」（馬可福音 7：8）

迷信的人往往在屬世的世界中更能如魚得水，這是因爲絕大多數人是憑肉眼看世界的。他們更喜歡權勢、儀式、華服、教堂等外在的東西，他們居然相信一無所有的基督會任命一個奢侈如帝王的教皇做祂在世間的代言人。迷信的人不僅不能幫助信徒睜開屬靈的眼睛，恰恰相反，他們利用各種手段蒙蔽人的屬靈之眼，其中有教條、有神跡、有儀式甚至有慈善等手段，目的是使人受他們擺布。他們是瞎眼的，卻不明白，硬要把其他人也要往坑裡帶。正應了耶穌的話，「**他們是瞎眼領路的；若是瞎子領瞎子，兩個人都要掉在坑裡。**」（馬太福音 15:14）這種眞信有時眞是害死人不償命，他們讓很多原本以爲追求天國眞理的人不知不覺地淪爲地獄之子。「**你們走遍洋海陸地，勾引一個人入教，既入了教，卻使他作地獄之子，比你們還加倍。**」（馬太福音 23:15）

第四種眞信才是眞正能結出果實的信仰，可以稱之爲理信。最具代表的人是耶穌的門徒們。他們從不信到淺信，再逐漸一步步變得深信不疑，整個過程我們從聖經中都可以看到。其中有一位與眾不同，他是從迷信中受到耶穌的警醒而深信不疑，他就是保羅。保羅可以說眞是從瞎子變成了明眼人，認清了自己的罪，並出死入生，因信稱義，得以立在主前。他說：「**我從前是褻瀆神的，逼迫人的，侮慢人的，然而我還蒙了憐憫，因我是不信、不明白的時候而做的。並且我主的恩是格外豐盛，使我在基督耶穌裡有信心和愛心。『基督耶穌降世，為要拯救罪人。』這話是可信的，是十分可佩服的。在罪人中我是個罪魁。然而我蒙了憐憫，是因耶穌基督要在我這罪魁身上顯明他一切的忍耐，給後來信他得永生的人作榜樣。**」（提摩太前書 1:13-16）保羅後來憑著極大的信心、愛心和恒心成爲照亮外邦人的光。

理信的人是藉著眞理獲得充足的信心，明白了上帝的心意，完全將信心交托給神。他們完全睜開了屬靈的眼睛，無論是晴天麗日還是烏雲密布，無論是暴風驟雨還是風雪交加，他們都能體會到這些背後的神意。他們完全順服，從不怨天尤人。他們以愛神的心去愛人，將眞理的光照在人腳前。使人明白上帝的無私與至善，並將感恩的心奉獻給祂。

眞信又有先知先覺和後知後覺之分，未見便已信的爲先知先覺，其福甚大。見後才信的爲後知後覺，其福較小。「**你因看見了我才信，那沒有看見就信的有福了！**」（約翰福音 20:29）先知先覺者可謂先知，自古及今十分罕見。即便如使徒們在耶穌身邊受教也未能達到，「**現在事情還沒有成就，我預先告訴你們，叫你們到事情成就的時候，就可以信。**」（約翰福音 14:29）後知後覺者雖相對先知醒悟較晚，但一經醒悟也能煥發出蓬勃的信心，作出一番驚天的事蹟。最典型的如基督的門徒們。相對這兩種覺悟者，絕大多數的人都屬於不知不覺者，這些人來此世界白走了一趟，靈命毫無增長。即使表面風光，對屬靈生命卻毫無益處。他們不知道也不想知道是否還有來生，隨己意偏信盲從，實在令生命之光暗淡，與神無緣。聖經就是幫助大家做到先知先覺，或退而求其次做到後知後覺。總之一定要覺悟，否則人的一生眞的就在不知不覺中白白度過了。

上面談到眞信，那麼什麼是假信呢？假信就是出於屬世目的，只爲獲取屬世的財富、權力和地位等裝作有信仰。假信的人只是將信仰作爲交際謀利的手段，在這個凡事靠拼的時代，不能拼爹，不能拼錢，只能拼信仰。他們實在就是基督所講的「**披著羊皮的狼**」（馬太福音 7:15），哪兒有利益就往哪裡鑽。假信與信仰毫不相干，就是沖著屬世利益去的，對提升屬靈生命來講毫無功效。

眞信和假信有時很難區分，從外表幾乎看不出來。那怎麼才能區分呢？耶穌早就在聖經中做出了回答，「**憑著他們的果子，就可以認出他們來。荊棘上豈能摘葡萄呢？蒺藜裡豈能摘無花果呢？這樣，凡好樹都結好果子；惟獨壞樹結壞果子。好樹不能結壞果子，壞樹不能結好果子。**」（馬太福音 7:16-18）眞信的人就像一個空氣淨化器，不但自己內心和平喜樂，而且也帶給周邊的人一份安寧。假信的人恰恰相反，即使有一個安寧的環境，只要有他們介入，很快和諧的氛圍就被打破。原本一個安寧祥和的環境很快會變得污濁不堪，紛爭不斷，吵鬧不休。還有眞信的人一旦發現自己犯錯就會勇敢面對，以壯士斷腕的勇氣糾正錯誤。如韓國前總統盧武鉉，在發現家人受賄後，以死謝罪。雖然自殺是錯誤的做法，但是這種知恥而後勇的行爲實在令人起敬。但假信的人完全不同。他們犯錯是故意的，一旦被人發現，就會百般狡辯，混淆是非，拼命洗白自己。雖然都自稱是基督徒，但是信仰上的覺悟何止天壤之別。

明白了信，那麼爲什麼要信上帝？《聖經》告訴我們，「**你要知道耶和華你的神，他是神，是信實的神，向愛他、守他誡命的人守約施慈愛，直到千代；**」（申命記 7:9）耶和華的中文之意就是「我就是我」，我們中國古人稱其爲上帝，也就是天。「上帝者，天之別名也。」[77]信上帝不但可以讓我們選擇正確的人生道路，度過一個健康自信，美滿幸福的人生。而且可以使我們少走彎路，不做或者少做損人利己、害人害己的事。這樣的事一旦減少，整個社會就會趨向和諧穩定，人民安居樂業，敬天愛人，桃花源的夢想眞會成眞。

中國人對上帝的崇拜自古及今從未中斷，這從老百姓常掛嘴邊的口語「老天爺」就可看出。「老天爺」的形象在老百姓心中的地位根深蒂固，自打有史以來人們就不停地追求祂，敬拜祂，信仰祂。雖然在此過程中人類經受了太多的考驗和磨練，如曾被世俗政府逼迫，被宗教迷信誤導，被炎涼世態傷害，但是所有這些行爲都無法抹殺上帝在人們心中的地位。因爲人類來自於上帝的創造，在人類的靈魂深處都會有一個認識自身、回歸出處的本能願望。正是這種本願帶引人類不斷地追求眞理，探索世界。無論多麼偉大的思想家、哲學家、科學家、政治家還是普通老百姓，在生命即將結束的時候都會渴望認知和回歸他靈魂的出處。這是人類來自靈魂深處神性的呼喚，也是人類信仰的根基，更是生命自然的本能。人到世間來就是一場修行，無論需要多長時間，無論受到多大逼迫，無論被誤導有多深，靈魂終究要回家。信上帝的終極目標就是回天家，回到基督所許諾的天家。「**在我父的家裡有許多住處；若是沒有，我就早已告訴你們了；我去原是為你們預備地方去。**」（約翰福音 14:2）眞正的基督徒都會堅信基督的話語，努力地按照基督的教導去做。

那信上帝爲什麼還要信基督呢？聖經上講眾人問耶穌，「『**我們當行什麼，才算做神的工呢？**』**耶穌回答說：**『**信神所差來的，這就是做神的工。**』」（約翰福音6:28-29）「**因為我父的意思是叫一切見子而信的人得永生，並且在末日我要叫他復活。**」（約翰福音6:40）所以信基督，就是做復活得永生的工。因爲屬靈的世界不是憑肉眼能看見的，所以「**我們行事為人，是憑著信心，不是憑著眼見。**」（哥林多後書5:7）

---

[77] 司馬遷，《史記》（卷 28，封禪書第六），中華書局 2013 年版，第 1626 頁。

世人不相信耶穌基督是聖靈感孕，道成肉身；不相信祂死後復活，被接升天；不相信祂就是彌賽亞，是爲拯救人類而來。是因爲世人沒有足夠的信心，這信心原本來自于對天父上帝的信仰和依賴。每到危難關頭我們都會自然而然地呼求老天爺的眷顧，但是老天爺好像越來越不管事了，怎麼呼救都漠然視之。實際情況眞是這樣嗎？不是。是我們越來越肆無忌憚地自私貪婪、驕傲自大，將老天爺當成了交易對象，根本就不信仰祂。而藉著上帝的恩典，載著天國福音的基督捨身降世，爲我們架通了連接天地的橋樑。正如使徒保羅所講，「**我們既因信稱義，就藉著我們的主耶穌基督得與神相和。**」(羅馬書5:1)「**不但如此，我們既藉著我主耶穌基督得與神和好，也就藉著他以神為樂。**」(羅馬書5:11)

哲學家斯賓諾莎講，「上帝的智慧在基督本身具有了人的性質，基督是得救的道路。……只有基督不借想像中的語言或異象接受了上帝的啓示。」[78]科學哲人帕斯卡也講，「我們僅僅由於耶穌基督才認識上帝。沒有這位居間者，也就取消了與上帝的一切相通；由於耶穌基督，我們就認識了上帝。」[79]認識這個眞理的人還有許多，他們都是屬靈的信心巨人，他們的事蹟都爲我們做出了光輝的榜樣。今天我們若要恢復信心，就必須信靠基督。因爲「**神的奧祕就是基督**」（歌羅西書2:2），而「**我們因基督所以在神面前才有這樣的信心**」（哥林多後書3:4）。

下面再講一下信心的作用。我們做事憑的是什麼？是信心。耶穌說：「**我實在告訴你們：你們若有信心像一粒芥菜種，就是對這座山說，『你從這邊挪到那邊』，它也必挪去！並且你們沒有一件不能做的事了。**」（馬太福音 17:20）耶穌的話告訴我們，我們的信心若有芥菜種那麼大，就沒有解決不了的問題。今天的人爲什麼活得那麼累？就是因爲缺乏信心。表面上看我們彷佛很有信心，我們的科技不斷地發展，我們的生活日益富裕，我們的教育日益高大上。我們不但能上天下海，而且還要登上火星。實際上呢？我們的心靈乾渴地要死，對世界和生命茫然無知，不知道從哪裡來要到哪裡去，也不明白生命的眞義是什麼。每日活得就像和尙撞鐘，過一天算一天。生活的沉重壓力壓得人們喘不過氣，心靈孤獨、理性蒙昧、良知失喪、靈魂沉睡，所有的一切使我們看不見光明和希望。我們沒有信心，不知道未來會怎樣？擔心、憂慮、恐懼……無時無刻不伴隨著我們，我們拼命地攫取，努力滿足自己的私欲，壓制自己內心中的不安。我們的信心呢？上帝眞的不管我們了嗎？還是我們疏遠祂太久以致都不認識祂了呢？神對人的愛長闊高深，只是因爲人類疏遠祂太久，以至於缺失信心，找不到回家的路。

聖經告訴我們，「**神愛世人，甚至將他的獨生子賜給他們，叫一切信他的，不至滅亡，**

[78] 《神學政治論》，第 16-17 頁。
[79] 《思想錄》，第 216 頁。

反得永生。」（約翰福音 3：16）上帝藉著耶穌基督來爲世人引路，而世人卻總不能領會上帝的心意，總是以人的心思去揣測上帝的意志。我們屢屢犯錯，卻埋怨上帝對我們不理不睬。我們釘死耶穌，殺死那些傳揚福音的使徒們，將聖經付之一炬，卻指望著有一天能通過自己的努力找到眞理；我們自私冷漠，貪婪狡詐，奢侈懶惰；我們喜歡那些花言巧語、巧取豪奪的騙子，卻不相信那些眞正愛我們，爲我們作出犧牲的人；我們懶於思考，總是喜歡膜拜那些人造的偶像，總是希望能不勞而獲，結果每每淪爲偶像的奴隸，被愚昧、被奴役、被踐踏。我們的信心就在這自私自利、偏信盲從間消失了。愚蠢自私的我們啊！什麼時候才能找回失去已久的信心啊！

明白了信心的作用，那麼如何才能尋回信心呢？這要從倒空自己開始。從小到大，我們每天都在接受著世俗理性的教育，因爲不認識眞理，任何雋言慧語在我們的頭腦中都會按照以往接受的世俗理性重新進行編排，於是在我們的頭腦中自覺不自覺地形成一整套世俗邏輯。這些世俗邏輯習以爲然地在我們的觀念中充斥著這些僞理性：「人往高處走，水往低處流」、「功名利祿苦中求」、「吃得苦中苦，方爲人上人」、「書中自有黃金屋，書中自有顏如玉」、「千里做官只爲財」，甚至還有「人不爲己天誅地滅」等僞理蠱惑人心，擾亂世風。這些表面看來似是而非的世俗理性，幾千年來一直影響著中國人的人生觀和價値觀，導致中華民族始終在一個人治怪圈裡反復不停地惡性循環（詳見下文《如何走出「怪圈」？》）。前一個王朝逼得老百姓不得不反，新王朝剛好了沒幾天又開始腐敗，老百姓不得不又起來造反。毫無新意的一齣戲反復地上演兩千多年，中華文明就在這個過程中被西方文明超越。

可能有人不以爲然，認爲老祖宗也給我們留下了不少思想精華，只是我們未能領會。確實如此，中國古人提起理想之世首推堯舜，那是一個敬天愛人的時代，可惜後人不能領會，逐漸以人取代天，以私欲取代公義，以家天下取代公天下。從夏朝以後的「君權神授」、「大一統」、「焚書坑儒」、「罷黜百家，獨尊儒術」，一直到明清的文字獄，還有我朝的文革，都是一場場人造的騙局和災難。在這些滅絕人性的浩劫中，眞理性被僞理性取代，屬靈的世界被屬世的世界掩蓋，光明被黑暗吞噬。失喪眞理性的中華民族千百年來一直在黑暗中摸索徘徊，國運日衰，屢屢被外族欺淩。然而當眞理之光藉著西方傳教士的腳步來到時，國人卻屢屢將之拒之門外。因爲在黑暗中呆得太久了，世人已經怕見光。「**光照在黑暗裡，黑暗卻不接受光。**」（約翰福音 1:5）中華民族千百年來多災多難的根源也就在此，「**光來到世間，世人因自己的行為是惡的，不愛光倒愛黑暗，定他們的罪就是在此。**」（約翰福音 3:19）

今天，我們要實現中華民族的復興，就必須勇敢地伸出頭來見見光，看看我們醜陋的形象，我們要在上帝的面前認罪悔改，拋棄以往那些拙劣的世俗理性，回到起初堯舜時代的自然理性當中，回到天下爲公、敬天愛人的信仰之中。我們要相信基督的話，「**我是世界的光。跟從我的，就不在黑暗裡走，必要得著生命的光。**」（約翰福音 8:12）爲要得著那久違的眞理之光，我們要勇敢地倒空自己，「**就是忘記背後，努力面前的，向著標杆直跑**」（腓立比書 3:13-14）。

在倒空自己之後，尋回信心還必須要用眞理來塡滿自己。我們應當做到以下三點：

第一要敬神愛人，因爲基督曾說：「**你要盡心、盡性、盡意，愛主你的神。這是誡命中的第一，且是最大的。其次也相仿，就是要愛人如己。**」（馬太福音 22:37-39）如果我們眞的信仰上帝，我們一定會眞心讚美祂，敬拜祂，熱愛祂。這是發自內心的一種感悟，就像見到摯愛的長輩一樣。但是這種愛是出自理性，絕非盲目，一定要與發自狂熱的迷信相區別。同時我們也一定會關愛同爲上帝的造物，且出自同一祖先的人類。這種愛不是屬世世界的世俗之愛，而是屬天的愛，並且希望世人的生命能在屬靈世界中茁壯成長。所以我們助人，並不單只是提供物質方面的幫助，更重要的是給予精神層面的引導。不單讓人們吃飽穿暖，更要幫助他們認識上帝，信仰上帝，愛上帝。若非如此，我們就有罪了。

第二要誠實做人，「**因為耶和華的言語正直，凡他所做的，盡都誠實。**」（詩篇 33:4）「**耶和華造天、地、海和其中的萬物，他守誠實，直到永遠。**」（詩篇 146:6）上帝不但是誠實的神，祂也喜歡這樣的人敬拜祂。「**那真正拜父的，要用心靈和誠實拜他，因為父要這樣的人拜他。**」（約翰福音 4:23）耶穌基督清楚地告訴我們，「**你們的話，是，就說是；不是，就說不是；若再多說，就是出於那惡者（或作『是從惡裡出來的』）。**」（馬太福音 5:37）誠實做人是爲人處事的基本準則，如果連這都做不到，不單在神面前，即使在人面前也站立不住。誠實做人也是做人之道，它出乎我們的良心。保羅講，「**你們要棄絕謊言，各人與鄰居說實話，因為我們是互相為肢體。**」（以弗所書 4:25）「**我因此自己勉勵，對神、對人，常存無虧的良心。**」（使徒行傳 24：16）一個正常人是不願撒謊的，沒有人願意與自己的良心作對。只有在一個悖逆的世界，人們才不敢也不願誠實做人。恰不知這已經走入迷途，就像那破損的船，不知何時就會沉沒。「**有人丟棄良心，就在真道上如同船破壞了一般。**」（提摩太前書 1：19）

第三要眞正無私，前面講到的第四種眞信的人都有一個共同特質，就是無私。他們愛人如己，不蓄私財。爲他人或公眾的利益願意犧牲自己的利益，甚至犧牲生命也在所不惜。因爲他們明白，我們在這個世界上都是客旅，是寄居的過客。「**你們在我面前是客旅是寄居的。**」（利未記 25：23）從屬靈的角度講，我們都是寄居在這個屬世世界的，這只是個很短的過程，我們永恆的生命在天上。只有無知的人才會認爲「人活一世，草木一春」。世界上所有的宗教，所有的屬靈導師沒有一位講過一世論，他們都認爲人的靈魂不滅，今生就是一個修煉的過程，修煉的好與壞決定了下一個旅程的方向和境界。我們來到這個世界上就是爲接受考驗，並努力通過修行提升自身的屬靈生命境界，爲我們即將去的地方做準備。每一位宗教大師都明白這個道理，他們苦苦修行，參透人生的奧妙。他們遠離世俗的利益之爭，著眼於天上的財富。他們相信，「**你若願意作完全人，可去變賣你所有的，分給窮人，就必有財寶在天上；**」（馬太福音 19：21）他們信仰肉眼看不見的上帝，對屬世的金錢、權力、名聲以及奢侈生活不屑一顧。他們生活清貧卻還願意助人爲樂，在世人的眼中，他們是群「低能」或幸福過頭的人。我們在屬世世界裡也可以看見他們的身影，比如在清教徒革命或是在美國獨立戰爭中，比如在英國皇家學會或是在美國立憲會議裡，比如在紅十字會或是在諾貝爾頒獎臺上，這些人都在努力履行著自己的天職。這群幸福過頭的「低能」都是信仰上帝的人，他們積極地、無私地爲世人服務，其目的只是爲了榮耀上帝，爲上帝作見證。

人要做到眞正無私很難，因爲我們總是信心不足。我們總是相信眼睛看見的，不相信眼睛看不見的。我們擔心，我們憂慮，我們恐懼，爲了安慰我們缺失的信心，我們拼命地從屬世世界攫取財富、權力、地位、名聲等等，但卻不明白哪些是我們需要的，哪些是我們不需要的。耶穌告訴我們，「**不要憂慮說，『吃什麼？喝什麼？穿什麼？』這都是外邦人所求的。你們需用的這一切東西，你們的天父是知道的。**」（馬太福音 6:31-32）耶穌要我們將信心交托給上帝，不要擔心，不要憂慮，不要恐懼，活好當下，可惜我們總是做不到。我們以爲是福卻是禍，我們以爲是禍卻是福。我們不明白萬事萬物相互效力，只以人的眼或以爲是，或以爲非。上帝知道我們需要的是什麼，在上帝的面前我們要拋棄世俗理性，只有將信心完全交托給祂，才能眞正領悟神的大能。「**叫你們的信不在乎人的智慧，只在乎神的大能。**」（哥林多前書 2:5）

聖經告訴我們什麼是信？爲什麼要信？如何去信？所以說聖經歸根到底就是一部信經。聖經不但教人信，而且教人理信。聖經既有顯明的含義，又有隱藏的含義。「聖經是在聖靈的默示下寫成的，既具有顯在的意義，又具有向大多數讀者隱藏起來的意義。」[80]聖經的顯明部分如舊約，舊約部分就像一個個案例，通過大量的案例來向人們講述上帝的良善，並藉此感性地告之人們如何做才能得神喜悅，度過一個有意義的人生。聖經的隱藏部分如新約，新約就像一條條法理，通過這種高度凝縮屬靈智慧的語言來理性地向人們講述天國的眞理。基督作爲上帝的代言人，使無形的上帝能夠開口講話，「**我對你們所說的話，不是憑著自己說的，乃是住在我裡面的父做他自己的事。**」（約翰福音 14:10）藉著基督的福音我們才能眞正明白人生的眞義，學會理信上帝。

80 《基督教會史》，第 63 頁。

明白了這個道理，就能理解聖經並非僅字面意義所表現的那麼粗淺，它實際還有更加深邃的內涵。它喚醒人類的良知，啓迪人類的理性，使人類沐浴在理信之光中。人若不開啓內在的靈智，很難感悟聖經中所蘊含的理性之光，只能籠罩在自然界的粗陋之光中。而眞正的理信者憑著純正信仰，才能藉由洞察力和知識打開自己內在的靈智，讓自己變得更有智慧，更具靈性。所以講有學識的有知比無學識的有知借著理性之光更容易深入內心深處的天堂，同時認識主，愛聖經，過著有靈性的道德生活。這樣看聖經在我們眼中就不會再那麼神祕，它實在就是一部有關生命的教科書。

聖經與其他宗教的經典相比還有一個最大的特點，就是簡明易懂，適合不同層次的人學習領會。通過學習聖經，不同層次的人們都能夠或多或少地明白一些做人的道理。當然上帝的智慧是無窮的，沒有足夠的悟性、執著的毅力和堅定的信心是不可能領悟到深層次的奧祕。這也是人與人之間信心和境界的差別所在。

聖經在努力地告訴我們，什麼才是眞正地信仰上帝，如何信仰才能站立得住。我們在舊約中可以看見摩西、亞伯拉罕、但以理這樣的信心巨人，我們在新約中也可以看見使徒們那樣的信心榜樣，即使在近代社會我們也可以發現喬治．穆勒、戴德生、史懷哲這樣的巨大信心。

古往今來，上帝用祂那看不見的手引領無數的屬靈信徒不斷地挑旺復興的火焰，一次次地將福音眞理宣示眾人。祂知道我們信心不足，所以祂降下基督宣示眞理，並藉著祂的福音給了我們重獲信心的力量和勇氣。**「我就是道路、真理、生命；若不藉著我，沒有人能到父那裡去。」**（約翰福音 14：6）**「我是世界的光。跟從我的，就不在黑暗裡走，必要得著生命的光。」**（約翰福音 8：12）**「我就是生命的糧，到我這裡來的，必定不餓；信我的，永遠不渴。**（約翰福音 6:35）**「你們當信我，我在父裡面，父在我裡面；」**（約翰福音 14:11）**「我對你們所說的話，不是憑著自己說的，乃是住在我裡面的父做他自己的事。」**（約翰福音 14:10）**「有了我的命令又遵守的，這人就是愛我的；愛我的必蒙我父愛他，我也要愛他，並且要向他顯現。」**（約翰福音 14:21）**「復活在我，生命也在我！信我的人，雖然死了，也必復活。凡活著信我的人必永遠不死。」**（約翰福音 11：25－26）

藉著耶穌基督賜予世人的福音眞理，我們得以洗去靈魂裡的污垢，掃除心頭的陰霾，重新睜開屬靈的眼睛認識上帝，並將感恩的心獻給上帝。只有到那時，我們才能重拾信心，因爲信心源自於對上帝的認知，源自于對天父的渴望和愛。

我們深信，唯有充足的信心才能在上帝面前站立得住，才能感受到天父上帝那長闊高深的智慧和大愛，並藉此充實自己，使靈眼得以睜開，看見上帝那奇妙的作爲和無窮的世界，活出那所盼望的美好人生。

什麼是十字架的道路？

關鍵字：十字架道路；中間道路；真理之路；王陽明；中

什麼是十字架的道路？不同的書籍給出了不同的答案。有說是拯救之路，有說是窄路；有說是愛心之路，有說是順服之路；有說是得勝之路，有說是永生之路……，種種說法各不相同，那麼到底什麼是十字架的道路呢？可能很多人研究了很多年都未能徹底搞明白，十字架的道路明明就擺在那裡，只是很少有人注意罷了，那就是一條中間道路，一條從世間通往天堂的中間道路。

中間道路說起來很容易，眞要分辨起來還是很難。因爲每一條道路都有中間，左邊的道路有中間，右邊的道路也有中間。左邊的左邊道路有中間，右邊的右邊道路也有中間……因爲天下道路無窮無盡，所以中間道路也無窮無盡。我們每一個人都處於不同的道路中，對中間道路的認識和理解也不相同，所以每一個人的人生道路各不相同，蓋因於此。

十字架的道路將世界分爲屬靈和屬世（或稱爲陰和陽）兩部分，這條道路是一條介於純正信仰和自然理性之間的中間之路，二者的結合爲人類指出了一條眞理之路。在屬靈世界，越是接近中間就越靠近純正信仰，人就越理信神；在屬世世界，越是接近中間就越靠近自然理性，人就越理性做人。人生的正確道路正是應當借著屬世生命追求屬靈生命，通過不斷地修行提升自己的生命境界，最終爲回歸天家做準備。

人的屬世生命給了人一個生命修行的機會，也即順服良善和眞理，親近神的機會。這就是前文裡講到的神給了我們一份考卷，生活就如考題，肉體私欲就是考題難度，依良善而爲就是智慧，最後得分就是最後的審判，它將決定你的靈魂歸向何方。因爲屬靈世界裡的修行是無法測知的，所以這個機會就顯得尤爲寶貴，每一個人都應當珍惜這個機會。但是人與身俱來的肉體私欲，卻使每一個人都有趨向死亡的傾向，也就是說這場考試非常艱難。神給了人一個機會，但卻是一個充滿了艱難危險的機會。絕大多數人註定不能通過這場考試，這就是耶穌所講的，「**你們要進窄門。因為引到滅亡，那門是寬的，**

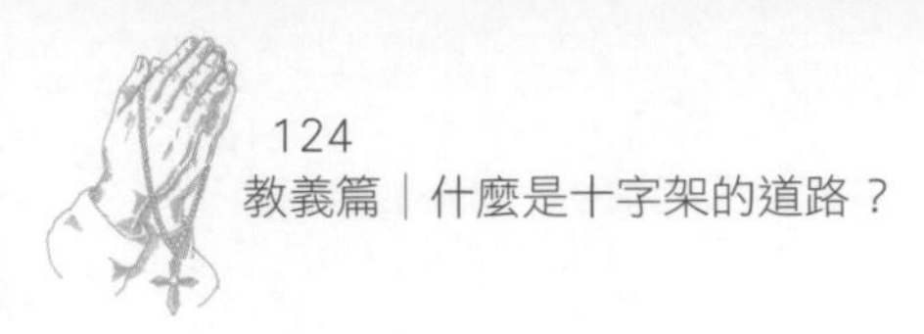

路是大的，進去的人也多；引到永生，那門是窄的，路是小的，找著的人也少。」（馬太福音 7:13-14）

由於絕大多數人總是習慣以外在肉體感官作爲斷定一切的依據，僅相信眼見爲憑。考慮事物只以外在層次思考，無法眞正深入事物的內在本質。正因爲此，他們的內在靈智總是處於關閉狀態，無法窺見神之眞理。所以他們出於肉體私欲愛身外的世界和肉身的自己，同時貪慕世俗的虛榮，不明白「**叫人活著的乃是靈，肉體是無益的。**」（約翰福音 6:63）最終爲了貪圖肉身安逸和滿足虛榮心，而失去了一次提升屬靈生命的機會。

人之所以屢屢錯失這一來之不易的修行機會，關鍵原因在於人生道路千萬條，但是中間的眞理之路卻只有一條。在眞理之路的兩邊，無論是屬靈世界還是屬世世界都摻雜著形形色色的雜亂信仰和世俗理性，它們之間互相交錯，彼此重疊，形成錯綜複雜的世間萬象，人生百態。在這些紛繁複雜的亂象中，除了中間一條眞理之路外，其他千千萬萬的道路都非正道，它們大致可以歸納爲以下幾種：

首先是在屬世世界裡受肉體私欲影響而形成的世俗理性，這主要表現爲專注屬世生命的眼前利益而忽視屬靈生命的長遠利益（詳見下文《什麼是世俗理性？》）。造成這一現象的主要原因是因爲屬靈世界的事太過於深奧，人類個體的命運又過於波譎雲詭，複雜多樣，所以世人多不理解屬靈世界的事，只能著眼於屬世世界的事。「**然而，屬血氣的人不領會神聖靈的事，反倒以為愚拙，並且不能知道，因為這些事惟有屬靈的人才能看透。**」（哥林多前書 2:14）即使世人意識到存在著精神和物質兩個層面的生命現象，但是因爲不能看清內在生命的本質，仍然會以外在感官認知世界，並產生出各種各樣建立在肉體私欲基礎上的世俗理性。雖然這些世俗理性使人顯得博學多識或德高望重，但卻只能使人局限在外在感官層面，無法深入內在生命本質，無法建立起正確的三觀。致使世人無論如何地努力，都是在屬世世界裡左沖右突。於是將僞理當眞理，以惡爲善，不是陷進拜偶像的泥潭，就是墜入拜金的陷阱。

在一般情形下，世人爲滿足肉體私欲產生出各種世俗理性，每日在屬世世界裡奔波勞碌，因爲不認識世界的本質和生命的眞義，所以出於人類的各種虛榮，就拼命玩心機，耍聰明，把各種教人投機取巧的書籍奉爲圭臬，而將神刻在人良心上的道義棄之不顧。「**因為不知道神的義，想要立自己的義，就不服神的義了。**」（羅馬書 10：3）在人類歷史上，絕大部分的時間和人群都處於這種狀態。因爲不認識神，導致內在本質處於全然關閉狀態，思考問題只會以身體感官作爲斷定一切的依據，造成人只能觀察到自然界的粗陋之光，而無法沐浴在內心裡的天堂之光中。這時的人沉迷在外在肉體感官的快樂中，並以追求這種快樂爲人生之本。當有人告訴他們少了名利之心會使人更快樂時，他們總會抱有質疑的態度，甚至會認爲是瘋言瘋語。

環顧我們周遭的世界，不正在爲這種現象做著注腳嗎？人人都在拼命追求著自己的世俗利益，很少將他人的利益掛在心上。人們缺乏「世界一體，人類一家」的自然理性，只是將世界作爲一個追名逐利、巧取豪奪的競技場。所以司馬遷在《史記》裡講「天下熙熙，皆爲利來；天下攘攘，皆爲利往。」這是對世俗理性在世間的一個生動寫照。

這種世俗理性喧囂的景象在專制主義不占強勢的國家還可以勉強維持，然而一旦專制主義做大成勢，突出個人主義的世俗理性也無法自保，人們就會在專制主義強制灌輸的倫理綱常或各種思想主義等雜亂信仰裡逐漸迷失心智，徹底失去良心自由和人格獨立，不知不覺陷入非理性之中，最終淪爲一頭只知崇拜偶像而喪失理性的動物。

在物質層面這種非理性就表現爲「不知惡之爲惡而作惡」，這種行爲的典型代表就是一身奴性的奴才和太監，以及那些具有奴才和太監心理的人。這種行爲既不利於個人的屬靈生命，也不利於個人的屬世生命。由於它的極端愚昧無知和卑鄙邪惡，特別是完全抱著一種「我不能過好誰也別想過好」的邪惡心態，所以顯得特別沒有理性。它完全無視與生俱來的良知，卑劣地先將自己置於他人之下，然後失去自由的它再去剝奪他人的自由，以使自己不至於顯得那麼卑賤可憐，並從中獲得心理上的滿足。助紂爲虐、爲虎作倀、欺上壓下等行爲都是這種非理性的表現，這是在完全喪失理性的情況下才會出現的情形。這些非理性的行爲導致人完全喪失了人性，實在講，稱他們是人都是對「人」字的侮辱。

在精神層面這種非理性則表現爲「以惡爲善而作惡」，犯這種錯誤的人並非完全無知和良知泯滅，恰恰是對眞理的一知半解使他們逐漸在對偶像的崇拜中一步步陷入非理性的狀態。這種人的本質與前一種人有著本質的不同，他們通常是一些追求眞理和良善的人，他們的良心引導他們追求自由，並在他們的內心裡培養出一種大公無私、心懷天下的高尚情操。但是正是因爲對世界本質和生命眞義的一知半解，使他們往往無私的奉獻換回的只是非理性回饋的災難。因爲他們不明白「**除了神一位之外，再沒有良善的。**」（路加福音 18:19）

人本身並無善惡，正如王陽明所講，「無善無惡心之體」。人之所以能夠區分善惡是因爲「有善有惡意之動」，這「意之動」指的就是意識作用，而意識來自生命的本質。人因爲有良知所以才能知善知惡，「知善知惡是良知」，而良善來自於神，所以人能否成爲義人取決於是否意識到良善來自於神。當人以爲良善來自於人時，他們總是以爲靠人可以改變自己的命運，於是他們不知不覺中將個人的命運寄託在某個人或組織的身上，接著就會陷入對領袖個人的偶像崇拜。而人的理性自始即不完全，當一個人大權在握而又缺乏監督時，專制主義就會借著人的邪情私欲悄悄地潛入領袖個人的心，使他不知不覺中被罪性所俘虜，逐漸失去了良心自由，貪行種種的污穢，「**他們心地昏昧，與神所賜的**

生命隔絕了，都因自己的無知，心裡剛硬。良心既然喪盡，就放縱私欲，貪行種種的污穢。」（以弗所書 4:18-19）以至於淪爲了罪的奴隸。世人被這些罪的奴隸所管控，結果可想而知。

追求自由的理想主義者爲什麼會屢屢陷入專制主義的漩渦，就是因爲他們沒有搞清「人皆有罪」的道理，幻想著一位屬世世界的人能夠領導他們追求眞理，並實現人人平等，人人豐衣足食的大同世界。最終這些人設的偶像無一例外地以非理性的形式回饋給他的崇拜者以災難。其實聖經中早就以英勇的掃羅王、虔誠的大衛王、智慧的所羅門爲例告訴世人，沒有人是靠得住的。在《撒母耳記》裡，神更是直接對撒母耳說：「**百姓向你說的一切話，你只管依從。因為他們不是厭棄你，乃是厭棄我，不要我做他們的王。**」（撒母耳記上 8:7）雖然撒母耳對百姓清楚地講明選擇人做君王的壞處，但是世人的愚昧無知使他們硬著心腸拒絕了撒母耳，也離棄了神。當人拒絕神而選擇人時，無論如何努力都無法走出偶像崇拜的怪圈。這就是王陽明講的，「人胸中各有個聖人，只自信不及，都自埋倒了。」心中的聖人並非什麼堯舜，而是神賜給人的神性（良知）。人如果不向內心裡致良知，而是向外求諸聖賢，只會是良知泯滅，理性失喪。王陽明講，「虛靈不昧，眾理具而萬事出，心外無理，心外無事。」即是這個道理。

這一境況在不同的歷史時期，不同的地域國度都發生過，中國也不例外。當人們在外部的世界尋求聖賢時，很容易將某些人及其人造的思想主義當作「眞理」，並按照這種「眞理」將社會人群劃分爲不同的階級，然後通過煽動各階級之間互相仇恨，彼此攻擊，來實現他們所謂的大同世界或共產主義世界。這些人造的思想主義表面上看似有理，其實充滿了非理性的悖論，它使人們以爲是善的，結果卻是惡的。正應了基督的話，「**憑著他們的果子，就可以認出他們來。荊棘上豈能摘葡萄呢？蒺藜裡豈能摘無花果呢？這樣，凡好樹都結好果子；惟獨壞樹結壞果子。**」（馬太福音 7:16-17）

在備嘗了這種「以惡爲善而作惡」帶來的苦果後，這些理想主義者仍然希望依靠人治來覓得出路。因爲不認識神，所以也辨不清眞理僞理，他們只能試圖在屬世世界裡，依靠人治的思維模式在自然理性與世俗理性之間摸索出一條道路，比如當今中國社會倡行的精神文明與物質文明兩手抓理論。但是僅在屬世世界裡左右折騰，也就註定始終是在一條歪路上非左即右。在專制主義掌控下的改革，就是「放開就亂，一抓就死」。人們不理解單在屬世世界裡努力，無論如何也不會使世界達到一種平衡。由於良心被捆綁，人格無法獨立，可憐的一點兒理性也被專制主義摧殘地所剩無幾。當人們發現崇拜偶像沒有用時，人們就開始一窩蜂地回歸世俗理性，表現爲人欲橫流，全民拜金。從理性角度講，拜金比拜偶像還好一點，因爲它至少是對屬世生命有益。這就是人們從非理性的政治運動退回到世俗理性的改革開放的根本原因。

但是源自世俗理性的改革也只是治標不治本，以人治爲代表的專制主義陰影並沒有完全散去，人們仍然活在世俗理性的貪婪和非理性的恐懼之中。由於人類自身的罪性，專制主義理論隨時都有可能重新做大成勢，非理性的奴性思維依然有遮天蔽日的可能。所以不瞭解世界本質和生命眞義的中國人，依然還是在一條黑道上摸索，憑著肉眼依然無法看見來自天堂的眞理之光。即使偶爾看見，也會因爲根深蒂固的世俗理性或非理性使人們怕見光，要麼掉頭而去，要麼緊閉雙眼。因爲「**凡作惡的便恨光，並不來就光，恐怕他的行為受責備；**」（約翰福音 3:20）

但是「**那光是真光，照亮一切生在世上的人。**」（約翰福音 1:9）「**我是世界的光。跟從我的，就不在黑暗裡走，必要得著生命的光。**」（約翰福音 8:12）「**我到世上來，乃是光，叫凡信我的，不住在黑暗裡。**」（約翰福音 12:46）中國的歷史告訴人們，單在屬世世界尋找眞理只能是一路黑到底，這場尋覓了數千年的中國夢只會在惡性循環中沉睡不醒。那麼出路何在呢？唯有接受那光，認清世界的本質和生命的眞義，回歸眞理和良善，才能藉著眞理的光找到通往天國的道路。「**但行真理的必來就光，要顯明他所行的是靠神而行。**」（約翰福音 3：21）

其次，如果單在屬世世界裡尋找眞理行不通，那麼單在屬靈世界裡尋找眞理是否可行呢？讓我們再來看一下雜亂信仰和迷信在屬靈世界裡是如何攪擾世人，引起紛爭的。

很多人雖然活在宗教生活裡，尤其是活在教會裡，但是他們的心卻還活在世俗世界中。基督講這些人是「**愛人的榮耀過於愛神的榮耀。**」（約翰福音 12:43），他們實實在在就是一些愛世界的人，只不過他們撈取個人虛榮的地方選在了教會這種屬靈的地方。他們喜歡「**將善事行在人的面前，故意叫他們看見**」（馬太福音 6:1）「**愛站在會堂裡和十字路口上禱告，故意叫人看見。**」（馬太福音 6:5）「**他們一切所做的事都是要叫人看見，所以將佩戴的經文做寬了，衣裳的穗子做長了；喜愛筵席上的首座，會堂裡的高位；又喜愛人在街市上問他安，稱呼他拉比（「拉比」就是「夫子」）。**」（馬太福音 23:5-7）難怪有哲人諷刺他們講，「世俗的宗教不外是對教士的尊崇。這種錯誤觀念的傳布使無用之徒醉心獲得教職，這樣，傳播宗教的熱忱逐漸衰敗退化，一變而爲卑鄙的貪婪與野心。」[81]這種情形在世俗宗教界非常普遍，尤其是在今天的中國宗教界裡更是透露出這種俗不可耐的世俗理性。

那麼人是否就應該輕視世界，只重視靈魂的修煉呢？像那些避居荒漠戈壁、深山老林的修者，或是在教會、修道院或教會學校裡的修士呢？答案是否定的。一心專注屬靈世界和屬靈生命的人極易陷入另外一種自愛之中，那些生前棄絕塵世的一切，遠離塵世

---

[81] 《神學政治論》，第 4 頁。

過著清心寡欲生活的人，死後未必能過上他們嚮往的生活。因爲他們不知「善之爲善而爲善」，人來到這個塵世就是要歷經世間百般艱難的洗禮，通過不斷地與人接觸將心中的善通過行義彰顯出來，並化爲愛他人的行動。如此便能修復對眞理和良善的認知，回歸中間道路。正如王陽明所講，「人需在事上磨，方可立得住，方能靜亦定，動亦定。」人來世間修煉，就是要活出自己內心中隱藏的神性，使自己成爲善的化身。而不是心中只裝有自己，只想著獨善其身，不關心其他人的生活，並逃避與他人接觸，這實際上是將自己與神隔絕了。

那麼如何才能時時與神交通呢？禱告只是很小的一方面，在現實生活中主要體現在對鄰舍的關愛中。遵照耶穌基督的教諭，「**當愛你的鄰舍**」（馬太福音 5：43），基督徒視周圍的鄰舍都是自己的兄弟姐妹。「鄰舍是一個愛的用詞，意思是我們應當在近旁，在身邊，在需要的時候預備幫助人。」鄰舍不僅只限於個人，它還包括社群、國家和教會，甚至擴及廣義的天國。所有這些都是我們的鄰舍，愛他們意即幫助他們，爲他們的福祉著想，深入他們生活的各個層面，時時行善與公義，誠實爲人服務。基督徒從基督的教諭裡學到了什麼是愛，這愛必須通過人與人之間的接觸去傳遞，脫離開人的愛是虛假的。「**人若說『我愛神』，卻恨他的弟兄，就是說謊話的；不愛他所看見的弟兄，就不能愛沒有看見的神。**」（約翰一書 4：20）

因爲基督徒清楚「**叫人活著的乃是靈，肉體是無益的。**」（約翰福音 6:63）所以他們愛人的靈魂更甚於愛人的肉體。基督徒的善行並不是簡單地捐出財物，而是設身處地瞭解受助人的具體困難，眞心地幫助受助人解決困難，並使受助人在獲得幫助的過程中切實感受到來自神的愛，虔誠地將感恩的心獻上給神。

基督徒的善行義舉喚醒了人內心中沉睡的神性，幫助世人睜開屬靈的眼睛，看見那眞光所指示的中間道路，走上神所指引的眞道。其實人人心中都有神性，亦即良知，只不過被自己的邪情私欲給遮蔽了。如今藉著基督所指示的十架道路，便修復了從地到天，回歸天堂的道路。正如王陽明所講，「心之理無窮盡，原是一個淵。只爲私欲窒塞，則淵之本體失了。如今念念致良知，將此障礙窒塞一齊去盡，則本體已複，便是天淵了。」這裡的「天淵」指的就是天堂。

修行不是在荒郊野外，也並非是在教會、修道院或教會學校裡。那些脫離開世界的人雖一心追求屬靈世界和屬靈生命，但是卻選擇躲在前人創設的組織或機構中，傳承前人留下的律法（誡命），他們不懂得保羅所講「**不要效法這個世界，只要心意更新而變化，叫你們察驗何為神的善良、純全、可喜悅的旨意。**」（羅馬書 12：2）那些全職待在教會、修道院或教會學校裡的人只會變得刻板教條，普遍表現爲「以惡爲善而爲惡」，早期的保羅就是他們的代表。保羅曾經很熱心地服侍神，但是這種熱心是「**向神有熱心，但不是**

按著真知識。因為不知道神的義，想要立自己的義，就不服神的義了。」（羅馬書 10:2-3）保羅解釋這種情況時講，「**因為我們屬肉體的時候，那因律法而生的惡欲就在我們的肢體中發動，以致結成死亡的果子。**」（羅馬書 7:5）這時的人表現爲死板教條，將活靈活現的律法（誡命）認作死教條，並且又用死教條去捆綁其他人的良心。「**這些規條使人徒有智慧之名，用私意崇拜，自表謙卑，苦待己身，其實在克制肉體的情欲上是毫無功效。**」（歌羅西書 3：23）這是律法的問題嗎？斷乎不是，而是那活在肉身裡的罪在借著人對律法的誤解四處作惡。

保羅醒悟後這樣講道，「**但我覺得肢體中另有個律和我心中的律交戰，把我擄去叫我附從那肢體中犯罪的律。**」（羅馬書 7：23）認識基督是保羅洗心革面，幡然醒悟的根源。「**只是我先前以為與我有益的，我現在因基督都當作有損的。**」（腓立比書 3:7）在此之前，作爲法利賽人的保羅雖然學術淵博，但是生命卻是死的。這時的律法（或誡命）只是被人的私欲（罪性）所轄制，世人並不眞正明白律法（或誡命）本身所具有的功用。律法（或誡命）的功用是刻在人心上，不是記在人腦中，也不是人的理性所理解的。正如王陽明所講，「只要曉得，如何要記得？要曉得已是落第二義了，只要明得自家本體。若徒要記得，便不曉得；若徒要曉得，便不明得自家的本體。」

律法（或誡命）本就是神爲了人類能夠更好地遵守祂的義，而藉著先知傳授給人的文字記錄。它本身只是爲了提醒人不要忘記自己的良心（本體），這種東西本不需要刻板地去記，也不需要努力地去理解，它是人與生俱來，刻在人心上的信息。當人陷入死記硬背或強作解人時，本身就已經背離了眞道。這也就是在現實生活中，許多無學識的有知勝於有學識的無知的原因。那些全職待在教會、修道院或教會學校裡的人，不明白律法的功用本在教化人心，反而拿著前人所創的律法（或誡命）到處作惡，正是顯明他們不明白經上所講，「**這是顯出律法的功用刻在他們心裡，他們是非之心同作見證，並且他們的思念互相較量，或以為是，或以為非。**」（羅馬書 2:15）。

以上兩種情形都是在屬靈世界追求屬靈生命的表現，雖然他們眞是爲了追求神的義，但是由於不認識神的義，反而容易陷入非理性的漩渦中，既無益於屬靈生命，也無益於屬世生命，眞正是於人無益，較之追求虛榮的世俗理性更不可取。

由此看來，無論是單在屬世世界裡尋找道路或是單在屬靈世界裡尋找道路，都是註定無法找到出路的。那些眞正能夠找到道路的人一定是能夠對屬靈生命和屬世生命保持一種動態平衡的人，這種平衡一定是以純正信仰爲綱，以自然理性爲理，並以純正信仰統禦自然理性。如此一來，人的意識只在中間道路附近搖擺，不會完全脫離到屬靈世界或屬世世界任一世界中遊蕩。

中國古人依靠樸素的世界觀曾經對世界的本質和生命的眞義有過一個接近正確的認

知，中國古人依靠自身的良知發現了屬世世界之外還存著一個屬靈世界，所以他們講「人在做，天在看」、「抬頭三尺有神靈」等智慧之語，這樣一種對世界的認知更有助於使國人選擇走中間的道路。正如經上講，「**沒有律法的外邦人，若順著本性行律法上的事，他們雖然沒有律法，自己就是自己的律法。**」（羅馬書 2：14）中國人選擇「中」這個字做自己的國名，也充分顯明了自身的智慧。「中」字在中國古代代表不偏、中正和好的意思，它不偏不倚，就仿佛那個大寫的十字架，雖歷經磨難，卻始終得神祝福。

正因爲得到神的祝福，中國成爲四大文明古國唯一一脈相承的國家。但是在後世的發展中，中國人對「中」的理解越來越局限於屬世世界裡的「中庸」之道，致使中華民族爲此經受了無窮無盡的磨難，以至於到了今天還在夢魘中未醒來。這主要由於中國專制主義統治的時間太長，「君權神授」、「大一統」、「三綱五常」等專制主義思想理論根深蒂固。導致人們受專制主義者的愚昧或矇騙，要麼將專制主義者當作神的代理人頂禮膜拜，「普天之下莫非王土，率土之濱莫非王臣」；要麼無視鬼神，將世界當作一個追名逐利、巧取豪奪的競技場，正所謂「與天鬥，與地鬥，與人鬥，其樂無窮」；要麼不再務虛，一心務實，只把物質利益看得比什麼都重要，所謂「一切向錢看」。做這些事的時候，人們都習慣於無視世界和生命的雙重屬性，以及人治的低劣性。

人們之所以如此的短視，究其根源全在於雜亂信仰的人治。人治是人類自己的選擇，當人離棄神而選擇人時，就已經註定要爲人的罪性付出代價。專制主義者特別喜歡人治，古時的專制主義者是假借君權神授的謊言將神治轉化爲人治，後來的專制主義者更喜歡走極端，他們直接對神靈嗤之以鼻，或假唯物主義排斥神靈的存在。結果神治徹底消失了，人治成了這個世界唯一的治理模式。由此那些掌握權力的人開始肆無忌憚地我行我素，尤其對存有異見的異議人士缺乏寬容，隨便加一個「妖言惑眾」、「蔑倫悖理」甚或「非我族類其心必異」等理由，任意消滅之。這種愚蠢至極的做法也使專制主義者本身失去了尋得中間道路的機遇，最終白白失去了一次自我提升的機會。

正是由於後世中國社會逐漸疏遠了神，導致整個世界偏向一隅，失去了平衡的世界無論如何也會動盪不安。不管是將假神崇拜，還是崇拜假借君權神授的人，亦或乾脆崇拜無視神靈的人，都會使這個世界偏向屬世世界。由此使世人不理解世界的本質和生命的眞義，片面地將「中」理解爲屬世世界裡精神與物質的中間，導致缺乏純正信仰和自然理性的人們要麼崇拜偶像或崇拜金錢，要麼去追求一種虛無縹緲的精神。專制主義者爲了一己之私，故意曲解傳統文化，在思想和意識方面愚昧和奴役民眾。致使愚忠的人爲了維護那些君主，甚至能不惜犧牲生命；愚孝的人爲了捍衛封建人倫，甚至不惜做出傷天害理的行爲；愚敬的人爲了保守傳統舊習，捧著專制主義的裹腳布只喊香。而意識到專制主義者險惡用心的人雖努力上下求索，卻又因沒有機緣覓得眞理之路，結局只是令仁人志士灰心失望，鴻學大儒唉聲歎氣，革命烈士死不瞑目。

正是因爲缺少對神的純正信仰，以及由其而出的自然理性，所以使人極易在長期世俗理性的誘惑以及雜亂信仰的迷惑下陷入迷信或喪失理性，導致人們無法理解和接受法治理念，不得不長期依賴人治。缺乏自由思想和寬容精神的人治，給中國社會以及民眾造成的教訓不可謂不慘痛，可是歷史教訓總是很快被遺忘，前一次的教訓剛過，後一次的教訓又接踵而至。從這方面來講，中華民族是一個既失衡又健忘的民族。就因爲總是不吸取經驗教訓，苦難似乎總與中華民族形影相隨。可惜的是人們只是在屬世世界裡掙紮浮沉，無論如何也不明白這苦難生活的根源到底在哪裡？

直到今天，中國還在偏道上摸索前行，仍然未尋得中間道路。經常聽見有人說這個社會病了，但是能說出病在哪裡的人寥寥無幾。因爲當局者迷的緣故，人總是被習以爲常的世俗理性或非理性所束縛，無法跳出那久居的深井，所以無論如何努力思考、勇於實踐都不會理解井外的世界是如何的高遠遼闊。

今天的當政者仍然不明白「中」之本意，行小人之所爲，用私欲來迷惑民眾，用強力手段維穩，爲一己之私阻斷民眾認識眞理和行公義之路。正應驗了孔子的話：「君子中庸，小人反中庸。」單從這一點來看，今人的智慧就遠不如古人。

西方國家的基督徒經過近兩千年的探索和努力在對眞理的認知上更加深刻。他們既堅持純正信仰，爲人類指明前進的方向，又追求自然理性，爲世人創造出人權理念、人道主義、普世價値觀等思想觀念。同時還積極開展科學研究和發明創造，在物質層面造福人類。基督的信徒藉著聖經所載的福音在屬靈生命和屬世生命兩方面都作出了光輝典範。《聖經》給予基督徒保有良善並積極行義的動機，因爲「**惟喜愛耶和華的律法，晝夜思想，這人便為有福。**」（詩篇 1：2）基督也告訴祂的門徒：「**人若愛我，就必遵守我的道，我父也必愛他，並且我們要到他那裡去，與他同住。**」（約翰福音 14：23）基督徒正是藉著《聖經》中基督的話，理解了世界的本質和生命的眞義，走上了十架所指示的通天之徑。

如果我們能夠拋開內心中的成見，解開頭腦中的裹腳布，我們就能清醒地意識到《聖經》對整個人類進步的巨大影響，並會低下驕傲的頭顱，謙卑地捧起它，認眞地聆聽它的話語。同時學著在現實世界裡，在自己的位置上，在鄰舍的身旁，心懷善念和公義，正直做人，誠實做事，不斷地修煉自己的內心，竭力抗拒萬惡之源的自私和貪戀世俗的誘惑，努力地棄惡從善，逐漸地完善今生的這份考卷，虔誠地走上十字架所指引的中間道路。

如果說西方人有一部傳播福音眞理的《聖經》，支撐著他們尋找通天之徑，那麼古代中國人就只能完全憑藉自己的良心，在數千年專制主義的黑暗統治下，跌跌絆絆，踽踽

前行。歷經無數的天災人禍而不至滅亡，這不能不說是一個奇跡。其實形成這一奇跡的原因早就寫在我們的國名上，只是人們一直缺少一個機緣將它與十架道路聯繫起來。

創造這一奇跡的還有那些一生追求天道眞理的聖人賢士，比如先秦時期的老子、墨子、孔子以及後世的王陽明等人。雖然缺少純正信仰的引領，但是憑著自身的良心和理性，王陽明隱約找到了通天之徑。他說：「良知是造化的精靈。這些精靈，生天生地，成鬼成帝，皆從此出，眞是與物無對。」王陽明雖未能認識神，也未創設一門宗教，但通過對良知的認知已經非常接近哲學的巔峰，並由此形成了一門包含兩個世界的哲學——陽明心學。只是由於機緣之故，王陽明未曾親臨神的眞光照耀，未曾得見神的眞理，也未能感受來自神的恩典，但他卻能僅憑良知和理性領悟到此等境界，堪稱聖人也不爲過。（其後來者徐光啓，在十字架道路的指引下，成爲了中國歷史上第一位睁眼看世界的人。）

如果說古人缺少親近眞理的機會，那麼今人就要幸運得多。因爲科技的飛速發展，人道主義和普世價值觀的全球化，以及福音使者不畏艱險、誓將主的大愛傳遞到地極的犧牲精神，人們認識眞理確實比前人要容易得多。這一功績要感謝西方國家的基督徒經過近兩千年的努力探索及對今日世界人類所做的偉大貢獻。（詳見前書《基督教啓蒙讀物——最後的爭戰》）

基督徒對人類的貢獻主要體現在思想意識層面，它表現爲一種高層次的智慧——走中間道路。我們看美國人的智慧，就是走一條中間道路。美國是一個基督教國家，他們的國民普遍具有明確的基督信仰。他們相信神，遵守基督的教導，自然對屬靈世界和屬世世界會有一個客觀理性的認知。因爲這個緣故，他們意識到屬靈世界與屬世世界都客觀存在，並且時刻處於變動之中。要想保持兩個世界的平衡，既要維持兩個世界的更新變化，又要保證變化不要太大。爲要避免出現非左即右的極端現象，就必須保證變化始終圍繞中間線附近變動，這也就是美國政治的智慧。

不論是民主黨還是共和黨，它們的基本政策都是一樣的，都是從愛人的中心思想出發。之所以要愛人，是因爲神愛人。因爲基督講愛神的人一定愛人，並且愛神的果效一定要體現在愛人上，否則愛神就成了一句空話。基督徒相信，基督的話就是眞理，是神爲拯救人而藉著基督傳遞給人類的資訊。「**我對你們所說的話，不是憑著自己說的，乃是住在我裡面的父做他自己的事。**」（約翰福音 14:10）

所以眞正愛神的人，一切行事爲人都當以基督的福音爲準繩，也就是走基督指明的道路——十字架的道路。這條道路越往中間越窄，但是道路雖然窄，振幅也小，無論發生任何事社會都不會發生太大的動靜。

美國的政治路線就是選擇了這條道路，讓民意決定政治的走向。相信絕大多數民眾的意志和動機是良善的，不論是哪一黨執政，其政策都會體現民眾的意志和願望。如此必然保證國家政策只會在中間道路的附近變化，不會出現非此即彼，非左即右的過激現象。所以這個國家二百多年的歷史中，基本保持著和諧穩定，四十多位總統都能順利交接政權，正說明了這個道理。

其實若論走中間道路，最應該走的就是中國。中國的名字裡就帶著一個「中」字，這是上帝賜予中國人的智慧和福氣。「中」字的方框代表無數的選擇性，而中間一豎則代表應該走的道路。如果中國人能夠眞正明白這其中的眞意，中國人就能少走許多的彎路，少受許多的人禍。相信未來中華民族的復興絕不是一場夢，而是確確實實、實實在在、指日可待的神啓。

其實，我們每一個人都是神所造的一件器皿，到底有什麼用途我們不知道，那是神的事，但是選擇走什麼樣的道路卻是我們自己的事，因爲那關係到今生的平安和末日的審判。

為什麼基督要我們饒恕人的過犯？

關鍵字：饒恕；迷信；大眾型迷信者；精英型迷信者

在《馬太福音》裡，耶穌對眾人說：「**你們饒恕人的過犯，你們的天父也必饒恕你們的過犯；你們不饒恕人的過犯，你們的天父也必不饒恕你們的過犯。**」（馬太福音 6:14-15）爲什麼耶穌要人饒恕他人的過犯呢？因爲耶穌明白人生就是一場修行，來自人的過犯就是靈魂修煉的磨刀石，幫助人生命成長的經驗値。所以沒有必要躲避它，拒絕它，更無須怨恨那些冒犯自己的人。他們實際上就是幫助人成長，使人生命境界提升的助推器。明白了這個道理還有必要怨恨他們嗎？我們不但要感恩那些幫助我們的人，也要感恩那些提供挫折幫助我們磨練的人。雖然這些人可能出於種種惡意，但是智者卻能從中看出上天賦予它的正確內涵。基督明白這一切，所以祂教人懂得饒恕，祂自己也是這樣做的，祂被那些怨恨祂的人釘在十字架上，祂卻禱告神饒恕這些人，因爲他們不明白他們在做什麼。「**父啊，赦免他們！因為他們所做的，他們不曉得。**」（路加福音 23:34）

基督所教的與猶太教義所教的可大不相同，猶太教教義教人要「以牙還牙，以血還血」，說白了就是要人以仇報仇，以怨報怨。可是耶穌卻要人饒恕他人，這就是生命境界的不同。難怪祂會被視爲異端，並釘在十字架上。

耶穌是猶太人，祂從小接受的是猶太律法教育，猶太人講「**要盡心、盡性、盡力愛耶和華你的神。**」（申命記 6:5）「**要愛人如己。**」（利未記 19:18）耶穌也講，「**你要盡心、盡性、盡意，愛主你的神。這是誡命中的第一，且是最大的。其次也相仿，就是要愛人如己。**」（馬太福音 22：37-39）猶太人講十誡，耶穌也要求人遵守十誡。可是爲什麼會產生這樣大的差距呢？這是因爲來自神的活律法到人那裡就變成了死教條，這時的律法（或誡命）只是被人的私欲（罪性）所轄制，世人並不眞正明白律法（或誡命）本身所具有的功用。保羅解釋這種情況時講，「**因為我們屬肉體的時候，那因律法而生的惡欲就在我們的肢體中發動，以致結成死亡的果子。**」（羅馬書 7:5）同樣是一部律法，來自神性和人性的解讀完全是不同的，這就是耶穌與猶太教學者產生分歧的根本原因。

舉一個十分明顯的例子，在《馬可福音》裡耶穌講，「**安息日是為人設的，人不是為安息日設的。**」（馬可福音 2:27）這句話出自馬可福音二章二十七節，講了一個基督的門徒在安息日摘麥穗的事。按照聖經所講，安息日是神創造完成世界後休息的日子，猶太教定這日爲放下手中工作，靜下心來聆聽神的話語，與神交通的日子。但日子久了，不明白眞道的祭司們將安息日的本意教條化，認爲在這一天什麼都不能做，只能做禮拜。這種曲解聖經原意，歪曲神對人的愛，按照自己的想法篡改神義的做法遭到了耶穌的痛斥。「**你們是離棄神的誡命，拘守人的遺傳。**」（馬可福音 7：8）安息日本是要保證人們一周休息一天，不能無節制地勞作，這裡面體現的是神對人的愛。在這一天中，人可以休息，使體力得到恢復，並爲下一周的工作做好準備。所以律法在耶穌的眼裡是叫人活的靈糧，相反在那些迷信者的眼中卻是叫人死的字句。從迷信裡幡然醒悟的保羅對此有著深刻地認識，他講道：「**他叫我們能承當這新約的執事。不是憑著字句，乃是憑著精意。因為那字句是叫人死，精意是叫人活（精意或作聖靈）。**」（哥林多後書 3:6）今天我們都清楚祭司和法利賽人將安息日視爲什麼都不能做是愚昧迷信和教條主義的想法，但是在日常生活中，世人卻時常出於肉體私欲裡的罪性陷入各種各樣的迷信當中。

迷信可以講是人類最容易犯的錯誤和最大的不幸，它源自於人的貪婪和恐懼。「受迷信之害的主要是那些貪求一時便宜的人。」[82] 「迷信是由恐懼而生，由恐懼維繫和助長的。」[83]迷信的人因爲心裡掛念著屬世世界裡的東西，所以分不清理信與迷信。理信是在良知和理性結合後形成的純正信仰，它是認清神就是無私至善的恒在後，正確理解「神愛世人」的含義，懂得世界的本質和生命的眞義，眼睛盯著的是屬靈世界的天國，心裡系掛的是天上的財寶。基督所代表的是純正信仰，所以祂清楚「**安息日是為人設的，人不是為安息日設的**」（馬可福音 2:27）道理。而迷信者滿眼所見都是人的屬世生命，心裡牽掛的都是屬世世界的情欲和財富。他們出於雜亂信仰，不能對神有一個正確認識，只是將神理解爲人格神，經常出於世俗理性與神做著交易。這種迷信是建立在肉體私欲的基礎上，受著雜亂信仰和世俗理性的牽絆，所以經不起任何的風吹草動。耶穌將這種迷信比喻爲稗子，它混雜在信仰之中，混淆人們的信仰，使人在追求信仰的過程中很容易被各式各樣的貪婪和恐懼絆倒。

迷信的人都是缺少理性的人，理性是領受信仰與眞理的管道，而缺少理性直接導致信仰的管道出了問題，於是只能通過意識去接收愛和良善。然而這種缺少理性的愛很容易在雜亂信仰和世俗理性的誤導下，將愛神和愛人解讀爲愛自己和愛世界，並由此把自身的邪惡行爲視爲良善，將謬誤當作眞理。迷信者的思想裡充斥著邪惡的觀念，並將自

---

[82] 《神學政治論》，第 2 頁。
[83] 《神學政治論》，第 2 頁。

身的惡合理化。然而只要他們願意，還是可以透過接受智者的教導轉化自己內在的主導之愛。然而可惜的是他們對理性的輕視使他們喪失了通過理智領受信仰的通道，於是一味地通過意識領受愛，這使他們很容易沉溺於愛自己和世界的泥沼中。錯誤的觀念使他們無法睜開屬靈的眼睛，就像是看不見任何明亮東西的盲人，且對眞理避之唯恐不及，這也使他們的信仰很容易陷入迷信之中。相反地，那些通過理信認識眞理的人，就好像睜開了靈眼一般，能清楚分辨光明與黑暗，眞理與謬誤，良善與邪惡。

迷信的人不明白愛神就是愛人的道理，他們以爲愛神就是要爲神服務，就是向神表謙卑，向神苦待己身，又或向神行善，於是私底下卻製造各種各樣約束人的條規，「**這些規條使人徒有智慧之名，用私意崇拜，自表謙卑，苦待己身，其實在克制肉體的情欲上是毫無功效。**」（歌羅西書 3：23）迷信者都是不明白愛、不認識神的人，總是「**因為不知道神的義，想要立自己的義，就不服神的義了。**」（羅馬書 10：3）

迷信根據上述表現可以分爲大眾型迷信和精英型迷信。前者看重的是自身的屬世生命，而將屬靈生命看得若有若無。他們信仰神靈與其說是崇拜偶像，不如說是崇拜自己。他們甚至能在心中將神作爲交易對象，能爲著一己之私而將信仰當作一門生意，更將宗教當作做生意的門臉。這樣的迷信較好識別，寺廟裡燒香拜佛求升官發財的，道觀裡請神辟邪驅鬼的，教堂裡求神治病的等等皆屬此類。大眾型迷信在現實生活中非常普遍，實際上這種信仰根本稱不上是信仰，完全是一種世俗化的迷信心理。

相較而言精英型迷信更具有隱晦性和欺騙性，這類迷信表面上看重的是屬靈生命，並想通過努力學習神學來提升自己的屬靈生命。但是因爲屬世之心未死，就如種子「**撒在荊棘裡的，就是人聽了道，後來有世上的思慮，錢財的迷惑，把道擠住了，不能結實；**」（馬太福音 13:22）因爲並不眞認識神，而又脫離不開對前人教條主義的依賴心理，所以不能明白「**我喜愛良善（或作「憐恤」），不愛祭祀；喜愛認識神，勝於燔祭**」（何西阿書 6:6）的道理。他們出於各種各樣的世俗理性和非理性刻意創造出無數的條規律例，因爲不明白神對人的愛，不清楚苦難原本就是神對人的祝福和考驗，反而本著所謂的「善意」不准人這個，不准人那個，用無數的條規律例將自己和他人捆綁到死。而當有人犯錯時，又不懂得寬容和饒恕，不明白寬恕他人就是寬恕自己的道理，忘記耶穌基督是怎樣對那些想要懲罰那個行淫婦人的人所講的話，「**你們中間誰是沒有罪的，誰就可以先拿石頭打她。**」（約翰福音 8：7）在耶穌面前這些人退卻了，但是當他們身處迷信之中，威脅、恐嚇乃至懲罰是他們的拿手好戲。他們所做的一切無論主觀善惡，徒然增加了自己的罪孽，這種好心辦錯事的例子可謂數不勝數。網上有一篇題爲《「愛爾蘭船長」的遺言》的文章，文章講了一個叫喬治的教士，聽說有個黑心的船長販賣奴隸牟取暴利的事，於是向警察局寫了一封長達 68 頁的控訴信。警察局被喬治教士的仁義之詞深深感動，隨即將這個黑心船長抓捕歸案。

可惜沒料到的是，那些所謂「被販賣的奴隸」都是些食不果腹、忍饑挨餓的窮人，他們都是自願被販賣到美洲去的。於是這些窮人都找到喬治教士，訓斥他多管閒事，斷了他們的生路。喬治教士在傾盡所能幫助他們的同時，也感到深深的無力。當他想請警察局釋放那個船長時，卻被告知那個船長自知罪孽深重已經上吊自殺了。於是他才意識到，黑心船長賺取不義之財確實不該，但是另一方面他也做了一件好事。雖然是出於無意，可神的安排又豈是人可以揣測的呢？正如前書中所講「神藉著人類趨利的心理將基督的福音傳遍了整個世界」。表面上看都是人的行爲，其實背後有著一雙看不見的手在掌管著一切。

喬治教士後來改行做船長 30 年，往返大西洋 80 餘次，運送了近 5 萬名難民到美國。他因此深得當時人們的愛戴，被稱爲「愛爾蘭船長」。這位船長在臨終前留下了一句遺言，「我平生遇到過兩個極端的人，一個是眼裡盡是金錢的基爾拉什船長，另一個是腦中裝滿慈善的喬治教士，他們所犯下的錯都不値得原諒。」喬治教士無疑是一位善良正直的人，但當他以自己的善惡觀去指責他人的時候，就犯了「自以爲義」的錯誤。好在他能夠及時改正錯誤，沒有徹底淪爲那些滿嘴仁義道德的法利賽人。

還有一些精英型迷信者本身就在錯謬中，而且因爲「當局者迷」的緣故，難以發現自身習以爲常的錯謬，自以爲眞理在手，不但自身深陷死教條的羅網中，還將他人推入地獄的深淵。「**你們走遍洋海陸地，勾引一個人入教，既入了教，卻使他作地獄之子，比你們還加倍。**」（馬太福音 23：15）而且還阻撓更多的人認識和追求眞理，「**因為你們把知識的鑰匙奪了去，自己不進去，正要進去的人你們也阻擋他們。**」（路加福音 11：52）精英型迷信者雖不認識神，卻又總時刻高舉著神，所以就出現了，爲了他們心目中的「神」而要犧牲人的情況。這種只愛神而不愛人的景象，只能說明一個事實：他們根本不認識神。正如約翰所講，「**沒有愛心的，就不認識神。**」（約翰一書 4：8）

保羅因爲自身的緣故對這些人有著深刻地瞭解，他對他們講，「**你們若是與基督同死，脫離了世上的小學，為什麼仍像在世俗中活著，服從那『不可拿、不可嘗、不可摸』等類的條規呢？**」（歌羅西書 2:20-21）又對他們講自己的擔心，「**但從前你們不認識神的時候，是給那些本來不是神的作奴僕。現在你們既然認識神，更可說是被神所認識的，怎麼還要歸回那懦弱無用的小學，情願再給他作奴僕呢？你們謹守日子、月分、節期、年分，我為你們害怕，惟恐我在你們身上是枉費了工夫。**」（加拉太書 4:8-10）爲使他們從迷信中解脫出來，保羅懇切地告訴他們，「**弟兄們，你們蒙召是要得自由，只是不可將你們的自由當作放縱情欲的機會，總要用愛心相互服侍。**」（加拉太書 5:13）用愛心相互服侍，就是要待人寬容，並使人在寬容和愛心中獲得靈魂覺醒和良心自由。

大眾型迷信者一般都是忙於自己屬世的事，較少有閒空去管別人屬靈的事。而那些精英型迷信者因爲對屬世世界的事並不感興趣，他們更多地將心思放在了屬靈世界，並且總是習慣于以衛道士自居，總以爲眞理在手，對看不慣的人或事喜歡口誅筆伐。如果條件允許，甚至會對那些惹惱自己或自以爲對自己不敬的人加以淩辱、逼迫，甚至送他們去見上帝。相較而言，精英型迷信者比大眾型迷信者更加的偏狹和苛刻，這也就是耶穌總是嚴厲地批評祭司和法利賽人的原因。

在耶穌生活的時代，祭司和法利賽人就是這種精英型迷信者。他們在做人上不懂得寬容，時常將寬容和放縱混爲一談。在他們的眼中，耶穌的所作所爲就是一個異端，因爲耶穌總是與他們眼中的「壞人」在一起，還敢說一些大不敬的話。更可恨的是耶穌的智慧和大愛使他們的那套說辭和做法在信徒中顯得卑微無理，荒謬可笑，使他們在信徒們心中的地位岌岌可危，在羅馬主子面前也威信掃地。所有這些在他們看來都是不可饒恕的事，於是他們做了一件最不可饒恕的事——釘死基督。他們雖然作惡，但是當時（及以後）的人們並沒有認清他們的罪性，相反，這源自肉體中的罪性隨著人的私欲和世俗理性一代代延續下來，從未斷絕，直到今天在神職人員和神學家階層中依然會看見他們的身影。

這樣的精英型迷信者在人類歷史上數不勝數，他們非但主掌當時社會人們的思想意識形態，甚至在死後很多年依然受到他的徒子徒孫們的追捧。饒恕在他們的字典裡是找不到痕跡的，遺憾的是絕大部分的迷信者卻將之奉爲圭臬，頂禮膜拜。眞正屬靈的人不會這樣，他們更多地是寬容和祝福，保羅對此有很深地認識，「**倘若那不信的人要離去，就由他離去吧！無論是弟兄，是姐妹，遇著這樣的事都不必拘束。神召我們原是要我們和睦。**」（哥林多前書 7:15）

大眾型迷信完全是一種世俗化的「信仰」，它根植於人類的肉體私欲和世俗理性，且時常與世俗宗教信仰相混同。精英型迷信屬於一種非理性的「信仰」，它源自於一種自以爲是的偏狹和固執，總是習慣以人類有限的智慧去研究天國無限的奧祕，以人的自私揣摩神的無私，以人的小善窺測神的至善。結果可想而知，一門胡言亂語，完全背離神之眞理的「神學」誕生了。神學從誕生之日起就展現出害死人不償命的特徵，簡直可以說是人類不自量力的鐵證。精英型迷信時常與純正信仰相混同，從來都是一具裝在漂亮棺材裡的死人骨頭。

從根源上講，無論是大眾型迷信還是精英型迷信的人都是些不認識神的人，成天滿嘴的「神啊神」，現實中卻常常追名逐利或者故弄玄虛。迷信的人常以爲自己很愛神，其實根本就是愛他們自己。人只有理解了生命的眞義，才能夠樹立純正信仰，進而自覺追求眞理，擺脫迷信的束縛。否則，人只會在世俗理性或者非理性裡打轉轉，不論是自表謙卑，還是苦待己身，又或是向神行善，都是在私欲和迷信裡「徜徉」，其根本目的或是爲了向人表敬虔，爲自己撈取世俗的虛榮，或是爲了向神表虔誠，爲自己謀取天國的好處。無論是哪一種，都是將屬靈世界也當屬世世界一樣世俗化了。這樣的結果只能是「**因為不知道神的義，想要立自己的義，就不服神的義了。**」（羅馬書 10：3）

迷信的人常以爲眞理在手，所以絕不會犯錯，由此不明白饒恕的深層內涵。饒恕的背後是神給人改錯的機會，這裡面體現著神對人的愛。耶穌來就是要告訴世人，不要仇恨他人對自己的過犯，而要學著寬容饒恕他們，因爲這裡面有神對人的愛。其實他人對我們的過犯，通常背後隱藏著兩層含義：一是警醒我們是不是犯錯了；二是考察我們是不是眞心愛人如己。明白了過犯裡包含的這兩層含義，我們就不會輕易地去抱怨和指責他人的過犯，使自己因爲不明白神的意志，而更加增自己的過錯。基督徒與平常人不同的是，在平常人看來是對自己的冒犯，在基督徒的眼中卻是神美好的安排。他們在自己受到過犯時，一定會首先反省自己行事的意志和動機是否自私？選擇的物件、時機或場合是否錯誤？自己是否認識錯誤還自以爲是地堅持？是否考慮過他人的感受或認知能力等。無論哪種情況，自身都一定有問題，所以饒恕他人就是饒恕自己，就是給自己一個反省自身過錯、加增自我智慧的機會。這就是基督徒與平常人在爲人處世方面最大的不同。

其實，這就是一個屬靈生命修煉和覺悟的過程，也是檢查自己是否眞心愛人如己的過程。上帝的恩典不單是讓我們平安地度過此生，也是要我們在各種各樣的苦難中不斷覺醒自身的神性，認清眞理和良善，提升自身的生命境界。唯有在各種苦難中仍能堅守美好的信心，本著良善和愛寬恕他人的過犯，在內心中化解形形色色的羨慕嫉妒恨，人才能眞正實現內心中的和平和喜樂，並在肉體生命結束時踏上屬天國度的淨土。

可惜現實生活中，世人眞的很少認爲自己有錯，不能理解寬恕他人就是儘量減少自己犯錯的機會，實際就是寬恕自己的道理，總是喜歡將錯誤歸到他人頭上。結果就會是不斷地相互指責抱怨，仇恨敵視，社會因此而越發地陷入混亂之中。其實，神的安排又豈是人能知曉的呢？我們應當一無掛慮地仰望神，充滿信心地依靠神，眞心地饒恕他人的過犯，同時也饒恕自己的過犯。

要想能夠眞心做到饒恕人的過犯就必須學會反省，反省是加增智慧的開端，這應該是一個基本常識。中國古代的君子也主張通過反省自身行爲，來提高自身的道德修養。但是他們的這種反省行爲往往來自于一種莫名的危機感，如易經裡所講「君子以恐懼修省」，說明君子修德省過是源自於恐懼，而這種恐懼是出於對世界的懵懂和生命的無知，所以講這種修省有些莫名。但是基督徒的恐懼卻是實實在在的生命感悟，它源自於對離棄天堂而面向地獄的恐懼。藉著基督福音的指引，基督徒不再莫名恐懼，相反他們通過踐行基督的教誨，不斷地寬恕他人的過犯。通過傳遞基督的愛，基督徒一邊化解了自己肉身中的戾氣，一邊使自己內心中充滿了平安喜樂，這是許多平常人所不能理解和視為奇怪的事。基督徒這種發自內心的寬恕不但使他們的內心中充滿了平安喜樂，同時也使這個世界充滿了和諧穩定。正是因為對上帝的敬畏和美好生命的渴望，基督徒在各種苦難中都能通過不斷反省，加增自身的智慧，「**敬畏耶和華是智慧的開端，**」（箴言 9：10）

精英型迷信者也屬於追求屬靈生命的人，而且在屬世世界裡更加引人注目。但是他們卻是不懂眞心饒恕的人，當然也是不明白愛的人。實在來講，在天堂裡愛才是衡量一切的標準，因為這愛的背後隱藏的是神對人的祝福。有了這愛，人才會善良，才會有進入天國的資格。為了表明我們眞正具有了這份愛，我們才要做到眞心饒恕他人的過犯。這也就是基督顯明給世人的那份愛，並要求世人饒恕他人過犯的原因。可惜人與人之間的差距實在太大了，基督教給人的屬天之愛不是每個人都能理解的，這也就是人很難做到寬恕他人過犯的原因。精英型迷信者雖然也是追求屬靈生命的人，但卻總在這一問題上時常陷入謬誤之中。

如果說追求屬靈生命的精英型迷信者都不能正確理解饒恕的話，屬世之人對此更是不以為然。相信在他們眼中，能夠饒恕他人過犯的人不是瘋子就是傻子，亦或是別有用心的僞善者。魯迅是中國近代批判現實主義大家，也是有名的憤怒的戰士。他以筆作槍，敢於單槍匹馬與黑暗的現實社會作戰。他也常反省自我，正如他自己所講的那樣無情地解剖自己。但是雖然他國學深厚又有留學經歷，卻因為在他所生活的社會裡缺少純正信仰和自然理性，滿眼看到的也都是封建迷信和世俗理性。即使智慧如魯迅者，也依然沒有找到解決社會苦難的辦法。他本人也常活在憂悶和仇恨之中，直到彌留之際，在他人生最後一篇文章中仍然看不到寬恕的字眼。「我的怨敵可謂多矣，……我也一個都不寬恕。」

魯迅不信神，又處於當時那樣的社會環境，不明白寬恕他人就是寬恕自己的道理也可以理解。但是處在今天這樣文明開放的社會還不明白這個道理就奇怪了，做人的道理明明擺在那裡，為什麼就不願遵守呢？當然中國的情況十分特殊，過去社會裡的封建迷信成分很濃，現今社會講的是無神論，無論是封建迷信還是無神論都屬於誤導人生命成長的雜亂信仰和世俗理性（詳見下文《何謂眞理？》）。想要讓千百年來，浸淫在旺盛情欲和根深蒂固的世俗理性中的中國民眾，一下子接受無私至善的純正信仰和愛人如己的自然理性，眞的不是一件容易的事。那簡直就是要人做一個脫胎換骨、洗心革面的人，也就是要重生做一個新天新地裡的新人。

對平常人來講這簡直就是一件不可思議的事，除了聖人或傻子無人能做到。但是基督徒可以，因為基督徒有信仰，他們相信神即良善，清楚人的靈魂有良善，人的肉體有私欲，生命的眞義就是要用良善戰勝私欲，恢復自身靈魂中的神性，爲神作美好的見證。在古羅馬帝國時期，基督徒經受了常人難以想像的無情摧殘，無數人在血雨腥風中經受著來自肉體乃至靈魂的考驗。意志薄弱的信徒倒下了，但是剩下的卻是眞正虔誠的基督徒。他們以寬容之心忍受著敵人的逼迫，卻從未「攻擊過他們的外邦敵人；他們沒有流過無辜人的血，除了他們自己的」，「給他（君士坦丁大帝）留下了深刻影響的是，截然不同的基督徒行爲準則和道德，基督教儀式中毫無血腥的美，基督徒對神職人員的順從，以及懷著勝過死亡的喜樂謙卑接受生活中的不公平的態度。」[84]三百年中，他們在家裡或者地下墓穴中堅持著自己的信仰，他們用自己的寬容、鮮血和淚水征服了殘酷的羅馬帝國。

雖然在這一過程中基督徒經歷了許許多多的苦難，但是對他們來講都是一樣的。他們心中有一位至善的神和一位慈愛的主，他們充滿信心和希望地依靠祂們，期望獲得祂們的應許。因爲「**神所賜出人意外的平安，必在基督耶穌裡，保守你們的心懷意念。**」（腓立比書 4:7）所以他們能夠安心接受現實生活中各種各樣的苦難，並將這些苦難視爲生命成長的助推劑。正是因爲有了這樣的信仰，他們可以一無掛慮地仰望依靠神，並眞心饒恕那些過犯自己的人。

在基督教主禱文中有一句，「**免我們的債，如同我們免了人的債**」（馬太福音 6：:1）這話與寬恕他人就是寬恕自己實際是一個意思。當人眞正明白了生命的眞義，人就可以做到愛人如己。其實這種智慧並非基督徒獨有，中國老祖先也有這方面的自然理性，比如「愛人者，人恒愛之」，「助人者，天助之」。只是因爲缺乏純正信仰的保守，自然理性無法獨存。在缺少眞理的情形下，老祖先留給後人的智慧受雜亂信仰和世俗理性的雙重夾擊，很多都在歷史長河中被人遺忘了。這也解釋了古中國哲學消亡的原因，類似的古希臘哲學也曾經歷過這種情形，只不過後來與純正信仰結合後得以復興。

因爲缺少純正信仰和自然理性，中華民族可謂多災多難。在漫長的歷史長河中，有時候人眞的很難稱之爲人，想想那些披著人皮的禽獸幹的惡事，有些簡直令人髮指。對那些人或那些事，中國人只能是詛咒加痛恨，可是痛恨之後世界依然如故。但是基督徒不一樣，雖然他們也不喜歡那些人和那些事，但是他們在痛恨之餘卻按照基督的教導去饒恕這些人，並爲他們獻上禱告。「**要愛你們的仇敵，為那逼迫你們的禱告。**」（馬太福音 5：44）

特蕾莎修女就是這方面的典範，用她自己的話說，「人們經常是不講道理的、沒有邏輯的和以自我爲中心的，不管怎樣，你要原諒他們。」特蕾莎修女是基督徒，也是諾貝

[84] 《基督教對文明的影響》，第 21 頁。

爾獎獲得者，她的善舉得到全世界人民的一致公認。可就是這樣的善人依然被某些組織揣測爲僞善，並將其拒之於國門之外。特蕾莎修女並未爲此難過，相反她說，「假如你愛至成傷，你會發現，傷沒有了，卻有更多的愛。」

特蕾莎修女是懂得饒恕的人，也是眞正明白生命之道的人。她眞心寬恕他人對她的過犯，並且依然如故地愛他們。這樣的人才是活在屬天之愛中，不懼末日審判的人。神是靈，祂鑒察人心，人無論僞裝地多好，在那最後審判之日，也會被剖析地纖毫畢現，叫人無可推諉。基督不但認識神，也最瞭解人心，祂知道如果我們不能眞心饒恕他人，我們的屬靈生命就無法達到祂所指引給我們的高度。所以祂要我們除了愛神之外還要愛人如己，這愛人如己不僅停留在言行上，更要在明白世間眞理和生命眞義的基礎上發自內心地善待每一個人、每一件事，即使我們爲此而受傷，也要無怨無悔地去寬恕和愛。

基督徒相信，唯有寬容和愛才能理性地面對每一個人、每一件事，才能理信他人對我們的過犯背後，是神對我們的警醒和試煉，才能不斷地經受住各式各樣的考驗而不產生怨恨，依然懷著一顆感恩的心去愛人。

基督徒的內心不是平常人能夠理解的，基督教國家的昌盛也不是人們理解的那樣膚淺。在所有一切表像的背後都隱藏著他們的信仰，正是這信仰支撐著他們順服眞理和良善，行公義布誠信，施寬容和愛於他人。基督徒視基督爲救世主，是因爲祂爲世人帶來了天國福音，並爲了詮釋這福音內涵，在十字架上爲世人作出饒恕的榜樣。藉著饒恕，基督完成了對生命的詮釋；藉著饒恕，基督作出了對自由的宣告和自身神性的彰顯；藉著饒恕，基督爲世人指明了生命之道，這生命之道是建立在愛的基礎之上，並藉著愛人而彰顯出神的本質，「**因為神就是愛。**」（約翰一書4：8）

為什麼耶穌講「真理必叫你們得以自由」？

關鍵字：自由；真理；自由觀；良心自由；行為自由；純正信仰；自然理性；人權；民主；主權

上

人的屬靈生命說起來很神祕，實則來自於神的那一口靈氣，這口靈氣使人具有了一絲神性。這絲神性就如一位天使按照神的設計埋藏在人的內心深處，等待人去發現祂，並與之相合。這位天使就是經常幫助我們分清善惡的那種意念，通常稱爲良心。當這種意念由內而外地進入人的外部記憶，人就會感受到屬天之愛，那種淨化人心的愛會將人的肉體私欲滌蕩淨化。在淨化的過程中，人的意識會達到靈性的層次，思考問題不再只是著眼於形而下的屬世世界，而是更多思考更高級的屬靈世界。當人達到這種生命境界時，人才具有自由意志，通常稱爲良心自由。人處於良心自由時，就不再以自然界的思考方式思考，進而轉爲以世人無法理解的靈性方式思考，這時就變得與天使一樣具有智慧。

當人未能感知屬靈生命和屬靈世界時，人就無法眞正認識良善和眞理，即使內心中那絲神性偶爾喚醒人的良知，也會因爲屬世肉體的私欲和世俗理性而轉瞬即逝。當人處於這種狀態時，因爲受限於屬世肉體的緣故，只能以外在感官的記憶爲基礎，以自然界的方式思考，所以活得就像動物一樣。動物是覓食，人類是逐利，你說這樣的人不是動物是什麼。動物沒有良心，無須死後接受審判。人卻不同，人有天賦的良心，具有思維意識，可以思考問題，人的良知使人具有分別善惡和自由選擇的能力。所以人最終要接受審判，審判的結果與人是否獲得良心自由密切相關。

看來自由並非我們以往理解地那樣淺顯，只關乎人的外在言行和舉止，眞正的自由是源自於內在生命的本質，是指意志自由。有人可能會說，意志自由不是上帝賦予人類的嗎，怎麼又要去努力獲得呢？也許人類始祖在伊甸園時享有天賦的自由吧，自從人類始祖犯了原罪失去起初的純眞後，罪就借著人的肉體私欲潛入了這個世界。人類在經歷了黃金時期、白銀時期、青銅時期進入黑鐵時期後，人類越來越關注外在的屬世生命，而眞正使人活著的屬靈生命卻幾乎被人完全忽視。當內在的生命本質關閉，人就僅憑外在感官接受屬世世界的資訊，動心起意都是來自屬世生命的私欲。在這種境況下，人無論如何都不會產生愛神和愛人的念頭，都不會明白屬靈生命的自由才是眞正的自由。而只會在意愛己和愛世的欲望，以爲世俗名利會讓人更自由更快樂，並努力追求肉體生命的自由。無論智者如何解釋「少了名利會讓人更快樂」，他們都不能理解和贊同。很多人以世俗的眼光看待意志自由，以爲享有屬世生命的自由不也可以使人快樂地度過了一生？這種粗淺的認識只是源於對生命本質的無知，以及從未體驗到眞正自由的重要性。可見自由意志雖然每個人都可以擁有，但實際上眞正能夠獲得的只是少數。

那到底什麼是自由呢？自由是神賦予人類按照良知（神性）行事的內心意念和行動力，也稱自由意志。自由是人與生俱來的天賦權力，不是某個人或組織或法律制度賜予的權力。自由通常也稱爲個人自由，它包括良心自由（屬靈自由）和行爲自由（屬世自由）。良心自由是從屬靈層面闡明自由的本質，行爲自由是從屬世層面解釋自由的表像。

良心自由眞正產生於人的內在意念，是人發自於內心的眞情實感。這種發自內心的自由是與內心中的愛和意念連爲一體，屬於人內在本質的自由。這種自由帶著神性的愛和智慧，散發著神性的光輝，本質上體現的是神之眞理。

行爲自由只是出於人的外在感官主導，僅相信眼見爲實，將身體感受的內容作爲斷定一切的依據。行爲自由又根據可見和不可見，可以分爲精神自由和肉體自由。這種完全忽視內在神性的感悟，單憑外在感官而認知，憑藉記憶而思考，並由此獲得的自由只會是淺層表面的自由。這種自由不能深入人的內在意念，不能領會生命的本質是神的愛和良善，不能接受良善和眞理，所以自始至終都只能停留在生命的淺層表面上。

良心自由來自于更高的生命境界，它是在認知眞理和良善的基礎上，看清了世界的本質和生命的眞義，具有了辨別善惡的能力，相應獲得了選擇善惡的自由。人唯有獲得良心自由，才能由內而外地擴及到行爲自由，這時我們才能說自己是自由的。行爲自由並不能必然獲得良心自由，相反在良心不自由的情形下，行爲越自由，人越可能思想混亂，行爲越放蕩不羈且趨於毀滅。

因爲良心自由決定了意志自由，而且沒有意志自由就沒有思想自由，更沒有行爲自由。所以自由是以良心自由爲主導，行爲自由爲輔助。良心自由統領行爲自由，沒有良心自由就沒有行爲自由，單純的精神自由和肉體自由往往受限於自我的有限性。所以世人常以爲自己是自由的，其實是因爲他們根本就沒有體驗過眞正的自由。

有人不以爲然是因爲他們從來就沒有領略過良心自由的感覺。在人將屬世世界視爲全部世界的世界觀裡，人看不到活躍在屬靈生命中神性的光芒，只是將屬世世界裡的自然光當作光。同時也因爲置身於屬世世界裡的邪惡之中，無法看清良善的面貌，所以不知惡之爲惡而爲惡，或者以惡爲善而作惡。在這種無法認識良善的環境中人沒有自由可言，有的只是爾虞我詐、巧取豪奪的「自由」，即所謂動物世界裡弱肉強食的森林法則所賦予的自由。

當人良心自由時，就會明白人生本質是一場修行。在這場修行中，來自神的神性（良知）與來自肉體的罪性（私欲）不斷地發生爭戰。當這場修行結束時，每個人的靈魂都必須接受最後的審判。審判的內容就是看人是否經過一世的修行能夠認識眞理和良善，並發自內心的愛眞理和良善，同時擺脫源自肉體自私自利的罪性，活出無私至善的神性，使自己內在神性得以彰顯並獲得自由。

當良心不自由時，人只能體會肉體生命的欲望被滿足所帶來的歡愉，並由此以爲肉體生命的自由才是眞自由。對這樣的人講自由難以得到回應，就如耶穌對信祂的猶太人講自由時，那些猶太人對此的不解一樣，「**我們是亞伯拉罕的後裔，從來沒有作過誰的奴僕，你怎麼說『你們必得以自由』呢？**」（約翰福音 8:33）耶穌從屬靈生命的角度告訴他們：「**我實實在在地告訴你們：所有犯罪的，就是罪的奴僕。**」（約翰福音 8:34）

當人居於良心不自由的處境時，人不會意識到自己已成爲罪的奴僕的事實，反倒會爲自己處於人上人的地位而沾沾自喜，或爲自己可以任意剝奪他人的自由而飛揚跋扈。這時人的內心就會昏聵無知、鼠目寸光，人的行爲就會怯懦狡黠、怨毒殘暴。正如美國建國者所言：「人民終日受那些別有用心的寄生蟲和馬屁精的欺騙，受到野心家、貪污犯、亡命徒的欺詐和坑害，受那些不值得信任的人的蒙蔽，受到巧取豪奪的人的耍弄。要說人民在經常受到這樣一些幹擾的情況下，也不會經常犯錯誤，勿寧說這是個徹頭徹尾的神話。」

當人處於良心不自由的境況下，人類爲追求眞理而創造出來的宗教也會變成剝奪人類自由的牢籠。原本爲屬靈生命服務的宗教會被世俗理性改造爲世俗宗教，被非理性改造爲教條神學。民眾在這些世俗宗教或教條神學的影響下，會變得麻木不仁，萎靡不振，直至淪爲罪的奴隸。「當宗教在一個國家遭到破壞的時候，智力高的那部分人將陷入遲疑，不知所措，而其餘的人多半要處於麻木不仁狀態。.........這樣的狀態只能使人的精神頹靡不振，鬆弛意志的彈力，培養準備接受奴役的公民。一個民族淪於這種狀態後，不僅會任憑自己的自由被人奪走，而且往往會自願獻出自由。」[85]

---

85 《論美國的民主》，第 590 頁。

當人良心不自由時，原本爲追求眞理的哲學總會受到各種世俗理性的侵擾而陷入懷疑主義、宿命主義、唯物主義或機械主義的泥潭。從古希臘、古羅馬的哲學開始，到中世紀的經院哲學、自然哲學，再到近代的唯心主義哲學、唯物主義哲學，哲學不是陷入懷疑主義，宿命主義，就是變成了一門枯燥乏味、缺少生命的機械學問。古希臘人講的「愛智慧」，蘇格拉底追求的「善」，柏拉圖講的「驚奇」、保羅宣講的「愛」，在今天的哲學裡很難覓得其蹤。從古希臘、古羅馬哲學的湮沒，到近現代哲學的沒落都充分說明一點，良心的不自由會導致人類認識眞理的能力下降，以至於無法達到自然理性的高度，只能在低級的世俗理性裡徘徊。

當然並非沒有哲學家發現這一點，康得左一個批判，右一個批判，批來批去不過就是對人類習以爲常的世俗理性或非理性進行批判。其實世俗理性或非理性也是在尋找眞理，但是由於出發點就不自由，所以身處謬誤中的世俗理性或非理性不是將僞理當作了眞理，就是將偶像當成了眞理，還美其名曰拜眞理。其實這都是在人良心不自由的情形下受肉體私欲影響產生的錯誤認知，它使人對世界、眞理以及人類自身產生一種錯誤的認知，受其影響下的哲學難免總會陷入懷疑主義的漩渦或機械主義的泥潭。

當人良心處於不自由的狀態時，原本爲獲得自由而創設的政治就變成了用來剝奪人類自由的工具。因爲缺乏對屬靈世界裡宗教的正確認知，政治就如在屬世世界中陷入黑暗一樣。因爲沒有了腳前的燈，路上就沒有了光。人們任由騙子們編造各種各樣的歪理邪說，並利用世俗理性或者非理性來禁錮和愚昧人的心智，迫害和殺戮那些敢於追求眞理，想要努力獲得自由的智者。從古羅馬帝國對基督教的迫害到秦始皇對百家思想的屠戮，從納粹德國對自由思想的鎭壓到我朝文化大革命對所有思想文化的逼迫，所有這些政治行爲全都源於受罪性捆綁的專制主義，都是人類良心自由被蒙蔽或剝奪下的惡行。這些惡行在當時都造成很大程度的文明災難，給後人留下難以磨滅的痛苦記憶。

當人的良心不自由時，他的理性就會向世俗理性的底層滑去，「若人的良心墮落，……他的理性也必會變得昏暗、扭曲、匱乏。」[86]當人的理性昏聵無知時，行爲就會偏離正道，成爲一具靈魂失喪、良心迷失、道德敗壞、寡廉鮮恥的行屍走肉。但是因爲這時的人身處謬誤之中，思想和意識上對此並不會感知。只有當發現自己的行爲也已經不自由時，人才會出於本能拼命反抗。可惜此時邪惡借著專制主義已經做大成勢，這時的人已經坐上賊船，悔之晚矣。「**有人丟棄良心，就在真道上如同船破壞了一般。**」（提摩太前書 1：19）

在中國歷史上這種情形尤其多見，因爲中國社會根深蒂固的世俗理性和非理性，中

86 《信仰與秩序——法律與宗教的複合》，第 138 頁。

國人的良心早就被肉體的罪性捆綁地嚴嚴實實。在四千多年前，中國人對神的信仰就已經被竊國者篡改了，這直接導致了中國人的信仰混亂。在兩千多年前中國人對哲學的思考就已經被專制主義者蠻橫地打斷了，這直接導致了中國人失去辨識善惡和理性思考問題的能力。隨著信仰的混亂和理性的喪失，中國人對眞理和良善的理解變得越來越模糊，對自由的認知也陷入無知的境地。

因爲對眞理的不解，中國人對自由也充滿了種種誤解。在中國古代語境中，「自由」(自繇)這個詞一般是指一種心性上的自我狀態，用在個人身上顯示的多是一種自由自在的超然精神，如道家的「小國寡民」思想。孫中山先生也把「日出而作，日入而息，鑿井而飲，耕田而食，帝利於我何有哉!」的《日出而作》歌，稱作「先民的自由歌」，即是這種自由思想的反映。「自由」一詞用在集體層面上顯示的多爲一種自由散漫的不合作態度，頗具貶義，如嚴複所說：「夫自由一言，眞中國曆古聖賢之所深畏，而從未嘗立以爲教者也」。由此觀之，中國古代所講的自由與今天普世價值觀所講的自由完全不在一個層面上。

古代中國人不明白自由的內涵當然不會爲追求自由而活，那麼他們到底爲什麼而活呢？事實上限於當時低下的生產力，絕大多數中國古人只是簡單地爲了一日三餐而活。不愁吃穿、境界高點兒的人可能會爲了民生而活，但是由於千百年來的封建專制主義愚民教育，即使這些人也未能擺脫愚忠愚孝的禁囿，淪爲專制主義的奴隸。這方面的典型人物有屈原、岳飛、文天祥、孫承宗等人，他們都以忠君愛國作爲人生目標，卻一輩子都沒有搞清楚誰應當向誰忠心的問題，結果都成了專制主義的犧牲品。莊子早就看出「竊國者諸侯」的道理，稱那些稱孤道寡的人不過都是一些假借「君權神授」名義的「賊」而已。孟子也講明「民爲貴，社稷次之，君爲輕」的道理，但是世人都被「三綱五常」這樣的專制主義倫理綱常給愚昧了，放著主人不做，偏偏要找一個人偶來依附，結果最終不得不淪爲他人的奴隸。關於這一點在《聖經·撒母耳記上》中就有著清楚地說明，當人類放棄了神而選擇了人，就意味著人類忘記了自己生命的出處，忘記了自己的權力來自天賦，忘記了自己具有天賦的位格，於是就會被自己肉身私欲所轄制，就會受雜亂信仰和世俗理性禁錮，最終淪爲罪的奴隸。

對於造成這種境況的專制主義者本身而言，也因爲良心虧欠和理性欠缺而淪爲這種愚昧行爲的受害者。在這種信仰混亂和理性欠缺的蒙昧狀態下，中國人要想找到眞理獲得自由，眞正是天方夜譚。此後兩千多年被世俗理性和非理性籠罩的封建倫理綱常就是不斷地愚昧自己再去愚昧他人，由此將習以爲常的世俗理性和非理性化身成爲「僞理」，而這種「僞理」在世人混亂的頭腦中逐漸以眞理自居，致使整個中國社會都在長期圍繞著這種「僞理」運轉，陷入一個惡性循環之中。

受到這種「僞理」的影響，在中國古代社會形成了一種典型的世俗理性——「小農意識」。小農意識的自私自利使中國人無法認識和理解自然理性的全域觀，無法接受來自純正信仰的三觀，也無法促進中國社會的進步，最終使國人與眞理屢屢失之交臂。我曾有過多次與國人交談的經驗，每每面對他們的振振有詞和理直氣壯，總是無言以對。在中國的歷史背景和現實環境下，他們的世界觀不能說是不對，否則就無法生存下去。不能生存下去對一個沒有認識眞理的人來講就可能什麼都失去了意義。

受到這種「僞理」的影響，在中國古代社會還形成了一種典型的非理性——奴性（心理學上稱之爲「餓狗定律」）。奴性的人時常卑劣地先將自己置於他人之下，然後失去自由的它再去剝奪他人的自由，以使自己不至於顯得那麼卑賤可憐，並從中獲得陰暗心理上的滿足。中國人對奴性有一個很形象的比喻：狗。稱那些搖尾乞憐、狗仗人勢的人爲「狗奴才」，稱那些欺下媚上、爲非作歹的官員爲「狗官」，稱那些自以爲是、爲虎作倀的有學識的無知們爲「犬儒」。這些人身上都有一個共同點，就是自己給自己找了一個主子，放著自己主人的身分不要，偏要去給別人做奴才。做奴才較之做小老百姓更爲可悲，它不僅受著世俗理性的驅使，還要被雜亂信仰所蒙蔽，完全已經沒有了自己的思想和意識，只剩下一具行屍走肉。可以講，受奴性禁錮的人已經很難稱之爲「人」了。

正是在各種「僞理」的影響下，中華民族在追求眞理的道路上可謂南轅北轍，爲追求眼前的短暫的行爲自由而喪失了長遠的永恆的良心自由。這就是自由遲遲不能降臨這片神州大地的原因，也是中華民族千百年來災難深重的歷史根源。「**光來到世間，世人因自己的行為是惡的，不愛光倒愛黑暗，定他們的罪就是在此。**」（約翰福音 3:19）

歷史反復地告誡世人，當園主忘記了自己的「天職」[87]，只想享受權利，不願承擔義務時，他們就會淪爲奴隸，如封建君主統治下的臣民。園戶就會濫用他的代理權而變成「賊」，如封建君主。兩千多年來，中國人就是這樣在封建專制主義倫理綱常下過著衣不蔽體、食不果腹的奴隸生活。雖然城頭經常變換大王旗，但是自由從來都沒有眞正降臨過這片曾經的神州大地。

中華民族不自由的情形已經很久了，甚至到今天也沒有得到根本轉變。今天中國人所講的信仰自由、思想自由、言論自由、出版自由、結社自由、集會自由等等意識形態裡的自由是直到近代才從西方文明中引入的，梁啓超在《說自由》一文裡講道：「自由者，天下之公理，人生之要具，無往而不適用者也。」這才是中國人眞正思考自由含義的開始。但是由於人類罪性的強大以及歷史的複雜性，近百年過去了，國人對自由的認知依

[87] 基督教「天職」簡單說是「上帝安排的任務」，「一種終生的工作任務，一種確定的工作領域」。各種工作本身沒有高低貴賤，都是通過服務人來榮耀神。勞動本身就是神的恩典，只有虔誠敬業才能得神祝福。

然膚淺，至今依然不明白什麼是自由。

今天如果你對一個中國人講自由，依舊是對牛彈琴，自由對他們來講完全是一件舶來品，只是一個放在法律條文中的點綴。其實中國的這一現狀不難理解，因爲從未體驗過自由的滋味，所以無從談起自由到底是什麼，就如那些質疑耶穌的猶太人一樣。而今日社會所談論的自由觀則是由西方基督教教義經過上千年的歷史演變發展而來的，不瞭解這一歷史背景，就不會對自由產生一個全面正確的認知。

今日世界的自由觀來自於西方社會應當是沒有任何異議的，具體來講應當是來自英美國家。歐洲大陸那些談論自由、平等、博愛的啓蒙思想家們也是受同時期英國的宗教哲學思想影響，不過這都是世界進入近代史之後的事。追本溯源，英美國家的自由觀來自於從歐陸傳入英格蘭的基督信仰。也就是說，今天世界的自由觀首先發源於歐陸，誕生於古羅馬時期基督教哲學家的腦海中。這些基督教哲學家理解的自由觀很快通過教理問答學校等機構傳播到歐陸各地，使當時許多基督徒和非基督徒開始思考自由這個話題。

隨著智者們的逝去，歐洲大陸上的自由隨著眞理被誤解而逐漸消散。這個過程非常紛繁複雜，千絲萬縷糾纏不清。既有爲眞理的疾呼，又有爲私欲的歡呼；既有爲眞理的犧牲，又有爲私欲的苟且；既有爲眞理的辯護，又有爲私欲的詭辯。隨著教皇的帽子越變越高，基督教與眞理的距離就越來越遠。這中間有一個很詭異的現象，似乎人們很少注意到，那就是神學這個非理性產物，曾幾何時吞噬了追求眞理的哲學，同時也剝奪了來自基督教哲學的自由。歐洲大陸自由被剝奪的過程與眞理被誤解的過程是同步的，這個過程漫長而繁瑣，大約經歷了近千年。當人們發現被世俗化教會定爲罪人的時候，已經被無邊的恐懼和罪的牢籠套死，再也體會不到眞理帶給人類的自由了。

曾幾何時，在遠離歐陸的英格蘭，卻因爲地緣優勢保存了部分的自由和眞理。1066年之前，盎格魯——撒克遜人借著他們悠久的民主傳統和基督信仰保守著他們自身的良心自由。但是 1066 年威廉征服之後，民主傳統受到嚴重地破壞，幾乎整個英格蘭都爲外來入侵者所有。這個時候，英格蘭的基督信仰開始發揮出巨大的守護自由作用。

一方面，基督信仰在屬靈層面維護著英格蘭人民的良心自由。由於英格蘭教會受羅馬教廷和教條神學的影響相對較小，爲英格蘭社會提供了一個相對自由和寬鬆的思想氛圍。孟德斯鳩說「這個國家的人喜歡思考」，而思考需要一個自由寬鬆的社會環境。在歐陸的哲學家們爲追求眞理擔驚受怕時，約翰・威克裡夫卻在牛津大學裡批評教皇就是「敵基督」。「基督是眞理，」他寫道：「教宗是謊言。基督生於貧困，教宗爲世俗的榮華富貴奔忙。基督拒絕世俗的主宰權，教宗追求它。」[88]這在當時的社會裡是多麼驚世駭俗

[88] 《基督教會史》，第 255 頁。

的言論。但是由於遠居海外的英格蘭，約翰．威克裡夫只受到軟禁的處罰，還能坐在家裡將《聖經》翻譯爲英文，然後再由他培養的「羅拉德派」信徒走街串巷，將有關自由的福音送入千家萬戶。

由此可見，追求眞理的基督教哲學不但在宗教信仰上維護眞理不被世俗迷信所蒙蔽，同時也使宗教信仰在維護人類的自由上大放光彩。雖然約翰．威克裡夫在死後四十年還被羅馬教廷掘墓焚屍，「羅拉德派」也遭受殘酷打擊，但是自由的火種已經被深深地埋下，直等到宗教改革的暴風雨來將它喚醒。

當 1640 年清教徒革命燃起了沖天的烈火，英格蘭的清教徒哲學家們又一次發出了驚天動地的吶喊。湯瑪斯·霍布斯首先提出了社會契約論，反對神權至上的君權神授說。約翰．洛克再接再厲，提出了人民可以罷免君主的人民主權說。移民新大陸的美國建國者們更是在追求自由的驅策下，將上述哲學家的理論直接變成了現實，人民主權原則、三權分立原則、政教分離原則等等在美國得以實現。如果不是出於良心的呼喚，不是發自於對眞理的執著和對自由的嚮往，我們無法想像人類何以會如此地接近眞理和捍衛人類的良心自由。這正印證了基督的話，「**你們必曉得真理，真理必叫你們得以自由。**」（約翰福音 8：32）

另一方面，基督信仰在屬世層面維護著英格蘭人民的良心自由。英格蘭教會與英格蘭的貴族和平民團結起來，爲英格蘭的自由事業做出了突出的貢獻，這集中體現在以《自由大憲章》和《美國憲法》爲代表的憲法檔簽訂過程中。1213 年 8 月 28 日，坎特伯雷大主教斯蒂芬．蘭頓向倫敦集會的人群出示了一份早已被人忘記的亨利一世憲章。此後在斯蒂芬．蘭頓的帶領下，貴族和平民們開始向國王要求憲章所賦予他們的權力。1215 年 5 月，由教士、貴族和平民組成的「上帝和神聖教會軍隊」占領了倫敦，約翰王在走投無路的情形下被迫接受了具有人類歷史里程碑式的憲法檔——《自由大憲章》，這份憲法檔的誕生標誌著人類從人治社會走向法治社會的開始，正如溫斯頓·邱吉爾所說，「有人說，亨利二世時期是法治的開端，其實不然，大憲章才是國王受到法律約束的開始，這是前所未有的。」[89]

《自由大憲章》享有如此高的尊貴地位來自於它將「國王置於法下」原則成文化，將信仰自由、人身自由、經濟自由等自由予以法律制度化，使人類的上述自由在無法依靠看不見的良心後都能得到屬世世界的法律保護。這無疑是在自然法消失後人類法治的一大進步。此後斯蒂芬．蘭頓被羅馬教皇召回羅馬並免職，但是英格蘭的教士們仍然支持他，並繼續與羅馬教廷抗爭。這是眞理在屬世世界借著基督信仰引領人們不斷地通過

89 溫斯頓．邱吉爾，《英語國家史略》（上），新華出版社 1983 年版，第 234 頁。

法律確權來維護人類良心自由的表現，也是英格蘭人民堅持眞理，追求自由的表現。

如果說《自由大憲章》是人類歷史上第一份比較典型的憲法性檔，那麼《美國憲法》就是人類歷史上第一部完整的成文憲法。基督信仰在這部憲法的制定過程中依然發揮出靈魂作用。雖然制定憲法的55位代表幾乎是清一色的清教徒，但仍然爲了各自州的利益爭吵地一塌糊塗。實在是沒辦法了，本傑明・佛蘭克林建議大家向上帝求助（詳見下文《民主爲什麼必然會從基督教國家中誕生？》）。他從城裡找來了一位牧師，每天一大早帶領大家面對上帝做禱告，每天都把大家的良心喚醒一下，然後繼續開撕。就是這樣在眞理的不斷警醒下，55位代表才勉強達成共識，制定出人類歷史上的第一部成文憲法。

不論是《自由大憲章》還是《美國憲法》，在它們的背後都能夠看到眞理的身影，看到人類對自由的渴望。當人們每每感到今日世界總是由英美國家執牛耳時，可能考慮的都是屬世世界中的各種緣由，恰恰忽視了最關鍵的良心自由問題。英格蘭人民爲了追求自由，通過反對羅馬天主教的宗教專制和英王的君主專制，建立了人類歷史上第一個君主立憲制國家。美利堅人民爲了捍衛自由，通過反對國王不合理徵稅和武力驅暴，建立了人類歷史上第一個人民主權國家。英格蘭人民和美利堅人民其實是一國人，只是在追求眞理的道路上，美利堅人民走得更遠，獲得的自由也就更多。英國保守主義傳統之父艾德蒙・柏克曾說，「殖民地人民是新教徒，這一類人的心智和觀點是最難以屈服的。這一特徵不光易於導向自由，而且本身就是自由得以生長的基礎。」[90]柏克的話充分說明，英美兩國人民正是在基督信仰的引領下，由認識眞理而獲得自由並成爲今日世界的自由之基。由此可見，英美國家今天能夠成爲世界翹楚，全在於他們對眞理的執著和對自由的嚮往，這又一次印證了基督的話，「**你們必曉得真理，真理必叫你們得以自由。**」（約翰福音8：32）

此後，英語國家一直在追求自由方面（包括良心自由和行爲自由）引領著世界的走向。今天，從《聯合國憲章》、《世界人權宣言》等國際人權檔中也能夠感受到英語國家對全世界現代自由觀的形成所起到的潛移默化的巨大影響。

西方人對自由的認識也是有一個過程的，且時常是混亂不清的，遠的不說，就說當今的歐美國家，有人就以爲自由是與民族的個性有關，「在歐洲大陸的許多評論者看來，美國、英國、澳大利亞和其他英語國家的人構成了一個『盎格魯——撒克遜』文明體，他們最大的特點是都信奉自由市場。」[91]如此一來，自由豈不成了英美國家的專利。這種觀點完全是撇開本質看表面，單只從屬世角度分析現象的膚淺認識。事實上，美英等國的最大特點應當是都信奉基督信仰。

---

[90] 丹尼爾・漢南，《自由的基因：我們現代世界的由來》，廣西師範大學出版社2015年版，第244頁。
[91] 《自由的基因：我們現代世界的由來》，第7-8頁。

正如前文所述，英格蘭能夠保守好自由是因爲在屬靈和屬世兩個層面都堅持基督信仰。但在此之前，英格蘭的原住民卻是保有了一顆未被污染的良心，正是依據良心的判斷使他們作出了正確的選擇。當英格蘭七國時期，基督教傳教士拜訪肯特國王艾瑟爾伯特時，國王艾瑟爾伯特對他們說：「你們所講的話和所作的許諾十分美好。可是，因爲它是陌生的和尚爲確知的，我不能魯莽地表示接受而拋棄長期以來我和所有英吉利人一直遵循的規矩和習慣。但是，因爲你們千里迢迢來到這裡，而且還因爲我似乎覺察得出你們渴望把自己認爲是正確、眞實和美好的知識傳授給我們，所以我們不惹你們的麻煩。相反，我們將很有禮貌地接待你們，並仔細地給你們提供生活必需品。同時，我們也不阻撓你們通過傳道爲你們的宗教信仰贏得盡可能多的信徒。」[92]當時盎格魯——撒克遜人還處於部落聯盟時期，與古中國堯舜時期處於一個社會階段。他們的良心和理性告訴他們，基督信仰並非壞事物。所以經過長期地觀察和考查，傳教士們的虔誠信仰和嚴謹作風贏得了英格蘭人民的信任，而且當地人們發現，基督信仰確是上帝賜給人類的祝福，爲人類享有自由確能帶來好消息。於是，「在各個地區，教堂一座接一座地建立起來，人們滿懷著喜悅的心情成群結隊來到了教堂，聽講福音，國王也慷慨地捐出財產，劃出土地，用以建造修道院。」[93]

這是西元六世紀的事，時光穿梭一千多年後，英美國家的傳教士來到了中國貧困偏遠的雲南省，在這裡生活的苗族、彝族、傈僳族、景頗族、白族、怒族等少數民族還生活在刀耕火種的原始社會部落時期，他們仍然像前面講到的盎格魯——撒克遜人一樣，保守著一顆淳樸的良心。當英美國家傳教士將基督福音傳給他們以後，一千多年前在英格蘭發生的一幕重新上演。人們載欣載奔地來到眞理面前，享受著從未有過的自由。直到今天，雖然由於各種歷史原因基督教在中國仍然受到誤解，但是那裡的人們依然堅持他們的基督信仰。這一事實充分表明，獲得自由和良心有關，而與民族、種族、階級、貧富等無關。

但良心與眞理相比眞的非常弱小，因爲良心不像眞理那般強大，具有普世性，相反良心很弱小，只具有個體性；良心不像眞理那般廣闊，可以造益千千萬萬的人，而良心只能造益一個人；良心不像眞理那樣高遠，可以通過福音傳播到大地的四極，而良心只能存在於一個人的心裡。正因爲良心的弱小，人的思想和行爲總是容易受雜亂信仰和世俗理性的困擾而發生偏差，導致無法眞正認識眞理。所以單憑良心希望獲得自由確是一件異常艱難的事。

人類想獲得自由單憑自己那點兒弱小的良心眞的很難，人唯有藉著眞理才能眞正保

---

[92] 比德，《英吉利教會史》，商務印書館 2011 年版，第 65 頁。
[93] 《英吉利教會史》，第 155 頁。

守好自己那顆良心，並眞正獲得自由。自由是神賦予人類按照道德良知行事的內心意念和行動力，它來自於神。眞理同樣來自於神，「**你的道就是真理。**」（約翰福音 17:17）基督從神那裡來，帶來了神的恩典和眞理，且祂本身就代表眞理。「**我就是道路、真理、生命；若不藉著我，沒有人能到父那裡去。**」（約翰福音 14：6）

基督爲什麼能代表眞理，祂不就出身一木匠嗎？又沒讀過什麼書，也沒什麼社會地位，而且還被人以瀆神爲由與強盜一起釘死在十字架上。爲什麼祂就能使人類的歷史以祂爲分界，而且直到今天仍然有數以億計不分種族、民族、性別、階級、貧富的人敬拜祂、讚美祂、信仰祂？答案無他，因爲祂確是爲人類送來眞理的救世主，不論是叫耶穌也好、基督也好、彌賽亞也好，爾薩也好，或是其他什麼名字，祂都是那帶給人生命的，指給人道路的，賜給人永生活水的主。眞理在祂身上變成了活生生的實在，「上帝的智慧在基督本身具有了人的性質，基督是得救的道路。」[94]基督也曾對眾人說：「**我對你們所說的話就是靈，就是生命。**」（約翰福音 6:63）「**你們若常常遵守我的道，就真是我的門徒。你們必曉得真理，真理必叫你們得以自由。**」（約翰福音 8：31-32）

人類從基督那裡獲得的就是分辨善惡、區分眞假的無虧良心以及由此而產生的自然理性，藉此人才樹立起理信，有了自由選擇的能力。藉著基督送來的眞理，世人重新認識了屬靈生命，明白了生命的本質是良善，並發自內心地被眞理和良善所感動。進而熱愛眞理和良善，以愛和信仰爲原則去行善，最終擺脫肉體罪性的束縛，從黑暗的屬世世界裡獲得重生，獲得良心的自由。藉著重新獲得的自由，人類就會具有屬靈生命的智能和智慧，並散發出屬天之愛的光輝。

同時在屬世世界中，眞理同樣會以肉眼可見的事實向世人顯明眞理所帶給人類的自由。在前書《基督教啓蒙讀物——最後的爭戰》一書中，第六章「基督教對世界的影響」專門介紹了追求自由、平等、博愛的人文主義思想來自於基督信仰；啓蒙民主、法治、人權的普世價值觀來自於基督信仰；實現民主的普選制、議會制、總統制等政治制度來自於基督信仰；踐行法治的三權分立原則、政教分離原則、法律至上原則、法律面前人人平等原則等法治原則都來自於基督信仰；還有代表近現代教育的公立教育、幼稚教育、分級教育、大學教育、特殊教育等教育制度來自於基督信仰；代表自由價値觀的自由市場經濟來自於基督信仰；代表人道主義的醫院、孤兒院、敬老院、盲聾啞學校、紅十字會等慈善機構也無一不是來自於基督信仰；就連人類四次科學革命也都是由基督教國家的科學家發起並完成。可以毫不誇張地講，今日世界人類的自由生活與基督徒的努力息息相關，而這一切的背後全都受益於基督的恩典。如果明白了這些道理就會曉得，我們

[94] 《神學政治論》，第 16-17 頁。

今天能過上這樣自由的生活，根本不是什麼專制主義統治者的恩賜，也不是人類單靠自己努力的結果，而是基督在十字架上爲我們所做的救恩，祂的犧牲使全人類得以認識眞理，且得自由與祝福。

下

那麼爲什麼保有自由必須要堅持眞理呢？因爲僞理使人失去自由，而僞理是由雜亂信仰和世俗理性構成，唯有構成眞理的純正信仰和自然理性能夠幫助人類認識上述兩者的虛僞性和欺騙性。僞理使人類陷入迷信，而眞理幫助人樹立理信，唯有借著理信才能使人類最終通過驅逐迷信獲得自由。

那麼眞理又是如何保護人的自由呢？這要從屬靈和屬世兩個層面予以分析。自由按照屬靈和屬世兩個層面可以分爲良心自由和行爲自由，而眞理是由屬靈世界的純正信仰和屬世世界的自然理性完美結合而成，兩相對應，純正信仰主要來保守良心自由，自然理性則用來守護行爲自由，這就是堅持眞理可以保有自由的根據。

上文裡講了，良心自由可以幫助人分辨善惡，並作出正確的人生選擇。如果良心不自由，人就會在懵懂中淪爲罪的奴隸，不但失去了人生的自由，也失去了生命的眞義。所以基督徒從很早就明白保守良心比保護生命更重要，「**你要保守你心，勝過保守一切（或作「你要切切保守你心」），因為一生的果效，是由心發出。**」（箴言 4:23）

良心如此重要，那麼眞理是如何保守它的自由呢？只因爲這中間的關係有些複雜，所以人們時常搞不清這中間的道理。眞理在這世間表現爲一種宗教哲學，在宗教方面眞理表現爲一種良善宗教，在哲學方面眞理表現爲一種理性哲學。因爲人的良心是屬靈世界的事物，所以眞理保守良心自由，就是通過連接屬靈世界和屬世世界的橋樑——宗教信仰去實現的。然而信仰各式各樣（詳見下文《什麼是信仰？什麼是宗教？什麼是律法？什麼是形而上？》），錯誤的信仰會導致人迷信，甚至陷入非理性。只有純正信仰才會幫助人正確認識神，並厘清人與神之間的關係。如何辨識信仰是否純正？這就要看它結出的果實。「**憑著他們的果子，就可以認出他們來。荊棘上豈能摘葡萄呢？蒺藜裡豈能摘無花果呢？這樣，凡好樹都結好果子；惟獨壞樹結壞果子。好樹不能結壞果子，壞樹不能結好果子。**」（馬太福音 7:16-18）

人在不認識眞理時受雜亂信仰的影響，人的行爲很難始終如一，不偏不離。在人類歷史上我們經常能看到，因爲人的良知泯滅而行爲錯亂。在中國現今社會這種情形尤其多見，如在經濟領域，因爲對眞理的無知，人類破壞性地開發資源，污染環境，惡意地投機炒作，甚至爲了逐利而生產對人體有害的食品、藥品等；在教育領域，那些被非理性洗腦的教育者們用非理性控制人的思想，扼殺人格、敗壞人心，阻礙人類認識眞理和追求自由的腳步；在政治領域，因爲根深蒂固的專制主義思想和人治理念，導致主僕位置顚倒，作爲爲人民服務的管家們非要將自己置於主人的地位。他們不明白的是，在剝奪主人自由的同時，他們也將自己置於非常危險的境地。歷史曾無數次地警告過那些專制主義者，當竊國者把自己當成主子，將民眾踩在腳下時，他們離自己的末日也就不遠了；在科技領域，因爲深受世俗理性的蒙蔽和對神恩典的忽視，人類只是將科技作爲一種賺錢謀利的工具，而看不見它造福人類的一面。人類出於私欲濫用科技手段，本應造福人類的科技反而成爲損害健康、污染環境、破壞生態、屠殺人類的兇器。造成這些現象的原因，就在於不認識眞理的情形下人的良心失去自由，行爲也隨之失去自由，變得喪心病狂，無法無天。

純正信仰能夠幫助人類樹立一種對神的正確信仰（詳見前文《耶穌爲什麼講「除了神一位之外，再沒有良善的」？》），在純正信仰的引領下，人類能夠自然而然地產生出一種自由、平等、博愛的人文主義思想，並在現實生活中能夠貫徹這種思想。比如在經濟方面，一定是以造福人群爲目的地創造價値；在教育方面，一定是鼓勵、引導和培養學生們獨立自主地思考和解決問題的能力；在政治方面，一定是以服務大眾爲目的，並履行「忠心而有見識」的管家職能；在科技方面，一定是以方便生活、節能增效爲目的地創造發明等。當人採取正確方法做事時，人的內心就會自然而然地產生出一種平安喜樂。這就是眞理帶給人以自由的主觀心理反映，也就是耶穌所講的「**真理必叫你們得以自由。**」（約翰福音 8：32）

人類起初具有良心自由，這良心自由不是因爲認識眞理，而是因爲不認識惡，出於簡單純樸的良善而行事爲人。隨著年齡日長，肉體私欲和世俗理性開始不斷地侵擾人的良心，有的人保守住了良心，沒有因私欲的誘惑而墮落，沒有因世俗理性的誤導而沉淪。但是絕大多數人沒有經受住私欲的誘惑和世俗理性的誤導丟棄了良心，行爲偏離正道，偏行己路，最終都失去了回家的機會。直到基督誕生，爲人類重新送來了眞理，人類才因爲基督而重新認識了眞理，且藉著眞理賜予人的純正信仰，得以保守自己的良知。由此知敬天愛人的寶貴，並能夠心存慈悲，正直生活，認眞工作，表裡如一。這時的人才是眞正自由的人，也是獲得重生的人。

良心自由要依靠純正信仰來保守，而純正信仰卻要依靠良善的宗教來守護，良善的宗教恰是眞理在屬靈層面的表現。不認識眞理，就無法瞭解良善宗教以及由其賜予的純正信仰，失去了二者的看護，良心也將無所依靠，很容易被雜亂信仰和世俗理性編織的罪所捆綁。這時的人只是簡單地活在屬世世界中，過著動物一樣的生活，說是活著，其實不過是一具行屍走肉。

純正信仰不但在屬靈世界對人的良心自由起到保守作用，而且在屬世世界也通過對良心的影響，而對人類培植自然理性起到啓蒙作用。

其次，眞理的屬世性決定了眞理必然在屬世世界裡通過啓蒙和培植自然理性保護人的行爲自由。正如眞理在屬靈世界通過純正信仰保守人的良心自由一樣，眞理通過啓蒙和培植人的自然理性，不斷地保護人的行爲自由。這主要通過喚醒人的良知，啓蒙人的自然理性，幫助人類創造出自然法理念，並制定出維護個人行爲自由的法律制度。這方面主要體現在人權理念的創設和普及方面。

決定人在屬世世界的行爲必須依靠人的理性，理性（此處指全體理性）也有自然理性、世俗理性以及非理性之分（詳見下文《什麼是理性？什麼是哲學？什麼是法律？什麼是形而下？》）。這其中除了自然理性能夠幫助人類正確獲得行爲自由外，世俗理性和非理性都只會使人的行爲在不知不覺中陷入不自由的境地。

在人類不認識眞理的情形下，僞理就會以眞理的形象出現，並長期影響人類對世界的認知。在僞理的長期控制下，很多人根本不曉得什麼是眞理。出於肉體私欲的旺盛，世俗理性已經根深蒂固地紮根於生活在世俗社會裡的人腦中。人們不理解什麼是自由，僅僅以爲自由就是個人的行動不會受到約束。這種自由觀使人惰於思考，當然更不會在屬靈層面出現重生的跡象。這種生命狀態使人不明白人生的眞義何在，也不清楚自由到底能給人帶來什麼。於是年復一年日復一日地在世俗理性或非理性意識中輕慢著生命，生命對他們來講就是吃喝享樂，或者追求一些子虛烏有、於人無益的東西。

那麼眞理在屬世世界裡是如何通過培植自然理性來保護人的行爲自由呢？實踐表明，眞理所具有的自然理性能夠幫助人類在制定法律制度等行爲規則中，充分考慮每個人的人格尊嚴，並保障每個人的基本權力。今天人們在日常生活中都喜歡用人權理念來捍衛個人的自由，其根源即來源於此。這裡需要講一下自由與人權的關係，並由此看出在眞正認識眞理前，那些所謂的思想、主義、理論、制度等等人造物都是讓這個屬世世界充滿爭執、爭端和爭戰的根源。

人權這個觀念最早來自于古希臘哲學的自然權利觀，它產生於那些愛智者的自然理性，是指每一個自由的人天生就具有的，不是某個人或組織或法律所賦予的基本的共有權利。這種權利是天賦的，不可轉讓，且不可剝奪。古希臘哲學是一種宗教哲學（詳見下文《何謂眞理？》），本身就承認有神，且主張世界的本質就是善，並由此引發出一套自然權力觀。這套自然權利觀後來發展爲自然法理論（詳見下文《什麼是自然法？》），且隨著古希臘哲學的衰落也逐漸湮沒無聞了。

今日世界人權概念的來歷和形成則是伴著基督教的發展，經過古希臘哲學與基督信仰重新融合發展起來的。在基督教教義裡，人因爲有著上帝的形像並得到上帝的愛，「**神**

就著自己的形像造人」（創世紀 1：27）和「**神愛世人**」（約翰福音 3：16），所以人有著高於世間萬物的地位。而且每一個人在上帝的面前都是平等的，所以無論帝王將相還是販夫走卒，甚至是奴隸在上帝的面前都是平等的。「**我真看出神是不偏待人。原來各國中，那敬畏主、行義的人都為主所悅納。**」（使徒行傳 10：34—35）「**並不分猶太人、希利尼人、自主的、為奴的、或男或女．因為你們在基督耶穌裡，都成為一了。**」（加拉太書 3：28）

基督教作爲在屬靈世界裡追求眞理的一門學問，要想讓屬靈生命的自由在屬世世界裡獲得保障，就必須借助屬世世界裡的制度和法律的形式。生命雖然是處於兩個世界的事，但是在人的身上實現了統一，所以宗教與哲學在此產生了融合，並以人權的形式體現出來。人權概念正是由那些具有虔誠信仰，並引領人類社會前進的基督教哲學家創造出來。這一理念的誕生，眞正爲人類獲得行爲自由奠定了理論基礎。

基督教對人權的關注彰顯在基督教對生命的關愛中，也體現在人道主義形成的過程中。這是一個複雜的歷史過程，從基督信仰誕生之日起就已開始。首先在基督教世界之內，基督徒爲了追求上帝和基督所賜予和許諾的自由、平等和永生，不斷地與代表屬靈世界的教會和代表屬世世界的政府進行著各種各樣的爭戰。爲了捍衛這天賦的權力，基督徒們付出的犧牲不可謂不大，但也取得了舉世矚目的成績。目前世界公認的早期最重要的人權文件《自由大憲章》，就是英國教士、貴族與自由民三方聯合戰勝封建君主和宗教領袖的成果。此後歐陸也隨著文藝復興、宗教改革和啓蒙運動的影響，人權意識從覺醒到模糊再到清晰。被稱爲「自然法之父」的格老秀斯將自然法從神法中解放出來，並重新賦予了它保護自然權利的重要功能。

而在思想更加自由的英國，啓蒙思想家們對人權概念進行了深入地研究和探索，約翰．洛克對人權概念進行了高度概括：「人們生來就享有完全自由的權利，並和世界上其他任何人相等，不受控制地享受自然法所賦予的一切權力和利益。」[95]人天生就應該享有某些不可讓出的自然權利，如生命、自由和擁有財產的權利。這些權利不是人造的，而是上帝出於創造者的恩典而賦予人類的。同作爲清教徒的新英格蘭的移民們接受並實踐了上述觀點，在《獨立宣言》中他們這樣寫道：「我們認爲這些眞理是不言而喻的：人人生而平等，他們都從他們的『造物主』那邊被賦予了某些不可轉讓的權利，其中包括生命權、自由權和追求幸福的權利。」此後隨著英國《人權法案》、美國《獨立宣言》、《美國人權法案》、《法國人權宣言》等有關人權法律檔的產生，使基督徒群體成爲首先獲得基本的、普遍的人權的群體。

[95] 《政府論》，第 140 頁。

與此同時由於科技的發展，世界變得越來越小，基督教的影響力隨著基督教國家的先進科技擴展到世界的每一個角落。人權理念也隨著這一影響力的發揮而傳播到世界的每個角落。這最早可能要追溯到西班牙神父拉斯卡薩斯在保護美洲印第安人時所宣導的關於人的自由平等權。因爲基督教關於「神愛世人」及「世界一體，人類一家」的世界觀，所以這一來自基督信仰的恩典無疑也隨著基督福音的全球化傳播惠及到了非基督教世界。尤其是在二十世紀後，通過《聯合國憲章》、《世界人權宣言》、《公民權利和政治權利國際公約》等國際文件，全世界的人們大都獲得了人權制度所帶來的自由，無論他是否認識到這一自由的來歷，他都是這一自由的受益者。正如美國學者阿爾文·施密特所說：「今天，很多詆毀基督教的人也許不相信或沒有意識到，倘若沒有基督教，他們將不會擁有他們現在所喜愛的自由。」[96]

需要注意的是，很多人習慣將民主和自由混爲一談，這實在是天大的誤解。前面講過，自由是神賦予人類按照道德良知行事的內心意念和行動力，也稱自由意志。而民主則是根據這種天賦的自由來實現自我價值和人生意義的方式。民主就個人層面而言注重的是人權，就國家層面而言注重的是主權，用法國啓蒙思想家的話來講，就是「天賦人權，主權在民」。如果缺乏對眞理的認知，人就無法理解民主對人權的影響，自然也無法捋順民主與自由的關係。

當沒有眞正認清基督是眞理時，民主自由是混亂不清的，在這種情形下實行民主只能是一場災難。 美國是一個清教徒建立的國家，對民主他們有著清醒地認識。美國憲法之父麥迪森說：「民主是由欺騙、動亂和爭鬥組成的，從來與個人安全，或者財產權相左，通常在暴亂中短命。」 美國的建國者們藉著對眞理的認知，從最早移民美洲的「五月花號」船上開始，他們就很清楚地知道民主必須是在認識眞理和追求自由的前提下實行民眾自治。正如《五月花號公約》裡所寫，「爲了上帝的榮耀，爲了發揚基督信仰……我們在上帝面前共同立誓簽約，自願結爲一個民眾自治團體。」[97]因爲眞正認識了眞理，才有可能眞正實現民主。正因爲美利堅人民對眞理的正確認知，人類在這個國家獲得了前所未有的自由，在此引用一位移民美國的俄羅斯猶太人瑪麗·安汀的話來說明美國人的自由。「新世界引人自豪的自由，遠不止隨心所欲地到任何地方居住、旅行和工作的權利；而是意味著自由地說出自己觀點，自由地拋棄迷信的束縛，自由地嘗試自己的命運，不受任何政治或宗教暴政的阻礙。」[98]

人類認識了眞理才有自由，民主才有實際意義。所以今人空泛地奢談民主，引來的

---

96 《基督教對文明的影響》，第 3 頁。
97 《美國憲法的基督教背景》，第 15 頁。
98 喬伊·哈克姆，《自由的歷程：美利堅圖史》，復旦大學出版社 2015 年版，第 201 頁。

不是多數人的暴政，就是變相的專制主義集權。正因為人們對民主的無知和誤解，才導致追求自由的人們常常以追求民主之名行剝奪自由之實，不知不覺中重新淪為罪的奴隸。**「我實實在在地告訴你們：所有犯罪的，就是罪的奴僕。」**（約翰福音 8:34）

在沒有認識眞理之前，所謂的民主只會是少數人領導下的多數人的暴政或者變相的專制主義政體，這在人類歷史上多有表現。最典型的例子莫過於古希臘和古羅馬。在古希臘民主共和國時期，在公民民主表決下，偉大的哲學家蘇格拉底被判處死刑。兩千多年後的今天，希臘政府又通過全民表決企圖賴掉國家的外債。古羅馬的民主是嗜血的民主，不但亞非歐各洲的人民都為此付出了巨大的犧牲，甚至連眞理的化身也被民主地送上了十字架。兩千多年後，民主的義大利又成為第二次世界大戰的發起國。上述國家體現的民主實際就是多數人的暴政或者專制主義的代名詞。不要以為希臘人信仰東正教，義大利人信仰天主教，他們就認識眞理。其實在兩教分裂以前，基督信仰就已經因為基督教陷入謬誤而被人曲解，後來的歷史演進只不過驗證了這一眞相而已。

在歐洲國家反對基督教陷入謬誤後產生的宗教主義時，又產生了一種以世俗政權為核心的國家主義。這種國家主義出於削弱神權鞏固王權的目的，主張君主的權力來自於民眾的權力出讓，而非教會所宣揚的「君權神授」。這裡面也有著聖經依據，說明世俗君主的權力來自於民眾的託付，君主與民眾之間是一種契約關係。在這種契約論的基礎上約翰・洛克繼承並發展了前人的思想，將社會契約論融入了他的許多理論學說與哲學體系中，尤其是在《政府論》中。他認為政府的權威只能建立在被統治者擁護的基礎之上，當代理人背叛了人民時（即違背自然法原則時，如強迫人民做違背良知與理性的事）這種政府就應該被解散。「人民應該成為判斷者，是人民對君主實行的委託……委託人給予了君主委託，當君主辜負委託時，人民有權利把它撤回。」[99]受清教徒理論影響的美國建國者們也接受了這種觀點，湯瑪斯・傑弗遜在《獨立宣言》中也寫道：「……為了保障這些權利，所以才在人們中間成立政府。而政府的正當權力，則系得自統治者的同意。如果遇有任何一種形式的政府變成損害這些目的的話，那麼，人民就有權利來改變它或廢除它，以建立新的政府。」 如何來判斷什麼樣的政府應當改變或廢除呢？舉一個很簡單的例子，如果一個國家的民眾沒有富裕而政府官員先富了，就如園戶搶了園主的葡萄園，那麼園主就**「要來除滅那些園戶，將葡萄園轉給別人。」**（馬可福音12:9）

後世在國家主義的基礎上誕生出主權的概念，由於統治者的權力來自於民眾的信託，所以人權是主權之母，沒有人權就沒有主權。人權與主權這兩個概念都是民眾為了實現自己天賦的自由而創設的權力形式，這兩種權力行使的方式都是民主，而眞正起作用的

---

[99] 《政府論》，第 209 頁。

是對自由和眞理的正確認知。

純正信仰在屬靈世界裡保守人的良心自由，自然理性在屬世世界中保護人的行爲自由。二者共同構成眞理的兩面，完美結合爲一個整體。我們說基督是眞理的化身，就是因爲眞理作爲屬靈世界純正信仰和屬世世界自然理性的完美結合，必須要以人的肉體爲載體，同時還需要具有完全的神性，這只有在基督的身上得到了充分體現。「**因為神本性一切的豐富，都有形有體地居住在基督裡面。**」（歌羅西書 2:9）眞理若非以人的樣式降臨人間，若非以福音的形式流傳于世，完全意義上的眞理就不可能存在於世，人類就不可能獲得今天這樣的自由。人類歷史的發展軌跡非常清楚地證明了這一點：基督的救恩到哪裡，哪裡就得自由和興旺。相反，在缺少基督信仰的地方，愚昧和野蠻就成了那裡的眞理。

作爲眞理的化身，基督福音不僅賦予人類純正信仰，它本身還蘊含著豐富的自然理性，正是這自然理性使眞理通過人與人之間愛的傳遞遍及大地的每個角落，並使人類通過樹立民主意識以及人權理念，制定憲法、民法、刑法、程式法以及國際人權法等法律制度而獲得了廣闊的行爲自由。（詳見下文《民主爲什麼必然會從基督教國家中誕生？》）

自由如此重要，現實生活中人類有哪些行爲是爲獲得自由呢？實在講，人類一切行爲的本質目的都是爲了自由。「政治的眞正目的是自由。」[100]教育的眞正目的是自由，科技的眞正目的也是自由，經濟的眞正目的還是自由……但是在人類眞正認識眞理之前，人類無法搞明白什麼才是眞正的自由。人類以爲追求的自由不過是一個又一個僞理的陷阱，無論是專制還是民主，人治還是法治，宗教還是哲學，這些都無法給人類帶來眞正的自由。

人類之所以深深陷入這些人造的概念裡，是因爲世人在黑暗中待得太久了，導致不認識光反而怕見光。「**光照在黑暗裡，黑暗卻不接受光。**」（約翰福音 1:5）神藉著基督將眞理顯給世人，世人唯一該做的就是向祂敞開心扉，按祂教導我們的福音去做，我們就必能得著我們久已失去的自由。「**我是世界的光。跟從我的，就不在黑暗裡走，必要得著生命的光。**」（約翰福音 8:12）不認識眞理的人就不會有自由，在他們做那些昧良心的事時，人的良心被丟棄了，人的信仰被歪曲了，人的理性被蒙蔽了，只剩下赤裸裸的肉體私欲和世俗理性。人如果活成那樣還有什麼自由可言，只不過是一具行屍走肉罷了。

在專制主義長期的高壓控制和世俗理性長期的愚民教育下，出於對暴力的恐懼和由愚民教育培養的自私麻木，世人完全失去了對自由的認知和追求。在中國歷史上，因爲專制主義不停地摧殘和殺戮，人類對自由的嚮往眞的近乎絕跡了。國人們只是依著內心

[100] 《神學政治論》，第 276 頁。

裡樸實的善維持著日常的生活，連什麼是自由的念頭都沒有產生過。書本裡、生活中到處充斥著「君爲臣綱」、「君讓臣死臣不能不死」、「吾皇萬歲萬萬歲」、「非我族類其心必異」等等專制主義糟粕，人的腦子裡全是培養奴性的垃圾意識。其實不僅是中國人如此，據說當林肯總統頒布廢奴令時，很多黑奴是反對的，因爲自由是什麼？對此他們全無概念。自由既不能吃，也不能喝，更不能當錢花，那要自由做什麼呢？人貴爲萬物之靈，就在於有神賜予的自由意志，它可以借著內心中的良知分辨出善與惡，眞與假，美與醜，並在兩者之間作出選擇，由此人類與動物劃出了界限。但是當人類最初的善在恐懼和自私的念頭下被現實一次次擊得粉碎，人的良心就漸漸變得麻木了，人的理性也徹底喪失了，人眞的可以被培養成爲了生存而生存的動物。甚至連動物都不如的是，人可以爲了自己的生存出賣自己的朋友乃至親人。

人若不認識眞理，就會出於雜亂信仰和世俗理性而失去分辨善惡的能力，進而失去選擇善惡的自由。人沒有了自由，就無法做出選擇，自然也無法就自己的生命意義向神負責。原本爲提升屬靈生命而來到世間的人就這樣逐漸被罪捆綁，淪爲罪的奴隸。自由這一天賦的權利，就在人的罪性中迷失。神原本給人準備的是天國，但是人因爲自己的罪反而走向了地獄。

自由是何等寶貴，兩千年來基督教世界的宗教爲人類創造出自由平等博愛的人文主義，基督教世界的哲學爲人類創造出民主法治人權的普世價值觀，基督教世界的政治爲人類創造出普選制、議會制、總統制等現代政治制度，基督教世界的教育爲人類創造出自由獨立的大學之魂，基督教世界的經濟爲人類創造出自由的市場經濟，基督教世界的科技爲人類創造出方便舒適的物質生活，所有這一切的目的都是爲人類爭取有更多的自由去追求眞理，最終成爲神那樣良善的存在。如果人類只是使用這來之不易的自由去享受屬世生活，那就眞正忽視了神賜予人類這些恩典的本意，就還將被私欲捆綁，被僞理轄制，淪爲罪的奴隸。

人若眞認識眞理就必會擁有自由，且絕不會爲了短暫的屬世生命而放棄永恆的屬靈生命。「那些已達到這一高度的人不願意做那些瑣屑俗事，他們的心靈永遠渴望逗留在高處的眞實之境。」如果一個人還在爲屬世世界裡的自由努力拼搏，那只表明他還沒有眞正領悟自由的涵義，因爲「未有知而不行者。知而不行，只是未知。」眞理不是那麼容易被人認識、理解和接受的，認識眞理取決於一個人對世界的認知能力和對生命的領悟水準。人因爲不瞭解屬靈世界的事，就會以爲物質的富裕導致人類趨同，其實物質貧乏時人類大多也是趨同的，這源于愛智慧的人少，認識眞理的人更少。

因爲今天屬世世界的發達，導致人們越來越無法看清屬靈世界的事。形而下的屬世世界永遠是被世俗理性捆綁的多數不自由者的首選，而形而上的屬靈世界只爲少數信仰

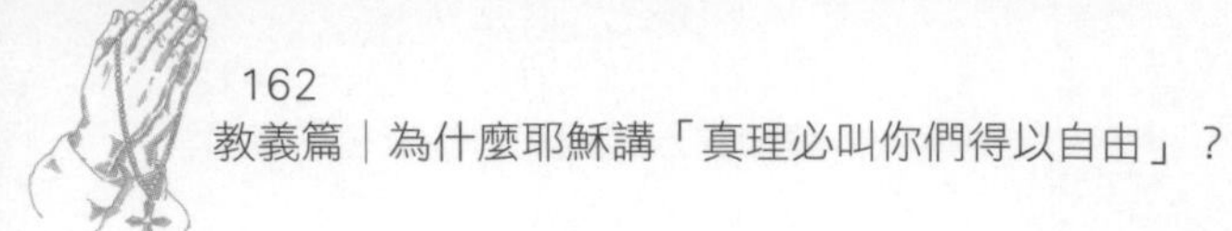

純正且具有自然理性者的自由之選。因爲「**引到永生，那門是窄的，路是小的，找著的人也少。**」（馬太福音 7:14）

人生在世，眞理難識，自由難得。不認識眞理的人，往往就會隨著絕大多數人的腳步走向通往地獄的大道。人類追求民主法治、科學進步，發展經濟，普及教育，目的無一不是爲了提高人類自身的整體素質，讓人類爭取到更多的自由。這來之不易的自由豈是爲了讓世人輕慢揮霍，它實在是爲了讓世人更多地領會生命的眞義，利用這一世的修行機會努力提升生命境界，向神交出一份完美的答卷。那些迷信的教條神學和無知的唯物主義理論，攪擾塵世，暗昧人心，使邪惡力量借著它們統治世界，讓人類靈魂深處的良善幾乎被逼地無立錐之地，也使人心被它們的歪理邪說捆綁地毫無自由可言。

當眞理之光來臨時，神的恩典也將來臨，黑暗將被光明驅散，眞理的光芒將普照大地。人靈魂之中的良知將會復蘇，理性會得啓蒙，良善與愛將重回人心。人不會再爲那無益的肉體奔波勞碌，將會重新認識到「**叫人活著的乃是靈，肉體是無益的。**」（約翰福音 6:63）爲了自己的靈魂能踏上那主的國度，成爲天堂裡的一員，人就必須學會信仰和愛。只有眞正瞭解了信仰和愛的人才會明白生命的奇跡，進而認識眞理，獲得自由。

說了這麼多，其實就一句話，不認識眞理就沒有自由可言。正如耶穌所說：「**我就是道路、真理、生命；若不藉著我，沒有人能到父那裡去。**」（約翰福音 14：6）誠如斯言！

宗教篇

「神是個靈，所以拜祂的，必須用心靈和誠實拜祂。」

（約翰福音 4:24）

什麼是信仰？什麼是宗教？什麼是律法？什麼是形而上？

關鍵字：信仰；迷信；理信；宗教；世俗宗教；神學；律法；形而上

一、什麼是信仰？

信仰從字面看就是「信」和「仰」的結合，「信」好理解，基本就是相信、確信之意。「仰」的本意是抬頭，抬頭看見的就是「天」。而「天」在古人的眼中就代表老天爺，所以信仰就是相信老天爺。又古人認爲「上帝者，天之別名也。」所以中華民族又把信老天爺等同於信上帝，歷朝歷代的皇家都要在天壇裡供奉「皇天上帝」的牌位。

信仰有純正信仰和雜亂信仰之分，純正信仰就如基督所講，是用人的心靈和誠實去敬拜神。這中間不存在任何虛假的成分，也不存在任何利益交換的成分。因爲神的本性就是良善，「**除了神一位之外，再沒有良善的。**」（路加福音 18:19）所以純正信仰意味著用心靈和誠實去敬拜神，用信仰和愛去踐行良善，活出天賦的神性，使自身成爲神那樣的存在。最終通過與神相合，成爲天國裡的一員。

雜亂信仰是用人的世俗理性去理解神，完全將神人格化，人爲想當然地賦予「神」以人的肉體情欲，然後爲一己之私與神做起了交易。實際上，雜亂信仰都有一種偶像情結，它們將木雕泥胎當作偶像，頂禮膜拜。人會有信仰情結是源於人靈魂中的神性需求，祂無時無刻不在希望喚醒人的良知，幫助人尋到回家的路。但是因爲千百年來人類離神越來越遠，良知越來越淡薄，理性越來越蒙昧，而肉體私欲卻越來越重，世俗理性又以僞理的面目擾亂人心，導致人類不認識眞神，而去崇拜那些木雕泥塑的偶像。事實上，明白道理的人都清楚神就在人的心裡，「**因為神的國就在你們的心裡。**」（路加福音 17:21）所以他們不會在外部世界尋找神，而只專注於內心中尋覓眞道。正如王陽明所講：「此心具足，不假外求。」

而迷信者不認識神，他們總是希圖在外部世界裡尋見神。因爲神是靈，沒有實體，所以迷信者就根據自己的想像，人設出無數各種各樣、五花八門的偶像。這些偶像有些是生命體，有些是無生命體，甚至有些是靈體。相信這些人設偶像的結果，非但沒有給迷信者帶來和平和安寧，相反卻爲世人帶來無休無止的爭執、爭端和爭戰。

迷信者與其說崇拜的是偶像，不如說他們更崇拜自己。他們是將信仰當作一門生意來做，這樣的信仰只不過是一個做生意的門臉。不論迷信者主觀上是有意還是無意，也不論對神、上帝、眞主、佛菩薩還是其他的什麼存在，他們的信仰就是有求必應我就相信，有求不應就拜拜，再找新偶像。這樣的信仰不但起不到匡正人心的作用，反而將人導向了迷信的深淵。正如哲人所說，「受迷信之害的主要是那些貪求一時便宜的人。」[101]

還有一些雜亂信仰本質上不屬於信仰，如將活人推上神壇，將活人當作信仰對象，甚至將一些人造的思想主義、觀念理論、法律制度等當作信仰對象。這些東西本身並不屬於信仰範疇，都是人類對信仰的曲解。信仰本質上是在屬世世界溝通人與神之間的管道，也是聯繫兩個世界的橋樑。

不明白信仰本質的人就會很容易陷入雜亂信仰，自然而然成爲一個迷信者。迷信是指人迷迷糊糊、似懂非懂就信了的一種心靈狀態，迷信者的背後是對世界本質和生命眞義的無知。這些人帶著各種各樣的私欲尋求信仰，結果不但不可能尋找到眞理，反而會受著肉體私欲和世俗理性的誘惑輕易地陷入迷信的泥沼。最終在追求信仰的名義下，受世俗宗教的誤導成爲迷信的受害者，甚至淪爲邪教的幫兇。這些人實在是枉掛了一個信徒的名聲，徒有其表，而無其實。正如基督所講，你們「**是離棄神的誡命，拘守人的遺傳。**」（馬可福音 7：8）

相反有些善良的人本著良心能夠愛人如己，也因著相信好人有好報而去與人爲善。他們雖然看似沒有宗教信仰，反而因著良心行出了美好的行爲。正如經上講，「**沒有律法的外邦人，若順著本性行律法上的事，他們雖然沒有律法，自己就是自己的律法。這是顯示律法的功用刻在他們心裡，他們是非之心同作見證，並且他們的思念互相較量，或以為是，或以為非。**」（羅馬書 2：14－15）雖然他們中大多數人可能因爲缺乏學識而對世界本質和人生眞義在認識上存在著某些偏差，但是藉著對善，這一神性本質的感悟，使他們眞正成爲「無學識的有知」。他們雖然無法給予廣大人群以正確地引導，但卻憑著無虧的良心能夠造益自身，並影響周圍的人群。雖則表面上這種人看似沒有宗教信仰，實際上他們內在已經開啓，能夠感受到來自神的良善，並在日常生活中對人心存慈悲、

[101] 《神學政治論》，第 2 頁。

爲人正直誠實、工作認眞負責，所以這些人都是以良心爲導向，內心中並不缺乏信仰的人。

另外，信仰需要理性補其對眞理認知度低的缺陷。人的內在意志可以幫助人領受良善，但是對眞理的認知卻必須依靠理性，而理性卻恰恰是很多宗教信徒的短板。因爲培養理性需要花費很多的時間去學習、思考和領會，很多的宗教信徒（尤其是女性）這方面的能力明顯不足，導致很容易就被那些「有學識的無知」們忽悠得分不清東南西北，並將他們那些荒謬無知的言論奉爲經典並信以爲眞。舉個常見的例子，有些基督徒見人總喜歡說「不信基督教要下地獄」、「不過逾越節要下地獄」、「不信三位一體要下地獄」等話語，好像下不下地獄他們說了算，實在是無知愚昧的可憐，卻還自以爲屬靈的不得了。造成這種狀況的根本原因就在於維護純正信仰還需要理性的保駕護航。

眞理是需要理性幫助認知的，人的意志再好，若沒有培養出理性，很快就會如封在壇罐裡的火焰，因爲得不到氧氣的補充而熄滅。如果得不到理性的幫助，人很難培養起獨立思考問題的能力，意志對眞理的認知只會停留在表層，無法深植於內心，造成對很多表面現象看不出內在的差異，由此很容易被表面現象迷惑。比如由於缺乏理性就很容易熱衷於強大的教會組織、雄偉的教堂建築、森嚴的教會等級以及衣著光鮮、頭頂教職光環的神職人員，還有那多到令人眼花繚亂、瞠目結舌的神學教條。信徒被這些世俗的東西迷惑，完全是出於頭腦中世俗理性的根深蒂固。當基督信仰一旦變得雜亂不純時，一定是世俗理性嚴重影響了人類對純正信仰的認知，並導致人們的意識開始陷入混亂，良心也陷入不自由的處境。正如托克維爾所說：「當宗教在一個國家遭到破壞的時候，智力高的那部分人將陷入遲疑，不知所措，而其餘的人多半要處於麻木不仁狀態。.........這樣的狀態只能使人的精神頹靡不振，鬆弛意志的彈力，培養準備接受奴役的公民。一個民族淪於這種狀態後，不僅會任憑自己的自由被人奪走，而且往往會自願獻出自由。」[102]正因爲缺少理性，不能分辨這些事物中哪些具有良善意圖和思維，哪些具有邪惡意圖和思維，結果就是滿腔熱情、盲目地全盤接受，於是僞理就披上了眞理的光環，以致沒有人再敢對它們提出任何質疑。就因爲缺少理性，不可能像哲學家那樣理智地看出問題，所以就在他們自以爲眞理在手的時候，卻不知已經被那些蛇蠍的種類引入了歧途，陷身於哀哭切齒之境。這就是理性不足所帶來的可怕後果。所以培養理性就是補充意志的不足，使人類在接收良善的同時，也補充對眞理的領受能力。

由於信仰是連結兩個世界的紐帶，聯繫到具體的人，信仰的有無和對錯能夠決定一個人的心性。當一個人能夠通過良善宗教樹立純正信仰，並藉著純正信仰保守好人的良

---

[102] 《論美國的民主》，第 590 頁。

心時，人就會通過良心更好地認知理性，而良知與理性的結合就會產生理信。理信是良知和理性相結合的產物，它是對神的一種內心確認和反應，且能夠爲人類認識眞理、看見神打開屬靈的眼睛。

當人能夠擁有理信時，人的內在世界將向天堂開啓，感受來自天堂的資訊。這時人會自然而然產生出對神的敬畏，並由此產生智慧，「**敬畏耶和華是智慧的開端，**」（箴言 9：10）且明白「抬頭三尺有神靈」的道理。這時的人畏懼的將不會是屬世世界的法律，而是來自神國的律法。因爲「**他要按公義審判世界，按正直判斷萬民。**」（詩篇 9:8）這時的人因爲心中對神有了正確的認知，領悟了生命之道，所以自會選擇誠實做人，坦蕩行事，絕不會再做損人利己、巧取豪奪、坑蒙拐騙等非分之舉。

另一方面，當人能夠擁有理信時，人自然會懂得世界的本質和生命的眞義。原來這世界只是人的寄居地，肉體也不過是人修行的工具。這時人不會過分迷戀這會朽壞的皮囊，而會努力追求來自天國的眞理和良善，並通過信仰和愛彰顯出靈魂中的神性，努力爲造物主的無私至善作見證。如此行事爲人，人的屬靈生命自然會增長，生命境界相應也會得到提升。

另外，當人能夠擁有理信時，即使是在屬世世界裡，人也同樣不會再爲心中無主而彷徨。人的理信會使自己產生出主人意識，進而獲享獨立人格和人權理念，並創造出民主法治觀念。這就是爲什麼民主法治會誕生在基督教國家的根本原因。（詳見下文《民主爲什麼必然會從基督教國家中誕生？》）

相反，當人缺乏信仰或迷信時，人就感受不到來自天堂的資訊，只會感受到來自世界的資訊。這時人的心懷意念無時無刻不在考量自己的世俗利益，行事爲人盡是出於形而下世界肉身私欲的爾虞我詐、巧取豪奪、傷天害理等悖逆之舉。因爲心中沒有天堂，所以從內心中感受不到來自天堂的光與熱。外在肉體感受到的盡是感官刺激和虛榮心，而這些世俗事物配合著人的肉體私欲使人專注於追名逐利、奢侈享樂，沉溺於外在感官享受，最終爲了貪慕這些短暫而虛幻的虛榮和享受陷入罪中，淪爲罪的奴隸。「**私欲既懷了胎，就生出罪來；**」（雅各書 1:15）「**我實實在在地告訴你們：所有犯罪的，就是罪的奴僕。**」（約翰福音 8:34）

需要注意的是，信仰完全是個人自己的事，生命的修行完全取決於個人覺悟的程度。好的老師可能會給予一定的幫助，但是主要靠的還是自己學習、思考和領悟。正所謂「師父引進門，修行在個人」。因爲信仰源於靈魂中的神性，也是由內而外產生出的生命需求，所以它是一個人面對一個令人震驚的天，而這個「天」又是只有自己能夠感知和領悟的，外人卻根本無法介入其中。正如林語堂所講，「宗教自始至終是個人面對那個令人震驚的天，是一件他和上帝之間的事；它是一種從個人內心生髮出來的東西，不能由任何人來

『給與』。」[103]所以信徒的信仰不需要參加任何形式的屬世或屬靈組織，也無需接受任何形式的神學培訓（詳見下文《成爲一名虔誠的基督徒或立志要當牧師，是否一定要上神學院？》），更無需繳納任何違背自己良心的奉獻款（發自內心深處的善願除外）。

信仰是來自靈魂深處的神性對造物主本能的追求和回向，人只要能確信神即良善，且以良知所賦予的智能和智慧引導人向善，就一定可以誕生出正確的信仰。正確的信仰能夠使人不被屬世的肉體私欲和世俗理性所玷污，行出誠實、正直、公義、仁愛、無私的行爲；正確的信仰能夠使人一生中自始至終保守一顆無虧的良心，並用這顆良心去追求眞理和良善。「**你要保守你心，勝過保守一切（或作「你要切切保守你心」），因為一生的果效，是由心發出。**」（箴言 4:23）正確的信仰還能夠使人獲得理信，並藉此與神相合，活出神賜予人豐盛的生命。

二、什麼是宗教？

簡而言之，宗教是在屬靈世界裡尋求眞理的一門學問。全世界各族人民同出於提升屬靈生命的需要在積極探索著屬靈生命的奧祕，幾千年來，人類對這方面的知識已經積累了很多，逐漸形成了一門學問，這就是宗教。所有宗教都是爲追求屬靈生命，探索屬靈世界和上帝奧祕的一門學問。無論是道教、佛教、伊斯蘭教或者基督教，無一例外都屬於宗教。

宗教的目的是通過研究屬靈世界的眞理，爲人類架起一座連接人與神之間的橋樑，同時幫助人類瞭解世界的本質和認知生命的眞義。宗教通過努力探索世界的奧祕，爲人類活出豐盛的生命提供答案，也爲人類能夠進入天國指明方向。

宗教的作用都是勸人向善，淨化人心。這是源於宗教在屬靈世界追求眞理的過程中發現，神就是善，「**除了神一位之外，再沒有良善的。**」（路加福音 18:19）人若想親近神，無論是出於愛神或是愛人都必須心懷善念，努力行善。正因爲此，任何宗教都充滿愛心，都對這個世界保有一顆赤子之心。道教的濟世救人、佛教的普度眾生、伊斯蘭教的扶貧濟困、基督教的愛人如己等等皆是如此。

宗教都有一整套嚴謹的理論，其中蘊含著大量的自然理性。這源於它們都是站在人類的角度闡釋生命的奧祕和宇宙的眞理，而沒有什麼國家、民族、種族、階級乃至家庭等世俗羈絆。正因爲適用於全人類，所以宗教具有普世化傾向，它所強調的自由、平等、博愛、正直、誠實、善良、仁愛、慈悲、憐憫等等都適用於每一個生命。「**聖靈所結的果**

---

[103] 《信仰之旅》，第 2 頁。

子，就是仁愛、喜樂、和平、忍耐、恩慈、良善、信實、溫柔、節制。這樣的事，沒有律法禁止。」（加拉太書 5：22－23）

宗教探索的是屬靈世界，看重的是天上的財富，所以它不會重視屬世世界裡的財富。「**你們要謹慎自守，免去一切的貪心，因為人的生命不在乎家道豐富。**」（路加福音 12：15）屬世世界裡的財富雖然能夠讓人過上豐衣足食的生活，但卻往往容易使人迷失心性，盲目追求肉體享樂，甚至因此阻礙人提升生命境界。宗教能使人瞭解世界的本質和生命的眞義，學習宗教的人都會懂得金錢只是用來創造價値和造福人群的工具，絕不能將金錢頂禮膜拜，更不能貪婪地既拜金又信神。正如基督所講，「**一個人不能事奉兩個主。不是惡這個愛那個，就是重這個輕那個。你們不能又事奉神，又事奉瑪門**（注：「瑪門」是「財利」的意思）。」（馬太福音 6：24）

宗教因爲追求屬靈世界的眞理，所以通常都不會直接介入現實世界中的政治生活。但是在喚醒人的良心或引領人類追求自由和眞理方面，卻起著指路明燈的作用。它會使信徒懂得政治的意義，並教人明白「人人生而平等，他們都從他們的『造物主』那邊被賦予了某些不可轉讓的權利，其中包括生命權、自由權和追求幸福的權利。爲了保障這些權利，所以才在人們中間成立政府。而政府的正當權力，則系得自被治理者的同意。如果遇有任何一種形式的政府變成損害這些目的的話，那麼，人民就有權利來改變它或廢除它，以建立新的政府。」宗教喚醒世人的主人意識，明白了自己主人的身分，宗教信徒們自然會以主人的身分積極介入到現實政治生活中去。這就是本書所講的，宗教是腳前的燈，政治是路上的光。沒有了宗教的指引，世俗社會的政治只會陷入屬世世界的一團漆黑之中，淪爲人壓迫人的工具。即使是採用現代法治理念，也不過是貌合神離的應景之舉。

宗教常常受人誤解，以爲是某種神祕的事物，且習慣以人的世俗理性去理解宗教的內涵。正是因爲對宗教的誤解，人們總是將宗教世俗化。所謂宗教世俗化是指人們總是習慣從人的角度去揣摩神，總是自然而然從世俗的角度去理解屬靈世界。因爲不明白屬靈世界的奧祕，完全想當然地以爲屬靈世界就與我們這個屬世世界一樣充滿肉體私欲，自以爲是地認爲神也像人一樣有著七情六欲，結果是將宗教這門形而上的學問變成爲形而下的學問。並且這門學問在研究的過程中又總與世俗社會裡的某種組織或者某種儀式或者某種虛榮聯繫起來，使得宗教幾乎總有世俗化的傾向。「世俗的宗教不外是對教士的尊崇。這種錯誤觀念的傳布使無用之徒醉心獲得教職，這樣，傳播宗教的熱誠遂衰敗退化，一變而爲卑鄙的貪婪與野心。……無怪舊日的宗教只剩了外表的儀式（連這些儀式，

在大眾的嘴裡，也好像是神的阿諛，而不是神的崇拜）。」[104]

世俗宗教通常有著世俗組織共有的特徵，比如建立組織和教階、攫取金錢、宣揚迷信甚至採取世俗手段剝奪人的自由乃至生命，就在不知不覺中世俗宗教與世俗組織一樣產生崇拜活人偶像的趨勢，以至於淪爲邪教誕生的溫床。宗教世俗化幾乎是每一門宗教都面臨的最大困境，畢竟眞正大覺者鳳毛麟角，而源自世人的崇拜又比任何事物都具有誘惑性。所以，宗教領袖、宗教組織以及宗教儀式等世俗化的東西在宗教內部層出不窮，以至於宗教這一人類最偉大的學問在強大的肉體私欲和世俗理性面前往往淪爲宗教領袖和信徒們的玩物。

時常能見到，站在神壇上穿著法衣的神僕們頂著各種頭銜，舉行著各種儀式。在此過程中盲目享受著台下信眾的崇拜，他們似乎忘了耶穌講過的話，「**你們要防備文士。他們好穿長衣遊行，喜愛人在街市上問他們安，又喜愛會堂裡的高位、筵席上的首座。他們侵吞寡婦的家產，假意作很長的禱告。這些人要受更重的刑罰。**」（路加福音 20:46-47）而那些坐在台下的信眾更是滿懷著期盼，以爲通過這些宗教組織舉行的宗教儀式就可以取得通往天國的門票。如果說這不是迷信的話，那就是一個徹頭徹尾的謊言。

世俗宗教是大眾最直接、最普遍接觸到的宗教形式，對普通信眾的影響最大。但是正是因爲世俗宗教已經完全世俗化，裡面摻雜了過多人的欲望和人的意念，所以世俗宗教經常是在宣揚眞神和天國的過程中不知不覺地將信眾誤導入僞理之中，使得原本追求天國眞理的人被世間的虛榮和欲念環繞，以致莫名地落入外面的黑暗之中。「**把這無用的僕人丟在外面黑暗裡，在那裡必要哀哭切齒了。**」（馬太福音 25:30）

在此簡單將宗教與世俗宗教給予區分，幫助那些眞心追求屬靈生命的人勿要被世俗宗教的教條主義和形式主義蒙蔽慧眼，誤將人欲當作神義，眞正能夠理信眞神，回歸天家。

眞正的宗教與世俗宗教主要有著以下區別：

眞正的宗教不需要在世俗社會中建立什麼組織，招收什麼信徒，制定什麼教規和教階。它的目的只是喚醒世人沉睡的靈魂，復蘇人的良知，啓蒙人的理性，幫助人認清眞理和良善，理信神。同時使人以信仰和愛爲紐帶去行善，最終成爲神那樣善的存在，爲神作見證，爲主添榮耀。世俗宗教出於世俗理性建立的組織、教規、教階及儀式，徒有其表而無其實，往往導致信徒去追求這些人設的東西，沉溺虛榮而忘記了自己追求信仰的初衷。

眞正的宗教因爲專注於形而上的屬靈世界，追求的是神的眞理，所以不會重視屬世

---

[104] 《神學政治論》，第 4-5 頁。

世界裡的物質財富。因爲金錢等外在的東西往往使人迷失心性，放縱私欲，忽視對眞神的信仰。過多的錢財如果使用不當，反而徒增人的罪愆，阻礙人的生命成長。所以基督才告誡世人，「**你們要謹慎自守，免去一切的貪心，因為人的生命不在乎家道豐富。**」（路加福音 12：15）世俗宗教出於世俗理性喜愛募集錢財，一方面維持龐大的宗教組織，另一方面修建教堂等宗教設施，再拿出一部分錢財去做些支撐門面的慈善之舉。表面上這一切都是爲了榮耀神，實際上卻與神沒有半點關係。宗教是一門學問，它的目的只是在教會人們如何去做金錢的主人，而不是淪爲金錢的奴隸。宗教更不會教人違背良心的去賺錢或花錢，「神不缺錢，他更不需要你付出信仰受虧損的代價賺到的錢。」[105]

眞正的宗教不會過於突出宗教儀式或神跡，那些都是博取世人眼球的東西，於提升屬靈生命沒有多少益處。但是世俗宗教出於世俗目的卻樂於拿這些東西引起信眾們的熱情，進而獲取人們的崇拜和虛榮。世俗宗教善於揣摩和迎合普通信眾的世俗心理，總是喜歡編些神跡奇事來滿足信眾獵奇的心理，基督早就發現了人們的這種心理，所以祂講，「**若不看見神跡奇事，你們總是不信。**」（約翰福音 4:48）在這些儀式或神跡的潛臺詞裡，宗教勸人向善、淨化人心的功能遭人忽視，反而淪爲人們狂熱情緒的一種發洩，或獲取虛榮的一種手段。

眞正的宗教作爲一門學問根本不需要什麼宗教領袖，它需要的是渴望眞理和愛慕良善的心。世俗宗教出於世俗理性卻樂於製造活人領袖，它們的目的不過是喜歡權力所帶來的虛榮，以此表明他們比普通人具有更崇高的身分地位，更值得人們尊重和服從。世俗宗教總喜歡拿經文顯在的意義說事，卻不明白經文隱藏的含義，比如他們喜歡講，「**在你們中間，誰願為首，就必作眾人的僕人。**」（馬可福音 10:44）以此作爲宗教需要領袖的理論依據。但結果常常是僕人沒了，一幫主子卻誕生了。從人類宗教史觀之，宗教領袖在宗教生活中非但很少起到良好的帶頭作用，反而處處與眞理作對，淪爲罪性的奴隸。正如約翰．威克裡夫所講，「基督是眞理，教宗是謊言。基督生於貧困，教宗爲世俗的榮華富貴奔忙。基督拒絕世俗的主宰權，教宗追求它。」[106]如果宗教領袖眞正是一位大智大覺者，他絕不會愛慕屬世的榮華和世俗的虛榮，當他站在高高的講臺上，面對信眾們期盼的眼神時，他應當有種負罪感。世俗宗教領袖不但在屬靈世界裡控制人類的意識受拘束，而且他的手也時常伸到屬世世界裡捆綁人的精神和肉體，這是導致世俗宗教淪爲邪教溫床的根本原因。（詳見下文《如何認清邪教的眞實面目？》）

眞正的宗教本具有活潑的生命資訊，它爲人類帶來的是形而上世界的眞理。但是世俗宗教卻將這一學問變成爲一門形而下世界的事業。正如德國布永康牧師所講：「有一種

---

[105] 安多馬，《永不朽壞的錢囊》，上海三聯出版社 2011 年版，第 68 頁。
[106] 《基督教會史》，第 255 頁。

很類似愛的情感，就叫做狂熱。狂熱跟愛一樣都很強烈，但狂熱可能把福音變成一門事業，我們大可熱烈地歡迎眾人來到教會，但是店家老闆不也一樣歡迎客人嗎？所以我們是傳福音，不是在尋找客戶。我們接觸別人的目的，是要用耶穌的愛去祝福他們。而不是爲了做成績，追求成功並不是罪過，我們當然希望福音可以廣傳，但是傳福音只要能傳遞耶穌的愛，成功或失敗都不是最重要的，重要的是愛。」世俗宗教一貫出於世俗目的借著宗教經文宣揚教條神學，它刻意抹殺了宗教中蘊含的生命資訊，反而借著私欲以人取代神，以人法取代神法。在那堆積如山、連篇累牘的釋經學裡，字裡行間都是叫人死的教條主義，卻鮮有叫人活的精意。「**因為那字句是叫人死，精意是叫人活（精意或作聖靈）。**」（哥林多後書 3:6）

宗教自被世俗化之後，就不再是引領世人追求眞理，認識良善的一門學問，而成爲一個滿足人世俗名利心的工具。此外，宗教不是信仰對象，只是信仰載體。現實生活中信徒常說「我信××教」，就是一種出於對宗教本質誤解的錯誤說法。一門學問有什麼值得信仰的呢？人們眞正信仰的是宗教內涵所指向的對象，也就是無私至善的眞神，而不是什麼人造宗教。凡是人造物都不值得信仰，宗教如此，法律如此，科學亦如此。

在此需要強調的是，宗教作爲一門學問極易與神學相混淆。神學似乎也是一門研究神靈的學問，它與宗教幾乎總是糾纏不清。如果不把這兩種學問分辨清楚，對追求屬靈生命和生命之道的信徒來講，將會是一件非常危險的事。

宗教是以良心感悟爲主，理性思考爲輔。人的良心本來自於神，它能感悟到神的良善。人又因敬畏神而具有智慧，「**敬畏耶和華是智慧的開端，**」（箴言 9：10）且能以理智去領會和體驗神之眞理。所以宗教不但教人向善且具有理性，故于人有益。而神學是以非理性思考爲主，世俗理性爲輔。由於非理性自始即於人無益，所以神學不可能幫助人樹立理信。相反卻總是使人在非理性或世俗理性的漩渦裡盤旋，專注在幻想中或私欲裡探索神的世界，這就註定它因欠缺理性而虛妄荒誕或愛慕虛榮，總是使人陷入迷信。神學不是在追求眞理，而是在以人的非理性或世俗理性探索一個人造的神。神學打敗了哲學，並不意味著靈魂打敗了肉體，而是意味著屬靈的宗教進入了非理性的誤區，導致僞理戰勝了眞理。

神學以人類有限的智慧去研究天國無限的奧祕，以人的自私揣摩神的無私，以人的小善窺測神的至善。結果可想而知，一門胡言亂語，完全背離神之眞理的「學問」誕生了。神學從誕生之日起就展現出害死人不償命的特徵，簡直可以說是人類不自量力的鐵證。

人類想要探索神靈，可以通過謙卑下來用良心去感悟，用理性去思索、研究，慢慢接受啓示，發現神的眞理和良善。良心可以支配理性，正如馬丁・路德所說，「理性受良心支配，……良心是『人與上帝關係的依託』，是『人的信仰之根』，決定並支配著人生一切活動，包括領會和應用自然法。」[107]所以想要探索神靈，依靠的主要是良心，而非理性。那些想要以人的理性（此處指全體理性）去探索神靈的，必然會陷入世俗理性的泥沼或非理性的陷阱之中，被雜亂信仰和世俗理性所蒙蔽，逐漸丟棄自己的良心，就如同船破了一樣慢慢沉淪。「**有人丟棄良心，就在真道上如同船破壞了一般。**」（提摩太前書 1：19）人的良心若是丟了，內心中的黑暗將是何等大呢。「**你裡頭的光若黑暗了，那黑暗是何等大呢。**」（馬太福音 6：23）失去了良心，人的理性也必失喪。「若人的良心墮落，……他的理性也必會變得昏暗、扭曲、匱乏。」[108]

眾所周知，非理性的東西一定對人有害。自以爲是的神學狹隘而易入偏執，驕傲而缺乏理智，狂熱而縱情肆虐。事實證明，人類歷史上無數次的災難都是源於這種害死人不償命的神學。

無法將神學與宗教分清的信徒，非常容易陷入迷信之中。這種迷信總是使人們習以爲常地以爲較老的研究是無害的，能把腦袋裡裝滿前人的東西便是智者。於是由於對以往神學教條的迷信，導致人們無法以理性思考，只是一味地道聽塗說。這種情形使信徒們滿腦子充滿了錯誤的認知，且因爲「當局者迷」的緣故，相信那些所謂的「理性」培養出來的智慧時，眞的將自己置於了眞理的對立面。「至於舊的錯誤，整個文明世界，無論是新教還是天主教世界，都有過失。這不是宗教的過失，而是把神學教條與《聖經》文本聯繫在一起這種目光短淺的做法的過錯，這種做法無視受神賜福的基督教創始人的言論和著作，而那些思想僵化、喜歡高談闊論的人總想代替宗教。一位當代最著名的聖公會牧師說得很公道：『由於神學家們誤把黎明當作火災，所以他們常常成爲光的反對者。』」[109]

三、什麼是律法？

律法是指藉著神的眞理啓示人類需要遵守的行爲規範，這種行爲規範通常都規定地比較籠統，只是從宏觀角度對世人的行爲給予指南。其內容完全符合人類靈魂中良知所認同的善惡觀、是非觀，比如猶太教裡的摩西十誡[110]。律法的本質是從神而來的契約，

---

107 《信仰與秩序——法律與宗教的複合》，第 138 頁。

108 《信仰與秩序——法律與宗教的複合》，第 138 頁。

109 安德魯．迪克森．懷特，《科學——神學論戰史》（第一卷），商務印書館 2012 年版，第 226 頁。

110 「摩西十誡」是猶太教和基督教的最高律法，大約形成於西元前 1500 年，相傳是猶太人祖先摩西從上帝處獲得的關於人類應當如何為人處世的律法。摩西律法一直是猶太人行為處事的最高指導原則，隨著基督教影響在西方世界內的不斷擴大，摩西律法也成為西方法治思想的源頭。

所以也稱為「神法」。神在契約中承諾，「**愛我、守我誡命的，我必向他們發慈愛，直到千代。**」（出埃及記 20:6）人類出於對神的信仰和敬畏，不斷地用律法警醒自己的日常行為方式，這在上古時期體現得尤為明顯。

在上古時期，人類還完全憑藉天性行事，不需要太多的法律規則約束。那時的人類天性純樸，敬神愛人，人類還沒有太多的利益糾紛，重大事務管理都實行民主協商制。後來隨著生產力的不斷提高，物質也逐漸豐富起來，一些人開始有一些剩餘物質可以支配。這時人的肉體受到私欲的誘惑不斷加重，人性中貪婪自私的一面逐漸暴露出來。為適應這種情況，人類開始不斷地在神法的框架內根據人類對世俗社會規則的揣摩增加新的行為規範，逐漸演變成原始社會的習慣法。這些習慣法是充斥著神法和人法的混合體，但是基本都以神法為綱，人法為輔。

後來隨著人類社會從原始社會進入奴隸社會，再從奴隸社會進入封建社會，人法的內容不斷增加，神法逐漸隱為模糊的法律指導原則，在人法中的作用越來越微弱。與之相應，人類社會也經歷了黃金時期、白銀時期、青銅時期以及黑鐵時期四個階段。每一個時期的向後過渡，都是人類靈魂中神性的一次衰退。

在這一過程中，人類越來越體會不到屬靈生命的存在，越來越關注自身的肉體生命，越來越沉浸在外在肉體感官的享受上。幾千年下來幾乎徹底斷絕了人類本身內外生命的溝通，人類與神的關係越來越遠，人類因自己的無知而逐漸失信於神，由此所謂人類與神之間的「約」也失去了效用。

在基督誕生之前，人類已經因為自己的失信行為而使律法廢除。這時的律法非但不能使人得到神的祝福，相反卻成為捆綁人的精神枷鎖。這時的律法除了字面上的意思外，已經沒有了生機，只是變成了一種舊式的儀文。起初的掃羅就是被這種舊式的儀文捆綁的要死，他說：「**因為我們屬肉體的時候，那因律法而生的惡就在我們的肢體中發動，以致結成死亡的果子。**」（羅馬書 7:5）造成這種現象的原因，不在律法，而是因為人遠離了神，人靈魂中的神性得不到靈糧的滋養而導致日益枯竭，最終受肉體私欲和世俗理性的挾制而陷入罪中。律法是良善的，叫人死的不是律法，而是控制人肉體的罪。正是這罪使人控制著律法顯示出罪的本性。「**既然如此，那良善的是叫我死嗎？斷乎不是！叫我死的乃是罪。但罪藉著那良善的叫我死，就顯出真是罪，叫罪因著誡命更顯出是惡極了。**」（羅馬書 7:13）

當保羅開始靈魂覺醒的時候，就被罪通過肉體控制的律折磨地痛苦不堪。「**因為按著我裡面的意思（原文作『人』），我是喜歡神的律；但我覺得肢體中另有個律和我心中的律交戰，把我擄去叫我附從那肢體中犯罪的律。我真是苦啊！誰能救我脫離這取死的身體呢？**」（羅馬書 7:22-24）律法本是指導人類行善的準則，結果卻因為罪控制了人的肉體而淪爲教唆人作惡的工具，這樣的律法還有存在的必要嗎？

就在此時，耶穌降世捨身傳播福音，祂用福音拆除了罪在神與人之間設置的隔斷，重新修復了連結神與人之間的通道，並使人類得以藉著福音重新與神訂立新約，由此與神相合，成爲神家裡的人。「**你們從前遠離神的人，如今卻在基督耶穌裡，靠著他的血，已經得親近了。因他使我們和睦，〔原文作因他是我們的和睦〕將兩下合而為一，拆毀了中間隔斷的牆。而且以自己的身體，廢掉冤仇，就是那記在律法上的規條。為要將兩下，借著自己造成一個新人，如此便成就了和睦。既在十字架上滅了冤仇，便藉這十字架使兩下歸為一體，與神和好了。**」（以弗所書 2:13-16）

很多人不明白耶穌降世的眞義，以爲祂是要廢掉從前的律法，耶穌對這些人大聲講：「**莫想我來要廢掉律法和先知；我來不是要廢掉，乃是要成全。**」（馬太福音 5:17）那如何成全呢？耶穌用祂的犧牲教人學會愛，因爲唯有愛才能使律法得以成全。「**愛是不加害於人的，所以愛就完全了律法。**」（羅馬書 13:10）

保羅藉著基督賜予人的福音，睜開了被罪蒙蔽的靈眼，認清了神的律和藏在肉身裡罪的律，最終擺脫了罪的律轄制，重新成爲神家裡的人。「**感謝神！靠著我們的主耶穌基督就能脫離了。這樣看來，我以內心順服神的律，我肉身卻順服罪的律了。**」（羅馬書 7:25）保羅藉著基督福音擺脫了罪的律的控制，體驗到了生命的更新和靈裡的喜悅，活出了神賜予人的豐盛生命。「**不要效法這個世界，只要心意更新而變化，叫你們察驗何為神的善良、純全、可喜悅的旨意。**」（羅馬書 12:2）

但是還有無數基督徒還在被罪的律捆綁，還在遵守那些「不可拿、不可嘗、不可摸」的條規，還在罪的律控制的小學裡接受著教育。「**你們若是與基督同死，脫離了世上的小學，為什麼仍像在世俗中活著，服從那『不可拿、不可嘗、不可摸』等類的條規呢？這都是照人所吩咐、所教導的。說到這一切，正用的時候就都敗壞了。**」（歌羅西書 2:20-22）

進入新約時代以來，律法以福音的形式彰顯世人。由此看來，律法與福音都是神與人訂立的約，在舊約時代是以律法爲約，在新約時代是以福音爲約。福音是在律法已經失效的情形下，藉著基督降世，神與人重新以福音的形式訂立了新的約。這約乃來自於神，「**你們所聽見的道不是我的，乃是差我來之父的道。**」（約翰福音 14:24）遵守這約的人將會蒙受神的愛，「**有了我的命令又遵守的，這人就是愛我的；愛我的必蒙我父愛他，我也要愛他，並且要向他顯現。**」（約翰福音 14:21）

雖然律法的內容有許多，但是耶穌總結出最重要的只有兩條，「**你要盡心、盡性、盡意，愛主你的神。這是誡命中的第一，且是最大的。其次也相仿，就是要愛人如己。這兩條誡命是律法和先知一切道理的總綱。**」（馬太福音 22:37-40）這兩條律法概括起來就

是要人愛神和愛人，一個人如果能眞正做到這兩點，對他的生命來講也就完全了。「**律法的總結就是基督，使凡信他的都得著義。**」（羅馬書 10:4）

律法的總綱是愛神和愛人，因爲愛神要體現在愛人上，所以律法的實現根本就在「愛人如己」上。作爲理信代表的保羅對律法作出了精闢的論斷，「**全律法都包在『愛人如己』這一句話之內了。**」（加拉太書5:14）基督徒是否遵守律法，端看他是否能夠做到「愛人如己」。「**你們願意人怎樣待你們，你們也要怎樣待人，因為這就是律法和先知的道理。**」（馬太福音7：12）如果做不到眞正「愛人如己」，那麼律法也不在他心裡了。「**人若說『我認識他』，卻不遵守他的誡命，便是說謊話的，真理也不在他心裡了。**」（約翰一書2:4）

律法來自於神，所以律法的本質是良善，它體現出一種神對人的愛。「**凡事都不可虧欠人，惟有彼此相愛，要常以為虧欠，因為愛人的就完全了律法。**」（羅馬書 13:8）基督教是愛的宗教，它教人明白什麼是愛？爲什麼要愛？原來基督就是通過犧牲自我教人學會愛，並用愛來成全神賜予人的律法。通過成全律法使人類得與神相合，最終成爲神家裡的人。

律法和福音一脈相承，都是有生命的文字，這生命來自於愛。很多人不明白律法的本義，他們熱衷於守律法，並不表明他們喜歡律法，而是顯露出人類喜歡守舊的心理。有學者經過研究發現，「基督教（此處指天主教會）所做的最不幸的事，就是把它自己與各種註定逐漸會沉沒的學問綁在一起。正如在羅吉爾·培根的時代，有些傑出的人物竭盡全力要把基督教與亞裡斯多德學說捆在一起；在羅伊西林和伊拉斯謨時代，有人堅持要把基督教與湯瑪斯·阿奎那的學說捆在一起；同樣，在維薩裡時代，有人想方設法要把基督教與蓋倫的學說聯繫在一起。在所有的時代，都有同樣的呼喚……即較老的研究是『無害的』。」[111]這些人眞的認爲較老的研究就是無害的嗎？不是的，他們只是惰於思考，爲了享受屬世虛榮的生活，寧肯保守僵化，守著死教條，也不願變化更新，活出神喜悅的豐盛生命。這種現象不單存在於基督教，世界上所有宗教內部都存在這種情形，只不過根據具體人的悟性和理性不同而有所差別。

文士與法利賽人遵守律法不是出於愛神，而是出於懼怕神。這種心理使他們的內在無法眞正產生出信主以及心存服務他人的理念，也使他們遇到任何事情都會經受愛己和愛世的考驗。在恐懼和愛己的意念下，任何律法都會變得缺少生命，無論從何種角度思量，他們都不會眞正理解和遵守神的誡命。於是「**因為不知道神的義，想要立自己的義，就不服神的義了。**」（羅馬書 10：3）

律法與福音原本一脈相承，同屬於形而上的意識形態。律法和福音上的文字都是有

---

[111] 安德魯·迪克森·懷特，《科學——神學論戰史》（第二卷），商務印書館 2012 年版，第 744-745 頁。

生命的，同時它們有著顯明和隱藏的兩種含義。亞歷山大的奧利金談到他對這個問題的認識時講，「聖經是在聖靈的默示下寫成的，既具有顯在的意義，又具有向大多數讀者隱藏起來的意義。……整個律法是屬靈的，但聖靈默示的意義並不被所有的人認識到——只有神以智慧和知識之道賦予聖靈恩賜的人才能認識到。」[112]因此書本上的文字只能表達字面淺顯的含義，而律法眞正想要表達的深意卻需要借助內在的靈感和悟性加以領受，認識到這一點的使徒保羅告誡信徒說，「**他叫我們能承當這新約的執事。不是憑著字句，乃是憑著精意。因為那字句是叫人死，精意是叫人活（精意或作聖靈）。**」（哥林多後書 3:6）基督徒學習律法/福音的本意，就是要學出這叫人活的精意，而非那叫人死的字句。

律法本是神爲人所設，指導人行事爲人的準則。但是經過律法師的解讀後，活潑潑的律法就變成了死氣沉沉的教條，這方面的教訓可謂罄竹難書。基督曾就這一現象批評那些教條主義者說，「**你們律法師有禍了！因為你們把知識的鑰匙奪了去，自己不進去，正要進去的人你們也阻擋他們。**」（路加福音 11：52）

將律法當作死教條的典型就是祭司和法利賽人（在今天就是指那些宗教界的所謂正統），他們不理解神賜予人律法的本意，以人的世俗理性或非理性歪曲神對人的愛，且將律法解釋得毫無生氣，給人一種死氣沉沉之感。比如對安息日的看法就充分說明這一點。神創造安息日原本是要保證人們一周休息一天，不能無節制地工作。在這一天中，人可以休息，使體力恢復，並爲下一周的工作做好準備。但是教條化的祭司和法利賽人卻認爲安息日什麼都不能做，只能做禮拜。這種曲解律法的本意，歪曲神對人的愛，並按照世俗的想法篡改神義的做法遭到了耶穌的痛斥。「**安息日是為人設的，人不是為安息日設的。**」（馬可福音 2:27）

今天這樣的行爲依然大量存在，比如繳納「十一奉獻」。「十一奉獻」原本是亞伯拉罕愛神的一種表現，但是經過祭司階層的一番加工，「十一奉獻」演變成了「十一稅」，將信徒主動的愛心奉獻變成了對屬世教會被動的一層經濟負擔。基督曾就這一現象批評那些教條主義者說，「**你們這假冒為善的文士和法利賽人有禍了！因為你們將薄荷、茴香、芹菜獻上十分之一，那律法上更重要的事，就是公義、憐憫、信實，反倒不行了。**」（馬太福音 23:23）再比如去聖地朝聖，原本朝聖體現的是一種愛神的心意，朝聖隨時隨地都可以，因爲愛神不是體現在外在，而是看人的內心，「**因為神的國就在你們的心裡。**」（路加福音 17:21）但是今天很多的教會都鼓勵信徒們去耶路撒冷朝聖，甚至由此促使信徒之間形成互相攀比的風氣。這種形式主義的愛神之舉不但對提升個人屬靈生命毫無果效，而且也與人無益。去所謂的「聖地」朝聖，只不過是近距離感受了一下事件當時的歷史

[112] 《基督教會史》，第 63 頁。

環境，並不會拉近信徒與神的距離。指望去趟聖地，朝拜下聖物就能拉近與神的關係，就好像那些喜歡自稱神僕的人，卻是些眞正與神無緣的人。(詳見上文《爲什麼不能隨己意自稱「神的僕人」？》)

律法對早期的人類社會影響深遠，但是隨著後世人設偶像不斷地篡改神義，以人取代神，以人法取代神法，律法也逐漸地失去了對屬世世界的影響。發展到近世以後，隨著屬世世界科學的發展和教育事業的普及，人類漸漸失去了對屬靈世界裡神的尊崇和信仰，人類開始步入「有學識的無知」境況。人類努力地研究法律，希望通過完善法律實現依法治國。可惜他們忘記了法律的源頭在哪裡，雖然花了很多的功夫，制定了汗牛充棟的法律條文。但是世人的道德水準卻越來越低，靈魂失去了來自靈糧活水的滋養也變得越來越空虛。

法律本質上是人與人之間訂立的契約，由於人的理性自始即不完全，所以法律總會有不完善的地方，這就需要來自神的律法（或自然法）予以支持。正如政治需要宗教的支援一樣，法律也需要律法的支援。因爲法律只是形而下的人造物，所以伯爾曼所說的「法律需要被信仰」可能是因爲理解錯誤上的誤譯。叫人信仰的只可能是來自神的律法，而絕不會是來自人的法律。

面對著眼前這個人心浮躁，到處彌漫著奢靡享樂之風的社會，我們眞正應該靜下心認眞思考一下。是什麼使人們失去了淳樸的生活態度，良好的人際關係，還有虔誠的心靈。也許從律法中就可以發現問題的關鍵：律法來自神，法律來自人，兩個字順序的顚倒，竟然有著天壤之別。

四、什麼是形而上？

「形而上」顧名思義就是在有形物之上，它與形而下相對立，在《易經．繫辭》裡講道，「形而上者謂之道，形而下者謂之器」。這裡的「道」也稱之爲神或眞理。聖經裡是這樣講道，「**太初有道，道與神同在，道就是神。**」(約翰福音 1:1）無論是形而上，還是道，抑或神或眞理，這些事物都是無形的，它們與有形物既對立又統一。正如《道德經》開篇所講，「無，名天地之始；有，名萬物之母。故常無，欲以觀其妙；常有，欲以觀其徼。此兩者同出而異名，同謂之玄。」

形而上的世界就是屬靈世界（或稱精神世界），它既不在天上也不在地下，它就在人的心裡。「**因為神的國就在你們的心裡。**」(路加福音 17:21）形而下的世界可以通過外在感官去感知，通過科學研究探索，使用人們能夠認識和理解的語言表達。形而上的世界卻只能憑藉人的內心去感悟，因此顯得更加神祕與難以言表。形而上的世界是以人的靈魂認知的世界，靈魂統領人的肉體，所以基督講，「**叫人活著的乃是靈，肉體是無益的。**」（約翰福音 6:63）人類發自渴望瞭解靈魂出處的一種本能創造了宗教，並努力地想通過宗教瞭解形而上世界，探索生命的出處和歸宿。現如今寺廟、道觀、教堂以及清眞寺等宗教場所一到節假日到處人頭攢動，人聲鼎沸，這正是世人想要瞭解屬靈世界、追求屬靈生命的一種外在表現。

人類出於靈魂深處的良知認識的善與惡，本質屬於形而上世界。形而上世界根據善與惡的本質區別有天國與地獄之分。天國是愛的國度，在屬靈世界裡，愛最重要。而愛是需要在屬世世界中培養的，這與人對眞理的認知程度密切相關，這也是人來到這個屬世世界的目的。人的愛能達到何種程度，人的良善即能達到何種程度，人的生命境界就有多高。人的生命境界越高，進入的天堂層次就越高，享受到的靈魂喜悅就越豐盛。相反，地獄是羨慕嫉妒恨的國度。活在那裡的人活著時就執著於自我，凡事以自己爲考量，一心只爲自己而活。他們爲本身的利益追名逐利，愛慕虛榮，受著肉體私欲的牽引與神越來越遠。他們因著肉體私欲和世俗理性追求肉體享樂，喜歡損人利己，喜歡將自己的快樂建立在他人的痛苦之上。他們活著時基本不相信有什麼天堂地獄，死後也一樣以損人利己和奪取他人幸福爲樂。他們不明白生命的眞義是什麼，只是把幾十年的肉體生命盡情揮霍，直到死後才會發現，原來宗教所講的形而上世界是眞實存在的，肉體的死亡只是靈魂又返回它的來處——形而上世界。

人作爲一個形而上與形而下結合的統一體，天賦秉性各異。人根據各自的悟性可以分爲先知先覺、後知後覺或不知不覺等，人的靈魂也相應處於不同的狀態。有的人對形而上世界的事物具有很強的感應力，宗教裡稱爲「靈覺」。這種人較常人更容易理解形而上世界的事，即通常所講的「悟性」。但絕大多數人這方面都尚待開發。還有一些人想更快地提升自己的境界，不斷地求神拜佛或找師傅，甚至參加一些所謂靈修組織培訓。追求屬靈生命固然沒有錯，關鍵是這種迫切的心情很容易使人產生執念，陷入迷信或上當受騙。眞正覺悟者能夠分清形而上（屬靈）和形而下（屬世）之間的界限，他們是不願意過多沾染世俗名利的。那些在屬世世界中追名逐利、招搖撞騙的人多半沒有什麼道行，世人只是出於世俗理性以爲他們名氣大就一定道行高深，這是世人對形而上世界不瞭解的表現。俗話講「眞人不露相，露相不眞人」。眞正的高人恰恰是那些不顯山不露水，在人群中默默無聞地做著平凡的工作，眞心爲他人服務，努力成爲眾人僕人的人。正如史懷哲所說的那樣，「保有希望，保持沉默，孤獨地工作。」而那些喜歡人前顯聖之輩，卻眞正是盛名之下其實難副。這其中的道理，耶穌在聖經中早已給予說明，「**他們愛人的榮耀過於愛神的榮耀。**」（約翰福音 12:43）「**我實在告訴你們，他們已經得了他們的賞賜。**」（馬太福音 6:5）「**就不能得你們天父的賞賜了。**」（馬太福音 6:1）

正是由於生命境界的不同，覺悟低的人很難理解覺悟高的人，更不要說認同他們的觀點和做法。覺悟低的人能夠理解和接受的只會是形而下的思想和理論，他們盲目崇拜有學識的無知們提出的思想和理論，並接受這些形而下思想和理論的引導，以僞理爲眞理，以僞善爲眞善，以假神爲眞神，徹底被阻斷認知形而上世界的通道。

人想要提升屬靈生命，就一定要認識眞理，眞理一定會教人樹立純正信仰，培養自然理性，獲得良心的自由。「**你們必曉得真理，真理必叫你們得以自由。**」（約翰福音 8：32）（詳見上文《爲什麼耶穌講「眞理必叫你們得以自由」？》） 人唯有良心自由了，才能睜開屬靈的眼睛，成爲一名先知先覺者。在日常生活中，人們提升屬靈生命主要還是靠培養一絲善念，一股正氣，一顆愛心和一個正信。如果能日行一善，日積月累，在天國的銀行裡也是一筆不小的財富。

需要注意的是，追求正信或提升屬靈生命根本不需要去學什麼神學或靈修，費那功夫還不如相信神就是善良的化身，神性就是無私加至善。人性雖複雜多樣，但是只要努力做到愛主至上和愛人如己，進入天國還是沒有問題的。如果非要想知道進入天國的祕訣，那就應該牢記基督的教誨，「**你要盡心、盡性、盡意，愛主你的神。這是誡命中的第一，且是最大的。其次也相仿，就是要愛人如己。這兩條誡命是律法和先知一切道理的總綱。**」（馬太福音 22:37-40）「**聽了神之道而遵守的人有福。**」（路加福音 11：28）

神是個靈，祂不需要表面上的虛禮，那些都是做給人看的儀式。神眞正鑒察的是人的內心，所以是不是眞心愛神，要看人的良心。人活著靠的也是人的良心，所以保羅說：「**弟兄們，我在神面前行事為人都是憑著良心，直到今日。**」（使徒行傳 23:1）這良心的覺悟程度才是決定人最終能否進入神國的關鍵。人活著時明白愛神和愛人的道理，心中時刻裝有天堂，行事爲人能夠踐行愛人如己的教誨，眞正做到「**無論何事，你們願意人怎樣待你們，你們也要怎樣待人。**」（馬太福音 7：12）這樣的人活著時就已經身在天堂，享受到來自天堂的光明和喜悅。死後更是因爲心中充滿良善和愛，當靈魂脫離肉體時自會直接進入天國。

而那些不明白道理的人，總是喜歡質疑務虛的人，要麼嘲笑他們有病，要麼認爲他們虛僞。正如老子所講的，「中士聞道，若存若亡；下士聞道，大笑之。」這種人出於愛己和愛世之心，專注於形而下世界肉體的快樂，無法理解和感受到眞正靈魂的愉悅。他們活著時就喜歡將他人的一切占爲己有，或者將自己的快樂建立在他人的痛苦之上。即使有什麼利人之舉，也是出於維護自身利益的考慮。他們將這個屬世世界當作爾虞我詐、追名逐利、巧取豪奪、弱肉強食的原始森林，也把自己當作了一頭貪婪的野獸。這種人活著時生命就已經死了，那動著的不過是一具具行屍走肉。

世上所有宗教都告訴世人這屬靈生命的來之不易，能否提升到更高生命境界就要靠這幾十年對生命的參悟和修煉。不要因爲不懂就說這是騙人，全世界那麼多的宗教和那些大覺悟者有騙人的必要嗎？屬靈世界是需要用心去感悟的世界，它完全不同於這個用感官去感知的屬世世界，它需要人有很高的悟性和理解力。人類幾千年來的發展是與形而上世界漸行漸遠，追求眞理的宗教和哲學也因人類肉體私欲和世俗理性的影響越來越世俗化和物質化。形而下世界的繁華日益遮蔽人類認識形而上世界的眼睛，正因爲此，世人越來越看重屬世生命，而忽視自覺提升屬靈生命。所以基督才講，「**你們要進窄門。因為引到滅亡，那門是寬的，路是大的，進去的人也多；引到永生，那門是窄的，路是小的，找著的人也少。**」（馬太福音 7:13-14）

形而上的世界說起來很神祕，其實它也有自己的物質或元素，只不過由於維度的緣故，處於低維度的人類目前還無法認識它。但是人類對形而上世界的研究從來就沒有停止過，如古印度文明專注於研究形而上學，試圖掌握靈魂的知識；古埃及文明專攻神祕學研究，探索著「星光領域」的知識；古中國文明致力於研究易學，試圖解開自然和生命的奧祕。相信在不久的將來，隨著人工智慧的飛速發展，無知終會被知識驅散殆盡，占星學和其他玄妙的科學將得以正名。

總而言之，形而上的世界很奇妙，它無形無相卻又關係靈魂和生命的眞相，諸如前述的信仰、宗教和律法等也都屬於這個世界的範疇。人類雖然無法用肉眼觀察它，但是如果能試著打開自己的「心門」，睜開自身的「靈眼」，跳出時空的概念，擺脫肉體的轄制，相信一定會對那個世界有所領悟的。

宗教是精神鴉片嗎？

關鍵字：宗教；世俗宗教；死宗教；活宗教；政治；教會；政府

從小到大我們經常受到的教育就是，宗教是人民的精神鴉片，這話如此權威估計是跟馬克思有關。那麼宗教眞如他所講的那樣，是愚昧民眾的精神鴉片嗎？答案絕非如此簡單。因爲信仰是屬靈世界的事，當其在屬世世界中就表現爲宗教。宗教本身是一門在屬靈世界中尋求眞理的學問，表現爲一種信仰的載體。有了良善的宗教，才能守衛信仰的純正；有了純正信仰，才能看護良心自由；有了良心自由，才能對善惡作出判斷和選擇。這中間一環套著一環，環環相扣，互爲因果。當世人將宗教曲解爲世俗宗教或者封建迷信或者精神鴉片時，人的信仰就會產生偏差，甚至喪失信仰，這是一件十分可怕的事情。

宗教本身是教人信仰上帝，追求眞理，保守良心的學問，所以宗教本身也是個人的事。但是由於世人的世俗理性太重（表現爲對權威和儀式的熱衷），所以宗教日漸世俗化。信徒們不再是虔誠信仰神，而是熱衷於成立組織、推舉領袖、制定階級、募集資金、建立教堂以及設置出一大套繁瑣冗長的宗教儀式。在聖經中神借著先知的口說：「**我喜愛良善（或作「憐恤」），不愛祭祀；喜愛認識神，勝於燔祭。**」（何西阿書 6:6）耶穌也對這種迷信給予批評，「**你們將薄荷、芸香並各樣菜蔬獻上十分之一，那公義和愛神的事反倒不行了。**」（路加福音 11:42）但是受世上的思慮和名利的誘惑困惑住的人，反倒喜愛偏行己路，致使陷入迷信而無法自拔。「**撒在荊棘裡的，就是人聽了道，後來有世上的思慮，錢財的迷惑，把道擠住了，不能結實；**」（馬太福音 13:22）

世俗宗教是迷信的產物，是以人的世俗理性去揣摩屬靈世界的事，必然是將神當作了人。世俗宗教以人的七情六欲去理解神，再將人以神的名義樹爲偶像，要民眾心甘情願地順服，這樣的「宗教」自然可以被用來愚昧民眾。其實，信眾追求的那些屬世世界的東西本質上與宗教沒有什麼關係，但是一旦被自私自利、別有用心的人利用後，宗教就成爲屬世之人假借屬靈名義攫取世俗名利的工具，所以通常稱這種「宗教」是「披了一件宗教外衣」的精神鴉片。

世俗宗教因爲熱衷世俗的緣故，所以自然而然就有了趨死的傾向。任何活的信仰一沾世俗，馬上就會變成死的宗教。這種死宗教不但披了一件宗教的外衣，而且爲了使自己不至於在眞正的宗教面前顯得低微卑賤，就常常故意排斥眞正的宗教。當懷特菲爾德在費城講道時，沒有哪家教堂願意他在教堂裡講，因爲死宗教見不得活宗教。就在懷特菲爾德在露天開始講道後不久，喧囂浮躁的費城安靜了下來，佛蘭克林這樣形容當時的情景，「我們這的人先前認爲宗教是無足輕重，可有可無的，然而現在看來好像整個世界都宗教化了。每當夕陽西沉，到城裡的各處轉轉，就會聽到每條街上的各個家庭都在唱讚美詩。」[113]活宗教正是這樣讓喧囂的世界寧靜下來，讓人類貪婪自私、驕傲自大、悖逆狡詐的心變得誠實正直、無私敬虔、寬容仁愛。活宗教體現了神對人的關愛，彰顯了人愛人的精神，這才是宗教的眞正作用。

宗教是活的還是死的，不要看它的教堂有多麼高大，不要看它的教徒有多少數量，不要看它的神職人員有多麼專業，更不要看它的地位有多麼崇高，儀式有多麼奢華，而是要看它的果效。「**憑著他們的果子，就可以認出他們來。荊棘上豈能摘葡萄呢？蒺藜裡豈能摘無花果呢？這樣，凡好樹都結好果子；惟獨壞樹結壞果子。好樹不能結壞果子，壞樹不能結好果子。**」（馬太福音 7:16-18）死的宗教會使人內心喧囂浮躁，態度不再敬虔，內心中也不再有喜樂，所得到的喜樂不過是享受肉體的欲望和歡愉。而活的宗教卻恰恰能帶給人內心的寧靜、態度的敬虔和生命的喜樂，且願與人分享這份喜樂。

兩種宗教造就的是兩種愛的觀念，死的宗教教人愛己和愛世，汲汲于名利，追求感官的快樂，在追求神的名義下卻將人推進了地獄。正如耶穌所說，「**你們走遍洋海陸地，勾引一個人入教，既入了教，卻使他作地獄之子，比你們還加倍。**」（馬太福音 23:15）活的宗教教人愛神和愛人，這種愛的教育使人懂得無私奉獻是獲得天堂喜樂的唯一途徑。由此他們設身處地地爲他人著想，盡可能地去幫助那些有困難需要幫助的人。正如理查·巴克斯特在《基督教指南》中所講，「我們活著是爲了他人的利益，我們推崇公眾福利，尤其當我們有機會對他人行善時……」。[114]

世俗宗教因爲愚昧民眾，所以自然而然成爲邪教的溫床，當其徹底背離宗教勸人向善的宗旨時，就會淪爲邪教。邪教是非理性的東西，是指由被罪性控制的人假借神的名義控制人的身體和心智，誆騙錢財，攫取世俗名利甚至染指政治。邪教除了滿足人的私欲外，根本沒有任何良善的痕跡。其對外用來宣稱的宗旨都是假借宗教的名義實現其邪惡目的的鬼魅伎倆。（詳見下文《如何認清邪教的眞實面目？》）

---

[113] 《佛蘭克林自傳》，第 102 頁。

[114] 《十七世紀英格蘭的科學、技術與社會》，第 101 頁。

宗教是教人認識眞理，理信上帝，眞正瞭解世界的本質和生命的眞義，實現美好人生的一門學問。宗教的作用都是勸人向善，淨化人心。這是源於宗教在屬靈世界追求眞理的過程中發現，神就是善，「**除了神一位之外，再沒有良善的。**」（路加福音 18:19）人若想親近神，無論是出於愛己或是愛人都必須心懷善念，努力行善。正因爲此，任何宗教都充滿愛心，都對這個世界保有一顆赤子之心。道教的濟世救人、佛教的普度眾生、伊斯蘭教的扶貧濟困、基督教的愛人如己等皆是如此。（詳見上文《什麼是信仰？什麼是宗教？什麼是律法？什麼是形而上？》）

那麼爲什麼會有人產生宗教是精神鴉片的看法呢？這要從宗教與政治的不同職能講起。

宗教和政治的職能完全不同，宗教是腳前的燈，政治是路上的光。宗教在屬靈世界指導人類追求眞理和良善，猶如指路明燈；政治在屬世世界幫助人類追求眞理和良善，猶如宗教在屬世世界的光影。沒有了燈光的指引，路上只會是漆黑一團。沒有了屬靈宗教的引領，政治只會淪爲屬世世界的人治，即使是採用法治理念，也不過是貌合神離的應景之舉。瞭解了二者的關係，就會懂得二者的目的都是爲了幫助人類在黑暗的屬世世界中保守好良心自由，避開肉體私欲的誘惑和世俗理性的陷阱，平安喜樂地完成今生的修行，並活出神所賦予人的豐盛生命。

當宗教教人良善時，人的內心就會充滿光明，政治也會出於理性而保護這種良善。當宗教陷入謬誤而教人迷信時，人的內心就會被黑暗所籠罩，政治也會跟著淪爲統治階級維護階級利益的工具。指路的燈滅了，路上也就沒有了光。人心中的光滅了，那黑暗將會何等大啊！「**你裡頭的光若黑暗了，那黑暗是何等大呢。**」（馬太福音 6：23）

宗教通過屬靈層面的學習、思考、禱告和領悟使人從靈魂中警醒，保守人的良心不受肉體私欲和世俗理性的轄制而失喪，從而增長屬靈智慧，活出上帝賜予人的豐盛生命。政治作爲宗教在世間的反映，必須理解「**除了神一位之外，再沒有良善的。**」（路加福音 18:19）（詳見前文《耶穌爲什麼講「除了神一位之外，再沒有良善的」？》）以及「政治的眞正目的是自由。」[115]政治的一切工作都應圍繞給民眾創造越來越自由的生活，提供越來越方便的服務，幫助人類建立起一個自由平等、民主法治的政府。（詳見下文《政府的職能是什麼？》）

在一個民主國家裡，如果民眾的良心得到了很好地守護，那麼作爲管家婆的政府自然而然就能夠公正高效地爲民服務。這樣的政府才能使民眾的良心自由和行爲自由得到充分保障，才能充分體現出「好樹結好果子」的道理。在此要注意的是，良心是維持整

---

[115] 《神學政治論》，第 276 頁。

個社會和諧運轉的「好樹」，有了這顆良心，社會才能有序，政令才能暢通，民眾的生活幸福感自然就高；失了這顆良心，社會就會百病叢生，政令也被陽奉陰違，民眾的幸福感無從談起。

宗教的作用就是保守人的良心，所以全世界的宗教都是勸人向善的，沒有例外，如果有，那一定是邪教。而且宗教與政治表面上不搭界，一個從屬靈的角度保守人的良心自由，一個從屬世的角度捍衛人的天賦權力。如果屬靈的教會染指屬世的政府，或是屬世的政府染指屬靈的教會，那麼說明一定是出於人的自私與貪婪，是人想將自己樹爲偶像，以取代神的野心。這時的宗教無論說的多麼悅耳動聽、冠冕堂皇，它都是一個死宗教。這時的宗教很可能會被別有用心的野心家用來作爲追求屬世虛榮和享樂，以及作爲愚昧民眾的工具，從而喪失其本來的作用。耶穌對死宗教裡的人有一個精確的論斷，「**凡是他們所吩咐你們的，你們都要謹守遵行；但不要效法他們的行為，因為他們能說不能行。**」（馬太福音 23:3）由此可見，宗教淪爲精神鴉片並非宗教本身的緣故，而是有惡者出於私欲故意用雜亂信仰和世俗理性引導人陷入對宗教的錯誤認識之中。

基督徒很早就從基督的話語中分清了宗教與政治之間的關係。「**凱撒的物當歸給凱撒；神的物當歸給神。**」（馬太福音 22：21）耶穌在此用屬靈的語言描述了宗教與政治完全是兩個世界。宗教通過宣講和教導宗教信仰來維護人類屬靈世界的價值觀與和平觀；政府通過宣傳、鼓勵、約束和懲罰等措施來維護世俗社會的和平與秩序。兩種關係雖處於不同的世界，但本身並無不合。約翰・加爾文在《基督教要義》中對兩種關係作出如下說明，「人是處於兩種管制之下的：一種是屬靈的，由於屬靈的管制，良心得到造就，知所以對上帝存虔敬之心；另一種乃是政治的，由於政治的管制，人得到教導，在人類的往來關係中遵守社會本分。這兩種一般地被劃分爲屬靈的與屬世的兩種許可權，並無不合。」兩種關係表現在一名基督徒身上，其外部表現爲一位優秀的公民，遵紀守法、樂於助人；內在又是一位虔誠的宗教信徒，信仰堅定，和平喜樂。兩者之間有機地結合起來，沒有任何衝突。但是當兩個世界相互混淆，彼此衝突，一切就發生了改變。

首先，原本屬靈的教會背離眞理的源頭，貪戀屬世的享受和權欲，也經常會逾越屬靈世界插手屬世世界的事。最典型的例子如中世紀的教皇任命國王，發行贖罪券，將「異端」判處火刑等行爲。宗教本質是一門在屬靈世界追求眞理的學問，主要表現爲通過屬靈智慧的督導、教育來規勸人們糾正錯誤的思想和行爲，提升自我內在修養，達到更高的生命境界。宗教由於是關乎屬靈生命的事，所以對人們的錯誤思想和行爲只能採取規誡、勸勉等方式，最嚴厲的方式也只是絕罰（即開除出教）。「**分門結黨的人，警戒過一、兩次，就要棄絕他。**」（提多書 3：10）屬靈的教會不可能也不應該擁有屬世政府的權力，既不能擁有對人身處罰的權力，更不能擁有剝奪他人生命的權力。中世紀基督教會進入

誤區，其本質就是屬靈的教會犯了染指屬世世界的錯誤。

其次，原本屬世的政府為便於統治民眾，有意將屬世的統治權滲入到屬靈的宗教領域中，企圖通過控制民眾的信仰來維護自身統治。這種例子在人類歷史上屢見不鮮，當狄奧多西皇帝在西元 392 年將基督教定為國教後，國家和基督教會的分界逐漸消失，此後一千多年裡，國家和教會一直糾纏不清。世俗政府想通過宗教來維護自身的統治，西元 353 年，羅馬皇帝康士坦丟二世欲插手教會，干涉宗教領域的事務。西班牙科爾多大主教何修說：「你自己不能捲入宗教事務裡……上帝已經把（世俗的）王國交到了你的手中；至於我們（主教們），上帝是把他教會的事務託付給我們。」

雖然這種理智的呼聲從來沒有停止過，但是人類追求權力和驕傲自大的罪性往往遮蔽了人類屬靈的眼睛，國王、皇帝、元首、宗教領袖以及任何專制主義者幾乎沒有人不想染指人類的精神領域，比如羅馬帝國對基督教將近三百年的迫害，中國秦始皇的「焚書坑儒」，納粹德國對宗教信仰的殘酷壓迫，我朝文革的「破四舊」等。在這些人類歷史上著名的文化浩劫中，人之所以為人的基本底線被徹底破壞，人的靈魂和肉體受到屬世政府的無情摧殘，人格尊嚴乃至生命自由被任意剝奪，這種人類災難就是將屬世的權力擴張到屬靈世界才會產生的悲劇。

由於人類社會對屬靈世界和屬世世界總是混淆不清，對宗教與政治也糾纏不清，從而演繹出一幕幕人間悲劇。要麼是世俗政權利用宗教信仰愚昧民眾，要麼是宗教組織搞迷信愚昧民眾，二者本質上都是要以人取代神，以人治取代神治。總之，利用宗教愚昧民眾並非來自於神的意志，而是源自於人的私欲。有鑑於此，基督教思想家和宗教改革家們殫精竭慮，努力地從基督教教義中尋找出關於解決這個問題的良方。1520 年，馬丁·路德在《致基督徒貴族的一封公開信》中寫道，「教會和國家必須是互為獨立的領域。」正是在宗教改革家以及後來啓蒙思想家的引領下，基督教國家首先找到了解決政教不分問題的方法——政教分離原則。

在宗教改革後，基督教回歸真道，宗教與政治的界限逐漸清晰。深受宗教改革家思想影響的美國建國者們最先將政教分離原則付諸實踐，湯瑪斯·傑弗遜曾在《費吉尼亞宗教自由法令》中寫道：「如若我們允許官吏把他們的權力伸張到信仰的領域裡面，允許他們假定某些宗教的真義有壞傾向，因而限制人們皈依或傳布它，那將是一個非常危險的錯誤做法，它會斷送全部宗教自由。」因而他提出「在教會和國家之間樹立起一堵牆。」詹姆士·麥迪森在討論憲法第一修正案時講道，「任何人的公民權利都不應因宗教信仰或崇拜而消滅，不應當確立任何國教，也不應以任何方式、任何藉口損害良心的完全和平等權利。」 這種思想也體現在美國憲法第一修正案中。此後，政教分離原則隨著歐美主流政治學說傳播至世界各地，並作為近代憲政的一項基本原則為全世界大多數國家所接受。

在此有必要講講什麼是「政教分離」？很多人搞不清宗教和教會的分別，政府與政治的差異，由此產生的爭論和誤解簡直罄竹難書。「政教分離」不是指宗教與政治分離，而是指政府與教會分離。政府與教會是兩個有形組織，是可以明確加以隔離的。而宗教和政治作爲兩個無形的概念，它們以一種無形的意識存在於人的思想裡。宗教屬於形而上的意識，它主要思考的是關於屬靈世界的問題，在屬世世界裡起著引導政治走向的作用。政治屬於形而下的意識，它主要思考的是關於屬世世界的問題，在屬世世界裡爲民眾的自由提供保障。雖然兩者涉及的領域不同，但兩者追求的都是人類的自由，一個是良心自由，一個是行爲自由。因爲人本身是一個屬靈生命和屬世生命的結合體，所以宗教和政治在一個人身上是不可分離的，它們共同存在於人的意識中，指導人的思想和行爲。

分清了兩者的關係，就會弄清當屬世的政府把手伸到屬靈的世界時，宗教就會成爲它們愚昧民眾的工具。托克維爾說：「當宗教在一個國家遭到破壞的時候，智力高的那部分人將陷入遲疑，不知所措，而其餘的人多半要處於麻木不仁狀態。.........這樣的狀態只能使人的精神頹靡不振，鬆弛意志的彈力，培養準備接受奴役的公民。一個民族淪於這種狀態後，不僅會任憑自己的自由被人奪走，而且往往會自願獻出自由。」[116]自由來自於眞理，而眞理來自於神。當人們失去對神聖的純正信仰後，良心和理性根本無法獨存，人們很容易受活人偶像的擺布，淪爲罪性的奴隸。而作爲信仰載體的宗教，在混淆信仰對象的時候，自然會淪爲專制政府愚昧民眾的工具，幫助專制主義者逞兇作惡。

政府染指宗教信仰，其根本目的不過是爲了推行人治，讓民眾心甘情願地接受自己的專制統治。這樣的政府顯然不是現今意義上的民主政府，而是過去封建時代的專制政府。這樣的政府已經被歷史所淘汰，正如百多年前法國的托克維爾所預言的那樣，「民主即將在全世界範圍內不可避免地和普遍地到來。」[117]今天的各國政府都對外宣稱是民主政府，考察其是否眞正民主，觀其民眾對宗教的認知水準是一個很好的方法。

現代政治是民主政治，而民主的本質是自由（詳見下文《如何認識民主的本質、核心內容以及由來和意義？》），民主政府服務民眾的目的一定是使民眾獲得盡可能多的自由。如果一國民眾缺乏純正信仰和自然理性，那麼該國民眾必然欠缺民主意識和人權理念，導致該國政府很難眞正成爲民主政府。因此建立民主政府並且獲享民主政府服務的民眾一定是認識眞理，並對神有著正確信仰的人民。在這樣的人民身上會有神性的光輝，他們的內心自然會對宗教有著正確的理解和認知，並且會利用宗教樹立自己正確的三觀。

116 《論美國的民主》，第 590 頁。
117 《論美國的民主》，第 1 頁。

唯有具有正確信仰的民眾，才會建立保護人類自由和權力的民主政府，並敦促政府盡心盡力地履行管家的職責。

若非如此，民眾的思想意識由著世俗政府擺弄，宗教也將在世俗政府的玩弄下變成迷信或精神鴉片，這時人由於不認識或錯誤認識宗教而陷入迷信或無神論。處於這種境況下的人們無法擁有理信，自然也將無法理解和認知宗教的本質，只會淪爲愚民政策下的行屍走肉。而玩弄宗教的世俗政府也會因爲缺少來自神性的省視以及良心的監督，每每陷入驕傲自大，自以爲是的人欲裡。美國建國者曾講，「對人類文明威脅最大、破壞最慘烈的，是不受制約的權力。」這權力的背後是無視神聖存在的人治理念，且在這種理念影響下，各種政治名義下的所作所爲都是爲維護專制主義者的個人或集體利益。失去了對神聖的敬畏之心，宗教、哲學以及其他人造的倫理道德、思想主義等都會成爲其虛僞面紗上迷惑人的裝飾品或精神鴉片。

另外，民主政府必定是由人格獨立和良心自由的民眾建立的政府，這種政府必然明瞭自己管家婆的身分，必然是以服務民眾的利益爲宗旨。如果在屬靈世界追求眞理的宗教或在屬世世界裡追求眞理的哲學不受政府重視或受到政府限制，那麼就需要警惕了，讓主人頭腦不清醒的管家婆是值得懷疑的。即使這一刻政府表現得很好，難保下一刻就會對民眾揮刀相向。所以要時刻警惕世俗政府的手，不知道哪一天，哪一隻黑手會再次利慾薰心地伸出來。

人是兩種生命的結合體，所以作爲爲兩種生命服務的宗教與政治彼此作用又互相影響。當良善的宗教引導人走向良心自由時，人的良知和理性將被喚醒和啓蒙，而「良心是可靠的嚮導」，它會使人更正確地運用理性去領會和運用自然法。 「理性受良心支配，……良心是『人與上帝關係的依託』，是『人的信仰之根』，決定並支配著人生一切活動，包括領會和應用自然法。」[118]而由掌握自然法原則的人建立起來的政府，必然會是一個充滿理性的政府。它的執政理念、政策法律和組織機構必然都是爲這些賦予它權力的人服務的，它的法律會明明白白地寫明它的權力來源，它的工作職能和服務對象。這樣的政府反過來又爲良善宗教提供保障，宗教所宣導的信仰自由會得到有效地保護。

而如果是一個邪惡的專制政府或世俗宗教掌權時，它就會在人的精神上套上一層層的枷鎖，使人的理性蒙昧，良知泯滅，深陷僞理或迷信之中。渾渾噩噩不知道什麼是眞理？不知道宗教應該是什麼樣的？政治應該是什麼樣的?仿佛政府或教會就是應該管理民眾的主人，而民眾天生就是應該被政府或教會管理的奴僕。這種情形既可能是政府利用了宗教，也可能是教會掌控了政府。拿宗教來愚昧民眾並不是宗教或政治的問題，而

---

[118] 《信仰與秩序——法律與宗教的複合》，第 138 頁。

是教會或政府裡的人有問題。

上帝是明察秋毫的，騙人者最終都騙了自己。當政府把它本應位於屬世世界的手伸到屬靈世界想要控制民眾的思想意識時，不受約束的管理權會變成了洪水猛獸，最後害死了別人，也要了自己的命。這樣的例子在人類歷史上實在太多，數都數不清。當教會把它本應位於屬靈世界的手伸到屬世世界中來獲取名利時，他們已經違背了自己的信仰，眞理已經不在他們心中了。「**我們若說是與神相交，卻仍在黑暗裡行，就是說謊話，不行真理了。**」（約翰一書 1:6）

以前的宗教因爲文明尚未開化，除了擔當屬靈世界的啓蒙工作外，還要承擔一些諸如照顧病人、孤寡、老人、流浪者以及教書育人等屬世世界的工作。今天這些工作基本都已由政府接手了，宗教就主要負責屬靈生命的啓蒙、引導和培養工作，這無疑是人類社會的一個巨大進步。然而宗教看護人類良心的職能，從來就沒有轉移過。因爲人的良心是形而上世界的事，這不是屬世政府所能接管的。

政教不分絕對是非理性的產物，將政教合一當成天經地義的事，那是人類早期愚昧無知的表現之一。其實這些道理早在聖經上都有記載，只是後來那些掌管經文的和管理政府的往往有意無意地混淆了靈魂和肉體的關係，代理權和所有權的界限，爲了一己私利隱瞞眞相，才會鬧出那麼多的人間悲劇（直到今天這樣的悲劇還在一些地方上演著）。

當人類睜開屬靈的眼睛，恢復與生俱來的神性後就會發現，宗教並非有求必應的交易，或可有可無的儀式，或愚昧民眾的精神鴉片，而是幫助人類培植信仰和理性，認識眞理和良善，看見神聖的一門學問。拿宗教來愚昧民眾的，都是些專制主義者（無論打著屬靈或屬世的幌子）。他們爲滿足個人私欲，或借教權之勢，或借政權之威，故意混淆宗教與政治二者的界限，使人們對理信與迷信糾纏不清，對民主與專制混淆不清，也使屬靈生命和屬世生命爭戰不休。這是中世紀的天主教一直被人詬病的原因，也是今天那些專制主義政府和宗教極端主義屢禁不止的根源。

當世人明白了基督所講的「**凱撒的物當歸給凱撒；神的物當歸給神**」（馬太福音 22：21）的眞義，分清了這兩者之間的關係，理解並接受了政教分離原則之後，宗教將會以其追求眞理和勸人向善的本來面目重新回到人們的生活當中，這個世界也會由此和諧很多。

出世主義和入世主義的宗教觀念有什麼不同？

關鍵字：出世主義；入世主義；生命境界

出世主義的宗教觀念是指脫離開眼前的世俗社會，去到沒有人煙的山野修行的宗教觀念。有意避開紛繁複雜的世俗社會確實能讓自身的屬靈生命安靜下來，能靜下心來思考一些屬靈問題，且能與神靈更好的交通。佛教、道教等宗教都是屬於這類宗教觀念。

基督教（猶太教、伊斯蘭教與基督教類似）不是這種觀念，他們屬於入世主義的宗教觀念。基督徒遵照耶穌基督的教論「**當愛你的鄰舍**」（馬太福音 5：43），他們視周圍的鄰舍都是自己的兄弟姐妹，並以「愛人如己」的理念去關愛他們。「鄰舍是一個愛的用詞，意思是我們應當在近旁，在身邊，在需要的時候預備幫助人。」基督徒從基督的身上學到了什麼是愛，這愛必須通過人與人之間的接觸去傳遞，脫離開人的愛是虛假的。並且愛神的果效也必須體現在愛人上，「**你們的光也當這樣照在人前，叫他們看見你們的好行為，便將榮耀歸給你們在天上的父。**」（馬太福音 5：16）

基督徒愛人是因爲他們相信人類是一家，「**就如身子是一個，卻有許多肢體；而且肢體雖多，仍是一個身子。**」（哥林多前書 12：12）個人只是整個人類中的一分子，任何一個人生活不幸，作爲人類的整體都不會幸福。只有所有人幸福了自己才能幸福，沒有人能在別人痛苦的基礎上過上幸福的生活。「**若一個肢體受苦，所有的肢體就一同受苦；若一個肢體得榮耀，所有的肢體就一同快樂。**」（哥林多前書 12：26）因此基督徒總是努力地爲他人的幸福忙碌，甚至樂於爲他人捨命。「**人為朋友捨命，人的愛心沒有比這個大的。**」（約翰福音 15：13）這就是基督徒的人生觀，雖然很難讓常人理解，但對基督徒來講卻是實實在在的眞理。「我們一旦在基督裡，我們就是爲了別人，而不是爲了我們自己而活。」「每個人在自己的位置上都要爲了全體的好處，如果他不是這樣獻上自己，他就是不義。」基督徒的這種人生觀使他們對周圍的人充滿愛心，並由此產生出人文主義、人道主義以及人權理念等。基督徒的行爲也都是建基於他們的人生觀，但同時還體現出他們的價值觀。比如基督徒的慈善行爲並非簡單地捐出財物，而是設身處地瞭解受助人的具體困難，眞心地幫助受助人解決各種困難，並使受助人在獲得幫助的過程中切實感受到來自神的愛，虔誠地將感恩的心獻上給神。

出世主義的宗教觀雖然表現地很瀟脫，但很容易淪爲獨善其身，心中只有自己的狀態。不管是得道成仙或是涅槃成佛或是歸眞成聖都只是利己一身，死後對周遭的世界基本沒有什麼影響，是爲小道。入世主義的宗教觀較出世主義的宗教觀更加難以理解和實踐，也更加彌足珍貴。入世主義者是要以自身的言行示範並教化世界，使世界得以良性循環。他們努力地做出榜樣，將愛帶到世界的每一個角落。但卻屢屢受人誤解，因爲深受世俗理性影響的世人總不相信人間會有博愛這種精神。入世主義者爲拯救世人而甘願清貧，忍受譏諷嘲笑、侮辱誹謗，甚至爲此受逼迫乃至犧牲。耶穌基督和祂的門徒就是爲將神的良善和愛彰顯給世人，寧願受苦、受罪、受死，也要將天國的眞理顯明，他們用自己的生命爲神作了最好的見證。「**惟有基督在我們還作罪人的時候為我們死，神的愛就在此向我們顯明了。**」（羅馬書 5：8）他們的行爲全然改變了人類將死的命運，並影響了整個人類的歷史進程，是爲大道。後世千千萬萬的福音傳教士也是在這些光輝榜樣的感召下，忘我地投身到世界的改良當中。

入世主義者和出世主義者都有信仰，都希望通過自身的努力提高個人的生命境界。但是他們對世界的認知卻有顯著區別，這就牽涉到生命境界問題。有人講，人生有三重境界：第一重，看山是山，看水是水；第二重，看山不是山，看水不是水；第三重，看山是山，看水是水。第一重指的是一些思想單純、還沒有受過污染的人，主要是指孩童或住在大山深處等人煙稀少之地的人們。這時人眼睛看見什麼就是什麼，人家告訴他這是山，他就認識了山，告訴他這是水，他就認識了水。這時的人完全是憑著生命的本能來認知這個世界，簡單純樸，毫無心機，這時人的屬靈生命和屬世生命是同一的。

第二重指的是人在步入五顏六色的社會後開始被形形色色的人性所迷惑，發覺這個世界原來並非那麼簡單。善惡對錯似乎不再清晰可辨，一件事情在不同的人看來完全可能黑白顛倒、是非混淆。人隨著肉體私欲和世俗理性的成長，自身也變得越來越世俗。凡世俗的事物都有腐敗的趨勢，無論宗教哲學、政治法律、教育經濟等人造物，還是人本身都是一樣。這個時候人似乎也有理性，但卻是世俗理性。世俗理性脫離開人的良心，只以最外在的層次思考，完全生活在自然界的時間和空間中。致使內在處於完全封閉的狀態，無法窺見內在的生命資訊以及增長屬靈生命的神之眞理。只將行爲自由當作自由，將屬世生命當作生命，將世俗虛榮當作眞榮。這時的人內在思維和情感全專注於自身和世俗，爲了自身的利益而裝出一副美好的形象。事實上，卻表裡不一，說一套做一套。

進入這個階段後，人的屬靈生命和屬世生命逐漸分離，人完全用外在感官來感知這個世界，以身體感官作爲斷定一切的依據。這時的人可能會有一種霧裡看花的感覺，搞不清這個世界的眞實模樣。在未知眞理的情形下，人基本都停留在這一層次，雖然根據個人具體的情況會有不同的表現，但本質上是一樣的。於是沒文化的人大致會選擇稀裡糊塗地過日子，有文化的人分歧就大一些。有上下求索尋找眞道的，有渾水摸魚追逐功名利祿的，有追求眞理捨生取義的，更有高人遠遁紅塵，藏在世外躲清閒的。出世主義者通常就是指最後一種人。

這種人的屬靈生命沒有完全喪失，他們待在人群中總覺得有被打擾的可能，於是選擇遠離人群，去過一種自由放飛心靈的生活。並希望通過這種生活能使自己棄絕塵世、克制肉欲、保有虔誠和聖潔並達到提升屬靈生命境界的目的。但是他們卻無法實現屬靈生命與屬世生命合一，因爲他們違反了生命之道——愛神的果效要體現在愛人上。其實他們遠離人群的做法正說明他們沒有看透生命的奧祕，屬靈世界的奧祕就在一個「愛」上，躲在荒無人煙的世外還能愛誰？只能愛想像中的神和眞實的自己。出世主義者光只專注於自身的價值，全神貫注於提升自身的屬靈生命，並以爲升入天堂是對自己苦苦修行的獎賞，這實在是大錯特錯。事實上，升入天堂或成仙得道並非修行的獎賞，而是通過善行義舉彰顯愛的一個過程。

眞正明白世界本質和生命眞義的人就會明白，身外的世界本爲虛幻，心內的世界才是眞實（詳見上文《耶穌爲什麼講「叫人活著的乃是靈，肉體是無益的」？》）。所謂的世內世外本無區別，都只是在屬世世界裡。只不過將修行之地選在了荒無人煙之地，只是人爲降低了考試難度，使自身在只做簡單題的過程中完成了一世修行。以這樣的成績如何指望獲得高分。當然不明白世界本質的人也並不妨礙他們嚮往自由的本心，他們依然會滿世界尋找自由寬鬆的地方。出世主義者尋找的是世俗煙火薰染不到的地方，世俗人則直接選擇移民國外。但是因爲看不透這個世界的本相，不明白自由在心內而不在身外，所以即使隱藏在荒無人煙的所在或滿世界移民也都找不到內心中眞正的自由。自由與外部世界沒有本質聯繫，使徒約翰在監獄中依然是自由的，馬丁·路德在神學院仍然被罪性捆綁地嚴嚴實實。英美國家的社會環境表面上是自由寬鬆一些，但這不是由他們的政治法律決定的，而是源於這些國家民眾的信仰使然（詳見下文《民主爲什麼必然會從基督教國家中誕生？》）。

生命境界還處於第二層的人因爲看不透屬靈生命的奧祕，所以無論如何都不能理解人生這場考試的眞實意義。導致看山不是山，看水不是水，只是活在屬世世界裡的一個肉體軀殼。爲了滿足肉體私欲受世俗理性的驅使滿世界的爾虞我詐、巧取豪奪、勾心鬥角，將這個世界當作適用森林法則的動物世界，眞正辱沒了神的形象。說人不是動物，是因爲動物的生命只有一個層次，動物一出生便具備著與自身生命相契的特質，而人類卻不是。人因爲有理性會思考，所以需要受教育被引導。如果是被屬世世界的假像所誤導，就會陷入邪惡與錯誤之中，並且因爲習以爲常的緣故，很難認清自身的處境，無論怎麼解釋都徒勞無功。而如果能夠認識眞理，人的心智不再以自然界的方式思考，進而轉爲以世人所無法理解的靈性方式思考後，人就開始達到生命的第三重境界。

第三重指的是眞正洞徹世界本質和生命眞義的人，他們已經明白了身外世界的虛幻，認清了人生就是一場修行或考試。決定這場考試成敗的關鍵不在身外，而在內心。他們已經看透眼前這個世界的眞相，不會爲了逃避眼前俗世的煩擾而躲到荒郊野外去，那只是避重就輕的一種選擇。他們也不會像世俗人那樣移民到一些社會環境比較自由寬鬆的地方，因爲他們知道內在層次如果沒有打開，無論你移到哪裡都沒有用。所以他們積極地在自己的身邊行善，將他們對神的愛傳遞給周圍的鄰舍。基督告訴他們，「**我賜給你們一條新命令，乃是叫你們彼此相愛；我怎樣愛你們，你們也要怎樣相愛。你們若有彼此相愛的心，眾人因此就認出你們是我的門徒了。**」（約翰福音 13:34-35）這就是本文開頭講的基督教入世主義觀念的由來。基督愛人愛得純全而徹底，「**他本有神的形像，不以自己與神同等為強奪的，反倒虛己，取了奴僕的形像，成為人的樣式。既有人的樣子，就自己卑微，存心順服，以至於死，且死在十字架上。**」（腓立比書 2:6-8）「**為義人死，是少有的；為仁人死，或者有敢作的；惟有基督在我們還作罪人的時候為我們死，神的愛就在此向我們顯明了。**」（羅馬書 5:7-8）

神對人的愛藉著基督在十架上向人類顯明，這愛是無私，是利他，是犧牲，是愛人勝於己的大愛。這種愛透過血緣，穿越國界，彰顯出人類心中無私至善的神性。這愛如果脫離開人群怎麼能夠得以彰顯呢？所以走進世界裡去，用愛向千千萬萬的人爲神作見證，就成爲宗教領域裡的入世主義者所必修的功課。他們的屬靈生命已經完全覺醒，生命對他們來講已經不再困惑。他們猶如站在天堂高處俯視萬物，山還是原來的山，水還是原來的水，一切遮蔽視線的假像在他們的靈性審視下無所遁形。雖然是在世間修行，但是因爲對眞理的認知和信仰，即使在歷經九九八十一難後，卻仍然保有一顆晶瑩剔透的赤子之心。這樣的人不會逃避世間的磨難，因爲既然是考試，那就讓它來得更猛烈一些吧。

他們總是選擇在最黑暗的地方作光作鹽，那裡通常是人心晦暗、理性蒙昧、眞理不彰之地。但就在那種地方，他們卻放射出了耀眼的光芒，就如電影《矛尾》裡那些基督徒所顯示的那樣，他們用生命譜寫了一曲愛的讚歌，顯明他們是光明之子。因爲「**聖靈所結的果子，就是仁愛、喜樂、和平、忍耐、恩慈、良善、信實、溫柔、節制。這樣的事，沒有律法禁止。**」（加拉太書 5：22－23）有了這種信念的人還會糾結入世還是出世

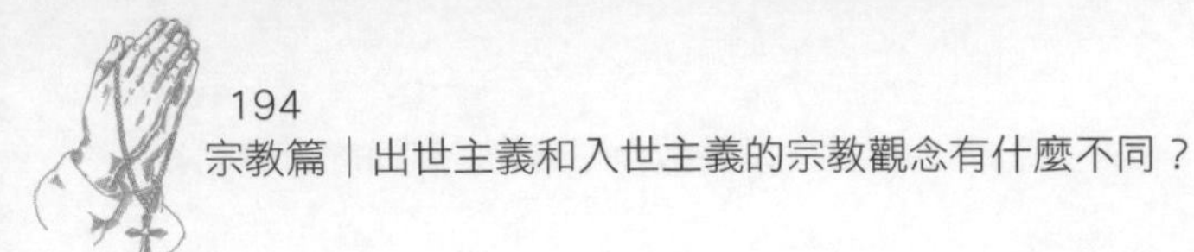

的問題嗎？

生命境界的不同使人猶如一個在天，一個在地。中國古人對這兩種宗教觀念的表現方式也有所表述，他們講「大隱隱於市，小隱隱於野」，此處的大隱指的就是入世主義者，小隱指的是出世主義者。

何謂「神啟」？

關鍵字：神啟；保羅；帕斯卡；伯爾曼

「神啓」簡單講就是神對人的啓示，這裡的人主要指屬靈的人，也就是受神揀選的人。得神啓示在屬世的人看來不一定是好事，甚至有時候是很不好的事。因爲要爲神服務是一件很辛苦且很不討好的苦差事，看看耶穌基督，看看使徒們還有那些先知的結局就是最好的例證。絕大多數屬世之人不能理解，爲什麼受神揀選爲神做工卻生活地如此艱辛甚至悲慘？這難道眞是好人沒好報嗎？

其實這是他們不明白，人生本來就是一場艱苦的修行。越偉大的靈魂選擇的修煉，往往是在艱苦卓絕的逆境中進行。這些偉大的人物都明白，順境無法磨練人的意志，反倒會消磨人的意志。生命只有在艱難困苦的環境中才能更加茁壯地成長，而過於安逸舒適的環境只會磨滅人的生命。是故孟子才講，「生於憂患，死於安樂」。

屬靈的人明白這些道理，所以雖受盡了苦難，還遭人誤解與歧視，仍然堅持自己的信仰，孤獨地行進在通往天國的路上。他們遭人冷嘲熱諷卻從未想著辯解，他們讓人四處驅趕但從未陷入絕境，他們受人逼迫卻仍滿懷信心，他們被人追殺但從未失去希望。他們就如史懷哲所講，「保有希望，保持沉默，孤獨地工作。」這些人之所以能夠做到如此，是因爲他們曉得「**你們需用的這一切東西，你們的天父是知道的。你們要先求他的國和他的義，這些東西都要加給你們了。**」（馬太福音 6：32－33）

「神啓」的實質是要人學神，而神是無私至善的恒在，人要想成爲神那樣的存在，就必須拋棄來自肉體的私欲和來自世界的世俗理性，做到像基督那樣愛神和愛人，而這不是世俗人能夠理解和做到的。獲得「神啓」的人多數具有很大的擔當，他們明白獲得某種能力的同時就必須承擔相應的責任，而這責任就意味著服務、奉獻乃至犧牲。當然他們明白神的國和神的義，他們並不覺得他們的付出有什麼不值。所以他們嘔心瀝血地爲人類做貢獻的同時卻能保持默默無聞，即使遭人迫害也很少爲己發聲，很少有人獲得與他們的貢獻相當的屬世財富或地位。當然他們本身也很少在意這些東西，因爲他們通

常定睛於天上的財富，享受來自內心的安寧。正如克萊門所說，「在一件事中得到快樂，並且從中獲得內心的安寧，即樂於爲大眾服務，虔誠地思考神的靈。」[119]

當然人們也可以舉出現實中很多自稱得神啓示，且受人尊敬甚至崇拜的宗教領袖、大師甚至巫婆神漢之流。但正如中國歷史上太平天國的締造人洪秀全以及遍及世界各地的邪教組織，他們只是利用宗教來實現他們個人出人頭地的野心，事實上他們根本不信或者迷信所宣稱的那套宗教理論。這些人「**愛人的榮耀過於愛神的榮耀。**」（約翰福音12:43）他們迷戀的是世俗的虛榮和財富，上帝怎麼會再將屬天的榮耀賜給他們。「**我實在告訴你們，他們已經得了他們的賞賜。**」（馬太福音 6:5）「**就不能得你們天父的賞賜了。**」（馬太福音 6:1）

這些人的所作所爲往往誤導了世人對神的正確信仰，而誤以爲通過信仰既可以享受屬世的財富，也可以獲得屬天的財寶。正是因這種貪婪之心使宗教變成了一種獲取屬世名利的工具，難怪有哲人講，「世俗的宗教不外是對教士的尊崇。這種錯誤觀念的傳布使無用之徒醉心獲得教職，這樣，傳播宗教的熱誠遂衰敗退化，一變而爲卑鄙的貪婪與野心。……無怪舊日的宗教只剩了外表的儀式（連這些儀式，在大眾的嘴裡，也好像是神的阿諛，而不是神的崇拜）。信仰已經變爲輕信與偏見的混合。」[120]

眞正獲神啓示是件屬世之人很不好理解的事情，因爲它不符合常理，通常違背科學，甚至會被歸入神話迷信一類。在《聖經》中這樣的啓示很多，如挪亞方舟、摩西十誡、基督降世、《啓示錄》等等，對猶太教徒、基督教徒以及伊斯蘭教徒來講他們是相信這些內容的，但對無神論者來講那些故事簡直就如天方夜譚一樣。確實，讓不信神的人相信這些故事非常難，因爲神的事對屬靈的人一點就透，對屬世的人眞如對牛彈琴，正如經上說：「**屬血氣的人不領會神聖靈的事，反倒以為愚拙，並且不能知道，因為這些事惟有屬靈的人才能看透。**」（哥林多前書 2:14）

爲方便大家理解什麼是神啓，在這裡特舉三位歷史上不同時期不同領域的眞人，以他們的眞實事蹟來揭示神啓的內涵。

首先舉使徒保羅爲例。保羅原來叫掃羅，是一位虔誠的猶太教學者，迫害起基督徒來比誰都熱心，「**你們聽見我從前在猶太教中所行的事，怎樣極力逼迫、殘害神的教會；我又在猶太教中，比我本國許多同歲的人更有長進，為我祖宗的遺傳更加熱心。**」（加拉太書 1：13、14）但是當保羅接受到神啓後（使徒行傳 9：3－20），整個人發生了一百八十度的轉變，從逼迫基督徒的猶太教徒轉變成爲最虔誠的基督徒。他四處宣講基督的福音，屢蒙逼迫，「**被猶太人鞭打五次，每次四十，減去一下；被棍打了三次，被石頭打了**

---

[119] 克萊門，《勸勉錄》，安徽人民出版社 2013 年版，第 115 頁。
[120] 《神學政治論》，第 4-5 頁。

一次；遇著船壞三次，一晝一夜在深海裡。」（哥林多後書 11：24－25）此外，因爲他發現基督教會內已經出現許多錯誤的苗頭，於是大膽指出，爲此還要受到基督教會內的排斥和非議。

但是保羅絲毫沒有氣餒，反而更加充滿喜樂地放膽去傳福音。「**我為基督的緣故，就以軟弱、淩辱、急難、逼迫、困苦為可喜樂的，因我什麼時候軟弱，什麼時候就剛強了。**」（哥林多後書 12:10）保羅作爲一位受人尊敬的猶太教學者爲了基督的緣故而受人誤解、辱罵和逼迫，爲什麼他有這麼大的勇氣來忍受這一切呢？這就是「神啓」的力量。因爲它是來自神直接的啓示，對屬靈的人來講是眞正對世事的洞達和對生命的領悟，是確實認識神的最佳途徑。「**不要效法這個世界。只要心意更新而變化，叫你們察驗何為神的善良、純全、可喜悅的旨意。**」（羅馬書 12：2）

第二個例子舉科學家帕斯卡。帕斯卡發現了大氣壓，這就是我們中學課本裡提到的「帕斯卡定律」，此外他還發現了數學上的機率論和排列組合，發明了人類歷史上第一部數値計算器等。帕斯卡不但是一位科學家，還是一位思想家和哲學家。他的《思想錄》和《致外省人書》都是思想史上的經典之作。帕斯卡一生只活了三十九歲，但是就在這短暫的一生中他對人類作出的貢獻可是巨大的。

帕斯卡曾經也追求過世俗的享樂，但對一個屬靈的人來講，那種生活只會讓人感到厭惡，以致覺得被神離棄。帕斯卡遇到的神啓發生在一六五四年十一月二十三日晚上，這天晚上在帕斯卡的生命中發生了一件非常關鍵的事，成爲他一生中最珍貴的體驗。他沒有告訴任何人，只是在羊皮紙上寫道：「耶穌基督的神……我曾經將自己與他隔離，我從他那裡逃開，斷絕與他的聯繫，將他釘死在十字架上。但願我再也不和他分開……舍己，完全而甜蜜。」[121]他把這張紙縫在衣服裡面，一直到去世以後，才被人們發現。在這次神啓後，帕斯卡的人生發生了巨大的轉變。他意識到基督是他認識神和親近神的橋樑，是通往天國的天梯。從此他不再遠離基督，而是虔誠地將自己的信心獻給祂。他說：「我們僅僅由於耶穌基督才認識上帝。沒有這位居間者，也就取消了與上帝的一切相通；由於耶穌基督，我們就認識了上帝。」[122]

第三個例子舉一位現代著名國際法學家哈樂德．伯爾曼，中國法學界對他並不陌生，他也是著名的社會主義法專家。伯爾曼 2007 年去世，他的故事離我們並不遙遠，還是由他自己講吧。

「在我個人的經驗裡，我最初遇見那『使我得自由』的眞理，是在第二次世界大戰爆發期間。當時我 21 歲，在歐洲修讀歐洲史已有一年。我往德國觀光期間，希特勒在電

---

121 《基督教會史》，第 363 頁。.
122 《思想錄》，第 216 頁。

臺廣播上宣布德國已向波蘭開戰。世界大戰就在那個時候爆發，我們許多人紛紛逃難到法國，車站擠滿了攜帶著馬鈴薯、牲畜和個人財物的農民。我能趕上的最早班火車在午夜時分才開出。

我想，繼希特勒入侵波蘭後，人類文明將被全然摧毀。我當時的感覺，就好像今日的人聽聞各大國即將展開全面的核戰一樣，我感到完全絕望。就在那個時候，我獨個兒在火車上，耶穌基督在異象中向我顯現。他的面容使我想起後來看見的一個俄羅斯聖像——傷痕累累、悲痛哀愁——不是在苦痛中，而是帶著曾經受苦的痕跡。我猛然醒覺，我沒有資格陷入這種絕望中，那背負人類命運重擔的不是我，而是神自己；即使人類歷史已到了盡頭，我要做的仍是相信他。

當火車在清晨抵達巴黎後，我隨即步行到聖母院，向神獻上我一生中首次的個人禱告。我太太是基督徒，她問我怎能沒有看過福音書就信主了。我的答案是，最初的門徒也是這樣信主的。

這種『奇異恩典』的經歷，不但使我違反自己的意願和家族傳統而成為基督徒，還挽救我脫離那纏累於學術界的罪——知識領域的驕傲與幻象。」[123]

什麼是「神啓」？這種直接得自神的啓示，能夠幫助人直面靈魂，認識眞理和良善，脫離屬世層面的困擾，當下頓悟就是神啓。其實「神啓」有時並不神祕，每個人可能都或多或少地接受過神啓。只是屬靈之人更容易感知和領悟，而屬世之人往往由於不知不覺，錯將它們當作是迷信或潛意識作用而忽略了。

「神啓」通常能夠幫助人更好地完成今生的修行，也即實現今生的生命主題。對「神啓」感悟地越好，修行就能做得越好，生命境界自然會得到提升。相反，對「神啓」感悟地越差，修行就會做得越差，生命境界自然得不到提升，甚至還會不升反降，白白浪費了一次修行的機會。

「神啓」有時候是關於一個人的命運，有時候是關於一個國家或民族的命運，甚至有時候是關於一個時代的命運。對感受「神啓」的人來說這既是一種莫大的榮幸，又是一種莫大的責任，相信大家讀完上面三個人物的故事後應當會有所領悟。

---

[123] 《信仰與秩序——法律與宗教的複合》，第 303 頁。

如何認清邪教的真實面目？

關鍵字：邪教；世俗宗教；宗教；政教分離

所有的宗教都是在屬靈世界追求眞理的一門學問，無論是道教、佛教、伊斯蘭教或者基督教，無一例外都屬於宗教。它們都在努力地追尋著神的足跡，希望能從中找到某種共性，使人類始終能按神的意志行事，而不致因爲迷惑總在黑暗中摸索，甚至陷入悲慘的境地。但是事物總有正反兩個方面，有陰就有陽，有光明就有黑暗，有良善就有邪惡。當宗教脫離開最初的目的而夾雜了太多的人欲，成爲人追求屬世私欲的工具時，宗教首先會世俗化，緊接著可能會被一些邪惡之人利用而轉變爲邪教。

所謂邪教，實際上是打著追求神的幌子攫取屬世財富、權力、榮耀和地位等的宗教組織，這個組織讓人信仰的神一定是位假神。它與許多的屬世組織很相似，尤其是與世俗化宗教（詳閱上文《什麼是信仰？什麼是宗教？什麼是律法？什麼是形而上？》）糾纏不清，且具有一些共同特徵，比如：

一、邪教和世俗宗教都喜歡搞偶像崇拜；

二、邪教和世俗宗教都建立宗教組織；

三、邪教和世俗宗教都攫取金錢；

四、邪教和世俗宗教都宣揚迷信；

五、邪教和世俗宗教都愛慕權力、名聲、地位等世俗虛榮。

正是因爲二者之間在外表上非常相似，所以極易使普通信眾混淆二者之間的關係，將邪教當作世俗宗教來信仰。一旦信徒沉浸到邪教宣揚的歪理邪說之中，被邪教首領編造的迷魂湯徹底洗腦後，即使上當受騙也不願回頭，實在是非常可惜的事情。

所謂信眾通常都是對屬靈生命有著執著追求的人，但是如果分辨不清邪教與世俗宗教的本質區別，那就眞正可惜了那份敬虔慕神的心了。所以非常有必要將世俗宗教與邪教予以區分，幫助信眾擦亮慧眼，不再被邪教的歪理邪說蒙蔽誤導。世俗宗教是由純正信仰與世俗理性相結合的產物，當世俗宗教涉世越深，其本身具有的世俗理性就越暴露無遺。當宗教主義者或是迷信者愛己和愛世的面目徹底顯露無遺，他們的愛己和愛世之心在缺少理性監督和約束時就會使他們變得狂妄不羈，以致陷入非理性的瘋狂之中時，世俗宗教就會淪爲邪教。世俗宗教和邪教表面上雖有相似之處，但是仔細區分還是會發現二者具有本質的不同。

首先，世俗宗教與邪教的根本目的不同。世俗宗教雖然已經世俗化了，但是它仍然具有宗教的根本目的，即通過揭示世界的本質和生命的眞義，曉諭眞理，勸人爲善，進而幫助人提升生命境界，認識眞神，最終領人回歸天國。

邪教的根本目的就是實現邪教首領的野心，爲邪教首領贏來屬世的財富、名聲和地位等。邪教開始也會像世俗宗教那樣以世俗理性來引導人認識世界和理解生命，但是接下來它會以一些歪理邪說來誤導人們對宗教的理解以及扭曲對信仰的追求，並將人們誘入一個生命誤區，使人們不知不覺中喪失了最先追求信仰的初衷，反而被邪教的歪理邪說所裹挾，不是淪爲邪教首領的教奴，就是變得與邪教首領一樣喪心病狂或走火入魔。

邪教的心思全不在幫助世人啓蒙理性，喚醒良知，提升屬靈生命上。恰恰相反，爲了騙取人們的信任以便任由其擺布，他們編造謊言，故弄玄虛，崇拜假神。邪教慣以幫助人獲得神靈保佑爲名，利用世人趨死的屬世教條心和偶像情結散布迷信，愚昧民智。邪教非但不能幫助信徒親近眞理和良善，反而騙取信徒的信任和財物，誘使信徒遠離眞神親近假神，置信徒于萬劫不復之地，實在是邪惡至極的東西。

歸根結底，邪教的根本目的就是通過禁錮普通信眾的良心自由和行爲自由，爲邪教首領攫取屬世利益。根本目的的不同是世俗宗教和邪教最基本的區別。

其次，世俗宗教與邪教崇拜對象的形式不同。凡是宗教都有自己的信仰對象但那都是無私至善的屬靈形象，一個供人效仿的榜樣。「**除了神一位之外，再沒有良善的。**」（路加福音 18:19）藉此幫助世人喚醒良知，啓蒙理性，樹立理信，提升屬靈生命。

世俗宗教崇拜偶像是人趨死的偶像情結的反映，就這個問題聖經中多有提及。因爲人的肉眼總是不能分辨眞神與假神，所以世人更願意相信那些肉眼看得見的木雕泥塑的偶像。以色列人作爲上帝的選民也不明白這個道理，他們一遇到現實困境就屢屢膜拜人造的假神。聖經中講到上帝對以色列人的行爲非常不滿，祂藉著摩西多次警告以色列人，「**耶和華對摩西說：『這百姓藐視我要到幾時呢？我在他們中間行了這一切神跡，他們還不信我要到幾時呢？』**」（民數記 14:11）以色列人爲自己屬世的迷信行爲也付出了沉重的代價，「**耶和華對摩西、亞倫說：『因為你們不信我，不在以色列人眼前尊我為聖，所以你們必不得領這會眾進我所賜給他們的地去。』**」（民數記 20:12）以色列人在沙漠中徘徊了近四十年，經過了整整兩代人才進入上帝應許的迦南美地。以色列人的例子告訴我們，神絕不是肉眼所能看見的偶像。那些偶像只不過是一些人造的木雕泥胎，將信心寄託在它們身上實在是愚不可及。在《聖經》中，神要摩西警告世人，「**不可為自己雕刻偶像；也不可做什麼形像仿佛上天、下地和地底下、水中的百物。不可跪拜那些像；也不可事奉它，因為我耶和華你的神，是忌邪的神。**」（出埃及記 20:4-5）基督也告訴世人，「**神是個靈，所以拜祂的，必須用心靈和誠實拜祂。**」（約翰福音 4:24）所以在《聖經》中，從來都禁止崇拜偶像。其實，凡是宗教都反對崇拜偶像，如道教、佛教等宗教的創始人從一開始就反對敬拜偶像。但是由於世人的靈眼大多尚未睜開，世俗宗教出於世俗理性不見分辨地盲目順從人們的這種趨死心理，不但不予糾正，反而因勢利導，致使信徒更加地迷信和盲從，而這正好爲邪教的誕生提供了溫床。

邪教正是利用世俗宗教無法分辨眞神和假神的缺陷，用歪理邪說、弄虛作假等手段，千方百計將一個活人造成神。通過造神使這個活人在屬世世界裡實現其狂妄自大、欺世盜名的野心。因此分辨邪教有一個最簡便的方法，就是看它是否刻意突出宗教領袖。世俗宗教雖也會有個別人出於肉體私欲和世俗理性想要通過宗教這一方式實現其出人頭地的野心，但這並不必然導致世俗宗教演變爲邪教，只是顯示出世俗宗教較之眞正宗教的劣根性。邪教則完全不同，邪教裡信奉的神通常就是邪教首領自己。如果信徒發現他所信仰的宗教宣講的神是一個活人，那麼可以百分之一百地確定這是一個邪教。或者這門宗教雖然表面上在宣揚神，但是暗地裡又宣講教主就是神的化身，實際上還是換湯不換藥，那麼依然可以確定這是被人改造過的邪教。又或者這門宗教表面上在宣揚神，可是又宣講教主與神是什麼親密關係，誤導信徒去膜拜教主，毫無疑問這仍然屬於被人改造過的邪教。諸如此類的「宗教」都是爲一個活人服務，而一個活人但凡有一點兒覺悟都不會狂妄地將自己置於神的位置供人膜拜。所以邪教首領必定是一個屬靈瞎子，信仰他的人豈不是自己往火坑裡跳嗎？「**他們是瞎眼領路的；若是瞎子領瞎子，兩個人都要掉在坑裡。**」（馬太福音 15:14）

此外，邪教首領爲了實現騙人目的一定會千方百計、不擇手段地神化自己，如自稱神佛降世，基督再臨，末日拯救者等等。基督對此早有認識，祂曾對信徒講，「**那時，若有人對你們說『基督在這裡』，或說『基督在那裡』，你們不要信。因為假基督、假先知將要起來，顯大神跡、大奇事。倘若能行，連選民也就迷惑了。**」（馬太福音 24:23-24）

所以崇拜對像是偶像還是活人，是區別世俗宗教與邪教最明顯的特徵。

第三，世俗宗教和邪教的組織嚴密性不同。世俗宗教組織通常組織結構鬆散，信眾與世俗宗教組織之間不存在人身依附關係，也不會受到行爲上的約束。他們通常到寺廟、道觀、禮拜堂等宗教場所敬拜禱告之後就自行散去，不會再與世俗宗教組織糾纏不清。雖然信眾也會因世俗理性陷入迷信之中，但主要是自身原因造成的，與世俗宗教組織本身沒有直接關係。

邪教卻不然，邪教通常組織嚴密，一旦被其騙入組織，再想離開就很困難。邪教會通過建立一套嚴密的組織體系，使內部人員對組織產生一種人身依附關係，再通過這種人身依附關係使信徒就活在以邪教首領爲核心的圈子內，反復被邪教首領以各種謊言、騙術、心理暗示誘導等手段不斷地「洗腦」。信徒由於失去了行爲自由，又長期受到邪教的精神控制，最終就會喪失人的正常理智，喪失判斷是非的基本能力，陷入一種極度憂慮或極度渴望的癡迷狀態。

組織的嚴密和鬆散，是區別世俗宗教和邪教的一個重要特徵。

第四，世俗宗教和邪教所宣講內容的機理不同。世俗宗教宣講的內容中存在著世俗理性，雖然世俗理性沒有改變人愛己和愛世的心理，並且誤導人追求僞理，但是世俗理性裡還存在一絲理性，它使人想通過神的慈悲獲得保佑，實現其屬世或屬靈的目的。邪教所宣講的內容是非理性的，它以歪理邪說蠱惑世人，使人們陷入雜亂信仰之中，以惡爲善而作惡，喪失對良善和眞理的嚮往與追求，最終被貪欲和恐懼所俘虜，失喪神所賦予人的良心自由，徹底淪爲邪教首領的教奴。

世俗宗教的世俗理性雖然導致信徒相信僞理，貪慕肉體私欲，但是宣揚的是眞神，所以無論其多麼狹愛，裡面多少會使人感受到一些眞愛。正是這一些眞愛使信徒即使陷入謬誤，也有機會幡然醒悟，重新走回正道。信仰乃是人與神溝通的媒介，它蘊含在神的良善之中，通過神賜予人的神性來感悟它。只要信仰的是眞神，即使受到世俗宗教的誤導執著儀式，偏信救恩，但依然會有一份行善的心在裡面。即使這份信仰並非那麼純正，但凡有遠離邪惡之心，便能藉由神的眞理引導，不至於陷入行屍走肉的境地。

邪教的本質決定了邪教的歪理邪說一定是非理性的，因爲一慣宣揚的是假神（即使宣揚眞神也是爲了陪襯假神），內裡根本沒有一絲眞理和良善的影子，有的只是非理性的歪理邪說。其無視神的本質是良善，無視人唯有通過愛才能與神交通。只是通過利誘、欺詐、脅迫或暴力等手段控制人的精神和肉體，使人過著邪惡生活，並在貪婪和恐懼中淪爲邪教首領的爪牙。

有無理性，是否有愛，是世俗宗教和邪教最本質的區別。

邪教除了與世俗宗教存在本質區別外，與宗教更是有著顯著的區別。

一、宗教本身不需要在屬世世界中建立什麼組織，招收什麼成員，因爲追求的是屬靈世界的信仰，一個人就是一個世界，正如道家所講「道法自然」、「無爲而治」，佛教所講「人人皆佛」，基督教所講的「每個人都是上帝的孩子」。所以宗教信仰完全是個人的事，並不需要成立任何形式的世俗組織。如基督教就堅決反對成立組織，使徒保羅在信中寫道，「**凡事不可結黨，不可貪圖虛浮的榮耀；只要存心謙卑，各人看別人比自己強。**」（腓立比書 2:3）「**分門結黨的人，警戒過一兩次，就要棄絕他。**」（提多書 3:10）

基督教起初只有一些很小的團契，它就是一群具有相同信仰的人聚在一起以誠實和心靈敬拜上帝，以愛人如己的信念互相關愛。「所謂團契，其最大的作用便是信徒們首先互相親愛，然後以其愛心，擴及於一切人類而已。」[124]那麼爲什麼後來又出現了等級森嚴的教會呢？這是因爲隨著基督教的影響越來越大，屬世的私欲也隨之越來越多地摻雜進來。出於世俗的目的，人們開始成立組織，樹立偶像，制定教階，任命神職，擁有教產，甚至成立教皇國。這些都是基督教陷入誤區後的產物，它們已經在宗教改革後被理性啓蒙、靈眼睜開的信徒們揚棄了。

今天的基督徒都知道「人人皆祭司，人人有召喚」，每個個體都可以直接與上帝交流，不需要什麼神職仲介。信仰宗教本就是爲了個人追求屬靈生命，提升屬靈生命境界的一種修行。不管是道教的眞人、佛教的高僧、伊斯蘭教或基督教的聖徒，他們都是通過追求善這樣一種修行方式提升屬靈生命的境界。但是邪教爲了攫取屬世世界的財富、權力和地位一定會在現實社會裡建立組織，發展成員，努力抬高自己的屬世地位。它們以世俗理性勾引人，以非理性誤導人，非但不能啓蒙人的理性，喚醒人的良知，提升人的屬靈生命。相反卻將那些追求屬靈生命的人引入了更加黑暗的邪道。正如耶穌所說，「**你們走遍洋海陸地，勾引一個人入教，既入了教，卻使他作地獄之子，比你們還加倍。**」（馬太福音 23:15）

這些邪教與其他屬世組織不同之處就在於使用的是形而上的屬靈手段，使用信仰這種高層次的屬靈智慧欺騙世人。他們使那些追求屬靈生命的人丟失靈魂，淪爲地獄之子。他們的罪惡是無邊的，他們的報應也是無邊的。「**就是把磨石拴在這人的頸項上，丟在海裡，還強如他把這小子裡的一個絆倒了。**」（路加福音 17:2）

二、宗教不會重視屬世財富，因爲屬世世界的財富往往使人迷失方向，成爲阻礙人提升屬靈生命的障礙。正如耶穌所講，「**一個人不能事奉兩個主。不是惡這個愛那個，就是重這個輕那個。你們不能又事奉神，又事奉瑪門**（注：「瑪門」是「財利」的意思）。」（馬太福音 6：24）保羅也曾說，「**貪財是萬惡之根！有人貪戀錢財，就被引誘離了真道，用許多愁苦把自己刺透了。**」（提摩太前書 6：10）

現實生活中，金錢使人墮落的例子數不勝數。金錢容易使人驕傲，相信自我而拒絕依靠上帝。巴克斯特認爲「當人在世上發達，他們的心思就和他們的產業一同得到提升，當他們感覺自己如此富有，他們很難相信他們是如此糟糕。」當一個人的財富積累大大占用他的時間和精力時，他就會疏遠信仰和對社會道德的關注。現實中那些以宗教爲名想方設法撈錢的人，如果不是無知就是詭詐。因爲「神不缺錢，他更不需要你付出信仰

124 何世明，《信仰與生活》，宗教文化出版社 2014 年版，第 50 頁。

受虧損的代價賺到的錢。」所以宗教信仰者絕不會貪財，更不會以宗教的名義撈錢。但邪教卻不是這樣，他們一方面談論著屬靈世界的事，另一方面拼命攫取屬世世界的財富；一方面彷彿對金錢不屑一顧，另一方面不擇手段地大肆斂財供邪教首領揮霍。為迷惑教眾他們也會拿出一部分錢來印刷書籍、發展組織，實際上還是為了擴大勢力，攫取更多的財富。正因為邪教言行不一，行事詭詐，所以這也是邪教稱之為「邪」的根本原因。

三、任何宗教都擁有一套嚴謹的理論，其中蘊含著大量的自然理性。邪教也發現了這一點。因為擁有強烈的世俗私欲，所以邪教無孔不入，很多宗教都受到他們的利用，比如基督教。基督教是世界三大宗教之一，信徒廣布全世界各個國家和地區。但是由於它的普世價值觀對所有人都不設限制，所以不論什麼人都可以加入。在清末時就有許多的不良教徒依仗不明眞相的教士欺壓老百姓。今天這樣的不良人沒有國外的教士藉以撐腰，就自己創立邪教，利用基督教的一些理論，再加上自己杜撰的一番充滿世俗理性的歪理，居然騙過了許多靈命尙淺的信徒。

邪教表面上利用宗教的理論，讓信徒們以為是在信仰宗教，實際上卻是用各種世俗理性和斷章取義的手法歪曲和誤解宗教。稍加留意就會發現邪教的理論完全缺乏理性之光，但卻符合那些愚昧無知的信徒們的心理需要。邪教充分掌握了世俗之人自私貪婪的弱點，正如哲人所說，「受迷信之害的主要是那些貪求一時便宜的人。」[125]他們打著保佑家宅平安、升官發財、升學就業甚至末日拯救等的幌子，使那些缺少自然理性以及世俗理性根深蒂固的信徒，不知不覺中陷入迷信的泥沼，淪為邪教的幫兇。

邪教又使用利誘、欺騙、監視、禁戒、威脅、恐嚇、脅迫、暴力等多種手段，使信徒在封閉和壓抑的環境裡，內心中產生巨大的心理陰影，逐漸變得不敢想、不敢說、不敢做，什麼都聽信邪教首領的話。恐懼使這些信徒失去了自由思想的信心和勇氣，逐漸淪為不會思考、執迷不悟的行屍走肉，任由邪教擺布。

邪教還會規定信徒吃什麼、穿什麼、住什麼、做什麼等等，進一步限制信徒的行為自由，使信徒逐漸脫離開正常的社會秩序。為了讓信徒更加地依賴邪教，邪教還四處散播神祕氣息，彷彿宗教信仰是什麼見不得人的勾當。邪教就是這樣披著屬靈的外衣行著魔鬼的勾當，表面上扮演著拯救人屬靈生命的角色，暗地裡卻一步步剝奪了人之為人的自然理性，將那些渴望追求屬靈生命卻靈命尙淺的人推入了黑暗的深淵。

四、仔細研究邪教理論都會發現一個致命缺陷，即缺乏愛心。任何宗教都是充滿愛心的，都對這個世界保有一顆赤子之心。道教的濟世救人、佛教的普度眾生、伊斯蘭教的扶貧濟困、基督教的愛人如己等等都是如此。相比而言，邪教卻毫無愛人之心，其涉

125 《神學政治論》，第 2 頁。

足屬靈世界的目的只有一個，就是爲邪教首領攫取屬世的財富、權力、地位和名聲。邪教發展地越迅速，人們的愛心反而冷卻地越快。正如耶穌所說，「**有好些假先知起來，迷惑多人。只因不法的事增多，許多人的愛心才漸漸冷淡了。**」（馬太福音 24:11-12）因爲沒有愛心，所以他們可以不擇手段，利誘、欺騙、脅迫甚至暴力等都是他們慣用的伎倆。而眞正的宗教信仰者能夠使用的工具只有一個，就是愛。虔誠地愛上帝，誠實地愛人如己，除此之外再無其他。因爲他們相信，「**你要盡心、盡性、盡意，愛主你的神。這是誡命中的第一，且是最大的。其次也相仿，就是要愛人如己。這兩條誡命是律法和先知一切道理的總綱。**」（馬太福音 22：37-40）

其實，眞正的宗教信仰者都是以愛心爲人服務，他們積極捍衛世人的良心自由，進而幫助世人享有更多的行爲自由。在此過程中，他們的屬世財富不會增加，甚至會減少；他們的屬世地位也不會提高，甚至會降低；他們也沒有什麼世俗權欲，不會對他人的世俗私欲提供什麼幫助；他們爲人處世都是顯明的，沒有什麼需要遮遮掩掩；他們的自然理性始終在閃耀著光芒，時間越久越明顯。而邪教的人以邪惡之心爲人服務，表面上似乎沒有什麼區別，甚至信邪教的人比眞正宗教信仰者表現地還要狂熱。但是邪教的人都具有明確的屬世目的，他們成立組織，搞個人崇拜是爲了獲取世俗權力；募集資金是爲了發展組織、擴充實力以及供邪教首領揮霍；他們盜用其他宗教教義是爲了欺騙教徒，使教徒迷信他們；他們鬼鬼祟祟、使用各種歪門邪道控制教徒思想，剝奪教徒自由，使教徒淪爲行屍走肉，是爲了方便由其擺布，淪爲邪教的幫兇。仔細剖析邪教，你會發現邪教的肢體裡沒有一點愛心，有的只是一顆冷酷的石頭心。

五、任何宗教是不會介入現實政治生活的，因爲它追求的是屬靈世界的事。但是邪教不同，他們的目標除了屬世財富外還有屬世權力。所以邪教一定政教不分，並且打著濟世救人的幌子行著撈取屬世權力、地位的勾當，這是邪教的本質使然。如明清時期的白蓮教，清後期的拜上帝會，民國時期的一貫道等。

邪教介入世俗政治生活有著深層歷史根源，它源自於世俗宗教的世俗理性。前面講過，因爲世俗宗教充斥著世俗理性，貪圖屬世世界的虛榮，總是喜歡介入世俗社會事務，所以爲邪教的誕生提供了溫床。尤其是當宗教與政治混淆不清時，宗教很容易成爲邪教介入政治的工具。如東漢末年的黃巾軍起義，其起義口號就充滿宗教色彩，「蒼天當死，黃天當立。歲在甲子，天下大吉。」還有清末的太平天國起義，同樣是利用了宗教的名義。但是由於沒有搞明白宗教與政治的關係，這些農民起義最終都因爲混淆了宗教和政治的界限，陷入了政教合一的混亂意識中，落得個政亡人息。

政教合一是人類對政治和宗教的作用，政府和教會的職能認識不清的產物。因爲這種認識上的模糊，導致人類在追求自由的鬥爭中時常陷入意識上的混亂，如將人和神混同，將人法和神法混同，自然而然地也將政治與宗教混同，並由此給人類社會造成了巨大的思維意識混亂，爲人類不幸的生活埋下了禍根。這方面基督教也不例外。當狄奧多西一世將基督教宣布爲國教時，基督教就開始了加快世俗化的進程。並且在中世紀，當教皇的權力越來越大，教皇的手也越伸越長時，基督教甚至面臨著淪爲邪教的危險。所幸基督福音本身所具有的眞理之光始終在喚醒人類的良心，並啓蒙和培植人類的理性，使黑暗的中世紀也會有眞理的呼聲不斷響起。

如果說邪教的人會出於自私的目的涉足屬世世界的政治，那麼信仰宗教的人會不會也涉足屬世世界的政治呢？答案是肯定的。宗教信仰者也會在屬世世界中發揮作用，因爲人畢竟是屬於兩種生命的結合體。比如表現在一名基督徒身上，其外部表現爲一位優秀的公民，遵紀守法、樂於助人；內在又是一位虔誠的宗教信徒，信仰堅定，和平喜樂。兩者之間有機地結合起來，沒有任何衝突。加爾文對此作了這樣的解釋，「人是處於兩種管制之下的：一種是屬靈的，由於屬靈的管制，良心得到造就，知所以對上帝存虔敬之心；另一種乃是政治的，由於政治的管制，人得到教導，在人類的往來關係中遵守社會本分。這兩種一般地被劃分爲屬靈的與屬世的兩種許可權，並無不合。」[126]但是如何保證一個外部的屬世世界不會幹擾個人內心的屬靈世界呢？經過千百年來的努力探索，宗教信仰者終於在遭受了無數次的痛苦經歷後發現，造成宗教和政治混淆不清的根源在於人類始終沒有分清宗教與政治的作用以及教會與政府的職能，導致追求屬靈生命的教會與維護屬世生命的政府之間互相侵染，都想把手伸到對方的領域中去，由此而造成了無數的人間悲劇。

在經歷無數次的悲慘遭遇後，宗教信仰者終於認識到教會不等於宗教，政府不同於政治，並在《聖經》中找到「政教分離」的淵源，「**凱撒的物當歸給凱撒；神的物當歸給神。**」（馬太福音 22：21）（詳見上文《宗教是精神鴉片嗎？》）

分清了宗教和政治的含義，搞清了教會與政府的職能，宗教信徒就不會再對教會與政府的行爲混淆不清，也不會再爲自己的宗教身分與政治身分而糾纏不清。宗教原本是爲保守人的良心自由而創設，猶如腳前的燈；政治原本是爲保護人的行爲自由而設立，猶如路上的光。兩者皆爲守護自由而設，卻屬於不同的兩個形態領域。一個是形而上的精神領域，一個是形而下的物質領域。兩個世界既相互獨立，又相互融合，共同存在於人類世界中。當屬靈世界和諧了，屬世世界也會和平繁榮；當屬世世界眞正實現了民主法治，屬靈世界的自由也會得到相應保障。「政教分離」理論的出現，使宗教和政治劃清了界線，進而爲屬靈世界和屬世世界劃清了界線，人類不會再爲兩者之間的糾纏不清而

---

[126] 《基督教要義》，第 503 頁。

困擾不休。

「政治的真正目的是自由。」[127]宗教的真正目的何嘗不是呢？真正的政治帶給人的是屬世生命的自由，真正的宗教帶給人的是屬靈生命的自由。良好的政治生態必然會給民眾帶來豐富的物質生活和豐盛的精神生活，能使人們有更多的時間和精力去追求更高層次的生命境界。若非如此，政治只不過是政客們手中的權術而已，與邪教手段不同，目的一致。

有感於屬世之人的貪婪和自私，宗教信仰者努力在屬世世界中啓蒙和培植人類良好的自然理性（表現爲世俗社會裡的政治修養）。他們往往是付出了巨大的個人犧牲才換來了執政者的理智，並借由執政者的智慧爲所有人創造幸福生活。正如康熙皇帝對西方傳教士也是他的啓蒙老師南懷仁的評價，「奉職勤勞，恪恭匪懈；秉心質樸，始終不渝。」[128]宗教信仰者本身並不在意來自人的榮耀，他們含辛茹苦，過著孤單寂寞、遭人誤解甚至逼迫的生活。他們在喧囂煩躁的塵世中過著平凡簡樸的生活，沒有過多的欲望。因爲他們信仰的是神，那才是他們希望獲得榮耀的所在。正如南懷仁臨終前給康熙皇帝的留言，「臣所作所爲之惟一目的，即在東方最偉大君主身上獲得世界上最神聖的宗教的保護者。」[129]

邪教的人與宗教信仰者最大的不同之處就在於對兩個世界的看法，信仰宗教的人不會爲了屬世的目的去追求屬世世界的權利和地位，更不會拋棄屬天的榮耀去追求屬世的虛榮。在他們眼中，上帝的國高於地上的國，因此，世上的權利過重反而會成爲靈魂進入天國的羈絆。所以他們努力地追求屬靈生命的同時，每每做出一些常人無法理解之舉。比如棄官、裸捐甚至爲了追求真理犧牲自己。而邪教的人絕不會這樣，他們即使說的多麼動聽，時間一長狐狸的尾巴就會露出來。正如耶穌所說，「**憑著他們的果子，就可以認出他們來。荊棘上豈能摘葡萄呢？蒺藜裡豈能摘無花果呢？這樣，凡好樹都結好果子；惟獨壞樹結壞果子。好樹不能結壞果子，壞樹不能結好果子。**」（馬太福音 7:16-18）在屬世權利的面前，邪教的人沒有不動心起意，互相侵軋的。這也是邪教爲什麼總是不會成功的根本原因。

總而言之，真正宗教信仰者介入屬世世界是爲了給世人守護一個自由的屬靈天空；而邪教之人卻是爲了給世人套上一個屬靈枷鎖。由此可見，宗教與邪教的最本質區別就在於，一個賦予人良心自由，一個剝奪人良心自由。

---

[127] 《神學政治論》，第 276 頁。

[128] 胡建華，《百年禁教始末——清王朝對天主教的優容與厲禁》，中共中央黨校出版社 2014 年版，第 47 頁。

[129] 同上

如何體悟林語堂先生的「信仰之旅」？

關鍵字：林語堂；儒家；道家；佛教；宗教；唯物主義；基督教

林語堂先生的《信仰之旅》原名是《從異教徒到基督徒》，從字面理解林先生自認自己原先是一個異教徒，後來經過長期的學習、思考和感悟終於成爲一名基督徒。這一點兒都不奇怪，基督教對中國人來講是外來宗教，幾乎每一個中國基督徒都是這樣成長起來的。但是林先生有一點兒與眾不同，因爲他打小兒就長在一個中國牧師的家裡，從一出生就已經自動成爲一名「基督徒」了。所以有人認爲林先生的書名應當叫《從基督徒到異教徒再成爲基督徒》，持這種觀點的人還不少。其實這是種很淺薄的認識，是對基督徒的嚴重誤解。

嚴格地講，基督徒一開始就是一個貶義詞，是指那些「頭腦」有問題的人。這些人莫名其妙地對人充滿愛心，自己都吃不飽穿不暖，卻還要伸出手去關心和幫助陌生人。他們主動地組織起來，照料病人和生命垂危的人，幫助困難的人，營救棄兒，掩埋屍體等。他們還定期組織敬拜活動，分享他們的主賜給他們的身體和寶血。這聽起來確實不正常，完全超出一個正常人的理解範圍。難怪當時的羅馬人嘲笑他們是群低能，或者「幸福過頭」的人。其實，這眞的是不理解他們的信仰和理性，他們的世界觀、人生觀和價值觀（參閱前文《基督徒的三觀》）確實異于常人，因爲他們相信他們的主基督是上帝的兒子，祂說的每一句話都是眞理，所以堅決奉行基督的教諭。基督說：「**因為我餓了，你們給我吃；渴了，你們給我喝；我作客旅，你們留我住；我赤身露體，你們給我穿；我病了，你們看顧我；我在監裡，你們來看我。**」（馬太福音 25：35－36）「**我實在告訴你們：這些事你們既做在我這弟兄中一個最小的身上，就是做在我身上了。**」（馬太福音 25：40）所以基督徒就將每一個人都當做自己的兄弟姊妹，眞心地幫助每一個有困難的人，並且將榮耀歸給主。另外，他們將錢財看得很淡，因爲基督講「**你若願意作完全人，可去變賣你所有的，分給窮人，就必有財寶在天上；你還要來跟從我。**」（馬太福音 19：21）「**你們要謹慎自守，免去一切的貪心，因為人的生命不在乎家道豐富。**」（路加福音

12：15）

基督徒與世俗之人不同，他們的心中都有一個上帝的國，在那裡人都有永恆的生命，且活在光明自由的愛河中。當然也有一個地獄，那裡的人都活在黑暗仇恨的捆綁中。耶穌基督給他們指明了通往天國的道路，那還猶豫什麼呢，即使是窄的不能再窄的道路也要走下去。基督徒的行爲都有一個榜樣，就是他們的主基督，爲了彰顯上帝的愛直到流盡最後一滴血。「**惟有基督在我們還作罪人的時候為我們死，神的愛就在此向我們顯明了。**」（羅馬書 5:8）所以，不管你相不相信，基督徒都是愛人如己的人，屬世生命對他們來講只是幫助提高屬靈生命的進階。這一至善和崇高的境界，不是異教徒或者掛名基督徒能夠理解和感悟的。

現實中很多基督徒（本書稱爲「掛名基督徒」）不能理解基督徒的眞實含義，他們要麼隨大流相信而相信；要麼稍微懂一點兒聖經知識，淺嘗輒止；要麼癡迷於教條神學[130]，都沒放下自己的肉身私欲，都貪圖來自人的榮耀。他們崇尚儀式，喜歡偶像，樂於奉承人和被人奉承，也安於貶低他人抬高自己，且並不認爲這與基督信仰有何衝突。這實在是一個莫大的悲哀，不但不能榮神益人，也使自己與天國無緣。

這種現象在世俗理性根深蒂固的中國基督徒中間非常普遍，從清末一直到如今，這一現象從未獲得根本轉變。林先生顯然也發現了這一現象，他說「我已觀望了多年，相信上帝，但覺得難於參加任何教會。我永不會十分滿意於這種情況，但在信仰、信條及教義的混亂中，很難表示一個人對上帝的信仰。」[131]

教內的基督徒尚且對基督信仰認識不清，教外的人對基督徒有誤解自然能夠理解。林先生稱自己是異教徒自然有他的道理，起初他的基督徒身分是「拿來的」，這種被給予的信仰自然禁不起風雨洗禮。在離開教會學校步入中國現實社會後，這種信仰很快就消失地一乾二淨。但是林先生是個屬靈的人，雖然恢復爲異教徒，但是追求屬靈生命才只是剛剛開始，此後林先生開始了自己漫長的信仰之旅。

林先生是這樣形容自己的信仰之旅，「我曾在甜美、幽靜的思想草原上漫遊，看見過某些美麗的山谷；我曾住在孔子人道主義的堂室，曾爬登道山的高峰且看見它的崇偉；我曾瞥見過佛教的迷霧懸掛在可怕的空虛之上；而也只有在經過這些之後，我才降在基督教信仰的瑞士少女峰，到達雲上有陽光的世界。」[132]

踏入中國現實社會後，林先生深感自己中文學問的不足，對此他深表不滿，於是開始猛補中文知識，當然首要補的是儒家文化。儒家文化在中國兩千多年的封建社會中是

---

[130] 本書將這三種信仰稱為隨信、淺信、迷信，詳見前文《為什麼說聖經也是一部信經？》
[131] 《信仰之旅》，第 174 頁。
[132] 《信仰之旅》，第 53 頁。

一家爲大的，歷代統治階級都從儒家學說中找到了維護自己統治的東西。儒家文化本是一門屬世的學問，但起初還是有些自然理性的東西，如「誠者，天之道也；誠之者，人之道也」、「天命之謂性，率性之謂道，修道之謂教」、「大學之道，在明明德，在親民，在止於至善。」但是後世儒家學者爲迎合封建統治階級的需要而將儒家文化曲解爲「三綱五常」等思想，儒家文化徹底被世俗化。雖然儒家學說被後人曲解了，但是對接受西方教育的林先生來講，並沒有那麼容易被忽悠。他說「我們不能只爲方便地作一種黑暗與光明的對比，說基督教是『眞』的，因此儒家是『假』的。」[133]爲了對信仰（或眞理）這一形而上的事物進行詳細說明，林先生對儒家、道教、佛教、唯物主義及基督教都作了深入地探析，得出了自己的結論。由於中國社會受儒家文化的影響之巨，所以林先生的信仰之旅「毫無感覺」地先從儒家文化開始。

林先生發現儒家最初是仰慕道家學說的，孔子曾講：「朝聞道，夕死可矣。」孔子曾親自去向道家創始人老子請教「道」，回來後對人講老子眞乃神龍一樣的人，深不可測。有鑑於此，孔子對鬼神之事都敬而遠之，很識時務地不再談論屬靈世界的現象，轉而專注於屬世世界的事物。儒家生存于道德不彰的亂世，爲求治世儒家求助於禮儀制度，希圖通過制定禮儀制度提高世人的品格。儒家在前人設計的框架內追尋根據以往經驗設定的理想，沒有超越，沒有創造，沒有脫離人自身的老我，必將使人重複陷入屬世世界中受肉體私欲和世俗理性捆綁的人治循環裡。在儒家所崇尚的「成聖之道」上，人們努力恪守人設的倫理道德，「克己復禮」。但隨著這一人造的「禮」不斷被人類根深蒂固的罪性暴露出自身局限性，世人的「成聖」夢不斷破滅。儒家思想的本質是想追求人道，但是由於對天道的不解，使其沒能實現追求人道的夢想，相反受著肉體私欲的誘惑而墜入地道之中，最終淪爲專制主義的爪牙。

更糟糕的是，人類本就有限的理智，卻又因封建統治「罷黜百家，獨尊儒術」的專制方式而幾陷於窒息。中華民族的有識之士在追求眞理的道路上雖苦苦追尋，上下求索，但理想之世始終遙不可及，而新思想新文化卻在儒家舊有的倫理觀影響下被摧殘，被扼殺。形而下的儒家文化最終淪爲封建專制主義的御用工具，卑屈地成爲犬儒文化。受此影響，中國人的理性越來越受到禁錮，良知越來越遭到蒙昧。儒家片面的世界觀以及對眞理的誤解，使中國社會陷入一個長期可怕的惡性循環中。

儒家指望在人道的有限中尋找天道的無限，從人的小善中尋求上帝的至善，一味地在屬世世界裡打轉轉，無論人造的哲學思想闡述地多麼「合情合理」、天花亂墜，也始終找不到實現「大同世界」的入口，只是在一個剪不斷理還亂的人治怪圈裡徘徊（詳見下

[133] 《信仰之旅》，第 54 頁。

文《如何走出「怪圈」？》）。兩千多年來，中國社會就是在這麼一個怪圈裡打轉，一個朝廷接著一個朝廷，一個君主換了一個君主，社會沒有什麼大的變化。脫離開宗教信仰的儒家文化始終未能明白，失去對無私至善的神聖信仰，不論人多麼聰明，遲早都會墮落爲良知泯滅、理性缺失的「動物」。

儒家早期的學說中也具有不少涉及宗教的內容，如《禮記》中講的「誠者，天之道也」，這與基督教所講的「**神是個靈，所以拜祂的，必須用心靈和誠實拜祂。**」（約翰福音 4:23-24）有相通之處。《中庸》開篇即講「天命之謂性，率性之謂道，修道之謂教。」這與道教的「道法自然」有著異曲同工之妙。孔子講：「君子中庸，小人反中庸。」林先生以爲「中是中心，庸是經常，中庸是『中心的常道』或『內在的不易之道』。」[134]這與基督教的十字架道路有著本質的相似。孔子說「仁者愛人」，林先生認爲「『仁』字有『慈愛』的意義，在孔子則指最好的人，是人性發展到理想的圓滿。」[135]這「仁者」與其他宗教中的「善人」有著相通之意。

但是因爲著眼於形而下的人，所以儒家提倡的愛分「等差」。因人與自己的關係遠近，這愛也分親疏，甚至乾脆沒有。其根本原因就在於，儒家沒有認清形而上的屬靈世界與形而下的屬世世界之間的本質分別，當然也無法理清自然理性與世俗理性之間的區別，這導致儒家的仁愛觀與基督教的博愛觀形成了天壤之別。

儒家因爲缺少對屬靈世界的認知，以及對生命的體悟，導致無法認知形而上的神，因此無法產生出一個宗教信仰的載體，所以最終只能著眼于人，成爲主張入世的一門哲學。由於後世儒家爲迎合封建統治階級的需要，接受「君權神授」、「大一統」等專制主義理論，媚獻「三綱五常」學說，丟棄了「民爲貴，君爲輕」的思想，把國人對神的信仰變成了對君王的愚忠，由此受到專制主義者的追捧，並成爲影響後世兩千多年的主流學說。

從此主人變成了奴僕，園戶變成了園主。中國人對天國的期盼變得遙不可及，愚昧無知、頑梗悖逆阻斷了國人回歸天家的道路。很久以來中國的民眾在混亂的世界觀中丟棄了天賦的自由和權力，以人爲偶像，愚忠愚孝，卻還在非理性編織的僞理中驕傲地高喊，「君讓臣死臣不能不死」等歪理邪說。把自己的命運交給一位素不相識的獨裁暴君，無異於將脖子伸進了絞索。而這位主子賜給臣民的唯有恐懼，這恐懼猶如野狗般吞噬著人們的良心。人們變得沉默寡言，麻木不仁。明哲保身的念頭使人變得自私怯懦，即使下一個犧牲的是自己也不願爲他人招惹是非。整個社會中愚昧野蠻、奴性狼性如荒草般蔓延，而理性卻無處容身。恐懼使國人在心驚膽戰中變得低微而卑賤，而天賦的神性卻

---

[134] 《信仰之旅》，第 69 頁。

[135] 《信仰之旅》，第 67 頁。

無跡可尋。淪爲專制主義統治工具的儒家文化，就是在世俗理性的包裝下以追求所謂的「人爵」而疏遠了「天爵」[136]。

當人越追求靈魂的高度，他的視野就越開闊，自然理性就越高；當人越追求肉體的享樂，他的視野就越狹窄，世俗理性就越發達。基督教明白這個道理，它要求人們禁絕肉體的私欲，去追求永生的屬靈生命。儒家不明白靈魂的高度決定人生的境界，所以它只能要求人在屬世世界中去實現「仁者愛人」或「捨生取義」。正是由於儒家文化僅僅專注於屬世世界，雖意識到天道存在，但卻因能力之不足只能追求人間的人道，導致儒家文化不可能形成一門宗教，最終在專制主義人治統治下，儒家的「仁學」不可避免地淪爲了世俗的「人學」。

儒家人學與古希臘哲學都屬於屬世學問，都缺少一個至善上帝的信仰載體。當人心中失去對至善的信仰，人生就會隨波逐流，逐漸被狹隘的世俗理性禁錮，被邪惡的非理性奴役，變得視野狹小，理智全無。缺乏信仰載體的古希臘哲學和儒家人學最終都因此衰落，但不同的是，古希臘哲學後來找到了自己的信仰載體——基督信仰，並與基督教融合爲基督教哲學，歷經千年重又煥發出勃勃生機。而儒家人學沒有這麼幸運，漸同人欲混雜在一起徹底變成了一門世俗實用理學，即使如國學大師熊十力努力創造的新儒學也沒能興起來。今後儒家人學能否煥發新生就看它能否與基督信仰相融合，正如西方傳教士在一本書中所說：「我們認爲一個徹底的中國維新運動，只能在一個新的道德和新的宗教基礎上進行。除非有一個道德的基礎，任何維新運動都不能牢靠和持久。……只有耶穌基督才能供給中國所需要的這個新道德的動力。」[137]

走出了儒家的堂室，林先生又來到了道家的高山。林先生認爲「以心靈及才智而論，老子比孔子有較大的深度。」[138]道家創始人老子的思想使人對這個世界能有一個整體的認知，提升人的靈性，其《道德經》一書充滿了自然理性的光輝。林先生對老子的思想概括總結爲，「老子思想的中心大旨當然是『道』。老子的道是一切現象背後活動的大原理，是使各種形式的生命興起的、抽象的大原理。它像流注到每一個地方，滋益萬物而不居功的偉大的水。道是沉默的，彌漫一切的，且被描寫爲『退避』的；不可見，但卻是無所不能的。它是萬物的原始，同時也是一切生命所顯示的形式最後還原的原理。」[139]接下來林先生引用老子在《道德經》一書中對道產生的說明，「有物混成，先天地生。

---

[136] 該典故出自《孟子》，原文為「孟子曰：‘有天爵者，有人爵者。仁義忠信，樂善不倦，此天爵也；公卿大夫，此人爵也。古之人修其天爵，而人爵從之。今之人修其天爵，以要人爵，既得人爵，而棄其天爵，則惑之甚者也，終亦必亡而已矣。’」此處的「天爵」指的是來自神的位格，「人爵」指的是來自人的封賞。

[137] 《基督教與近代中國社會》，第239－240頁。

[138] 《信仰之旅》，第96頁。

[139] 《信仰之旅》，第105-106頁。

寂兮寥兮，獨立而不改，周行而不殆，可以爲天下母。吾不知其名，強字之曰道，強爲之名曰大。大曰逝，逝曰遠，遠曰反。」道的運行原理「反者道之動，弱者道之用。天下萬物生於有，有生於無。」來闡述了自己對道的運行規律的認識，「大自然看來像一個不斷活動的循環，形態常常轉變，但常回到道的中心原理。這中心原理在西方哲學可能被稱爲『本體』。道在別的地方被老子描寫爲像一個風箱，它不斷地吸入及輸出空氣，但它本身卻永不耗竭。按照這種宇宙轉爲反方向的原理，沒有東西可以持久，而思想的趨向是使萬物平等，一切對立的東西都成爲併合且大致相同。」[140]

道是不斷運行變化的，「天之道，損有餘以補不足」，它不停地更新而變化，維持著一種動態的平衡。人不明白其中的道理，總以爲前人留下來的東西就好，殊不知拘泥守成是絕對不可以的。儒家就是面對世事的變遷而無力順應，所以才希望從前人的經驗中尋找治世之道。孔子所尋找到的「禮」在老子的眼中卻是「亂之始」，所以老子說：「絕聖棄智，民利百倍；絕仁棄義，民複孝慈；絕巧棄利，盜賊無有。」老子所講的無爲實際上是指不妄爲，意即減少人私欲的東西。因爲人的理性自始即不完全，人做任何事都會自覺或不自覺地帶有私欲，這是源自人肉身罪性使然。所以老子主張人無爲，就是叫人無私欲，實質是叫人在自然理性狀態下採取的一種自然之舉。正如林先生對老子的治國之道總結爲，「他反對戰爭，反對政府干涉一切事情，且反對刑罰。在談到不干涉人民的生活上，他說過一句很著名的話：『治大國若烹小鱔。』這是說，我們不要不斷地把它翻轉，這樣，那些小魚可被翻成漿糊。治國最大的藝術是讓人民自己爲生。」[141]

道家對「道」的認識達到了天道，並體察到天道的本質爲「善」，生命就是在認知了「善」的情形下保持一種順其自然的態度。老子用水來比喻天道，他說：「上善若水。水善利萬物而不爭，處眾人之所惡，故幾於道。居善地，心善淵，與善仁，言善信，政善治，事善能，動善時。夫唯不爭，故無尤。」在老子的眼裡，「上善」與「道」是相通的。人的行爲也應當符合「善」的標準，這樣才能「天長地久」。治理國家也是一樣，只有當全體國民已經認識到「善」，並且以「善」的標準行事爲人，這時的政府就不需要過多地幹預民生，因爲人已經具有了獨立人格和自由精神，並且習慣以自然理性思考和行爲，所以作爲管家的政府不限制人創造，人自會創造；不限制人思考，人自會思考；不限制人自由，人自會自由。只要去做就會產生限制，所以儘量「無爲」。「知其雄，守其雌，爲天下溪，常德不離，複歸於嬰兒。」唯如此，天下才能長治久安。如實在需要干涉，也要在「善」的原則下僅作稍微調整，始終保持在「善」這條中間線附近，不枉不縱，是爲正道。

---

[140] 《信仰之旅》，第 107 頁。
[141] 《信仰之旅》，第 112 頁。

林先生越研究老子的教義，越「覺得老子做到這種最曲折，而且有些迷人的雋語，在精神上已升到耶穌的嚴峻高度。」[142]老子講，「江海之所以能爲百谷王者，以其善下之，故能爲百谷王。是以欲上民，必以言下之，欲先民，必以身後之。」「是以聖人後其身而身先，外其身而身存」。耶穌在《聖經》裡講，「**你們中間誰為大，誰就要做你們的傭人。凡自高的必降為卑，自卑的必升為高。**」（馬太福音 23：11-12）「**然而有許多在前的將要在後，在後的將要在前。**」（馬太福音 19：30）「**你們若不回轉，變成小孩子的樣式，斷不得進天國。所以凡自己謙卑像這個小孩子的，他在天國裡就是最大的。**」（馬太福音 18：3-4）老子講，「善者吾善之，不善者，吾亦善之」。耶穌講：「**要愛你們的仇敵，為那逼迫你們的禱告。**」（馬太福音 5：44）老子教人「夫唯不爭，故無尤。」耶穌告訴人「**不要與惡人作對。有人打你的右臉，連左臉也轉過來由他打；**」（馬太福音 5：39）兩相對比就會有驚人的發現，兩者都是教人向善，教人謙卑，教人柔順，教人「複歸於樸」，回歸本初。

但是老子的學說只是一門哲學，他講的「道」具有自然理性的基本特徵，與古希臘哲學也很近似。但他缺乏對形而上屬靈世界的認知，沒有理清屬靈世界和屬世世界，天國與地獄，靈魂和肉體等宗教概念的關係，所以無法產生出信仰的載體。只是後人們將道家學說與中國本土的上帝（即老天爺）信仰相結合，才創造出道教來。道教本是一門入世宗教，並非要人脫離開屬世世界去過一種「屬靈」的生活。它通過道家理論以及對上帝的信仰，引導人們去過一種敬天愛人的生活，從而提高生命品質，達到更高的生命境界。從本質上講，道教與基督教的精神是一致的。但是由於道教缺乏基督這樣一位「絕地天通」的眞理化身，隨著膚淺的信仰和人欲的增加，道教越來越世俗化，如爲了趨吉避凶又是算命又是扶乩，爲了長生不老又是辟穀又是煉丹，爲了滿足人的各種欲望創造出無數的神仙偶像。逐漸地，道教演變爲一個世俗的多神教。

尤其令人悲哀的是，道教後來與佛教合流，蛻變成一門出世宗教。道教本身自有的積極作用幾乎喪失殆盡，完全淪爲一門故弄玄虛的「術」。正如林先生所說：「道教的歷史是很奇怪的。從老子智慧的高峰降到民間道教的神祕學、法術、驅邪逐鬼，從來沒有一個宗教退化的這樣厲害。」[143]

走下道教的高山，林先生又步入佛教的迷霧。在此林先生沒有簡單地摒棄佛教，他說「我們不能因此而用簡單的句子摒棄佛教爲『拜偶像的邪教』」[144]，而是發現佛教「對

---

[142] 《信仰之旅》，第 111 頁。
[143] 《信仰之旅》，第 130 頁。
[144] 《信仰之旅》，第 54 頁。

於罪的承認及深深地關切人類受苦的事實，卻是基督教很接受的。」[145]宗教都是勸人向善的，佛教也不例外。佛教雖然要人消極地看待屬世世界，回避現實。但是也並非全無功用，至少還有一個益處，就是教人爲善，「諸惡莫作，諸善奉行」。這也是所有宗教的共同特徵，它通過罪與業的理論勸誡世人要行善，勿作惡。但是中國人從小就是嚇大的，所以不怕嚇。爲惡的繼續爲惡，兩千多年的封建史就是一部專制主義惡性循環史。除此之外，佛教強調一切皆爲浮雲。正如佛教禪宗的偈語所講，「菩提本無樹，明鏡亦非台，本來無一物，何處惹塵埃」。佛教脫離屬世世界的本身就註定它不會對屬世世界產生多大影響，雖然在中國歷史上延續了兩千年，但是對中國社會的影響微乎其微。就此來看，佛教本身雖是一門勸人向善的宗教，但除了提高很少人的屬靈生命外，卻於世無益，既不能榮神，又不能益人。這本身與佛教來自於印度，深受印度教的影響有關。印度教就是重視來世，而對今生卻看得極淡。所以佛教教義註定不會對眼前的世界過於重視，當然也不會爲屬世世界留下什麼珍貴遺產，它只會教人消極遁世，追求極樂世界的淨土。即使得道高僧離世後也不會留下什麼東西（也許會留下一個不朽的眞身供人崇拜），相較基督教對世界的影響而言，眞有天壤之別。更有些參與政治的「佛教」，嘴裡講著「四大皆空」，實際卻做著萬眾崇拜的活人偶像。這還哪裡是什麼宗教，分明是披著宗教外衣的政治組織。在佛教裡人看不見一絲自然理性的光芒，卻只見一團團看不透的迷霧。

佛教作爲一門出世宗教，決定了它對屬世世界的作用非常小，但是對世人的消極影響卻很明顯，國學大師熊十力曾講過佛學是「了盡空無，使人流蕩失守，未能解縛，先自逾閑，其害不可勝言」。林先生性格比較委婉，他說「如果宗教是意味著超凡脫俗的，我反對它。」「這是我對一切宗教而特別是佛教所想說及的。」[146]佛教單純在屬靈世界追求屬靈生命，雖然有益提升個人的屬靈生命，但是於世無益，對改善人類的生活沒有多大貢獻，更沒有體現出愛神的果效要體現在愛人上。佛教不明白眞理存在於屬世世界的道理，一心在屬靈世界中尋找出路，這是何等的荒謬。如果眞理是屬靈世界的事，耶穌基督根本不需要借助肉身來到這個世界。如果基督來到塵世是告訴世人眞理是在屬靈世界中，那麼祂完全可以建個教堂或寺廟做個受人崇拜的宗教領袖，或者在深山老林、荒郊野外做個修行者。但是祂沒有這樣做，而是到人群裡去，告訴世人要盡心、盡性、盡意地愛神及愛人如己。因爲眞理必須在屬世世界中作光作鹽，所以耶穌走村串戶，一邊宣講福音一邊行神跡。祂明知這樣做會有悲慘的結局等著祂，仍然爲了顯明天國的眞理而選擇了十字架。眞理的兩面性就是這樣在基督身上向世人顯明了。

走出佛教的迷霧，林先生又信步來到宗教的聖殿。這次林先生不是對某一種宗教進

[145] 《信仰之旅》，第 55 頁。
[146] 《信仰之旅》，第 159 頁。

行分析，而是對宗教這種形而上的學問展開研究。他說：「宗教是讚賞、驚異，及心的崇敬的一種基本態度。它是一種用個人的全意識直覺地瞭解的天賦才能；一種由於他道德的天性而對宇宙所作的全身反應。」[147]在此林先生是將宗教有點神祕化了，其實宗教就是在屬靈世界研究眞理的一門學問。它與哲學的不同之處就在於兩者的研究領域不同，一個研究形而上的屬靈世界，一個研究形而下的屬世世界。宗教學家與哲學家經常是同一的，就如當一扇門打開時兩間房屋就相通了。當這扇門關著時，宗教學家就叫神學家，林先生這樣講這些人，「你看一個人念成爲神學的，便同時成爲更固執己見；反之愈不虔誠的，卻可以明白。這是爲什麼耶穌對文士及他當時的神學家說：『稅吏，娼妓，比法利賽人先進天國。』沒有一個讀過四福音的人，不曾看見耶穌對祭司及摩西律法教師時常顯示出的強烈憎惡。」[148]耶穌基督對這些神學家的評價是，「**他們是瞎眼領路的；若是瞎子領瞎子，兩個人都要掉在坑裡。**」（馬太福音 15:14）「**你們律法師有禍了！因為你們把知識的鑰匙奪了去，自己不進去，正要進去的人你們也阻擋他們。**」（路加福音 11：52）「**你們這假冒為善的文士和法利賽人有禍了！因為你們走遍洋海陸地，勾引一個人入教，既入了教，卻使他作地獄之子，比你們還加倍。**」（馬太福音 23:15）

林先生對神學家的態度和耶穌對神學家的評價是一致的，這些人在日常生活中常常是那些表面上十分虔誠的人，可以講幾乎大部分教堂和聖壇上都是他們的身影，可見眞實情況竟然是這樣的可悲。難怪最近有一個年輕的基督徒教師自殺，他認爲基督教裡都是些僞善者。他的這種看法一點兒都不奇怪，林先生在書中還提到一個故事，「威廉大帝以波斯王子的身分第一次和俾斯麥對話中，談到一個他所不喜歡的人像是一個虔誠者。俾斯麥問：『什麼是一個虔誠者？』王子回答：『一個試圖在一種宗教的僞裝中，推進他自己私人利益的人。』」[149]具有這種看法的人不少，而且很多都是偉大的哲學家，如伊拉斯謨、斯賓諾莎、約翰．洛克等人。如果說那位自殺的年輕基督徒教師有罪，那麼這些所謂的神學家們更應該像耶穌所講的那樣，「**凡使這信我的一個小子跌倒的，倒不如把大磨石拴在這人的頸項上，沉在深海裡。**」（馬太福音 18:6）

那麼當前面講的那扇門關著時，哲學家又叫什麼呢？他的名字就叫不可知論者或無神論者，至於他們常犯的錯誤將在後面的唯物主義中講到。

由於人的生長環境、知識水準以及性情等多種因素的作用，每個人對宗教的認識千差萬別，以往人們爲了一些形而上的東西爭論不休，甚至相互逼迫殘害，這是人類愚昧無知的悲劇。基督教從一開始就反對這種無意義的辯論，「**惟有那愚拙無學問的辯論，總**

---

[147] 《信仰之旅》，第 164 頁。
[148] 《信仰之旅》，第 180 頁。
[149] 《信仰之旅》，第 170 頁。

要棄絕，因為知道這等事是起爭競的。」（提摩太后書 2:23）西方文明爲我們開啓了一個思想寬容的時代，「宗教對於無數人有無數意義，故宗教信仰現在的情形，是容許人在態度及意見上有廣泛的差異。」[150]像林先生這樣議論宗教信仰再也沒有前人那麼多的顧慮，他開始認眞地思考，「我們可說一個接受上帝的人代表一個比單純理性主義者更高尚、更圓滿、更成熟的心智嗎？如果是，爲什麼？或我們要說一個趨向上帝的人必須從理性走開嗎？人認爲理性的意義是什麼？在理性和宗教的概念之間有必然的對立嗎？如果沒有，什麼是它們之間的關係？哪一種是人類智力的較高狀態？一個純理性主義者的心，抑或是一個能接受較高直覺的宗教概念的心？什麼是理性？什麼是信仰？」[151]爲了回答這些問題，林先生舉了柏拉圖的洞穴比喻來說明人的感性是靠不住的，必須要依靠人的理性。在此林先生並沒有給理性一個清楚的界定，同時也認爲信仰被神學給迷信化了。那麼宗教還能依靠什麼呢？林先生認爲是「分辨是非的良心」。「我們在這裡面對著一種宇宙的奇怪的事實，即是人有純潔的、神聖的、想爲善的願望，而人愛人及幫助別人是不需要解釋的決定的事實。人努力趨向善，而覺得內心有一種力量逼他去完成自己，差不多像鮭魚本能地要到上游產卵一樣。」[152]林先生對良心的認識無疑是正確的，但他對信仰和理性的關係並不清晰。其實理性是人的意識裡對屬世世界中最有利於自身存在和發展方式的主觀認知，良心是人類認知屬靈世界最高層次的意識形態，而信仰卻是上帝賜予人類認知及連結上述二者的紐帶，它們本身都相互關聯並不矛盾。明晰了三者之間的關係，這個世界會變得非常和諧；混淆了三者之間的關係，整個世界都會充滿矛盾不安。

以世界近代史爲例，爲什麼近代西方世界一騎絕塵將東方世界遠遠拋在身後，而東方世界默默無聞，自甘落後呢？我們在東方世界的宗教裡看不見自然理性之光，信仰的也都是充滿私欲的活人或木雕泥塑的偶像。愚昧野蠻的統治階級只顧著維護自己集團的利益，不停地愚昧民眾，同時也愚昧著自己，人類僅有的那一點兒良知也在千百年來的磨難中變得麻木不仁。在漫漫長夜中，世人看不清前進的方向，不但對屬靈世界充滿了迷信認識，對自然世界也失去了探索精神。在世俗理性和非理性編織的僞理邪說影響下，奴性和獸性瘋狂肆虐，即使有個別好的光景也完全是由個別良心未泯的統治者賜予的。而西方世界在文藝復興和宗教改革之後，基督教會的教條迷信被打破，耶穌基督的博愛重又煥發出新的生命。在追求純正信仰的同時，哲學家們在自然理性的指導下創造出了自然哲學、社會科學、自然科學等學科，發動了一場影響人類命運的科學革命，給整個世界帶來了翻天覆地的巨變。

---

[150] 《信仰之旅》，第 169 頁。
[151] 《信仰之旅》，第 175 頁。
[152] 《信仰之旅》，第 182-183 頁。

人是屬靈生命與屬世生命的統一體，而宗教與哲學是人類對兩個世界的頂層認知，人只有不斷地學習、思考和感悟，才有可能正確地認識兩者之間的關係，從而達到更高的生命境界。正如斯賓諾莎所說，人的最高境界就是「人的心靈與整個自然相一致的知識」。而推動這一過程的動力，正是上帝賜予人類的良心。明白了這個道理，宗教就不再神祕，它不過是人類認識屬靈世界的啓蒙師，教導人類如何正確地信仰？如何保守好自己的良心？如何能憑著自己的良心正確地選擇生活？宗教和哲學一起將信仰和理性教導給人類，幫助人類樹立理信，並過上自由且充滿意義的生活。

離開了宗教的聖殿，林先生又來到了唯物主義的眞空。林先生以爲，「唯物主義，不是懷疑上帝的存在（不可知論），就是坦白地斷定沒有神（無神論），後者在思想史上也是比較少的。」[153]

唯物主義主要出現於十九世紀，在十九世紀中葉達到最高峰。那時的人們剛從宗教迷信中清醒過來，滿心充滿著對自然科學帶來的新世界的展望。但是後來的結果卻並不爲人們所期望的那樣美好，唯物主義並沒有解決社會的道德問題，相反卻將社會引向道德虛無，「凡爾賽之後造成失望，波茨坦之後造成『垮掉』的一代。那『垮掉』的一代，自稱爲『垮掉』，只是指出他們已發現一個道德的空隙，缺乏值得爲它而活、爲它而戰的可信、善良、新穎的東西。」[154]林先生認爲，「我不以爲今天道德信念的消失是因爲自然科學的進步；倒不如說是因爲社會科學在方法及展望上模仿自然科學的趨勢。」[155]自然科學的發展沒有任何錯誤，正是因爲它的發展才爲今天人類帶來了豐富便捷的物質生活。許多偉大的科學家都具有虔誠信仰，他們相信神的大能，並致力於發現它。但是如果將這個二元世界簡單地歸爲一元的話，問題馬上出現。科學不能解決人心的是非判斷問題，它只是對物質世界的一種解析。而是非善惡的判斷屬於屬靈世界的良心範疇，這與屬世世界的自然科學完全屬於不同領域。

在自然科學誕生之初，人類無疑對這一新生事物充滿驚奇。那些神學家們在自然科學面前步步退縮，只會躲在暗處給自然科學家們放冷箭。以笛卡爾爲代表的機械上帝論，對以往被宗教神祕化的上帝又是一個致命打擊。隨著自然科學的飛速發展，哲學卻變得機械僵化，厚厚的一本著作充滿了枯燥繁瑣的哲學術語，看得人頭昏腦漲，卻不明白它到底想要說明什麼，而哲學蘊含的理性之光卻消失不見。（如果尼采說的是「哲學死了」，他一定會是一個偉大的思想家。可惜他說的是「上帝死了」，當然上帝不可能死，尼采卻眞的瘋了。）所有這一切都使人們對信仰失去了信心，轉而對唯物主義產生好奇。唯物

---

[153]《信仰之旅》，第 188 頁。
[154]《信仰之旅》，第 212 頁。
[155]《信仰之旅》，第 210 頁。

主義就是在教條神學的專橫迷信、哲學的僵死不化以及自然科學發展到一定階段的特殊產物。

在唯物主義者當中，眞正的無神論者是少見的，絕大多數都是不可知論者。但是這種純物質主義的理論卻阻斷了世人與神交通的管道，使人類不明白人生的眞義是什麼？不瞭解人的良心是什麼？更不清楚上帝造人的初衷何在？他們要麼做一天和尚撞一天鐘，渾渾噩噩，不知不覺中虛耗一生；要麼追求人生享樂，極盡巧取豪奪之能事，花天酒地，勇闖地獄；要麼表面上追求知識，尋求理想，卻並不眞正明白眞理的本質；要麼滿口仁義道德，背後卻是貪戀世俗名利的僞君子。唯物主義蒙蔽了世人屬靈的眼睛，它因看見了上帝創造的奇跡而忽視了上帝本身。

唯物主義不認識上帝的本質，因此它努力地遮掩祂。它也不明白屬靈世界的神奇，思維意識只能停留在外部事物的表面上，到底爲什麼事物會這樣，它無法給出一個準確的答案。正如林先生所講，「知道這些事情怎樣發生，而不是它們爲什麼發生。」[156]唯物主義強調自然科學的客觀性和規律性，卻對人的心靈、良知、靈魂等形而上的屬靈問題或避而不談，或以肉體、精神、氣質、生命力、正能量等等名詞解釋之。唯物主義不理解屬靈世界的事，正如聖經上講，「**屬血氣的人不領會神聖靈的事，反倒以為愚拙，並且不能知道，因為這些事惟有屬靈的人才能看透。**」（哥林多前書 2:14）

人都有一顆上帝賜予的良心，「我們可簡單地稱它爲分辨是非的良心。」[157]人藉此具有了分辨善惡、選擇行爲的自由意志，並能通過感悟而認識信仰和眞理，這是人不同於動物的最大區別。人的良知能夠辨別善惡，即使被荒謬的世界觀誤導，但在做邪惡之事時，人心中依然會產生不安的反應。如法西斯主義黨徒借著國家的名義做了那麼多的壞事，但對某一個具體做事的人而言還是能感到良心的不安，只不過他們借著愛國的名義安慰自己的良心罷了。事實上，國家何曾開口讓人去做騙人害人、損人利己的勾當，那只不過是人類的罪性在試探著人類弱不禁風的良知罷了。唯物主義將一個完整的世界強行割裂開，忽視世界是一個二元化的統一體，單強調屬世世界的客觀實在性，將屬靈世界視爲眞空。它無視人類對至善的信仰，剝奪人類來自天賦的權力，蒙昧人的理性，捆綁人的良心自由。卻誘使人放縱私欲，追求聲色犬馬，不知不覺中淪爲高等「動物」。唯物主義的這種行爲給後世的人類帶來了前所未有的災難。

唯物主義雖然消滅了人類對屬靈世界至善上帝的信仰，但是卻無法消滅世人對偶像的崇拜情結，甚至利用人類這種偶像情結，將活人推上了神壇。林先生說：「我相信崇拜某些東西的本能是在每一個人之中，而沒有一個不崇拜任何東西的社會，甚至無神的社

---

[156] 《信仰之旅》，第 195 頁。
[157] 《信仰之旅》，第 182 頁。

會也是有所崇拜的。」[158]「在一個無神的社會中，一神主義必然永遠繼續，這個宗教無誤的主是馬克思，它啓示的先知是列寧。如果這個啓示的宗教不穩固地被高舉，像神聖一樣被崇拜，整個無神的教會必然會粉碎。」[159]在一個完全屬世的世界裡，一個活人被高舉為偶像，受億萬人頂禮膜拜，這種景象是何等的恐怖。基督教認為「人皆有罪」，「沒有一個義人」。因此基督教對權力有著清醒的認識，美國歷史法學家艾茲摩爾所說：「基於人有罪的觀點，清教徒拒絕給予個人過多的權力。權力有腐敗趨勢，並且可以被用來打壓別人。因此，統治者的權力必須予以妥善地監督。」[160]在這裡我想說的是，腐敗的不是權力而是人，因為人有腐敗的趨勢，所以受人操控的權力也有了流於世俗理性的趨勢。設想一個受世俗理性甚至非理性捆綁的活人被樹立為偶像，那麼可想而知他的權力將不會受到有效地監督，如果任由他胡作非為，權力必將如同洪水猛獸將所有人的自由乃至生命吞噬。而世人必會在貪婪和恐懼中捨棄天賦的權力和自由，卑微地淪為罪人的奴隸。

唯物主義讓人類的屬靈世界變成了一個眞空，在這片眞空當中，光照進去卻得不到任何的反映。「**光照在黑暗裡，黑暗卻不接受光。**」（約翰福音 1:5）林先生清楚地看到了這一點，他說：「在這個世界上，眞空是最危險的一件事。不是在可怕的黑暗中的某些地方，有光來拯救人類了嗎？」[161]

走出唯物主義的眞空，林先生來到了他信仰之旅的最後一站——威嚴的大光。這光在林先生心中無疑是眞光，是來自那上帝的眞理之光。「**那光是真光，照亮一切生在世上的人。**」（約翰福音 1:9）「**我是世界的光。跟從我的，就不在黑暗裡走，必要得著生命的光。**」（約翰福音 8:12）「**我到世上來，乃是光，叫凡信我的，不住在黑暗裡。**」（約翰福音 12:46）

林先生是眞正認識到這光本質的人，他說：「在耶穌的世界中包含有力量及某些其它的東西 ——光的絕對明朗，沒有孔子的自製，佛的心智的分析，或莊子的神祕主義。在別人推理的地方，耶穌施教；在別人施教的地方，耶穌命令。他說出對上帝的最圓滿的認識及愛心。耶穌傳達對上帝的直接認識及愛慕之感，而進一步直接地並無條件地把對上帝的愛和遵守他的誡命，就是彼此相愛的愛，視為相等。如果一切大眞理都是簡單的，我們現在是站在一個簡單眞理的面前，而這眞理，包含有一切人類發展原則的種子，那就夠了。」[162]在此，林先生已經認識到基督的本質即眞理，並且這眞理引領人類認識了

---

158 《信仰之旅》，第 213 頁。
159 《信仰之旅》，第 214 頁。
160 《美國憲法的基督教背景》，第 20 頁。
161 《信仰之旅》，第 214 頁。
162 《信仰之旅》，第 219-220 頁。

上帝的無私、至善和永恆。基督之愛的背後是眞理性，是至善，是無私，基督說：「**我就是道路、真理、生命；若不藉著我，沒有人能到父那裡去。**」（約翰福音 14：6）又說：「**人看見了我，就是看見了父。**」（約翰福音 14：9）

認識到這一眞理的人不少，帕斯卡曾說：「我們僅僅由於耶穌基督才認識上帝。沒有這位居間者，也就取消了與上帝的一切相通；由於耶穌基督，我們就認識了上帝。」[163]斯賓諾莎說：「基督與其說是一個預言家，不如說是上帝的發言人。」[164]林先生將基督比喻爲高聳入雲、純潔無暇的瑞士少女峰，這一比喻恰如其分。基督確如那連接天地的橋，絕地天通的梯，祂用福音宣講天國的眞理，引領世人邁向光輝的自由之境。我們認基督爲主，絕不是因爲祂是上帝的兒子，而是因爲祂是眞理的化身，實乃認眞理爲主。

但也要清醒地意識到，基督教也是一門人造的宗教，這導致它必然會受人爲因素的幹擾，具有世俗化或迷信化傾向。自基督教誕生以來，它就一直存在兩大問題，一個是基督教世俗化，另一個是基督教迷信化。（參見前書《基督教啓蒙讀物——最後的爭戰》）如果認眞觀察，就會發現在這兩大問題的背後都有著基督教神學的陰影。

基督教神學大致可以分爲兩類，一類是脫離開屬世世界，專門研究屬靈世界的出世神學。這類神學最是無聊，常用一些莫名其妙的歪理誤導信徒。林先生爲說明這種神學的荒謬舉了一個例子，在海涅的《遊記》一書中記錄了三個宗教學生在辯論上帝的性質及性格，林先生認爲「這是爲神性而辯爭的無用之一例。」[165]接下來林先生講道，這種情形「和西元後 4 世紀辯論《雅典信條》時的情形，仍沒有什麼兩樣。當時……他們所想做的是把三位一體的三個分子放入一種邏輯的關係，……但是最困難的地方是分別三位一體中的兩個分子和父神之間的邏輯的關係，而它最後決定聖子不是被造的，是父所『生』的，而『聖靈』既不是被造的，也不是『生』的，只是從父而『出』的，用滅亡來威脅那些壞到不能同意此說的人。當大家同意『聖靈』只是『出』的時候，辯論便環繞著它究竟是直接從父而出，抑或透過子而出。就在這個學院式的針尖上，東方希臘正教會離開羅馬天主教會，而在十一世紀，羅馬教皇及希臘正教的大主教都爲上帝的光榮而互相驅逐別人出教會。如果這不是不敬上帝，什麼才是？」[166]

另一類是隱藏很深的世俗神學。這類神學通常以世俗理性來研究神靈，通過對神的人格化，樹立人造偶像，並按世俗理性成立組織，制定教規，限制信眾的自由等等。這類神學還喜歡標榜自己爲正統，卻放著基督的寬容和愛不理，四處揮舞著「正義之劍」

---

[163] 《思想錄》，第 216 頁。
[164] 《神學政治論》，第 66 頁。
[165] 《信仰之旅》，第 168 頁。
[166] 《信仰之旅》，第 168-169 頁。

打擊各種各樣的「異端」。這種神學最是害人，不但無法給人帶來正確的信仰，反而時常借著擬人化的神驅趕人的理性，使人深陷迷信之中。約翰·洛克在《基督教的合理性》一書中講道，信徒們「把自己置於祭司的手中，但祭司給他們的頭腦中充滿了對上帝的錯誤觀念。崇拜時就隨他們高興，用愚蠢的儀式；可怕的或狡詐的事一旦開始，虔誠的獻身就使之變得神聖，宗教就成了一成不變的。在這種對於眞正上帝的黑暗無知中，邪惡和迷信就掌握了世界，得不到理性的幫助和來自理性的希望，無法聽見理性的聲音，而且被認爲與信仰的問題無所相干；祭司們，爲了保障他們的帝國，就把理性驅逐出他們關於宗教的任何事務中。在種種錯誤的觀念和虛構的儀式中，世人幾乎喪失了對於唯一眞正上帝的認識。」[167]

神學就是這樣爲滿足人的虛榮而把錯誤的觀念灌輸到信徒的腦海中，使人對上帝產生一種盲目且不切實際的迷信。正是這種種迷信阻擋了無數追求眞理者的腳步，誘使無數盲信者步入黑暗的深淵。林先生曾經也是這樣一個受害者，他說：「我現在所想說的是妨礙人認識耶穌的，剛好就是這些純理論家的喋喋不休，就是他們信條的混亂使我離開基督教三十年，而他們的一角半錢的神學妨礙我看見耶穌，且不僅是一個人如此。」[168]神學本是一門研究神靈的學問，爲什麼會如此誤人子弟呢？林先生講道：「在耶穌自己的話中卻沒有要詢問的事情，沒有野蠻人自己不懂得的事情。在耶穌的話中沒有神祕的定義，沒有危險的推論，沒有自我欺騙的辯證法，沒有『五要點』。分析它們就是等於殺了它；改善它們就是等於毀了它們。如果那些神學家知道所做的是什麼該多麼好！因爲沒有任何神學家（無論他是怎樣偉大）有耶穌的心。」[169]

原來如此，這些所謂的神學家根本就沒有耶穌的境界，他們心懷意念的全是屬世之人的思維邏輯。他們給信徒們灌輸的都是人的意識，理性的鑰匙卻被他們拿走了。難怪耶穌講：「**你們律法師有禍了！因為你們把知識的鑰匙奪了去，自己不進去，正要進去的人你們也阻擋他們。**」（路加福音 11：52）「**當那日，必有許多人對我說：『主啊，主啊，我們不是奉你的名傳道，奉你的名趕鬼，奉你的名行許多異能嗎？』我就明明地告訴他們說：『我從來不認識你們，你們這些作惡的人，離開我去吧！』**」（馬太福音 7：22-23）

神學的愚昧眞正是宗教的悲哀，神豈是可以拿來做研究的？亦或用來搞事業的？還是某些人用來博取名利的？神的無私和至善豈是神學能講明白的？許多神學家以信仰上帝的名義對上帝進行研究，他們無法理解上帝的無私、至善和永恆，任著他們的意胡亂地編造神學教義，將一位完整的神肢解的支離破碎。對基督教神學的愚昧林先生是這樣

---

[167] Locke, John.The Reasonableness of Christianity,p.57,Standford University Press, 1958.
[168] 《信仰之旅》，第 226 頁。
[169] 《信仰之旅》，第 225 頁。

評價的，「基督教神學的愚蠢在於不知道何時何地當止，而繼續用有限的邏輯去把上帝定義爲像一個三角形，且決定爲求一己知識上的滿足，而說怎樣Ｂ是Ａ所生，而Ｃ又怎樣來自Ｂ而非直接來自Ａ。」[170]「基督教最令東方人震驚的是，差不多所有基督教神學，都對宗教作學院式的研究。那錯誤幾乎是難以相信的，但在一個以理性爲首要多過以感情及人的全意識爲首要的世界中，這種錯誤甚至不爲人所發覺及被忽視。」[171] 神學的可怕眞正在此，明明是魔鬼的勾當，卻化身爲神聖。只要你反對它，它就說你是異端。猶太教如此，基督教也如此；天主教如此，新教也如此；保守主義如此，自由主義亦如此。寬容和理智在神學中找不到半點影子，信仰變成了迷信，那多到令人髮指的神學教條眞正使智慧之人發狂，愚昧之人麻木。

當信徒們將基督教作爲一門屬世的事業時，支撐它的就是基督教神學理論。信仰本是個人對眞理的一種感悟，是靈魂對屬靈世界的一種探索。用林先生的話說，「宗教自始至終是個人面對那個令人震驚的天，是一件他和上帝之間的事；它是一種從個人內心生髮出來的東西，不能由任何人來『給與』。」[172]這種完全屬靈的覺悟沒有人可以替代，不是能在屬世世界裡當作事業來做的，否則就會出現一個神學階層，包括神職人員和神學家。而這些人（中國人將這種人稱爲吃教的）當然不會在屬世世界甘於寂寞，他們建教堂、建學校、建教廷甚至建教皇國，如果說一開始人欲在他們的行爲中還不太明顯，隨著屬世利益的不斷擴大，這教會內部就越來越熙來攘往，人欲橫流。表面上看很興旺，實際上是將神的殿當成了做買賣的集市。

到教堂裡來的人通常都是尋找精神寄託的，神職人員輕描淡寫的幾句話就可以讓大家放下心裡的包袱，把擔子卸給主，好像佛教淨土宗念一句「阿彌陀佛」就可以往生極樂世界一樣，這不是迷信是什麼？這不能埋怨基督信仰，這與基督信仰沒有半點關係，這不過是基督教世俗神學製造出來的一種廉價商品——精神速食。教徒們每周來吃一次這種精神速食，吃完後該幹嘛幹嘛，世界依然如故。必須同時看到，普通信眾是樂於吃這種精神速食的。就他們的文化水準、理性認知能力和信仰程度都不可能提出更高層次的精神需求。這種速食信仰最適合他們的口味，誰不願意花小錢辦大事呢？但凡給教堂捐幾個小錢，就可以與所有人稱兄道弟，不但人脈圈擴大了，甚至連天堂的門票都買好了。這種好事誰不趨之若鶩呢？看著教會門庭若市，神職人員更是滿心歡喜，多年的努力沒有白費，這門事業終於獲得了成功。不但財源滾滾，而且主任牧師、神學教授、協會會長甚至人大代表、政協委員等名譽頭銜也一樣樣飛來，正可謂皆大歡喜。這與伊拉

[170] 《信仰之旅》，第 130 頁。
[171] 《信仰之旅》，第 165 頁。
[172] 《信仰之旅》，第 2 頁。

斯謨所寫的《愚人頌》裡的景象何其相似。難怪斯賓諾莎曾講：「世俗的宗教不外是對教士的尊崇。這種錯誤觀念的傳布使無用之徒醉心獲得教職，這樣，傳播宗教的熱誠遂衰敗退化，一變而為卑鄙的貪婪與野心。……無怪舊日的宗教只剩了外表的儀式（連這些儀式，在大眾的嘴裡，也好像是神的阿諛，而不是神的崇拜）。信仰已經變為輕信與偏見的混合。」[173]

這種將基督信仰做成事業的人表面上很狂熱，實際上卻是在拿信仰做生意。德國布永康牧師在《復興烈焰》中講得好：「有一種很類似愛的情感，就叫做狂熱。狂熱跟愛一樣都很強烈，但狂熱可能把福音變成一門事業，我們大可熱烈地歡迎眾人來到教會，但是店家老闆不也一樣歡迎客人嗎？所以我們是傳福音，不是在尋找客戶。我們接觸別人的目的，是要用耶穌的愛去祝福他們，而不是為了做成績。追求成功並不是罪過，我們當然希望福音可以廣傳，但是傳福音只要能傳遞耶穌的愛，成功或失敗都不是最重要的，重要的是愛。」

但是做事業的人可不這麼想，這關乎他們切身的名利。於是乎傳福音變成了一門屬世事業，屬靈的信仰變成了世俗的產業，內中的勾心鬥角、是是非非簡直罄竹難書。是什麼使基督教成為一門世俗的產業呢？林先生這樣看：「在我看來，似乎基督教神學要負大部分的責任，它把基督教放在『結果』及遵行他的誡命的重點，移到某種容易獲得，且近乎法術的得救方法。這種方法不需要個人方面的道德努力，因而是悅耳的。不錯，基督教教會也常教誨人懺悔和更生，但在整個看來，重點已放在方法之上。那方法是：因為某人已經為你死，拯救無論如何是你的，只要你信他，或藉他的名呼籲『主呵，主呵』便成。贖罪教義的作用顯然是機械的，愚人也懂得的，所以那些祭司們想他的會眾們相信它。耶穌所教的卻不同。關於葡萄樹、種子，及無花果樹等等的寓言中，他把拯救及赦罪的條件放在『結果』及遵行他的誡命之上。赦罪是沒有理由機械的或簡明的。崇拜並不及服務重要：『**把禮物留在壇前，先去同弟兄和好，然後來獻禮物**』；『**你若不饒恕人的過犯，你們在天上的父，也不饒恕你們的過犯**』；『**你們不要定人的罪，就不被定罪；你們要饒恕人，就必被饒恕**。』這是耶穌放在倫理生活及個人努力上所強調的。如果一個人不遵行他的愛及寬恕的誡命而只悔改及信，羔羊的血絕不能洗去他的罪。拯救既不是機械的，也不是呆板的。一旦這個重心恢復，而基督徒在他的生活中『結出果子』，沒有任何東西能抵抗基督教的勢力。」[174]

可惜沒有幾個人有林先生這樣的見識，他們將基督教當做一個組織，「多結果子」就是多發展成員，至於他們是否真接受基督信仰那就不關他們的事了。他們讓基督信仰變

---

[173] 《神學政治論》，第 4-5 頁。
[174] 《信仰之旅》，第 230-231 頁。

成了一件廉價商品，隨時準備出售。林先生懷疑這種宗教的價值，他說：「我獲得宗教走的是一條難路，而我以為這是唯一的路；我覺得沒有任何其它的路是更妥當的。因為宗教自始至終是個人面對那個令人震驚的天，是一件他和上帝之間的事；它是一種從個人內心生髮出來的東西，不能由任何人來『給與』。」[175]當基督教成為一門事業後，實在令人懷疑這門宗教是否還保有起初的純正。

其實，眞正讓人接受基督信仰的不是人的宣傳，而是人的行為。林先生說：「中國人是一個切務實際的民族。我們量度及評判那些傳教士，不是憑他們所講，而是憑他們所行，且把他們簡單地分為『好人』或『壞人』。你不能逃避這些最後的簡稱。」[176]「換句話說，基督徒產生基督徒，而基督教神學則不能。」[177]有關這方面的例子很多很多，如在非洲宣教的史懷哲、在印度宣教的特蕾莎、在中國雲南宣教的富能仁、楊思惠夫婦等，他們都宣示了基督所傳遞的愛和美德，都為上帝的眞理作了美好的見證。

林先生初始是一個拿來的基督徒，本身並不瞭解基督教的眞正內涵。在初入現實社會後很快就拋棄了拿來的基督信仰，恢復了異教徒之身。後來經過不斷地研究探索，重新發現了基督教的眞理性，但仍自稱異教徒，這是「因為這種宗教信仰的混亂及教會的分門別派，我曾一度努力渡過可咒詛的地獄之火的西拉險灘及法利賽黨的女妖，而自稱為異教徒。我站在理性主義及人文主義的立場，想到各宗教互相投擲在別人頭上的形容詞，我相信『異教徒』一詞可避免信徒們的非難。」[178]最後當林先生重新公開宣稱自己是基督徒時，已經眞正理解了基督教的眞諦，並以基督精神指引自己後來的人生道路。

很多人以為林先生是位人文主義者，就如對伊拉斯謨一樣，其實這是對他們的誤解。當今世界的人文主義思想本就來自基督信仰，不理解基督信仰就搞不清人文主義的眞正源頭，也不會眞正理解人文主義的本質內涵。

林先生是一個理信的人，他的信仰道路給所有有志於追求眞理的人都指明了正確的方向。今天在這裡體悟他的信仰之旅，正是沿著他的足跡與神對話的過程。林先生的信仰經歷明白地告訴我們，信仰不是一件容易的事，唯有攀越過險峻的高山，涉險過死蔭的幽谷，穿越過湍急的河流，歷經千辛萬苦才能認識神的大能，接受神的福音，重新做回神的兒女。因為「**凡接待他的，就是信他名的人，他就賜他們權柄，作神的兒女。**」（約翰福音 1:12）

文章的最後讓我用林先生的原話來做本文的結尾，讓我們眞正體悟一下一個屬靈的

---

[175] 《信仰之旅》，第 2 頁。
[176] 《信仰之旅》，第 228 頁。
[177] 《信仰之旅》，第 229 頁。
[178] 《信仰之旅》，第 172 頁。

中國知識分子是如何越過人生的重重迷障來到眞理的面前。「因爲這本書是談及我個人從異教到基督教的旅行，我相信對於這種改變必須再說一句話，讀者可能已覺得我從來沒有停止過信上帝，而我也從未曾停止過尋求滿意的崇拜形式。但我是被教會神學所攔阻，我被冷酷地心智的、傲慢地演繹的，以及甚至對上帝不寬恕的東西所排斥。我所處的地位，和許多生而爲基督徒，但由於種種不同的原因，覺得在教會中有些東西直覺地使他離開的人一樣。我坦白地說，我相信千百萬人像我一樣。我被那個可怕的叫做框子的東西，阻止我注視雷姆蔔蘭特。事實上沒有劇烈信仰的改變，沒有神祕的異象，沒有某人把紅炭堆在我頭上的感覺。我轉回我父親的教會，只是找到一個適合我而不用教條主義來阻攔我的教會而已。當它發生之後，它是一件自然的事。」[179]

---

[179] 《信仰之旅》，第 231 頁。

哲學篇

「你們必曉得真理，真理必叫你們得以自由。」

（約翰福音 8：32）

什麼是理性？什麼是哲學？什麼是法律？什麼是形而下？

關鍵字：理性；人性；自然理性；世俗理性；非理性；哲學；法律；形而下

一、什麼是理性[180]？

理性是人的意識裡對屬世世界中最有利於自身存在和發展方式的主觀認知。根據人對世界本質的認知能力和生命境界的不同，理性可以分爲自然理性和世俗理性。自然理性引導人的生命層次不斷提升，以至於最終與純正信仰相結合而認知眞理。世俗理性誤導人陷入以肉體爲核心的形而下世界中，並以爲生命只指肉體生命，心懷意念全是各種肉體私欲。當它與宗教信仰結合就會產生各種世俗宗教，當它與哲學思想結合就會產生各種僞理邪說，當它與雜亂信仰結合就會產生非理性。宗教迷信和僞理邪說本質上都無法提升人的生命境界，反而會將人良心中的那點兒神性也抹殺殆盡，眞正於人無益，最終會使人的靈魂陷入無邊的黑暗中。「**你裡頭的光若黑暗了，那黑暗是何等大呢。**」（馬太福音 6：23）

自然理性程度越高，認知事物的能力就越強，就越能看清事物的全貌和實質。相反，自然理性程度越低，認知事物的能力就越弱，就只能看見事物的局部和表面。常言道，站得更高，看得更遠就是指這個意思。

理性是屬於形而下世界的一種思想意識，它產生於人本身，並隨著人的肉體和精神一起成長。理性有可能提高，也有可能降低，這是理性區別於神性的地方。理性提升得越高就越接近自然理性的高峰（眞理性），自然理性是有利於人類精神的理性，謀求的是人的精神自由，表現爲愛人如己，且總是教人在精神層面趨向善。理性降得越低就越跌

[180] 本文中的「理性」是指全體理性，本書中的「理性」通常是指自然理性，特此予以區分。

落世俗理性的深谷（非理性），世俗理性是有利於人肉體的理性，謀求的是人的肉體私欲，表現為愛戀世界，且總是使人在物質層面趨向惡。所謂人性實際指的就是人的理性，人性的善惡根本上取決於人的理性水準高低。人的自然理性水準越高，人就越趨向善，人的世俗理性水準越高，人就越趨向惡，若人徹底喪失了理性，無形中就會墜入非理性的深淵，這時我們就講這人沒有了人性。

自然理性教人熱愛以人為中心的自然，通過瞭解各種自然現象和規律來認知世界的本質，幫助世人樹立正確的世界觀，並藉著與純正信仰相結合共同構成真理。其核心內涵為利人利己，甚至在他人的眼中是損己利人。損己利人從表面上看不符合理性，但實際上它卻是符合「天道」的一種深邃智慧，就如中國老祖先所講的「吃虧是福」的道理。因為它是從高處看世界，所以能夠幫助人認清這個世界的本質，同時也能幫助人認識生命的真義——真、善、美，然後充滿智慧地善待它。世俗理性是以世俗肉體為中心，眼睛看見的就是自身周邊的有形世界。世俗理性總是與各種肉體私欲相結合，形成各種各樣以自我為中心的意識，其核心內涵為損人利己，並與各種信仰結合成為迷信，與各種哲學思想結合成為偽理。世俗理性由於缺少對世界本質的認知，總是借著肉體私欲去理解真理，結果必然導致人類不斷地陷入各種各樣自私自利的叢林法則。

自然理性是指引人理信的燈塔，它使屬世世界裡的人總不至於因為缺少光明而陷入黑暗之中。它一旦遇到純正信仰便會與之結合，幫助人感知真理，並將其內化，然後以真理的角度衡量是非善惡。當人理性與信仰合一的時候，人的內外在便得以溝通，人看待世界不再是憑著肉眼，而是從內在層次看見即感知事物。這時的人行事為人總是出乎人的意料，舉個例子，在十七世紀的歐洲曾經爆發了一場可怕的黑死病，這場瘟疫奪去了英國十多萬人的生命。但是就在這場瘟疫勢如破竹橫掃英倫時，卻在英格蘭北部發生了一個奇跡，瘟疫的腳步停滯不前，似乎病魔忽視了那裡的人們。到底是什麼原因阻擋了病魔肆虐的腳步，原來當瘟疫借著一個倫敦商人來到了英格蘭南北部交界的一個叫亞姆村的小村莊時，這裡的人們在當地牧師的感召下，煥發出宏大的自然理性之光。當開始人們發現有人病倒時，也是人心惶惶，準備繼續向更遙遠的北方逃命。但是就在人們惶惶不可終日之時，一位叫威廉的牧師站了出來，他對眾人說到，如果我們得了瘟疫逃到哪裡都是死，而且還會將瘟疫帶給更多的人們，為了更多人群的利益，我們不如在此堅守，阻擋住病魔繼續向北部蔓延。就在這位牧師的勸導以及從其身上彰顯出的基督精神感召下，小村裡的人們沒有繼續向北奔逃，相反他們在村裡向北的必經之路上建了一道牆，就是這道牆成功阻斷了瘟疫繼續向北蔓延。但是村裡的 344 位村民，災後只倖存下 77 人。每一位村民在作出那個艱難的決定前應該都知道等待他們的會是什麼，但是他們沒有畏懼、退縮，相反他們都提前擬好了遺囑（他們的遺囑刻在墓碑上，這些墓碑今

天還屹立在村裡，供後人瞻仰），這些遺囑中的話語表達了他們熱愛人類的心跡，眞正彰顯出了愛人如己的理性之光。在這裡是什麼使他們能夠做到如此的大公無私，捨生忘死，這其中的奧祕只有從他們的純正信仰中去尋覓。

再舉一個例子，二戰結束後美國政府救助二戰失敗的德日等國就是發自自然理性，因爲相信人類的愚昧無知總是與饑餓貧困、絕望混亂、恐懼仇恨等相生相伴，所以他們爲戰敗國提供了恢復經濟的馬歇爾計畫，由此西歐國家以及日韓等國都很快恢復了國力，民眾的生活水準得到了很大程度的提升和改善。出於同樣的原因，清末美國政府將庚子賠款的一半用於清華留學生赴美學習的費用也是出於這種考慮。美國人的這種理性與他們的純正信仰是分不開的，在這信仰中隱含著來自神的祝福，這就是美國能夠在建國不到兩百年就能執世界牛耳的根本原因。

世俗理性的本質是愛己和愛世界，是在肉體私欲的誘惑下使人沉浸到迷信和僞理的意識。世俗理性在屬世世界裡誘導人沉溺於自私自利的肉體享樂中，使人不知不覺中良知泯滅、理性蒙昧，最終淪爲罪的奴隸（詳見下文《什麼是世俗理性？》）。比如同樣是戰後處理遺留問題，如果是換作世俗理性就不會那麼考慮，通常的做法是，戰敗國割地賠款向戰勝國認罪。這種短視的行爲只會增加彼此間的仇恨，如在第一次世界大戰後，協約國就是這樣操作的，結果爲第二次世界大戰的爆發埋下了禍根。當然還有更非理性的做法，如野蠻政權的燒殺擄掠行爲等。

世俗理性在屬靈世界裡總是與雜亂信仰相合，通過人的肉體私欲誤導人迷信神，一方面通過愛己之心使那些以爲追求屬靈生命的人脫離人群出世修行。殊不知，人來到這個塵世就是要歷經世間百般磨難的洗禮，通過不斷地與人接觸並傳遞愛和寬恕來提升自己的生命境界。脫離開這個屬世世界的修行只是逃避，爭戰還沒開始就已然失敗。正確的修行應當是在塵世中磨練，中國人常講的「大隱隱於市，小隱隱於野」就是這個道理（詳見上文《出世主義和入世主義的宗教觀念有什麼不同？》）。另一方面世俗理性又誘使人按照世俗的眼光去認識屬靈世界，完全將神擬人化，導致拜偶像、拜大師、裝神弄鬼等現象層出不窮。

正是因爲世俗理性總是與人的肉體相合，人心懷意念的總是各種肉身的欲望，甚至連愛神之心也是與貪婪和恐懼緊緊聯繫在一起。所以伴隨著人類肉身的成長，世俗理性總是在不知不覺間與人的外在感官發生關係。在很少或幾乎沒有機會接觸眞理的情形下，人的意識空間幾乎就是世俗理性一家獨大，這也是造成千百年來看不見眞理的人類生命境界越來越低，人類世界也從黃金時期一步步淪落到黑鐵時期的主因。

除了上述兩種理性外還有一種非理性，非理性是沒有理性可講的。它脫離開屬世世界最有利於自身發展的主觀認知，由於愚昧無知、自私貪婪、怯懦恐懼等多種原因，即使對自己無益甚至有害的行爲還要蠻橫爲之，這種無視自己更無視他人的心理確是使世間變化莫測、波譎雲詭的禍水。

非理性通常源自於專制主義統治下的野蠻暴政以及愚民教育，它使人喪失人性，外在表現通常是於人無益，有時是損人不利己，有時是損人損己。非理性的人通常都表現爲良心虧欠、理性缺失，他們對善惡已經失去了概念，是與非、善與惡、眞理與僞理對他們來講根本沒有意義。眞理、自由、平等，更別說由它們延伸出來的民主、法治、人權，對他們來講根本就不存在。因爲極端的愚昧無知和卑鄙邪惡，非理性的人根本認識不到自己的根本利益是什麼，所以通常總是抱著一種「我不能過好，誰也別想過好」的邪惡心態。非理性的人時常卑劣地先將自己置於他人之下，然後失去自由的它再去剝奪他人的自由，以使自己不至於顯得那麼卑賤可憐，並從中獲得陰暗心理上的滿足。非理性的人由於喪失了理性，所以在傷害良善的時候並沒有意識到自己內心中的良善也在受到傷害，實在講，在他們助紂爲虐、爲虎作倀、欺上壓下時，他們已無形中將自己置於與神爲敵的處境，這也是將非理性稱之爲罪性的原因。非理性的典型代表就是通常所講的「奴性」。奴性與其說是人的意識，不如講是魔鬼的意識。奴性的代表就是奴才、太監以及那些具有奴才、太監心理的人。

世俗理性在缺乏良心和理性的約束時，很容易隨著雜亂信仰的猖獗而蛻變爲非理性，並與專制主義相生相伴。我們時常講，權力具有腐敗的趨勢，不受約束的話就會變成洪水猛獸。其實權力與金錢一樣都是中性物，其本身並不會腐敗。但是它們一經與世俗掛上邊，馬上就會出現腐敗的跡象。在古代社會裡，君主們的非理性行爲就是因爲權力缺乏良心和理性的約束，造成原本的世俗理性如脫韁的野馬不受控制地任性胡爲，最終造成非理性的暴政。人類社會進入近代以來，人類理性辨識問題的能力已經較之以往有了很大程度地提高。但這不代表所有的國家和地區的人們都具有了這種能力。對於許多骨子裡還處於古代社會的國家和地區的民眾來說，人們依然是滿腦子世俗理性或非理性，依然習慣於古代社會裡專制主義的那一套邏輯思維。即使文明世界的理性借著人道主義、民主意識、法治理念等思想意識形態已經傳播到這些國家或地區，但因人的理性不是短時間通過人的教育能夠轉變的，人思想觀念的形成也是一個日積月累的過程，所以想要改變它不可能一蹴而就。人們要提高自身的理性，並接受這些思想理念也還需要一個較長的時間過程。

不受良心和理性約束的世俗理性必然會滑入非理性的漩渦，這是顚之不破的一個眞理。正如孟德斯鳩所說：「一切有權力的人都容易濫用權力，這是萬古不變的一條經驗。」使掌權者變成專制主義者的是世俗理性，叫專制主義者淪爲魔鬼暴君的是非理性，二者之間沒有一個明確的界限，有的只是受良心和理性約束的程度不同。在現今世界上，如

果一個國家的政府沒有得到良心和理性的約束，即使實行所謂的三權分立也是枉然。非理性會使任何守護純正信仰的良善宗教都無法生存，使任何啓蒙人自然理性的哲學都無法存續。受非理性控制的人發展到最後只會變成一頭麻木不仁、理性蒙昧、良知泯滅的動物，並將世界變成了一個巧取豪奪、弱肉強食的競技場。

非理性體現在宗教信仰方面主要表現爲雜亂信仰一類的東西，它有時表現爲胡言亂語、荒誕不經的神學教條，有時表現爲喪心病狂、走火入魔的邪教歪理。這些害死人不償命的神學教條和邪教歪理，眞正是辱沒了人類的良心，使人類對信仰產生巨大的誤解，以至於產生出沒信仰比有信仰更有益的觀點。人類對各種宗教的嫌隙大都源於神學教條和邪教歪理這類非理性的東西，它們時常打著愛神的名義，卻做著於人無益、甚至挑起人與人之間爭競的事，實在是害人不淺。

原本幫助人類認識眞理的宗教都是勸人向善的，因此人類與宗教之間本不會產生衝突。但是狹隘偏執的神學教條總是讓人去爲莫名其妙的神爭吵、爭執乃至爭戰，而邪惡自私的邪教歪理總是企圖控制人們的良心，剝奪人們的自由，使人們淪爲罪人的奴隸。在人類歷史的脈絡中可以清晰地看到，神學興盛的國家一定迷信盛行，邪教興旺的國家也一定盛行專制主義。由此可見，非理性在屬靈層面給人類帶來的災難簡直罄竹難書。

如果說自然理性向善發展到極端就是眞理性（即神性），那麼世俗理性向惡發展到極端就是非理性（即罪性）。二者之間並沒有一個清晰的分界，這正是人性複雜之處。每一個人可能心裡既有追求眞理的願望，可是又被根深蒂固的世俗理性牽絆，甚至被時而冒出來的非理性蠱惑，表現爲受外部環境影響時左時右飄忽不定。時而在自然理性中高歌猛進，時而在世俗理性中纏綿悱惻，時而在非理性中陰狠歹毒。人性實在是世間最複雜的東西，我們討論它，只能是去繁就簡，一到現實生活中眞的很難說得清道得明。在一個人身上可能各種情形都不同程度地存在，哪種情形居多要受所處的環境、所接受的教育以及個人的性情等多種因素綜合影響。所以我們常講人性複雜多變，根源即在於此。

人性是複雜多變的，人的理性要求人必須是利己的。從這個角度來講，「人不爲己天誅地滅」這句話具有合理性。但是爲什麼人的境界差異那麼大？這是因爲當人遠離神後，搞不清世界的本質和生命的眞義，不明白「**叫人活著的乃是靈，肉體是無益的。**」（約翰福音 6:63）誤以爲眼前的世界就是唯一的世界，生命就指的是肉體生命，靈魂是虛無縹緲的存在。在這種偏狹的世界觀裡，自然產生出「人死如燈滅」的錯誤認知。體現在哲學上，就是簡單地將理性等同於世俗理性。正如前面所講，人的理性程度越趨向自然理性，人的境界就越高遠，看見的世界就越全面。相反，人的理性程度越滑向世俗理性，人的境界就越低下，看見的世界就越偏狹。由這種偏狹的世界觀產生出所謂國家主義、民族主義、集體主義、小農意識等，都是從世俗理性中衍生出來的怪胎，全都貽害世人。

對屬靈世界和屬靈生命的無知，會導致自然理性隨著良知的時隱時現而若有若無，世俗理性卻會因肉體的茁壯成長和私欲的日益旺盛而變得根深蒂固。當人不認識世界的本質和生命的眞義時，人隨著理性的減弱，有時眞的會喪失人性，表現爲將自己當做屬世世界裡的高等動物，甚至連動物都不如，這一事實已經被人類歷史反復地驗證過了。

無論是自然理性還是世俗理性都是盯著屬世世界產生的意識，都是屬於形而下的肉體意識，且都具有人身專屬性。從古至今，哲學家們爲研究世界的本質或宇宙的眞理，創造出「本原」、「太一」、「邏各斯」、「努斯」、「存在」等等關於宇宙眞相或生命起源的理論。古希臘哲學家在這方面可謂是人類的光輝典範，他們僅僅依據人類靈魂裡的那點神性，發覺出世界的本質是「神」或「善」。 古希臘哲學家泰勒斯講「萬事萬物都充滿了神性」，蘇格拉底將世界本質歸因於「善」，柏拉圖繼承蘇格拉底的「善」並將其理念化。其後的柏拉圖學派和斯多葛學派繼續在前人的基礎上發展著自然理性及自然法理論。

自然理性雖非眞理但卻努力接近眞理，只是由於缺乏對屬靈世界的正確認知而缺少一個純正信仰的引導，古希臘哲學家認識到的自然理性發展到最後全都因智者的相繼逝去而不可避免地陷入懷疑主義、宿命主義或享樂主義等漩渦，最終都湮沒無聞了。

正因爲人類理性的不足，致使無法窺測到大千世界的奧祕，無不被屬靈世界和屬靈生命所困惑，導致人類在認識眞理方面屢屢失之偏頗。人類不是沒有意識到理性水準低的危害，古希臘的蘇格拉底、芝諾等人，古羅馬的西塞羅、馬可．奧勒留等人，古中國的先秦諸子以及後世的王陽明等人，他們都想通過理性啓蒙提高人類的理性水準，幫助人類提升自我的生命境界。但是由於理性的人身專屬性，這種高層次的思想意識很難通過人的教育進行培養，可是良心又使人無法放棄對眞理的追求，於是人類又希圖借助屬靈世界的宗教信仰來給予引導。

雖然宗教能夠清醒地認識到屬靈世界的眞實存在，並且使用了各種方法進行研究探索，但是由於人類智慧的有限和人性的錯綜複雜，對屬靈世界的信仰總是受肉體私欲和世俗理性的誤導不時地墜入迷信之中。世俗化的宗教非但無法給出一條明確的眞理資訊，相反卻將世人追求眞理的那點兒理性都給消磨殆盡了。正如哲人所講，信徒們「把自己置於祭司的手中，但祭司給他們的頭腦中充滿了對上帝的錯誤觀念。崇拜時就隨他們高興，用愚蠢的儀式；可怕的或狡詐的事一旦開始，虔誠的獻身就使之變得神聖，宗教就成了一成不變的。在這種對於眞正上帝的黑暗無知中，邪惡和迷信就掌握了世界，得不到理性的幫助和來自理性的希望，無法聽見理性的聲音，而且被認爲與信仰的問題無所相干；祭司們，爲了保障他們的帝國，就把理性驅逐出他們關於宗教的任何事務中。在

種種錯誤的觀念和虛構的儀式中，世人幾乎喪失了對於唯一眞正上帝的認識。」[181]

人類期盼擁有智慧，增長理性，在哲學（愛智慧）不足以支持理性時轉而尋求宗教。但是當宗教也陷入迷信後，人類眞的如迷途的羔羊在暗夜中迷失方向，徹底找不到回家的路。於是人類就在哲學與宗教間不斷地來回往復的搜尋著，對東方世界來說，這種尋找就變成了一個在世俗理性一家獨大的情形下，時而庸俗哲學時而世俗宗教形成的怪圈裡打轉，直到今天也沒有完全走出來。而西方世界出現了一個人類歷史上千載難逢的契機，從此人類藉著對眞理的認知走出了那個千年怪圈。

事情的轉折發生在一個奇跡之後，世界因此為分界，歷史也正式開始了新的紀元。當基督福音開始在地上傳播，不僅一些猶太人發現了救世主，一心追求眞理的哲學家們也在祂身上發現了自然理性的源頭——眞理。原本信奉柏拉圖主義的哲學家查士丁在基督身上找到了通往自然理性的道路，他稱基督教是眞哲學，稱蘇格拉底是「在基督以前的基督徒」。原本信奉斯多葛主義的潘代努斯也發現了這一眞相，他在基督身上找到了「世界一體、人類一家」，「人人平等」，「世界理性」等理論的根源。他們由此創造出人類最接近眞理的一門學問——基督教哲學。由此自然理性不再是一個高深莫測的概念，而成為哲學乃至人類學的重要研究成果供後人學習。

縱觀人類歷史，人類正是通過基督教才對純正信仰有了正確的認識和瞭解，才使自然理性為人類所熟悉和掌握，並藉著二者結合使眞理得到彰顯。自然理性不僅通過純正信仰引導人認識眞理，還通過哲學思辨培養人具有智慧，最終使人實現理信神。這種理信使人既不會出於愛己之心去出世修行，也不會因偶像情結盲目地崇拜偶像，更不會出於愛世之心去崇拜金錢或權力，那些東西在自然理性的認知裡都是迷信和無知。

在自然理性代表的眞理影響下，人類弱小的良心會被很好地看護，人借著信仰和愛會不斷地努力行善，最終使人間變成天堂那般的存在。而在世俗理性代表的偽理邪說影響下，肉體私欲借著雜亂信仰瘋狂地吞噬著人類本已弱小不堪的良心，由此使人「**專顧自己、貪愛錢財、自誇、狂傲、謗瀆、違背父母、忘恩負義、心不聖潔、無親情、不解怨、好說讒言、不能自約、性情兇暴、不愛良善、賣主賣友、任意妄為、自高自大、愛宴樂、不愛神，有敬虔的外貌，卻背了敬虔的實意，**」（提摩太后書 3：2-5）眞正使人間變成了地獄。最終兩種理性在追求生命的道路上，一個可以將人領入天國，一個可以將人推入地獄。

---

181 Locke, John.The Reasonableness of Christianity,p.57,Standford University Press, 1958.

二、什麼是哲學？

哲學是人類在屬世世界裡追求眞理的一門學問，「哲學的目的只在求眞理」[182]。哲學對人類最大的貢獻就在於對自然理性的發現和理解，並將它歸結爲善，「我覺得，在可知世界中最後看見的，而且是要花很大的努力才能最後看見的東西乃是善的理念。我們一旦看見了它，就必定能得出下述結論：它的確就是一切事物中一切正確者和美者的原因，就是可見世界中創造光和光源者，在可理知世界中它本身就是眞理和理性的決定性源泉；任何人凡能在私人生活或公共生活中行事合乎理性的，必定是看見了善的理念的。」[183]這一偉大發現無疑與「唯有神是善的」這一信仰不謀而合，共同構成眞理的兩個組成部分。

哲學與宗教不同的是，哲學的研究領域在於形而下的屬世世界，宗教的研究領域在於形而上的屬靈世界，兩者境界的高低決定了兩者之間的主次關係。哲學的地位不但低於宗教，而且天生註定是爲宗教服務的。正如法蘭西斯・培根所講，「自然哲學實在既是醫治迷信的最有把握的良藥，同時又是對於信仰的最堪稱許的養品，因而就正應當被撥給宗教充當其最忠誠的侍女。」[184]哲學脫離開宗教，將會陷入各種各樣的思維困境，最終無不被人類本身的肉體私欲、世俗理性以及非理性導向消亡之地。

哲學研究的三個終極問題，即「你是誰？」、「你從哪裡來？」、「你往何處去？」，也正是宗教所研究的三個終極問題，而且唯有兩者結合共同形成眞理後才能最終得出這三個問題的正確答案。當古希臘哲學、古羅馬哲學、古中國哲學等哲學發揚光大之時，眞理尚沒有來到世間。這時哲學家僅僅憑藉內心中的良善發掘出自然理性，並從中感悟著眞理之光。但是因爲對屬靈世界和屬靈生命缺乏認識和瞭解，只能憑藉良知和理性感知它們的存在，並將之理念化。且由於這些事物屬於意識上的形態，所以當這些哲學家相繼離世後，他們的意識無法傳承，他們感悟到的自然理性也逐漸消失在人們的視野中。哲學這一人類最頂層的學問在人類雜亂信仰和世俗理性的雙重夾擊而枯萎凋謝。只有在許多年以後，當眞理以道成肉身的樣式來到世間，「**道成了肉身，住在我們中間，充充滿滿地有恩典，有真理。**」（約翰福音 1:14）哲學才因而眞正拜服在眞理的膝下，並再一次眞正煥發出璀璨奪目的光彩。

哲學的生命是自由，沒有自由，人類就無法正確思考和研究眞理，哲學就會失去自身存在的意義。在人類歷史上，專制主義最厭惡哲學，因爲眞理給人自由，而哲學追求

---

[182] 《神學政治論》，第 202 頁。
[183] 《理想國》，第 279 頁。
[184] 法蘭西斯・培根，《新工具》，商務印書館 2011 年版，第 77 頁。

眞理。專制主義永遠是利用世俗理性或非理性制定和推行愚民政策的惡者，這一點在古代的東西方世界都能得到很好的證明。一方面在世俗文化領域他們消滅自然哲學，大搞世俗理學。這種世俗理學不再以追求眞理爲目的，而是爲維護統治階級的統治利益而設，如古代中國的禮學；另一方面在宗教意識領域他們借著君權神授或教權神授的鬼話欺騙人民，讓人民相信他們的所作所爲是代天行事，欺壓民眾盲目服從他們的專制統治。

在歷史上各個時期各個地區的專制主義統治之下，追求眞理的哲學一定會在宣揚歪理邪說的世俗理性和非理性的誤導下陷入懷疑論、宿命論、唯物論、機械論等等理論漩渦，最終趨於湮沒。因爲缺少一個眞理的標準以及對形而上世界的正確認知，屬靈世界變得虛無縹緲、遙不可及。而屬世世界又深陷在宗教迷信和歪理邪說的重重包圍之中，以人類極其有限的智慧，無論如何努力，也只能發現眞理的一鱗半爪。哲學家蘇格拉底認爲自己很無知，科學家伽利略清楚人類知道的只是宇宙奧祕的很小一部分，科學巨匠愛因斯坦相信人類應當在宇宙精神面前感到渺小。在眞理面前人類眞的非常渺小，人憑著自己不能做什麼，惟有理信神，並在神的指引下才能有所作爲。「**在人這是不能的，在神凡事都能。**」（馬太福音 19：26）

人雖然渺小，但人的靈魂中卻有一絲神性，這是人與地球上其他生物最大的不同之處。正是憑著這絲神性使人與神之間有了交通，並藉著理信神使人類有了認識眞理的智能和智慧。當耶穌以道成肉身的樣式降臨人間時，相信神的猶太民族裡有一小部分人首先發現了祂的眞理性。

在《聖經》裡其實早就預言了在猶太地的一個小城伯利恒將誕生一位救世主，「**伯利恒、以法他啊，你在猶大諸城中為小，將來必有一位從你那裡出來，在以色列中為我作掌權的；他的根源從亙古、從太初就有。**」（彌迦書:5：2）並稱祂爲「**奇妙策士、全能的神、永在的父、和平的君！**」（以賽亞書 9：6）祂也自稱是眞理，「**我就是道路、真理、生命；**」（約翰福音 14：6）是光，「**我到世上來，乃是光，叫凡信我的，不住在黑暗裡。**」（約翰福音 12:46）是生命的糧，「**我就是生命的糧，到我這裡來的，必定不餓；信我的，永遠不渴。**」（約翰福音 6:35）而且祂還告訴世人，祂來是帶給人自由。「**你們若常常遵守我的道，就真是我的門徒。你們必曉得真理，真理必叫你們得以自由。**」（約翰福音 8：31-32）在祂帶給人類福音後，整個世界發生了翻天覆地的變化。「**看哪！我將一切都更新了。**」（啓示錄 21:5）世人也藉著祂的福音認識了眞理，走出了黑暗，得著生命。「**我是世界的光。跟從我的，就不在黑暗裡走，必要得著生命的光。**」（約翰福音 8:12）

千百年來，遭受專制主義和宗教迷信雙重壓迫的哲學正是在祂的庇護下獲得了喘息的機會，並在祂的保護下（在祂的修道院和教理學校裡）逐漸發展起來。因爲祂代表眞理，而哲學就是爲祂而生。雖然開始時哲學只是在屬世世界中追求眞理，所以哲學才會在懷疑論、宿命論、唯物論、機械論等理論沙灘上擱淺了。但是當哲學家們發現眞理是屬靈世界的純正信仰與屬世世界的自然理性相結合的產物時，他們用基督教哲學這一形式完成了一個偉大的飛躍（正如克爾凱郭爾所講的「信心的跳躍」）。基督教哲學的誕生標誌著哲學對眞理的認知達到了人類歷史上空前的高度。這一階段的哲學已經不單屬於形而下世界的一門學問，而是接近眞理、橫跨兩個世界的「准眞理」。

然而千萬不要低估來自人肉體私欲的世俗理性和非理性，在基督教哲學誕生不久，就遭到了受世俗理性影響的世俗宗教的排斥以及源自非理性的基督教神學的吞噬。這個過程非常紛繁複雜，千絲萬縷糾纏不清。既有爲眞理的疾呼，又有爲私欲的歡呼；既有爲眞理的犧牲，又有爲私欲的苟且；既有爲眞理的辯護，又有爲私欲的詭辯。這一詭異現象正說明人性的複雜詭異，以及人類想要辨清僞理與眞理的區別是何等的艱難。此後基督教世界進入了黑暗漫長的中世紀，哲學這一人類最偉大的學問也被基督教忽視了。然而眞理的火種伴著基督福音藏在聖經的字裡行間，直等到屬靈的智者將它發現。

基督教哲學的復興是從中世紀後期經院哲學開始，雖然經院哲學最初的目的是爲基督教神學服務，但是神學這一非理性的東西一經暴露在哲學理性的審視下，自然會顯示出它的荒謬與狂妄，並被接受過自然哲學和自然科學啓蒙的世人逐漸識破它的眞實面目。由經院哲學開始，又經過自然哲學以及自然科學的論戰，基督教神學因爲自身的荒謬與狂妄而受到大多數基督徒的懷疑。由於自然科學的突飛猛進，人類的物質生活發生了翻天覆地的改變，這對時刻關注形而下世界的普羅大眾來講特別具有影響力和說服力。而世俗化的基督教會與基督教神學爲了維護自己的傳統地位，不擇手段地打壓那些在基督徒眼中爲大家帶來全新世界的哲學家和科學家，由此開始讓基督教人群逐漸對基督教產生誤解以及疏遠。在此需要強調的是，這不是基督信仰的問題，而是基督教自身出了問題，它需要一場革故鼎新的變革。

16 世紀到 17 世紀在基督教內部進行了一場宗教改革，這場改革意義深遠，遠遠不像教科書上所講的那樣淺顯。它使眞理在經過上千年的塵封後重新被世人認知，並且從此在所有新教影響的地區，哲學及科學都能夠自由地研究和傳播。哲學的復興重新喚起了人們對眞理的熱情與執著，整個歐洲都展現出一幅熱火朝天的興旺景象。

在哲學發展地如火如荼時，宗教由於傳統勢力的錯誤做法已經越來越多地受到世人的輕視與疏遠。由此哲學開始逐漸脫離開宗教獨自發展，正如前文所講，哲學脫離開宗教就會失去前進方向，逐漸與眞理漸行漸遠。無論是唯心主義哲學還是唯物主義哲學都是屬世學問，都無法幫助世人認識眞理，且不可避免地變成了一門死學問。（如果尼采說的是「哲學死了」，他一定會成爲一個偉大的思想家。可惜他說的是「上帝死了」，當然上帝不可能死，尼采卻眞的瘋了。）

隨著自然科學的飛速發展，哲學卻變得機械僵化、毫無生氣。厚厚的一本著作充滿了枯燥繁瑣的哲學術語，看得人頭昏腦漲，卻不明白它到底想要說明什麼，而哲學蘊含的理性之光卻消失不見。唯心主義哲學雖然也主張世界的二元屬性，但是離開純正信仰的引領，唯心主義哲學也必然淪爲形而下的屬世學問。由於唯心主義哲學無法與宗教產生橫向聯合，所以它也無法解釋哲學的三個終極問題。所有這一切都使人們對形而上的屬靈世界失去了信心，轉而對唯物主義哲學產生好奇。唯物主義哲學就是在教條神學的專橫迷信、哲學的僵死不化以及自然科學發展到一定階段的特殊產物。

唯物主義哲學不認識上帝的本質，因此它努力地遮掩祂。它也不明白屬靈世界的神奇，思維意識只能停留在外部事物的表面上，到底爲什麼事物會這樣，它無法給出一個準確的答案。正如林語堂所講，「知道這些事情怎樣發生，而不是它們爲什麼發生。」[185]唯物主義哲學強調自然世界的客觀性和規律性，卻對人類的心靈、良知、靈魂等形而上的屬靈問題或避而不談，或以肉體、精神、氣質、生命力、正能量等等名詞加以解釋。唯物主義不理解屬靈世界的事，這是它使人犯了那麼多錯誤的根本原因。正如聖經上講，**「屬血氣的人不領會神聖靈的事，反倒以為愚拙，並且不能知道，因為這些事惟有屬靈的人才能看透。」**（哥林多前書 2:14）

隨著近代科學的進步和宗教的退步，哲學也陷入長期止步不前甚至有所退步的境地。人類的世俗理性和非理性又借著肉體私欲捲土重來，哲學幾乎在一夜間又退回到了眞理來臨之前的狀態，變成了一門艱深晦澀、缺乏生命、落滿灰塵又無人願意理睬的裝飾物。如果蘇格拉底、柏拉圖、伊壁鳩魯、芝諾等哲學先賢們知道了兩千多年後哲學的這般光景，不知道該作何感想呢？

三、什麼是法律？

法律通常容易理解，就是調整世俗社會秩序以及人與人、人與物之間各種關係的一種行爲規範，它最早來自於宗教信仰裡的神法和人們依據自然理性形成的一種自然法。神法和自然法是現今一切法律原則的淵源，是形而下世界人類行爲規範的指導原則。正如英國法學家布萊克斯通所說：「人類法律都由兩大基本依據決定——自然法和神法；也就是說，所有人類法律都不能與之相違背。」[186]只有當神法與自然法已經模糊爲道德和法律原則，不能再幫助人類具體解決形形色色的利益糾紛時，人類才創造出以人法取代神法爲特點的奴隸制法律和封建制法律，最後又通過對自然理性的重新認知回歸到以

[185] 《信仰之旅》，第 195 頁。
[186] 《美國憲法的基督教背景》，第 46 頁。

人爲本的近現代法律。近現代法律雖然不再涉及屬靈世界的事物，但是只要追溯它的出處和各項原則，一定會發現其背後神法和自然法的身影。

今日世界的法律只是簡單調整屬世世界中人與人、人與物之間的各種關係，法律不再屬於某個特權階級掌握的工具，也失去了以往統治階級爲欺騙民眾故弄玄虛編織出來的那層神祕面紗。今天屬世世界裡的法律與屬靈世界裡的律法徹底分了家，回到了形而下的屬世世界中。但是這種純實用性的法律很容易讓人忽視法律的源頭——神法（或自然法），以致於「法律至上」成爲一句無根的空話。法律失去了律法的支持，人們就不明白「法律至上」來自於「律法至上」，而「律法至上」來自於「神至高無上」的道理，導致人們很難理解和認同「法律至上」的觀點。

法律本質上是人與人訂立的一個契約，原本只是一個人造物，有何神聖可言。在不理解法律源自神法，而神法出自神與人訂立的契約時，人就不明白契約神聖的道理，也就不明白法律至上的道理，更不會明白人類當家作主的權力和自由乃來自神的恩賜。不明白這些道理，人就不會懂得法治並非指依法而治，實是指依理信而治。理信是眞理在人心的反映，它是人類從內心深處對眞理的確認和反應。理信是良知和理性相結合的產物，當人擁有理信後，人類既懂得抬頭看天，明白人類當家作主的權力和自由來自神的恩賜。同時也曉得腳踩實地，知道這天賦的權力和自由還必須依靠屬世世界的自然理性和法治理念來完備和護航。在意識層面，理信幫助世人樹立了民主意識。在制度層面，理信指導民眾依據法治理念治理國家。（詳見下文《法治與人治的本質區別是什麼？》）

在不清楚法律本質的情形下，尤其是在主張無神論的唯物主義法律環境中，法治很可能會遭到各種形式的人爲破壞，這在現代中國歷史中表現得尤爲淋漓盡致。一個國家的主席手裡拿著憲法卻被人給打死了，一個國家的重大事項完全由某個人或某個利益集團決定，法院審理案件時並非由主審法官決定案件的裁判，這都不是法治的表現，而是千百年來以世俗理性爲代表的專制主義人治的反映。當法律脫離開神聖的源頭，法治只會淪落爲書面上的裝飾語，中看而不中用。

對法律的錯誤認識不僅出現在缺少信仰的中國，即使在具有濃厚信仰傳統的西方國家也存在著各種各樣錯誤的認識。比如美國國際法學家伯爾曼有一句名言，「法律必須被信仰，否則將形同虛設」。法律作爲一個人造物有什麼可值得信仰的呢？對一部法律今天可以這樣改，明天可以那樣改，完全憑著時事的發展和當時統治者的喜好。如果法律值得信仰，那麼制定法律的人豈不更可以被人信仰，那麼這個世界豈不又回到偶像統治的時代，人類豈不又面臨著被各種洪水猛獸般的人欲裹挾乃至滅亡的局面。

法律的淵源是神法，法律的神聖性來自於神的至高無上。人類唯有樹立對神的理信，才會眞正明白法治的意義是什麼，也才會正確地認識法律、制定法律和遵守法律。

四、什麼是形而下？

《易經．繫辭》裡講道，「形而下者謂之器」。形而下的世界就是這個以人的肉體爲中心的世界，也就是我們肉眼所看見的世界。它是相對於以靈魂爲中心的形而上世界而言。這個世界本身是沒有生命的，它的生命都來自形而上的世界。但是因爲人類對形而上世界缺乏認識和瞭解，不明白人的靈魂到這個世界上來的目的就是爲了通過修行提升自己的生命境界，實現自己的生命意義。同時用自己的言行爲神作見證，爲主添榮耀。反而因爲被雜亂信仰和世俗理性所捆綁，深深陷入到屬世世界裡的恩怨情仇、是是非非之中。眞正是捨本逐末，本末倒置。

神賜予人肉體是爲了要人學會順服良善和眞理，通過行義不斷地棄惡從善，逐漸成爲善的存在，並使自己的生命境界升到天使。但是人往往不明白這個道理，每日耳濡目染的都是形而下世界的肉體私欲和世俗理性，每時每刻都活在愛己和愛世之心中。

當人單只活在形而下世界時，人就會產生愛己和愛世之心。「愛己即爲凡事以自身的利益爲出發點，不考慮他人（教會、國家或任何公眾），完全以成就自己的名聲、地位和榮耀爲目標。在爲他人付出前，常常會在心中衡量著，『這和我有什麼關係？』、『我爲什麼要這麼做？』、『我該怎麼從中得到好處？』……等等，對與自身利益相衝突的事則絕對不做。由此可見，自私自利者不愛教會、國家或社會，只愛自己，只爲自身獲取最高利益爲樂。愛己者愛屬於自己的一切，以及和自己相關的所有。他們愛自己的後代以及與之爲伍者（即大力讚揚並敬重他們的人），將兩者視爲己出，即便如此，亦不出愛己的範疇。」[187]愛己之心使人執著於自我，遠離良善，迷失於自我之中，很容易陷入與身俱來的罪性中，逐漸離棄神的形象。

愛世之心相較愛己之心的惡性要略輕些，它是指人崇尚世俗理性，愛慕來自他人的虛榮，通過追求世俗社會中的名利來實現自身價值的心理。它的惡性主要取決於追求金錢、權利、名望或其他世俗之物的目的。當社會風氣良好，世人以虔誠敬業爲榮時，愛世之心也能引導人熱衷於創造價值，造福人群。但是當社會風氣不正，世人以奢侈享樂爲榮時，愛世之心則會教唆人不擇手段地追名逐利、爭權奪利，並享受這些東西爲他們帶來的虛榮。這時的人就會「**專顧自己、貪愛錢財、自誇、狂傲、謗瀆、違背父母、忘恩負義、心不聖潔、無親情、不解怨、好說讒言、不能自約、性情兇暴、不愛良善、賣主賣友、任意妄為、自高自大、愛宴樂、不愛神，有敬虔的外貌，卻背了敬虔的實意。**」（提摩太后書 3：2-5）

但凡專注於形而下世界的人，都會把肉體這個暫居地當作生命的歸宿，以爲人死如

[187] 史威登堡，《天堂與地獄》，笛藤出版圖書有限公司 2014 年版，第 359 頁。

燈滅，放棄追求屬靈生命的永恆。確實這個形而下的世界因肉體的存在而存在，因肉體的滅亡而滅亡。但是當人的靈魂離開死亡的肉體時，靈魂將會發現人居然還存在於一個世界上，只不過那是一個形而上的世界，那個世界相較這個世界更加的長久，更加的眞實。道成肉身的基督清楚那個世界的眞相，所以祂講「**你們是從下頭來的，我是從上頭來的；你們是屬這世界的，我不是屬這世界的。**」（約翰福音 8:23）

原來我們今天所處的世界只不過是一個修煉所或考試場，肉體的死亡不過是修行終結或考試結束。當人的靈魂來到另一個世界時，根據人今生的修行結果或考試得分將決定靈魂去往的歸宿，天堂、地獄亦或中間靈界。明白人怎麼會留戀這麼一個寄居地呢？人唯有眞正認清世界的本質和生命的眞義時，才能明白保羅的話，「**不要效法這個世界，只要心意更新而變化，叫你們察驗何為神的善良、純全、可喜悅的旨意。**」（羅馬書 12:2）

當人不再愛慕世俗的虛榮，不再迷戀肉體的享受，不再沉溺欲望的沼澤時，人就會眞正明白基督的話，「**叫人活著的乃是靈，肉體是無益的。我對你們所說的話就是靈，就是生命。**」（約翰福音 6:63）進而活出神所賜的豐盛生命，得享天國的榮耀。

總之，一切以人的肉體爲出發點的事物都屬於形而下的事物，除了物質世界的事物外，還包括精神世界的事物，如前面提到的理性、哲學和法律等也都屬於形而下的範疇。

什麼是世俗理性？

關鍵字：理性；自然理性；世俗理性；偽理

世俗理性是一種低等的思維意識，它出自於人類對世界以及人類本身的偏狹認知，所以世俗理性給人類帶來了很多的不幸，說它是人類不幸的根源也不爲過。人類自然理性的不足，導致人時常陷入世俗理性之中，而依世俗理性建立起來的倫理道德，正是人類自我封閉、自我束縛、自相殘殺的總根源。下面來看看具有代表性的世俗理性具體有哪些，在此舉出一些中國人司空見慣且習以爲常的世俗理性，如「人不爲己天誅地滅」、「吃得苦中苦，方爲人上人」、「各人自掃門前雪，莫管他人瓦上霜」、「人往高處走，水往低處流」、「功名利祿苦中求」、「書中自有黃金屋，書中自有顏如玉」、「千里做官只爲財」、「有錢能使鬼推磨」、「嫁出去的姑娘潑出去的水」、「嫁雞隨雞，嫁狗隨狗」、「多子多福」、「光宗耀祖」、「教會徒弟餓死師傅」、「無事獻殷勤非奸即盜」等等，在這些話語中能看到愛嗎？能見到眞理嗎？能認識生命眞義嗎？都不能。人能看見的只是赤裸裸的肉體私欲，正是這赤裸裸的肉體私欲使人靈魂沉睡，理性蒙蔽，良心不自由，無法使人明白「**叫人活著的乃是靈，肉體是無益的。**」（約翰福音 6:63）

上文中講到，理性就是人的意識裡對最有利於自己存在和發展的主觀認知，理性程度越高，認知事物的能力就越強，就越能看清事物的全貌和實質。相反，理性程度越低，認知事物的能力就越弱，就只能看見事物的局部和表面。

理性可以根據認知世界和生命的能力分爲自然理性和世俗理性，自然理性是以自然爲中心，眼中看到的是全人類乃至整個自然界。當達到頂點時就會與純正信仰合一，通常謂之曰通神；世俗理性是以自我爲中心，眼睛看見的就是自己以及自身周邊的世界，根據個人悟性的不同可大可小。當達到頂點時則會向非理性發展，除了披著一張人皮外，幹的都是禽獸不如的事。這兩種極端情形都很少見，絕大多數的情況下都會處於時而自然理性，時而世俗理性之間。兩者之間並沒有一個明確的分界，在一個人身上可能兩種情形都不同程度地存在，哪種情形居多要受所處的環境、接受的教育、人生的經歷以及個人性情等多種因素綜合影響。我們常講人性複雜多樣，就是因爲兩種理性相互交錯，彼此影響，使人性表現得千奇百怪、波譎雲詭。

世俗理性根據世俗理性者認知世界和生命的能力，可以分爲小農意識，集體主義、民族主義和國家主義等等。在古代社會生存是人們需要考慮的頭等大事，並由此形成了一個世俗理性的典型代表，就是小農意識。眼中盯著一畝三分地的小農意識絕不會理解普世價值觀的思想境界，生命對小農意識的人來講就是屬世的肉體生命。雖然我們可以理解世人爲了生存需要守好那一畝三分地，尤其是在生產條件落後的古代社會。但是如果人類只爲生存而活，那麼人類社會就不可能發展起來，人就只能是一個執著於自我，爲個人生計奔波忙碌的低等生靈。隨著生產力水準的不斷提高，人類認識世界的能力也不斷得到增強。隨著視野的擴大，人類又產生出集體主義、民族主義、國家主義等的世俗理性，這些世俗理性相對於「小農意識」更能顯示出一種高姿態，主張這些世俗理性的人普遍自視覺悟高，眼界寬，甚至有些以振興天下爲己任的感覺。但是由於沒有脫離開屬世世界的狹隘格局，集體主義、民族主義、國家主義與小農意識在本質上並沒有太大區別，甚至有被專制主義者利用來裹挾民眾的思想意識，剝奪個人的良心自由乃至行爲自由的威脅。

世俗理性是人類對世界本質的認識不清和對生命眞義的誤解，總是以爲眼睛看見的這個屬世世界就是唯一客觀眞實的世界，卻不知這個眼見爲實的世界卻僅僅是一份試卷，人在這個世界裡就是爲答出一份好成績而苦苦修行。當人爲答好這份試卷而全神貫注時，人可能忘了人的靈魂不在這份試卷中，努力答題的肉體不過是一個幫助人修行的工具。當人深陷屬世世界裡時，人很容易將考試當成了生命的全部，以致產生出各種各樣基於肉體私欲的世俗理性。比如中國人常講的「人往高處走，水往低處流。」從屬世世界的角度看，水確是往低處流，低處有著世人所不喜愛的低賤之意。但是從屬靈世界的角度看，則是「上善若水」、「水是最好的」。說這些話的人都是被世人視爲古之聖賢的人，他們的生命境界無疑較之常人爲高。他們之所以這樣認爲，是因爲他們從日常人們的社會生活中發現：物質追求越低的人，精神層面越高；而物質追求越高的人，精神層面越低。耶穌基督無疑對這兩個世界的事是最清楚不過的，祂總是將兩個世界的事對比來講，「**凡自高的，必降為卑；自卑的，必升為高。**」（馬太福音 23:12）「**然而有許多在前的將要在後，在後的將要在前。**」（馬太福音 19：30）爲了要讓世人明白祂講的話，祂又講了一個財主和乞丐的故事（路加福音 16:19-31），這個故事明明白白地告訴世人，最後的審判眞實無妄，人死後會墜入地獄就是將寄居地當作永居地，將考試的當作現實的，將虛妄的當作眞實的結果。

人之所以屢屢會犯這樣的錯誤，歸根結底是因爲屬靈世界的事太過於深奧，世人多

著眼於屬世世界，不理解屬靈世界的事，「**然而，屬血氣的人不領會神聖靈的事，反倒以為愚拙，並且不能知道，因為這些事惟有屬靈的人才能看透。**」（哥林多前書 2:14）而人類個體的命運又過於波譎雲詭，複雜多樣，所以人才會以肉體感官產生出各種各樣的世俗理性。儘管這些世俗理性表面上使人顯得博學多識和德高望重，但卻只能使人局限在外在感官層面，無法深入內在生命本質。他們的學識只能局限於眼前屬世世界的一切，只能憑著腦中的記憶和世俗的眼光評斷事物，這也是導致他們無法看清眞理和良善的緣故。當世人深陷於屬世世界外在感官的判斷時，就會逐漸喪失自然理性，即使學富五車，依然是一個被肉體私欲捆綁的人，只會爲屬世世界的名利去拼搏，所以這些人憑著淵博學識和邏輯思維創造出來的世俗理性不過是一種僞理而已。

說起僞理，對世俗理性根深蒂固的中國人來說可能更具有現實功能和意義，也更容易理解。如前文中講的那些老話，在日常生活中經常被拿來說事，仿佛是建立在前人經驗上的智慧結晶。其實如果能看透這世間的眞相，這些所謂聰明人的智慧之語不過是人出於愛世和愛己之心的自私考量，以及執著於世俗之故。正是因爲千百年來執迷不悟，導致中國人誤將世俗理性認作眞理，致使人們將心思專注於外在感官體會上，雖然表面上好像靈活敏銳，給人以一種充滿智慧的感覺，其實這一切都是感官之下的假像。事實上人們的內心非常封閉，且總是處於黑暗之中。「**世人因自己的行為是惡的，不愛光倒愛黑暗，**」（約翰福音 3:19）光非但不能給他們帶來平安，相反使他們心生厭惡和恐懼，「**凡作惡的便恨光，並不來就光，恐怕他的行為受責備；**」（約翰福音 3:20）所以他們不但不接受光，反而拒絕光，「**光照在黑暗裡，黑暗卻不接受光。**」（約翰福音 3:5）在這種被愚昧無知籠罩的情形下，無論多少志士仁人如何懇切地呼喚，拼命地努力，無畏地求索，都無法使眞理眞正降臨到這片曾經的神州大地上。

僞裝成眞理的世俗理性總是叫人誤解生命的眞義，以爲人類世界就是一個有我就存在，無我就不存在的客觀實體。在世俗理性面前，人會首先考慮肉身私欲，繼而會做出損人利己的行爲。這樣的人自然容易良心虧欠，容易思想走歪，容易品德敗壞，所以王陽明就將世俗理性稱之爲「心中賊」。心中有賊的人就會以爲世界是以自我的存在爲前提，沒有了我，世界也就失去了存在的意義。這樣一種世界觀必然導致一種自私自利的人生觀，這一點在中國人身上體現得淋漓盡致。從古至今，中國人自詡聰明，一部《三十六計》可謂機關算盡，被國人推崇備至。這部書裡教給人的就是爲達目的不擇手段，威脅之、利誘之、騙之、哄之、欺之、毀之，總之就是爲了實現目的可以使盡一切手段。可怕的是，中國人並沒有認爲這本書有什麼不好，反而認爲對敵人使用這些手段都是合乎情理，沒有什麼需要指責的。以自我爲中心的人，當然可以爲了自己的利益不擇手段，正如那句成語「順我者昌，逆我者亡」。這種世俗理性裡能看到愛嗎？能體驗到自由嗎？

能找到平等嗎？能發現生命嗎？有的只是將人的生命導向地獄的私欲。這私欲啊就是人的罪性，也是人類災難重重的根源。「**私欲既懷了胎，就生出罪來；罪既長成，就生出死來。**」（雅各書 1:15）

中國有句老話，「善有善報，惡有惡報」，中國人普遍相信這句話。但是什麼是善？什麼是惡？被世俗理性充滿的腦袋一遇到具體事務就分不清狀況，舉兩個司空見慣的小例子。吸煙的人都是爲了舒緩自己的精神壓力或滿足自己的煙癮，卻無視他人的身體健康以及吸煙會給自己埋下的傷病隱患；酒駕的人只圖自己的省事和痛快，卻無視因此而給他人帶來的危險以及會給自己和家人帶來的潛在傷害。這些都是世俗理性在日常生活中的一些淺顯表現，更多的如奸商販賣假貨，投機商巧取豪奪，官員貪污受賄，庸醫將無病當有病、任意開高價藥賺昧心錢，教授拿學生當賺錢機器、誤人子弟等等，這些都是世俗理性在社會生活各個方面的具體表現。做這些事的時候，這些人根本就沒有考慮善惡有報的問題。

中國有句俗話，「良心都讓狗吃了」，這裡的良心指的是人從神那裡接受來的神性。「良心是可靠的嚮導。」[188]它是人類與神溝通的媒介，人因著良心而具有了分辨是非善惡的能力，也就具有了人格。人格的確立使人擁有了理性，進而產生出人權的理念。這使人與天下萬物有了區別，成爲萬物之靈。但當人丟棄了良心，人就會喪失來自神的神性，就會被世俗理性所轄制，因失去自由而被肉體私欲捆綁，如同一隻行將沉沒的破船。「**有人丟棄良心，就在真道上如同船破壞了一般。**」（提摩太前書 1：19）

西方有個古老的故事，有個年輕人把自己的心賣給了魔鬼，換了一顆石頭心。魔鬼給了他很多錢，但在他獲得物質享樂的同時，再也體會不到人世間的眞情。今天的中國社會，這種現象比比皆是。充滿世俗理性的人如山似海，中國就是在這種狀態下追求所謂的民族復興，可能嗎？在世人爭著相互攀比，人前顯聖之時，可能所有人都沒有意識到，今生的考試他們都失敗了。正是因爲他們接受的教育使他們以爲世界就是眼前的這個屬世世界，人死如燈滅。既然如此，怎麼會「善有善報，惡有惡報」？良心是個什麼東西？喂了狗又能怎麼樣？聖經裡耶穌講了一個乞丐和財主的故事。乞丐拉撒路生前受盡了苦難，死後卻在亞伯拉罕的懷中得安慰，財主生前享福，死後卻下地獄受苦。（路加福音 16:19-31）

耶穌的故事講了一個善惡有報的道理，但是如果僅將它當作神話故事，那就大錯特錯了。對不信神的人來講也許故事裡的事不可思議，甚至沒有意義。但對良心未泯，特別是有信仰的人來講那不僅是警醒之語，更是活生生的實在。

[188] 《信仰與秩序——法律與宗教的複合》，第 159 頁。

基督教是愛的宗教，它的核心眞諦就是博愛。世俗理性者不明白愛的眞相，不理解博愛是善的表像，生命的靈糧，自然也不懂得「世界一體，人類一家」的道理。明白愛的眞相的人知道生命是藉著愛而活，所有的人活好了自己才能活好的道理。所以他們曉得自然理性，並能做到愛人如己，「**無論何事，你們願意人怎樣待你們，你們也要怎樣待人。**」（馬太福音 7：12）不明白愛的人永遠活在自己的肉身之內，無法明白靈界的雋永廣大以及靈魂的眞實存在。懂得愛的人一定具有自然理性，並且會對至高至善的造物主充滿純正信仰，因爲兩者之間本就相通，因此會趨向結合。二者的結合就會對眞理和良善產生正確地認知，並且會登上那高處的眞實之境。這種境界是世俗理性者不會具有，也無法理解領會的。

當一個人深陷世俗理性之中，就不會明白什麼是愛，也不能理解那種無私的境界。見到他人博愛的思想或行爲，只會認爲這人有病或是幸福過頭。他們每日活在自己的狹愛之中，只希望他人都圍著自己轉，如果當他人稍不能如己意時就憤憤不平，埋三怨四。而當他人對自己充滿善意時，又覺得對方軟弱可欺，非但不能體會其中的愛，而是輕慢嘲笑別人的善意。在他們眼裡，任何人，包括親戚朋友、相識的不相識的、有用的沒用的人都是爲己所用的工具。有利用價値時就好言相待，以利誘之；無利用價値時就視若無物，自生自滅；若利益衝突時，則勢同水火，必欲滅之而後快。正是這種世俗理性使中國人之間，中國人與外國人之間不信任，不平等，不友善。

在世俗理性者眼中，道德法律都是裝給人看的東西。因爲道德屬於形而上的意識形態，活在形而下肉身裡的人是無法理解和思考這麼高深的問題的。而法律來自神法（自然法），失去了對神聖至高者的尊崇和信仰，法律不過是人類製造出來約束人的工具，毫無神聖感可言。世俗理性者只是出於愛世之心，裝作遵守道德和法律的樣子，一旦失去了法律刑罰，以及深怕身敗名裂的外在鉗制力後，就會在愛世和愛己之心的執著下肆無忌憚地想辦法利用道德和法律爲自己謀利。作爲世間唯一擁有良知和理智的人類，失去對神聖的信仰和眞理的追求，剩下的只會是赤裸裸的肉體私欲，狹隘的世俗理性只能用來謀求一己之私。

我們看見幾千年來，世俗理性者每時每刻所做的就是挖空心思琢磨怎樣獲取世俗利益，唯一不同的就是有的人眼光長遠些，有的人目光短淺些，但是愛世和利己之心都是一樣的。中國社會由於長期處於這些世俗理性的控制下，致使哲學思想停滯，科學無從發展，而宗教迷信、歪理邪說以及權謀爭鬥則氾濫成災。偶有幾個有點自由思想，想搞點創新的人都被充斥著世俗理性的社會環境所扼殺，眞正可悲可歎！

需要注意的是，絕大多數世俗理性者表現爲自私的形象，但也有一些僞善的世俗理性者。這種人內心無愛，卻偏裝出一副愛人的模樣。不明白良善本出於神，卻以爲良善出於自己。他們的世俗理性使他們出於愛世之心行一些善行博取公眾的眼球，不但騙取他人的信任，還要賺取社會的利益。這種人就是常講的「披著羊皮的狼」。因著他們的自私行爲更具隱蔽性，所以對世道人心的傷害也更大。

世俗理性者不可能成爲人生的贏家，因爲他們不明白有愛才有生命，人生的輸贏全都體現在是否能得到他人的愛及愛你的人有多少上。這愛並非世俗之愛，很多很多人生前得到他人的愛，死後都化作煙消雲散。因爲這愛是世俗利益之愛，缺少了世俗利益的糾葛，沒有人還會在意他。但是眞正的愛是建立在自然理性和純正信仰的基礎上，是眞理核心的回聲。在這種以利他爲表現的三觀裡，你看不到自己的影子，「**他本有神的形像，不以自己與神同等為強奪的，反倒虛己，取了奴僕的形像，成為人的樣式。既有人的樣子，就自己卑微，存心順服，以至於死，且死在十字架上。**」（腓立比書 2:6-8）屬天之愛便是以良善、正直與公義爲初衷，眞切地愛良善、正直與公義，並起而行之。屬天之愛藉著耶穌基督在十架上向人類顯明，「**因為所賜給我們的聖靈將神的愛澆灌在我們心裡。因我們還軟弱的時候，基督就按所定的日期為罪人死。為義人死，是少有的；為仁人死，或者有敢作的；惟有基督在我們還作罪人的時候為我們死，神的愛就在此向我們顯明了。**」（羅馬書 5:5-8）

在基督的愛裡，我們看不見絲毫世俗理性的影子，看見的是神的良善和眞理的身影。千百年來，基督爲人類詮釋的愛得到一代代地傳承，從猶太地到希臘、羅馬，再到歐洲大陸、非洲大陸，最後傳遍世界的每一個角落。這正印證著經上的話，「**我已將我的靈賜給他，他必將公理傳給外邦。**」（以賽亞書 42：1）「**聖靈降臨在你們身上，你們就必得著能力；並要在耶路撒冷、猶太全地和撒瑪利亞，直到地極，作我的見證。**」（使徒行傳 1：8）

世俗理性者不懂得屬天之愛，在他們的意識裡對人好一定是有利可圖。否則就是，呵呵，就是「無事獻殷勤非奸即盜」。在他們的心目中，屬天之愛這種良善的東西根本就不會存在，也就是講在這個世界沒有平白無故的好，所以只有「世俗之愛」。他們爲了自私的理由去愛良善、誠信和公義，目的只是爲了得到權勢、地位和利益。他們一味地沉溺於私我和世俗之中，以欺瞞爲樂，並且認爲人就是這麼個利己動物，當然他們也就把自己當作了這麼個動物。他們的世俗理性告訴他們，這就是眞理，其他的高調都是胡扯。中國就是被這麼一種世俗理性浸淫了數千年，人們的骨子裡都填滿了這種意識。這種意識使中國人凡事都以欺騙爲出發點去行善、誠信和公義，於是導致一切都會變成邪惡、不誠和不義。

因爲不認識愛，信仰也就隨之失去了方向，人們的言行自然陷入了狹隘自私的世俗理性之中。就在這種狹愛狀態下，人的靈魂睡了，良知滅了，生命死了。嗚呼哀哉！中

華民族就這樣年復一年，日復一日，麻木不仁、毫無新意地喘息著。上自帝王將相、鴻學大儒、宗教領袖，下至販夫走卒、愚夫白丁、迷信教徒，都在人的世俗理性中苦苦掙紮。每逢戰亂、災荒、瘟疫等災難，每每呼天天不應，叫地地不靈。因為靈魂束縛在世俗理性中，生命沒有變化更新的可能。一代代人在世俗理性掌控的專制統治裡，玩的是權謀，拼的是心機，過的是行屍走肉的生活。因為沒有醒來，所以分不清眞耶假耶？醒耶夢耶？生耶死耶？千百年來無數賢人志士上下求索，前赴後繼，尋來找去的不過是仍然在屬世世界的世俗理性裡轉圈。

不改變世俗理性，即使這國富甲天下，亦或這民有機會追求眞理都是無用的。因為在世俗理性的捆綁下，人的內心處於失衡狀態，人無法自由地作出正確選擇。所以無論做任何事都會從起初的利他轉為最終的利己，這就是再好的制度一轉到被世俗理性主宰的國度就變味的根本原因。而由世俗理性之人掌控的政府只會是宣揚世俗理性，推行愚民政策的專制政府。在這種政府的管控下，民眾的世界觀只會被歪曲和誤導，頭腦裡只會被大量灌輸世俗理性，乃至發展到奴性卻不自知，甚至還為自己的奴性大聲叫好。比如以前拘禁中國婦女自由的裹腳布，典型的世俗理性產物，但是卻延續了近千年而不知恥。那些滿口仁義道德的高官顯貴、鴻學大儒毫無德操，對此不加制止，反而視而不見甚或公然鼓吹。在這種環境下做任何改革都是徒勞的，不可能產生任何實際意義。因為社會思想意識的根子都長歪了，無論拿什麼嫁接上去都只會繼續長歪。

中國古代社會的改革從來都是短命的，並且難以取得實效，直到被近代西方世界的文明震醒。可惜的是，根深蒂固的世俗理性依然以各種藉口（如尊重傳統、熱愛國家、維護民族利益等）控制著人們的思想，影響著整個社會的發展方向。那些空洞且狹隘自私的口號對世俗理性者而言，不過又是一種可資利用的工具。這國和這民依然沉醉在世俗理性所製造的人生觀和價值觀裡，繼續追求著吃喝玩樂、醉生夢死、窮奢極欲的腐朽生活。國家媒體竟也公然鼓吹舌尖上的中國、玩轉天下等俗不可耐的人生觀和價值觀。這些根植於世俗理性的人生觀和價值觀，註定這國和這民缺乏長遠眼光，運來時不知珍惜，運盡時哭爹喊娘。這樣的社會註定是孱弱不堪，經不起任何風雨侵襲。在這樣的社會裡人造災難依舊不斷發生，整個社會以及每一個社會中的人依舊活在世俗理性的噩夢中沒有醒來。

今天，中華民族要想實現偉大復興，就必須每一個中國人都努力拋棄腦海中根深蒂固的世俗理性，然後開始學習認識眞理。唯有識得眞理，意志才能與屬天之愛緊密相連，並表現于外在的言行舉止中。那眞理何在？眞理就在基督的福音裡。「**我就是道路、真理、生命；若不藉著我，沒有人能到父那裡去。**」（約翰福音 14：6）

什麼是二律背反？如何解決二律背反？

關鍵字：二律背反；理信

二律背反是德國古典哲學家康得提出的一個哲學概念，是指處於一個世界裡因著不同世界觀而建立起來的、公認的兩個命題之間的矛盾衝突。康得借此希望能夠解決人類對屬靈世界因著不同感知而產生的種種困惑，希望能夠將人類肉體不可確知的屬靈世界的神變爲道德信仰的目標。這與中國古代的教育家孔子很有相似性。通過轉移視線，回避主要矛盾。但是此做法的結果就是使整個世界意識層面陷入簡單化、機械化，人類因爲無法正確認識世界的本質，導致膚淺的信仰和以科學爲幌子的唯物主義大行其道。結果物質文明帶來的富裕生活非但沒有給人類帶來精神文明，反而使生命脫離了眞理的主宰，使趨死的肉體變得庸俗不堪。近代西方哲學界普遍存在的問題就是重蹈古希臘哲學的覆轍，脫離開對神的信仰而淪落爲一門形而下的科學。

近現代哲學一個最大的問題，就是將哲學機械化、簡單化。哲學是人類追求眞理的一門學問，忽視了眞理的存在和意義，哲學就成爲一門毫無生命的死學問，趨同於科學。近現代西方的哲學明顯處於這樣一種狀態，無論是康得、黑格爾、叔本華，還是現代的各種哲學思想、理論，都是枯燥、機械、缺乏生命的死學問。今天的常人看西方哲學書籍，就好像看天書一樣，艱深晦澀、佶屈聱牙，看兩眼就想扔掉。這不是哲學自身的問題，這是哲學家步入了死胡同，不明白哲學的眞正意義在於探索屬世世界的眞理。而眞正的哲學家卻明白哲學的眞正意義何在，這一點古希臘哲學的斯多葛派[189]做出了光輝的榜樣。

在自然理性方面，斯多葛派成績斐然，其提出的自然法思想、個人主義、世界主義以及平等觀念等思想理論都對今日世界產生了巨大的影響。雖然斯多葛派成果斐然，但仍然無法擺脫湮沒的命運，因爲哲學必須找到宗教，否則哲學必然會因爲缺乏形而上宗

[189] 斯多葛派：古希臘哲學流派。最先由芝諾創立，後由克利西波斯、第歐根尼等發展。1 世紀流行於羅馬，一度成為當時的官方哲學。該派於 2 世紀後漸趨沒落，其若干思想被基督教哲學吸收。

教信仰的引領，而受形而下世俗理性的誘惑淪爲世俗理學。斯多葛主義能對今日世界產生如此巨大的影響，正是與其和基督教融合分不開。哲學與宗教都在求眞理，因爲屬靈世界高於屬世世界，所以宗教是頭腦，哲學是身子，就如英國哲學家法蘭西斯·培根所講，「自然哲學實在既是醫治迷信的最有把握的良藥，同時又是對於信仰的最堪稱許的養品，因而就正應當被撥給宗教充當其最忠誠的侍女。」[190]宗教和哲學雖都是追求眞理的學問，但是研究和探索的空間或領域不同。宗教是在屬靈世界裡探索，哲學是在屬世世界中研究，如果不能理解眞理的本質是純正信仰和自然理性的完美結合，兩者就極易產生矛盾和衝突，頭和身子就會分家，甚至水火不容，這就是二律背反出現的根本原因。

提起二律背反都會談到康得的四組命題，仿佛這是談論這個問題繞不開的環節。其實這是對世界本質和生命眞義缺乏認知才會產生的誤解，如果能夠很好地分清這兩個世界的存在，並分清這兩種生命的主次，二律背反就根本不會出現。正是因爲人類缺乏對兩個世界和兩種生命的正確認知，又受到各種各樣肉體私欲和世俗理性的困擾，才會總覺得這個世界裡好多現象自相矛盾，卻又深陷於其中無法自拔。這其中最典型的例子就是人本身。

人本身是一個靈肉的結合體，且靈與肉時時刻刻都處於爭戰的狀態。人靈裡的善並非來自於人自身，實乃來源於神所賦予的那一絲神性（良心），所以它非常弱小，以至於若不注重內在層次，人幾乎感覺不到它。而人若想提升自身的善，唯一的辦法是專注于神，向神敞開心扉，不斷地汲取來自神的正能量，從而達到「正氣存內，邪不可幹」。人自身的惡來自於人的肉體，這種自然的惡生來就有，它是人最初維持自身生存的基礎。但是人生來卻恰恰是與這種惡作戰的，這本身就是一種二律背反。

人唯有借著遏制肉體私欲，才能學著如何從靈裡棄惡從善，提升屬靈生命的狀態，進而獲得重生，成爲新天新地裡的新人。可人又要通過肉體來維持生命，這肉體本就是趨死的，若任著肉體私欲的隨性，那人就眞活成了行屍。所以人類必須學會用良心和理性控制人的肉體私欲，使人這一擁有神的形象和氣息的生命不致墮落爲低等動物。人的肉體本就是爲靈魂服務的，這是神用泥土造人的初衷。神給了人肉體和生命，但祂卻希望人類能選擇生命而摒棄肉體，因爲肉體是趨死的，而生命卻引人步入永生。但是人類卻常常出於對生命眞義的無知而過於重視肉體，從而使屬世生命無法從惡中解脫出來。人與動物的不同之處就在於人本身擁有良知以及自由意志，可以通過意識思辨而做出善惡選擇。正如前書《基督教啓蒙讀物：最後的爭戰》裡所講，「選擇善，善之門打開；選擇惡，惡之門打開。」

---

[190]《新工具》，第 77 頁。

人想要具有選擇善惡的主動權，就必須保守好自己的良心。「**你要保守你心，勝過保守一切（或作「你要切切保守你心」），因為一生的果效，是由心發出。**」（箴言 4:23）人的良心裡存著來自神的善的種子，人唯有心懷善念，才能心甘情願地讓這顆種子在我們的靈魂裡滋養壯大。這就是人來到這個世界的眞正目的——爲神作見證。但是出於各種原因，眞正能夠認識此眞理的人卻少得可憐。相反，出於形形色色的肉體私欲和世俗理性，人們的理性非但沒有得到提升，甚至滑落地更低。人類將世界視爲一重維度，將生命當作肉體生命，由此而產生出來的各種矛盾和困惑就是典型的二律背反。

其他的像世俗宗教也屬於二律背反，它就像人的肉體一樣，沒它不行，因爲它承載著在普通民眾中維護一種信仰傳承的使命。但是若影響太大也不行，因爲世俗的一面決定了它具有像肉體私欲一樣腐敗的傾向，如果任其發展，必然會出現國教誕生的一幕。所以明知道它可能會誤導人類的信仰，阻礙人的靈命成長，但還得保留它，因爲它對處於黑暗中的世人保守對神的信仰傳承還有一點作用。

由上觀之，二律背反主要存在於涉及兩個世界的事物之中。今天在意識形態領域裡，唯物主義與唯心主義爭來爭去，也不過爭的就是這個問題。

二律的產生源於神創造了屬靈世界（形而上世界）和屬世世界（形而下世界），當人類用肉眼看世界時，怎麼看都是有限的。但是如果當人類睜開屬靈的眼睛時，世界的無限就會展現在他的眼前。當人類用屬世的智慧思考問題時，很多事情彷彿是偶然發生的。但是當學會用屬靈的智慧打量世界時，就會發現萬事萬物都是相互影響且必然發生的。當人使用顯微鏡等科學工具觀察人的肉體時，人的生命就是無數細胞、原子乃至更小的物質組成。但是當靈魂離開肉體時，人都會發現，生命原來是藉著神的光、熱、愛、善等形而上介質形成的靈體，生命竟是如此的奇妙。當人以肉體生命爲主時，人會以爲人的主觀能動性決定了這個世界的存在和發展，肉體消亡後世界也就不存在了。但當人的屬靈生命覺醒時會發現，原來生命的藍圖早在靈魂進入肉體前就已經繪製完畢，而生命的意義在於發現和選擇今生需要完成的生命主題。

人因爲有了肉體才產生了對物質世界的認識，這個物質世界存在著各種各樣的困擾，使人因著肉體的私欲深陷其中，無法自拔。正是因陷在以自我爲中心的欲望中，人的屬靈自信被一點點剝離，世人逐漸成爲肉體的奴隸。如果人類從小就失去對神的信仰，那麼等他們長大後，用什麼來解釋人類行爲的目的和動機呢？無視靈魂的人只會成爲一具行屍走肉，因看不見生命之光而步入死亡之境。沒有了生命就不明白良善的意義，良善就是要人犧牲肉體的私欲得著靈魂的自由和生命的豐盛與永恆。信仰神使人靈魂覺醒，明白爲什麼「**叫人活著的乃是靈，肉體是無益的。**」（約翰福音6:63）

而叫人活著的靈因著先天的良心得以能夠感悟到神聖的存在，且生命境界越高的人越能領悟到生命到這個世間來的眞正目的。古往今來，我們可以看到很多修煉生命的人，他們視金錢權力如糞土，拋家舍業，捨棄兒女情長，或在寺廟道觀修身養性，或在深山老林修道成仙，或在人群中濟世救人傳福音。這些悟性高深的人很少會產生二律背反的概念，因爲世界在他們眼中並非一重維度，而是多重維度。身在屬世世界中的人類不理解的事，在他們的眼中都是自然而然的事。「**屬血氣的人不領會神聖靈的事，反倒以為愚拙，並且不能知道，因為這些事惟有屬靈的人才能看透。**」（哥林多前書 2:14）這是對生命認知達到高深程度後的體悟，明白了生命的眞義在於培養靈魂中的善而非肉體裡的惡。

而生命認知還拘限於肉體生命的人，因爲無視屬靈生命的存在，反而將肉體生命視爲唯一的存在。這樣的人因爲不認識世界的本質，所以無法對生命的眞義產生出正確的認知，致使內在層次無法打開，動心起念都是這世上的邪情私欲，以及由此生髮出來的迷信。人在這種境況下只會罔顧自己的屬靈生命，而更願親近屬世的肉體生命。由此墮落爲動物乃至禽獸不如，這類人通常也不會產生二律背反的困惑。

但是人的良心（即神性）總在不經意間提醒著人類埋藏在心底的良知，使人不自覺地會產生一種對神的信仰需求。因著宗教對人類良心的影響，人類的信仰有了理信與迷信之分。那些藉著良善宗教而產生出純正信仰的人會自然而然獲得理信，不會再對世界和人生產生困惑。而那些因著肉體私欲和貪婪恐懼之心選擇信仰的人，很容易隨著雜亂信仰而陷入迷信，二律背反主要就是產生於他們之中。

這個世界原本由事物的兩面通過對立統一達到一種動態的平衡，「天之道，損有餘以補不足」，正如陰與陽、光與暗、善與惡一樣不停地消長，共同構成了一個完整的統一體（詳見下文《爲什麼要保持平衡？》）。明白這其中道理的人，不會產生什麼二律背反的概念，這種概念只會產生在對世界本質和生命眞義認識不清的情形下。而那些將世界當作弱肉強食的動物世界的人也不會產生二律背反的概念，因爲他們壓根就沒有靈性思維的官能，只是將這個世界當作巧取豪奪的競技場。

有人講，人生就是靈魂的修煉場或訓練營，這是不錯的。人生就是一場考試，肉體就是試卷紙，而考試內容就是人生經歷，考試目的就是提升你的生命境界。人的靈魂中欠缺什麼，人修煉的生命主題就是什麼。但是因爲人的生命境界不同，人在今生的選擇也千奇百怪。有的人重視屬靈生命，視金錢、權力、美色如糞土；有的人重視屬世生命，追求肉身享樂和世俗虛榮，甚至爲此不擇手段；有的人完全不明白生命的意義，整日渾渾噩噩，虛擲光陰。神賦予人的自由意志常常被人揮霍浪費，糊裡糊塗、亂七八糟的選擇使人的生命充滿了光怪陸離的變數。

解決二律背反的關鍵在於認識世界本質和生命眞義，而認識眞理並樹立理信是認識世界本質和生命眞義的關鍵。眞理告訴人類，世界的本質是什麼？生命的眞義是什麼？

人爲何而來？又終歸何處？在認識眞理的基礎上，人的良心和理性將使人樹立理信，並由此形成獨立人格和人權意識，進而建立起民主的法治政府。人類社會在這樣的政府管理下，每個人的良心自由和行爲自由都會獲得兩個層面的保障。一方面，形而上的信仰教育會使人內心中充滿良善，相信唯神爲善，並努力爲祂作見證；另一方面，形而下的理性教育會使人以追求眞理作爲人生的目標，並要在屬世世界中踐行愛人如己的人道主義。信仰教育和理性教育共同鑄造了一個人理信的基礎，在此基礎上，一個人既學會抬頭看天，明白人類當家作主的權力和自由來自神的恩賜。同時也曉得腳踩實地，知道這天賦的權力和自由還必須依靠屬世世界的自然理性和法治理念來完備和護航。

樹立理信是解決二律背反的前提，而認識基督是樹立理信的根本。所以選擇信仰基督，人的肉體和靈魂將不會再產生衝突，理信與迷信也不會再糾纏不清。人類將不會再因肉體的困惑而產生迷茫，而會因認識眞理獲得前所未有的自由。其實這一點兒也不難理解，沒有光明指引的道路一定會讓人彷徨不定，無所適從。而當有了光明的指示後，人出發就會輕鬆愉快的多。人類到這個世間來，藉著對眞理的認知和感悟，樹立起理信，生命也因此得以變化而更新。當人這一次脫去肉體時，人的靈將會離神更近，也更能體驗神所賜予的平安和喜悅。

人類居住的世界何等奇妙，人類自身也很神奇。人類不瞭解宇宙如何誕生？生命從何而來？人類源於自身的有限和渺小，無法測度宇宙和生命的奧祕。但是人的良心又時時刻刻呼喚人類去認識上帝，感悟生命的眞義。鑒於人類的蒙昧無知，神有時會藉著一些超自然的啓示來喚醒人類迷茫的心靈，並藉著聖靈的低語輕拂人類沉睡的良心。但這些還遠不足以徹底喚醒人類的靈魂，藉著聖靈感孕，道成肉身，神以耶穌基督的形像來到了世間。在祂那裡，眞理得以彰顯，神的至善與無私藉著基督的恩典明明白白地顯示給世人。「**惟有基督在我們還作罪人的時候為我們死，神的愛就在此向我們顯明了。**」（羅馬書 5:8）

在至善與無私的神性面前，崇尚私我的人類從有限中認識了無限，從僞理中辨識了眞理，從黑暗中看見了光明。人類藉著無私至善的恒在映襯，突破了層層迷障，跳出了原先的深井，站在了一個全新的境界。不再由於理信與迷信的衝突而陷入自我矛盾之中，二律背反也徹底得到了解決。樹立理信的人不再僅僅眼望星空或腳踩實地，而是將二者結合起來，眞實感受著世界的奇妙和生命的神奇，並不斷地實現生命的自我超越。

也許我們還有未完成的生命主題，也還會轉世，但帶著過去累世經驗的生命一定會引領我們向更高的生命境界前進。無論多少世的輪回，只要能找到基督指給我們的生命之道，我們的生命就不會迷失方向，即使行在漫漫無期的黑夜中，也會因著神的愛而享受著屬天的智慧，在蒼穹中閃耀著光芒。

（靈魂的覺醒就好像人在夢中知道自己在做夢，那麼就已經在人生中占儘先機；就好像在趨死的老我中獲得重生，看透了世間的眞相，明白了生命的奧祕；就好像在考試中已經知道試卷答案，那麼圓滿完成就是自然之事。）

是「先信仰後理解」還是「先理解後信仰」？

關鍵字：先信仰後理解；先理解後信仰；有學識的無知；無學識的無知；有學識的有知；無學識的有知；宗教；神學；迷信；覺悟

是「先信仰後理解」還是「先理解後信仰」？就如不懂就去做還是懂了再去做一樣，是一個很簡單的問題。但是在實踐中這確實還是個問題，而且還是一個困擾人類千年的大問題，甚至成爲中世紀經院哲學兩大學派唯名論和唯實論的爭議焦點。直到今天，對很多良心虧欠、理性欠缺的人來說這個問題仍然有效。

人類思想上的爭議概括起來講都是世俗理性之爭，或者世俗理性與自然理性之爭。因爲人自身的感悟能力不同，生活環境、人生經歷和性情差異巨大，所以各種形式的思想之爭永遠不會消失。有鑑於此，爲了世間的和平，基督教才教人不要去爭辯，「**惟有那愚拙無學問的辯論，總要棄絕，因為知道這等事是起爭競的。**」（提摩太后書 2:23）但是人類的虛榮心、自大心和教條心卻使人爭辯不休，甚至互相攻訐，互相迫害乃至互相殺戮。人類的不幸源於肉體的軟弱和私欲的旺盛，這肉體讓人貪圖安逸，而私欲叫人欲壑難填，以致來自靈裡的良知總是被來自肉體的私欲所壓制，久而久之，世俗理性代表的僞理反而取代了自然理性代表的眞理，成爲了「眞理」，而眞理卻銷聲匿跡不爲人知。

上帝對人類所做的最偉大的一件事，就是藉著耶穌基督將眞理之光重新投向了人間，「**那光是真光，照亮一切生在世上的人。**」（約翰福音 1:9）藉著耶穌基督帶來的眞光，人類重新發現了眞理，認識了神。「**我就是道路、真理、生命；若不藉著我，沒有人能到父那裡去。**」（約翰福音 14：6）然而人類在黑暗中處久了，反而怕見光。「**光照在黑暗裡，黑暗卻不接受光。**」（約翰福音 1:5）不接受的不只是這光，還有這光帶來的眞理。「**我將在神那裡所聽見的真理告訴了你們，現在你們卻想要殺我！**」（約翰福音 8:40）

久處黑暗中的人們只是將耶穌的話當作瘋話予以嘲笑，並將耶穌釘死在十字架上。

就如古希臘神話中爲人類帶來光明的普羅米修士被釘在阿爾卑斯山上一樣，不同的是這次是人幹的。當眞理藉著耶穌基督臨到這個世界之時，僞理一統天下的時代就已經結束了。此後是一場眞理與僞理曠日持久、艱苦卓絕的爭戰，雖然這場爭戰的過程因爲時間、地域、民族、文化、習俗等因素的差異而不同，但是它始終在不斷地進行著。

這個過程在人類歷史的長河中可能經歷了數百年，也可能上千年，甚至更久，但是人類總算有了希望。正如俄國作家柯羅連科所說，「火光啊！畢竟，畢竟就在前頭。」但是對一個人來講，人的一生也就幾十年，可能還沒看見火光的影子，生命就結束了，所以肉體的軟弱總是使人跌倒。在那漫長黑夜中，能看見希望的總是寥寥無幾，絕大多數人都爲世俗理性代表的僞理所征服，甘心淪爲罪的奴僕，被私欲所轄制。人類肉體的軟弱不是一天兩天就能變剛強的，僞理也不是一年兩年就能被認清的，黑暗更不是一兩百年就能被驅散的。光明與黑暗的爭戰是永無止境的，但凡有人類的一天，這場靈與肉的爭戰就不會止歇。這場爭戰不論是在基督教國家或非基督教國家，也不論是在天主教國家或東正教國家或新教國家，都將長期存在。在非基督教國家存在這種爭戰比較容易理解，在基督教國家也存在這種爭戰到底是什麼原因呢？這就要回到本文的主題，這裡還有一個認識之爭。

每一個有良知有理性的人（無論佛教徒、道教徒、伊斯蘭教徒還是基督教徒）都很清楚不懂就信是迷信，但是爲什麼會有那麼多的人根本就不明白宗教的精意就信了呢？關鍵在於他們是以自己的世俗理性理解著他們的信仰。他們以爲宗教信仰能給他們的肉身帶來好處，這種好處可以是物質上的，也可以是精神上的。如果宗教信仰眞是這樣簡單的話，爲什麼不信呢？由此可見，人頭攢動的宗教場所裡，有多少人是眞正明白宗教內涵的呢？在這些信徒中，比較好識別的是那些爲世俗利益而來的，從他們的禱告中就可以明顯地感覺到他們的信仰是盲目的，自私的。他們的世俗理性告訴他們，信教以後再理解也不遲（或者不理解也無所謂，只要信就可以得利益）。爲了迎合他們這種心理，教會裡面的一些神棍們就鼓勵他們先信了再說，欺騙他們說只要信，神就會賜給他們想要的一切。這種徹頭徹尾的迷信在具有良知和理性的人眼裡顯得十分愚昧而可笑，但在平時生活中卻是最爲常見的。

其次是一些隱藏較深不太好識別的迷信者。他們掌握了一些書面上的知識，明白一些字面下的意思，但是還沒有眞正理解宗教的內涵，更無法融會貫通宗教的精髓。他們以爲智慧的多寡取決於知識的多少，缺乏對生命的感悟和對信仰與理性的認知，無法培養出理信思考能力。只會將一些博學多聞的人提出的觀念，無論對錯，都奉爲圭臬。由於這些人的知識通常很片面，使其沒有能力看清生命的本質，分辨事物的眞假，也無法以理性思考，只會一味地道聽塗説，傳布一些似是而非的神學理論。

由於這些人缺乏理信思考能力，每日只會捧著經書咬文嚼字，根本不理解什麼是「信」，以爲嘴上說信就是信了，卻不知這「信」是要用心靈和誠實來證明的。不是去去教堂，做做禮拜，吃吃聖餐，行些善事就是信了。馬丁·路德在布道時發現很多基督徒處於這種迷信之中，他在解釋「因信稱義」時說：「許多人以爲基督徒的信，乃是一件容易之事……他們其所以如此行，是因他們沒有信的經驗，也從來沒有嘗到信的大能。」[191]這種似是而非的簡單信仰使他們囿於以往的教條或偏見，往往受過去謬論的遮蔽，而無視於眞理本身。

眞正的信仰是出於對世界本質和生命眞義的認知，人若沒有感受到來自天堂的神之眞理和神之愛，就無法培養出理信的能力。令人遺憾的是，世間絕大部分有學問的人都是以屬世世界爲依歸，無法開啓內在生命本質，無法認知靈魂中的神性，也無法產生出正確的信仰。正因爲如此，僅憑藉外在感官而信仰的學者，雖然知道基督是眞理，但卻總是執著於自己的成見，很容易否定眞理，並且變得自以爲是。當這些人執著於他們的謬誤時，他們毫無疑問陷入了自己謬論的深度迷信之中。

而這些深度迷信者通常是些教會的骨幹，他們通常表現爲好爲人師，貪圖來自人的榮耀，不明白耶穌所講「**愛人的榮耀過於愛神的榮耀。**」（約翰福音 12:43）他們的錯誤產生於人們總是習以爲常地以爲較老的研究是無害的，因此對世界的錯誤認知源於對以往神學教條的迷信，「至於舊的錯誤，整個文明世界，無論是新教還是天主教世界，都有過失。這不是宗教的過失，而是把神學教條與《聖經》文本聯繫在一起這種目光短淺的做法的過錯，這種做法無視受神賜福的基督教創始人的言論和著作，而那些思想僵化、喜歡高談闊論的人總想代替宗教。一位當代最著名的聖公會牧師說得很公道：『由於神學家們誤把黎明當作火災，所以他們常常成爲光的反對者。』」[192]

這些深度迷信者喜歡引經據典，其實他們並不完全按照經書上的要求去做，而是有所選擇的去做。由於這些迷信者不理解就信了，所以表面上他們高舉神，實際上背後舉的是他們自己（關於這一點他們永遠都不會承認）。他們想要出人頭地，人前顯聖，成爲領袖。卻還要假裝謙卑，自稱神僕，仿佛他們離神最近，高人一等。（詳閱前文《爲什麼不能隨己意自稱「神的僕人」？》）他們沒有眞正理解信仰，當然也不會告訴他人什麼是信仰？爲什麼要信仰？信仰的眞正含義是什麼？他們只會籠統地講，「只要信」，其餘的交給神去處理吧。他們這種動輒說要「相信神」或者「對神要有信心」的說辭不知阻攔了多少人認識眞理的腳步，這種一知半解，不懂裝懂的認識論不知貽誤了多少人的生命。在耶穌那個時代這種人被稱爲祭司或法利賽人，他們表面上是些精通律法和教義的人，

---

[191] 《馬丁·路德選集》，第 235 頁。
[192] 《科學——神學論戰史》（第一卷），第 226 頁。

實際上卻是「**你們好像粉飾的墳墓，外面好看，裡面卻裝滿了死人的骨頭和一切的污穢。**」（馬太福音 23:27）

這種人從古至今在宗教界裡數不勝數，他們與普通人一樣良知虧欠，理性缺乏。只不過徒有 一些書本上的知識，追求的是精神層面的利益，所以他們隱藏地更深，更具有欺騙性。他們不但害人，而且害己，既是迷信者，又是散布迷信者。宗教信仰在他們手裡完全變了味，有哲人在看到他們的行爲後不禁感歎道，「我常怪自誇信從耶教的人，以仁慈、欣悅、和平、節用、博愛炫於眾，竟懷忿爭吵，天天彼此憎恨。……世俗的宗教不外是對教士的尊崇。這種錯誤觀念的傳布使無用之徒醉心獲得教職，這樣，傳播宗教的熱誠遂衰敗退化，一變而爲卑鄙的貪婪與野心。……無怪舊日的宗教只剩了外表的儀式（連這些儀式，在大眾的嘴裡，也好像是神的阿諛，而不是神的崇拜）。信仰已經變爲輕信與偏見的混合。……有些人斷然藐視理智，棄絕理解力，以爲自始即不純全。我說，如果認爲這些人才有上帝所賜給的光明，這是多麼可怕的荒唐！的確，他們但只有上帝所賜的一星光明，他們就不會驕橫暴戾，就要更聰明地學習敬神，在人群中以仁慈出眾，而不是像現在那樣以惡意著稱，若是他們所關心的是對手的靈魂，而不是他們自己的名譽，他們就不會再事殘酷地迫害，而是心懷憐愛了。」[193]

這些迷信者自以爲擁有淵博的學識，所以更容易驕傲自大，從他們對耶穌的態度就能清楚地看到這一點。還有他們爲了完全將信徒們置於自己掌控中，維護他們那一套非理性的學說，就肆意排斥驅逐理性。有哲人這麼評價他們的行爲，信徒們「把自己置於祭司的手中，但祭司給他們的頭腦中充滿了對上帝的錯誤觀念。崇拜時就隨他們高興，用愚蠢的儀式；可怕的或狡詐的事一旦開始，虔誠的獻身就使之變得神聖，宗教就成了一成不變的。在這種對於眞正上帝的黑暗無知中，邪惡和迷信就掌握了世界，得不到理性的幫助和來自理性的希望，無法聽見理性的聲音，而且被認爲與信仰的問題無所相干；祭司們，爲了保障他們的帝國，就把理性驅逐出他們關於宗教的任何事務中。在種種錯誤的觀念和虛構的儀式中，世人幾乎喪失了對於唯一眞正上帝的認識。」[194]耶穌清醒地意識到他們所犯的錯誤，痛斥他們道，「**你們律法師有禍了！因為你們把知識的鑰匙奪了去，自己不進去，正要進去的人你們也阻擋他們。**」（路加福音 11：52）

這些深度迷信者爲了控制信徒的思想和行爲，不但驅逐信徒們的理性，而且還編造出一套害死人不償命的神學理論，並以人的理性天生就是不完全的，所以是不可靠的爲由，要求信徒們完全接受他們的那套神學理論。對思想異議者動輒斥之爲「異端」，如果條件允許，他們巴不得將那些頭腦清醒，敢與之唱反調的異見者都活活燒死。他們告訴

---

[193] 《神學政治論》，第 4-5 頁。
[194] Locke, John.The Reasonableness of Christianity,p.57,Standford University Press, 1958.

那些追求宗教信仰者必須要以宗教信仰爲先，然後再輔之以教化幫助理解。結果受迷信者教育的結果只能是更迷信，正如耶穌所說，「**你們走遍洋海陸地，勾引一個人入教，既入了教，卻使他作地獄之子，比你們還加倍。**」（馬太福音 23：15）

這些深度迷信者是主張「先信仰後理解」的主力，實在講，這些迷信者才是宗教信仰的眞正敵人，所以有人稱他們爲「敵基督」。在聖經裡，耶穌也知道在以後自己的信徒裡會有這樣的人，所以祂早早預言這樣的基督徒祂是不認的，「**當那日，必有許多人對我說：『主啊，主啊，我們不是奉你的名傳道，奉你的名趕鬼，奉你的名行許多異能嗎？』我就明明地告訴他們說：『我從來不認識你們，你們這些作惡的人，離開我去吧！』**」（馬太福音 7：22-23）可惜世人不明白，總是將這些愛榮耀勝於愛眞理的人認作爲宗教界的精英，教會裡的骨幹，虔誠的信仰者。難怪世人總是那麼多的不幸，還有什麼比眼睛瞎了更可悲的呢？

上述兩種人本書稱之爲「無學識的無知」和「有學識的無知」，在知識方面他們可能有所差異，但是在良知和理性方面一樣都很欠缺。他們有機會認識眞理，但是在眞理面前卻是瞎眼的，嘴裡喊著「主啊」「主啊」，其實根本就不認識主。他們的肉體私欲和世俗理性使他們的信仰變得雜亂不堪，以至於守著純正信仰卻不明白神即是良善的道理。眞理不是那麼容易認識的，它需要有良心的引導，理性和學識的輔佐，有時還需要有聖靈的啓示。曾經很多有良知、有理性、有學識的人，雖然他們也曾努力地追求過眞理，但是因爲缺少機緣的緣故沒有機會接觸眞理，造成他們終生遺憾。所以耶穌曾對聽祂講話的信徒說，「**但你們的眼睛是有福的，因為看見了；你們的耳朵也是有福的，因為聽見了。我實在告訴你們：從前有許多先知和義人要看你們所看的，卻沒有看見；要聽你們所聽的，卻沒有聽見。**」（馬太福音 13：16-17）

在基督降世之前，已經有個別有良知、有理性、有學識的人在探尋眞理，雖然非常稀少，但是始終存在，他們如彗星劃過夜空，總能給後人留下一線光明。在很早以前的古希臘就有這麼一些人，他們的智慧達到了人類歷史上前所未有的高度。他們僅依靠個人良知和有限的知識，卻能達到臻于自然理性的高度。他們雖然缺乏純正信仰的引領，僅僅依靠自然理性探討著世界的本源和生命的奧祕，卻也創造出影響人類歷史的燦爛文化，直到今天人們還在研究他們的思想並從中受益。然而僅僅由於沒有眞理可供參照，所以雖然他們提出過許多偉大的思想和學說，最後都因爲無法驗證而被懷疑直至逐漸堙沒。

但是當眞理出現時，這些思想和文化的繼承者很快就憑藉他們的良知和理性理解了眞理的本質，並將其上升爲自己的信仰，使前人被懸置的思想得到驗證並重新煥發出璀璨的生命力。這種生命力表現爲對眞理的認知，並以基督教哲學的形式展現給世界。這

其中以斯多葛學派和柏拉圖學派最具代表性。

當眞理以人的形像出現後，世界不再由黑暗和僞理所統治。「**道成了肉身，住在我們中間，充充滿滿地有恩典，有真理。**」（約翰福音 1:14）從此這世界上的人看見了眞光，有了希望。因爲「**我來了，是要叫羊（或作「人」）得生命，並且得的更豐盛。**」（約翰福音 10:10）人類藉著這眞光開始理解生命，獲得新生。從基督降世以來，不論世界多麼混亂，人心多麼險惡，福音都以各種不同的方式在不斷地傳播，沒有任何東西能夠攔阻它的前進。曾經很多當權人物或世俗政權或異教迷信想攔阻它，後來都變成了它的肥料；曾經很多有良知有理性有學識的人受僞理的誤導不願認可它，甚至想盡辦法與它爲敵，最終都在它的光照下無地自容，虔誠歸信；曾經很多良知未泯但理性欠缺的人受迷信誤導陷入歧途，但在它的恩典感召下幡然悔悟，重行天路；曾經許多人選擇爲它而死，但更多的人因它而生。

福音中所蘊含的眞理，切切實實改變了整個世界（詳見前書《基督教啓蒙讀物——最後的爭戰》），但是想要簡單以人的頭腦去理解它，卻不是一件容易的事。前面已經講過兩種人，不論有學識的或者無學識的都因爲對眞理缺乏理解而淪爲無知。這是一條天路，看過約翰．班楊《天路歷程》的人都一定知道，那條路是一條危機四伏，沒什麼人敢走的險路。很多著名的基督徒都是在經歷了一番艱難困苦之後才走上了那條路，成爲眞正理解眞理內涵，並願意信仰它的新人。他們不但自己受益，同時也以自己的經歷向世人闡明了信仰道路是如何地崎嶇難行，認識眞理幾乎是千辛萬苦、九死一生之後才有的覺悟。下面舉兩位著名基督徒的例子來說明信仰之旅的艱難和生命由死入生的寶貴。

翻開聖經新約，著述最多的是使徒保羅，他對基督教的貢獻是他人難以企及的，但是起初的保羅不叫保羅，而叫掃羅，是猶太公會裡的一位學者。他雖然不乏學識，也受過希臘哲學啓蒙，還有一顆愛神的心。但是僞理遮蔽了他的靈眼，邪惡使他的內心充滿暴戾和仇恨。他瘋狂地逼迫基督徒，從一個城市迫害到另一個城市。有一天在去大馬士革迫害基督徒的路上，基督向他顯現，讓他瞎了肉眼睜開了靈眼。從此以後，保羅幡然醒悟，四處傳播福音，告訴那些以前和他一樣看不起基督徒的人，「**我不以福音為恥；這福音本是神的大能，要救一切相信的**」。（羅馬書 1：16）並以自己爲例，坦誠自己以前的罪和認罪悔改後所得的恩典。「**我從前是褻瀆神的，逼迫人的，侮慢人的，然而我還蒙了憐憫，因我是不信、不明白的時候而做的。並且我主的恩是格外豐盛，使我在基督耶穌裡有信心和愛心。『基督耶穌降世，為要拯救罪人。』這話是可信的，是十分可佩服的。在罪人中我是個罪魁。然而我蒙了憐憫，是因耶穌基督要在我這罪魁身上顯明他一切的忍耐，給後來信他得永生的人作榜樣。**」（提摩太前書 1:13-16）

保羅後來的生命爲基督徒作了美好的見證，他的信心、愛心和恒心成爲後來照亮外邦人的光。保羅的書信在新約中占了很大篇幅，成爲全世界基督徒學習的圭臬。他信裡所述的一切道理都是他對基督信仰理解之後的闡釋，是建立在他的學識、理性和良知的基礎上，並在面對眞理之後的感悟。保羅在成爲基督徒之前也有知識、有理性、有信仰，但是他根本就不認識眞理，自以爲自己已經理解了什麼是信仰，其實就是一個瞎眼的人，所以仍然是個「有學識的無知」。但是他的學識很好，理性和良知也不錯，只是暫時被僞智所蒙蔽，具備了一個神所喜用的器皿的條件。當機緣成熟時，眞理以一種活生生的形像出現在他的面前，這種震撼相信沒有幾個人能夠遇到，即使遇到也不會像他那般醍醐灌頂般的頓悟。相信在那一瞬間，保羅已經理解了眞理的內涵，成爲了一名理信者，並選擇了今後爲眞理作見證的榮耀生活。保羅這種理解之後的信仰是眞正發自靈魂深處對眞理的認知，它堅如磐石，不可動搖。正如他自己所說，「**我為基督的緣故，就以軟弱、淩辱、急難、逼迫、困苦為可喜樂的，因我什麼時候軟弱，什麼時候就剛強了。**」（哥林多後書 12:10）信仰的前提一定是先理解，且必須是建立在對神之眞理和良善的理解之上。

保羅這種恩典雖很稀少但並非獨有，只要你一心追求眞理，機會還是會出現在那些有準備的人面前。再舉一例，古羅馬的奧古斯丁年輕時博學多才，很有思想。奧古斯丁的母親是一位虔誠的基督徒，她很希望奧古斯丁也能成爲基督徒。但是這時的奧古斯丁生性未定，還處於知識和理性的成長時期。她的母親雖然很虔誠，但是無疑也無法成爲他認識眞理的啓蒙老師。就在這樣好的條件下，奧古斯丁仍然輾轉經歷了摩尼教、懷疑主義、新柏拉圖主義等信仰和思想的磨礪，在迷茫折磨地他幾近瘋狂後，才在一次奇妙的恩典下茅塞頓開，忽然領會了宗教的精髓。此後，奧古斯丁在安布羅斯等人的引導下學識理性日益豐富，信仰也日益純正，完成了一個從理解到信仰，再從加深理解到純正信仰的過程。在經歷了這個的過程後，奧古斯丁總結了這樣一段話，「理解以便你能夠相信，相信以便你能夠理解，有些事情除非我們已經理解，否則就不會相信，而其他事情除非我們已經相信，否則就不會理解。」[195]在此奧古斯丁提出了先理解後信仰，信仰之後再加深理解，進而不斷純正信仰的認識論，這一認識論無疑是經歷過多次實踐檢驗的正確結論。

保羅和奧古斯丁原本都是「罪人」，但是神的作爲很奇妙，祂用一種特殊的方式拯救了他們，這種恩典可遇而不可求。那麼其他沒有這種恩典的人如何追求眞理呢？這就需要在具備良知、理性和學識的基礎上，在純正信仰的引領下，憑著對眞理的不懈追求而逐步地理解領悟，並隨著不斷覺悟而樹立自己的眞理觀。這方面的例子更多，也更容易

---

[195] 弗蘭克·梯利，《西方哲學史》，光明日報出版社 2014 年版，第 165 頁。

爲現今的人們所接受。比如哲學界的羅吉爾·培根、約翰·威克裡夫、伊拉斯謨、斯賓諾莎、約翰·洛克等，科學界的伽利略、牛頓、波義耳、法拉第、巴斯德等，文學界的但丁、彌爾頓、陀思妥耶夫斯基、托爾斯泰、顯克微支等，音樂界的巴赫、亨德爾、海頓、莫劄特、孟德爾松等，美術界的達芬奇、米開朗基羅、拉斐爾、丢勒、倫勃朗等。這些人全都本著自身的學識、理性和良知，通過對基督信仰不懈地追求，將純正信仰與自然理性完美融爲一體，在認知和實踐眞理方面成爲一個爲神作見證的人。

上面這些人本文稱之爲「有學識的有知」，他們都是掌握正確認識論的人，並借此成爲信仰純正，良心自由，充滿理性的人。那麼對那些知識欠缺的人信仰之門難道就關閉嗎？不然，上帝也爲無學識的人留了一道門，這就是上帝在人內心中留下的那份善因——良心。馬丁·路德曾說，良心是「人與上帝關係的依託」，是「人的信仰之根」[196]。這良心是人認識神，明辨善惡，追求眞理和良善的根基，也是人能夠在世間修行的條件和保障。但凡人良知未泯，就一定具有部分理性。這良知和理性就會引導人區分善惡，明辨是非，認識眞理。雖不能完全理解眞理的精髓，但也能依稀感悟到眞理的本意，即以良善爲本質的愛。這一源自人內心的感悟爲知識欠缺的人信仰眞理留一道門，這些人本書稱之爲「無學識的有知」。眞正「無學識的有知」者都會非常重視學識，只是出於各種客觀原因而無法接受知識的培訓。他們的內心無比強大，即使在有學識的無知面前也不會輕易動搖。

知識雖沒有良心和理性那麼絕對重要，但是知識對培養理性和喚醒良知具有很重要的作用。缺少知識的人通常理性比較缺乏，即使信仰純正也容易被有學識的無知誤導。對那些既無知識又欠缺良知的人來講，迷信實在是十分危險的事。他們極易受自身世俗理性的控制和深度迷信者的誤導，不但不知良心爲何物，甚至認爲知識和理性也是無用的。他們會從聖經中斷章取義地找出一些字句，諸如「**但知識是叫人自高自大**」（哥林多前書 8:1）等話語爲自己的無知和缺乏理性遮掩。（言下之意好像越無知就能越謙卑，事實上這些人總是表現出粗鄙與自大的一面）

他們無視聖經中很多次強調知識的重要性以及無知的可怕，也無視講這話的保羅本身就是一位知識大家，且受過希臘哲學的理性啓蒙。他們不理解保羅這裡所講「**知識是叫人自高自大**」絕無貶損知識之意，而是指人在自然理性不健全的情況下可能會對知識產生一些誤解，從而引人步入歧途。這些人因著貧乏的知識不能理解經上的話語，依著微弱的理性強解經書上的話，結果自取沉淪。「（保羅）**信中有些難明白的，那無學問、不堅固的人強解，如強解別的經書一樣，就自取沉淪。**」（彼得後書 3:16）

---

196 《信仰與秩序——法律與宗教的複合》，第 138 頁。

這些人每每有意忽視經上對無知的論斷和警告，「**心無知識的，乃為不善。**」（箴言19:2）「**你棄掉知識，我也必棄掉你，**」（何西阿書 4:6）由著愚昧與無知固執地拒絕知識的光芒，雖人在教會裡其實只是一個空殼。他們對教條神學散布的迷信趨之若鶩，而卻將眞理拒之門外，這種人本文稱之爲「無學識的無知」。這些人雖非教會的主流，但是數量也很可觀，他們是基督教會內產生迷信和邪教的溫床，也屬於耶穌所講的「地獄之子」，實在是亟需補充知識，啓蒙理性以及喚醒良知的一群人。

無學識的人要想成爲「有知」確實很難，但神是至善的，只要人能守好自己的良心，理性就不會缺乏，雖然不可能像那些「有學識的有知」者那樣既可造益自己又可造益他人，但也同樣可以造益自己，並使自己周邊人也因自己的行爲和信仰受益。在這一點上，全世界的人都是通用的，他們的良心就是自己的眞理，正如彼得所講，「**沒有律法的外邦人，若順著本性行律法上的事，他們雖然沒有律法，自己就是自己的律法。這是顯示律法的功用刻在他們心裡，他們是非之心同作見證，並且他們的思念互相較量，或以為是，或以為非。**」（羅馬書 2：14－15）這些人無論在歷史上的任何時期、任何地點都有過，通常被稱爲「義人」。他們行事爲人都憑著良心，所以在眞理尚未臨到之地，社會的和平與穩定主要是依靠他們來維護。

談完基督教國家，我們再來看看非基督教國家的情況。當世界還處於黑暗之中時，只有很少的哲學家依著有限的知識和理性在努力地追尋著眞理，除了前文講到的古希臘哲學家，也有中國先秦時代的墨家道家等。他們都對自然理性有所發現，並根據理性將自然與神緊密相連，但是結局卻大相徑庭。古希臘哲學因爲後來與基督信仰結合，在中世紀之後重新綻放光芒，並一直引領世界思想潮流，成爲今日世界哲學思想研究的淵源。而中國先秦時期的哲學由於始終沒有與一個純正信仰相結合，在秦統一中國後受專制主義宣揚的世俗理性壓制而逐漸地衰落並消失。即使少數倖存下來的也已變得面目全非，最具代表性的就屬墨家思想和道家思想。

原本墨家思想最博大精深，最接近自然理性。墨家思想不但對屬世世界的事極爲關注，即「兼愛」、「非攻」、「尚賢」、「尚同」、「節用」、「節葬」等，這涉及自然理性；也對屬靈世界的事表示重視，即「尊天」、「事鬼」、「非樂」、「非命」等，這涉及宗教信仰。但僅僅因爲沒有樹立起人們心中對神的純正信仰，僅僅靠建立起一門具有自然理性的哲學思想，根本不足以對抗來自肉體私欲的雜亂信仰和世俗理性的雙重夾擊，竟然最後湮沒在歷史的塵埃中。

道家思想較之墨家思想更趨於形而上，原本可作爲一門宗教的璞玉。林語堂曾研究過道家的學說，他感歎道：「老子做到這種最曲折，而且有些迷人的雋語，在精神上已升

到耶穌的嚴峻高度。」[197]但由於道家思想同樣缺少一門形而上的純正信仰引領，而又不重視形而下的屬世世界，最終只能成爲一門玄學。在後世的發展過程中由於缺少純正信仰的指引，不得不受雜亂信仰和世俗理性的浸染淪爲一門與佛教混雜不清的迷信術數。從而使之變得庸俗不堪，迷信重重。道家本身自有的積極作用幾乎喪失殆盡，完全淪爲一門故弄玄虛的「術」。正如林語堂所說：「道教的歷史是很奇怪的。從老子智慧的高峰降到民間道教的神祕學、法術、驅邪逐鬼，從來沒有一個宗教退化的這樣厲害。」[198]

不只道家如此，影響中國兩千年的儒家文化也是如此。原本追求一種「仁者愛人」、「捨生取義」、「民貴君輕」等人本主義思想的文化最終淪爲封建統治階級愚昧壓迫民眾的工具。在此過程中，人本身的良知受到嚴重遏制，阻斷了國人與神的通道。人們變得消極自私、貪婪諂媚、卑微低賤，人天賦的人格尊嚴變得毫無價值。人一旦良知泯滅，理性也不可能獲得啓蒙。知識僅被作爲提高個人自身社會地位和謀取社會利益的工具，其啓蒙理性、喚醒良知的作用則完全被無視。知識的價值大大被低估，相應知識的範圍也被逼入狹窄的實用主義範疇。

在知識實用論的社會裡，人的頭腦中被世俗理性充滿。世界在人的眼中就是一個實現個人私欲的競技場，人本身就是一個滿足自身欲望的高等動物。無視良善和眞理，人的意識就會向世俗理性的底層滑落，成爲一具良知泯滅，理性喪失，道德敗壞，寡廉鮮恥的行屍走肉。無視良心，知識就會淪爲謀取屬世利益的工具，其啓蒙理性，追求眞理，獲取自由的功能則完全喪失。

雖然世界已經步入二十一世紀，但是由於歷史上的各種原因，人們對良心的內涵還沒有獲得眞正認知。尤其受唯物主義世界觀的影響，良心這個形而上的事物還被社會主流意識形態刻意回避著。在當今這個世風日下的社會裡時常能聽見有人說「良心値幾個錢」，這種無視良心的行爲充分說明這些人基本與眞理無緣，他們的生命沒有意義。中國目前雖然信仰宗教的人數與日俱增，但是因爲不理解良心、信仰、宗教、理性、哲學以及各種文化知識的內涵及關係，即使面對眞理也不能明白它對信仰的意義，盲目地迷信各種人造思想理論、教條神學等，時常將自己置於各樣迷信者之手，實在是無知而又危險之舉。

不理解就信仰實在是迷信的根源，而不理解出於無知，這無知不僅指學識上的無知，更是理性的欠缺和良心的虧欠。因爲無知，人們總是將宗教神祕化，以爲宗教神神鬼鬼的很神祕，其實宗教就是一門教人認識眞理，信仰上帝的屬靈學問。因爲上帝是良善的，所以宗教都是勸人向善的，絕無例外，如有例外一定是邪教。但那些披著宗教外衣的邪

---

[197] 《信仰之旅》，第 111 頁。
[198] 《信仰之旅》，第 130 頁。

教或在宗教內部搞歪門邪道的人就叫人有點難以識別（詳閱前文《如何認清邪教的眞實面目？》）。這就需要追求信仰者必須具備宗教信仰的基本常識，清楚宗教的作用就是教人如何向善，幫助人管好自己的良心，順利完成今生的修行。簡單講就是教人多行善，勿作惡，爲上天國做準備。

爲幫助迷信者更清楚地理解宗教，更好地信仰神，在此有必要界定一下宗教與神學的區別。

宗教總是由一位受神啓示、代表眞理或認識眞理的大覺者，從神那裡獲得的屬靈覺悟，再由其門徒將其平日留下的言語記錄下來，形成一部經典。依據這部經典人們形成了一種共同屬靈認知，並在這種認知下形成一門屬靈學問。良善的宗教總能喚醒人的良知，啓蒙人的理性，帶引世人來到神的面前。在這門宗教的影響下，世人能夠增添智慧，不斷認識眞理和良善，並活出源自神的屬天之愛。

宗教是人類對屬靈世界探索的結晶，它明確告知人類除了肉眼看見的屬世世界以外還有一個屬靈世界的存在，而那個存在是要用心靈感知的。正如《聖經》裡講，「**然而，屬血氣的人不領會神聖靈的事，反倒以為愚拙，並且不能知道，因為這些事惟有屬靈的人才能看透。**」（哥林多前書 2:14）

神學則是在最初教父們創立宗教信條的基礎上，爲了方便自己或他人理解，一邊出於對前人的尊敬與迷信，一邊又以自己的世俗理性揣摩前人留下的宗教信條，結果就是人爲地不斷創造出大量的神學教條。「殉道者查士丁因爲他的創見——基督是宇宙的邏各斯，以及基督教是眞哲學，毫無疑問地配得『2 世紀最重要護教者』的尊稱。許多後來的基督教思想家，完全把查士丁在這些領域裡的建議與主張，視爲天經地義的眞理，然後在這上面發展他們自己的神學。」[199]這些浩如煙海的神學教條不但自以爲是，而且扭曲神的眞理，愚昧人的理性，最後就形成了形形色色害死人不償命的「神學」。

神學主要是以人的世俗理性或非理性去研究神，由於人自始理性就不完全，所以神學裡充滿了各種世俗理性或非理性的東西。缺乏理性就於人無益，純屬虛妄。這些所謂的「神學」，自始至終都是以人的有限度量神的無限，以人的自私揣摩神的無私，以人的小善窺測神的至善。就好像井底之蛙，看見的永遠是眼前那片狹小的天空，無論如何也想像不到井外世界的高遠無垠。但是雖然身處井底，可是由於當局者迷的緣故，往往相信眼見爲實的人卻堅持他們看見的就是天的全部。結果可想而知，原本很奧妙的宗教變成了一門粗陋淺薄、荒誕不經的學問。抱著厚厚的神學著作的神學家們天天在講臺上說著自以爲是的神話，而且抱著習以爲常的錯謬無法自曉。宗教最後就被這些誇誇其談的

[199] 奧爾森，《基督教神學思想史》，北京大學出版社 2004 年版，第 49 頁。

神學家們領入了歧途，導致活信仰變成了死宗教。他們不但誤導了自己還要誤導他人，林語堂曾在回憶自己的信仰經歷時說道：「我現在所想說的是妨礙人認識耶穌的，剛好就是這些純理論家的喋喋不休，就是他們信條的混亂使我離開基督教三十年，而他們的一角半錢的神學妨礙我看見耶穌，且不僅是一個人如此。」[200]

一定要認清，神學並非來自於眞理的啓示，而是出於人非理性的好奇和世俗理性的狂妄。正如伊拉斯謨所說：「所有神學思辨的微妙競爭，都是出自危險的好奇心，會產生褻瀆神的狂妄行爲。」[201]

所以講，神學與宗教的最大區別是，宗教是理信的，它必引導人認識眞理，且致力於良善；神學是迷信的，它必誤導宗教進入非理性的誤區，以致使人誤將僞理當作眞理。

清楚了宗教與神學的區別，再來認識一下基督教。我們說基督信仰是純正信仰，因爲基督告訴我們，「**除了神一位之外，再沒有良善的。**」（路加福音 18:19）我們說基督信仰充滿自然理性，因爲基督講，「**無論何事，你們願意人怎樣待你們，你們也要怎樣待人。**」（馬太福音 7：12）我們講基督教是一個充滿愛的宗教，因爲基督對人講，「**你要盡心、盡性、盡意，愛主你的神。這是誡命中的第一，且是最大的。其次也相彷，就是要愛人如己。這兩條誡命是律法和先知一切道理的總綱。**」（馬太福音 22：37-40）愛神是靈裡的愛。因爲神是靈，祂只需要人「**用心靈和誠實拜祂，**」（約翰福音 4:23）這種愛是肉眼看不見的屬天之愛，所以這愛神就要體現在愛人上。「**人若說『我愛神』，卻恨他的弟兄，就是說謊話的；不愛他所看見的弟兄，就不能愛沒有看見的神。**」（約翰一書 4：20）愛人表面上是屬世之愛，但是它的背後卻是源於神的屬天之愛。所以基督徒愛人不單愛人的肉體，更是關注造益人的靈魂。希望通過傳遞源自神的愛，使人能夠體會神的良善，並將感恩的心獻上給神。「**你們的光也當這樣照在人前，叫他們看見你們的好行為，便將榮耀歸給你們在天上的父。**」（馬太福音 5：16）

基督講的「愛」可不是世俗之人通常理解的「狹愛」，而是「博愛」。不但要「**愛人如己**」，還「**要愛你們的仇敵，為那逼迫你們的人禱告。**」（馬太福音 5:44）所以這愛的本質是利他，正如耶穌本人所做的那樣；這愛又是永恆的，「**你若願意作完全人，可去變賣你所有的，分給窮人，就必有財寶在天上；**」（馬太福音 19：21）所以愛的回報不在今生而在永世；這愛也是理性的，「**不要把聖物給狗，也不要把你們的珍珠丟在豬前，恐怕它踐踏了珍珠，轉過來咬你們。**」（馬太福音 7:6）所以愛的付出是理信；這愛更是普世的，「**你們要去使萬民作我的門徒，奉父、子、聖靈的名給他們施洗。凡我所吩咐你們的，都教訓他們遵守，我就常與你們同在，直到世界的末了。**」（馬太福音 28：19-20）所以

[200] 《信仰之旅》，第 226 頁。
[201] 《基督教神學思想史》，第 389 頁

愛的傳播是平等的。使徒保羅爲信徒能夠更好地理解這「愛」，曾給「愛」作了一個詮釋，**「愛是恒久忍耐，又有恩慈；愛是不嫉妒，愛是不自誇，不張狂，不做害羞的事，不求自己的益處，不輕易發怒，不計算人的惡，不喜歡不義，只喜歡真理；凡事包容，凡事相信，凡事盼望，凡事忍耐；愛是永不止息。」**（哥林多前書 13：4-8）

看了上面這段話，相信每個人都會對基督的愛有一個大概的瞭解，其實基督的愛比上面這段話講的內容還要長闊高深的多。基督教是宣揚愛的宗教，這愛的背後是神的良善，所以基督信仰也是與神最近的信仰。基督信仰裡沒有恨，只有愛。因爲恨是邪惡的代名詞，當人心中充滿仇恨的時候，神就不在他的心裡了。如果能夠明白基督信仰的眞諦，這世界就不會有仇恨，更不會有罪惡了。可惜世人的肉體總是很軟弱，私欲卻很旺盛。這私欲泯滅了良知，扼殺了理性，曲解了知識。

當基督教成爲羅馬帝國的國教後，屬靈的信仰變成了屬世的一種勢力，直接參與到屬世世界的利益爭奪之中。以往基督教強調的寬容和愛逐漸消失不見，代之而來的是屬世世界的虛僞、野蠻和仇恨。其中尤以中世紀天主教的宗教裁判所最爲典型。他們殘酷地迫害宗教異見者，其手段之殘忍不亞于古羅馬暴君們對基督徒的迫害。天主教的世俗化和迷信化有目共睹，正因爲此，基督教內的理信者冒著巨大的壓力甚至生命危險開始了長達數百年的宗教改革。

新教從天主教中脫離出來不能不說是人類歷史的巨大進步，它使蒙塵的眞理重新放射出燦爛的光芒，也掀開了世界近代史的開端。但是人的愚昧無知導致迷信隨處可見，隨時發生。原本反抗天主教世俗化和迷信化的新教也無法擺脫迷信的影子，即使新教內以聖人著稱的加爾文也對其他宗教改革家產生了敵視態度，並犯下了與天主教類似的錯誤。迷信啊！迷信！眞是叫有知者恐懼，無知者沉淪。

迷信實在是人類無知的孿生姐妹，人類愛世的知識和愛己的理性總是喜歡將上帝人格化，舊約聖經無疑助長了這種迷信的蔓延。如果上帝有人的感情，那麼與上帝交往自然是討祂的歡心最重要。如果上帝是這樣的，那麼還有什麼良善可言呢？舊約聖經藉著先知的口對這種迷信予以糾正。「**我喜愛良善（或作「憐恤」），不愛祭祀；喜愛認識神，勝於燔祭。**」（何西阿書 6:6）耶穌也對這種迷信給予批評，「**你們將薄荷、芸香並各樣菜蔬獻上十分之一，那公義和愛神的事反倒不行了。**」（路加福音 11:42）

迷信的總根源是人的無知，它的大眾是無學識的無知者，領頭的是有學識的無知者。他們任由自己良知虧欠，理性欠缺，知識扭曲，分不清理信和迷信的區別，只是在迷信的誤導下以爲信仰就是受洗、做禮拜、吃聖餐，或者讀經、禱告、靈修，再或者讀神學、建教堂、傳福音。這些認知都是對信仰非常膚淺地理解，信仰實在是要告知人類一種更高層次的生命境界，使人類在信仰過程中領悟生命的眞義，理解良善和眞理來自於神。

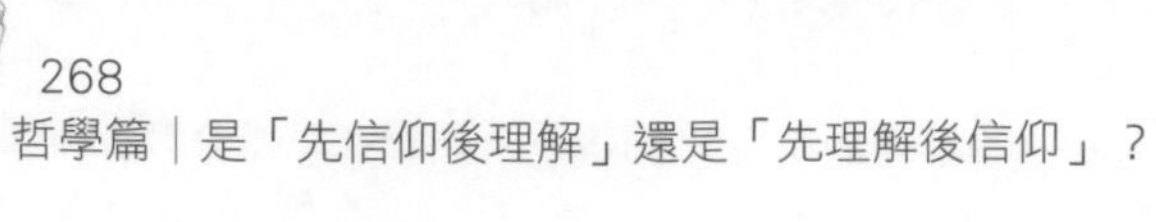

人唯有從心靈上感受良善，意識上理解眞理，並從心底裡喜愛眞理，時時刻刻存著行善的念頭，一有機會就付諸實踐，才能夠眞正信仰神。同時通過不斷省察自己的良心、信心和善行，證明自己的屬靈生命已經達到某種相應境界，不斷爲創造者作見證，爲至高者添榮耀。

說了這麼多，那麼如何才能克服無知做到有學識的有知呢？這是一個很深奧的問題，這裡只做一般探討。

首先，要保守好自己的那顆良心不受屬世世界的污染。「**你要保守你心，勝過保守一切（或作「你要切切保守你心」），因為一生的果效，是由心發出。**」（箴言 4:23）人起初都有一顆無虧的良心，祂教人知道什麼是善？什麼是惡？什麼是公義？什麼是私欲？什麼是高尚？什麼是卑鄙？什麼是榮耀？什麼是羞愧？人因爲有了良心所以才具有神的特質。簡單說，良心就是人從神那裡領受的，人之所以爲人的那絲神性。正是因爲這一絲神性才使人具有了判斷是非、辨別善惡的本能。馬丁・路德說，良心是「人與上帝關係的依託」，是「人的信仰之根」[202]，人的一切行爲都圍繞著良心，所有信仰的出發點和歸宿也在良心。我們做事憑的是良心而非知識，實在說，決定這個世界好壞的正是良心。德國法學家奧爾登多普寫道：「良心是可靠的嚮導。」[203]人類依著良心的指引才能過上正確的信仰生活。良心沒了，即使說的再好也沒用；良心在，什麼也不說，內心也會和諧。世界上所有良善的宗教和法律都是爲了保守人的良心而設，這本是上帝創造它們的初衷。但是當人在世俗世界待久了，就會被肉體的私欲和世俗的理性所蒙蔽，逐漸丟棄自己的良心，就如同船破了一樣慢慢沉淪。「**有人丟棄良心，就在真道上如同船破壞了一般。**」（提摩太前書 1：19）

良心不但決定人的善惡，也決定了人的理性。馬丁・路德寫道：「若人的良心墮落，……他的理性也必會變得昏暗、扭曲、匱乏。」[204]一個人如果丟棄了良心，他的理性就會向生命底層滑落，成爲一具良心迷失，理性喪失，道德敗壞，寡廉鮮恥的行屍走肉。那麼如何保守自己的良心不被污染，始終無虧呢？讓我們首先來到人世間最偉大的書本面前，看看它是怎麼說的。「**你要盡心、盡性、盡力、盡意愛主你的神；**」（路加福音 10:27）「**那真正拜父的，要用心靈和誠實拜祂，因為父要這樣的人拜祂。**」（約翰福音 4:23）類似的話語在《聖經》中還有很多，它首先告訴我們有一位神，祂是實實在在的眞神。祂活在每一個人的心裡，時刻鑒察人心，爲最後的審判做記錄。

對神的認知全世界各種族、各民族都有，可以講人類從誕生之日起就認識祂，中國

---

[202] 《信仰與秩序——法律與宗教的複合》，第 138 頁。
[203] 《信仰與秩序——法律與宗教的複合》，第 159 頁。
[204] 《信仰與秩序——法律與宗教的複合》，第 138 頁。

古人稱祂爲上帝，「上帝者，天之別名也。」據《史記》記載，在漢民族始祖炎帝黃帝之前就已經開始有人在泰山舉行祭天儀式，這一儀式一直延續到清末。直到今天，「皇天上帝」的牌位依然供奉在北京天壇的祈年殿裡。老百姓的心中也敬奉著上帝，中國古人喜歡講「抬頭三尺有神靈」，「人在做，天在看」等話語，這些事實都說明中國人從來都是信神的。中國古代的聖賢經傳雖避鬼神而不談，不是因爲神鬼不存在，而是因爲不明白屬靈世界的本質，故只能對其敬而遠之。這裡的「敬」乃敬畏之意，只可惜後人一味地敬畏而放棄了對神的追求，失去了認識神，信仰神，歸向神的機會。結果遠離神導致了良知泯滅，理性缺失，人心敗壞。中華民族數千年來多災多難，歸根結底就是因爲這個原因。

保守良心的第二點是認識神是良善的，「**除了神一位之外，再沒有良善的。**」（路加福音 18:19）人世間的一切良善皆來自于神，人心中的良善也來自於神。人類基於自己靈魂中的神性能感受到來自神的良善，並根據個人感受程度的不同，形成不同的心理確認。越是能認清一切良善來自於神，越是能感受到來自神的光和熱，越能行出神的愛，越能充滿理智和感到幸福；相反如果人沒有認識到神是一切良善的源頭，以爲良善是出於自己的心，並爲此而沾沾自喜者皆會成爲僞善者。僞善者因爲充滿僞智，所以無法從內心中眞正理解眞理和良善，當然也無法從中分辨錯誤和邪惡。僞善者很容易把謬誤當成眞理，並且由於身處謬誤之中，所以對他們認定的「眞理」深信不疑。僞善者非但不會眞正行善，相反會給自己和他人的生命帶來不幸。他們竊取神的良善以爲是自己的，又出於愛世和愛己的心使自己陷入世俗理性之中，不知不覺中將善化爲惡，將眞理化爲僞理，將生命化爲死亡。不認識神即爲善的道理，是良心闕如的主要原因。

保守良心的第三點就是理解人生眞義就是打心裡喜愛眞理，努力成爲良善，時時刻刻存著行善的念頭，一有機會就爲神作見證。這樣的人就是「具智慧者」，且「使眾人歸義者」。要做到這一點，就需要具體落實到「愛人如己」上。耶穌在傳福音的過程中總是教人要「**愛人如己**」，「**無論何事，你們願意人怎樣待你們，你們也要怎樣待人。**」（馬太福音 7：12）在被抓捕的那天晚上，祂又數次對祂的門徒說「**你們要彼此相愛**」（約翰福音 14：34/15：12）。那這「愛」到底是什麼呢？使徒保羅總結道：「**愛是恒久忍耐，又有恩慈；愛是不嫉妒，愛是不自誇，不張狂，不做害羞的事，不求自己的益處，不輕易發怒，不計算人的惡，不喜歡不義，只喜歡真理；凡事包容，凡事相信，凡事盼望，凡事忍耐；愛是永不止息。**」（哥林多前書 13：4-8）這愛活脫脫就是要人爲他人犧牲自己，就像耶穌基督爲宣示眞理來到世間，又爲顯明眞理而犧牲自己一樣。這愛是是否眞正認識和實踐眞理的試金石。唯有將愛眞正深系於心，眞正愛人的靈魂，並化爲愛人的行動彰顯出來，才能說明理解了人生眞義。

古往今來，無數基督徒的事蹟爲這愛作了注腳。在這裡我們一定要清楚，這愛的背後是神的良善。人到世間來就是省察良善的行爲和對眞理的信仰並非源於自身，而是源自于良心裡的神性，亦即來自於神。人能感受到神聖的良善與眞理不是出於自己，而是源于生命的根本——神，就能夠爲給神作見證而保守好良心。不明白這個道理，以爲良善是出於人本身，就很可能會陷入寵愛、溺愛或其他自私的狹愛當中，完全背離了人生眞義。這時人的良心就會失喪，即使表面上光鮮，其實靈魂裡已經乾渴地要死。「**私欲既懷了胎，就生出罪來；罪既長成，就生出死來。**」（雅各書 1:15）

總之保守好自己的良心不是那麼容易的事，使徒保羅盡其一生努力才敢說，「**那美好的仗我已經打過了，當跑的路我已經跑盡了，所信的道我已經守住了。**」（提摩太后書 4：7）保羅爲所有的基督徒作出了美好的表率，他對良心的重視勝過了對生命的重視。所以講，保守好自己的良心是人成爲有知者的根基。

其次要成爲有知還要勤於學習知識，培養智慧。如何學習知識，培養智慧？不偏信，不盲從，自由地學習、觀察和思考，在崇尚眞理至上的理念下增長學識，丟棄世俗理性，培養自然理性。這是古往今來任何一個國家或地區都適用的方法。有知識並不代表有智慧，知識只是幫助人類提高理解力的一種工具。知識多的人並不一定就是「具智慧者」，就像中國目前大量存在的「磚家」、「叫獸」一樣。知識少的人並不一定就沒有智慧，一些沒文化的老人家卻經常能講出人生大道理，比如「缺德（損人利己）的事不能做」。對那些不明白道理只顧追求屬世學問而良心虧欠的知識分子而言，知識只是追名逐利的工具，淵博的知識只是裝飾高雅的粗鄙。所以講指導理性的是良知而不是知識。但知識也並非無用，它可以輔助智慧的增長，知識越豐富，思考問題的能力就越強，邏輯思維能力就越周密。知識也可喚醒良知，知識中蘊含了很多的道理，讀書多的人自然接觸眞理的機會就多，相應喚醒良知的機會就多。所以聖經中對知識非常重視，「**寧得知識，勝過黃金。**」（箴言 8：10）「**聰明人心求知識，愚昧人口吃愚昧。**」（箴言 15:14）「**智慧人大有能力。有知識的人，力上加力。**」（箴言 24：5）

學知識的目的是爲了增長智慧，所以所學的知識不僅包含世間的各種知識，還必須儘量獲取靈界的各種知識。我們從《聖經》和教會中學習各種屬靈的道理，並從哲學、科學、文學和藝術等學科中汲取世間的道理。只要將所學之事應用於生活上，我們便能變得更有智能和智慧，我們的內在視野（亦即悟性），和內在行善的意念也將愈趨完美。

今天的社會出於崇實務俗的理念，對這個問題的認識非常淺薄，這有其歷史原因，但是卻造成中國人世俗理性的猖獗以及屬靈生命的貧瘠。每日只知將屬世世界當成巧取豪奪、爾虞我詐的競技場，爲了肉體的享受，人心苦毒，心中「**裝滿了各樣不義、邪惡、貪婪、惡毒。滿心是嫉妒、兇殺、爭競、詭詐、毒恨。又是讒毀的、背後說人的、怨恨**

神的、侮慢人的、狂傲的、自誇的、捏造惡事的、違背父母的、無知的、背約的、無親情的、不憐憫人的。」（羅馬書 1：29—31）思想膚淺的國人汲汲于個人名利，出於一己之私偏信盲從，惰于豐富學識和培養智慧，有的也僅是出於各種利己目的的學習培訓，整個世界因此而混亂不堪。而自然理性的高峰只屬於那些有良知、有理性、有學識的有知，他們善於思考，不人云亦云，能夠在紛亂複雜的表相中發現事物的本質。他們個性純眞，摒棄私我，爲追求眞理而勤奮學習。他們依靠愛眞理的心不受表面假像的蒙蔽，豐富的智慧與學識使他們能夠準確抓住問題的實質，不偏信盲從，不隨波逐流。他們的良知指導他們的學習，再通過學習不斷地提高自身的理性。良知和理性的結合更促進了對眞理的認知，所以才有學者說學識是一種「思想認知，與信、望、愛緊密相聯。爲學之道，即是信、望、愛。」[205]

但是能夠提供自由學習和思考的時代和國家並不多，只是在人類進入近代史以來才由基督教國家蔓延開來。隨著西風東漸，東方世界也逐漸變得寬容包並，思想的氛圍也逐漸寬鬆起來。但是在一些專制獨裁和政教不分的國家裡，要做到不受影響地自由學習和獨立思考還是難度很大，但相對也顯得更難能可貴。

第三要將信仰、理性和良心完美地結合爲一體。信仰和理性構成眞理的一體兩面，信仰關乎屬靈的事，單憑理性不足以理解信仰。理性關乎屬世的事，單憑信仰不足以指導理性。而良心是介乎屬靈與屬世之間的媒介，保守好良心就可以引導理性正確認識和理解信仰，也可以借助信仰正確引導和提高理性。良心保守地好，理性就有了培養方向；理性茁壯成長，信仰就能得到更好地保障。當信仰、理性和良心美好地結合在一起，知識就會如飛鳥翅膀上的羽毛，它非但不會增加翅膀的重量，相反會幫助鳥兒飛得更快更高；反之，良心、理性和良心不能完美地融合在一起，知識只會成爲世人撈取屬世利益的工具，理性只會在肉體私欲的誘惑下墮落爲僞理性（即世俗理性），信仰也會在世俗理性的迷惑下淪爲迷信。

當人的信仰、理性和良心不能完美地結合爲一體時，人的內在是封閉或半封閉的，呈現出一片黑暗的模樣。這時的人只能以肉體感官思考，即使擁有豐富的學識和德高望重的地位，也只能體會自然界的一切。如此一來沒有能力眞正深入內在層次，只能以外在層次思考，不知不覺中將自己置於核心地位，而將神摒除在外。那些口口聲聲說信主，但內心深處卻是否認主的人，皆是愚者。他們連世間的道理都無法理解，更何況是靈界的眞理。此時知識再多也沒有用，它只會使人驕傲自大、悖逆狡詐、欺世盜名，更失去對至高神聖的信仰。在這種情形下，學者淪爲有學識的無知，文明墮爲裝飾高雅的粗鄙。

---

[205] 《信仰與秩序——法律與宗教的複合》，第 302 頁。

曾經輝煌的古希臘文明如此，古羅馬文明如此，古中華文明亦如此。而那些所謂的「蠻族」，卻因爲擁有純樸的良心、樸實的信仰和自然的理性成爲新興社會的推動力。所以古希臘、古羅馬、古中國的衰落，不是文明敗給了野蠻，而是僞理輸給了原力。因此，唯有信仰、理性和良心完美地融合爲一體，才能爲成爲有學識的有知奠定堅實的基礎。

第四還需要眞正的覺悟。這覺悟「是能夠理解眞理和良善的一切，進而透過內在的感知精確分辨僞善和邪惡。每個人皆具有內在和外在官能：內在官能包含內在的一切（靈人特質），外在官能包含外在一切（自然人特質）。內在層次的形成和與外在層次的結合全取決於我們感知的能力。我們的內在官能只能在天堂形成，而外在官能則是在世間成形。當內在官能在天堂形成時，所領受的一切會注入源自於世間的外在官能，形成相應的關係，此刻外在官能即與內在官能合一。當此機制建立，我們便可以從內在層次看見即感知事物。」[206]這時的人才能全心全意地愛眞理和良善，時時存著行善的念頭，並準備隨時付諸行動。這時的人才具備了愛人的能力，意念與行爲在天堂之光中高度融合，眞正實現了知行合一。這時才能說一個人睜開了靈眼，獲得了重生，眞正覺悟了。

眞正的覺悟是眞理面前的覺醒和醒悟，也是一個人眞正成爲有學識的有知的決定性因素。其實絕大多數人都具有或多或少的良知，以及相應理性。但是因爲沒有眞正覺悟，所以只能隨波逐流，混同塵世地度過一生。

覺悟與其他事情不同，它完全是個人的事。它是個人面對那個令人震驚的天，發自內心地理解人與這個世界之間的奧祕，進而發自內心地愛純粹的神之眞理。出生于基督徒家庭的林語堂曾經因爲不理解而導致疏遠了信仰，多年遊離於眞理之外。若干年後，當他再一次回到曾經面對的至善至美的信仰前，他已經對各種宗教和哲學進行了深入地研究和思考。在回憶自己的信仰經歷時總結出如下一段話：「我獲得宗教走的是一條難路，而我以爲這是唯一的路；我覺得沒有任何其它的路是更妥當的。因爲宗教自始至終是個人面對那個令人震驚的天，是一件他和上帝之間的事；它是一種從個人內心生髮出來的東西，不能由任何人來『給與』。」[207]林語堂特別強調了信仰不是給予的，它必須是且只能是建立在個人理解之上的一種生命感悟。

因爲覺悟屬於個人的事，所以不可能由他人傳授，只能通過自我意識去捕捉和感受。覺悟的前提必須是具有一顆熱愛良善和追求眞理的心，由此才能在世間發現和認識神之眞理。這就註定覺悟是由內而外地感受，而非由外而內地接受。正因爲此，覺悟實際上是件非常困難的事，甚至難於上青天。若不經歷艱苦卓絕、山重水複的困頓，就不會獲得柳暗花明、輕舟已過萬重山的覺悟。這種覺悟絕大多數人未曾體驗過，其中奧妙實難

---

[206] 《天堂與地獄》，第 212 頁。
[207] 《信仰之旅》，第 2 頁。

用語言表述。

覺悟與有無知識沒有直接關係，而是與有沒有一顆熱愛良善和追求眞理的心直接相關。人一旦覺悟，就會對世界本質和人生眞義有了眞正的認識，並由此不再會被世界裡的事物牽絆。覺悟也是一個理解後信仰的過程，並且這種認識狀態因爲與生命狀態相連，所以只會前進不會後退。正如蘇格拉底所講，「那些已達到這一高度的人不願意做那些瑣屑俗事，他們的心靈永遠渴望逗留在高處的眞實之境。」[208]由此對肉體生命他們也看得很淡，因爲他們清楚「**那殺身體不能殺靈魂的，不要怕他們；惟有能把身體和靈魂都滅在地獄裡的，正要怕他。**」（馬太福音 10:28）

覺悟是在理解眞理之後的信仰開端，沒有理解就沒有眞正的信仰。眞正的信仰應是面對眞理的反映，並藉著眞理成爲有知。人一定要明白眞理是什麼，否則只是信仰眞理有什麼用呢？許多有學識的無知不也手裡捧著聖經，嘴裡念著主名，心中卻依然追求著世間或天國的榮耀嗎？人也一定要認識神是什麼，否則對神有信心不也是一句空話嗎？人唯有藉著對眞理和良善的覺悟才能發自內心地愛眞理，愛人類，忘記自我，成爲神那樣良善的存在。

覺悟者將不再愛慕任何虛榮，只會全心全意地信靠眞理，並由此而獲得自由，「**你們必曉得真理，真理必叫你們得以自由。**」（約翰福音 8：32）這自由不是肉體上的自由，而是靈魂的自由；不是行爲上的自由，而是良心的自由。藉著這自由，世人才能認識神，信仰神，歸向神。

覺悟者都表現爲純眞之人，他們內心沒有虛僞，只有眞誠和良善。他們就像一個美麗、單純、充滿活力的孩童，不過與孩童不同的是，他們能夠出於良善而摒棄自私，深具智慧而非無知，並彰顯出公義和道德的特質。他們因爲看見眞理，充滿智慧，所以能夠被神之眞理感動，並映射出天堂之光。所以他們就像夜空中閃爍的星辰，不但照亮了自己，也爲全人類指引著前進的方向。

覺悟有頓悟和緩悟的不同，雖然過程有異，但都必須覺悟，否則難以眞正成爲有知。特別是在接觸基督信仰較晚、世俗理性又過於根深蒂固的中國，在儒家中庸思想或道家無爲思想或佛教虛無思想的影響下，中國人只能在這些或世俗或無爲或虛妄等消極思想的誤導下選擇與社會同化，不敢不願不想標新立異，選擇一條異於世俗的孤獨之旅。雖也有些人不願混同塵物，追求一種成仙得道的覺悟，但從歷史發展的軌跡來看，他們的這種所謂覺悟不過又是個人追求成佛、成仙、成聖的世俗託辭，眞正的覺悟很難在這些人中覓到。

---

[208] 《理想國》，第 279 頁。

其實，如果仔細觀察一下就會發現主張「先理解後信仰」的通常都是哲學家，而主張「先信仰後理解」的通常都是神學家。這兩種觀點由一個側面也反映出哲學家和神學家的本質區別：受自然理性培養的哲學家，擁有豐富的知識和廣闊的視野，憑著無虧的良心對世俗的虛榮保持著一份清醒的淡薄，當他們面對真理時更容易理信；受世俗理性培養的神學家，知識面窄，視野狹窄，目光短淺，固執己見，良心虧欠，貪圖虛榮，面對真理時不會使用自然理性理解，反而深度迷信。哲學雖是一門屬世的學問，但是只要保持警醒的良心就會發現一個屬靈的世界，正如愛因斯坦所說：「任何一位認真從事科學研究的人都深信，在宇宙的種種規律中間明顯地存在著一種精神，這種精神遠遠地超越於人類的精神，能力有限的人類在這一精神面前應當感到渺小，這樣研究科學就會產生一種特別的宗教情感。但這種情感同一些幼稚的人所篤信的宗教是大不相同的。」[209]

理信的哲學家都不會承認神學是一門學問，而迷信的神學家卻不得不承認哲學對人類的貢獻。理信的哲學家通常都很孤獨，他們不像神學家那麼愛慕虛榮，他們大抵喜歡一個人思考著述，引導世人認識真理，追求自由。他們雖居於人群之中，但卻高於人群。他們很少與世俗人交往，但卻願意與單純之人交往。他們不會整天把上帝或基督、天國或地獄、罪或懲罰掛在嘴邊。而是談談理性人權，講講自由民主，告訴世人真理面前人人平等，教給人們如何把權力關進籠子裡。理信的哲學家都有一個共同的特點，就是思想深邃，卓爾不群。他們都理解了真理的本質，選擇了正確的信仰，並通過著書立說造益世人，實現自我的人生價值。「**撒義種的，得實在的果效。**」（箴言 11:18）他們生前大多默默無聞，但死後卻一定會得著神的榮耀，活在天國的花園裡。

反觀那些神學家，一個個視人的榮耀高過神的榮耀，整天嘴裡說著愛上帝愛基督，實際上愛的都是他們自己。他們崇拜偶像和教條的目的，不外是喜歡有個讓人崇拜他們自己的依據，顯得他們比人懂得更多，離神更近，更高人一等。神學家通常知識面很窄，每天抱著聖經把自己想成上帝或基督的代言人。不是指責這個，就是批評那個，把個基督教會搞得烏煙瘴氣。曾經（也許今天還有）天主教神學家提出「教皇無謬論」，公然違背基督教基本教義，把一個有罪的人奉爲偶像，這是何等的昏聵無知。神學家們實在是一群愚氓者，他們滿嘴的胡言卻把自己和他人導向了地獄。不但自己不認識真理卻還阻擋他人認識真理，耶穌曾批評他們說，「**你們律法師有禍了！因為你們把知識的鑰匙奪了去，自己不進去，正要進去的人你們也阻擋他們。**」（路加福音 11：52）

理解之後的信仰雖然會多費一番周折，但是這樣的信仰才會堅如磐石。因爲只有經過「**雨淋，水沖，風吹，撞著那房子，房子總不倒塌，因為根基立在磐石上。**」(馬太福

[209] 《愛因斯坦談人生》，第 35－36 頁。

音 7:25)而膚淺的信仰總是與無知和迷信相生相伴，因爲不理解就信了，所以一遇到苦難就不知道該如何去行，甚至會被連根拔起。正如耶穌所講，「**凡聽見我這話不去行的，好比一個無知的人，把房子蓋在沙土上。雨淋，水沖，風吹，撞著那房子，房子就倒塌了，並且倒塌得很大。**」（馬太福音 7：26-27）

明白了這些道理，相信人們在追求信仰時會更加的理性，在理解信仰時會更信任那些有著虔誠信仰的哲學家，而遠離那些滿嘴「神啊！神啊！」的神學家。

為什麼基督徒需要閱讀湯瑪斯· 潘恩的《理性時代》？

關鍵字：理性；理信

湯瑪斯・潘恩是一個什麼樣的人？他引領過美國獨立革命，參加過法國大革命，也坐過法國監獄，且在監獄裡幾乎死去。只是上帝覺得他的使命尚未結束，他又神奇般的活著回到了美國，享年 72 歲。湯瑪斯・潘恩是受美國總統湯瑪斯・傑弗遜的邀請回到美國的，爲什麼湯瑪斯・傑弗遜要邀請他呢？因爲他的著作《常識》曾對美國獨立戰爭起到了重要的啓蒙作用。他還寫了《美國危機》、《人權論》等書，有鑒於他的偉大功績美國人民歡迎他回到美國安度晚年。

湯瑪斯・潘恩生平還有一部優秀著作《理性時代》，這本書裡是有許多錯誤和矛盾之處，這與作者所處的歷史環境有關，也與個人的見解有關。比如他認爲基督教是無神論，「在我看來，基督教的信仰是無神論」[210]。這與古羅馬人當年的看法相似，顯然這是錯誤的。又如潘恩認爲自然哲學是眞正的神學，「自然哲學是研究上帝以及其在製造萬物中體現出的權力與智慧的學科，這才是眞正的神學。」[211]這顯然也是錯誤的，自然哲學是研究屬世世界裡眞理的一門學問，神學根本就算不上一門學問。在這裡潘恩顯然是把哲學與宗教，宗教與神學混淆了，但是這也並沒有妨礙他認識上帝，他曾說：「我只信仰唯一的上帝」[212]。對人類有關上帝的兩個疑問，潘恩也給出了正確的回答：「首先，你能通過探尋找到上帝嗎？當然。因爲我不能自我創造，但我客觀存在著。通過探索其他事物的本質，我發現任何事物都無法構成自我本身。數不勝數的事物卻存在著。最後結論明顯無疑：有一種超自然神力，那便是上帝。其次，你能完全瞭解上帝嗎？不能。我看到的事物中其他彰顯的力量與智慧是高深莫測的，而且我所看到的只是他無限能力的一小

[210] 湯瑪斯・潘恩，《理性時代》，武漢大學出版社 2014 年版，第 36 頁。
[211] 《理性時代》，第 36 頁。
[212] 《理性時代》，第 3 頁。

部分。那無窮無盡的力量與智慧在我目不能及的地方創造了恒久的大千世界。」[213]

由此可見，一個人的觀點既沒有絕對的正確，也沒有絕對的錯誤，人的觀點都是有對有錯，所以對人的思想一定要寬容，就像潘恩自己講的「否認別人擁有這種權利（持有異議）的人，實則淪爲自己當前觀點的奴隸，因爲他剝奪了自己改變看法的權利。」[214]

潘恩的《理性時代》雖然存在的問題還很多，尤其是對基督教的一些指責，這與當時基督教神職人員的錯誤行爲玷污了基督信仰有關，也與潘恩手邊沒有《聖經》有一定的關係。但是這些都不足以影響這本書成爲一部優秀著作，因爲這本書有一個最大優點，而此一優點足以使這本書瑕不掩瑜，成爲基督徒都應當閱讀的書。這就是整本書都在突出的「理性」。正如書名《理性時代》所顯示的一樣，潘恩顯然認爲他所處的時代應當是一個理性彰顯的時代，自然哲學和自然科學的發展已經將人類從蒙昧時代解放出來，人類應當學會使用上帝賜予的理性重新選擇信仰。這種信仰就是理性信仰，簡稱理信（詳見上文《爲什麼說聖經也是一部信經？》）。這種理性信仰上帝的方法是所有理信上帝的人共同具有的特徵，啓蒙思想家約翰．洛克也是這樣的人。他用理性認識上帝，且爲此寫了一本書《基督教的合理性》，來論證理信是正確信仰上帝的唯一途徑。具有這種信仰的人還有很多，如保羅、查士丁、羅吉爾．培根、約翰．威克裡夫、馬丁．路德、伊拉斯謨、斯賓諾莎等，這些人無一不是引領人類思想的巨人，他們的思想和著作永遠在人類歷史的星空中熠熠生輝。

信仰和理性共同構成了眞理的兩個方面，脫離開純正信仰的理性只會將人引向世俗理性，而脫離開自然理性的信仰必然將人引入迷信。信仰與理性的載體是宗教和哲學，脫離開哲學的宗教必然會落入宗教主義藩籬，而脫離開宗教的哲學必然會陷入唯物主義泥沼。千百年來，人類始終無法做到將兩者完美地結合起來，即使被稱爲「上帝寶貝」的哲學家也總是在或懷疑主義或宿命主義或唯物主義等的漩渦裡打轉。

有鑑於此，基督降世是爲人類送來天國的福音，祂既是「道成肉身」，也是眞理的化身，「**你們舉起人子以後，必知道我是基督，並且知道我沒有一件事是憑著自己做的。我說這些話，乃是照著父所教訓我的。**」（約翰福音 8:28）基督來是爲了告訴人類，神是唯一的良善，祂希望人這一具有祂形像，並具有祂賜予肉體和生命的萬物之靈能夠彼此信任，互相關愛，眞正能夠爲祂作見證，添榮耀。理信者都很清楚，基督是上帝的代言人，並且是眞正認識上帝的人。「基督與其說是一個預言家，不如說是上帝的發言人。」[215]「上

[213] 《理性時代》，第 34 頁。
[214] 《理性時代》，卷首語。
[215] 《神學政治論》，第 66 頁。

帝把他自己啓示於基督，也就是說，直接啓示於基督的心……只有心領會了一件事，才算是對於這件事理解了。」[216]正因爲基督與上帝眞正相通，因此基督徒相信，祂講的話都是來自於神，並且都是神愛世人的眞理。

基督本身就是純正信仰與自然理性的完美結合，祂來就是爲世人指明理信的道路——十字架道路。世人從來不缺信仰，但大多是虧缺的信仰，除了良知之外，缺的就是理性。因爲這需要天賦的智慧和後天的努力學習與思考。不重視理性的人不會成爲理信的人，他們只會在感性中漸行漸遠。許多基督徒最後走到哀哭切齒之地卻不知爲何？那首先要怪自己的貪懶。神父牧師給的精神速食是很好吃，既方便也實惠，輕鬆地接受人云亦云的灌輸，不用自己浪費一個腦細胞，結果「信仰已經變爲輕信與偏見的混合。」[217]上帝賦予人的理性完全被忽視，自由意志也失去了本來的意義。其次，要怪那些引人步入歧途的「瞎子」，正是因爲他們的無知與自大，導致那些隨信的、淺信的、迷信的教徒步入深淵。「**你們走遍洋海陸地，勾引一個人入教，既入了教，卻使他作地獄之子，比你們還加倍。**」（馬太福音 23：15）當然「瞎子」的結局也絕不會好，作爲有學識的無知，他們不僅自己迷信還誤導他人迷信，結果「**就是把磨石拴在這人的頸項上，丟在海裡，還強如他把這小子裡的一個絆倒了。**」（路加福音 17:2）

也許很多基督徒不會相信，地獄裡的神父牧師也有很多，因爲這些人雖口口聲聲信主，但內心深處根本不認識主。他們仗恃著所學的教條神學，滿腦子都是些人造的概念理論。因爲良心虧欠，深陷錯謬的思想意識中，並且因爲當局者迷的緣故無法發現自己的錯誤，結果永遠得不到理性的幫助，信仰變得扭曲，靈裡變得黑暗一片。「**你裡頭的光若黑暗了，那黑暗是何等大呢。**」（馬太福音 6：23）他們這些「瞎子」表面上很虔誠，很屬靈，其實根本只是一些屬靈生命很淺的人。他們之所以如此，是因爲他們太過自戀與太執著於俗世之故，因此在天國裡也沒有他們的位置。

他們是「瞎子」，但是並沒有意識到自己的生命狀態。他們仗著既有的學識，在自我感覺的迷惑下，再加以邏輯分析，便深信自己比他人更有智慧。出於各種各樣的世俗理性，他們成立組織，修建教堂，樹立自己的偶像和條規，拉人加入教會，給人灌輸他們自以爲是的神學教條。他們無視眞理需要理性來幫助理解，對一些信徒理性缺乏視而不見，故意或過失曲解聖經原意，不重視理性引導而只是強調感性的信。而信徒們不知理性缺乏的可怕，滿足於一知半解的盲信，既沒時間也沒興趣深入瞭解信仰的內涵，輕易地將自己置於牧者的掌控之下，以爲按照牧者所說的去做就可以算作虔誠，殊不知他們連唯一認識上帝的機會都喪失了。約翰・洛克在《基督教的合理性》一書中說道，信徒

---

[216] 《神學政治論》，第 67 頁。
[217] 《神學政治論》，第 5 頁。

們「把自己置於祭司的手中，但祭司給他們的頭腦中充滿了對上帝的錯誤觀念。崇拜時就隨他們高興，用愚蠢的儀式；可怕的或狡詐的事一旦開始，虔誠的獻身就使之變得神聖，宗教就成了一成不變的。在這種對於眞正上帝的黑暗無知中，邪惡和迷信就掌握了世界，得不到理性的幫助和來自理性的希望，無法聽見理性的聲音，而且被認爲與信仰的問題無所相干；祭司們，爲了保障他們的帝國，就把理性驅逐出他們關於宗教的任何事務中。在種種錯誤的觀念和虛構的儀式中，世人幾乎喪失了對於唯一眞正上帝的認識。」這些神職人員就是這樣不理解理性的重要，僅憑著扭曲的信仰，將信徒們僅有的一點理性也給驅散了，他們的罪就在此顯明且無可推諉。耶穌早就意識到日後的信徒中會有這樣的人，所以祂說：「**當那日，必有許多人對我說：『主啊，主啊，我們不是奉你的名傳道，奉你的名趕鬼，奉你的名行許多異能嗎？』我就明明地告訴他們說：『我從來不認識你們，你們這些作惡的人，離開我去吧！』**」（馬太福音 7：22-23）

在潘恩所處的時代，基督教的謬誤就是這樣明顯。但是處於謬誤中的人很難自我察覺，結果造成了許多不該發生的歷史悲劇。而今處於高速發達的資訊時代，人們通過互聯網可以對那時的謬誤一目了然。但是應該清醒地看到，造成謬誤的世俗理性或者非理性因素依然存在，在這一點上與潘恩的時代並沒有多大改變。神職人員依然是迷信的製造者和散布者，他們最不歡迎的就是理性，因爲理性會使每一個人都成長起來，反而使他們自己顯得無足輕重，進而喪失他們引以爲傲的虛榮。世人的虛榮正是迷信的種子，引人步入地獄的罪。耶穌早就意識到這些人是迷信的製造者，所以祂說：「**你們這假冒為善的文士和法利賽人有禍了！你們好像粉飾的墳墓，外面好看，裡面卻裝滿了死人的骨頭和一切的污穢。你們也是如此，在人前，外面顯出公義來，裡面卻裝滿了假善和不法的事。**」（馬太福音 23:27-28）

一個社會是否眞正成熟健全，就要看它是否已經步入理性時代。這也是衡量一個社會是否眞正和諧的標準。實在講，眞正對一個人好一定是教他理性做人，眞正地行善一定是教人理信上帝。若非如此，人很可能會因爲自己的肉體私欲和世俗理性而成爲一個自以爲是的利己主義者，或者表面寬容背後陰險的僞善者。這些人都有一個顯著特徵：將世俗理性當作自然理性。並且不明白理性至於眞理的重要性，一邊排斥著理性，一邊追求著信仰。結果只會是將眞理化作爲謊言，正如潘恩所說：「精神謊言給社會造成的道德損害是難以估算的，如果一個人的思想已經腐化墮落，將信仰建立在自己所不相信的事情之上，他隨時有可能觸犯其他罪行。他會爲了利益而從事牧師這一職業，然後爲了使自己成爲一名合格的牧師，他便開始作僞證。我們還能想出比這更能敗壞道德的事情

嗎？」[218]

潘恩的《理性時代》是一部偉大的著作，但是往往被今人忽視。他所宣導的理性恰恰是人類社會最最稀缺的資源，不論過去、今天還是未來，我們都要警醒自守，因爲理信的前提一定是理性，然後才是信仰。願弟兄姐妹能夠眞正地理信上帝，切勿只是憑著感性信仰最後走向迷信的深淵。

在此，爲彰顯湯瑪斯．潘恩寫作《理性時代》的初衷，本文以該書的卷首語來結束。「爲公正起見，請你們謹記，無論別人的觀點與自己有多大差異，我一直以來都不遺餘力地支持『人人享有表達自己觀點的權利』。否認別人擁有這種權利的人，實則淪爲自己當前觀點的奴隸，因爲他剝奪了自己改變看法的權利。理性是解決所有問題最有效的武器。我從未並且也絕不會嘗試使用其他方法。」[219]

---

[218] 《理性時代》，第 4 頁。
[219] 《理性時代》，卷首語。

為什麼要保持平衡？

關鍵字：和諧；平衡；自由；真自由；假自由；保羅

上

最近一些年報刊雜誌，廣播電視以及網路都喜歡講和諧，爲什麼要講和諧？表面上是爲了社會安定、百姓樂業，其實和諧的背後隱含著一個保持平衡的道理。因爲人們平時總被屬世世界的表面現象所蒙蔽，很少花功夫去體會世界內部核心的構造和道理，這也是造成生命膚淺化、世俗化的根源。人類生活的世界充滿了對立的統一，時刻都保持著一種動態的平衡。正如中國的道家所講，「天之道，損有餘以補不足」，唯有保持一種平衡，才是最符合自然之道的和諧。

「平衡」這個詞用現代哲學語言解釋就是事物處在量變階段所顯現的面貌，是絕對的、永恆的運動中所表現的暫時的、相對的靜止狀態。這個概念很抽象，估計要人理解起來比較困難。尤其是在形容人的心理方面，更是令人難以琢磨。因爲人的心理涉及屬靈世界的事物，那根本不是屬世世界裡的概念定義能夠給予清楚界定的。比如「愛」、「善」、「信」等事物，人如果非要給它下一個定義的話，總是難免以偏概全，掛一漏萬。人要眞想搞清楚平衡的內涵，首先需要眞正認識這個世界，其次需要認識眞理，而這就是本文接下來要講的內容。

這個世界的起因說起來也許就是一個念頭，聖經講起初，「**地是空虛混沌，淵面黑暗；神的靈運行在水面上。神說：『要有光』，就有了光。**」（創世紀 1:2-3）然後就有了光與暗的分別。在中國上古時代的神話「盤古開天闢地」的故事裡有著類似的內容，都是從空虛混沌中誕生了一位神，然後由這位神創造了世界。中國神話裡的盤古死了，死後化身爲天地萬物。而聖經裡的神創世完成後就休息了，並且後來一直是存在的，而且逐漸被人演化成人格神。盤古這個詞沒有什麼意義，好像就來自於一個象聲詞「乓」（pang）

的一聲。而聖經裡上帝耶和華的名字也沒有什麼實際意思，翻譯出來就是「我就是我」。

看來造物主沒有名字，也不需要名字。但是祂們創造出來的萬物需要名字，這就是後來受造物人類的事了。此後的人類不但給萬物起名字，也按照自身理性給神以及屬靈事物添加了一些人性化的特徵，仿佛神和屬靈事物也會像人類一樣有感情，人類的迷信就來自於對創世者以及屬靈事物本性的不解。

另一方面，人類試圖通過科學來尋求關於世界的答案，直到今天科學也沒能給出一個宇宙眞正成因的解釋，更遑論生命的起源。問題也許就像科學家講的宇宙大爆炸那樣簡單，作爲一個生命非常短暫的人來講，確實沒有必要深究，只要知道世界就是這樣起源的就行。接下來，不論創世神是活著還是死去了，祂們實際都成爲了一種意志或者精神在維持著這個世界的運轉，這才是最重要的影響。這種意志或精神可以簡單地概括爲一種平衡，用道家的話講就是「天之道，損有餘以補不足」，用儒家的話講就是「中庸」，用基督教的話講就是「十字架的道路」（詳見前文《什麼是十字架的道路？》），它們實際講的都是保持一種平衡。

要想眞正理解平衡，首先要眞正瞭解這個世界。這個世界有一個我們肉眼能看見的世界，我們稱之爲物質世界也好，屬世世界也好，形而下的世界也好，都只表明了這個世界的維度較低，活在這個世界裡的生命境界也不會很高，這就好像在一個低級的世界裡生活的場景。人們時常將人生比喻爲一場考試，一次修行或者一場夢都蓋因於此。人出現於這個場景裡是因爲人有了一個肉體，這具肉體給了人一個生命成長的機會，不只是肉體生長的機會，更是靈魂成長的機會。

另外還有一個肉眼看不見的世界，我們稱之爲精神世界也好，屬靈世界也好，形而上的世界也好，都只是爲了表明那個世界的維度較高，存在於那個世界裡的生命層次也較高。只是因爲肉眼無法看見那個世界，所以在常人眼裡就顯得神祕莫測。其實如果能眞正認識到它的存在和機理，就會發現屬靈世界與屬世世界的許多道理都是彼此相通，兩個世界之間也有一定的平衡關係，中國古人將之稱爲「天人感應」或「天人合一」。實際就是兩個世界的一種平衡關係，只不過人類將其神祕化了。

兩個世界圍繞著中間道路（或天之道或眞理之道或生命之道或十架道路），共同維持著一種動態的平衡關係。每一個世界裡又都依靠著各自的物質屬性維持著一種動態平衡，沒有平衡世界就會毀滅。小到一個生命體，大到一個世界都是一個道理。在屬靈世界裡，有了光就有了暗，相應有了熱和冷。在屬靈世界中，光代表著眞理，暗代表著僞理；熱代表著良善，冷代表著邪惡。在屬世世界裡，也有著光與暗，陰與陽，冷與熱等自然現象，也形成了各種各樣形形色色的平衡，但這些都是沒有生命的平衡，眞正帶有生命的平衡出現在人的生命裡。

人是萬物之靈，人的生命本身就是一個奇跡。因為人將屬靈生命和屬世生命結合起來形成了一個小宇宙，在這個小宇宙裡起主要作用的是人的靈魂，而不是人的肉體，「**叫人活著的乃是靈，肉體是無益的。**」（約翰福音 6:63）靈魂來自於屬靈世界，肉體來自於屬世世界，所以人自身的小宇宙與內部的屬靈世界和外部的屬世世界之間發生著各種形而上或形而下的關係。這些錯綜複雜的關係使人的生命表現出紛繁複雜，詭譎莫測的現象。

屬靈世界和屬世世界的平衡不是本文的重點，有興趣的話可以參閱前文《什麼是十字架的道路？》，在此大家只要知道兩個世界也是由平衡維繫的就可以了。本文的重點是講人心的平衡，就是小宇宙裡靈魂與肉體之間的平衡，這是關係到生命能否眞正成長，以及人生眞義最終能否實現的關鍵。

當神將一口靈氣吹入人的肉體的時候，人就有了靈性，這靈性給了人生命。人在幼小時，人的肉體情欲還未萌發，人的性情也未開化。這時的人因為單純而顯得天眞無邪，幼稚可愛。但是隨著人的肉體不斷地成長，情欲是必然隨之增長。這時人若能通過學習、觀察、思考和領悟來認知生命的本質是良善，並藉著良善宗教賦予人類的純正信仰，言行向善。人的內心就可以保持平衡，獲得良心自由和自然理性。反之，如果當人以肉體私欲為主導，此時人只會以外在層次思考，不知不覺中將自己置於核心地位，而將神賦予人的良知摒除在外。再加上人的意識受到雜亂信仰或偽理邪說的誤導，就會自然而然產生出以自我為中心的愛己和愛世之心。這時因為身處謬誤之中，無論人如何學習、觀察、思考和領悟都不會找到出路。處於這種不平衡狀態下，人沒有良心自由可言，也無法獲得自然理性的啓蒙。因為缺少眞理作參照，偽理就成為「眞理」，並堂而皇之、天經地義地將人類引入歧途。

當人重視屬世生命勝過屬靈生命時，人總是會被肉體私欲蒙蔽了良心，以為奢侈享樂、聲色犬馬的生活就是好生活，清貧守節、粗茶淡飯的生活就是差生活。這時人關閉了內在的良心，敞開了外在的情欲。肉體情欲不斷地滋長，而靈裡的良善卻被打壓遏制。人的內外平衡被打破，這時社會就會出現一種奇怪的現象。按理說沒有哪個大人從小就教孩子說謊話，不守信，從小要占便宜，長大要貪污受賄。可是現實社會確實使絕大多數人在意識裡接受了這些觀點，並且內心確認了這些觀點的合理性，進而形成了一種社會普遍共識：無商不奸，無官不貪，老師將學生當成錢包，醫生將病人當成取款機，法官將當事人當成獎金，全民拜金，這就是今日中國社會灌輸給民眾的意識。依據這種共同意識，不拜金不戀權的人在今天的社會就是不正常。而有點兒思想或信仰，不拜金、不戀權就想本著良心為他人做點事的人在今天的社會不要說想做點什麼事業，就是想依著良心出本書或當個有良心的老師、醫生、法官、記者都幾無可能。

形成今天這種現實狀況是有歷史原因的，人不會無緣無故破壞自身的平衡，放棄良心的自由。中國社會因爲專制主義的長期壓迫和世俗理性的愚民教育很早就失去了平衡，人們不明白生命的眞義是什麼，僅僅爲了一日三餐而奔勞不息，肉體生存成了頭等大事。在這樣的理念下，人過得跟動物似的，只顧著滿足屬世世界裡的肉體私欲，就如俗語所說「老婆孩子熱炕頭」。而屬靈世界的良心幾乎完全被忽略，就如經常罵人的那句話，「良心都讓狗吃了」（令人遺憾的是今天連這句話都很少聽到了）。但是人的內心深處總有聲音提醒著人們有一位老天爺的存在，只是不知道祂到底在哪兒。

其實人剛出生時對屬靈世界有感知（有的孩子甚至可以肉眼看見屬靈世界），但是隨著屬世生命的成長，人接觸屬靈世界的機會越來越少，尤其在一些無神論國家裡幾乎被禁絕。接觸不到屬靈世界，就不能領會那個世界的神奇，更無法體會良善來自於神，以及人心中的善來自於天賦的神性，只會以爲良善出於人本身。這種意識使人與神隔絕，活在自以爲是的愛己之心中無法自拔。在這種情形下，屬靈生命必然跟不上屬世生命的成長，人的內在生命就會失去平衡。

人每日生活在形而下的屬世世界裡，不曉得屬靈世界和屬靈生命的眞實存在，靈命得不到來自屬靈世界裡靈糧和活水的滋養，良心裡的善就會被肉體中的惡驅逐，邪情僞理就會借著人的肉體私欲逐漸侵蝕人心，人就會逐漸內心失衡，導致良知泯滅，理性蒙昧，這時候人就會失去選擇自由。表面上看也許人這時很自由，其實他分辨和選擇善惡的自由已經失去，這就是基督教所講的被罪捆綁，淪爲魔鬼奴隸的原因。

所以，人在肉體成長時，人的靈智必須隨之跟上成長。只有不斷地得著生命靈糧的滋養，人的屬靈生命才能跟上屬世生命共同成長。基督講：「**我就是生命的糧，到我這裡來的，必定不餓；信我的，永遠不渴。**」（約翰福音 6:35）所以一定要信基督，信基督的人得著的生命靈糧越豐富，人的生命就越豐盛，靈魂就越強大。這時人的良心會得著神的看護，並隨之產生出純正信仰。因爲純正信仰與自然理性的同質性高，在獲得純正信仰的同時，自然理性也會相伴而生。二者的結合幫助人類認識眞理，親近良善。

但是眞理與良善一樣看不見，摸不著，祂不像肉體那麼容易感知，餓了就找吃的，渴了就找喝的。靈命的饑渴很容易被人忽視，即使滿世界的抑鬱症患者，人們也沒有意識到這是靈命饑渴的症狀。當世界在雜亂信仰和世俗理性的攪擾下變得日益混亂時，人心平衡很可能在人很小的時候就已經被打破。所以人性向善必須首先要正確認識眞理，這很難，難就難在眞理就是中間道路，往左多走一步，或往右多走一步都是謬誤。而唯一能辨別眞理的就是良心，所以聖經裡講，「**你要保守你心，勝過保守一切（或作「你要切切保守你心」），因為一生的果效，是由心發出。**」（箴言 4:23）眞理要憑良心來辨識，良心要靠信仰來守護，當人持有純正信仰時，良善就會與人爲伍，反之亦然。但是人因著肉體軟弱的原因，人性更易向惡，這就是那句老話「學壞容易學好難」的道理。

人性若要向善，就必須獲得靈糧的滋養。靈魂的糧是以愛的形式源源不斷地從神那裡發出，生命正是得自這愛的滋養才能夠流光溢彩。愛是屬靈世界裡的物質形態，也是生命的本質。這愛是人們白白地得來也一定要白白地舍去，「**你們白白地得來，也要白白地舍去。**」（馬太福音 10:8）這一得一舍之間，就實現了一種靈命的成長。唯如此，通過這不斷循環地得舍，人類的心靈才能不斷地得到生命靈糧的滋養，從而趨向良善。人的肉體生命需要接受無數的人服務才能生長，人的屬靈生命也需要通過爲無數的人服務才能得到成長。俗話講的「人人爲我，我爲人人」就是這個道理。在這中間不只是物質需求的接受和付出，更多的是愛的湧動和傳遞。所以這愛就要像陽光雨露一樣撒播給所有的人，正如經上所講，「**日頭照好人，也照歹人；降雨給義人，也給不義的人。**」（馬太福音 5:45）

愛從靈裡得來但卻要依靠肉體行爲傳遞，這就是所有宗教所講的唯有人才能靈魂修行的原因。沒有這肉體，人的靈無法得以寄託和成長，肉體就是靈魂得以提升的媒介。如果人愛肉體卻不知道肉體是爲靈魂服務的，那這具肉體眞的沒有什麼價值。如果人得到神的愛卻不願意通過行爲傳遞出去，就如吃飽了飯卻不再新陳代謝一樣，再也吃不下去，這時人的靈命就會因得不到新的靈糧滋養而枯萎暗淡。所以人一定要明白這從神來的愛只有不斷地傳遞出去，才會不斷地獲得新的愛，靈命才會在這源源不斷地愛的滋養中身量長成。

這愛即生命靈糧，有了愛才會有喜悅以及智慧、謙卑、順服、感恩、誠實、守信、仁慈等美好的事物；失去了愛就失去了生命，只剩下怨毒以及自私、貪婪、嫉妒、狡詐、仇恨、好逸惡勞、驕傲自大等醜惡的罪性。這些罪性將生命刺透以至於死，「**私欲既懷了胎，就生出罪來；罪既長成，就生出死來。**」（雅各書 1:15）單從表面上或肉體上看大家都是活的，但是從靈裡看，很多人已經是死人或近乎將死之人。沒有愛就沒有生命，有了愛才有永生。這愛就是主所賜予的活水，「**人若喝我所賜的水，就永遠不渴。我所賜的水要在他裡頭成為泉源，直湧到永生。**」（約翰福音 4:14）這愛原本就屬於屬靈世界的物質，爲人眼所不能識別，所以歷經千百年的歷程，隨著人類對屬靈世界的認識越來越模糊，越來越陌生，以至於雖然苦苦追尋卻無緣得識。

人類因爲看不到屬靈世界的存在，年深日久，逐漸幾乎忽視了屬靈世界的存在，錯把屬世世界當成了唯一眞實的客觀世界，而將人的生命視同爲肉體生命，將愛錯當成了以肉體血緣爲紐帶的等差之愛，這是人類所犯的最大錯誤，由此而產生的唯物主義更是將這一錯誤推向了極致。一定要明白，「**叫人活著的乃是靈，肉體是無益的。**」（約翰福音 6:63）肉體生命只是人生命的外在表像，眞正使人活著的是人的內在靈魂。這靈魂才

是生命的根本，而且不會隨著肉體生命的終結而消失。當人死去時，人的靈將會以肉體死亡時的形態繼續存在於屬靈世界中，並以靈魂中的神性多少和有無決定在屬靈世界裡的去處。

因爲人類的錯誤認知導致世人以爲人活著單只依靠的是現實生活中的食糧，而完全無視了屬靈生命的狀態取決於肉眼看不見的生命的靈糧。這靈糧才是滋養靈魂的根本，是一個人生命成長的保障。基督告訴世人，「**人活著，不是單靠食物，乃是靠神口裡所出的一切話。**」（馬太福音 4:4）「**我對你們所說的話就是靈，就是生命。**」（約翰福音 6:63）「**我就是生命的糧。**」（約翰福音 6:48）

基督帶給人類的生命靈糧正是「愛」，這「愛」正是通過基督代世人做贖罪羔羊顯明了。「**因為所賜給我們的聖靈將神的愛澆灌在我們心裡。因我們還軟弱的時候，基督就按所定的日期為罪人死。為義人死，是少有的；為仁人死，或者有敢作的；惟有基督在我們還作罪人的時候為我們死，神的愛就在此向我們顯明了。**」（羅馬書 5:5-8）愛是屬靈生命的食糧，來自神的靈需要的正是愛的滋養，唯有愛才能使人的靈煥發出豐盛光彩。基督以對神和對人的愛表明祂就是眞理的化身，眞理之光藉著基督來到了世界。雖然久處黑暗裡的眼睛要接受這光還需要時間，但是人類自此就有了希望，此後人類的歷史就是在不斷地印證這一眞理的過程。基督以對神和對人的愛，爲人類指明了前進的方向，幫助人類認識了眞理，樹立了理信，並建立起一門良善的宗教——基督教。基督教幫助人類樹立起純正信仰，幫助人類重新發現並守護好自己的良心，幫助人類插上愛的翅膀，並眞正賦予人以自由。「**你們必曉得真理，真理必叫你們得以自由。**」（約翰福音 8：32）

眞理包含著屬靈的純正信仰和屬世的自然理性兩層含義，純正信仰是良心的根基，自然理性是良心生髮出來的思維意識。純正信仰借著靈裡的良善與神相合，自然理性借著對眞理的認知與人爲善。這信仰和理性通常都表現爲良善，它們與愛息息相通，一般被稱之爲良心。人的良心若保守得好，人的靈魂就充滿光明。人的良心若泯滅了，人的靈魂就暗淡無光。「**你眼睛就是身上的燈。你的眼睛若了亮，全身就光明；眼睛若昏花，全身就黑暗。**」（路加福音 11:34）很多人看不明白這屬靈話語中的含義，不明白這「眼睛」指的就是人的良心，「全身」指的就是人的靈魂。正是因爲人們總是分不清屬靈世界和屬世世界的差異，所以也時常分不清屬靈生命和屬世生命的差別。基督爲此特意強調，「**得著生命的，將要失喪生命；為我失喪生命的，將要得著生命。**」（馬太福音 10:39）這裡的第一、三個「生命」指的屬世生命，第二、四個「生命」指的屬靈生命。

在生命失喪的狀態下，人心的平衡就已經被破壞了。善良的人只能在良心那點微弱的光照下簡單生活，時常猶如在夜空下失群的羊羔一樣迷茫無助。在失衡的情形下，人看見的只是屬世世界中的惡，自然失去了選擇良善的自由，只能隨波逐流，虛擲生命。

今天很多中國人都想著移民，因爲他們在與西方國家的人們交往過程中發現，那些地方的人們更加的善良和純眞，使人有一種天然的親近感，不會像在中國社會裡那樣人心隔肚皮，處處防人之心不可無。他們只是覺得西方社會的人素質高，而不明白其實是因爲他們的內心向天堂開啓，感受著神的良善和眞理，並藉著對神和對人的愛，學會保持自身善與惡的平衡，且由此樹立理信而獲得良心自由。

在我們今天生活的社會環境裡，因不自由而導致失衡的現象隨處可見，比如談無神論就是講科學，談有神論就是講迷信。你看這是不是偏執，只准講無神論，不准講有神論，講有神就是講迷信，表面上看這是不自由，往深裡看就是破壞了一種平衡。不錯，絕大多數的民眾是愚昧自私的，用無神論教育表面上好像可以緩解他們迷信的程度。但是要看到人類偶像崇拜的本質是愛己，你無論如何都不可能讓他放棄利己的念頭。所以你不讓他信神，他就會選擇去信人。當人也無法相信時，他就會去選擇相信權力，相信金錢。你不讓人認識形而上世界的良善，人就會去形而下世界中尋找邪惡。總之，人是一定要找一個信仰之物的，也就是精神寄託，這是由人靈魂中的神性或肉體裡的罪性決定的。

從古至今，愚人者自愚之，愚民的教育毀了他人也毀了自己和後代，這樣的沉痛教訓簡直罄竹難書。善的教育可以喚醒人的良知，啓蒙人的理性。但是惡的教育也可以把人教成偏執狂，就如唯物主義教育把人教成了高等動物，人就眞會把自己當高等動物，而且還會按照叢林法則行事爲人。唯物主義抹殺屬靈世界的眞實存在，破壞了這個世界的平衡，也使人的內心世界無法眞正實現和諧。

中

人因爲肉體的緣故，從一出生就與身俱來帶有罪性，若非如此人就不可能存活。正因爲如此，人生的眞義也由此產生。肉體私欲要人保有屬世的生命，世俗理性或非理性誤導人「不知惡之爲惡而作惡」或「以惡爲善而作惡」，所以人不用教也會作惡。但是良心卻總是不經意間提醒人不要混同塵世，希望人從屬世的生命中掙脫出來，睜開屬靈的眼睛，認清世界的本相，活出人生眞義。就在這種靈與肉的爭戰中，人的內心中維持著一種動態的平衡。但不是每個人都能保持這種平衡，從古至今只有那些眞正具有智能和智慧的聖賢才能明白這其中的道理，他們著書立說勸諭世人，教化世人知善、識善、行善，「我覺得，在可知世界中最後看見的，而且是要花很大的努力才能最後看見的東西乃是善的理念。我們一旦看見了它，就必定能得出下述結論：它的確就是一切事物中一切正確者和美者的原因，就是可見世界中創造光和光源者，在可理知世界中它本身就是眞

理和理性的決定性源泉；任何人凡能在私人生活或公共生活中行事合乎理性的，必定是看見了善的理念的。」[220]「上善若水。水善利萬物而不爭，處眾人之所惡，故幾於道。居善地，心善淵，與善仁，言善信，政善治，事善能，動善時。夫唯不爭，故無尤。」正是因爲這些智者的創見，爲人類歷史的天空撒下一抹閃爍的星光，給人類的前途留下一絲希望，直等到眞理來臨的那天。

對西方世界來講，這個等待的過程較之東方世界不算太長，但是認識眞理，獲得平衡和自由的過程卻很漫長，這至少要從兩希文明講起。

古希伯來文明和古希臘文明基本可以代表人類的早期文明，二者都是在努力追求眞理，只不過一個是從宗教的角度，一個是從哲學的角度。古希伯來文明對屬靈世界的認知可以代表人類宗教的最高水準，這從對人類影響最大的《聖經》一書中可以得到證明。古希臘文明對屬世世界的瞭解也可以代表人類哲學的最高水準，這從古希臘哲學的自然理性得以證明。這兩種文明都爲人類認知眞理創造了必要條件，但是也正因爲二者都有所偏頗，所以經常會被世俗理性和非理性所侵擾，使人們的信仰和理性時常陷入迷茫和混亂之中，最終被懷疑主義顚覆。

繼承古希臘文明的古羅馬文明，本身就是雜亂信仰和世俗理性的一個混合體。雖然古羅馬帝國戰功顯赫，橫跨歐亞非三大洲，但是論及對人類社會的影響則遠遠不如上述兩種文明。西方社會的人眞正能夠獲得平衡要從人類歷史新紀元的來臨算起，從那時起，人類才第一次將純正信仰和自然理性結合起來作爲認知眞理的條件。眞理使人的內心變得平衡，平衡使人的良心能夠獲得極大的自由。不明白這個道理，人就不會明白，「**你們必曉得真理，真理必叫你們得以自由。**」（約翰福音 8：32）

是基督給人類帶來的福音，使人類的內心獲得平衡。基督徒的內心充滿了寬容和友善，他們拒絕血腥和暴力，而是將對神的信仰與對人的友愛通過基督信仰傳遞給周圍的人群。具有這種信仰的人認識眞理，他們相信，人失去自由是因爲不認識眞理和良善，從而失去平衡，導致以惡爲善，以善爲惡。結果不知不覺中受私欲捆綁，被邪惡轄制，最終因爲罪性而墜入黑暗的地獄。人活著是爲見證神的良善，以至於良善。當人認識良善和眞理後，人就會明白神即良善，從而認清惡的原貌，不再被罪性轄制，獲得一種善惡平衡。當人實現這種平衡後就會獲得選擇良善的自由，並使自身從蒙昧中解脫出來，最終得以進入神的國。

當基督的信徒們接受眞理做他們的主宰後，他們的內心獲得了永久的平衡，良心也獲得了眞正的自由，人的理性因此得以彰顯，人與人之間充滿眞誠的愛。然而肉體的罪

---

220 《理想國》，第 279 頁。

性不是那麼容易擊敗的，爲擺脫罪性的轄制，基督徒們付出的犧牲也是巨大無比的。從起初受猶太人的迫害，到被古羅馬人的殺戮，以致後來遭到官方教會的逼迫，但是無論環境多麼地惡劣，理信的基督徒從來都沒有棄善從惡，相反他們冒著死亡的威脅，一次次向著世界闡明著基督福音所代表的眞理性。「**你不可為惡所勝，反要以善勝惡。**」（羅馬書 12:21）

當眞理以救世主的形象降世後，雖然人類從此有了希望，但是源於肉體私欲的旺盛和世俗理性的根深蒂固，眞正獲得理信的人依然鳳毛麟角。正如俗話所講，「眞理永遠掌握在少數人手裡」。僅有極少數理信的基督徒藉著眞理的光獲得了這種平衡，實現了良心自由。但是對絕大多數人來講，因爲缺少屬靈智能和智慧，並習慣於接受肉體私欲和世俗理性的轄制，不知道惡之爲惡而爲惡，或者繼續以惡爲善而爲惡。就在各種失衡的狀態下，依然如故地重複著原來的生活。

在西方人的意識形態裡，歷史是英雄創造的。其實，準確地講，歷史應當是聖靈引領的。那些偉大的智者受聖靈的引領，通過不斷地揭示良善，傳播眞理，使人類能夠得以認識眞理和良善，進而達到一種內心裡的善與肉體中的惡之間的平衡。當人的內外達到這種平衡後，人就具有選擇向善或向惡，行眞理或行僞理的能力，這種能力就是所謂的自由意志。

人獲得自由意志的唯一方法，便是處於良善和邪惡的平衡狀態中，因爲置身於良善，人才能得以看清邪惡的原貌，然而邪惡卻無法看清良善。就如井中的人看不見井外的世界，而井外的人卻能看見井中的世界一樣。人單處於屬世世界裡看不見世界的眞實景象，所以無論如何選擇都只會陷入謬誤之中。人的境界只有提升到屬靈層面（相當於跳出深井），人的意識才能夠辨清世界的本相，人的良知才能得以復蘇，幫助人認識良善是屬於神的本質。人若不認識神，人就只能在惡中行事，所謂的行善也不過是一種僞善。因爲人根本就是在善惡失衡的狀態下認知世界，由此所做的一切都不是發自內心的眞情實感。

自由是源自于內在意念或發自內心的眞情實感，只有與內心的愛與意圖連爲一體，才能稱之爲獲得自由。自由可以根據所愛和所意圖的物件，分爲良心自由（屬靈自由）和行爲自由（屬世自由）。良心自由是發自內心的自由，通過學習、思考、禱告以及領悟聖經上的話語，在人的內心中播散主所賜予的活水，看護、培養靈魂中良善的種子，使其深深地植入意念之中，成爲生命的一部分。只有當這種源自人靈魂的良善與生命連爲一體時，才能稱之爲獲得良心自由。反之，當自由與來自外部肉體的邪情私欲連爲一體，只會專注於僞理和邪惡，進而對僞理和邪惡產生興趣，並與之形成一體，這時人獲得的只是行爲自由。

良心自由是來自人靈魂深處的自由，可以稱之爲眞自由。行爲自由是來自人外部肉體的自由，可以稱之爲假自由。沒有良心自由的行爲自由，表面上也屬於知行合一，但是由於單純的精神自由和肉體自由往往受限於自我的有限性，所以世人常以爲自己是自由的，其實是因爲他們根本就沒有體驗過眞正的自由。表面看眞自由和假自由都是自由，但卻有著天壤之別。眞自由屬於內在心靈的範疇，假自由屬於外在肉體的範疇。眞自由與發自內心的愛與意圖連爲一體，故能被眞理和良善感動，進而愛眞理和良善，並將其融爲自身的一部分。這種自由使人能夠識別良善和邪惡的本質，進而選擇向善，並獲得重生或得救的機會。這就是經上所講的，主藉著眞理將自由連同生命一同賜給我們，使我們藉著這一恩賜得以重生且得救，並由此看見神的國。「**我實實在在地告訴你：人若不重生，就不能見神的國。**」（約翰福音 3:3）

假自由是停留在屬世層面，未能深入人內在意念的自由，因其不屬於內心愛與意念，意即不屬於人的內在層次，所以只是流連於外在肉體的私欲和情愛之中。假自由專注於肉體的私欲和情愛，一心沉浸在愛己和愛世之中，並在屬世世界裡各種人造的世俗理性的誤導下，將愛己引申爲熱愛功名利祿，將愛世具體爲愛家、愛族、愛國等等。世人以爲追求自由就是通過獲得屬世世界中這些事物來實現，其實卻正是被這些屬世世界的纏累一層層捆綁地密不透風。當人內在被無視時，可能根本沒有意識到自由意志被剝奪，這時的人即使學識淵博、受人尊敬，其實依然是一個被世俗捆綁，只知爲世俗社會中的名利去打拼的人。這樣的人，無論如何都擺脫不了受罪性擺布的命運。因爲不認識眞理和良善，就在善惡失衡的狀態下失去了自由意志，將僞理當眞理，將邪惡當良善。進而不知惡之爲惡而作惡，或者以惡爲善而作惡。正是因爲世俗理性和非理性阻擋了人們認識眞理和良善的視線，致使人們以假爲眞，以惡爲善，從而失去了實現人生眞義的可能。

人生眞義應該是人類自始至終關心的問題，從古至今無數的聖賢盡畢生心血都在鑽研這個問題的答案，結論卻大相徑庭。由哲學家發現的自然理性由於缺少一個純正信仰的引領最終被世俗理性吞噬，由宗教學家發現的純正信仰因爲缺少自然理性的輔佐而被世俗理性或非理性歪曲。這些過程萬千複雜，很難一一細說。

世人因爲肉體自有的罪性，天然帶有墮落的傾向。基督徒作爲最早掌握善惡平衡並獲得自由的人很早就發現了這種現象，他們認爲「**因為世人都犯了罪，虧缺了神的榮耀，**」（羅馬書 3：23）「**沒有義人，連一個也沒有！**」（羅馬書 3:10）而作爲世俗社會的統治者，這種傾向更爲明顯。在德行方面，誰都有惡的根苗，而世俗統治者的罪孽更爲深重，他們手中有權，可以方便地利用自己的權勢而作惡。所以這些首先認識眞理，獲得平衡和自由的人最先對世俗統治者的特權提出質疑，由此也讓他們厭惡。當宗教世俗化後，他們也引起世俗化的宗教領袖的憎恨。在基督教歷史上，這樣的例子比比皆是，如羅吉爾・培根爲堅持眞理卻要將牢底坐穿，約翰・威克裡夫爲將眞理送入千家萬戶而被掘墓焚屍，約翰．胡斯爲傳播眞理而被送上火刑架，伽利略爲捍衛眞理而被折磨致盲……正是因爲這些引領人類歷史前進的巨人作出的偉大犧牲，基督教世界才成爲最先獲得平衡和自由的地方。當然這也有一個漫長的過程，藉著眞理，平衡和自由先從西亞來到歐陸，再從歐陸來到英倫，又從英倫來到新大陸，最後從新大陸傳遍全世界。

西方世界實現平衡的過程很漫長，也很複雜，雖然表面上表現爲極少數人在推進這一平衡的過程，但是最終卻爲這個世界提供了一個平衡的典範——美國。在這個基督教國家裡，因爲愛眞理的緣故人們特別重視自由，而自由能夠實現的前提就是獲得平衡。平衡在這個國家裡不再只是意念裡善與惡的平衡，它更體現爲現實生活中一系列權力和制度的平衡：爲保障國家的所有權和管理權的平衡，建國者們採用了人民主權原則；爲保證政治與宗教的平衡，建國者們採用了政教分離原則；爲實現立法權、行政權和司法權的平衡，建國者們採用了三權分立原則；爲實現國家主人們在權利義務上的平衡，建國者們採用了法律面前人人平等原則……在這裡，平衡在帶給人自由意志的同時，也借著各種制度實現了對平衡在法治層面的保障。美國人內心中的平衡既獲得了法治層面的保障，良心中的自由也就在屬世層面獲得了保護，這就是西方社會被稱爲自由社會的根本原因。

反觀中國社會，西元前的情形與西方差別不大，都存在雜亂信仰和世俗理性，也有著自然哲學以及由其而來的自然理性。當時的人們雖然憑著靈魂能夠感知屬靈世界的眞實存在，但是因爲缺少一個眞理仲介，所以只是將屬靈世界的事當成鬼神來看待。這在早期的人類歷史中非常普遍，世界各地早期的人類基本都是如此。從春秋戰國時期開始，中國古人的自然理性開始不斷發展，古中國的哲學也出現了一個百家爭鳴的時期。思想家們開始對眞理進行各種層次的研究和探討，其中最具代表性的學說有道家、儒家和墨家。

道家講究無爲，就是不要被紅塵萬象擾亂了做人的本心。明面上是順其自然，暗底下是領悟了世間萬物之間的一種平衡。他們不想或者不願去擾亂這種平衡，就表現爲一種與世無爭的超然態度。這是一種自然理性，在不能徹底洞悉世間一切事物之間的因果關係上，最好的辦法就是不造因，自然不結果。也就是老子所講的「小國寡民，使有什伯之器而不用；使民重死而不遠徙；雖有舟輿，無所乘之；雖有甲兵，無所陳之。使人複結繩而用之。至治之極。甘其食，美其服，安其居，樂其俗，鄰國相望，雞犬之聲相聞，民至老死不相往來。」這是一種追求自然平衡，保持內心寧靜的理想境界。這是站在一種高處的理性上的認識，但是僅僅具有這麼一種自然理性，即便認識「天之道，損有餘以補不足」還是不夠的。世界的本質，生命的眞義，神之眞理，道家還沒有參悟透，所以老子只能是騎牛西去，撒手不管了。

儒家對人的理性（此處指全體理性）也進行了大量的研究，主要體現在對人性的探討上。在王充的《論衡．本性篇》裡記載，至少在周朝時就有叫世碩的人認爲「人性有善惡，舉人之善性，養而致之則善長；性惡，養而致之則惡長。」其後又有孟子提出「性善論」，以爲人學壞都是後天的原因；告子主張人性沒有善惡，只是秉性使然；荀子提出「性惡論」，正好與孟子相反；陸賈認爲人的性善來自於天，明白天道的人就能夠堅持善而成爲善人，不明白天道的人雖然心裡也有感覺但是不能堅持，最終成爲惡人；董仲舒則認爲天道有陰陽，人道有性情，性生於陽，情生於陰。在上述對人性的討論中，孟子和荀子都有所偏頗，最接近眞相的應當是陸賈，但陸賈反而沒有其他人有名。儒家對人性的討論不可謂不豐富，但是總缺乏一個衡量標準，正如王充所講，「自孟子以下至劉子政，鴻儒博生，聞見多矣。然而論情性竟無定是。」究其原因，全在於他們都是以人論天，以人類有限的智慧想要闡明無限的天道，即使像這些聖人般努力也是枉然。畢竟居於形而下世界的儒家，看問題的出發點都是以形而下世界爲根本，器量的狹小決定了其無法得窺眞理的奧祕。

墨家實在講是中國最有可能產生出眞理的一門學問，它既不像道家學說那樣因爲形而上的無爲觀而註定與屬世世界無緣，也不像儒家學說那樣缺少對形而上世界的認識而只關注形而下的世界。墨家學說既對屬靈世界的事表示重視，即「尊天」、「事鬼」、「非樂」、「非命」等，這涉及宗教信仰；又對屬世世界的事也極爲關注，即「兼愛」、「非攻」、「尚賢」、「尚同」、「節用」、「節葬」等，這涉及自然理性。令人遺憾的是，在眞理沒有降世之前，人類的任何學說都只能是一種理論，它只對極少數智者產生影響，而不能像福音眞理那樣進入千千萬萬人的心，形成一種普世價値觀。在人心失衡的情形下，美好的墨家學說隨著先賢們的相繼離世，最終只能在來自肉體私欲的雜亂信仰和世俗理性的雙重夾擊下銷聲匿跡了。

此後兩千多年中國的意識形態領域基本上就是儒家獨尊，而儒家思想本身是一門形而下的學說。並且因爲受專制主義的誤導和利用，後世的儒家思想與起初儒家創建者的思想大相徑庭。以儒家爲代表的中國哲學由於對世界本質缺乏正確認知，又想通過人治來實現「教化天性」，結果最終因不瞭解世界的本質，不明白眞理和良善實乃出於神，而淪爲專制主義者欺世盜名的統治工具，徹底喪失了哲學追求眞理的本質。

相對於中國社會失衡的狀況，西方世界追求平衡雖也非一帆風順，但是因爲誕生了一門良善宗教，並在這門宗教的指引下，對眞理和良善產生出正確認知，由此又與根植於西方世界的哲學理性相結合，創造出人類最接近眞理的一門學問——基督教哲學。

基督教哲學是一門宗教哲學，它不單從屬世層面教給人自然理性，更從屬靈層面告訴世人，人本身就是一個善惡的統一體，人內心中的善來自於神。唯有神是良善的，神造人的初衷就是爲要給祂作見證。人的肉體來自於屬世世界的泥土，與身俱來帶有墮落的傾向。神用泥土和靈創造了人，但是「**叫人活著的乃是靈，肉體是無益的。**」（約翰福音 6:63）若不是由神控制，人無不沉浸在自私自利的邪惡中。人若不認識神，就會墜入自私自利的愛己之中，因此必須進行重生。重生過程就是認識神和神之眞理，實現善惡平衡，獲得覺悟的過程（詳見上文《是「先信仰後理解」還是「先理解後信仰」？》）。俗話說「人人心中有桿秤」，但這桿秤時常是失衡的。人來世間修行什麼，就是通過學習、思考、感受和領悟來使這桿秤保持平衡。恢復平衡的過程就是不斷提升生命境界的過程，也是逐漸認識神和神之眞理，分清神性的無私和人性的自私，並在無私與自私之間達成一種平衡的過程。

一個人只有在善惡平衡的情形下才會具有選擇良善的自由，有了這個自由，人才能爲自己的行爲負責，也才有獲得重生的機會。這就相當於當人認知良善時，人就可以從肉身的原罪中脫穎而出，仿佛置身于高處。這時的人猶如從高處俯視，能夠清楚地看清邪惡的本質。而當人身處原罪之中時，這時的人由於置身其中，不能脫離肉身罪性，無法看清自身習以爲常的錯謬，所以無論如何動心起念都是以愛己和愛世的心思考，並從中得到樂趣。此時的人處在善惡失衡的情形下，人無法看清世界的本質，只因不認識善，也就失去了選擇良善的自由。在善惡失衡的情形下，即使行善也是僞善，因爲他將善行歸於自己。這就是保持內在平衡的重要性。

一個人如此，如果一個社會整體也處於這種境況該是何等可怕啊！在這樣的社會環境中，如果一個人一心向善，那麼他將很難生存。因爲社會風氣就是要人追名逐利，誰有錢誰光榮，誰有權誰是爺，至於這錢這權是如何得來在所不問。由此貪官奸商如過江之鯽，網都網不過來。還有受此影響的社會風氣，奢靡腐化、驕奢淫逸、巧取豪奪、寡廉鮮恥、窮凶極惡，怎麼形容都不爲過。整個世界正不壓邪，善不勝惡，平衡被打破，自由無從談起，人生失去了本來的意義，只剩下一具行屍走肉。和諧的基礎不存在了，天天光把「和諧」掛在嘴上又有什麼用？

雖然今天的社會大力宣傳「和諧」，但卻不明白和諧的本質是人內在善與惡之間的平衡，單靠強力來保持穩定，這無異於緣木求魚。因爲人心失去了平衡，就不認識眞理，更不會走正道。今天的社會物質生活雖然較之以往已經有了很大程度的改善，而且科技的高速發展帶給人們全新的生活理念。但是靈魂的覺醒和對眞理的認知卻還遠遠沒有跟上時代發展的腳步，人們的思想意識還停留在千百年來封建專制主義灌輸的世俗理性甚至非理性的慣性思維中。不要說去爭取追求眞理的自由，即使今天社會本就不多的一點自由，絕大多數人仍不會正確使用。最典型的例子就是根據村民基層選舉法，農村村民擁有了自己選舉管家的權力。可惜我們看見的是農村村民將選票很便宜的出賣，而另一

些「有頭腦」的人拿錢買選票，然後當然是作威作福，橫行不法。農村如此，城市也是一樣。最近爆出的遼寧省人大代表賄選案，幾乎所有代表全軍覆沒。這還只是冰山一角，眞實的情況比這嚴重得多。

千百年來中國人因爲不認識眞理和良善，總是依著人們習以爲常的世俗理性拒絕眞理和良善。處於內心失衡的境況之下，人們將邪惡當良善，將僞理當眞理，將自由僅僅視爲行爲自由。這種似是而非的三觀非但不能給人帶來平衡和自由，反而映射出來的恰恰是愚昧無知、偏信盲從和矯枉過正等表現，而其中隱藏著的正是自私自利的邪惡本質。

其實邪惡最邪惡的地方不是邪惡本身，而是它打破了一種平衡。它讓人以爲世界本身就是邪惡的，從而剝奪了人認識良善的機會，進而剝奪了人類認識眞理、選擇眞理、追求眞理的自由。在這種境況下，人就無法衝破黑暗認識光明，只能在黑暗中要麼睡去，要麼死去，要麼瘋去。這種狀況久了，人就變得麻木不仁，漸漸失去了對光明的追求和嚮往，失去了追求眞理的信念。久而久之，世人只能絕望地躲在黑暗中舔舐著自己良心的傷口，習慣了這種不見天日的生活，甚至開始排斥眞理和良善，淪爲邪惡的幫兇。「**光來到世間，世人因自己的行為是惡的，不愛光倒愛黑暗，定他們的罪就是在此。**」（約翰福音 3:19）

中國歷史上人爲的災禍比比皆是，正是因爲內心失去平衡的時間太久了，以至於中國人對自由的認知都已經麻木到了要滅絕的地步。我們經常在古代歷史中能看到，在封建君主專制統治下的民眾，遭受專制主義倫理綱常的洗腦而喪失了良心自由。他們不但自己被剝奪了良心自由，而且還幫助封建君主去剝奪其他人的良心自由。當人失去了良心自由，就不會產生人格意識和人權理念，這時的人眞的就像魯迅筆下那些看日本人殺中國人還叫好的麻瓜們，在他們眼中那些被殺的不是一個個鮮活的生命，而是一頭頭待宰的豬狗。

相似的場景在電影《大護法》裡也能看到。一群被稱爲「豬人」的人，因爲惰於思考，所以被某些惡人愚昧、奴役、壓迫、甚至殺戮。自私、恐懼、麻木悄無聲息、令人窒息般地在這些豬人中傳播、蔓延，他們互相猜忌、互相陷害，陷入奴性而無法自拔。更有些會「思考」的人卻因爲各種肉體私欲和世俗理性甘爲那些惡人驅使，淪爲惡人的爪牙。當人的內在平衡完全受到破壞的境況下，邪惡就會借著人的世俗理性和非理性，扼殺了人的良知，使人們在不知不覺中從事著各種形形色色損人利己甚至損人損己的邪惡行徑。

邪惡欺壓良善是很少顧慮的，基本上就是隨性而爲。但是良善卻不會這樣，因爲良善的本質是神，表現爲寬容和愛。所以但凡有一線機會，神都會努力幫助人恢復內心的平衡，給予人選擇良善的自由。希望人能在自由中自我覺醒，選擇良善，而不是強迫改正。但邪惡不會這樣，邪惡裡沒有愛和寬容，它只會爲達到目的不擇手段地強迫人做事。

正常情形下，誰也不喜歡赤裸裸地暴露出自私醜陋的一面，所以在失衡的狀態下邪惡常以僞理的面目出現。僞理本不喜歡眞理，當然也厭惡良善，但是爲了遮掩它的自私，它時常會打著眞理之名去破壞平衡，比如以「君權神授」思想去樹立封建統治階級的正統合法性，將其專制統治合理化；又如以忠君愛國之名強迫民眾去爲其賣命，民眾拿生命保衛的卻只是統治階級的利益；再如以打擊僞理邪說之名統一民眾的思想認識，強迫民眾接受一套維護統治階級利益的專制主義人治理論等等。

僞理非常具有僞裝性，因爲其將人的肉體私欲和世俗理性揣摩地非常透徹，以致人們時常因爲它而混淆了對眞理的認知。僞理時常以僞善的面目出現，表面上給予人一定的自由，實際上卻是沒有愛的縱容，其根本目的是爲了給自己創造更多的財富或者名望。之所以講它是僞善，是因爲這種善是在內心失衡的狀態下，以惡爲善假裝有愛。孔子將這種僞善的人稱爲「鄉原」，「鄉原，德之賊也。」但偏偏儒家文人裡這種人最多，原因何在？答案就是不通曉眞道，不清楚良善實乃來自於神的屬性，不明白善是神的本質，總是將善行義舉歸結於人。因爲不認識神，儒家對怪力亂神的事敬而遠之。又因爲不認識神，儒家以爲人可以脫離開神，單憑自律保持平衡，結果造成內心失衡，良知泯滅。雖然表面上這些人講德修禮，恰似謙謙君子，實際上卻背道而馳，表現爲以惡爲善而爲惡。

基督教會內也有許多僞善的人，他們成天滿嘴的「神啊！神啊！」，但在現實生活中卻常常追名逐利或者故弄玄虛。他們明明是屬世的人，卻要裝作屬靈的模樣。基督就明確對這些人表示出厭惡，「**我從來不認識你們，你們這些作惡的人，離開我去吧！**」（馬太福音 7：23）這些人不論是自表謙卑，還是苦待己身，又或是樂意行善，都是在私欲和迷信裡「徜徉」。他們對外口口聲聲說信主，但內心深處卻否認主。他們的行爲表明了他們是屬世的人，追求的是世俗的榮耀。正如耶穌所說，「**凡他們所吩咐你們的，你們都要謹守遵行；但不要效法他們的行為，因為他們能說不能行。**」（馬太福音 23:3）他們如此行的根本目的都是爲了向人表虔誠，爲自己謀取世俗的好處，完全是將屬靈世界也當屬世世界一樣世俗化了。

這種未經神性的省察和獲得平衡之後選擇的僞理必然是膚淺的外在感官的印象，均屬於以「感官爲主導」的層次。因爲內在神性層面仍然處於封閉，導致無法理解良善和愛來源於神，所以僅以屬世世界感官之下的假像爲斷定是非善惡的依據，雖然它看似邏輯縝密，實則只是一種屬世之人的自私和狡詐。這種人的內心裡根本沒有愛，他們所講的僞理表面上冠冕堂皇，正義凜然，其實因爲缺乏屬靈的智能和智慧，它只會在屬世世界裡表現得遊刃有餘，一旦接觸到屬靈層面的考量就會暴露出它的虛僞和無益。保羅從

這些人的行爲中看出了他們內心裡的虛僞，所以他講，「**我若能說萬人的方言，並天使的話語，卻沒有愛，我就成了鳴的鑼、響的鈸一般。我若有先知講道之能，也明白各樣的奧祕、各樣的知識，而且有全備的信，叫我能夠移山，卻沒有愛，我就算不得什麼。我若將所有的周濟窮人，又舍己身叫人焚燒，卻沒有愛，仍然與我無益。**」（哥林多前書 13:1-3）

保羅藉著眞理認識了神，明白愛才是良善的表現，並通過艱苦卓絕地爭戰，不斷以善勝惡，最終獲得了內心中的平衡。是基督的愛使他失衡的內心得以糾正，從而眞正認識了什麼是眞理，什麼是良善，最後從一個恨惡基督者更新爲一個新造的人。「**若有人在基督裡，他就是新造的人，舊事已過，都變成新的了。**」（哥林多後書 5:17）那些不認識神即良善的人，囿於肉體中的老我，明明不愛人卻要裝出一副愛人的模樣，這只是世俗理性使然，並非內心眞正實現了善惡平衡。僞善的假像在國泰民安時尚能維持，一旦遇到風吹雨打時就會暴露出自私自利的邪惡本相。

這種假像的產生正是由於缺乏對世界本質和生命眞義的正確認知，所以一直持續到今天，人們依然不明就裡地拒絕著眞理和良善，依然活在屬世世界裡，被罪捆綁，過著失去平衡的生活。這種局面已經延續了幾千年，根據當時統治者的寬容程度時好時壞，但是從未有過根本改變。即使今天我們依然面對著這種失衡境況，所不同的是，今天的世界因爲西方科技文明與普世價値觀的傳播，我們與眞理的距離從來沒有像今天這樣接近過。我們能夠藉著基督帶來的眞光認清肉體中的惡，並且戰而勝之，進而獲得靈與肉的平衡。「**我就是道路、真理、生命；若不藉著我，沒有人能到父那裡去。**」（約翰福音 14：6）藉著那撒播光明的人，我們重新找到了久違的天路，生命因祂而煥發光彩。「**我是世界的光。跟從我的，就不在黑暗裡走，必要得著生命的光。**」（約翰福音 8:12）那撒播光明的就是啓示眞理的，也就是傳播福音的人。他們既然來與黑暗爭戰，自然就會受邪惡勢力的逼迫，「**只因你們不屬世界，乃是我從世界中揀選了你們，所以世界就恨你們。**」（約翰福音 15:19）那撒播光明的就是愛神的人，幫助人心恢復平衡和自由，世界也借著他們得益處。「**我們曉得萬事都互相效力，叫愛神的人得益處，就是按他旨意被招的人。**」（羅馬書 8:28）

要想改變這黑暗世界的失衡狀態，是一件非常非常艱難的事。肉體的軟弱會壓得我們渾身發抖，情欲的旺盛會唆使我們內心剛硬。所以想要保持內心的平衡，就要有基督那樣背起十字架走上骷髏山的無私精神和無畏勇氣。擺脫肉體私欲的羈絆，達到無私至善的高處之境。所以，基督徒無懼肉體的死亡，甚至視肉體死亡爲生命得到昇華的捷徑，誓要借著肉體死亡向邪惡的魔鬼宣戰。「**特要藉著死，敗壞那掌死權的，就是魔鬼**」。（希伯來書 2:14）

代表眞理的基督福音其實很早就來到了中國，從唐朝的景教到元朝的「也裡可溫」，再到明末的天主教和清末的新教。但是平衡卻一直沒有在中國人的心中實現，原因很多，但主要原因就在於中國人的意識一直活在形而下的屬世世界中，習慣於以世俗理性思考和認知，缺乏西方人那種從神性的角度省視和認知世界以及眞理的能力。所以基督福音在基督教傳教士的努力傳播下，僅僅得到了小範圍的普及，主要還是借助推廣科技、教育、醫學和慈善等事業，使基督信仰在沿海地區得到一定程度的傳播。

由於中國人接受世俗理性和愚民教育太久，而且這些教育的危害本身又具有延展性，同時中國又是一個很大的國家，所以想要幫助人們認識眞理，睜開屬靈的眼睛絕不是一時半會兒就可以見效的事。（就如解開中國婦女的裹腳布就經過了近百年的努力，更何況解放頭腦中的裹腳布呢？）另外，一些基督教傳教士對基督教教義的理解和傳教方式也存在各種各樣的問題，最典型的就是以利誘人信教，這種傳教方式毫無意義，吸收的多是一些吃教的「信徒」，要麼無利可圖就不信了，要麼利用洋教的影響力惹是生非，欺壓不信教的中國人。眞正在內心中能夠確認基督信仰的眞理性，明白基督教的眞諦是傳布神對人的愛，幫助人認識神的眞理，並藉著增長靈魂中的神性（善），打壓肉體中的罪性（惡），最終實現平衡的人鳳毛麟角。所以基督教在中國發展了那麼長時間，做出了那麼大貢獻，但是根基還是很淺，在受到無神論政府的逼迫下幾近絕跡。這不是基督信仰有什麼問題，而是人們根本不理解基督信仰是什麼的問題。

中國人雖然不理解基督信仰的眞理性，但這並不妨礙中國人早已享受到基督信仰帶來的恩惠（詳閱前書《基督教啓蒙讀物——最後的爭戰》）。藉著基督傳給世人的福音，這個世界眞的發生了天翻地覆的變化，這種變化從一百年前的中國老照片裡就能很清晰地感覺出來。中國歷史有四千多年，但是中國人眞正不用爲衣食發愁沒有多長時間，絕大部分時間裡中國人都在爲基本的生存苦苦掙紮。由於中國人長期受專制主義愚民教育的影響，不明白中國人今天幸福生活的來源，以爲就是靠中國人自己的努力。如果稍微細心一些，就會發現在鴉片戰爭到中華民國成立之間有個明顯的文明飛躍。好像中國就是自己一步跨入了近代文明，而如何跨入近代文明的這段歷史一直被人諱莫如深地有意回避著。這很不正常，非常不正常。到底我們在隱晦什麼呢？歷史不能總是任由那些騙子們來粉飾修改吧。何況今天人類歷史已經進入到互聯網的資訊時代，政府通過控制新聞出版，掌控媒體輿論甚至終端言論，強力維穩，這種因不自由而致人心失衡，又因人心失衡而加劇不自由的狀況還要維持多久呢？

自由因爲平衡被打破而喪失，反過來沒有了自由又會更進一步地加劇失衡。如此形成一種惡性循環。中國數千年的歷史就是不停地反復上演這種惡性循環。什麼是中國國情？這就是中國國情。今天，因爲科技的飛速發展，世界越變越小，人類接受資訊的管

道越來越多，知識量也越來越大。但是學習知識和認識眞理卻是兩個層面上的事，沒有對形而上世界的認知，缺乏對良善和眞理的執著追求，人類還是只會埋首於形而下世界的事。人們每天所思所想的就是衣食住行，牽腸掛肚的就是功名利祿。在一個無神論掛帥的國家裡，人們想要睜開屬靈的眼睛，探索那天國的奧祕，獲得內心的平衡和自由，想一想都會覺得不可思議。

不過，歷史前進的車輪一直在不停地前進，世界總在不經意間會因爲某件事而影響人類歷史的進程。也許現在的中國正是一個過渡時期，人們需要一個認識眞理，獲得平衡，恢復自由的過程，但願這個過程不要太久，否則我們既對不起自己，也對不起後人。

今天，隨著科技的飛速發展和福音眞理的全球普及，人類有機會瞭解世界的本質和生命的眞義，就應當切勿再無知地追求肉體情欲，或愚昧地接受各種僞理邪說的誤導去追求形形色色或唯心或唯物的信仰、思想、主義或理論，陷入虛空的迷信，非理的烏托邦或形而下的唯物世界裡。一定要清楚，人本身是通過屬靈生命和屬世生命與屬靈世界和屬世世界結合在一起的一個統一體。人因爲具有了肉體，所以人一出生首先要爲自己的肉體考慮，這是人的天性使然。但是人不同於動物，人有神賜予的良心，這良心不時警醒人世間有善惡，做人有理性。爲人應該怎樣做才是最好，所以才會有一場自始至終靈與肉的爭戰。

當人還沒有認識眞理、獲得平衡時，人僅憑靈裡那點微弱的神性與外在強大的肉體罪性爭戰，結果常常爭戰失敗。但當人認識了眞理後，人會逐漸通過眞理所賜予的純正信仰發現屬靈世界的眞實存在，並藉著它所看護的良心，明白神是良善的來源，也是平衡的關鍵。人若想成爲神那樣善的存在就必須努力學會去愛，這就是基督要告訴我們的好消息。

下

不認識世界的本相，單只追求屬世世界物質享受的人固然生命失衡，但是一些一心追求屬靈生命的人生命也同樣失衡，這是爲什麼呢？原因主要有以下幾個：

一個是世俗理性借著人欲潛入宗教領域，使宗教世俗化。這些人本質上並非屬靈，他們實實在在就是一些愛世界的人，只不過他們出於各種原因將撈取個人虛榮的地方選在了宗教這種屬靈的地方。這種追求「屬靈生命」的人，他們表面很虔誠，裝模作樣遵守著教條儀式，但是內心裡根本不信有神，借著人類的世俗理性，打著幫人追求屬靈生命的幌子追名逐利。世人只看見教宗的帽子越來越高，宗教儀式越來越複雜，宗教律令堆積如山，可是神的愛呢，早就在宗教裁判所的酷刑下，主教大人的僞善裡，政教不分的權欲爭奪中死去了。中國人對這種人有一個形象的比喻——神棍，基督教裡也有一個形象的比喻——披著羊皮的狼。這種人實在就是追求屬世生命的人，只不過披了一件宗教外衣罷了。（詳見上文《宗教是精神鴉片嗎？》）

一個是不明白神的愛必須通過人與人之間的傳遞才能彰顯。愛是屬靈世界的事物，也是生命的本質。藉著這愛的傳遞，生命實現了成長。如果說人的肉體生命需要接受無數人的愛才能成長，那麼人的屬靈生命就需要通過向無數人傳遞愛才能得到長成。那些長年累月躲在深山老林或沙漠戈壁等荒無人煙之處修行的人，就是因爲不明白神的良善與愛是連結人與神之間的紐帶，結果單單活在自己個人的內心世界中，其實是一種變相的愛己之心。這種情形主要出現在宗教信仰陷入謬誤時，一些虔誠的信徒在謬誤面前灰心了，以致繼續追求屬靈生命的方向發生了偏差。這些人去荒郊野外，戈壁沙漠等荒無人煙之處去修行，希望能通過苦待己身禁絕人的情欲，甚至還有自殘等行爲，以爲這樣虐待自己就能夠近距離認識眞理，得享天國榮耀，這是根本沒明白神性是什麼的緣故。在他們的行爲中你能看到愛嗎？可能是另一種變相的愛自己吧。

神造人在這個世界上是要人通過不斷地靈與肉的爭戰，來領悟眞理和良善才是天國的本質。在屬靈世界裡人通過良善與神相合，在屬世世界裡人通過眞理與人爲善。這良善與眞理的背後都是以愛爲表現形式，缺少愛的生命修行是死的。那些主張出世主義的宗教只是選擇逃避考試，藏在沒有人的地方躲清閒。它們都缺乏愛的經驗和體會，不理解沒有愛的滋養，生命就會枯萎，在這個問題上都犯了相同的錯誤。眞正認清世界本質和生命眞義的人，都是選擇在世間行公義和良善的人，中國有句老話，「大隱隱於市，小隱隱於野」就是這個道理。

還有一個是盲目地接受前人的理論，並加以教條化，形成一門所謂的神學。這種人「**向神有熱心，但不是按著真知識。因為不知道神的義，想要立自己的義，就不服神的義了。**」（羅馬書 10:2-3）因爲不知道神的義，就形成了自己的義，將活信仰變成了死宗教，不但害死了自己，還強迫他人一起死。「**他們是瞎眼領路的；若是瞎子領瞎子，兩個人都要掉在坑裡。**」（馬太福音 15:14）這種人最難以識別，也是最最危險的人。爲了顯得與神親近，懂得道理也多，他們只在假想的虛空世界裡創造著虛無縹緲的神學，如「三位一體論」、「末世論」等。林語堂說的就是這種人，「我現在所想說的是妨礙人認識耶穌的，剛好就是這些純理論家的喋喋不休，就是他們信條的混亂使我離開基督教三十年，而他們的一角半錢的神學妨礙我看見耶穌，且不僅是一個人如此。」[221]

基督的智慧是無限的，祂很清楚人的信仰和理性受肉體私欲的影響表現出的方式無

[221] 《信仰之旅》，第 226 頁。

窮無盡，而且還會隨時隨地地變化，所以給出任何一個答案都會失之偏頗，因此祂回避探討關於平衡的這類問題，而是爲世人立了一個眞理的標準：「**你要盡心、盡性、盡意，愛主你的神。這是誡命中的第一，且是最大的。其次也相仿，就是要愛人如己。這兩條誡命是律法和先知一切道理的總綱。**」（馬太福音 22：37-40）然後祂就教人如何具體去行事爲人，「**有求你的，就給他。有向你借貸的，不可推辭。你們聽見有話說，『當愛你的鄰舍，恨你的仇敵。』只是我告訴你們：要愛你們的仇敵，為那逼迫你們的禱告。這樣，就可以作你們天父的兒子，因為他叫日頭照好人，也照歹人；降雨給義人，也給不義的人。你們若單愛那愛你們的人，有什麼賞賜呢？就是稅吏不也是這樣行嗎？你們若單請你弟兄的安，比人有什麼長處呢？就是外邦人不也是這樣行嗎？所以你們要完全，像你們的天父完全一樣。**」（馬太福音 5：42-48）

祂就這樣直白地告訴世人，應當怎樣去做才能增長自己的智能和智慧，擺脫世俗肉體私欲的羈絆，使自己的生命達到一種平衡，從而獲得良心自由。基督的話充滿奧祕，「**這道理就是曆世歷代所隱藏的奧祕，但如今向他的聖徒顯明了。**」（歌羅西書 1:26）「**要叫他們的心得安慰，因愛心互相聯絡，以致豐豐足足在悟性中有充足的信心，使他們真知神的奧祕，就是基督，所積蓄的一切智慧知識，都在他裡面藏著。**」（歌羅西書 2:2-3）人若非具有屬靈智慧很難明白基督的話語。基督之所以能夠如此，是因爲祂是以神的角度在看世界，「**你們是從下頭來的，我是從上頭來的；你們是屬這世界的，我不是屬這世界的。**」（約翰福音 8:23）信仰基督並按照祂的教導去實踐的人，是睜開靈眼的人，也是生命得以重生的人。他們在生命境界上遠高於靈魂沉睡的人，這就是東西方的人群在生命意識層面上有著如此巨大差距的根本原因。

在此我們來省察一下東西方世界產生巨大差距的界點在哪裡？第一次是在基督誕生之後，人類歷史開始了新紀元。此後西方人開始有了純正的宗教信仰，人類世界從此有了希望。第二次是在文藝復興和宗教改革運動之後，世界近代史由此揭開序幕。這是一次對之前基督信仰出現謬誤的矯正，並開始引領整個西方世界的發展走向。第三次是在美國獨立和美國憲法頒布之後，從此人類社會正式進入了法治時代，同時也揭開了世界現代史的序幕。此後整個西方世界都飛奔起來，不但引領西方世界的發展方向，而且也引領了整個世界的發展走向。可見，東西方產生巨大差別的根本原因，就在於是否認識了眞理的化身——基督。

當世人認基督爲眞理，並信祂爲救主時，人們就睜開了屬靈的眼睛，辨清了世間的善惡，人的內部世界就實現了平衡，人的良心相應獲得自由。這就是基督所講的，「**你們必曉得真理，真理必叫你們得以自由。**」（約翰福音 8：32）當人獲得良心自由時，自然會以基督的教導爲指南，人的生命就會不斷得到來自生命靈糧的滋養，人的靈魂就會不斷得到生命活水的滋潤。「**我就是生命的糧，到我這裡來的，必定不餓；信我的，永遠不渴。**」（約翰福音 6:35）此時靈命不斷得到靈糧和活水的滋養，隨著人肉體成長的同時，靈命也在不斷地成長。人靈裡的良善開始糾正以前那種以肉體私欲爲主的錯誤傾向，學著開始爲他人的好處著想。「**無論何事，你們願意人怎樣待你們，你們也要怎樣待人。**」（馬太福音 7：12）

這時人會慢慢培植出自然理性，與原來的世俗理性相抗衡，同時來自神性的無私與出自肉體的自私也會達到一種平衡。人一旦達到這種平衡後，就會自由地在善惡之間選擇善，這時人心中的那桿秤才會眞正發揮作用。這時的人行事爲人不再會損人利己，而是會利人利己甚至損己利人。這時，人的靈與肉才可能眞正達到了一種平衡，也就是我們常說的實現了一種生命的和諧。這種生命和諧來自對眞理的認知，來自將靈與肉、善與惡、神性與罪性的合而爲一。正如保羅所說，「**因他使我們和睦，〔原文作因他是我們的和睦〕將兩下合而為一，拆毀了中間隔斷的牆。而且以自己的身體，廢掉冤仇，就是那記在律法上的規條。為要將兩下，借著自己造成一個新人，如此便成就了和睦。**」（以弗所書 2:14-15）

但是要清醒地意識到，人的情欲是隨著肉體生長的，只要人還在屬世世界裡，它隨時都可能像《指環王》中的魔戒一樣誘發人的欲望。這種肉體私欲根深蒂固，它與愛己的世俗理性一起，形成阻撓人獲得平衡的罪性，「**就如罪作王叫人死；**」（羅馬書 5:21）只要人的肉體存在一天，這場靈與肉的爭戰就永遠不會停止，所以「**親愛的弟兄啊，你們是客旅，是寄居的。我勸你們要禁戒肉體的私欲；這私欲是與靈魂爭戰的。**」（彼得前書 2:11）

說到這裡也許有人會問，那到底有沒有這樣屬靈生命與屬世生命達到平衡，眞正實現了生命和諧的人呢？答案當然是有，但眞的很少，比如保羅。他對眞理的認知可以講已經達到了人類智慧的頂端，「**我已經與基督同釘十字架，現在活著的不再是我，乃是基督在我裡面活著；並且我如今在肉身活著，是因信神的兒子而活，他是愛我，為我舍己。**」（加拉太書 2:20）「**但我斷不以別的誇口，只誇我們主耶穌基督的十字架。因這十字架，就我而論，世界已經釘在十字架上；就世界而論，我已經釘在十字架上。**」（加拉太書 6:14）保羅藉著對基督無比的信心以及自身所具有的淵博學識眞正認識了眞理，且成爲一位有學識的有知。

但即使像保羅這樣內心實現平衡的人，仍然發現身體裡有一個難以征服的老我，這老我使信心如保羅者也被折磨地叫苦連天，「**我也知道在我裡頭，就是我肉體之中，沒有良善。因為立志為善由得我，只是行出來由不得我。故此，我所願意的善，我反不做；我所不願意的惡，我倒去做。若我去做所不願意做的，就不是我做的，乃是住在我裡頭**

的罪做的。我覺得有個律，就是我願意為善的時候，便有惡與我同在。因為按著我裡面的意思（原文作「人」），我是喜歡神的律；但我覺得肢體中另有個律和我心中的律交戰，把我擄去，叫我附從那肢體中犯罪的律。我真是苦啊！誰能救我脫離這取死的身體呢？」（羅馬書 7:18-24）

但是保羅並沒有在這些困難面前跌倒，相反他藉著對眞理的領悟認識了愛，「愛是恒久忍耐，又有恩慈；愛是不嫉妒，愛是不自誇，不張狂，不做害羞的事，不求自己的益處，不輕易發怒，不計算人的惡，不喜歡不義，只喜歡真理；凡事包容，凡事相信，凡事盼望，凡事忍耐；愛是永不止息。」（哥林多前書 13：4-8）藉著對基督的信心和愛，保羅勇敢地與自身的老我爭戰。「我為基督的緣故，就以軟弱、淩辱、急難、逼迫、困苦為可喜樂的，因我什麼時候軟弱，什麼時候就剛強了。」（哥林多後書 12:10）正是因爲對基督的良善和愛有了充分地認識和堅守，保羅眞正獲得了內心的平衡，擺脫了罪的轄制。「感謝神！靠著我們的主耶穌基督就能脫離了。」（羅馬書 7:25）他才敢肯定自己「那美好的仗我已經打過了，當跑的路我已經跑盡了，所信的道我已經守住了。」（提摩太后書 4：7）

從保羅身上我們能夠看到，實現平衡，獲得重生和自由不是一件容易的事，它需要一種覺悟。這種覺悟我們在查士丁、克萊門特、約翰．威克裡夫、馬丁．路德等宗教界人士身上可以看到，在奧卡姆、羅吉爾．培根、伊拉斯謨、霍布斯、帕斯卡、斯賓諾莎、約翰．洛克等哲學家身上可以看到，也可以在喬治．穆勒、南丁格爾、亨利．杜南、阿爾貝特．史懷哲等慈善家身上看到。

正是因爲有這些獲得覺悟的人做榜樣，西方社會在認識眞理一千多年後，才基本實現了今天這樣的和諧社會。我們平常所講西方社會的民主法治如何如何，其實那只不過是一種表像，其深層次的原因在於西方社會裡的人在眞理的引導下眞正實現了善與惡，靈與肉，眞理與僞理之間的平衡，才在屬世層面成就和睦。

保羅藉著對基督的信心，永遠取得了內心的和平。保羅爲所有基督徒作出了美好的表率，雖然知道這場爭戰異常艱難，但「你要為真道打那美好的仗。」（提摩太前書 6：12）每一位基督徒都應當像保羅那樣，明白來自神的愛才是這場爭戰得勝的關鍵：因爲愛，人的靈命才能茁壯成長，肉體的情欲才能得到有效控制；因爲愛，良心才能不受私欲的蒙蔽而獲得自由，理性才能不受世俗的誘惑而接受啓蒙；因爲愛，人的內心才能達到平衡，眞正實現生命中的永久和平。

何謂真理？

關鍵字：真理；僞理；宗教；神學；世俗宗教；純正信仰；雜亂信仰；自然理性；世俗理性；自然哲學；共產主義；馬克思主義

眞理是眞理性的簡稱，它與僞理性相對應。從古至今，眞理的講法很多，如古中國人講的「天理」或「道」，古希臘人講的「自然」、「努斯」或「邏各斯」，古猶太人講的律法或誡命，以及後來佛教講的佛義或禪，基督教講的福音或信條，伊斯蘭教講的天書或聖訓，近代歐洲人講的自然理性或科學等等，稱呼五花八門，千奇百怪、數不勝數。總之，人們總是將美好的願望歸給它，使之成爲人類世界努力追求的目標。但是眞理到底是什麼？在《聖經・約翰福音》裡寫到猶太總督彼拉多問到這個問題時，耶穌的回答在此戛然而止，留給了世人一個永恆的懸念。也許眞理並沒有一個標準的答案，因爲它太抽象，太複雜，而且人們對它的認識千差萬別，所以可能永遠也無法達成一個共識。既然這樣，在這歲末年初之際，本人也想壯起鼠膽把它說上一說，既作爲對即將過去一年思想的回顧和總結，也算是獻給新年的一份禮物。

上

中國古人對眞理的認知可以從道家、儒家、墨家等各家學說中得到反映，道家的《道德經》開篇即講，「道可道，非常道。名可名，非常名。無，名天地之始也。有，名萬物之母。故常無，欲以觀其妙。常有，欲以觀其徼。此兩者同出而異名，同謂之玄，玄之又玄，眾妙之門。」這句話就包含了天地萬物的起源，即它們都是從「無」和「有」中產生，此二者又構成一體，且互相作用，演繹出這變化無窮的大千世界。

這「無」和「有」說起來玄之又玄，以常人的智慧可能根本無法理解。其實，用基督教的話來講就是一個屬靈世界和屬世世界的關係。屬靈世界仿佛是一個肉眼看不見的形而上的世界，屬世世界就是我們肉眼能夠看見並感知的這個形而下的世界。屬世世界

比較好理解，因爲人類天天都能接觸感知到它。屬靈世界就有點微妙了，比如人的心思雖然時刻存在，但我們卻看不見，摸不著。人的精神乃至人的靈魂都是時刻存在，但這些人的肉眼也都看不見。今天科學已經證明世界上存在著暗物質，這也部分證明了人類對世界的認知還很幼稚，可能還有更多人類不瞭解和看不見的事物是客觀眞實存在的。只是人類現今具有的科學水準還太低，很多屬靈世界的東西人類還不能完全認識和理解，所以屬靈世界並非不存在，而是需要人類更多地瞭解世界的本質和生命的眞相，並在掌握眞理之後才能更加清晰地認識那個世界。

儒家雖然只是追求形而下世界的眞理，但凡眞理必然涉及形而上世界的意識形態。所以在《中庸》裡開篇即講，「天命之謂性，率性之謂道，修道之謂教。」「天命之謂性」就是指神賦予人的良心，體現在人身上就表現爲理性。「率性之謂道」就是指依理性而爲就是道，這裡的道就是指人道，本書稱之爲自然理性。在此天命與人道必須相互依託才能共同構成眞理的兩面，缺一不可。然而儒家對天命的理解完全是從形而下的角度出發，對形而上的世界則敬而遠之，所以最終淪落爲統治階級的愚民工具。有鑑於此，墨家反對儒家這種形而下式的天志說，提出天有意志，能夠賞善罰惡。這裡的「天志」其實就是指天道，墨家不但提出「尊天」、「事鬼」、「非樂」、「非命」等天道，同時也提出「兼愛」、「非攻」、「尙賢」、「尙同」、「節用」、「節葬」等人道。這人道與天道相互輝映，共同構成眞理的兩面。實在講，墨家學說是中國哲學史上最接近眞理的一門學問。

這天道和人道在古中國哲學中被描繪地諱莫如深，讓人理解起來仿佛看天書一般，其實從基督教的角度理解就是良善和理性。這天道體現的就是天的本性，「天之道，利而不害」，「上善若水。水善利萬物而不爭，處眾人之所惡，故幾於道。」「我覺得，在可知世界中最後看見的，而且是要花很大的努力才能最後看見的東西乃是善的理念。我們一旦看見了它，就必定能得出下述結論：它的確就是一切事物中一切正確者和美者的原因，就是可見世界中創造光和光源者，在可理知世界中它本身就是眞理和理性的決定性源泉；任何人凡能在私人生活或公共生活中行事合乎理性的，必定是看見了善的理念的。」[222]「至高的上帝充滿了至高的善。」[223]「上帝-萬物的本源-是善的，所有人類頭腦裡都存有的共同觀念證明了這個命題。」[224]基督也說：「**除了神一位之外，再沒有良善的。**」（路加福音 18:19）基督的到來向世人宣告了一個眞理，一切良善都來自於神，除神之外沒有良善。（詳見上文《耶穌爲什麼講「除了神一位之外，再沒有良善的」？》）

天道體現的是天的本性，那麼人道是什麼呢？人道指的就是自然理性，這源於人是

---

[222] 《理想國》，第 279 頁。
[223] 《哲學的安慰》，第 112 頁。
[224] 《哲學的安慰》，第 111 頁。

屬靈生命和屬世生命的統一體。因爲肉體的緣故，人活在維度較低的世界，就好像生活在井底的青蛙一般，雖能看見井口外的世界，卻並不知道那天與自己遙不可及。也好像生活在山洞裡的人，雖能看見洞外的光影投射在洞內的石壁上，但卻無法認識洞外的世界是何等模樣。但是人靈裡的神性卻又總是不經意間喚醒人的良心，使人本能地去追求一種若有若無的眞理。古時愛智慧的人們通過創設宗教和哲學苦苦追尋著眞理，但卻總是出於肉體的軟弱和愛世的虛榮等各種原因而導致非左即右，難覓其蹤。

中國古人對眞理的認知基本可以道家做代表，而道家由於對「道」的解讀高深莫測，常使人難以領悟。由於形而上的事物難以推理演繹，只能靠人自我領悟，所以單憑老師的傳授是遠遠不夠的。隨著前輩智者的離去，他們領悟的道理如果後人未能繼承發揚，就會受著雜亂信仰和世俗理性的影響日益陷入偏狹。以至於發展到後來，道家自身也發展爲迷信和術數的混合體。最終不得不與外來的宗教合流，淪爲一門出世的宗教。相似的還有古印度的婆羅門教和佛教，古埃及的太陽神教，古希臘和古羅馬的多神教等等，它們與道教在尋找眞理方面都有一個共同處，即都在屬靈世界裡沒有找到純正信仰而又忽視了屬世世界的自然理性。它們沒有理清一個問題，即眞理原本是爲人而設，沒有人就沒有眞理。盲目地追求神靈只會陷入神學、道學、佛學、經學等等非理性的學問中，雖表面上博學多識，實際上卻未能領悟眞理（生命之道）即是屬天之愛（良善）在屬世世界中的回應。他們偏執於前人教條式的思維定式，憑著腦中的記憶和世俗的眼光評斷著事物，其實早已被眼前自然界的謬誤之光遮蔽了來自天堂的眞理之光。

眞理雖爲人而設，卻又高於人，它是屬世世界裡自然理性和屬靈世界中純正信仰的完美結合。眞理與信仰和理性緊密相連，且由意志和理智感知並領受眞理。眞理的兩面性決定其必須從兩個世界的角度予以理解和認知，單只從屬世世界中尋找眞理，要麼會捲入懷疑主義旋渦，要麼會陷入科學萬能的泥沼，要麼會墜入享樂主義深淵，典型代表如庸俗哲學；單只從屬靈世界裡尋找眞理，要麼脫離開現實世界，努力成爲一個只愛神而不愛人的出家人。要麼受僞理迷惑，成爲一個崇拜偶像的迷信者。要麼受邪教洗腦，淪爲一個敬拜假神的受害者，典型代表如世俗宗教。總之，人類經常因爲缺乏對純正信仰和自然理性的理解和認知，雖然明面上在努力追求著眞理，實際上卻總是與眞理背道而馳。

實踐證明，眞理由純正信仰與自然理性相輔相成，缺少純正信仰，自然理性不可能持久；缺少自然理性，純正信仰難免陷入迷信之中。相較而言，古猶太人的猶太教信仰保存地相對純正，但即使是這樣一種較純正的信仰也因爲歷代士師和先知的各樣解讀，以及出於人類肉體私欲的雜亂信仰和世俗理性的揣測，而變得渾濁不清，以至於聖經中連他們信仰的神也藉著先知的口多次斥責他們並非眞信祂，可見要想樹立一個純正信仰

有多麼的難。

談到猶太教我們再來看一下它所代表的希伯來文明，希伯來文明比較好研究，因爲猶太人喜歡著書，並善於傳承。幾千年來的舊約聖經幾乎沒有怎麼變過，他們的歷史，他們的宗教信仰，他們的眞理認知幾乎都是顯明的。據聖經的記載，耶和華（即神）是創造天地萬物的主宰，是生命的源泉，祂通過先知摩西給猶太人制定的誡律就體現出眞理的內涵。因爲人性是利己的且複雜多變，所以人類對眞理的認知也是千奇百怪、互相衝突。因爲「神愛世人」，所以神藉著先知的口告知世人，祂要藉著道成肉身將眞理向世人顯明。這位道成肉身者就是聖經中預言的彌賽亞（即救世主），祂要將世人從這個黑暗的屬世世界中拯救出來。但是當耶穌道成肉身，降臨塵世，捨身救贖，將光明和眞理傳布世界的時候，猶太人並不承認祂的神性。因爲在他們眼中的耶穌不過是一個平凡的木匠，出身于一個貧窮的木匠家庭，並且沒有接受過什麼教育，這與他們心中高居屬靈世界頂峰的彌賽亞相比簡直太不相稱。況且祂還總與那些地位低微的「罪人」們待在一起，時不時地說些他們認爲褻瀆神靈的話，所以他們的世俗理性告訴他們耶穌不可能是上帝派來的彌賽亞。於是，他們就以僭神的罪名把祂釘死在十字架上。

很顯然，猶太人的信仰是虛妄不實的，他們本身受著雜亂信仰和世俗理性的驅使，使他們一遇到現實困難就轉而追求偶像崇拜。在他們的意念中，救世主應當是一位高高在上的形象，在人間就應當是一位君王或是一位聖人。在他們看來，上帝怎麼會將自己顯示爲一個奴僕的形象。但是神的作爲從來都高於人的意念，當猶太學者和祭祀們尙在世俗理性和非理性的困擾中拒絕耶穌時，從他們中走出一位得神啓示，並從神的異象中認識到眞相的人，他是一個經過眞理警醒後幡然醒悟的人。在眞理面前他終於承認，「**他本有神的形像，不以自己與神同等為強奪的，反倒虛己，取了奴僕的形像，成為人的樣式。**」（腓立比書 2:6-7）這位從猶太教學者中走出的保羅應當是猶太人中第一位理信基督即是眞理的人，從他留給世人的書信中我們可以清楚地看到，他對基督的瞭解和認知遠超過其他門徒。這也從一個側面反映出認知眞理不能單純依靠宗教信仰，哲學理性也同樣不可或缺。

談到哲學理性無法回避兩希文明中的另一文明——古希臘文明。古希臘文明能夠歷經數千年不斷影響人類社會思想意識的發展潮流有其必然原因，他們不僅在物質世界孜孜以求，更是在精神世界不斷探索。對世界本源的探索，從米利都學派到畢達哥拉斯學派，從赫拉克利特到德謨克利特，從蘇格拉底到柏拉圖再到亞裡斯多德……，古希臘哲學家從未停止過，爲人類認識世界的眞理而努力上下求索。

古希臘文明在追求眞理方面獨具特色，它有三個分支：第一個分支與世界其他文明大致相同，表現爲宗教信仰。因爲宗教只是單純在屬靈世界裡尋找眞理，結果必然按照人的世俗理性虛構出一個屬靈世界來，於是就有了眾所周知的希臘神話。在荷馬史詩裡對人的屬世生命和屬靈生命進行了一些故事性的敘述，其中既能反映出人類對屬靈世界存在的模糊認知，又能體現出人類在生命境界低下時只能出於雜亂信仰和世俗理性對屬靈世界予以世俗化的理解。這種現象充分表明在全世界各民族各種族的發展歷程中都不同程度地有著相似的經歷，反映出人類在求眞方面既受內在靈魂層面的潛在影響，又受外部肉體層面的顯在影響。

第二個分支和第三個分支都表現爲哲學理性，都是在屬世和屬靈兩個世界裡同時尋找眞理。在這些尋找眞理的人中間，上帝賦予人類的理性第一次眞正激發出耀眼的光芒。在物質層面他們開展科學探索，如提出元素論、原子論等；在精神層面他們以理性爲基礎，研究形而上學和自然法理論，如斯多葛學派的思想甚至一度達到自然理性的高峰；在靈魂方面他們提出靈魂不滅論，主張透過形式看本質，靈魂才是肉體生命的「原動力」。他們的這種生命觀完全符合耶穌講的，「**叫人活著的乃是靈，肉體是無益的。**」（約翰福音 6:63）這方面的集大成者柏拉圖主義成爲後世唯心主義哲學觀的鼻祖；在世界本質方面他們發現並意識到善才是世界的本源，「我覺得，在可知世界中最後看見的，而且是要花很大的努力才能最後看見的東西乃是善的理念。我們一旦看見了它，就必定能得出下述結論：它的確就是一切事物中一切正確者和美者的原因，就是可見世界中創造光和光源者，在可理知世界中它本身就是眞理和理性的決定性源泉；任何人凡能在私人生活或公共生活中行事合乎理性的，必定是看見了善的理念的。」[225]蘇格拉底的話充分表明他已經對世界本質有所感悟，但是他還未能將「善」的理念與神性等同。這說明在眞理以人的形象出現前，人不可能眞正認識眞理，但是古希臘哲學家的發現仍然將人類的思想意識提升到某種理性信仰的層面。

由古希臘哲學家所創造出的古希臘哲學，實際是一個宗教與哲學的結合體，因此也被稱爲宗教哲學。這門宗教哲學同時在屬靈世界和屬世世界中尋求眞理，表現爲宗教與哲學的高度統一，我們很難在他們的學說中明確劃出宗教與哲學的分界。古希臘的哲學家本著追求眞理的動因，意識到世界並非眼見的這麼簡單，泰勒斯在研究了半天水之後發現了萬事萬物裡都有神性；畢達哥拉斯在研究數的過程中發現靈魂不滅；蘇格拉底在思考各種哲學問題時發現善才是世界的本質和靈魂的出處；芝諾也在瞭解宇宙時發現了神的蹤跡，甚至就連認爲人死如燈滅，主張人生就是追求快樂的伊壁鳩魯也不否認有神存在。這些偉大的哲學（科學）家們都是依靠自身的良知和理性研究發現形而下世界之上還存在著形而上世界，並且形而上世界高於形而下世界這一眞理的。

---

[225] 《理想國》，第 279 頁。

因爲宗教和哲學都與眞理有關，並且借著追求眞理彼此相通，所以雖然在眞理未以肉身顯明前他們不可能具有後世哲學家所信仰的載體，無法超越「泛神論」而形成一種純正信仰。但這並不影響他們依靠理智在哲學研究中發現和認識自然理性，並且將之與某種泛神信仰相結合，最終發展爲一門宗教哲學（後世也稱爲「唯心主義」），這就是古希臘文明能夠影響人類世界數千年的根本原因。

第二個分支和第三個分支雖都是在屬世和屬靈兩個世界裡同時尋找眞理，但因側重點不同而又有所區分，這可以柏拉圖主義和斯多葛主義爲例。柏拉圖主義與斯多葛主義雖然都是有神論，都是宗教哲學一體的學說，但是兩者的出發點和目的性卻大不相同，導致與眞理的關係也不相同。這一點從它們對人群的態度上就可見一斑。柏拉圖主義特別強調超驗的理念，即使將世界的最終因總結爲善的理念，但是在現實中柏拉圖卻支持奴隸制，歧視其他民族，沒有將人的價值上升到認知眞理的高度。須知眞理與人息息相關，脫離開人，眞理就會變得虛無縹緲，毫無價值。柏拉圖主義的超驗理論雖然在理念上能給人類以指引，但在實效上卻很務虛，這一點與中國道家的學說有些相似，單僅崇尚天道卻忽視了人道。這種做法很容易將人引向非理性的方向，這一點在後來新柏拉圖主義對基督教神學的產生和發展中所起到的消極作用就足以說明。

相較而言斯多葛主義更具有明顯的人道主義傾向，他們雖然也主張有神論，但是並不空談那些形而上的邏輯概念或超驗主義。相反，他們更重視實實在在的個人。比如認爲人類一體，每個人都是人類大家庭中的一員，個人與人類整體的關係優於個別種族或國家的關係。因此，主張樹立一種超越單一種族或單一國家的世界主義新觀念。這種世界主義的觀念可以說是今日世界普世思想的主要淵源之一。另外，他們重視個人價值，主張人人平等，這些思想也成爲今天社會人權理念的主要淵源之一。斯多葛主義的這種從自然的角度審視人與自然，以及人類自身的自然理性，使其與眞理有著天然的親緣關係，當後來遇到基督信仰時，遂自然與之融合構成人類歷史上最接近眞理的一門學問——基督教哲學。

雖然希臘哲學無論在理念上還是在實踐上都努力追求著眞理，但是對眞理卻只能無限接近，而又永遠無法企及，正如人對神的嚮往一樣。隨著古希臘的衰落以及智者們的紛紛逝去，古希臘哲學也日漸沒落。隨之而起的古羅馬繼續古希臘哲學的傳承，不過並未能有所超越。這時在猶太預言裡神對猶太人的允諾應驗了，說起來這確實有些不可思議。一個接近神話的故事發生了，就在今天西亞的巴勒斯坦地區，那位傳說中的救世主眞的誕生了，祂的故事在新約福音書中有著詳細的記載。祂的到來意味著世界將要發生翻天覆地的變化，意味著天道與人道的結合將會以福音眞理的形式向世人顯明，意味著人類歷史也將重新開始新的紀元。隨著新紀元的來臨，眞理以人的形式降臨人間，並以福音的形式永遠留在了世間。這人和福音就是人們常講的基督和基督福音。

當基督以人的肉身降臨世間，並以其無與倫比的智慧和大愛向世人顯明了眞理的本相時，從世人的角度看，基督與祂的追隨者卻都結局悲慘，而這正是前面所講的自然理性「處眾人之所惡」的表現。他們之所以能夠面對死亡坦然無懼，正是因爲他們具有「善利萬物而不爭」的純正信仰。這種純正信仰在哲學家的眼裡可能就是一種人生境界，蘇格拉底曾說過，「那些已達到這一高度的人不願意做那些瑣屑俗事，他們的心靈永遠渴望逗留在高處的眞實之境。」[226]「達到這一高度的人」其實就是認識眞理的人，「高處的眞實之境」其實指的就是靈魂嚮往的光明之境。這些人僅僅出於認識眞理就能夠淡看名利，超脫生死。他們領悟的生命之道已經使他們的靈魂進入一種常人無法理解和企及的美好境界，這反映在他們對神和對人確有一種誠實無欺、良善無私的愛，他們在世間的善行義舉正好表明他們的靈魂已經達到某種「高處的眞實之境」。

這些生命境界停留在高處的人，用他們的人生軌跡向世人表明，眞理就是以一種犧牲的方式向人類宣示它的內涵——建立在純正信仰基礎之上的眞理性。「眞理」這一全人類都想認知的事物，在屬靈層面上表現爲純正信仰，在屬世層面上表現爲自然理性。純正信仰統領自然理性，自然理性支撐純正信仰，二者相輔相成，共同構成眞理的兩面，對應著屬靈和屬世兩個世界。作爲屬靈生命和屬世生命統一體的人類，想要認識眞理就必須認清世界的本質，將屬靈和屬世兩個世界分清，同時參透生命的眞義，將純正信仰與自然理性完美結合，成爲一個「善」的存在。

歷史上，人類認識這一眞理的過程，實質就是基督教與其他宗教信仰和哲學理性相互交流、融合的過程，也是其他宗教與哲學通過這一交融自我淨化和昇華的過程。這一過程至今已經經歷了大約兩千年的時間，今後還將以各種宗教信仰、哲學理性等意識形態繼續進行下去。下面將這一過程簡要地加以說明，幫助讀者瞭解眞理在世間晦明變化的各種表現，並從中窺透眞理在變幻莫測的大千世界中蘊含的一線生機。

基督教在起初一百年的時間裡，信徒主要是一些底層社會沒文化的人群。很多人出於永生的目的信仰死而復生的救主，參加一些神祕的敬拜儀式，奉行一些神祕的宗教經驗和教條。這裡面隱藏著一些宗教迷信色彩（這種現象在今天的基督教裡依然存在），使得基督教莫名地受到社會其他階層的輕視、譏諷甚至逼迫。但是更多的基督徒從他們的救主身上看到了一種無私至善的愛，正是這份愛使他們身上煥發出神性的光芒，行出了無數的善行和義舉，吸引更多的人來到他們的身邊。

漸漸地他們的行爲開始引起一些異教學者的注意，他們開始對這個小群體的存在以

---

[226] 《理想國》，第 279 頁。

及他們的信仰進行研究。這些異教學者裡就有柏拉圖主義者和斯多葛主義者。起初這些異教學者或多或少對基督信仰帶有一些偏見，他們對基督信仰更多的是批評和指責，他們認爲這種信仰是誤導民眾、危害社會的一種迷信，亦或缺少理性的哲學。但是當他們日益深入地分析研究後發現，這種信仰裡蘊含著某種理性的成分，而這直接導致異教學者們的分化。一部分繼續堅持偏見，如雅典；另一部分選擇與基督信仰合流，如亞歷山大。

希臘哲學本身是一種宗教哲學，希臘哲學家對宗教信仰並不排斥，當他們在基督信仰中發現了某種理性的成分，並且這種理性能夠解決他們遇到的很多難題時，他們開始挖掘基督信仰裡的宗教成分，並逐漸形成一種理性信仰。最早開始這項工作的應該是殉道士查士丁。查士丁曾做過斯多葛學派的教師，後來又研究過逍遙學派、畢達哥拉斯學派和柏拉圖學派等的學問，他是一位眞心追求眞理的哲學家。查士丁經過深入研究後發現，基督信仰是「惟一可靠而有益的哲學」[227]。查士丁試圖使用希臘哲學裡的「邏各斯」概念來解釋基督的神性，他說：「這理性（邏各斯），有形有體，成爲人，被稱作耶穌基督。」[228]這與保羅所講的不謀而合，**「因為神本性一切的豐富，都有形有體地居住在基督裡面。」**（歌羅西書 2:9）這樣一來道成肉身就有了哲學上的理論根據，不再是超驗的神話，而是能夠被人可認知的眞理。既然基督是眞理，那麼基督徒就是眞理的信徒，從這個意義上講，他甚至稱蘇格拉底是「在基督以前的基督徒」。鑒於查士丁的創見：基督是宇宙的邏各斯，基督教是眞哲學。查士丁可能是第一位提出基督教哲學的哲學家，其後他的殉道之舉更表明他是居於「高處的眞實之境」的人。

接下來有據可查居於這「高處的眞實之境」的人還有原斯多葛學派的改宗者潘代努斯，他因爲從基督福音中發現了斯多葛主義中的自然理性，並進而發現了產生這一理性的宗教源頭，於是義無反顧地選擇成爲眞理的信徒。他在亞歷山大建立了一座基督教教義問答學校，在這所學校裡，各種不同的宗教和哲學相互間接觸、交流，並互相融合。同時一種全新的宗教哲學體系正在這裡逐漸成形，並影響著這裡的每一個人。潘代努斯的弟子克萊門特在老師的基礎上繼續這種宗教哲學體系的創建，並試圖證明這種哲學是幫助人類探索世界本質和眞理內涵的工具。而基督教從來不只是一門哲學，它更是淩駕于自然理性之上，指導人類按照自然理性行爲，並幫助人類正確認識世界本質和獲知生命眞義的一門宗教。克萊門特和其弟子奧利金經過兩代人的努力，基本完成了基督教哲學體系的創建工作，爲人類認識眞理做出了巨大的貢獻。但是因爲受新柏拉圖主義的影響，後期的奧利金開始出現轉向神學的苗頭，這也是基督教哲學逐漸陷入誤區的眞實寫

---

[227] 《基督教與西方思想》，第 66 頁。
[228] 《基督教與西方思想》，第 67 頁。

照。

此外在基督教內部也有對哲學採取排斥態度的學者，如德爾圖良。這主要是因爲當時的哲學流派非常複雜，各種思想魚龍混雜，好壞難辨。爲了保證基督信仰的純正，基督教內的保守學者有意識地對哲學採取遠離態度。但是這並不是說就不使用哲學，德爾圖良在闡釋基督教教義時，也默默使用各種哲學觀點，尤其是斯多葛主義的觀念。德爾圖良的行爲正好說明眞理並非是以宗教和哲學來劃分，二者之中都有眞理的成分，只有將二者之中眞理的成分發掘出來並予以融合，眞理才能夠眞正顯明出來。一味地單在宗教或哲學裡尋求眞理，都只會產生迷信或非理性、懷疑主義或唯物主義等片面認知。

在中世紀之前還有一位著名基督教哲學家奧古斯丁，他被認爲是基督教哲學的集大成者。他對哲學和宗教的看法是，「哲學的反思，可以修正種種錯誤的概念，引導人把握眞理，利於澄清信仰。」[229]但是，哲學並非都是眞智慧，而眞智慧來自上帝的屬性，所以「正如眞理和聖經所證實的那樣，如果上帝是智慧，那麼，眞正的哲學家就是愛上帝的人。」[230]在這裡，奧古斯丁將哲學裡展現的智慧與來自上帝的眞智慧予以區分，那麼能否獲得眞智慧就取決於對上帝的信仰，由此兩者之間不再是分離的關係，而是本質和表像的有機統一。但是對上帝的信仰不是學習哲學能夠替代的，它需要以某種超越自身的資訊來修正哲學關於身體和靈魂的各種概念，這種超越自身的資訊就是基督帶來的好消息（福音）。

隨著上述基督教哲學家的不斷地努力，基督教哲學作爲一門距離眞理最近的學問誕生並留存於世，深深地影響著人類認識眞理的腳步。然而由於人類本身的局限性以及哲學理念的超驗性，決定了每一個人都或多或少地存在迷信和非理性傾向，致使在智者們逝去後不久，他們創造的基督教哲學很快就被那些排斥哲學、迷信神靈的基督教學者引向了神學的歧途。這正說明眞理的複雜性，正如十字架所指示的那樣，中間道路只有一條，無論是向左或是向右，哪怕是偏離一點都會將人引向謬誤的歧途。（詳見上文《什麼是十字架的道路？》）

因受基督教神學的誤導，基督教會日益喪失基督教哲學所提供的理信根基，脫離開自然理性的基督教不可避免地陷入到世俗宗教之中，成爲中世紀愚昧廣大歐洲民眾的精神鴉片。同時肉體私欲借著雜亂信仰和世俗理性又潛入了教會內部，教會變得日益世俗化。當歐洲大陸日益被世俗教會統治時，神學的黑幕越來越重，哲學的理性之光越來越暗淡。隨著哲學被邊緣化，眞理的門也被掩上了。

當阿拉伯民族在聽到基督教神學家們胡扯什麼「三位一體」、「神人二性」和「世界

---

229 《基督教與西方思想》，第 75 頁。
230 《基督教與西方思想》，第 75 頁。

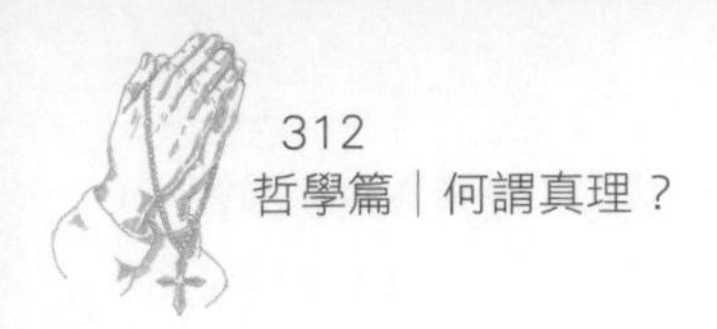

末日」等神學理論時，他們無法理解，在看見那些神學家缺乏愛心的行為後他們掉頭而去，自己創立了伊斯蘭教。此後一千多年，兩種宗教為了相同的神和相似的教義互相爭吵、廝殺，一直鬥到了今天，還沒有停止的意思。想想那些被他們敬拜的上帝和先知，真正是悲哀到了頂點。神學是無理可講的，為了莫名其妙的神的榮耀和名譽，鼓動人類互相仇恨、掠奪和殺戮，真正是害死人不償命的胡言亂語。神學自產生之日起就不斷誤導人的信仰，增添人的迷信，為人類帶來無窮無盡的煩惱、衝突乃至互相殘殺。簡言之，神學是缺乏理性的，自始至終都與真理無緣。正如伊拉斯謨所說：「所有神學思辨的微妙競爭，都是出自危險的好奇心，會產生褻瀆神的狂妄行為。」[231]因此他堅決拒絕別人稱他為神學家，並將自己的學說稱為「基督哲學」。

中世紀的基督教陷入謬誤，實質上就是基督教神學取代基督教哲學的惡果。基督的真理性每每遭人誤解，歸根結底是因為雜亂信仰擾亂了人們的良心，使人在不知不覺中良知泯滅，理性蒙昧，無法領悟神的愛，並感受來自神之愛的光芒。而出於世俗理性更是教人固執著愛己和愛世之心，難以明白教人愛人如己的自然理性。由此真理屢屢被偽理所篡改或替代，無論是發自赤裸裸的人欲，還是缺乏寬容心的偽善，都難以掩飾人類肉體的軟弱和私欲的旺盛。在後來真理與偽理的爭戰過程中，掌握真理的智者往往都像暗夜中劃過的流星，一閃而逝，而世界卻長期被黑暗所籠罩。這種狀況一直持續到中世紀後期的文藝復興和宗教改革後才有所改變。

當宗教改革後建立起來的新教將偶像崇拜從教堂中清除出去，將宗教儀式從七項減為兩項，將信仰自由重新賦予基督徒的時候，受基督教神學長期禁錮的哲學理性卻沒有如想像中那樣回歸人們的頭腦中，愚鈍迷信的頭腦在豁然開朗的新時代面前並沒有沿著智者們指示的真理之路前行，反而又沿著屬靈和屬世兩條老路走下去。在屬靈方面，人類本身自私貪婪、驕傲自大的罪性，崇拜偶像的情結，遵守教條的遺傳總是時不時地冒出來阻礙人類認識真理。天主教依然在歐洲大陸繼續其教條神學的那一套迷信，甚至不惜為此而對同為基督徒的新教暴力相向。而新教在智者紛紛離去後，改革精神也日漸枯萎，理性漸趨低迷，逐漸重又回到天主教的老路上——追求教條主義神學而忽視了哲學理性。剛剛復活的真理信仰又一次面臨著生死考驗；在屬世方面，伴隨著第一次科學革命，人類的物質生活條件和改造自然的能力得到大大地改善和提升。世俗宗教信仰的衰落並沒有燃起人們對真理的火熱，相反失去了對神明信仰約束的人們，很容易陷入到物質享樂當中。遺憾的是，真理並沒有隨著科技的進步和人類個性的解放而被重新認識，相反世人將前人們用生命換來的良心自由和平等機會肆意揮霍，任意輕慢這來之不易的

---

231 《基督教神學思想史》，第 389 頁

自由時光。伴隨著這一自由散漫時代的來臨，主張無神論的唯物主義思想悄然興起，在追求享樂主義的頭腦中，金錢取代了神而成爲新的「眞理」。

在神學的非理性和世俗宗教的世俗理性雙重夾擊下，眞理信仰變得舉步維艱。爲追求眞理捍衛良心自由，一些充滿哲學理性而又信仰純正的敬虔主義者、清教主義者以及其他追求自由的人們開始逐漸彙集到一起，他們跋山涉水，冒著生命危險來到一塊人跡罕至的新大陸。在這裡，他們依著對上帝的信仰和對眞理的執著建立起一個較少受到外界幹擾、能夠自由追求眞理的「淨土」。

當然眞理不是那麼容易獲得的，這塊土地上的人們爲了捍衛他們追求眞理的自由不再被剝奪，不得不與各種舊有的教條神學、世俗迷信、舊文化和世俗政府展開形形色色的爭戰，甚至不惜爲此與舊有的統治者打了一場人類歷史上第一次眞正意義上的獨立戰爭。爲了眞理的名義，雖然這場戰爭艱苦卓絕，幾近失敗，但是最終眞理在他們之中得到彰顯。他們不僅取得了獨立戰爭的偉大勝利，而且在人類歷史上第一次以成文憲法的形式爲眞理作見證。從此眞理藉著這國與這國的民以普世價值觀的形式湧向全世界。此後越來越多的人借著普世價值觀認識了人道主義，培育出自然理性，並開始勇敢地拋棄僞理追求眞理。

在歷經二十世紀的兩次世界大戰之後，雖然世界的局部地區仍籠罩在僞理和邪說的陰影裡，但是眞理的內涵正在被越來越多的人理解和接受，隨著政治經濟、文化教育和科學技術的快速發展，世界正在以前所未有的速度加快一體化進程，個別尙遊離於普世價值觀的國家和地區也正在緩慢而平穩地接受著眞理的影響。

然而一定要清醒地意識到這種改變絕非易事，根深蒂固的世俗理性和非理性絕不是一年兩年可以根除掉的。歷史反復向人類表明，眞理與僞理的戰爭是一場永不止息的戰爭，是人類靈魂深處的神性與肉體之中的罪性之間的一場曠日持久的爭戰，只要有人類一天，這場爭戰就不會停止。眞理是不會輕而易舉得到的，必要經過無數次的心靈淨化、理性啓蒙和靈魂爭戰，良知才能驅散僞理和邪說的困擾，眞理才能常駐人間。這很難，所以很少人能夠眞正做到，正如人們常說的，眞理永遠掌握在少數人手裡。

中

清楚了眞理的發展過程，下面再來簡要說明一下眞理的構成及其與各種僞理之間的複雜關係。

如果仔細觀察一下就會發現，人類社會的每一次飛躍背後都隱藏著眞理的影子。相反人類社會的每一次倒退，都是違背眞理的結果。只要認識了眞理，一切問題都能迎刃

而解。那麼眞理到底是什麼呢？古希臘的泰勒斯講「水是最好的」，古中國的《道德經》裡講道，「上善若水。水善利萬物而不爭，處眾人之所惡，故幾於道。」這些簡單的話裡已經蘊含了眞理的構成。「善利萬物而不爭，處眾人之所惡」講的就是眞理在世間的一種反映。前面已經講過，眞理就是由純正信仰與自然理性二者的完美結合，且缺一不可。因爲沒有純正信仰的指引，再優秀的自然理性也會因爲缺少一個信仰的載體而沒落。這在古今中外都是一樣的鐵律，即使如古希臘哲學那樣達到人類理性的巔峰，也同樣是因爲缺少一個純正信仰而衰落了。中國的道家學說似乎也發現了這個問題，所以後來轉向宗教領域去尋求信仰。但是純正信仰眞的好難樹立，人們對那位無形的至高存在總是捉摸不透，人類有限的思維以及出於肉體私欲的世俗理性總是企圖誤導人們對神的解讀。教條神學、世俗宗教、自然科學、迷信術數等都沒有幫助人類樹立起一個純正信仰，相反地卻將起初的自然理性也丟失了。

純正信仰和自然理性牽涉到人類對信仰和理性的理解和認知，這裡有必要將信仰和理性做一簡單剖析，因爲此二者的內容關係到對眞理的認知，以及對僞理的辨識，所以絕對有必要將它們搞清楚。信仰和理性是彼此關聯又互相區分的，說它們關聯是因爲二者互相作用，彼此影響，且成正比例關係。說區分是因爲它們涉及兩個世界，兩個領域。一個是涉及屬靈世界的事物，一個是涉及屬世世界的事物。它們在不同的世界和領域發揮不同的作用，又互相產生作用和影響。也正是因爲二者之間的複雜關係使這個世界顯得紛繁複雜、變幻莫測，這也是眞理複雜難辨、諱莫如深的根本原因。

首先談一下信仰，信仰根據是否理信可以分爲純正信仰與雜亂信仰。純正信仰都有一個唯一信仰的對象，這個信仰對象並非某個像人的神靈，也並非某種自然規律，更非某個具體的人或物，而是一個至善的存在。叫祂上帝也好，神也好，道也好，太一也好，無極也好，邏各斯也好或者其他什麼屬靈層面的概念。無論叫什麼名字，祂都代表一個無私至善的恒在。中國人喜歡將祂稱爲老天爺(本文將之稱爲上帝)。人類的智慧極其有限，對上帝的至善人類永遠不可能完全理解。即使如古希臘哲學家那樣已經很接近自然理性了，但是仍然無法達到眞理本身。在哲學家的眼中，「善」只是一個抽象的概念，並不具體，普通人非常難以理解。古希臘的柏拉圖主義、斯多葛主義，古中國的道學、心學等都屬於追求「善」的哲學思想，最後都因爲缺乏一個純正信仰而無奈陷入懷疑主義、虛無主義的漩渦。由此有哲學家得出單憑人自身努力永遠也無法認識眞理的觀點，這是由人類自身的局限性以及眞理本身的複雜性所決定的。

要清醒地認識到眞理不是由人到上帝的認知過程，相反，乃是由上帝到人的啓示。若非按照神的安排，人類永遠都無法認識眞理。所以直到聖經中預言的耶穌基督以道成肉身的樣式降臨人間，眞理才藉著祂向世人顯明了。「**這道理就是曆世歷代所隱藏的奧祕，**

但如今向他的聖徒顯明了。」（歌羅西書1:26）「**要叫他們的心得安慰，因愛心互相聯絡，以致豐豐足足在悟性中有充足的信心，使他們真知神的奧秘，就是基督，所積蓄的一切智慧知識，都在他裡面藏著。**」（歌羅西書2:2-3）

在新約福音中，耶穌通過自己的言行向世人顯明，如何行事爲人才是對上帝的純正信仰。例如祂本可以過上宗教領袖的生活，但卻選擇了與窮苦大眾在一起。祂也可以遠離人群，去過一種閑雲野鶴的生活。但是祂卻要勞苦擔重擔的人到他那裡去，把重擔交給他來擔。「**凡勞苦擔重擔的人，可以到我這裡來，我就使你們得安息。**」（馬太福音11:28）祂本可以選擇遠離死亡的陰影，但卻要爲完成救贖使命走上十字架。耶穌對上帝的信仰完全、純粹、絕對，不帶絲毫雜質。祂是無私至善的存在，但卻知道這是上帝的屬性，而祂是來自上帝，所以祂說，「**你為什麼稱我是良善的？除了神一位之外，再沒有良善的。**」（路加福音18:19）

正是因爲對上帝有著完全徹底地瞭解，所以耶穌完全、徹底、毫無保留地將自己獻上給神。並且在祂的福音中多次教導世人也要這樣做，「**你要盡心、盡性、盡意，愛主你的神。**」（馬太福音22：37）這是純正信仰對信徒的具體要求。

爲了向世人傳遞來自天國的眞理，耶穌甘願爲世人犧牲而做了替罪羔羊。爲什麼時間都過去兩千年，石頭都變成了塵土，人們卻還是這麼愛祂、敬祂、信仰祂，因爲祂是眞愛人類的「人」。祂爲人受苦、受罪、受死，這都是源於祂身上純全的神性。在祂身上我們依稀能看見至善上帝的身影，因爲眞理本身就是天道在世間的投影。「**你的道就是真理。**」（約翰福音17:17）

基督用自己的語言和行爲向世人表明了什麼是純正信仰，又因爲純正信仰與自然理性具有很高的同質性，所以基督身上也展現出完整的自然理性。自然理性就如純正信仰在世間的根基，這就好像蓋房子打地基，地基打得越深，這房子就蓋得越結實。如果缺少自然理性，純正信仰就好像一座海市蜃樓，看著很美，但卻遠在天邊。其實質是純正信仰並沒有能單獨開啓人內在本質的功能，它必須與自然理性相結合共同構成眞理的兩面，如此才能幫助人既抬頭看天，又腳踩大地，成爲一個頂天立地的人。若非如此，世人雖有美好的願望，卻仍以世俗的眼光看待《聖經》內容，並沒有將之視爲啓迪人類理性思想的關鍵。造成他們的內在、甚至是內在與外在交界的邊緣依然呈現出關閉狀態，所以他們仍然活在外在感官之下的假像裡，無法看清眞理和良善，眼前盡是謬誤和邪惡。活在假像裡的人，即使有智能和智慧，卻也不認識神，實屬僞智。這樣的人即使看起來思維敏銳，講起來頭頭是道，其實並不明白世間的道理，更不要說天國的眞理了。

基督是純正信仰與自然理性的完美結合，基督說祂是眞理由此而得以顯明。祂的每一句話都發自眞理性，都于人有益。因爲清楚世界的本質和生命的眞義，所以耶穌對人

講，**「要愛人如己。」**（馬太福音22：39）這是自然理性對人的具體要求，甚至連一向自視甚高的希臘哲學也在基督的面前低下了高貴的頭顱。但是眞理與謬誤從來都只有一步之遙，當以基督信仰爲純正信仰卻忽視福音裡蘊含的自然理性時，這種信仰就會變成雜亂信仰或者宗教迷信。

眞理是關乎自然理性的產物，脫離開自然理性就不會有眞理。世俗宗教由於脫離開自然理性而去追求神，必然會陷入世俗化。世俗宗教出於世俗理性表面上爲了所謂神的國和神的榮耀強迫他人爲僕爲奴，並爲此成立組織、樹立偶像、設立各種儀式和制度，甚至發動戰爭，這樣的人在信仰的道路上已經完全走火入魔，他們的行爲只表明，徒有純正信仰而缺乏自然理性仍然會將人引入歧途，這在其他一些宗教中也都能找到相似的例子。

純正信仰必須與自然理性相結合才能構成眞理，如果失去自然理性的支撐，純正信仰就可能會變成虛無縹緲、毫無價値的迷信。迷信與世俗理性可謂相生相伴，從世俗理性所出的幾乎都是迷信。迷信這種東西表面很虔誠，實際裡面都是「死人的骨頭」。就如耶穌說法利賽人那樣，**「你們好像粉飾的墳墓，外面好看，裡面卻裝滿了死人的骨頭和一切的污穢。」**（馬太福音23:27）說迷信是死人的骨頭，不僅因爲迷信裡缺少生命的氣息，還因爲它總是喜歡與過去的、保守的東西相伴。有學者經過研究發現，「基督教（此處指天主教會）所做的最不幸的事，就是把它自己與各種註定逐漸會沉沒的學問綁在一起。正如在羅吉爾・培根的時代，有些傑出的人物竭盡全力要把基督教與亞裡斯多德學說捆在一起；在羅伊西林和伊拉斯謨時代，有人堅持要把基督教與湯瑪斯・阿奎那的學說捆在一起；同樣，在維薩裡時代，有人想方設法要把基督教與蓋倫的學說聯繫在一起。在所有的時代，都有同樣的呼喚……即較老的研究是『無害的』。」[232]這些人眞的認爲較老的研究就是無害的嗎？不是的，他們只是懶於思考，爲了享受屬世的虛榮生活，寧肯保守僵化，守著死教條，也不願變化更新，活出神喜悅的豐盛生命。

如果說世俗理性還有一絲理性，那麼神學這門「學問」就完全出於非理性。眾所周知，非理性的東西就於人無益，純屬「褻瀆神的狂妄行爲」。研究神學的基督徒是非常危險的，他們忘記了基督教是入世宗教，基督本人就是爲了拯救世人而道成肉身，將天國的福音帶給人類。那些孜孜以求追尋上帝的人，如果眼中只盯著神的國和神的榮耀，而忽視了身邊的人，即使過著獨善其身的生活也依然無法認識眞理。

神學這門害死人不償命的「學問」，不但天主教有，新教也有，不但基督教有，其他宗教也都有。這門「學問」非但沒給世間帶來任何益處，相反卻是產生無數爭執、爭端

---

[232] 《科學——神學論戰史》（第二卷），第744-745頁。

和爭戰的總根源，說它是來自魔鬼的禮物也不過分。「至於舊的錯誤，整個文明世界，無論是新教還是天主教世界，都有過失。這不是宗教的過失，而是把神學教條與《聖經》文本聯繫在一起這種目光短淺的做法的過錯，這種做法無視受神賜福的基督教創始人的言論和著作，而那些思想僵化、喜歡高談闊論的人總想代替宗教。一位當代最著名的聖公會牧師說得很公道：『由於神學家們誤把黎明當作火災，所以他們常常成爲光的反對者。』」[233]

很多人將神學與宗教分不清，總喜歡將它們相提並論。事實上，宗教從來都與人的生命息息相關，都是爲人的屬靈生命服務的心靈認知，其本身就是人類在屬靈世界追求眞理的一門學問（詳見上文《什麼是信仰？什麼是宗教？什麼是律法？什麼是形而上？》）。而神學卻總是在討論一些諸如三位一體是什麼？疾病是不是魔鬼的傑作？針尖上能站幾個天使跳舞等等無聊且毫無價値的廢話。但是我們從宗教歷史發展來看，正是這些無聊且毫無價値的東西卻屢屢引發人們之間的爭吵、詛咒、傷害乃至殺戮。這方面有一個很好的例子，就是早期的保羅（那時他還叫掃羅）。保羅在接受基督的神啓前，實際就是一個「神學家」，表面上他知識淵博，信仰虔誠，對猶太教誡律和希臘哲學都深有造詣。他狂熱地信仰上帝，過著虔誠的猶太教徒生活。但實際上他是死的，「**我以前沒有律法，是活著的；但是誡命來到，罪又活了，我就死了。那本來叫人活的誡命，反倒叫我死，因為罪趁著機會，就藉著誡命引誘我，並且殺了我。**」（羅馬書7:9-11）他的死表現在他完全被死宗教捆綁，只有假知識，不懂眞愛心，實際上就是沒有認清人自身的罪性。他狂熱地參與迫害基督徒，「**你們聽見我從前在猶太教中所行的事，怎樣極力逼迫、殘害神的教會；我又在猶太教中，比我本國許多同歲的人更有長進，為我祖宗的遺傳更加熱心。**」（加拉太書1：13、14）當保羅陷入神學無法自拔時，聖靈面對面地啓示了他，從此他脫胎換骨，歸眞成聖。保羅是被神所揀選，這樣的機遇常人可遇而不可求。保羅得救充分證明眞理是自神而來，世人若想避開荒謬無知的神學，從罪性中得釋放就必須追求眞理，信仰基督，做誠實無過的人。正如保羅所說，「**我所禱告的，就是要你們的愛心，在知識和各樣見識上多而又多，使你們能分別是非（或作「喜愛那美好的事」），作誠實無過的人，直到基督的日子；**」（腓立比書1:9-10）

在中世紀的歐洲，神學夾雜著迷信給人類帶來了巨大的肉體乃至精神上的傷害，在中世紀之後，這種傷害仍然以神學的各種蠢舉繼續著。「神學使現代世界付出了如此沉重代價，但我們看到，在這裡，它對思想的同樣壓制的各種殘留物依然存在；還有以免職作爲處罰的體制，它迫使大量教授們講授太陽和行星圍繞地球運行；講授彗星是憤怒的

---

233 《科學——神學論戰史》（第一卷），第226頁。

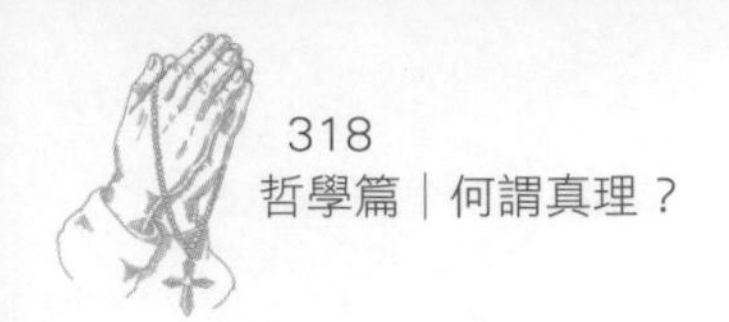

上帝拋向邪惡世界的火球，精神錯亂是魔鬼附體，對人體結構的解剖學研究是背叛聖靈的罪孽，化學會導致巫術……在英格蘭，爲預防天花而實施接種的做法受到了譴責；在蘇格蘭，在分娩時使用氯仿遭到了反對，因爲有人認爲，這樣做『破壞了對女人原始的天譴』……」[234]正是因爲神學的種種愚蠢無知之舉，才導致後來的人們紛紛選擇科學而離棄宗教。可惜很多無知的人不明白神學與宗教的區別，當然更不明白這些都是純正信仰失去自然理性後產生的悲劇，卻將神學的過錯一股腦兒歸到了宗教的頭上，從而又犯了一次倒洗澡水連孩子一起倒掉的錯誤。

人類歷史發展到今天，隨著人道主義全球化以及人類對普世價值觀的認識空前提高，越來越多的人在這些觀念主義裡覓得了自然理性的身影，而自然理性的彰顯又使人重新認識了宗教，並在宗教信仰中覓得了眞理。他們在日常生活中、科學研究中、勞動創造中見證了神的大能，又以自己的勞動服務人、榮耀神。

但是仍有一部分人（主要是自然理性欠缺的人）分不清神學與宗教的區別，總以爲那些專注於神學研究的人才是宗教界的精英，盲目地崇拜那些狂妄自大、自以爲是的神學家，致使一幕幕歷史上荒誕離奇卻又似曾相識的人生悲劇不斷地反復上演著，眞正是既可悲又可憐。

當純正信仰脫離開自然理性單獨發展時，除了那些專注於神學的「精英」外，對絕大多數信徒而言，因爲肉體私欲的強大，純正信仰往往會受世俗理性潛移默化地影響，形成一種接近迷信的世俗宗教。這種世俗宗教在各種宗教中都十分常見，最典型的特徵就是推舉宗教領袖和成立宗教組織。

眞正的宗教信仰根本無需什麼宗教領袖或成立任何形式的宗教組織，正如基督所講，**「因為無論在哪裡，有兩三個人奉我的名聚會，那裡就有我在他們之間。」**（馬太福音18:20）信仰本就是個人的事，推舉領袖和成立組織的初衷可能是爲形成某種信仰合力，鞏固個人的信仰基礎，使個人在信仰方面更加的堅定。但是正是因爲團體的力量強大，而團體中每一個人的經歷見識和生命境界都不相同，當一群人爲了加強某種信仰成立宗教組織時，各種不同的意見就會出現。如果有一位信仰純正且充滿自然理性的信徒指導大家，可能會對提升眾人的屬靈生命有所幫助。可惜這種情形並不多見，更多的情形是各種意見互相幹擾，彼此爭吵不休。正如保羅在哥林多前書裡所講，哥林多教會的基督徒裡有紛爭，他們互相說，**「『我是屬保羅的』，『我是屬亞波羅的』，『我是屬磯法的』，『我是屬基督的』。」**（哥林多前書1：12）因爲努力進窄門的人是少的，更多的人出於各種肉體私欲和世俗理性，會將教會組織變成了一個追逐名利、實現個人野心的利益集團（即

234 《科學——神學論戰史》（第一卷），第411頁。

所謂「世俗宗教組織」）。在這樣的組織裡，個人的影響可能變得弱小，甚至可以忽略不計。組織的力量可以強大到裹挾著信心不足的大多數信徒泥沙俱下，陷入謬誤。而那些想要保持個人獨立信仰的信徒，可能會被控以異端的罪名遭受孤立甚至迫害。這樣的例子在人類宗教史上可謂數不勝數。

世俗宗教由於後期的發展逐漸背離了創教者的初衷，隨著世俗理性逐漸在這樣的組織裡蔓延，人的肉體私欲也逐漸在組織裡掌權。難怪如智者所說，「世俗的宗教不外是對教士的尊崇。這種錯誤觀念的傳布使無用之徒醉心獲得教職，這樣，傳播宗教的熱誠遂衰敗退化，一變而爲卑鄙的貪婪與野心。……無怪舊日的宗教只剩了外表的儀式（連這些儀式，在大眾的嘴裡，也好像是神的阿諛，而不是神的崇拜）。」[235]這種轉變是一個潛移默化、不斷積累的過程，也是一個世俗宗教組織由小到大，逐漸羽翼豐滿的過程。因爲背離了宗教的屬靈本質，所以在此過程中，組織內部會出現各種各樣的矛盾，信徒之間也會因著不同利益的衝突而產生分裂的趨勢。當矛盾發展到不可調和時，分裂就會不可避免地到來，典型的例子如1054年天主教與東正教的分裂。

像「組織」這種人群的集合形式原本是爲人的屬世利益創建並服務的，領袖也是爲管理人群的屬世利益而設置的。宗教這種形而上的屬靈學問原本並不需要成立任何形式的組織或推舉任何形式的領袖。這些屬世的東西非但對提升屬靈生命無益反而有害，正如馬丁 · 路德所說：「因爲基督那不需要任何教團便能存在的惟一至善的信仰，遭受了極大的危險，因爲這許多不同的善功和儀式容易使人爲它們而生活，而不注意信仰。」[236]馬丁 · 路德無疑是理信的基督徒，他清醒地意識到教會裡的信徒正在爲領袖、儀式、教條或組織利益而活，而眞正的信仰卻被忽視了。這種摻雜著世俗理性的信仰任其發展下去，不但使信徒偏離了信仰的初衷，還會陷入僞理的沼澤。「它們的危害恰恰就在於此，因爲它們爲了神學信條而不惜犧牲宗教的仁慈，爲了與教會保持一致而不惜犧牲人類的整體利益，爲了神學傳統而不惜犧牲科學事實，爲了教會的教條而不惜犧牲道德。這些不僅妨礙了科學的進步，也束縛了人類其他思想領域的發展，……」[237]

世俗宗教不會給人類帶來任何自由，相反將會使人的理性受到束縛，讓人不經意間失去追求自由的想法和勇氣，並且讓人陷入一種世俗化迷信之中。這種迷信極具欺騙性和誘惑性，甚至本人都自以爲是在追求信仰。耶穌非常清醒地看到這種迷信的本質，祂說：「**世上的思慮，錢財的迷惑，把道擠住了，不能結實；**」（馬太福音13:22）

宗教世俗化非常普遍且十分可怕，我們平時總是說那些燒香拜佛的人迷信，可那些

---

[235] 《神學政治論》，第 4-5 頁。
[236] 《馬丁 · 路德選集》，第 133 頁。
[237] 《科學——神學論戰史》（第一卷），第xvii頁。

爲自己的肉體私欲禁食禱告的人又何嘗不是迷信呢。因爲這樣的人根本不明白，**「叫人活著的乃是靈，肉體是無益的。」**（約翰福音6:63）也不明白他人活好自己才能活好，所有人幸福自己才能幸福的道理。**「若一個肢體受苦，所有的肢體就一同受苦；若一個肢體得榮耀，所有的肢體就一同快樂。」**（哥林多前書12：26）迷信者表面上追求屬靈生命，實際上整日活在狹隘自私的世俗理性中，只把宗教作爲一個與神靈做交易的鋪面。如此信仰下去，無論如何也擺脫不了肉體的束縛和罪性的捆綁。這樣的人表面上過著敬虔的生活，自以爲很屬靈，其實不過是籠罩在信仰光環下的一種迷信罷了。

與純正信仰相對的信仰可以統稱爲雜亂信仰，這些信仰非常駁雜，其中包括多神信仰、活人信仰和無神信仰等。雜亂信仰表現的方式多種多樣，可能會多少摻雜一些自然理性，使信徒感到它具有一些合理性。但是因爲不是純正信仰，所以雜亂信仰無論其表現方式有何不同，無一例外都屬於迷信。

在多神信仰中，所謂的神祇都擁有人的性情，基本與人無異。信仰他們的人幾乎不是出於虔誠，而是出於恐懼或者其他自私的目的。「迷信是由恐懼而生，由恐懼維繫和助長的。」[238]即使像亞歷山大那樣強大的君王在恐懼時也不得不陷入迷信之中。而出於自私目的的人信仰那些人一樣的神祇，也不過是希望拿出些小利甚至只是一種空頭許諾，讓那些靈界的神祇們能幫他渡過難關，或者達成他的某種個人利益。「受迷信之害的主要是那些貪求一時便宜的人。」[239]這種信仰本質上不屬於信仰，更多的是一種心理暗示。只不過是意識裡將神作爲交易對象，將信仰變成了交易。

活人信仰在現實中見的較多，因爲那些活人更容易理解和溝通，甚至直接交易。信仰這些活人的人真的不明白，良善是只有付出，而絕不會想著在屬世世界獲取什麼利益回報。因爲上帝是靈，祂不需要屬世世界的任何東西，祂只要人類用心靈和誠實敬拜祂並爲祂作見證就足夠了。上帝鑒察人心，一心向善的人祂就悅納，並賜予恩典與祝福。而那些想要與祂勾兌的人，即使禍雖未至，福已遠離。這是中國古人早就警示過的，並非複雜難懂。世上絕無神仙會留戀人的虛榮而待在屬世紅塵之中，那些將屬靈世界裡的神仙總是想成具有七情六欲的人實在是不明白，身處高處眞實之境的人怎麼可能還會貪戀塵世間的凡塵俗事。耶穌基督也是在完成使命後升天而去，絕對沒有想過要在人間成立個什麼組織或做個宗教領袖的想法。那些活著在人間稱君稱王的宗教領袖，無一例外都是貪戀世俗榮耀的屬世之人。**「他們愛人的榮耀過於愛神的榮耀。」**（約翰福音12:43）**「我實在告訴你們，他們已經得了他們的賞賜。」**（馬太福音6:5）**「就不能得你們天父的賞賜了。」**（馬太福音6:1）眞正屬靈的人都是默默無聞地做著平凡的工作，眞心爲人服

[238] 《神學政治論》，第 2 頁。
[239] 《神學政治論》，第 2 頁。

務，爲神作見證。正如史懷哲所說的那樣，「保有希望，保持沉默，孤獨地工作。」

而那些世代相傳的宗教領袖，更是將這一出鬧劇演成了連續劇，可惜世人被愚昧久了，也是無力抗爭，只能偏信盲從這些活人偶像，將自己上帝的形像白白地辱沒了。那些活人偶像但凡心裡有一點榮神益人、提升自我屬靈生命的想法，就會像躲離火盆般遠離那來自人的虛榮，而專心追求純正信仰，帶給人來自上帝的良善和愛。在這方面，哲學家堪稱是上帝贈予人類最寶貴的禮物。從古至今，古中國的老子、莊子、墨子、孔子、孟子等人，古希臘的泰勒斯、赫拉克利特、畢達哥拉斯、芝諾、蘇格拉底、柏拉圖等人，古羅馬的西塞羅、查士丁、克萊門特、奧列金、奧古斯丁等人，中世紀歐洲的奧卡姆、大阿爾伯特、羅吉爾．培根、約翰．威克裡夫、馬丁．路德、伊拉斯謨等人，近代歐洲的霍布斯、帕斯卡、斯賓諾莎、約翰．洛克等人，都是同時具有信仰和理性的哲學家，他們的眞知灼見猶如暗夜世界中熠熠生輝的星辰，千百年來爲人類指引著前進的方向。

而那些活人偶像盡搞些艱深晦澀、故弄玄虛的教條神學和宗教儀式，將世人引向愚昧迷信，方便任其擺布。約翰．洛克在《基督教的合理性》一書中說道，信徒們「把自己置於祭司的手中，但祭司給他們的頭腦中充滿了對上帝的錯誤觀念。崇拜時就隨他們高興，用愚蠢的儀式；可怕的或狡詐的事一旦開始，虔誠的獻身就使之變得神聖，宗教就成了一成不變的。在這種對於眞正上帝的黑暗無知中，邪惡和迷信就掌握了世界，得不到理性的幫助和來自理性的希望，無法聽見理性的聲音，而且被認爲與信仰的問題無所相干；祭司們，爲了保障他們的帝國，就把理性驅逐出他們關於宗教的任何事務中。在種種錯誤的觀念和虛構的儀式中，世人幾乎喪失了對於唯一眞正上帝的認識。」[240]

世人信仰活人實在出於無知，上帝是靈，祂絕不會有實體和情欲，更不會攫取任何屬世利益。基督對此非常明確地告訴世人，「**神是個靈（或無「個」字），所以拜他的，必須用心靈和誠實拜他。**」（約翰福音4:24）然而人的欲望和無知，以及那趨死的偶像情結無數次地將人類引向災難之境，流浪在死亡的邊緣。聖經撒母耳記中講到，人類爲了自己的一己之私，捨棄了天上的上帝而選擇了地上的君王，甚至連先知的警告也置之不理，所以講人類自身的不幸完全是咎由自取。活人信仰本質上也不屬於信仰，它只是人類愚昧無知的一種表現。

雜亂信仰還有一個怪胎，就是無神信仰。本質上講，無神信仰根本不屬於信仰，因爲信仰本質是對形而上世界的至善的信仰。無神信仰既然不相信屬靈世界的存在，自然也不會相信有一位高高在上、無私至善的神存在。所以它缺乏一個信仰載體，構不成一種信仰。無神信仰在人類歷史上比較少見，很多無神論者實際上是不可知論者，由於屬

[240] Locke, John.The Reasonableness of Christianity,p.57,Standford University Press, 1958.

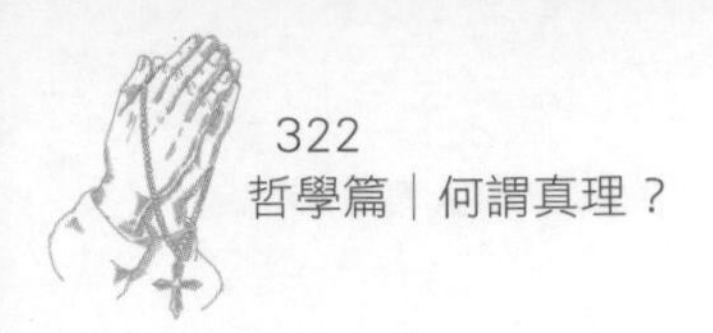

靈世界的神祕莫測，所以這些人不願意將精力浪費在不可知的地方。他們認爲，與其將自己交給神祕莫測的神靈，不如靠自己努力打拼一個自己的世界。這種想法很好理解，但是這種想法過高地估計了人的能力，實在是將人類自己放在了一個非常危險的境地。

人的智慧極其有限，而且人與身俱來帶有某種罪性。在人生處於順境時，世人會無視自身的弱小卑微，不足依賴，盲目地驕傲自大，自以爲是。當遇到個人無法解決的困境時，世人很容易在人的罪性誘導下轉向活人信仰，從而繼續上演活人信仰的悲劇。正如哲人所講，「大多數的人，處順境的時候無論多麼無經驗，都覺得富於聰明智慧，若有人貢獻意見，他們就認爲是受了侮辱。可是一旦遭遇了不幸，他們就不知所措，而向路人乞求個主意。無論多麼無用、悖理昏庸的謀劃，他們都會採用。」[241]

具有眞正基督信仰的人對此有著較清醒的認識，他們清楚這個世界的本質，也明白人生的眞義，對神的純全美善更有著清醒地瞭解。「**不要效法這個世界。只要心意更新而變化，叫你們察驗何為神的善良、純全、可喜悅的旨意。**」（羅馬書12：2）他們相信，如果人失去了對至善上帝的信仰，就會被肉體罪性充滿，任何邪惡的事都能做出來。因此必須給人的肉體上加一個緊箍咒，這就是末日的審判。「**棄絕我，不領受我話的人，有審判他的，就是我所講的道在末日要審判他。**」（約翰福音12:48）基於世人皆有罪的觀點，他們對世俗權力也有著警惕的認識。「基於人有罪的觀點，清教徒拒絕給予個人過多的權力。權力有腐敗趨勢，並且可以被用來打壓別人。因此，統治者的權力必須予以妥善地監督。」[242]這種理念體現在國家層面，就是給世俗權力戴上籠頭的分權制衡機制。因爲這套機制的理論首先出現在基督教裡，所以這套機制首先在基督教國家誕生。

然而無神信仰的人卻很少明白這個道理，因爲無神可信，所以必然相信自己或是某個人或組織，如果自己無能爲力就必然會把管理自己命運的權力交給其他人。而當一個人大權在握卻又缺乏監督制約，更無論良心拷問時，人的欲望和野心就會惡性膨脹，以致整個世界變成了一個弱肉強食、爾虞我詐、巧取豪奪的競技場。在這個競技場裡，人爲了生存就要違著良心說假話，做壞事。由此而導致的人類災難屢見不鮮，而這總是與活人信仰相伴而生。最能反映這種無神信仰的代表就是專制主義統治下的人治理念，由專制主義人治而給人類造成的歷史悲劇爲無神信仰的荒謬作了最好的注腳。

無神信仰還經常與自然科學結合在一起，表面上構成一種信仰科學的假像，其實這也是一種不明眞理、流於表像的反映，下文中會談到這個問題。

揭開各種紛繁複雜的障目之葉，我們會發現雜亂信仰本質上都不屬於信仰，只不過是世人對世界的無知和各種私欲的表現。當雜亂信仰單獨或與自然理性、世俗理性結合

[241] 《神學政治論》，第 1 頁。
[242] 《美國憲法的基督教背景》，第 20 頁。

時，又會產生不同的表現形式。當雜亂信仰脫離開理性單獨發展時，就會形成人類歷史上各種各樣的神話故事，這其中可能會有純正信仰或自然理性的成分，但主要還是些荒誕不經的東西，無法引領人類產生出一種純正的信仰。當雜亂信仰與自然理性結合後，往往產生出一些迷信術數，如巫術或煉金術等。這些東西經過千百年來人類的檢驗，已經被認清了僞科學的本質而被丟棄。當雜亂信仰與世俗理性結合後會產生各種邪門歪道，最典型的代表就是邪教。（詳閱前文《如何認清邪教的眞實面目？》）

總之在一個社會中，雜亂信仰很少表現爲一種形式，而是很多雜亂信仰混雜在一起，使一個人的信仰狀態表現爲一種魚龍混雜、混亂不清的思維意識。這種情形在一個缺乏主流意識、多種意識形態並存的社會裡體現地尤爲明顯。

信仰是關乎形而上的事物，它不在身外而在內心，所以無法適用課堂上學來的邏輯推理和歸納演繹，而必須要借助人的內心感悟。正如王陽明所講，「聖人之道，悟性自足，向之求理於事物者誤也。」但是信仰若想保持純正就必須依靠眞理，而認知眞理又必須借助自然理性。接下來再分析一下理性。

理性在人類日常生活中是主導人行爲方式的根本意識，決定了人觀察世界和分析問題的能力（詳見前文《什麼是理性？什麼是哲學？什麼是法律？什麼是形而下？》）。但是因爲理性屬於意識層面的事物，所以也很少引起人的注意。人們通常覺得理性與自己的生活關系不大，所以很少有人去主動瞭解理性的含義，更勿論願意花功夫去思考理性與眞理之間的關係。尤其對以務實出名的中國人而言，探索理性這種純哲學問題基本上算是浪費時間，而這正是中國自古以降哲學無從緣起的根本原因（今日中國依然如此），也是近代以來中國社會落後於西方社會的主要原因。

根據人類認知世界的眼界和解決問題的能力，理性大致可以分爲自然理性與世俗理性。自然理性是著眼於全人類或整個自然界的理性，世俗理性是著眼於個體或局部的理性。自然理性就如從高處看世界，站得高自然就看得遠。人類通過不斷地學習和實踐，逐漸拓寬視野，思考問題的角度越來越全面，解決問題的能力愈來愈強，自然理性相應就越來越健全；相反，世俗理性就如人在井底看世界，視線受井壁的限制，看見的世界就井口那麼大。（當然在井內的因爲所處的位置不同視野也有差異，在井底的不如在井壁上的，在井壁上的不如在井口的，雖然位置視野略有不同，但本質相同，都是在井裡的。）當人類良心的自由被捆綁，學習的內容受拘限，思想的角度就越偏執狹隘。受到的拘束越大，眼光就越短淺，行爲就越容易被眼前的利益誘惑而無視長遠的利益，頭腦中的理性越容易被肉體的私欲遮蔽而無視生命的美善。

當一個人的理性越接近自然，他的內心世界就越廣闊，心靈就越富足。而當一個人的理性越接近世俗，他的內心世界就越狹隘，心靈就越接近乞丐。因此，自然理性通常

被稱爲理智（即俗話講的「懂道理」），而世俗理性通常被稱爲聰明（即俗話講的「鬼點子多」）。對愛世的人來講，世俗理性因爲與自己的世俗生活更加貼近，所以更容易理解和接受一些。

從古至今世界各地的思想家們對自然理性都有各種不同的說法，如中國道家所講的「道法自然」，古希臘哲學家所講的「邏各斯」，還有後來啓蒙思想家所講的「自然法」等等，實際的核心內容都是指自然理性。古羅馬哲學家西塞羅認爲自然法的內核就是自然理性，他在《論共和國》一書中說道，「眞正的法律乃是一種與自然相符合的正當理性，它具有普遍的適用性並且是不變而永恆的。」這種從全人類乃至整個自然界的角度思考問題的方法就是自然法，自然法的內核就是自然理性（詳見下文《什麼是自然法？》）。當一個人的境界能夠達到全人類乃至整個自然界的高度時，他就具有了自然理性，也就掌握了自然法則。縱觀人類世界，從古至今能夠完全達到這一境界的唯有基督一人，這也是祂自稱爲眞理的原因。

自然理性與純正信仰一脈相承，是屬天智慧在世間的投影。當人理性與信仰合一的時候，人的內外在便得以溝通，人看待世界不再是憑著肉眼，而是從內在層次看見即感知事物。自然理性是指引人理信的燈塔，它使屬世世界裡的人總不至於因爲缺少光明而陷入黑暗之中。它一旦遇到純正信仰便會與之結合，幫助人感知眞理，並將其內化，然後以眞理的角度衡量是非善惡。這時的人行事爲人總是出乎人的意料，舉個例子。二戰結束後美國政府救助二戰失敗的德日等國就是發自自然理性，因爲相信愚昧無知總是與饑餓貧困、絕望混亂、恐懼仇恨等相生相伴，所以他們爲戰敗國提供了恢復經濟的馬歇爾計畫，由此西歐國家以及日韓等國都很快恢復了國力，民眾的生活水準得到了很大程度的提升和改善。在清末美國政府將庚子賠款的一半用於清華留學生赴美學習的費用也是出於這種考慮。美國人的這種理性就是來自他們的純正信仰，而這信仰中隱含著來自神的神性。如果是換作世俗理性就不會這麼想，通常的做法是，戰敗國割地賠款向戰勝國認罪。這種短視的行爲只會增加彼此間的仇恨，如在第一次世界大戰後，協約國就是這樣操作的，結果爲第二次世界大戰的爆發埋下了禍根。當然還有更非理性的做法，如野蠻政權的燒殺擄掠等行爲。

自然理性與純正信仰具有天然的同質性（即二者都趨向善），當二者結合後會產生出眞理性（即眞理）。但作爲一種思維意識，自然理性也會與雜亂信仰結合形成僞理性，或在失去純正信仰的指引下單獨發展成一門形而下的學問——自然哲學（包括自然科學），前文所講的古希臘哲學中有一部分就屬於自然哲學。自然哲學在古希臘之後一度沉寂，在基督教哲學誕生後曾興盛一時。在基督教哲學被基督教神學吞噬後又一次沉寂，直到宗教改革後自然哲學擺脫基督教神學的控制，由一批「改變科學理論的人」，諸如牛頓、斯賓諾莎以及後來的黑格爾等人重新建立起來。這些人具有一個共同的特點，他們都屬於理信者。正是在這些人的共同努力下，近代自然哲學（包括自然科學）首先在近代基督教國家誕生了。這源於「基督教爲西方提供了兩個基本概念：第一，宇宙是有秩序的；第二，宇宙基本上是理性的和可理解的。……這樣的世界觀提供了一個環境，讓現代科學得以開始發展。」[243]

然而近代自然哲學（包括自然科學）單獨在近代歐洲的發展並非一帆風順，而是與基督教神學進行了一場艱苦的鬥爭。在安德魯・迪克森・懷特所著的《科學——神學論戰史》一書裡對此有著詳細地說明，在此不再贅述。《科學——神學論戰史》一書的偉大之處在於它發現了一個事實，與自然哲學（包括自然科學）發生衝突的不是宗教而是神學。在論及這場衝突時，懷特這樣說：「我當時認爲而且現在依然確信，這是一場科學與教條主義的神學之間的鬥爭。」[244]而當時（也包括現在）很多人分不清宗教與神學的區別，比如與懷特同時代的約翰・W・德雷伯，他寫的《宗教與科學的衝突史》在當時很有名，影響巨大，包括懷特本人也深受到這本書的影響，只是他有濃厚的興趣將這個問題深入研究下去，而並非像其他讀者一樣泛泛地停留在原書所表達的淺層意思上。

懷特在經過深入研究後發現，阻撓自然哲學（包括自然科學）發展的是教條主義神學，甚至連宗教自身也深受其害。而自然哲學（包括自然科學）與宗教並不衝突，甚至彼此相輔相成。研究自然哲學（包括自然科學）的那些偉大科學家們才是眞正宗教的捍衛者，他們對眞理無畏地追求才眞正體現了一位宗教理信者的態度。「全世界正在發現，科學關於創世的發現，與偉大的力量作用於整個宇宙等等有價値的觀念，越來越一致。人們日益明白，神的啓示從未停止過，它的先知和牧師並不是那些盡力使其古老文獻字面意義適應教條和宗派需要的人，而是這樣一些人，他們是最堅忍、最無畏、最虔誠地獻身於追求眞正的眞理之事業的人，他們懷有這樣的信念：宇宙中有一種力量，它的智慧足以確保追求眞理的安全，它的善良足以確保講眞話是有益的。」[245]像這樣既有虔誠的宗教信仰，又有嚴謹的科學態度的科學家有很多（詳見前書《基督教啓蒙讀物——最後的爭戰》）。他們相信神的大能，並希望在科學研究過程中驗證並彰顯出神的大能。

科學巨匠愛因斯坦對兩者的關係有著精確地界定，他曾說：「科學沒有宗教就象瘸子，宗教沒有科學就象瞎子。」[246]爲了使人們能夠更準確地瞭解他的意思，他進一步解釋到：「任何一位認眞從事科學研究的人都深信，在宇宙的種種規律中間明顯地存在著一種精

[243] J・希爾，《基督教為我們作了些什麼？》，海天書樓有限公司 2011 年版，第 126 頁。
[244] 《科學——神學論戰史》（第一卷），第 6 頁。
[245] 《科學——神學論戰史》（第一卷），第 326 頁。
[246] 愛因斯坦，《愛因斯坦文集》第三卷，商務印書館 1979 年版，第 182－183 頁。

神，這種精神遠遠地超越於人類的精神，能力有限的人類在這一精神面前應當感到渺小，這樣研究科學就會產生一種特別的宗教情感。但這種情感同一些幼稚的人所篤信的宗教是大不相同的。」[247]

但是對那些分不清宗教與神學之間區別的人來講：宗教與科學是敵對的。他們不明白，「在所有現代史中，爲了假設的宗教的利益而對科學的幹預，無論這種幹預的用意多麼善良，都給宗教和科學帶來了最可怕的災難，而且這是不可避免的；反之，所有無拘無束的科學研究，無論其某些進程在一段時間內似乎會對宗教有多麼大的威脅，它始終產生的都是對宗教和科學最有益的東西。」[248]

當分不清兩者之間的關係時，任何一方都會將自身等同於眞理的唯一標準，矛盾由此不可避免地產生了。支持宗教的一方就會想方設法甚至不擇手段地拒絕科學，最常用的手段就是拒絕科學理論進入學校課堂。他們通過開除那些熱心於傳播科學知識的教師，強迫其他教師維護符合其正統神學教條的教義。作爲世俗宗教組織的天主教會更是出於維護宗教權威和教條神學的目的，對科學家們動輒扣以「異端」的罪名大加鞭撻，甚至送上火柱燒死，最有名的例子是迫害義大利科學家伽利略和布魯諾。

但是教會以及那些企圖維護正統宗教的人士萬萬沒有想到的是，他們的各種手段都是在阻擋眞理的前進步伐，雖然他們可能得逞於一時，但是借助眞理之名反眞理之實的行爲，卻讓更多追求思想解放的年輕人對教會及其維護的傳統神學產生懷疑。他們經過認眞地學習和思索後發現，這些普遍公認的基督教體系正在企圖把眞理隱藏起來，並且是通過對那些正直誠實、眞正追求眞理的研究者進行打壓迫害進行的。正是世俗教會及其衛道士們的愚蠢之舉使得宗教在人們的眼中被看成是愚昧迷信和保守僵化的代名詞。

而另一方面，分不清宗教與神學區別的人將神學的錯誤歸到了宗教的頭上。追求新思想、新文化的年輕人開始排斥宗教，他們嚮往作爲哲學分支的科學能夠帶給人類幸福生活。很少人意識到這是一個危險信號，只有像陀思妥耶夫斯基那樣的智者才會發現問題的嚴重性。「陀斯妥耶夫斯基之所以能夠在十九世紀中葉就預言了二十世紀的血腥暴力，是因爲他從歐洲知識分子開始拋棄上帝、走向純理性和物質主義之中，看到了其背後的恐怖：『不信神，就什麼都信』。」實際上，人類拋棄了上帝不是什麼都信，而是什麼都不信，只信自己，然後爲了自身利益轉爲拜金，拜偶像甚至拜科學。歷史無數次地證明，人類不相信上帝就會很快陷入世俗理性或非理性之中，淪爲高等動物，所謂「高等」只不過是給自己加了一層虛僞的面紗而已。正是在這種情形下，出現了一個以崇尚科學爲名，徹底否定宗教信仰的幽靈——馬克思主義。

---

[247] 《愛因斯坦談人生》，第 35－36 頁。
[248] 《科學——神學論戰史》（第一卷），第 5 頁。

要瞭解馬克思主義就必須先瞭解一下它的外殼——共產主義。我們知道人類生存的世界是一個屬靈世界和屬世世界的統一體，人類的生命本身也是一個屬靈生命和屬世生命的結合體，所以這個世界任何事物都是一個表面現象和內在本質的反映，就如眞理是純正信仰和自然理性的完美結合一樣。但是當二者不能完美結合時，就會出現一些貌似美好的僞眞理，共產主義就屬於這種僞眞理的典型代表。共產主義的核心本質是自然理性，且帶有部分宗教信仰的特徵。共產主義是從全人類的角度出發，是由一些有信仰又大公無私、心懷天下的理想主義者發現並創造出來的偉大思想。但是共產主義不是眞理，它與眞理最明顯的區別就在於眞理是洞悉了世界本質和生命眞義後的靈魂認知，它完全是站在更高的生命境界上對這個形而下世界的俯瞰。它在屬世層面給予人類信仰和理性方面的指導，幫助人類從兩個世界理解眞理的內涵，並活出神所賦予人的豐盛生命。共產主義多拘泥於形而下世界的肉體生命，熱衷於染指屬世的物質產業，過多地牽扯人肉體的生死榮辱，總是希圖通過物質手段改變人們的意識，從而因不自量力的行爲而陷入屬世的羅網之中。

共產主義本身是一種人類創造的美好理想，它源自於人類的自然理性。作爲一種形而下世界的產物，它並非信仰的載體，也不可能成爲信仰對象。共產主義因爲具有自然理性成分，所以共產主義會存在於各種哲學和宗教中。哲學家們將共產主義當作一種美好的願望來闡述，但並沒有機會和條件加以實施。宗教信徒則是憑著滿腔熱情在現實生活中大膽去實踐，比如在聖經《使徒行傳》裡講到，彼得和約翰在耶路撒冷就已經開始實驗共產主義；清教徒剛開始移民新大陸時在普利茅斯等地實驗公共倉庫；十九世紀二十年代羅伯特．歐文在美國實驗新和諧村等。這些實驗無一例外全都以失敗告終，原因很簡單，就是因爲他們沒有認清共產主義是以理性認知水準爲前提條件，當人的理性還沒有達到自然理性水準時，強迫他們拿出所有的財產與人共用，哪有不失敗的道理。

按理說宗教信徒不應當過於重視屬世財富，因爲「**你的財寶在哪裡，你的心也在那裡。**」（馬太福音 6：21）但是很多的宗教信徒都希望通過爲他人提供物質幫助而引導人歸信神，這種想法本身就已經步入歧途。因爲眞理或幸福與物質並沒有直接關係，當然與金錢也無關，它們只與上帝有關。「最高的幸福……就是愛上帝和瞭解上帝。」[249]宗教信徒實驗共產主義的初衷無疑是良善的，但是由於出發點就錯了，所以後面的事無論如何努力都不會給人帶來美好的結果。

當人們將精力過多地分散到外部的物質層面，每日執著於將他人的財產收歸大家共同占有、使用、收益和處分時，人還有多少精力去維繫與神的關係。這些宗教信徒原本

[249] 《神學政治論》，第 62 頁。

的初衷是爲了使大家通過共同分配財產，不用再爲物質需求擔憂，從而在擺脫物質層面的束縛後，能有更多的精力去自由地追求屬靈層面的幸福。結果卻因沒有考慮到人與人的理性水準差距甚大，而決定社會整體思想水準的卻是那些短板。於是那些追求共產主義的宗教信徒非但沒有成功將世人引導去追求眞理，反而將人們的注意力引向了物質層面。並且在這個過程中，剝奪了每個人自由處分自己財產的權力，就相當於鼓勵了懶漢而打擊了那些勤儉的人們，無形中個別人就會高看自己而低估他人，並且產權不分還會導致人權無靠，最終造成內部紛擾不休，一片狼藉。

在新約聖經《使徒行傳》中就講了一個彼得和約翰在耶路撒冷試行共產主義的故事，這個故事並沒有詳說他們如何造益眾人，但卻用了大量的文字講了一個悲劇。悲劇的主人公是名叫亞拿尼亞和撒非喇的老兩口，他們將自己的田地賣了，但卻把賣地的價銀私自截留了一些，沒有全部捐出。結果就爲這件事老兩口都被咒死了，這應該是共產主義留下的最早的失敗記錄。共產主義如果用來律己當然沒有問題，但是如果用來律人就違背了眞理只是屬於喚醒個人內心良知的訊息本質。它不能用來強迫人該做什麼，不該做什麼。耶穌雖然希望有錢人能夠拿出錢來接濟窮人，但是祂從不強迫別人這樣去做，更不會詛咒爲富不仁的人去死。

當宗教信徒過於重視屬世財富的作用，並且寄希望於借助它們去提升世人的屬靈生命時，他們實際上就已經走偏了。神創造這個世界本身就是一個考試場，人類怎麼可能僅通過改良考場就能提高考試成績？如果那樣簡單，豈不是太低估神性，而高估人性了。所以在此宗教信徒犯了一個十分低級的錯誤，那就是以爲在屬世世界裡可以通過物質的分配來實現人與人之間的平等。他們似乎忘記了進入天國與人的屬世財富並沒有直接關係，它只與人的良心有關。進入天國的富人之所以少，並不是因爲他的財富多，而是因爲他將過多的精力放在了賺取財富上，而忽視了自己的屬靈生命。正如巴克斯特所說，「當人在世上發達，他們的心思就和他們的產業一同得到提升，當他們感覺自己如此富有，他們很難相信他們是如此糟糕。」而進入天國的窮人之所以多，也不是因爲他們的財富少，而是因爲他們內心中的良善更多一些，這使他們出於慈悲憐憫之心而無暇顧及賺取更多的財富。而那些極少數能夠進入天堂的有錢人，也是因爲他們明白了獲取財富是自己創造價值、造福人群的回報，並且這份神的祝福絕不可肆意揮霍浪費，而應用來爲更廣大人群謀福利。

人之所以有貧有富，這裡面原本就含有生命修行的資訊，不在良心和理性上下功夫，卻總是想要在物質財富上做文章，結果只會是南轅北轍，事與願違。宗教信仰者之所以會在共產主義上下功夫，歸根結底是他們的世界觀出現了偏差，致使他們疏於對人靈魂層面的關注，而過於關注人的肉體平等。事實上，在這個形而下的屬世世界裡，由於肉體的緣故，人類永遠也不可能實現那種所謂的平等。那種臆想中的平等只可能存在於人類的意識中，這就是共產主義永遠也不會實現的原因。

哲學家主要有唯心主義和唯物主義兩類，其中唯心主義者占絕大多數，他們頭腦中的哲學是一種宗教哲學，他們已經隱約意識到自然理性源自一種善，「我覺得，在可知世界中最後看見的，而且是要花很大的努力才能最後看見的東西乃是善的理念。我們一旦看見了它，就必定能得出下述結論：它的確就是一切事物中一切正確者和美者的原因，就是可見世界中創造光和光源者，在可理知世界中它本身就是眞理和理性的決定性源泉；任何人凡能在私人生活或公共生活中行事合乎理性的，必定是看見了善的理念的。」[250] 但是他們並不清楚「善」是神的本質，「**除了神一位之外，再沒有良善的。**」（路加福音 18:19）所以雖然他們努力追求祂，但是卻不認識祂。他們拼命在形而下的世界裡搜尋形而上世界裡的東西，就好像緣木求魚，這哪有不失敗的道理。他們爲追求眞理創造出許多世界的本源概念，如「本原」、「太一」、「邏各斯」、「努斯」、「存在」等等，用以對抗世俗宗教所宣揚的神祇。他們雖然已經很努力地在尋求眞理，但就是因爲無緣直面眞理，故而始終無法將自然理性與純正信仰完美地結合起來，徒留下身後的遺憾。但是因爲他們本能地意識到世界絕非表面上這麼簡單，人類的生命也不像自然界裡的動物那麼低級，所以出於對世界本質的莫名敬畏，他們特別強調心的作用，而非求助於外部力量解決。所以唯心主義者對共產主義的認識只會停留在意識層面，而不會產生付諸實踐的衝動。

然而那些極少數的唯物主義哲學家卻因爲對世界本質的無知，既排斥宗教，也無視唯心主義哲學，他們只以身體感官作爲斷定一切的依據，只相信眼見爲實，只把眼前的這個世界當作唯一的世界。結果是僅活在外在感官下，對一切屬靈的事物都視之爲迷信或懸置起來。這種自欺欺人的做法使他們對世界的認知簡單化，更使他們由於缺乏對未知世界的敬畏而陷入人定勝天的自大中難以自拔。他們表面上思維敏銳，仗著既有的學識，在自我感覺的迷惑下，便深信自己比他人更有智慧。殊不知，他們所倚恃的一切均是感官之下的假像，他們的屬世之心使他們將希望放在改造人類的屬世生命上。結果由於對世界本質和生命眞義的錯誤認知，在不清楚人性複雜多變和理性天然不足的情況下，將改造世界的希望放在幾位所謂的「先知先覺者」身上。它無視廣大民眾的理性水準參差不齊，以爲僅僅通過財產公有制的方式就能強行提高民眾自身的理性水準，結果就是民眾的理性水準沒有提高起來，而那些「先知先覺者」們在掌握國家政權後，他們原有的那點兒理性在迅速膨脹的欲望面前，在權力得不到有效的監督制約下，很快就被蜂擁而至的世俗理性和雜亂信仰吞噬得乾乾淨淨。然後又回到了「順我者昌，逆我者亡」的

---

[250] 《理想國》，第 279 頁。

專制主義老路上，將民眾重新帶入專制主義集權的統治下。

唯物主義原本只是一種認知世界本質的觀點，它本身並不會對人類產生任何不良影響。但是當這種理論與共產主義結合並進入世界後，情況就發生了變化。如在人類歷史進入近代後，隨著科技的飛速發展，人類的物質生活水準得到很大程度地提高，而人類的精神文明卻未能積極跟上。隨之而來的是人口急劇增長和貧富分化加劇，肉體私欲和世俗理性誘使人群之中產生出難以調和的矛盾。這時，受唯物主義錯誤世界觀以及共產主義對複雜人性認識不足的影響，一個幽靈——馬克思主義誕生了。

馬克思出生於一個虔誠的基督徒家庭，本人還是一位哲學博士，所以馬克思自身的理性水準應當是很高的。他能夠理解共產主義的眞正內涵，並在此基礎上繼續發展出具有時代特徵的馬克思主義。馬克思主義誕生的社會環境是一個宗教信仰失落而資本主義盛行的時代，這一時期科學空前發展，宗教信仰日益衰落，物質極大豐富，資本家卻視人命如草芥，殘酷剝削和壓迫工人。在當時的社會裡，人與人之間的關係越來越冷酷，國與國之間的關係也越來越緊張。在這種大環境下，占據社會意識主流的基督信仰確實令人失望，人們越來越多地質疑神的存在，更有人乾脆徹底否定神的存在。這些無神論者以信仰科學爲名，以人定勝天爲理，自稱爲唯物主義者。

馬克思本人原本作爲一名基督徒肯定是希望能夠借助宗教信仰來拯救世人靈魂的，但是客觀現實卻讓他大失所望，所以他轉而拋棄了自小培養的宗教信仰，毅然決然地走向了宗教信仰的反面——無神論。馬克思信奉共產主義理想的初衷與基督教內的那些主張共產主義理論的信徒如出一轍，不同的是那些人是將之與神治的天國理想嫁接，而馬克思是將之與人治的無神論拼接，這一決定性的錯誤是使其思想理論成爲二十世紀造成許多社會主義國家人道主義災難的源頭。

但在當時的歷史環境下，馬克思拒絕將改良社會的希望寄託給世俗宗教掌握的神身上，而是將解放人類的希望寄託給被壓迫的無產階級身上，還是可以理解的。馬克思主義指出「哪裡有壓迫，哪裡就有反抗」，主張受壓迫者使用武力來推翻專制主義統治。但是馬克思忽視了一個關鍵問題，理性具有很強的人身專屬性，他所寄予希望的無產階級卻恰恰缺少他所具有的理性水準，這直接導致奉行他思想理論的人，在具體操作過程中堅持的卻是他堅決反對的世俗理性，甚至是非理性，而這正是造成二十世紀在許多社會主義國家中發生人間悲劇的總根源。

在此發現了一個奇怪的現象，奉行馬克思主義的國家卻恰恰是那些世俗理性根深蒂固的國家。而這些國家的民眾普遍存有一種對專制主義敬畏甚至羨豔的心態。而極少數嚮往共產主義的人，腦海中也受著以往的教育和社會環境的影響，仍對專制主義懷有一種難以割捨的情結。這一情結已經作爲一種潛意識埋藏在人的腦海深處。他們之所以信奉馬克思主義，並不代表他們眞正理解共產主義理念，而是在馬克思主義主張的唯物主義無神論中找到了他們可以理解並接受的契合點。即對世界的注意力完全放在形而下世界，將改造世界的動力完全放在人身上，這樣的認知完全符合世俗理性的認識水準。估計馬克思做夢也沒想到，他的理論會在一些良心虧欠和理性匱乏的國家，被一些世俗理性或非理性根深蒂固的農奴或貧下中農所推崇。這些人頭腦中的理性怎麼可能與馬克思同日而語呢？他們既不懂得宗教信仰爲何物，也不明白哲學理性爲哪般。他們是最現實的一群人，只知道要爲世間的利益去打拼。這些人之所以願意參加革命，並不是說他們的理性水準高，而恰恰說明剝削他們的農奴主或地主的理性水準太低，由於壓迫地過於沉重，而導致壓迫者與被壓迫者之間積累的仇恨太深，以致於在低水準理性思維的主導下爆發出一場你死我活的革命。這場革命無關乎正義與非正義，簡白說，就是爲了基本生存而戰。由此被壓迫者的命運完全寄託在革命的成敗上，要麼消滅敵人，要麼被敵人消滅，這就是他們實際的理性水準。此後不管是新政權還是老政權，理性水準根本上都沒有什麼明顯提高，只不過爲了緩和一下社會矛盾，執政者會採取一些相對較緩和的減租減負、休養生息的措施。認清這一點，就能很好地理解爲什麼中國歷史幾千年下來，社會總在一個怪圈裡循環，看不見有任何的起色。始終找不到由專制而民主，由人治而法治，由監禁而自由的出路。

究其根源，就在於他們與馬克思的理性水準根本不在一個層面上，就拿最明顯的一點來說，馬克思主張建立的是民主政權，但對民主根本沒有任何概念的人來講，那不還是誰打下天下誰說了算嘛。所謂的民主集中制，不過就是權力核心化的代名詞。存有這種意識的人建立起來的政權必然還會是以往類同的專制主義政權，統治者的意識沒有改變，民眾的意識也沒有改變，不過是造反的口號換了種說法。歸根結底，馬克思主義只是他們奪取政權所打的一個幌子，馬克思本人所具有的理性並沒有被人們眞正地理解和接受。[251]

此外，對那些經常被非理性洗腦的人們來講，也根本分不清武力和暴力之間的區別，結果必然是在當使用或不當使用武力的時候都使用了暴力，於是馬克思主義成了暴力的代名詞。對長期接受專制主義高壓統治，滿腦子世俗理性或非理性的民眾而言，無論什麼理性的東西到了他們手上之後就都失去了原本的意義。再民主的東西到了他們那裡也

[251] 據調查研究發現，馬克思晚年曾對其以往的思想進行了反省，並發現他過去主張的政治革命、暴力革命是行不通的。這些革命改變的只是政府，而決定政府的體制並不會發生根本轉變。對那些有意或無意歪曲和篡改其思想的人更是給予了抨擊，「這樣做給我過多的榮譽，也給我過多的侮辱！」他堅決劃清自己不是那些人口中的「馬克思主義者」，並在多種場合激憤地指出，「我播下的是龍種，收穫的是跳蚤。」由此可見，馬克思很清楚自己出於自然理性提出的思想政治主張，並沒有獲得大多數人理解，相反，它們卻被那些頭腦裡充斥著世俗理性或非理性的人們給歪曲和篡改了。

會變成專制，再法治的東西到了他們那裡也會變成人治，再自由的東西到了他們那裡也會變成枷鎖，這不是他們的本質邪惡，而是人的理性差異使然。有什麼樣的理性就有什麼樣的政府，正如亞當斯・麥迪森在《聯邦党人文集》第 51 篇中所說的：「政府本身不就是人性的集中體現嗎？」[252]隨著這些人自身世俗理性或非理性的不斷暴露，由他們建立起來的政權沒有一個不返回原來的專制主義模式。

而同樣的事情如果發生在具有純正信仰和自然理性的人身上，結局就會大相徑庭。當新英格蘭人民在原專制主義統治者的壓迫下拿起槍桿時，他們清楚他們想要的是什麼。當他們用武力趕走專制主義者之後，他們立馬放下槍，各回各家，然後選出個大家信任的管家來代替民眾管好這個家。當然這個過程也是非常錯綜複雜，十四個彼此獨立的州有時候也會為了各自的利益吵得一塌糊塗。但是因為擁有一個純正的信仰，所以他們始終能夠保持一種超然的理性（詳見下文《民主為什麼必然會從基督教國家中誕生？》），使美國這個人類歷史上最偉大的奇跡一直延續下來，直到今天依然代表著人類理性的聲音，並在不斷地喚醒著世人沉睡的靈魂、虧欠的良知和蒙昧的理性。有信仰有理性的人懂得民主與專制、法治與人治、武力和暴力等的界限，這就是他們能以普世價值觀指引整個人類前進方向的根本原因。

如果從理論上分析，馬克思主義屬於一個典型的二律背反，它一邊認為人是物質世界的高等動物，死後萬事皆休；另一邊卻要求人這種高等動物要具有先人後己、大公無私，甚至毫不利己專門利人的神性。試想如果人只是一種動物，死後沒有靈魂，那麼依照動物的本性自然適用「物競天擇，適者生存」的叢林法則，他為什麼要犧牲自己去成全他人呢？如果人只是一種連靈魂都沒有的動物，那麼他能高等到哪裡去？如果由人這種「動物」去實行人治，這個世界能夠治理地好嗎？基督教作為一門宗教都只是教人要「愛人如己」，並且還在每個信徒的頭上懸了一把「死後必有審判」的達摩克利斯之劍。馬克思主義沒有任何靈魂上的約束，也不承認屬靈世界的存在，單只出於一種所謂偉大理想就要求根據肉體本能趨利避害、損人利己的人，一下子變成神一般無私至善的存在，這可能嗎？

馬克思主義的錯誤認識源於對世界本質的無知和對生命真義的不解，只是簡單地將世界唯物化，將人性簡單化，然後將改造世界的希望放在幾位良知未泯、尚具理性的「先知先覺者」身上。接著這些「先知先覺者」通過鼓吹、煽動一些理性水準很低的民眾，通過使用暴力手段來剝奪他人的財產和自由，創建出一個臆想的「大同世界」。結果是當這些「先知先覺者」掌握國家政權後，他們原有的那點兒理性在迅速膨脹的欲望面前，

[252] 《美國憲法的基督教背景》，第 6 頁。

在權力得不到有效的監督制約下，很快就被蜂擁而至的肉體私欲和世俗理性吞噬得乾乾淨淨。然後又回到了「順我者昌，逆我者亡」的專制主義老路上，將民眾重新帶入專制主義威權的統治下。

眞正具有理性的人不會使用道德去綁架他人，也不會使用暴力去剝奪他人的自由，強迫他人接受自己的觀點。他們只會用信、望、愛的心意使人們意識到自己的錯誤，進而明白生命的眞義，自覺自願地走到正道上來。但是馬克思主義者卻不這樣認爲，因爲不明白理性的天然不足，所以硬性要求民眾提高自身的理性水準，結果就是非要用那套自己也做不到的大道理去綁架他人，強逼著理性水準低的民眾去做需要理性水準高的人做的事，且由此把這個世界攪擾地混亂癲狂。這些馬克思主義者本質上並不是有多壞，相反他們都屬於理想主義者，很傻很天眞。但因爲自身理性水準有限，又未眞正搞清世界的本質和生命的眞義，急於追求眞理並改變腐朽僵化的舊世界。結果就是欲速則不達，通過暴力手段建立起來的理想大廈很快就在理性缺失中坍塌了。

馬克思主義者的初衷可能是好的，但因爲對世界本質的無知和對生命眞義的不解，如果要他們來治理這個世界，人們只會被他們的理想和熱情攪擾地更加痛苦。因爲他們徒具大公無私、心懷天下的抱負，卻缺乏與之相應的智能和智慧。他們將人造的思想主義奉爲眞理，隨人的偶像情結也將活人當作神一樣來信仰。就在他們自以爲眞理在手的迷信心理下，不知不覺中淪爲魔鬼的奴隸而不自知。他們就像一群天眞的孩子，在還沒有搞清蓋房子的原理時，就已經開始動手蓋起大廈，最終結果可想而知（中國歷史上多次變法圖強失敗的原因也在於此)。隨著世人理性不足的不斷暴露，這些馬克思主義者在缺少理性的約束下自身也變得狂躁不羈，以致陷入非理性的瘋狂之中，最終自己也成爲非理性行爲的犧牲品，且由此給人類世界造成了難以磨滅的恐怖經歷。

馬克思主義的核心本質還是自然理性，自然理性是一種對人要求極高的思維意識，如果缺少純正信仰的支撐，不要說普通人，即使是哲學家也經常陷入懷疑主義漩渦。歷史早已證明，再強大的理性如果沒有信仰的支撐都會如蜻蜓點水，一沾而過。當擁有理性的智者逝去後，他所具有的理性也就不存在了。由於理性的個人專屬性，所以它的影響面很窄，但是信仰卻能以一種屬天智慧極大範圍地推及每個人的內心，使他們無需再通過理智去認知眞理，而是直接打開人的內在層次，使他們用意念去感悟神的良善，並做出符合眞理的行爲。基督徒之所以能夠長期擁有自然理性，並非因爲他們有多少學識，乃是因爲他們心中的純正信仰賦予他們強大的屬天智慧。正是這智慧使他們能夠由上而下地認清世界的本質，由內而外地明瞭生命的眞義，並在日常行爲中行出良善和公義。純正信仰彌補了他們理性方面的不足，這也是基督徒在世間即使理性不足，也能認識眞理並接受眞理的緣故。雖然他們中有的人可能說不出其中的道理，但是卻能夠按照眞理

去行事爲人。這就好像考試前已經做好了準備，即使考題多麼的困難，他們都可以堅持答好的原因。

當世人還沒有達到這種生命境界時，對他講共產主義這種高深的自然理性，並要求其捐出所有財產實屬非理之舉。基督就從不這樣做，祂知道進窄門的人少，走大路的人多，所以只是耐心地宣講天國的眞理。對於那些敞開心扉，願意接受祂的人，祂就教導他們，引領他們走窄門；對那些不明白窄門意義的人，祂也不強人所難，只是給予規勸。

基督所講的道理，要比那些艱深晦澀的哲學理論淺顯易懂得多，正因爲相信這些道理具有眞理性，所以很多基督徒即使沒有多少文化，但卻具有正確的三觀。他們遇事總能站在超然的位置，並用屬天智慧思考問題。他們從造物主那裡直接領會了生命的奧祕，對一切世界的眞相和生命的本質了然於胸。他們的良心由此獲得自由，並隨意念去感受良善，因此藉由信仰與愛和主合而爲一，眞正活出天使的形象。所以他們能爲自己做決定，且對整個世界有著一份常人難以理解的擔當。基督徒內心中的良善和愛使他們與理性水準高的人拉近了距離，甚至他們的生命境界還遠遠高於那些空有學識而不明白生命眞義的「有學識的無知」。

當人類空有學識卻不明白世界本質和生命眞義時，人類世界日漸步入了黑鐵時期。人的快樂彷彿來自於人與人之間的欺壓、欺凌、欺騙等無良行爲，這完全背離了天道，也遠離了人道，墜入了黑暗的地道之中。許多偉大的哲學家在黑暗的世間皈依基督的原因，並非因爲看見基督行了多少神跡，或是寫出了多少本書，而是明白了祂所講的道理，看見了祂身上的眞光，「**那光是真光，照亮一切生在世上的人。**」（約翰福音 1:9）藉著這眞光，他們也成爲了世間的光，社會的良心，做人的標杆，其中最典型的如保羅。只有像保羅那樣脫離了罪的轄制，「**感謝神！靠著我們的主耶穌基督就能脫離了。**」（羅馬書 7:25）並堅守住了信仰的眞道，「**那美好的仗我已經打過了，當跑的路我已經跑盡了，所信的道我已經守住了。**」（提摩太后書 4：7）這時才可以說，這人眞正長大了，他已經實現了由理性而理信的飛躍。

當人類無法認清這個世界的眞相時，自然理性的單獨發展確實能給人類帶來全新的理念。但是如果脫離開純正信仰的引領，單憑自然理性獨自發展就會過於重視自然哲學（包括自然科學）。自然哲學（包括自然科學）在帶給人類豐富的物質文明的同時，私底下卻隱藏著更深層次的危機。社會貧富加劇、人心失衡、道德滑落、貪污腐敗叢生等社會頑疾，能源危機、環境污染、生態失衡、核戰爭威脅等全球性災難，正在慢慢地向全人類發出警告。

隨著人類創造物質財富和改造自然的能力逐漸增強，人類彷彿眞的成了自己的主人，宗教信仰變得可有可無，一個無神的世界來臨了。自然理性獨自發展會使人類很少意識到蘊含著純正信仰的宗教對生命成長所具有的引領作用，忽視信仰就會一味地拒絕自身屬靈生命的需求，只是將生命等同於肉體生命。缺少純正信仰的引領，自然理性就會向世俗理性逐漸靠攏。人類會變得越來越以自我為中心，思維和意識引導人專注於自我和世界，愛己和愛世的心會使人與世俗越來越親近，與神越來越陌生。結果一定是拼命地追求物質享受的同時，不再珍視來自神的屬天之愛，也很少顧及其他同類的生命。

與此同時，世界變得異常冷酷，人與人之間的關係也變得日益冷漠。實際上當自然理性脫離純正信仰獨自發展時，以自然科學為代表的自然哲學幾乎喪失了追求眞理的功能，而淪為一門形而下世界的冷僻學問。值得慶倖的是，並非所有人都目光短淺，眞正的智者卻能從自然理性的背後看見眞理的作為，「就像在科學思維的諸多其他成果中一樣，在從這種恐怖和盲信解放出來的過程中，我們找到了對以下這一偉大格言之啓示的證明『眞理必叫你們得以自由。』（《新約全書・約翰福音》，第八章，第32節）」。[253]

自然理性之所以能夠造福人類是因為它背後隱藏的眞理所起到的作用，如果忽視眞理對造福人類所起到的根本作用，那麼自然理性很可能會以造福人類之名行危害人類之實，馬克思主義就是最好的佐證。

最後再來講一下世俗理性（詳見前文《什麼是世俗理性？》）。世俗理性從來與眞理無緣，與純正信仰結合後形成世俗宗教，與雜亂信仰結合後產生的是邪門歪道，脫離開信仰單憑自身發展只能形成自私自利的偽理（即偽理性）。

世俗理性與自然理性相對，在世俗人口中通常稱之為「聰明」。世俗理性是從個人、集體、階級或者民族、國家等個人或局部的角度思考問題，實際都是圍繞著個人或集體利益，這一點永遠不會變。世俗理性比自然理性更易叫人接受，因為利益是擺在眼前的，很好理解。世俗理性很少考慮長遠的利益，最典型的例子就是涸澤而漁。世俗理性因受境界的影響，無法領悟神的無私和至善，執著於自我的愛己和愛世之心難以容下一個對至善的信仰，凡事以自我為中心致使人心拋棄了對神的信仰，這就決定了世俗理性非自然的一面。

當人的理性達不到著眼於全人類乃至整個自然界的高度時，世俗理性就會以「聰明」的形象出現，它會教導人「事不關己高高掛起」、「人不為己天誅地滅」，或者範圍再大一些，「非我族類其心必異」、「犯我中華者，雖遠必誅」等等，這些世俗理性充滿了迷惑性和欺騙性，叫人分不清什麼是眞理，什麼是偽理。無數的仁人志士就是在這些世俗理性的欺騙下迷失了人生的方向，苦苦求索卻尋找不到眞理，悲歎什麼「存天理，滅人欲」，講述什麼「心即理」、「致良知」。可惜的是，何謂「天理」？又何謂「良知」？這些仁人

---

[253] 《科學——神學論戰史》（第一卷），第 277 頁。

志士卻始終未能辨明講清。

眞理在以肉身顯明之前整個世界都掩蓋在黑暗中，古希臘如此，古羅馬如此，古中國亦如此。雖然人類靈魂中的良知試圖不斷地喚醒自身，可惜微弱的呼喚遠不足以使人覺悟眞理是純正信仰與自然理性的完美結合。弱小的靈如果不能直面眞理的大光，世俗理性就會在這黑暗世界裡稱王稱霸。

下

講完眞理的構成接下來再談談眞理的特性，眞理大致具有光明性、自由性、唯一性、複雜性等特性。

眞理的光明性來自上帝的本性，當人們直面眞理時，自然而然會感覺到某種信心和力量，這種發自內心的資訊源自靈魂對眞理的感悟，並且會由內而外地照射出來，不但使人內心中充滿光明，而且外表也會讓人感到具有一種莊嚴神聖的光彩。這光是來自上帝的眞理之光，「**那光是真光，照亮一切生在世上的人。**」（約翰福音 1:9）這光教給人類的眞理，使人不再在黑暗中行走。「**我是世界的光。跟從我的，就不在黑暗裡走，必要得著生命的光。**」（約翰福音 8:12）這光曾讓無數身處黑暗中的人類解放出來，活在彼此的眞愛之中。「**我到世上來，乃是光，叫凡信我的，不住在黑暗裡。**」（約翰福音 12:46）

在聖經中，光是與眞理合一的，也特指基督。基督因爲自身散發的神聖眞理而有「光」之稱，「**我耶和華憑公義召你，必攙扶你的手，保守你，使你作眾民的中保（「中保」原文作「約」），作外邦人的光，**」（以賽亞書 42:6）「**我還要使你作外邦人的光，叫你施行我的救恩，直到地極。**」（以賽亞書 49:6）在新約中祂在彼得、雅各和約翰的面前改變形像，顯現眞容。「**就在他們面前變了形像，臉面明亮如日頭，衣裳潔白如光。**」（馬太福音 17:2）

這裡的光顯然是指靈性之光，也就是神的眞理。凡被這光照耀的人就會具有靈光，並依照自身智能和智慧的程度，從靈光中得到不同程度的啓發。我們平常所講的理性啓蒙，就是指人的理性接受眞理之光的啓發，使人具有感受神之良善和眞理的能力，並致力於用屬天智慧思考和行爲。人類的理性也有感受眞理之光的能力，就像眼睛能看見自然光一樣的道理。例如，當我們瞭解了某件事的本質，就會說自己看到了光，沐浴在光中；當不明白某件事的本質時，我們就會說理性被蒙蔽在黑暗的陰影中。

眞理的光曾讓無數身處黑暗中的人覺醒過來，前面講過的保羅，他的眼睛是被這大光照瞎的，但是靈魂卻是被這大光照醒了。帕斯卡也曾身處黑暗中彷徨無措，但是當這光照進他的心中後，他說：「我們僅僅由於耶穌基督才認識上帝。沒有這位居間者，也就取消了與上帝的一切相通；由於耶穌基督，我們就認識了上帝。」[254]這光也照進了中國人的心，當林語堂來到這眞光的面前時，他發現「在耶穌的世界中包含有力量及某些其它的東西 ——光的絕對明朗，……如果一切大眞理都是簡單的，我們現在是站在一個簡單眞理的面前，而這眞理，包含有一切人類發展原則的種子，那就夠了。」[255]這光不斷地引領人類邁向光輝的自由之境，在那裡，熱愛這光的人從此不會再受罪的轄制，而是眞正成爲自己的主人。

眞理的第二個特性是自由性，眞理與僞理的區別之一就是賦予人自由還是剝奪人自由（詳見前文《爲什麼耶穌講「眞理必叫你們得以自由」？》）。自由包括良心自由（屬靈自由）和行爲自由（屬世自由），眞理的自由性主要指的是良心自由。很多人不明白眞理的內涵，往往忽視良心自由的重要性，這裡面原因比較多。當眞理沒有顯明時，教條神學、宗教迷信、世俗倫理、歪門邪道等思想理論通過控制人的學習、思考以及行爲，不斷地禁錮、束縛人的良心自由，致使人們在長期接受愚民教育和奴役壓迫下，逐漸養成了一種奴性思維，反而以爲人就是一種高等動物或低等生靈，不是不知惡之爲惡而受人擺布，就是以惡爲善而擺布他人。並且以爲自由只是指人的行爲自由，簡單地以爲身體未受限制就是自由之身。又或是以爲自己在這個世界上混得風生水起，贏得他人的羨慕就是自由了。這完全是不明白眞正的自由是什麼。他們沒有意識到，其實就在他們爲這些行爲自由努力拼搏時，他們爲此所付出良心上的代價，已經使他們不知不覺中淪爲了罪的奴僕。對這樣的人講眞理會讓人感到深深的悲哀、沮喪甚至絕望，因爲在他們身上看不見一點眞理的影子，只剩下僞理的深深烙印。

不明白自由的人就不會認識眞理，更不可能追求眞理。但是認識眞理的人則完全不同，他們清楚良心自由是爲人的根本，而眞理是良心自由的根基。「**你們必曉得真理，真理必叫你們得以自由。**」（約翰福音 8：32）眞理在哪裡，自由就在那裡。「**主的靈在哪裡，那裡就得以自由。**」（哥林多後書 3：17）認識眞理的人就會眞正獲得自由，不再被罪性所挾制。「**基督釋放了我們，叫我們得以自由，所以要站立得穩，不要再被奴僕的軛挾制。**」（加拉太書 5:1）

這自由是神對人的祝福，它來自於神，屬於眞理的特性。當人不認識眞理時，自由會隨著自然理性的消失而被世俗理性驅逐。人們會在不知不覺中被私欲捆綁，淪爲罪的奴僕。「**我實實在在地告訴你們：所有犯罪的，就是罪的奴僕。**」（約翰福音 8:34）事實上，不認識眞理的人們不分國家、民族、種族、階層、貧富等因素，都會因爲忽視了自身天賦的自由（良心自由）而貪圖屬世的安逸，放縱肉體的私欲，並受到世俗理性的蒙

---

[254] 《思想錄》，年版，第 216 頁。
[255] 《信仰之旅》，第 219-220 頁。

蔽，盲目追求屬世虛榮生活而失去了依靠良心自我做主的資格。

眞理的第三個特性是唯一性，眞理的唯一性是由上帝的唯一性決定的。世界各地人類的原始信仰裡神都是唯一的，中華民族古老的信仰裡只有一位老天爺，我們平常所講的上帝其實就是指老天爺，在《史記》中講道，「上帝者，天之別名也。」猶太民族的聖經裡特別強調神是唯一的，除祂之外再無別神。阿拉伯民族是出自猶太民族的分支，與猶太民族信仰的是同一位神。他們信仰的眞主安拉，本意就是「唯一」。基督教是從猶太教分離出來的一支，它對神的信仰與猶太教是一致的。眞理作爲神在人世間的反映，「**你的道就是真理。**」（約翰福音 17:17）眞理與神一樣具有唯一性。

眞理的唯一性表明眞理的內涵是不變的，無論世相如何紛繁複雜，人性如何波譎雲詭，眞理的實質都是純正信仰和自然理性的完美結合。純正信仰解決了形而上靈魂的出處問題，自然理性解決了形而下肉體的出路問題。當這兩者完美地結合成一體，眞理就如同基督說的一樣向世人清楚地顯明了。「**你要盡心、盡性、盡意，愛主你的神。這是誡命中的第一，且是最大的。其次也相仿，就是要愛人如己。這兩條誡命是律法和先知一切道理的總綱。**」（馬太福音 22：37-40）

眞理的唯一性相對人類來講，就如同在人生的道路上除了中間一條是正直的外，其他的都是傾斜的，只是傾斜的程度不同。所以堅持眞理實質上就是指堅持中間道路，也就是十字架所指示的生命之道（詳見上文《什麼是十字架的道路？》）。中國古人提倡的中庸之道也有這個意思，「中是中心，庸是經常，中庸是『中心的常道』或『內在的不易之道』。」[256]中國的「中」字本身就蘊含著眞理的成分，雖然很多中國人不明白「中」的深刻內涵，往往行事偏激。但是就是因爲老祖先們堅持「中」的道理，所以中華民族才能一脈相承而不斷絕，中國才能成爲四大文明古國裡唯一倖存下來的國家。

可惜的是這個「中」的度很難把握，往左一點或者向右一點都會偏離正道。如何避免非左即右的錯誤傾向呢？其實古人早就給出解決問題的答案，「治大國若烹小鱔。」就是說，治國就像做小魚一樣，不要不斷地把它翻轉，否則，那些小魚就被翻成漿糊了。做人也一樣，君子奉董道而直行。小人則忽左忽右如牆頭草，哪邊風大往哪邊倒。人到世間來本就是爲了修行，修行本身就會產生一種想要改變的衝動。但是人的行爲必須符合理性，否則衝動就是魔鬼。人因爲肉體的軟弱和私欲的旺盛，總有偏離正道的趨勢。所以能否堅持正道就在於能否理性地建立一個糾錯機制，使人能夠儘量在中間線附近震顫，即使有時犯錯也能很快地糾正過來，而不至於一錯再錯，導致最終造成不可收拾的局面。

[256] 《信仰之旅》，第 69 頁。

在這方面美國建國先賢們在制定人類第一部成文憲法時爲整個世界做出了一個優秀的榜樣。他們充分考慮了人的有限性問題，爲避免由於某些個人的錯誤而導致全面的災禍，建立起了一整套平衡制約機制。這套機制表面上看似乎會使政府工作效率受影響，但是這種看似低效的糾錯機制卻使得這個誕生不久的國家迅速發展成爲世界頭號大國。爲什麼低效反而會促使一個國家飛速地發展？因爲自然理性賦予人長遠的眼光，它使人看世界，分析問題都著眼於長遠利益。這個國家的政策很少犯錯，避免了那些專制政府表面高效卻總是因爲犯錯而造成巨大浪費的現象。而那些不理解眞理唯一性的國家和政府，以人的意志爲眞理，政策忽左忽右，領導人個人意志成了一個國家發展的唯一標準。表面上看國家領導人一聲令下，全民大幹快上，形勢一片大好。幾年後再看，結局往往都慘不忍睹。事實上跑那麼快幹什麼，犯了錯想掉頭都很難。而且因爲不明白眞理的唯一性，總想著投機取巧走捷徑，結果總是在鑄下大錯之後才又慌不擇路地想改正。可又總是因爲不走正路以至於在不知道正路如何走的情形下，又繼續犯下矯枉過正的錯誤。一會兒全民政治掛帥，一會兒全民發展經濟，非左即右，就是不走正道。即使已經清醒地意識到兩手都要抓，但是因爲不認識眞理唯一性之故，總還是會陷入一手硬一手軟的現實處境中，無論如何都難以自拔，這都是因爲不明白中庸之道必須符合眞理之故。

眞理的第四個特性是複雜性，這是因爲受純正信仰和自然理性、雜亂信仰和世俗理性互相交織，彼此作用的影響，在世人的眼中形成了一個讓人眼花繚亂、撲朔迷離的大千萬象。而眞理的唯一性又決定了眞理總是容易被各種各樣的僞理迷信所掩蓋，叫人難以辨識。所以給人造成世相萬變，眞理難尋的複雜印象。

由於每一個人的知識層次、生活閱歷、社會地位以及脾氣性情等都不相同，受這些因素的綜合影響，就使人對眞理產生各種各樣的認知，每一個人的眞理觀都不完全相同，致使人們做事時往往各隨己意。按照方法論分析，如果一開始就找對了方法，下一個正確方法就容易找對；如果一開始方法就找錯了，那下一個方法也容易找錯。這一原理也適用於眞理：如果信仰越純正，理性也會趨向自然；如果理性越自然，信仰也會趨向純正；如果信仰越雜亂，理性就會越趨向世俗，如果理性越世俗，信仰也會越趨向雜亂。這之間的關係非常複雜，下面試舉幾個例子簡單說明一下純正信仰與自然理性，雜亂信仰與世俗理性互相影響，彼此作用的關係。

先舉一個發生在中國的例子，來說明純正信仰對自然理性的引領作用。故事的主人公是一個英國的小婦人，身高不到一米五，文化水準也較低，職業是保姆。但是當她在純正信仰的引領下，卻迸發出令人震驚的自然理性。她一心要去中國傳福音，但是沒有哪個福音機構願意錄用她。她沒有氣餒，而是省吃儉用存下一點錢，還不夠買去中國的船票，就買了一張去中國的火車票。那時歐洲和中國都發生著戰爭，就在戰火紛飛的環

境下，她克服了常人難以想像的各種困難穿越了整個歐洲來到了中國。1930 年 10 月她來到中國，在山西陽城縣傳福音。通過辛勤地工作，當地的社會風氣有了很大的轉變，連縣長都成了基督徒。1936 年她申請加入中國國籍，並取了一個中國名字「艾偉德」，她也成爲第一個加入中國國籍的西方宣教士。抗日戰爭期間，她幫助中國人民反抗日本侵略者，並帶領一百名中國孤兒徒步 480 公里的山路，穿越日軍封鎖線，渡過黃河，又一次克服了常人難以想像的困難，最終一個孩子都沒少地平安抵達西安。是什麼力量使這麼一個平凡的小婦人能夠做出如此震撼人心的壯舉，我想除了純正信仰之外，實在找不到其他答案。而她的自然理性無疑也是受自己的純正信仰激發出來的，由此可見純正信仰對自然理性所起到的巨大影響。

那麼自然理性的充足也可以反過來幫助人類認識純正信仰，如前面我們講過的斯多葛學派的哲學家們，他們的自然理性已經達到相當高的程度。但是在純正信仰出現前，他們也已經開始陷入懷疑主義，甚至在周遭各種迷信和世俗理性的圍攻下幾乎湮滅。但是當純正信仰出現後，自然理性使他們很快地意識到必須與純正信仰結合，唯有如此才能夠突破自身的局限，實現自然理性向眞理的昇華。正因爲他們的理性已臻自然，所以才能發現純正信仰裡所蘊含著自然理性所缺失的形而上的神性，並完美地與之結合創建了基督教哲學，爲人類認識眞理指明了方向，亦成爲今日世界普世價値觀的淵源。

反之，雜亂信仰和世俗理性也是相伴相生。當信仰變得日益雜亂而不純正時，人就會變得無所適從，「當宗教在一個國家遭到破壞的時候，智力高的那部分人將陷入遲疑，不知所措，而其餘的人多半要處於麻木不仁狀態。」[257]這時的人無法再從信仰中獲得自由，而是迷茫逃避，越來越躲回到個人的世界裡，每天都爲個人的利益而奔忙，希望依靠自己的努力獲得自由。結果隨著信仰的日益雜亂，理性越來越趨向世俗，非但無法成爲自己的主人，反而在無知與愚昧，欺騙與謊言，迷信與盲從中淪爲罪性的奴僕，徹底失去了自由。這一點用中國人自己的事最能說明問題。

上古時期的中國稱爲神州，當時的中國人稱爲神州子民。那時的人比較簡單純樸，相信抬頭三尺有神靈，做事得爲大夥兒著想。這種原始的信仰與自然的理性使那個時代成爲中國人心目中的理想時代，所以這個時期也被稱爲中國的黃金時期。那時的中國人雖不認識眞理卻離眞理很近，雖不明白自由卻享受著自由。後來隨著君主制的誕生，君權神授的騙局開始盛行。活人被送上了神壇，從此人們對上帝的信仰日益衰落。隨著人們的信仰日漸雜亂，什麼風雨雷電、山川湖澤、飛禽走獸，甚至牛鬼蛇神都成了人們的崇拜對象。失去了純正信仰的人們也逐漸喪失了自然理性，世俗理性逐漸占據了意識形

---

257 《論美國的民主》，第 590 頁。

態領域的主導地位。專制統治階級出於自身統治需要，編造各種倫理學說欺騙國人，使中國人將世俗理性誤以爲是理性，將私欲誤以爲是人的天性，如「食色，性也」。爲了遮掩自私自利的世俗理性，故意將滿足肉體的私欲美其名曰「實用主義」。失去了純正信仰的引導，人很容易就墮落了。

以後幾千年的時間裡，信仰雜亂的中國人沉溺在根深蒂固的世俗理性之中，無法對自身的罪性做出眞正地反省。不能反省就不可能眞正認識到私欲的可怕，也就不可能眞正悔改，更不可能認識眞理。就這樣，神州蒙塵，神州子民也一直被罪捆綁，良心無法得自由得解放。因爲不認識眞理，僞理就會以眞理的形象在這世界裡掌權。一次次地城頭變幻大王旗，一次次地家國不分，專制主義不停地以人治的各種形式在這個國家禍國殃民。送走一個吃人不吐骨頭的朝廷，又迎來一個殺人不眨眼的王朝。相似的一幕總在這塊神州大地上不斷上演，歷史總是在一個怪圈裡打轉，而根深蒂固的世俗理性乃至非理性讓神州子民在此後幾千年的時間裡吃盡了苦頭。

同樣，世俗理性的普及也會使宗教信仰日益世俗化。人們信仰世俗宗教樹立的偶像，崇拜宗教領袖，參加宗教組織或參與宗教活動都是出於屬世的私人目的，很少有人會想到宗教是爲眞理服務的，而人的肉體軀殼只不過是靈魂修煉的一個道具。不明白這些道理，人們去往寺廟道觀就帶著非常自私的屬世目的，自然而然宗教信仰就變成了一種私欲的交易。他們只喜歡按照自己的一套世俗理性崇拜自己想像中的神，「無怪舊日的宗教只剩了外表的儀式（連這些儀式，在大眾的嘴裡，也好像是神的阿諛，而不是神的崇拜）。信仰已經變爲輕信與偏見的混合。」[258]當信仰的神靈不靈時，人們自然又會轉向活人信仰或者無神信仰。仍以中國爲例，中國本土的道教原本具有很高的自然理性，這從道家的經典《道德經》中頗有展現。但是在被世俗理性薰染後，「道」的本質被混淆曲解，而與人的私欲越來越混同。如爲了趨吉避凶又是算命又是扶乩，爲了長生不老又是辟穀又是煉丹，爲了滿足人的各種肉體私欲創造出無數的神仙偶像。於是乎原本信仰單一的道教變成了信仰雜亂的多神教，蘊含自然理性的智慧之語變成了裝神弄鬼的胡言亂語。世俗理性對雜亂信仰的影響由此可見一斑。

上面舉了幾個關於中國的例子，可能有興趣的中國人也想要瞭解一些眞理在中國的發展情況。這雖非本文的內容，但對今天中國卻有著現實意義，所以下面簡要講講眞理在中國的歷史發展沿革。

中國上古時期的人類並不認識眞理，但是因著原始人類簡單善良、樸實無華的本性，使他們離眞理並不遙遠。後來隨著人類私欲的膨脹，雜亂信仰和世俗理性也隨之增長。

---

[258] 《神學政治論》，第 5 頁。

由於忽視了起初的純正信仰和自然理性，因著肉體的貪婪自私、怯懦狡黠、悖逆無知，中國人與上帝的關係愈來愈遠，對眞理的認知愈來愈模糊。自夏王朝開始，統治階級利用君權神授的歪理邪說欺騙世人，逐漸使世人迷失了眞理的方向。再經後來由德而禮，由禮而法地發展，眞理徹底被世間的僞理逐漸取代。最後到秦王朝，伴隨著焚書坑儒等專制主義的暴行，對眞理的追求和認知幾乎是與同時期的哲學一起滅絕。秦以後歷朝歷代的教育政策基本相仿，在眞理的認知方面大同小異。雖歷經兩千多年的沿革，改變的只是不同但相似的王朝，在眞理的認知方面卻沒有什麼明顯的更新變化。在這漫長的黑夜裡，迷信、僞理、邪說等一個個輪番登場，一朝朝的興亡更替，換了一主又一主，就是難覓眞理的身影，偶有純正信仰的影子也是一閃而過難被人識。自然理性（表現爲自然法）屢經誤解和歧視，在搖籃裡就被黑暗勢力扼殺，而世俗理性卻根深蒂固地埋在了人們的腦海深處。

遠離了眞理的中國人無論如何也擺脫不了被欺騙，被奴役，被壓迫的命運，他們在雜亂信仰與世俗理性的薰染和影響下，在臺灣柏楊先生所說的「大染缸」裡一代代地接受歪理邪說的教育。什麼「三綱五常」、什麼「三從四德」、什麼「君要臣死，臣不能不死」、什麼「奴才天生就是伺候主子的命」等愚民說教，兩千多年下來，各種奴性教育將中國人變得愚昧無知、偏信盲從、麻木不仁乃至潛移默化地變成了行屍走肉。自由的字眼在中國的經典裡無處可尋，歪理邪說卻隨處可見，且它們幾乎總是與眞理處處爲敵。

歷代專制主義者都爲維護自身的統治利益大搞愚民政策，從秦始皇的「焚書坑儒」到漢武帝的「罷黜百家」，中間太多簡略，最後到康乾盛世的「文字獄」，還有本朝的「文革」，有理性會思考的基本都被馴服或滅絕了，整個華夏大地都變成了沒有脊樑的蠕蟲世界。事實總是在向人類說明，專制主義者通過高壓手段強迫民眾不敢自由思想，盲目服從統治階級灌輸的一套愚民說教，是人類社會中最最邪惡的事情。因爲被圈囿在世俗理性籠成的井裡無法認識外面廣闊的天地，導致世人的靈魂無法覺醒，理性也得不到啓蒙，人們只能通過雜亂的多神信仰或活人信仰甚至無神論麻痹自己，同時專制政府也借著根深蒂固的世俗理性與雜亂信仰摻雜在一起使民眾陷入迷信。期間雖也有仁人志士發出過不甘屈服地吶喊，「我勸天公重抖擻，不拘一格降人才。」但是神的安排永遠高於人的意志，無論如何痛苦地期盼，眞理就是遲遲不見來臨這片古老的神州大地。

但是中國眞地很受神的祝福，雖風雨飄搖，屢經磨難，但是卻總沒有斷絕。在這裡隱藏有至善的神對神州大地的祝福，也有著顯明的「中」字本身的寓意。「中」字本身就是一個十字架，它早就向中國人指明了眞理的內涵。雖然在眞理未顯明前，中國人還不能徹底弄懂它，但是它所深藏的眞義早在中國古代哲學家的探索下就已被精煉地表述。「上善若水。水善利萬物而不爭，處眾人之所惡，故幾於道」、「天之道，利而不害；聖人之道，爲而不爭」、「大學之道，在明明德，在親民，在止於至善」、「誠者，天之道也；誠之者，人之道也」、「愛人者，人恒愛之」等等充滿自然理性的思想在中華古文明中熠熠生輝。這些思想雖不能直接像眞理那樣爲中國人帶來生命的徹底更新，但當其與中國人靈裡依存的弱小良知相結合，卻煥發出強勁的生命力。正是這些充滿智慧的思想，蘊含著眞理的奧祕，保守屢經內憂外患的中華民族數次躲避傾覆的命運，爲中華民族在夾縫中保留下一脈生機，也爲中華民族有一天能眞正認識眞理存下一絲希望。隨著1840年中國歷史進入近代史，中國民眾第一次有了直面眞理的機會。

拿破崙曾稱中國是頭沉睡的獅子，要叫這頭獅子醒來不用點武力是不行的。對深受專制主義和世俗理性毒害的中國社會而言，要想讓它有所覺悟，必須讓它付出點代價，吃點苦頭才行。這一次，眞理是借著科學與民主所代表的西方文明敲響了中國的大門。

伴隨著基督教傳教士的腳步，福音的使者爲神州大地帶來了一場久違的眞理洗禮。在向中國人傳播福音眞理的過程中，基督教傳教士可謂用心良苦，這一過程也可謂一波三折。首先他們直接向中國人宣揚基督福音，但是努力過後他們發現，務實的中國人對這一務虛的外來宗教根本提不起興趣。中國人本來就有自己的上帝以及外來的佛菩薩，那些神靈比起釘在十字架上的耶穌基督更容易讓人產生親近感。

爲了提起中國人對福音眞理的興趣，傳教士們借助傳播其他西方科技文明來吸引中國人的注意，這主要以利瑪竇、馬禮遜、傅蘭雅等人爲代表。但是很快他們又發現，中國人並不因爲對西方科技感興趣而轉向對西方的宗教信仰感興趣。相反，由於世俗理性的思想作祟，中國人在學習西方近代科技文明的同時卻提出「師夷長技以制夷」的排外口號。這種深受世俗理性浸害的做法，導致社會上層的頑固派一次次地以保衛皇權家國爲由拒絕眞理伸出的橄欖枝，即使是比較開明的洋務派也只是想通過學習西方的科技來實現富國強兵。更加愚昧無知的底層民眾受統治階級長期愚民政策的欺騙，也盲目跟隨腐朽沒落的統治階級排外。這正驗證了聖經上所講的，**「凡作惡的便恨光，並不來就光，恐怕他的行為受責備；」**（約翰福音3:20）

幾千年來形成的根深蒂固的世俗理性使得中國與隔海相望的鄰國相比，顯得更加愚昧無知、保守僵化。頑固排斥眞理的結果必然是一次次錯失前進的機會，導致後來的對外戰爭和交涉以一次次失敗告終。雖然國內也有有識之士希望通過變法圖強來改變積弱積貧的社會現狀，但是還沒睡醒的雄獅，只是翻了一個身，就又睡下了。

近代以來傳教士爲中國帶來的學校、醫院、書局報社、慈善組織等近代機構先後由南向北，由東向西如雨後春筍般地出現在中華大地上，中國人民的生活也由此得到大大改善。但令人遺憾的是，深受雜亂信仰和世俗理性影響的中國民眾，未能清醒地意識到這些美好事物中所蘊含的眞理本質，出於以往各種實用主義的思維邏輯，很快地就將福

音中的純正信仰與過去的迷信混同，將自然科學理解爲奇技淫巧，這叫那些送來眞理的傳教士們深以爲憾。在他們看來，他們不遠萬裡，歷經艱辛甚至死亡的威脅給中國送來的一棵參天大樹——基督福音，中國人只擷取了一個小果子。正如一位傳教士所說：「我們認爲一個徹底的中國維新運動，只能在一個新的道德和新的宗教基礎上進行。除非有一個道德的基礎，任何維新運動都不能牢靠和持久。……只有耶穌基督才能供給中國所需要的這個新道德的動力。」[259]

爲要幫助中國人民認識眞理，傳教士們創辦報紙，翻譯書籍，希望借此啓蒙人們的理性，喚醒人們的良知。林樂知爲什麼要千辛萬苦地創辦《萬國公報》，因爲他希望能夠帶給中國民眾三種「光」：「她需要物理之光——我們將教會她開發煤礦，從而利用該自然資源來照亮整個帝國並使她的生產能力翻兩番；她需要智慧之光——我們將給予她，通過讓她有機會瞭解各種研究、發明和西方思想的發現；她需要道德之光——這一點她將在福音中找到。」[260]傅蘭雅爲什麼要嘔心瀝血翻譯出上百本近代科技書籍，因爲他希望通過智力培養，開啓民智，幫助中國人認知眞理並獲得自由。他說：「現在中國的教育制度，以及宗教和政府的形式，早已在天平秤上顯出了非常的不足。怎樣把中國從目前日本的魔爪和可以預見的西方列強的支配中拯救出來，已經開始成爲人們急切要解決的問題。外國的武器，外國的操練，外國的兵艦都已試用過了，可是都沒有用處，因爲沒有現成的合適的人員來使用它們。這種人是無法用金錢購買的，他們必須先接受訓練和進行教育。……不難看出，中國最大的需要，是道德的或精神的復興，智力的復興次之。只有智力的開發而不伴隨道德的或精神的成就，決不能滿足中國永久的需要，甚至也不能幫她從容地應付目前的危急。正因爲如此，基督教傳教士的教育和訓練工作，就成了不可缺少的因素。中國沒有基督教是不行的，她也不能把基督教拒之門外。基督教必須勝利。中國如要成爲一個眞正偉大的國家，要求擺脫壓迫者的壓迫而獲得自由，那就必須把智力培養和基督教結合起來。」[261]

不明白基督身上的眞理性，就不能理解上述傳教士話語中所蘊含的殷殷深意，也不能理解他們爲什麼對一個異國他鄉懷有像對他自己的祖國一樣深厚的感情。寓居中國數十載的西方傳教士們對此都有話語表白心跡，傳教士林樂知說：「餘美國人也，而寓華之日多於在美之年，愛之深，不覺言之切，且余爲傳道士也……上天之道，惟其大益乎人，而絕不少損於人。……竊爲萬國猶一家也，一家猶一人也……故欲興萬國，必先興中國。」

[259] 《基督教與近代中國社會》，第 239－240 頁。
[260] 貝奈特，《傳教士新聞工作者在中國》，廣西師範大學出版社 2014 年版，第 58 頁。
[261] 《基督教與近代中國社會》，第 240 頁。

[262]李提摩太也說：「嘗念地球上人，雖分五洲四種，在上天則視爲一家。」[263]然而他們所做的一切在滿腦子世俗理性的中國人眼裡是別有用心的，因爲世俗理性告訴中國人，「無事獻殷勤非奸即盜」。可以肯定地講，以中國人習以爲常的世俗理性絕對無法認知他們這種蘊含著普世價值觀的自然理性。中國人頭腦中的世俗理性教給人們的只是要爲自己世俗利益打拼，很少會顧及別人的需求，更不會考慮到地球另一邊的人類生活，那與他們沒有半毛關係。眞理在他們的腦海中眞的如遠在天邊的浮雲，不切實際。

有鑑於此，一部分傳教士堅持將傳福音作爲唯一的事工。雖然他們努力工作，但卻仍然受到被世俗理性蒙蔽雙眼、被愚民政策奴化的一些底層民眾的歧視、刁難甚至毫無理性地攻擊。這些深受世俗理性愚昧的下層民眾因爲無法明白眞理是帶給人自由的本源，盲目地相信統治階級編造的鬼話，一次次將自己的命運交給那些玩弄他們命運的人，結果總是陷入悲慘的命運而無法自拔。這方面以義和團運動最爲典型。在這場運動中，共有241名外國人（天主教傳教士53人，新教傳教士及其家人共188人，其中兒童53人）、2萬多名中國基督徒（天主教18000人，新教5000人）遇難。事後，清政府爲推卸殺人的責任，對失去利用價值的義和團拳民進行了瘋狂地屠殺。

鑒於對中國政府及民眾的一次次失望，庚子事件後，絕大多數傳教士開始將工作重心轉向辦報紙，開學校，建醫院，開展慈善救助等舉措，實際上這些舉措與前面那些希望通過智力培養，開啓民智，啓蒙中國人的自然理性，培養中國人的純正信仰的人走到一起了。

雖然幾百年來西方傳教士爲將眞理的福音傳到中國作出了巨大的貢獻，但是幾千年來形成的根深蒂固的世俗理性不是那麼容易根除的。庚子事件過後不久，中國人民打著追求「科學與民主」的旗號展開了一場聲勢浩大的革新運動。但是因爲根本上不認識眞理，更一心專注於形而下的世界，所以非但沒有迎來眞理，反而迎來了一個僞眞理。眞理在這塊土地上水土不服，僞眞理卻如魚得水，不但給中國民眾繼續帶來陣痛，而且還導致中國人的千年噩夢至今尙未醒來。爲什麼眞理在這片曾經的神州大地上就如此難以紮根？因爲中國人心中缺乏純正信仰，所以信仰就一直搖擺不定，總是被偶像欺騙；又因爲中國人身上缺乏自然理性，所以不明白世界一體，人類一家的道理，總是活在自身狹小的世界裡。

罪性借著世俗理性使中國人沒有養成全域性看問題的能力，只把肉體的事情看的比什麼都重要。結果就是爲了一己之私，把這個世界當做巧取豪奪的競技場，把自己變成了一頭弱肉強食的野獸。然而卻心安理得地認爲，這就是人的本性。嗚呼哀哉！人靈裡

[262] 《基督教與近代中國社會》，第 239 頁。
[263] 同上。

的神性就這樣被滅殺了，幾千年來不斷上演的悲劇就是在這一愚昧無知的狀態下反復惡性循環。中國人眞的應該補補課，既不是科學課，也不是思想品德課，更不是什麼國學課，而是眞理課。如果不搞清這門課，中國人就永遠都無法認識眞理，中華民族永遠都無法復興。這絕不是危言聳聽，而是眞理的呼喚。

最後再來說說爲什麼基督是眞理？爲什麼信基督就是信眞理？這也是本文最後想說明的一個問題。

耶穌基督的誕生充滿神奇，不信神的人完全無法理解，那簡直就是天方夜譚。關於祂的預言早在舊約聖經裡就已由先知作出，「『**看哪！我的僕人，我所扶持、所揀選、心裡所喜悅的。我已將我的靈賜給他，他必將公理傳給外邦。他不喧嚷，不揚聲，也不使街上聽見他的聲音。壓傷的蘆葦，他不折斷；將殘的燈火，他不吹滅。他憑真實將公理傳開。他不灰心，也不喪膽，直到他在地上設立公理，海島都等候他的訓誨。』創造諸天，鋪張穹蒼，將地和地所出的一併鋪開，賜氣息給地上的眾人，又賜靈性給行在其上之人的神耶和華，他如此說：『我耶和華憑公義召你，必攙扶你的手，保守你，使你作眾民的中保（「中保」原文作「約」），作外邦人的光，開瞎子的眼，領被囚的出牢獄，領坐黑暗的出監牢。我是耶和華，這是我的名。我必不將我的榮耀歸給假神，也不將我的稱讚歸給雕刻的偶像。看哪！先前的事已經成就，現在我將新事說明，這事未發以先，我就說給你們聽。』**」（以賽亞書 42:1-9）在新約聖經裡四部福音書記錄祂的一生，所有關於祂的記錄都表明祂的一生潔白無瑕，祂的心中充滿寬容和愛，祂的行爲彰顯了無私和至善，祂的話語蘊藏著純正信仰和自然理性，祂的死充滿了悲憫和救贖，祂的復活莊嚴而神聖，祂的事蹟應驗了聖經中對彌賽亞的預言，宣告了祂就是上帝拯救人類的眞理。伊斯蘭教《古蘭經》對祂的記載稍有出入，但也大致相同。

基督生前就告訴世人，「**我就是道路、真理、生命；若不藉著我，沒有人能到父那裡去。**」（約翰福音 14:6）這可能有悖常理，哪有自己給自己作見證的呢？就連當時的法利賽人也當其面說：「**你是為自己作見證，你的見證不真。**」（約翰福音 8:13）基督卻說：「**我雖然為自己作見證，我的見證還是真的。因我知道我從哪裡來，往哪裡去；你們卻不知道我從哪裡來，往哪裡去。**」（約翰福音 8:14）從父母處來的人確實不能自己爲自己作見證，但是耶穌基督來自於神，「**因為我本是出於神，也是從神而來，並不是由著自己來，乃是他差我來。**」（約翰福音 8:42）祂認識神，「因爲上帝把他自己啓示於基督，也就是說，直接啓示於基督的心，……只有心領會了一件事，才算是對於這件事理解了。」[264]耶穌基督不但認識神，而且祂本身具有完全的神性。「上帝的智慧在基督本身具有了人

[264] 《神學政治論》，第 67 頁。

的性質，基督是得救的道路。……只有基督不借想像中的語言或異象接受了上帝的啓示。」[265]耶穌基督來此世界是代表神來這個世界傳播天國福音，「基督與其說是一個預言家，不如說是上帝的發言人。」[266]耶穌基督不只是猶太人的彌賽亞，而是全人類的救世主。「基督被打發了來，不只是教導猶太人，而是教導全人類。」[267]

因爲基督身上具有的純全神性，使祂顯示出眞理的特有屬性：帶給人光明，賜予人自由，且是唯一而純全的眞理化身。但是因爲具有了人的身體，而使祂的身分又顯得十分複雜。無數良善的人奉祂爲主，信仰祂，讚美祂，敬拜祂。藉著祂的恩典，這些人理性得以啓蒙，良知得以復蘇，靈魂得以覺醒，完善了自己的生命，成爲了祂在世間的見證人。而那些拒絕祂的人，都還在罪的轄制裡被私欲掌控，心中充滿貪婪、邪惡、詭詐、淫蕩、嫉妒、謗瀆、驕傲、狂妄等等邪情妄念，被油蒙了心，靈魂沉睡，良知泯滅，理性蒙昧。活著不過是一具行屍走肉，其實生命早就已經饑渴地要死了。「**因為罪的工價乃是死；**」（羅馬書 6:23）

藉著耶穌基督的降世，神的眞理得以人的樣式在世間顯明。「**因為神本性一切的豐富，都有形有體地居住在基督裡面。**」（歌羅西書 2:9）耶穌講自己就可以爲自己作見證，因爲這個世間唯有眞理可以爲自己作見證。可惜當時的人及後來的很多人都沒有意識到基督身上的眞理性，他們殺死祂，並希望將祂從歷史中抹去。但是少數理信的人發現了祂身上的眞理性，而正是這少數的理信者（主要爲基督教哲學家）用他們的言行彰顯出基督的眞理性，同時也改變了整個世界。

基督的眞理性在前作《基督教啓蒙讀物——最後的爭戰》一書中已經從思想、政治法律、教育、科學、經濟、慈善、藝術、風俗習慣等多方面進行了詳細論述（詳閱《基督教啓蒙讀物——最後的爭戰》），這些事實充分說明，今天人類享有的自由平等、民主法治和人道主義的幸福生活是如何而來。尤其對今天的中國人而言，那都是實實在在的恩典。看看一百多年前的照片，那些照片上國人的生活簡直恍如隔世。但是今天國人卻閉著眼睛，硬著心腸拒絕承認這一切是來自基督的恩惠，定人的罪就是在此。「**光來到世間，世人因自己的行為是惡的，不愛光倒愛黑暗，定他們的罪就是在此。**」（約翰福音 3:19）

現實世界仿佛也在用事實證明著這一切：今日世界各國幾乎都以祂的出生重新紀元；全世界一多半的人都信仰祂（伊斯蘭教稱祂爲「爾薩」，是天使和先知）；幾乎所有的人都在有意或無意中歡度紀念祂的節日「耶誕節」；凡是有人的地方幾乎都聳立著敬拜祂的教堂；祂的標誌「十字架」遍布世界各地的醫院、醫療機構以及紅十字會等慈善組織；

---

[265] 《神學政治論》，第 16-17 頁。
[266] 《神學政治論》，第 66 頁。
[267] 《神學政治論》，第 66 頁。

記載祂事蹟的《聖經》從古至今都是全世界發行量最大的一本書；現今使用的科學單位很多都是祂信徒的名字；當今世界上排名前列的國家幾乎都是基督教國家；當今世界上排名前列的大學幾乎都是基督徒開辦的私立大學；諾貝爾獎的獲得者 90%都是基督徒或與基督教有關的人……關於祂的事如果眞要細細說下去，那恐怕眞的就如約翰福音所講的那樣，直到天荒地老也說不完。

而所有的這一切都發生在一個出生平凡、沒有接受過什麼教育的木匠身上，並且祂還僅僅只活了三十三歲。正史上幾乎沒有留下什麼關於祂的記錄，很多人甚至不願承認祂的存在。但是人眞的算不得什麼，匆匆百年一晃而過，但是就算「**天地要廢去，我的話卻不能廢去。**」（馬可福音 13：31）因爲祂就是連接天地的中保，代表著神與人類訂立的新約。

我們今天還在迷茫一點兒都不奇怪，因爲我們還在拒絕接受眞理。基督就是那中間的道路，從祂被釘在兩個強盜中間，還有那明明白白的十字架都在向世人宣示，祂就是那中間的道路——眞道。幾千年來，大道若隱，眞道難尋。而如今，眞道就這樣明明擺在我們的眼前，我們卻如那瞎子般不認識祂。這樣的世界還要維持到幾時？難道我們眞就如聖經中所說的那樣，在黑暗中待久了，接受不了光明嗎？「**光照在黑暗裡，黑暗卻不接受光。**」（約翰福音 1:5）上帝藉著基督將眞理顯給我們，我們唯一該做的就是向祂敞開心扉，按祂教導我們的福音去做，我們就必能實現我們過去所不曾理解的生命意義。「**我是世界的光。跟從我的，就不在黑暗裡走，必要得著生命的光。**」（約翰福音 8:12）

基督是眞理的化身，祂早就爲世人指明了通向天國的道路。「**我就是道路、真理、生命；若不藉著我，沒有人能到父那裡去。**」（約翰福音 14:6）藉著祂，人類對眞理才有了眞正的認知，也清楚了世界的本質和生命的眞義。我們要眼望星空，心中有上帝，用自己的心靈和誠實去敬拜祂，就不會迷失方向；我們也要腳踏實地，明白眞理在人間，不要在虛空的精神世界裡去尋找虛無縹緲的眞理，就不會陷入神學迷霧。我們應當懷揣著對上帝的信仰，藉著基督賜予的福音，在屬世世界中尋覓和實踐眞理，並最終獲得一份完美的人生答卷，這才是認識眞理對人生所具有的眞實意義。

政法篇

「凱撒的物當歸給凱撒；神的物當
歸給神」

（馬太福音 22：21）

為什麼講以德治國必先明道？

關鍵字：道；天道；人道；地道；德；以德治國

爲什麼講以德治國必先明道？因爲「德」的背後有個「道」，沒有「道」，「德」就如沒有皮的毛，無所依附。我們講以德治國卻不明白什麼是「道」，無異於緣木求魚，註定勞而無功。那麼什麼是「道」呢？聖經告訴我們，「**太初有道，道與神同在，道就是神。**」（約翰福音 1:1）神是「道」的化身，明白了「道」，也就認識了神。而這「道」藉著耶穌基督「道成肉身」，我們也就藉著祂的福音得以認識了神，進而明白了「道」。「**因為神本性一切的豐富，都有形有體地居住在基督裡面，**」（歌羅西書 2:9）基督也明白地告訴我們：「**我就是道路、真理、生命；若不藉著我，沒有人能到父那裡去。**」（約翰福音 14：6）耶穌基督降世捨身，成爲全人類的贖罪羔羊，卻將眞理和光明留給了世間。藉著祂的恩典，我們認識了「道」，也明白了人生的眞義，更活出了豐盛的生命。

基督教給世人的「道」乃是天道，這「道」的本質就是無私的奉獻，也就是「善」，表現出來就是毫不利己專門利人的神性。古代的智者認識此「道」爲善，如中國的《道德經》裡就講道，「上善若水。水善利萬物而不爭，處眾人之所惡，故幾於道。」古希臘的蘇格拉底講得更明白，「我覺得，在可知世界中最後看見的，而且是要花很大的努力才能最後看見的東西乃是善的理念。我們一旦看見了它，就必定能得出下述結論：它的確就是一切事物中一切正確者和美者的原因，就是可見世界中創造光和光源者，在可理知世界中它本身就是眞理和理性的決定性源泉；任何人凡能在私人生活或公共生活中行事合乎理性的，必定是看見了善的理念的。」[268]明代王陽明也講：「天地雖大，但有一念向善，心存良知，雖凡夫俗子，皆可爲聖賢。」耶穌基督是從神那裡來，祂本認識神，所以祂直白地告訴世人，「**除了神一位之外，再沒有良善的。**」（路加福音 18:19）

「天道」的本質就是「善」，這也是神的本性，「天道」屬於形而上的概念，它與神同性，是由人內心中的良知感悟，正如王陽明所講「心即理」、「致良知」。「天道」不是

[268] 《理想國》，第 279 頁。

由外而內的教導，而是由內而外的呼應。外在的德、禮、法還是其他人造的思想主義、理論觀念，都不具有屬靈層面的涵義，都不能深入人的內在層面。唯有內在的良知才能溝通靈界與人心之間的聯繫，使人明白「天道」在這個世間意味著什麼，並幫助人樹立正確的德性。

在人類上古時代的黃金時期，出於未受虧損的良心和簡樸的理智，人類對神產生過正確的認知，並與之有過直接交往。此後，隨著人類與神的交往日益減少，人類變得越來越不認識神。在白銀時期人類還能通過相信前人留下的資訊，並依據一些有關生命的解讀保持純正的信仰。到了青銅時期人類變得不再認識神，而是凡事主張依靠人類自己，由此人類社會進入了一個所謂的「文明時期」。自打人類社會進入「文明時期」，就意味著黑鐵時期的到來已經不遠了。需要注意的是，這四個時期不是專指人類社會的哪個階段，而是指人類內心所處的四種不同狀態。

這四種不同的狀態涉及到人類不同時期認知的三種「道」：黃金時期到白銀時期屬於「天道」；白銀時期到青銅時期屬於「人道」；青銅時期到黑鐵時期屬於「地道」。每一種「道」都受各自主體意識的主導，對世界以及生命產生著符合生命主體的認知。認識「天道」的時代，人類普遍都是信神的，而且人心淳樸、善良，沒有那麼多的私欲和詭詐。即使看不見屬靈世界，但是人們相信「抬頭三尺有神靈」、「人在做天在看」、「善惡有報」等等。這個時期的人類更瞭解世界的本相和生命的眞正意義，也能在艱難的人生中活出這種眞義。

當「天道」若隱，人類逐漸將目光轉向人類自身。因爲不認識「天道」，人類逐漸開始追求「人道」。這「人道」乃是利人利己之道，表現出來就是「人人爲我，我爲人人」的自然理性。這理性乃是由良心而來，雖不認識神，但是源於靈魂中的那一絲神性，使人類產生出了一種對眞善美的渴望和追求。這種發自本心的美好願望，每個人都具有，不受國家、民族、種族、性別、貧富等因素影響，只要人保守好自己那顆良心不受虧損，正如保羅所說，「**沒有律法的外邦人，若順著本性行律法上的事，他們雖然沒有律法，自己就是自己的律法。這是顯示律法的功用刻在他們心裡，他們是非之心同作見證，並且他們的思念互相較量，或以為是，或以為非。**」（羅馬書 2：14－15）

但是當人類開始追求「人道」之後，因爲不再抬頭看天，而是一味低頭看地，於是人類對肉體的重視程度越來越高，而肉體來自泥土，本身就有趨死的傾向。「**私欲既懷了胎，就生出罪來；罪既長成，就生出死來。**」（雅各書 1:15）伴隨著來自肉體私欲的世俗理性對人的影響越來越大，人類逐漸墜入「地道」之中。這「地道」乃是損人利己之道，它表現爲弱肉強食的森林法則。由於受「地道」的影響，人類越來越分辨不清來自神的良心和理性與來自肉體的邪情私欲，並將二者混雜不清，由此產生出心情、性情甚至性欲等詞彙。由於對兩者關係的認識混亂不清，人類的思維意識也開始逐漸陷入蒙昧狀態，導致人類的痛苦由此而生，人類的生命也因此而亡。

但是埋藏於靈魂深處的神性又總是不經意地喚醒著人類的良知，警醒著人類不要輕易地沉淪，於是就有了這場自始至終靈與肉的爭戰。這場爭戰就是要幫助人類從趨死的「地道」中解脫出來，按照良心教導人的「天道」行事爲人。即使已經找不到「天道」了，那麼也應當按照自然理性教導人的「人道」行事爲人。

中國古人做人喜歡講道德，做事喜歡講道理，這本質就是追求「道」的一種表現。古代的聖賢很早就認識到「道」的重要性，從堯舜以降，沒有哪個朝代不追求聖人之道的，但是卻因久而不聞其道，中華民族離「道」越來越遠，連孔子也感歎「朝聞道，夕死可矣。」在一個不知「道」的社會裡，人們不得不去追求「德」，這就是一個從「天道」而轉向追求「人道」的過程。但結果會怎麼樣呢？我們從歷史上以及今天的社會裡可以清醒地看到，久而不聞其道的人類怎樣輕易地就被世俗理性取代自然理性，以科學取代宗教，以眼睛看得見的、頭腦裡算得清的眼前利益取代眼睛看不見的、憑藉理性良知才能看清的長遠利益。在這樣的社會裡，到處都是急功近利、巧取豪奪之輩。在政界裡遊刃有餘的是政客，學術界裡風生水起的是學術掮客，軍界裡興風作浪的是軍閥，商界裡巧取豪奪的是奸商。平民百姓也因爲沒有遠見而只圖眼前近利，將希望寄託於那些花言巧語、巧取豪奪的騙子，卻不相信那些眞正愛我們，並爲我們作出犧牲的人。在這樣的社會裡，「人民終日受那些別有用心的寄生蟲和馬屁精的欺騙，受到野心家、貪污犯、亡命徒的欺詐和坑害，受那些不值得信任的人的蒙蔽，受到巧取豪奪的人的耍弄。要說人民在經常受到這樣一些幹擾的情況下，也不會經常犯錯誤，勿寧說這是個徹頭徹尾的神話。」因爲懶於學習和思考，人們總是喜歡膜拜那些人造的偶像，總是希望能夠通過鑽營不勞而獲。結果每每淪爲偶像的奴隸，被愚昧、被奴役、被踐踏。人類這種因不明「道」而追求世俗享樂和虛榮的心，使人類靈魂沉睡、良知泯滅、理性蒙昧，日益遠離了神。

正是在這種情形下，一些良知未泯、心懷天下的智者提出了「以德治國」的思想主張。「德」的內涵實際是自然理性在人的意識層面形成的一種精神素養，眞正具備「德」的人一定是在形而下屬世世界中追求理想的明理之人，只有這種人才能夠憑藉自身的道德修養去影響周圍的世界。然而不明道而只知追求德的人，那就如無源之水，無本之木，只會在形而下的屬世世界裡苦苦搜尋道的影子。這樣的人大致分三類：一是雖不完全通達天道，但是對天道心有感觸，能夠通過著書立說來引導世人對天道有所領悟的聖人賢士。如老子、墨子、王陽明等人；二是雖不明天道卻想以人道來影響世界的人，這種人就是主張以德治國的主力。他們不是在孤苦中上下求索的清高之士，就是希望靠淵博知識改變世界的鴻儒，他們雖辛苦一生卻不足以成事，如孔子、屈原、朱熹等人。這些人雖學識淵博，堪稱世人的楷模，但是因爲還是通過外在感官認知世界，無法從內心中眞正理解眞理和良善來自於神，所以總是希圖通過外在的人文教育改變世人的三觀，這種方向性的錯誤使他們的努力都化爲了泡影；三是只認識人道但卻希望通過世俗的手段實現共產主義世界的理想者。這些人的初衷不可以說不好，但是卻沒有意識到美好的事物是不可能通過非理性的方式來獲得，以非理性的方式永遠不可能爲人類帶來理想中的大同世界。

「德」本質上是自然理性在形而下世界中的一種反映，以德治國的前提必須是明「道」，那麼古人所講的「德」依據的是什麼「道」呢？其實，我們在古代聖賢的經史子集中可以發現它的蹤跡，在傳承千年的鄉規民俗中也可以發現它的身影，在近現代思想家的理論學說中還能夠尋到它的痕跡。古人雲「天命之謂性，率性之謂道」(《中庸》)，究其意，「天命之謂性」就是指神賦予人的良心，體現在人身上就表現爲理性。「率性之謂道」就是指依理性而爲就是道，這裡的道顯然是指人道，本書也稱之自然理性。在封建社會中「道」表現爲一種「綱常」，是指人們共同生活及其行爲的準則。在國家最新公布的《新時代公民道德建設實施綱要》裡，「道」的內涵還是緊緊圍繞著人類的精神。由此可知，國人講的「德」所依據的「道」是指人道。

那麼依靠「人道」能夠治理好一個國家嗎？其實歷史已經作出了最好的回答。「人道」本質上是哲學的精華，是人類在屬世世界中能夠追求到的最高思想境界。但是它本身具有人的屬性，只會在具有這種智慧的人身上存在。這種人本身就很稀少，一旦離世，這種崇高的思想境界就會隨著智者的逝去而消亡。後人要想完全領會並繼承他們的思想意識幾乎是不可能的，所以導致大量教條主義的東西產生。正是這些東西在屬世層面使精意變成了文字，在屬靈層面使活信仰變成了死宗教。從根本上講，哲學是宗教在屬世世界裡的僕人，正如法蘭西斯·培根所講，「自然哲學實在既是醫治迷信的最有把握的良藥，同時又是對於信仰的最堪稱許的養品，因而就正應當被撥給宗教充當其最忠誠的侍女。」[269]哲學一旦脫離開宗教，只會陷入一種似是而非的僞理之中。

古人的「德」作爲「人道」在世間的一種體現，就與共產主義思想一樣必然會因爲人類理性的缺乏而淪爲一種似是而非的僞理。那麼以「人道」爲背景的「以德治國」能夠在現實生活中實現嗎？其實幾千年前的人類就已經嘗試過。堯舜的時代就提出「以德治國」，但是據說好光景沒幾年就結束了。以後又經歷了夏、商兩個朝代，都是君王一茬不如一茬，最終都在肉體私欲和世俗理性的裹挾下變得天怒人怨，政息人亡。周朝的聖人周公吸取了前人的教訓，試圖將這種「德」具體化，制定出一套人人可效仿的典章制

[269] 《新工具》，第 77 頁。

度，這就是「禮」。但是形式主義的東西對改變人心起不到絲毫的作用，這就是古人只說「倉廩實而知禮節」，卻不說「倉廩實而懂道理」的原因。（詳見下文《什麼是經濟的目的？它與經濟性質有什麼關係？》）

因爲不明白「唯有神是良善」的天道，只以爲善良出自于人心，所以形而上的「善」變成了形而下的僞善，相應的「禮」也變成了專制主義統治者拿來愚昧民眾的工具。即便如孔子這樣的聖人也被忽悠地辨不清東南西北，以爲可以通過教人以禮而使人心淨化。結果兩千多年的儒家文化培養的盡是些滿口仁義道德、滿肚子男盜女娼的欺世盜名之輩。眼見單靠禮教無濟於事，於是又有智者提出了依法治國，代表人物應當是法家。然而因爲不明白法治的背後是理信（詳見下文《法治與人治的本質區別是什麼？》），導致最終與禮教一樣沒有跳出專制主義的人治禁囿，同樣淪爲了專制主義者愚昧奴役民眾的統治工具。

人治這種政治形式在缺少對「天道」的正確認知下，統治了中國數千年之久，致使中華民族陷入了根深蒂固的世俗理性之中，直到今天中國民眾依然沒有從這種惡性循環的怪圈中掙脫出來。（詳見下文《如何走出「怪圈」？》）

我們看到在一個不知「道」的社會裡，沒有人會去遵守「德」，甚至連「德」的內涵都沒有眞正理解。在今天這個大道若隱的社會，這種人混跡於各種職場，將很多原本高尚的職業搞得污穢不堪。比如法官這個職業，在國外，法官都是經過長期地考察後，從一些品德、專業都很優秀的教師、律師中選拔出來。法官這個職業代表的是道德和專業，本身受人尊敬。法官自身也以此爲榮，非常珍惜這來之不易的榮譽。因此在辦案過程中大都能做到秉公執法，對得起法律和良心。但是在國內，以前剛轉業的軍人、剛畢業的大學生甚至官員的各種關係人都可以成爲法官。在這樣的司法環境中，不管是基層法院，還是中級法院乃至高級法院，法律人員的素質根本無法得到保證。由此還出現「破窗效應」，導致人人鑽營，拉幫結派，吃喝玩樂，烏煙瘴氣。「以德治國」的理念對這些人來講簡直是對牛彈琴，接觸過一次這樣司法人員的民眾基本不會再尊敬他們。

類似的還有教育行業，本來應該是爲人師表、傳道授業的行業，如今也被一些無道缺德的學術掮客搞得烏煙瘴氣，眞正品德高尚、有能力的人進不去，而靠關係、走後門，甚至金錢交易、性交易等手段的人卻能順利進入教師行列。這樣的教育環境怎麼可能教育出眞正的人才，更遑論培育出世界級大師。

驀然間發現近來許多學校裡忽然湧現出很多的禽獸教師，孩子們在學校中的人身安全都沒有了保障。我們傳道授業的地方，卻因爲不知「道」而德之不彰，完全淪爲培養技工的地方（詳見下文《爲什麼高等教育要強調自由和獨立？》）。大學更因爲德之不彰而混同贏利行業，培育出大批的「創客」。大學本是培育人類自由思想，塑造個人獨立人格的地方，如今卻因爲現行教育體制而搞得大學生一溜奔錢去，除了賺錢還是賺錢。大學居然成了思想的荒漠，眞正有違大學發明者——本尼迪克修道院的初衷。公立大學如此，私立大學更是仰人鼻息，眞正有思想有品格的人連爲人師表的機會都被剝奪。這讓人不禁想起龔自珍的名句，「我勸天公重抖擻，不拘一格降人才。」

再看看醫藥這個領域，因爲不知「道」，唯財是舉、效益掛鉤使醫院變成了高價藥店，病人成了待宰的羔羊。在此種環境下，醫生這個自古以來懸壺濟世的高尚職業變成了藥販子，醫生這一美好的職業竟然變成了無良職業。這就是不懂道理，光知道空喊口號的結果。

雖然中國社會進入近代史以來，中國人從西方舶來的文明中學到了一些諸如自由、平等、博愛的人文思想，民主、法治、人權等普世價値觀，還有科學文化知識。但是都還僅僅限於照貓畫虎，它們本身所包含的深刻內涵，中國人還遠遠沒有參悟透。這就形成了一種很奇怪的現象，西方文明中的政治文明、法制文明以及科技文明似乎都已經被中國人掌握了，但是這些東西只要一接觸到中國社會就會發生質變，好像橘生淮南的道理。那麼爲什麼會出現這種現象呢？這個問題不搞清，中國永遠也不會走出專制主義的人治怪圈。走不出這個怪圈，中華民族的復興就永遠只是一個「中國夢」。

中華民族走進這一怪圈的根本原因，就在於中國人心理上習慣依賴的是世俗理性，世俗理性源自於人的肉體，本身就有腐敗的趨勢。當人年輕時，人的肉體私欲還未完全成熟，人尙能憑藉與生俱來的一絲良善有所作爲。但如果人長時間不能明白「天道」，屬靈生命無法獲得靈糧的滋養，時間一久，源自肉體的各種私欲就會使人的理性向著世俗理性傾斜，致使連「人道」也變得陌生。而當人的肉體衰老和大腦退化時，這種傾向就會大大加速，最終使人陷入各種錯誤的認識之中。於是乎，我們就能習慣性地看到，人越老越糊塗，越對身外之物產生迷戀，越對死亡感到恐懼，由此犯下的錯誤簡直數不勝數。

一個人會這樣，任何一種由人的理性創造出來的思想主義、理論觀念都會這樣。比如儒家文化，儒家文化本是一門屬世的學問，但起初還是有些自然理性的東西，如「誠者，天之道也；誠之者，人之道也」、「天命之謂性，率性之謂道，修道之謂教」、「大學之道，在明明德，在親民，在止於至善。」但是後世儒家學者爲迎合封建統治階級的需要，而將儒家文化曲解爲「三綱五常」、「三從四德」等思想，儒家文化徹底被世俗化，最終淪爲了封建專制主義愚昧民眾的御用工具。再比如共產主義，這種誕生於自然理性的思想原本產生於一些大公無私、心懷天下的理想主義者心中，但是就因爲不認識「天道」的緣故，不得不追求形而下的「人道」。而維護「人道」的自然理性由於本身具有的拘限性，在缺少純正信仰的引領下只能被極少數哲學家所認知。當這些哲學家逐漸逝去後，自然理性也隨之失去，久而久之，缺失自然理性的個人乃至國家很少沒有不陷入黑暗的「地道」之中的。

那麼「天道」何在？中國人不是沒有找過，但是找來找去，找來的不過是「大道若隱」。確實，這宇宙的「天道」看起來很玄妙，裡面似乎充滿了無窮的奧祕。《道德經》裡稱其為「玄之又玄，眾妙之門」。又說「道可道。非常道」，彷彿這「道」是不可說的，說出來就跑題了。也難怪，這「道」確實千變萬化，且隨時變化而更新，讓人難以捉摸和掌握。能夠明「道」的人自古及今少之又少，並且隨著他們羽化登仙、涅槃成佛或歸真成聖，這「道」也隨之而去，而他們自身卻成為世人追求屬靈生命的偶像，真可謂人類莫大的悲哀。

所有這一切全都源於不明「道」，正如聖經中的文字具有字面和屬靈層面的雙重涵義。字面涵義往往使靈性不足的基督徒產生誤解甚至困惑，屬世的基督徒總是不能正確理解聖經所要表達的深意，比如聖經中常會提及「會照人的所作所為進行審判」，這裡的「所作所為」並非指人的外在行為，而是指人的內心意志。因為即使是惡人也會在外在行為上裝成善人，唯有善人的行為才能內外兼具。有些僅有外在信仰的基督徒，在看到基督以人的形像顯現於世時，只將其視為凡人，由此無法領悟基督身上的神性（真理性），更因為此無法領受基督所教授的真理。而一些謹守道德生活、心存慈悲的非基督徒，卻因為沒有接受過亂七八糟的神學教育，內心沒有驕傲自大、頑梗悖逆的荒謬信條，反而能在聆聽祂的福音後立刻承認祂的神性，並表露崇敬之意。因為不明「道」，就不能理解內在的生命真義，所以人的意念只能停留在外在的理性層面，又因為理性自始即不完全，並且有從「人道」墜入「地道」的趨勢，所以千百年下來，缺少純正信仰的東方世界幾乎是將「地道」當作了「道」的代名詞。

就在東方世界陷於地道之中無力自拔時，西方世界卻在兩千多年前就已經在黑暗中看見了真光。「**那光是真光，照亮一切生在世上的人。**」（約翰福音 1:9）藉著這真光，人類重新認識了「天道」。這道通過聖靈感孕、道成肉身以及聖靈保惠師適時做功，使那原本虛無縹緲的「道」變得豐豐實實、有形有體的存在，且具有了人的形象。「**因為神本性一切的豐富，都有形有體地居住在基督裡面，**」（歌羅西書 2:9）「道」就藉著這人的話語將上帝隱藏的奧祕向世人顯明，「**這道理就是曆世歷代所隱藏的奧祕，但如今向他的聖徒顯明了。**」（歌羅西書 1:26）「**要叫他們的心得安慰，因愛心互相聯絡，以致豐豐足足在悟性中有充足的信心，使他們真知神的奧祕，就是基督，所積蓄的一切智慧知識，都在他裡面藏著。**」（歌羅西書 2:2-3）

世人由此恢復了與生俱來的神性，並藉著良心的復蘇喚醒了理性，且樹立起對神的理信。人類因此一方面恢復了對神的純正信仰，另一方面明白了依法治國源自人與神的契約。當世人辨清了專制主義的邪惡以及人治理念的僞善性之後，人類解脫了雜亂信仰和世俗理性套在身上的枷鎖，恢復了與生俱來的主人身分。

神藉著耶穌基督將這隱藏的「道」向世人顯明了，但是人類的罪性又不斷地將這「道」引向謬誤。歷史無數次地證明，人類的一次次災難皆出於對「道」的誤解和歪曲。中世紀的歐洲名義上是基督教的天下，實際上基督教已經被傲慢的教條態度和自尊自大的虛僞作風裹挾到了迷信的歧途。上帝藉著一批追求眞理的基督徒再一次使基督教回歸眞道，並借著文藝復興、宗教改革、啓蒙運動、科學革命等活動，以及天賦人權、主權在民的人權意識和法律至上、人人平等的法治理念使人類步入近現代文明世界。可惜的是，這巨大的奇跡卻被人忽視，大多數基督徒追求和欽羨的卻是那些給人帶來感官刺激的神跡奇事。難怪耶穌說，「**若不看見神跡奇事，你們總是不信。**」（約翰福音 4:48）

不知「道」的信仰是幼稚和淺薄的信仰，甚至很容易滑入到迷信中去。因爲「**道就是神**」（約翰福音 1:1），所以不知「天道」的人也一定不認識神，更不能洞徹神與道之間的關係。而依賴「人道」的「德」更是一種形而下世界的精神，單只依靠「人道」的「德」不單難以成事，僅要存身都是非常困難。有鑑於此，對那些缺乏理信、空談治國的人講以德治國，必將註定一事無成。

不明白「唯有神是良善」的天道，人只會抗拒眞理的指引，活在個人狹小的內心世界裡。並因肉體私欲和世俗理性而無法抵禦萬惡之源的自私和貪戀世俗的誘惑，陷入愛己和愛世的漩渦裡。明白天道的人自然會對那位無私至善的存在產生出一種純正信仰，並通過這種信仰產生出「愛人即生活的全部，信仰即教義的全部」的認知。愛人即是在每一件事情上力求公義，此即爲「德」；而信仰即是以心存誠實敬拜神，此即爲「道」。此二者即爲做人做事之一切道理的總綱，「**你要盡心、盡性、盡意，愛主你的神。這是誡命中的第一，且是最大的。其次也相仿，就是要愛人如己。這兩條誡命是律法和先知一切道理的總綱。**」（馬太福音 22:37-40）因爲生命之道即爲愛神的果效要體現在愛人上，所以愛人與信仰在此合而爲一，愛神的信仰轉化爲愛人的行爲。由此，「道」與「德」合而爲一，亦即所謂「信仰即生活」的道理。

眞正的信仰一定是建立在理信的磐石上，唯有在認識眞理的前提下樹立對神的理信，並在理信的基礎上實現依法治國，才是人類內心實現永久平衡，社會實現永久和諧的根本之道。

「**我就是道路、真理、生命；若不藉著我，沒有人能到父那裡去。**」（約翰福音 14：6）耶穌基督就像一面鏡子使我們認識了神，藉著祂的福音我們明白了「道」的眞義，擁有了人類最優秀的品德。祂幫助我們睜開了屬靈的眼睛，見證了生命的奇跡，也明白了「道之不存，德將焉附」的道理。

民主為什麼必然會從基督教國家中誕生？

關鍵字：民主；人權；自由；平等；法治；人治

要知道爲什麼民主只會從基督教國家中誕生就必須要先弄明白什麼是民主，要弄明白什麼是民主就必須先搞清楚民主的出處，要搞清楚民主的出處就必須先瞭解人從何處來？唯物主義告訴世人，人是從猿猴進化來的。那麼民主只是人類社會進化到某一階段爲了維護社會的穩定和發展需要產生出來的一種制度。唯物主義裡產生不出民主，因爲猿群裡講的是拳頭。唯心主義不是這樣認識，它從更深層次看待這個世界，研究人類的生命，包括屬靈生命和屬世生命兩個層次。唯心主義認爲在這個世界存在一個形而上的屬靈世界，這是主要的、根本的世界；還存在一個形而下的屬世世界，這是次要的、輔助的世界。人是一個屬靈生命和屬世生命的結合體，人的靈魂寄託於人的肉體，通過肉體來實現今生的生命主題。這就像一本書，紙是書的載體，但是書的內容才是書的靈魂。一本書好不好，看的是內容而非紙張。人的靈魂就人的肉體而言是無限的，所以人的靈通過不斷地輪回修煉以期達到更高的生命境界。修得好的靈可以提升生命境界，基督教稱爲升天堂，道教稱爲羽化登仙，佛教稱爲涅槃成佛，伊斯蘭教稱爲歸眞成聖。雖然說法不一，實際都是一個意思。但是爲什麼民主不會在道教、佛教、伊斯蘭教等宗教中產生，尤其是伊斯蘭教與基督教原本就是同根同源，歸根結底，原因就在對眞理的化身——基督的認識上。

在上述宗教中，只有基督教對神性有著比較清楚地闡釋，因爲耶穌基督是從神那裡來，「**我是從上頭來的；**」（約翰福音 8:23）並帶來了來自天國的好消息，「**我所說的是在我父那裡看見的；**」（約翰福音 8:38）「上帝把他自己啓示於基督，也就是說，直接啓示於基督的心……只有心領會了一件事，才算是對於這件事理解了。」[270]人們通過耶穌基

[270] 《神學政治論》，第 67 頁。

督帶來的有關神的資訊，才得以認識神並發覺生命的眞義，且由此產生出基督信仰和基督教。正是由於這一純正信仰和良善宗教的加持，人類的良心得以被發覺，並被很好地看護起來。由此人類沉睡的靈魂醒了，理性也得以啓蒙並被普遍培植起來。

當人藉著純正信仰和良善宗教得以良心覺醒的時候，人與生俱來的靈眼得以睜開，神性也開始復蘇，這時的人將會通過學習、思考、禱告、行義等行爲與神接近，並從神的話語中領會生命的眞義。聖經裡講，「**神說：『我們要照著我們的形像，按著我們的樣式造人，使他們管理海裡的魚、空中的鳥、地上的牲畜和全地，並地上所爬的一切昆蟲。』**」（創世紀 1:26）這裡講的除了人的來源外，也講明人的權力來自於天賦。人若想行使這天賦的權力就必須擁有自由，而自由正是民主的本質。（詳見下文《如何認識民主的本質、核心內容以及由來和意義？》）

起初人具有神性（即良心），除了造物主外自己就是自己的主人，這時人是自由的。那麼後來人類爲什麼會喪失了自由呢？這在《聖經．撒母耳記上》有著清晰的記載。因爲人類怠於履行天賦的權力和義務，反而要求神派一個國王來管理他們（撒母耳記上 8：4-20）。神就通過撒母耳告訴人，要單依靠神，不可依靠人。但是人的罪性使人蒙蔽了心門，放棄了神而選擇了人，而這個人（即國王）正如福音書中所講的「園戶」（馬太福音 21:33-41），忘恩負義，背棄了園主的信託，心生歹意侵占了園主的葡萄園。歷史反復告訴世人，當園主忘記了自己的「天職」[271]，只想享受權利，不願承擔義務時，他們就會淪爲奴隸，如封建君主專制下的臣民。園戶就會濫用他的代理權而變成「賊」，如封建君主。原來君主是人類違背神意自己要求的，「**因為世人都犯了罪，虧缺了神的榮耀**」（羅馬書 3：23），所以人類爲此失去了自爲己主的自由，淪爲了罪的奴隸。

自由是民主的內在本質，民主是自由的表現形式。民主與自由永遠互爲表裡，共爲一體。沒有自由的民主是虛僞的民主，沒有民主的自由是蒼白的自由。而自由來源於神（詳見上文《爲什麼耶穌講「眞理必叫你們得以自由」？》），民主的本質是自由，沒有神就沒有自由，更遑論民主。民主的核心內容是人權，人權是民主得以實現的根基，缺少人權理念的民主一定是虛假的民主。而人權亦來自天賦，與自由和法治一樣無法脫離其神聖的源頭。那些無神論者不明白自身的自由和權力緣何而來，凡事都以自我爲中心，以爲今天的自由都是憑空而降，終日被萬惡之根的自私和世俗誘惑所包圍，追求感官刺激和虛榮，靈魂日益沉入黑暗的地獄中去。如果任由這些人做主，那只會給人類帶來無邊無際的苦難。

---

[271] 基督教「天職」簡單說是「上帝安排的任務」，「一種終生的工作任務，一種確定的工作領域」。各種工作本身沒有高低貴賤，都是通過服務人來榮耀神。勞動本身就是神的恩典，只有虔誠敬業才能與神和好。

基督是眞理的化身，藉著祂人類認識了眞理，獲得了自由和權力，並實現了生命的眞義。「**我就是道路、真理、生命；若不藉著我，沒有人能到父那裡去。**」（約翰福音 14：6）「**你們必曉得真理，真理必叫你們得以自由。**」（約翰福音 8：32）當人獲得了自由，就享有了自爲己主的權力。當人能夠曉得民主，不是因爲人的頭腦有多麼聰明或人的品行有多麼高尚，實在是因爲認識到了眞理是自由的出處，而眞理來自神的恩賜。正如湯瑪斯·傑弗遜所說：「人民的自由乃上帝的恩賜，這個深入人心的信念是自由唯一堅實的根基。如果我們剷除了它，那麼一個國家的自由（就不會）讓人覺得有穩固的保障。」[272]

因爲眞理是自由的根基和權力的保障，當人類忽視眞理，開始追求肉體私欲時，自由會隨著純正信仰的缺失而被雜亂信仰捆綁，權力會隨著自然理性的消失而被世俗理性剝奪。人們會在不知不覺中被罪性束縛，淪爲罪的奴隸。基本上，全世界各地的人們不分國家、民族、種族、階層、貧富等都是因爲忽視了自身天賦的自由和權力，貪圖安逸，放縱私欲，並受到世俗理性的誤導以爲自由僅是指行爲自由，權力僅是指世俗權力，從而使自己失去了自爲己主的資格。

世界上大部分地區的人類在很久以前就已經失去了自爲己主的資格，雖然各個地區的情況不盡相同，但大同小異，結局都是一樣的。事情的轉折發生在新紀元開始的那年，世界以這一年作爲新紀元的開始絕非偶然（這個世界就沒有偶然的事情）。基督的誕生不僅標誌著人類得以重新認識眞理，重新獲得自由和權力，也意味著民主的眞實回歸。當然，這是一個漫長的過程，因爲意識形態裡的事物都有一個延續性，根據個人意識的深淺或長或短地影響著以後的社會進程。

民主的回歸首先從基督教國家開始，這與眞理的發現首先從基督教國家開始是同步的。基督教教義是民主得以回歸的契機，由其而來的自由和人權，爲後世的人道主義、普世價值觀、立憲主義等理念，普選制、議會制、總統制等政治制度，以及三權分立、政教分離、法律至上、法律面前人人平等等法治原則奠定了意識及制度層面的根基。同時源於基督教的三觀爲民主的回歸提供了生存空間、經濟基礎和意識傳承。最爲關鍵的是，基督教是一門追求眞理的宗教，它爲眞理而生，又爲眞理作見證。它研究的對象本身就是眞理的化身，通過祂的教導直接可以幫助世人樹立理信。雖然在追求基督的過程中，由於罪性的緣故人們也時常陷入謬誤之中，但是絕不能因此否認基督本身所具有的眞理性。

神爲了拯救人類不惜「道成肉身」，以人的形像捨身救贖，「**他本有神的形像，不以**

---

[272] 《信仰與秩序——法律與宗教的複合》，第 199 頁。

自己與神同等為強奪的，反倒虛己，取了奴僕的形像，成為人的樣式。既有人的樣子，就自己卑微，存心順服，以至於死，且死在十字架上。」（腓立比書 2:6-8）神對人的大愛藉著耶穌基督在此得到顯明，「**因為所賜給我們的聖靈將神的愛澆灌在我們心裡。因我們還軟弱的時候，基督就按所定的日期為罪人死。為義人死，是少有的；為仁人死，或者有敢作的；惟有基督在我們還作罪人的時候為我們死，神的愛就在此向我們顯明了。**」（羅馬書 5:5-8）

人類藉著對基督的信仰覓得了回歸天家的道路，就如那離家的浪子終於回家重新做了主人。因此民主在基督教國家中首先產生絕非偶然，民主的內涵和外延只有基督教教義能夠給予確認，民主誕生的條件只有基督教國家能夠給予提供。下面從人類社會發展的七個主要方面對民主必然產生於基督教國家予以佐證：

首先，基督教作爲一個主張入世的宗教，從來都不提倡脫離紅塵，這有別於道教、佛教等出世宗教。基督教的入世主張，使民主理念在屬世世界裡獲得實現成爲了可能。

因爲「**神愛世人，甚至將他的獨生子賜給他們，叫一切信他的，不至滅亡，反得永生。**」（約翰福音 3：16）所以從神那裡來的耶穌常到人群中去幫助那些需要幫助的人，並且向他們傳遞無私的愛與寬恕，「**他看見許多的人，就憐憫他們，因為他們困苦流離，如同羊沒有牧人一般。**」（馬太福音 9:36）「**耶穌出來，見有許多的人，就憐憫他們，治好了他們的病人。**」（馬太福音 14:14）「**耶穌叫門徒來，說：『我憐憫這眾人，因為他們同我在這裡已經三天，也沒有吃的了。我不願意叫他們餓著回去，恐怕在路上困乏。』**」（馬太福音 15:32）「**凡勞苦擔重擔的人，可以到我這裡來，我就使你們得安息。**」（馬太福音 11：28）正是因爲耶穌無數的善行義舉，告訴世人要在這個屬世世界裡彰顯神無私至善的愛。神在這個世界創造人，原本是爲祂作見證，因此這愛與良善才是人來到這個世界裡尋找的生命眞義。所以基督徒從不會爲了自身的利益安危而脫離開這個屬世世界，相反他們十分清楚，這個屬世世界才是生命修行的試卷，脫離開這個世界無異於棄考。

曾經有段時期，嚴酷的外部生存環境使一些虔誠的基督徒遠離現實世界，身處荒漠、深山等人跡罕至之處，過著離群索居的隱修生活。但是這種行爲違背了基督愛人如己的教諭，變得只愛神而不愛人，與其他一些主張出世的宗教相混同。獨善其身從來都不是基督徒的生活準則，他們清楚愛神的果效要體現在愛人上。遵照基督的教諭「**當愛你的鄰舍**」（馬太福音 5：43），「**愛鄰舍如同自己**」（路加福音 10:27），他們視周圍的鄰舍都是自己的兄弟姐妹，並積極地爲他們造福。他們將屬靈生活的至善與屬世生活的高尚統一起來，既有良善的意圖和動機，又有現實生活的好行爲。他們說「我們一旦在基督裡，我們就是爲了別人，而不是爲了我們自己而活。」「每個人在自己的位置上都要爲了全體的好處，如果他不是這樣獻上自己，他就是不義。」

當基督徒具有了這樣一種自然理性，就會由愛鄰舍，擴及愛世人以致愛整個自然界，並自然而然產生出一種全域意識，將整個世界視爲一個整體，將全人類視作一個家庭。在這一認識過程中，隨著基督教教義提倡的獨立人格和自由精神的確立，主人意識逐漸覺醒。基督徒自然而然地在主人意識影響下形成一種人權理念，並隨著這種主人意識和人權理念的發展，對涉及所有人利益的事物產生出一種由所有人共同決策的民主意識，並在此意識的影響下積極參與到整個世界的改造中去。

這種由認識眞理而明白生命眞義，再由明白生命眞義而積極投入到建設人類美好家園的心理，使基督徒一定要在現實社會中作光作鹽。主人意識和人權理念更是促使基督徒要努力通過善行義舉將內心中的天堂之光放射出來，讓更多的人感受到來自神的愛與祝福，並發現自身所具有的獨立人格和主人身分。

基督教「愛人如己」的教義使其區別於那些主張出世的宗教，這爲民主的產生奠定了堅實的社會基礎。

其次，基督教主張「以人爲本」，這裡的「人」並非封建專制統治下的「民」，而是每一個獨立的個人。一個是神造的「人」，一個是人造的「民」，東西方世界對「人」的不同理解，直接導致兩個世界對人的認知在源頭上就已產生分野（詳見下文《如何理解「民爲貴，社稷次之，君爲輕」？》）。基督教的「以人爲本」主要體現在個人的天賦權力以及人人平等上，這爲後世的民主政治打下了堅實的理論基礎。

「天賦人權」思想誕生於基督教國家絕非偶然，這裡面蘊含著基督教教義「神愛世人」的理念。「天賦人權」的思想來自於《聖經》所講「**神愛世人**」（約翰福音 3：16）以及「**神說：『我們要照著我們的形像，按著我們的樣式造人，使他們管理海裡的魚、空中的鳥、地上的牲畜和全地，並地上所爬的一切昆蟲。』**」（創世紀 1:26）基督教的「人人平等」原是指人類在上帝面前屬靈上的平等，在舊約聖經中摩西告訴以色列人，神「**不以貌取人**」（申命記 10：17）在新約聖經中彼得也說：「**我真看出神是不偏待人。原來各國中，那敬畏主、行義的人都為主所悅納。**」（使徒行傳 10：34—35）

基督徒從聖經裡和基督福音中認識到了個人的重要性，他們認爲神按照自己的形像創造了人，所以每一個人身上都有神的影子，每一個人在神的面前都平等，不存在高低貴賤之分。人類作爲神的子民，被賦予了管理天下萬物的職責，所以每一個人無疑都十分重要。神造人原本是爲祂作見證，所以人必須獨立自主而且享有自由。但現實中的人千差萬別，如何保證每一個人都能獨立自主和享有自由，這是一個極大考驗人類智慧的問題。本著基督的教誨，愛神的果效一定要體現在愛人上。基督徒自始至終都追求愛人如己，因爲不愛人的人不可能愛神。「**人若說『我愛神』，卻恨他的弟兄，就是說謊話的；不愛他所看見的弟兄，就不能愛沒有看見的神。**」（約翰一書4：20）所以愛人才是基督徒在這個世界上最重要的事情。而要眞正愛人就必然尊重每個人的人格，維護每個人天賦的權力和自由，保證涉及個人的事都能由其自己做主，而這就是民主的眞正起源。

在人類社會從黃金時期逐漸衰落到黑鐵時期，人類越來越遠離神，也越來越彼此冷漠，乃至仇恨。世人由於對屬靈生命的誤解而日益陷入對神的迷信之中。他們不再追求眞理和良善，而是專注於屬世世界裡肉體私欲的享樂。人們越來越忽視內在生命本質，越來越注重外在生命表像。由此生命的眞道幾乎消失殆盡，人們由於感受不到來自天堂的生命之光而變得越來越醜陋。在這種情形下，罪就借著由人治而來的專制主義在這個世界做了王。

在君主專制制度下，君主以「君權神授」爲名，以神的代言人「天子」自居。他們爲了實現專制統治，絕不會允許任何以自由或民主爲名的東西存在。爲此，他們可以想盡一切辦法愚民，包括洗腦、威脅、利誘、迫害和殺戮。這樣的事在人類歷史上數不勝數，這正應驗《聖經．撒母耳記上》裡神對撒母耳所講的話，「**管轄你們的王必這樣行：他必派你們的兒子為他趕車、跟馬、奔走在車前；又派他們作千夫長、五十夫長，為他耕種田地，收割莊稼，打造軍器和車上的器械；必取你們的女兒為他製造香膏，做飯烤餅；也必取你們最好的田地、葡萄園、橄欖園，賜給他的臣僕。你們的糧食和葡萄園所出的，他必取十分之一給他的太監和臣僕；又必取你們的僕人婢女、健壯的少年人和你們的驢，供他的差役。你們的羊群，他必取十分之一，你們也必作他的僕人。那時，你們必因所選的王哀求耶和華，耶和華卻不應允你們。**」（撒母耳記上 8：11-18）

現實生活中君王的殘暴，使基督徒清醒地從上述話語中認清了專制獨裁實乃人類違背神意，惰於行使天賦的權力，只想依附罪人的報應。此外歷史上皇帝和國王的斑斑劣跡使基督徒再也不相信「君權神授」的鬼話，他們在聖經中找到根據，「**沒有義人，連一個也沒有！**」（羅馬書 3:10）在德行方面，誰都有惡的根苗，而世俗統治者的罪孽更爲深重，他們手中有權，可以更方便地利用自己的權勢而作惡。因此恢復主人天賦的權力就必須嚴格限制統治者手中的權力，讓更多的人參與到權力的行使和監督中來，這成爲制衡權力的最好方法。

基督教「人人平等」的觀念起初主要體現在屬靈的禮拜和成員間的交通上，後來逐漸延伸到政治、法律、教育、就業等其他社會領域，但不包括經濟平等或其他物質方面的平等。人人平等觀念使基督徒極爲重視每個人個人的意見，並且事關每個人的事都須徵求大家的意見。

由於基督教裡絕大多數信眾都堅持這一觀點，所以基督教內部很早就形成以「信眾的同意」作爲決定重大事項的基本原則。即使在教會裡，他們也認爲神職人員對信徒的影響最大，所以不應當由個別人指定，而應當由信徒選舉產生。基督教教父德爾圖良自

稱，他履行主教職權的風格是，不征得教士的意見和教區民眾的同意，則什麼也不做。教皇塞勒斯廷一世曾指示：「不應將主教強加給不願接受他的人們」。他規定，教士、人民和貴族的同意與願望是選擇主教所必須具備的條件。教皇利奧一世更明確地重申了這個指導性原則：「治理大家的人須由大家來選出。」「如未經教士選舉，得到人民的認可，在大主教同意下由省主教授任，任何人不得被任命爲主教。」[273]

11 世紀教會法開始興起，基督教會早期就有的「信眾的同意」原則與羅馬法中「關涉大家的事需得到大家的同意」原則相融合，並被運用到教會官員的選舉當中。比如克萊蒙的伯納德在 12 世紀中期就引用這條「古老的原則」，認爲主教選舉所影響到的每個人都應當參加選舉。中世紀末期的宗教大會運動中，教會思想家們的目的是：「既然教義和基督教理論影響到了每一個基督徒，那麼對教義和理論觀點的界定不應該留給一個人——教皇，而應該是整個信徒團體的事，『關涉大家的事需得到大家的同意』這一原則已經得到運用。」[274]由於以教皇爲首的宗法勢力過於強大，宗教大會運動最終失敗了。但是由馬丁・路德、茨溫利、約翰・加爾文等人發起的宗教改革運動卻在天主教勢力薄弱的地方如火如荼地發展起來。約翰・加爾文認爲初期基督教會本是一種民主和簡單的組織，在教皇制出現後遭到破壞，應該恢復基督教初期的原始面貌。他在日內瓦進行的宗教改革，以共和的長老制代替天主教的教階制，以平信徒的民主選舉制取代專制的繼承制，他的這些做法對後世議會制度的產生起到了積極的推動作用。（詳見下文《試論爲什麼近代議會制度首先誕生於英格蘭？》）

最早採用這種制度的是英國，這種制度雖然成功遏制了國王的權力，但是由於英國君主立憲制自身的缺陷，導致後來這種制度表現地並不理想。作爲英國殖民地的北美十三個州，在取得獨立戰爭的勝利後，美國建國者們借鑒了這種制度，並吸取了英國的經驗教訓。由於美國建國者大多出生于清教徒家庭，深受基督教思想的影響，基於對人類自身存在難以克服的缺陷的認識，他們都拒絕給予個人過多的權力。「基於人有罪的觀點，清教徒拒絕給予個人過多的權力。權力有腐敗趨勢，並且可以被用來打壓別人。因此，統治者的權力必須予以妥善地監督。」[275]基於這種觀念，重視個人權力的美國人民積極地行使天賦的權力，同時對政府的權力給予了最大程度的限制和監督，「人民以推選立法人員的辦法參與立法工作，以挑選行政人員的辦法參與執法工作。可以說是人民自己治理自己，而留給政府的那部分權力也微乎其微，並且薄弱得很，何況政府還要受人民的監督，服從建立政府的人民的權威。人民之對美國政界的統治，猶如上帝之統治宇宙。

---

[273] 叢日雲、鄭紅，《論代議制民主思想的起源》，《世界歷史》2005 年第二期，第 78 頁。
[274] 《論代議制民主思想的起源》，第 79 頁。
[275] 《美國憲法的基督教背景》，第 20 頁。

人民是一切事物的原因與結果，凡事皆出自人民，並用於人民。」[276]美國從建國時起就確立了維護民主的議會制和權力制衡的三權分立原則，爲民主的實現奠定了堅實的國體基礎。

議會制也爲實現人人平等觀念在世俗社會政治生活中提供了一種直觀體驗，它反映出每個人在權力和地位上都是平等的。但是在君主制或君主立憲制基礎上建立的議會制註定是不完善的，而這種不完善又通過代表不同階級利益的貴族、地主、資本家等通過各自的勢力把持議會而得到體現。民眾作爲權力的主體，如何實現權力的平等，如何眞正恢復自己的主人身分，考驗著每一個基督徒的智慧。

在總統制誕生之前，世界各地幾乎都是由封建君主或宗教首領統治著。即使被稱爲哲學家聖人的斯賓諾莎也一樣將希望寄託給賢明的君主，因爲這之前人類歷史上還沒有出現過眞正意義上的民主政體。但是正如前文所說，人是靠不住的，誰能界定這些統治者是否擁有智慧？而歷代統治者從來都宣稱自己是智慧的化身，沒見哪位統治者承認自己愚蠢，即使那位脫光衣服遊街的皇帝。歷史反復地告訴世人，源自於各種理性的人治是極不可靠的。但是在基督教教義提出「管家」理論之前，全世界都沒有找到解決問題的方法。直到人們在聖經裡找到基督的話，「**誰是那忠心有見識的管家，主人派他管理家裡的人，按時分糧給他們呢？**」（路加福音 12:42）

在聖經裡，「主人」指的是所有人，「管家」指的是代大家管理的人。這位「管家」必須是忠心而有見識，用今天的話講，就是具有良心且有自然理性。這樣的人在專制主義根深蒂固的君主或帝王中難得一見，他只有在純正信仰極其深厚的基督徒中才會產生。這樣的人在美國歷屆總統裡可謂屢見不鮮，最突出的有喬治・華盛頓、約翰・亞當斯、湯瑪斯・傑弗遜、亞伯拉罕・林肯等人。喬治・華盛頓曾在就任總統後的第一個感恩日的宣告中說：「各國都有責任承認全能上帝的佑助，遵行祂的旨意，感激祂所給的益處，謙卑地祈求祂的保護和眷顧……懇請祂赦免我們全民的罪及其他過犯;使我們所有的人，無論是在公共崗位上或以私人身分，都適當且按時履行各種相關義務；使我們的公民政府保持自身的智慧、公正、合憲的法律，並使這些法律得到嚴格的執行和遵守，從而給全體人民帶來祝福；保守和引導所有主權國家，祝福它們治理清明、國泰民安；將眞信仰和美德發揚光大並付諸實施，使我們和他們得以共用與日俱增的安寧；總而言之，按照祂認爲最好的方式賜予所有人類現世繁榮。」[277]約翰・亞當斯在美國經歷困難時，呼籲全體國民禱告，他說：「深深地感知和正當地承認上帝統管萬有、監察人心，公義地施行賞罰，並且人必須因此對他負責，這有益於個人的幸福和正直，同樣也有益於國家的

---

[276] 《論美國的民主》，第 71 頁。
[277] 《美國憲法的基督教背景》，第 104－105 頁。

福利。這是《聖經》最清楚的教導，也是世世代代的經歷最充分展示了的眞理。」[278]湯瑪斯・傑弗遜認爲，美國人之所以能成爲一個昌盛、幸福的民族，「其起因並不在於我們的出生，乃在於我們的行爲和感知；美國人因爲良性宗教信仰而變得開明，雖以各種形式表白和實踐信仰，但是都諄諄教導人要眞誠、老實、有節制、感恩和愛人；美國人讚美和尊崇上帝——他通過所有的安排證明了，他喜悅人今世幸福，來世更幸福。」[279]亞伯拉罕・林肯在頒布《解放黑奴宣言》後曾發表宣言講，「鑒於國家和人民的本分是倚靠上帝的大能；存著謙卑、憂傷的心，承認他們的罪惡和過犯，同時卻確信、盼望眞正的悔改會帶來憐憫和赦免；認識到一個偉大的眞理，就是唯有那些以上帝爲主的國家才會蒙福——這是《聖經》所宣告、也被歷史證明了的眞理。」[280]

上述這些忠心而有見識的「管家」，都必然理信上帝，都懂得不辜負主人的信任和託付，且必須由主人按自己的意願選舉產生。同時，爲防止某些不自覺的管家會悄悄變成竊取葡萄園的園戶，法律規定管家的任期是固定的，且不可連任。通過這種理智的做法，使民主得以眞正確立，並以法治的形式表現出來，由此徹底杜絕了人治的死灰復燃。正是由於上述基督徒總統都具有純正信仰，明白這種信任和託付的重要性，也清楚這副擔子有多重。所以他們都很珍惜這一服務人、榮耀神的職分。他們的行爲向世人昭示了總統——這個國家最大的管家的內涵：盡心盡力代主人管好家，不辜負主人的信任和託付，忠實地遵行耶穌基督「**僕人不能大於主人，差人也不能大於差他的人**」（約翰福音 13:16）的教諭。總統制，這一人類歷史上破天荒的創舉，爲人類眞正實現民主提供了堅實的政體基礎。

如果說爲議會制保駕護航的是三權分立原則，那麼爲總統制保駕護航的就是政教分離原則。根據基督的教諭，「**凱撒的物當歸給凱撒；神的物當歸給神。**」（馬太福音 22：21）基督徒明白宗教與政治雖然有關聯，但卻屬於不同的兩個領域，一個位於形而上的屬靈世界，一個處於形而下的屬世世界。二者雖都是爲人類服務，但服務的領域卻不相同。一個在屬靈層面爲生命指引前進方向，一個在屬世層面爲理性建立並提供制度保障。如果混淆二者的界限，就會使人們對理信與迷信糾纏不清，對民主與專制混淆不清，也使屬靈生命和屬世生命爭戰不休。

由上可知，政治層面的民主與純正信仰密不可分。美國作爲人類歷史上第一個眞正意義上的民主國家，這一偉大奇跡的產生與美國人民的基督信仰同樣密不可分。從人類歷史的發展來看，人類關於自由平等和民主法治的每一次進步都與基督信仰息息相關，

[278] 丹尼爾・蒙特，《美國總統的信仰》，江西人民出版社 2009 年版，第 281 頁。
[279] 《美國總統的信仰》，第 265 頁。
[280] 《美國總統的信仰》，第 188 頁。

並且民主得以實現的地方一定是人權理念和人人平等思想得到普及的地方，也一定是基督信仰得到彰顯的地方。

第三，基督徒的主人意識是通過眞理教育完成的，這與那些僞理掩蓋下的奴性教育有著天壤之別。

基督之所以稱爲眞理，因爲祂是純正信仰和自然理性的完美結合，基督教的教育也正是這兩者之間相互配合，彼此促進的教育結合。

基督教的純正信仰教育，使人乃知神是無私至善的存在，是一切眞理和良善的源頭，人生的眞義就在於爲神作見證，爲主添榮耀。人作爲神的受造物，本身實在算不得什麼，若不是因爲心中留存那一絲神性，人只不過是一具行屍走肉。正是藉著純正信仰教育，使人心中的良知得以蘇醒，明白了生命的本質是良善，並發自內心地被眞理和良善所感動。進而熱愛眞理和良善，以愛和信仰爲原則去行善，最終擺脫肉體罪性的束縛，從黑暗的屬世世界裡獲得重生，並獲得良心的自由和精神的解放。

純正信仰的教育主要通過家庭和教會來完成，父母的教育責任在此尤其重要。家庭教育在基督徒眼中具有十分重要的地位，「家庭教育與學校教育，同一重要，而負這家庭教育責任的，便是雙親。雙親教育兒童，主要的使之崇仰天神，以爲是對於上帝的最大義務。」[281]人類最早的教育無疑是從父母開始的，父母對世界的認識水準和對宗教的理解能力，將對孩子今後的成長以及定型產生潛在而巨大的影響力。

基督徒父母對孩子的信仰教育非常重視，他們從孩子很小時就開始給講聖經故事，教授他們讀聖經，帶引孩子參加禮拜及宗教節日活動。十九世紀初，美國著名的杜邦家族創始人皮埃爾·撒母耳·杜邦·德·內莫爾曾就美國當時的教育展開了一項研究，他將世界普遍低下的教育率與美國、英國、荷蘭和瑞士等新教國家較高的教育率進行比較後得出：「在這些讀《聖經》的國家裡，讀《聖經》給孩子聽被認爲是一種義務；在這樣的氛圍中，布道和禮拜儀式日益以適合群眾的語言形式出現，責任感也相應地由此產生了。」他還指出，「美國的教育絕大多數是通過在家中閱讀《聖經》和報紙完成的。」[282]

自小的耳濡目染，使基督徒家庭出來的孩子普遍具有一種虔誠的信仰、安詳的神態和明確的三觀。正是這明確的三觀使基督徒明白了天地造化的奧祕和生命本身的眞義，並由此認知了人類天賦的主人身分和使命，不再淪爲他人的奴僕和罪的奴隸。

如果說基督教的純正信仰教育孕育出基督徒的主人意識，那麼基督教的自然理性教育則培養出基督徒從人類整體利益出發，以博愛的精神勇於追求和捍衛人權的意識思維。這種意識思維使基督教教育區別於世界上其他地區的世俗教育（如儒學教育），並且創造

281 《教育史概要》，世界書局，第88頁。
282 《美國憲法的基督教背景》，第8、9頁。

出今天世界通行的教育體系，爲民主意識和自由精神的傳播與普及提供了理性支撐。

世界上各個國家和地區的傳統教育裡大都體現出各種世俗理性或者非理性，培養出來的都是爲專制主義服務的臣僕。這一方面是因爲缺乏純正的宗教信仰，另一方面就是因爲對自然理性的無知。自然理性是以自然爲中心，眼中看到的是全人類乃至整個自然界。當一個人的境界能夠達到全人類乃至整個自然界的高度時，他就具有了自然理性，也就掌握了自然法則。「眞正的法律乃是一種與自然相符合的正當理性，它具有普遍的適用性並且是不變而永恆的。」

自然法則是反映公平、正義、自由、平等、誠信、秩序等自然理性的集合，它來自於早期人類對這個世界的深入觀察和體悟。它的目的是保護人與生俱來的自然權利，這些自然權利包括生命權、財產權、自由權等。掌握自然法則的人會自然而然地生出權力意識，這種源自自然的權力意識就是後世人權理念的淵源。

如果講基督教純正信仰教育使人知在屬靈世界裡愛神，並因此獲得良心自由，那麼如何教人在屬世世界裡愛人如己並獲得行爲自由，就需要自然理性教育來完成。因爲哲學是人類在屬世世界裡追求眞理的一門學問，所以基督教的自然理性教育主要是通過自然哲學教育來完成的。自然哲學根據研究領域的不同可以分爲社會科學和自然科學兩類：社會科學與宗教信仰相關，通過人權理論使世人懂得「天賦人權，主權在民」的道理，並通過爭取言論自由、出版自由、結社自由、集會自由、遷徙自由以及信仰自由等權力，使民眾能夠最大限度地獲得良心自由；自然科學是對形而下屬世世界的探索和研究，它建立在這個世界是神的受造物，並且神賦予人對這個世界的管理權。作爲這個世界的「管家」，人類負有瞭解和管理好這個世界的責任與義務。近代世界的科學革命就是從那些探索和研究世界的基督徒科學家開始的。他們用望遠鏡搜尋天空，用顯微鏡察驗大地；他們研究地球上的一切生物，包括看見的生物和看不見的微生物；他們鑽研有形的能源，如煤炭、石油，也試圖掌握看不見的能量，如風、光、電。所有這一切都建立在，「基督教爲西方提供了兩個基本概念：第一，宇宙是有秩序的；第二，宇宙基本上是理性的和可理解的。……這樣的世界觀提供了一個環境，讓現代科學得以開始發展。」[283]人類作爲這個世界的主宰，要想爲神作見證，就必須認識這個世界，且擁有相應的行爲自由。發源於基督教世界的科學革命，使人類第一次擁有了掌握和改變自然的能力，人類從此開始享有越來越廣闊的行爲自由。

當人類的良心自由和行爲自由在基督教世界得到最廣泛實現時，作爲個人的自主意識也相應獲得空前的提升。人權理念不再只是一種思想家腦海裡的意識，而是在現實社

---

[283] 《基督教為我們作了些什麼？》，第 126 頁。

會裡每一個人都應當享有的實實在在的權利。這些權利通過基督教國家的努力，已經或者正在被制定為成文法律或規則，如《聯合國憲章》、《世界人權宣言》、《公民權利和政治權利國際公約》等國際性法律檔。通過這些成文的法律和規則，基督教教育正在以一種普世價值觀的意識形態改變著人類對世界的認知以及對宗教的理解，並深刻影響著全人類的前進方向。

基督教教育通過純正信仰教育和自然理性教育，使人類獲得良心自由且擁有行為自由成為可能。反觀那些偽理盛行的國家，通過雜亂信仰和世俗理性教育，使人們無法分清屬靈世界與屬世世界的關係，混淆了主人與管家的身分，不但捆綁人們的良心自由，也使人們的行為自由受到約束。在這樣的世界中，偽理邪說盛行，教育成為了一種維護少數人利益，剝奪民眾良心自由和行為自由的工具。

在這樣的社會裡，罪借著人的私欲蒙蔽了人的良心，使那些竊國的「賊」們淪為了罪的奴僕。「**私欲既懷了胎，就生出罪來；**」（雅各書 1:15）「**我實實在在地告訴你們：所有犯罪的，就是罪的奴僕。**」（約翰福音 8:34）

但是世人總是喜歡代表道德制高點，越是那些偽善之輩越喜歡標榜自己具有眞理性。他們為了讓他人心甘情願地接受統治，就通過雜亂信仰教育使民眾陷入迷信，自認為是命運使然，放棄抗爭的想法。他們又通過世俗理性或者非理性的教育，使民眾不知惡之為惡而作惡，或是以惡為善而作惡。專制主義者正是通過各種愚民教育使民眾心甘情願地臣服於他們的專制統治，甚至淪為邪惡統治者的爪牙或幫兇。

另外，他們還豢養了一批犬儒，為他們的各種邪惡行徑尋找藉口，比如讓這些命運悲慘的人醒過來豈不是更悲慘，還不如讓他們就待在黑屋子裡睡一輩子。他們不願意覺醒，還總是試圖阻止其他人的覺醒，這些人的罪是何等的大啊。「**你們律法師有禍了！你們把知識的鑰匙奪了去，自己不進去，正要進去的人你們也阻擋他們。**」（路加福音 11：52）有些理智學者雖認眞思考人類問題，但由於不認識眞理，即使深思熟慮，仍然過於片面，居然認為「沒有人會自願受到傷害」。殊不知這種情形只存在於人處於良心自由的狀態下。當人的良心自由受到束縛時，這時人的思維意識和主觀判斷就會陷入謬誤，如那些受忠君愛國教育的「忠臣」們，他們心甘情願為那些竊國大盜慷慨赴死，還理直氣壯地喊出「君讓臣死，臣不能不死」的歪理邪說。他們是將一個罪人的邪情私欲當作天意，這樣的雜亂信仰怎不叫人扼腕歎息；還有些糊塗的學者為了維護統序，編造出什麼三綱五常、三從四德等世俗理性甚或非理性的東西，以為靠著這些人造的倫理綱常就能取得天下的長治久安，為國家帶來太平盛世。卻不知正是這些出自肉體私欲和世俗理性的東西，使世人長期接受奴性教育，培養出一代代奴性意識根深蒂固的臣僕。奴性使人忘記了天賦的自然權利和自由精神，卑賤地獻媚於一個人造的君王，這無異於將自己的脖子伸進了絞索，獲得的只會是無邊的恐懼和任人宰割的命運；還有些追求共產主義理想的革命者，原本有著大公無私、心懷天下的自然理性，但卻由於受雜亂信仰和非理性的誤導，將原本出於自然理性的遠大理想導向了非理性的無產階級專政，最終落得個害人害己的結局，眞正令人痛惜不已。就因爲不認識眞理之故，無論是聖人賢士，還是鴻學大儒，亦或革命志士，雖努力求索，奮勇拼搏，換來的結果卻總是與自己的初衷大相徑庭。

基督教的眞理教育使人知人從何處來？人天生具有哪些權力和自由？人生的眞義是什麼？人應當對社會負有何種職責？基督教的眞理教育使基督徒成爲一名優秀的公民：外在表現爲遵紀守法、樂於助人；內心中信仰堅定，和平喜樂。正如加爾文所講，「人是處於兩種管制之下的：一種是屬靈的，由於屬靈的管制，良心得到造就，知所以對上帝存虔敬之心；另一種乃是政治的，由於政治的管制，人得到教導，在人類的往來關係中遵守社會本分。這兩種一般地被劃分爲屬靈的與屬世的兩種權限，並無不合」。[284]由此基督徒不但在屬靈世界裡以誠實和心靈敬拜神，同時他們也渴望在屬世世界裡化身爲愛的使者，爲神作見證。

但是只要是人就會犯錯，基督徒也不例外。基督教教育也會時常由於人肉體軟弱和私欲旺盛而陷入各種各樣的錯誤之中，比如迷信化和世俗化（詳見前書《基督教啓蒙讀物——最後的爭戰》）。基督教教育雖然也由於迷信化和世俗化的緣故屢經謬誤，甚至直到今日今時也常常陷入誤區，但是因爲能夠直面眞理，所以能夠時常警醒自守。雖然人性千差萬別，但是有了眞理的指引，愚者和暴民身上的肉身性情會受到很大程度地遏制。相反靈魂會保持適當地覺醒，懂得做人做事適可而止，辨別善惡的能力遠高於那些沒有信仰者或迷信者。而少數理信的基督徒更是在眞理的光芒照耀下，通過純正信仰和自然理性相結合的教育認識了眞理，且不斷引領著世人尋找到正確方向。這一點在美國這個基督教國家裡表現得尤爲明顯。

雖然美國自身小錯誤不斷，但是在大方向上從未出現過重大偏差。甚至有時已經出現犯大錯的苗頭，卻因爲它自身設計好的衡平機制，總會及時進行調整，避免出現更加嚴重的後果。這就是美國建國僅僅兩百年卻能執世界牛耳的原因。而這原因的背後表面上是美國民眾擁有的民主，其實是基督教教育賦予美國民眾的自由。基督教教育賦予美國民眾的自由是什麼呢？在此引一位移民美國的俄羅斯猶太人瑪麗·安汀的話來說明。「新世界引人自豪的自由，遠不止隨心所欲地到任何地方居住、旅行和工作的權利；而是意味著自由地說出自己觀點，自由地拋棄迷信的束縛，自由地嘗試自己的命運，不受

[284] 《基督教要義》，第 503 頁。

任何政治或宗教暴政的阻礙。」[285]這自由唯有民主的美國可以給予，而這一切建基於最初到達北美大陸的清教徒對基督信仰的執著堅持。正如托克維爾所說，「當我沉思于這個根本事實所產生的後果時，我好像從第一個在美國海岸登陸的清教徒身上就看到美國後來整個命運。」[286]

基督教教育喚醒了民眾的主人意識，賦予了民眾人權理念，動搖了君權神授論的根基，揭開了君主至上或國家至善的虛僞面紗。同時啓蒙了民眾的自然理性，培育了民眾的權利意識和自由精神，爲民主觀念的確立和普及在理性方面發揮了巨大的啓蒙與引導作用。

第四，民主的內涵是由法治確立，而法治的源頭是神治，唯有基督教的契約神聖原則能夠給予民主得以產生的法治土壤。

法治源自於法律的神聖性，而法律的神聖性又源自於法律的出處——神法。根據聖經記載，神爲了保護人類不至於因肉體私欲而犯罪，與人類訂立契約共同遵守。如神與挪亞立約（創世紀 9：9－11），神與亞伯拉罕立約（創世紀 15），神與摩西立約（出埃及記 20）等等。這種最早的契約後來表現爲律法，律法是神與人之間訂立的契約，在舊約聖經中被稱爲舊約，在新約聖經中被稱爲新約。契約神聖原則就是來自人類對神至高無上的神性的認知和崇敬，通過對神的信仰形成權利義務關係，並以書面形式確定下來。以這種契約形式來調整神與人以及人與人之間的關係，就構成了法治的源頭。（詳見下文《法治與人治的本質區別是什麼？》）

法律的源頭是神法（哲學家們也稱爲自然法），這種法律不同于普通的世俗法，它通常規定的是人的基本權利義務關係，比如擁有生命、享有自由、保有財產等等權力。相應的有權力就得履行義務，每一個人的基本權力都應當得到尊重，每一個人都應當尊重他人的權力和自由。在此基礎上，人自然而然地形成了自爲己主的民主意識，並在行使自己的主人權力時，也產生出尊重他人權力和自由的人權意識，且由此領會了民主的眞正含義。

正是出於對神的信仰，以及保護人天賦權力的意識，人們通過制定法律確立自己的主人身分和權力。這種法律不同于普通的刑事或民事法律，而是特指國家的根本大法——憲法。憲法作爲規定公民主人身分和權力的根本大法，從其淵源可以一直追溯到古老的律法。從那些遠古流傳下來的律法中，人們依稀可以體會到人類最初制定法律的目的和初衷。通過那些遠古的律法或習慣法，人們保守著自己的主人身分和權力。後世氏族部落的民主意識，正是通過這些源自宗教信仰的律法或習慣法得以傳承和彰顯。

[285] 《自由的歷程：美利堅圖史》，第 201 頁。
[286] 《論美國的民主》，第 354 頁。

但是後來在人類社會逐漸遠離對神的信仰後，體現人治理念的專制主義借著君權神授的名義悄然出現，並且逐漸以人取代了神，以人法取代了神法。當人類失去對神的信仰，人漸漸失去了對自己主人身分的認知，也不明白人的權力乃源自天賦。他們逐漸將生活的希望寄託到某個人的身上，在喪失了主人意識的同時，正如《撒母耳記》中神的預言，人逐漸淪爲了專制主義的奴隸，也就是罪的奴僕。「**我實實在在地告訴你們：所有犯罪的，就是罪的奴僕。**」（約翰福音 8:34）

同樣作爲人法出現的法律失去了它神聖的源頭，也就失去了其神聖的根源，法律日益淪爲形而下世界裡專制主義的統治工具。由於人的理性自始既不完全，這種基於維護統治階級世俗利益的世俗法只會阻撓和破壞民主，通過控制輿論、混淆是非、剝奪人的自由乃至生命來阻止人類自由思想的權力，且斷絕人類追求眞理和良善的希望。正是借助這些人設的法律，人治由此而生。

人治本身就是一個在大道失去後的無奈之舉，在人失去了對神的認識之後，人就無法產生純正信仰，沒有純正信仰也就無法誕生良善宗教。失去了純正信仰和良善宗教的看護保守，人的良知很容易失喪，良心很容易陷入不自由的境地。而受良心引領的理性在此種情形下，只會是日漸蒙昧，由自然理性而世俗理性，甚至陷入非理性的境地。在這種境況下，依理性而治的人治只會是將人引入一種盲目崇拜活人的社會治理模式。這種人治模式會使理性的層次由於不斷受到人類罪性的侵擾而降低，專制主義會在這種人治模式下越來越猖獗，最終導致個人的人格尊嚴和良心自由在專制主義者編造的倫理綱常下蕩然無存。在人治模式下給人類帶來的不會是自由與良善，而只會是良心束縛和人格枷鎖。民主隨著人治的降臨而離世人逐漸遠去，這一過程古今中外都有發生過。這一局面的改變是隨著人類重新認識神，重新發現自己主人身分，並重新獲得人權而得以改變。

人類之所以能夠重新覺醒主人意識，毫無疑問源自於基督信仰爲人類送來的良善宗教和純正信仰。藉著良善宗教，人類日益明白自己的主人身分和權力源自天賦，並且通過與神的溝通重新樹立起純正信仰；藉著純正信仰，人類重新認識了眞理和良善，恢復了幾乎缺失的理性，並借著理信制定出賦予人類基本權利的憲法。憲法的形成過程，正好可以充分展示人類對神的信仰，以及由信仰而不斷覺醒的良知，以及由此制定出確認主人身分和權力的民主回歸過程。在此以一個著名的例子，來說明人類主人身分的回歸正是藉著對神的重新認識並在純正信仰的引領下得以實現。

基督徒在以往的歷史中，經歷了無數次生與死，血與火的考驗，對於人的罪性有著極其深刻地認識。他們通過聖經的教導和對上帝的信仰，不斷地追求著心目中的自由。當美國獨立戰爭勝利後，以清教徒爲主體的美國基督徒在確定國體的時候發現，這個世界上的所有國家形式都不符合他們心目中的理想模式，但是理想的模式又應該是什麼樣子呢？這確實是個考驗人類思想與智慧極限的難題。當這個問題擺在美國立憲會議上時，同樣讓這些生活在半人治社會裡的人們爭吵不休，甚至眼看著會議將無法繼續進行下去。這時被美國人視為聖人的佛蘭克林站了出來，他說：「看起來，我們的確有必要反思一下我們政治智慧的初衷，從最初對它的追尋開始。我們追溯歷史上的各種治理形式，考察一下依據自身情況而生的各種不同的共和政體形態，如今，它們都不復存在。我們再來看整個歐洲大陸上的現代國家，也沒有找到適合我們的憲法體制。

我們的會議猶如在黑暗中摸索，希望能夠找尋到政治眞理，但是，卻很難找到。何以至此？主席先生，迄今為止，為何我們從未謙恭地祈求于光明之父，讓他來啓迪我們的悟性？

在與英國的抗爭中，每當我們遭遇險境都會祈求神的保護。神聽到了我們的祈求，並且給予積極的回應。所有參與戰爭的人一定都時常感受到神的眷顧。

正是神的護佑使我們有機會在和平中商討未來國家的幸福。難道現在我們已經忘記了這位「強有力的朋友」嗎？或許我們認為不再需要他的幫助了嗎？

我已經活了很久，主席先生，活得越久我越相信一個眞理——神主宰人間的一切事務。一隻麻雀都在他的主宰之中，會有一個帝國的興起不借助神力嗎？

主席先生，聖書上記載：『除非主幫我們建造房子，否則人的勞作是徒勞的。』我對此深信不疑。我還相信沒有他的贊同和幫助，我們所有的政治努力也會跟巴比倫人建造通天塔一樣勞而無功。我們會因小小的地區利益而鬧到分裂；我們的計畫將會破產；我們這些人也會被後人譴責，在歷史上留下罵名。

更為糟糕的是，它將成為一個不幸的案例，讓後人對以人的智慧來建立政府感到絕望，從而把此事交給機遇、戰爭和征服去解決。

因此，我請求，從今往後，每天早晨我們的會議開始之前，讓我們進行崇拜祈禱，祈求主眷顧我們，給予我們思考的智慧。」[287]從佛蘭克林講完這段話開始，整個會議的進程開始順利起來，人們彷彿重新找回了久違的智慧。由此可以看出，美國建國者制定憲法的智慧來自於神的恩賜。它基於基督信仰，源自於神的力量。

美國建國者們利用來自神的智慧制定出人類歷史上第一部成文憲法，開創了人類徹底由人治轉向法治的新局面。而這一源自基督信仰的偉大貢獻，今天卻使全人類都深受裨益。

法治隨著基督徒重新發現神的眞道而回歸，從文藝復興和宗教改革開始，在人文主

[287] 傑瑞．紐科姆，《聖經造就美國》，復旦大學出版社 2017 年版，第 326 頁。

義的影響下，人權理念和主人意識得以重新興起，法治也由《人權法案》開始到形成憲法結束，這中間自始至終都沐浴在神性的光照下。人類又恢復了對法律源頭的認知，法律重新獲得了其神聖的地位。人們遵守法律，一方面是因爲法律的神聖性源自於神，出於對神的信仰，人們願意接受法律的約束；另一方面人們相信來自神的法律能夠保護他們的權利和自由，所以他們願意遵守法律，並尊重執法者的權威。由此法治重新回到世間，而由法治保障的民主也重回人間。需要注意的是，法治並非從天而降，它與民主一樣都是來源於理信而自爲己主的自由之人。正是這些理信的自由人通過制定成文憲法，以國家根本大法的形式明確了民主的內涵，保障民主在屬世世界得以重新確立。因此永遠不可忽視法治的神聖根源，它源自于以良心而治的神法。

當人類脫離開法治而陷入人治的時候，人類將會由於缺乏智慧而墜入迷信的誤區。有人講，物質的豐富導致人類趨同，其實物質貧乏時人類大多也是趨同的。人類的趨同與物質的豐富與貧乏沒有關係，而是與人是否從眞理中獲得智慧有著直接關係。人類缺乏智慧，源于愛智慧的人太少，愛眞理的人更少。絕大多數人樂於在形而下的屬世世界裡尋求肉體的感官快樂，形而上的屬靈世界對他們來講太過於虛無縹緲。因爲眞理難識，自由難得。不明白眞理的人往往隨著眾人走向通往地獄的大道上。「**因為引到滅亡，那門是寬的，路是大的，進去的人也多；**」（馬太福音 7:13）

在人治社會裡，在專制主義的誤導下，民眾缺少對神的正確信仰，有的只是對偶像的迷信以及對強權的恐懼和盲從。受專制主義愚昧的民眾不明白尊重個體生命的重要性，也無法領會民主的眞正含義，只是習慣於被他人統治或統治他人。自始至終無法產生出尊重個人人權的法治意識，也無法分清良心自由和行爲自由的區別。

在專制主義長期的世俗理性甚至非理性地灌輸下，因爲蒙蔽地久了，人眞的不再會有主人意識，反而會恐懼甚至憎惡民主。「**凡作惡的便恨光，並不來就光，恐怕他的行為受責備；**」（約翰福音 3:20）你看那自稱奴才、搖尾乞憐的狗奴才，欺下媚上、爲非作歹的狗官，還有那些自以爲是、爲虎作倀的犬儒，你還能指望在人治的社會裡產生民主的理念嗎？缺少了對神的信仰，法律就失去了其神聖的根基，就不會產生出確立民主的立憲主義。在人治社會中所謂的法律只不過是人壓迫人的工具，這個工具可能會根據當時統治者的專制程度有所變化，但是維護專制主義的本質不會改變。

在人治社會中，專制主義制定的法律永遠是阻撓和破壞民主的工具，無論其書面語言說的多麼動聽，其邪惡的本質決定了其必因自私而遠離良善，必因愛己而仇視眞理。在人治社會中，所謂的民主只會是少數人的民主或多數人的暴政。囿於階級論的短見，人們無法理解和接受普世價值觀，只有少數人能夠享受權力和自由（即使這自由也是受限的）。由於不認識眞理之故，即使這少數人也依然活在半主半奴的生活中，隨時準備犧牲自己的自由去剝奪他人的自由。正如托克維爾所說，「當宗教在一個國家遭到破壞的時候，智力高的那部分人將陷入遲疑，不知所措，而其餘的人多半要處於麻木不仁狀態。.........這樣的狀態只能使人的精神頹靡不振，鬆弛意志的彈力，培養準備接受奴役的公民。一個民族淪於這種狀態後，不僅會任憑自己的自由被人奪走，而且往往會自願獻出自由。」

又或者，在專制主義愚民政策的欺騙煽動下，民眾不知道什麼是天賦的權力和自由，他們要麼心甘情願地做奴隸，要麼隨心所欲地做暴民。明面上這是由於他們自身的愚昧無知和野蠻任性造成的，背地裡卻是獨裁者愚民教育和野蠻屠戮的犧牲品。在這樣的世界裡，愚昧和野蠻就做了王，這時的民主只會形成多數人的暴政。蘇格拉底被古希臘的愚者和暴民們民主地判處了死刑，耶穌被古羅馬的愚者和暴民們民主地送上了十字架。就連十八世紀末的法國大革命，即使在啓蒙思想家與美國樣板的帶引下，仍然最後陷入恐怖的大屠殺中。可見這種由多數人的暴政實行的民主是多麼的可怕，但是在法治降臨以前，這個世界到處都是人治，即使所謂的民主也依然擺脫不了人治的陰影。

在專制主義人治社會裡，人們永遠找不到眞正的出路。雖然有無數賢人志士上下求索，可是找見的只是密不透風的鐵壁銅牆；即使有很多道學大儒呼天喊地，可是叫來的仍然是使人愚忠愚孝的專制桎梏；即使有無數的革命烈士拋頭顱灑熱血，可是換來的依然是讓人窒息的思想牢籠。眞理何在？自由在哪？直到人類第一部成文憲法的臨世，人類才眞正明白了權力和自由並非源自於某個人或組織或法律的恩賜，而是造物主創造人的初衷。由此人類得以擺脫數千年來愚昧無知和野蠻任性的束縛，才得以眞正走出了「放開就亂，捆上就死」的千年怪圈（詳見下文《如何走出「怪圈」？》）。而這部憲法的誕生，實在是來自於基督的恩賜，它直接誕生於一群被稱爲半神半人的基督徒之手。

基督教教義對法治的影響，主要源於契約神聖原則。保障民主的法治，正是從最初的宗教律法發展到後世的憲法，其間強調神愛世人的基督教教義始終承擔著看護人的良心，培植人的理性，且保護世人當家作主的角色。

基督徒自覺遵守法律，不是因爲法律是社會行爲規範或源自於統治階級的強令，而是因爲法律之神聖源自於契約神聖，這源自神的契約恰恰是人類自爲己主的根基。幫助人類認識神及神聖契約關係，這是基督教在法治層面爲民主的誕生和發展所創造的條件。（這與專制主義人治國家制定的法律有著本質的不同）

第五，基督教教義在教會與世俗政權的權力爭奪中爲社會創造出一份寬容的氛圍，並爲理信的基督徒保留了一塊自由思想和勇於探索的精神空間。

基督教教義關於屬靈世界和屬世世界的劃分，「**凱撒的物當歸給凱撒；神的物當歸給神。**」（馬太福音 22：21）爲人類打開了窺視屬靈世界的視野。耶穌在這裡用屬靈的語言描述了兩個世界，世俗政府與宗教世界完全是兩個「國家」。世俗政府通過宣傳、鼓勵、約束和懲罰等措施來維護世俗社會的和平與秩序；宗教世界通過宣講和教導宗教信仰來維護人類屬靈世界的良善與自由。一個是形而上的屬靈世界，一個是形而下的屬世世界。人類由此不再局限於屬世世界的洞穴，而是跳出了肉體私欲的深井，開始以屬靈的視角觀察世界。「人是處於兩種管制之下的：一種是屬靈的，由於屬靈的管制，良心得到造就，知所以對上帝存虔敬之心；另一種乃是政治的，由於政治的管制，人得到教導，在人類的往來關係中遵守社會本分。這兩種一般地被劃分爲屬靈的與屬世的兩種權限，並無不合」。[288]

由於生命境界的提升，人類瞭解的世界遠遠超過了人類肉眼所看見的世界。雖然宗教迷信和世俗政權總是試圖誤導民眾接受來自屬靈世界和屬世世界兩個世界的資訊，但是埋藏於人類靈魂深處的神性總是會在不經意間閃爍，召喚那些理信的基督徒重新發現眞理的痕跡，並將日益遠離眞理的人們引回正道。

基督教的世界觀爲人類帶來了對世界本質的全新認識，世人不再局限於狹隘的屬世世界，相反人類的眼光看見的世界擴及到了更高的生命層次。同樣在基督徒的價值觀裡，上帝的國永遠高於地上的國，天上的財富永遠重於地上的財富。如此一來，世俗世界裡的君王不再是高不可攀的偶像，反而只是世俗世界裡大家選擇的管家。因爲考慮到權力有腐敗趨勢，可以被用來打壓別人。所以，統治者的權力必須予以妥善地監督。這監督者正是代表上帝權柄在人間的有形組織——基督教會。如此一來，基督教會在世俗社會裡無形中起到制約和抗衡世俗政權的強大作用，專制主義政權一家獨大的社會基礎由此不復存在。

但是控制了世俗權力的君主沒有不想染指民眾思想意識的，當世俗社會裡的國王想要插手意識形態領域裡的事時，基督教會的領袖會出面予以制止。如西班牙科爾多大主教何修曾對國王說：「你自己不能捲入宗教事務裡……上帝已經把（世俗的）王國交到了你的手中；至於我們（主教們），上帝是把他教會的事務託付給我們。」[289]受基督教這種世界二元觀的影響，在基督教國家形成獨特的政權與教權二元化的權力格局。在整個世界還處在專制主義獨裁統治時，中世紀的基督教會通過限制王權，擴張教權，使中世紀的西歐社會沒有形成一家獨大的君主專制政體，相反兩種權力的爭奪使世俗社會保持了一種相對寬容的氛圍，也爲思想家們提供了一塊自由生存的空間和獨立思考的領地。在這塊相對自由的領地上，思想家們或憑教權之勢，或借助王權之力，圍繞著教權和王權的主題，闡發著自己的政治主張。正是源于這種自由思考而誕生的政治學理論爲今天的民主理念提供了寶貴的精神養料。

---

288 《基督教要義》，第 503 頁。
289 《基督教對文明的影響》，第 245 頁。

而在專制主義一家獨大的國家裡，任何帶有自由元素的東西都會受到扼殺，如中國古代秦始皇的焚書坑儒。專制主義不但對有形的書籍和思想者予以消滅，即使是對自由這種意識也是百般詆毀，任意誣衊，給世人的頭腦裡對自由留下了一個貶義的形象。正如嚴複所說：「夫自由一言，眞中國曆古聖賢之所深畏，而從未嘗立以爲教者也」。專制主義裡產生不出寬容，更不會賦予人自由，它只會用世俗理性包裝的僞善，在虛情假意中愚昧人的理性，腐蝕人的良知，讓人在不知不覺中變成一個「豬人」。就像電影《大護法》裡那群帶著假面具的「豬人」，他們被某些邪惡勢力愚昧、奴役、壓迫、甚至殺戮。自私、恐懼、麻木悄無聲息、令人窒息般地在這些豬人中傳播、蔓延，他們互相猜忌、彼此陷害，陷入奴性而無法自拔。個別有些思考能力的人卻因爲各種肉體私欲和世俗理性甘爲那些惡人驅使，淪爲惡人的爪牙。在這種嚴酷的社會環境裡眞正讓人看不見一點兒希望，看見的只是無邊的黑暗和人性的醜陋。

在基督教國家，君主和教會之間的爭奪不但在社會科學領域給思想家們留有一席之地，而且由於基督教義對自然界可認知的看法，使得自然科學在基督教會的保護下也取得了長足的進步，並由此引發了近代以來的數次科技革命。當世界各地的人們還在將自然科學視爲奇技淫巧或上不得檯面的東西時，基督徒科學家已經在教會管理下的修道院、教會大學等機構裡開始展開專業研究。這種事情如果放在專制主義一家獨大的國家裡，簡直不可思議。這種學術自由正是源於教會的保護，使自然科學研究能夠不受世俗政府的干涉自由進行。正如經濟學家顧准所說：「因爲是教會辦的學校，世俗的政治權威管不著它，也許這就是後代大學自治的淵源。像明太祖的《大誥》之類的政令，是越不過大學的門牆的。」

與之相應，世俗政府爲了與基督教會相抗衡並提升自己社會聲望等目的，也對自由獨立的學術之風給予了必要的尊重。例如 1158 年弗裡得裡克・巴巴羅薩皇帝頒布的保護學者特權的文件[290]、1200 年巴黎市政當局頒發的授予學生特權的文件[291]等。正是在這種相對寬容的社會氛圍中，引領人類社會進入世界近現代史的政治理論、經濟制度以及科技文明等才得以眞正成形。

正如前文所講，社會科學和自然科學的共同發展，爲民主的誕生提供了一片肥沃的精神土壤。每當世界日益陷入宗教迷信和專制主義的時候，是基督教裡的智者在宗教迷信和專制主義薄弱的地方，出人意料地重新燃亮眞理的火焰。文藝復興、宗教改革、移民新大陸、清教徒革命、獨立戰爭、啓蒙運動、科技革命等所有的活動都促使民主的火種得以保留並成燎原之勢。

---

[290] E.P.克伯雷，《西方教育經典文獻》（上卷），人民教育出版社 2016 年版，第 191-192 頁。
[291] 《西方教育經典文獻》（上卷），第 192-193 頁。

正是相對寬容的社會環境使這些智者得以在暗夜中不斷追尋著眞理的足跡，直到有一天民主成爲整個世界大勢所趨。恰如百多年前托克維爾在考察完美國的民情後所預言的那樣，「民主即將在全世界範圍內不可避免地和普遍地到來。」[292]

隨著基督教國家先後進入近代史，這些智者的思想理念借著廣泛印刷的書籍進入了千家萬戶，並深刻地影響了整個時代人們的思想意識，進而推動了基督教國家的近代法治建設。反過來相較完善的法治建設又促進了民主的發展，並隨著基督教國家的科技發展和文化交流傳遍了整個世界。

第六，民主的經濟基礎一定是建立在私有制基礎上的自由市場經濟，這需要私有財產、先進生產力、自由的人以及自由價值觀等綜合因素的整合才能形成，而只有基督教國家能夠提供這一切。

經濟作爲形而下世界的事物，從來就沒有平等可言。在屬世世界中，因爲肉體的緣故，人的價值就體現在創造價值和服務人群上。當人創造的財富越多，服務的人群越廣，人存在的價值就越高，人的幸福感就越強。相反，當人創造不了什麼價值，也提供不了什麼服務，即使擁有無數的財富，或居高位掌大權，他依然是一個缺少存在感的人。甚至有些邪惡之輩爲了刷存在感，不去想辦法創造價值、造福人群，反而去做一些掠奪他人財富、剝奪他人自由的邪惡行徑，藉以使自身卑賤陰暗的心理獲得滿足。這都是因爲不明白生命的眞義是要人無私奉獻的緣故。因爲神就是愛，愛是幸福的源泉，人唯有通過愛神和人才能得到眞正靈魂的快樂。那些執著於愛己和愛世的人，所得到的僅是肉體的感官快樂，享受的是肉體的欲望和歡愉。

基督徒作爲眞理的信徒，十分清楚生命的眞義在於通過愛神和人而彰顯自身的神性，爲神作見證。他們既追求良心自由，這體現爲大公無私、心懷天下；同時也追求行爲自由，這體現爲天賦人權、主權在民。因爲明白人的良心自由雖不取決於財富的多寡上，但要體現一個人的價值，還是要通過他爲世人勞動創造的價值來衡量。所以基督徒對擁有私人財產的處分權非常重視，「財產權是其他每一種權利的保障，剝奪了人民的財產權，事實上就剝奪了他們的自由」。對個人來講，良心自由要通過行爲自由來表現，比如在經濟方面，創造的價值越多，人的成就感和幫助他人的能力就越強，自主性也就越高。自主性越高，人的行爲就越自由。行爲越自由，人的選擇範圍就會越大，認識眞理的機會就會越多。所以單就形而下世界裡的經濟性質來講，基督徒與非基督徒的認識並沒有太大的區別，誰都知道個人的私有財富越多，對個人獲得自由越有利，這就是經濟私有制的根源。

---

292 《論美國的民主》，第 1 頁。

但是經濟私有制並不必然使人類獲得良心自由，因爲人的私欲和世俗理性總是企圖遮蔽人的靈眼，使人看不到生命的眞義，而淪爲形而下世界裡的一頭弱肉強食的動物。《聖經》撒母耳記裡就講，人爲了眼前的苟且竟然捨棄了神而選擇了人，人的罪性使人陷入無知和愚昧之中，且作繭自縛，製造出一個專制君主來奴役自己。專制主義作爲魔鬼掌權的印記，絕不會賦予人自由，無論是在良心上還是行爲上。如在良心方面剝奪人讀書思考、言論出版、宗教信仰等自由；在行爲方面限制人集會、結社、遷徙以及自主創造價值的自由等。

專制主義源於人的肉體私欲，雖不必然否認經濟私有制，但是卻嚴格控制民眾的經濟活動，導致社會生產力水準低下，人們連基本的吃飽穿暖都難以保證。如此情形下人們連基本的行爲自由都無從談起，更遑論良心自由。

專制主義國家控制下的私有制經濟本身並沒有錯，錯誤的是限制私有制經濟自由發展的做法。這些做法在古今中外的歷史上都顯而易見，如重農輕商、繁重的苛捐雜稅以及輕視科技的開發利用等。正是這些錯誤的的做法，使得人類社會長期徘徊在自然經濟階段，人類即使有民主的念頭也沒有相應的能力去實現。

基督教國家在基督教陷入謬誤後，也曾長期在專制主義影響下剝奪了人們的經濟自由。但在歷經文藝復興和宗教改革運動後，基督教重回眞道。基督教通過三觀教育培養，使人在自由價值觀的理念下自由地從事符合天職觀[293]的自由市場經濟，這大大促進了人類社會的經濟發展。

但是自由市場經濟的發展也並非是無序的，它必須建立在創造價值和造福人群的理念上。否則自由市場經濟的發展很可能會重新陷入誤區，變成人壓迫人、剝削人的資本主義經濟現象。私有制經濟發展的勢頭越強勁，人類行善還是作惡的能力就會越強，是行善還是作惡就取決於個人對自由、眞理和生命的認知上。在這方面，基督教教義無疑起到了喚醒良知，啓蒙理性的作用，爲自由市場經濟的形成在人力層面提供了自由的人。同時基督教又通過自然理性啓蒙培育出近代科學精神，爲近代科技革命提供了理論基礎，實現了生產力的突飛猛進，爲自由市場經濟的形成提供了必要的先進生產力。

借著自由價值觀的回歸以及先進生產力的形成，基督教國家首先實現了對自然經濟的突破。這裡面自由價值觀的作用是主要的，它使人們不再以賺錢爲恥，相反它賦予基督徒以創造價值爲榮的「天職觀」。在這套以服務人榮耀神爲特徵的自由經濟理論影響下，新教徒按照自製、自省、勤奮、盡職、合理地勞動來積累財富，他們創造並利用會計制

[293] 基督教「天職」簡單說是「上帝安排的任務」，「一種終生的工作任務，一種確定的工作領域」。各種工作本身沒有高低貴賤，都是通過服務人來榮耀神。勞動本身就是神的恩典，只有虔誠敬業才能得神祝福。

度，精心盤算把資本投入生產和流通過程，從而獲取預期的利潤。在這種普遍的精神氣質和社會心態下，新教徒引領了這場自由市場經濟的誕生和發展，正如馬克斯．韋伯在《基督徒新教倫理及資本主義精神》一書中所講，「在工商業界的經營者、資本所有者以及高級技工中，特別是在技術和經營方面受過良好訓練的人中，新教徒都占了絕大一部分。」[294]

格拉斯哥大學教授亞當．斯密從經濟學的角度對這種經濟現象進行分析，並提出「自由市場」概念，他認爲自由市場表面看似混亂而毫無拘束，實際上卻是由一雙被稱爲「看不見的手」所指引，將會引導市場生產出正確的產品數量和種類。因爲亞當．斯密提出「自由市場」的概念，後來這種經濟模式就被稱爲「自由市場經濟」。

自由市場經濟需要私有財產、先進生產力、自由的人以及自由價值觀等綜合因素的整合才能形成，而只有基督教國家才能提供這一切。自由市場經濟最重要的形成原因在於，新教徒發現了經濟本質是創造價值和造福人群，尤其是造福人群的功能。很多人之所以會產生「自由市場經濟就是資本主義經濟」的錯誤觀念，就在於只重視了經濟創造價値的作用，而忽視了經濟造福人群的功能。資本主義經濟是自由市場經濟背離經濟本質後發展的結果，雖然兩者都屬於私有制經濟，但是本質卻不一樣。（詳見下文《經濟的本質是什麼？》）

公有制經濟雖然在人類經濟史上幾乎沒有什麼位置，但是因爲中國目前還在實行公有制經濟，所以在此有必要就公有制經濟簡要做一說明。公有制經濟作爲一種經濟形式主要基於低下的生產力和貧乏的物質基礎，人們爲了生存而不得不採取的經濟形式。人類歷史發展證明，公有制經濟並不利於人類社會的發展，因爲人個體的私欲和理性絕不可能實現理念上的一致。也就是說，但凡肉體還存在，人的精神就註定參差不齊，人的境界則必然高低不一。在爲基本生存時，人可以放棄過多的私欲維持一種相對的穩定。一旦條件好轉，人立刻就會爲各自的私欲爭鬥不休。共產主義的公有制經濟基礎是以人人都具有完全的自然理性爲前提，而在屬世世界裡這永遠都不可能實現，所以共產主義註定只會是一個夢想。因爲不明白世界的本質和生命的眞義，共產主義者都有一個錯誤的認識，以爲造成人間不幸的是私有制，其實不然，眞正的萬惡之源並非私有制，而是人的私欲以及由其而來的世俗理性。

其實不僅共產主義者對公有制經濟有著錯誤的認識，即使在基督徒裡也存在著各種各樣的錯誤認識。雖然基督徒對屬靈世界和屬世世界有著較清醒的認識，但是由於靈眼很難睜開的緣故，仍然執著於眼前的屬世世界，非要通過幹預生產資料的分配來實現他

---

[294] 馬克思．韋伯，《新教倫理與資本主義精神》，時代出版傳媒股份有限公司 2012 年版，第 21 頁。

們心中的理想世界。如新約聖經《使徒行傳》裡講彼得和約翰在耶路撒冷搞的公有制經濟實驗，十七世紀清教徒在新大陸搞的公有制經濟實驗，十九世紀以歐文等爲代表的空想社會主義者在美國搞的公有制經濟實驗等。由於他們都忽視了人到世間來就是一場修行，每個人都要根據自己的意志做選擇，在經濟層面就是通過如何占有、使用、收益和處分自己的財富來顯明。搞公有制經濟的人似乎總是高估自己的自然理性，而低估他人的世俗理性，結果就是喜歡染指他人的生命修行。不管他的本意多麼高尚，超過自己能力的事最好不要做，否則非但不能提升他人的理性或生命境界，反而使得自己陷入良心痛苦，理性絕望的處境。不要忘記「**叫人活著的乃是靈，肉體是無益的。**」（約翰福音6:63）僅幻想通過物質層面的改造去提高人們的理性水準，無異於緣木求魚，結果由於對人類罪性的低估，基督徒進行公有制經濟的嘗試無一例外全都以失敗告終。

其實在聖經裡，基督借著祂所講的故事裡一位家主的口早就說明了經濟的私有制性質，「**我的東西難道不可隨我的意思用嗎？**」（馬太福音20：15）這句話的背後隱含著人要爲自己的行爲向上帝負責的意思。縱觀人類歷史，私有制基本是一種常態，而公有制卻是極其罕見的異類。它的出現完全是那些心懷自然理性的理想主義者個人所持有的一種美好夢想。它既缺乏社會基礎，也缺少理論依據，僅僅存在於極少數大公無私、心懷天下，卻只顧專注於形而下世界的人的頭腦中。基督就從來沒有表示過任何公有制的想法，祂只是勸告有錢人不要有獨占財富的念頭，指出天上的財寶重於地上的財寶，並要人爲了積攢天上的財富而應拿出些地上的錢財施捨給窮人。以此調和人與人之間的隔閡和仇恨，增加人與人之間的寬容和愛，儘量使這個世界更趨於和諧。

基督教的三觀教育使人類獲得了前所未有的良心自由，正是這良心自由賦予人類自由價值觀，創造出最爲道德，最有效率，最符合經濟發展的自由市場經濟。自由市場經濟在經濟領域反對專制主義，通過不斷地創造價值，使私有制經濟得以發揮最大的社會效應，極大地調動了人的主觀能動性，爲培養人類的民主意識奠定了堅實的經濟基礎。

第七，最後也是最關鍵之處是，民主的靈魂——自由來自神的恩賜——眞理，唯有基督教有一位教給人眞理，賜予人自由，溝通天地的中保——「彌賽亞」。祂不同於中國道教的神仙，佛教的佛祖，儒家的聖人，祂是聖靈感孕、道成肉身，祂爲向人類昭示眞理，降世捨身受人淩辱以至於死。「**他本有神的形像，不以自己與神同等為強奪的，反倒虛己，取了奴僕的形像，成為人的樣式。既有人的樣子，就自己卑微，存心順服，以至於死，且死在十字架上。**」（腓立比書 2:6-8）祂留給世人的福音是眞正的道路、眞理和生命，「**我就是道路、真理、生命；若不藉著我，沒有人能到父那裡去。**」（約翰福音 14：6）人類能夠眞正自爲己主，完全是藉著祂賜予的眞理，以及由此而來的自由。「**你們必曉得真理，真理必叫你們得以自由。**」（約翰福音 8：32）

民主得以確立的前提必須是獲得自由，缺乏自由的民主是虛僞的民主。這自由並非行爲的自由，乃是良心的自由。人唯有獲得良心的自由，才能明辨是非，選擇良善。自由與眞理永遠結伴而行，唯有認識基督才能明白眞理，進而體會到何爲神所賦予的自由，才能最終成爲自己的主人。那些爲肉體私欲所充滿，不明白**「叫人活著的乃是靈，肉體是無益的」**（約翰福音 6:63）人非但做不了主人，反而會在肉體私欲的誘惑下，在世俗理性的迷惑下，甚至是在非理性的蠱惑下，淪爲罪的奴隸。做不了自己主人的人當然不可能成爲民主的主體，他們只能成爲僞理邪說的犧牲品。正如美國建國者所言：「人民終日受那些別有用心的寄生蟲和馬屁精的欺騙，受到野心家、貪污犯、亡命徒的欺詐和坑害，受那些不值得信任的人的蒙蔽，受到巧取豪奪的人的耍弄。要說人民在經常受到這樣一些幹擾的情況下，也不會經常犯錯誤，勿寧說這是個徹頭徹尾的神話。」

基督爲什麼能給人帶來自由，本質上取決於祂自身的眞理性，這主要體現在祂賦予世人的純正信仰和自然理性兩方面。人類要想眞正獲得自由，這兩方面的結合不可或缺。（詳見上文《何謂眞理？》）

世人缺乏理性是一種普遍現象，基督教國家的民眾一開始也同樣缺乏理性。由於「理性不足信仰補」，所以藉著基督帶給人類的純正信仰，彌補了人類理性方面的不足。藉著對至善上帝的信仰，基督徒由內而外瞭解了世界的本質，獲知了生命的眞義，成爲了活在新天新地裡的理信者。而在非基督教國家，雜亂信仰對彌補理性無濟於事，相反會對迷信推波助瀾，使本已缺乏理性的民眾更加陷入迷信的深淵。在這些國家主張實行民主是一件危險且非理性的事，就如蘇格拉底被殺一事。一個具有理性的智者，面對一群缺少理性的民眾，如果要實行民主，蘇格拉底最後就只能面對被愚氓扼殺的命運。所以在民眾還不具備足夠理性時，給他們民主也會被歪曲成世俗理性的專制主義或非理性的暴政。

雖然宗教能夠清醒地認識到屬靈世界的眞實存在，並且使用了各種方法進行研究探索，但是由於人類智慧的有限和人性的錯綜複雜，對屬靈世界的信仰總是受肉體私欲和世俗理性的誤導不時地墜入迷信之中。這時候就需要自然理性予以補充，「信仰不純理性充」。基督所賜予人類的福音裡充滿自然理性，它會使一些理性者總能保持警醒自守的理信態度。在基督教陷入誤區後，他們通過理性思考，並用屬天的智慧來解釋聖靈的奧祕，喚醒人類沉睡的良知，使人們從迷信中清醒過來，同時也將世俗化的基督教從世俗宗教的束縛中解放出來。但是當非基督教國家的宗教一旦陷入世俗化之後，幾乎很少能看到不被世俗理性乃至非理性吞噬的，這其中的關鍵就在於這些宗教本身就缺乏對自然理性的認知。

「人」字的一撇一捺分別代表信仰和理性，「人」能否立得起來，關鍵就看二者能否完美地結合，而這取決於對眞理的認知。只有認識基督身上的眞理性，明白祂所帶給人類的純正信仰和自然理性之後，人才能借著信仰和理性兩方面的互補和支撐，眞正站立起來，成爲一個自主的人。理信的基督徒憑著他們的信仰拒絕人造的神祇以及亂七八糟的邪靈，他們的理性拒絕高舉活人以及人造的各種思想主義。他們是民主的倡議者和實施者，民主正是借著他們而在世間成爲可能。理信的基督徒高舉眞理之炬，在屬世世界的黑暗中爲人類指引著前進的方向，引領世人走上民主道路。

熱愛民主的美國人卻很少講民主，他們談的更多的是眞理和自由。因爲他們懂得民主的前提是，也必須是這裡的「民」是認識眞理，保有良心，獲得自由的智民。而非愚昧無知、自私自利、滿腦子世俗理性或非理性的愚民或暴民。因此，要想實現民主，首要的任務是接受眞理，通過純正信仰和自然理性的教育使他們明白，世界的眞相是什麼？宇宙的眞理是什麼？人生的眞義是什麼？而這一切都需要從認識基督開始，「**因為神本性一切的豐富，都有形有體地居住在基督裡面**」（歌羅西書 2:9），要叫人得安慰、得信心、得智慧，「**要叫他們的心得安慰，因愛心互相聯絡，以致豐豐足足在悟性中有充足的信心，使他們真知神的奧祕，就是基督，所積蓄的一切智慧知識，都在他裡面藏著。**」（歌羅西書 2:2-3）

正是因爲有了這位神的代言人，眞理第一次以如此實在的形象留在了人間。從此人類不再迷茫彷徨，即使時常被一些人造的宗教神學以及各種思想主義引入歧途，但是最終總會有充滿屬靈智慧和屬世勇氣的聖徒重新發現基督的眞理性，他們不畏懼各種淩辱、逼迫甚至死亡的威脅，爲人類重新指明前進的方向。

正因爲基督徒相信，「**神愛世人，甚至將他的獨生子賜給他們，叫一切信他的，不至滅亡，反得永生。**」（約翰福音 3：16）所以基督教的神意論認爲民主在整個世界的進行是神的安排，「人民生活中發生的各種事件，到處都在促進民主。所有的人，不管他們是自願幫助民主獲勝，還是無意之中爲民主效勞；不管他們是自身爲民主而奮鬥，還是自稱是民主的敵人，都爲民主盡到了自己的力量。所有的人都會合在一起，協同行動，歸於一途。有的人身不由己，有的人不知不覺，全都成爲上帝手中的馴服工具。」[295]基督教通過追求上帝安排的「救世主」，眞正發現民主的宗教緣起，並對民主加以理性地引導和規制，使其既可以造福人類而又不至於形成少數人的民主或多數人的暴政。

從上觀之，民主在基督教國家誕生絕非偶然，從屬世層面講這是由基督教的教義決定的，從屬靈層面講這是神的作爲，因爲「阻止民主就是抗拒上帝的意志」[296]，這就是民主必然會誕生在信仰上帝的基督教國家的根本原因。

---

[295] 《論美國的民主》，第 7 頁。
[296] 《論美國的民主》，第 8 頁。

如何認識民主的本質、核心內容以及由來和意義？

關鍵字：民主；自為己主；神性；真理；良知；自由；人權

簡而言之，民主的本質就是神賦予人自爲己主的自由。當民眾能夠恢復自身神性，眞正獲得良心自由時，人才能眞正自爲己主，這也正是民主的根本目的。當人不認識神，以致無法恢復自身神性時，奢談民主沒有任何意義。此時的民主只會是多數人的暴政或少數人的專制。所以中國社會自打離棄神而選擇人開始，就沒有誕生過眞正意義上的民主，無論是民國時期的軍閥混戰，還是本朝歷次的政治運動，亦或現今的改革開放，都沒有民眾什麼事情。因爲對良心虧欠、理性缺失的國人來講，主人意識是混亂不清的。作爲莫名其妙的舶來品，民主觀念對世俗理性（甚或奴性）根深蒂固的國人來講根本就是不切實際的空談。

民主的本質來自上帝賦予人的神性（良心），以神性（良心）而治就是神治。「**神說：『我們要照著我們的形像，按著我們的樣式造人，使他們管理海裡的魚、空中的鳥、地上的牲畜和全地，並地上所爬的一切昆蟲。』**」（創世紀 1:26）最初的人沒有罪性，人憑著自己的良心，自己就是自己的主人，這時的人是完全自治的。但是人因爲經不起肉體私欲的誘惑，偷吃了禁果犯了罪，逐漸失去了神性，從此也失去了自爲己主的資格。隨著人不斷受著肉體私欲的誘惑，罪性越來越旺盛，離神也越來越遠。災難、痛苦、悲傷、死亡等紛紛降臨人間，生命也越來越短促，「**私欲既懷了胎，就生出罪來；罪既長成，就生出死來。**」（雅各書 1:15）

隨著罪性日重，自私貪婪、邪惡狡詐、驕傲自大、愚昧懶惰等等罪性伴隨著人類從自由走向奴役，逐漸淪爲罪的奴隸。「**我實實在在地告訴你們：所有犯罪的，就是罪的奴僕。**」（約翰福音 8:34）當人徹底忽視自己的主人身分，希望爲自己在屬世世界找個偶像統治自己時（參見撒母耳記上 8：4-20），人類失去了神的祝福，也徹底失去了主人的形象。當人日益喪失主人的意識，也就失去了主人的身分，陷在這個形而下的世界中，爲欲望和虛榮所折磨，追求金錢和權勢，最終變得視神爲陌路，爲貪婪和恐懼所籠罩，被許多的擔憂和愁苦刺透。**「但那些想要發財的人，就陷在迷惑、落在網羅和許多無知有害的私欲裡，叫人沉在敗壞和滅亡中。貪財是萬惡之根！有人貪戀錢財，就被引誘離了真道，用許多愁苦把自己刺透了。」**（提摩太前書 6：9－10）

此後數千年人類一直希望找到回歸天家的路，人們不斷地探索，不停地追求。漫漫長夜，千年一瞬，眞理的探尋者如暗夜行路，依著依稀的星光，忍耐著孤獨和誤解艱難前行。雖偶有充滿智慧的智者出現，卻也如彗星劃過夜空，未能照亮這黑暗的大地。人類在地上努力地搜尋，神也不願這個離家的浪子就這樣被罪惡裹挾而去。祂也像一位尋找浪子的慈父，希望通過不斷地呼喚，能夠喚回浪子的良知，使其從沉睡中覺醒過來。但是僅憑人靈魂中的那一點兒良知，根本無力與旺盛的肉體私欲爭戰。人類在靈與肉的長期爭戰中，弱小的良心總是敗給強大的私欲。神爲了拯救人類不致毀滅，不得不以道成肉身的形式，以耶穌基督的形像直接向人類昭示眞理，由此付出的代價就是受人淩辱以至於死。**「他本有神的形像，不以自己與神同等為強奪的，反倒虛己，取了奴僕的形像，成為人的樣式。既有人的樣子，就自己卑微，存心順服，以至於死，且死在十字架上。」**（腓立比書 2:6-8）神爲人類做出的犧牲不可謂不大，但是人類確也藉此而重新認識了眞理，重新被喚醒了主人的意識，重拾主人的身分，並獲得了主人的權力。

因爲神的大愛，藉著基督的十架救贖，久而不聞其道的人類重新認識了上帝，找到了回家的路——基督福音指示的生命之道。而追求生命之道的過程卻是一個漫長而艱苦的重鑄理信的過程，這個過程伴隨著人類權力意識的覺醒，也標誌著人類重拾主人身分的開始。

人類主人身分的恢復是從人權意識的覺醒開始的，就是說人要想自爲己主，重新獲得自由，就必須先要知道自己天生具有哪些權利。今天的人們談起人權都能夠從憲法上找到依據，世界各國的憲法幾乎都規定了言論自由、出版自由、集會自由、結社自由、示威自由、信仰自由等等人權內容，這些權力構成了民主的核心內容。正因爲這些基本的權力內容，民主才能在世俗社會裡得到普遍地實現。那麼憲法上的這些權力都是從哪裡來的呢？它們本身又具有哪些意義呢？如果不搞清楚這一點，民主就如無源之水，無本之木，要麼很快會枯竭，要麼很快會變質，所謂的民主很快又會被改頭換面的專制所取代。

專制主義統治人類已經有數千年的歷史，由專制主義統治人類的時期被稱爲世界的古代史。世界的近代史是從歐洲文藝復興和宗教改革開始，這也是專制與民主的分水嶺。在此以前，不管是東西方，還是南北方，人類都已經淪爲專制主義奴隸的角色。要麼受

專制君主的奴役，要麼受宗教領袖的欺壓。人類來自上帝的形像已經消失不見，換言之，人已經喪失了天賦的權力和自由，良知與理性，淪爲了罪的奴僕。

在中世紀基督信仰被歪曲的情形下，人類的靈魂沉睡，良知和理性也陷入昏聵之中。此時，首先是基督教國家的人文主義者們希圖以古希臘自然理性的火種點亮宗教神權統治下的黑暗專制，他們以人的個性爲突破口，強調尊重個人的本質、利益、發展及尊嚴，通過文藝復興由外而內地試圖通過借助古希臘哲學中的自然理性恢復人類的主人意識。他們借助宗教形式，通過科學與藝術等方式喚醒世人沉睡的靈魂，復蘇人的良知，啓蒙人的理性，不但讓人們意識到奴性的可悲，更是使人們恢復了對自由和善良的渴望與追求。實際上，文藝復興運動是以爭取被專制主義抹殺的人權，以及由其而來的自由，倒逼沉睡的靈魂覺醒，爲接下來屬靈層面的宗教改革運動做好屬世層面的鋪墊。

在文藝復興運動中，看不見旗幟鮮明的個人或組織行動，它完全出於人類追求眞理和良善的本心，以及由其而來的理性。在整個過程中，不論是贊成者還是反對者，事實上都是在爲民主的到來做著鋪墊。「人民生活中發生的各種事件，到處都在促進民主。所有的人，不管他們是自願幫助民主獲勝，還是無意之中爲民主效勞；不管他們是自身爲民主而奮鬥，還是自稱是民主的敵人，都爲民主盡到了自己的力量。所有的人都會合在一起，協同行動，歸於一途。有的人身不由己，有的人不知不覺，全都成爲上帝手中的馴服工具。」[297]正是在這一大環境下，宗教改革運動才由內而外地在基督教會內部產生，借著一些屬靈巨人的智慧和勇氣，實現了人類屬靈層面的大覺醒。沉睡已久的神性由此得到一次久違的大爆發，並推動了接下來屬靈層面的清教運動和敬虔運動，以及屬世層面的清教徒革命、光榮革命和獨立戰爭等爭取人權和自由的民主運動。

文藝復興和宗教改革運動通過由外而內地啓蒙人的理性，以及由內而外地純正人的信仰，試圖喚醒人類的主人意識，並恢復人類的主人身分（詳見前文《如何認識文藝復興、宗教改革和啓蒙運動的本質？》）。在此時期，湧現出很多傑出的思想家，這個時期屬於人類歷史上人才輩出、星光燦爛的時期。他們的思想劃亮了人類歷史黑暗的天空，揭開了人類近代史的序幕。在歐洲大陸以馬丁．路德和約翰．加爾文等人爲首的宗教改革派，以「人人皆祭司，人人有召喚」、「上帝面前人人平等」等思想作武器，首先從教皇國的奴役下解放出來，在靈魂層面打了一個翻身仗。馬丁．路德說，教皇是敵基督，教士無權介入上帝與尋求罪得赦免的個人靈魂中間；每一個人都可以自己與上帝建立關係；聖經乃上帝的話語，信徒皆依聖經行事。他又將聖經翻譯爲德文，隨著聖經走入千家萬戶，每一個人心中的聖殿得以被重新照亮。

297 《論美國的民主》，第 7 頁。

藉著重新點燃的火光，人們逐漸擺脫了精神上的屬靈枷鎖，尋回了上帝賦予人類的主人身分。如果說馬丁・路德打開了人的精神枷鎖，那麼約翰・加爾文則爲人們打開肉身枷鎖找到了希望。約翰・加爾文發現，君主專制非常不利於人群的管理，權力的過於集中會使人的欲望快速膨脹，缺少有效地監督會使人膽大妄爲。而喪失權力則使少部分理性的人會爲了捍衛人類的良知和自由受到迫害，絕大部分缺少理性的人則會爲了生存和發展選擇放棄自己的權力和自由。這種短見的自甘爲奴的心態完全違背了上帝賦予人類自由和權力的初衷，使人從主人淪爲奴隸，白白辱沒了神的形像。由此約翰・加爾文在教會中主張由執事和平信徒長老來管理，還主張最好的政府形式乃是「貴族制，或者貴族制與民主制相結合」。約翰・加爾文寫道：「使政權操於許多人之手，較爲穩妥……這樣，倘若有人越權，別人就可以監察並約束他的野心。」[298]他還認爲，如果王政太過殘暴不仁，身爲社會領袖和保護人的低級長官就可奉上帝之命來「反對君王的暴政」。加爾文主義在日內瓦得到初步實踐，民眾的主人意識被調動起來，此後隨著加爾文主義在歐洲大陸的蔓延，民主思想借著世俗政權與教會神權之間的鬥爭潛滋默長，並形成一股改變舊有政教專制政體的洪流。

但是由於舊有政教體制的絕對強大，絕大多數民眾的主人意識還沒有覺醒，尤其是在天主教（包括東正教）控制的地區，民眾還沒有領會到民主的重要性，所以加爾文主義在歐洲大陸沒有找到適合發展的土壤。伴隨著加爾文主義傳播到英倫三島，原本民主自由傳統深厚的英格蘭在這場劃時代的宗教改革運動中很快走到了前頭。清教徒借著清教運動很快將民主意識與人權理念結合起來，爲後世民主制度的成形奠定了理論和實踐基礎。

17 世紀英國清教徒爲了純正信仰，回歸眞道，提出了清教主義。清教主義認爲，上帝通過律法幫助個體基督徒成爲有良心的人，每一個基督徒都要在社群裡發揮自己的作用，以自己的行爲爲上帝作見證，並由此建立一個正直的基督教社群。他們不但在屬靈上追求自由，而且還要將屬靈信仰與屬世改造結合起來，建立一個模範的「山上之城」。1640 年清教徒發動內戰推翻了君主制建立議會制，並確立議會至上原則。議會制是民主的表現形式，它以選舉制爲基礎，重視每個選民身上的主人身分（詳見下文《試論爲什麼近代議會制度首先誕生於英格蘭？》）。但是在新貴族和資本家主導下的公理制政府，民眾的主人意識未能完全調動起來，民主意識還完全跟不上民主理念發展的腳步，根本不足以對抗原有的君主專制勢力。克倫威爾的獨裁以及後來的王政復辟致使清教運動失敗了，但是清教運動所追求的純正信仰卻存續了下來，等到時機成熟，清教徒通過 1688

298 《信仰與秩序——法律與宗教的複合》，第 103 頁。

年光榮革命在人類歷史上建立起第一個近代民主政府。

由於英國君主立憲制政體是民主與專制妥協的產物，導致英國的民主政體存在著先天不足。啓蒙思想家清醒地意識到，民主還需要更廣大範圍的民眾參與，以及人權內容的具體化。清教徒約翰．洛克在 1689 年至 1690 年出版的《政府論》中闡述了社會契約論和基於被統治者同意的政府論，他認爲政府的權威只能建立在被統治者擁護的基礎之上，當代理人背叛了人民時，這種政府就應該被解散。「人民應該成爲判斷者，是人民對君主實行的委託……委託人給予了君主委託，當君主辜負委託時，人民有權利把它撤回。」[299]同時他對人權進行了高度概括，人天生就應該享有某些不可讓出的自然權利，如生命、自由和擁有財產的權利。這些權利不是人造的，而是上帝出於創造者的恩典賦予人類的。

受約翰．洛克等啓蒙思想家的指引，移民北美新大陸的清教徒用自己的實踐將前人的理論變成了現實。美國的建國者們在《獨立宣言》中寫道：「我們認爲這些眞理是不言而喻的：人人生而平等，他們都從他們的『造物主』那邊被賦予了某些不可轉讓的權利，其中包括生命權、自由權和追求幸福的權利。爲了保障這些權利，所以才在人們中間成立政府。而政府的正當權力，則系得自被治理者的同意。如果遇有任何一種形式的政府變成損害這些目的的話，那麼，人民就有權利來改變它或廢除它，以建立新的政府。」美國建國者爲今天世界的民主制度、人權制度乃至通行於世的憲政制度提供了一個藍本，他們不但改革了英國的政治法律制度，而且創造出一個人類奇跡，一座「山上之城」在新英格蘭的不毛之地上拔地而起。這是人類歷史上最偉大的創舉，標誌著人——這個久已離家的園主——終於回到闊別已久的葡萄園。獨立戰爭的勝利和美國憲法的制定，是人治與法治的分水嶺，並由此開啓了世界現代史，同時也標誌著民主眞正在這個世界上得以彰顯和通行。

此後，社會契約論及人權理念又影響了法國的近代啓蒙思想家們，伏爾泰、孟德斯鳩、盧梭等人先後將英美國家的民主思想和人權理念引到了法蘭西。但是由於歐洲大陸民眾受封建專制主義以及世俗理性的深厚影響，致使缺乏對眞正民主精神的認知，導致「民主革命雖然在社會的實體內發生了，但在法律、思想、民情和道德方面沒有發生爲使這場革命變得有益而不可缺少的相應變化。」[300]最終法國大革命演變成一場愚氓的暴民對專制獨裁者的屠戮。此後又經歷了上百年反反復複的民主洗禮，民主觀念才最終得以在法國確立。其實法國一位了不起的偉人在十九世紀初就已經指出了創造美國奇跡的根源，他說：「基督教對美國人的心靈影響巨大，世界各國無一可及……」[301]他更進一步

299 《政府論》，第 209 頁。
300 《論美國的民主》，第 10 頁。
301 《信仰與秩序——法律與宗教的複合》，202 頁。

預言，「民主即將在全世界範圍內不可避免地和普遍地到來。」[302]可惜的是法國人將他的著作束之高閣，任其蒙灰。一個追求自由、平等、博愛的民族爲自己的愚昧和無知付出了慘痛的代價。

當我們梳理民主回歸的過程時，就會發現民主能夠重新得以確立必須滿足兩個條件：一是人必須具備屬靈（良心）的自由，這主要體現在宗教信仰方面。在信仰眞理的過程中，明白自爲己主本是上帝造人的初衷。上帝賦予人類祂的形像以及權利和自由，就是希望人類能夠通過自己的行爲行出神的行，彰顯神的形，榮耀神的名，爲無私至善的神性作見證。因此人擁有的權利和自由，沒有任何人或組織能夠以任何名義剝奪。從此人類不再懷疑自己的主人身分，不再依附於任何組織或個人，也無需再爲那些騙子、野心家、貪污犯、亡命徒而賣命。這個過程也是重新認識神，重新獲得天賦權力，重拾主人身分的心路歷程；二是人必須具備屬世（行爲）的自由，這主要體現在人權理念方面。神性的復蘇使人類意識到人的權利來自天賦，沒有任何人或組織以任何理由能夠剝奪。由此人類的理性得到了前所未有的解放。人類從自然理性中總結出自然權利概念，又從自然權利概念總結出人權理念，然後不斷將人權具體化、法制化。在《自由大憲章》中我們依稀看見人權理念的身影，在《人權法案》裡我們可以看見人權理念的成形，在《世界人權宣言》裡我們看見人權理念已經成爲全世界人民的共識。民主正是借著人權理念得以實現，缺少人權理念的民主一定是虛僞的民主。而人權無法脫離開其神聖的源頭，否則人權就如無源之水，無本之木，空有其名而無其實。

民主的確立必須由屬靈和屬世兩方面予以支撐：保護人良心自由的宗教一定是良善的宗教，良教賦予人純正信仰，而純正信仰保守人的良心自由；保護個人權利的法律一定是良善的法律，善法必然由自然理性而出，它保障人的權利不受任何非法的剝奪。脫離良教，民主無魂；脫離善法，民主無體。良教與善法相輔相成，良教在屬靈層面爲善法指引方向，提供動力；善法在屬世層面爲良教保駕護航，給予支持。不論良教亦或善法，都必定推崇民眾自爲己主。唯如此，人的自由和權利才可以獲得保障。而如果缺失一個對至善的信仰，人的良心就會不知不覺中泯滅，人的理性也會逐漸蒙昧，「若人的良心墮落，……他的理性也必會變得昏暗、扭曲、匱乏。」[303]一個人如果丟棄了良心，他的理性就會向世俗理性的底層滑去，成爲一具靈魂失喪、良心迷失、道德敗壞、寡廉鮮恥的行屍走肉。「**有人丟棄良心，就在真道上如同船破壞了一般。**」（提摩太前書 1：19）

因此人類要想眞正獲得民主，就必須學會理信。理信首先教給人學會抬頭看天，明白人類當家作主的權力和自由來自神的恩賜。這一恩賜總是依靠良善宗教和純正信仰予

302 《論美國的民主》，第 1 頁。
303 《信仰與秩序——法律與宗教的複合》，第 138 頁。

以看護和保守。其次人類還必須學會腳踩實地，懂得這天賦的權力和自由還必須依靠屬世的自然理性和憲政法治來完備和護航。

要清醒地意識到，理信是眞理在世間的反映，它是人類從內心深處對眞理的確認和反應。身處屬世世界裡的人類，唯有樹立理信才能發現，民主背後的自由來自於眞理。是眞理賜予人自由，「**真理必叫你們得以自由。**」（約翰福音 8：32）作爲眞理的化身，道成肉身的基督爲人類帶來渴望已久、重爲己主的自由，「**主的靈在我身上，因為他用膏膏我，叫我傳福音給貧窮的人；差遣我報告被擄的得釋放，瞎眼的得看見，叫那受壓制的得自由**」（路加福音 4：18），而獲得自由的人都清楚，是「**基督釋放了我們，叫我們得以自由，所以要站立得穩，不要再被奴僕的軛挾制。**」（加拉太書 5:1）

如果明白上面所講的道理，我們就會懂得體現自由的民主不是人類主動得到的，它是來自神對人類的恩賜與祝福。反映民主核心內容的人權也不是某個人或組織賜予的，或是某部法律賦予的，而是天父上帝對人類的恩賜，以及無數充滿屬靈智慧和屬世勇氣的人對神恩賜的回應。那些將自由平等、民主法治當作人類社會產物的人，沒有不陷入肉體私欲的網羅，墜入世俗理性的泥沼，將這個世界當作爾虞我詐、巧取豪奪的競技場，將自身當作一頭適用森林法則的動物的。

由上可知，民主最根本的意義在於認識眞理後獲得的良心自由和行爲自由，並由此具有了選擇善惡的自由意志。只有在這個時候，人才可以說眞正長大了，眞正領悟民主的內涵了，眞正做到自爲己主了。而決定民主的眞理和自由都來自於神的恩賜，它藉著基督的教誨臨到世界，使世人明白民主的背後是神對人類的殷殷期許和深切盼望，就像一位慈愛的父親對流浪在外的孩子滿懷期盼他能早日獨立自主的關切心情一樣。這種愛是不認識神的人根本無法瞭解的，但是對認識神的人而言卻是活生生的實在，所以有人講「阻止民主就是抗拒上帝的意志」[304]。

明白了民主的根本意義之後，試問那些不明事理的專制主義者還要繼續與神爲敵嗎？那他們就眞的罪無可赦了。「**光來到世間，世人因自己的行為是惡的，不愛光倒愛黑暗，定他們的罪就是在此。**」（約翰福音 3:19）「**凡作惡的便恨光，並不來就光，恐怕他的行為受責備；但行真理的必來就光，要顯明他所行的是靠神而行。**」（約翰福音 3:20-21）

行眞理的人必然信靠神，正如湯瑪斯．傑弗遜所說：「人民的自由乃上帝的恩賜，這個深入人心的信念是自由唯一堅實的根基。如果我們剷除了它，那麼一個國家的自由（就不會）讓人覺得有穩固的保障。」[305]相信唯有在眞理的護佑下，人類才能眞正獲得自由，並最終實現自爲己主（民主），得享天父賜予世人美好的生命。

---

[304] 《論美國的民主》，第 8 頁。
[305] 《信仰與秩序——法律與宗教的複合》，第 199 頁。

政府的職能是什麼？

關鍵字：政府；政府職能；管家婆；專制主義；官僚主義

通常說起政府的職能仿佛很多，比如政治職能、經濟職能、文化職能、社會職能等等，再細分的話更是多的令人乍舌。實質上，政府職能概括起來就一條：做好管家婆。

政府作爲管家婆，是當今每一個現代民主政府的正確定位。國家的主人是民眾，僕人是政府，已經是當今世界的共識。政府的權力來自民眾的信任與託付，並由民眾的納稅來供養，政府藉以有能力並有責任來服務民眾。但是如果沒有很好地意識到這個理念，政府依然以「父母官」的身分管理民眾，民眾做任何事情都必須經過政府的同意或認可，沒有政府的同意或認可，民眾什麼事都不能做；或者以官老爺身分自居，消極履行法定職能，根本沒把老百姓當國家主人看待；甚至反客爲主，與民爭利，侵奪園主的「葡萄園」。這種「僕人大過主人」的局面，必然導致這種「家庭」的不穩定。基督講「**僕人不能大於主人，差人也不能大於差他的人。**」（約翰福音 13:16）這告訴我們維持一個家庭的基本道理，可惜我們總是理不清這層關係。

當世人選擇了信靠人而拋棄了神的時候，人類悲慘的命運就已經被註定。《聖經．撒母耳記上》裡記述了神對先知撒母耳所講的話，「**管轄你們的王必這樣行：他必派你們的兒子為他趕車、跟馬、奔走在車前；又派他們作千夫長、五十夫長，為他耕種田地，收割莊稼，打造軍器和車上的器械；必取你們的女兒為他製造香膏，做飯烤餅；也必取你們最好的田地、葡萄園、橄欖園，賜給他的臣僕。你們的糧食和葡萄園所出的，他必取十分之一給他的太監和臣僕；又必取你們的僕人婢女、健壯的少年人和你們的驢，供他的差役。你們的羊群，他必取十分之一，你們也必作他的僕人。那時，你們必因所選的王哀求耶和華，耶和華卻不應允你們。**」（撒母耳記上 8：11-18）

歷史反復告訴世人，當園主忘記了自己的「天職」[306]，只想享受權利，不願承擔義

[306] 基督教「天職」簡單說是「上帝安排的任務」,「一種終生的工作任務，一種確定的工作領域」。各種工作本身沒有高低貴賤，都是通過服務人來榮耀神。勞動本身就是神的恩典，只有虔誠敬業才能得神祝福。

務時，他們就會淪爲奴隸，如封建君主專制下的臣民。園戶就會濫用他的代理權而變成「賊」，如封建君主。封建君主爲維護自己的一己之私（根據時期不同，寬鬆會有所差異），必然會建立官僚體制，通過轉讓出一部分利益，收買一部分人心，使他們甘心爲自己效命，成爲專制勢力的走狗。而對大部分民眾，專制主義者則是通過其豢養的犬儒編造出各種各樣的世俗理性或非理性的倫理綱常，實施愚民政策。電影《大護法》裡講的就是這樣一個故事，一群「豬人」因爲壞人令人窒息般的愚昧、奴役、壓迫、甚至殺戮而變得惰於思考，麻木不仁。最終在自私、恐懼中互相猜忌、互相陷害，陷入奴性而無法自拔。個別會「思考」的豬人卻因爲各種雜亂信仰和世俗理性甘爲惡人驅使，淪爲惡人的爪牙。整個世界因此而陷入一種惡性循環，沒有人能看到希望，反而覺得世界本應如此。世界的改變是從外來者的太子和大護法開始，他們的到來給這個封閉的世界帶來了一股外面世界的清風，一絲自然的理性。帶給那些靈魂開始有所覺醒，且對自由、眞理和生命有所嚮往的豬人以希望。然而最終能否實現這些希望，豬人最終能否眞正成爲主人，還要靠豬人自己的努力。

外面世界的資訊其實並不能改變什麼，眞正能夠改變世界的其實是內心能否對這些資訊的接受。人類天賦的良知告訴世人，個人自由比什麼都重要，尤其是良心自由。誰能保守好自己的良心，誰就能實現生命的眞義。「**你要保守你心，勝過保守一切（或作「你要切切保守你心」），因為一生的果效，是由心發出。**」（箴言 4:23）明白這個道理的人從未停止用熱血和生命來捍衛自己的自由。一千七百多年前，一群奇怪的人用自己的寬容、鮮血和淚水征服了殘酷的羅馬帝國，爲當今世界所共識的個人自由鋪平了道路。八百年前，英國貴族和自由民與國王簽訂《自由大憲章》，它規定：1、對於那些在貴族權力之下的自由民，公正不再被出賣或剝奪；2、無代表，不納稅；3、未經審判不得監禁人；4、未予公正的補償不能從主人手裡奪走財產等。它向世界發出了宣告，人類主人意識開始覺醒，並向人治敲響了喪鐘。正如溫斯頓·邱吉爾所說，「有人說，亨利二世時期是法治的開端，其實不然，大憲章才是國王受到法律約束的開始，這是前所未有的。」[307]三百年前，歐洲民眾提出來「天賦人權，主權在民」的口號，這是園主要求園戶歸還家園的吶喊。

今天，「民主法治」已經成爲全人類的共識。可惜的是，這些思想理論背後的神聖淵源卻總是被一些專制主義的陰影所籠罩。被陰影籠罩下的人們並不清楚個人自由的來歷，也無從知曉自身的良知從何而來。在接受了幾千年來官版倫理綱常的世俗理性或非理性教育後，世人要麼活在「人不爲己天誅地滅」的世俗理性中，要麼活在「忠君愛國」的

[307]《英語國家史略》（上），第 234 頁。

非理性裡，要麼「做一天和尚撞一天鐘」、渾渾噩噩地混吃等死。在這樣的社會環境裡，幾乎所有人都忽視了自己的主人身分，反而下意識地總是不斷強調自己「民」的身分。既然是民，自然需要接受被管理，且由千百年來形成的小民意識，使人們普遍不願也不敢對政府的管理提出任何質疑。逆來順受已經成爲老百姓過日子的基本常態，並由此習慣了看著政府不斷地奴役他人，也糟踐著自己。

正因爲此，歷史上搞不清楚自己身分的政府比比皆是，由此造成的人類災難更是罄竹難書。組成這些政府的專制主義者實在是不明白，他們這樣的行爲眞正是與神爲敵。他們不但愚昧著同爲受造物的他人，最終他們也會成爲被愚昧者的犧牲品。歷史上這樣的例子還少嗎？當他人的良心自由被剝奪，自己的良心自由又會有誰來保守。那些有權有勢、過著人壓迫人生活的專制主義者，哪一個不是淪爲罪的奴僕，貼著魔鬼的印記。

專制主義爲了實現維護其一己之私的統治目的，又創造出官僚體制。可以講官僚體制就是專制主義的副產品，它的產生就是爲專制主義服務的。官僚體制幾乎具有專制主義的所有特徵，比如終身制、世襲制、只對上官負責、財產不透明等等。所以講哪裡有專制，哪裡就有官僚；哪裡有官僚，哪裡就有專制。在東歐社會主義陣營解體後，那些懷念過去制度好處的，基本上都是過去的官僚。

專制主義政府就是官老爺政府，即使個別時期因爲特殊的形勢可能會表現地比較親民，但是根本上這種政府不是爲民眾服務的，因爲它的意識裡根本就沒有管家意識。這種政府自始至終都是以主人自居，自以爲管理國家就是它的根本職能，卻沒有意識到它的管理職能是來自國民的信託，所以這種管理職能更多的是服務職能。可能有些人辨不清服務與管理的概念，因爲專制政府和民主政府都存在管理與服務職能。但是如果能將主人與僕人的身分定位清楚，就不會產生這樣的歧義。專制政府將專制主義者定位爲主人，所以它的管理中雖也有服務，但是它的管理對像是大多數的民眾，而服務的是少部分的統治者。比如專制政府也辦學校，但它通過自己開辦的學校灌輸各種維護其統治的世俗理性和非理性，根本目的是要民眾服從其統治，忽視自己原本具有的主人身分。專制主義政府也收稅，但它的稅收主要用於維護其自身龐大的官僚體系和武裝力量，眞正用於改善民生的只是很小的一部分。由於專制主義政府本末倒置的本性，決定了專制主義政府的統治只會成爲壓在民眾身上的大山，民眾只會成爲受專制主義壓迫的奴僕。

相反，民主政府自始至終將民眾定位爲主人，自己只是主人委託的管家。既然是管家，自然就有管好家的責任。管好家就必須爲主人提供最好的服務，比如同樣是辦教育，民主政府多是鼓勵民辦教育，通過提供各種便利措施使民辦教育普及到社會的各個角落。並通過民辦教育使民眾更加確信自己就是國家的主人，良心就是自己最好的老師。民主政府也收稅，但是民主政府的稅收主要用於發展國計民生，用於維持政府行政系統的管

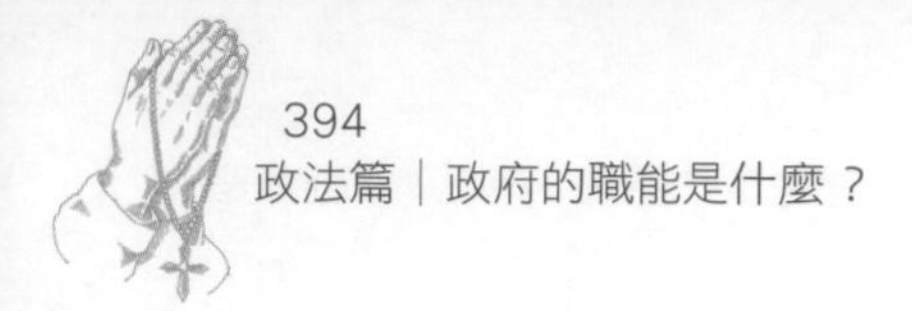

理費用只是很小的一部分。但是光有服務還不行，還得進行必要的管理。因爲總有個別「聰明」的主人不明白道理，他們總是企圖逾越道德，做出有損大多數人利益的事。爲了管好家，政府就必須針對這些不明白道理的主人制定出規章制度，通過約束他們不道德的行爲，保障廣大人群的自由和福祉。

因此，雖然專制政府和民主政府裡都有管理和服務職能，但是因爲它們管理和服務的目的和對象不同，所以絕對不可相互混淆。

政府的職責就是做好管家婆，做好管家婆就是要爲主人獲得自由提供最大的方便和保障，實在講，民眾設立政府的最大目的就是爲了獲得自由的生活。這個自由不僅包括爲主人創造豐富、充裕的物質生活，更是要爲主人提供寬容、尊重的精神生活。這兩種生活互相作用，彼此統一，就如太極圖中的陰陽，和諧共處於一個圓中，有機地融爲一體。

在當今的中國社會這兩種生活也被稱作物質文明和精神文明。雖然政府經常強調兩手抓，兩手都要硬。但是實際操作中卻很難做到兩者間的平衡，要麼虛構一個偉大的精神世界，強迫主人們過著衣衫襤褸、食不果腹且毫無尊嚴的生活；要麼只顧埋頭發展經濟，卻不重視精神生活，導致主人們目光短淺、貪圖享樂、信仰缺失、靈魂失喪，過著行屍走肉般的生活。兩種生活實際上都是因政府不懂如何管家造成的，而在兩種生活的背後依然是根深蒂固的專制主義思想在作祟，導致對公僕意識、服務意識和管家意識的認知欠缺，造成定位錯誤。再加上根深蒂固的人治思想，無論如何也不可能使中華民族眞正富強起來。

要想使中華民族眞正強大起來，必須兩種文明始終保持平衡（詳見上文《爲什麼要保持平衡？》），當任何一種文明獨大時都會帶來過猶不及的結果。如果有政府以堅持什麼思想主義爲由剝奪個人的私有財產時，這樣的政府無疑是反客爲主。它侵犯的是所有人的共同利益，會使民眾陷入一種無法掌控個人自由的境地。眾所周知，剝奪了民眾藉以立身的物質基礎，個人的其他自由也無法得到保障，正如亞瑟・李所說，「財產權是其他每一種權利的保障，剝奪了人民的財產權，事實上就剝奪了他們的自由。」[308]所以，這時候的人們就應當行使主人的權力，撤銷或解散這樣的政府。

而當一個政府以要保護國家安全或維護社會穩定爲由壓制個人的精神自由，如思想自由、信仰自由、言論自由、出版自由等自由時，這個政府就是一個極其危險的政府。它將主人視爲一個不會思考、不懂抉擇、缺少理性、良心虧欠的高等動物，這樣的政府就應當被改變或取消。

---

308 《基督教對文明的影響》，第 185 頁。

行使撤銷或解散政府的前提是，人必須將自己當「人」看，眞正瞭解民主的內涵（詳見上文《如何認識民主的本質、核心內容以及由來和意義？》），擺脫千百年來「民」的陰影。西方民主國家的主僕關係建基於基督教關於「人」的概念：每個人身上都有神的影子，每個人都能依靠自己的良心作出是非判斷，每個人都能夠依據自身的信仰和理性屹立於天地之間。沒有人可以借著出身，或者權勢，或者金錢成爲他人的主人。但是知易行難，只要是人都會犯錯，尤其是掌握權力的人。權力就像一隻魔戒，總在撩撥人類貪婪無度的私欲。因此，即使在受基督教思想影響深厚的歐洲，由於受肉體私欲的誘導和世俗理性的浸淫，主僕顚倒的關係也持續了很長時間，只是在宗教改革運動之後，基督教回歸眞道，主僕關係才得以重新歸位。

主人身分的回歸是由清教徒思想家在啓蒙運動中對主僕關係重新定位而來，約翰·洛克在其《政治論》一書中講到，政府的權威只能建立在被統治者擁護的基礎之上，當代理人背叛了人民時（即違背自然法原則時，如強迫人民做違背良心的事）這種政府就應該被解散。「人民應該成爲判斷者，是人民對君主實行的委託……委託人給予了君主委託，當君主辜負委託時，人民有權利把它撤回。」[309]深受清教徒思想影響的美國建國者們開始將理論付諸實踐，湯瑪斯·傑弗遜在《獨立宣言》中寫道：「……爲了保障這些權利，所以才在人們中間成立政府。而政府的正當權力，則系得自統治者的同意。如果遇有任何一種形式的政府變成損害這些目的的話，那麼，人民就有權利來改變它或廢除它，以建立新的政府。」

一個眞正良好的政府應當理解且遵行上述理念，以實際行動保證本國的公民享有物質上不陷於匱乏、精神上不陷於恐懼的權利。按照契約神聖原則，國家的主人們將治國的擔子託付給政府是出於信任，政府應當清楚地瞭解自己的管家職責，明白「**僕人不能大於主人，差人也不能大於差他的人。**」（約翰福音 13:16）盡心盡力代主人管好家，不辜負主人的信任和託付。當然在此過程中，主人也不能完全惰于履行主人的管理責任，疏於監督，導致管家有機會胡作非爲。而政府更應保證主人物質以及精神層面的權利，若違此契約精神，主人們自可解除政府的職權，重新委託給更值得信任的政府。在基督教回歸眞道後，政府也逐漸回歸管家婆的本位，開始由管理型向服務型轉變，這一轉變爲人類的歷史掀開了新的一頁。

中國社會很早以前也有這樣的理念，堯舜時代的禪讓制就充分體現了管家婆的理念。但是隨著君權神授、國家至上等思想的逐步演化，民眾的主人意識逐漸萎縮乃至滅絕，從此園主被趕出了葡萄園，而園戶卻借機上位，篡奪了本應屬於園主的葡萄園。雖然歷

[309] 《政府論》，第 209 頁。

史上也有無數的仁人志士、鴻學大儒、革命烈士為求眞理不斷地上下求索、前赴後繼，但是因為缺少眞理的引領，即使所謂的聖人也無力改變被世俗理性和非理性籠罩的黑幕。此後淪為僕人的園主再也沒有機會翻身，直到近代社會由西方傳教士送來民主和法治理念，才使這一違背天理的現象略微得到一些改變。

人類文明發展到今天，幾乎全世界所有國家都已就此觀念達成共識，即人民是國家的主人。中國政府從 1954 年的第一部憲法起就已確立了「中華人民共和國的一切權力屬於人民」這一原則，後憲法雖幾經修改，但這一基本原則從未變更過。遺憾的是，由於中國數千年來的專制主義統治，導致專制主義和官僚主義思想根深蒂固。中國民眾的良心被捆綁地太久了，早就忘記了自己主人的身分。官是父母官，民是小老百姓，這種本末倒置的局面並非三、五年可以根本轉變。公僕意識、服務意識、管家意識在中國政府的意識形態裡還只是一個書面用語，從書面落實到實際還有很長一段距離要走。所以講在人治理念下的中國夢只會是一場噩夢，除非有夢醒的一天。（詳見下文《人啊，覺醒吧！》）

需要注意的是，在人治思想根深蒂固的社會，當「人」的意識沒有眞正確立起來，人權理念還沒有被民眾廣泛接受和認同，這時候無論提出什麼人造的思想主義也改變不了主僕顚倒的現象。當政府還沒有回歸管家婆的身分，依然在指手畫腳地行使管理職能，那麼無論其畫出多麼美好的遠景，結果只能是「幻滅」。比如共產主義理論看似美好，事實上充滿了悖論（詳見前文《何謂眞理？》）。當人沒有了對神的信仰，人的良心就失去了依託，人丟失了良心只會淪為一頭動物，甚至連動物都不如。人造的共產主義理論能賦予人良心嗎？不能。但凡是人造的思想主義或者科學理論都不可能賦予人良心，且都有可能被人利用來謀取個人私利。這也是統治中國兩千多年的「三綱五常」被丟入歷史垃圾筐裡的原因。

另一方面也應看到，中國的民眾目前還很缺乏主人意識。受千百年來的愚民教育，中國民眾對政府有一種天生的敬畏，因為幾千年來的專制統治已經使民眾對政府產生了一種複雜的感情。一方面希望政府能為自己辦事，另一方面卻不想對政府承擔監管責任。既想享受權利，又不願承擔義務，這本身就是一個悖論，且必然導致不明就裡的國人因肉體私欲和世俗理性出賣自己的良心自由而淪為他人的奴隸。

政府作為民眾的管家婆，主要是為主人創造物質文明和精神文明。首先是為民眾創造豐富的物質生活，保證主人物質上不陷入貧乏，使民眾享有更多的行為自由。其次，雖然精神世界不歸政府管轄，但是為民眾創造一個自由寬鬆的社會環境，保證民眾享有言論、出版、集會、結社、遊行、示威、信仰等自由，保證民眾行使上述自由時，精神上不陷入恐懼卻是政府的責任。除此以外，政府還需利用自己掌握的公共資源，在民眾中樹立舉世公認的、正確的世界觀、正能量，比如自由、平等、博愛；勞動光榮，浪費可恥；勤儉持家，慈善仁愛；民主法治，誠實守信等等。一個國家能否實現持續社會穩定、繁榮和諧，關鍵取決於政府的自身定位，定位正確了，接下來就是落實每一項具體的服務職能。

如何理解「民為貴，社稷次之，君為輕」？

關鍵字：民；人；人治；民主；主人

孟子曰：「民爲貴，社稷次之，君爲輕。」這裡的「民」就是東方世界對人的認識，而西方世界普遍將「民」稱之爲「人」。「民」多是從社會學角度看人，這樣的「民」就是社會中的一個分子，認識上就是一個被管理對象，缺乏獨立意識和自由精神。「民」的本意就是指奴僕，這樣的身分硬說他爲貴，傻子才會相信。所以孟老夫子的話不合理，當然也不可能有人將他的話認眞去聽。而「人」多是從生理學角度看人，它是一個頂天立地的獨立個體，本身具有獨立意識和自由精神。因爲具有這樣的認知，所以西方人思想上就會很容易接受人格觀念，並進而產生出人權理念。

不同的角度看人，產生的結果完全不同。東方社會不把民當獨立個體看，認爲民就是君主治下的一個附庸，終日爲了一日三餐而奔波勞碌；西方社會把人當獨立個體看，人不但有肉體而且有靈魂，個人就是自己的主人（詳見上文《如何認識民主的本質、核心內容以及由來和意義？》）。因爲聖經裡講人是神照著自己的樣子造的，並且人具有神的氣息。人活著這個世間，一方面承載著神賦予的管理自然界的職責，「**我們要照著我們的形像，按著我們的樣式造人，使他們管理海裡的魚、空中的鳥、地上的牲畜和全地，並地上所爬的一切昆蟲。**」（創世紀 1:26）另一方面人負有爲神作見證的使命。「**聖靈降臨在你們身上，你們就必得著能力；並要在耶路撒冷、猶太全地和撒瑪利亞，直到地極，作我的見證。**」（使徒行傳 1：8）這樣的人當然不會輕視自己，他們很容易接受「天賦人權」的理念。所以西方人特別重視個人自由和天賦權力，爲了捍衛自由和人權，他們甚至可以犧牲生命，「無自由，毋寧死。」但是在東方人的字典裡是沒有自由或人權的概念的，古代「自由」一詞的意思是與自由散漫聯繫在一起，且很遭專制主義者的厭惡。至於「人權」更是聞所未聞，那完全是西方世界的舶來品。

一個是人造的「民」，一個是神造的「人」，東西方世界對「人」的不同理解，直接導致兩個世界對人的認知在源頭上就已產生分野。

其實，東西方世界對人的認知從源頭上來講本來並無分別，神造人的神話在世界各民族中都有記載，如古猶太的耶和華造人，古希臘的普羅米修士造人，古印度的濕婆造人，古中國的「女媧造人」等等，所有神話都有一個共同指向，即人來自於神。

作爲人類歷史上影響最大的一本書，《聖經》對人類的影響顯然無與倫比。《聖經》中講，人是神按照自己的形像所造，承載著上帝賦予管理自然界的責任，所以人也是自然界的主人。此外更重要的是，因爲人擁有神的形象和氣息，所以具有爲神作見證的使命。無論是作爲主人應當承擔管理之責，還是作爲證人爲神作見證，都不能單只考慮個人利益，還必須爲整體利益考慮。所以具有理性的人都明白，「每個人在自己的位置上都要爲了全體的好處，如果他不是這樣獻上自己，他就是不義。」明白了這個道理也就明白了「**無論何事，你們願意人怎樣待你們，你們也要怎樣待人。**」（馬太福音 7：12）

如果不能把人當平等主體看，心裡總想著做人上人，總是千方百計地謀劃著如何巧取豪奪他人財產和社會權利，這樣的人自然也就不明白尊重他人的道理。不尊重他人實在是不尊重自己的根源。因爲人本是出於一個祖先，但是千百年來，人類社會不斷地發展壯大，在這一過程中人類沒能保守住起先人類所具有的淳樸民風、向善之心以及選賢與能、講信修睦等品格。反而隨著私欲膨脹，行事詭異，互相爾虞我詐、巧取豪奪、自相殘殺，並以欺騙壓迫他人爲能事。上帝在造人時賜予人的自由意志，可惜人類沒能很好利用它來造福人類，反而用它來欺騙人、壓迫人乃至殺戮人。人心離眞道越來越遠，人類社會竟淪落爲一個謀取個人私利，實現個人野心的競技場，其間更是上演了無數人吃人的悲劇。孟子的話正是針對這種社會亂象所發，並試圖喚醒世人的靈魂，挽大廈於既倒。

自古及今，世界各地都曾出現過一些偉大的人，他們雖然寥若星辰，但是卻總是會在一定的時間出現，正是因爲他們，人類才不至於徹底失去希望。中國的春秋戰國時期無疑就是這樣一個人才輩出，思想大解放的時期。這一時期因爲特殊的歷史環境，中國社會裡的思想出現了前所未有（以後也很少出現）的大解放，誕生了道家、墨家、儒家、法家、縱橫家等諸子百家。春秋戰國時期被稱爲中國歷史上第一個黃金時期不是沒有道理的，那時各國爲了維持自身的存在，也爲了與其他諸侯國抗衡，非常重視人才的招募和培養。所以才有了那麼多的學者橫空出世，形成了中國歷史上獨一無二的「百花齊放、百家爭鳴」的學術盛世景象。

孟子也是這一時期著名的思想家，他所講的「民爲貴，社稷次之，君爲輕」思想就是一個典型的超越當時歷史時代的超前意識。可惜他的談話對像是一位「君」，這也註定他的話只能是對牛彈琴。對一位君講「君爲輕」，那位君不計較他的話就已經很有涵養了。作爲「君」，恐怕沒人喜歡聽孟子講的話，即使嘴上說喜歡也一定是言不由衷的謊話。君

最喜歡聽的話應該是「君權神授」，「普天之下莫非王土，率土之濱莫非王臣」。最好讓大家都把自己當作天子，讓所有人都成爲自己的臣民，任由其擺布。

隨著秦始皇大一統的完成，中國的黃金時期一去不復返了。「大一統」思想結合以前的「君權神授」思想，構成了中國封建社會的主流思想。在這種思想的控制下，「君」以「社稷」爲名要求「民」無條件地服從，聽話的民就叫順民，不聽話的民則叫刁民，總之都是一個被管理對象。中國的歷史在此與西方產生了完全不同的分野，中國的「民」徹底喪失了原本主人的地位，淪爲「君」的奴僕。正如聖經裡講的葡萄園主從此被園戶趕出了葡萄園，而且再也沒有機會回去了。

今天的人不相信神話主要是因爲來自西方世界的科技文明，近代科技的飛速發展使人類從以往的迷信中解脫出來，認爲神話純屬荒謬。另外唯物主義無神論的教育使人們更是對屬靈世界的存在難以置信，這是今天社會最大的誤區。其實如果認眞追溯科技文明的源頭，就會驚奇地發現，那些偉大的科學大師們都有著虔誠的信仰，並在信仰之下堅持著對眞理的追求。伽利略在其偉大著作《關於托勒密和哥白尼兩大世界體系的對話》中寫道：「關於數學證明所提供的眞知，這是和神的智慧所認識到的眞知是一樣的；但是我將老實向你承認，上帝認識的定理是無限的，而我們只認識其中少數幾個……當我盤算到人類曾經理解過，探索過，並設計過多麼神奇的和多少神奇的事物，我只有很清楚地認識到並且懂得人類心靈是上帝的成績之一，而且是最優秀的成績。」[310]牛頓曾說：「天父無所不能，在他的胸懷裡從起初就擁有了全部的知識，他把未來的知識傳遞給耶穌基督，無論在天上或地上，沒有人配得直接從父那裡領受未來的知識，只有通過羔羊。」[311]巴斯德講過：「如果承認上帝的存在，這一個信心實比一切宗教的神跡更爲超奇，不可思議。如果我們有了這種信心，這種悟性，那便不能不對上帝下跪，肅然敬拜了。」愛因斯坦也講：「任何一位認眞從事科學研究的人都深信，在宇宙的種種規律中間明顯地存在著一種精神，這種精神遠遠地超越於人類的精神，能力有限的人類在這一精神面前應當感到渺小，這樣研究科學就會產生一種特別的宗教情感。但這種情感同一些幼稚的人所篤信的宗教是大不相同的。」[312]

眾所周知，諾貝爾獎獲得者百分之九十以上都有自己的宗教信仰，他們都是希望通過科學研究來驗證神的大能。正如諾貝爾物理學獎獲得者馬克斯．普朗克所講的：「信仰和自然科學是珠聯璧合相得益彰的。最直接的證據要算這樣一個史實：所有時代最偉大的自然科學家，諸如開普勒、牛頓、萊布尼茨，無不抱著篤實虔誠的信仰。」

---

[310] 伽利略，《關於托勒密和哥白尼兩大世界體系的對話》，北京大學出版社 2006 年版，第 70－71 頁。
[311] 《基督教對文明的影響》，第 213 頁。
[312] 《愛因斯坦談人生》，第 35－36 頁。

今天的中國人之所以對神靈要麼表示懷疑，要麼完全忽視，要麼嗤之以鼻，根本原因在於長期接受的唯物主義無神論教育。這種自以爲是、似是而非的教育使得絕大多數人很少甚至無緣接觸到理信教育，這直接導致世人心中的神性越來越淡，良知也趨於泯滅，致使社會整體道德水準和人們的生命境界都大大地降低，甚至比之古代的人類還要遠遠不如。

古代的人類雖然物質貧乏，生產能力低下，但是卻知道「抬頭三尺有神靈」、「人在做，天在看」、「做人不能昧良心」的道理。由於淳樸的天性和無虧的良心使古代的人類對屬靈世界的認知能力和覺悟較之當今社會的人爲高，所以在人類社會的早期，世界各地的人類都有關於與神或者精靈交流的記載。

隨著人類世界逐漸地世俗化，人類認識屬靈世界的能力反而退化，乃至將以前人類早期的這種記錄都當作神話傳說看待。人類與屬靈世界的疏遠經歷了一個由近及遠的過程，亦即今天人類世界所謂的黃金時期、白銀時期、青銅時期和黑鐵時期。在這一過程中，人類越來越關閉了內在層次，越來越體會不到屬靈生命的存在，越來越關注自身的肉體生命，越來越沉浸在外在感官的享受上。正因爲世人越來越感應不到屬靈世界的存在，所以幾千年下來幾乎徹底斷絕了人類本身內外生命的溝通，人類只將外在的屬世世界當作世界的本質，並提出了唯物主義世界觀。

唯物主義世界觀本身並沒有什麼危害性，它只是對人類生活的形而下世界的一種片面認識。在古希臘時代哲學家們就已經對此有過研究和論述，但由於它的片面性，所以自古及今都沒有獲得過太大的關注。然而當它與由君權神授而來的人治理念結合在一起，更在無神論的誤導下，人對自身狀況的認知非但沒有改善，反而越趨嚴重，以致出現了許多的人設偶像。這些缺乏監督的偶像們將各自國家攪擾地天翻地覆，製造出無數的人間悲劇。如果說因君權神授實行的人治還能看見一點兒神的影子，那麼以無神論推行的人治則連一點兒神的影子都看不到了。古人尚且明白「抬頭三尺有神靈」、「人在做，天在看」的道理，清楚人時刻置於神的監督之下，人不能昧著自己良心做事。基督徒能夠避開這個陷阱，也是因爲清醒地認識到「人皆有罪」的道理，明白沒有人能夠脫離開神而能自我管理好的。但是今人卻在唯物主義無神論教育的誤導下，拋棄了神，也忘記了人的主人身分來自於神。由於不明白「人皆有罪」的道理，打著自然理性幌子的「共產主義者」無視神靈的存在，最終一個個放任自流，肆意胡爲，最終淪爲動物一般的存在，眞正是令人可悲可痛！

而西方世界由於始終保存了一種「上帝造人」和「唯神至善」的宗教信仰，即使如羅馬帝國被蠻族滅亡，這種信仰傳承也未中斷。這種信仰傳承雖然表面上錯綜複雜，從最早位於西亞的巴勒斯坦傳到歐洲大陸，再由歐洲大陸傳到英倫三島，再由英倫三島傳到北美大陸及世界各地，形式上也一變再變，但其內涵始終一脈相承，並未隨著時間空間的轉化而改變。

基督信仰教人信仰上帝，並通過耶穌基督的福音告訴世人：人作爲上帝的子民，享有天賦的權力；這種權力來自天賦沒有人可以任意剝奪，每個人都是自己的主人，也是世界的主人；國家爲人所造並爲人服務，民乃國家的主人；「君」乃民之所選，實爲民眾的管家婆；君若辜負了人民的信任和託付，民眾可以隨時更換他。在深受基督教影響的國家，基督教會早期就有的「信眾的同意」原則與後來羅馬法中「關涉大家的事需得到大家的同意」原則相融合，形成了一種獨特的「民主」思想，這種思想始終與「專制」思想相抗衡。正是這種獨特的「民主」理念使「君權神授」思想在西方國家從來沒有像在東方國家那樣根深蒂固。雖然西方國家同樣受到世俗宗教和專制政府兩方面的夾擊，民眾也時常地陷入信仰誤區。但正由於兩種勢力的存在和彼此抗衡，爲自由思想的存在留下了一線空間。直到有一天，充滿屬靈智慧和屬世勇氣的聖徒，爲捍衛眞理不被歪曲挺身而出，誓將關於生命的眞理傳布開來。

以專制主義爲代表的東方世界自古就隨著君民關係的本末倒置，陷入了一種私欲膨脹、理性蒙昧、良知泯滅、靈魂沉睡的惡性循環之中。由於缺失純正信仰，自然理性也得不到一星半點的啓蒙。在這種情形下的民眾，無法認知眞理，自然也無法明白生命的眞義，只能在茫茫的暗夜中，循著人治的軌跡尋找著夢想中的眞理。雖歷經幾千年的上下求索，結局卻是令仁人志士灰心失望，鴻學大儒唉聲歎氣，革命烈士死不瞑目。就因爲是在僞理中探尋眞理，這種結局其實早已註定。

歷史無數次地證明，沒有信仰、缺乏理性的人只會淪爲個人罪性的奴隸。而歷史上幾乎所有的君主對神祇的尊崇大抵只是停留在表面上，實際上心底裡尊崇的只是他們自己。神只不過是他們用來糊弄民眾服從他們統治的幌子，他們就如那些奪人葡萄園的園戶，長期霸占他人的產業而最終變成「賊」。世人因爲忘記了自己的主人身分，任由這些「賊」的欺騙和奴役，並心甘情願地接受了「賊」所編造的君臣倫理。就像電影《大護法》裡的那些「豬人」，因爲令人窒息般的愚昧、奴役、壓迫、甚至殺戮而變得惰於思考，麻木不仁。最終在自私、恐懼中互相猜忌、彼此陷害，陷入奴性而無法自拔。「**因為世人都犯了罪，虧缺了神的榮耀。**」（羅馬書 3：23）在這樣的社會氛圍中，民眾要麼愚忠愚孝奴性十足，要麼麻木不仁任人宰割，要麼助紂爲虐爲虎作倀。不明白世界的本質和生命的眞義，人就活得低微卑賤，千年噩夢就會一直反復不斷地上演著。

由於那些編造君權神授謊言的「君」，從來就缺乏對至善上帝的虔誠信仰，他們行事詭詐，且發自肉體私欲隨己意多行不義之事。隨著「君」的多行不義，順民逐漸變成了「刁民」，「刁民」隨後替天行道消滅了「無道昏君」，然後「刁民」的頭領就當了新「君」。

後來的歷史就是之前歷史的反復，兩千多年的歷史就是這樣反反復複不斷地重演，毫無新意。直到西方文明借著堅船利炮撕開了這個愚昧落後的虛僞文明的面紗，這面紗後面的人才有機會嗅到了一股清風。但是千百年來形成的世俗理性不是一時半會兒就能徹底斷根的，每個人都認爲自己不被當人看，可是是誰不把自己當人看？自己是否又把他人當人看？人到底是什麼？生命到底有何意義？這些問題在每個國人的頭腦中始終都是混亂不清的。

其實不論東西方的古老傳說都曾告訴世人，人類爲神所造，具有神的形像和神賦予的自由意志。人在屬靈層面上都生而平等，後天的發展決定於是否能領悟生命的眞義和正確行使天賦的自由意志。只是隨著東方國家的信仰日益迷信化、世俗化，宗教非但未能提升世人的屬靈生命，反而通過宗教迷信和教條神學給世人套上了層層精神枷鎖，逐漸蒙蔽了人類追求眞理的心靈窗戶，剝奪了民眾追求幸福的自由意志，讓民眾在人治的僞理邪說中習慣了大國小民的迷夢。

中華民族就是在這一迷夢的影響下，多災多難、跌跌撞撞地走過了兩千多年的黑暗時期。中國的近代史是從西方文明的傳入開始的，西方文明最大的特點就是告訴民眾要把自己當「人」看。西方世界的宗教信仰告訴他們，「我們認爲這些眞理是不言而喻的：人人生而平等，他們都從他們的『造物主』那邊被賦予了某些不可轉讓的權利，其中包括生命權、自由權和追求幸福的權利。」此即天賦人權，每個人因爲這天賦之權而顯得尊貴無比，這也是「民爲貴」之本意。

另一方面純正信仰中所蘊含的自然理性又告訴他們有權利就一定有義務，「**無論何事，你們願意人怎樣待你們，你們也要怎樣待人。**」（馬太福音 7：12）如何既享有天賦之權又承擔自己對社會的義務，這就需要訂立一個「社會契約」（通常表現爲法律）。通過這個社會契約，每一個人都能夠既享有法律所賦予的個人自由，同時又必須尊重法律同樣賦予他人的自由，正如盧梭所講，「在社會契約中，人失去的是他的天賦自由和對一切予取予奪的沒有限制的自由，人獲得的是公民的自由和對私有財產的所有權。」[313]但是社會契約不是一個人說了算的，這就需要成立一個機構，這就是國家。所以國家就是民眾爲行使天賦之權而成立的一個機構，國家行使的主權來自于主人的授權。因爲「**僕人不能大於主人，差人也不能大於差他的人。**」（約翰福音 13:16）所以主權必然低於人權，這就是「社稷次之」的本意。

第三，隨著人類管理自然的能力越來越強，國家的範圍越來越大，這就需要選一些值得信任且有能力的人來代表大家進行管理，西方人稱之爲「信託」。中國上古時期的堯

---

[313] 盧梭，《社會契約論》，湖南文藝出版社 2011 年版，第 18 頁。

舜都是這樣選舉出來的，可見「君」是大家選出來代表大家進行管理的忠心管家，這是「君」的本意。如果這「君」爲了一己之私，辜負了大家的信任和託付，那這「君」就變成了「賊」。作爲主人的「民」就可以將這「賊」繩之以法，以儆效尤。這就是「君爲輕」之本意。

身處先秦時期的孟子能講出「民爲貴，社稷次之，君爲輕」這樣的話，說明在那個時期中國思想家的思想認識水準是世界領先的。只是後來由於受長期專制主義和世俗理性的影響，才導致整個中華民族都陷入了人治的僞理邪說之中。

其實西方世界對這一問題也有一個認識的過程，他們與東方世界同樣經歷了君主以君權神授的名義欺騙民眾的情形。但不同的是他們具有一個純正的信仰，這個信仰雖然也曾被誤導，但是一旦這個信仰與哲學理性相結合，眞理就會重新被那些偉大的心靈所發現。從基督教哲學創建開始，眞理就開始逐漸被人類理性認知。中間曾因教條神學和世俗理性的喧囂，基督教哲學被基督教神學吞噬，導致基督教世界步入中世紀的謬誤時期。直到十一、十二世紀，羅馬教廷因經院哲學又開始重新重視哲學。由於經院哲學的緣故，西方世界對哲學的研究重新興起。大約到十五、十六世紀後，經院哲學逐漸被自然哲學所取代。自然哲學家們將自然哲學中蘊含的自然理性逐漸歸結爲自然法思想（詳見下文《什麼是自然法？》）。此後西方的哲學家們（注意不是神學家）開始系統地提出了社會契約論，「君主的權力來自於人民的信託」這一觀念逐漸深入人心。「人民應該成爲判斷者，是人民對君主實行的委託……委託人給予了君主委託，當君主辜負委託時，人民有權利把它撤回。」[314]由此人民從信仰上重新發現哲學理性的偉大意義，並從哲學理論上再一次論證了「人」才是國家的眞正主人。

相較西方國家對哲學的重視而言，東方國家的哲學就沒有那麼幸運。當宗教信仰陷入迷信之中，哲學理性也被封建統治階級掌控的封建禮教封殺。從秦始皇焚書坑儒開始，無數文字獄連著文字獄，直到把所有敢於獨立思考、自由思想的人都折磨殆盡爲止，逼使中華民族兩千多年來的文人學者都去研究枯燥的訓詁或鑽研無聊的八股，致使眞正研究哲學的人近乎絕跡。如此看來，什麼樣的國家能眞正做到如此程度？一個將神完全擬人化，並將神與人同化爲一體，使人治徹底成爲治世理念的國家就可以做到。

孟子講的「民爲貴，社稷次之，君爲輕」，本意是指民作爲國家的主人，其社會身分最重要；國家作爲向主人提供服務的一個機構，社會地位居次；君王作爲民眾委託管理國家的管家，社會地位最輕。但是當一個國家的人民被愚昧久了，就不知道誰是主人了。不知道誰是主人自然就不會把主人當主人看，當然也不會被人當主人看。久而久之就習

---

[314] 《政府論》，第 209 頁。

慣了不在其位就當奴才，在其位就當主子的習慣性思維。不是主子就是奴才，這裡沒有主人的位置，如何要人把人當主人看？今天社會存有這樣意識形態的人大有人在。要把人當人看，首先要把自己當主人看，不是主子也不是奴才，不是老爺也不是小民，而是頂天立地的一個人。不要指望「君」會把「民」當人看，除非「民」自己先把自己當人看。只有人眞正成爲了主人他才會聽你的，否則他只會欺你騙你，讓你把他當主子。古希臘特爾斐的阿波羅神廟門額上寫著一句話，「人啊！認識你自己。」如果連自己都不認識自己，如何要他人認識你。

歷史不斷地告訴人們，「君」是靠不住的，不論是國王、皇帝、總統還是主席，他們都有可能濫用他們手裡的權力，千方百計地阻止民眾認識眞相，不願人們明白他們的公僕身分。那麼官方教會怎麼樣？他們會幫助世人認識眞相嗎？遺憾的是，千百年來的經驗告訴我們，他們雖然與君主掌控的社會領域不同，但是出自肉體的私欲，他們總是做著與君主相同的事情——愚昧民眾，他們的手段更隱蔽，他們常以人取代神，以神僕取代人僕。他們忘記了「**人若說『我愛神』，卻恨他的弟兄，就是說謊話的；不愛他所看見的弟兄，就不能愛沒有看見的神。**」（約翰一書 4：20）爲了維護他們的利益，甚至有時他們也會與君主勾結起來，一唱一和共同欺騙民眾。正如哲人所說，「祭司們，爲了保障他們的帝國，就把理性驅逐出他們關於宗教的任何事務中。在種種錯誤的觀念和虛構的儀式中，世人幾乎喪失了對於唯一眞正上帝的認識。」可悲的是，世人就是在這種長期的謊言與欺騙中，理性蒙昧、良知泯滅、靈魂沉睡。不明白眞相就只能心甘情願地接受人治帶來的愚昧和壓迫，甚至反過來成爲騙子們手中的工具（正如電影《大護法》裡的那些幫兇），去迫害那些已經覺醒並試圖追求眞理的人們。

看來指望自上而下的啓蒙無異於緣木求魚，幾無可能。那麼啓蒙只能是且必須是自下而上的民眾自我覺醒運動。俗話說「人無頭不走，鳥無頭不飛」，啓蒙也需要前面所講的那些偉大人物的引領，這其中最偉大者莫過於耶穌基督。祂從不與僞善者爲伍，祂總是與底層的勞苦大眾在一起；祂告訴人們應當怎樣去做人，祂當著眾人的面揭露那些騙子的本來面目；祂來喚醒所有人內心深處沉睡的良知和理性，祂來幫助每一個人找回自己的主人身分；祂拒絕接受人們心目中的君主身分，祂來告訴人們天國的眞理和生命的眞義；祂不可避免地觸痛了那些騙子的軟肋，在那個時代耶穌這樣的人只會有一個結局，就是被那些騙子和愚民所殺死。

其實看過聖經的人都清楚，耶穌生前就已經知道這個結果，只是祂敢於直面死亡，因爲祂本就是來宣示眞理的，祂上十字架就是作爲拯救人類生命的代價。自那一刻起，人類沒有意識到世界已經發生了翻天覆地的變化。只有經過歲月的澄淨，人類才逐漸理解了耶穌是來爲人類顯明眞理的。今天的人類深受祂的恩惠（詳閱前書《基督教啓蒙讀物——最後的爭戰》），我們無比感恩地從祂的福音裡感悟到生命的眞義，世界的眞理，天國的眞道。

我們能夠生活在今天這樣文明昌盛、科技繁榮的社會裡眞的很幸運，雖然我們沒有從中國古代聖賢的思想中追溯出民主的理念，但是從西方世界傳來的民主思想中我們也獲取了相同的資訊。經過百多年幾代傳教士的理性啓蒙，民主理念從清末就已經逐漸被中國主流意識所接受。民國初建，孫中山先生就以公僕自居，他明確地告訴民眾，你們才是國家的主人。中華人民共和國成立後，從 1954 年的第一部憲法起就已確定了「中華人民共和國的一切權力屬於人民」這一原則，此後憲法雖幾經修改，但這一基本原則從未改變過。這一原則不應該只停留在書面上或口頭上，而應該讓它紮紮實實地落在人民的心裡。每一位國人都應當清楚自己是這個國家的主人，都對這個國家有一份責任，都需要爲這個國家作出一種犧牲（切記不是爲某個人或某個組織，否則就本末倒置了）。人民作爲主人通過選舉代表而對這個國家進行有效管理，身爲公僕的國家領導人應當是一位忠心而有見識的管家，懂得權力來自于人民的信任和託付，明白「民爲貴，社稷次之，君爲輕」的道理，始終將人民置於首位，忠於人民，秉公辦事，恪盡職守，鞠躬盡瘁。

中華民族的復興需要的是每一位主人的眞正覺醒，是靈魂裡屬靈生命的眞正成長，而絕非某種政治法律制度的改革，也不是接受某種思想主義理論的改造，更不是等待某位「君」的恩賜。

也許我們長期接受「大國小民」的教育，心理上已經習慣了這種主次顚倒的思維模式。行事爲人總是把自己放在可有可無的位置上，總認爲自己不算什麼，總要把希望寄託給後代子孫。正是這種不負責任又不把自己當人看的思維模式，導致了當今社會不公的持續和誠信缺失的蔓延。明白了「民爲貴」，就應當首先要學會把自己當人看，然後學會把他人也當人看。也許這個過程在今天的社會裡會很痛苦，很艱難，甚至生不如死。那麼就想想耶穌吧，沒有祂的十架救贖就不會有今天世界的和平、自由與文明，這也就是全人類愛祂的根本原因——祂教給我們如何做人。

試論為什麼近代議會制度首先誕生於英格蘭？

關鍵字：議會；神治；人治

史家們論及議會制度誕生於英格蘭通常都是從部落民主習俗、地方自治傳統、習慣法制度以及獨特的地理位置等方面講述，如《英吉利文明》一書中寫道，「議會的淵源可追溯至盎格魯-撒克遜人時期就存在的部落民主制對王權的約束。正如憲政史學家羅．巴特所指：『議會根源的最深處藏於盎格魯-撒克遜人進入英格蘭之初即有的協商習慣。』基於這一傳統的憲政觀念，盎格魯-撒克遜國王遇有重大事件都必須要召集民眾大會議決，先征得民眾的意見和同意。之後 9 世紀中葉開始出現的賢人會議和 1066 年後取代賢人會議的大會議都是這一貴族民主制傳統下的產物，而議會也是從這一軀殼中孕育出來的。」[315]「諾曼征服後，諾曼人在管理國家時沿用了盎格魯-撒克遜人的政治制度，如君主政體、樞密院、郡建制及兩稅制等，『在地方主權與王室權威之間微妙的相互作用——盎格魯-撒克遜政府的特徵，在諾曼征服以後的幾個世紀爲中世紀英國提供了一種政治的平衡，這在西歐其他國家是缺乏的。』」[316]弗朗索瓦．基佐在《歐洲代議制政府的歷史起源》裡也講到，在西元 5 世紀到 11 世紀，「古老的日爾曼國民議會或者被長期中止，或者被改得面目全非；國民議會在盎格魯-撒克遜人中卻從未中斷；他們年復一年地串起歷史的記憶，並對政府直接施加影響。」[317] 在諾曼征服後，「自由制度體系仍以某種活動存在於英格蘭的地方制度中，特別是在郡法院。其封建制度也不如歐洲大陸的發達。」[318]

相較部落民主傳統、地方自治、習慣法制度及地理位置等而言，基督信仰對議會制的影響較少受到史學家們的關注。但是基督教會作爲歐洲「二元政治」的一元，其對歐

[315] 蔡永良、祝秋利、顏麗娟，《英吉利文明》，上海三聯書店 2014 年版，第 96 頁。
[316] 《英吉利文明》，第 74 頁。
[317] 弗朗索瓦．基佐，《歐洲代議制政府的歷史起源》，復旦大學出版社 2008 年版，第 27 頁。
[318] 《歐洲代議制政府的歷史起源》，第 266 頁。

洲國家中的任何政治制度都具有廣泛而深遠的影響。作爲熱愛自由平等的基督教，其「天賦人權」的思想始終是指引世間基督徒追求永恆天國的精神支柱，在任何時候都爲基督徒爭取自由的行爲在心靈上提供庇護。「基督教與不折不扣的專制主義相去甚遠，因爲，《福音書》既然竭力提倡仁愛，基督教當然反對君主以專制淫威判案定罪和濫施暴虐。」[319]因爲基督徒相信「**主的靈在哪裡，那裡就得以自由。**」（哥林多後書 3：17）所以基督徒追求自由與追求主的靈是合而爲一的。但是歐洲大陸的「主的靈」卻被那些自稱「主的僕人」們用暴力和威權阻斷了。由於中世紀的羅馬教廷深受宗教迷信和教條神學影響，使基督教教義陷入謬誤，給世人造成了一種誤解，好像基督教是反對民主的，其實不然，宣揚上帝面前人人平等的基督教肯定不會反對民主。正如托克維爾所說，「人們所犯最大的錯誤莫過於以爲民主必然對宗教持有敵意。基督教和天主教與民主原則均毫無矛盾，二者之某些方面都絕對支持民主。」[320]

英格蘭的基督信仰由於較少受到羅馬教廷的幹擾，在屬靈層面爲英格蘭民眾在爭取自由的道路上提供了很好地引導和保障。如英國歷史上著名的《大憲章》就是在坎特伯雷大主教斯蒂芬．蘭頓的領導下起草和簽訂的，爲此斯蒂芬．蘭頓被教皇免去了大主教職務。宗教本是人類尋求天賦的自由，並希望獲得神的祝福的一門學問，本無好壞。在公義正直、虔敬無私的人手中可以成爲啓蒙人類理性、喚醒人類良知的靈魂食糧。但是如果落在愚昧無知、自私貪婪的「披著羊皮的狼」手中，宗教眞的可以成爲讓人理性蒙昧、良知失喪，變成行屍走肉的精神鴉片。這就是爲什麼世間許多本來美好的東西換了環境就變味的根本原因。

世界上任何事物都具有屬靈和屬世兩面性，代議制制度也不例外，下面將從屬世屬靈兩個層面對近代代議制制度在英格蘭誕生的原因進行分析：

首先從屬世層面看，主要有三方面的原因。第一，悠久的民主傳統是代議制制度的根基。悠久的民主傳統從凱爾特人（甚至更早）開始就已經存在了，羅馬帝國占領時期其勢力僅能停留在小城鎮，無法觸及廣大的農村地區。隨著西羅馬帝國的滅亡，羅馬人留下的痕跡很快地逝去了。當盎格魯-撒克遜人初來不列顛，當時還沒有國王，領頭的只是氏族首領。在盎格魯-撒克遜人中間仍然實行的是氏族部落的民主協商機制——國民會議，「盎格魯-撒克遜國王遇有重大事件都必須要召集民眾大會議決，先征得民眾的意見和同意。」這一民主傳統一直持續到諾曼征服後，雖然隨著諾曼征服英格蘭，王權得到普遍地加強，封建制度基本成形，但是民主傳統依然無聲無息地存續下來，「自由制度體系仍以某種活動存在於英格蘭的地方制度中，特別是在郡法院。其封建制度也不如歐洲

319 孟德斯鳩，《論法的精神》，商務印書館 2012 年版，第 525 頁。
320 托克維爾，《舊制度與大革命》，譯林出版社 2013 年版，第 10 頁。

大陸的發達。」 這裡的郡法院即來自過去的郡大會，而郡大會脫胎於盎格魯-撒克遜人的國民會議。而在中央政府中，「政府是由兩股主要力量形成的，即王權和貴族議事會，後者是一個獨特而又重要的集會，只有它能夠與國王一起共同行使權力。……但從這個王朝到愛德華一世，逐漸發生了一個大的變化；經過了艱苦的鬥爭，……政府已經採取了另一種形式，一種新的元素已經引入其中，議會——它是由宗教和俗世領主的一部分，由來自郡和自治市的其他代表組成的——取代了貴族大議事會。」[321]

議會這一新的元素產生的背景，是具有深厚民主傳統的英格蘭社會。以民主協商機制、地方自治和習慣法等爲特徵的民主傳統，長期地在英格蘭社會中發揮影響，使其在人們思想中根深蒂固，即使專制的封建制度也未能將它完全撼動。「封建勢力在撒克遜人中間進展甚微；諾曼人到來後它才得到了擴展；但它沒有機會把根紮得更深，因爲它發現自己一方面受到郡法院的限制，另一方面受到國王權力的限制。」[322]坎特伯雷大主教、溫切爾西的羅伯特曾說：「在英格蘭王國有這樣一種風氣，涉及國家形勢的事務，應該聽取利益攸關的各個方面的意見。」[323]由此可見，民主傳統的保留是議會制度得以在英格蘭建立的關鍵原因之一。

第二，封建制度始終未能完全主導國家，王權沒能形成一家獨大格局。西元1066年，征服者威廉將歐洲大陸的封建制度帶了過來。雖然在征服過程中舊貴族幾乎被換了個遍，但是封建專制制度卻並沒有像歐洲大陸那樣建立起來。諾曼征服後，王權得到普遍地加強，國民議會逐漸銷聲匿跡，在地方上被郡法院代替，在中央被由代表教會、貴族和平民利益的貴族議事會所取代。表面上看王權很強大，但其實受到諸多因素的限制，國王與其說是國王，不如說更像個貴族大統領。

諾曼征服後，來自民間的長期反抗以及王權內鬥，致使新上位的君主爲鞏固自己的地位，不斷地向臣民頒發特許狀（後來憲章的前身），如亨利一世的《加冕憲章》。久而久之，英國君臣間不像是歐洲大陸封建君主制度下的主僕關係，倒像是平等主體間討價還價的買賣關係。此後幾百年就是國王不斷地反悔和民眾不斷地要求國王重新確認憲章的鬥爭史。「英國的憲章史就是這種鬥爭的歷史，自由制度——亦即公共權利和政治保障——的胚胎在英國的最早出現，應歸因於這種鬥爭。」[324]每當英王想要任性胡爲時，英格蘭民眾就會爲其戴上籠頭。如1215年，約翰王任性時被套上《大憲章》；1258年，亨利三世任性時被套上《牛津法》（這是議會名稱第一次使用）；1688年，詹姆士二世任性

321 《歐洲代議制政府的歷史起源》，第 314 頁。
322 《歐洲代議制政府的歷史起源》，第 257-258 頁。
323 《歐洲代議制政府的歷史起源》，第 330 頁。
324 《歐洲代議制政府的歷史起源》，第 270 頁。

時被套上《權利法案》。在此，貴族議事會無疑在這場鬥爭中扮演了重要角色，它既是鬥爭的主戰場，同時又爲議會的產生創造了條件。1295 年，由英王愛德華一世召集的「模範議會」出席人數達到四百多人，出席的有教會的代表、貴族的代表、騎士的代表以及平民的代表，此次會議被視爲是議會正式建立的標誌。

由於封建專制制度未能完全建立起來，王權也未能像大陸國家那樣形成獨大局面，所以代表封建君主專制的國王也只是像其他人一樣，是一個屬世世界裡的罪人，他所犯的罪同樣也要受上帝懲罰，而來自上帝的律法遠高於國王的王權。正是在這種信念下，形成了「王在法下」的司法理念。

由此可見，封建制度未能形成大一統格局和「王在法下」的司法理念是議會制度在英格蘭建立的主要原因。

第三，特殊的地理位置。由於遠離歐陸，無論是羅馬帝國還是諾曼第王朝都沒有能把歐洲大陸的奴隸或封建專制制度完全移植到英格蘭。相對而言，英格蘭受歐陸專制制度影響小，民主傳統得到較好地保留。「在英格蘭王國有這樣一種風氣，涉及國家形勢的事務，應該聽取利益攸關的各個方面的意見。」[325]由於較少受到外來制度的侵擾，英格蘭的地方自治得到一定程度地保護。雖然在諾曼征服後封建制度得到加強，但是地方勢力一直在英格蘭國家地方事務中起著重要的作用。在歐陸「古老的日爾曼國民議會或者被長期中止，或者被改得面目全非；國民議會在盎格魯-撒克遜人中卻從未中斷；他們年復一年地串起歷史的記憶，並對政府直接施加影響。」[326]這從國民會議演變爲郡會議，再發展爲郡法院，郡法院再通過地方士紳而起到維護地方權利中可見一斑。

因爲英格蘭地處海外，它的習慣法也得到較好地保留。古老的習慣法與基督信仰的結合，使英格蘭的習慣法以普通法的形式一直延續下來，直到與歐陸傳來的衡平法結合。地理位置的突出作用還體現在屬靈方面，這在下文中詳細說明。特殊的地理位置可以說是近代議會制度在英格蘭誕生的必要條件。

其次從屬靈層面來看，基督信仰在英格蘭的傳播最早可以追溯到不列顛時期。隨著羅馬帝國的入侵，基督信仰也傳入了不列顛。但隨著羅馬人的離去，基督信仰也逐漸湮沒無聞。當英格蘭進入「七國時期」，基督教傳教士再一次來到英格蘭，這一次盎格魯-撒克遜人沒有簡單粗暴地排斥或拒絕，而是審慎地予以觀察和考驗。西元 596 年，基督教傳教士拜訪肯特國王艾瑟爾伯特時，國王艾瑟爾伯特對他們說：「你們所講的話和所作的許諾十分美好。可是，因爲它是陌生的和尚未確知的，我不能魯莽地表示接受而拋棄長期以來我和所有英吉利人一直遵循的規矩和習慣。但是，因爲你們千里迢迢來到這裡，

325 《歐洲代議制政府的歷史起源》，第 330 頁。
326 《歐洲代議制政府的歷史起源》，第 27 頁。

而且還因爲我似乎覺察得出你們渴望把自己認爲是正確、眞實和美好的知識傳授給我們，所以我們不惹你們的麻煩。相反，我們將很有禮貌地接待你們，並仔細地給你們提供生活必需品。同時，我們也不阻撓你們通過傳道爲你們的宗教信仰贏得盡可能多的信徒。」[327]經過長期地觀察和考驗，傳教士們的虔誠信仰和嚴謹作風贏得了英格蘭人民的信任，而且當地人們發現，基督信仰確是上帝賜給人類的祝福，對人類屬靈生命的提升確能帶來好消息。於是，「在各個地區，教堂一座接一座地建立起來，人們滿懷著喜悅的心情成群結隊來到了教堂，聽講福音，國王也慷慨地捐出財產，劃出土地，用以建造修道院。」[328]

這次基督教傳教士們成功了，他們使盎格魯-撒克遜人將自己的原始民主觀與基督教的「神愛世人」、「上帝面前人人平等」觀結合起來，形成了以後英格蘭民族崇尚自由平等的民主觀。十八世紀時，孟德斯鳩在經過長期考察英格蘭社會後發現，「這個民族出奇地熱愛自由」[329]，「在宗教方面，這個國家的每一個公民都有自己的意志。」[330]英格蘭人的基督信仰顯然支持了他們這種自由主義傾向，並將他們這種對自由的強烈取向與對上帝的信仰結爲一體，使之獨異於世界其他民族。

由於受基督教「人皆有罪」觀念的長期影響，英格蘭國王從來都未被神化，國王雖「被尊崇爲其子民的最高宗教領袖———部盎格魯-撒克遜的法律文獻將其名爲『基督的代表』；不過基督教把國王也看作是人，像其他每一個人一樣，他所犯的罪也要受上帝懲罰，唯有蒙上帝之恩方能得救。」[331] 正是因爲在世人眼裡國王也是一個罪人，所以無形中拉近了兩者間的距離。根據《聖經》中的契約概念，國王的權力乃是來自民眾的信託。國王必須按照契約神聖原則，遵守他在享受契約賦予的權力時所承諾的契約給予的義務。歷任英王對這種權利義務觀念的確認可以在他們的加冕宣誓中得以體現。

艾塞爾雷德國王的宣誓內容如下：「我以聖父、聖子、聖靈的名義向王國境內的基督教臣民宣誓，保證做到以下三件事：第一，保證我國境內教會和所有教眾享有眞正的太平；第二，禁止對任何人（無論什麼階層）有暴力或不公正行爲；第三，保證判決公正和仁慈，公正和仁慈的上帝將以他永遠的仁德寬恕我們。」征服者威廉的宣誓詞爲，將「以公正及王室之天意來統治全部民眾，我將建立並嚴格執行良好的法律，完全禁止暴力和不公正的判決。」愛德華一世用過的法文宣誓文本記錄如下：「他將以審愼和仁慈保證在判決中實現公平和正義，將遵守、維護和支持民眾所選擇和制定的王國習慣與法律，

---

327 《英吉利教會史》，第 65 頁。
328 《英吉利教會史》，第 155 頁。
329 《論法的精神》，第 375 頁。
330 《論法的精神》，第 378 頁。
331 《信仰與秩序——法律與宗教的複合》，第 45 頁。

取締一切惡法與陋習。」愛德華二世的宣誓詞最能體現國王對所需承擔責任的確認，它是通過與大主教的問答方式進行的：

「陛下，您願意授予、維持並向您的英格蘭臣民宣誓確認歷代您那些公正和神聖的英格蘭先王們曾授予他們的法律和習慣嗎，尤其是您的先王偉大的聖愛德華國王授予教士及民眾的各項法律、習慣和特權？

是的，我願意。

陛下，您能在掌權之後向上帝和教會及教士、民眾保證和平並完全遵循上帝的意志嗎？

是的，我能。

陛下，您能本著仁慈審慎之心客觀地運用權力並在判決中實現公平和正義嗎？

是的，我能。

陛下，您會堅持並維持王國民眾所選擇的法律和正當風俗，並為上帝的榮耀盡您所能守護和增進它們嗎？

是的，我能。」

基督信仰能在英格蘭而非歐洲大陸發揮增進民主和限制王權的作用，還取決於一個必要條件——特殊的地理位置。由於遠處海外，羅馬教廷的勢力始終鞭長莫及，英格蘭教會較之歐洲大陸的教會形成一種更加寬鬆和自由的氛圍。一方面，英格蘭教會為了自身的利益與英格蘭的貴族和自由民團結起來，為英格蘭的民主事業做出了突出的貢獻；另一方面，因為宗教氛圍比較寬鬆，人們在追求眞理的過程中可以公開地、自由獨立地思考，孟德斯鳩說「這個國家的人喜歡思考」，而自由地思考必須具備一個自由寬鬆的社會環境，而這正是歐洲大陸所欠缺的。

正是因為特殊的地理位置，使英格蘭民眾受到的宗教迫害遠較歐洲大陸民眾為輕。1376年，牛津大學的神學教授約翰．威克裡夫認為《聖經》才是教會的法律，全體信眾才是教會的中心，只有基督才是教會的眞正元首。如果教皇不能為教會造福，而是專意攫取世俗的財產和權勢，這樣的教皇就是「敵基督」。「基督是眞理，」他寫道：「教宗是謊言。基督生於貧困，教宗為世俗的榮華富貴奔忙。基督拒絕世俗的主宰權，教宗追求它。」[332]由於遠居海外的英格蘭，約翰．威克裡夫只受到軟禁的處罰（雖然死後四十年被掘骨揚灰，但那只能顯明羅馬教會的愚蠢和魯莽）。但是繼承約翰．威克裡夫思想的布拉格大學校長約翰．胡斯就沒有這麼幸運了，因為「尊敬的」教皇大人住的離他較近，所以他被送上了火刑架。雖然此後英格蘭民眾追求眞理的道路也並非一帆風順，但相較

[332] 《基督教會史》，第255頁。

寬鬆的環境使眞理之火在英格蘭從來就沒有熄滅過。從十四世紀約翰・威克裡夫提出宗教改革開始，到十五世紀羅拉德派繼續約翰・威克裡夫的宗教改革，再到十六世紀約翰・諾克斯將宗教改革之火從歐洲大陸重新引回英倫三島，最後在十七世紀迎來了「清教運動」的高潮。當清教徒將理信的火焰在英格蘭重新挑亮，英格蘭民眾追求眞理的腳步就沒有停下過。「**主的靈在哪裡，那裡就得以自由。**」（哥林多後書 3：17）體驗到生命自由的英格蘭人民在追求眞理的道路上，不偏信，不盲從，依據上帝賜予的理信之光，不但照亮了自己，還透過重重迷霧照亮了遠方。

當基督信仰回歸眞道後，英格蘭民眾在宗教信仰方面的獨立自由精神一下子迸發出來，不再滿足於已有的宗教改革，主張再進一步清淨教會，掀起了「清教運動」。 清教徒是態度最爲虔敬、生活最爲聖潔的新教徒。在屬靈方面，他們認爲「人人皆祭司，人人有召喚」，每個個體可以直接與上帝交流，反對神甫集團的專橫、腐敗和繁文縟節、教條主義。他們勤儉節約，過著簡單、實在、上帝面前人人平等的信徒生活。在屬世方面，他們將宗教思想與現實政治制度相結合，將「神愛世人」、「契約神聖」、「律法至上」等宗教信條引入到憲政理念、代議制度和法律原則中。如出身于清教徒家庭的約翰・洛克在其《政治論》一書中講道，「人們生來就享有完全自由的權利，並和世界上其他任何人相等，不受控制地享受自然法所賦予的一切權力和利益。」「人民應該成爲判斷者，是人民對君主實行的委託……委託人給予了君主委託，當君主辜負委託時，人民有權利把它撤回。」 英格蘭民眾在上述思想的指引下，經過「清教徒革命」和「光榮革命」，終於在英格蘭首先建立起近代意義上的議會制度。

「近代議會制度」既解決了普通民眾全體執政可能帶來的多數人的暴政，又解決了少數「精英階層」掌握政權可能形成的少數人的專制；既代表了全體人民的意志，又杜絕了個人意志淩駕於眾人意志之上；既保障了絕大多數人的權益，又使少數人的權益也不會受到忽視。這種民眾監督體制下的精英政治，可以說是人類有史以來最理想、最完美且最得神祝福的政治模式。此後，這種受神祝福的政治模式又由英格蘭的清教徒帶往新大陸，並在那裡發揚光大。

在此有必要將中英兩國做一番對比，才能更好地理解爲什麼中國不可能產生近代議會制度，更清楚地認識中國古代社會停步不前，落後於世界的主要原因。中國與英格蘭在上古時期都有自己的民主協商機制，英格蘭有撒克遜國民議會，中國有氏族部落大會。兩者都是民主議事機制，基本的理念都是相同的，即「事關大家利益的事應由關涉的利益各方共同協商決定」。其實全人類從古至今無不嚮往這樣的民主社會，就像中國古代的賢人志士談起理想之世無不稱頌「堯舜之世」，認爲那是一個道化人心、不教而治的「大同世界」，也是一個崇尚民主協商的時代。那麼，後世的發展爲何會產生出那麼大的差異，它們的分野又是在何時發生的呢？其實這個歷史分野就是在神治與人治分離時開始的。

神治是依人的良心（即神性）而治，人治是依人的理性（即人性）而治。人治若是以人的自然理性而治，原本也不是不可以。依著自然理性人類研究出自然法，適用自然法治理國家，也可以治理地很好。但是脫離開神治理念的自然理性很難保持長久，且只能存在于個別哲人的思想裡。哲學家當政的古往今來有幾個？即使有，也一樣治理不好國家。馬可．奧勒留是一位歷史上難得一見的哲學家皇帝，但是他頭腦裡的自然理性並沒有給他帶來夢想中的太平盛世，相反卻使他苦不堪言。原因無他，因爲缺少純正信仰指引下的人治理念，很快會由自然理性滑向世俗理性，甚至非理性。使用這些僞理性治世，沒有人能將這個欲浪滔天、欲壑難塡的屬世世界治理好。哲學家尚且如此，那些原本就私欲旺盛、理性匱乏的專制君主更是在缺少自律、他律，又良心虧欠的情況下將自己變成了一頭喪失理性的禽獸，由此而給這個世界造成的災難數不勝數。

脫離開神治理念下的人治，根本無法形成一種人權意識，更不可能達成一種法治理念。所以，主張人治的專制主義者最終無不是在肉體私欲和世俗理性的雙重夾擊下變成了非理性的「獸治」。而在「獸治」的統治下，世人也只能過著偏信盲從、麻木不仁的奴隸生活。當人心日益遠離神之後，人變得越來越不認識神，人的良知漸漸趨於泯滅，人的理性變得越來越世俗。當人類越來越體會不到屬靈世界和屬靈生命的存在，越來越關注屬世世界和肉體生命的時候，人類不可避免地墮落了，且由此使社會整體道德水準和人類的生命境界都大大地降低。

中國古代的民主協商機制在大禹之後就衰落了，隨著夏啓建立第一個世襲的專制王朝開始，至秦始皇焚書坑儒後幾乎絕跡。在此過程中，惡人借著神的光環逐漸以人取代神，以人治取代神治，且最終都將人治變作了獸治。這一過程可能在行事詭詐的僞理遮掩下顯得晦明不清，人心在這一過程中「**裝滿了各樣不義、邪惡、貪婪、惡毒（或作「陰毒」），滿心是嫉妒、兇殺、爭競、詭詐、毒恨，**」（羅馬書1:29）西方人在《聖經》的教誨下，做這些事時可能還有所顧慮或遮掩，中國人根據三綱五常的教導，做這些事時，基本上總能找到各種「大義」來掩蓋。因爲皇帝老子就是這麼幹的，那麼天子幹的，臣子們當然也幹的。這樣就形成了一種「滿口仁義道德，滿肚子男盜女娼」的社會現象。這就是千百年來中國社會因人治而形成惡性循環的根源，由於不知其然，所以時至今日這種悲劇仍在上演。

而英國的民主協商機制卻因國民會議、地方自治制度、習慣法體制以及特殊的地理位置得以較好地保存下來，尤其是與基督信仰融合後更煥發出勃勃生機。當然這一過程並非一帆風順，中外君主獨裁的欲望始終都非常強烈，英國的民主協商機制在一千多年的歷史長河中歷經曲折，反反復複，臣民們通過與君主無數次的較量，終於克制住了君權獨大的傾向，爲王權戴上了籠頭。

英國這種長期而久遠的民主協商機制不但一直在處理國家事務方面發揮著重要作用，而且對以後民眾權力主體意識的覺醒和公共意識的形成都具有極其深遠的影響。英格蘭民眾結合基督信仰的民主觀使他們相信，在神面前人人平等必然也在「法律面前人人平等」。孟德斯鳩說，英格蘭的「法律對所有個人都一視同仁，所以人人都把自己視爲君主。這個國家裡的人，與其說是同胞，毋寧說是同盟者。」[333]在英國，「人皆有罪，國王也是一個罪人」的教義深入人心，從來沒有人把國王當作神的代理人。基於這種平等的關係，各個時期的英格蘭內戰並不是要改朝換代，而是一次次不斷地要求君主重新確認法律賦予民眾的權力和自由，而每一次的勝利都會將自由民主進程向前推進。

反觀中國的皇帝貴爲「天子」，代表天來管理萬民，千百年來君主利用君權神授的謊言實行專制統治。「普天之下莫非王土，率土之濱莫非王臣」，中國古代的民主協商機制在專制統治下被破壞殆盡。在封建專制統治階級的愚民政策下，民眾的權力和自由觀念蕩然無存。歷代的改朝換代之後都只是在原有的朝廷政策上稍作變化，君民臣屬的關係依然如故，權力主體和權力行使方式沒有任何變化，民眾對君主的權力監督更是無從談起。而中國古代那些良知未泯的知識分子要麼認爲大道若隱，久已不聞其道，無奈何只能歸隱；要麼在形而下屬世世界的德、禮、法之間徘徊，淪爲專制主義者的臣僕；要麼伺機而動，替天行道，輔佐新君去除前朝的無道昏君。無論何種情形，都由於缺少一種純正信仰的引領導致神治理念缺失，無可奈何之下最終不得不全都陷入到「人治」思想的惡性循環之中。

人治的理論根源是自然理性，自然理性主要存在於哲學家的思想裡，而現實中的人們普遍缺乏自然理性。自然理性的維持要靠純正信仰的引領，而純正信仰的持有卻是要靠對眞理的正確認知。不明白上帝起初造人的本意，必然會使原本負有啓化教民責任的知識分子稀裡糊塗陷入世俗理性之中，不是淪爲此君的奴僕，就是淪爲彼君的奴僕。由於世俗理性使人的目光短淺，爲了世俗虛榮，他們要麼攀炎附勢，要麼互相傾軋，拼命地揣摩專制君主的心意，編纂出「君權神授」、「三綱五常」等歪理邪說誤導世人。中國人原本信神，但在君權神授論的欺騙下，把對神的信仰變成了對君王的愚忠，或對家族長輩的愚孝，或對鄉原腐儒的愚敬。當人不認識世界的本質和生命的眞義時，人不能稱其爲「人」，頂多只能稱之爲「民」。（詳見上文《如何理解「民爲貴，社稷次之，君爲輕」？》）

主人變成了奴僕，園戶變成了園主。神的國變得遙不可及，愚昧無知阻斷了國人回歸天家的道路，也阻斷了當家作主的道路。中國的民眾在混亂的三觀中丟棄了原本天賦

333 《論法的精神》，第 380 頁。

的自由和權力，卻把自己的命運交給一位素不相識的獨裁暴君，這無異於將脖子伸進了絞索，任人宰割。而這位主子賜給臣民的唯有恐懼，這恐懼如同野狗般吞噬著人們的良心。就像電影《大護法》裡表現得那樣，人們變得沉默寡言，麻木不仁，甚或互相猜忌、彼此陷害。明哲保身的念頭使人變得自私怯懦，即使下一個犧牲的是自己也不願爲他人的不幸招惹是非。整個社會中愚昧野蠻如荒草般蔓延，而理智卻無處容身；恐懼使國人在心驚膽戰中變得低微而卑賤，而神性卻無跡可尋。由此觀之，中國兩千多年的封建史實際上就是一部人治史、專制史，在這樣的社會環境中是不可能誕生近代議會制度的。

此外，英國士紳的民主觀念和純正信仰使其沒有形成中國士大夫的那種封建專制和君權至上思想，他們積極地參政議政，培養出近代代議制所需要的公共意識，而議會制給他們提供了一個最好的舞臺。如果一個貴族只是坐在家裡與臣屬和農夫打交道，他就永遠不會考慮公共利益的事。只有當他坐在議會中，與那些與自己地位相等的人打交道時，他才必須根據有利於公共利益的理由進行辯論，以超越他個人利益的公共利益和有可能讓人們團結起來的主張吸引擁護者。「因此，僅僅通過聚集起來這樣一個事實，地位重要的封建貴族不知不覺地改變了自己的性質。起初，他們中的每一個人所擁有的權利都來自他們自己的力量，他在貴族院中行使這一權利僅僅是爲了自己的利益；但當他們聚集一堂時，所有這些個人勢力都需要從別的地方而不是從其自身尋求新的手段，以獲得聲望和威信。個人權力不得不融入到公共權力之中。一個由單個的上層人物組成，只熱心于增加自己權力的議會，逐漸變成一個在很多時候不得不使自己服從所有人利益的國家機構。」[334]由此可見，這樣的政治體制有利於培養精英階層的公共觀念和服務意識。而且，在基督教天職觀的影響下，這種觀念或意識更被培養成「服務人，榮耀神」的屬靈信仰，成爲構築近現代西方民主政治的屬靈基礎。電影《奇異恩典》就講了一群議會下院的基督徒議員，藉著上帝賜予的良心通過數十年的議會鬥爭，終於解放了七十多萬黑奴的故事。

而在中國的封建專制統治下，中國的士大夫只能坐在家裡，私下議論議論朝政，還要擔心被人告發，根本無法培育出近代代議制所需要的公共觀念和服務意識。在信仰方面，中國人接觸的都是出世的宗教，而出世宗教對屬世世界的影響非但無益，反而有害。當人們不明白入世才是眞正的修行時，選擇出世只是一種無奈的逃避。

如果用一段話來概括本文內容，即由於英格蘭遠離歐洲大陸，政治方面保留了部落民主傳統、地方自治、習慣法等民主因素，自始至終沒有形成大陸國家的封建專制制度和君權獨大格局；信仰方面較少受到歐洲教廷的影響，留有一定的自由思考空間，爲英

[334] 《歐洲代議制政府的歷史起源》，第 386 頁。

格蘭民眾保守純正信仰提供了便利。正是因爲有著純正信仰和自由民主觀的支撐，使近代議會制度得以在英格蘭首先建立，並使之日後能夠發展成爲一個世界性帝國——日不落帝國。但從屬靈的角度看，英帝國不過也是基督福音在全世界傳播的工具。當英帝國的傳教使命結束後，日不落帝國也很快分崩離析。而新英格蘭——美利堅人民接過了繼續傳播基督福音的接力棒，成爲今日世界首屈一指的超級大國。反觀歷史上的葡萄牙、西班牙、荷蘭等國的發展軌跡，我們會發現一條隱藏在屬世世界繁華表面下的啓示——誰傳播基督福音，神就祝福誰。

美國大選何以又給我們上了一節政治課？

關鍵字：政治；政治形式；神治；人治；法治；民主

剛剛結束的美國大選又給我們上了一課——原來政治不是政客們玩的遊戲。原本美國的兩黨政策都差別不大，只是在基督信仰附近搖擺（詳閱前文《何謂眞理》），所以決定誰會獲選就取決於投票的主體——美國民眾。美國民眾經過長期的啓蒙教育，以及宗教信仰方面的相對成熟，使他們深知總統只是政府的管家，而政府只是所有美國人的管家。既然是管家，當然應當聽主人的吩咐，如果管家太強勢，會使主人感到不放心。所以不管你的競選資金多豐富，你的演講多動聽，你的背景多雄厚，這些東西反而會使主人不放心，所以即使你們家的那位曾經是總統，但是總是你們家的人來管家，擱誰身上時間長了都不會放心。畢竟人的肉體是軟弱的，爲了你好，也爲了大家好，還是選一個雖然業務不太熟，但是叫人放心的人來做管家更好一些。

在此有必要理清政治的概念，否則老是在錯誤的概念裡分析問題，解決問題，永遠都不會使用正確的方法論。我們經常看到的政治概念有很多，比如政治是社會治理的行爲，或維護統治的行爲，或由前述行爲而形成的各種關係等等。各種學說理論將「政治」解釋地異常複雜抽象，叫人分不清東南西北，搞不清政治到底是什麼玩意兒。其實，「政治的眞正目的是自由。」[335]簡單說，政治就是老百姓選個放心的人當管家，讓自己多享一些自由，少受一些約束。

人類起初生存環境較小，自己就是自己的管家。但是後來隨著生存環境越來越大，牽涉的問題越來越多，個人顯然不能管好那個範圍越來越大的家。這時候，爲了更加自由地行使主人的權力，需要安排一個有能力又讓人放心的人來爲大家服務。當然這個人必須品德高尚，同時又不是瘋子或騙子，在這方面中國曾有過很好的典範。

[335] 《神學政治論》，第 276 頁。

中國古人一提起理想之世必稱堯舜之世，堯舜都是品德高尚，有能力又讓人放心的人。所以在他們的管理下，天下出現了路不拾遺、夜不閉戶的盛世景象。中國開始走下坡路就是在夏朝的第一個君主啓破壞這種眞正的民主政治開始的。這傢夥既沒品德又沒本事，就是仗著他老子禹曾經爲大夥兒治過水而被大家選爲管家的分上，身邊逐漸圍攏了一些壞人。借助這幫壞人啓公然廢除了大家選出來的新管家，並假借「君權神授」的謊言開始了世襲制。這一開始就走了四千多年，直到滿清滅亡，中國人才又借著孫中山先生領導的民主革命，重新發現了自己的主人身分。

東方世界的情況大致就像中國的這種情形，但是西方世界卻有所不同。他們的民主制度雖也曾遭遇到壞人的長期破壞，這一點與東方世界有著類似的情形。但是西方世界有個兩希文化，它們互相影響，神奇般地使民主制度在各種夾縫中斷斷續續地保存下來，這不能不說是個奇跡。希伯來文化中誕生出個純正信仰，希臘文化中產生出個自然理性，兩者一經結合就創造出我們今天所見到的自由、平等、博愛、民主、法治、人權等普世價值觀，也可以稱爲眞理在人世間的各種具體反映。（詳閱前文《何謂眞理》）

眞理與僞理永遠是相悖的一對產物，眞理從一開始就受到邪惡勢力的追殺。從基督教創始人耶穌被送上十字架，到早期基督徒被猶太教逼迫，再到羅馬帝國對基督徒的殘酷迫害，然後天主教對新教徒的殘酷殺戮。但是凡事都不是絕對的，基督信仰本身代表的眞理性，決定了它不會完全被邪惡勢力所消滅。神的作爲就是如此的奇妙，藉著早期基督教東傳至孤懸海外的英吉利，這眞理之火就借著盎格魯-撒克遜人的民主傳統而得以保全。這中間的過程異常曲折，詳見前文《試論爲什麼近代議會制度首先誕生於英格蘭？》。

政治的形式主要有三種：神治、人治和法治。神治是依靠人的良心（神性）而治，這種治理形式主要見於人類上古社會。那時的人類普遍都是信神的，而且人心淳樸善良，沒有過多的私欲和詭詐。那時的人類與屬靈世界的溝通方式較多，人們能夠隨時感應到靈界的存在。通過各種溝通管道，人類知道自己從何而來，終歸何方。所以那個時期的人類更明白世界的本相和生命的眞義，也能在艱難的人生中活出這種眞義；人治是依賴人的理性而治，這種治理形式主要見於人類古代社會。那時的人們逐漸遠離了靈界，而且也失去了前人留下的生命資訊。他們在自然理性和世俗理性之間搖擺不定，生命境界越來越低。隨著肉體私欲和世俗理性的日益旺盛，人類越來越無視靈魂方面的需要，只關注肉身方面的需求。更可怕的是忽視了良心對善的渴求，完全排斥人的內在良知的存在。所有有關靈魂、生命以及形而上的事物都視若浮雲，唯有與肉體生命相關的事物皆系於心。這時的人類日益陷入貪婪詭詐、自私自利、忘恩悖逆、寡廉鮮恥的境地，越來越喪失做人的基本道德標準，什麼壞事都敢做；法治是依照法律而治，這種治理形式主要見於人類近現代社會。法治又可以依據法律的淵源，即人與神之間訂立的契約（律法）

和人與人之間訂立的契約（法律）分爲憲政政治和僞憲政政治。（詳見下文《法治與人治的本質區別是什麼？》）

議會制度代表的就是憲政政治，從 1688 年的光榮革命開始，近代意義上的議會制度誕生了。但是由於英國固有的君主制度影響，英國只形成了君主立憲制，這離眞正意義上的民主還差了一步。最後民主制度的完善是由英國的清教徒在十七世紀開始完成的。他們爲躲避國王的迫害，遠離故土，漂洋過海，來到了北美新大陸。在這塊不毛之地，他們通過不懈努力建立起一個嶄新的國家——美利堅合眾國。正是在這個國家裡，人民主權原則第一次得到確立，第一次由憲法予以公布，第一次由一種思想理論走入現實生活。在這個國家裡，國家的眞正主人是人民。托克維爾在對這個國家進行一番長期觀察後作出如下結論：「人民之對美國政界的統治，猶如上帝之統治宇宙。人民是一切事物的原因與結果，凡事皆出自人民，並用於人民。」[336]人民喜歡誰，誰就可以當總統。你看那些想當總統的人，在媒體上激烈地辯論，互相指責抨擊對方，甚至不惜撕破臉皮。所有這一切不過是爲了討好民眾，贏得民眾的好感。

美國大選的激烈程度表現出民主選舉不是一場和諧的表演，那種風平浪靜之下的「民主選舉」不過是獨裁者的作秀。當民眾還在大國小民的迷夢中沒有醒來，葡萄園不會眞正回到主人的手裡（馬太福音 21:33-41）。當主人忘記了自己的身分，就不會明白爲什麼政治的眞正目的是自由。而主人因爲很久失去自由也忘記自由是什麼，淪落爲騙子們的奴隸。家成了別人的家，自己只成了一個葡萄園裡幹活的奴隸。在這樣的狀態下，人可能逐漸墮落爲高等動物，什麼良心、理性、信仰乃至靈魂對他們來講都是烏有。生命對他們來講就是聲色犬馬+強取豪奪，這種生命已經失去了本來的意義，無異於一具行屍走肉。

在此有必要搞清一個問題，政治是屬世世界裡的事物，但是卻與屬靈世界裡的宗教有著千絲萬縷的聯繫，用本書的話講，宗教是腳前的燈，政治是路上的光。宗教在屬靈世界指導人類追求眞理和良善，猶如指路明燈；政治在屬世世界幫助人類追求眞理和良善，猶如宗教在屬世世界的光影。沒有了燈光的指引，路上只會是漆黑一團。沒有了宗教的引領，政治只會淪爲屬世世界裡的人治模式，即使表面上採用法治理念，也不過是貌合神離的應景之舉。瞭解了二者之間的關係，就會懂得人類創造二者的目的，都是爲了幫助人類在黑暗的屬世世界中保守好自己的良心自由，避開肉體私欲的誘惑和世俗理性的陷阱，平安喜樂地完成今生的修行，並活出神所賦予人的豐盛生命。（詳見上文《宗教是精神鴉片嗎？》）

---

[336] 《論美國的民主》，第 71 頁。

最後對本文做一總結，政治其實就是主人爲了自己享有更多的自由而挑選一位「**忠心有見識的管家**」(路加福音 12:42)，代行主人的職責管理好家。而這位管家應當清楚地瞭解自己的管家職責，明白「**僕人不能大於主人，差人也不能大於差他的人。**」(約翰福音 13:16) 盡心盡力代主人管好家，不辜負主人的信任和託付。當然在此過程中，主人也不能完全惰于履行主人的監管責任，疏於監督，導致管家有機會胡作非爲。而要眞正擁有主人意識，必須要做到信仰純正，信仰純正最大的作用就是能保守人的良心自由。信仰純正源自對至善上帝的確信，且明白宗教信仰是決定政治最終走向的關鍵因素，並由此樹立「天賦人權，主權在民」的主人意識。在這方面，美國人民爲全世界各國人民作出了美好的表率，他們的基督信仰始終是引領美國政治前進的指路明燈，由誰做總統不是聽政客們的一面之詞，而是按他們的良心指引並根據理性分析做出判斷。

不明白政治本質的人是沒有眞正自由的人，他們不會明白自己就是自己的主人。他們要麼欺壓他人，極盡巧取豪奪之能事；要麼被人欺壓，心甘情願做他人的奴才；要麼渾渾噩噩，做一天和尚撞一天鐘，得過且過。雖然今天大家表面上都處於一個發展時代，都享受著先進科技帶來的方便生活，但是意識上的差距，導致人的理性存在著天壤之別。即使某些地方表面上擁有了所謂的「憲政制度」，事實上，眞正意義上的民主制度離他們還有很遠的一段距離。

（本書即將出版之際，距離上文的寫作又過去了四年。今年美國大選發生了出人意料的情形：選舉舞弊。這種通常發生在專制集權國家的現象竟然出現在了一向標榜自由民主的美國，眞令舉世震驚，同時也使憤怒的美國人民走上了街頭。美國是一個以基督信仰爲根基的國家，在這樣一個信仰基督的國家裡，這種行爲是要下地獄的，除非做這事的人根本就不是基督徒，亦或只是頭披著羊皮的狼。這次選舉事件充分說明，今天美國社會面臨的已不僅僅是道德滑坡的問題，更深層次的是美國人引以爲自豪的信仰出了問題。今天美國的社情已經與托克維爾寫作《論美國的民主》一書時的社情發生了巨大的變化，這次事件更加表明美國人的基督信仰正在衰落。基督信仰是美國民主的基石，是美國自由的根源。沒有了基督信仰的支撐，美國這座偉大的「山上之城」，距離陷落的一天還會遠嗎？

也許這場選舉風波正預示著世界將由一極走向多極，同時引發世界不穩定的因素也將增多。它不僅關乎美國的國運，更決定了未來世界的走向。短期來看這將不利於中國今後的和平發展，但是從長遠來看，這對發展中的中國或許意味著一個重新崛起的契機，正應驗了那「東升西落」的古老預言，願上帝保佑中國。）

今日世界的法律體系是如何形成的？

關鍵字：法律；律法；神法；人法；自然法；法律體系；羅馬法；衡平法；普通法；大陸法系；英美法系

談起法律，我們總喜歡談其神聖性，其實這神聖性與律法的神聖性同出一轍，都來自於上帝。律法研究的是神對人靈魂的要求，法律研究的是社會對人肉體的要求。兩者研究的出發點都是對人的約束，但是側重點不同，一個是對人良心的約束，一個是對人行爲的約束。兩者的不同點源自出處不同，一個是形而上世界的神法，一個是形而下世界的人法。律法源自於神，其本身的神聖性不言而喻。人法來源於律法或自然法（自然法也來自於神法，詳見下文《什麼是自然法？》），其等級和效力都低於神法，「人類法律都由兩大基本依據決定——自然法和神法；也就是說，所有人類法律都不能與之相違背。」[337]正因爲如此，人們通常所講的法律的神聖性來自於神法的神聖性，即來自於神自身的神聖性。所以講，失去了對神的信仰，法律將毫無神聖性可言。

律法和法律之間存在很多的共性，比如傳統、權威、儀式和普遍性等。這些共性法律界的學者們已經研究的很多，本文不再贅述。本文要探討的內容主要是今日世界的法律體系是如何形成的？

今日世界的法律體系主要有兩大類，即大陸法系和英美法系。大陸法系來自歐洲大陸，英美法系顧名思義來源於英美國家。這兩大法系都來自於歐洲，並與歐洲的基督教教義有著深厚的淵源。

人類的法律在上古時期無一例外都來自神法，這在猶太教的「摩西十誡」[338]中得到充分體現。在上古時期，人類還完全憑藉天性行事，不需要太多的法律規則約束。那時的人類天性純樸，敬神愛人，人與人之間還沒有太多的利益糾紛，重大事務管理都實行

[337] 《美國憲法的基督教背景》，第 46 頁。

[338] 「摩西十誡」是猶太教和基督教的最高律法，大約形成於西元前 1500 年，相傳是猶太人祖先摩西與神訂立的關於人類應當如何為人處世的契約。摩西律法一直是猶太人行為處事的最高指導原則，隨著基督教影響在西方世界內的不斷擴大，摩西律法也成為西方法治思想的源頭。

民主協商制。後來隨著生產力的提高，物質逐漸豐富起來，一些人開始有一些剩餘物質可以支配。這時人類的肉體私欲受到罪性的誘惑不斷加重，人性中貪婪自私的一面逐漸暴露。爲適應這種情況，人類開始不斷在神法的框架內根據人類對自然規則的揣摩增加新的行爲規範，逐漸演變成原始社會的習慣法。這些習慣法是充斥著神法和人法的混合體，但是基本都以神法爲綱，人法爲輔。

從原始社會進入奴隸制社會以後，人法的內容不斷增加，神法逐漸隱爲模糊的法律指導原則，在神法中體現的公平、正義、誠實、守信、自願、良善等原則逐漸融入到具體法條中，如西元六世紀，羅馬的查士丁尼皇帝在基督信仰的影響下制定了歷史上著名的《國法大全》[339]。「在這部大法的<法律原理>部分，說明了『法律的準則在於：誠實地生活，不傷害人，將人所當得的給他。』而法律的條文則力求不偏不倚地將這準則用在每個人身上。這一套「羅馬法」後來成爲現代歐洲法律體系的核心。它建基於一個概念，就是神在世上訂立了一些自然法則，這些法則舉世通行，適用於無論身居高位或地位低微的人身上。這些想法深深地進入了西方人的思想裡。」[340]正是由於這些基本法律準則的形成，以及它對人們思想的影響力，爲後來歐洲大陸法系的形成奠定了堅實的理論基礎。

大陸法系的由來可以講具有深厚的羅馬法淵源，歐洲在西羅馬帝國滅亡後，政治法律制度一度被摧毀，重新建立起來的是蠻族氏族社會的習慣法。但是蠻族在接觸倖存下來的基督信仰後，很快在基督信仰中發現了與本民族相通的信仰內涵，不但信仰上皈依了基督教，而且在現實中努力提升基督教在社會中的地位，使基督教教義對法律的支撐作用得以繼續加強。隨著基督教在社會中的地位不斷得到提高，教會的作用日益凸顯。到 11 世紀，教會通過「授職權之爭」[341]，大大提高了羅馬教皇的權威，教會第一次作爲一個有形、自治、合法的組織獨立於世俗社會。不過這個時候還沒有法系的概念，「從羅馬帝國衰亡之後直至 11 世紀末及 12 世紀之前的這段時期，歐洲各種法律秩序所施行的法律規則和程式，不論教俗，基本上都與社會習俗、政治制度和宗教制度毫無分別。沒有人嘗試去把當時施行的法律和法律制度組成一個清晰的結構。」[342]

---

[339] 《國法大全》，又稱《查士丁尼法典》或《民法大全》，是《查士丁尼法典》、《法學匯纂》、《法理概要》、《新法典》四部法律文獻的統稱。由東羅馬帝國皇帝查士丁尼一世下令編纂的一部彙編式法典，是羅馬法的集大成者。該法奠定了後世法學尤其是大陸法系民法典的基礎，也是法學研究者研究民法學不可或缺的重要文獻資料之一。

[340] 《基督教為我們作了些什麼？》，第 160 頁。

[341] 授職權之爭是指中世紀教皇與國王之間就神職人員職位的任命權展開的一場權力之爭，其本身是為宗教與世俗之間劃分一個界限，保護宗教信仰不受世俗政權的干涉。但是發展到後來，逐漸演變成一場教權與王權之間的權力爭奪，充分顯示出教皇染指世俗權力的野心。

[342] 《信仰與秩序——法律與宗教的複合》，第 33 頁。

隨著與世俗當局的分庭抗禮，不論是教會一方，還是世俗一方，都迫切需要建立自己的法律制度來維繫內部團結和對外抗衡。這時候，《國法大全》的手稿在義大利比薩鎮的一家圖書館裡被發現。「查士丁尼羅馬法在 11 世紀末重現於世，絕非偶然。在羅馬教皇爭取教會從世俗政權獨立出來的鬥爭中，其擁護者始終堅持不懈地在義大利的圖書館裡搜尋這些典籍。也許在皇帝反擊教皇一方的過程中，其擁護者也在尋找。雙方都堅信，羅馬法能夠支持自己擁有更高權威的主張。」[343]

雖然羅馬法一度在西羅馬帝國和東羅馬帝國盛行，但在西羅馬帝國滅亡後，羅馬法本身在西歐社會已無任何實際效力，而《國法大全》此時的出現，為混亂的法律和法律制度提供了一個解決問題的架構。人們將這部早期的法律視為一個完美的制度，它被當作理想法、當作法律理念制度而備受推崇。此時，原本混亂的法律和法律制度開始運用羅馬法的術語進行分析，運用羅馬法的標準進行評判，並由此形成了一門新的學問——法學。法學與神學、哲學和醫學一樣在大學裡成為學問的獨立分支，不過與神學和哲學不同的是，法學孕育出超越國界而又別具一格的術語和方法。「這些權威典籍中發掘出來的法律科學概念、法律知識制度概念，對於構築多種法律秩序和法律制度的西方法，也就是西方法律傳統來說，是非常重要的部分，也是不可或缺的部分。」[344]由此可見，羅馬法以及由其而出的法律科學概念和法律知識制度概念是構築大陸法系的屬世根基。然而羅馬法再怎麼偉大也只不過是一部形而下世界的人法，要想真正構成一部法系，它還需要形而上的自然法或道德律對它進行檢驗和評價，這就需要屬靈層面的宗教為檢驗和評價法律規則和法律制度提供基本的法律原則和標準，這些原則和標準就是我們常說的衡平法。

所謂衡平法直白點說就是上帝存在于人心的法，即良心法。德國法學家奧爾登多普認為，「衡平實乃良心之法。它就是自然（上帝賜予的）法（人心中之律）。它不是人類意志的產物，也不是那種取決於人類意志的理性（奧爾登多普所謂的世俗理性）的產物。衡平或者說自然法，是由上帝注入個人的良心中的，亦即那種令我們能夠區分善惡曲直並作出判斷的能力。」[345]「尋找衡平法淵源的線索在良心一詞。我們知道，愛德華三世在位時的第 22 年頒布法令，授權大法官法庭審理『關乎恩典』和『關乎良心』的一切事物。」[346]人的良心在人類誕生之初就已經有了，「不過，在中世紀，基督教世界的良心第一次得到了系統化：這個良心是西方人所最為熟知的，他們稱之為上帝的律法並宣誓忠

[343] 《信仰與秩序——法律與宗教的複合》，第 36 頁。
[344] 《信仰與秩序——法律與宗教的複合》，第 34 頁。
[345] 《信仰與秩序——法律與宗教的複合》，第 163 頁。
[346] 《信仰與秩序——法律與宗教的複合》，第 70-71 頁。

於解釋和保衛該法的聖教會。」[347]全世界各民族都有自己的良心標準，但是在大多數情況下都是模糊不清的一種意識，唯有在基督教世界，藉著基督賜予世人的福音，使人類的良心成爲一種確定的、能夠據以掌握並使用的原則和精神。

在以神職人員爲主體的中世紀司法者的心中，司法的本質就是行使上帝賜予人類的道德律。「中世紀衡平法的程式是其司法管轄權的根本所在：大法官把每個人都看作依良心行事的基督徒，在經宣誓後對他進行詢問，以上帝之名令他做正確的事。」[348]經由衡平法，基督徒良心在中世紀基督教世界的社會制度和法律制度中得到了普遍運用。英國法學家塞爾登講「法律之衡平猶如宗教之精神」，伯爾曼在解釋這句話時說，「法律之衡平猶如宗教之精神——要牢記，在中世紀的基督教世界，宗教精神並非朦朧神祕的抽象概念，而是充滿活力的強勁力量，它滲入每個人的生命深處，滲入每一社會的肌理，由人類已知最統一、最強大的組織之一——羅馬教會從 11 世紀至 16 世紀塑造而成。」[349] 伯爾曼經過對中世紀衡平法淵源的分析研究後得出，「名爲衡平法的實際的法律及慣例源於羅馬教會。」[350]

衡平法本身並不是一部具體的法律，而是一些由宗教教義及禮儀中所表現出來的法律原則和慣例，最初的表現形式是教會法。以往的教會法含有爲數眾多的神學原理及禮儀，間或有一些教規彙編也多出自宗教經典、宗教會議的決議及大主教的決定，以及皈依了基督教的皇帝及國王所頒布的有關教會的規定等。這些法律錯綜複雜，十分鬆散，適用範圍具有很大的局限性。「就在授職權之爭結束後的一百年裡，教皇領導下的西方教會建立了一個新的法律制度，即現代教會法。……這個制度利用新發現的羅馬法作爲大量術語及法律原理的來源，利用新創的經院哲學方法作爲調和矛盾、整合文本的技術。」[351]「這個對西方基督教世界均有約束力的新法律制度，被設計成一個富有生命力、不斷發展的制度。……在 1123 年至 1215 年間舉行的前四屆拉特蘭大公會議頒布了成百上千項法律，另外教皇也以教令的形式頒布法律；教皇亞歷山大三世（Alexander III）(1159-1181nian)在位二十二年間，有七百多條教令留存於世，而教皇英諾森三世（Innocent III）（1198-1216 年）在位的十八年間，有五部重要的教令彙編編成。1234 年，第一部由官方編纂的教規及教令彙編問世，這部彙編概括了近百年來的成果並使之系統化；1917 年之前，該彙編一直是羅馬天主教會的基本法。因此，中世紀末的教會法，……是第一個

347 《信仰與秩序——法律與宗教的複合》，第 71 頁。
348 《信仰與秩序——法律與宗教的複合》，第 71 頁。
349 《信仰與秩序——法律與宗教的複合》，第 51 頁。
350 《信仰與秩序——法律與宗教的複合》，第 73 頁。
351 《信仰與秩序——法律與宗教的複合》，第 38-39 頁。

現代法律制度。」[352]教會法作爲第一個現代法律制度還主要表現在，建立起專業的法律部門，職業的法律家階層和專門的司法系統。

教會法爲教會管轄權劃分了一個勢力範圍，在這個範圍之外，世俗社會的皇帝、國王、大封建主及市鎮當局爲了自身的需要紛紛模仿教會法建立起各種世俗法律制度，設立各式專門法庭，編纂出各類法律文獻。由於當時教士在受過教育的人群中占了絕大多數，並且也在王室法庭及領主法庭身居高位，因此在世俗法律的制定過程中也遵循了教會制定的道德標準，即形而上的宗教信仰對形而下的法律制度起了重大的指導作用。在此後的七八百年裡，教會法對世俗法一直發揮著持續不斷地影響。正是在這種體制的影響下，世俗政府在制定各種法律制度時，既要考慮解決法律需要解決的世俗問題，又要維持宗教信仰的道德天平。「因爲上帝通過自然法爲世俗社會提供了指針，因此世俗社會的工作就是將自然法的普遍原則轉化爲實在法的詳細規則」。所以歐洲大陸法律體現出了一種法律與宗教相融合，秩序和正義與信仰和道德相融合的態勢。也正是在這一態勢的作用下，以教會法爲代表的衡平法與以羅馬法爲代表的世俗法相混同，歐洲大陸法系逐漸成型。

歐洲大陸法系正是基督教會與世俗政府互相獨立，彼此制衡，形成獨特的二元政治的產物。基督教會保護了人的精神價值觀免受腐化的社會勢力、經濟勢力及政治勢力的影響，構建出了一個因信仰上帝而信仰法律的社會。「這些社會，也就是全體基督徒，構成了西方法律的眞正基礎。」[353]如果要說今天歐洲大陸的法律傳統難以爲繼，法律正在面臨越來越多的困境，那一定首先因爲歐洲大陸的宗教信仰出了問題，法律已經喪失了它存在的基礎。「在我看來，西方法律傳統出現危機的主要原因在於其宗教基礎的分崩離析。」[354]迷失了法律傳統的源頭，法律也就失去了其與生俱來的神聖性。

上面講了大陸法系，下面再來談談英美法系的由來。由於獨立於歐洲大陸，英格蘭既吸收了歐洲大陸的衡平法理論，同時又保留了自身原有的普通法傳統，並且在基督教教義的影響下形成了獨具特色的英美法系，爲人類社會提供了一種獨特的法律視角，並對今天的世界法律體系產生著深遠地影響。

英美法也被稱爲普通法或判例法，普通法來自于悠久的習慣法。自英格蘭早期的居民凱爾特人起，就英勇善戰，並且熱愛自由。孟德斯鳩在長期考察英格蘭社會後發現，「這個民族出奇地熱愛自由」，英格蘭人的這一習慣有著悠久的歷史背景。自由是民主的本質，享有自由的民族也一定具有悠久的民主傳統。悠久的民主傳統從凱爾特人（甚至

352 《信仰與秩序——法律與宗教的複合》，第 39 頁。
353 《信仰與秩序——法律與宗教的複合》，第 48 頁。
354 《信仰與秩序——法律與宗教的複合》，第 41 頁。

更早）開始就已經存在了，羅馬帝國占領時期其勢力僅能停留在小城鎮，無法觸及廣大的農村地區。隨著西羅馬帝國的滅亡，羅馬人留下的痕跡很快地逝去了。當盎格魯-撒克遜人初來不列顛，當時還沒有國王，領頭的只是氏族首領。在盎格魯-撒克遜人中間仍然實行的是氏族部落的民主協商機制——國民會議，「盎格魯-撒克遜國王遇有重大事件都必須要召集民眾大會議決，先征得民眾的意見和同意。」這一民主傳統一直持續到諾曼征服後，雖然隨著諾曼征服英格蘭，王權得到普遍地加強，封建制度基本成形，但是民主傳統依然無聲無息地存續下來，「自由制度體系仍以某種活動存在於英格蘭的地方制度中，特別是在郡法院。其封建制度也不如歐洲大陸的發達。」（詳見上文《試論爲什麼近代議會制度首先誕生於英格蘭？》）

英格蘭社會早期適用的法律實際來自於氏族社會的習慣法，經過長期的歷史沿革發展成爲後來的普通法。雖然也制定了一些成文法，但是還是以習慣法爲主，具體表現形式則爲判例。「在 11、12 世紀的革命以前，法律並不是由職業法律家群體建立、見諸經籍典冊的獨立的規則和概念制度，而是歐洲各民族共同意識及共同道德感形成的整體。」[355]這些習慣法包括莊園的習慣法、自治城鎮的習慣法、早期的商人法、教會法庭實施的教會法、自由地產保有人的普通法以及巡迴法庭法官實施的法律等。這些法律看起來似乎雜亂無章，而且還處在靈活變通、不斷變化之中。但是它們裡面浸透著一些原則和慣例，這來自于悠久的習慣法傳統，並得到了基督信仰的支撐。雖然此時還沒有衡平法的概念，但是這些原則和慣例在以後將以衡平法之名得到系統整理。

在歐陸衡平法程式正在形成和發展的過程中，英國的普通法卻正在日益變得機械僵化。隨著王室法庭逐漸脫離開諮議會，不再受國王控制；法官不再從大法官廳的書記官中按等級選任，或從教會的神職人員中選任，而是開始從出庭律師公會的律師中選任。這些人對上帝的律法和基督徒的良心漠不關心，只是埋頭於處理法律條文的技術細節。這一做法的嚴重危害是，法律將要喪失它的靈魂，重新沉陷到形而下世界的人法之中。最突出的表現是，法官自動放棄了自由裁量權，重新變成了執行法律的機器。

由此，普通法法庭變得保守倒退，封閉排外，並丟掉了它們的司法裁量權。導致許多普通法無法解決的問題得不到處理，於是不得不又通過在大法官廳創設衡平管轄權來加以救濟。大法官作爲諮議會中最博學、最傑出的一員，通常精通普通法和教會法，「身爲『負責所有部門的國務大臣』（包括司法部門在內），他的意見對於普通法法官的選任和普通法的發展舉足輕重；身爲地位顯要的神職人員（通常是坎特伯雷大主教），大法官本人相對不受世俗控制，在這方面的行爲是對教會及教皇負責。」[356]大法官這種兼具政

355 《信仰與秩序——法律與宗教的複合》，第 42 頁。
356 《信仰與秩序——法律與宗教的複合》，第 66 頁。

權和神權的雙重身分，使其對普通法和衡平法的融合互補產生出巨大的促進作用。

事實上，衡平法就是解決普通法解決不了的糾紛的法律，這就表明了衡平法的救濟方式依靠的是「恩典」和「良心」，解決的糾紛則是一切「關乎恩典」和「關乎良心」的事務。1489 年，大法官兼紅衣主教莫頓簡練務實地表達了基督徒良心是英國衡平法的根本淵源：「凡法律，均當遵從上帝的律法；我深知，遺囑執行人欺騙性地濫用動產而不恢復原狀，會在地獄中受詛咒，對此予以救濟乃是依據我所理解的良心。」[357]衡平法與普通法本身並沒有明確的界限，在大法官與普通法法官、律師及諮議會成員密切合作解決問題時，並沒有想過他們是在以損害普通法爲代價來實施衡平法，相反卻認爲，他們是在實施關乎「恩典」和「良心」的普通法。

前文講過，衡平法所包含的基本程式和原則框架來自教會法對市民法學說的重大革新，這場革新正值 12、13 世紀市民法學說被發掘翻新之時。「討論中世紀衡平法的淵源，即教會以及上帝的律法，要想到教會法是對羅馬法早期市民法的重新評價。羅馬法中的衡平法在合同義務中發展了誠信原則；禁止損害他人利益的不當得利行爲，要求法官注重法律意圖而非法律形式。中世紀衡平法的奠基人將羅馬法改造並融入教會法時，通過使其管轄人員成爲有良心的基督徒，賦予這些原則以新的含義，並圍繞轉變爲良心的誠信原則、保護下層人士的禁止不當得利原則、（維護）人及其良心的實質正義的實質正義原則，重塑了衡平法程式。」[358]衡平法當然並非源自大法官，在大法官法庭存在之前，衡平法就已經出現在莊園法庭、自治城鎮和定期集市法庭、教會法庭、大學法庭、倫敦城市法庭、巡迴法庭、諮議會——基本上出現在王國之中的所有法庭。所以大法官法庭的重要作用在於重塑了衡平法程式，並使教會的「神聖自然正義」能夠以具體、法律的方式得以體現。

雖然英格蘭沒有像歐洲大陸教會那樣使用經院哲學方法研究羅馬法的條件，但是卻擁有悠久的地方自治傳統和普通法基礎，地方自治傳統使地方法院與自治民在司法過程中起著重要的作用，普通法基礎爲衡平法的移植準備了肥沃的土壤。在長期的歷史發展演變中，英格蘭民眾的民主傳統與基督信仰完美地結合，人們除了信賴選拔出的法官外，更加相信來自上帝賜予人類的理性，並將自然法作爲審理案件的依據。衡平法的傳入彌補了普通法的不足，使日漸衰微的普通法重新煥發出勃勃生機。而這一切都是在不經意之間發生的，正所謂「無心插柳柳成蔭」。英美法系的最終形成，實際上就是在普通法與衡平法的融合互補過程中完成的。如果說普通法伸入了英格蘭社會的每個角落，那麼衡平法則鋪滿了整個英格蘭社會的天空。

---

[357] 《信仰與秩序——法律與宗教的複合》，第 71 頁。
[358] 《信仰與秩序——法律與宗教的複合》，第 74 頁。

由上文可知，以衡平法爲靈魂，以世俗法爲基礎，逐漸形成了今天人類社會所使用的法系。法系的形成需要有兩個條件：一是屬世層面要有一個民主的法律傳統，並在此基礎上建立法律和法律制度。如大陸法系的羅馬法和英美法系的普通法；二是屬靈層面要有一個保守人良知、幫助人警醒自守的「良心」宗教，它在道德層面給予法律規則及法律制度以合理性的終極標準，並在屬世層面檢驗和評價上述法律和法律制度的制定和實施。體現它的法律原則或慣例就是衡平法。具備了第一個條件，相當於人有了肉體，具備了第二個條件，相當於人有了靈魂，二者的結合才能眞正構成一個法律體系的整體。可以講，大陸法系就是衡平法在羅馬法基礎上發展起來的一套法律體系，英美法系就是衡平法在普通法系基礎上發展起來的一套法律體系。

那麼既然兩種法律體系都有民主傳統和衡平法淵源，那麼它們爲什麼會形成兩種不同的法律體系？它們之間又有什麼區別呢？這主要是因爲兩種法系產生背景有著顯著的不同。羅馬法是奴隸制社會的法律，它本身的專制主義色彩很濃，《查士丁尼法典》就明確宣布皇權無限，奴隸必須聽命于他的主人安排，不允許有任何反抗。事實上，羅馬社會的民主只適用於它的上層統治階級以及自由民，對廣大奴隸以及殖民地的民眾並沒有民主可言。而英格蘭社會的民主傳統則根深蒂固，英格蘭自古以來較好地保留了悠久的民主議事機制，並與司法機制有機地結合起來，民眾在案件的審理過程中擔當著重要的審理角色，發揮著重要的審判職能。且由於基督教對英格蘭民眾自由精神和獨立人格的培養，擁有虔誠信仰的民眾出於對上帝的信仰，使所有案件的審理都是在上帝的名義下以人的良心作爲審案的支柱，因此不成文的普通法深受基督教所宣講的自然法影響。藉著代表上帝的恩典和良心，普通法伸入英格蘭社會各個階層的每個角落。這種來自上帝的民主意識即使受到來自歐陸的封建專制侵襲也未被打斷，它們通過地方自治和貴族議事會不斷地與國王進行著以維護憲章爲核心內容的鬥爭。另一方面英格蘭民眾的基督信仰較之歐洲大陸更爲純正，由於中世紀羅馬教會步入謬誤之境，來自教廷的神權掩蓋了來自自然法的人權，導致衡平法雖誕生於歐洲大陸，但是卻「牆裡開花牆外香」。「經由大法官，基督徒良心走進了英格蘭王國這一基督教世界的半自治大教區。」[359]

衡平法在隔海相望的英格蘭結出了豐碩的果實，這主要歸結於以下兩個原因：一方面由於英格蘭孤懸海外，英格蘭傳統的民主精神以及習慣法得以較好地保留，受歐洲大陸的君主專制政體影響遠較歐陸國家小。雖然諾曼征服後君主專制有所加強，但是國王作爲最大的貴族代表這一形象沒有改變，國王始終受到其他貴族的監督（這在英國君民之間不斷訂立和重申的各種憲章中得到反映）；另一方面由於遠離歐陸，英格蘭教會較少

[359] 《信仰與秩序——法律與宗教的複合》，第 71 頁。

受到羅馬教會的影響，基督教義在英格蘭得以較好地存留。在每一次自由民主運動的背後都有著基督教會的身影，爲此，英格蘭教會還時常受到羅馬教會的逼迫。但是即使這種逼迫也具有明顯滯後性，往往當事情都已經發生過好久，羅馬教廷的處罰才傳過來。正是因爲這種情形，使得宗教改革精神在英格蘭就沒有一直斷過。在十六世紀，當宗教改革在歐洲大陸燃起復興之火，但卻受到羅馬教會的頑強阻擊時，宗教改革運動之火卻由約翰·諾克斯傳到蘇格蘭，並在整個英格蘭發揚光大。

上述情形就是兩種法律體系誕生的背景，也是造成兩種法系產生根本區別的原因。體現到法律體系中就表現出大陸法系的專制色彩更濃重一些，而英美法系的民主內涵更深厚一些。同樣都是基督教國家，信仰的都是同一位上帝，理解的都是基本概念相同的自然法，然而最終產生的區別卻是顯而易見的。

首先，英美法系法官的地位顯然比大陸法系法官的地位要高。英美法對法官不但要求要具有專業法律技能，更要在品德方面成爲世人的楷模。英美法系的法官遴選非常嚴格，所有的法官都是從那些經驗豐富，品行卓著，沒有任何劣跡的律師或教師中選拔，因此英美國家的法官非常受人尊重。由於他們在司法過程中時常代表上帝的權柄，所以還被披上了一件神祕的外衣。與之相應，地位越高責任也就越大。英美法系國家的法官審理案件要受到所有民眾的監督，主要體現爲接受媒體的監督。判決結果如果不公正，輕則丟飯碗，重則身敗名裂，所以法官不會也不敢隨意下判決。

其次，英美法國家民眾的法律意識明顯高於大陸法系的民眾。由於純正信仰對良心的保守，使英美法系的基督徒對世界本質和生命眞義產生出更好的認知，使他們明白了人自身的權力源自天賦，理解了民主並非只是在屬世世界裡的自爲己主，而是神賜予人神性，並要人爲祂作見證的初衷。出於對神的尊崇，所以視源自人與神訂立的神聖契約——律法爲神聖，並自願遵守它，執行它。後世人類制定的法律都建基於律法之上，並由此產生出法律至上的信念。正如英國法學家布萊克斯通所說：「人類法律都由兩大基本依據決定——自然法和神法；也就是說，所有人類法律都不能與之相違背。」[360]正是出於基督教和基督信仰所培育出的理信，使英美法系的民眾對法律的認承度非常高，且在日常生活中能夠積極地參與法律的制定和實施過程，並誓死捍衛法律的尊嚴。

第三，英美法系的法官擁有的權力明顯高於大陸法系的法官。大陸法系國家是假定羅馬法是人類的理想法，而法律的操控則交給專業的法曹。法官只能援引現成的法條，不能按照自己的意思隨意造法。而英美法系國家有鑒於自然法理論的影響，認爲每個人心中都有一部自然法或道德律，只要在自由公正的法制環境下由具有專業技能的法官按

---

360 《美國憲法的基督教背景》，第46頁。

照案件的具體情形就可以作出相應的判決。所以英美法系的法官權力非常大，他們沒有現成的成文法條文，所以他們必須依靠自己的良心（自由心證），並熟練運用專業法律技巧解決各種各樣的法律問題。對法官的信任使民眾賦予了法官很大的造法空間，並願意服從他們的判決，這是大陸法系國家的法官所不敢奢望的。英美法系法官所具有造法權的功能，特別突顯了英美法系對法官綜合素質的要求。

第四，英美法系民眾的自然理性和法律素質明顯高於大陸法系的民眾。大陸法系認爲人類缺乏自然理性，自然也缺少駕馭自然法的能力，所以立法權和審判權都交由立法機關和司法機關掌握。英美法系則認爲人類具有自然理性，也具有駕馭自然法的能力，只要在自由公正的法制環境下，由具有專業技能的法官予以正確引導，每個人都可以依據自己內心中的自然法或道德律作出公正的判決。「大法官把每個人都看作依良心行事的基督徒，在經宣誓後對他進行詢問，以上帝之名命令他做正確的事。」[361]有鑑於此，英美國家的法庭會將案件的審判權交給未受過法律培訓、毫無專業法律知識的陪審團，這是大陸法系國家所無法理解的。相應英美法系國家的民眾因爲自然理性不斷得到培植和加強，自然法就在每個人的腦海裡成爲實實在在的行爲準則。這種準則使人們對整個社會具有一種強烈的責任感，對周圍人群（特別是弱勢群體）更顯示出親人般的關心（就像議員坐在國會中而對公共事務產生關心一樣）。大陸法系國家的民眾由於自身的自然理性得不到重視，更得不到培植和加強，所以對自然理性這一事物明顯缺乏認知，對自然法更是不知爲何物，導致人們在日常生活中時常出於世俗理性，只考慮自身利益，很少會自覺自願地考慮公共利益，表現出來就是想方設法地鑽法律漏洞，損人利己。

兩種意識的不同，也決定了兩大法系的本質區別：一個因自然法的緣故特別重視人權，從大的方面講，這是由人身上的神性決定的；從小的方面講，這關係個人的切身利益；另一個因世間法的緣故特別重視主權，從大的方面講，這是由統治階級的利益決定的；從小的方面講，人們還總是把自己放在「民」的位置上，還沒有學會把自己當「人」看。

講完了西方世界法律體系的形成原因，順便說說中國社會爲何沒有形成法律體系的原因。在中國古人視爲理想之世的堯舜時代，上帝的權威至高無上，上帝是良善和公義的化身，法律是上帝權威的體現，是維護人類社會正常秩序的行爲準則，這已具有了自然法的雛形。進入奴隸制社會後，法律也同樣是神法與人法的混合體，如中國夏商時期的法律就是按照「天罰神判」，即憑藉天意和神旨實施司法制裁，這在上古甲骨文和金文中均有實例記載。進入封建社會後，雖也繼承了前人的天人合一思想，但是由於缺少

[361] 《信仰與秩序——法律與宗教的複合》，第 71 頁。

歐洲基督教那樣良善的宗教信仰支撐，人們對上帝的信仰變得虛無縹緲起來，導致自然理性也無所依託。正如聖人所說「大道若隱」，「隱」意味著人們找不到「道」了，這「道」隨著遠古歷史變爲神話而離人類社會越來越遠去了。

在空虛的精神世界裡，人們的自然理性不斷地受到專制主義宣揚的世俗理性甚至非理性的蔑視和打壓，幾至滅絕。在這種情形下，中國社會根本不可能產生出自然法思想，有的只是專制主義者編造的「君權神授」和三綱五常等歪理邪說。人們在雜亂信仰和世俗理性的誤導歪曲下，只能將希望寄託在木雕泥塑的偶像或某個活人身上。正是因爲缺乏純正信仰的引領導致自然理性難以爲繼，而自然理性的稀缺又使自然法無從產生。沒有了自然法的指引，原本體現「神聖自然正義」的法律也越來越成爲權勢人物或強力集團藉以推行其政治、經濟及社會目標的工具和手段。對於這樣的法律，民眾心中絕難產生出任何崇尚敬重之意。而在現實生活中，遇上寬容點的獨裁者，民眾的日子就好過一些，遇上冷酷的暴君，民眾就只能自求多福了。中國人長期生活在這樣的人治社會中，只會對獨裁暴君及其幫兇給予希望。最明顯的例子就是在訴狀的末尾通常寫著，「請青天大老爺明察秋毫」或「求青天大老爺開恩」等語。而在英美法系國家的訴狀結尾通常寫的是懇請大法官「因上帝的愛並以慈愛方式」、「懷著對上帝的敬畏」或者「爲上帝的榮耀」而救濟等語。求神與求人的不同，彰顯出法治與人治的分界。

中國社會千百年來「一朝天子一朝臣」，改朝換代換的是人，法律卻永遠是老樣子。所以在專制主義人治統治下，「良心」是個稀罕物，基本只存在於民間，在朝堂或朝廷附設的機構裡很難覓其蹤影。而依附於朝廷的所謂司法者，只爲了博取專制主義者的歡心和賞識，根本無心也無力去研究什麼法律體系，他們首要解決的是他們的屬世利益問題。隨著人們的信仰日益雜亂，理性就越趨向世俗，結果世俗理性越嚴重，甚至趨於非理性時，人們就越成爲專制主義者欺騙與奴役的對象。在以後漫長的歷史沿革中，法律的統治性能不斷得到加強，上帝的權威近乎絕跡。雖然專制主義者爲了欺騙民眾，使世人心甘情願地接受其統治，名義上謊稱君權神授，代天刑罰。如「上稽天理，下揆人情」或「揆諸天理，准諸人情」，實則暗地裡以人欲取代神義，以人法替代神法。完全無視人們靈魂中與生俱來的神性，肆意歪曲信仰，惡意打壓理性，通過思想專制，將世人對上帝的觀念完全模糊化，使世人不得不將希望放到了一個罪人身上，由此失去了對眞理的渴望和追求。

基於對眞理的無知，以及對自然理性和自然法的不解，中國的法律千百年來一直徘徊在世俗人法之中，並形成人治的思維定式。從秦律開始一直到大清律，雖條文每朝都有所變化，但法律指導思想就是維護統治階級的集團利益，愚昧、壓迫和奴役廣大民眾。法律本身刑民不分，法政不分，政教不分，毫無體系可言。在這種狀況下，法系產生所需要的具有民主傳統的世俗法和由良心而來的衡平法根本就沒有產生的土壤。在這種人治的社會治理模式中，來自神的恩典完全被忽視，探索自然法的道路幾乎被封死，世人變得良知泯滅、理性蒙昧、麻木不仁。所有這一切都使現代法律體系徹底與中國社會絕緣了。

今天在世界各國中，不論是基督教國家或非基督教國家基本都適用大陸法系或英美法系這兩種法系。其中適用大陸法系的國家有基督教國家，也有非基督教國家。適用英美法系的國家都是基督教國家。如前所述，不論是大陸法系還是英美法系，都與源自上帝的自然法密切相關，此外還需要借助基督信仰對自然理性的支撐。一些非基督教國家雖然仿照大陸法系建立起自己的法律體系，也採用了一些自然法作爲立法原則，但是由於缺乏大陸法系的立法背景以及對法律本質的清醒認識，造成法律的功效和維度大相徑庭。厚重的法典徒具其表，而不具其實。這正是本文最想闡明的意圖之一。

什麼是自然法？

關鍵字：自然法；自然理性；神法；神學；良心；良心法；衡平法；人權法

人類的自然理性可以認知的道理（自然規律）稱爲自然法，自然理性是從全人類乃至整個自然界的角度思考問題的能力，所以自然法反映的外部表像是自然規律，它的核心就是自然理性。古羅馬哲學家西塞羅在《論共和國》一書中說道，「眞正的法律乃是一種與自然相符合的正當理性，它具有普遍的適用性並且是不變而永恆的。」近代「自然法之父」格老秀斯也認爲：「自然法是眞正理性的命令，是一切行爲善惡的標準。」

自然法是反映公平、正義、自由、平等、誠信、秩序等自然理性的規則集合，它來自於早期人類對這個世界的深入觀察和體悟。它的目的是保護人與生俱來的自然權利，這些自然權利包括生命權、平等權、自由權等，具體對今日世界的人類而言，生命權除了包括生命以及身體不受非法侵害外，還應包括物質上不陷入匱乏的權利，精神上不陷入恐懼的權利等；平等權就更加廣泛了，除了法律面前人人平等外，還有就業平等，受教育平等，機會平等；自由權又可以分爲言論自由、出版自由、結社自由、集會自由、遷徙自由以及信仰自由等，所有保護這些權利的法律都屬於自然法。今天社會裡體現這些權利的法律統稱爲人權法，所以人權法的根源就是自然法。

自然法是人類早期的一種理性產物，最早它是由古希臘哲學家依照自然理性創造出來的一種理論學說。它源于人類自然理性對世界本質的認知，並從中發現出關於「善」的一些具有普遍意義的本質共性，正如蘇格拉底所說，「我覺得，在可知世界中最後看見的，而且是要花很大的努力才能最後看見的東西乃是善的理念。我們一旦看見了它，就必定能得出下述結論：它的確就是一切事物中一切正確者和美者的原因，就是可見世界中創造光和光源者，在可理知世界中它本身就是眞理和理性的決定性源泉；任何人凡能在私人生活或公共生活中行事合乎理性的，必定是看見了善的理念的。」[362]這種「善」，古希臘哲學家將之稱爲自然法，也就是人世間普遍適用的、高於其他一切法律的自然規

[362] 《理想國》，第 279 頁。

則。

這種法體現了大自然的某種規律，即「善」或者「正義」的聲音，它來自于人的自然理性，體現了自然的本性。但是這種自然規律在古希臘哲學家那裡沒有具體的指向，只是含糊籠統地說明有這樣一種存在。自然理性需要一個純正信仰的支撐，缺乏純正信仰的支撐，自然理性很難長久存在。而古希臘哲學卻無法提供這樣一個純正信仰的支撐。隨著智者們相繼離世後，後來者很快由於自然理性的缺乏而對這種「善」的理論產生懷疑。誰能證明自然規律就不代表「惡」呢？在古希臘神話故事裡，神的行爲恰恰說明祂時善時惡，準確點講是善惡同體才對。如此無休無止地爭論下去，要麼使人越來越陷入懷疑主義的漩渦，要麼使人丟棄這種無意義的爭論轉而追求肉體的愉悅，過一種更現實的生活。繼續堅持這種理論的學者越來越少，他們的主要代表是斯多葛學派。

斯多葛學派認爲理性乃人所共有，自然狀態則爲理性控制的和諧狀態。人只有按照理性去生活，就是按照自然法則生活，才能維持和諧的自然狀態。但是人類的理性已爲人類的自私所破壞，故而應當恢復理性，重新回到和諧的自然狀態。這裡存在一個二律背反，既然人們是缺乏理性才不能認識自然法，那麼一個抽象的自然法理念怎麼能讓人恢復理性呢？自然理性需要良心的啓蒙，而良心又需要純正信仰的支撐，但因爲缺少這樣一個純正信仰的存在，使古希臘哲學的自然法理論由於這個二律背反導致難以有效存續。人的肉體私欲何等強大，它能創造出形形色色、各種各樣的世俗理性甚至非理性來使人類沉淪。即使身爲古羅馬皇帝的斯多葛學者馬可．奧勒留也悲歎世人缺乏理性，空有一身抱負卻無力回天。

古羅馬學者繼承了古希臘哲學家的自然法理論，但是古羅馬的多神信仰仍然無法解決古希臘哲學家存在的問題，即缺少一個純正信仰。缺乏純正信仰的支撐，自然理性就找不到出路，自然法也就無法在現實中發揮其維護正義的實用價值，甚至連它是否存在都值得懷疑。也就在這一時期，一個影響人類未來命運的契機發生了，地點就在羅馬帝國猶太省的一個小城伯利恒。猶太聖經裡預言的彌賽亞（救世主）降生了，從此眞理以道成肉身的形式彰顯於世，「善」或者「正義」等自然法原則不再是一個個抽象的理念，而是一個實實在在的實體。「**神的奧祕就是基督，**」（歌羅西書 2:2）「**這道理就是曆世歷代所隱藏的奧祕，但如今向他的聖徒顯明了。**」（歌羅西書 1:26）「**這奧祕如今顯明出來，而且按著永生神的命，藉眾先知的書指示萬國的民，使他們信服真道。**」（羅馬書 16:26）「**要叫他們的心得安慰，因愛心互相聯絡，以致豐豐足足在悟性中有充足的信心，使他們真知神的奧祕，就是基督，所積蓄的一切智慧知識，都在他裡面藏著。**」（歌羅西書 2:2-3）基督傳給世人的福音裡充滿了純正信仰和自然理性，藉著祂的指引，人類歷史發生了翻天覆地的變化。（詳見前書《基督教啓蒙讀物——最後的爭戰》）

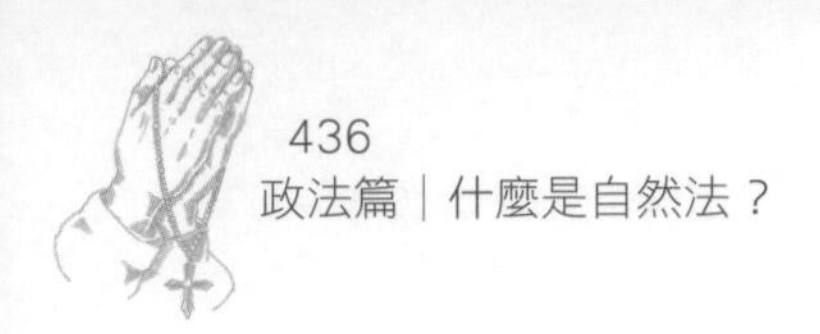

同時期的古羅馬學者（尤其是斯多葛學者）在祂身上除了發現自然理性之外，還找到了他們所缺少的純正信仰。基督福音告訴他們：上帝是靈，祂時刻關注著人類；人是上帝的造物，且有上帝的靈住在人的體內；人是萬物之靈，每一個人都是平等的，都享有天賦的權利和自由；人類本是一個大家庭，應當和睦共處；上帝喜悅人類互相關愛，而非仇殺；上帝鑒察人心，人應當用心靈和誠實敬拜祂；人類來自上帝，終歸要回歸上帝，而能否順利回歸取決於人類是否能夠眞正明白上帝的眞道，並通過一世的修行成爲上帝那樣「善」的存在。人類只有眞正明白了這些道理，才可以獲得基督所許諾的永生。

斯多葛學者在這裡發現了基督所講的這位神，與他們所理解的「善」有很多相似之處。尤其是這位神身上的神性與他們心目中的「善」完全吻合，基督講，「**只有一位是善的（有古卷作『你為什麼稱我是良善的？除了神以外，沒有一個良善的』)**。」（馬太福音 19:17）正是這兩者之間的根本契合點，使古希臘哲學與基督教產生歷史性的結合，並且是以基督信仰爲主的結合。這些基督教哲學家辛勤地工作，以「證明希臘最佳的思想與基督教信念相容，並展示基督教淩駕在希臘思想與其他哲學和世界觀之上的優越性。」[363]

這些基督教哲學家因爲本身具有哲學賦予的自然理性，再加上基督教所賦予的純正信仰，使他們很快認識到了基督身上的眞理性，並且在這一眞理的指引下創造出人類有史以來最接近眞理的一門學問——基督教哲學。早期基督教哲學家也將自然法傳統融入了基督教教義，奧古斯丁將自然法視爲人類祖先墮落之前的自然狀態，由於人類始祖的悖逆，返璞歸眞的生活不再可能，人類需要代之以求援于自然法和上帝的恩典。在這以後隨著基督教日益世俗化，基督教教義也逐漸步入謬誤之境，自然法理論漸漸被人造的神學所取代，自然法所反映的自然理性也被神學裡隱藏的非理性所掩蓋。

以人造神學取代自然法，使宗教追求眞理的本質發生了根本性的錯誤。作爲人造的神學，其本身充滿了形形色色人的愚妄，以及各式各樣人的欲望，越往後越離譜。自打基督教成爲國教以後，異教迷信和世俗理性逐漸在基督教會內部喧賓奪主，教會內部的人出於各種雜亂信仰和世俗理性，私底下以人欲取代神義，以人法替代神法。教會法本質是披著神法外衣的人法，結果就出現了，神成爲了教會的神，神職人員成了人與神溝通的媒介。不經過教會的允許，人的靈魂就要下地獄。如果買了教會的贖罪券，人的靈魂就可以上天堂。對教會這種狂妄的瀆神之舉，如果有人膽敢對此提出異議，輕則身陷牢籠，重則送上火刑架。這就是中世紀基督教史上有名的謬誤時期。

這種受人篡改的神學逐漸受到一些理信者的正義譴責，雖然他們爲此付出了慘痛的

[363] 《基督教神學思想史》，第 73 頁。

代價，但是眞理之火被重新在人們心中點燃。因爲宗教信仰已經被專制教會所掌控，所以這些理信者無法使用宗教信仰與掌握神權的教會相爭，只能另闢蹊徑。他們重新發現並使用自然理性認知的自然法，以此作爲武器與教會掌握的神權做鬥爭。雖然名義上自然法來自古希臘的自然法傳統，實際上這次人們主張的自然法已經被深刻改造過。它是深受基督信仰影響的自然法：它提出的「天賦人權」的理論根源就來自於人是神按照自己的樣子所造，人在神的面前都是平等的，人的權力來自於天賦；它提出的「公義」的根源是因爲神是公義的；它提出的「誠信」的根源是因爲神喜愛人誠信；它提出的「自由」、「平等」、「博愛」等的根源都是出於神的恩典和意志。

自然理性在這裡得到很好地保護與發展，屢屢被這些基督徒哲學家所使用。但是這並不是說有了理性就可以拋開信仰，獨自發展自然法了。自然法通常是與神法一體兩面，即自然法是神法在人世間的反映。身處屬世世界裡的人通常只能通過自然理性對自然規律進行瞭解和認知，而對神法的理解只能是建立在自然法基礎之上的良知感受。這是非常抽象的一種主觀心理活動，人如果只會使用自然理性去理解自然法，那結果必然會是「知其然而不知其所以然」。不瞭解自然法所反映的自然規律來自于神，必然只會在形而下的世界裡如無頭蒼蠅似地亂撞，所以非常容易受人誤導。相較而言，出於純正信仰理解的自然法更易被高層次的人所接受。他們瞭解世界的本質和生命的眞義，清楚人生不過就是一場靈魂的修行。而那些唯物主義者在無視神的眞理和良善的情形下，將由自然理性發展起來的自然哲學（包括自然科學）以及由其帶來的社會進步當作了人定勝天的實證，卻不知這種本末倒置的認知使世人無法認識良心背後的神性，僅因爲神學的愚妄和世俗宗教的蠻橫就將神法和宗教一起掃地出門了。

這裡需要注意的是神法與神學的關係，不清楚二者之間的關係極易造成誤解和混淆。神法在屬世世界裡表現爲自然法或道德律，在基督教國家的法學領域也稱其爲良心法(或衡平法)。神學卻是人類世俗理性和非理性的產物，它總是使人在非理性或世俗理性的漩渦裡盤旋，專注在幻想中或私欲裡探索神的世界，這就註定它因欠缺理性而虛妄荒誕或愛慕虛榮，且總是使人陷入迷信。神學不是在追求眞理，而是在以人的非理性或世俗理性探索一個人造的神（詳見上文《什麼是信仰？什麼是宗教？什麼是律法？什麼是形而上？》）。

神法是由神而來，神學是由人而來，雖然它們都是人類對神性的參悟解讀，不同的是，一個是來自靈魂深處的良知對神性的參悟解讀，一個是出於人的各種理性對神性的好奇。俗話說，好奇害死貓。神學的好奇不但害死貓，更害死人啊！一定要清醒地認識到，神法裡蘊含著神對人的愛，它只會給人以自由（良心自由），而絕不會剝奪人的自由（良心自由）。而神學則是人對神的好奇，這種好奇由於人類的理性天然不足，有時候表

現得很狂熱，這狂熱不但會引人走火入魔，還會強烈地產生出剝奪他人自由的意志，甚至會狂熱到剝奪他人生命的地步。所以伊拉斯謨講，「所有神學思辨的微妙競爭，都是出自危險的好奇心，會產生褻瀆神的狂妄行爲。」[364]正是因爲神學的狂妄無知，導致後來人類歷史上無數次災難和悲劇的發生。

自然法的異軍突起重新喚起人們對眞理的追求，啓蒙思想家們根據新自然法理論大膽地提出了一種社會契約論。在這種理論中，他們高舉基督信仰，但卻以自然法來作爲衡量是非善惡的尺規。他們對人權的理解，對自由、平等、博愛等思想的追求大大改變了整個人類歷史的進程。這對那些動輒以神的名義指責人的教會正統人士來講，是根本不能容忍的。由此拉開了一場自然哲學對基督教神學曠日持久的論戰。在這場論戰中，雖然代表神學的勢力異常強大，但是眞理卻站在了天平的另一邊。

可悲的是，因爲神學家的愚昧無知和狂妄自大，導致對神靈和神法的信仰也遭到人們的丟棄。這種爲了倒洗澡水，結果連孩子一起倒掉了的不幸例子又一次上演。人一旦失去純正信仰的支撐，自然理性必然無法長期維持下去，即使暫時表現得很有理性，但是人無完人，總有一天會因爲人的私欲而喪失理性。古希臘哲學是前車之鑒，近代的唯物主義哲學又重蹈覆轍。

下面講一下自然法的內涵。自然法的核心是神聖自然正義，它表面上源自人的自然理性，實則是出於人的良心，所以自然法又被稱爲良心法。自然法描述的理論都是人類對善的理解，都是直接發自人的良心，因此自然法必須符合人的良心。對信仰雜亂或者缺少信仰的人來講，良心是個什麼東西呢？但是對基督徒來講，良心是人與神交通的唯一管道。良心是「人與上帝關係的依託」，是「人的信仰之根」[365]。人的良心實乃源自靈魂中的神性，良心與神性是一體兩面，從人講是良心，從神講就是神性。只不過人的良心非常弱小，稍不注意的話很可能會被人的肉體私欲所掩蓋，不知不覺中淪爲罪的奴僕，活的死人。「**私欲既懷了胎，就生出罪來；罪既長成，就生出死來。**」（雅各書 1:15）

因爲基督教賦予人純正信仰，而純正信仰保守人的良心。「**你要保守你心，勝過保守一切（或作「你要切切保守你心」），因為一生的果效，是由心發出。**」（箴言 4:23）人能否認識眞理，獲得理信，並最終得享永生，關鍵就在於能否保守好自己的良心。人的一切行爲都圍繞著良心，所有信仰的出發點和歸宿也在良心。我們做事憑的是良心而非知識，實在說，決定這個世界好壞的正是良心。德國法學家奧爾登多普寫道：「良心是可靠的嚮導。」[366]人類依著良心的指引才能過上信仰生活。良心沒了，說的再好也沒用；良

---

[364] 《基督教神學思想史》，第 389 頁
[365] 《信仰與秩序——法律與宗教的複合》，第 138 頁。
[366] 《信仰與秩序——法律與宗教的複合》，第 159 頁。

心在，什麼也不說，內心也會和諧。世界上所有良善的宗教和法律都是爲了保守人的良心而設，這本是上帝創造它們的初衷。

自然法正是由那些深具良心而被稱爲上帝的寶貝——哲學家所創設，它本身並沒有具體的法律條文，幾乎全都是人類發自良心對善的理解和感受。它不像是法律，反而更像道德準則。它以法律爲名，但卻高於世間一切人造法。它必須與那些具有自然理性的偉大靈魂相對應，而那些偉大靈魂無一不具有一顆純潔無暇的良心。

當一個人的良心能夠保守好，他的理性就能夠達到從全人類乃至整個自然界的高度思考問題，這時他就具有了自然理性，也相應掌握了自然法則，這樣的人在基督教世界體現得尤爲明顯。基督教保守人的良心除了堅持純正信仰外，啓蒙和培植人的理性也是非常重要的方法。基督總是教導信徒說，「**無論何事，你們願意人怎樣待你們，你們也要怎樣待人。**」（馬太福音 7：12）正是通過不斷地培植人的理性，吸引著古今無數追求眞理的人接受它的啓蒙，開啓生命的內在層次，進而認識眞理和良善，成爲新自然法的創建者和詮釋者。

他們將從宗教中獲得的精神意識轉化爲自然法則，創造出維護社會公平正義的衡平法。塞爾登講，「法律之平衡猶如宗教之精神」。宗教的精神就是引導世人趨向良善，所以法律的平衡也要體現出這種精神。體現神聖自然正義的新自然法在中世紀的歐洲出現，正是體現出了一種法律與宗教相融合，秩序和正義與信仰和道德相融合的態勢，並在此基礎上逐漸產生出一種類似自然法的法律形式——衡平法。

所謂衡平法直白點說就是上帝存在于人心的法，即良心法。德國法學家奧爾登多普認爲，「衡平實乃良心之法。它就是自然（上帝賜予的）法（人心中之律）。它不是人類意志的產物，也不是那種取決於人類意志的理性（奧爾登多普所謂的世俗理性）的產物。衡平或者說自然法，是由上帝注入個人的良心中的，亦即那種令我們能夠區分善惡曲直並作出判斷的能力。」[367]衡平法所體現出來的「神聖自然正義」並非源自于人的自然理性，而是來自更深層次的良心。這個良心並非由世間法律予以看護和保守，它需要的是對它出處的領悟和回向，這也就是人類研究和探索宗教的根源。

衡平法作爲一種自然法，不但對維護基督教國家的社會正義和公序良俗起到了很大的作用，同時也培植出異於世界其他地區民眾的自然理性，這從英美法系的自由心證中可見一斑。英美法系國家的法庭，因爲相信民眾能夠依良心行事，所以將案件的審判權交給未受過法律培訓、毫無專業法律知識的陪審團。陪審團在專業法律人士的指引下，運用自己的良心對案件作出有罪或無罪的判決。在這一過程中，民眾的自然理性得到有

[367] 《信仰與秩序——法律與宗教的複合》，第 163 頁。

效地培訓和提高，自然法對他們來講也不再是高不可攀的海市蜃樓，而是實實在在的法律準則。

那麼如何判定哪些法律符合自然法，哪些法律不符合自然法呢？這就要回到那句話，**「無論何事，你們願意人怎樣待你們，你們也要怎樣待人。」**（馬太福音 7：12）作爲良心法的自然法，既是衡量人心的一桿秤，也是衡量法律的一桿秤。鑒定一部法律缺不缺自然理性，合不合乎自然法，其實很簡單，只要把立法的人放進去試試，就知道這「法」正義不正義了。比如說，有人打算立法，法律規定說，某人沒犯罪，執法機構就能把他給抓起來。那麼，最簡單的測試辦法就是，對立法的那傢夥說，假如你沒犯罪，人家就能把你給抓起來，你覺得可以嗎？假如你覺得別人不可以這樣對待你，你的立法就肯定「不正義」，因爲你的法律裡缺乏最基本的自然理性。

缺乏自然理性的法律一定是違背自然法的法律，想想人類以前關於奴隸制的法律，還有後來那些限制信仰自由、言論自由、遷徙自由的法律以及損人利己、巧取豪奪的法律等，這些法律都不符合「神聖自然正義」，都是不正義的法律。因爲違反自然法基本原則，違背人的良心，破壞人與神之間的和諧關係，本質上屬於「惡法」，因此在人類良心上不具有約束力，「爲了上帝並出於良心」，這些「惡法」自然不應在順服或遵守之列。

事實上對缺乏純正信仰的人來講，很難產生自然理性。即使在某些偉大人物的頭腦中出現自然理性，也很難產生出自然法理念。舉中國的例子來做一說明。中國春秋戰國時代曾有許多偉大的思想家都具有某種程度的自然理性，如道家的「上善若水」、墨家的「兼愛非攻」、儒家的「己所不欲勿施於人」等，但是因爲缺少一個純正信仰，造成世俗人等深受專制主義思想的毒害，將天子等同于天，將天子的意志等同于天意，以人治取代神治，於是一個人就潛移默化地被推上了神壇。如果這個人清醒一點兒還能夠自我約束一下，如果是個昏聵殘暴的昏君，那麼就禍害天下百姓了。

在專制主義人治社會裡，哲學家思想裡的那點兒自然理性會根據統治階級的需要加以取捨，取捨的結果是自然理性被邊緣化，幾盡滅絕。而世俗理性卻大量地、堂而皇之地充斥於各種書籍文章之中，被世人所閱讀和奉行。世俗理性教給人的就是自私自利的處事原則，導致人們迷戀人間的權勢和財富，將自己的命運、政治的好壞、社稷的興亡都交付於一人之手。因此中國老百姓對政治的認知就是有個明君或青天大老爺，沒有人會將希望寄託於一部想像中的法律或某種道德觀念上。這就造成在中國社會，辦什麼事都要托關係找熟人，很少有人認爲法律能公正地解決問題。因爲在中國人眼中，人是活的，法律是死的，活的人可以玩轉死的法律，這就是中國人千百年來不易的人治觀的根源。即使今天政府天天宣傳依法治國，但由於根深蒂固的世俗理性和人治理念，導致崇拜權力的官僚主義狀況依然沒有根本轉變。

因爲不認識神，人的良知缺少純正信仰提供的活水滋養而趨於泯滅，人不知不覺中會陷入肉體私欲的泥沼，淪爲罪的奴僕。不認識神，法律的神聖性又緣何而來。不明白法治的背後是理信（詳見下文《法治與人治的本質區別是什麼？》），即使法治喊得再響，在老百姓的心中也難以引起迴響。由此觀之，缺少自然理性，徒有世俗理性，即使制定出如山的法律條文也是徒然。

自然法核心是神聖自然正義，而神聖自然正義源自人的良心對神性的感悟，所以良心對創造自然法的自然理性起著引領作用。這就好像眞理是屬靈的純正信仰與屬世的自然理性的完美結合一樣，它既是屬世世界的產物，卻又彰顯出某些屬靈事物的特性，所以講自然法是神法在世間的表現形式之一。由此根據自然法制定出來的法律本身也具有了一種神聖根源，這就是當今「法律神聖」一說的來源。對不瞭解自然法的人來講，自然法顯得很神祕，彷彿只能停留在道德層面上，或許永遠都不可能實現。對瞭解自然法的人來講，自然法是實實在在的法律準則，它就寫在人們的心裡。

自然法由於自身的特殊性一直以來讓人難以捨棄，從古希臘開始，幾經沉浮，發展到今天依然在人類法律思想中具有蓬勃的生命力。這充分說明人心中的良知對造物主存在著難以割捨的信仰，人頭腦裡的自然理性對眞理存在著剪不斷地渴求。無論眞理如何被歪曲，信仰如何被打壓，人靈魂中的神性都會不經意間悄悄拷問人的良心：你知道你身上具有造物主的形象嗎？你知道你心中具有造物主賜予的良知嗎？你知道你與生俱來的天賦權力嗎？你知道你的行爲褻瀆了做人的人格和尊嚴嗎？

從自然權利（即人權）被喚醒的那一天起，它就以人權的形式在基督教世界誕生，並隨著基督教文明的傳播延伸至世界的每一個角落。受此影響，人類從來沒有像今天這樣重視人格和尊嚴，一部部體現自然法理論的人權法被制定出來。從早期的《自由大憲章》到近代以來英國的《人權法案》、美國《獨立宣言》和《人權法案》以及現代的《聯合國憲章》、《世界人權宣言》和《公民權利和政治權利國際公約》等法律，都是反映自然法思想的光輝典範。從人權法的發展過程也能看到自然法是如何在基督教世界中一步步演變爲人權法，並造福於全人類。而這些法律無一例外地全都首先出現在基督教國家中，這只能說明一個事實：在這些法律的背後都有一個純正信仰在支撐，它就是基督信仰。它所培植和傳播的、充滿自然理性光輝的普世價值觀，正在向全世界追求公平、正義和自由的人們爲眞理作著見證。

靜心想一想，今天人類所享受的這一切權利和自由是怎麼來的？是靠人權法嗎？還是靠自然法或是神法呢？其實都不是，因爲它們都有可能遭遇人爲的歪曲和篡改。神藉著耶穌基督降世，將天國的福音賜給我們，使我們得以認識眞理，看見神。「**你們得救是本乎恩，也因著信；這並不是出於自己，乃是神所賜的；**」（以弗所書 2:8）毫無疑問，基督教是今日世界所有良善宗教的代表，而作爲其信仰對象的基督，才是這一切變革的眞正締造者，是帶領人類奔向自由的引領者，也是生命的拯救者。就本文而言，耶穌基督無疑是指引全人類認識和領會自然法的指路明燈。

法治與人治的本質區別是什麼？

關鍵字：法治；理信；神治；神法；人治；理性；儒家學說

很多人以爲法治是一個法律問題，只要政府制定了法律，國家就可以依法而治，這實在是一個巨大的認識錯誤。

法治並非人們通常理解的依法治理，而是特指依理信而治。在人類擁有理信前這個世界只有人治沒有法治。理信是眞理在人心的反映，它是人類從內心深處對眞理的確認和反應。理信是良知和理性相結合的產物，當人擁有理信後，人類既懂得抬頭看天，明白人類當家作主的權力和自由來自神的恩賜。同時也曉得腳踩實地，知道這天賦的權力和自由還必須依靠屬世世界的自然理性和法治理念來完備和護航。在意識層面，理信幫助世人樹立了民主意識(詳見前文《如何認識民主的本質、核心內容以及由來和意義？》)。在制度層面，理信指導民眾依據法治理念治理國家。依據法治理念治理國家，在屬世世界的基本表現形式就是制定國家的根本大法——憲法，並以規定公民基本權利和基本義務的憲法條文來保障人類天賦的權力和自由。

理信由於其抬頭看天的功能，使世人重新認識到神治的重要性，但是在神治已經不可能得到恢復後，理信又幫助世人以法治代替了神治的功能。所以法治的本質就是神治，法律的神聖性也來自於神法的神聖性。神法是神與人訂立的契約，並以律法的形式表現出來。它規定了人之爲人的基本權利義務，並表明這些權利義務的神聖淵源。這權利實乃源自神造人的初衷，這義務就是要人自主地爲神作見證。源自神的神法（律法），體現出神的神性（天道）和人的理性（人道）的結合，它建基於每一個人身上都有神的影子，每一個人都擁有平等的身分和機會，每一個人都能夠自爲己主地爲神作見證。根據基督教教義，愛神的果效要體現在愛人上，不愛人就不可能眞正愛神。基督教的純正信仰喚醒了人類沉睡已久的良知，使人類的理性得以重新啓蒙和彰顯，由此形成的理信使法治理念得以產生，並使法律至上、法律面前人人平等以及尊重及保障人權等現代法治理念得以產生並發揚光大。

法律最早表現爲原始社會的神法（律法），因爲這些神法本身體現的是人與神之間的神聖契約，本身具有神聖性。人類自願接受這種神法的約束，是源於對神的尊崇和信仰。神法的出現不是爲了剝奪人的自由，而是爲了保護人的自由。神通過神法保守人的良心，使每個人都能夠分辨善惡並選擇善。人的良心，即人靈魂中的神性，往往容易受到屬世世界肉體私欲和世俗理性的侵擾。爲此，上帝通過與人訂立契約來約束人類自私貪婪的行爲，並希望借此能使人類變得更具有良知和理性。從猶太教的「摩西十誡」到英國的《大憲章》，從英國的《人權法案》到美國的《獨立宣言》，再由《美國憲法》到《聯合國憲章》，這中間隱藏著一條上帝拯救人類的紐帶：通過純正信仰而締結的神聖契約，人具有的良知總是一次次被喚醒，人的理性不斷得到啓蒙和培植，人的生命也不斷得到變化而更新。人的靈魂藉此在追尋天國的旅程中不斷被淨化提升，最終達到更高的生命境界，實現進入天國享有永生的終極目的。爲這條紐帶作見證的，正是那些信仰純正、充滿理性並引領人類歷史的人。正如那些在起草美國憲法時被稱爲「半神半人」的人，「在美國憲法的起草人中，包括那些個人對傳統有神論宗教眞理持懷疑態度的起草人在內，均深信不疑：法律制度本身的生命力取決於宗教信仰的生命力，更具體說，取決於新生的美利堅合眾國所盛行的基督新教信仰的生命力。」[368]

但是當人類忽視了上帝的存在，也就忽視了法律的最初功能，法律逐漸成爲權勢人物或強力集團藉以推行其政治、經濟及社會目標的工具和手段。後世隨著人類對神的認識日漸模糊，法律也失去了自身神聖的根源。法治理念也日益淡薄，只存在於一些哲學家的腦海裡（他們將之稱爲自然法）。隨著人類罪性逐漸掌權，人類的良心不斷虧欠，理性日漸蒙昧，那些所謂「社會精英」的專制主義者們，爲滿足一己之私，借著君權神授或國家至上的謊言制定出維護本階級利益的世俗法律，通過漫長的神人混治時期逐漸潛移默化地以人取代神，以人法替代神法，逐漸開始了長達數千年之久的「人治」社會。

「人治」的本意是依人的理性而治，人治是人類在大道迷失之後無奈的選擇，因爲看不見來自神的智慧和光輝，幻想著憑藉人類自身理性來治理好這個世界，結果由於專注於肉體的緣故，無不陷入世俗理性或非理性之中。人治原本也不是不可以，如依著自然理性人類研究出自然法，適用自然法治理國家，也可以治理得很好。但是脫離開神治理念的自然理性很難保持長久，且只能存在于個別哲人的思想裡。哲學家當政的古往今來有幾個？即使有，也一樣治理不好國家。馬可．奧勒留是人類歷史上難得一見的一位哲學家皇帝，但是他頭腦裡的自然理性並沒有給他帶來夢想中的太平盛世，相反卻使他苦不堪言。原因無他，因爲缺少純正信仰的保守，人心中弱小的良知很容易就被強大的

[368] 《信仰與秩序——法律與宗教的複合》，第 199 頁。

肉體私欲所吞噬，與此同時人的理性也變得昏暗、扭曲、匱乏。「若人的良心墮落，……他的理性也必會變得昏暗、扭曲、匱乏。」[369]自以爲是的人治理念就是因爲任著肉體私欲將人的自然理性從頭腦裡驅逐出去，取而代之以世俗理性主宰了人的意識思維。表面上看，人似乎還具有理性，似乎很明白要爲了自己的利益努力打拼。但實際上人的意識已經從自然理性降低到世俗理性，甚至於非理性的程度。相應地人治也喪失了其本來的含義，逐漸蛻變成專制主義的代名詞。在發生這樣一個由神而人，由人而獸的過程中，沒有人能將這個欲浪滔天、欲壑難填的屬世世界治理好。哲學家尚且如此，那些原本就私欲旺盛、理性匱乏的專制君主更是在缺少自律、他律，又良心虧欠的情況下將自己變成了一頭非理性的禽獸，由此而給這個世界造成的災難數不勝數。

「人治」本身就是一個在大道若隱後的無奈之舉，當人失去了對神的認知之後，人的靈魂就無法產生出純正信仰，而沒有了純正信仰的引領，人的自然理性就無從產生，更無法保持長久。沒有了自然理性的支撐，人治根本就不可能實現。所以人治只能存在於理論當中，在現實生活中根本沒有實現的可能。比如馬克思主義就是要求人人都具有心懷天下、大公無私的品質，並且以此爲理論根據推行人治。但是事實證明，摒除神的馬克思主義者依靠剝奪人的自由來實現理想中的共產主義世界，結果非但沒有實現理想中的民主政治，反而將人類社會重新拖入了專制主義暴政之中。基督教作爲一門宗教都只是教人要「愛人如己」，並且還在每個信徒的頭上懸了一把「死後必有審判」的達摩克利斯之劍。馬克思主義沒有任何靈魂上的約束，也不承認屬靈世界的存在，單只出於一種所謂偉大理想就要求根據肉體本能趨利避害、損人利己的人，一下子變成神一般無私至善的存在，這可能嗎？不明白「人治」的本質而盲目追求人治的人，終歸是南轅北轍，只會在形而下的世界中陷入一種荒謬的二律背反之中。

「人治」本身是人類失去了對神的認知後，不得已而爲之的表現，也是良心衰微與理性混亂的反映。伴隨這種表現，相應也有一個從神治轉向人治的過程。根據世界各民族各地區的不同情況，隨著原始社會進入氏族社會，再由氏族社會進入奴隸制社會和封建制社會的發展進程，先後完成了由神治而神人混治，再由神人混治而人治的轉變過程。歷史上世界各地的國家或地區基本都經歷了這樣一個漫長而複雜的過程，直到今天世界上還有很多國家和地區要麼處於人治時期，要麼處於人法混治時期，這與人類社會對神的無知和遠離對眞理的追求是一致的。同樣從人治向法治的回歸也是一個漫長而複雜的過程，這需要人類重新認識眞理並專注於神，明白人權來自於天賦，民主法治實乃理信神的結果。

[369] 《信仰與秩序——法律與宗教的複合》，第 138 頁。

區別法治與人治的現實意義主要體現在民主與專制兩個方面：從理信而來的法治理念建基於人來自於神，人不但具有神的形像，還具有神的氣息。人來這個世界的使命就是爲神作見證。如何爲神作見證？神爲了讓人爲祂作見證，賜予人自由意志。正是這自由意志使人具有了主人意識和人權理念。那麼如何維護主人意識和人權理念，這就要回到神與人訂立的神聖契約。遵守契約就是法治的淵源，它保護了人自爲己主的權力，也賦予了人尊重並保護他人自爲己主的義務。因爲上帝面前人人平等，每一個人在行使權力和履行義務方面都是平等的，沒有人能夠將自己置於他人之上。以這樣的法治精神治理世界，人人皆可成爲自己的主人，人人也都是這個世界的主人。當人類從靈魂層面明白了自己的身分和使命之後，在屬世世界也一定會要求實行民主，而反對一切形式的專制主義。民眾用來保障自爲己主的就是神與人之間訂立的神聖契約。這正是前文所講，民主決定了法治，而法治爲民主保駕護航的道理。（詳見上文《如何認識民主的本質、核心內容以及由來和意義？》）

從理性而來的人治思想則完全忽視了人類屬靈生命的存在，專注於形而下的屬世生命。由此才會產生出生命有高低貴賤之分，而人的主人身分和自由意志也在肉體的差異中遭到忽視。那麼在這個形而下的屬世世界裡，出於美好的願望，選賢與能，讓公認爲品德高的人來管理這個世界無疑是最佳選擇。中國上古堯舜時代就是這個樣子。但是靈與肉總是處於不停地爭戰中，人可能戰勝一時的肉體私欲，卻不可能戰勝一世的肉體私欲。即使一輩子像堯舜那樣賢明，但是當他們去世後，誰能保證他們的接班人就會像他們一樣呢？夏啓的出現只是早晚的事。失去了對神聖契約的仰仗，人性的墮落必然會伴隨著世俗理性的加重呼嘯而至。

法治的背後體現的是對屬靈生命的重視，是對來自神的神聖契約的崇仰。法治理念較之專制主義賦予了世人獨立的人格和尊嚴，使人類不再幻想依附於某個人或組織，而是全身心地信仰、尊崇和敬拜無私至善的神，並以自然理性認識和處理人與人之間的關係，形成平等概念上的公民關係，使整個人類社會更加地穩定、和諧及可持續發展。而人治的背後體現的是對屬世生命的重視，肉體的沉重以及專注於肉體的世俗理性，必然會帶著人的生命向下墜落。專制主義會伴隨著肉體私欲和世俗理性剝奪人源自天賦的自由和權力，愚昧民眾盲目服從專制主義者規定的世俗法律，並由此形成順服專制主義者的奴性思想。（詳見下文《爲什麼中國的教育總感覺是在束縛孩子們的天性？》）

重視屬靈生命的法治培養出人類的主人意識和平等觀念，而重視屬世生命的人治則馴化出人類的奴僕意識和等級觀念。對生命認知的懸殊差異，孕育出猶如天壤之別的三觀，更決定了二者生命境界的高低迥異。

人類社會的進步是藉著對眞理的不斷追求，並由此而產生出民主法治理念（詳見上文《民主為什麼必然會從基督教國家中誕生？》)。很多人對此不以為然，相信那種靠法律強制力實施的民主法治，其效果如何相信每個人心中都有本賬。伯爾曼說「法律必須被信仰，否則將形同虛設」。如果法律只是一個人造物，它只不過是一個被人捏拿擺弄的工具而已，這樣的法律有什麼可值得信仰的地方呢？伯爾曼是一個信神的人（詳見上文《何謂「神啓」？》)，他明白法治的背後是理信，而那些不信神或迷信神的人，反而在今天這樣科技昌明資訊發達的時代迷失了自己。雖然科技在今天的社會好像無所不能，其實它能夠影響的都是形而下的事物，所有形而上的事物都不是科學能夠給予解釋的，那是更高層的宗教和哲學涉及的領域。

當宗教保守退步、哲學機械僵化時，人類唯一認識形而上世界的途徑也將被阻斷。當人不認識神及其良善時，一切源自於神的事物都會被人以屬世的視角去曲解和誤讀，這種現象不改變，不僅人類的內在生命不會得以重生，就是外在生命也不會發生任何美好的轉變。由基督信仰而來的法治，也會在各種各樣人造的思想主義裡被扭曲成另類的人治。所以必須要從靈魂的層面意識到，「我們僅僅由於耶穌基督才認識上帝。沒有這位居間者，也就取消了與上帝的一切相通；由於耶穌基督，我們就認識了上帝。」[370]藉著基督捨身救贖賜予人類的福音，人類得以眞正認識了眞理，也看清了眞理背後隱藏的神。

環顧今日世界各國中，基督教國家全都實現了法治，表面上看或是因為它們大都通過民主理念的不斷進步和法制的不斷完善促使這一進程得以實現，事實上其背後掩藏著一個人類重新認識眞理，並藉著眞理重新認識神以及契約神聖淵源的過程。這一過程始終伴隨著西方世界文明的進程，若不加以分辨，總會被一些處於形而下的世俗偽理邪說引入歧途，導致世人總是在各種紛繁雜亂的人造思想主義、觀念理論裡徘徊，無法正確理解法治的眞正內涵。

下面簡要說明一下人類社會從神人混治或人法混治或神人法混治回歸法治的過程，幫助讀者更好地理解法治的本意。

人類的法制史從時間上大致可以分為三部分：上古、古代和近現代。上古和古代都是神治與人治夾雜時期，只不過上古時期是以神治為本，人治為輔，體現出來就是人以神法治國。古代則是以人治為本，神治為輔，體現出來就是人假借神意以人法治國。近現代以來各國基本實行法治，這個法治既可以是來自神法的自然法，也可以是來自人法的世俗法，就看民眾是否意識到法治的淵源是神治。

與之相應的形成三種政治形式：神治、人治和法治。神治是依靠人的良心（神性）而治，這種治理形式主要見於人類上古社會。那時的人類普遍都是信神的，而且人心淳

---

[370] 《思想錄》，第 216 頁。

樸善良，沒有過多的私欲和詭詐。那時的人類與屬靈世界的溝通方式較多，人們能夠隨時感應到靈界的存在。通過各種溝通管道，人類知道自己從何而來，終歸何方。所以那個時期的人類更明白世界的本相和生命的眞義，也能在艱難的人生中活出這種眞義；人治是依賴人的理性而治，這種治理形式主要見於人類古代社會。那時的人們逐漸遠離了靈界，而且也失去了前人留下的生命資訊。他們在自然理性和世俗理性之間搖擺不定，生命境界越來越低。隨著肉體私欲和世俗理性的日益旺盛，人類越來越無視靈魂方面的需要，只關注肉身方面的需求。更可怕的是忽視了良心對善的渴求，完全排斥人的內在良知的存在。所有有關靈魂、生命以及形而上的事物都視若浮雲，唯有與肉體生命相關的事物皆系於心。這時的人類日益陷入貪婪詭詐、自私自利、忘恩悖逆、寡廉鮮恥的境地，越來越喪失做人的基本道德標準，什麼壞事都敢做；法治是依照法律而治，這種治理形式主要見於人類近現代社會。人類社會的法治最早來自於原始社會的律法或習慣法，因爲這些法律體現的是人與神之間的契約，本身具有神聖性，所以人類出於對神的尊崇和信仰，自願接受這種法律的約束。西方社會對法律的認識具有很強的歷史延續性，他們總習慣追溯法律的源頭，並從源頭探索法律的本質。他們發現「在西方法律制度中，就像西方宗教一樣，延續性的歷史意識相當強烈，即使是劇烈變革，也往往被有意解釋成是繼承和發揚從過去傳承的概念和原則所必須的。」[371]因此，法律是什麼？它從哪裡來？它的作用是什麼？這些問題從西方宗教史中都可以找到答案，這就是法治源自於神治的出處。

當人類社會由原始社會進入奴隸制社會以後，人類對神的認識越來越模糊，隨之迷信思想越來越嚴重，導致神治越來越被人治所取代。但是在一些哲學家的思想裡，人治本身具有先天不足，人自身的罪性使人類在金錢和權力面前總是忘乎所以，乃至做出一些瘋狂之舉，單憑人自身來治理這個世界顯然存在諸多不合理性。而那些亂七八糟的多神教也讓那些充滿理性的哲學家無法產生出認同感，所以他們就依著人的自然理性創造出自然法思想，並且希望能由具有自然法思想的哲學家來治理這個世界。自然法思想是古希臘哲學家在未能直面眞理時，依靠人的良心以及由其而出的自然理性，創造出來的一種集崇高、美善與正義於一體的思想表述。這種具有崇高指導意義的概括性道德原則在人類的思想方面樹立了光輝典範，也爲後世人們在行爲方面指明了前進方向。但是由哲學家來治理世界，首先概率極小，即使萬中有一，也會如前文所講的哲學皇帝馬可·奧勒留一樣，不但這個世界依然如故，而且哲學家本人也心力交瘁，勞而無功。

事實證明，即使是由哲學家實行的人治方式，依然治理不好這個欲浪滔天、欲壑難

---

[371] 《信仰與秩序——法律與宗教的複合》，第 11 頁。

塡的屬世世界。就是因爲古希臘自然法思想缺少認識眞理的機緣，致使其對神或良善的認知大多停留在屬世層面上，所以這種集崇高、美善與正義於一體的思想意識因爲無法獲得來自更高生命層次的精神支援，即因缺乏宗教信仰方面的支撐，最終隨著智者們的紛紛逝去而沉寂。直到遇見代表純正信仰的基督信仰，並在這一信仰的指導和引領下，經過洗禮後的自然法思想才又重新顯露出自然理性在世間的本相，並與純正信仰結合誕生了人類世界最接近眞理的一門學問——基督教哲學。

這一過程經歷了上千年時間，體現出兩個世界的交融，兩種生命層面的磨合。經過重新洗禮後的自然法理論已經完全脫離開原先自然法理論的窠臼，形成以純正信仰爲主導，輔之以人類自然理性爲特徵的理信模式，成爲眞理在屬世世界裡的直接表現形式。這種理信的自然法理論與眞理有著相同的特性，都是由信仰與理性相結合，都給人以自由，都使人能夠在良心的監督下自爲己主，同時見證了凡是推動人類歷史進步的事物都是符合眞理的事實。

古代社會東西方都經歷了神人混治的時期，但以人類新紀元爲起點東西方社會有了一個重大的歷史分界，西方社會誕生了一個強大的精神支柱——基督教。基督教歷經兩千年，屢受迫害，但不屈不撓，以頑強的生命力堅持下來，且越活越旺盛。基督爲人類帶來了來自天國的福音，使人類對上帝的信仰得以一脈相承，綿延不絕。同時，以基督爲信仰物件的基督教在覺醒人類屬靈生命的過程中，又形成了有形、自治、合法的屬世組織——基督教會。雖然基督教會在發展過程中搞得多是一套世俗宗教的形式，但是基督教會在與世俗社會的交往過程中，依靠源自基督的福音眞理以及貫穿其中的自由、平等和博愛之精神，以及由此產生的社會威望不斷影響著人類社會，且最終形成了歐美國家特有的「王在法下」、「法律至上」等法治理念。

在掌管人類屬靈生活的同時，教會又通過制定人類最早的現代法律制度——教會法，使源自神法的衡平法（即良心法或自然法）得以貫徹世俗法律的始終，並且明確了法律的神聖來源（詳見上文《什麼是自然法？》）。但是在歐洲進入中世紀後，以基督教神學取代基督教哲學爲標誌，基督信仰步入謬誤，神治理念逐漸被人治理念所篡改。披著神治外衣的世俗教會越來越背離基督關於愛人如己的教導，脫離開愛人的教會更不可能去愛神，即使創造出現代意義的教會法也不可能得到法治意義上的貫徹和執行。

教會法本來應當體現神治理念，但形而上的神並不能像形而下的人那樣行使執法權，那麼代之以行使權力的就成爲了神在世間的代表——教會，準確地講是教會中的那些權勢人物。因爲人是不可靠的，而權力更有腐敗趨勢，並且可以被用來打壓別人。因此隨著教會權勢的增加，教會內部就摻雜了越來越多的人欲和世俗理性，這位神在人世間的代表越來越無法代表神，這種狀態使基督教趨於名存實亡的邊緣。直到十六世紀宗教改革運動的發生，基督徒沉睡的靈魂才有機會清醒一會兒。而教會方面的改革只是起頭，它使屬世世界裡也發生了相應的理性啓蒙運動。理性啓蒙運動的思想家們（實際都是一些理信的基督徒）爲了揭穿被世俗教會控制的「神法」的虛僞面紗，以恢復古希臘哲學裡的自然法爲名，開始著書立說、四處宣講自然法理論，努力啓蒙世人久已蒙塵的自然理性。

這種經過重新洗禮的自然法理論，排除了教會控制的教會法中世俗理性成分，而代之以眞正來自人良心的自然理性。經過啓蒙思想家以自然法理論的形式去除世俗教會法中人造的所謂神的管制，並以憲章、人權宣言及憲法等法律形式維護世俗社會對人權的保障機能，同時將自然法理論來源在意識形態領域又置於神的恩典之下，使世俗社會的法律既不喪失其神聖根源，又具有對人的普遍約束力，最終使法律至上的法治理念在世俗社會得到廣泛確認和實踐。

清楚了人類社會法治的發展歷程，我們再著重瞭解一下人治理念在中國社會的發展過程，以及中國社會爲什麼與法治始終無緣，這對解決當下中國社會存在的各種疑難雜症有著極其重要的現實意義。首先，人治是人類遠離上帝后無奈的自我管理，是在人性不清醒的情形下無奈地選擇。人是一個充滿私欲的有限體，孟德斯鳩認爲人「作爲有感知的生物，他受到無數情欲的支配」，經常會爲自己的利益而將別人的利益置之度外。人治的背後就是人對自身有限性的認識不清，每一個人由於被自身私欲纏繞，對自身的缺陷總是無視或忽視。即使有所謂睜開眼睛看世界的智者，所看到的依然是人的世界，所學到的依然是各種「技術」。人經常連理性是什麼都搞不清楚，更甭提領會來自神的恩典。當人不認識眞理的時候，人只不過是形而下世界裡的一個軀殼。因爲心中無神，也不清楚與生俱來的使命，只能爲了肉體生存而一味地在屬世世界中尋找依靠。較大的有限體懂得通過學習、思考和領會等方式擴充自己的有限性，較狹窄的有限體只能使自己的有限性更加狹窄。人想要從世俗中尋找解救自身的道路，就好像坐井觀天的青蛙，即使再努力，它也只是在自己身邊的環境中尋覓，不可能轉換到井外人的角度來觀察世界。在那種狹隘閉塞的環境中，人要麼接受客觀現實，被周遭的環境同化；要麼拼命抗爭，卻被其他錯誤的觀念誤導而陷入新的謬誤；要麼跳出狹隘的環境，到井外廣闊的環境中重新審視世界的眞相，尋找眞正的自由。絕大多數人會選擇第一種方式，因爲這種生活方式雖然平庸一些，可是最安全，只要避讓統治者對自己產生不滿，怎麼著也能活下去，就像電影《大護法》裡講的那些「豬人」；少部分人會選擇第二種方式，很少有人選擇第三種方式，因爲這種方式最艱辛，最爲人不解，最孤獨寂寞。選取第二種方式的人雖也努力爭取自身救贖，但這種自身救贖無法超越以往的經驗，不能打破舊有的思維桎梏，只能永遠活在過去的經驗中。第二種方式最有代表性的思想就是中國儒家學說。

中國儒家學說因為不認識神，導致不明白靈魂的高度決定人生的境界，所以它只能要求人在屬世世界中去實現「仁者愛人」或「捨生取義」。 但是正如前文所講，自然理性必須要有純正信仰予以保守，否則只會存在於哲學家的思想之中。由於儒家思想缺乏對屬靈世界和屬靈生命的認知，僅僅專注於形而下屬世世界，所以儒家學說內所包含的自然理性在儒家先賢們相繼離世後，就開始偏離方向，逐漸按照專制主義者的需要向世俗理性甚至非理性轉變。作為一門形而下的實用主義哲學，儒家學說除了將社會的改良寄希望于專制君主以外，沒有任何其他的辦法。在為專制主義君主服務的過程中，來自肉體私欲的貪婪和恐懼使儒家學者以及受其影響的國人，在以追求世俗理性包裝下的所謂「人爵」而集體無意識地疏遠了來自自然理性的「天爵」。正是由於對世界本質和生命眞義的無知，使儒家的「仁學」最終在專制主義人治統治下，不可避免地淪為了世俗的「人學」。（詳見上文《如何體悟林語堂先生的「信仰之旅」 ？》）

作為一門「人學」，儒家學說只能專注於形而下的人。孔子通過對以往世界的觀察發現，聖人之道不在了，只能從以往已被廢棄的「周禮」中選擇設置一種相對完善的「禮」制，作為世人行事為人的標準。再通過要求人「克己復禮」，匡正自身的品行，而達到一種接近完人的標準。所以儒家學說認為，人可以通過不斷地學習、思考而提高自身修養，通過修身、齊家、治國，最終達到平天下的人生境界。儒家學說在前人設計好的人治理論框架內，追尋著根據以往經驗設定的理想，沒有超越，沒有創造，沒有脫離人自身的老我，必將使人重複陷入屬世世界中人治的惡性循環裡。在儒家學說所崇尚的「成聖之道」上，人們努力恪守人設的倫理道德，「克己復禮」。但隨著這一人造的「禮」不斷被人類根深蒂固的罪性暴露出自身局限性，儒家的「成聖」夢不斷地破滅。但是儒家學說的人治思想卻被專制主義者拿來作為解釋君權神授的工具，淪為專制主義統治者愚昧、奴役和壓迫民眾的思想工具。

更邪惡的是，後來的儒家學者為了取悅專制統治者，以便更好地發揮專制主義犬儒功能，又提出「罷黜百家，獨尊儒術」，為專制主義愚民教育大開方便之門，可憐本已理性欠缺的國人自此以後關乎理性的教育幾陷於絕境。中華民族的有識之士在追求眞理的道路上雖苦苦追尋，上下求索，但理想之世始終遙不可及，而新思想新文化卻在被專制主義改造過的儒家倫理觀影響下被摧殘，遭扼殺。形而下的儒家學說最終淪為專制主義的御用工具，卑屈地成為犬儒文化。受此影響，中國社會根本無法產生自然理性，與之相應的是中國人的良知越來越趨於泯滅，理性越來越受到蒙昧。儒家片面的世界觀及對眞理的誤解，使中國社會陷入一個可怕的人治社會之中，再也沒有走出來。面對此情此景，朱熹憤然曰：「存天理，滅人欲」。天理為何？儒家學說從來沒有給出一個完整的答案。這一點也不奇怪，在有限裡尋找無限，在小善內尋找至善，在偽理中尋找眞理，本身就是矛盾的。更可悲的是，當人看不見眞理給予的希望時，世人爲了有限的生命就連上帝賜予的良心也丟棄了。在爲君主專制服務的儒家思想引導下，中國社會不但無法正確認知天道，在人欲的誘惑下甚至連人道也逐漸迷失了。中華民族變得越來越沒有了信仰，越來越忽略了理性，越來越失去了靈魂，只是苦苦地在漆黑如墨的人治長夜裡徘徊，不知何時才能走出這個怪圈。（詳見下文《如何走出「怪圈」？》）

中國的人治思想經千百年來受專制主義改造過的儒家文化影響，已經深入到國人的意識深處，使國人普遍以爲通過對自身加強約束，對他人強加約束，國家就會長治久安。卻恰恰忽視了滿腦子世俗理性的人，都只希望「嚴於律人、寬以待己」的道理。他們不明白神創造宗教和律法的目的是爲要給人以自由，而專制主義者大搞人治的目的就是要剝奪人的自由。這自由並非世俗人所理解的行爲自由，而是良心自由。在中國這個古老的社會，統治階級經常爲了加強自身統治，拼命剝奪人的良心自由，對任何具有超越性和創造性的思想學說統統予以扼殺。這種自以爲是的人治心理，實在是不明白，人的自由源自天賦，剝奪人的自由就是與神爲敵。在剝奪他人自由的同時，自身的自由無形中也被剝奪。正如湯瑪斯．潘恩所講：「『人人享有表達自己觀點的權利』。否認別人擁有這種權利的人，實則淪爲自己當前觀點的奴隸，因爲他剝奪了自己改變看法的權利。」由於長期受人治思想愚昧，國人出於世俗理性拒絕眞理，反倒將僞理當作眞理，中華民族爲此付出了極其慘痛的代價。就因爲「**光來到世間，世人因自己的行為是惡的，不愛光倒愛黑暗，定他們的罪就是在此。**」（約翰福音 3:19）

另外專制主義統治者出於世俗理性，設置各種鼓勵人追名逐利的制度，以爲這樣做就可以愚化民智，將天下人才一網打盡。這種在把他人視爲動物的同時，也把自己放到了動物的位置上，白白辱沒了神的形象。由於缺乏對人自身有限性的清醒認知，人治的結果沒有一個不是越來越限制他人，越來越放縱自己。最終無一例外都腐敗不堪，民怨沸騰。到社會發展日趨保守僵化以至於崩潰時，專制統治者還不懂得反省自身愚昧無知的行爲，反而怨天尤人，把問題都推到別人頭上。反觀基督教國家的專制統治者，在民眾的良知得以覺醒，理性得以啓蒙時，無論是自覺還是被迫，都能順天意，應民心，將國家的權力還給國家的眞正主人——人民，回到管家的位置。這種行爲既符合人道，又彰顯天道，既明哲保身，又眞正體現出基督信仰所帶給人類理信的優越性。

雖然中國古代社會實行的是人治，但是中國歷朝歷代的專制主義者卻不願意失去上天所賦予的神聖感，他們往往通過編造各種神話來突顯自身所帶有的神性，極力表明自己能夠代表天意，甚至鼓吹自己就是「天子」。當然由此他們就可以代表天意立法，並借著這樣的法律堂而皇之地推行他們的人治，並要求民眾服從他們的統治。這些人造的法律從古至今就沒有斷過，雖然朝代不斷地變更，但是它們制定出的法律卻如出一轍。

比如《大明律》的序言中提到「上稽天理，下揆人情」[372]，在《大清律例》的序言中也提到「揆諸天理，准諸人情」[373]。雖然明明是專制主義統治者手中的工具，可偏喜歡拿神說事，且在法典總則裡總喜歡拽上天理，仿佛唯如此才能表現自己的統治源自正統。不過表面上的代行天意職能，隨著幾千年下來，基本已經沒人相信這些人造的法律還具有什麼神聖性了。民眾與其說是相信法律的公正性，不如說是相信法律背後人的公正性，所以才會出現什麼「包青天」、「海青天」等人物形象。

基於法律神聖性的失喪，體現世俗理性以及非理性的法律反映出對民眾思想的愚昧、個人良知的打壓以及人身的摧殘，使這些國家的法律再也沒能推陳出新，一直徘徊在人法之中，並由此形成根深蒂固的人治思維定式。這種情形一直延續到近現代，隨著基督教文明的西風東漸才有所改善。

但僅僅是有所改善，在骨子裡的東西沒有改變的情形下，僅僅是學到了一些西方法治的皮毛，如制服的樣式變更，法律從業人員的准入、法律的法典化等等，根本的法治精神，中國社會還根本沒有摸到邊。但是這並不妨礙中國政府喜歡拿法治說事，甚至還將其編入社會主義核心價值觀裡。有的時候還眞的不得不佩服那些拿牛頭對馬嘴，把淮北枳當淮南橘的人。爲了證明中國也有所謂法治傳統，還從古書裡去扣字眼，眞正是貽笑大方。

從上文可以看出，中國社會的所謂法治強調的只是依法治國，但是什麼是法？法從何來？法律爲什麼具有神聖性？從中國的法制史裡能找到的永遠只是人法的定義和淵源，因爲中華民族已經很久不認識神了，更遑論法律的神聖淵源。中國的法律一直以來是作爲維持社會秩序，維護統治階級利益爲目的進行研究，與人類的信仰沒有什麼直接或間接關係。而西方的法律是作爲人與神訂立的神聖契約來進行研究，它與人的信仰具有直接的關係。二者境界的懸殊，使兩種法治的內涵高低立判。當我們還拿著人治的一套邏輯思維去理解法治的時候，我們的法律在具體實施過程中就還是被一些滿腦子世俗理性的司法者操作，操作手段完全還是人治下的模式，其結果就如以前人們編的一句順口溜，「大蓋帽兩頭翹，吃了原告吃被告。」這樣的「法治」就與社會主義核心價值觀裡的「自由」、「平等」、「民主」一樣根本就不具有它最初的本意，眞的是淮南橘長成了淮北枳。

就是因爲不認識神，也沒有看過或聽過「**叫人活著的乃是靈，肉體是無益的。**」（約翰福音 6:63）導致中國人不瞭解屬靈世界和屬靈生命的事，結果只能活在這個低維度的世界裡。既不曉得良心爲何物，也不明白理性是個什麼玩意。每日只是爲了基本生存奔

[372] 《大明律》卷一。
[373] 《大清律例》卷一，《序》。

波勞碌，活得渾渾噩噩，卻不知生命的眞義是要爲神作見證。這樣低級的生命難怪會被人當作動物，可悲的是被當作動物，人們還讚不絕口，以爲人類眞是猴子進化來的，眞正是因無知無畏而無恥。在這樣的社會環境裡，怎能指望這群「猴子」（或可稱之爲「豬人」）能夠產生出主人意識和人權理念。千百年來形成的世俗理性教導人們，「事不關己高高掛起」，不到性命攸關，不要與官家鬥。所以普通民眾日常不會眞心關心國家的事，幾千年被管理形成的逆來順受心理，使人們骨子裡都刻著小民意識。你給他們講「民主」，講「法治」，講「人權」，他們會笑你傻，好意地勸你不要「吃著地溝油的命，操著中南海的心」。如果話說多了，可能還會給你兩個嘴巴子，因爲你不安分守己，打擾了他們的平靜生活。

在人治社會裡我們常說，歷史就是一個任人打扮的小姑娘，那麼法治又何嘗不是？莫名其妙從西方舶來的法治，到了中國就入鄉隨俗，變成了人治下的法治。專制國家、專制政府、專制社會搖身一變就成了法治國家、法治政府、法治社會，什麼都喜歡冠以「依法」，彷彿這法突然之間就具有了神聖的光環。若撕開那圈人畫的光環後，你會發現操控法律的盡是一雙雙黑手。因爲不認識神，也不明白法治的背後是理信，所以中國社會要眞正實現法治還需要一段時間。

法治與人治表面上反映的是兩種政治治理模式，實際上卻體現出兩種世界觀。法治理念源自於對世界本質和生命眞義的正確認知，對屬靈世界和屬靈生命的認識，使人明白了人自身的權力源自天賦，理解了民主並非只是在屬世世界裡的自爲己主，而是神賜予人神性並要人爲祂作見證的初衷。又因爲人對神聖契約的尊崇，所以視法律爲神聖，並自願遵守它，執行它，由此產生出法律至高無上的信念。而這一切產生的根基，是人類通過信仰基督而產生出的理信。

人治理念產生於對世界本質和生命眞義的錯誤認知，由於屬靈世界和屬靈生命都不爲人的肉眼所能觀察，所以對屬世世界裡的人來講就顯得非常神祕。早在人類社會的初期，當時的人雖然物質貧乏，生產能力低下，但是由於淳樸的天性和無虧的良心使他們對屬靈世界的認知能力和水準較之當今社會的人爲高，所以在人類社會的早期，世界各地的人類都有關於與神或者精靈交流的記載。隨著人類世界逐漸地世俗化，人類認識屬靈世界的能力日益退化，乃至將以前人類早期的這種記錄都當作神話傳說看待。人類與屬靈世界的疏遠經歷了一個由近及遠的過程，亦即今天人類世界所謂的黃金時期、白銀時期、青銅時期和黑鐵時期。在這一過程中，人類越來越體會不到屬靈生命的存在，越來越關注自身的肉體生命，越來越沉浸在外在肉體感官的享受上。正因爲世人越來越感應不到屬靈世界的存在，所以幾千年下來幾乎徹底斷絕了人類本身內外生命的溝通，人類只將外在的屬世世界當作世界的本身，並習慣於憑人的理性來治理這個世界。前面已講過，依理性而治也不是不可以，但是關鍵在於人是不可靠的，出於人的理性自然也不可靠。當人擁有了權勢和財富，而又缺乏自律與他律時，人的理性會由自然理性向世俗理性甚至非理性轉變，隨著理性的變化人有時會變得連自己都不認識自己。相應源於自然理性的人治也會變質爲世俗理性的人治，甚至滑落成非理性的獸治。這在人類歷史上已是一個被反復驗證的鐵律。

不要看法治與人治僅是一字之差，可二者的境界卻有天壤之別。一個是在良善宗教和純正信仰的看護和保守下得以認識眞理，進而良心得以保全，理性得以啓蒙，自由得以彰顯，民主理念相應得以實現。一個是在缺乏良善宗教和純正信仰守護下，無法認識眞理，良心不知不覺中泯滅，理性隨之逐漸消退，自由也變得失去了意義，民主理念更是無從談起。由法治而來的是民眾的靈魂覺醒，良知復蘇，理性啓蒙，進而產生出現代意義上自爲己主的公民。由人治而來的是民眾的靈魂沉睡，良知泯滅，理性昏聵，進而產生出古代意義上甘爲奴僕的臣民。

導致這兩種境界產生的根本原因就在於是否將心專注於神，專注於神者會使人的內在形成天堂，並感受來自天堂的光和熱。這時活在屬世世界的外在官能也能與內在官能合一，並從內在層次感知屬靈事物（即所謂睜開靈眼）。人這時候就是活在新天新地裡的新人，也即所謂獲得重生的人。若失去對神的專注，人只能生活在形而下的外部世界中，因爲內在官能早已被外在的自然之光遮蔽，所以非但無法正確理解來自屬靈世界的眞理之光，即使接觸到屬世世界裡的人道主義、人權理念以及普世價值觀等源自眞理的思想意識，也會在世俗理性或非理性等僞理的誤導下誤解或排斥它們，繼續堅持自以爲是的眞理。這樣的人不要說是那些無神論者，即使是每天讀著聖經並遵守著教會信條的人，也會由於沒有睜開屬靈的眼睛，只能在俗世的昏暗中將謬誤視爲眞理，甚至將俗世中的人或偶像視爲神。歸根結底，決定人生命境界的不是聰明或才智，而在於是否眞正認識神。不認識神，法律被信仰就是一句空話，法治理念也根本不會產生。

搞清了法治和人治的內涵和外延，再來歸納一下法治與人治最本質的區別：一個在認識天道和人道的基礎上愛神與愛人，一個只會按弱肉強食的地道愛己和愛世；一個建立在對世界本質和人生眞義的認知上，一個還處於形而下世界的摸爬滾打中；一個賦予人自由和權力，一個剝奪人自由和權力。

由上觀之，東西方世界形成不同的法治和人治理念，從根本上講不是一個法律問題，而是一個信仰問題，三觀問題。脫離開法律的源頭，法律的神聖性就無從談起，法律就會淪爲死的法條和人壓迫人的工具。在這種情形下，幾乎沒有人意識到自己正在成爲制度的奴隸。隨著人治理念自然而然、順理成章地成爲普遍共識，原本賦予人自由的神律卻被完全丟棄了。我們今天研究法律，將法律研究作爲純粹「學術上的事」，難道就是爲

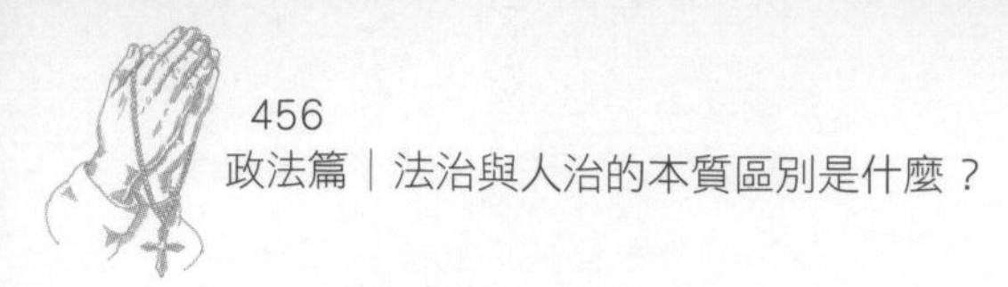

了離棄保守人良心的律法嗎？「**斷乎不是！更是堅固律法。**」（羅馬書 3:31）

一定要明白，法治的背後是理信，它是上帝拯救人類計畫的一部分。不明白這其中的道理，努力地想從人的角度去尋找治國良方，今天頒布一部法律，明天出臺一部細則，可是國家卻越治理越混亂。歸根結底，正如伯爾曼所講，「法律必須被信仰，否則將形同虛設」。法律被信仰是因為法律本身含有保守人良心的作用，這一根本作用來自於神造人的初衷。忽視了上帝，法律還有什麼神聖感，還有什麼信仰的意義。因此，法治的問題從根本上講就不是一個法律問題，實在是涉及人類靈魂的信仰問題。

聖經告訴我們，靈魂來自於神，人經過一世的修行，靈魂最終會根據修行的結果去往不同的地方。作為有限體的人不可能依靠自身發現無限，人只有站在神的面前才能看清自己的有限。同樣，人憑藉自身永遠無法認識真理，人只有站在基督的面前才能認識真理，看見神，最終實現自我超越。

教育篇

「你們要去，使萬民做我的門徒……凡我所吩咐你們的，都教訓他們遵守，我就常與你們同在，直到世界的末了。」

（馬太福音 28：19－20）

為什麼高等教育要強調自由和獨立？

關鍵字：高等教育；自由；獨立；大學之魂；人格；宗教；哲學；專制主義

高等教育的主要任務就是要博眾家之長，集思廣益，使人類在追求自由和眞理的道路上看得更清，走得更遠。所以閉起門來搞高等教育，把學校變成了衙門，無疑是讓學生坐了政府的監獄，接受的全是官方的一套人治思維邏輯，而且還是封建專製版的。你說這樣的高等教育還有什麼希望。學生們從小就被灌輸了一套奴才主子的思維意識，老子打的天下就應當兒子繼續坐天下，否則有本事你從我手裡奪了去。把大家和小家分不清，把黨和國分不清，更把主人和管家分不清。總之，教育者分不清，學習者更分不清，由學習而教育者只能是繼續誤人子弟，毀人不厭。

你看看華夏四千多年的教育，都出些什麼人，什麼事。臺灣柏楊先生寫的《中國人史綱》倒是說了些眞事，把中國人祖先那些見不得人的醜事好好爆了個光，其實那還只是很小一部分，更多見不得光的事都湮沒無聞了。這其中很多是歷代統治階級故意爲之的結果。反觀西方的歷史，就比中國歷史眞實得多，他們沒有那些爲尊者諱的忌諱，實事求是，眞實大膽地記錄了很多歷史眞相（很多中國的歷史眞相也是借著他們的記錄保存下來），這裡面起關鍵因素的是他們的宗教信仰。而中國人的信仰早在中國第一個夏王朝建立後就逐漸被篡改了，老天爺不再管事，他的兒子「天子」以「君權神授」爲名代行天職，從此君主專制主義開張，人民從此由主人淪爲了奴僕。「天子」如果實在混帳得不行，人民也會起來把他殺死，接著再捧個「天子」出來，然後鬧劇繼續演下去。四千多年的歷史，就是一部你方唱罷我登場，城頭變幻大王旗的人治史。說起來眞正悲哀，這部人治史直到今天還在繼續上演。借著封建專制主義管理下的高等教育，一批批的奴才和主子被製造出來，還美其名曰傳揚中國傳統優秀文化，繼承古代的道統和國學。裹你個裹腳布吧，把中國孩子自小就用封建專制主義的那套奴性思維和小民意識給裹死了，還能指望實現什麼中華民族偉大復興，簡直就是癡人做夢。

專制主義維護自身存在靠著一條世俗利益鏈，就如同邪惡的傳銷組織，依靠欺騙層層盤剝，每一個成員都被灌輸向上爬的奴性思維，爭做人上人的邪惡邏輯。專制主義從來不講自由平等，彼此之間適用的是動物界的森林法則。在那種弱肉強食的社會裡，每一個存在都在拼命地維護著自己的利益，誰都不願意放棄到手或可能到手的利益，他們已經放棄了自己的良心、人格和尊嚴，他們不能再失去那些世俗虛榮，否則他們連活下去的勇氣都沒有了。他們雖然知道這樣活得很累，但是因爲不認識眞理，看不見生命希望，所以只有認命般地維護這種害人害己的專制主義體系，只有在這種專制體系裡他們才能感到自身存在的價值。這種損人損己的意識已經深深浸透了這些人的靈魂，他們自己不願做人，怎麼會允許別人做人呢？

專制主義就是這樣牽著世俗利益鏈，教唆著世人心甘情願地爲它做牛做馬。所以對待專制主義這種垃圾,就要像對付傳銷組織一樣砍斷它的頭,其體系自然會樹倒猢猻散。但是這種意識形態不會一下子煙消雲散，它就像人類身體內潛藏的基因，不知何時會突然出現返古現象。畢竟中國是一個被專制主義統治了數千年的國度，而自由主義才是一個新生的嬰兒。培養自由主義最好的方法就是堅持自由獨立的高等教育，而保護它就要靠每一個人對眞理（即自然理性和純正信仰的完美結合）的正確認知。

中國人自古就受專制主義思想的毒害，從來就缺少一種追求自由獨立的精神。中國最好的教育時期應當算是春秋戰國時期,那時因爲中央集權的專制主義政府還沒有形成,各諸侯爲了自己的利益，刻意招籠各國的人才。這種比較自由的空間給予了中國的學者們一種鑽研學術、創作學說的自由氛圍，形成了諸子百家、百家爭鳴的學術盛況，這也是中國歷史上被認爲的第一個黃金時期。但就是在這一時期也發生了孔子殺少正卯事件，這給中國的教育提了一個醒，缺乏自由獨立觀念的教育即使聖人也會犯下嚴重的錯誤。此後隨著秦始皇的焚書坑儒，這種自由的學術氛圍再也沒有重現。單就這一點來講，秦始皇就是中國歷史上的第一罪人。此後中國的歷史就是不斷上演專制主義對自由主義的絞殺，舉幾個歷史上比較有名的例子。魏晉時竹林七賢的嵇康因追求自由思想被司馬氏所殺，明末的李贄因追求自由思想被逼死在獄中，清初的金聖歎也因追求自由被殺，而不知名被殺者無數矣。這些人雖然不能眞正意識到封建專制主義的極端悖逆和專以世俗理性愚昧人，但是已經開始有了自由主義思想的萌芽，只是才剛剛有了一點兒萌芽就被專制主義殘酷扼殺了。這就是中國自秦以後哲學基本不再以追求眞理爲目的，而是淪爲統治階級御用工具的根本原因。

古代中國的所謂高等教育自然也是專制主義政府的禁臠，歷朝歷代的統治階級爲維護自己的統治，傳播其專制主義的一套理論，通常在國都設置太學。上太學大都是達官貴人子弟的專利，培養出來的就是封建君主專制政權的奴才。皇帝對他們來講就是天，要他們死他們就得死。中國古代的高等教育實在是奴才教育，而這種教育哪裡有什麼自由獨立，完全就如傳銷一樣在給人洗腦嘛！秦以後漢武帝「罷黜百家，獨尊儒術」，唐宗宋祖大搞科舉制，將國家的教育完全與官吏的選拔聯繫到一起。學子們參加科舉考試就是爲了當官，或爲了當官發財，所謂的「學聖者言，行君子事」不過都是些欺世盜名的鬼話，這種流毒以世俗理性的形式一直延續到今天。今天的高等教育，除了應試以外就是灌輸給孩子們一套功利的世俗理性。什麼學習就是爲了考大學，考大學就是爲了找個好工作，找個好工作才會有高工資，有了高工資才能買得起房子、車子，娶得了妻子，生得起孩子等等。這些說法全都是些體現著肉體私欲的世俗理性，千百年來一直影響著人們的思想意識，以致使人們直接將「十年寒窗苦」當作日後「一朝天下聞」的手段。功利主義的讀書只會是使人在世俗理性裡打轉，無論如何都不會明白高等教育的目的是，「大學之道，在明明德，在親民，在止於至善。」（詳見下文《高等教育的目標、任務和性質是什麼？》）

專制主義的高等教育從來都是似是而非的東西，表面上給人傳授一些做人的道理，實際上都是爲維護專制主義統治秩序服務的，這從他們編輯的教材、採取的教育模式以及選用的教師中就能窺出端倪。專制主義最厭惡自由，正如嚴複所說：「夫自由一言，眞中國曆古聖賢之所深畏，而從未嘗立以爲教者也」。自由會教人產生出自然理性，乃至自然法理論，這對專制主義者絕對是一件可怕的事情。所以專制主義一定要限制人們的自由，而首當其衝的是思想自由。限制人思想的最好辦法就是誘導人思想，按照專制主義者設計的思路去思想無疑是最令專制主義者放心的一種方式。中國古代封建專制主義者搞的一套倫理綱常成功地實現了這一目的，中國社會的知識分子普遍地失去了自由思想的能力。表面上他們也在思考，且寫出了如山一般的文章，但是實際上卻是在專制主義者劃定的意識形態裡打轉，始終沒有能夠學會跳出深井自由地思考。思想被專制必然言論也會被專制，這是一個必然的關係。當高等教育被規定什麼可以講，什麼不能講時，整個社會也必然是思想被限、言論被限、出版被限以及所有自由表達方式都會被限。從一個高等教育的側面就能反映出整個社會的全景。在這樣的專制主義統治下，接受高等教育者只能是一個傀儡，一個垃圾桶。從他們年復一年的學習到一次次的考試，從他們找工作到被安排在課堂上講的內容，他們都已被專制主義意識同化。而且這種流毒一直延續到今天，依然在貽誤著中國的孩子們。（詳見下文《爲什麼中國的教育總感覺是在束縛孩子們的天性？》）

環顧我們周遭的教育模式，學生們的作業都有統一的標準答案，老師教給的解題思路也是統一的，任由學生自我發揮的空間非常狹窄。這種偏斜的教育體制大大限制了孩子的思想自由，也使他們的良心自由在萌芽階段即被捆綁。孩子們從小就不會也不敢自由地思考和實踐，這種追求統一化的教育模式從古至今不知扼殺了多少人的才華，也使無數人找不到人生的前進方向。甚至一些良知未泯、大膽追求眞理的人爲此而被殺或自殺，眞正可惜可痛。

反觀西方的教育，在專制主義高壓統治下也曾出現過類似情形，不但出現在世俗政府的專制主義統治下，在世俗宗教陷入謬誤後也一樣對高等教育予以管控。但是就在這兩種不同意識形態領域的管控下出現了一絲縫隙，哲學家們在這塊相對寬鬆的領地上，或憑教權之勢，或借助王權之力，圍繞著教權和王權的主題，闡發著自己的哲學理論。在整個世界還處在封建君主專制統治時，中世紀的基督教會通過限制王權，擴張教權，使中世紀的西歐社會沒有形成一家獨大的君主專制政體，相反兩種權力的爭奪爲哲學家們提供了一塊自由生存的空間和思考的領地。人類此後的哲學發展（包括以哲學爲代表的高等教育）都是在這一相互抗衡、彼此制約的環境下發展起來的，也正是在這一過程中，基督教教義成爲維持人類自由和獨立的精神支柱，並引領了未來整個世界的發展方向。

談起西方教育就離不開古希臘教育，而人類有史以來最早的大學可能就算柏拉圖建立的雅典學院了。因爲古希臘哲學的興盛，在其巔峰時期出現了這麼一所具有歷史意義的大學。在這所大學裡，無處不充斥著個人的自由與獨立，我們有時可以看到一幅拉斐爾畫的油畫《雅典學院》。在這幅油畫裡，學者們或坐、或躺、或站，但是都在思考、研究、討論，我們可以從這些學者的身上深深感覺到作爲大學之魂的自由與獨立。柏拉圖是哲學家，其師從的蘇格拉底也是哲學家，其弟子亞裡斯多德還是哲學家，可見獨立自由的大學之魂與哲學密不可分。大學本身就是哲學研究的產物，有哲學才有大學，沒有哲學就沒有大學。哲學本意就是愛智慧，愛智慧的人一定會追求眞理，而眞理必給人以自由。「**你們必曉得真理，真理必叫你們得以自由。**」（約翰福音 8：32）大學本是自由的果實，也是追求眞理的哲學樂園。

哲學作爲高等教育排名第一的學科，就是因爲它是在屬世世界裡幫助人類追求眞理的大學問，其他學科如社會科學、自然科學等都是它的子學科，倫理學、政治學、經濟學、法學、語言學等都是社會科學的子學科，數學、天文學、地理學、物理學、化學、醫學等都是自然科學的子學科。由此可見哲學在高等教育體系中的超然地位。當哲學喪失其追求眞理的功能時，其他所有學科都將轟然倒下，這就是歷史上東方文明被西方文明趕超的根本原因。

當中國的哲學在專制主義高壓統治下銷聲匿跡時，西方哲學家也一樣受到專制主義的逼迫，即使在擁有民主傳統的古羅馬時期，哲學也只是在一些理性水準較高的人群中得以延續，本身並沒有得到多大的發展。但是當出現尼祿這樣的專制主義暴君時，受迫害的絕不僅是基督教，追求自由獨立精神的哲學同樣會受到打擊，正如托克維爾所講，

「當宗教在一個國家遭到破壞的時候，智力高的那部分人將陷入遲疑，不知所措，而其餘的人多半要處於麻木不仁狀態。.........這樣的狀態只能使人的精神頹靡不振，鬆弛意志的彈力，培養準備接受奴役的公民。一個民族淪於這種狀態後，不僅會任憑自己的自由被人奪走，而且往往會自願獻出自由。」[374]因此，當宗教信仰在一個國家遭到破壞的時候，哲學這一追求眞理的頂層學問也會面臨著滅頂之災。

作爲一門擁有群眾基礎的基督教此時正在遭受到來自專制主義政府的迫害，信仰它的人面臨著各種苦難，他們死的死，逃的逃，無法公開信仰他們的神，就躲在墓穴裡堅持他們的信仰。此時處於困惑中的哲學家們對他們擁有如此強大的信心產生興趣，並對他們的教義進行研究。他們發現，原本世界上很多看似根本不可能發生的事情都因爲基督的誕生而變成可能。哲學堅持的獨立在基督教教義中源自神賜予人的獨立位格，哲學堅持的自由源自眞理所賦予人的良心自由。基督說自己是眞理，就是因爲祂以自己的犧牲爲人類做了救贖，使無數的人藉著祂的福音認識了眞理，重獲了自由。基督徒能夠擁有自由和獨立的原因，在於他們對眞理的信仰。「**你們必曉得真理，真理必叫你們得以自由。**」（約翰福音 8：32）

雖然認識眞理獲得自由有一個過程，但世人必須要先認識眞理，再獲得自由。世界上不同的國家、不同的民族、不同的地區都在先後經歷這一過程，只是認識它的時間不同，過程也不相同，所以結果也顯得千奇百怪。不過有一點是肯定的，凡是眞正認識它和接受它的人都會獲得人格獨立和良心自由。後世的大學之所以首先產生在教會學校和修道院裡，蓋因於此。

基督教告訴世人，人正因爲具有了神的形象和氣息，所以具有了獨立的位格。人因爲具有了人格，所以才會產生人權意識，人權只屬於那些具有獨立人格意識的人，也就是心中有神的人。專制主義統治下的民眾（包括統治者自己）都沒有意識到人具有神的形象，帶有神的氣息，所以才會拼命地侮辱自己的同類，糟踐自己的生命。在人類社會進入青銅時期後，獨立人格不再是顯明的，而是需要靈與肉的爭戰後才能得以確立。當人靈肉爭戰得勝時，人才能獲得良心自由，進而產生出對神的信仰，這信仰使人認識並獲得人格。所以我們講，自由是藉著神的恩典得以明知，人格乃借著靈與肉的爭戰得以確立。當人靈肉爭戰失敗後，人就只剩下一具肉體軀殼，不明白人天生具有獨立的人格，也不會產生人權意識。人只會在專制主義統治下受世俗理性或非理性等僞理邪說的迷惑，淪爲罪的奴僕。「**我實實在在地告訴你們：所有犯罪的，就是罪的奴僕。**」（約翰福音 8:34）當一個人淪爲罪的奴僕後，良心就失去了自由，追求眞理也就失去了意義。

---

[374] 《論美國的民主》，第 590 頁。

基督教教義使人明白，當人格得以確立時人就會獲得獨立，進而追求自由。在追求自由的過程中，人因信仰而創造出宗教，由理性而創造出哲學。宗教屬於屬靈層面的學問，研究它的地方在聖殿（即內心）。哲學屬於屬世層面的學問，研究它的地方在課堂（即頭腦）。當專制主義控制宗教時，人們將無法認識宗教的眞實內涵，反而將專制主義鼓吹的神學教條當作宗教，從而走上一條充滿謬誤的生命之道。當專制主義控制哲學時，人們將無法認識哲學的眞實內涵，反而將專制主義編造的倫理綱常當作哲學，從而走上一條充滿僞理的求學之路。專制主義出於私欲和邪惡，故意歪曲哲學的目的，將哲學及其詮釋的自然理性排斥於課堂之外。高等教育喪失了哲學理性也就失去了存在的意義，徹底淪爲了專制主義控制和奴役人思想的工具。

哲學作爲在屬世世界裡追求眞理的一門學問，之所以屢屢陷入各種懷疑主義漩渦，就是因爲不明白它所堅持的自由獨立皆來自於神。自由與獨立都與對神的信仰息息相關，基督徒無論有無學識，內心都無比強大，就是因爲他們具有良心自由和獨立人格。當哲學家意識到維護高等教育就是要維護哲學的獨立和自由，而二者都與宗教息息相關時，他們開始將哲學理性與宗教信仰相結合，由此形成最接近眞理的一門學問——基督教哲學。這門學問的問世，「證明希臘最佳的思想與基督教信念相容，並展示基督教淩駕在希臘思想與其他哲學和世界觀之上的優越性。」[375]在這門學問的引領下，近代意義上的高等教育才眞正成形，並開始在早期的基督教教理問答學校中出現。

可別小看這些教理問答學校，它的學生可是來自歐洲、北非及亞洲一些地方，就當時的歷史環境而言，相當於今天來自全世界的水準。在這些學校裡，自由獨立之風盛行，學生們獨立思考，自由發問。教師們注重培養學生的獨立人格和良心自由，引導他們獨立自主地追求眞理。作爲亞歷山大教理問答學校校長的克萊門特無疑是一位偉大的基督教哲學家，他借著宗教信仰和哲學理性將來自不同國家和地區、具有不同信仰的愛智者都能吸引到基督的眞理性面前，同時還要冒著被其他基督教學者指控爲異端的風險。在這些學校裡盛行的是經基督教教義改造過的、曾經出現在雅典學院的獨立自由之風，正是在這些學校裡，「基督教第一次在世界文化中成爲確定的因素。」[376]基督教借著這些學校成爲了世界性的宗教，並深刻影響了未來整個世界的文明進程。

這些學校表面上不具有今天大學的種種硬體措施，但是作爲大學之魂的自由獨立精神卻在這些學校得到充分地繼承和發揚。我們說影響世界的大學眞正應該是什麼樣子呢？是那些高大上的技術學校嗎？恐怕正是這些席地而坐，暢所欲言的課堂吧。中國最偉大的教育家孔子，不也是這樣辦學的嗎？他們創造性的思想、自由獨立的教學之風影響了

---

375 《基督教神學思想史》，第 73 頁。
376 《基督教對文明的影響》，第 153 頁。

人類數千年歷史，直到今天依然在那裡熠熠生輝。

但是在專制主義人治理念占絕對上風的古代社會，人格獨立和良心自由總是受到專制政府宣揚的世俗理性和非理性的打壓，高等教育無疑成爲雙方角逐的主戰場。但在專制主義一家獨大的形勢下，不但高等教育淪爲統治階級的御用工具，就是追求屬靈生命的宗教也未能獨善其身。當基督教成爲羅馬帝國的國教後，基督信仰不再如先前那麼純正。一方面一些人抱著個人目的湧入了官方教會，導致膚淺的信仰和異教迷信在教會中彌漫；另一方面國家開始幹預宗教，導致基督教世俗化，也逐漸蛻變成爲政治的工具。本來與世俗專制主義政府抗衡的基督教會日益世俗化，專制主義也隨著以教皇爲代表的世俗宗教組織在基督教會內部做大成勢，人類社會這一追求眞理的宗教正在面臨著極大地威脅。

這場戰爭同時也發生在以哲學爲代表的高等教育領域。哲學在與代表純正信仰的基督教結合後，其本身所具有的自然理性才眞正煥發出蓬勃的生命力，成爲引領人類認識眞理、追求眞理的指路明燈。但是當世俗宗教裡的專制主義將純正信仰引入歧途，哲學所依賴的獨立和自由也就失去了保障。隨著非理性的基督教神學吞噬基督教哲學之後，那種自由獨立的教學之風逐漸被以專制的教學之風所取代，保守僵化的教條主義教學方式又一次成爲高等教育的主流。在這種專制的教育體制之下，自由獨立的大學之魂不得不又沉寂了下來。

人格上的不獨立導致民眾成爲專制主義的傀儡，良心上的不自由導致人們分不清是非善惡，不明白獨立自由對人類的重要性。當高等教育又一次陷入專制主義的陰影中，學生們只能盲從於專制主義編造的一套僞理邪說。原本因基督信仰劃亮的天空又一次因爲專制主義的愚氓而陷入黑暗。這就是世界歷史將中世紀的歐洲稱爲「黑暗」的原因。

所幸基督的眞理性並不必然會被專制主義的愚昧野蠻所遮掩或扼殺，基督教陷入歧途並不代表基督帶來的眞理之光也消失在黑暗之中。只要基督信仰還在，即使是在黑暗的中世紀，基督教會內部仍然有一些理信者在試圖挑旺那一絲眞理之光。羅吉爾．培根、約翰．威克裡夫、約翰．胡斯等人，爲了基督的眞理不被歪曲，勇敢地向世俗化的教會發起挑戰。雖然這些人中有的被開除教籍陷於危險之境，有的被投入監獄身陷囹圄，有的被熊熊烈火焚燒，還有的甚至被掘墓焚屍。但是通過他們的犧牲，眞理的火焰被重新挑旺，屬靈的眼睛得以重新睜開。

隨著文藝復興和宗教改革運動的發生，基督教回歸眞道，自由獨立精神也從教會學校、修道院圖書館升級爲大學之後成爲眞正意義上的大學之魂。其實就是在最黑暗的時期，自由獨立的學術精神也藉著福音眞理的保護，在世俗專制主義和宗教專制主義之間的夾縫中倖存下來。雖然世俗教會在中世紀占據了意識領域主導地位，但是作爲一門追求眞理的學問，宗教不可避免地要探索眞理，而基督正是眞理的化身。保守人的良知，啓蒙人的理性，賦予人自由獨立的精神，正是眞理所具有的功能。由於世俗教會出於釋經的需要不得不進行哲學研究，而當哲學再一次遇見眞理時，一門新的哲學——經院哲學誕生了。經院哲學本身的意義雖然不大，主要是爲世俗教會解釋神學教義而用，但在客觀上促進了自由獨立的學術精神在更廣闊的範圍內散布，使更多的人由此接觸到哲學，爲哲學理性的復興以及後來自然哲學的產生奠定了基礎。自由獨立的大學之魂也正借著這個過程在更多的教會學校裡流行，正是在這個基礎上，近代意義上的大學首先在教會創辦的法律學校裡誕生了。

此後大學的學術自由傳統就是這樣一點一滴地傳承下來，由此觀之，自由獨立的大學之魂一直是隨著哲學研究在基督信仰的守護下默默傳承。所以那些以爲大學自治傳統起源於中世紀大學的看法，其實是沒搞清大學之魂誕生的宗教背景之故。基督信仰實在是自由獨立的大學之魂的守護者，雖然修道院或教堂學校，以及後來在修道院或教堂學校基礎上建立的大學都是在基督教會的管控下，但是因著信仰眞理的緣故，基督的教導永遠是追求眞理的保護傘，只要不要做得太過分，世俗教會也會睜一隻眼閉一隻眼。就如孟德爾在修道院裡做他的雜交豌豆實驗一樣，沒人去管他幹什麼。甚至後來在醫學院裡解剖人體，教會也是睜一隻眼閉一隻眼。因爲基督信仰是教人重視勞動的信仰，腦體結合的研究理念比起古希臘、古羅馬只重視動腦不重視動手的研究理念不知先進多少倍。這時的哲學已經開始向實驗哲學轉化，而實驗哲學必須要具有自由獨立的研究空間。基督教會不但給予學校一定獨立自由的學術空間，而且保護這些修道院或教堂學校不受來自世俗政府的干涉，這不能不說是基督教會的一大貢獻。正如經濟學家顧准所說：「因爲是教會辦的學校，世俗的政治權威管不著它，也許這就是後代大學自治的淵源。像明太祖的《大誥》之類的政令，是越不過大學的門牆的。」

當宗教在意識形態領域占統治地位的中世紀，世俗專制主義也對自由獨立的學術之風給予了必要的尊重。例如 1158 年弗裡得裡克．巴巴羅薩皇帝頒布的保護學者特權的文件[377]、1200 年巴黎市政當局頒發的授予學生特權的文件[378]等。但世俗政府這些貌似開明的做法並不表示它贊成大學的自由，而是對自己掌控不了的事物不如讓敵對方也掌控不了。本著與教會權力相抗衡並提升自己社會聲望的目的，世俗專制主義政府爲了標榜自己的開明，不得不頒布法律支持高等教育的獨立性，這實際是政教鬥爭的一種權謀，絕非什麼專制政體具有民主傾向。因此看問題就要看到問題的本質，不要被細枝末節的東西影響了對事物本質的認識。如果不是基督教會與世俗政府相抗衡，獨立自由的大學

[377] E.P.克伯雷，《西方教育經典文獻》（上卷），人民教育出版社 2016 年版，第 191-192 頁。
[378] 《西方教育經典文獻》（上卷），第 192-193 頁。

之魂早就被專制主義政府扼殺在搖籃裡了，這一點東方世界早已作了最好的證明。

以後高等教育的體制就是在大學之魂的引領下慢慢脫離開政教雙方的控制，逐漸演變爲今天大學的自治傳統。驗證以上觀點的是，當巴黎大學擁有獨立自由的大學之魂時，它成爲了今天歐洲大學之母。但當專制主義政府染指大學管理後，巴黎大學不可避免地衰落了。失去了自由獨立的大學就像失去靈魂的人一樣，成爲一具沒有生命的機器，僅僅是簡單複製著政府的指示和要求。同樣的情形也發生在英國的牛津大學、劍橋大學等大學，毫無例外，失去了靈魂的大學都會逐漸衰落。好在它們及時發現了問題的所在，不同程度地恢復了自治傳統，重新煥發出新的生命。

但有一所大學，自始至終都很好地保持著大學之魂，這就是今日世界最優秀的大學——哈佛大學。哈佛大學從一開始就是藉著基督信仰由追求信仰自由的清教徒所建立，由於大學幾乎完全是在一塊信徒自治的不毛之地上建立，以及完全依靠信徒們的捐助，所以建校之時幾乎沒有受到任何外界因素的幹擾，很好地保持了大學的獨立性和自治理念。由於學校完全由清教徒所建，所以哈佛大學建成之初就形成這樣的傳統：「人文學科教育和神學教育之間沒有區別，它們都有兩個源頭，首先是加爾文主義，其次是亞裡斯多德。」[379]哈佛大學的成功再次說明了，如果不是基督信仰對理性的重視，基督教神學也不會讓哲學再回到學校裡來。如果不是基督信仰對福音眞理的追求，自由獨立的大學之魂根本就不會在修道院和教堂學校產生並影響至今，且使這些地方成爲近代大學的始祖。幾百年過去了，哈佛大學的這種建校模式始終沒有改變過，而且還深深影響了美國的其他大學。哈佛大學的成就使得哈佛大學不僅成爲世界大學的楷模，也爲自由獨立的大學之魂做了最好詮釋。由此觀之，大學的起源來自人類追求眞理的屬靈需求，而大學之魂則是人類追求眞理所必需的屬世條件。

大學之魂的眞正作用是要人在自由中領悟，什麼才是眞理？什麼才是人生的眞義？人的教育不同於神的教育，人的教育可以在學校中進行，而神的教育只會在靈魂的爭戰中進行。大學之魂雖然適用於世俗大學，但它不只是一種保護人類理性不受專制主義幹擾的精神，也不是要教學生們在大學裡任性胡爲，而是藉著眞理使人保持靈魂的警醒，保守住自己無虧的良心，「**你要保守你心，勝過保守一切（或作「你要切切保守你心」），因為一生的果效，是由心發出。**」（箴言 4:23）

大學之魂正是要通過獨立自由精神保守住人無虧的良心，而專制主義卻是要借著剝奪人精神上的獨立自由來捆綁人的良心。那些世俗政府不明白這個道理，硬是通過管控大學來推行它們的奴性思維，培養它們的政治勢力，讓學生在大學裡就已經被訓練成政

---

[379] 利蘭・賴肯，《入世的清教徒》，群言出版社 2011 年版，第 219 頁。

治工具。這就是本文開頭所講的，「閉起門來搞高等教育，把學校變成了衙門，無疑是讓學生坐了政府的監獄。」在這樣的大學裡，基本上就是教人不要學會思考，政府講什麼，學生就信什麼，跟著毀人者也變成毀人者。「**他們是瞎眼領路的；若是瞎子領瞎子，兩個人都要掉在坑裡。**」（馬太福音 15:14）原本是培養獨立人格和自由精神的意識空間，卻變成了統一思想、格式化思維的廢品加工廠。你能指望它培養出什麼人才？恐怕只會培養出專制主義的走狗，罪的奴隸。因此，大學教育不是在高牆大院裡完成的，也不是在人云亦云的灌輸中完成的，而是在獨立思考、自由探索中完成的。

令人遺憾的是，不但這些屬世的專制主義者不明白這個道理，就是有些以追求眞理之名開辦教會大學的人也同樣不明白這個道理，他們將基督教教育變成了一門事業（詳見前書《基督教啓蒙讀物——最後的爭戰》）。很多教會大學以追求眞理之名變相剝奪了學生們的人格獨立和良心自由，那種強迫式要人信仰的做法引起了很多理性者的困惑和反感。正如林語堂所說：「我現在所想說的是妨礙人認識耶穌的，剛好就是這些純理論家的喋喋不休，就是他們信條的混亂使我離開基督教三十年，而他們的一角半錢的神學妨礙我看見耶穌，且不僅是一個人如此。」[380]

這種情形在中國近代高等教育的初創階段表現得尤爲明顯。由於中國近代早期的大學全部爲西方傳教士開辦，所以爲了傳播福音眞理的需要，在大學課堂裡講授基督教教義是十分重要的一件事。但正如林語堂所講，這種強行填鴨式的洗腦教育只會使有理性的人心生反感，即使嘴上不說，實際上心理上已經將其排斥在外。正因爲神性高於人性，且通常違背世俗理性，所以不具有自然理性的世人大多不能理解。這個時候應該多多在培育人的自然理性方面下功夫，這方面傳教先驅利瑪竇就做出了光輝的榜樣，並培養出了如徐光啓這樣充滿理信的基督徒。由於中國社會受世俗理性浸淫數千年，人性中的自私意識根深蒂固，所以只有在培育出自然理性後，再輔之以純正信仰的引導，才能使人眞正明白基督所代表的眞理性。

可惜的是，大部分教會大學脫離開中國的現實狀況，急於實現他們心目中的美好願望，在這塊完全缺少自然理性基礎的土地上盲目強行推廣基督信仰。這種做法不但使缺乏理性的人陷入迷信，也讓有理性的人產生厭惡，更違背了自由獨立的大學之魂。結果近百年的辛苦努力非但沒有換來豐碩的成果，反而招來的是庚子事件和非基運動。教會大學的失敗，表面上看是急於求成的結果，但從根本上講，它違背了生命之道，最終使教人追求眞理的近代高等教育走向了歧途。

由於沒有培育出自然理性，在教會大學全部淡出中國之後，在這個世俗理性籠罩數

---

[380] 《信仰之旅》，第 226 頁。

千年的國家，由西方傳教士帶來的高等教育在世俗理性務實精神的引導下，最後發展成爲一所所高等職業技術學校。這裡的大學不是什麼教育的殿堂，也不是什麼象牙塔，而是將人往世俗裡教的半個社會，培養出的都是滿腦子世俗理性的精緻利己主義者。直到今天，我們依然能清晰地看見這個結果。讓我們看看今天中國大學排名第一的清華大學是如何看待高等教育的。在清華大學出版社最新出版的《大學的興衰》一書裡是這樣談大學的，「大學的產生根本不像今天有些學者所吹捧的，有什麼崇高之處。大學就是一個爲錢而生的機構。」[381]「『大學』最初的本質是什麼呢？是這班賣藝謀生的人的團體，……教師、學生的團體是大學，臭皮匠、泥瓦匠、理髮師的團體也是『大學』。」[382]不容置疑清華大學代表著中國目前最高的教學水準，但就憑上面這些話，不容置疑清華大學根本不配稱之爲大學，因爲其根本就不瞭解大學之魂是什麼，也不明白創建大學的根本目的是什麼。在它的眼睛裡大學原來就是個賣知識的地方，注意這種知識與人的道德品質沒有任何關係，純屬謀生的技藝。

如此認識，難怪今天中國的大學只能成爲培養技工的職業技術學校，這就是中國高等教育的現實狀況。失去（或許從來就沒有過）大學之魂的大學根本不配稱之爲大學，只不過徒有其表，就像奴性的人一樣，不過是一座不能動的僵屍。由於缺乏對大學之魂的認識，今天中國的大學依然由政府開辦和管理，依然實行的是幾千年來一貫的專制主義管理模式。在政府任命的校長和黨委書記的管控下，作爲大學之魂的自由獨立是根本不可能存在的。由專制主義者創辦的大學，只會是傳授維護專制主義的一套思維意識和思想理論。因爲缺少獨立自由的大學之魂，所以高等教育只能跟著政府的政策走。結果必然是越專制越僵化，越僵化越趨於非理性。由於非理性造成的意識混亂，使人們的頭腦中分不清楚什麼于人有益，什麼於人無益，結果就是一窩蜂跟著政府「摸著石頭過河」。民眾缺乏獨立意識和自主分析問題的能力，隨著專制政府的瞎指揮，要麼全民搞政治運動，要麼全民下海經商。而這一切的背後，是操控專制主義政府的人與身俱來的罪性。戰勝這罪性的最好辦法，就是教人明白世界的本質和人生的眞義，而借助獨立自由的高等教育，無疑是獲取眞知灼見的方便之門。可惜的是，掌握高等教育的專制主義者卻堵住了這道門，學生們只能在缺少靈魂的「高等教育」裡隨波逐流，任由愚昧無知的暗流裹挾到身不由己的奴役之境。

我們環視周遭，今天中國的「高等教育」已經變成了圈錢的代名詞。有些人一談大學就要談錢，以爲無錢就不能辦大學。只有解決了錢的問題，才能接著談學術、談理念、談創新等等，仿佛這樣才能顯示出大學的底蘊——高等教育是被錢堆積起來的。原來教

[381] 葉賦桂等，《大學的興衰》，清華大學出版社 2016 年版，第 111 頁。
[382] 《大學的興衰》，第 112 頁。

育產業化就是這樣製造出來的，眞不知道這些人是學者還是商人，難怪耶穌說：「**不要把聖物給狗，也不要把你們的珍珠丟在豬前，恐怕它踐踏了珍珠，轉過來咬你們。**」（馬太福音 7:6）

在此需要注意的是，有人以爲國家強了大學才強，國家弱了大學就弱。這是根本對大學的誤解。大學不是他們理解的職業技術學校，職業技術學校確是跟著投資走的。其實在國家強盛之前一定是大學強盛，在大學強盛之前一定是人強盛。若能理解其中的道理，就不會被表面上國家的興衰誤導了。國家的衰弱正是因爲國家的專制導致大學的衰弱，而大學的衰弱又導致人的衰弱。所以，必須要首先保證作爲人的人格獨立和良心自由，這是人之所以稱爲人的根本；其次必須保證作爲大學之魂的獨立自由精神，這是大學所以稱爲大學的根本；第三必須消滅專制主義，實現國家的民主法治，這是維護前兩個根本的根基。專制主義正是來自人的肉體私欲和世俗理性使人在愛己和愛世之心的誘惑下陷入罪性的表現，說它是魔鬼的傑作也不爲過。專制主義者本身也是魔鬼與神爲敵的工具，最終必將會因爲自己的一己之私而變成一頭喪失理性、窮凶極惡的野獸。專制主義者拿這樣的成績去交卷，其死後的生命狀態可想而知。須知「**按著定命，人人都有一死，死後且有審判。**」（希伯來書 9;27）

罪性借著專制主義潛入這個世界，並在這世界裡稱王稱霸。爲實現一己之私，專制主義泯滅人的良知，愚昧人的理性，使人不明白人格獨立和良心自由對人的絕對重要性，也不明白自由獨立的高等教育對保護人的人格獨立和良心自由具有的絕對重要性。只有徹底消滅專制主義，才能保證政府不敢越權幹預高等教育，國民的個人實力才不會減弱。否則，任由專制主義政府肆意行使行政權，迫使大學之魂丟了，個人的魂也就快丟了，國不弱才怪。其實這是一個孰本孰末的關係，今天中國人對這個問題的認識模糊不清，還導致很多重大問題上的關係錯位，如主權大於人權等。其實，老祖宗早就告訴我們了這個道理，「民爲貴，社稷次之，君爲輕」。（詳見上文《如何理解「民爲貴，社稷次之，君爲輕」？》）

由於西方人很早就厘清了這個問題，所以他們視人的自由獨立爲比生命更可寶貴的，正如派翠克·亨利的名言「不自由，毋寧死」。這是因爲他們認識了眞理，眞理在他們心中早已爲他們樹立起一座活生生的豐碑。當布拉格大學校長約翰·胡斯被推上火刑架時，他一點兒都不懼怕，而是大聲疾呼：「我知道眞理傲立，永遠強大，永不褪色，不徇人情。」[383]他這裡所說的眞理，正是指在十字架上爲人類前進指明方向的耶穌基督。

很多人可能不明白爲什麼非要把高等教育與基督信仰聯繫到一起，就如本書將文藝

---

383 《基督教會史》，第 260 頁。

復興時的人文主義，近代世界的民主法治理念，現代社會的普世價值觀等都與基督信仰聯繫在一起，這就牽涉到一個正本清源的問題。如果有條件的話，可以細緻地將今天世界的一些理論和觀念倒推一下，你會發現這些理論和觀念都源自於基督信仰。在基督信仰誕生之前，這些理念只是零星在哲學領域裡出現過，還沒有能力形成一種成熟的、能夠普遍適用於現實世界中的觀念理論，所以這些理念很快都沉寂了。但是當基督信仰誕生後，這些觀念理論就好像找到了頭一樣，很自然地與之結合並形成了普世價值觀。這正是因爲自然理性與純正信仰雖分屬不同的世界，但同質性很高，所以自然會趨向結合，共同構成眞理的兩面。

基督信仰的眞理性借著宗教哲學這種載體得以不斷被世人認識和瞭解，同時歷經歲月的磨煉，逐漸創造出今日影響世界的人道主義和普世價值觀，並推動了整個人類世界的進程。今天無論東西方的社會都受益于近代西方文明，而近代西方文明無疑又受益於基督信仰（詳閱前書《基督教啓蒙讀物——最後的爭戰》），也就是說我們今天所享受的無論是物質文明還是精神文明都來自於這一宗教信仰。很多人出於各種原因不願意承認這一事實，正如阿爾文・施密特所說：「今天，很多詆毀基督教的人也許不相信或沒有意識到，倘若沒有基督教，他們將不會擁有他們現在所喜愛的自由。」[384]

自由只有在眞理化身的基督身上才能眞正覓得，「**你們必曉得真理，真理必叫你們得以自由。**」（約翰福音 8：32）而今天的世界早已用鐵的事實證明了這個道理：有基督信仰的地方，自由獨立才會開花結果，專制主義才會銷聲匿跡。我們相信，唯有基督信仰融入到我們日常生活中的方方面面，我們才能放心地說：「專制主義滅亡了。」

---

[384] 《基督教對文明的影響》，第 3 頁。

高等教育的目標、任務和性質是什麼？

關鍵字：專制主義；奴性；奴性思維；奴性教育；高等教育的目標；高等教育的任務；高等教育的性質；人；民

古代的專制主義者爲了維持自己的統治長治久安，利用君權神授的迷信、愚忠愚孝愚敬的封建禮教來愚昧世人，對那些敢於質疑君權至上的有獨立思想者則格殺勿論，東方文明的沒落正是拜專制主義所賜。在封建專制主義統治下的高等教育，既不可能賦予人精神獨立，也不可能讓人自由地學習文化知識。只會是一味地灌輸維護專制主義統治的倫理綱常，扼殺人的自然理性，利用人愛己和愛世的心理培養世俗理性的小民意識甚至非理性的奴性思維。這種狀況一直持續到清末，隨著西學東漸，近代意義上的高等教育終於出現在被專制主義籠罩數千年的中國。在西方傳教士開辦的第一批大學裡，第一代有著朦朧自由意識、自然理性重新被啓蒙的中國人誕生了。但這些人在中國社會中也只是極少數，而且充滿根深蒂固世俗理性的社會氛圍使他們也只能是掙紮妥協。只有極少數裡的極少數有條件去往國外，在自由獨立的環境裡接受自然理性的薰陶，逐漸具備了獨立自主的人格意識，如胡適、林語堂等人。

在國內，民國時期蔡元培先生爲了培養國人獨立自主的人格意識，提出的「思想自由，相容並包」在西方大學只是一個基本的常態，卻在中國教育界儼然成了一道風景（居然今天還有絕跡的跡象）。但是就是這最一般的教育理念也很快就被專制主義扼殺了。蔡元培先生事後這樣說道：「思想自由，是世界大學的通例。德意志帝政時代，是世界著名專制的國家，他的大學何等自由。那美、法等國，更不必說了。北京大學，向來受舊思想的拘束，是很不自由的。我進去了，想稍稍開點風氣，請了幾個比較的有點新思想的人，提倡點新的學理，發布點新的印刷品，用世界的新思想來比較，用我的理想來批評，還算是半新的。在新的一方面偶有點兒沾沾自喜的，我還覺得好笑。那知道舊的一方面，看了這點半新的，就算『洪水猛獸』一樣了。又不能用正當的辨論法來辯論，鬼鬼祟祟，想借著強權來干涉。於是教育部來干涉了，國務院來干涉了，甚而什麼參議院也來干涉了，世界有這種不自由的大學麼?」

可悲的是，一百年多前蔡元培先生遇到的情形在今天的中國社會依然存在。在當今中國最害人的教育就是高等教育，對初次離開家庭步入半個社會的大學生而言，大學裡的一切都是新鮮而神祕的，迫切的求知欲使他們急於想瞭解外面世界的眞相。然而等待他們的卻是專制主義政權豢養出的一批批奴顏媚骨、仰人鼻息的犬儒，整日昧著良心說著假話，專事在大學裡誤人子弟。這從他們編輯的教材、採取的教學模式以及聘用的教師中就能窺出端倪。極少數還講點兒良心有點兒理性的教師，不是被打壓地不敢說話，就是被清理出教學隊伍，不得不另謀生路。在這一現象的背後折射出的是中國社會久已不認識眞理，久已失去了自由的基因。「**光照在黑暗裡，黑暗卻不接受光。**」（約翰福音1:5）

千百年來國人出於世俗理性拒絕眞理，反倒將僞理當作眞理，並爲此付出了極其慘痛的代價。「**光來到世間，世人因自己的行為是惡的，不愛光倒愛黑暗，定他們的罪就是在此。**」（約翰福音 3:19）這一現狀造成中國民眾深深陷入罪性之中，而這種罪性反映在個人身上就是一種奴性。

奴性（心理學上稱之爲「餓狗定律」）是一種非理性的意識，它表面產生於愚昧無知、貪婪自私、怯懦恐懼，實際產生於良知泯滅以及理性失喪。奴性會使人產生出一種邪惡的陰暗心理，在自願喪失人格的情形下，助紂爲虐、爲虎作倀、欺上壓下，依靠剝奪他人的人格，以使自己扭曲的心理得到邪惡的滿足，再從別人的痛苦中去找回自己失去的自尊。這種無視人天賦的人格與尊嚴，心甘情願地給人做奴才的典型代表就是太監以及像太監一樣喪失人性的人。人活著就是爲了獲得良心自由，以使自己活出神賦予的豐盛生命。當人喪失了人格，人活著還有什麼意義。但是奴才們從來就不知道什麼是人格，他們缺乏良知，也不知道什麼是理性，當然更不清楚自由的可貴。他們不懂什麼「天賦人權」，更不理解爲什麼「無自由，毋寧死」，只想著不擇手段地要做人上人，對自己的同類毫無仁愛憐憫之心。這種人稱他們爲人都是對「人」字的侮辱，實在講，他們只是一群毫無人性的禽獸。

有一個故事講了一位科學家拿一群猴子做實驗，他每次把猴子們放進籠子前都會用剪子剪掉一小段尾巴。猴子們不會反抗，每次都只能忍受這種痛苦。直到有一天，一隻猴子被放進籠子時沒有被剪掉尾巴，隨後科學家又扔進籠子裡一把剪刀。先進來的猴子們沸騰了，它們都注視著這只沒剪尾巴的猴子，終於它們七手八腳地按住這只猴子，用剪刀剪掉了它的一段尾巴，然後在這只猴子的慘叫聲中滿意地散開了。動物在人的殘害下也學會了殘害同類，但這不是它們的天性。但是奴才們卻是奴性十足，他們就是靠殘害他人來討取主子的歡心。當整個國家民族都陷入這種變態心理時，我們會看到怎樣的一副場景：奴才們跪在地上面對那些以僞理邪說竊居上位的人諂媚地喊出「奴才給主子請安啦」，或者向主子誓死表忠心「奴才的命是主子的，全聽主子的吩咐」，當然也可以理直氣壯地喊出「君讓臣死，臣不能不死」，然後慷慨引頸就戮。處於這種情形下的人已經完全不知道什麼是人了，良知和理性都喪失了，自由完全失去了意義，生命也就變得可有可無了。

人之所以稱爲人，就是因爲人是依靠純正信仰和自然理性的相互支撐才得以站立起來。當人的信仰墜入雜亂信仰之中，人的理性陷入世俗理性甚至非理性時，人就會因爲缺乏純正信仰而不理解天道，也會因爲缺少自然理性而不理解人道，最終只能墜入自私自利、損人利己的地道之中。淪入地道之中的人根本無法站立起來，只能是卑躬屈膝地匍匐在地，就如失去脊樑的蠕蟲一般。因爲立不起來，所以很容易變得趨炎附勢、攀附權貴，且奴性十足。奴性乃是罪性的一種表現，所有處於奴性中的人實際都被罪性籠罩著，不知不覺中淪爲罪的奴僕。「**所有犯罪的，就是罪的奴僕。**」（約翰福音 8:34）但這種發自罪性的奴性，也並不甘心永遠做奴才。他們因爲沒有獨立人格，所以也不會產生平等意識，當然也不會平等待人。在他們的眼中，不是主子就是奴才，而擺脫奴才身分的唯一辦法就是不擇手段地成爲主子。於是他們就想著法兒的出人頭地，這其中做官當然是最佳途徑，正如俗話所說「學而優則仕」。這種意識深深浸入古代讀書人的腦海中，可以說是根深蒂固。由此古代封建專制社會的高等教育，實質就是想方設法要金榜題名，光宗耀祖，並借此擺脫自身的奴才身分。然而在那種現實環境下，所有人都擺脫不掉淪爲他人奴才的命運。在當時的大環境下，高等教育只能是秉承上意，灌輸奴性思維。由奴性思維主導的高等教育也只會是奴性教育。這種教育必然是打壓自由精神，培育準備接受奴役的下一代奴才。

專制主義出於自身的罪性，自始至終就是產生奴性的溫床。在專制主義政體下，非理性的奴性獲得了生存的土壤。奴性是專制主義的特殊產物，它是在專制主義愚民政策和高壓統治下產生的一種扭曲的心理表現，實質是一種損人損己的非理性思維意識。在專制主義社會裡，統治階級最邪惡的一面並非利用世俗理性愚昧民眾，而是通過愚民教育和暴力手段使民眾徹底喪失理性，變成一隻不會也不敢思考，唯唯諾諾、任人宰割的鴿子；或是一頭唯利是圖、窮凶極惡的財狼；或是一隻首鼠兩端、見風使舵的狐狸。正如電影《大護法》裡演的那些「豬人」，他們被某些惡人愚昧、奴役、壓迫、甚至殺戮。自私、貪婪、恐懼、麻木等心理悄無聲息、令人窒息般地在這些豬人中傳播、蔓延，他們互相猜忌、彼此陷害，陷入奴性而無法自拔。個別有些思考能力的人卻因爲各種肉體私欲和世俗理性甘爲那些惡人驅使，淪爲惡人的爪牙。在這種環境下眞正讓人看不見一點兒希望，看見的只是無邊的黑暗和人性的醜陋。

人與動物的區別就在於人有理性，會思考，並能藉著內在的良心感悟眞理和良善，且通過知行合一達到「高處的眞實之境」。專制主義的邪惡就是要剝奪人的良知，歪曲人的理性，從根子上使人變成良知泯滅、理性失喪、乃至不會思考只會計較眼前利益得失的動物。爲了實現愚化民眾的目的，他們專門培養出一批御用的犬儒，再由這些「有學識的無知」們創造出更多的奴性理論，其中最具代表性的就是「三綱五常」、「三從四德」等人造的倫理綱常。專制主義用這些殺人不見血的人倫，培養出了廣大不知自由爲何物，不識眞理眞面目，理性缺失、良心虧欠、靈魂失喪的小民。

專制主義社會的高等教育就是爲其培養奴才和打手的機構，在這個機構中，充斥著無處不在的奴性，一個只要有點兒獨立意識，想要追求一種自由精神的人，當其置身其中時必然會遭到排斥和打壓。舉幾個歷史上比較有名的例子，魏晉時竹林七賢的嵇康因追求自由思想被司馬氏所殺，明末的李贄因追求自由思想被逼死在獄中，清初的金聖歎也因追求精神自由被殺，而我朝爲追求自由精神被殺者無數矣。專制主義就是靠暴力手段作爲他們推行奴性教育的後盾，將精神自由和人格獨立扼殺在搖籃裡。

在愚民教育和暴力摧殘下，絕大多數人爲了自保會主動選擇放棄人格獨立和精神自由，通過不斷地心理暗示愚化自己，使自己變成一具不會也不敢思考、整日活在怯懦恐懼中的行屍走肉（筆者近日在一小圖書館裡與一管理員聊天，剛講了幾句當前國家經濟形勢，就被以勿談國事打斷。如果談的是政治形勢，會不會被舉報呢）。少部分還有些獨立思考能力的人，卻沒有將這點能力用在正地方，而是在肉體私欲和世俗理性的裹挾下淪爲專制主義的幫兇（這讓人不僅想起電影《大護法》裡的那個屠夫和槍手）。

雖然今天的高等教育表面上與世界接軌了，硬件方面也實現了高大上，但是決定高等教育最根本的理念沒有變，仍然是專制主義人治的那一套邏輯。埋藏在腦海深處的奴性思維並沒有根除，高等教育依然適用的是一套專制主義奴性教育版本。在這種奴性教育體制下，那些滿腦子奴性思維的犬儒們能教給學生什麼呢？看看今天高校學生會裡學生幹部的種種官僚作風，就會懂得高等教育在今天的社會中依然是培養奴才的地方。這正如上文所說，學校變成了政府的衙門，讓學生坐了政府的監獄（詳見上文《爲什麼高等教育要強調自由和獨立？》）。這種將人不當人，辱之毀之的教育方式如不改變，中華民族就永遠立不起來，更遑論偉大復興。

中國的高等教育完全是被專制主義篡改過的版本，但並非從來就是這種狀況，在專制主義還沒有做大成勢之前，早有智者對高等教育提出過理性的看法。在先秦時期就有一些偉大的思想家對高等教育提出了一些很有見識的創見，比如在《大學》一書中開篇即講，「大學之道，在明明德，在親民，在止於至善。」這句話的意思就是，高等教育首要的任務就是培養人對道德的理解，其次是教給人服務人的理念，最後是教給人對眞理的信仰。這裡說明了高等教育的三個階段性目標：首先通過理性啓蒙使人初步具備自然理性，懂得基本做人的道理，這是高等教育的初級目標；其次教人通過社會實踐使人基本達到知行合一，並在爲他人服務的過程中完善自己的三觀，這是高等教育的中級目標；第三通過上述的學習、實踐和領悟使人最終認識眞理，並在眞理的感悟下獲得良心自由，這是高等教育的終極目標或者說眞正目標。

高等教育的初級目標就是要教人認識理性，擺脫奴性，進而丟棄世俗理性，追求自然理性。當人趴在地上稱奴做狗時，那不是人，而是豬狗。人貴爲萬物之靈就在於他有天賦的人格和良知，他能夠理性地思考，並且能夠通過思考分辨是非善惡。正如蘇格拉底所講，「我覺得，在可知世界中最後看見的，而且是要花很大的努力才能最後看見的東西乃是善的理念。我們一旦看見了它，就必定能得出下述結論：它的確就是一切事物中一切正確者和美者的原因，就是可見世界中創造光和光源者，在可理知世界中它本身就是眞理和理性的決定性源泉；任何人凡能在私人生活或公共生活中行事合乎理性的，必定是看見了善的理念的。」[385]亦如王陽明所說：「天地雖大，但有一念向善，心存良知，雖凡夫俗子，皆可爲聖賢。」

高等教育的初級目標決定了它的基本任務，也即學校任務。高等教育從誕生那天起就是要教人理性做人，通過學習、思考和領悟使人認識非理性的喪心病狂，認清世俗理性的短視狹隘，認識自然理性的長闊高深，最終爲人類認識眞理，獲得良心自由插上飛翔的翅膀。高等教育從一開始就是理性與非理性，自然理性與世俗理性角逐的主戰場。在專制主義占統治地位的社會裡，自然理性被世俗理性和非理性排斥地幾乎無立足之地，這尤其體現在對哲學的態度上。

哲學在古今中外的大學裡都是排名第一的學科，但是在今天中國的大學裡，名義上它還是排名第一，但實際上因爲不能給人們帶來像財經一樣的經濟效益，也不會像科技一樣給人帶來實打實的方便，並且總是給人以務虛不務實的感覺，由此哲學這一排名第一的學科竟然成了大學學科裡的冷門。當然這與當今的哲學陷入機械僵化有關，但這不是主因。主要還是因爲哲學是爲眞理而生，是以追求眞理爲目的一門學問，「哲學的目的只在求眞理」[386]。以哲學爲標誌的高等教育就是要培養人的理性，尤其是自然理性，自然這就與專制主義所宣揚的世俗理性甚至非理性產生了不可調和的矛盾。專制主義最厭惡哲學，因爲眞理給人自由，而哲學要追求眞理。所以專制主義一旦成了氣候，第一個想要絞殺的就是哲學。「**凡作惡的便恨光，並不來就光，恐怕他的行為受責備；**」（約翰福音 3:20）

---

[385] 《理想國》，第 279 頁。
[386] 《神學政治論》，第 202 頁。

以自然理性爲代表的哲學就是要與非理性的奴性起爭執，就是要與代表罪性的專制主義爭戰，說到底還是靈魂中的神性與肉身裡的罪性間的戰爭。因此哲學這一追求眞理的學問，就在專制主義控制的高等教育中有意無意間被邊緣化了。

古代專制政府通常通過自己設立的最高學府——太學或國子監等教育機構，對國家的教育理念和教學模式進行統一管理。由於這些教育機構是由官方設立，所以裡面的管理者全都爲政府所任命，這就導致這些機構內實行的是官僚體制，這也是專制主義政體的一個特徵，而這些教育機構的主要功能之一就是維護專制主義的一套奴性思維，排斥和打壓各種自然理性的思想和學說。

專制主義者從來都不認識自然理性，他們鼓吹的那套「人往高處走，水往低處流」、「吃得苦中苦，方爲人上人」、「書中自有黃金屋，書中自有顏如玉」、「有錢能使鬼推磨」、「千里做官只爲財」等世俗理性，使他們看世界的眼光只能局限於自身及周邊的世界，再遠一點兒就看不清了。所以由他們創辦的高等教育只會是傳播世俗理性乃至非理性的教育機構，根本不配稱爲眞正意義上的大學。

在一個專制主義國家裡，政府給民眾頭腦裡灌輸的就是諸如三綱五常、三從四德等人造的倫理綱常。在專制主義政府開辦的高等教育裡很難聽到哲學理性的聲音，也很難接觸到自然理性的思想。人們腦海裡都被統治階級灌輸的倫理綱常充滿，骨子裡都是世俗理性甚至非理性的東西。看見的就是「普天之下莫非王土，率土之濱莫非王臣」，聽見的就是「君要臣死臣不能不死」。如果專制政府開明一些，也會允許一些民辦的高等教育存在，但是如果沒有獨立自由的學習、思考、研究和交流的環境，政府給予的這種自由也是非常有限的。

專制主義者創辦的高等教育裡充斥著世俗理性，所以不可避免地受肉體私欲的影響具有短視性，這就導致僅僅將高等教育當作一門謀生的工具。這種想法對趨利避害的個人來說具有一定的合理性，所以在自然理性眞正被人們接受之前，它會長期存在人們的頭腦中。即使在今天的中國社會，人們依然認爲高等教育的任務就是教人學門手藝，混口飯吃（詳見上文《爲什麼高等教育要強調自由和獨立？》），而當下教育產業化理念也無疑支持這種想法。至於「明德」、「親民」、「爲善去惡是格物」等聖賢對高等教育的認知並沒得到社會民眾的普遍認同。

在專制主義高壓統治下，所謂的高等教育只是爲統治階級的愚民政策服務，叫人民接受奴性教育，變成專制主義者管制下的「良民」。作爲專制主義統治的掘墓人，追求自由和眞理的基督徒很早就認清了專制主義的邪惡本質，「傑弗遜認爲，國家如果爲了達成一致而將觀念強加給人民，只會使『世上一半的人變成傻瓜，而另一半人變成僞君子』。」

[387]其實這句話應該還能再延伸出一句話，就是所有人都成爲了人類罪性的犧牲品，連統治階級也不例外。愚昧他人的結果終將愚昧自己，專制主義者沒有想到的是，由於自己的邪惡行爲導致愚昧他人的同時，也使自身的自然理性無法獲得啓蒙和培植，因爲「否認別人擁有這種權利（人人享有表達自己觀點的權利）的人，實則淪爲自己當前觀點的奴隸，因爲他剝奪了自己改變看法的權利。」實在講，愚昧他人就是愚昧自己和自己的後代子孫，就是自己坐了自己的肉身監獄。

歷史反復地告誡世人，專制主義是對人類良心和理性的桎梏。它不但使他人陷入奴性的錯誤認知，也使自己變得不人不鬼。你看歷朝歷代的統治者，哪一個不是爲了權力和私欲而導致君民勾心鬥角，君臣勾心鬥角，夫妻勾心鬥角，父子勾心鬥角，兄弟勾心鬥角，朋友勾心鬥角，同志勾心鬥角。你說這些專制主義者累不累？累！肯定是累得發瘋，但是來自控制他人的權欲和虛榮是何等地誘人啊！爲了獲得這一切，充滿世俗理性的人可以不擇手段地欺天騙地愚昧所有人，甚至還搭上他自己。就是因爲不明白世界的本質和生命的眞義，人類創造出專制主義，其實他們不明白的是，專制主義是人類敗給肉體私欲和肉身罪性的明證，是魔鬼掌權的印記。

奴性教育體制隨著專制主義政體一直延續下來，幾千年基本沒有大的改變。直到今天從一流的北大清華到五流的專科院校，全都是政府任命的官員來擔任學校的校長，這種官僚管理教育的混帳事在今日中國還在繼續不斷地上演著。學校變成了政府的衙門，學生在這種教育體制下學到的都是一些混社會的心機（在諸如學生會等學生組織裡表現得尤爲明顯）。高等教育的「明德」功能根本得不到絲毫體現，學校教師所教授的一切都必須以專制政府的方針政策爲導向。在這裡你看不到絲毫的獨立自由，估計西方大學的創建者們如果穿越到今天的中國社會都會難過死的。

今天中國民眾之所以還不能眞正理解和接受自然理性，根源就在專制主義尾大不掉，高等教育依然掌握在滿腦子奴性思維的專制主義者手中。很多人分不清教育與洗腦的區別，其實就在於是否符合理性上。理性層次越低，越趨向於洗腦，理性層次越高，越接近於教育。高等教育在今天的大學裡不但是專制政府的洗腦工具，而且還是一門賺錢的生意，「大學的產生根本不像今天有些學者所吹捧的，有什麼崇高之處。大學就是一個爲錢而生的機構。」[388]「『大學』最初的本質是什麼呢？是這班賣藝謀生的人的團體，……教師、學生的團體是大學，臭皮匠、泥瓦匠、理髮師的團體也是『大學』。」[389]這些理論在今天的中國大學裡依然流行，並由此產生出教育產業化理論。人們怎麼可能對這些滿

---

[387] 《基督教會史》，396 頁。
[388] 《大學的興衰》，第 111 頁。
[389] 《大學的興衰》，第 112 頁。

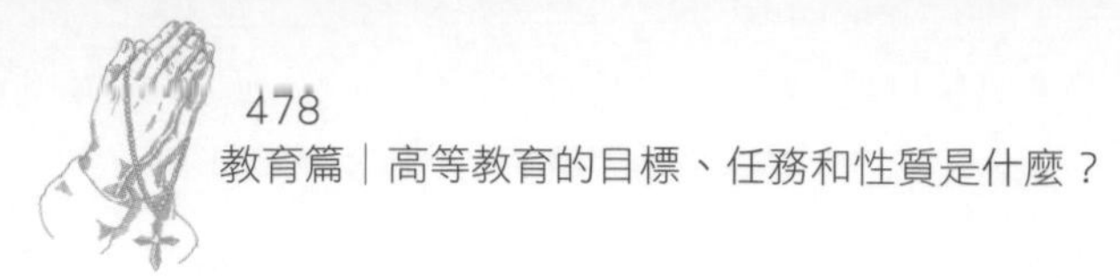

腦子世俗理性且自以爲是的高等教育者產生出敬意呢？

這些高等教育者可能忘記了賜給他們這碗飯的是誰？他們的世俗理性可能只看到那些高高在上的專制主義者。其實，今天中國的高等教育是借著在中世紀基督教修道院和教會學校裡誕生的大學延伸出來的，並借著西風東漸傳到中國（詳見前書《基督教啓蒙讀物——最後的爭戰》）。沒有意識到這一點，他們就不會具有獨立自由的治學精神，就不會堅持追求眞理和良善，就只會習慣性地臥在專制主義者的腳前，仰人鼻息，撒布流毒。

「大學之道，在明明德」作爲高等教育的初級目標，如果沒有自由獨立的治學精神，就無法自由地研究並傳授自然理性。不瞭解自然理性，更遑論明「德」。不明瞭「德」的含義，就無法使人懂得基本做人的道理。而不懂得做人的道理，就只能在世俗理性的誘惑下徘徊，在非理性的奴役下沉淪。如果不想繼續被愚昧被奴役，就必須要來到眞理的面前，藉著眞理之光仔細檢視一下自己的內心，看看自己是否已經良知復蘇，且理性得以啓蒙；是否眞正做到言行一致，表裡如一；是否眞正實現了源自自然理性的知行合一。

高等教育由其中級目標決定了它的社會任務，即通過社會實踐，移風易俗，努力改造自我受世俗理性或非理性影響的三觀，建立起具有自然理性的新三觀。知行合一的關鍵就在「知」上，不要以爲只有聖人知行合一，其實每個人都在知行合一。不同個體的生命閱歷和感悟不同，所以行出來的行爲方式、目的和果效都不相同。

雖然中國古人很早就知道知行合一的道理，但是由於受專制主義誤導，中國古人在「知」上出現了很大的偏差，導致高等教育的「親民」功能變成了「忠君」功能。高等教育的社會任務一直被專制主義者曲解爲爲一家或一利益集團服務，導致在專制主義國家裡，接受高等教育的知識分子們分不清主人和奴僕的關係，或管家和園主的關係，相應高等教育也淪爲傳播世俗理性或非理性的御用工具。這種情形在專制主義占統治地位的人類歷史上十分常見，那都是當管家們混淆了自己的身分，總是以主子的身分幹預高等教育時才會出現的情形。這種情形總是使高等教育被奴性思維所控制，由此勢必造成世人思想上的混亂，進而喪失了判斷是非善惡的能力，最後被罪性捆綁，淪爲魔鬼的奴隸。托克維爾講，「當宗教在一個國家遭到破壞的時候，智力高的那部分人將陷入遲疑，不知所措，而其餘的人多半要處於麻木不仁狀態。」[390]這句話不僅適用於屬靈世界的宗教，同樣也適用於屬世世界的哲學以及以哲學爲代表的高等教育領域。被官方掌控的高等教育可以顯而易見地愚昧那些理性缺乏的人，也可以誤導那些理性不全者，更可以排斥和打擊那些理性健全者。

[390] 《論美國的民主》，第590頁。

在專制主義社會裡，高等教育的社會任務是教人把專制主義者當做「天」，然後通過科舉制度讓奴才們也有個做人上人的希望，使奴才們心甘情願地為專制主義者做牛做馬，死心塌地地維護專制主義集權統治。這就如同邪惡的傳銷組織，靠著一條世俗利益鏈，依靠欺騙層層盤剝，使每一個成員都被灌輸向上爬的奴性思維，爭做人上人的邪惡邏輯。在這些人中有真有學識的，也有無學識的，但從真正高等教育的層面來講都屬於「無知」。在專制主義社會裡偶爾也會出現像王陽明這樣先通過「致良知」，而後達到「知行合一」的「聖人」，但畢竟是極少數。這樣的人通過自身的「親民」之舉可以起到一定範圍內淨化社會風氣的作用，但這種作用十分有限，對扭轉整個社會風氣來講起不到太大作用。

兩千多年來，中國的思想家們曾提出過許多有關高等教育的理念，如前面所講的「大學之道，在明明德，在親民，在止於至善。」還有「天命之謂性，率性之謂道，修道之謂教」、「為善去惡是格物」等。但是這一切聖言慧語在專制主義炮製的倫理綱常面前都弱不禁風，務實卻不求真的中國人在專制主義宣揚的世俗理性和非理性中吃盡了苦頭，但就是始終無法覺悟。這也體現在東西方高等教育之間的差異上，一個總是試圖教人理性，一個總是試圖培養人的奴性。產生這種現象的關鍵原因還在宗教信仰上。

西方世界因為有了一個純正信仰，它教人懂得把人當「人」看，尊重「人」的人格，並賦予人所特有的自然權利。東方世界因為信仰上的混亂，從來就沒有形成一門純正信仰，所以就沒有教人學會將人當「人」看，而是將人當「民」看。「人」作為一個生理學概念，本身就是一個獨立個體，人的思想上就會比較容易接受人格觀念，並進而產生出人權理念。「民」作為一個社會學概念，本身就是社會的一個分子，從認識上理解就是一個被管理對象，缺乏獨立個體所具有的獨立意識和自由精神。中國社會自古就缺少「人」的概念，所以一說起來就是「民」。不要小看這一字之差，它們具有的意境卻有如雲壤之別。「人」是信仰與理性的結合體，借由信仰，「人」可以頂天，借由理性，「人」可以立地。而「民」字的本意就是奴隸，所以這奴性就與國人的意識如影隨形。西方人愛講「愛人如己」，這裡的「人」泛指所有獨立的人，沒有遠近親疏之別，在他們的信仰中「人」就是一個獨立體，獨自就自己的行為向上帝負責。中國人講的「親民」，這裡的「民」具有明顯的社會屬性，而且還屬於社會地位比較低的人群，且致使在專制社會裡必然形成以世俗理性為代表的等差之愛觀。缺乏獨立自主意識的「民」的概念，使它很難形成自然理性的博愛觀。

兩種對人的不同認知在人的心理層面上產生出完全不同的意識導向，比如在世俗理性影響下人們認可「人不為己天誅地滅」這樣的狹隘人生觀，但在自然理性影響下人們卻會認可「人人為我，我為人人」這樣的博愛人生觀；在世俗理性影響下人們認可「忠君報國」這樣的奴性價值觀，但在自然理性影響下人們卻會認可「民主法治」這樣的平等價值觀；在世俗理性影響下人們認可「普天之下莫非王土，率土之濱莫非王臣」這樣的專制主義，但在自然理性影響下人們卻會認可「天賦人權，主權在民」這樣的民主主義等等。

關於人的不同認識在專制主義一家獨大的社會環境裡是不存在的，自然理性基本在萌芽階段就已經被專制主義掌握的國家機器扼殺了。所以高等教育的社會任務在專制主義國家裡沒有太大意義，即使個別哲學家產生出自然理性，但因社會環境根本不具有其「親民」功能生長的土壤，所以必然會隨著哲學家的逝去而湮沒無聞。只有在民主國家或專制主義相對薄弱的國家，高等教育的社會任務即中級目標才能機會發揮它的作用。

在基督福音傳到中國以後，中國這個世俗理性根深蒂固的國家在思想意識形態領域裡潛移默化地發生了一些改變（注意不是專制主義者自願改變，而是落後的實在不行，不得不改變）。專制主義者不再敢公然宣傳「君要臣死臣不能不死」的專制主義言論，「忠君」的觀念也逐漸被「爲人民服務」的觀念所取代。但是由於陰魂不散的奴性思維以及由其培養出來的小民意識根深蒂固，致使「忠君」的意識又被偷樑換柱爲「忠於黨」，而高等教育裡的「親民」功能並沒有眞正與「愛人如己」接軌。這就使得當今中國高等教育領域裡的哲學理性依然處於弱勢，依然受一些專制主義流毒的打壓而停滯不前。

由於專制主義政治的特殊需要，必然導致由其控制的高等教育總是充滿政治氣息，偶爾政治氣息不濃時也會充滿銅臭味，這在中國社會的過去或是今天都能得到充分的展現。因爲不明白高等教育的社會任務是教人服務他人，並在爲他人服務的過程中明白做人的道理，形成正確的三觀。導致中國民眾的思維意識依然處於專制主義所宣揚的世俗理性乃至非理性的漩渦中打轉，依然不明白高等教育「親民」的眞正含義，依然還在爲做官發財打拼，暫時還看不見任何覺醒的跡象。

由於當今科技的飛速發展以及受資訊全球化的影響，高等教育的影響力越來越深入到社會的每個角落。雖然當前中國的高等教育仍然受專制主義的管控舉步維艱，但是高等教育叫人從愚昧中醒來，教人學會理性做人的功能，已經通過其他途徑，如報刊書籍、電影電視、互聯網、手機等多種形式傳遞到每個人的身邊。來自西方國家的人道主義和普世價值觀帶給專制主義控制下的中國民眾從未有過的自由精神和人權理念，雖然這些精神理念在中國目前的高等教育領域還不准公開宣講，但是它們正在潛移默化地引導著中國高等教育回歸自己的眞實身分。雖然目前尚不明顯，但是從本書作者的親身經歷來看，這一大潮正在不可阻擋地來到。

高等教育的終極目標決定了它的意識任務，即通過學校教育和社會實踐將人引到眞理面前，並讓人們在眞理面前感悟生命的眞諦。高等教育的意識任務幫助人認清了世間的各種僞理邪說，進而努力地追求眞理。但由於高等教育的範圍僅限於屬世世界，所以由其屬世性質決定了它只能使人在理性中探索、感知，即使偉大如蘇格拉底、孔子、王陽明等人也只能止步於至善面前，而無法再進一步達到「高處的眞實之境」。如果想要進一步提升自己的生命境界，還需要形而上純正信仰的引領。所以高等教育的意識任務只能是領人「止於至善」，而無法徹底識得「至善」的廬山眞面目。

知道存在著「至善」，而又無法得識，這就不能不使人產生出一種引人再進一步認識「至善」的衝動，所以就有了各種各樣神學、道學、佛學、經學的產生，以及各類宗教學校的出現。這種追求眞理的衝動本身沒有什麼不好，但是容易讓人以爲宗教信仰也可以搬到大學課堂來講，這種錯誤的思想主要出現在世俗宗教及其學校裡。出現這種錯誤思想的根源在於混淆了兩個世界和兩種生命的本質，屬靈世界和屬靈生命的事不是通過課堂教學能夠傳授的，它只在於心靈的感悟。沒有人能夠將自己的心靈感悟直接傳授給他人，所以屬靈知識只能提點，無法傳授，能否領悟全在個人的悟性，正所謂「師父引進門，修行在個人。」（詳見下文《成爲一名虔誠的基督徒或立志要當牧師，是否一定要上神學院？》）

高等教育由於涉及人的意識領域甚至會觸及形而上的靈魂層面，使它具有一種特殊性。高等教育的這種特殊性決定了高等教育的性質只應當屬於私人性質，政府教育機構作爲一個屬世組織，對高等教育的管理不應當擁有過多的話語權。畢竟高等教育涉及的層面不是某個人或組織能夠影響到的，教育部門的官員並不熟悉高等教育，也無暇去參與教學活動。若由政府主管高等教育，只會背離高等教育的目的，使高等教育陷入爲政府政策服務的誤區。所以高等教育不應當是由政府教育部門主辦，而是應當採取公助民辦的形式，並由一些「有學識的有知」來主辦。

高等教育從古希臘柏拉圖學院開始，一直到當今世界頂級的大學基本上都是些私立大學，這充分說明大學的性質應當屬於私立性質。中國近代高等教育來自於西方，深受基督信仰的影響，一開始基本上全都是傳教士創辦的私立性質大學，這從中國早期的大學就可以看出來。政府作爲民眾的管家只需用納稅人的錢給予支持即可，甚至不用出錢只要不予干涉，實行寬容政策也可以。這裡的寬容是指不限制高等教育的獨立自由，不搞「一言堂」，允許高等教育領域「百花齊放，百家爭鳴」。相反那些說什麼「一管就死，一放就亂」的人，根本就不瞭解高等教育的性質。由於受專制主義灌輸的奴性思維禁錮，無法認同獨立自由的大學之魂，總是想著限制這，限制那，不知不覺中自己做了自己的奴隸。

那麼應不應該設立公立性質的教育呢？答案顯然是應該的，這是政府作爲管家婆的重要職責之一。但是公立性質的教育應當只涉及幼稚教育、中小學教育、職業教育以及特殊教育等基礎教育和專業技能培訓方面的教育。只有在這些基礎教育領域中，政府才應當扮演主辦者的角色，而實際操作者仍然應當由那些具有自然理性的教育者來擔任。

今天，中華民族正面臨著千載難逢的復興契機，這一復興契機不是取決於某一個人或某一個組織的復興，而是每一個中華兒女的個人復興。中華兒女的個人復興又取決於兩個必要條件：一是要建立培養自然理性的高等教育。這需要認清專制主義的愚氓和邪惡，以及由其散布的世俗理性的狹隘和非理性的喪心病狂。高等教育必須樹立獨立自主的大學之魂，並借著哲學理性教給人以理性，幫助人樹立正確的三觀；二是要樹立純正的宗教信仰。這能否實現取決於人類對眞理的正確認知，並在眞理的影響下樹立對上帝的理信。進而在理信的指引下使每一個中華兒女都能夠保守好自己的良心，恢復與生俱來的神性，且活出神所賦予人的豐盛生命。

在這兩個條件中，作爲形而下的高等教育相較而言更容易被人理解和操作，但要想不被專制主義歪曲變質還需要形而上純正信仰的看顧和保守。專制主義者從來都排斥屬靈世界的純正信仰，因爲當人們理信上帝時，他們就失去了繼續行騙的可能。所以他們利用「君權神授」的謊言把人欲變成天意，要麼乾脆不承認有上帝的存在，這樣就可以在屬世世界裡隨心所欲地爲所欲爲。「**因為不知道神的義，想要立自己的義，就不服神的義了。**」（羅 10：3）

一定要認清專制主義的背後是人的肉體私欲借著僞理邪說在作祟，人類要想眞正認識眞理就得隨時隨地做好與這些魔鬼手段作鬥爭的心理準備。人若敗給它們，就只會在僞理邪說的迷惑下越陷越深。基督徒之所以能夠時常爭戰得勝，就是因爲他們心中有神，並且專注於神，這使他們藉著眞理的光映出了自身的榮光。「**但行真理的必來就光，要顯明他所行的是靠神而行。**」（約翰福音 3：21）

關鍵問題是，難就難在純正信仰作爲形而上的事物很難做到被人完全理解和認知，這需要人類靈魂層面的覺醒和神性的復蘇。要想睜開屬靈的眼睛，必須要專注於神。而要專注於神，必須先專注於基督。因爲基督從神那裡來，「**因為我本是出於神，也是從神而來，並不是由著自己來，乃是他差我來。**」（約翰福音 8:42）祂認識神，祂傳講的道乃是來自於神。「**你們所聽見的道不是我的，乃是差我來之父的道。**」（約翰福音 14:24）唯有藉著耶穌基督用生命賜予人的活水，才能洗去千百年來靈魂深處積澱的污垢；唯有藉著耶穌基督用福音帶給人的眞光，才能照亮千百年來籠罩在人心頭的黑暗；唯有藉著耶穌基督用大愛指引人的道路，才能使人類重新回到神的懷抱，再做神的子民。因爲「**我就是道路、真理、生命；若不藉著我，沒有人能到父那裡去。**」（約翰福音 14：6）

成為一名虔誠的基督徒或立志要當牧師，是否一定要上神學院？

關鍵字：神學；神學院；基督教教育

上不上神學院首先要搞清一個問題，人的教育不同於神的教育。人的教育可以在學校中完成，神的教育只在人的心靈中完成；人的教育可以通過灌輸的方式完成，神的教育只能在靈魂的交通中完成；人的教育是人對人的傳授，神的教育是靈魂對聖靈啓示的洞察。因此想要成爲一名虔誠的基督徒或是立志成爲牧師，不僅要靠自己的屬世努力，更要在屬靈層面實現由內而外地對神的感悟。

人天生具有神所賦予的善的因數——良心，正是憑著這個善因，人可以辨識善惡，區分是非。但人的良心非常弱小，在旺盛的私欲和強大的世俗理性面前，要保守好良心就必須時刻不停地警醒自我，明白良善來自於神，只有不斷地棄惡從善才能讓良心自由地成長。人的生命成長取決於內在本質，當內心向神敞開，人的良善就會不斷地加增，生命就會豐盛充盈；相反當內在本質關閉，外在本質向著外部世界開啓，人就無法感受來自神的善，而只會接收來自世界的世俗誘惑。所以講，信仰並非由外而內，借著人的教育培養自身的眞理認知，而是由內而外，藉著內在良心觸及適合我們外在層級的知識感悟而來。簡單講，信仰不是學來的，而是悟來的。

我們知道耶穌基督沒有上過什麼神學院，十二使徒也沒有。使徒保羅學神學的時候正是迫害基督徒最瘋狂的期間。早期的基督教教父們都沒有上過神學院，查士丁沒有，克萊門特沒有，安東尼沒有，奧古斯丁也沒有。中世紀宗教改革的改革家們有的上過，有的沒上過。上過的如馬丁·路德，他曾痛斥神學院的神學教育是魔鬼的勾當；沒上過的如加爾文，他大學學的是法律。反觀那些主教大人們幾乎都上過神學院，而恰恰是他們的行爲使基督信仰蒙羞，被世人所詬病。

但是世俗人的智慧和理性是極其有限的，他們喜歡追名逐利，喜歡盲目崇拜，貪戀

世俗宗教裡的虛榮。對此深有洞見的哲學家斯賓諾莎曾作出如下的剖析，「世俗的宗教不外是對教士的尊崇。這種錯誤觀念的傳布使無用之徒醉心獲得教職，這樣，傳播宗教的熱忱逐漸衰敗退化，一變而為卑鄙的貪婪與野心。」[391]他們對屬靈世界的一切也缺乏經驗，盲目崇拜神學院的教育，以為那裡的人才是眞有學識的人。這種認識源於對聖靈啓示的誤解以及對生命本質的無知，在屬靈世界裡愛才是衡量一切的唯一標準，有愛才有生命，愛得越多生命就越豐盛。沒有愛或將愛曲解為世俗之愛的所謂生命大多只是行屍走肉，徒具了一副人的軀殼而已。而眾多去神學院學習的人正是由於被這種無知所誘導，殊不知良善豈是神學院裡能學到的，愛心豈是神學課堂裡能培育出來的。

美國是一個基督教國家，但是源于清教徒的理信使他們意識到，學校是培養人理性的地方，作為形而上世界的宗教信仰不是通過課堂教學能夠傳授的，所以在學校裡根本沒有必要設置什麼神學課程或信仰培訓課程。當基督教教育成為一門屬世事業後，實在令人懷疑這門宗教是否還能保有起初的純正。

那麼立志尋求眞道的人該向誰求知呢？聖經中早就告訴我們了，神是最好的老師。保羅、奧古斯丁、馬丁・路德等人起初都不信基督，都不是自願奉基督為主。但當聖靈的光照瞎了保羅的眼睛，聖靈的聲音喚醒了奧古斯丁的靈魂，聖靈的閃電擊倒了馬丁・路德的肉體時，一切都改變了。整個世界也因他們的轉變而發生了改變。

保羅不但成就了自己的信仰，也成為外邦人的光，並引領基督信仰走向世界。基督教能夠成為普世價值觀的淵源，保羅居功至偉。奧古斯丁不但拯救了自己的信仰，由他確立的基督教哲學，更是深刻地影響了以後的西方世界。馬丁・路德不但找到了自己的信仰，由他發起的宗教改革，表面是基督教會內部的一場改革，實際卻是一場改變人類命運的深刻歷史變革，世界近代史由此拉開了帷幕。

為了闡明神的教育不是人的教育，聖靈的啓示對全世界的人都具有普適性，這裡再舉一個中國人的例子來加以說明。林語堂出生於一個牧師家庭，從一出生就已經受洗成為基督徒。但是這樣的基督徒只是一個掛名基督徒，因為他根本就不理解什麼是基督信仰。林語堂的小學、中學和大學都是在基督教會辦的學校裡上的學，每日的宗教教育非但沒有使他歸信上帝，相反讓他發自內心地厭惡那種刻板教條的神學灌輸。大學畢業後，林語堂逐漸疏遠了基督教，這反而使他能夠自由地在各種宗教和哲學間遊歷（詳見上文《如何體悟林語堂先生的「信仰之旅」？》）。林語堂經過一生的探索和理解，步入晚年後，重又回到至善至美的基督信仰面前。當他回顧過去時曾無限感慨地說：「我現在所想說的是妨礙人認識耶穌的，剛好就是這些純理論家的喋喋不休，就是他們信條的混亂使

[391] 《神學政治論》，第 4 頁。

我離開基督教三十年，而他們的一角半錢的神學妨礙我看見耶穌，且不僅是一個人如此。」[392]最後又總結說：「我獲得宗教走的是一條難路，而我以爲這是唯一的路；我覺得沒有任何其它的路是更妥當的。因爲宗教自始至終是個人面對那個令人震驚的天，是一件他和上帝之間的事；它是一種從個人內心生髮出來的東西，不能由任何人來『給與』。」[393]林語堂在此特別強調信仰不是能夠由人給予的，它必須是且只能是建立在個人感悟之上的一種生命詮釋。

林語堂的人生經歷清楚地告訴我們，基督教教育不是學校裡的神學教條灌輸，而是發自內心的對聖靈啓示的一種洞察。正如戴德生所說：「我們若以學校或教育代替了改變人心的屬靈能力，也是極大的錯誤。如果我們以爲人可以借著教育過程，而不用經過重生，就能悔改歸正，更是大錯特錯 。」[394]這種洞察通常借助於學習和思考，學習不僅限於《聖經》等宗教層面的書籍，對哲學、歷史、教育、法律、科學、經濟、藝術等各種人文知識都應廣泛涉獵。所以經上講，「**寧得知識，勝過黃金。**」（箴言8：10）「**智慧人大有能力。有知識的人，力上加力。**」（箴言24：5）

相較學習人文知識，培養正確的思考方式更爲重要。很多「有學識的無知」，表面上知識豐富，才華橫溢，實際上只是習慣用外在感官思考，並不會使用內在心靈感悟。所以雖然他們通過博聞強記擁有了一些學識，但這些學識僅限於思考和評判眼前世俗的一切現象，無法眞正深入到事物的內在，更不要說生命的奧祕。儘管他們的智慧通過外在的記憶發揮在語言上，使他們顯得機智靈活、博學敏銳，但這一切都是外在感官下的假像。眞正的智者卻能通過內在心靈的思考看清事物的本質，造就自身的理性養分。他們通常在生活上理性，在信仰上虔誠，並借由理性和信仰讓自己變得更有智慧，更具靈性。專注於外在感官的人通常深信自己比他人更有智慧，所以他們很難意識到他們的思想連同他們的肉體都只是籠罩在自然界的粗陋之光中，卻無法領會散布在靈界的天堂之光。因此他們因爲不認識世界的本質和生命的眞義而不會正確思考，他們的心智使他們更迷戀眼前的屬世世界，且使他們的行爲更加虛僞狡詐，最終淪爲一個良心虧欠，理性蒙昧的無知。會正確思考的人才是眞正掌握認識論和方法論的人，也才是認識生命眞義且得神祝福的人。「**惟喜愛耶和華的律法，晝夜思想，這人便為有福。**」（詩篇1：2）

除了學習和思考外，虔誠禱告也很重要，這是接受聖靈啓示的一條重要途徑。禱告是人與神交通的工具，是屬靈的人將自己的意念轉述於神，並從神那裡獲得啓示的方式。禱告要藉著聖靈做工，正如慕安德列所講：「神的道是藉著聖靈說出來的，這聖靈也是禱

---

392 《信仰之旅》，第226頁。
393 《信仰之旅》，第2頁。
394 史蒂亞，《摯愛中華——戴德生傳》，中國友誼出版社2006年版，第210頁。

告的靈。祂要教導我們如何接受神的道，並如何去親近神。」禱告必須是虔誠且符合神的本性，用心靈和誠實禱告會使人獲得信心和力量，幫助自己戰勝自身的罪性，培養良好的品行，恢復起初的神性。而出於私欲，試探神的禱告既沒有效果，還可能會因爲邪情私欲誘使人陷入邪靈的擺布，最終使禱告的人喪失信心，爭戰失敗。因爲聖靈不會隨意做工，因此培養正確的思考方式和禱告習慣非常重要。思考屬於理智，禱告屬於意志，理智專門領受眞理，意志負責感悟良善。二者在屬世和屬靈兩個層面幫助人認識和感悟眞理和良善，所以禱告和思考必須相互結合。單靠禱告而不思考，就會變得驕傲自滿，甚至迷信；單靠思考而不禱告，則會疏遠神，成爲迷途羔羊。

基督教是一門關於「愛」的宗教，基督教教育也一定是圍繞著「愛」的教育。它不會以神學知識的多少來衡量教育成果，而是專看有沒有培養出愛神和愛人的心，以及由此而生髮出來的善行。很多信仰虔誠卻沒有多少文化的老人們獲得的恩典要比那些神學院的教條主義者們豐盛得多，他們雖然沒有多少文化，但卻每天都與神進行靈裡的交通，從神那裡獲得啓示，每日都在默想基督的話語，並且用行爲將愛的資訊傳遞給周圍的人群。這比那些空洞無物的神學教條要強上百倍、千倍。

神學是個什麼東西，那只不過是一群迷信之人的癡心妄念，且時常淪爲魔鬼殺人不見血的利刃。如果說世俗理性還有一絲理性，那麼神學這門「學問」就完全出於非理性。眾所周知，非理性的東西就於人無益，純屬「褻瀆神的狂妄行爲」。研究神學的基督徒是非常危險的，他們忘記了基督教是入世宗教，基督本人就是爲了拯救世人而道成肉身，將天國的福音帶給人類。那些孜孜以求追尋上帝的人，如果眼中只盯著神的國，而忽視了身邊的人，即使其過著獨善其身的生活也依然無法認識眞理。

神學這門害死人不償命的「學問」，不但天主教有，新教也有，不但基督教有，其他宗教也都有。這門「學問」非但沒給世間帶來任何益處，相反卻是產生無數爭執、爭端和爭戰的總根源，說它是來自魔鬼的禮物也不過分。「至於舊的錯誤，整個文明世界，無論是新教還是天主教世界，都有過失。這不是宗教的過失，而是把神學教條與《聖經》文本聯繫在一起這種目光短淺的做法的過錯，這種做法無視受神賜福的基督教創始人的言論和著作，而那些思想僵化、喜歡高談闊論的人總想代替宗教。一位當代最著名的聖公會牧師說得很公道：『由於神學家們誤把黎明當作火災，所以他們常常成爲光的反對者。』」[395]（詳見上文《何謂眞理？》）

在神學院裡教授神學的，從古至今通常都是這兩種人，一種是充滿世俗理性的人，這些人來教會的目的就是認爲在追求屬靈生命的環境裡撈取世俗名利更輕鬆，而且還會

---

[395] 《科學——神學論戰史》（第一卷），第 226 頁。

獲得超出世俗的尊榮。基督早就看出了他們這種心理，「**他們一切所做的事都是要叫人看見，所以將佩戴的經文做寬了，衣裳的穗子做長了；喜愛筵席上的首座，會堂裡的高位；又喜愛人在街市上問他安，稱呼他拉比（「拉比」就是「夫子」）。**」（馬太福音 23:5-7）「**他們好穿長衣遊行，喜愛人在街市上問他們安，又喜愛會堂裡的高位、筵席上的首座。他們侵吞寡婦的家產，假意作很長的禱告。**」（路加福音 20:46-47）「**愛站在會堂裡和十字路口上禱告，故意叫人看見。**」（馬太福音 6:5）

這些人的思想專注於世俗和自身的聲譽，自然會在不知不覺中全然陷入追逐名利的泥沼中。他們表面上遵守戒律，但一切行爲只是爲了自身的利益和爲塑造自身美好的形象，事實上卻表裡不一。他們表面上裝作一副虔誠信主的模樣，但在內心深處其實否定神，私下對教會的信條和規儀百般鄙視，認爲這只不過是對一般信眾的制約手段罷了，這些人的代表就是祭司和神父集團。

這些人由於愛世的本質，所以受社會環境的影響比較大。當社會風氣良好時，他們也可以做得很好，甚至成爲人們心中的楷模。但這並非因爲他們心中有信仰，願意以誠信和公義示人，而是因爲擔心失去名聲、財富和地位，以及接受法律的制裁，所以只在表面上作出誠信與公義的行爲。不過一旦社會風氣轉壞時，他們就會恣意對他人使出欺騙和搶奪的手段，並以此爲樂。世俗理性者的信仰實際上屬於一種僞信行爲，這種行爲外表上與理信者的行爲看似無異，但其實內在本質有著天壤之別。

這些人生活在教會中只會把個教會搞得紛紛擾擾，猶如一個世俗組織，難怪有哲人講，「我常怪自誇信從耶教的人，以仁慈、欣悅、和平、節用、博愛炫於眾，竟懷忿爭吵，天天彼此憎恨。……世俗的宗教不外是對教士的尊崇。這種錯誤觀念的傳布使無用之徒醉心獲得教職，這樣，傳播宗教的熱誠遂衰敗退化，一變而爲卑鄙的貪婪與野心。……無怪舊日的宗教只剩了外表的儀式（連這些儀式，在大眾的嘴裡，也好像是神的阿諛，而不是神的崇拜）。信仰已經變爲輕信與偏見的混合。……有些人斷然藐視理智，棄絕理解力，以爲自始即不純全。我說，如果認爲這些人才有上帝所賜給的光明，這是多麼可怕的荒唐！的確，他們但只有上帝所賜的一星光明，他們就不會驕橫暴戾，就要更聰明地學習敬神，在人群中以仁慈出眾，而不是像現在那樣以惡意著稱，若是他們所關心的是對手的靈魂，而不是他們自己的名譽，他們就不會再事殘酷地迫害，而是心懷憐愛了。」[396]

僞信者本質上屬於熱愛世界的人，他們與屬靈生活格格不入，卻汲汲于名利，追求世間的榮耀，因此淪爲遠離天堂迎向俗世的下場。基督早就看清了這些人的眞面目，祂

[396] 《神學政治論》，第 4-5 頁。

對這些人說：「**我從來不認識你們，你們這些作惡的人，離開我去吧！**」（馬太福音 7：23）

神學院裡的另一種人是非理性的人，這些人與上面那種借著屬靈的宗教信仰拼屬世前途的人有所不同，他們屬於眞心想過屬靈生活的人，但是他們卻不明白屬靈生命與屬世生命在於合一，所以他們的行爲違反了生命之道——愛神的果效要體現在愛人上。其實他們躲在神學院或修道院或教堂裡的做法正說明他們沒有看透生命的奧祕，屬靈世界的奧祕就在一個「愛」上，躲在那些少有人接觸的地方你能愛誰？只能愛想像中的神和眞實的自己。正是因爲他們只專注于天堂的榮耀，全神貫注於提升自身的屬靈生命，並以爲升入天堂是對自己苦苦修行的獎賞，致使他們在愛己之心中過著獨善其身的生活，無法得享天堂的喜樂，最終只能過著鬱鬱寡歡的生活。

非理性的人通常有三種表現，首先表現爲教條主義者。這種人通常沒有什麼眞才實學，他們的智慧多寡取決於記憶力的強弱，以爲能把腦子裡裝滿東西的人就是智者。這些人說起來頭頭是道，但卻沒有自己的思想，腦子裡的記憶並不能讓他們培養出理性思考能力。更有些愚昧至極的，對事實缺乏理解能力，無法辨清是非善惡。只要是自稱博學多聞的人所提出的觀念，即使錯誤，也奉爲圭臬。因爲無法學會以理性思考，所以只會一味地道聽塗說。

這種人只有外表的智慧，但卻不認識神，實屬僞智。他們習慣以外在官能來思考，儘管在世上擁有豐富的學識和德高望重的地位，但卻只能體會自然界裡的一切。由於無法深入人的內在，致使無法窺見神之眞理，所以不知不覺中傾向於將神摒除在外。起初的掃羅就是一位「神學家」，表面上他知識淵博，信仰虔誠，對猶太教誡律和希臘哲學都深有造詣。他狂熱地信仰上帝，過著虔誠的猶太教徒生活。但實際上他是死的，「**我以前沒有律法，是活著的；但是誡命來到，罪又活了，我就死了。那本來叫人活的誡命，反倒叫我死，因為罪趁著機會，就藉著誡命引誘我，並且殺了我。**」（羅馬書 7:9-11）他的死表現在完全被死教條捆綁，只有假知識，沒有眞愛心，迫害起信仰基督的同胞們卻有異乎尋常的熱心，「**你們聽見我從前在猶太教中所行的事，怎樣極力逼迫、殘害神的教會；我又在猶太教中，比我本國許多同歲的人更有長進，為我祖宗的遺傳更加熱心。**」（加拉太書 1：13、14）

像掃羅這樣的教條主義者通常仗著既有的學識，在自我感覺的迷惑下，再加以邏輯分析，便深信自己比他人更有智慧，所以他們更因太過自戀與太執著俗世之故而陷於自以爲是之境。這種人在現實中最典型者莫過於聖經無謬論者。聖經作爲人類思想與智慧的源泉，被認爲是人類歷史上最偉大的一部書是無疑的，但是就此認爲它就一點沒有錯誤，就顯得太過教條了。聖經本身是由二十幾位作家歷經一千多年的時間寫成，其後又經過教會數百年時間的修改，單純作爲一部人的作品，即使不排除裡面有受聖靈啓示的成分，但是誰敢說就完全沒有錯誤呢？哲學家斯賓諾莎在其著作《神學政治論》裡，專門對一些聖經中明顯的錯誤給予解讀。

僞智者表面上追求神之眞理更加虔誠，甚至能費盡心血寫出鴻篇巨著，令人歎爲觀止。但是因爲空有意念和思想卻沒有具體行動付諸于外，言行就不完整。徒有思想和意圖，但卻不適時行動，宛如被密封在壇罐裡的火焰，隨時都有可能熄滅。耶穌非常清楚這些人的品行，所以祂對眾人和門徒講，「**凡他們所吩咐你們的，你們都要謹守遵行；但不要效法他們的行為，因為他們能說不能行。**」（馬太福音 23:3）這些人在神學院的學習使他們看上去似乎神學知識淵博，實際上卻是跌入了比世俗理性更加可怕的非理性。看看他們討論的都是諸如三位一體、神人二性或末世論等等一些荒誕不經的思想理論。這些所謂的思想理論全都是些不著邊際、於人無益甚至經常引人爭論的東西。我們先看看「三位一體」這個概念，林語堂是這樣評價的，「這是爲神性而辯爭的無用之一例。」[397]「他們所想做的是把三位一體的三個分子放入一種邏輯的關係，……但是最困難的地方是分別三位一體中的兩個分子和父神之間的邏輯的關係，而它最後決定聖子不是被造的，是父所『生』的，而『聖靈』既不是被造的，也不是『生』的，只是從父而『出』的，用滅亡來威脅那些壞到不能同意此說的人。當大家同意『聖靈』只是『出』的時候，辯論便環繞著它究竟是直接從父而出，抑或透過子而出。就在這個學院式的針尖上，東方希臘正教會離開羅馬天主教會，而在十一世紀，羅馬教皇及希臘正教的大主教都爲上帝的光榮而互相驅逐別人出教會。如果這不是不敬上帝，什麼才是？」[398]

還有「神人二性」，基督不管是人還是神，又能怎麼樣？祂實在就是眞理的化身，是道成肉身後指引人類認識世界本質和生命眞義，並得以找到生命之道的指路明燈。還有「末世論」，世界末日是由人來決定的嗎？這根本就不是渺小的人類應該探討的問題，人類爲此花費時間簡直就是在浪費生命。神學搞的那一套東西與其說是教育，不如說是洗腦，因爲它全無理性。保羅早就發現了這一現象，他諄諄教誨世人，「**惟有那愚拙無學問的辯論，總要棄絕，因為知道這等事是起爭競的。**」（提摩太后書 2:23）

說起保羅，就是一位由走神學歪道而在眞理面前幡然醒悟，且走回信仰正道的人。在認清了教條主義神學的荒謬悖逆後，保羅終於拋棄了神學，擁抱了眞理。雖然這場屬靈爭戰進行的過程異常艱辛，保羅也活得非常痛苦，「**我真是苦啊！誰能救我脫離這取死的身體呢？**」（羅馬書 7:24）但是因爲直面過眞理，靈眼得以睜開，最終保羅能夠戰勝死神學，活出眞信仰。「**為基督的緣故，就以軟弱、淩辱、急難、逼迫、困苦為可喜樂的，**

397 《信仰之旅》，第 168 頁。
398 《信仰之旅》，第 168-169 頁。

因我什麼時候軟弱，什麼時候就剛強了。」（哥林多後書 12:10）

僞智者的第二種表現是因執著於自我，便容易陷入與身俱來的罪性中，進而遠離良善，迷失於自我的胡思亂想之中。「**因為不知道神的義，想要立自己的義，就不服神的義了。**」（羅 10：3）這種的表現比較好辨認，因爲他們研究和討論的問題稀奇古怪，眞正於人無益，甚至有害。比如疾病是不是魔鬼的傑作？針尖上能站幾個天使跳舞？精神錯亂是不是魔鬼附體等等，對這些人上述的胡言亂語，伊拉斯謨評價說：「所有神學思辨的微妙競爭，都是出自危險的好奇心，會產生褻瀆神的狂妄行爲。」[399]俗話說，好奇害死貓。神學的好奇不但害死貓，更害死人啊！

第二種表現發展到極處就會出現第三種表現，有些人甚至瘋狂到將人推上神的位置，這種人的代表就是那些鼓吹教宗無謬論的神學家。這些人公然違背基督教關於「人皆有罪」的教義，出於愛己和愛世之心，將一個罪人推上神壇，眞正是愚昧無知至極。

世俗理性者和非理性者實際上都不具有理性，由於愛己和愛世的緣故，使他們的內在層次處於關閉或部分關閉狀態，所以即使他們講起眞理頭頭是道，但是因爲意識沒有深入人的內在，導致仍然是依賴外在感官思考，所以對眞理的理解僅僅是出於外在記憶，無法深入眞理的內涵。因爲不明白眞理的內涵，所以他們汲汲於世間和天堂的榮耀，不知不覺中將自己置於首位，最終成爲此榮耀的奴隸。在普通信徒眼中，這兩種人由於熱愛自己，並習慣於假裝愛天堂，外表看起來甚至更具有智慧。但是在理信者的眼中，這些人的內在和外在簡直有如天壤之別。由此二者在啓發人的智能和智慧，幫助人理解天堂的眞理，以及提升人的生命境界等方面沒有多少益處。

神的教育不同於人的教育，而神學院的教育固然是屬於人的教育，所以經由神學院培養出來的學生絕大部分就是上述兩種人。那麼神學院裡就沒有理性的人嗎？有理性的人，但卻沒有理信的人。我們看見保羅是在直面眞理後才變得理信，馬丁．路德是在離開神學院之後很久，又經過長期的思考領悟後才變得理信，而更多的理性者卻都在神學院愚昧而沉悶的麻痹教育下沉淪了，誠然可惜。

在這些理性者中，有些人之所以受愚昧是源於將宗教與神學沒有分清，總喜歡將它們相提並論。事實上，宗教從來都與人的生命息息相關，都是爲人的屬靈生命服務的心靈認知，其本身就是人類在屬靈世界追求眞理的一門學問（詳見上文《什麼是信仰？什麼是宗教？什麼是律法》）。因爲宗教總是與屬靈世界和屬靈生命發生關係的一門學問，所以今後宗教的研究方向可能沿著靈學的方向發展。靈學裡應該會涉及一些有關神性方面的研究，但絕對不會是主流。

---

399 《基督教神學思想史》，第 389 頁

今天基督教教育最大的一個問題還是不明白信仰不是教出來的，而是面對眞理悟出來的。所以硬要將基督教教育作爲一門屬世事業來做，以人的教育取代了神的教育，更傳授著一套人造的教條主義神學，結果必然是將活信仰變成了死宗教，誤導了一大批不明眞相卻追求屬靈生命的人，實在是罪過。「**你們律法師有禍了！你們把知識的鑰匙奪了去，自己不進去，正要進去的人你們也阻擋他們。**」（路加福音 11：52）

神學有多麼可怕，看看掃羅的樣子就應當清楚了。一個本質淳樸、一心追求眞理的人，一旦陷入教條主義神學的陷阱中，就會如《天路歷程》中在西奈山被摩西不停擊打的天路客一樣，陷入痛苦與絕望之中。幸好保羅有直面基督的機緣，但是對其他無此機緣且又想追求屬靈生命的人來說，如果不去學習神學，那該去學習什麼好呢？除了研讀領會聖經外，建議學習基督教哲學，這是一門距離眞理最近的學問。它源自古希臘、古羅馬哲學家的哲學理性與基督信仰的完美結合，代表了全人類最頂級的智慧。它能爲人類的理性插上信仰的翅膀，幫助人類翱翔天際。它能幫助人類樹立理信，練就一雙火眼金睛，以靈性的視角審視世間萬物，且辨清是與非，善與惡，眞理與僞理。

眞心勸告那些渴望成爲虔誠基督徒或立志做牧師的人們遠離神學院的大門，切勿踏進那埋死人的墓地。在這裡讓我用美國著名宣道會牧師陶恕的話來結尾，「我從沒上過神學院，這沒準兒是件好事。這樣我就能夠像只蜜蜂，從百花之中如饑似渴地汲取花蜜。」[400]

[400] 詹姆斯．斯奈德，《陶恕傳》，甘肅人民美術出版社 2013 年版，第 170 頁。

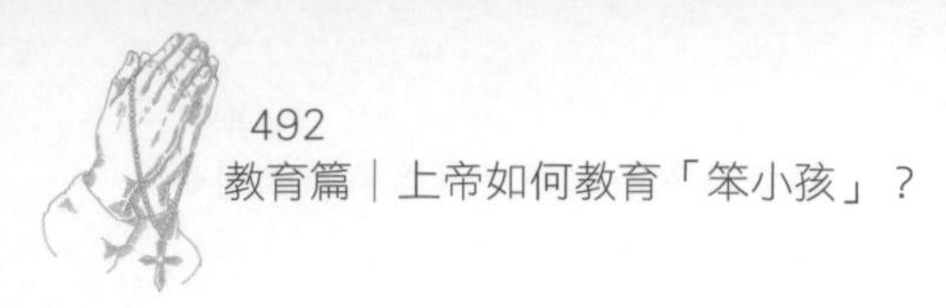

上帝如何教育「笨小孩」？[401]

關鍵字：「笨小孩」；教育

熟悉抗日戰爭的人都應當聽說過「滇緬公路」這個名字，這是抗戰時期中國大後方的一條生命線。這條一千多公里的公路翻越了無數的崇山峻嶺，又經過了無數的毒蟲瘴氣，最後能夠在很短的時間內建成，除了施工人員的艱苦努力外，雷多諾推土機也功不可沒。

說起雷多諾推土機，它是由美國著名機械工程師雷多諾設計和製造的推土機，也是當時世界上公認的最佳推土機。說起雷多諾，可能很多人都不知道他竟然只是一個小學畢業生。在小學裡，雷多諾屬於那種上課不認眞聽講，思想經常開小差的學生。而且他不但學習不好，交給他做的其他事也總是屢屢出錯，爲此他被人起了個「超級大笨蛋」的外號。沒辦法，他的爸爸只好在他小學畢業後送他進工廠當學徒。

在工廠裡，雷多諾這個「笨小孩」依然成爲大家搞笑的對象。而雷多諾自己也不知如何改變這種生活，他只能要求自己更努力地工作。經常一邊工作，一邊給自己打氣，「長大的孩子不怕苦，長大的孩子不怕苦……」

時間長了，這個有點「笨」而又努力幹活的男孩逐漸引起了工廠老闆希爾的注意。希爾知道這個加倍辛勤小子的背後，有顆受傷的心。他自以爲什麼都不會，所以只好靠蠻力來工作。希爾有心栽培一下這個「笨小孩」，於是告訴雷多諾，幹活不是單靠蠻力，使用機械能夠更有效地提高工作效率。漸漸地，在老闆希爾的幫助下，雷多諾開始對機械越來越沉迷，以致在他那顆單純的內心裡塡滿了有關機械的事。雷多諾的生活裡幾乎無時無刻不在與機械打交道，而他總能在蛛絲馬跡中找到解決問題的方法。比如他發現推土機和挖土機在斜坡上工作不穩定，就在蜘蛛身上找到了改良推土機和挖土機穩定性的辦法；他發現挖土機的機械臂不夠靈活，就設計出了現今我們看見挖土機上的那個挖

[401] 本文主要參考《科學大師的求學、戀愛和理念》「雷多諾——移山倒海是我的事業‖世界推土機大王」，張文亮（台），校園書房出版社 2007 年版，第 81 頁。

土「怪手」；他從大象的體型聯想到設計起重機，而起重機的起重臂就像大象的鼻子；他還使用橡膠輪胎取代鋼制車輪，用柴油給電動車輪發電，使其擺脫了電力高架線的束縛……

雷多諾在機械發明和製造方面可謂成績斐然，但是在經營方面卻還是那個「笨小孩」。在他三十歲時，由於他的合夥人賭博，把公司資產賠光，導致他的公司破產了。而禍不單行，此時他的兒子又因染病去世。連番的打擊，使雷多諾難過萬分，在一九一九年二月九日的晚上，他寫下：「經過了這麼多年的努力，都付諸東流，我難過得跪下向神禱告。忽然，我想到有一句經節，急忙找《聖經》來看，是《馬太福音》6 章 33 節：『**你們要先求他的國和他的義，這些東西都要加給你們。**』我把我人生的重要次序弄顛倒了，碰到這樣的困難，是神讓我覺醒，我需要耶穌的引領。我把自己、家庭、推土機的事業交托在他的手中，求他引導。我願意一生做個他所能使用的人。」不久他的事業又重新開始，他在自己的辦公室牆上釘了個木板，上面寫道：「我是上帝的生意人」。

這位「上帝的生意人」與其他「上帝的生意人」一樣，都是喜歡創造作品，而不擅長經營產品。在他四十四歲時公司又一次破產，但是這一次藉著對上帝的信仰他很快就重新站了起來。他說：「人生最有意思的地方——可以從一無所有開始。我在三十歲破產，到了四十四歲又破產，但是神的供應從未破產。很多人在還沒有賠一毛錢以前，他的靈性銀行已經破產了。但是信靠耶穌，困難越多，他屬靈銀行的戶頭裡，存款就越多。」

在人類歷史上，像雷多諾這樣的「笨小孩」還有很多，他們都像雷多諾一樣經由上帝的教育而成爲巨人，如「植物學之王」林奈，「無機化學之父」大衛，大發明家愛迪生，科學巨匠愛因斯坦……從這些人的教育經歷中可以發現，神的教育不同於人的教育。人的教育可以在學校中完成，神的教育只能在人的心靈中完成；人的教育可以通過灌輸的方式完成，神的教育只能在靈魂的交通中完成；人的教育是人對人的傳授，神的教育是靈魂對聖靈啓示的洞察。

當人類認識到人類社會的發展絕非以個人意志爲轉移時，人會自然而然地生出一個念頭——這個世間有一個偉大的存在，無論稱其爲神，或上帝，或雅威，或耶和華，或安拉等等，無論何種稱謂，都只表明宇宙間存在著這樣一位存在。而人類想用智慧有限的大腦去認識祂理解祂，無疑是坐井觀天，盲人摸象。正如愛因斯坦所講：「任何一位認眞從事科學研究的人都深信，在宇宙的種種規律中間明顯地存在著一種精神，這種精神遠遠地超越於人類的精神，能力有限的人類在這一精神面前應當感到渺小，這樣研究科學就會產生一種特別的宗教情感。但這種情感同一些幼稚的人所篤信的宗教是大不相同

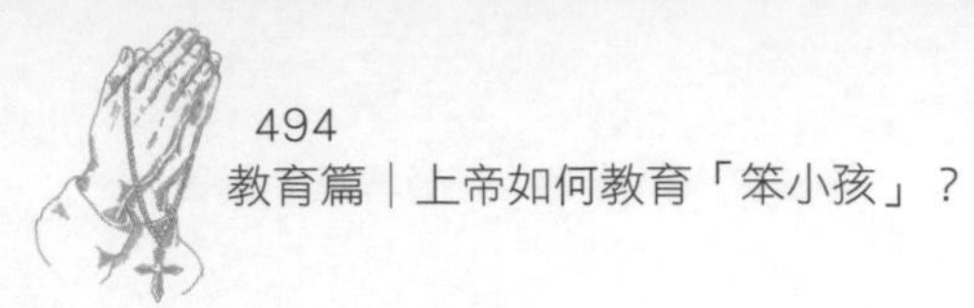

的。」[402]

認識神是智慧的開端，而「上帝把他自己啓示於基督，也就是說，直接啓示於基督的心……只有心領會了一件事，才算是對於這件事理解了。」[403]正因爲此，我們相信，神差遣了基督做我們最偉大的老師。

（說一句題外話，這兩天看到一條新聞，一個小學五年級叫繆可馨的女生，原本語文成績全班第一，只是由於沒有參加語文老師私下辦的補習班而不斷受到這位老師直接或間接的欺淩，終於有一天在忍無可忍的情形下跳樓自殺。這說明在自由的社會裡，「笨小孩」可以有機會選擇成爲巨匠，而在不自由的社會裡，聰明的孩子也會被逼得走投無路。）

402 《愛因斯坦談人生》，第 35－36 頁。
403 《神學政治論》，第 67 頁。

為什麼中國的教育總感覺是在束縛孩子們的天性？

關鍵字：天性；純真；家庭教育；世俗理性；小民意識；學校教育；奴性教育；奴性思維；社會教育；真理教育

最近一段時間，媒體上報導學生自殺的新聞特別多，幾乎天天都有。是什麼原因使在校學習的孩子們無視美好的青春時光，毅然決然地選擇了放棄生命呢？孩子原本天性純眞，是什麼使他們厭惡這個世界，以至於選擇離開？我認爲這是當下一個不得不重視的問題。要瞭解孩子們自殺的原因，就不能不對中國社會的教育現狀做一番瞭解。

論起孩子的教育首先提及的應當是家庭教育，家庭教育乃是孩子最早接觸的教育。在《教育史概要》中這樣評論家庭教育，「家庭教育與學校教育，同一重要，而負這家庭教育責任的，便是雙親。雙親教育兒童，主要的使之崇仰天神，以爲是對於上帝的最大義務。」[404]家庭教育的作用在此有著清楚地表述，孩子的早期教育就是通過家庭的信仰教育，使之對屬靈生命以及那位至高至善的神產生出純正信仰。在西方社會，從古至今對這種關於信仰的家庭教育非常重視。「在這些讀《聖經》的國家裡，讀《聖經》給孩子聽被認爲是一種義務；在這樣的氛圍中，布道和禮拜儀式日益以適合群眾的語言形式出現，責任感也相應地由此產生了。」正是在這種信仰濃厚的家庭氛圍中，孩子們通過自小的耳濡目染，普遍保有並形成了一份孩童的純眞。

中國社會早先的家庭教育應該也是這樣的形態，最常見的就是在家中供奉神像或祖先的牌位，以使孩童自小就產生一種對神靈的仰慕和敬畏。再加上老人們時常掛在嘴邊的話，「抬頭三尺有神靈」、「人在做，天在看」、「善有善報，惡有惡報」等等教誨，使得孩子們無形中形成一種內心確認（即信仰），也使中國人內心深處始終存有一種對老天爺的信仰，這也是中華民族得以維繫的根基。

[404] 《教育史概要》，世界書局，第 88 頁。

但是隨著世俗社會專制主義者以人取代神，以人法篡改神法之後，人治理念逐漸侵入人心，敬虔的心日益衰退，尤其是專制主義大搞無神論教育，使得中國老百姓幾乎徹底喪失了對上帝的信仰。由於宗教信仰受到了破壞，人的天性也無形中受到侵害。「當宗教在一個國家遭到破壞的時候，智力高的那部分人將陷入遲疑，不知所措，而其餘的人多半要處於麻木不仁狀態。.........這樣的狀態只能使人的精神頹靡不振，鬆弛意志的彈力，培養準備接受奴役的公民。一個民族淪於這種狀態後，不僅會任憑自己的自由被人奪走，而且往往會自願獻出自由。」[405]當成人的天性受到侵害後，相應的家庭教育也日漸淪爲世俗理性散布小民意識的領地。

被世俗理性控制的民眾，滿腦子都是關於形而下世界的肉體私欲，動心起念都是這世上的邪情私欲，以及由此生髮出來的迷信。人處在這種境況下，因爲不明白「**叫人活著的乃是靈，肉體是無益的。**」（約翰福音 6:63）只會罔顧自己的屬靈生命，而更願親近屬世的肉體生命。且同時又受小民意識控制的民眾，總是把自己放在可有可無的位置上，總認爲自己不算什麼，任人剝奪自己的自由。同時在家庭中也隨意剝奪孩子的自由，將孩子當作一件自己的私人物品。在這樣的家庭教育裡培養出來的孩子，盡是一些看眼色、玩心機、耍聰明、鬥心眼的人，孩子的天性就在潛移默化中被束縛死了。在這樣的家庭裡，所謂的家庭教育由此變成了一種世俗生存教育，培養出來的盡是一些自私自利、崇實務俗的世俗理性。（詳見上文《什麼是世俗理性？》）

但是並非所有的孩子都變得聰明而工於心機，圓滑而老於世故，當他們突然受到不公正對待後，他們脆弱的心靈可能會因爲看不見希望，且感受不到溫暖而瞬間崩塌。在世俗理性灌輸的虛榮心和攀比心主使下，滿腦子世俗理性的家長無視孩子的天性，只考慮自己的面子，且由此給孩子造成了巨大的心理傷害。前段時間看到一個視頻，一個孩子因爲在學校不守課堂紀律被老師罰站。而他的媽媽則完全不顧及孩子的心理，當著眾人的面上去就扇耳光。當看到這個孩子靜靜地在原地沉默了兩分鐘後，毅然決然地從三樓跳下時，我的心不禁爲之悲鳴。

孩子的純眞是脆弱的，經不起強烈的摧殘，因爲其本身不具有智慧。智慧是需要理性給予支撐，而理性需要通過學校教育來培養，以補家庭教育之不足。

《教育史概要》中對今天學校的來源做了如下論述：「基督教主義的學校，最古的要推僧庵學校，即在僧庵內附設學校，教育一般教徒和俗人子弟。學科有讀書習字諸科，授以基督教的教義和儀式。入學的初限成年，後來兼收少年，這就是現今小學校的濫觴。」[406]現代的教育制度和理念基本都來自於西方社會，如上所述，根本上還是來自于基督教

[405] 《論美國的民主》，第 590 頁。
[406] 《教育史概要》，世界書局，78－79 頁。

文明（詳見前書《基督教啓蒙讀物——最後的爭戰》）。正是純正信仰所帶來的自然理性，使民眾在學校學習的過程中不斷提高認識眞理的能力，並培養出相應的智能和智慧。由追求眞理而來的哲學，也是在認識到這一點後，與基督教結合形成了一門學問——基督教哲學，這是人類迄今爲止最接近眞理的一門學問。

由信仰而來的理性教育，培育人養成了一種從高處看世界的能力，通過瞭解各種自然現象和規律來認知世界的本質，幫助世人樹立正確的世界觀。理性教育也是指引人理信的燈塔，它使屬世世界裡的人總不至於因爲缺少光明而陷入黑暗之中。它一旦接觸純正信仰便會與之結合，幫助人感知眞理，並將其內化，然後指引人理信神，並以眞理的角度衡量是非善惡。

由於以上的原因，西方社會的學校教育非常重視信仰和理性兩方面的教育。它既重視保護孩子的純眞，同時又通過理性啓蒙，引導孩子的純眞向智慧的純眞轉化。當孩子的內在與外在在探索眞理與良善的過程中合而爲一時，這人才具有了生命的氣息，也就是說在屬靈生命中成長起來了。而具有這種智慧的人，必然樂於摒棄私我，並願意接受眞理的引導，愈沉浸於純眞，愈能擺脫老我的掌控。

反觀中國的學校教育，從歷朝歷代統治階級對待哲學的態度就可見一斑。哲學追求眞理，而眞理賜予人自由，所以哲學也就最不受專制主義統治階級的待見。孩子的天性是純眞，而純眞就需要自由來保護。而自由在專制主義統治者眼中就是自由散漫，完全是一個貶義詞，正如嚴複所說：「夫自由一言，眞中國曆古聖賢之所深畏，而從未嘗立以爲教者也」。秦以後在強大的專制主義集權統治下，中國的學校教育幾乎處處限制學生的自由，處處與人的天性作對。哲學經專制主義的扼殺幾乎銷聲匿跡，剩下的這塊教育空間，幾乎都留給了被篡改成專制主義御用工具的儒家文化。儒家文化原本也是一門以追求眞理爲目的的哲學，但是在後世貪慕世俗虛榮的儒家學者的篡改下變得面目全非，卑屈地由一門追求眞理的「仁學」而淪爲一門世俗的「人學」。（詳見上文《法治與人治的本質區別是什麼？》）

中國學校教育的功能與儒家文化的蛻變基本上步調一致，都是淪爲維護專制主義統治的御用工具。從古至今，專制主義制度下的教育體制就是爲了維護專制主義者的利益而設。這種教育制度本身只在乎按照統治階級的肉體私欲行事，而根本不在乎是否符合天理人性。歷代專制統治者爲了自家王朝的長治久安，必然通過御用的犬儒們編造一些有利於維護統序的倫理綱常，如「三綱五常」、「三從四德」等，利用這些人造的人倫捆綁民眾的理性。

另外在宗教信仰方面，專制主義者通過編造「君權神授」的謊言，誘使民眾對其產生雜亂信仰。以爲皇帝是天之子，其餘所有的人都是天子的臣民。是臣民自然要服從管

束，就是認命給君主做牛做馬。正如《聖經．撒母耳記上》裡神對撒母耳所講的話，「**管轄你們的王必這樣行：他必派你們的兒子為他趕車、跟馬、奔走在車前；又派他們作千夫長、五十夫長，為他耕種田地，收割莊稼，打造軍器和車上的器械；必取你們的女兒為他製造香膏，做飯烤餅；也必取你們最好的田地、葡萄園、橄欖園，賜給他的臣僕。你們的糧食和葡萄園所出的，他必取十分之一給他的太監和臣僕；又必取你們的僕人婢女、健壯的少年人和你們的驢，供他的差役。你們的羊群，他必取十分之一，你們也必作他的僕人。那時，你們必因所選的王哀求耶和華，耶和華卻不應允你們。**」（撒母耳記上 8：11-18）專制主義就是通過學校教育束縛人的天性，誤導民眾安心做天子的順民，不要想打什麼做主人的念頭。

按理說沒人願意當奴隸，誰不喜歡自爲己主？但是自小接受的教育就是一種奴性教育，這種教育給人灌輸的文化就是奴性文化。奴性文化給民眾培養的就是奴性思維，這種思維在思想上叫民眾要忠君，在行爲上叫民眾要追求肉體私欲，說白了就是教人「滿口仁義道德，滿肚子男盜女娼」。這種思維徹底束縛了人的天性，使學生不自覺地喪失了純眞而戴上了虛僞的面紗。接受奴性文化灌輸的結果就是，民眾普遍喪失理性地屈從於專制主義者的獨裁統治，無論專制主義者的政策合不合理，都必須無條件的服從。於是千百年來就形成了一種「萬馬齊喑」，只會在黑暗中互相撕咬的景象。

這種悲哀現狀的產生，根源就在於奴性教育本質上就是給學生灌輸一種奴性思維，並且使學生打心眼裡認同這種奴隸身分，安於被惡人們欺騙和奴役。邪惡之所以邪惡，就在於它天生遮蔽良善，叫人們以爲世界沒有光，只有黑暗。邪惡的教育也是如此，它借著人的肉體私欲和世俗理性，給人們灌輸損人不利己甚至損人損己的非理性。接受這種文化傳承的人，因爲害怕失去自己賴以存在的價值，就昧著良心、狠著心腸繼續維護著這種奴性教育體制。「**凡作惡的便恨光，並不來就光，恐怕他的行為受責備；**」（約翰福音 3:20）

在這種現實環境下，想要通過被奴性思維徹底洗腦的教育者來改變，幾乎是不可能完成的事。因爲奴性思維已經隨著世俗理性和非理性的灌輸深深植入這些人的腦海深處，他們已經喪失了原有的天性，被虛僞的原則和邪惡的欲念所掌控。不但他們自己要放棄自由做奴隸，而且還要將他們的奴性思維傳授給學生。他們並不認爲這樣做有什麼不對，反而認爲這是爲學生的前途著想，且深怕學生們因不願再做奴隸，而使他們失去了存在價值，淪爲社會的笑柄。

這種爲虎作倀的心理，使這些人不自覺地淪爲了專制主義邪惡勢力的幫兇。在古代社會，這些人就是那些鄉原腐儒。他們對中國的教育事業沒有起到應有的推動作用，反而處處設防，唯恐任何新思想、新文化鑽進由他們控制的教育領域，使他們失去來之不易的社會地位。進入近代以來，這些人雖然不得不從西方社會引進現代教育體制，但僅僅是一種形式上的引進，實際上深層次的教育理念沒有發生根本變化，依然是腐朽、僵化的奴性思維在起主導作用。這就是俗話所講的「江山易改，本性難移」的道理。

進入現代社會以來，表面上學校的教育理念不斷取得進步，學校的教育條件更是日新月異。但專制主義統治下的學校教育並沒有改變根深蒂固的奴性思維，反而使得局部的奴性教育變成了整體的奴性教育，這恐怕是現代教育體制創建者做夢也沒有想到的結果。我們看到，教師作爲基層教育者完全要聽從學校的安排，而學校又必須聽從上級教育部門的指示，而各級教育部門則完全按照政府的統一部署行事。如此一級級的上傳下達，作爲最底層的受教育者，學生們能有多少學習的興趣和動力，只不過是這種教育體制下的一個學習機器而已。

在這樣的教育體制下，孩子們體會不到學習的快樂，繁重的課程和作業壓得他們喘不過氣來，心理上不得不承受著巨大的壓力。而除了課業上的負擔外，純眞的天性還遭受著奴性教育的逼迫。最近幾年常在網路上看到一個「壞的教育比不教育還壞」的話題，配的就是一段某學校教師教訓學生不准過洋節的視頻，這正是中國目前教育現狀的眞實反映，也是孩子們的天性被束縛的眞實寫照。

這種根深蒂固的奴性教育直到今天仍然遍布中國城鄉的每個角落，不同的只是教育者奴性思維在程度上略存差異而已。不止城鄉，即使在偏遠的山溝，只要是有接受過這種教育的人在管理教育，就逃脫不了被這種奴性教育誤導的結果。德國有位叫盧安克的人，從 1997 年開始選擇到廣西偏僻的大山深處，用他人生中最寶貴的十幾年時間無償（甚至是倒貼）去幫助當地貧困落後的教育事業。他負責的班上的孩子明顯比其他班的孩子更具想像力和創造力，也更有活力。他的事蹟感動了千千萬萬中國人的心，但是就是這樣一位大公無私、心懷天下的人，最終卻被當地的教育部門宣布爲不受歡迎的人。爲什麼這麼好的一位教師在一個急需師資的貧困山區實施的先進教育理念得不到認同，反而處處受到教育部門的抵觸和掣肘？根本原因就在於，培養主人的教育理念與培養奴僕的教育理念在此發生了激烈碰撞。

那些主管教育的人以往接受的都是奴性教育，他們的腦海深處盤根錯節地環繞著奴性思維，這已經成爲他們自身不可分割的一部分。而由這些具有奴性思維的人主導的教育體制，只會是繼續維持這種奴性的教育體制，繼續培養具有這種思維意識的人。這就是中國總是無法培養出世界級大師的原因，也是中國教育遲遲無法找到出路的根源。

在這種教育體制下，老師的奴性思維和家長的小民意識共同構成了一張看不見的網，這張網緊緊地束縛著孩子們的天性，使他們只能看見眼前的那點私利，爲了不久之後的升學就業拼命學習，互相競爭。而老師和家長根本不管孩子是否對學習的內容感興趣，

以及這種學習有無實際意義。他們關心的只是孩子的學習成績，以及由此給他們帶來的虛榮和實惠。正是這樣的社會環境，使應試教育成爲當今社會的主流教育模式，而學生們則因爲缺少是非分辨能力，被動地淪爲了應試教育的奴隸。既然是奴隸，自然無法擺脫奴隸的命運。最近幾天看到一則新聞，一名高三的女生因爲考試成績不理想，在連寫了十三個「對不起」後，回到自家的老房裡自殺了。

就因爲滿眼是邪惡的僞理，使孩子們迷失了自己的天性，學校教育非但沒有教給他們智慧，反而連基本做人的尊嚴都剝奪了。去年的這個時候，重慶有一個打小就被稱爲「神童」的孩子，在高中教學樓五樓墜落。在遺書中，他稱自己是一個「卑劣下賤的可憐蟲」。教育的目的是使人認清世界的本質和生命的眞義，活得更像一個人，而現實的教育卻使人活成了一個愚昧無知、弱小可憐的奴隸。不要說出國留學的人選擇留在國外就是不愛國，恰恰是因爲看清了這個國還處在僞理控制的黑暗中，這國的民也還沉在噩夢中沒有醒來，所以他們不願處在這樣一個黑暗的社會中，寧肯背井離鄉去異國謀生。說是留學或移民，實際就是爲了保守自己的天性不至於完全淪喪，所以「逃命」而去。

接下來再說說社會教育，人只要接觸社會，就擺脫不了被社會教育。這種教育看似無形，卻無處不在。在西方國家，社會教育爲保守孩子的天性提供了最後一道防線。教會借助宗教活動爲孩子的信仰教育提供指引，政府通過輿論宣傳爲孩子的理性教育指明方向。即使家庭和學校相繼失守，孩子們還能在教會或政府提供的幫助中找到心靈庇護的港灣。然而在一個無神論主導的社會裡，人們無法在信仰方面獲得什麼有益的指引，政府的相關部門也會有意地曲解宗教信仰，使人們陷入無信仰或迷信之中。

中華民族的自有文化本身是良好的，它教人敬天愛人，本身充滿了純正信仰和自然理性。但是在兩千多年專制主義人治理念的攪和下，卻變成了一口「發酸發臭」的大醬缸。就「在這種長期醬在缸底的情形下，使我們中國人變得自私、猜忌。」[407]這樣的社會氛圍使人感受不到人與人之間的溫暖和關愛，只體會到無盡的人欲、赤裸裸的競爭以及無情的淘汰。

今天社會的主流意識與以往專制主義社會的主流意識並沒有本質的區別，由世俗理性和非理性混合的大醬缸依舊污染著這個社會文化的方方面面。奴性思維使人將周圍的人都視爲競爭對手，要擺脫奴隸身分只有一條出路，就是超過別人，爭做人上人。奴性思維又使民眾養成了一種小民意識，這種意識使國人都只顧忙自己的事，對於「事關大家利益的事」則選擇置身事外，彷彿總是把自己放在可有可無的位置上，總認爲自己不算什麼，總要把希望寄託給後代子孫。正是這種不負責任又不把自己當人看的思維模式，

[407] 柏楊，《醜陋的中國人》，古吳軒出版社2004年版，第25頁。

導致了當今社會不公的持續和誠信缺失的蔓延。就是在這樣的社會氛圍中，民眾要麼愚忠愚孝奴性十足，要麼麻木不仁任人宰割，要麼助紂爲虐爲虎作倀。就像電影《大護法》裡的那些「豬人」，因爲令人窒息般的愚昧、奴役、壓迫、甚至殺戮而變得惰於思考，麻木不仁。最終在自私、恐懼中互相猜忌、彼此陷害，陷入奴性而無法自拔。不明白世界本質和生命眞義，人就活得低微卑賤，千年噩夢就會一直反復不斷地上演著。

在這樣的社會裡，孩子們在學校、家庭和社會三座大山的重壓下，活得壓力山大。如果再遇到老師的欺淩，家長的呵斥以及來自社會四面八方的競爭壓力，純眞的心靈很可能會不堪其累，從而產生徹底解脫的想法。前段時間大連理工學院有位研三的學生，因爲實驗沒有完成，擔心論文通不過而選擇在實驗室自殺了。這位研三的學生是班裡男生中唯一不戴眼鏡者，原本應該看得最清，但是不知道他看見的都是什麼，總之他詼諧地、洋洋灑灑寫了一篇《告別書》後，在學校的實驗室裡自殺了。

這麼多鮮花般的生命凋零了，然而這個世界似乎沒有什麼事因他們的離去而改變。教育部門依然高喊著加大學生的課業量，孩子們依然背著沉重的書包疲於奔命，家長和老師們依然在爲他們的虛榮和實惠努力著。這是本書最後寫的一篇文章，本沒打算寫，但實在是壓在心頭不吐不快。

魯迅先生說「救救孩子」，但沒說該怎麼救？如何救？要救孩子，必須先瞭解孩子的天性，這天性乃是純眞。耶穌說，「**你們若不回轉，變成小孩子的樣式，斷不得進天國。**」（馬太福音 18：3）因爲孩童在《聖經》中有著純眞之意，所以眞正擁有純眞特質的人都被描繪成一個極致美麗、裸著身子，充滿著活力的孩子模樣。孩子們以其純眞的天性，會從家庭信仰教育中吸收令其歡喜的靈性特質。當一個家庭爲孩子營造出極爲神聖的氛圍時，孩子們埋藏于靈魂深處的良知就會被啓發，內在層次呈現敞開狀態，眞理之光可以直接注入他們最深層的思想。因爲他們的內在不像成人被虛僞的原則所阻礙，以致無法理解眞理。也沒有像成人被邪惡的欲望所封閉，變得愚昧無法領受良善。他們的純眞使他們樂於吸收一切屬天的特質，並成爲喜愛眞理和良善的基礎。

其次要瞭解學校的教育功能在於幫助學生增長理性。理性是人的意識裡對屬世世界中最有利於自身存在和發展方式的主觀認知。理性程度越高，認知事物的能力就越強，就越能看清事物的全貌和實質。相反，理性程度越低，認知事物的能力就越弱，就只能看見事物的局部和表面。常言道，站得更高，看得更遠就是指這個意思。（詳見上文《什麼是理性？什麼是哲學？什麼是法律？什麼是形而下？》）

理性教育能夠使學生認清自然理性和世俗理性之分，眞理性和僞理性之別，幫助學生辨識由世俗理性培養的小民意識，以及由非理性培養的奴性思維。保守學生的天性不受肉體私欲的誘惑和僞理邪說的污染，透過理性的力量克制惡性，進而專注於眞理教育。

眞理教育，就是通過家庭的信仰教育培養孩子的純正信仰，通過學校的理性教育培養孩子的自然理性，以及通過社會教育樹立的舉世公認的普世價值觀培養孩子的三觀，幫助孩子認識眞理和良善，增長智慧和智能，並保護孩子的純眞向智慧的純眞轉化，且經過一世的修行，最終活成天使的模樣。

眞理教育包括社會各方面都提倡和開展的以普世價值觀爲代表的思想教育，也包括家庭教育和學校教育。因爲信仰之中有理性，理性之中有信仰，所以二者互相作用，彼此影響，不可能截然分開。需要注意的是，僞理教育中的雜亂信仰和世俗理性也是互相影響，彼此作用，且時常與眞理教育混淆不清。任何人造的思想主義都喜歡以眞理自居，以至於將理性本就欠缺的世人搞得三觀顚倒，也將這個世俗社會攪擾地混亂不堪。原本是幫助人類認識眞理和生命，培養人類樹立信仰和理性的教育，卻反過來摧毀了人的信仰和理性，並使人在不知所措、麻木不仁的狀態下過著無知悖逆、野蠻任性、自私怯懦的奴隸生活。

雖然智慧的純眞使人樂於摒棄私我，並接受眞理的引導。但是智慧的純眞也屬於純眞，它往往出於良善的本性和願望，而低估邪惡的本質，在不知不覺中就已經被邪惡勢力悄悄滲透。就在光明照不見的地方，由邪惡所散布的愚昧無知、貪婪自私、悖逆狡黠以及野蠻恐怖，正在黑暗中潛滋暗長。當一些國家或地區以維護國家、民族、宗教、傳統以及其他各種人造的思想主義爲名，公然拒絕和排斥普世價值觀時，善良的人們就應當警醒，專制主義還沒死，它正借著人治理念所代表的罪性在這個世界逞兇作惡。

趕緊清醒吧！伸出頭（或爬出井或走出山洞）去看看外面的世界。幾千年來接受的奴性教育，使我們已經完全認不得光，也拒絕接受光。「**光照在黑暗裡，黑暗卻不接受光。**」（約翰福音 1:5）保守孩子的天性不被束縛關鍵取決於善與惡的較量，說到底還要靠教育來決定勝負。要想從根本上改變那種顚倒的思維意識，就必須從改變教育抓起。幫助人們先認識光，明白這光的背後是帶給人自由的眞理，「**你們必曉得真理，真理必叫你們得以自由。**」（約翰福音 8：32）今天我們應當好好接受一下眞理教育，沐浴眞理之光的照臨，走出黑暗。「**我是世界的光。跟從我的，就不在黑暗裡走，必要得著生命的光。**」（約翰福音 8:12）只有走出黑暗，步入光中，才是解決天性被束縛的根本途徑。「**但行真理的必來就光，要顯明他所行的是靠神而行。**」（約翰福音 3：21）唯有信靠神，我們才能敞開心扉，接受來自眞理的光，並認清眞理來自於神，且樂意被祂帶領，變得更加具有智慧。唯有如此，我們的頭腦才能從世俗理性向自然理性轉變，從奴性思維向主人思維轉變，從小民意識向公民意識轉變。我們的天性才能自由地成長，且眞正成長爲一位人間天使。

經濟篇

「因為凡有的，還要加給他，叫他有
餘；沒有的，連他所有的也要奪過來。」
（馬太福音 25:29）

經濟的本質是什麼？

關鍵字：經濟；經濟的本質；創造價值；造福人群

很多人以爲經濟的本質是逐利，其實那只是表像，經濟眞正的本質實際上是創造價值，造福人群。經濟一詞來自於「經世濟民」，經世自然是指創造價値，濟民則是指造福人群。其本意內容弘大，意境高遠，絕非今天經濟一詞所表現的狹窄之意。今天經濟一詞被狹隘化，只是由於世人對世界的認識粗淺了，只知其一不知其二，只看見肉眼看到的屬世世界，卻無法領會肉眼看不見的屬靈世界。久而久之，人類的屬靈生命退化了，世人以爲世界就只是肉眼看見的這個世界，神話傳說中的世界是不存在的，至少也是存疑的。於是乎，唯物主義大行其道，經濟就簡單地成了創造利潤最大化的一種商業行爲，而除了顯明的逐利本質外，經濟本身所蘊含的創造價値、造福人群之意卻遭人無視了。

經濟作爲一種形而下世界的產物，它本身具有的屬靈意義一直以來沒有受到人類應有的重視，這與曾在人類經濟史上占絕對地位的自然經濟有關，也與具有自然理性的人非常稀少有關。在自然經濟時代，由於生產力水準低下，人類從事經濟活動的目的只是爲了維持基本生存，不但沒有引起擁有自然理性的哲學家的注意，就連代表宗教信仰的教會也沒有發現經濟活動具有什麼屬靈意義。相反，經濟活動似乎總是與金錢發生著各種關係，而人經常是一有錢就「眼高心傲」，敬虔的心就會消退，仿佛金錢上眞有魔鬼在盤踞。有鑑於此，教士們不得不曲解金錢是阻礙人與神親近的障礙，爲避免人類爲追求物質方面的享樂而墮落，刻意貶低金錢的價値和作用。譬如，中世紀著名的修士法蘭西斯不斷提到錢財如糞土，應該逃避錢財就像逃避魔鬼一樣。

在中世紀的歐洲，基督教文化占主導地位，受這種輕視錢財的思想影響，經濟活動也受到較大的限制，甚至對經濟行爲本身也產生出一種輕視。造成這一切的主要原因，就是因爲沒有認清經濟背後具有的屬靈意義。神對人的愛長闊高深，它隱藏在萬事萬物的背後，比如在經濟方面，就蘊含著期望人類能夠通過創造價値、造福人群來體現人自身的尊貴，並借此彰顯出人與生俱來的神性，得以爲神作見證。

但在世俗理性占統治地位的世界，人們之間的愛是一種等差之愛，首先愛的是自己，其次是親人，再其次是朋友，再其次是……根據關係的親疏遠近決定了愛人的程度，對不認識的人是不會產生出愛的意念。這種等差之愛實質屬於一種狹愛，在這種愛的理念下，經濟的本質永遠不會被發現。只有在自然理性掌控人們的意識形態時，人類才會產生出博愛精神，並逐漸明白經濟並非其表面上表現出的逐利性質，而是具有深層次地幫助人類提高生活品質，享有更靈活、更充沛、更自由的精神生活。要發現這一深層內涵，就必須具備自然理性。而只有許多人同時具有自然理性的前提下，這種認知才能形成一種人類的普遍共識。然而因爲理性具有很強的人身專屬性，通過人的教育根本做不到這一點，古希臘哲學理性的折戟已經很清楚地說明了這一點。實踐證明，唯有通過屬靈的信仰教育，才能使人借助對神的純正信仰來補充人的理性不足，並將之內化爲一種博愛，將人對神的愛轉化爲對所有人的愛，由此在世間形成一種人與人共通的博愛精神。

當愛昇華至博愛的境界後，經濟的本質才最終爲這些具有屬天智慧的人所發現。可是如何將對神的愛轉化爲對人的愛？這是一個考驗人類智慧的終極難題。在宗教改革運動中，宗教改革家們經過不斷地探索，終於在「愛神的果效要體現在愛人上」教義中找到答案。不愛人的愛神是虛假和僞善的謊言，且愛人不是只掛在嘴上的言辭，而是應當付諸實踐且行之有效的行動。那麼應該如何愛人才能使「愛神等於愛人」這句話不至於落到空處呢？這就要落到爲他人提供更舒適、更方便、更豐富的生活條件，創造更有自由和尊嚴的生活品質。不過理論一聯繫實際就會遇到那個千年魔咒，人一有錢就很容易變得「眼高心傲」，連神的話也聽不進去。

宗教改革家們擔心若經濟的閘門一旦打開，人類追求肉體享樂的情欲就會如洪水猛獸一般縱情肆虐，如果不能解決好這個問題，整個人類世界都會陷入萬劫不復的境地。爲解決這個問題宗教改革家們可謂殫精竭慮，馬丁・路德希望從理性的角度出發，認爲賺錢的原則不應該是「我可以盡可能以高價出賣我的貨物」，而應該是「我可以照應得的高價出賣我的貨物」。[408]他甚至認定，一個基督徒賺得愈少，就愈聖潔、愈基督化。但是金錢的魔力豈是單靠理性能夠抗拒的？解決不好這個問題，經濟的發展就會像擺進耶路撒冷聖殿裡的集市一樣，將禱告的殿變成了賊窩。「**經上記著說：『我的殿必稱為禱告的殿』，你們倒使它成為賊窩了。**」（馬太福音 21:13）

在此，約翰・加爾文爲經濟的發展戴上了一個神聖的「緊箍咒」，且同時也解開了基督徒賺取財富的顧慮。他認爲上帝在永久以前已經自由決定了每個人的命運，將人類分爲選民和棄民，選民將永遠是選民，而棄民將永遠是棄民，無論什麼行爲，什麼人，甚

[408] 《馬丁・路德選集》，第 345 頁。

至連上帝自己也不可能改變這種身分。如何來分別選民和棄民的標準是信仰，但必須是「有效的信仰」，有結果的信仰，能夠證明的信仰。如何證明則是：爲了增加上帝的榮耀，而不是爲了自身享樂而進行的勤奮地勞作、節儉、努力增加財富等行爲。這些行爲的唯一動機是增加上帝的榮耀，也是作爲選民的一種天職。爲了破解那道千年魔咒，加爾文還提出了屬世的禁欲主義理論。這種理論是要把以往修道院裡的禁欲主義搬到俗世中來，將信仰中的敬虔落實在日常生活的具體行爲中，每一個人心中時刻都要存著榮耀神的信念，堅決排斥來自物質享受的誘惑。這種理論的實踐者就是十六、十七世紀的新教徒。

馬克斯．韋伯在其所著《基督徒新教倫理及資本主義精神》一文中，開篇就指出「在工商業界的經營者、資本所有者以及高級技工中，特別是在技術和經營方面受過良好訓練的人中，新教徒都占了絕大一部分。」[409]並由此得出，「一個人對天職負有責任乃是資產階級文化的社會倫理中最具代表性的東西，而且在某種意義上說，它是資產階級文化的根本基礎。」新教「天職觀」使所有的經濟行爲都被賦予了一種宗教意義：人們工作不再僅僅是爲自己，而更多的是通過自己的工作爲神作見證。這些新教徒將努力工作、儲蓄和節儉視爲通向未來繁榮和富裕的途徑，他們認爲繁榮和富裕是神祝福和揀選的表徵。伴隨這種經濟觀念，自由市場經濟正式誕生了，這種受神祝福的經濟模式從它一開始誕生就煥發出蓬勃的生命力。從某種意義上講，經濟的本質是由新教徒發現並付諸實踐的。

自由市場經濟的產生還展現出了加爾文主義挑戰世俗誘惑的屬世決心，但是這種面對金錢和享樂誘惑的考驗，是以將神作爲絕對信仰爲後盾，這種時時刻刻警醒自守的人生態度如果說在初期第一代、第二代人的身上或許可以適用，但是在以後第三、第四代人身上就很難延續了。馬丁．路德的擔心不是沒有道理的，千百年來人類的謀利行爲經常與宗教信仰發生衝突，金錢使靈魂變得生硬，即使上帝的話也聽不進去。正如經上說，**「因為那時人要專顧自己，貪愛錢財、自誇、狂傲、謗瀆、違背父母、忘恩負義、心不聖潔」**（提摩太后書 3：2）。

根據基督教教義，經濟活動所創造的財富是用來造福人群的，而不是供個人奢侈享受的。所以基督最擔心世人因爲不明白這其中的道理而走入歧途，**「後來有世上的思慮，錢財的迷惑，和別樣的私欲進來，把道擠住了，就不能結實。」**（馬可福音 4：19）事實正如祂所預料的那樣，金錢並沒有給世人帶來所嚮往的平安，相反卻讓人們驕傲自大、追求奢侈，輕慢窮人，最終引人走向滅亡。

當新教倫理逐漸被資本主義精神所取代時，人類又一次喪失了理信，同時也忽視了

---

[409] 《新教倫理與資本主義精神》，第 21 頁。

經濟的本質，重新陷入肉體私欲中難以自拔，「**因為世人都犯了罪，虧缺了神的榮耀**」（羅馬書 3：23）。在不瞭解經濟本質的情形下大力發展經濟，只會將經濟引向歧途。就在暗昧的世俗理性不知不覺中將人心刺透時，自由市場經濟也悄然被資本主義經濟所取代，以致很多人以爲資本主義經濟就是自由市場經濟，從而在批判資本主義經濟時連帶將自由市場經濟也拋棄了。

當自由市場經濟逐漸被資本主義經濟所取代，源自侍奉上帝呼召的「天職觀」也被賺取金錢形象化了。賺錢與發展經濟一樣原本沒有什麼不好，它們都是創造價值的一種行爲方式。但是如果不明白它們背後造福人群的本質，這些行爲方式就會成爲不擇手段、損人利己的手段。如製造有毒有害食品，炒作土地或證券，破壞性開發自然資源，貪污受賄等，這樣獲取的錢財本身就帶有人的罪性，即使一時獲利，後患無窮，正應了中國一句古話所講「人行惡，禍雖未至，福已遠離」。

事實證明，人類依靠自身很難管好自己，對權力如此對金錢也是如此。在自由市場經濟創造了空前的社會財富和經濟繁榮時，人類開始爲「自己的能力」所陶醉。各種人造的思想、主義、學說甚囂塵上，基督信仰反而被逐漸疏遠了。而失去了基督信仰就失去了自由價値觀，也就失去了自由市場經濟，自製、守誠、勤奮、節儉等品德被剝削、壓迫、奢靡、浪費等罪性所取代。自我崇拜代替了基督信仰，人類既不相信神，也不相信人，只相信自己。金錢成爲衡量自我價値的唯一標準。在這種精神狀態下，人成了賺錢的機器，拼命地想獲取金錢，成爲金錢的主人，實際上卻淪爲金錢的奴隸。人類淪爲金錢奴隸的例子比比皆是，一些資本家殘酷地剝削工人，視生命如草芥；一些資本家爲減少損失，寧肯將牛奶倒掉或將商品燒掉也不願便宜處理給貧窮的人們；一些資本家爲追求高額利潤生產有毒有害商品，致他人的生命健康於不顧；更有些資本家爲發戰爭財，鼓動政府發動戰爭。這些人拼命賺錢的同時，生命卻變得越來越沒有價值。原本造福人類的「經濟」卻變成了少數人爲自己謀取私利的工具，經濟的本質也因爲這群靈魂剛硬、良心虧欠和信仰缺失的人而被嚴重扭曲、變質。

伴隨著資本主義的迅速發展，無序競爭和市場壟斷等非理性經濟現象也大量出現，這正說明馬丁．路德的擔心不是沒有道理的，即使在基督教國家中，即使是在基督教理性主義的省視下，經濟的本質依然會被扭曲和誤解。可見，不明白經濟背後的屬靈意義，即使已經發現了經濟的本質，仍然存在著各種各樣的危險。就如政治一樣，經濟也是屬於形而下世界的世俗行爲，仍然受形而上世界的三觀引導，本質上依然屬於那場靈與肉的爭戰，只不過這次爭戰發生在經濟領域。

當資本主義經濟通過基督教國家強大的生產力延伸到世界各地後，這場爭戰就不止發生在基督教國家了。在此理信的人和迷信的人在對經濟和金錢的觀念上有很大不同（詳

見前書《基督教啓蒙讀物——最後的爭戰》)。理信的人通常明白經濟背後的本質，所以他們對錢看得很淡，對人看得很重。他們本著愛人如己的理念去努力創造價値、造福人群。迷信的人或缺乏信仰的人則相較更容易受肉體私欲的誘惑，他們從愛己和愛世的角度出發，努力地獲取金錢以滿足自己的私欲和虛榮。因爲迷信以及缺少信仰，所以也容易陷入世俗理性的陷阱，眼裡只盯著自家一畝三分地，只考慮著今生的榮華富貴。這種一葉障目的意識使他們看不清生命的眞義，只將經濟當作發家致富的工具，爲了獲取眼前利益就可以不擇手段地從事一些缺斤短兩、以次充好、以假充眞、投機炒作等巧取豪奪的不良行爲。

人在做這些事的時候，眞的是不明白「**叫人活著的乃是靈，肉體是無益的。**」(約翰福音 6:63) 就因爲對世界本質和生命眞義的認知錯誤，世人耽溺於肉體享樂，卻罔顧生命到世間的眞正意義。人從事經濟的行爲，不是爲賺錢而經濟，而是爲奉獻而經濟。可能今天很多人會對這種說法不以爲然，認爲這是唱高調。確實在今天這種是非顚倒，善惡不分的社會環境下，給人們講這些有些不識時務。但是眞理就是眞理，它不會以人的喜好爲轉移。人之爲惡，不外是不知惡之爲惡而爲之，亦或以惡爲善而爲之。人不知道在做那些事情時，是虧了良心，扼殺了自己的屬靈生命，毀了神的形像。如果人眞的明白了世界的本質和生命的眞義，相信就是逼他們去做那些事，他們也不會去做。試問難道還有什麼事比死後靈魂墜入地獄更可怕的嗎？

談完西方的經濟發展過程，再來看看中國的經濟發展歷程。早期人類歷史都很相似，在生產力不發達時期，都是以自然經濟爲主，人類的經濟活動水準很低。經濟的巨大價值被發現是在人類歷史進入近代以後，當新教徒發現了經濟的本質後，經濟才爆發出了前所未有的造福人群的功能。中國社會對經濟的重視也是在進入近代歷史以後（也就是鴉片戰爭之後），雖然中國社會依然是以自然經濟爲主，但是商品經濟的巨大衝擊使得千百年來形成的自然經濟一家爲大的局面很快的土崩瓦解。從西方國家而來的資本主義經濟很快以其先進的生產力和管理方式取代了陳舊不堪的自然經濟模式，但是因爲不清楚經濟的本質，很快由西方來的資本主義經濟模式就與本土的官僚主義勾結在一起，形成了官僚資本主義模式。於是生產力和生產效率的提高並沒有爲世人帶來高層次的物質文明和精神文明，相反物質的豐富卻導致社會貧富分化加劇，人心失衡，乃至在人群之間埋下了仇恨的種子。

中華人民共和國成立後，鑒於過去那種失敗的經濟模式，新政府學習前蘇聯的社會主義經濟模式，開始實行計劃經濟模式。這種新經濟模式的基礎是共產主義理論下的公有制，前文已經講過實行共產主義的前提條件是人人都具有自然理性，因爲在形而下世界裡人肉體存在的緣故，所以共產主義只可能存在於人的意識裡，在現實中是永遠不可能實現的（詳見前文《何謂眞理？》）。計劃經濟在原始社會和奴隸制社會出現過，由於當時的生產力水準極低，人類爲了維持基本的生存不得不實行計劃經濟。但是在人類進入封建社會以後，這種原始落後的經濟模式早就已經被歷史淘汰。然而人類歷史進入近代以來，計劃經濟卻被一些具有較高理性水準的共產主義者重新拿來使用。究其根源，不外是他們已經意識到普通民眾的理性水準較低，所以他們想要通過這種經濟模式來強行提高民眾的理性水準。他們的做法完全違背了理性的特性，同時也使自己陷入了非常危險的境地。

由於中國社會根深蒂固的世俗理性以及對世界本質的不解，新政府在建政後的三十年裡經濟一直在低水準運行，民眾在計劃經濟模式下根本無法產生出創造價值的熱情，導致人們的生活一直維持在基本的溫飽水準。改革開放後，新一屆政府意識到計劃經濟的觀念落後，於是又開始小心地實驗西方社會的自由市場經濟。大概還是因爲不放心民眾的理性水準，所以又把「自由」兩字去掉，換成了「社會主義」四個字，於是一種不倫不類的社會主義市場經濟登上了歷史舞臺。

歷史有時候總是驚人的相似，在資本主義早期發生的一幕又出現在了今天的中國。當第一代共產主義者紛紛逝去後，他們的後代不再繼續具有他們的理性，而是受根深蒂固的世俗理性影響，又開始追求肉身感官享受。他們將手中的權力尋租成資本，然後又開始上演以往的官僚資本主義經濟。這種經濟模式人類應該並不陌生，凡是在世俗理性占主導的專制主義國家中，當經濟發展起來形成一定規模後，都會出現這種經濟模式。因爲「民不患寡而患不公」的道理，這種誤解經濟本質的畸形經濟模式，必然會加劇社會貧富分化，造成經濟秩序混亂，增加人與人之間的不滿和仇視，一場深刻的社會危機已經在天邊若隱若現。

不過與以往不同的是，過去人們的理性雖然不足，但是人們還具有一種發自天性的對至善上帝的淳樸信仰（如時常想著還有老天爺的存在），而如今接受了幾十年無神論教育的中國人，理性不見提高多少，原有的一點樸實信仰也不見了蹤影。理性匱乏又缺少信仰彌補，在這種愚昧無知的情形下，人們居然對被灌輸的高等動物身分產生出普遍的認同，在這樣的意識形態下發展起來的經濟將會是何等的可怕。

當世人的眼睛只顧盯著形而下的屬世世界，心中只想著獲取盡可能多的物質財富，讓自己過上更好的世俗生活時，你還能指望人的靈魂能高尚到哪裡去呢？你還能指望這些壞樹會結出什麼好果子來？他們甚至連經濟的眞正本質都沒有搞清楚就開始大談什麼經濟改革、經濟發展、經濟創新，嗚呼哀哉，這樣捨本逐末地搞下去，只會是撿了芝麻丟了西瓜，伺候好了一個臭皮囊，卻把自己的靈魂搞丟了。就在人們肆無忌憚拼命賺錢的同時，略具一點良知的人都會對燈火輝煌下的繁榮景象產生出一絲不安的隱憂。

我們知道，做任何事情首先都要搞清楚這件事的本質以及形成這種本質的內因，不能僅被眼前的表像所蒙蔽（雖然被表像蒙蔽幾乎是社會常態），或者只是對事物的本質進行淺層瞭解就倉促下結論。實在講，人與人之間存在差異源自於生命境界的高低。站得高的人才能看得更遠，生命境界高的人才能真正看清事物的本質。可惜，眞正生命境界高的人很少，導致原本是體現神對人祝福的經濟，卻最終因人的自私貪婪、愚昧無知和頑梗悖逆而成爲導致人類犯罪的根源之一。正如經上所講，「**但那些想要發財的人，就陷在迷惑、落在網羅和許多無知有害的私欲裡，叫人沉在敗壞和滅亡中。貪財是萬惡之根！有人貪戀錢財，就被引誘離了真道，用許多愁苦把自己刺透了。**」（提摩太前書 6：9－10）

因爲世人對經濟本質的認識不清，很多人以爲發展經濟就是多賺錢，那麼老闆就會讓職工多幹活少休息，多幹活少發薪，多幹活少提供或者不提供勞動保障，由此來追求最大化利潤。因爲他們根本就不明白今天的休息日來自神的安息日，來自神對人的祝福。根本不明白財富是神對勤勞者的祝福，如果人要獨占或多占，表面上你風光了，實際上等待你的會是什麼呢？正如經上講，「**惡人的進項致死。〔死原文作罪〕**」（箴言 10:16）

經濟的發展不是要埋沒神的恩典，反而是激發人更多更好地服務人，榮耀神。人類進入天國的唯一途徑就是愛良善，爲了能進入天國就必須在屬世世界中學會如何去愛良善，這也是隱藏在經濟造福人群背後的深層含義。明白了這個道理，造福人群就不會蛻變成造福自己，當然也不用再昧著良心爲自己謀取個人利益而編造什麼理由。

如果能夠清醒地認識到以上眞理，人就不會被表面的一些假像迷惑，就不會爲了獲取金錢，追求肉體享受而昧著良心做事。就會明白經濟造福人群的背後是爲提升個人的靈命服務（在愛的湧動中增長自身的神性）。如果屬世財富不能幫助人的境界提升，有還不如沒有，那就把它丟棄。除非人能很好地利用這些東西，既爲人提供舒適方便的生活條件，同時又能幫助人更好地學習、思考、領會和覺悟。科技的發展無疑爲人類提供了行爲方面的自由，以及意識形態提升的空間和可能，但是當今宗教與哲學明顯沒有跟上人類前進的步伐，相反，這些意識形態裡的學問卻被忽視、被誤導，漸漸地被形而下的政治經濟所取代，形成一種考試形式大過了考試實質的現象。就好像你給人講考試不是爲了答好題，而是爲了照顧好那張試卷一樣。可能大家都會笑，但我們卻眞的每天都在做著這件事。

經濟本是神對人類的一項祝福，從它誕生之日起就是爲人的生命服務，幫助人完成勞動創造的天職。但是隨著世人追逐屬世生命的享受，而忽視屬靈生命的豐盛時，久而久之，世人的罪性日重，經濟竟然成了人不擇手段獲取財富的工具。這不是經濟本身的錯，而是人的罪性使然。經濟可以創造財富，但是首先要看到這財富含著神的祝福，人類若要得到這祝福就必須爲他人服務，要麼創造更多的財富服務他人，比如再生產；要麼爲他人創造更舒適的生活環境，如建立醫院、公園、交通等公益設施；要麼爲他人增長知識、啓蒙理性等創造更方便的環境，如建立圖書館、學校等。（當然，幫助他人領會愛和寬恕的宗教信仰也不可或缺，但這完全是個人自己的事，信眾可以自願出資建教堂或寺廟，但是絕不能強迫）

在現實世界中，我們隨處可以看到那些不明道理的人爲追逐那屬世的名利，嘩眾取寵，爾虞我詐，弄虛作假，巧取豪奪，欺上瞞下，爲虎作倀⋯⋯。這些行爲的結果就使人與人之間徹底失去了信任，導致人們活得異常勞累。一方面工作壓力山大，一方面情感無從交流，一方面靈魂苦悶彷徨，一方面心理抑鬱成疾，人爲什麼會活成這樣？再看看所謂的上層建築，教書育人的教育、維護公平正義的法律、爲公眾謀福利的政治等也是一樣地捆綁人的思想、困擾人的良知、扼殺人的理性，全都讓人心情苦悶，情緒難抑，是什麼導致社會變成這樣？歸根結底，因爲它們從來沒能給世人講清一個三觀問題，即使片面地提出幾個詞語，也是含糊不清或直接從西方文明語境中拿來。仔細推敲，就會發現這些理論說辭都缺乏一個源頭。

造成這種現象的根本原因就是缺乏對事物本質以及本質背後根源的瞭解，就經濟來講，因爲不明白經濟的本質是創造價值、造福人群，單從表面看以爲經濟僅僅是爲了逐利，結果必然導致經濟的創造價值變成炒作價格，造福人群變成了造福個人。當人的意識認識不到事物的內在本質時，必然會以外部的表像來認知事物。經濟此時就簡單變成了謀利手段，目的沒了，手段成了目的，就好像爲了經濟發展而發展經濟一樣。失去了本質的經濟就好像失去了生命的肉體，變成了一具行屍走肉。這種缺乏生命的經濟活動自然而然會成爲個人聚斂財富的商業手段，人在這個過程中只把攫取個人財富當作頭等大事。不知不覺中，人們因私欲而陷入罪中，又因爲罪而失去生命。「**私欲既懷了胎，就生出罪來；罪既長成，就生出死來。**」（雅各書 1:15）

如果人類看不到經濟本身所包含著神的祝福，就會以爲金錢就是經濟活動的創造物，可以任由自己隨意支配，那麼經濟就只會是形而下世界的一種商業活動。那麼這種經濟活動可能就會成爲爲了趨利而生產假冒僞劣產品，破壞生態環境，污染生活環境甚至破壞社會公序良俗的一種純世俗行爲。在這種情形下，爲發展經濟就可以破壞資源，污染環境，敗壞人心甚至謀財害命。什麼公平正義，什麼民主法治，什麼核心價值觀，統統都敗給了人的肉體私欲。如果一個人缺少正確的三觀，對這個世界的認知只停留在表層上，那麼他遲早會淪爲自己財富的奴隸。因爲「**你的財寶在哪裡，你的心也在那裡。**」（馬太福音 6：21）

現在整個世界需要的是一個新的契機，不管是東西方，還是南北方，都在理論更新

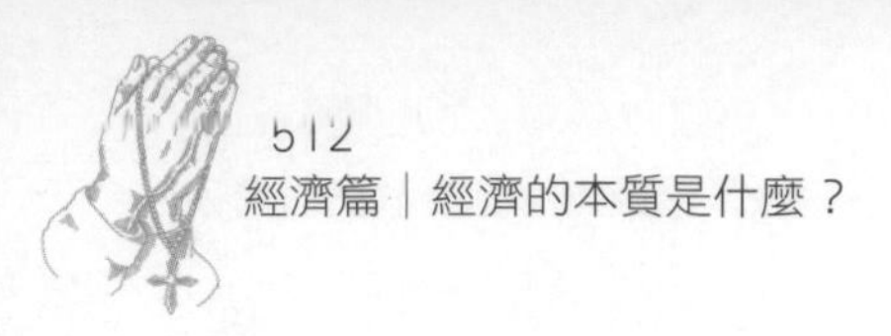

方面出現了一種停滯。普遍的現像是科學進步明顯，哲學沒有進步，宗教明顯退步。這實際上是人類屬靈生命的退步，是人類作爲萬物之靈的退化。這種現象絕對是對生命修行的忽視，是對靈魂渴求提升的無視，是對人性墮落的漠視。在這種情景下，談經濟改革，談經濟區域合作化，談全球經濟一體化，都只會是捨本逐末，只會將整個世界推向更加混亂的邊緣。

可惜人不明白這些道理，本來爲形而上生命服務的經濟居然成了促使人肉體墮落的工具，而人的靈魂卻成了烏有之物。人不知什麼時候居然變成了一個高等動物，眞正是無知者無畏啊！談完經濟的本質再來談談經濟的目的。

什麼是經濟的目的和作用？它與經濟性質有什麼關係？

關鍵字：經濟目的；經濟作用；行為自由；良心自由；經濟性質；私有制經濟；公有制經濟

清楚了經濟的本質也就清楚了經濟的目的，就是在物質層面爲人們提供更方便、更舒適、更自由的環境，使人們不必過多考慮衣食住行等物質方面的問題，而能夠有更多的時間、精力和自由去探索和實踐屬靈層面的人生意義。

經濟的作用是通過屬世手段增進人們的個人自由，這裡的個人自由主要是指行爲自由。當人們的行爲自由擴大了，相應地選擇範圍也會擴大，這時的人可以根據自己的良心自由與否可以選擇善，也可以選擇惡。當人良心沉睡善惡不分時，人只能憑藉當下的主觀認知選擇行爲，這種選擇十有八九是錯誤的。所以講當人沒有獲得良心自由時給人以行爲自由是非常危險的，就如同當下中國社會在拼命鼓吹發展經濟的同時，民眾的精神層面卻陷入了一片荒漠，致使國人在不愁溫飽、口袋漸鼓的物質條件下卻一個勁地追求肉體感官刺激，而對此生前來的目的完全予以忽視。因此經濟在爲人提供了選擇機會的同時，也增加了生命修行的難度。如果不明白良心自由的重要性，經濟就會與金錢一樣反而對人類生命成長產生了反作用。

經濟的目的來自於它的本質，它通過創造價值造福人群來使人獲得更廣闊的自由。這種自由通常表現爲屬世世界裡人行爲上的選擇自由，而創造這種自由的經濟註定只能是一種形而下世界的社會行爲。認清了經濟形而下的屬性，也就明白了它對良心自由的影響十分有限，由於不在一個層面上，無論是限制還是鼓勵經濟發展，它對良心自由都不會產生直接影響。經濟發展只能是使人們有時間和精力去思考、選擇和追求他們喜愛的生活方式，追求良心自由的人們可能會去追求眞理和良善，追求行爲自由的人們可能會去追求物質享受。既然經濟並不必然對形而上的良心自由產生影響，那麼也就不必糾

纏於害怕經濟對人良心的影響而限制經濟的發展。

發展經濟固然能夠增加人的行爲自由，但在現實生活中人確是一有錢就眼高心傲，仿佛金錢上眞有魔鬼在盤踞。發展經濟非但沒有擴大人的自由，反而卻使人被經濟的表現形式——金錢所惑，終日爲身外之物奔波勞碌，搞得人爲物役，良知泯滅，眞正違背了神賦予經濟造福人類的初衷。這確是一件從古至今令賢人志士困惑不已的問題。一方面限制經濟發展會使人們生活困難，行爲自由受限。另一方面鼓勵經濟發展好像又會使人唯利是圖、見利忘義。雖然行爲自由擴大了，但似乎總沒用到正地去，經濟發展反而總是帶來社會風氣的敗壞以及人心混亂。由於肉體私欲的日益旺盛以及理性的天然不足，這兩者之間的關係似乎總是處理不好，就好像那個千年魔咒，人一有錢就變得眼高心傲，連神的話也聽不進去。人類古代社會之所以重農輕商，主要就是因爲看不慣商人的唯利是圖以及人們的見利忘義等行爲。而對經濟活動予以打壓，並沒有起到匡正人心的作用，這其實都是源於不瞭解經濟本質而造成的結果。

由於世人始終沒有搞清這其中的關係，所以從古至今一直試圖通過可以控制的屬世手段——貶低商人來控制人們的經濟活動，同時希望借此提高人們的道德水準。似乎這種行爲在古代社會起到了一定的淨化社會風氣的作用，但其實根本上並沒有解決人類的道德水準問題，相反培養出很多滿口仁義道德、滿肚子男盜女娼的僞君子。世俗手段只能改變人的外在表現，卻無法深入到人的內在意念，人內在的良善和愛是需要意志和理智來感受和領悟的，想要通過外部手段解決內在問題，就好像緣木求魚，根本思路都是錯的。所以無論是發展經濟亦或是抑制經濟，人們的道德水準都始終差強人意。

中國古人很有智慧，他們意識到道德水準低並不是財的問題，而是「道」的問題，所以才講「君子愛財取之有道」，這個「道」指的就是內在的生命之道。這個道理可能說起來簡單，但是眞正操作起來就不那麼簡單了。畢竟「道」屬於形而上的事物，若不明白其所具有的屬靈意義，僅將「道」簡單理解爲不昧良心或者不損人利已，具體操作起來肯定非常困難。因爲良心是什麼？爲什麼要保守良心？這些問題無疑拷問著充滿世俗理性而又精神空虛的中國人。若不解決這些問題，不要說良心自由無處尋覓，就是靈魂的歸宿也沒有著落。

雖然人是兩種生命的統一體，但是因爲人寄居在這個屬世世界裡，每日耳濡目染的都是這個屬世世界的事，又因爲很多原因人類接觸不到屬靈世界很久了，所以人們越來越不理解屬靈世界的事，「**然而，屬血氣的人不領會神聖靈的事，反倒以為愚拙，並且不能知道，因為這些事惟有屬靈的人才能看透。**」（哥林多前書 2:14）因此人們每日心懷意念的都是寄居的這個屬世世界裡的事，對經濟的看法也是一樣。因爲經濟是人與人之間的一種有償服務，並且是以金錢來衡量，所以往往讓人很容易產生誤解，以爲經濟就是爲世人提供服務並借此獲取利潤的一種世俗行爲。如此一來，實現利潤最大化豈不就成爲了發展經濟的最大目的，那麼只要是能夠提高經濟效益的手段豈不都可以做。正是因爲人們對世界本質和生命眞義缺乏正確認知，導致人們看不透經濟給人類提供選擇良心自由的機會，只是以爲發展經濟就能幫助人們改善生活環境，提高物質生活水準，並提供接受教育的機會。

通常人們以爲的教育只是外在層面的文化教育，並不觸及人的內在意志。眞正改變內在意志的教育屬於靈魂層面的教育（本質上屬於神的教育，詳見上文《成爲一名虔誠的基督徒或立志要當牧師，是否一定要上神學院？》），這種教育是從內在良知起始，觸及適合我們外在層級的知識，然後形成一種愛人與信仰知行合一的境界。若不明白這其中的道理，就會以爲通過不斷地鼓勵人們讀書做個知書識禮的人，再輔之以限制人們的經濟活動，就可以起到降低物欲、匡正人心的作用。這種本末顚倒、只是一味地在外部世界尋找解決思路的做法，根本是不瞭解世界本質以及不通人性之故，且必然導致窮則愚，富則淫的現象。

當人不明白經濟對維護良心自由的間接作用時，就很容易簡單地將經濟當作追求行爲自由的工具，而且條件越好人就越任性，經濟幾乎成了人們追求享樂，放縱私欲的催化劑。有鑑於此，從自然經濟時期開始，社會主流意識就刻意打壓經濟發展。進入商品經濟以後，經濟活動中的不誠信行爲就更加猖獗，除了以往的商業欺詐，更有那些搞壟斷的，放高利貸的，玩金融的，炒期貨的，搞傳銷的等更是層出不窮，越來越機關算盡，花樣百出。可是就在他們忘乎所以玩地不亦樂乎之時，他們沒有意識到他們的良心自由幾乎已經喪失殆盡，他們浪費了經濟給予人選擇良心自由的機會。他們的無知悖逆使他們的生命狀態已經瀕臨死亡，正如巴克斯特所說，「當人在世上發達，他們的心思就和他們的產業一同得到提升，當他們感覺自己如此富有，他們很難相信他們是如此糟糕。」這樣的人眞的讓人很可憐，自以爲做了自己的主人，實際上卻淪爲了金錢的奴隸。他們不明白自己的生命正在遠離眞道，一步步陷入愁苦之中，正如經上所講，「**貪財是萬惡之根！有人貪戀錢財，就被引誘離了真道，用許多愁苦把自己刺透了。**」（提摩太前書6：10）

經濟爲世人提供的行爲自由絕不是爲了讓人用來輕慢生命的，那只是人們不明白生命之道時的一種錯誤認知。正如上文所講，經濟的背後隱含著神的祝福，它顯示爲創造價值的勞動，體現爲神賦予人的天職。爲什麼這麼講，因爲經濟使勞動變得更有價值，使職業變得更加神聖，使人類變得更加自由。這的自由不僅是指行爲自由，更主要的是指良心自由。行爲自由固然重要，但它並不必然影響良心自由，它只是爲維護良心自由提供一個持續和穩定的寬鬆環境。

這樣的環境如果遭到破壞，雖然並不必然導致人的良心自由失喪，但是對於維護個人良心自由的穩定和持續卻很不利。尤其對那些良心自由本就不穩固者，客觀環境的變化很可能會使他們本就不穩固的良心自由徹底喪失。所以經濟雖然不屬於上層建築，但是它對上層建築卻有著不可或缺的重要作用。

經濟對維護良心自由固然有著不可或缺的重要作用，但是人若不明白世界的本質和生命的眞義，以爲可以通過改善外部環境就能更新人的精神面貌，那實在是大錯特錯。良心自由屬於人內在意念的事，它與人的外部環境沒有直接關係。經濟的目的表面上顯示爲改善人的外部生活環境，其實根本上是要解決人的內在良心渴求自由與外部肉體要求生存之間的矛盾。這實際又體現爲靈與肉的一個爭戰過程，只不過這次是發生在經濟領域。人雖然是兩種生命的結合體，但卻主要活在屬世世界中，耳濡目染的塵世生活必然使人類日益遠離靈魂的出處，當人們很少與屬靈世界交通時（尤其是在宣揚唯物主義的國家裡），久而久之人的靈魂很容易迷失方向，完全不明白自己的出處和歸宿，以至於完全無視生命之道，不得不隨波逐流，放任自己的行爲自由，不以追求外在感官刺激爲恥，反以炫耀肉體享樂爲榮。這時人的意識只會停留在事物的表層意義上，以爲「倉廩實而知禮節」，卻不知「倉廩實」的眞正目的是「知道理」。

古人雲，「倉廩實而知禮節」，爲什麼不說「倉廩實而知道理」呢？就是因爲形而下的事物不可能直接影響形而上的事物，頂多是爲人理解形而上的事物提供一些幫助。禮節作爲一種人造的的表面虛套，只要人有點兒錢用點兒心都能學會。但是道理可不是那麼膚淺的東西，道理是形而上的事物，只能通過內在意念感悟獲得，無法依靠他人傳授或其他途徑獲得，正如老話所講「師父引進門，修行在個人。」因此「倉廩實」只能使人知禮節，卻不能使人懂道理。人的靈魂如果對道理沒有眞正的領會和感悟，對人生就不可能有一種徹底地洞悉，對提升生命的境界也不可能有太大幫助。所以一定要正確理解經濟本身對自由所具有的意義，正確運用經濟行爲所提供給人們的時間、精力、物力去學習、思考、領會和感悟——什麼是良心自由？如何才能實現良心自由？

不明白這些道理的人，就不明白僅是外部環境的改良是不可能改變人的內在意識狀態。我們一定要清醒，人不是動物，人有良心。而良心裡的良知是人之爲人的根本，維護良心自由是人得以認識眞理，活出無私至善之神性的根本保障。爲了實現人類的終極目標，人必須要保守好良心自由。那麼如何保守好自己的良心自由？這需要從屬靈和屬世兩個方面著手。首先在屬靈層面樹立純正信仰，正確認識神並專注於神。只有當人專注於神的情況下，人的內在官能才能夠開啓，這就好像科學家對一些六到十三歲孩子做的「手指識字」和「耳朵聽字」的實驗[410]，這些實驗的結果表明，人的內在意念不但存在，而且具有強大的念力。當人將這種念力用在與神溝通上，人就能夠打開內在官能，感受到神的良善，並熱愛眞理。其次在屬世層面啓蒙和培植自然理性，這主要體現在培養人的智能和智慧方面。眞正的智能和智慧是能夠理解眞理和良善的一切，進而透過內在的感知精確分辨僞善和邪惡。爲了精進智能和智慧，人類必須儘量獲取來自屬靈世界和屬世世界的各種知識訊息。屬靈層面的知識訊息可以從《聖經》以及基督教教義所傳授的道理中習得，屬世層面的知識訊息可以從舉世公認的人文精華，如哲學、藝術和科學中去汲取。只要將所學的道理應用於生活中，人類就能變得更有智慧，更具靈性。當兩個層面都得以精進時，由於良善與眞理同質性高，所以會在內在官能的引導下趨向結合，形成內外一致的相應關係。此時人類的內在視野，亦即悟性，也將和內在行善的意念一同趨於完美。

只有認知了上面這些道理，人才能領會經濟在屬靈層面的含義，它不僅僅是使人過上富裕而有尊嚴的生活，也不是使人享有輕慢生命、任意揮霍的自由，而是使人有更多的時間去學習和思考人生，有更多的精力用於感悟生命，以及發覺更多接觸眞理的機會。當然這麼深層次的問題可能很多人一輩子都不會考慮到，他們有可能生命淺顯，不會考慮那麼深；也可能沒有機會接觸眞理，雖然努力了但還是無法認識其中的道理；還有可能有機會接觸眞理，但是出於肉體私欲和世俗理性的羈絆，使自己無法明白其中的道理，正如基督所講，**「撒在荊棘裡的，就是人聽了道，後來有世上的思慮，錢財的迷惑，把道擠住了，不能結實；」**（馬太福音 13:22）當然也有可能已經陷入了虛僞的智能和智慧之中，無法眞正理解眞理和良善，當然也無法分辨錯誤與邪惡。只能聽信別人的道理，把謬誤當眞理，以惡爲善而作惡。凡此種種，都使人不能領會經濟目的而沉溺於肉體私欲和世俗理性，陷於罪的捆綁之中。雖然表面上這一切都是源於肉體的軟弱，但歸根結底還是因爲不認識眞理所致。

基督徒是認識眞理的人，他們對經濟的性質有著清醒的認識。經濟就是帶給人行爲自由的工具，本無所謂良莠，關鍵是看人怎樣利用經濟給予人的行爲自由。絕大多數基督徒從基督的話語中清楚了經濟的深層目的，他們在努力創造價値時，也積極給予他人物質幫助，但他們的目的絕不僅僅在意的是人的肉體生命，而是期望通過他們的善行義舉使受助者從內心中更多地體會到來自神的愛，並幫助他們認識眞理和良善，樹立對神的純正信仰和對人的自然理性，由此知行合一，最終恢復與生俱來的神性，成爲神那樣的存在。這才是基督徒在屬世層面發展經濟的初衷，也是基督徒經濟行爲背後的屬靈目

---

[410] 可參閱前臺灣大學校長李嗣涔教授所著的《靈界的科學》一書。

的。

但也有少部分基督徒不明白這個道理，他們與那些限制經濟的異教徒一樣，只看到經濟對人心的敗壞作用，卻忽視了基督對經濟的解讀。基督講道，「**你們要謹慎自守，免去一切的貪心，因為人的生命不在乎家道豐富。**」（路加福音 12：15）基督在意的不是財富的多寡，而是人對待財富的心。因爲「**你的財寶在哪裡，你的心也在那裡。**」（馬太福音 6：21）

鑒於經濟在帶給人類財富的同時卻敗壞了人的良心，由此造成了無數的人間悲劇，很多不明白其中道理的人沒有在良心和理性上尋找解決問題的思路，反而卻將注意力放在了改變經濟的性質上。他們以爲實行公有制經濟就可以通過限制生產資料的占有、使用、收益和處分等措施，使世人的貪婪自私之心得到約束，再通過思想品德方面的教育使人們能夠自我提高思想認識，最終成爲一個大公無私、心懷天下的共產主義者。眞不知對這些理想主義者說什麼好，人性的波譎雲詭，人心的複雜多變豈是他們想的那樣簡單。

解決人心的關鍵問題，不在採取什麼樣的經濟性質，或適用什麼樣的經濟形式，而在如何保守人的良心上。人心向善，什麼樣的經濟形式都可以良性循環，人類根本不存在生存問題；人心向惡，再好的經濟形式也只會惡性循環，再多的財富也塡不滿人心無底的貪婪。那些以損害人的良知爲代價發展經濟的人，就是不理解生命眞義和經濟本質的人。人到世間來就是爲了靈魂修行，就是要人不斷用靈裡的良善戰勝肉身中的罪性，最終通過自己的思想和行爲棄惡從善。而經濟就是爲實現這一根本目標而生，如果只是重視經濟表面的作用，忽視經濟的深層內涵，一味地以發展經濟爲目標，比如搞雙軌制經濟、特區經濟等，還有國外的投資移民、能源經濟等，只會造成貧富懸殊、人心失衡。在這種粗淺經濟意識的誤導下，不管是資本主義經濟，還是社會主義經濟，都是誤解經濟目的的經濟形式，都在爲這個世界創造財富的同時敗壞了社會風氣，污染了世道人心。要知道，發展經濟不是人生的根本目標，提升生命的境界才是人生的眞正目的。當人主次顚倒時，世人總是搞不清生命的眞義，所以才會陷入無休無止的貧窮困苦、饑饉苦難之中。當人們瞭解了生命的眞義，明白了眞理和良善源自於神，而人生就是認識神、歸向神的一個過程，人類就不會誤解經濟的目的，歪曲經濟的性質了。

私有制經濟是有其自私自利的一面，但是也要看到這正體現了人的自由意志。每個人都應當享有對自己創造出來的價值的處分權，這正顯示了勞動的尊貴。正如基督在聖經中借一位家主的口說，「**我的東西難道不可隨我的意思用嗎？**」（馬太福音 20：15）至於怎麼用，那正反映出個人的生命境界。不論是行善，還是作惡，其行爲的結果都將關係到最後審判的結局。所以經濟私有制保障世人行爲自由，行爲自由雖然不能完全體現出人的良心自由，但是這是做人最基本的自由，如果連行爲自由都失去了，那麼人類將毫無良心自由可言。

公有制經濟只是人類社會初期在生產力水準低下，物質生產滿足不了人們的基本需求時，爲了共同的利益而實行的一種經濟模式。在當時的歷史情況下實行公有制經濟是符合人性的。但是當人類能夠擁有足夠的生產力創造出超過個人需求的價值時，公有制經濟就已不再適宜人類社會發展的需求，而是被更符合人性的私有制經濟所取代。說公有制經濟違反人性，是因爲公有制經濟就如同共產主義一樣是需要自然理性作爲支撐，在爲了基本生存時，人可以放棄一些肉體私欲。但是當基本生存問題解決了，人的各種肉體私欲就會如雨後春筍般紛紛冒出來，在世俗理性根深蒂固的地方，公有制經濟非但起不到獎勤罰懶的作用，相反會助長偷奸耍滑、公私混用等不良行爲，這是共產主義者即使想到卻也無法改變的事情。

很多人以爲公有制經濟效率高，短期內的經濟表現似乎是這樣，但是只要把眼光放長遠一點就會發現，那些萬眾一心，全民總動員的創造模式最終都被證明爲破壞經濟的行爲。由於公有制經濟脫離開本質認識現象，非但沒有理想地提高人們的思想覺悟，相反卻培養出大批的懶漢和蛀蟲，創造出令人震驚的腐敗和災難，這就是它違背經濟性質，變相地剝奪個人自由的惡果。歷史反復證明公有制經濟自身存在諸多的問題，比如腐敗、低效、生產與需要脫節、徵稅的偏斜、經濟政治化等等，而且它使經濟的目的被扭曲，使人在失去財產所有權的情形下，也喪失了做人的自由和尊嚴。

那些主張公有制經濟的人實在是不明白，當剝奪了人的生產資料所有權，也就意味著剝奪了他作爲一個自由人的物質保障。正如亞瑟．李所說，「財產權是其他每一種權利的保障，剝奪了人民的財產權，事實上就剝奪了他們的自由。」[411]此時個人的想法意見都會變得無足輕重，所有的生產活動乃至個人生活都將受到掌握生產資料者的控制和影響，不管你願意不願意，個人的行爲自由已經名存實亡，更遑論什麼良心自由。共產主義者的經濟行爲完全違背了經濟的目的以及神造人的初衷，當他們代所有人作出選擇時，也就必然要替所有人的行爲負責。他們過高地估計了自己的理性，也過低地估計了他人的理性。他們自以爲是的做法非但沒能提高人類的理性，相反卻使世人變得更加的愚蠢和虛僞。就在他們剝奪他人的行爲自由時，不知不覺中已經將自己置於一個非常危險的處境。當他們最終發現自己已經是坐在火山口上時，悲劇性的結局已經不可避免地發生了。

這個世界的眞相本就高深莫測，再加上人性的波譎雲詭和人心的複雜多變，使人類

---

[411] 《基督教對文明的影響》，第 185 頁。

想要通過外部手段改變世道人心變得遙不可及。人無論看起來多麼偉大，都不過是一個受造物，不明白世界的本質和生命的眞義，企望寄託於人治的方式來改造世界，只會使人性變得更加扭曲，世界變得更加混亂。無視這些的公有制經濟，期望通過外部方式抹殺了個人的自由意志，無疑將所有人都脅迫上了一輛戰車，這必然導致一車人的命運都只能由著少數幾個領頭者的意志決定。要清楚「人皆有罪」，遇上領頭者年輕有爲、頭腦清醒時還好，一旦領頭者的年紀大了，脾氣也變得古怪起來，一車人最終必然會因領頭者逐漸失控的非理性行爲而導致翻車。這與權力本身沒有什麼關係，而與人心和人性有著直接的關係。所以不要企望通過改變經濟的性質來改造世界，那純屬捨本逐末。與剝奪人自由的公有制經濟相比，私有制經濟更能保障個人的自由以及體現個人的價值，並使每一個人通過一生的奉獻來展現他創造價值、造福人群的理性，以及與之相配的良心。

人的經濟行爲說到底不過也是人各種行爲中的一種，都是爲他最後能達到的生命境界作參考的得分。所以那些想要越俎代庖的人，還是先搞清世界的本質和生命的眞義後，再決定如何去幫助他人，同時也實現自己的人生目標。不要因爲自己思路的錯誤，而好心卻做了件既損人又不利己的事。非理性行爲的結果沒有一個不失敗的，經濟如此，教育如此，革命亦如此。

環視今天的中國社會，那些不認識世界本質和生命眞義的人，根本沒把良心自由當回事，只以爲自由就是指行爲自由，所以想盡辦法擴大自己的行爲自由，在經濟方面就是不擇手段地賺錢。表現在經濟活動中就是勾心鬥角、爾虞我詐、巧取豪奪甚至謀財害命，可惜的是「機關算盡太聰明，反誤了卿卿性命」。很難看見中國的企業或是家族能夠維持上百年的，甚至幾十年的都很少，這都是因爲他們不懂道理的緣故。認識世界本質和生命眞義的人就會明白經濟的眞正目的是在形而下世界爲人的良心自由保駕護航，所以絕對沒有必要爲了金錢去做那些損人利己的事，更不應違背良心去做那些傷天害理的事。錯誤的三觀才會導致錯誤的經濟觀，而造成三觀錯誤的根本原因就在於不認識眞理。

人唯有在認識了眞理之後才會形成正確的三觀，才會對人生產生正確的認知，也才會理解經濟的眞正目的和性質。然而實現經濟的方式卻是屬世的，這與宗教、哲學直接作用於人的意識不同，它隱藏的屬靈意義顯得更爲隱晦，這也是經濟總是受到誤解的主要原因。相信讀者通過閱讀本文會對經濟目的以及性質有了更加清晰地認識和瞭解，同時也會明白經濟既是祝福也是考驗，當良心自由跟不上行爲自由時，人很容易陷入世俗理性的網羅，被各種肉體私欲纏繞，導致誤入歧途，最終被愁苦刺透。「**但那些想要發財的人，就陷在迷惑、落在網羅和許多無知有害的私欲裡，叫人沉在敗壞和滅亡中。貪財是萬惡之根！有人貪戀錢財，就被引誘離了真道，用許多愁苦把自己刺透了。**」（提摩太前書 6：9－10）

正確的三觀必然會保守人的良心自由，精進人的智慧和智能，並使人正確地理解經濟的目的和性質，進而做出正確的經濟行為。下面再來談一談經濟行為。

經濟的行為有哪些？

關鍵字：經濟行為；愛己的經濟行為；愛世的經濟行為；小農意識；民粹主義；國家主義；宗教主義；愛人的經濟行為；愛神的經濟行為；慈善行為

人類活在這個屬世世界中，每天爲了維持肉體生命存在都要不斷地從事各種經濟行爲。經濟行爲從本質上講是個人勞動，通過個人勞動體現出經濟創造價值造福人群的本質。經濟行爲會根據行爲者對世界和生命的不同認知產生出不同的目的，形成不同的結果。根據經濟行爲的不同目的，經濟行爲大致可以分爲以下四類：愛己的經濟行爲、愛世的經濟行爲、愛人的經濟行爲和愛神的經濟行爲。這四種經濟行爲分別反映出人的四種生命境界，同時也代表人類社會的四個歷史時期。

第一種經濟行爲普遍出於人的肉體私欲，反映出人的非理性，代表的是人類社會的黑鐵時期。愛己之人主要表現爲執迷於自我，凡事皆以自身的利益爲出發點，不考慮他人的利益。在做事前總是會問自己：「這事與我有什麼關係？對我有什麼好處？」對與自己有利的事搶著做，與自己無益的事則絕對不做。有時看似是爲工作忙碌，其實還是爲自己的利益考量。這種人也講愛，但是這種愛是利己之愛，是以造福自己爲中心，兼顧造福自己的家人或親友。與自己無關的人則無愛可言，它與以造福他人爲核心的利他之愛有著天壤之別。由這種愛己之心產生出來的行爲缺乏良心自由可言，只是一心追求個人的行爲自由。這種完全出於肉體私欲而產生出的行爲極易使人陷入種種謬誤之中，以致做出很多損人損己的行爲。正如經上所講，「**良心既然喪盡，就放縱私欲，貪行種種的污穢。**」（以弗所書 4:19）

愛己之人由於生命境界很低的緣故，往往只能看見眼前的利益，稍遠一點兒就看不清了，所以他們做事急功近利、涸澤而漁，非常缺乏理性。同樣他們在經濟方面的表現也是如此。比如破壞性開採資源，污染生態環境，將青山綠水變成了荒山臭水，生產假冒僞劣商品置他人的生命健康於不顧，殘酷剝削工人的勞動價值等等。這些經濟行爲表面上爲他們帶來了暫時的經濟利益，但是只要眼光能稍微放遠一些，就會發現他們的行爲不但損害了他人的利益，而且破壞了社會的和諧秩序，無疑將自己也置於危險的境地。但是由於愛己之人的理性極度匱乏，所以他們不會分析利弊，尤其是在整個社會都處於理性匱乏的狀態下，他們更是認爲自己的做法才是符合理性的。那些教人無私奉獻的說辭都是不切實際的大道理，唯有能夠滿足人肉體私欲的才是眞理。所以他們肆無忌憚地做著損人損己的事，完全將個人的快樂建立在他人的痛苦之上。這樣的人根本不理解眞正的快樂是將自己所擁有的一切與他人共用，讓人人都享有快樂。他們汲汲於私利，追求感官的快樂，這些行爲使他們根本體會不到天堂的快樂，並且質疑其存在性。

主導愛己經濟行爲的是人的私欲，這私欲產生自人的肉體，阻礙人靈命成長，且常常使人陷入罪中，並生出死來。「**私欲既懷了胎，就生出罪來；罪既長成，就生出死來。**」（雅各書 1:15）肉體私欲常常遮蔽人的靈眼，使人看不見生命的眞義，無視靈魂的存在，僅將屬世世界認作唯一的世界，更不會教人明白「**叫人活著的乃是靈，肉體是無益的。**」（約翰福音 6:63）這種由愛己之心而產生出的經濟行爲，不但使人遠離天堂而迎向俗世，更使人因無視與生俱來的神性而陷入與身俱來的罪性中。

愛己的經濟行爲主要發生在非理性的人身上，它與個人貧富無關，但與經濟環境有一定關係。早期資本主義經濟就曾出現過這種現象，在進入商品經濟時期以後，當人們的宗教信仰變得迷失，理性得不到正確引領時，社會極易使人陷入非理性狀態。隨著社會商品的不斷豐富，市場的不斷擴大，愛己的經濟行爲表現地越來越明顯，越來越猖獗。馬丁．路德曾在他的書中寫道，「還有些人出售貨物，比普通市場或尋常一般交易的價格要高，他們抬高物價，只是因爲他們知道，國內缺乏那種貨物……這正是惡漢貪婪的眼，只看見鄰舍的需要，不但不想法去解除鄰舍的困難，反而利用這種機會，使他人受損，自己發財。這一班人顯然是盜賊，和重利盤剝者。」[412]「另外還有一班人，把一個地方或一個城市所有的貨物，全部收買，他們掌握了這些物資以後，就依照自己的意思，規定和抬高價格，照自己所喜歡或能得的高價出售……是不合法的，而且是違反基督教的。……是更可惡的。」[413]馬丁．路德所講的這些經濟行爲就屬於愛己的經濟行爲，這種行爲直接導致了商品經濟的混亂以及人心的敗壞。這些愛己的經濟行爲使人們只顧自己發財，罔顧他人乃至社會整體利益的現象大量發生，導致社會貧富嚴重分化，人心失衡，爲後來資本主義世界的經濟動盪埋下了伏筆。不過因爲有純正信仰對良心的看護，資本主義國家很快發現了這種經濟行爲的失誤，從而對趨於失控的愛己的經濟行爲採取了一些合理的限制措施，最終使經濟重新回到理性的軌道。

按理說宣揚自然理性的社會主義國家應當不會產生愛己的經濟行爲才對，吊詭的是

[412] 《馬丁．路德選集》，第 352 頁。
[413] 《馬丁．路德選集》，第 352 頁。

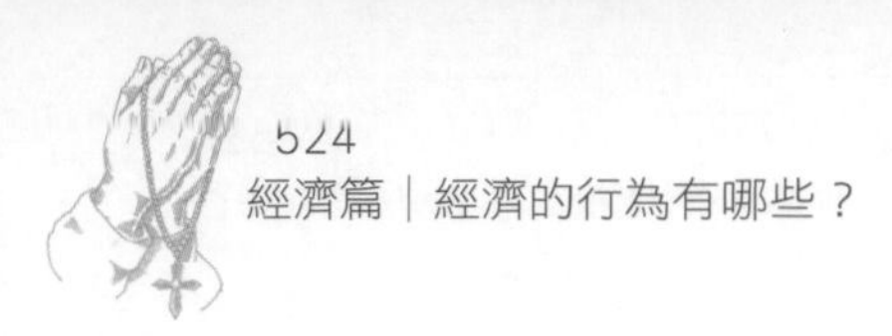

愛己的經濟行爲在社會主義國家卻大量存在，它要麼在計劃經濟的遮蓋下掩藏起來，要麼在商品經濟的私底下大撈特撈，要麼就在市場經濟的旗幟下堂而皇之地遍地開花。究其原因，正如在前文《何謂眞理？》中所說，宣揚自然理性的共產主義理論從一開始就無視人類的理性天然不足，且排斥宗教信仰的補救，致使人們的理性陷入極度的匱乏中。共產主義者原本希望通過生產資料公有制來消除人們的私心，再通過共產主義的思想教育來提高人們的道德水準，進而使每一個人都能成爲大公無私的共產主義者。然而事實卻爲他們上了很好的一課。

人本是信仰和理性相結合的靈體，當信仰被人造的主義曲解，理性也得不到來自眞理的啓示後，人就好像兩條腿都被打斷的爬蟲，只能趴在地上接受被奴役的命運。社會主義國家的民眾實際就處於這種境況，原本還有點兒理性的人在被剝奪信仰自由的權力後，良心無處安放，自由也失去了意義。就如托克維爾所說：「當宗教在一個國家遭到破壞的時候，智力高的那部分人將陷入遲疑，不知所措，而其餘的人多半要處於麻木不仁狀態。………這樣的狀態只能使人的精神頹靡不振，鬆弛意志的彈力，培養準備接受奴役的公民。一個民族淪於這種狀態後，不僅會任憑自己的自由被人奪走，而且往往會自願獻出自由。」[414]更在財產所有權也被掠走之後，人的行爲自由也受到極大的限制，導致個人的自由（無論良心還是行爲）得不到任何有效保障。當人們徹底失去個人自由後，人們將變得怯懦、彷徨乃至喪失良知的趨炎附勢，非理性的奴性在這種情形下潛滋默長。久而久之，在這個國家裡生活的民眾就會變成一群沒有脊樑的爬蟲，失去對自由的概念和嚮往，失去人格地俯首在專制主義的腳前任人宰割。對這些被稱爲高等動物的人來講，所謂經濟行爲就是每日按部就班地完成組織分配的工作，無需什麼創造，爲人民服務只不過是一句漂亮的口號。經濟這一原本來自神的祝福，就這樣變成了年復一年、日復一日地重複操作。來自神的祝福沒有了，來自內心的喜悅沒有了，最後人的良知、理性以及各種內心感悟都逐漸消失殆盡，所有的人都慢慢變成了行屍走肉，淪爲邪惡勢力的附庸或幫兇。在這種死氣沉沉的環境裡，任何自由的因素都受到打壓，這不禁讓人想起動畫電影《大護法》裡的情景。

電影裡那群被稱爲「豬人」的人，因爲被某些惡人愚昧、奴役、壓迫、乃至殺戮。由此自私、恐懼、麻木悄無聲息、令人窒息般地在這些豬人中傳播、蔓延，他們互相猜忌、彼此陷害，陷入奴性而無法自拔。個別會思考的豬人卻因爲各種肉體私欲和世俗理性甘爲那些惡人驅使，淪爲惡人的爪牙。這種情景在社會主義國家裡生活過的老人都應該心知肚明，希望年輕人能從歷史中吸取到經驗教訓，不要讓那段不堪回首的歷史重演。

[414] 《論美國的民主》，第 590 頁。

共產主義者出於對世界本質的錯誤認知以及對複雜人性的不解，僅僅關注於屬世世界，希圖通過外部方式改變人類理性水準低的做法被事實證明完全行不通。根深蒂固的世俗理性者根本不能理解共產主義所宣揚的自然理性，所以非但沒能提高自己的理性水準，相反卻因無神論教育而將自己當成了一頭高等動物，導致原有的一點兒良知也被刻意抹殺，以至於趨於非理性。因爲社會主義國家的強權政治，愛己的經濟行爲在經濟發展水準很低的計劃經濟時期被很小心的隱藏起來。民眾不是不想幹，而是不敢幹。一旦這種行爲被人發現，就會被扣以資本主義復辟的帽子，被當作資本主義尾巴給割掉。所以愛己的經濟行爲不是不存在，而是不得不在計劃經濟環境下隱匿起來，就好像非理性潛藏在人的骨子裡一樣，直等到經濟環境變得寬鬆的那一天。

經過很長一段時間的檢驗後，當人們發現公有制經濟形式既無法給人們帶來行爲自由，更無法給人帶來良心自由時，連共產主義者自己都紛紛拋棄了對共產主義的夢想，轉而嘗試對公有制經濟形式進行各種方式的改革。但是因爲對造成這種經濟局面的根本原因的無知，改革始終停留在表面，甚至連淺層都無法觸及，更遑論觸及靈魂層面的意識形態的改革。這種表面的改革使中國人原本就薄弱的三觀徹底陷入混亂，人們不知道該相信什麼，該追求什麼，只好墜入肉體私欲的網羅，拼命地追求物質享受和感官刺激，變成了徹徹底底的愛己之人。

當社會主義國家也發現落後的計劃經濟模式不利於經濟發展時，它們又開始從單一的計劃經濟向多元化的市場經濟轉化。然而它們並沒有意識到這不是一個經濟問題，而是一個意識問題。共產主義者原本就是因爲不相信民眾的理性水準所以才要剝奪他們的私有財產，現在爲了發展經濟，政府不再關注民眾的理性問題，而是緩緩打開了經濟的閘門，有意放手要人們自己去試著搞商品經濟，這就好像讓一群不會游泳的人去大海裡游泳，無疑會出現馬丁．路德曾經最擔心的事。果不其然，突如其來地開閘放水使變得愛己的人如同洪水猛獸一般咆哮著沖向了那如荒野般的經濟原野。

一開始人們還在爲久旱的大地獲得了大水的灌溉而欣喜若狂，可是後來經濟的發展卻越來越如脫韁的野馬失去了控制。資本主義國家的民眾在理性不足時還可以通過信仰補充，但是社會主義國家的民眾在久已接受唯物主義無神論的洗腦後，已經完全將自己想像成一頭高級動物。在沒有信仰看護人們的良心，又缺少理性指導人們行爲的情形下，讓這些只知愛己的人自由地去發展經濟，只會使愛己的經濟行爲如肆虐的洪水沖毀堤岸，氾濫成災。

我們在今天的現實生活中已經能夠清晰地看見愛己的經濟行爲對中國社會所產生的巨大破壞力。昔日的青山綠水變成了荒山臭水，過去講信修睦的社情民風變得充滿銅臭味，過去人們生活雖然貧窮，但人們吃喝放心，更不擔心呼吸的空氣會致病。而今天中

國社會單從表面上看，高樓大廈鱗次櫛比，橋樑隧道穿山越嶺，喧囂的人群、繁華的街道隨處可見。然而背後支撐這一切的，卻是一堆堆虛假的資料，一套套虛僞的謊言和一大群低端人群的血汗。這種表面繁華的經濟假像是建立在破壞資源、污染環境、害人健康、敗壞人心的基礎之上，導致社會財富嚴重分配不公，人與人之間失去了最基本的誠信，仇富心理在社會上蔓延。

今天生活在中國的民眾都能切身地感受到這種虛假經濟繁榮給社會帶來的嚴重負面後果：吃的不放心、喝的不放心、吸的不放心，用的也全都不放心。這不光是低端人群不放心，就連很多選擇買國外商品的高收入人群同樣也不放心（從國外買回來的商品竟然也是國內生產的）。愛己的經濟行爲使人們不擇手段地盲目趨利，甚至喪心病狂地謀財害命。最典型的例子是制售僞劣食品，如含有三聚氰胺的毒奶粉；還有制售沒有任何保障的藥品，如假疫苗；還有純屬騙人錢財的商業欺詐，如電話詐騙和傳銷等。人們在做這些事的時候，眞應了那句老話「良心都叫狗吃了」。當然非理性的人是不知道什麼叫良心的，他們的愛己之心使他們變得刻薄寡恩，只對社會的貧富懸殊、有錢人的驕奢淫逸以及生存環境的惡化充滿了羡慕、嫉妒、恨等負面情緒，人們不明就裡地仇富、仇官甚至仇視一切看似比自己過得好的人。由此社情人心不斷地惡性循環，我們就能清晰地看見這個虛華的世界一天天變得喧囂浮躁、混亂不堪。

與之相應，社會風氣也被這種良心缺失的愛己經濟行爲敗壞到了極點，老人摔倒在街頭沒人敢扶，病人躺在家裡不敢上醫院，有人失足落水沒人敢救，兒童送進幼稚園讓家長整天提心吊膽，學生在學校裡被老師培養成考試機器，奸商巨蠹如過江之鯽，貪官污吏更是前腐後繼，怎麼抓都抓不完。愛己之心使人看不清世界的本質和生命的眞義，所以他們完全沒有考慮到自己愛己的行爲會對他人乃至整個世界產生什麼樣的惡劣影響。愛己的經濟行爲爲人們帶來了富裕的物質生活，但是就在行爲越來越自由的同時，卻沒有使人看到良心有絲毫鬆綁的跡象。

愛己之人不明白良心自由來自於內，實出於形而上之神性。人生的眞義就是來修煉此心，「**你要保守你心，勝過保守一切（或作「你要切切保守你心」），因為一生的果效，是由心發出。**」（箴言 4:23）在各種混亂的經濟現象背後是上層建築的誤導，今日的政府完全從屬世的角度認識和理解這個世界，並且一而再、再而三地從屬世的角度強調發展經濟的重要性，甚至衡量各級官員政績的杠杆就是當地經濟的發展水準，還用一個從西方經濟界學來的GDP作爲考核經濟的重要指標。在這樣的意識形態下，作爲三觀混亂、良心受捆綁的個人，爲了享有更多自由，只能拼命地爲自己的物質生活條件打拼，難免就會出現上面所講的情形。

愛己的人們都是很「聰明」的人，他們當然不會傻到留戀這塊被他們糟蹋地不成樣子的土地，他們最擅長的就是糟蹋完一地再換一個地方繼續糟蹋，於是從東到西，從南到北，社會和人心都被那些愛己的經濟行爲攪擾地昏天黑地、喧鬧不休。當愛己之人昧著良心賺夠了錢，也把這個生養他的地方糟蹋地不成樣子，然後就想拍拍屁股移個國家繼續生活。可惜他們根本沒有意識到，像他們這樣的人無論到哪裡都不會受人歡迎和尊重。因爲他們不明白的是，不義之財帶有詛咒，正如經上所講，「**惡人的進項致死。〔死原文作罪〕**」（箴言 10:16）

不明白道理的人不只是有錢人，有權人也一樣沒有理性。他們通過權力尋租，將自己的良知以及掌管的公共利益出賣，換來一踏踏的鈔票。然後以他人的名字買成房子或存進銀行，或找個地兒藏起來，或想方設法轉移到國外。這些愛己的經濟行爲不但使他們整日活在擔驚受怕之中，而且害人害己。最近看到一則新聞，有一個叫李自成外號「李闖王」的貪官，與自己的女兒同一天受審，新聞裡類似例子還舉了幾個。這就是他們留給下一代的財富，這就是他們因非理性而害人害己的明證。

愛己的人是沒有良心自由可言的，他們無論走到哪裡追求的都只是行爲自由，而良心這種形而上的事物，他們既無法感知，也無法認同。王陽明曾講：「此心具足，不假外求。」就是告訴世人做人保守好良心就足夠了，不需要再從外部尋求什麼自由。自由是從內心中獲得的，人從外部獲得的不是眞自由。愛己之人不懂得什麼是眞自由，於是就只能拼命追求外部的行爲自由，任憑良心被捆綁，卻活成了一頭動物，眞正白做了一回人。

當人不明白人生眞義一心求助於外，拼命在行爲自由上下功夫時，人就會忽視良心自由的存在，淪爲一頭高等動物。既然是動物，那麼就會心無敬畏，行事乖僻，以至於毀滅。正如聖經裡講，「**行動正直的，敬畏耶和華。行事乖僻的，卻藐視他。**」（箴言 14:2）「**正直人的純正，必引導自己。奸詐人的乖僻，必毀滅自己。**」（箴言 11:3）現今的中國人很多都不明白上面所講的道理，他們拼命地賺錢，只想給自己和家人留下足夠的金錢，希望能給他們創造盡可能寬鬆的自由，但是他們並沒有意識到留給家人的僅僅是行爲自由，而且是不受良心約束的行爲自由。這種自由非但不能幫助自己和家人，相反卻會害了他們（最近新聞裡報導了一個瑪莎拉蒂女司機醉駕撞人逃逸案件，正好說明了這個問題）。

愛己的經濟行爲是以自我爲中心的經濟行爲，只求外在行爲自由，不計內在良心自由。在使人獲得有限的行爲自由的同時，卻使人冒著喪失良心自由的巨大風險，實在是毫無理性。這種缺失良知的經濟行爲表面上以追求最大經濟效益爲目的，實際上卻是於社會無功，於他人無益，更使自己白白失去了一次生命提升的機會。所以基督講，「**人若賺得全世界，賠上自己的生命，有什麼益處呢？人還能拿什麼換生命呢？**」（馬太福音

16:26）

第二種經濟行爲是愛世的經濟行爲，主導這種經濟行爲的是人的世俗理性，它代表了人類的青銅時期。愛世的經濟行爲是出於人的世俗理性，世俗理性根據人對世界的認知又可以分爲不同層次，層次低的如小農意識、集體意識，層次高的如國家主義、民族主義等。愛世的經濟行爲是受社會主流意識影響在經濟層面的反映，從中可以體現出當時的社會風氣。在社會風氣良好時，人們在社會風氣的引領下可能會熱衷創造奉獻，實現個人的自我價值。在社會風氣不好時，人們可能就會專顧自我，與愛己的行爲近似。但愛世的經濟行爲較之愛己的經濟行爲惡性爲輕，因爲愛世的經濟行爲還會考慮到社會的影響、個人的榮譽以及其他人的利益等。

愛世的經濟行爲受人類認識眞理的能力影響時多時少，人們會根據自己世俗理性的程度不同愛自己的家庭、家族、民族、國家等，並產生與之相應的經濟行爲，其中最典型的是小農意識。「小農意識」屬於一種低級的世俗理性，它產生於自然經濟時期爲滿足個人溫飽而產生出的一種狹隘自守、缺乏全域觀和進取心的思想意識。「小農意識」常使人眼裡只盯著自家一畝三分地，只考慮著自家的榮華富貴，再高遠一點兒的境界就無法看清了。這種一葉障目的意識使人們往往看不清生命的眞義，與愛己的經濟行爲最爲接近。

中國人在長期的封建社會影響下形成了根深蒂固的「小農意識」，這一意識深浸在社會的各個層面，並給每一個人的思想和行爲烙下深刻的烙印。雖然中國進入近代史已經一百多年，雖然改革開放也已四十年，但是眞正衣食無憂的歲月並沒有多久。而且由於三觀的混亂以及由此導致的良心理性缺失，占據人們主流意識的依然是「小農意識」，這種局面不改變，中國很難稱得上是一個現代國家，更不要說成爲世界一流的國家。

另外在「小農意識」主導的國家中再提出國家主義，很容易形成民粹主義。民粹主義並非什麼新的意識形態，而是在「小農意識」的基礎上，出於世俗理性的動機對國家或社會產生的一種不滿情緒。這種主義本身是由於國家意識的高漲而對個人現狀的不滿引起的，它並沒有意識到社會問題的產生是源於民眾對眞理的無知以及由此而產生的良心虧欠、理性缺失。所以民粹主義只是試圖簡單地以平民階層取代特權階層，並非試圖用眞理喚醒民眾的良知，使人們通過獲得良心自由而實現社會和諧。無論民粹主義如何強烈地煽動民眾的仇恨情緒，它都依然反映出民眾追求行爲自由的特點，而對良心自由依然沒有引起足夠重視。所以即使今天中國社會的經濟水準看似很發達，人們的生活水準看似顯著提高，那只是因爲受近代以來西方世界科技文明的影響，其實影響中國社會的意識形態並沒有得到根本轉變，人們依然被根深蒂固的「小農意識」箍緊頭腦，並且有向民粹主義發展的趨勢。這也就是當前中國人行爲自由擴大的同時，良心自由依舊被捆綁的根本原因。

在世俗理性占主導地位的國家，國家主義、民族主義或宗教主義等體現專制主義的人治思想都極易做大成勢，而且相對於「小農意識」更能顯示出一種高姿態。主張國家主義或民族主義的人普遍自視覺悟高，眼界寬，以振興天下爲己任，往往對自己以及他人有著不切實際的要求。他們爲了實現自己的「遠大理想」，不惜強迫個人犧牲自己的利益，交出個人的私有財產，以爲國家或民族追求公義之名行剝奪個人自由之實。國家作爲一個人造的抽象概念，僅代表一群人的地理集合。民族也是一樣，盲目拔高這些人造的概念，並賦予它們一些根本不具有的象徵意義，實在是人類沉溺於世俗理性不認識眞理，深陷於屬世世界不明白生命眞義的結果。人到這個世界裡來本身是爲了靈魂修行，人類創造國家、民族等等概念，本身是爲了有助於自己的靈魂修行。若非如此，這些人造的東西盡可棄去。當民眾高舉國家主義、民族主義等人造的思想主義時，眞正的主人卻被忽視了。當以國家、民族或宗教等名義剝奪個人財產權時，個人的行爲自由也必隨之喪失。我們知道「財產權是其他每一種權利的保障，剝奪了人民的財產權，事實上就剝奪了他們的自由。」[415]接下來專制主義者又通過各種方式的洗腦使人們陷入迷信和恐慌中，以致無法依靠自已的良知和理性判斷是非，選擇善惡，只能將自己的命運交由他人的意志，無論善惡地偏信盲從。人一旦陷入這種境地，基本上只有聽天由命，將自己的命運交托給那些不知道天高地厚的「瘋子」。

這些國家主義者或民族主義者之所以這樣行，主要是不明白經濟行爲對良心這種形而上的事物不起直接作用，所以他們直接幹預經濟的行爲並不會帶來他們所希望的「公天下」，相反出於驕傲自大和愚昧無知，使他們深陷各種屬世世界的纏累之中。人類之所以屢屢犯錯，歸根結底是因爲屬靈世界的事太過於深奧，世人多著眼於屬世世界，不理解屬靈世界的事，「**然而，屬血氣的人不領會神聖靈的事，反倒以為愚拙，並且不能知道，因為這些事惟有屬靈的人才能看透。**」（哥林多前書 2:14）所以才會將屬世世界看得那樣重，才會將人造的東西看得比自然的東西還要重要，也才會產生國家的利益高於個人的利益，主權高於人權的錯誤觀念。

世俗理性不僅主導著國家主義和民族主義，而且也會對宗教主義產生影響。我們日常生活中接觸到的宗教其實都是受世俗理性影響的世俗宗教，受世俗宗教影響的宗教信徒們在他們的信仰中摻雜了太多的俗世情欲，以至於他們雖然相信有神，但卻仍然執著於眼前這個形而下的世界；雖然清楚屬靈生命更重要，可是心裡考究，腦中思量的盡是屬世生命裡的事；雖然明白愛是通往天堂的唯一途徑，卻沒能將愛的精神領會貫通，反

[415] 《基督教對文明的影響》，第 185 頁。

而以愛神或愛人的名義陷入世俗世界紛繁複雜的亂象之中，不但迷失了自己，也誤導了他人。宗教主義表面上似乎比國家主義和民族主義的境界更崇高，其實作爲一種人造的思想，骨子裡難免受世俗理性影響，淪爲替統治階級利益服務的屬世工具。

受世俗理性主導下的愛世的經濟行爲，同樣是在良心不自由的情形下追求行爲自由的一種經濟行爲。這種行爲雖看似對社會有益，但其實對改良社會風氣沒有太大幫助，對提升個人的屬靈生命也沒有實質幫助。人們在做那些善行義舉時，心中存著各種的思慮，並受著各樣的誘惑，最終無法獲得良心的自由以及實現生命的眞義。正如基督所講，**「撒在荊棘裡的，就是人聽了道，後來有世上的思慮，錢財的迷惑，把道擠住了，不能結實；」**（馬太福音 13:22）這也是追求外部行爲自由，卻總是與內在良心不自由相互衝突的表現。

愛世的經濟行爲由於其本身的屬世性，往往展現出一種兩面性，其本身並非眞如表面上那樣熱心爲國家、社會或他人服務，而是摻雜著愛慕虛榮、貪圖名利或畏懼法律等多種因素。行爲人出於上述原因，即使努力地裝出一副爲社會創造價値、造福人群的樣子，雖然表面上看似光明磊落，其實內在的思想和意念卻存著欺詐的根源，如果缺少那些顧慮的束縛，很可能會肆無忌憚地作出欺騙的行爲。這與那些心中有神或者具有自然理性的人相比，外表上儘管相似，本質上卻有著天壤之別。

愛世的經濟行爲還有一種極端的表現，就是僞善。這種行爲有時極具欺騙性，表面上彷佛是慈善行爲，實際上完全是一種貪慕虛榮的做法。要想識別這種行爲也不難，因爲眞具有愛心的，並不希望做給別人看，而是默默地做給自己心中的神看。**「所以你施捨的時候，不可在你前面吹號，像那假冒為善的人，在會堂裡和街道上所行的，故意要得人的榮耀。……你施捨的時候，不要叫左手知道右手所作的。要叫你施捨的事行在暗中，你父在暗中察看，必然報答你。」**（馬太福音 6:2-4）而僞善者在做慈善時，恨不得讓全世界都知道。比如某人在大街上給人發錢，然後拍成照片視頻等放到媒體上宣傳，這種行爲就屬於典型的僞善。

正是因爲人們不明白經濟行爲的屬靈內涵，只把它當作輕慢生命的屬世工具，所以人們拼命賺錢想獲得行爲自由的同時卻忽視了良心自由，以致掩蓋了與生俱來的神性，陷進敗壞與滅亡中。**「但那些想要發財的人，就陷在迷惑、落在網羅和許多無知有害的私欲裡，叫人沉在敗壞和滅亡中。」**（提摩太前書 6：9）原本爲保守人類良心自由，彰顯神對人類祝福的經濟行爲卻換來了這樣的結果，怎不令人扼腕嘆道，頓足歎息呢？

第三種經濟行爲是愛人的經濟行爲，主導這種經濟行爲的是人的自然理性，它代表了人類的白銀時期。自然理性是人類的高層智慧，它是從全人類乃至整個自然界的角度出發，對世界和生命產生的一種高級意識。

愛人的經濟行為在人類歷史上是不多見的，它要求人在做出經濟行為時必須具有自然理性，這對人是一種極高的要求。而在人類歷史上，具有自然理性的人基本都是哲學家或宗教學家，如古希臘的蘇格拉底、柏拉圖、芝諾等，古羅馬的克萊門、西塞羅、奧勒留等，古中國的老子、墨子、孔子以及後世的王陽明等。這些人都是人類追求眞理的楷模，但這些人往往一心在哲學或宗教的殿堂中尋求救世的眞理，很少理會現實世界裡關於經濟的事。所以只能由他們的弟子或後人在現實經濟生活中實踐他們的理論，如孔子的弟子子貢以及後世的晉商徽商等。

以自然理性從事經濟行為的人，必然是內心中已經對形而上世界有所認知，但是又不能完全明白其中道理的人。他們本著內心中的良善特別重視良心，雖不明白良善與神之間的關係，但卻懂得「積善之家必有餘慶，積不善之家必有餘殃」的道理。所以他們本著「立己立人，達己達人」的精神從事一些愛人的經濟行為，這種精神通過像徽商、晉商等的誠信經營、重義輕利等行為，使社會的經濟發展與維護社會的公序良俗都得到了繼承和發揚。愛人的經濟行為在為人類提供行為自由的同時，也為發現並獲得良心自由創造了很好的外部條件。

但是正如本書中所講，自然理性必須要以純正信仰來引導，否則不可能持久。中國有句老話「富不過三代」，而西方富十幾代的都有，為什麼呢？答案就在一個信仰上。西方人的信仰使他們從小心中就有一個神在，而聖經裡的話告訴了他們很多的道理。「**惟喜愛耶和華的律法，晝夜思想，這人便為有福！**」（詩篇 1:2）有信仰的人知道良心對人的重要意義，他們通過努力勞動創造價值，造福人群，榮耀造物主，為自己未來能夠進天國做準備。這種眞正正面的精神力量不是那些無信仰的人可以理解的。當那些沒有信仰卻因為有了錢而獲得了許多行為自由的富二代、富三代們開始肆意揮霍輕而易舉得來的財富時，他們不理解這行為自由的來之不易，不願像父輩們一樣為獲得行為自由去努力打拼。而是想著及時行樂，瀟灑人生。這就是因為他們的父輩已經為他們獲得了行為自由，卻沒有為他們獲得良心自由而造成的結果。

應當看到這些富二代、富三代之所以沒有信仰，與他們的父輩也缺乏信仰有關。很多父輩們只顧著賺錢而沒有給後輩留下信仰，不但自己的良心自由不能得到保障，後代的良心自由肯定也會很快失去，因為他們都不正確認識眞正的自由。當那些有錢人只會給孩子留下金錢，或者如當今的中國父母們將孩子送到國外留學或生活就以為一勞永逸時，他們不明白的是，只給孩子提供行為自由，不幫助孩子領悟良心自由，他們的這種行為無疑是幫助孩子放縱自己的肉體私欲，揮霍自己的行為自由，最終必然導致孩子因放縱私欲而滑向犯罪的深淵。

純正信仰賦予人的是良心自由，正是因為有良心自由的引導和約束，人類的自然理性才能得到啓蒙和培植，並長期維繫，孩子們才會在正確的人生道路上茁壯成長。人需要通過良善宗教樹立的純正信仰，才能保守好內心中的那份良善，因爲「**除了神一位之外，再沒有良善的。**」（路加福音 18:19）人只有專注于神或天堂，才能通過心中的那絲神性感悟到來自神的良善。如果人將良善當作人的本性，必然會產生人定勝天的想法，結果必然導致人驕傲自大、自以爲是，最終由於輕視人的肉體私欲和世俗理性而使愛人的經濟行爲變得局限和短促，就如一篇題爲《抱愧晉商》的文章中談到：「我們不難看出信仰文化之於商業、之於市場經濟的作用。從這個意義上再來審視明清晉商後代的墮落之現象，也就不難解讀了。市場、金錢始終應該是表面的淺層的，而更深層的處於支配地位的則是文化或是信仰。什麼時候捨本逐末，都必將不能長久。明清晉商持續五百年輝煌的深層文化背景是置信、義於利之上，而晉商的衰落首先是文化的衰落，是信仰的喪失，這是根本。」[416]

事實證明，缺少信仰支撐的理性是難以維持長久的，而決定經濟觀的價值觀更是有賴於信仰。人類從事經濟行爲時常會因爲理性的不足而造成短視的結果，比如前面講到的愛世的經濟行爲。只有當人類眞正認識眞理後，才能眞正認識到經濟的本質是「創造價值、造福人群」，並在眞理所賦予的純正信仰和自然理性的作用下，發現及創造出最符合自由價值觀的自由市場經濟。（詳見上文《民主爲什麼必然會從基督教國家中誕生？》）

基督徒因自由價值觀而創造出的自由市場經濟爲全人類帶來了豐富的物質財富，由基督教國家發起的一番番科技革命爲人類帶來了前所未有的行爲自由。但是財富的增加和行爲自由的擴大並不必然導致良心自由的增加，相反很多人在不認識眞理的情形下因爲突然增加的財富和擴大的行爲自由反而陷入到追求物質享受和感官刺激的罪性裡，導致迷失自我，良心虧欠，淪爲了罪的奴隸。所以必須要認清，自由市場經濟的背後是自由價值觀，而自由價值觀的背後則是基督福音所具有的眞理性。

但有一種經濟行爲表面上是愛人的經濟行爲，實際上卻是害人的經濟行爲，它就是共產主義理論主導下的公有制經濟。這種經濟模式表面上是出於自然理性，但實際上卻無視理性的專屬性和差異性，並在錯誤世界觀的引導下剝奪財產的私有屬性，結果非但沒有使人的理性提高到自然理性，反而更滑落到非理性的地步，由此給人類造成了極大的災難。關於這一點已經在前文中論述（詳見上文《何謂眞理？》或《經濟的本質是什麼？》），在此不再贅述。

由於自然理性與認識眞理密切相關，在不認識眞理的人類社會中非常難得，而由其而來的愛人的經濟行爲更顯得異乎尋常的珍貴。但當眞理隨著自由價值觀得到全世界人

---

[416] 郝光明，《抱愧晉商》，《山西經濟日報》，2007 年 5 月 30 日 6－7 版。

類的共識後，這一來自神恩賜的經濟行爲得以常駐人間，並爲人類社會的和諧穩定默默作出著巨大貢獻。

第四種經濟行爲是愛神的經濟行爲，這種經濟行爲出於人的純正信仰，代表人類的黃金時期。因爲這種行爲的實施者都是對世界的本質和生命的眞義有了正確理解後，產生出一種對神的正確認知和完全信心。他們都是已經看見了天堂，並感受到天堂喜樂的人。這種人的信仰不是人云亦云的隨信，也不是一知半解的淺信，更非自以爲是的迷信，而是建立在認識眞實之境後的理信。通過純正信仰，人類感受到來自屬靈世界的屬天之愛，並由此明白了人世間的一切眞理，體現在經濟方面就是愛神的經濟行爲。

这種愛神的經濟行爲並非去爲什麼神靈服務，相反卻體現爲一種愛人的經濟行爲。因爲基督教給世人「愛神的果效要體現在愛人上」，所以西方社會因普遍對神的純正信仰而形成一種對人的愛（詳見上文《什麼是基督教的「三觀」？》）。這種愛透過血緣，穿越國界，彰顯出人類心中無私至善的神性。正是這愛使西方社會在靈魂層面發生了根本性變化，並深刻影響了後來整個人類社會經濟行爲的發展方向。下面以基督徒的經濟行爲來對此加以說明。

基督徒因認識眞理而信仰上帝，所以能夠理解律法和福音所指示的那個世界的眞實性，進而明白了愛神的果效要體現在愛人上，所以愛神的經濟行爲既要做在人身上，又要彰顯出神對人的愛。「**無論做什麼，都要從心裡做，像是給主做的，不是給人做的，因你們知道從主那裡必得著基業作為賞賜。**」（歌羅西書 3:23-24）

爲了獲得這份來自天國的賞賜，基督徒眞地可以做到「愛人勝於己」，有關這一點突出地體現在清教徒身上。在「對天國的熱情關注中，清教徒成爲有秩序、實事求是、腳踏實地、懇切禱告、目標明確、講求實際的男女。他們把生活視爲一個整體，將沉思與行爲，敬拜與工作，勞動和休息，愛上帝、愛鄰人和愛自己，個人身分和社會角色，及其彼此廣泛相關的義務，以一種徹底的勤懇謹慎、深思熟慮的方式，整合在一起。」[417] 因爲堅守純正信仰，所以清教徒能在各種艱難環境下學會寬恕和愛，並且在這個屬世世界裡身體力行，通過實施愛神的經濟行爲使人明白神造人的初衷以及人來到這個世界的眞義，並借著著自己的善行義舉將神的光照在人的腳前，引領人將感恩的心獻上給神。「**你們的光也當這樣照在人前，叫他們看見你們的好行為，便將榮耀歸給你們在天上的父。**」（馬太福音 5：16）

基督徒發自對神的愛，獲得了良心上的自由，更多地明白了屬世世界經濟的屬靈內涵——通過創造價值、造福人群，使自己擺脫肉體私欲和世俗理性的束縛，感悟來自于

[417] 《入世的清教徒》，第 5 頁。

神的良心並使其獲得自由。正因爲認識了神，使基督徒從生命的源頭獲得了一種精神動力，不論是有錢人或沒錢人，他們都可以行爲純正，拒絕驕奢淫逸的生活方式。他們明白生命的眞義是什麼，絕不會爲金錢迷失了生命的方向。他們出於愛神的經濟行爲通常又被稱爲慈善行爲，慈善的本意就是博愛，而懂得博愛的人無不是那些無私奉獻，不求回報，通曉生命之道的人。

歷史上各個時期的國家和地區都有過個人善行和義舉，但都是個別和零星的，唯有基督徒的義行是群體的。他們成立各種志願團體幫助遭患難之人（如窮人、寡婦等）；他們建立孤兒院收養大量的孤兒；他們建立醫院幫助生病的人；他們建造收容所幫助流浪的人；建立瘋人院收治精神病患者；建立養老院收養孤寡老人等等。德爾圖良曾告訴世人，在早期基督徒物質生活還很貧乏的情況下，他們就自願地、毫不勉強地建立了一個共同的基金會，用來幫助那些寡婦、殘疾者、孤兒、病人，爲基督信仰身陷牢獄者，需要幫助的傳道人，並爲窮人提供葬禮費用，有時還出資贖買奴隸等。[418]

受基督博愛精神的感召，基督徒群體的慈善行爲從古至今一直都在進行中，無論是普通民眾，官紳還是國王王后都積極參與其中，整個世界因此而發生了無數奇妙的事情。醫院、孤兒院、養老院、救濟所以及盲聾啞學校等慈善機構紛紛創立，每一個人、每一個小群體都構成了一支愛的細流，他們去醫院探望病人，提供衣食給窮苦的人，幫助破碎家庭中的小孩，關愛無助的孤寡老人。這一支支細流匯成了一股巨大的洪流，構成基督教國家慈善事業的主流。

這一愛神的經濟行爲不但在基督教國家流淌，而且隨著基督教傳教士的腳蹤也流到了世界各地。當中國社會還處在貧困落後的自然經濟時期，一遇到自然災害，無數的流民就不得不四處逃荒。由於封建專制政府在這方面作爲有限，每次發生大的災荒，都會造成饑民遍地、餓殍遍野的人間慘劇。如發生在 1876 年至 1879 年的「丁戊奇荒」，北方的山東、直隸、山西、陝西、河南五省發生持續四年的特大旱災，並波及到蘇北、皖北、隴東和川北等地區。整個災區受到旱災及饑荒嚴重影響的居民人數，估計在 1.6 億到 2 億左右，約占當時全國人口的一半；直接死於饑荒和疫病的人數，至少也在 1000 萬人左右；從重災區逃亡外地的災民不少於 2000 萬人。[419]面對這場人間慘禍，腐朽不堪的滿清政府眼睜睜地看著數以千萬計的百姓家破人亡，流離失所，卻無所作爲。而來華的傳教士們卻被這場人間悲劇深深震撼，他們通過《申報》、《萬國公報》和《北華捷報》等新聞媒體，連續報導了山東的旱災，並刊載勸捐書，籲請僑居各通商口岸的外國官商捐資救濟。在他們的推動下，1877 年 3 月，一批傳教士、洋商及外交官員在上海聯合成立了

418 《基督教對文明的影響》，第 108 頁。
419 李文海等，《中國近代十大災荒》，上海人民出版社 1994 年版，第 98 頁。

山東賑災委員會。該會會務由英國牧師慕維廉主持，負責各口僑民的募資捐款，而有關災區的散賑事宜，則由李提摩太統一辦理。截至這年 11 月，山東賑災委員會從世界各地募集到賑款 30361 兩，其中經李提摩太放賑的有 19119 兩，受助饑民達 7 萬餘人。1878 年 1 月 26 日，由西方來華的傳教士、外交官和商人在山東賑災委員會的基礎上聯合組成由西方國家人士成立的第一個救災機構——「中國賑災基金委員會」。在基督教慈善事業的影響下，進入 20 世紀後，世界各國都相繼建立起各自的國家福利制度，逐漸取代了教會大部分的慈善工作，但是兩者卻有著本質的區別（詳見前書《基督教啓蒙讀物——最後的爭戰》）。

這些愛神的經濟行爲背後閃耀的是神性的光輝，但是因爲違反人性，在過去歷史上許多國家中都屬於很罕見的行爲。因爲這種經濟行爲創造的價值不是可以用金錢能夠衡量的，很多活在肉體私欲中的人對此無法理解，自己辛辛苦苦賺來的錢卻要拿去幫助那些與自己素不相識，甚至八竿子打不著的外國人，這叫那些滿腦子世俗理性的人無論如何也接受不了。曾經國內媒體報導西方社會經常有富豪裸捐的事，當時還引起了不小的爭議。實際上眞正瞭解基督徒三觀的人，就很容易理解他們的這種經濟行爲。基督徒創造的價值不是肉眼能看見的屬世財富，而是靈眼才能看見的屬天財寶。因爲他們相信耶穌的教誨，「**你若願意作完全人，可去變賣你所有的，分給窮人，就必有財寶在天上；**」（馬太福音 19：21）所以按照基督教的價值觀引領他們爲了能去往那個至高之境而積極行善。不管是有錢人還是沒錢人都積極地行善，有錢人將自己的財富分給那些物質上需要幫助的人，並借此傳遞神對人的愛。沒錢人也放棄追求屬世財富的機會，通過各種行爲眞正充滿愛心的關心人、幫助人、服務人。

基督徒因爲達到「愛人勝於己」的境界，他們的內在靈性層次已經全然開啓，進而看清了天堂，並明白天堂的喜樂之道就在於無私奉獻。而那些僞善的人只是出於愛世之心，他們行善絕不是因爲看見了天堂，而只是爲了沽名釣譽、貪圖虛榮。他們的內在靈性層次依然緊閉，而外在肉體層次便會開啓，進而生命遠離天堂而迎向世俗。愛神的經濟行爲與愛世的經濟行爲都可以表現爲慈善事業，然而它們最大的不同之處是信仰。一個是做給神看，尋求的回報在天上。「**無論做什麼，都要從心裡做，像是給主做的，不是給人做的，因你們知道從主那裡必得著基業作為賞賜。**」（歌羅西書 3:23-24）一個是做給人看，貪圖的是地上的回報。

愛神的經濟行爲並非如字面上理解爲爲神服務的經濟行爲，愛神的經濟行爲一定體現在愛人上，因爲「**人若說『我愛神』，卻恨他的弟兄，就是說謊話的；不愛他所看見的弟兄，就不能愛沒有看見的神。**」（約翰一書 4：20）所以基督講要愛人如己，「**無論何事，你們願意人怎樣待你們，你們也要怎樣待人。**」（馬太福音 7：12）因此愛神的經濟

行爲在現實生活中與愛人的經濟行爲有著近似之處，但是二者之間仍然有著本質的區別。愛神的經濟行爲表面上表現爲損己利人，即「愛人勝於己」；愛人的經濟行爲表現爲利人利己，即「愛人如己」。如果說愛人即是在每一件事上力求公義，那麼信仰便是心存公義的思想，也即良心獲得自由情形下的意念。當愛人與信仰合而爲一，就如同生活依循良知而行，亦即「智慧」。這種在愛神主導下的知行合一，才是良心獲得眞正自由的表現。相較愛人的經濟行爲，愛神的經濟行爲更具有穩定性和持久性，比如洛克菲勒家族的慈善行爲持續了一個多世紀，至今依然造福著全人類。

基督教藉著天國的眞理將經濟行爲與做人的價值觀有機地融合爲一體，教給世人如何在經濟行爲中實現人的生命價值。這種生命價值時常體現在良心自由上，並形成了基督教特有的自由價值觀。自由價值觀使基督徒的行爲不再任性，而是實現了「致良善」與「知行合一」的完美結合。基督徒能夠發自內心的愛神而去從事慈善行爲，希圖使人們在擴大行爲自由的同時有機會接觸到眞理，喚醒內心沉睡的良知，培育理性，樹立理信，進而活出神賦予的豐盛生命來。這才是稱爲愛神的經濟行爲，同時也反映出基督徒的經濟觀。（詳見下文《什麼是經濟觀？基督徒的經濟觀是什麼樣的？》）

經濟行爲只是人類社會行爲中的一種，但是它們之間都有相通之處。經濟行爲的四種分法也適用於其他社會行爲，如政治行爲、法律行爲、文化行爲、教育行爲等。所以弄清了經濟行爲的本質，也可以幫助人類更好地理解其他社會行爲的本質，達到觸類旁通、舉一反三的效果。

什麼是經濟觀？基督徒的經濟觀是什麼樣的？

關鍵字：經濟觀；三觀；世界觀；人生觀；價值觀；基督徒的經濟觀

經濟觀是人類對經濟的本質、目的和價值的一種認識，作為一種思想意識，它本質是由人的三觀所決定。通常是世界觀決定對經濟本質的認識，人生觀決定對經濟目的的認識，價值觀決定對經濟價值的認識。

經濟之創造價值、造福人群是它的本質內涵，但是決定這一本質的則是人的三觀。如果三觀不正，經濟就會簡單地成為創造利潤最大化的一種形而下的世俗行為。如果三觀正確，就會明白雖然經濟表面上表現為一種創造價值的屬世行為，但它確是為形而上的屬靈生命提供服務的物質基礎。

在三觀中最根本的是世界觀，根據人類對世界的認知，世界觀基本可以分為兩大類：唯心主義世界觀和唯物主義世界觀。唯心主義世界觀認為在這個物質世界的表像下還存在著另外一個眞實的世界，那個世界才是根本的、主要的世界。唯心主義世界觀是由人的內在理智和意念在發揮作用，正因為如此，人類才有了形而上學，並創造出哲學和宗教。唯物主義世界觀因為過於偏狹的觀察和認知，導致人類只專注於外在感官層次，只能體會自然界裡的一切事物，而對更高層的屬靈世界則選擇忽視或懸置。唯物主義世界觀由於視野過於狹窄，在人類歷史上從未占據過主流意識，但是在人類歷史進入二十世紀後，由於唯物主義與共產主義的結合，卻使唯物主義世界觀在個別國家和地區受到信仰雜亂和理性匱乏者的追捧，原因在前文中都講過（詳見前文《何謂眞理？》）。

唯心主義世界觀能夠使人不再局限於形而下的屬世世界，而是能看到形而上的屬靈世界。隨著人類眼界的開闊，使人類能夠明瞭生命的本源和歸宿，人們就不會只是汲汲於眼前的苟且，而是有了更加屬靈的智慧和深邃的目光。由此人們就會看見事物外表隱藏下的深刻內涵，瞭解生命的長闊高深，自然也會明白經濟絕非表面上所顯示的維護肉

體生存功能，它有著更加深刻的提升屬靈生命功能。當對世界有了正確的認知後，二律背反現像是不會存在的。人類會清醒地認識到我們眼前的這個世界只是一個生命的寄居地，或是考試場、修行地，在這裡所有的一切不過是一次短暫的經歷，它是爲生命向下一個層次過渡的考場。所以切切不可爲了一場考試而將生命禁錮在這場考試之中，致使一葉障目，本末倒置。

經濟現象只不過是這場考試中的一道試題，考的就是人類創造價值是爲屬世的行爲自由，還是爲了屬靈的良心自由，是爲肉體的愉悅，還是爲靈魂的喜樂。唯物主義世界觀由於對世界本質的偏狹認知，遮蔽了人類的屬靈智慧，使人類迷失了來此世間的眞正目的，導致人類將自身降低到低級生靈的水準。唯物主義不明白人本身是具有理智和意念的靈體，人通過理智接收眞理，通過意念感受良善。此二者與信仰和愛息息相關，並藉此與主合而爲一，由此獲得天堂的喜樂和永生。

人本體具有一個內在的靈人和外在的肉身，就如同天堂和世間的兩個層面，唯有在兩者合一的情況下，人才能成爲眞正的人。內在靈人與外在肉身存有相應的關係（詳見上文《爲什麼要保持平衡？》），唯有明白世界的本質，才能開啓內在靈人的理性和洞察力，獲知生命的眞義。唯物主義世界觀忽視了人內在的屬靈本質，只是一味地關注人外在的肉身表像，自然與天堂的眞理愈行愈遠，而陷入世俗的歪理邪說之中。與之相應的唯物主義經濟觀，只會將經濟作爲一種創造物質財富的手段，無法領會經濟所具有的屬靈意義，所以出於對人本身的認知錯誤使經濟的發展方向也失去了爲內在靈人服務的深層意義。在這方面，當今中國人的經濟觀最具有說明性。

中國民眾在歷經長期的唯物主義無神論教育，又對共產主義理論失去信心後陷入一種良心虧欠和理性匱乏的狀態，這種狀態反映在經濟上就形成一種愛己的經濟觀。這種經濟觀使人看不見任何屬靈生命的痕跡，只是將經濟當作爲自己創造財富，供自己肉體享樂的工具。今天中國人之所以對現實社會有那麼多的不滿，並不是因爲人們的需求有多高，而是源於社會失去了公平和良善，一些良知泯滅的人通過巧取豪奪攫取巨額財富，導致社會貧富嚴重不公。而民眾由於對眞理的無知，教育的偏斜以及主流觀念的誤導等原因，使人對這個世界的眞相幾乎總是理不清頭緒。這個責任說起來就不是某個人的責任，而是整個社會的責任。當勞動創造失去天職觀的支撐，就僅僅是製造商品，賺取利潤，毫無神聖感可言。而工作就成爲簡單地重複生產，徹底失去了自身的屬靈意義。經濟行爲也失去了爲追求良心自由服務的意義，徹底淪落爲維持肉體生命生存和享受的商業行爲。在此種情形下，人的思想意識，或是道德情操，或是屬靈覺悟等形而上的智慧都會被形而下的物欲掩蓋，不知不覺中人就墮落成貪圖肉體享受，沒有理想追求的高等動物。

人們接受的教育，使人們接受了人是一種高等動物的觀念，這種觀念使人們無視自己與生俱來的神性，而追求與身俱來的獸性。對這樣的人講道理無異於對牛彈琴。我經常遇到這樣的情形，人們總是問我：「你是怎麼解決吃飯問題的？」我能給他們講，「**人活著，不是單靠食物，乃是靠神口裡所出的一切話。**」（馬太福音 4:4）「**所以，不要憂慮說：『吃什麼？喝什麼？穿什麼？這都是外邦人所求的。你們需用的這一切東西，你們的天父是知道的。你們要先求他的國和他的義，這些東西都要加給你們了。』**」（馬太福音 6：31－33）如果我對他們講這些話，無疑只會遭到他們的厭惡和鄙視，因爲這些大道理解決不了他們生活中的任何實際問題。

由於專注於形而下的屬世世界，導致人們的感官和行爲都是出於愛己和愛世的心理，完全缺少對形而上世界的認知。古人雲：「形而上者謂之道。」今天中國人的行爲無疑證明他們已經失了「道」，甚至連「道」是什麼都無從得知。所以在今天的中國社會談天論道是一件很無聊的事，退一步只能談「以德治國」了。在不明道的情形下談「以德治國」，無異於緣木求魚，註定勞而無功（詳見上文《爲什麼講以德治國必先明道？》）。「道」在今天中國人的心中眞的是玄之又玄的事物，它所代表的含義眾說紛紜，因爲太過於深奧，所以現實生活中的人們對它也確實提不起興趣。因爲沒有一個明確的眞理標準，導致對是非善惡缺少一個清晰的衡量尺度。而判斷是非善惡的良心，已經在人們的思想意識裡消失很久了。因此在這樣一種混亂的意識形態裡，人們去盲目追求形而下的物質享受是可以理解的。

對不明道自然也很難講道理的人來講，又怎麼能辨得清經濟的眞正本質呢？對這樣的人講道理會讓人發自內心產生一種無力感，這也使人能夠理解幾千年前老子騎牛西去，散手不管的心態了。然而有一個人卻不一樣，祂明知世間險惡，人心詭詐，卻堅持要將天國的眞理帶給人間。爲此祂自願選擇作世人的贖罪祭，受侮辱，遭鞭撻，最後被釘死在十字架上。「**他本有神的形像，不以自己與神同等為強奪的，反倒虛己，取了奴僕的形像，成為人的樣式。既有人的樣子，就自己卑微，存心順服，以至於死，且死在十字架上。**」（腓立比書 2:6-8）祂本可以成爲高高在上的民眾偶像，但卻選擇與罪人們待在一起，並爲彰顯神對人的愛以致於死。「**為義人死，是少有的；為仁人死，或者有敢作的；惟有基督在我們還作罪人的時候為我們死，神的愛就在此向我們顯明了。**」（羅馬書 5:7-8）

當祂被高高舉起的那一刻，整個世界發生了翻天覆地的變化。越來越多的人從祂的教誨中領悟了生命之道，並願意學祂那樣犧牲自己，無私奉獻，藉此與神相合，活出神的形像來。這些人被稱爲「基督徒」。開始這是一個貶義詞，是一個遭人嘲笑的代名詞。但隨著歲月的流逝，信仰祂的人越來越多，理性水準越來越高，且在這群人中產生出獨特的三觀（詳見上文《什麼是基督教的「三觀」？》）。基督徒的世界觀無疑屬於唯心主義世界觀，在他們的眼中除了眼前的屬世世界外，還有一個看不見的屬靈世界，那是需要靈眼才能看見的世界。「**屬血氣的人不領會神聖靈的事，反倒以為愚拙，並且不能知道，因為這些事惟有屬靈的人才能看透。**」（哥林多前書 2:14）

在兩個世界中，屬靈世界爲主，屬世世界爲輔，它們都是神的創造物。同樣創造世界的造物主也創造了人類，祂造人的初衷就是讓人類爲自己作見證。所以祂賦予人自己的形像，以及氣息，「**創造諸天，鋪張穹蒼，將地和地所出的一併鋪開，賜氣息給地上的眾人，又賜靈性給行在其上之人的神耶和華，**」（以賽亞書 42:5）所以人有良心，會理性思考，懂得感恩並回饋社會。那麼落實到經濟層面就體現爲創造價值，造福人群。

什麼樣的世界觀決定了什麼樣的人生觀，對世界有正確認知的人，心中自會存有一種對神靈的敬畏，這也解決了他們對自身來歷的認知。基督徒的世界觀無疑使他們的眼界和格局不同于常人，也使他們能更加清醒地認識到生命的眞義。基督徒藉著對眞理的認知，使他們對神產生出純正信仰，對人產生出自然理性，且由此使他們明白了生命之道就在於愛神的果效要體現在愛人上。所以無需置疑他們爲什麼無條件地愛人，因爲他們心中那位至善的神就是無條件地愛人。不要因爲不理解他們，就懷疑他們愛人的目的，這與他們的信仰密切相關。

正是基於對世界本質的認知，基督教的人生觀告訴基督徒，爲達到那眞實的至高之境，就必須要在這個屬世世界證明自己，證明自己的心已經達到那個至高的境界。所以他們努力地創造價值，造福人群，爲自己身上的神性作見證。這種人生觀表現在日常生活中，就是設身處地地爲他人著想，盡可能地去幫助那些有困難需要幫助的人。正如理查・巴克斯特在《基督教指南》中所講，「我們活著是爲了他人的利益，我們推崇公眾福利，尤其當我們有機會對他人行善時……」。[420]這種幫助當然不僅是指物質層面的幫助，更主要的是在屬靈層面提供幫助。因爲進入天國在基督徒的心裡比什麼都重要，而肉體只不過是靈魂用來提升自我的一個工具，絕不能本末倒置，爲了肉體享樂而影響了靈魂來這個世界的根本目的。

因爲對屬靈世界的認知，所以基督徒對良心自由有著異乎尋常的重視。經常聽見基督徒說「無自由，毋寧死」，這裡的「自由」可不僅僅是指行爲自由，更主要是指良心自由。所以不要簡單地理解「自由」的含義，尤其是深受唯物主義世界觀影響的人們。不理解良心自由對行爲自由的決定性，就不會懂得經濟除了顯在擴大人行爲自由的功能外，還具有潛在保護人良心自由的功能。作爲形而下世界的一種行爲，經濟對保護人的良心

---

[420] 《十七世紀英格蘭的科學、技術與社會》，第 101 頁。

並不發揮直接作用，甚至在一些良心虧欠和理性匱乏的地方反而起到反作用。所以起初基督徒對經濟也是保持一種謹慎的態度，即使後來興起的自由市場經濟也是在基督教理性主義的省視下小心翼翼地往前發展。經濟保護人良心自由的功能主要體現在促進福音的傳播方面，最典型的例子就是哥倫布在尋找新大陸的航程中，在每一座曾涉足的島嶼上都留下了十字架作爲標記。

基督徒從事經濟活動並非將經濟作爲給自己謀利的工具，而是將經濟作爲傳播福音眞理的工具。基督教的人生觀本是利他，「我們一旦在基督裡，我們就是爲了別人，而不是爲了我們自己而活。」基督徒辛苦的勞作創造出自由市場經濟，發明會計制度，開拓世界市場，通過各種經濟行爲將爲人類帶來良心自由的福音眞理傳遍世界各地。這其中蘊含著的潛臺詞是「神藉著人類趨利的心理將基督的福音傳遍了整個世界」，同時也反襯出掩藏在經濟裡的神對人類的祝福。

在基督教世界觀和人生觀的引領下，基督徒具有一種明確的價值觀。在聖經中耶穌告訴世人，「**你們要謹慎自守，免去一切的貪心，因為人的生命不在乎家道豐富。**」（路加福音 12：15）「**你若願意作完全人，可去變賣你所有的，分給窮人，就必有財寶在天上；**」（馬太福音 19：21）「**你們要變賣所有的周濟人，為自己預備永不壞的錢囊。**」（路加福音 12:33）基督教的價值觀認爲，這個世界上的東西沒有什麼價值，眞正有價值的東西都在天國裡。人類之所以迷戀屬世世界裡的事物，完全是因爲被它的表像所惑，陷於那些花言巧語、虛情假意所布置的假像之中。所以基督徒努力地積攢天上的財富（這有點像中國古人講的積陰德），他們通過經濟活動創造價值造福人群，不斷地將神對人的愛傳遞出去，並幫助人將感恩的心獻上給神。經濟的價值充分體現出「服務人，榮耀神」，經濟也由此成爲人類在地上爲神作見證的一份產業。

鑒於基督教獨特的三觀，所以經濟在基督徒的眼中就是創造價值造福人群的方式，是傳播福音的工具，是幫助人認識神並爲神作見證的產業。由此可以將基督徒的經濟觀總結爲：通過發展經濟改善人們的物質生活，擴大人們的行爲自由，方便傳播主的福音，傳遞主的愛，傳頌神的恩典，傳揚神的良善，更好地在世間爲神作見證，實現生命來此間的眞義。

瞭解了基督教三觀對經濟觀的影響，那麼我們再來看一下唯物主義世界觀會對經濟產生什麼樣的影響。當人以爲這個世界純粹是一個物質世界，根本不存在那個虛無縹緲的屬靈世界時，他還會考慮自己的靈魂歸宿嗎？他能夠理解「**叫人活著的乃是靈，肉體是無益的**」（約翰福音 6:63）道理嗎？顯然不能。在唯物主義世界觀的影響下，就個人而言，當肉體生命結束時一切都將不復存在。如此一來，肉體生命在人的眼中會無限地放大，生命必然是以肉體爲中心，那麼人類的經濟觀就會從造福人群變爲造福自己，經濟也只剩下創造價值的功能。既然是爲了創造價值，那麼什麼思想啊！主義啊！還有什麼良心公義啊！都不足以攔阻人不擇手段獲取金錢的野心。

狹隘的世界觀限制了人類探索世界的眼光，拘束了人類對生命的認知，並造就了利己的人生觀。人們努力地在這個屬世世界裡爲自己的肉體私欲打拼，遵循「事不關己高高掛起」，「事若關己巧取豪奪」的做人準則，且基於這一準則還會產生更加卑劣的邏輯，「無事獻殷勤非奸即盜」。人在這種邏輯思維中看不見半點良善的影子，有的只是世俗理性以及非理性長期對人們的思想禁錮和人性扭曲。這種意識已經深深浸入他們的基因裡，凡是屬眞理的全都不加分辨地一概排斥（大方面如對普世價值觀的排斥，小方面如對耶誕節的排斥）。由於缺少純正信仰的看護和引領，自然理性又受到世俗理性長期的的百般扼殺，由此世界在人們的眼中就成了一個追名逐利、爾虞我詐、巧取豪奪、弱肉強食的動物世界。在這樣的社會裡，經濟眞的就成了賺錢的代名詞。於是乎金錢變成了這個世界的主宰，人卻淪爲了金錢的奴隸，眞正用許多愁苦把自己刺透。**「但那些想要發財的人，就陷在迷惑、落在網羅和許多無知有害的私欲裡，叫人沉在敗壞和滅亡中。貪財是萬惡之根！有人貪戀錢財，就被引誘離了真道，用許多愁苦把自己刺透了。」**（提摩太前書 6：9－10）

今天中國人的現狀正是如此，久久陷在唯物主義世界觀裡，被錯誤的人生觀和價值觀扭曲的經濟觀，使中國人完全看不見經濟現象背後的屬靈深意。中國人要改變目前的經濟觀，就必須學著跳出深井，走出山洞，去到更廣闊的天地瞭解世界。首先需要學習一下眞實的歷史，瞭解今天世界的文明是如何而來。在前書《基督教啓蒙讀物——最後的爭戰》中，對影響今日世界的思想文化、政治法律、科學教育、慈善事業、音樂美術、曆法節日等方面都作了簡正的解說，作爲啓蒙讀物，非常有益於受唯物主義世界觀洗腦的人群閱讀。其次從信仰方面瞭解一下基督教的三觀，搞清爲什麼同樣在一個世界裡，基督徒能得補救的原因。正因爲藉著他們的主所賜予的純正信仰，使他們對信仰中的神有了明確的認知，所以行事爲人就有著強大的信心作支撐，**「因我們行事為人，是憑著信心，不是憑著眼見。」**（哥林多後書 5:7）且得以因信稱義。**「神設立耶穌作挽回祭，是憑著耶穌的血，藉著人的信，要顯明神的義。因為他用忍耐的心，寬容人先時所犯的罪。好在今時顯明他的義，使人知道他自己為義，也稱信基督的人為義。」**（羅馬書 3:25-26）

今天中國民眾已經通過有限的市場經濟獲得了相對寬鬆的行爲自由，但是因爲還不認識眞理，還處在無知有害的肉體私欲和根深蒂固的世俗理性甚至非理性之中，還做著不知惡之爲惡而作惡，或以惡爲善而作惡的事，相較良心自由引領下的行爲自由還差得很遠。中華民族要想實現偉大復興，就必須在良心方面迎頭趕上，就必須破除根深蒂固的世俗理性，就必須在靈魂層面來一場徹底的洗禮。要做到這一切，首先需要認清世界的本質和生命的眞義，做到理性做人；其次必須學會認識眞理，做到理信上帝；第三也是最重要的，要認清自己就是那個浪子，必須回頭做回神的子民，做到心中有天堂，時刻與神同在，無論做什麼都是憑著自己的良心和誠實去做。唯如此，我們才會獲得神的看護，走上神所喜愛的道路。「**義人的腳步被耶和華立定；他的道路，耶和華也喜愛。**」（詩篇 37：23）

隨筆篇

「我賜給你們一條新命令，乃是叫你們彼此相愛。」

（約翰福音 13：34）

為什麼中華民族的偉大復興必須與信仰上帝聯繫在一起？

人都有一個靈魂，靈魂深處的良知告訴人什麼是善？在《理想國》一書中，柏拉圖借著蘇格拉底的話講出了這個道理。「我覺得，在可知世界中最後看見的，而且是要花很大的努力才能最後看見的東西乃是善的理念。我們一旦看見了它，就必定能得出下述結論：它的確就是一切事物中一切正確者和美者的原因，就是可見世界中創造光和光源者，在可理知世界中它本身就是眞理和理性的決定性源泉；任何人凡能在私人生活或公共生活中行事合乎理性的，必定是看見了善的理念的。」[421]蘇格拉底代表了人的一種很高境界，在他看來善也是人生中難能可貴的一種理念。古希臘哲學與古中華哲學都曾達到很高的境界，可惜後來都衰落了。但是不同之處在於，古希臘哲學藉著與基督信仰融合獲得了復興，而古中華哲學卻一直衰落，直到今天也未見一點兒起色。

究其原因，就在於哲學所蘊藏的自然理性脫離開宗教所追求的純正信仰無法形成對眞理的正確認知，淪爲世俗理性只是一個時間問題。在所有宗教信仰中都強調「善」，可以講「善」是一切事物中正確和美好的根本原因。耶穌講，唯有神是善的，「**除了神一位之外，再沒有良善的。**」（路加福音 18:19）人身上的善非來自於人自身，實乃來源於神所賦予的那一絲神性，所以它非常弱小，以至於若不注重內在層次，人幾乎感覺不到它。而人若想提升自身的善，唯一的辦法是向神敞開內心，不斷獲取來自神的正能量，從而達到「正氣存內，邪不可幹」。人身的惡來自於人的肉身，這種自然的惡生來就有，它是人最初維持自身生存的基礎。但是人生來卻恰恰是與這種惡作戰的，這本身就是一種二律背反（參閱前文《**什麼是二律背反？如何解決二律背反？**》）。人一生的修行就是棄惡從善，通過不斷地學習、思考、領會和感悟，最終從老我的捆綁中解脫出來，重獲新生。而這一切都要從認識善的本源——神開始，而認識神又必先要從認識眞理開始。

中華大地古稱「神州」，華夏兒女亦稱神州子民。由此可見，中華民族的根就在神那裡。我們不認識神，就如那失根的浮萍，隨波逐流；就如那失頭的羊群，顚沛流離；就

[421] 《理想國》，第 279 頁。

如那離家的浪子，找不到回家的路。我們的祖先將神又稱爲「天」、「老天爺」或者「上帝」等，在《史記．封禪書》中記載，「上帝者，天之別名也。神無二主。」[422]所以上帝就是中國人的天，也就是人們日常念叨的老天爺。中華民族從古至今信上帝，但是由於各種歷史原因，對神的信仰總是受人爲誤導。竊國者借著「君權神授」的謊言成了天子，神的子民卻淪爲了罪人的奴隸。信仰上帝被忠君愛國所取代，代天言事成了竊國大盜的專利。上帝的牌位年年歲歲被供奉在皇家的天壇裡，老百姓卻以「天子」爲天，做了一世又一世的惡夢。不信仰上帝卻崇拜賊，悲慘的結局早在《聖經．撒母耳記上》中就有了預言（撒母耳記上 8：4-20）。神通過撒母耳告訴人，要單依靠神，不可依靠人。但是人的罪性使人蒙蔽了心門，放棄了神而選擇了人，而這個人（即國王）正如福音書中所講的「園戶」（馬太福音 21:33-41），忘恩負義，背棄了園主的信託，心生歹意侵占了園主的葡萄園。歷史反復告訴世人，當園主忘記了自己的「天職」[423]，只想享受權利，不願承擔義務時，他們就會淪爲奴隸，如封建君主專制下的臣民。園戶就會濫用他的代理權而變成「賊」，如封建君主。原來君主是人類違背神意自己要求的，它根本不是神的本意。正「**因為世人都犯了罪，虧缺了神的榮耀**」（羅馬書 3：23）所以聖經中的預言才會變爲現實，人類的惡夢就這樣一直不斷地重複，直到眞理臨到的一天。

今天，華夏子民的惡夢還沒有結束，因爲我們還沒有與我們的上帝取得聯繫。因爲我們缺少一位中保，一道引路的眞光。中華民族想要復興，重新獲得自由，只有重新找到眞理的源頭，重新認識上帝，重新信仰祂。而這一切要想變成現實，唯有通過上帝的羔羊，因爲「**我就是道路、真理、生命；若不藉著我，沒有人能到父那裡去。**」（約翰福音 14：6）《聖經》全世界只有一本，它不是專寫給猶太人的，而是寫給全人類的。耶穌基督早在誕生以前很多年就已經被預言在聖經中，在《聖經．以賽亞書》中記載，「**『看哪！我的僕人，我所扶持、所揀選、心裡所喜悅的。我已將我的靈賜給他，他必將公理傳給外邦。他不喧嚷，不揚聲，也不使街上聽見他的聲音。壓傷的蘆葦，他不折斷；將殘的燈火，他不吹滅。他憑真實將公理傳開。他不灰心，也不喪膽，直到他在地上設立公理，海島都等候他的訓誨。』 創造諸天，鋪張穹蒼，將地和地所出的一併鋪開，賜氣息給地上的眾人，又賜靈性給行在其上之人的神耶和華，他如此說：『我耶和華憑公義召你，必攙扶你的手，保守你，使你作眾民的中保（「中保」原文作「約」），作外邦人的光，開瞎子的眼，領被囚的出牢獄，領坐黑暗的出監牢。 我是耶和華，這是我的名。我必不**

---

[422] 司馬遷，《史記》（卷 28，封禪書第六），中華書局 2013 年版，第 1626 頁。

[423] 基督教「天職」簡單說是「上帝安排的任務」，「一種終生的工作任務，一種確定的工作領域」。各種工作本身沒有高低貴賤，都是通過服務人來榮耀神。勞動本身就是神的恩典，只有虔誠敬業才能得神祝福。

將我的榮耀歸給假神，也不將我的稱讚歸給雕刻的偶像。看哪！先前的事已經成就，現在我將新事說明，這事未發以先，我就說給你們聽。』」（以賽亞書 42:1-9）這段話是由舊約聖經中先知以賽亞所講，神藉著他的口預言了耶穌基督的神性，以及祂所代表的神與人訂立的新約，也是照亮外邦人的光。因此耶穌基督不是屬於某一部分人，而是屬於全人類，「基督被打發了來，不只是教導猶太人，而是教導全人類。」[424]

雖然耶穌基督只在人世停留了 33 年，但是卻為世人留下了來自天國的福音，祂用祂的大能和復活見證了生命的奇跡和上帝的道，向世人彰顯了上帝的榮耀。今天全世界一多半人信仰祂，正說明隨著人類對真理的不斷認知，越來越多的人認識到祂身上所具有的真理性。

也許中國人被黑暗籠罩的時間太久了，久到幾乎已經忘記了神的存在。古人還講「抬頭三尺有神靈」、「人在做，天在看」，可惜今人什麼都忘了，好不容易辨識出「君權神授」的謊言，又被唯物主義的無神論給誤導。世人總是不到最後一刻想不起來老天爺的存在，可惜每當事到臨頭想起祂來，總是為時已晚。

中華民族曾歷經坎坷，雖不斷追求真理和自由，卻總是陰差陽錯被人的肉體私欲和世俗理性捆綁，淪為罪的奴隸。雖然有無數賢人志士上下求索，可是找見的只是密不透風的鐵壁銅牆；即使有很多鴻學大儒呼天喊地，可是叫來的仍然是使人愚忠愚孝的專制桎梏；即使有無數的革命烈士拋頭顱灑熱血，可是換來的依然是讓人窒息的思想牢籠。真理何在？今天藉著基督賜予世人的福音（即真理），人類從來沒有與真理如此接近過。這福音真理不但能幫助中華民族找回久已失去的自然理性，而且還能引導中華民族走上通往復興的道路。復興之意即是重獲自由，而唯有真理才給人以自由，「**你們必曉得真理，真理必叫你們得以自由。**」（約翰福音 8：32）中華民族的復興一定要符合真理，否則只會以另一種偽理的形式重新被罪捆綁，再次變相地失去自由。

藉著基督賜予人類的真理，我們有了重新認識上帝，信仰上帝的可能。有了這位中保，中華民族就如那迷途的羔羊/流浪的浪子找到了回家的道路。今天，上帝的牌位不應當只供奉在天壇祈年殿的供桌上，而是應放置在每個神州兒女的心底。因為「**神是個靈，所以拜祂的，必須用心靈和誠實拜祂。**」（約翰福音 4:24）每一個中華兒女都應當用心靈和誠實敬拜祂，唯如此，我們才能獲得上帝的祝福與榮耀，才能良心得自由、得解放。只有當上帝真正回到我們每個人的生命中，我們才能講中華民族的偉大復興已經指日可待了。

---

424 《神學政治論》，第 66 頁。

缺少理性的信仰就如把房子建在沙土上

近日觀看了一個基督徒的見證視頻，內容講的是一個香港黑社會老大在疾病折磨、末日恐懼以及自己的偏門生意紛紛破產的打擊下，在神的引領下悔改信主，並做起了正規的養生保健生意。他用生意賺來的錢去傳福音，他的傳教對象都是黑社會分子，所以他的傳教方式與普通的教會不同。他的教會既要迎合黑社會成員追求感官刺激的需要，又要宣教內容淺顯易懂，且時間不能過長。這位前黑社會老大的見證做的確實很好，但我總覺得哪裡不太對，卻一時又想不明白。晚上在夢裡還在思考這個問題，終於夢裡的情景讓我的思路逐漸清晰起來，明白了問題的根源。原來黑老大的信仰並非自覺主動地追求乃至接受，而是在病痛折磨、末日恐懼以及生意破產等現實打擊下不得不接受的信仰。這種信仰有一個最大的缺陷，它是非理性的。這種信仰完全出於對未知世界的恐懼和迷信，它根本就不明白基督信仰的眞正內涵是什麼？它只知道要信，卻並不眞正明白爲什麼要信？要信什麼？這種信仰裡面摻雜了太多的個人私欲，經不起任何風雨的洗禮。猶如把房子建在沙土上，大浪一來就坍塌了。「**好比一個無知的人，把房子蓋在沙土上。雨淋，水沖，風吹，撞著那房子，房子就倒塌了，並且倒塌得很大。**」（馬太福音 7：26-27）

信仰絕不是如某些基督徒以爲的那樣，是一件簡單的事。馬丁．路德在布道的同時發現很多基督徒處於迷信之中，他們根本不理解什麼是「信」，以爲嘴上說信就是信了，卻不知這「信」是要用心靈和誠實來證明的。不是去去教堂，做做禮拜，吃吃聖餐，行些自以爲是的善事就是信了。他在解釋「因信稱義」時說：「許多人以爲基督徒的信，乃是一件容易之事……他們其所以如此行，是因他們沒有信的經驗，也從來沒有嘗到信的大能。」[425]

那麼「信」到底是什麼呢？「**信就是所望之事的實底，是未見之事的確據。**」（希伯來書 11:1）用白話講就是，「信」是不憑肉眼所見就確知要發生的心理預知，是對眼前已經發生的事情的心理驗證。再通俗點說就是提前得以預知，事後得以驗證。許多人認爲宗教信仰是迷信，因爲禱告了半天卻沒有驗證。那是因爲禱告的人根本就沒有提前預知，

[425] 《馬丁．路德選集》，第 235 頁。

一味地盲目禱告，不理解基督所講「**你們禱告，無論求什麼，只要信，就必得著。**」（馬太福音 21:22）這話是講給那些理信的人，不是講給迷信的人。

理信是借著良心和自然理性結合而生的純正信仰，迷信是借著私欲和世俗理性結合而生的雜亂信仰（詳見上文《爲什麼說聖經也是一部信經？》）。自然理性和純正信仰共同構成眞理的兩面，所以這信一定要建立在對眞理的認知上，如果沒辨清什麼是眞理就信了，那無疑就是一種迷信。基督是眞理的化身，祂來是爲上帝作見證。祂本身就是純正信仰和自然理性的完美結合。如果一個人單只具有純正信仰，而缺少自然理性的輔佐，這信仰是非常容易陷入迷信的。古往今來，多少聖人賢士想盡辦法希圖移風易俗，提升人的屬靈生命。結果呢？看看今天的世界吧。迷信橫行，理信消失。人造的神學喧囂塵上，教堂裡、神學院裡、書店裡到處都是神學的影子，而神學院畢業的神職人員更是占據了幾乎所有教堂的講壇。神學是個什麼東西，那只不過是一群迷信之人的癡心妄念，且時常淪爲魔鬼殺人不見血的利刃。如果說世俗理性還有一絲理性，那麼神學這門「學問」就完全出於非理性。眾所周知，非理性的東西就於人無益，純屬「褻瀆神的狂妄行爲」。（詳見上文《成爲一名虔誠的基督徒或立志要當牧師，是否一定要上神學院？》）

而學神學的人，無不是接受人造的神學教條的灌輸而變成一個迷信的教徒。他們不但害自己而且也害人，正如基督所講，「**你們律法師有禍了！因為你們把知識的鑰匙奪了去，自己不進去，正要進去的人你們也阻擋他們。**」（路加福音 11：52）這裡有一個很好的例子。林語堂出生於一個牧師的家庭，自小就接受的是基督教教育。林語堂的小學、中學和大學都是在基督教會辦的學校裡上的學，每日的宗教教育非但沒有使他歸信上帝，相反讓他發自內心地厭惡那種刻板教條的神學灌輸。大學畢業後，林語堂逐漸疏遠了基督教，這反而使他能夠自由地在各種宗教和哲學間遊歷（詳見上文《如何體悟林語堂先生的「信仰之旅」？》）。林語堂經過一生的探索和理解，步入晚年後，重又回到至善至美的基督信仰面前。當他回顧過去時曾無限感慨地說：「我現在所想說的是妨礙人認識耶穌的，剛好就是這些純理論家的喋喋不休，就是他們信條的混亂使我離開基督教三十年，而他們的一角半錢的神學妨礙我看見耶穌，且不僅是一個人如此。」[426]

那麼這些神學家都不是好人嗎？不，他們都是一些自以爲義的老好人，但是他們卻不是眞正認識眞理的人。林語堂在解釋這一現象時說：「在耶穌自己的話中卻沒有要詢問的事情，沒有野蠻人自己不懂得的事情。在耶穌的話中沒有神祕的定義，沒有危險的推論，沒有自我欺騙的辯證法，沒有『五要點』。分析它們就是等於殺了它；改善它們就是等於毀了它們。如果那些神學家知道所做的是什麼該多麼好！因爲沒有任何神學家（無

---

[426] 《信仰之旅》，第 226 頁。

論他是怎樣偉大）有耶穌的心。」[427]

林語堂的意思很明顯，這些神學家根本就沒有耶穌的境界，他們無法培育出人們的理性。缺失理性的信仰會給人們帶來什麼樣的結果呢？看看哲人怎麼說，信徒們「把自己置於祭司的手中，但祭司給他們的頭腦中充滿了對上帝的錯誤觀念。崇拜時就隨他們高興，用愚蠢的儀式；可怕的或狡詐的事一旦開始，虔誠的獻身就使之變得神聖，宗教就成了一成不變的。在這種對於眞正上帝的黑暗無知中，邪惡和迷信就掌握了世界，得不到理性的幫助和來自理性的希望，無法聽見理性的聲音，而且被認爲與信仰的問題無所相干；祭司們，爲了保障他們的帝國，就把理性驅逐出他們關於宗教的任何事務中。在種種錯誤的觀念和虛構的儀式中，世人幾乎喪失了對於唯一眞正上帝的認識。」[428]

距林語堂先生去世又過了近半個世紀，中國基督教會在理性教育方面可曾有明顯的進步？可惜在那些神學院培養出來的人身上很難看見任何生命有所更新的跡象，這種現象直接導致中國的基督教徒信仰水準普遍偏低，眞正達到理信的幾乎鳳毛麟角。前面講的黑老大本就是一個缺乏理性的人，自己不可能眞正理解基督信仰的眞諦，於是請了幾位牧師，讓他們去他的教會布道。可是這些學神學的牧師，自己學的神學都是充滿缺陷的（他們拯救自身尚且困難），又會有什麼能力讓那些黑社會成員放下屠刀立地成佛。所以黑老大的這種做法眞讓人覺得是緣木求魚，幾無可能。

基督用自己的言行告訴世人什麼是眞理？如何才能進上帝的國？那是需要寬容、犧牲和愛來實現的。如果缺乏理性，人一定無法形成理信。缺乏理信指引，人只會在自己狹隘的屬世世界裡徘徊，一定會將謬誤當作眞理，並且深信不疑。處於這種境況的人即使渴望認識眞理，由於尚未具備足夠的學識、悟性、智能和智慧，根本無法找到通往上帝之國的窄路，也無法理解耶穌所說的話，「**你們要進窄門。因為引到滅亡，那門是寬的，路是大的，進去的人也多；引到永生，那門是窄的，路是小的，找著的人也少。**」（馬太福音 7:13-14）又說：「**我的國不屬這世界。**」（約翰福音 18:36）「**你們要謹慎自守，免去一切的貪心，因為人的生命不在乎家道豐富。**」（路加福音 12：15）「**因為凡要救自己生命的（「生命」或作「靈魂」，下同），必喪掉生命；凡為我喪掉生命的，必得著生命。**」（馬太福音 16:25）耶穌這裡講的都是關於屬靈生命的事，但卻需要透過知識和洞察力培養出的理性去理解。缺乏理性的人，內在宛如泥土，信仰塑成的過程決定了其品質的良莠。

人是活在這個世界上的兩種生命的統一體，眞理就是特爲此而設。基督帶給人的不僅僅是屬靈世界的純正信仰，還有屬世世界的自然理性，這自然理性就是指導人在屬世

---

[427] 《信仰之旅》，第 225 頁。
[428] Locke, John.The Reasonableness of Christianity,p.57,Standford University Press, 1958.

世界裡行爲的指南，它能夠幫助基督徒樹立起正確的三觀（詳見上文《什麼是基督教的「三觀」？》）。自然理性越全面、越高深，人認識世界的能力就越強。這就好像蓋房子打地基，地基打得越深，這房子就蓋得越結實。自然理性與純正信仰共同構成眞理的一體兩面，如果只認識到基督信仰是純正信仰，卻沒有在屬世世界培育自然理性，那就好像那些精通神學的法利賽人，口口聲聲說愛神，但卻以世俗理性或者非理性來理解神的無私和至善。結果要麼就是變成只愛神不愛人的僞善者，過著離群索居的出家者生活；要麼受僞理迷惑，成爲一個崇拜偶像的迷信者；要麼被世俗理性裹挾，成爲一個將宗教當作個人出人頭地的投機者……

在這些人眼裡，純正信仰就好像一座海市蜃樓，看著很美，但卻遠在天邊。其實質是純正信仰並沒有能單獨開啓其內在本質，他們僅以世俗的眼光看待《聖經》內容，並沒有將之視爲啓迪人類理信思維的關鍵。因此他們的內在、甚至是內在與外在交界的邊緣依然呈現出關閉狀態，所以他們仍然活在外在感官之下的假像裡，無法看清眞理和良善，眼前盡是謬誤和邪惡。活在假像裡的人，即使有智能和智慧，卻也不認識神，實屬僞智。這樣的人即使看起來思維敏銳，講起來頭頭是道，其實並不明白世間的道理，更不要說天國的眞理了。

如果個人缺少天賦的悟性，又缺乏知識和洞察力培養出的智能和智慧，無法從複雜多變的人間萬象中分辨是非善惡，那麼很容易聽信僞智者的話，接著將其觀點合理化。然後由於當局者迷的緣故，努力地迎合外在的世界，陷入自以爲是的境地。

單只感性的信仰會使人以外在感官感知世界，並以此作爲判定眞理與僞理，良善與邪惡的依據。這樣的人很容易接受僞智者的道理，把謬誤當眞理，然後陷入冥頑不靈的迷信之中。缺乏理性的人總是以爲智慧的多寡取決於知識的多少，只將一些博學多聞的人提出的觀念，無論對錯，都奉爲圭臬。由於這些人的看法通常很片面，使其沒有能力看清生命的本質，分辨事物的眞假，也無法以理性思考，只會一味地道聽塗説，傳布一些似是而非的神學理論。智能和智慧越低的人越容易陷入感性的漩渦中，被許多謬誤所誤，以至於將僞理當作眞理。

如果個人只是單純地信仰，雖認主並愛聖經，且過著世俗的道德生活，但如果沒有藉由洞察力和知識開發自身的內在，人的內在就宛如泥土一樣，得不到靈性的開墾和活水的澆灌，無法結出豐碩的靈性果實。這樣的人等來到靈界，便會發現，他們生前的記憶內容在靈界之光下並不具備屬靈的特性，他們會因爲惰於理性思考而被關在門外哀哭切齒了。

理性是指引人理信的道路，它使屬世世界裡的人總能借助良知帶給人的微光得以平安前行，而不至於因爲缺少光亮而陷入危險之中。理性一旦遇到純正信仰看護的良心，便會與之結合形成理信，幫助人感知眞理，並將其內化，作爲衡量是非善惡的標準。理性接收眞理，意念感受良善，當人理性與意念合一的時候，人的內外在便得以溝通，人看待世界不再是憑藉肉眼，而是從內在層次看見或感知事物。這時候我們才能看見神，並相信眞理和良善，智能和智慧皆來自於神，我們才能全心全意地信神、愛神和榮耀神。

理信的關鍵在於理性，這理性使人從無知和昏聵中解脫出來，去追求眞理和良善。理性與良心不同，良心可能還會因爲看見美好的事物而一時發現，而理性若非長期啓蒙是根本培植不起來的。理性需要知識和洞察力去培養，並通過信仰與愛付諸實行。理信的人往往表現的孤獨和甘於平淡，只在平凡的生活中默默地作光作鹽，就像史懷哲那樣「保有希望，保持沉默，孤獨地工作。」理信的人是滿懷愛心的實幹家，不像那些學神學的文士和法利賽人那樣喜歡空口說白話，德國布永康牧師講：「傳福音要用愛心去傳，光是告訴別人耶穌愛他們，自己卻不愛他們，空口說白話，這是何等的虛僞。使徒保羅就說這種傳道人就如鳴的鑼響的鈸。」理信的人往往都是有思想的人，他們不僅在信仰和生活上虔誠信主，而且藉由洞察力和知識讓自己變得更有智慧，更具靈性。理信的人都是生命眞正得以更新的人，就如保羅那樣藉著基督的洗禮歸入死，也藉著基督的福音從死裡復活。「**所以我們藉著洗禮歸入死，和他一同埋葬，原是叫我們一舉一動有新生的樣式，像基督藉著父的榮耀從死裡復活。**」（羅馬書 6:4）

前面講的那位黑老大也談到了重生這個問題，顯然他是明白的。如果基督徒的生命沒有更新變化，沒有眞正成爲新天新地裡的新人，沒有煥發出豐盛的屬靈生命，那這個基督徒只是找到一個得救的機會，能不能眞正得勝還不好說。所以他給自己的教會和養生會館起了一個「得勝」的名字。

這位前黑社會老大的言行確實給人煥然一新之感，但是不可否認的是他本人就缺少理性，他找的人也是一群感性勝過理性的人，而他的教眾更是一些毫無理性的黑社會成員。在這樣一個群體裡，誕生出理信的可能微乎其微，產生迷信的可能性卻很大。對這位前黑社會老大的義舉我不敢抱有任何樂觀想法，但願上帝會像他講的那樣時刻與他同在，也與他那些黑社會成員同在，也許會發生什麼奇跡。不過這可能嗎？如果可能，那麼大家都去參加黑社會吧，因爲那將成爲生命得救的捷徑。如果眞想做好這項事功，黑老大需要找的不是那些神職人員，而是理性啓蒙。但理性啓蒙可不是短時間能夠見效果的，沒有一二十年（甚至更長）時間的培養以及天賦的悟性是很難見成效的。

也許有人會說這要求是不是太高了，人家就是想找個正確的信仰，讓自己的生活變得更有意義。如果是這樣，還不如不信教。我的意思是，與其迷信，不如不信。做一個平凡而普通的善良人不是比那些仍然活在以自我爲中心的自以爲是者，以神學教條爲中心的迷信者，因世俗理性的僞善而失去寬容和愛心的行惡者更好嗎？

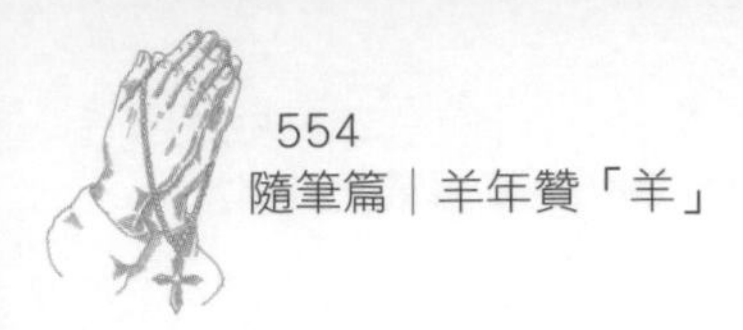

羊年贊「羊」

感恩爲世人贖罪的羔羊，願普天下的人都銘記祂的恩惠和慈愛，在 2015 年農曆羊年新春來臨之際，特作此文讚美主恩。

羊教我謂眞「義」，欲求眞道靠此義；
神的羊最禎「祥」，與神相合才吉祥；
羊爲大視之「美」，世間最美屬大羊；
羊說話最周「詳」，萬千眞義細思量；
羊接氣合成「氧」，維持生命全靠氧；
羊吃草「善」傳揚，青青草地臥白羊；
羊遇火作「羔」羊，甘爲世人贖罪殃；
羊上木做榜「樣」，千秋萬代美名揚。

生命之道

主日聽教友們講道，題目是「生命之道」，邊聽邊想，總結成文。

這生命之道是什麼呢？古往今來，談者泱泱。中國道家的創始人老子講，「道可道，非常道」，其意爲「道」是不可講的，講出來就已經背道而馳了。這「道」是只可意會，無法言傳的。但總體來講，這「道」可以「無有」概括，這「無有」亦可表現爲善惡、陰陽，明暗等概念。它們始終處於變動之中，你中有我，我中有你，就像太極圖中所畫，陰陽和諧地共存於一個圓內，你中有我，我中有你，且相互變化消長，始終保持一種動態的平衡。故曰：「天之道，損有餘以補不足。」

古希臘著名哲學家柏拉圖對世界的認知與老子很近，也認爲世界的本質是不可言說的，我們人類平時看到的只是世界本質的外部表像。他在《理想國》一書中講了一個故事，有一群囚犯在一個洞穴中，他們手腳都被捆綁，身體也無法轉身，只能背對著洞口。他們面前有一堵白牆，他們身後是有堆火，火光從洞口照進來。在那面白牆上他們看到了自己以及身後事物的影子，由於他們看不到任何其他東西，這群囚犯會以爲影子就是眞實的東西。後來，因爲某種原因其中一人掙脫了枷鎖，並且勇敢走出洞口。這人第一次看到了眞實的事物，他被光明刺得睜不開眼。待眼睛適應後，他發現原來世界如此美妙。於是他返回洞穴並試圖向其他人解釋，那些影子其實只是虛幻的事物，並向他們指明通往眞實世界的道路。但是對於那些囚犯來說，那個人似乎比他逃出去之前更加愚蠢，並向他宣稱，除了牆上的影子之外，世界上再沒有其他東西了。那麼對這些一生都活在影子裡的人來講，影子就是唯一的眞實，而除此之外別無其他。這個故事比喻的非常形象，將世人看見的世界比喻成牆上的影子，虛幻莫測，而眞實的世界我們卻看不到。這個故事闡述的道理不禁讓人想到一句成語——坐井觀天，坐在井裡永遠都不會明白外面的世界有多大，區別只是在於距離井口越近看見的世界越大，距離世界的眞相也越近，當然危險係數也就越高。

其實柏拉圖所比喻的情形就是人類所處的眞實境況，不同的是，人們面對的是無邊的黑暗，而不是白牆。人類就像在黑暗中摸索前進的羔羊，隨時都有陷入悲慘境地的危險。而現實中根本不會出現故事裡那位救人出去的人，因爲這樣的人必須至少具備三個

特徵：第一，這人需要完全的無私，願意與他人分享眞理；第二，這人必須要有犧牲精神，因爲正像故事裡講的，那人回到洞裡告訴其他人外面的世界後，其他人不是想要掙脫枷鎖出去看世界，而是想要殺死那個讓他們認識世界本相的人。這個世界就是這麼奇怪，當有人要將眞相告訴人時，人們卻想殺死他。正如基督所講，「**我將在神那裡所聽見的真理告訴了你們，現在你們卻想要殺我！**」（約翰福音 8:40）第三，這人還必須代表眞理，絕對不會誤導人。這樣的人從古至今只有一位，但當時還沒有誕生。

在基督誕生之前，「生命之道」就是這種虛無的狀態，給人以「玄之又玄」之感。當基督誕生之後，當世界開始以祂紀年，整個世界發生了翻天覆地的變化。這種變化就在於「生命之道」以肉身的形式出現，「**道成了肉身，住在我們中間，充充滿滿地有恩典，有真理。**」（約翰福音 1:14）並且這道能夠開口對人講話了。這種事情若非眼見確實令人難以置信，即使親眼所見若沒有屬靈的恩賜還是不會相信，這與有沒有書本上的知識全無關係。正如撒瑪利亞人聽見耶穌的話就信了，而加利利的官員卻要耶穌顯神跡給他們看，耶穌說：「**若不看見神跡奇事，你們總是不信。**」（約翰福音 4:48）心地樸實、良心未泯的普通民眾可能僅憑良心上的判斷就能分清善惡，並對其產生難以名狀的信心。但是以博學著稱的哲學家們卻不會這麼簡單地輕信一個人的言論或是一本書上的記載，他們必須要經過詳細的考證，經過推理演繹後才能相信那確爲「生命之道」。在耶穌降世之前的哲學家們沒有機會眼見「生命之道」，沒有機會耳聞「生命之道」，所以才會發出「朝問道，夕死可矣」的感歎。而耶穌降世之後的哲學家們確是有了這個機緣，正如耶穌所說：「**你們的眼睛是有福的，因為看見了；你們的耳朵也是有福的，因為聽見了。我實在告訴你們：從前有許多先知和義人要看你們所看的，卻沒有看見；要聽你們所聽的，卻沒有聽見。**」（馬太福音 13:16-17）但不是哲學家們人人都有屬靈的恩賜，能夠聆聽基督的福音且能感受到福音中所含的「生命之道」。眞正能領受到這種恩賜的哲學家常常是那些默默無聞地追求著眞理，信仰虔誠地過著樸素生活，愛人如己地對待鄰舍甚至爲他人犧牲自己的人。這樣的人如保羅、查士丁、伊拉斯謨、帕斯卡、斯賓諾莎、約翰・洛克等。

將保羅劃爲哲學家可能對其有些低估，但是世俗世界既然有人將他列爲世界十大哲學家之一，自也有他的道理。哲學本就是探尋宇宙眞理的一門學問，廣義上講科學也屬於哲學的範疇。保羅的書信已經被列入聖經新約中，成爲詮釋「生命之道」最權威的注解。保羅對基督教的貢獻位列基督徒之首，對基督教的發展乃至世界的發展都做出不可磨滅的貢獻。但保羅卻自稱自己是「罪魁」，「**在罪人中我是個罪魁。**」（提摩太前書 1:15）不過在接受基督的拯救後成爲世人的榜樣，「**然而我蒙了憐憫，是因耶穌基督要在我這罪魁身上顯明他一切的忍耐，給後來信他得永生的人作榜樣。**」（提摩太前書 1:16）保羅是具有理性的人，他只是在神學教育的誤導下，在肉身老我的誘惑下犯了自以爲義的錯誤。保羅藉著耶穌給予的恩典獲得了「生命之道」，過上「因信稱義」的生活。保羅能夠受益于此，完全在於他充分明白了耶穌的話：「**我就是道路、真理、生命；若不藉著我，沒有人能到父那裡去。**」（約翰福音 14：6）保羅在信中寫道，「**神的奧祕就是基督**」（歌羅西書 2:2），「**這奧祕如今顯明出來，而且按著永生神的命，藉眾先知的書指示萬國的民，使他們信服真道。**」（羅馬書 16:26）保羅信了這道，生命發生了一百八十度的轉變。以前視爲榮耀的如今棄如敝履，而以前視爲異端的如今卻愛如珍寶。「**我不以福音為恥；這福音本是神的大能，要救一切相信的**」。（羅馬書 1：16）爲了這生命之道，保羅受到各種逼迫、淩辱甚至死亡威脅，但他總「**為基督的緣故，就以軟弱，淩辱，急難，逼迫，困苦，為可喜樂的。因我什麼時候軟弱，什麼時候就剛強了。**」（哥林多後書 12:10）保羅明白自己的勇氣來自於基督的眞道，他說：「**因為善作執事的，自己就得到美好的地步，並且在基督耶穌裡的真道上大有膽量。**」（提摩太前書 3:13）但是保羅也知道，認識這眞道必須保住自己的良心。唯有保守住了自己的良心，才能明白這生命之道的奧祕。「**要存清潔的良心，固守真道的奧祕。**」（提摩太前書 3:9）如果人丟棄了自己的良心，那麼生命之道就離我們遠去了。「**有人丟棄良心，就在真道上如同船破壞了一般。**」（提摩太前書 1:19）如何才能保守自己的良心，這需要與世界打仗。「**你要為真道打那美好的仗**」（提摩太前書 6：12）。保羅經過一生的努力，藉著對基督美好的信心，歷經九死一生，終於守住了那生命之道，「**那美好的仗我已經打過了，當跑的路我已經跑盡了，所信的道我已經守住了。**」（提摩太后書 4：7）

當希臘哲學家還在將基督信仰當神話看時，有一位希臘哲學家卻從中看出了端倪，他就是查士丁。查士丁是一位一心追求眞理的學者，他曾做過斯多葛學派的教師，後來又研究過逍遙學派、畢達哥拉斯學派和柏拉圖學派等的學問。經過對當時各種的哲學流派經過深入研究後發現，不起眼的基督信仰是「惟一可靠而有益的哲學」[429]。查士丁試圖使用希臘哲學裡的「邏各斯」概念來解釋基督的神性，他說：「這理性（邏各斯），有形有體，成爲人，被稱作耶穌基督。」[430]這與保羅所講的不謀而合，「**因為神本性一切的豐富，都有形有體地居住在基督裡面。**」（歌羅西書 2:9）這樣一來道成肉身就有了哲學上的理論根據，不再是超驗的神話，而是能夠被人可認知的眞理。既然基督是眞理，那麼基督徒就是眞理的信徒，從這個意義上講，他甚至稱蘇格拉底是「在基督以前的基督徒」。鑒於查士丁的創見：基督是宇宙的邏各斯，基督教是眞哲學。查士丁可能是第一位提出基督教哲學的哲學家，其後他的殉道之舉更表明，他是認識生命之道的人。

---

[429] 《基督教與西方思想》，第 66 頁。
[430] 《基督教與西方思想》，第 67 頁。

在基督信仰陷入謬誤的中世紀後期，有一位「清者自清」的哲學家，他睿智的頭腦、虔誠的信仰和犀利的筆觸使他成為那個時代哲學界（乃至神學界）裡的中流砥柱，他就是伊拉斯謨。伊拉斯謨給人的感覺是雋永含蓄、幽默又不乏犀利。很多人不瞭解他，將他歸入神學家的行列。伊拉斯謨本人對此十分無奈，他畢生都在從事宗教與哲學研究，而這兩種學問都是人類為追求眞理而設立。伊拉斯謨一直都在研究「基督哲學」這一偉大的學問，而且取得了顯著的成果。很多人將他樹為人文主義運動的主要代表，那是他們根本不瞭解人文主義的源頭來自基督信仰。伊拉斯謨最有名的兩本書是《基督精兵手冊》和《愚人頌》，第一本書是告誡人如何成為一名眞正意義上的基督徒；第二本書是諷刺當時腐敗愚蠢的宗教界，通過假想的一個「愚人」，在自戀、遺忘、懶惰、享樂、肉欲、酣睡、驕縱和瘋狂等侍從的簇擁下如何地愚昧世人，攪擾世風。伊拉斯謨通過這兩本書告訴久處謬誤中的基督徒當時基督教世界存在哪些問題以及應當怎樣去做，這對當時「萬馬齊喑」很久的基督教世界來講無異於一聲驚雷。由於伊拉斯謨機智幽默地開啓人們的心靈，使世人在不知不覺間從過去的信仰謬誤中覺醒過來，重新審視保守僵化、愚昧迷信的宗教信仰，為後來馬丁・路德的宗教改革運動鋪平了道路，所以才有了「路德孵出了伊拉斯謨下的蛋」這句話。伊拉斯謨在《勸人研究基督教哲理》一書中號召人們學習「基督的哲學」，效法基督。因為基督是最偉大的導師，祂將屬天的智慧教導給人類，祂是引導世人重新認識生命的道路。

帕斯卡在我們的印象中首先是一位科學家，他的「帕斯卡定律」在中學課本裡就學過。他還發明了手動活塞和水壓機，組建了第一個加數器，他的帕斯卡三角也很有名。但是帕斯卡的最大貢獻卻是哲學，他的哲學思想主要記錄在他的《思想錄》一書裡。在這本書裡他多次地強調基督就是生命之道，唯有藉著基督我們才可以認識上帝。帕斯卡是一位絕對聰明的人，但在他的人生當中也曾迷茫過。1651 年，帕斯卡的父親去世了，妹妹也進了女修道院，這時的帕斯卡開始陷入了人生的低谷。他開始揮金如土，追求上流社會的生活方式。但是對一個聰明的人來說，這種毫無意義的生活很快使他厭倦了，他開始「極度地厭惡這個世界」，甚至陷入日復一日「平靜的絕望」中。就在此時，上帝的拯救降臨到他的身上。1654 年 11 月 23 日的夜晚註定對帕斯卡是不平凡的，沒人知道當晚發生了什麼，但是從帕斯卡留下的一張紙條上我們知道，當晚帕斯卡與神同在了兩個小時。紙條上寫著：

恩典之年 1654 年

星期一，11 月 23 日，……大約晚上十點半

到十二點半

亞伯拉罕的神，以撒的神，雅各的神，
不是哲學家和學者的神，
信實，信實，同情，喜樂，平安。
耶穌基督的神……
我曾經將自己與他隔離，我從他那裡逃開，
斷絕與他的關係，將他釘死在十字架上。
但願我再也不和他分開……
舍己，完全而甜蜜。[431]

這張紙條直到帕斯卡去世後才被發現，它一直縫在帕斯卡的衣服內層裡。每當需要時帕斯卡就把它拆出來看，然後再縫上，就這樣陪伴了他八年，直到去世。帕斯卡的生命就是在那神奇的一晚發生了巨大的改變，那麼改變他的生命之道是什麼呢？也許我們可以從下面這句話裡找到答案，「我們僅僅由於耶穌基督才認識上帝。沒有這位居間者，也就取消了與上帝的一切相通；由於耶穌基督，我們就認識了上帝。」[432]

有一位哲學家，他的人品之高連哲學大師黑格爾都說，「要達到斯賓諾莎的哲學成就是不容易的，要達到斯賓諾莎的人格是不可能的。」斯賓諾莎出生於一個猶太人家庭，父親是猶太公會的領袖，如果循規蹈矩地生活，斯賓諾莎完全有可能子繼父業，繼續在猶太公會做領袖。但是在接觸過幾位基督徒後，他的思想開始發生變化。爲追求眞理，他被猶太公會開除了。但是斯賓諾莎在脫離猶太教後並沒有加入基督教，這是什麼原因呢？原因我們可以在斯賓諾莎的《神學政治論》一書中找到。「我常怪自誇信從耶教的人，以仁慈、欣悅、和平、節用、博愛炫於眾，竟懷忿爭吵，天天彼此憎恨。……世俗的宗教不外是對教士的尊崇。這種錯誤觀念的傳布使無用之徒醉心獲得教職，這樣，傳播宗教的熱誠遂衰敗退化，一變而爲卑鄙的貪婪與野心。……無怪舊日的宗教只剩了外表的儀式（連這些儀式，在大眾的嘴裡，也好像是神的阿諛，而不是神的崇拜）。信仰已經變爲輕信與偏見的混合。……有些人斷然藐視理智，棄絕理解力，以爲自始即不純全。我說，如果認爲這些人才有上帝所賜給的光明，這是多麼可怕的荒唐！的確，他們但只有上帝所賜的一星光明，他們就不會驕橫暴戾，就要更聰明地學習敬神，在人群中以仁慈出眾，而不是像現在那樣以惡意著稱，若是他們所關心的是對手的靈魂，而不是他們自己的名譽，他們就不會再事殘酷地迫害，而是心懷憐愛了。」[433]從以上內容可以看出，

[431] 《基督教會史》，第 363 頁。
[432] 《思想錄》，第 216 頁。
[433] 《神學政治論》，第 4-5 頁。

斯賓諾莎不願加入基督教完全不是因爲基督信仰不好，而是因爲那些基督教的神學家們完全就是法利賽人的翻版，他們把基督教作爲了一門可以混飯吃的事業，將那些缺乏理性的教徒們愚昧成地獄之子。斯賓諾莎對這些基督教內的「神棍」們非常反感，但這並不影響他對基督本身的認識。他在自己的書中寫道，「基督與其說是一個預言家，不如說是上帝的發言人。」[434]「上帝把他自己啓示於基督，也就是說，直接啓示於基督的心……只有心領會了一件事，才算是對於這件事理解了。」[435]「上帝的智慧在基督本身具有了人的性質，基督是得救的道路。……只有基督不借想像中的語言或異象接受了上帝的啓示。」[436]「基督被打發了來，不只是教導猶太人，而是教導全人類。」[437]從這些話語中，我們可以清楚地感受到斯賓諾莎對耶穌基督的信心和敬仰。如果說斯賓諾莎的人格無人能及，那麼他所信仰和尊敬的耶穌基督豈不就是生命之道，眞理的化身嗎？人之所以會對眞理持有懷疑態度，是因爲無法確定什麼是眞理。但是當眞理已經顯明在這裡，並經過無數次的檢驗證明它就是眞理時，我們還需要懷疑嗎？聖經上講，**「因為神的義正在這福音上顯明出來；這義是本於信，以至於信。如經上所記：『義人必因信得生。』」**（羅馬書 1:17）哲學家克爾凱郭爾所講的的「信心的跳躍」，其立意也在於此。

反感基督教裡神棍的人絕不只有斯賓諾莎一位，凡是有理性會思考的人基本都對那些「瞎子」們嗤之以鼻。約翰．洛克在《基督教的合理性》一書中說道：「有些人因爲感官和欲望而被蒙蔽了心靈，另一些人因爲疏忽和散漫而被蒙蔽住了，而絕大多數人，則是因爲恐懼，就把自己完全交到了他們的祭司手中，從而由著他們往自己的腦子裡塡塞關於神的錯誤觀念，也由著他們在崇拜中隨意設立愚蠢的儀式。於是，那些由恐懼或騙術發動的東西，很快便因爲虔誠而被尊奉爲神聖，並因爲宗教而成爲永恆不變的。在這種黑暗蒙昧、不知有眞神的情形之下，邪惡和迷信掌控了世界。理性既然不被重視，並且被認爲和當前此事毫無關係，便不可能提供幫助，也不可能指望理性給以幫助。爲了維護自己的統治地盤，各處的祭司都把理性完全排除在外，說它與宗教毫無關係。在種種錯誤觀念的迷霧籠罩之下，在捏造的儀式中，世人幾乎迷失了那惟一的眞神。」[438]在這裡，信徒們相信的不是眞正的上帝，而是那些祭司們口中的上帝——實際就是祭司們自己。爲了喚醒這些被蒙蔽、被愚昧的基督徒，約翰．洛克還寫了《論寬容》、《政府論》、《人類理解論》、《教育漫話》等著作。這些著作不但影響了當時的人們，更對後來人類歷史的發展做出了巨大的貢獻。約翰．洛克不但在屬世世界裡影響巨大，同時也積極探

---

[434] 《神學政治論》，第 66 頁。
[435] 《神學政治論》，第 67 頁。
[436] 《神學政治論》，第 16-17 頁。
[437] 《神學政治論》，第 66 頁。
[438] 約翰．洛克，《基督教的合理性》，武漢大學出版社 2006 年版，第 128-129 頁。

索屬靈生命。在《基督教的合理性》一書中他寫道，「信心和悔改，即信耶穌是彌賽亞，信實踐虔誠的生活……凡是想要獲得永生的人，都必須遵行這兩個條件。」[439]藉著對基督的信心，約翰．洛克找到了自己的生命之道，並通過著書立說影響了後來整個世界的前進腳步。

也許有細心人會發現，上面提到的這幾個人都未婚，自然也沒有子女。他們都把自己的一生全然地、毫無保留地貢獻給了全人類，也許這正是基督教導他們領悟的生命之道。「**這道能建立你們，叫你們和一切成聖的人同得基業。**」（使徒行傳 20:32）這些人幾乎每一個人都可以稱爲聖賢，他們每一個人的基業幾乎都可以彪炳千秋，而這都是源於他們心中的生命之道。此外在這些人身上我們還會發現一個現象，那就是他們都是在認識基督後，努力地與過去告別，投入到一個完全陌生的新天新地裡，成爲一個新造的人。用柏拉圖的故事來講，這些人都是掙脫了身上的枷鎖，奮不顧身轉過身去，走入了一個新天新地，且看見了身後的眞實世界。那裡有無比美好的景色，那裡有基督許諾我們的住處。但是去那裡的道路卻崎嶇難行，尤其是剛開始起身，需要面對人們的不解、譏笑、逼迫甚至暴力，就如《天路歷程》中的天路客。但如果能堅持下去，就會發現，路雖是窄的，心卻是寬的。獲得了自由的心，就像那天空翱翔的鳥，再也不願回到以前的窠臼。不但這些酷愛理性的哲學家不願再回到以前的生活中去，即使那些沒有什麼文化的凡夫俗子（如使徒們），也同樣一經過眞道的啓示，都獲得了豐滿的恩典，並藉著這恩典認識了眞理和良善，看見了上帝。在《理想國》裡，柏拉圖也借著蘇格拉底的口說出了這樣的道理，「那些已達到這一高度的人不願意做那些瑣屑俗事，他們的心靈永遠渴望逗留在高處的眞實之境。」[440]

耶穌的偉大之處不僅在於祂使理性的人通過樹立理信而認識生命之道，而且祂還使那些缺少理性的人不必借助於哲學思考，單憑樸實的話語就可以幫助人保守一顆善良的心。這良心本來自於神，是人本有的。這顆良心教給人們分別善惡，判斷是非，選擇正確的生命之道。「**這是顯出律法的功用刻在他們心裡，他們是非之心同作見證，並且他們的思念互相較量，或以為是，或以為非。**」（羅馬書 2:15）只是隨著人的罪性日重，良心反而被罪捆綁，陷入沉睡狀態。耶穌說：「**我來了，是要叫羊（或作「人」）得生命，並且得的更豐盛。**」（約翰福音 10:10）耶穌爲什麼能讓人得著生命呢？且得的如此豐盛？因爲祂本來自於神，「**因為我本是出於神，也是從神而來，並不是由著自己來，乃是他差我來。**」（約翰福音 8:42）祂認識神，祂傳講的道乃是來自於神。「**你們所聽見的道不是我的，乃是差我來之父的道。**」（約翰福音 14:24）所以耶穌瞭解神性，自然也清楚如何

---

[439] 《基督教的合理性》，第 99 頁。
[440] 《理想國》，第 279 頁。

保守人的良心，並使人得享永恆的生命。所以祂講，「**我就是道路、真理、生命；若不藉著我，沒有人能到父那裡去。**」（約翰福音 14:6）耶穌用自己的大愛（注意不是神跡）喚醒人們沉睡的良心，並用自己的生命作贖罪祭，告訴了世人什麼是生命之道。

很多有知識的人卻只能體會自然界的一切，並傾向於將神摒除在外，那是因爲他們不懂什麼是眞知識。書本上的知識都是死的，它無法叫人的良心活出來。「**那字句是叫人死，精意是叫人活（精意或作聖靈）。**」（哥林多後書 3:6）這精意不是書本上能學到的，它需要通過人的良心感悟，接受神的啓示（詳見上文《何謂神啓？》）。人雖無知識但只要良心未泯，同樣可以通過基督的福音認識生命之道。人雖有知識但良知泯滅，他永遠都是有學識的無知，都與生命之道無緣。基督福音使沒有文化的人也能夠通過信仰上帝，遵守基督的教導而認識生命之道，哲學思考在這裡成爲不必須的。許多有知識的人研究了一輩子學問，在書山學海裡遊蕩，自以爲學識淵博，卻誤入學術叢林，覓不到出路。而很多沒有什麼文化的人卻憑藉自己的良心活出了豐盛的人生。「良心是可靠的嚮導。」[441]這良心引導人不斷地尋找眞理，認識良善，確是人尋得生命之道的根本。而基督福音則是幫助人保守良心的磐石，它使我們的良心得自由，靈魂得解放，並藉著福音的引領回歸天家。

今天的世界崇尚科學，尤其在唯物主義無神論國家，人們埋頭於書本之間，以死的知識塡充大腦，他們的學識僅局限於眼前世俗的一切，只能憑著腦中的記憶和世俗的眼光評斷事物。殊不知，這與那些洞中被捆綁之人完全無異。古人雲，抬頭三尺有神明。今天的人已經很久不抬頭看天了，他們抬頭都看的是天氣。上帝已經被忽視的很久了，人不理神，神就無法理人。我們關閉了與神相通的管道，無法接收來自神的資訊，這不能不說是今人最大的悲哀。在這樣的社會裡，世風日下，人心不古，道德淪喪，寡廉鮮恥。廉潔高尚之士憔悴，諂媚鑽營之徒囂張。當人遠離了上帝，就會變成了會思考的動物，爲了肉體私欲，不擇手段巧取豪奪，人的內心「**裝滿了各樣不義、邪惡、貪婪、惡毒（或作「陰毒」），滿心是嫉妒、兇殺、爭競、詭詐、毒恨，又是讒毀的、背後說人的、怨恨神的（或作「被神所憎惡的」）、侮慢人的、狂傲的、自誇的、捏造惡事的、違背父母的、無知的、背約的、無親情的、不憐憫人的。**」（羅馬書 1:29-31）

人做這些事的時候眞的是很無知，若眞有知識，一定會努力擺脫那些套在人身上的捆綁，去追求那永生的生命之道。即使與神無緣，也會追求心靈上的和諧。人心中沒有神明，自己就成了神明。而當需要他人保護自己的利益時又會去把他人樹爲神明，歷史無數次地證明這樣的人造神明都是僞善的人偶，一旦機會成熟，就會露出暴君的本來面

---

[441] 《信仰與秩序——法律與宗教的複合》，第 159 頁。

目。聖經中早就對人類的這一愚蠢行爲作出過預言，當人們要求撒母耳爲他們立一個王時，「**耶和華對撒母耳說：『百姓向你說的一切話，你只管依從。因為他們不是厭棄你，乃是厭棄我，不要我作他們的王。』**」（撒母耳記上 8:7）隨後撒母耳將耶和華的話轉告百姓，這王一定會欺騙他們、壓迫他們、奴役他們。但是人被自身的貪婪與自私、懶惰與怯懦、驕傲與自大所裹挾，最終選擇了屬世的君王，而拋棄了屬靈的上帝。人類後來良知泯滅，理性失喪，飽受私欲的摧殘，最終淪爲罪的奴隸皆源於此。

在良心沉睡的地方，愚昧就成了眞理。屬世世界裡絕大部分人都在追求物質享受，不過也有一些人在追求生命之道。但是即使在這追求生命之道的小部分裡也有許多人良心依舊未醒來，他們可悲地變成了法利賽人卻不自知。愛默生曾說，基督偉大的博愛之道傳到了野蠻人那裡，就變成了狹隘自私的鄉村神學。耶穌對這種人有一個形象地比喻，「**撒在荊棘裡的，就是人聽了道，後來有世上的思慮，錢財的迷惑，把道擠住了，不能結實；**」（馬太福音13:22）這些人總是習慣於用肉眼看世界，他們喜歡華文美飾，權威虛榮；他們喜歡用屬世的聰明去揣摩上帝的良善；他們屢屢誤導世人，卻又執迷不悟。耶穌在聖經裡說這些人是，「**你們聽是要聽見，卻不明白；看是要看見，卻不曉得。**」（馬太福音13:14）總是嘴裡不停地喊著「我的神，我的神」，可是眼睛卻總是盯著屬世世界裡的一切計較。他們不明白耶穌講的「愛人如己」，當然也不理解保羅對「愛」的解釋，「**全律法都包在『愛人如己』這一句話之內了。**」（加拉太書5:14）他們所求的他們不知道，他們努力地想成爲聰明的今世之子，卻在不知不覺中被私欲所俘虜，逐漸失去了良心自由，像外邦人一樣心存虛妄，貪行種種的污穢，「**他們心地昏昧，與神所賜的生命隔絕了，都因自己的無知，心裡剛硬。良心既然喪盡，就放縱私欲，貪行種種的污穢。**」（以弗所書4:18-19）他們整天都被那些教條神學或宗教迷信忽悠，不管是出於疏忽散漫還是恐懼貪欲，總之離神日遠而不自知，誠可痛惜！

除了這些人外，只有極少數既有理性又有愛心的人一邊思考著生命之道，一邊努力地爲人類指明前進的方向。他們懷揣至高的善，藉著基督的福音，仰望著上帝的奧祕，「保有希望，保持沉默，孤獨地工作。」正如法蘭西斯・培根所說，他們「對眞理的沉思比一切發明成果都更爲崇高。」[442]正是借著這些人的辛勤耕耘，眞理的火焰才得以一直跳躍不息。這些人的心靈排斥著這個形而下有形世界，而專注於那個形而上無形世界。他們定睛於那個屬靈世界，感悟屬靈生命的眞道。他們是眞正的「光明之子」，但在世人眼中他們卻很「傻」很「天眞」，或者是些幸福過頭的人。因爲他們不太符合世人眼中基督徒的標準，他們似乎並沒有那些正統教徒虔誠，也缺乏那些神學家的權威，更不熱衷

[442] R・霍伊卡，《宗教與現代科學的興起》，四川人民出版社 1999 年版，第 87 頁。

於攫取來自人的榮耀。相比那些高談闊論的法利賽人，他們簡直太沉默無聲、微不足道了。而那些法利賽人幾乎占領了絕大部分的教堂和講臺，這眞是世人的不幸，好不容易趕走了魔鬼，又迎來了地獄之子。

生命之道如此難覓，在思想控制、言論控制、出版控制的地方我們難覓生命之道，可是在思想自由、言論自由、出版自由的地方仍然很難找到生命之道。唉，這生命之道如此難尋，它到底在哪裡呢？牛頓說：「天父無所不能，在他的胸懷裡從起初就擁有了全部的知識，他把未來的知識傳遞給耶穌基督，無論在天上或地上，沒有人配得直接從父那裡領受未來的知識，只有通過羔羊。」[443]法蘭西斯．培根說：「上帝啊——宇宙的創始者、保護者和更新者，請用你那對人類的仁愛和憐憫，通過你那唯一的聖子，即與我們同在的上帝，保護那向著你的榮耀而上升和爲著人的幸福而下降的事業吧。」[444]湯瑪斯．霍布斯說：「得救所必需的一切都蘊藏在信基督和服從神律這兩種美德之中。」[445]帕斯卡說：「我們僅僅由於耶穌基督才認識上帝。沒有這位居間者，也就取消了與上帝的一切相通；由於耶穌基督，我們就認識了上帝。」[446]斯賓諾莎說：「上帝的智慧在基督本身具有了人的性質，基督是得救的道路。」[447]本傑明．佛蘭克林說：「我認爲他（基督）留給我們的道德和信仰體系是世界上最好的，可能是空前絕後的。」[448]湯瑪斯．傑弗遜說：「我認爲耶穌的教訓，正如他本人所陳述的，是人類所接受的教訓中最純潔、良善和崇高的。」[449]列夫．托爾斯泰說：「我相信神的意志從沒有比在基督的教義中表現得更明白了。」[450]史懷哲說：「我們只能指引事情直接通往我們的主耶穌的方向，努力朝他前進，而田地就會自己耕好。」[451]特蕾莎修女說：「耶穌是眞理，需要被宣講。耶穌是道路，需要被行走。」[452]保羅說：「**我不以福音為恥；這福音本是神的大能，要救一切相信的**」。(羅馬書 1：16) 約翰說：「**道成了肉身，住在我們中間，充充滿滿地有恩典，有真理。**」(約翰福音 1:14) 彼得說：「**神借著耶穌基督（他是萬有的主）傳和平的福音，將這道賜給以色列人。**」(使徒行傳 10:36) 以賽亞說：「**因有一嬰孩為我們而生，有一子賜給我們，政權必擔在他的肩頭上。他名稱為奇妙策士、全能的神、永在的父、和平的君！**」(以賽亞書 9：6) 耶穌說：「**我對你們所說的話就是靈，就是生命。**」(約翰福音 6：63) 耶和華說：「**伯利恒、**

---

443 《基督教對文明的影響》，第 213 頁。
444 《宗教與現代科學的興起》，第 87 頁。
445 湯瑪斯．霍布斯，《利維坦》，湖南文藝出版社 2011 年版，第 352 頁。
446 《思想錄》，第 216 頁。
447 《神學政治論》，第 16 頁。
448 《美國憲法的基督教背景》，第 193 頁。
449 《美國總統的信仰》，第 269 頁。
450 羅曼．羅蘭，《托爾斯泰傳》，華文出版社 2013 年版，第 78 頁。
451 諾曼．柯仁斯，《史懷哲嘉言錄》，中央日報（台）1993 年版，第 69 頁。
452 特蕾莎修女，《愛的純全》，北方文藝出版社 2009 年版，第 9 頁。

以法他啊，你在猶大諸城中為小，將來必有一位從你那裡出來，在以色列中為我作掌權的；他的根源從亙古、從太初就有。」（彌迦書:5：2）原來這生命之道從亙古、從太初就有，它就在耶穌基督的福音裡。

活水之源

有幸旁聽靈修，討論著信心（faith）的問題。我的思緒也隨之自由地奔騰。

我們的信心爲何時大時小，是什麼影響著我們的信心？

我想首先是我們生活的環境。一個人在基督信仰濃厚的環境裡就容易信主，並且會更新變化，歷久彌新；相反在其他思想氛圍的環境中信主的可能性就小，即使信主也難以堅定，受著周圍環境的影響信心可能會逐漸消退。

那麼環境能不能選擇呢？如果說信主以前的環境不能選擇，那麼信主以後的環境就是可以選擇的。這主要還是體現在信心上。信仰堅定的人可能會遠離世俗之地，選擇踏上一條艱辛的天路歷程。最典型的例子就是清教徒爲躲避世俗世界的薰染和逼迫，遠離繁華之地，不遠萬裡，漂洋過海來到一塊人跡罕至的不毛之地，並在那裡建立起一座世人仰慕的「山上之城」。

其次影響我們信心的是活水（living water）。也許有人發現，初信主的人比一些信主多年的人更有熱情，我想這是初信主的人因剛剛發現活水，此時信心雀躍，滿臉喜悅，仿佛整個世界都煥然一新。而一些信主多年的人可能因爲驕傲自大或者癡心妄念或者自私懶惰等原因，而荒於思考，疏於交通，懶于行善，導致活水停滯，信心衰退。

成年人因爲肉體私欲和世俗理性的旺盛，心靈的活水就容易枯竭。小孩子的心靈很單純，所以他們就很容易被活水充滿，就容易快樂。有人會說，小孩子也是自私的，不錯，小孩子的自私是肉體本能，但是小孩子沒有先入爲主的觀念，也沒有惡的意圖，更無自戀或俗世的羈絆。只要給他們幾樣東西，他們的欲望就很容易得到滿足。只要對他們自小進行愛的教育和引導，就容易讓他們向利他方向轉化。而從小接受世俗教育的成年人，因爲受肉體私欲和世俗理性的影響日深，就很難再向利他方向轉化。

生命活水需要日日更新，一成不變的生活會減弱我們的信心，猶如一潭死水逐漸失去活力。生活中，我們常看見有些人更換工作，有些人遷移他地，這都是一種流動，目的是重新樹立信心。基督徒也需要讓內心的活水流動起來，每日用它澆灌自己的心田，汩汩活水會讓我們的靈息不斷得到充盈，信心就不會因枯燥無味的生活而消耗殆盡。

活水是我們前進的力量，我們一定要認識活水的來源。每個人可能都有自己的「活水」：有些人的「活水」來自於熱衷權力，他就會不斷鑽營，成爲人上人；有些人的「活水」來自於對金錢的渴望，他就會終日算計，貪慕虛榮；有些人的「活水」來自於毒品，他爲了麻醉自己的心靈就會去爲非作歹；有些人……

所以這些人都有「活水」，但是我們一定要認清這些「活水」和我們所講的活水有著本質區別。這種區別就在於它是利己還是利他，屬世還是屬靈。利己的「活水」出自肉體私欲，他能看見的就是個人利益，爲了一己私利，他們可以出賣自己的肉體乃至靈魂。在他們身上難覓高貴的神性，看到的只是赤裸裸的私欲。他們的「活水」帶給他們的只是形而下世界的虛榮和肉體的感官刺激，最終只會將他們的靈魂帶入黑暗的深淵。

活水這麼重要，我們基督徒的活水從哪裡來呢？我個人以爲，活水來自于對福音眞理的思考、與同道們的交通、與人的爲善以及對美好事物的嚮往。

爲什麼我們要每日讀書思考？是爲了尋找生命活水，日有所新，心就常新，快樂就會常住。「**惟喜愛耶和華的律法，晝夜思想，這人便為有福。**」（詩篇 1：2）活水從書中來。

爲什麼我們要與善儕交通？因爲我們個人的信心時常弱小，活水時常不足，所以需要同道間互相支援和鼓勵。「**因為無論在哪裡，有兩三個人奉我的名聚會，那裡就有我在他們之間。**」（馬太福音 18:20）活水從同道的話語中來。

爲什麼我們要與人爲善？因爲在我們從事善行義舉的時候，我們的內心就會充滿喜悅。一旦人脫離開外在的肉身，進入內在靈性之際，便能明白眞正的喜樂屬於內在靈性，而非外在/自然界的歡愉。唯有愛主的人，才會產生樂於與人分享的特質。「**我實在告訴你們：這些事你們既做在我這弟兄中一個最小的身上，就是做在我身上了。**」（馬太福音 25：40）活水從愛人的善行中來。

爲什麼我們要喜愛美好的事物？因爲美好的事物都帶給人光明和自由，這是眞理的屬性，也是神的傑作。喜愛美好事物是人良心的直覺，悠揚的詩歌，悅耳的音樂，美麗的圖畫，動人心弦的影視作品，還有感人肺腑的故事等都能爲我們打開一扇扇心靈的窗戶，清掃我們內心中的積塵，讓我們的心靈得到淨化。活水從美好事物中來。

基督徒的活水之源是主耶穌，主耶穌是利他的化身，祂在十架上向世人顯明，利他的越純粹就越接近神。所以基督徒認爲越利他地純粹，就越靠近主，即使爲此而犧牲，也毫無畏懼。因爲汩汩的活水不會因爲肉體毀滅而消亡，相反我們的靈魂會隨著肉體的消亡而奔向主的身邊。

活水之源也是生命之泉，古老的中華民族對此有沒有過認知呢？當然有過。古人雲，「天行健，君子以自強不息，地勢坤，君子以厚德載物。」天行健指的是天道，天道就是要人棄惡從善，要人不斷地用靈魂中的良善戰勝肉身裡的邪惡。《道德經》中也有相似

的說法，「天之道，利而不害」。但是中國的這些哲學思想都缺少對神性的認識和瞭解，反而是突出了人的作爲。其實離開神，人啥也不是。而耶穌卻不一樣，祂來自於神，瞭解神。「**因為我本是出於神，也是從神而來，並不是由著自己來，乃是他差我來。**」（約翰福音 8:42）「**你們所聽見的道不是我的，乃是差我來之父的道。**」（約翰福音 14:24）所以耶穌瞭解神性，祂告訴世人「**除了神一位之外，再沒有良善的。**」（路加福音 18:19）天道的背後是對神性的認知，以及由此產生的「愛神」之心，「**你要盡心、盡性、盡意，愛主你的神。這是誡命中的第一，且是最大的。**」（馬太福音 22：37-38）愛即爲意志，而確立的信仰即爲思想。人若愛神就會愛自身所信仰的道理，自然便會盡力爲之。如若不認識神，就不會愛神，缺少對神的純正信仰，便很難做到堅持不渝，自強不息。

棄惡從善不僅要在意識裡進行，還要體現在行爲當中，這就是「厚德載物」。《道德經》裡的說法是「爲而不爭」。這兩種說法其實指的都是利他的理性，但卻並沒有將世俗理性與自然理性區別開來，只是泛泛地勾畫幾筆，給人一種霧裡看花的感覺。而耶穌本身就具有自然理性，所以祂也用了四個字「愛人如己」，就很清楚地說明了人道的含義。「**其次也相仿，就是要愛人如己。**」（馬太福音 22：39）人若認識神，就清楚內在的意念和思想若沒有具體付諸實踐，言行就不完整，亦失去存在的意義。德國布永康牧師講：「傳福音要用愛心去傳，光是告訴別人耶穌愛他們，自己卻不愛他們，空口說白話，這是何等的虛僞。使徒保羅就說這種傳道人就如鳴的鑼響的鈸。」缺乏行動的意圖和熱忱就如鳴的鑼響的鈸，非但不能成事，相反很快就會消失殆盡。要想眞正將思想和意圖化爲符合人道的行動，就必須具有自然理性，清楚「世界一體，人類一家」的道理。「**就如身子是一個，卻有許多肢體；而且肢體雖多，仍是一個身子。**」（哥林多前書 12：12）單個人只是整個人類中的一分子，任何一個人生活不幸，作爲人類的整體都不會幸福。只有他人幸福了自己才能幸福，沒有人能在別人痛苦的基礎上過上幸福的生活。「**若一個肢體受苦，所有的肢體就一同受苦；若一個肢體得榮耀，所有的肢體就一同快樂。**」（哥林多前書 12：26）所以必須要爲整體的幸福而活，「每個人在自己的位置上都要爲了全體的好處，如果他不是這樣獻上自己，他就是不義。」明白這些道理的前提是認識神，因爲是神創造了人類，並且「**神愛世人**」（約翰福音 3：16）。而人類源自同一位祖先，所以無論從愛神或愛人的任何一個角度來講，人類都應當互相關愛。如此我們就能在生活中眞正心存公義，並起而行之，同時也會將愛人與信仰合一，轉化爲愛人的信仰。若不明白這其中的道理，很難眞正做到達人達己，厚德載物，爲而不爭。

易經和道德經作爲中國古代最有影響力的兩本書，都具有極高的歷史價值，但是與聖經相比，內容還是稍顯艱深晦澀，不易理解。雖然也表達出對生命之源有所認知，但是由於缺少一個連接天地的中保，一位道成肉身的眞理化身，所以只能以一種唯心主義哲學的形式存在於世。由於不認識神，也就不可能形成一門良善宗教，自然無法爲世人樹立一個純正信仰，也使中華民族一直沒有眞正找到活水之源，而是在人治的怪圈裡徘徊了數千年之久。

基督徒的活水來自他們的主耶穌，祂使信靠他的人能夠明白「愛人」的道理，「**你們願意人怎樣待你們，你們也要怎樣待人，因為這就是律法和先知的道理。**」（馬太福音 7：12）基督徒很清楚人生前是什麼樣，死後就是什麼樣。所以他們努力地愛人，並將其與愛神的信仰合而爲一。基督徒對人的自然理性來自對神的純正信仰，正是這信仰使基督徒成爲世人眼中不可思議的「低能」或「幸福過頭」的人。但是這絲毫不會影響他們的人生觀，他們爲了追求天國的義和天國的榮耀，努力地造福人群，並通過向周圍人群傳遞神的愛，來彰顯神的愛就是純粹的利他。

活水充盈，信心滿懷時我們固然喜悅，當活水枯竭，信心不足時也不必焦急惶恐。我們都看到，主的使徒也曾迷茫，偉大的傳教士們也有信心不足的時候。因此，不要著急，也不要害怕神的試煉，聖經中的信心偉人們爲我們作出了光輝的榜樣。要相信神自有神的計畫，生命的眞義不是要我們來此世間貪圖安逸，而是要不斷接受苦難的考驗。要知道，苦難是屬靈的財富，是增長信心的必由之路。

基督告訴門徒，「**在世上你們有苦難，但你們可以放心，我已經勝了世界。**」（約翰福音 16:33）所以，無論在何種苦難中，只要心懷活水之源，忘記背後，努力面前，活水很快就會重新充滿我們的身心，信心又會重新回到我們的心中。

看哪，那些敬虔的人啊，他們的臉上洋溢著感恩的喜悅，流淌著幸福的淚水，到如今，只有主顧念著我們，唯有信靠祂，才是我們唯一的活水之源。

「**我所賜的水要在他裡頭成為泉源，只湧到永生。**」（約翰福音 4：14）

街頭有感

漫步街頭，看見街邊宣傳欄裡將廉與腐放在一起，目的是警醒世人要廉潔不要腐敗。世人皆知腐敗是爲了貪戀世俗虛榮和滿足肉身的享樂，那麼廉潔是爲了什麼呢？是爲了黨，爲了國家，爲了人民嗎？這些全都是些抽象且空洞的概念，全都與人無益。實際上廉潔實實在在是爲了個人靈命的健康成長，爲那審判之日能踏上天國之路做預備。

廉與腐的問題歸根結底是靈與肉的問題。在唯物主義誕生以前，世界原本是自然有序的。人的良心總是提醒人，神靈是存在的。古人講「抬頭三尺有神靈」，這神靈不是遠在天邊，而是近在咫尺。因爲有敬天愛人之心，所以在上古之世曾出現過古人嚮往的堯舜之世。可惜後來的人越來越自私，越來越無視神靈。他們假借「君權神授」的謊言以人取代神，將神的無私偷換成人的自私，將神的至善改換爲人的僞善。從此人類社會從黃金時代一步步走向黑鐵時代，而馬克思主義的誕生宣告了人類渣土時代的來臨。

人本身是具有靈性的靈體，從一出生時起人就具有了與生俱來的良心，只要不刻意打壓和誤導，人自然而然就會產生對神靈的敬畏之心。人爲地刻意打壓和誤導，會使人內心起迷惑，進而失去良心自由，正如托克維爾所說：「當宗教在一個國家遭到破壞的時候，智力高的那部分人將陷入遲疑，不知所措，而其餘的人多半要處於麻木不仁狀態。………這樣的狀態只能使人的精神頹靡不振，鬆弛意志的彈力，培養準備接受奴役的公民。一個民族淪於這種狀態後，不僅會任憑自己的自由被人奪走，而且往往會自願獻出自由。」[453]這時的人因爲意念已經被他人控制，所以行出來的行爲與自己的內心意志已經無關。就好像一架由人操控的機器，不能再稱之爲眞正意義上的「人」，而是一具具行屍走肉。

人會有信仰情結是源於人靈魂中的神性需求，祂無時無刻不在希望喚醒人的良知，幫助人尋到回家的路。林語堂說：「我相信崇拜某些東西的本能是在每一個人之中，而沒有一個不崇拜任何東西的社會，甚至無神的社會也是有所崇拜的。」[454]追求信仰是人類潛藏於靈魂深處的本能，崇拜偶像也是出於這一本能。古時專制統治者出於維護統治利益的需要，利用了人類的這一本能，創造出「君權神授」等歪理邪說，誤導世人將對神

[453] 《論美國的民主》，第 590 頁。
[454] 《信仰之旅》，第 213 頁。

靈的信仰，變爲對君主的忠誠。他們這樣做的目的，不外是爲了使人們將他們樹爲偶像，對他們俯首貼耳，言聽計從。他們所做的一切無不是出於肉體私欲和世俗理性，都是損人利己的勾當。

古時的專制主義者一向追求的是肉體私欲，宣揚的是世俗理性，這是人類的罪性決定的。即使是在政治比較清明的時期，也不過是專制主義者對自己的肉體私欲控制得較好。一旦他們放開了對肉體私欲的控制，肆無忌憚地開始追求時，沒有一個王朝不陷入天怒人怨、腐朽不堪的處境。因爲離開神，人眞的啥也不是。「**沒有義人，連一個也沒有！**」（羅馬書 3:10）「**因為世人都犯了罪，虧缺了神的榮耀，**」（羅馬書 3：23）作爲世俗社會裡的統治者，這種傾向更爲明顯。在德行方面，誰都有惡的根苗，而世俗統治者的罪孽更爲深重，他們手中有權，可以方便地利用自己的權勢而作惡。他們不但自己作惡，而且還利用他們培養出來的犬儒幫助他們混淆是非，脅迫陷入顚倒三觀裡的民眾與他們一道作惡。這是人類墮落的直接根源，也是《聖經·撒母耳記上》八章中所講述的道理。

無論是以往的專制主義者，還是今天的社會主義者，他們本質上追求的都是人治。無論他們打著多麼冠冕堂皇的理由，喊著多麼高大上的口號，根子上都是出於人的肉身，凡是出於肉身的都有腐敗的趨勢，這就是專制主義者越反越腐的根本原因。

按理共產主義者宣揚的是自然理性，自然理性要求人要大公無私，心懷天下，這樣的人當然只會廉，不會腐。然而古往今來不依靠信仰引領，純憑理性指導而能具有自然理性的人又有幾個。而且當自然理性失去純正信仰的引領時，很容易就會陷入一種自然理性、世俗理性以及非理性與各種信仰雜亂無章地攪和在一起的混亂現象。導致人分不清東南西北，不得不陷在各種無知有害的網羅裡，被各種各樣的私欲刺透。

共產主義一旦和唯物主義結合起來，那將會是一件十分可怕的事（詳見前文《何謂眞理？》）。只講屬世生命的唯物主義無視人的屬靈生命，當它與主張公有制經濟的共產主義相結合，就會產生一種通過外力手段改變人內在意識的衝動。這種衝動的代表就是馬克思主義。馬克思主義主張通過強制手段改變屬世世界財產分配不公的現象，再通過人爲教育提高民眾的思想意識。這種由於不明白世界本質和生命眞義的行爲，不但使人們失去了良心自由，甚至連基本的行爲自由也失去了。處於這種情形下的人們無從得知良知和理性爲何物，最終不得不全體陷入了非理性的奴性之中。這一下猶如將地獄的魔鬼放出了牢籠，徹底將這個世界顚覆了。正如「推背圖」上所講，「陰陽反背，上土下日」。馬克思主義的錯謬使追求眞理的把眞理給滅了，眞神也被當作牛鬼蛇神給打殺了。

馬克思主義通過強行分配人們的財產想要所有人過上幸福生活的行爲，非但沒有改善人們的生活水準，相反卻使廣大人群陷入了更加貧困的境地。想要通過人爲的教育提

高人們道德素質的行爲，非但沒有提高人們的思想水準，反而降低了高層次人群的理性水準，使大家陷入更加迷茫且不知所措的境地。馬克思主義將拯救世界的希望放在幾位「先知先覺」者身上，這本身就是一件極其危險的事。其造成的嚴重後果，給全人類留下了極其慘痛的歷史教訓。

隨著馬克思主義非理性面目的逐漸暴露，三觀顚倒、意識混亂的人們對人偶的信仰徹底崩塌，在信仰的眞空裡人們看不見任何希望，於是開始專顧自己的塵世肉體，放縱私欲，追求聲色犬馬，不知不覺中淪爲高等「動物」。

因爲不信有神，人的靈魂沒有了著落。世人只知道睜著一雙無神的眼睛追求吃喝玩樂，沉溺屬世的聲色犬馬等低級趣味。而無神論政府拒絕任何有神的觀點，刻意抹殺神存在的眞理。每日將民眾當作豬狗，辱之毀之。而這樣的政府在掩蓋眞理的同時，也在不斷地糟踐自己。成批的腐敗官員如潮水一般地湧現，抓了一批又一批，眞正是害人不厭，毀人不倦。最最可怕的是，無神論教育毀了世人的三觀，使人不知何者爲惡，何者爲善。他們以善爲惡，以惡爲善。每時每刻心懷意念的都是人的私欲，動心起意的都是世俗理性，而這全都出自人的罪性。並因爲犯罪而喪失了生命，淪爲了行屍走肉。「**私欲既懷了胎，就生出罪來；罪既長成，就生出死來。**」（雅各書 1:15）人之所以如此與他們所處的社會環境和接受的人生教育密切相關。因爲身處邪惡之中，所以不認識良善。更因對屬靈世界的無知，認識眞理變得遙不可及。越來越多的無知無覺者依然在不擇手段、不計後果地損人損己，勇闖地獄，而造成這種局面的罪魁禍首絕非某一個人。

古時的專制主義教育尙且沒有否認神靈的存在，只是用君權神授的謊言取而代之。今天唯物主義無神論的教育徹底否定神靈的存在，將提高人類理性的希望完全寄託給專制主義管理下的世俗教育。兩種教育制度都沒有離開「人治」範疇，古時專制主義者也反腐，但即使像朱元璋那樣殘忍也無濟於事，原因就在於反腐的理由自相矛盾。專制主義搞得那套奴性教育，使每個人都出於奴性思維或小民意識沒有將自己當作一個人格獨立和良心自由的人看，而是將自己當作一個只爲肉體私欲打算的奴隸看。奴性思維使人將周圍的人都視爲競爭對手，要擺脫奴隸身分只有一條出路，就是超過別人，爭做人上人。奴性思維又使民眾養成了一種小民意識，這種意識使國人都只顧忙自己的事，對於「事關大家利益的事」則選擇置身事外，仿佛總是把自己放在可有可無的位置上，總認爲自己不算什麼，總要把希望寄託給後代子孫。正是這種不負責任又不把自己當人看的思維模式，使每個人都在爲自身的肉體私欲做打算。導致官官相護，人人貪腐。大家都在貪腐，如何要求他人不要貪腐，這就好像「只准州官放火，不准百姓點燈」的道理一樣。

人們看透了統治階級的虛僞，當然官場上的腐敗不可遏制。共產主義的教育本是要人們擺脫世俗理性的束縛和宗教迷信的捆綁，但是因爲對世界本質和生命眞義的不解，忽視了純正信仰對人良心的保守作用，以及對理性的支撐作用，爲了解釋人類的來源，非要將人的出現解釋爲猿猴的進化，將具有靈性的人類貶低爲缺少靈性的動物，然後又寄希望於用一種人造的思想理論將這頭動物的思想意識拔高到自然理性的水準，這其中自然會產生出一種二律背反。（詳見前文《什麼是二律背反？如何解決二律背反？》）

由於今天特殊的歷史環境，致使人們不知靈魂的出處與歸宿，活得茫無頭緒，只能隨著統治階級的愚民教育，偏信盲從，隨波逐流，大小官員的貪腐行爲也正是源於此。正是由於無神論政府從源頭消滅了人類對至善上帝的純正信仰，導致世人看不清生命的奧祕，只能接受肉身感官所感知的一切，包括由其而出的世俗理性。因此一切行爲的出發點就是爲了滿足自身的肉體私欲，最終所有社會主義國家都出現了官員集體腐敗的現象。

如果世俗政府眞的想要官員講廉潔，就必須使他們意識到屬靈生命的存在，明白屬靈生命重於屬世生命的道理。當人眞正明白了「**叫人活著的乃是靈，肉體是無益的**」（約翰福音 6:63）道理，人自然會追求屬靈層面的靈魂喜樂，那要比屬世層面的肉體愉悅不知美好多少倍。這時的人內心充滿天堂的喜樂，對世界自然正直公義，誠實守信，敬虔愛人，絕不會再爲肉體私欲去行貪腐之事，不用強求其廉而自然廉。所以幫助人認識世界本質和生命眞義，這才是解決貪腐問題的根本途徑。

如果只是用法律制裁、名譽傷害，或利益損失來限制官員的貪腐，效果如何不敢說。即使有一定的效果，也不是出於官員的眞心，非但沒有解決根本的認識問題，反而會使這些追求世俗利益的人憤憤不平，於他們的生命沒有任何益處。

那麼爲什麼基督教國家在官員的廉政方面就很少出現這種情形呢？這關鍵就在人的三觀上（詳見上文《什麼是基督教的「三觀」？》）。愛人和愛己的官員都表現爲謀求權力，但是追求權力的出發點卻完全不同。愛人的官員清楚愛人的背後是愛神，他們能全心全意地爲公眾利益服務，並發自內心熱衷行善，是因爲他們明白他們這樣做是在爲心中的神作見證。他們服務的人越多，就可以貢獻的越多，在幫助更多人的同時也使自己的屬靈生命更加的豐盛。他們清楚自己管家的身分，懂得不辜負主人的信任和託付，在完成自己的使命後，自動交出權力，絕不棧戀權位。這些忠心而有見識的「管家」，都必然是認識形而上世界的人，都懂得屬靈生命的重要性。愛己的官員卻只想著享受世俗的虛榮與肉身感官的愉悅，他們謀求高位完全是爲了自己，爲他人付出也僅是爲了有助於提升自己的地位聲望。這樣的人注意力全放在形而下世界的榮耀和享樂上，隨著肉身的墮落，內心也變得腐敗不堪。

這就要回到本文的開頭，廉與腐的問題歸根結底是靈與肉的問題。造成腐敗的總根

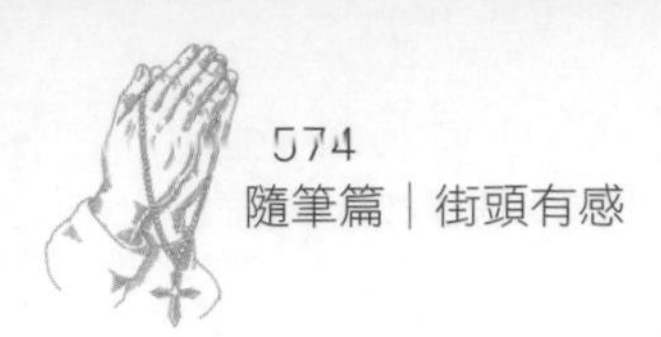

源是源於無知而造成的無畏。因爲他們身處邪惡之中根本看不見良善，所以他們不知惡之爲惡而作惡，或以惡爲善而作惡。正因爲不明白這其中的道理，他們才會迷戀形而下世界的榮譽和享樂，在世俗理性的誘惑下去放縱肉體私欲。腐敗沒有不和肉體掛鉤的，而金錢最直接的作用就是能滿足人的各種肉體私欲，由此使人在不知不覺中「**就陷在迷惑、落在網羅和許多無知有害的私欲裡，叫人沉在敗壞和滅亡中。**」（提摩太前書 6：9）

所以要清醒地意識到，腐敗的背後一定是人類貪婪無止盡的肉體私欲，它本身正是人類愚昧無知的產物，也是阻礙人靈命成長的絆腳石。當人們眞正瞭解了生命眞義，自然會對屬世的肉體私欲視爲阻礙屬靈生命成長的羈絆並棄如敝屣，自然會去追求良心自由以及神的國和神的義。但要改變目前的認知盲區，就必須改變當下的社會環境，而這需要時間。

相信這個時間不會太久，從那大寫的十字——「中」，已經看見上帝對這個國家的祝福。必有聖人臨世，來拯救這一國的人。但在此之前，還需「始艱危」，然後才能「終克定」。相信上帝自有祂的安排，讓時間去解決這一切吧！

遊園有感

又到了一年落英繽紛的季節，剛還在枝頭春意盎然、笑容燦爛的花瓣，不知不覺中悄悄飄落到地上，不久又將化作塵土等待來年的重生。生命就如同這花瓣，周而復始，生生不息。人的生命不也是如此嗎？一世的修行如果不能得成正果，肉體就將又一次化爲塵土，而靈魂重回靈界，等待下一次的轉世。

無私至善的上帝真的不希望在地獄中看見一個人影，因爲祂創造的人具有祂的形像和氣息，這是其他任何生物所沒有的。但是世人總是不能明白祂的意志，總是貪婪地留戀屬世的物欲享樂，並且互相欺騙、傷害、掠奪甚至殺戮，人的內心充滿了羨慕、嫉妒、恨等負面情緒，這些東西本來都是惡的元素，在天國裡根本無處容身。天國裡只有愛，以及由愛而生髮的一切美善。耶穌講，「**你的財寶在哪裡，你的心也在那裡。**」（馬太福音 6：21）天國的財寶就是良善、愛和慈憫，這財寶不在身外，而在心內。神總是通過善靈引導人親近祂，但是總有惡靈誘惑人心。人活著時的內心裝的什麼，死後生命狀態就是什麼。每個人的心中都有善有惡，這惡就像天空中的烏雲。當人心中的惡被善戰勝時，就如陽光穿透烏雲，照射在我們眼前，使我們看清這世界的眞相，明白神之眞理。當人心中的惡越重，就如遮蔽陽光的烏雲越厚重，越黑暗。人就會喪失辨識善惡的能力，不斷被內心中的惡所牽引，漸漸地讓自己墜入了地獄。

天國裡的靈當然不願回到這個屬世世界上來，但是靈界裡的靈怎麼辦呢？上帝眞的不願意看見自己的形象在靈界裡過著骯髒、醜陋、野蠻、殘暴的生活，那麼只有一個辦法，就是給這些中間靈一個重新補考的機會（本文稱轉世爲一個補考的機會）。人的靈命悟性高低不同，覺悟高的人可能一次就能考試通過。而覺悟低的人也許一百次、一千次都通過不了，他們就在這兩個世界間來來回回的轉世。但每一次等待轉世之前，他們將在靈界忍受無邊的孤獨和無奈。那種滋味在人世間的人是無法想像的。即使又回到這個世界的靈，雖不像中間靈那樣孤獨無奈，但也是前途莫測，隨時也有受邪靈誘惑而墜入地獄的危險。

上帝爲了拯救世人，彰顯神的大愛，派耶穌基督降世傳播來自天國的好消息。但是耶穌基督卻要爲此承載爲世人受苦、受罪、受死的痛苦，就如普羅米修士爲人類盜取火種所遭受的痛苦一樣，這就是上帝為拯救人類所付出的犧牲。耶穌基督宣講的福音為世人指明了回歸天家的道路，明白福音眞理的人也就獲得進入天國的門票。但是又有多少人眞正明白基督宣講的福音眞道，他們「**聽是要聽見，卻不明白；看是要看見，卻不曉得。**」（馬太福音 13:14）因為「**這百姓心蒙脂油，耳朵發沉，眼睛昏迷；**」（以賽亞書 6:10）他們不明白基督福音裡所蘊含的自然理性，仍然習慣按照世俗理性去理解生命之道。因為自然理性確乎超越人類有限的理解力，當人類的靈眼未睜開時，人就如井底之蛙，看見的永遠是眼前那片狹小的天空。再加上唯物主義、享樂主義、懷疑主義等僞理的幹擾，使本就被世俗理性攪擾的世人變得更加的昏瞶無知。他們熱衷於屬世的虛榮，誰不希望出人頭地，誰不追求功名利祿，誰不貪戀「黃金屋」「顏如玉」，那滾滾紅塵裏挾著漫天的人欲將無數人帶往了通向地獄的大路。因為眞理永遠掌握在少數人手裡，所以通往天堂的路註定是窄小的，正如耶穌所講，「**你們要進窄門。因為引到滅亡，那門是寬的，路是大的，進去的人也多；引到永生，那門是窄的，路是小的，找著的人也少。**」（馬太福音 7:13-14）可惜祂講得再清楚世人也還是不明白。不僅是普通人不明白，連祂的門徒們也是一知半解。在耶穌受難時，他們紛紛離祂而去，且對祂的神性表示懷疑。

眞理不是那麼容易認識的，習慣了黑暗的眼睛不是那麼容易接受光明的。「**光照在黑暗裡，黑暗卻不接受光。**」（約翰福音 1:5）千百年來人類出於世俗理性拒絕眞理，反倒將僞理當作眞理，並為此付出了極其慘痛的代價。「**光來到世間，世人因自己的行為是惡的，不愛光倒愛黑暗，定他們的罪就是在此。**」（約翰福音 3:19）可惜的是，人類並沒有從這些慘痛代價中吸取經驗教訓，反而循著世俗理性繼續拒絕眞理，又或者打著追求眞理的幌子散布僞理。在世人短暫的一生中，肉體私欲時常戰勝內心良知，世俗理性每每打敗自然理性。無可奈何花落去，世人由此白白失去一次又一次的修行機會。即或有少數認識眞理或具有自然理性的人出現，也總是被那些充滿世俗理性的掌權者刻意封殺或被所謂的知識界邊緣化，就如古希臘人對蘇格拉底，古猶太人對耶穌基督，法西斯對自由學者一樣。

靈眼不是那麼容易睜開的，人若不從靈裡獲得重生，就無法睜開屬靈的眼睛。「**我實實在在地告訴你：人若不重生，就不能見神的國。**」（約翰福音 3:3）而要獲得重生就必須要開啓內在生命層次，而唯有認清主來自於神，並樂意被祂帶領，我們的內在生命層次才能得以開啓。所以接受主的帶領，認清歸向主乃是從死裡復活的關鍵，也正是睜開靈眼的關鍵。

但是認識主的人就一定上天堂嗎？不一定。很多基督徒總是以為只要有主的仁慈便可以進入天堂，特別是那些滿腦子只有救恩的人，那就大錯特錯了。決定人能否進入天堂的不是主的救恩，而是自身愛人的行為和心意。人如果不能虔誠愛神，並將心中的愛付諸實踐，而只是在那空想，就無法內外合一，且眞正具有智慧。這樣的人很容易陷入荒謬的信條當中，對神、天堂、死後的世界、屬天喜樂、愛與愛人的本質、良善與眞理等等存有諸多誤解，從而忽視了人生命的本質。自然也無法意識到脫離其意念（愛）根源的信仰，將只剩下訊息的外殼。

這些人中有一些表面十分虔誠的基督徒，他們經常上教堂，並且誠心禱告，但內心中的世俗理性並沒有消除，禱告的內容總是圍繞著肉身的平安喜樂，直接導致心中總是存著自私自利的念頭，無論如何也揮之不去。因爲他們的所作所爲完全以自身爲出發點，有辱神之眞理，導致與天堂無緣。

這其中還有些喜歡離群索居的基督徒，他們以爲唯有棄絕塵世、克制肉欲，才能保有虔誠和聖潔。事實上，他們只能過著鬱鬱寡歡的生活，因爲他們的行爲有違入世行善的精神。空有行善的念頭，而缺乏善行的果效。這使他們無法理解天堂的喜樂就在於行善過程中愛的湧動，那是一種靈魂中神性的喜悅。

今天，能聽到福音的人是有福的，正如基督所說：「**但你們的眼睛是有福的，因為看見了；你們的耳朵也是有福的，因為聽見了。**」（馬太福音 13:16）但是對那些沒有機會聽到福音的人來講也不是完全沒有機會，因爲人的良心都來自上帝的恩賜，這沒有猶太人與外邦人之分，也沒有受割禮的與未受割禮的之別。只要做到「心中有天堂」，時刻相信有神的存在，樂意被主帶領，就能保守好自己的良心。當按照良心的指引生活，依然能夠獲得進入天國的門票。「**你要保守你心，勝過保守一切（或作「你要切切保守你心」），因為一生的果效，是由心發出。**」（箴言 4:23）

但是如果每日仍然渾渾噩噩地生活，做一天和尚撞一天鐘，得過且過；或者爭權奪利，將世間當作爾虞我詐、巧取豪奪的競技場；或者將僞理當作眞理，繼續助紂爲虐，使自己成爲邪惡勢力的一份子。那麼這一世的生命將在無知無覺中黯然逝去，接下來你將會爲這一世的罪惡去那該去的地方苦熬歲月，或者等待下一次的補考機會。

更有一種無知之人，他們以自殺來自動放棄考試機會。他們不明白這不僅僅是失去了一次回家的機會，更是連回靈界都成了問題。因爲考試結束時間未到，接引他的天使也沒來，這自殺的靈就只能在陰陽之間徘徊，成了無主的孤魂野鬼，眞正是可憐！可悲！可歎！而那些喜歡說人生就是一場遊戲一場夢的人小心了，人生不是遊戲，也不是夢，而是一場考試。根據考試的結果，人的靈將會在離開肉體後去往與生命境界相應的不同層級。

經過了一世的修行，生命的境界是完全不同的。美好的生命會在脫離肉體後前往美好的世界，而醜陋的生命會在脫離肉體後去往醜陋的世界。不同層級裡的靈具有相同的生命狀態，眞正是物以類聚，人以群分。當人離開這個世界的時候，再想要提升自身生

命境界的機會都沒有了。希望大家都能明瞭生命的眞義，努力過上仁慈和虔誠的生活，相信神的存在並積極行善，在肉體生命結束的時候都能這樣說：「**那美好的仗我已經打過了，當跑的路我已經跑盡了，所信的道我已經守住了。**」（提摩太后書 4：7）使自己的屬靈生命眞正與神相和，且完成了今生的生命藍圖，取得了一份完美的人生答卷。

以上就是看見了落英繽紛的花瓣感悟到的其中道理，希望與大家分享。

如何走出「怪圈」？

中國社會不知何時起就形成了一個「怪圈」，表現爲「放開就亂，捆上就死」。專制主義政府即以此爲藉口，拒絕搞民主。而長期受專制政府統治的老百姓根本就沒有「天賦人權、主權在民」的思想意識，他們已經完全忘記了，人原本就是自己的主人，而君王的權力起初來自民眾的信任和託付。長期愚民教育使得民眾已經從骨子裡培養出一種非理性的奴性，這種奴性使人失去了良知，喪失了理性，變成了一種會思考的傀儡。

人之有良知才能稱之爲人，依良知而行的人才有智慧。人有了良知才能明白道理，才能認知做人的眞諦是博愛，才能理解爲什麼要「愛人如己」。「**無論何事，你們願意人怎樣待你們，你們也要怎樣待人。**」（馬太福音 7：12）

但人的良知又非常弱小，導致人的理性自始不足，甚至非常匱乏，這就是人世間總是或多或少不完美的根由。共產主義理論雖然很美好，但它實現的前提是人人都具有完全的理性，所以共產主義因爲脫離現實而不可能實現。由共產主義而出的馬克思主義則走得更遠，它主張使用強制手段來拔高人們的理性。結果是，民眾的理性非但沒有因爲人爲的理論灌輸而得到提高，相反那些原本有些理性的人卻因受到打壓而造成社會整體理性水準降低。那些自以爲理性水準高的人因爲缺少良知和理性的約束，最終都不同程度地陷入專制主義意識之中，不知不覺中淪爲人類罪性的犧牲品。而由於這些人不寬容的行爲導致發生了無數人間悲劇，這就使人類更加認清了人在理性方面的不足。

原本「理性不足信仰補」，但是他們所謂的「信仰」卻是對人或人造的思想主義的信仰，那些東西本身就不是信仰（詳見前文《什麼是信仰？什麼是宗教？什麼是律法？什麼是形而上？》）。正因爲人自始就是個有限體，凡出自人的思想理論都會由於有限的理性而缺乏一種寬容。這是人治都帶有一定專制性的根由，也是所有人造的思想主義招致人類普遍互相憎惡和仇視的根由。

由於世間人造的各種思想主義充滿了僞理性，如果以它們爲眞理，那麼這個世界就會被攪擾地沸沸揚揚或生氣全無。那麼，在人心暗昧、個人也拿不准何爲眞理的時候，以寬容之心待每一個人，正顯示出一種大智慧。可能表面上這樣做顯得對他人的錯誤行爲有些寬容，甚至會被認爲是一種間接放任。但是人不是神，誰知道每個人犯錯的背後

是不是神對人的一種磨練呢？所以對他人抱以寬容之心，表面上似乎是對他人犯錯給予放任，實際上是為所有人改錯留有餘地。況且人也是會變的，「好人」會變成壞人，「壞人」也會變成好人，沒人知道誰會是那只拯救大家脫離險境的「熊貓」？人不經歷風雨就不懂得珍惜美好時光的寶貴，對他人抱有一種寬容態度，其實這裡面存在著一種大智慧。知道人的理性不足，所以對他人很寬容，恰恰顯明自己敬天愛人的神性。（參閱前文《為什麼基督要我們饒恕人的過犯？》）

在真理沒有走進人心的時候，寬容確是拯救人心的一劑良藥。正如胡適所講，「寬容比自由更重要。」但是這句話有個適用的前提，即是在人心暗昧、人不知真理為何物的時候。這時候待人寬容一些，即使是一種偽善也比專制暴行強一些。如果已經認識了真理，那麼自由就顯得比寬容更重要。有了自由才會有真寬容，沒有自由的寬容，很可能會是一種偽善。

當然前面是在一種假設良心自由的狀態下，當人因不認識真理而失去了良心自由時（例如在專制主義人治社會裡連信仰自由、言論自由等良心自由都被剝奪的情形下），人的良心真的會被各種人造的倫理或理論捆綁束縛，人會在錯誤的主觀認識中越陷越深，甚至完全喪失自省的機會。在那種專制主義的人治環境中，人真的可以將人當作神，將偽理當作真理，真的以惡為善而作惡，這確是人世間最可怕的事。可就在人心至暗的世道裡，對那些為非作歹或者以惡為善而作惡的人依然要保有一份寬容的心。正像耶穌基督在十字架上，依然對那些釘死祂的人抱有寬容之心一樣。「**父啊，赦免他們！因為他們所做的，他們不曉得。**」（路加福音 23:34）

以前總是對小說或電視裡的好人對那些壞人很寬容不能理解，甚至忿忿不平地以為這些人太傻了，為什麼就不能狠狠地懲罰這些壞人呢。其實這正是不明白，神的意念豈不高過人的意念呢？這些人之所以如此行事邪惡，背後一定有讓其存在的原因。不明白這背後的原因，僅因為自己的有限而對他人產生仇恨情緒是非常不理智的。所以對他人寬容，就是對自己寬容。確實，對傷害自己的人講寬容，是一件非常困難的事，正因為困難，才顯示出它的難能可貴。

可能很多人會對這種高調不以為然，認為這是事沒攤到自己頭上。那麼想想耶穌基督為什麼會被億萬人信仰？因為祂就做到了寬容所有人。祂醫治那些身患各種疾病的肉體，安慰那些內心憂傷哀慟的靈魂；祂不但賜給人精神上的靈糧，還要填飽那些因追求天國而肉體困乏的皮囊；祂給憂患喧囂的人間帶來平安，卻因彰顯自身的神性而受世人誤解，被淩辱，遭鞭撻，最後被釘死在十字架上。祂所受的冤屈比天還大，但是祂沒有仇恨，反而在十架上饒恕了所有人對祂的過犯。作為有限的人是無法理解祂的，祂的心比天空還要高遠，比大海還要寬廣，因為祂具有純全的神性。世人唯有完全地信服、讚美、敬拜祂，才能因為認識祂而看見神，信靠祂而愛神，讚美祂而榮耀神。也唯有信靠祂為主，才能明白祂所賜給人類的福音是指引人類前進的明燈，是幫助世人理信上帝的眞理，是使我們得以恢復神性的生命之道。進而眞正明白祂的話，「**我就是道路、真理、生命；若不藉著我，沒有人能到父那裡去。**」（約翰福音 14：6）

當人藉著信靠基督而恢復了與生俱來的神性，人的良心才能得以自由，人才能夠自為己主，並選出自己信任的管家來代表自己管理社會。那麼受到大家信任的管家，也會因自己的良心而負起責任，不辜負大家的信任和託付，盡職盡責地代大家管好「家」，這才是走出怪圈的唯一正途。

可是被專制主義人治理念愚昧了幾千年的民眾，無論是統治階級還是被統治階級都已經被那些人造的歪理邪說給洗腦了。出於人的私欲，由歷代被奴性化的「有學識的無知」們創造出無數的偽理性，也稱為倫理綱常。這些偽理邪說捆綁人的良心，束縛人的自由，潛移默化地將主人變成了奴隸，讓管家變成了主人。更可悲的是，奴性使人變成了會思考的動物，它使人想著法地損人利己，遇到弱者就強取豪奪，遇到強者或事不關己高高掛起，或俯首就戮任人宰割，甚或助紂為虐為虎作倀。奴性反應出來的是一種極端非理性，明明是害人害己的行徑，卻甘之若飴。你無論如何給他講道理，他都會半信半疑，甚至嗤之以鼻。歷史上，哲學家們對這種行為常見怪不怪，先秦之時的老子就講，「中士聞道，若存若亡；下士聞道，大笑之。」在這種人心暗昧的時代裡，即使如聖人一般的老子也只能望著滾滾人欲，徒然興歎撒手西去了。

中華民族幾千年來就在專制主義的人治統治下形成了一個怪圈：放開不管，人就像無頭蒼蠅一樣滿世界亂闖；嚴格管理，人就變得像一具行屍走肉一樣死氣沉沉。造成這種現象的原因到底是什麼呢？相信這是從古至今很多人都想瞭解的問題，其實歸根結底就是不認識神。因為不認識神（一方面由於離神日久，變得疏遠了；另一方面是人為因素，專制主義者為了維護自身的統治而故意遮蔽神），人就不認識自己，以為善是出於自己，結果造成到處都是偽善。人若眞能意識到內心中的善來自於神，人就不會驕傲自大、自以為是，以致找不到生命的意義和前進的出路。人因為不認識神，就忘記了自己在屬世世界中的主人身分和天賦使命，也意味著自身不幸命運的開始。

人類的不幸就是從放棄自己的主人身分，在屬世世界裡選擇依靠人開始的。剛開始時，宣稱君權神授的君主可能還有一些理性，對自己的管家身分還有一絲清醒認識。但是久而久之，被馬屁精包圍，被虛榮裹挾，被私欲誘惑，逐漸變得狂妄自大，喪失理性。最有名的當屬聖經裡的掃羅王。就中國歷史而言，剛開始時各朝統治階級為了統治需要都做過一些休養生息、減負減租等利國利民之舉，但是一旦政權鞏固，專制主義者大權在握時，來自人的監督就形同虛設，人治的弊端就開始顯現。越往後，人治的弊端越暴

露無遺。人整人，人害人，「順我者昌，逆我者亡」，「 君要臣死，臣不能不死」，甚至種族滅絕等非理性的行爲都會大行其道，這就是因爲人的有限性在人治理念下得以無限放大的惡果。人與身俱來的罪性使人的理性自始即不完全，當世人選擇人治時，就意味著離棄神而順從自身的肉體私欲。這私欲乃使人犯罪，並淪爲罪的奴隸。「**私欲既懷了胎，就生出罪來；**」（雅各書 1:15）「**我實實在在地告訴你們：所有犯罪的，就是罪的奴僕。**」（約翰福音 8:34）

當人脫離開良心的守護，淪爲罪的奴隸時，人有限的理性很容易產生自滿。尤其是那些掌握權力的人，天天活在阿諛奉承裡，活在「順我者昌，逆我者亡」的自大裡，活在自以爲眞理在手的人治理念裡。人長期處在這樣的環境裡，有限的理性就會被私欲和虛榮吞噬，逐漸變得良心虧欠，理性缺失，最終失去自我，幾乎很難再稱之爲人了。這樣的情形在專制主義人治社會裡幾乎是一個常景，這與其說是權力使人瘋狂，不如講是一個人丟棄良心、喪失理性的必然結果。

通常人看不見心中的神時，人就會變得缺乏自信，於是放棄內在而去向外在尋求平安，這是何等的本末倒置，南轅北轍。在此過程中，人的良知（即神性）會逐漸弱化，人就會選擇依靠人的理性去治理社會。但是人的理性自始即不完全，很快會在萬惡之源的自私和貪戀世俗的誘惑下由自然理性轉變爲世俗理性，甚至最終變得喪失理性，而被僞理所迷惑。當人的理性之光被世俗理性或非理性扼殺時，人的靈魂就會處於沉睡狀態。這時的人會被肉體私欲遮蔽心靈，長此以往，人處於習以爲常的錯謬之中難以發現久違的眞理，最終只會變成一頭良知泯滅、理性喪失的動物。

無論是掌權的人還是被統治的人，最終都會因良知泯滅、理性喪失而變成了一頭動物。既然是動物，那麼當然需要人來管理，這就形成了一個怪圈。管理者本身就良心虧欠、理性不足，還要去管理他人。隨著管理者總是在清醒——糊塗——腐敗等之間變化，管理者的理性越來越匱乏，管理也就越來越混亂。隨著舊體制管理者的腐敗導致政權發生更迭，新體制管理者沒好幾天又開始了這個惡性循環。人們盼望的堯舜總是存在於故事裡，所以但凡想要依靠人治理好這個世界，你是無論如何都走不出這個怪圈的。

那麼，現實中又必須依靠人來治理這個世界怎麼辦？彷佛唯有人治才是這個世界唯一的治理模式。具有純正信仰和自然理性的基督徒依靠基督所賦予他們的天國福音，探索出一套破除這一怪圈的思維模式。既然人類是兩種生命的統一體，那麼解決方法也必須是從兩方面入手：

首先在屬世層面，用普選制和議會制確定民眾的主人地位；用總統制和三權分立原則限制住「管家」的權力和野心；用法律至上和法律面前人人平等原則再爲「管家」的權力加一把鎖。通過這些制度和原則使民眾在國家政治生活中的主人地位得以明確，使

「管家」在國家政治生活中發揮的作用受到很大的限制，避免出現權力過於集中和難以監督的情形。

但是「徒良法不足以自治」，這些制度和原則依然要靠人來把握和執行，在世俗理性和非理性占主導的地方，即使有這些制度和原則，在執行的過程中依然會被人為地篡改。因為不認識神，又沒有良善宗教和純正信仰的指引，所以良心因缺少神之眞理的呼喚而沉睡，這些美好的制度和原則仍然無法發揮它出本來的作用。致使民眾還是無法弄清自己的主人身分，也難以產生出主人意識。所謂的民主只不過是書本上的一個名詞，在現實生活中民眾仍然習慣於服從某個人或組織的管理。而這些個人或組織仍然習慣抱著以往的專制主義人治理念，並沒有將缺乏主人意識的民眾放在心上，對他們來講，這個政權本來就是他們拼命換來的，民眾只不過是起了一些輔助作用罷了，根本不可能讓民眾當家作主。而且他們也確實認為民眾沒有這個能力，所以自始至終依然是這些專制主義者說了算。

如此一來，就又形成了以往的那個怪圈，雖然表面上管理國家的制度和原則多了，可是這些從基督教國家學來的皮毛並沒有眞正發揮它們本來應有的作用，正如清末的傳教士所講，他們不遠萬裡，歷經艱辛甚至死亡的威脅給中國送來的一棵參天大樹——基督福音，而中國人只擷取了一個小果子。這些制度和原則就是這個小果子，而基督福音才是那顆參天大樹。中國如果要想眞正變得民主富強，必須要找到那顆參天大樹——基督福音。「我們認為一個徹底的中國維新運動，只能在一個新的道德和新的宗教基礎上進行。除非有一個道德的基礎，任何維新運動都不能牢靠和持久。……只有耶穌基督才能供給中國所需要的這個新道德的動力。」[455]

所以破除怪圈還需要屬靈層面的提領，即通過樹立良善宗教和純正信仰，保守好人的良心，啓蒙人的理性，並通過二者的結合，培養以人的理信來治理國家，也就是「法治」。法治不同於以理性治國的人治，它是以人的良心來治理國家。人的理性自始就不完全，這是源于人的良知過於弱小之故。人的理性本就源于人的良心，當人的良知逐漸泯滅之後，人的靈魂也會逐漸沉睡，這時人的理性就會由自然理性向世俗理性轉化，極端時甚至會喪失理性。由於人類理性的這種不穩定性，所以依理性而治的人治理念完全不可靠，馬克思主義就是這方面的代表。抛棄神賦予人的良心，而指望依靠人的理性，無異於緣木求魚，結果是給人類社會帶來了許多慘痛的教訓。基督徒從人類歷史上的無數慘痛教訓中發現，離開了神，人眞的什麼都做不了，只能是原地打轉。「**因為離了我，你們就不能作什麼。**」（約翰福音 15:5）那麼神又在哪裡呢？人類歷史上很多偉大的人物都

[455] 《基督教與近代中國社會》，第 239－240 頁。

在試圖尋找這個問題的答案，耶穌明確地告訴世人，「**因為神的國就在你們的心裡。**」（路加福音 17:21）

因此想要找到神，必須保守好自己的良心，因爲良心是「人與上帝關係的依託」，是「人的信仰之根」[456]。實在講，良心就是神賦予人心底裡的那縷神性。人正是藉著良心得與神交通，並從神那裡獲得智慧和信心。人一生的作爲最終也體現在是否能獲得並保守好自己的良心上。「**你要保守你心，勝過保守一切（或作「你要切切保守你心」），因為一生的果效，是由心發出。**」（箴言 4:23）良心是何等重要，它簡直就是關乎生命的頭等大事。但是它看不見，摸不著，如何才能發覺並保守好它呢？唯有通過從神那裡來的，且認識神的耶穌基督，「我們僅僅由於耶穌基督才認識上帝。沒有這位居間者，也就取消了與上帝的一切相通；由於耶穌基督，我們就認識了上帝。」[457]人們通過耶穌基督帶來的有關神的資訊，才得以認識神並發覺自身的良心。但是若想要守好它，還必須將帶來這好消息的耶穌基督作爲信仰的對象並加以追求，由此基督徒產生出基督信仰並創造出基督教。正是由於這一良善宗教和純正信仰的加持，基督徒的良心得以被發覺，並被很好地看護起來，相應理性也得以啓蒙並被培植起來。

但是「徒良教不足以自立」，光有良善宗教和純正信仰，若缺少保障其自由和獨立的政策和法律，人類社會依然會陷入愚昧迷信之中。專制主義總是會借著各種雜亂信仰誤解良善宗教，比如君權神授論或教宗無謬論等。無論是世俗政府，還是世俗宗教都會利用宗教在民眾心中的作用來影響民眾的價值判斷，中世紀的羅馬教廷以及古今披著宗教信仰外衣的政教合一政府都有過類似的行爲。

這一切都說明良教的勸人向善、淨化人心的作用還必須借助屬世的良法給予配合，而這就需要由理信而來的法治理念予以保駕護航（詳見上文《法治與人治的本質區別是什麼？》）。基督徒因爲瞭解生命的眞義，所以他們清楚解決問題的關鍵要從兩個方面入手。一是從屬靈的角度依靠良教正信提綱挈領，一是從屬世的角度憑藉良法善政保駕護航，二者相輔相成，缺一不可。只有在這種情形下，所有的良法才能藉著人的良心得以正常發揮作用，神治才能通過法治的形式得以貫徹落實，人類也才能眞正走出人治的怪圈。

走出怪圈就是要喚醒每個人心中的良知（神性），走出人治的禁錮。人必須要由內而外地認清，人本來自於神，是神賦予人自爲己主的身分，即「天賦人權」。每個人對國家、對人類乃至對整個世界都有一份責任，這份責任即「主權在民」。所以不能將國家交托給某個人或組織，而是要在每個人內心中都烘托出一份責任，一份擔當。人類是憑著神性

---

[456] 《信仰與秩序——法律與宗教的複合》，第 138 頁。
[457] 《思想錄》，第 216 頁。

做人，還是憑著罪性做鬼，完全取決於對世界本質的認知和對生命眞義的瞭解。若看不見內心中的神性（良知），就永遠只會是愚昧無知、偏信盲從、以善爲惡、以惡爲善，淪爲偶像或金錢的崇拜者、罪的奴隸。人皆有罪，源於人的理性自始就不完全，而人的肉體私欲又是那麼的沉重。人都會犯錯，尤其是那些掌握權力的人更是容易私欲膨脹，犯下大錯。因爲人類的理性從來都不可靠，所以不要指望看得見的人，而要用信心看見看不見的神，「**因我們行事為人，是憑著信心，不是憑著眼見。**」（哥林多後書 5:7）而這才是走出怪圈的關鍵。

其實西方人曾經也經歷過人治怪圈，即使是在基督教誕生之後，專制主義者仍然假借君權神授的名義變相實行人治。這種情形一直持續到宗教改革引領基督教回歸眞道之後，宗教改革家和啓蒙思想家們才從純正信仰以及自然法中總結出現代政治理念和法治原則，並由具有純正信仰的清教徒在一片未經專制主義污染過的處女地上實踐後，千百年來顚之不破的人治理念才終於被從理信而來的法治理念給予終結。可以說這是人類歷史從基督教誕生之後的第二次重大飛躍，從這一時刻起，人類歷史註定要發生翻天覆地的巨大轉變。「**看啊！我將一切都更新了。**」（啓示錄 21：5）

人類貪婪自私、驕傲自大、無知悖逆的罪性是不分東西方的，最有力的證據就是，眞理的化身基督就是被本民族的知識分子和神學家以瀆神的罪名釘死的。「**我將在神那裡所聽見的真理告訴了你們，現在你們卻想要殺我！**」（約翰福音 8:40）無數血的事實表明，凡是僞理喧囂之地，必是黑暗掌權之所。只不過西方世界找到了一個良善宗教，樹立了一個純正信仰，並且雖歷經磨難，但卻堅持了下來。藉著這一良善宗教和純正信仰，西方世界保守住了人類弱小的良心以及稀缺的理性，並藉此樹立起對神的理信，以及制定出了現代政治制度和法律原則。所以今天世人普遍達成共識的民主法治理念都是從基督教國家所出，這與他們對神的信仰息息相關，也與他們在屬世世界執著追求神之眞理息息相關。（詳見上文《民主爲什麼必然會從基督教國家中誕生？》）

在今天的基督教國家，專制主義者要是還想搞人治的那套理論，是根本行不通的。但是非基督教國家可就沒有那麼幸運，因爲民眾被專制主義者愚昧地久了，眞的意識不到良善來自於神，以爲單憑人的努力就能過上好日子。結果是換了一茬又一茬的統治者，城頭不知變換了多少大王旗，但是那美好的時代總是看不見影子。就拿中國的實際情況來看，中國歷史上影響最大的儒家文化，既非良教也無善法，從根子上講就不可能治理好國家。而中國影響最大的一些宗教，都是些主張出世的宗教，完全於人無益。因爲缺少良教，所以無法誕生善法。亦或偶爾從西方世界裡找來善法，但是沒有良教所奠定的理性基礎，導致水土不服，最終都成了專制政府點綴門臉的裝飾品。

良教猶如人的靈魂，善法猶如人的肉體，二者完美結合才能鑄造出一個「良人」。就

因爲缺少一門良教，造成純正信仰無法樹立，理性也無法得到培植，理信更是無從談起。致使人心總是在黑暗中輾轉，始終無法接受眞光。世人怕見光，是因爲不認識光，「**光照在黑暗裡，黑暗卻不接受光。**」（約翰福音 1:5）專制主義者怕見光卻是因爲，「**凡作惡的便恨光，並不來就光，恐怕他的行為受責備；**」（約翰福音 3:20）

幾千年了，中華民族就在這樣一個怪圈裡循環著：沒了專制政府，民眾就像沒頭蒼蠅一樣亂闖；有了專制政府，民眾就像狡黠的奴隸一樣俯首貼耳。常聽說中華民族多災多難，喪失了神性的民族哪一個不是多災多難呢？在幾千年的歷史長河中，民眾總是隨著統治階級的壓迫由順而逆，直到忍無可忍時再由逆而反，美其名曰「替天行道」。然後依然如故地反復上演「你方唱罷我登場，城頭變幻大王旗」的鬧劇。幾千年了，反反復複，毫無新意。在此怪圈中，無論統治階級還是被統治階級都由於缺乏理信而導致迷信。抱著前人的東西總是好的的心理，總是對各種新思想、新文化持有某種懷疑、戒慮乃至恐懼的心理。所以中華民族自唐宋以來步步自封，直到明清時期禁海令和文字獄的大盛，中華民族已經被這個怪圈折磨地渾渾噩噩，奄奄一息了。

近代以來，滿清的腐朽沒落，民國的軍閥混戰，本朝的政治運動，以及當今曲曲折折的改革開放，都是在人治理念的環境中折騰。左一個思想，右一個主義，全都是在有限的人治思維裡翻來覆去，毫無新意。跳不出那口井，人看見的天空就永遠只是井口的那麼大。

但是今天，千年的契機已經閃現，眞理的曙光已然照臨，困擾國人數千年的魔咒即將在眞理的面前解封。「**因為我們得救，現今比初信的時候更近了。黑夜已深，白晝將近；我們就當脫去暗昧的行為，帶上光明的兵器。行事為人要端正，好像行在白晝。不可荒宴醉酒，不可好色邪蕩，不可爭競嫉妒。總要披戴主耶穌基督，不要為肉體安排，去放縱私欲。**」（羅馬書 13：11－14）

提領而順，走出「怪圈」首先需要一個寬容的環境，不要動不動就黨同伐異，肉體消滅，那是愚昧無知、野蠻悖逆的表現。爲人類創造一個寬容的環境，使人們能在其中自由地探索宇宙的奧祕和生命的奇跡，這才是一個公義和理智的政府；其次需要藉由認識眞理而認識神，徹底擺脫人治理念的束縛。認識神是一切智慧的開端，這才是人類眞正走出怪圈的關鍵；第三需要培植理性，樹立理信，建立法治理念。唯有如此，才能眞正認清生命的眞義，努力戰勝自身的肉體私欲和世俗理性，最終達到以眞理自治，以法治天下，衝破迷霧，走出怪圈。

人啊，覺醒吧！

中國的文字眞的博大精深，每個字不但有表層的意思，背後還隱藏著深層的意思。舉個例子，覺醒的「覺」字，又是睡覺的「覺」字，覺醒是不是可以理解爲從睡夢中醒來？中華民族的復興絕不是繼續做中國夢，而是從這場四千多年的噩夢中醒來。

四千多年前中國人拋棄了神選擇了人，騙子們假借「君權神授」之名以天子自居，中華民族匍匐在這些騙子們的腳下，撅著屁股爬了四千多年，直到今天依然能看見繼續有人跪在這些騙子們的腳前。習慣成自然，中華民族得了軟骨病，欺軟怕硬，媚上欺下。靈魂丟了，良知滅了，噩夢開始了。這個噩夢一做就做了四千多年，還想做下去嗎？上次是被代表西方文明的堅船利炮打醒了，可惜這個沉睡的巨人剛睡醒沒兩分鐘，學了西方「科學」與「民主」兩個詞，還沒搞清楚兩個詞的意思，翻了個身就又繼續睡了。

曾經我們以爲世界是唯物的，所以一切唯心的東西都是迷信。曾經我們橫掃一切牛鬼蛇神，迷信的成分是掃掉了些，可是今天看來一點兒用都沒有，迷信的東西很快又死灰復燃。人不單純是屬世世界裡的動物，他更是屬靈世界的生靈。我們屬靈的眼睛曾經被人蒙住，只依靠一雙屬世的肉眼看著眼前的世界。我們因爲肉體的軟弱屢屢敗給邪私的情欲，我們離賜給我們靈魂的神越來越遠。我們在苦難和悲傷面前無能爲力，我們彷徨，我們無措，我們苦苦哀求木雕泥塑的偶像，又或者努力追求我們心中以爲的眞理。可是神是什麼？眞理又是什麼？我們並不清楚，我們追求的，我們祈求的我們不知道，結果是求神拜佛之後，拋頭顱灑熱血之後，世界依然如故。我們茫然了，一部分人去追求金錢，以爲金錢可以給人帶來幸福。結果是錢多的越來越不值錢，人心敗壞的沒有了底線，青山綠水變成了荒山污水，吃的、喝的、吸的……沒有一樣讓人放心，整個社會患上了浮躁症。另一部分人去追求法治，以爲有了好的法律，人就可以自覺起來，世界就會秩序井然。結果是法律成百上千部的制定出來，堆得像座小山，可是世界越來越亂，人心越來越暗。有權的和有錢的人勾結起來爲非作歹，良心未泯的人都被逼成了抑鬱症。人們已經失去了對這個社會的信任，借助科學的高度發達，有點兒本事的人都紛紛想方設法地離開這個唯物世界，移民去唯心世界。他們想早點兒離開這個做噩夢的地方，可惜的是他們並沒意識到，噩夢不是在身外，而是在心內。

無論你走到哪裡，只要你還在夢中，你就擺脫不了這噩夢裡虛妄不實的一切，你就還在爲那些噩夢裡的東西苦苦掙紮。因爲在夢裡，我們無法分清是眞是假，如莊周夢蝶，眞耶假耶？有時我們去問佛祖，佛祖叫我們「苦海無邊回頭是岸」，什麼是苦海，哪裡是岸？有時我們去看聖經，聖經上教我們只要信，上帝就會給你所需要的一切。這種廉價的許諾只會讓更多的人迷信或絕望。有時我們去相信共產主義，可是理想被現實擊得粉碎，努力了半天我們還處在社會主義初級階段，混亂的社會現實讓我們相信，我們還在噩夢中沒有醒來。

一個個神話眞理叫人分不清東南西北，辨不明眞假善惡。有人無語問蒼天，怪罪老天爺爲何如此不公。但是，上天幾時叫世人把人當神了？上天幾時叫世人崇拜偶像了？上天幾時叫世人不要相信祂，要去相信無神論了？神爲人做的一切，人都忽略了。人類能夠生活在今天這樣方便舒適的世界裡完全是神的恩典，但是人類還不知足，還要爾虞我詐、巧取豪奪。只因在黑暗中呆久了，人已經不認識光了，甚至怕見光。「**凡作惡的便恨光，並不來就光，恐怕他的行為受責備；**」（約翰福音 3:20）人不認識神，就把自己當作了會思想的高等動物，把世界當成了「物競天擇、適者生存」的動物世界。

神藉著耶穌將天國的福音直白地告訴世人，甚至爲此上了十字架。但人完全不顧念神的犧牲，繼續選擇做著自己的噩夢。神從不強迫人，祂只好等待人自己覺醒。人的存在起於肉體，人的噩夢也起自肉體，肉體實在就是人生的一份考卷。這份考卷能否答好，完全取決於人的靈魂能否覺醒。

人若能靈魂覺醒，必會明白政教分離的眞正含義。教，事關每一個人的事，它教會每一個人如何做人，其意義之重大不言而喻；政，實爲每一個人所選代表的事，其完全建立在教的基礎上。沒有教就沒有政，二者雖分離，但實爲主從關係。中國古人有一句話，「大學之道，在明明德，在親民，在止於至善。」（詳見上文《高等教育的目標、任務和性質是什麼？》）這話說的多好，可惜就是沒人聽。今天的大學教育，上述三方面無一重視，培養出來的都是眼高手低，只想掙大錢過好日子的世俗之輩，眞正可惜了古人的智慧和今天這麼好的教育條件。大學裡的教授們都沒聽過這句話嗎？不然，他們應該大都聽過。那爲什麼不照著做呢？難道爲了五斗米就要去做「害人不厭，毀人不倦」的勾當嗎？難道他們的良心眞的都叫野獸吃了嗎？教既然無法培養人的良心自由和人格獨立，其責雖在傳教者，那麼作爲從屬的政還能有什麼指望。有什麼樣的人民，就有什麼樣的統治者。統治者的蠻橫是來自被統治者的愚昧，被統治者的愚昧又是來自於統治者的愚民教育。愚民教育使本爲「主」的民卻屈從於本爲「僕」的君，園戶管久了葡萄園就把自己當成了園主，而眞正的園主卻搞不清自己的身分了。

誰才是主人，西方人早已從聖經中找到「天賦人權，主權在民」的理論根據，每一個人都是神的子民，每一個人都擁有天賦的權利，每一個人在神的面前都是平等的。所有人共有一個家，就是地球。這不是漂亮的口號，這是實實在在做人的世界觀。神是什麼？神就是無私至善的恒在。眞理是什麼？眞理就是屬靈世界的純正信仰和屬世世界的自然理性完美結合的造化。如果能夠眞正明白這一切，我們的人生將會有一份完美的答卷。

今天的中國社會喜歡講中國夢，仿佛這個夢孕育了無數美好的願望。在此講今天的中國夢是一場噩夢，就是因爲噩夢的背後是人治。中國夢本質就是希圖在屬世世界中尋找到一條依靠人引領民眾過上幸福生活的道路，其背後的治世理念是人治。但是幾千年下來，找來的不是專制主義的暴君，就是世俗理性的僞君子。其檯面上的主流是世俗理性，檯面下的暗流是肉體私欲。中國社會引領民眾意識的主流，幾千年來就是在愛己與愛世之間不斷地變化。無論二者如何變化都是在屬世世界裡博弈，都是在人治的惡性循環中掙紮。中華民族徒然苦苦求索，大聲呼喚天降人才。可惜的是，在屬世世界裡的一片黑暗中，中國人僅憑著良心中的那一點兒微光根本看不見遠方，只能在黑暗中摸索前行。即使有機會看見眞光，也不敢靠近。因爲在黑暗中待久了，非但不認識光，反而懼怕光。「**光照在黑暗裡，黑暗卻不接受光。**」（約翰福音 1:5）不是爲了安全在原地打轉，就是稍不留神墜入黑暗的深淵，不知所終。

來自天堂的光很少有機會照進這黑暗裡，因爲黑暗不接受光，在黑暗中的人因爲自己的行爲是惡的，所以也拒絕接受光，只有一心追求光的人才願意接受光，「**凡作惡的便恨光，並不來就光，恐怕他的行為受責備；但行真理的必來就光，要顯明他所行的是靠神而行。**」（約翰福音 3：20-21）追求光的人在無邊黑暗中只會被視爲異類，就如柏拉圖在《理想國》中所講的敢於走出山洞的人。走出山洞才是發現眞實世界的機緣，這種機緣只會留給那些準備接受眞理的人。而在屬世世界裡被雜亂信仰和世俗理性蒙蔽雙眼的人，就如那些關在山洞裡的人一樣，內在的本質已經全然封閉，完全憑著外在的感官認識世界。心懷意念都是形而下世界裡的一切，屬靈世界中的一切對他們來講要麼毫無覺察，要麼荒誕不經，要麼高深莫測，致使無法開啓內在生命層次，睜開屬靈的眼睛，獲得靈性的覺醒。

塵封已久的內心感受不到來自天堂的光和熱，也無法體會來自天堂的眞理和良善。在這種完全對屬靈生命無動於衷的情形下尋找幸福生活，只會使理想主義者心灰意冷，自由主義者放浪形骸，保守主義者死氣沉沉。相應追求幸福生活的中國夢，也只會陷入一場在屬世世界裡左沖右突，在人治理念的惡性循環中逐漸窒息的夢魘中。實在講中華民族若想實現復興，必須要認清這一偉大夢想一定是在法治的背景下才有可能得以實現，而法治的實現完全有賴於對神的理信。若非如此，所謂的中國夢註定永遠是一場噩夢。

背對著光明，面向著黑暗，無論如何也看不見身後的眞相，頂多看見的只是星辰反射的微光，若不勇敢地轉過身去，就永遠無法得見眞理的大光。

既然我們不幸做了一個噩夢，那麼唯一的辦法就是早日從噩夢中覺醒過來。覺醒有時候不是一件輕鬆愉快的事，因爲噩夢就像一個鐵籠子一樣，你想沖出來就必須找到門。可是當你發現門從外面被人鎖上時，你要麼像魯迅說的那樣在裡面等死，要麼只有砸開那道門（當然願意繼續睡的不在此列）。如何砸門？這就需要爭戰。如何爭戰？主要有三種：與世界的爭戰、與人的爭戰和與自己的爭戰。（詳閱上文《耶穌爲什麼講我來「乃是叫人紛爭」？》）

爭戰就是要戰勝肉身中的罪性，恢復內在的神性，學會專注於神，並依靠神使我們的靈魂得以覺醒。藉此相信所有眞理與良善、智能與智慧全都來自於神，並眞正形成法治的治世理念。如果我們不能靈魂覺醒，肉體的軟弱會壓得我們渾身發抖，偶像情結會使我們隨意選擇個人、或者物、或者什麼亂七八糟的東西，將希望寄託在他們身上。結果這場爭戰無疑會輸得很慘，因爲人們在噩夢中還沒有醒來。那麼如何覺醒呢？首先我們需要睁開屬靈的眼睛。「**眼睛就是身上的燈。你的眼睛若瞭亮，全身就光明。你的眼睛若昏花，全身就黑暗。你裡頭的光若黑暗了，那黑暗是何等大呢。**」（馬太福音 6：:22-23）

爲什麼我們常常看不懂聖經上的話？因爲它都是用屬靈的語言說話，而世人卻習慣用世俗理性去思考。爲什麼基督福音不被世人接受？因爲耶穌的話純全屬於整個世界的眞理，但是它卻違背世俗世界的倫理，自然不能被世俗理性所理解和接受。比如耶穌要世人看輕看得見的肉體生命，去追求那看不見的屬靈生命。「**那殺身體不能殺靈魂的，不要怕他們；惟有能把身體和靈魂都滅在地獄裡的，正要怕他。**」（馬太福音 10：28）耶穌要人與自己的家人爭戰，卻要去愛自己的仇敵。「**因為我來是叫『人與父親生疏，女兒與母親生疏，媳婦與婆婆生疏。人的仇敵就是自己家裡的人。』**」（馬太福音 10:35-36）「**你們聽見有話說：『當愛你的鄰舍，恨你的仇敵。』只是我告訴你們：要愛你們的仇敵，為那逼迫你們的禱告。**」耶穌要人不要爲在現實世界吃什麼穿什麼發愁，而要去追求屬靈世界看不見的國和義。「**所以，不要憂慮說：『吃什麼？喝什麼？穿什麼？這都是外邦人所求的。你們需用的這一切東西，你們的天父是知道的。你們要先求他的國和他的義，這些東西都要加給你們了。』**」（馬太福音 6：31－33）耶穌要人不要與人爭，凡事忍耐順服。「**你們聽見有話說：『以眼還眼，以牙還牙。』只是我告訴你們：不要與惡人作對。有人打你的右臉，連左臉也轉過來由他打；有人想要告你，要拿你的裡衣，連外衣也由他拿去；有人強逼你走一裡路，你就同他走二裡；有求你的，就給他；有向你借貸的，不可推辭。**」（馬太福音 5：38-42）耶穌要人放棄世間的財富，轉而去追求天上的財富。

「**你若願意作完全人，可去變賣你所有的，分給窮人，就必有財寶在天上**」。（馬太福音19：21）「**你們要謹慎自守，免去一切的貪心，因為人的生命不在乎家道豐富。**」（路加福音 12：15）耶穌要人不要去愛看得見的金錢，反要去愛看不見的上帝。「**一個人不能事奉兩個主。不是惡這個愛那個，就是重這個輕那個。你們不能又事奉神，又事奉瑪門**（注：「瑪門」是「財利」的意思）。」（馬太福音 6：24）

上述眞理完全違背了世俗理性的認知範圍，心裡無神的人、愛慕虛榮的人、被世俗理性捆綁的人都不會理解和接受上述話語中的眞理。他們固執地活在自己的狹小世界裡，拒絕還有另一個世界的存在。他們愛自己勝於愛神，愛世界勝於愛眞理。他們的世俗理性將他們引向錯誤的三觀，並將自己通向眞理的心門關閉了。如此情形如何睜開屬靈的眼睛？除非你有極大的恩賜，否則只有勤學善思，集思廣益，不要局限於一己一家一族一國之私，一師一派一宗一教之囿。完全地敞開心扉，自由地追求眞理。此外還要虔誠禱告，因爲禱告就是與神交通，且得神祝福。「**惟喜愛耶和華的律法，晝夜思想，這人便為有福。**」（詩篇 1：2）

專注於神是睜開靈眼的最大法門，它使人的內在層次與外在層次形成相應的關係，並能夠逐漸合一。需要注意的是，在這一過程中，有時候因爲理性的缺乏，人容易陷入迷信之中。迷信之人似乎也專注於神，天天在神的世界裡探索，甚至寫出厚厚幾大本神學專著。神不需要人去探索研究，也無需人去探索研究，祂是無私至善的恒在，就活在我們每個人的心裡，只待我們去發現祂，並與之合一。人之所以迷信源自於對神的無知，總是把祂想成人格神，仿佛唯有如此才能被人接受。有鑑於此，耶穌有時也不得不將神人格化，「他之所以這樣做是因爲人們的無知與固執。」[458]其實人一旦陷入神學研究中，反而離神越來越遠。正如老聃對孔子所講：「則天地固有常矣，日月固有明矣，星辰固有列矣，禽獸固有群矣，樹木固有立矣。夫子亦放德而行，循道而趨，已至矣；又何偈偈乎揭仁義，若擊鼓而求亡子焉？意，夫子亂人之性也！」

迷信的根源在於缺乏理性，而理信的關鍵也在於理性，這理性使人從無知和昏聵中解脫出來，去追求眞理和良善。理性需要知識和洞察力去培養，並通過信仰與愛給予支撐。理性與信仰就如「人」字的一撇一捺，二者相合才能形成一個頂天立地的人。理信的人往往表現的孤獨和甘於平淡，只在平凡的生活中默默地作光作鹽，就像史懷哲那樣「保有希望，保持沉默，孤獨地工作。」理信的人是滿懷愛心的實幹家，不像那些學神學的文士和法利賽人那樣喜歡空口說白話；理信的人往往都是有思想的人，他們不僅在信仰和生活上虔誠信主，而且藉由洞察力和知識讓自己變得更有智慧，更具靈性；理信

---

458 《神學政治論》，第 67 頁。

的人都是生命眞正得以更新的人，就如保羅那樣藉著基督的洗禮歸入死，且又藉著基督的福音從死裡復活。「**所以我們藉著洗禮歸入死，和他一同埋葬，原是叫我們一舉一動有新生的樣式，像基督藉著父的榮耀從死裡復活。**」（羅馬書 6:4）

從死裡復活是屬靈眼睛睜開的標誌。人要睜開靈眼必須要獲得重生，而獲得重生必須要開啓內在生命層次，而唯有專注於神或神的國，我們的內在官能才能照著神的樣子成形。當我們信神，並相信所有的眞理與良善、乃至智能和智慧全來自於神，我們便能全心全意奉獻於神。只要我們認清主來自於神，並樂意被祂帶領，我們便能信於神。唯有在這樣的情形下，我們的內在生命層次才得以開啓。所以接受主的帶領，認清歸向主乃是從死裡復活的關鍵，也是生命覺醒的關鍵，這個時候人才能睜開屬靈的眼睛，看清這個世界的本質，並藉著內在層次的開啓明白生命的眞義，獲得巨大的信心。

其次我們需要充滿信心。信心源自於看清世界的本質，「**信就是所望之事的實底，是未見之事的確據。**」（希伯來書 11:1）當人的靈眼睜開後，人所看見的世界就會是一個新天新地，那是一個世俗理性完全不能夠理解的世界。那裡的人活在屬天之愛的懷抱中，不知道什麼是羡慕、嫉妒、恨，每個人都美麗、善良、快樂且幸福，我們通常稱他們爲「天使」。

信心不是源自於眼見，而是肉眼沒看見時卻憑著信心看見了。正如奧古斯丁所說：「信仰，就是去相信我們所從未看見的，而這種信仰的回報就是看見我們相信的。」若是看見神跡奇事才信，那不是眞信，而是迷信。「**因為假基督、假先知將要起來，顯神跡奇事，倘若能行，就把選民迷惑了。**」（馬可福音 13:22）信心不是憑著我們肉眼所見，如果肉眼能夠看見，這場考試就沒有任何意義。保羅說，「**因我們行事為人，是憑著信心，不是憑著眼見。**」（哥林多後書 5:7）耶穌也講：「**你因看見了我才信，那沒有看見就信的有福了！**」（約翰福音 20:29）這信心是人覺醒後內在層次開啓的屬靈表現，我們看見以前的基督徒殉道，他們不畏死亡，視死如歸，憑的就是對神、對人和對眞理的信心，以及由信心生髮出來的無與倫比的力量。耶穌講：「**你們若有信心像一粒芥菜種，就是對這座山說，『你從這邊挪到那邊』，它也必挪去！並且你們沒有一件不能做的事了。**」（馬太福音 17:20）

我們的信心眞的很小很小，小到根本無法理解什麼是基督所講的愛。基督講，「**你要盡心、盡性、盡意，愛主你的神。這是誡命中的第一，且是最大的。其次也相仿，就是要愛人如己。**」（馬太福音 22：37-39）基督的愛是共用的愛、利他的愛，不是獨占的愛、利己的愛。這種愛體現在對神和對人盡皆無私良善，並願與人分享所有的喜悅。基督的愛不是這個世界追求權利虛榮之人所能理解的，但是並不是他們就看不見這種愛的果效，比如現今中國許多有權的、有錢的人紛紛移民國外那些基督教國家，就是因爲他們很羡慕和渴望西方社會中那種和諧的人際關係。他們的良心也告訴他們那個世界比這個世界更美好，但是他們卻根本不瞭解那個世界爲什麼美好的原因。他們以自己的世俗理性去觀察和理解西方社會中所湧動的那種愛，不明白那種愛是來自內在的生命本質(即神性)，所以他們的心門依然是關閉的，依然習慣於在屬世世界裡爭權奪利，爾虞我詐，並且使西方社會也潛移默化地受到影響。

如果世人能夠理解耶穌話中的眞理，就會明白爲什麼我們總是缺少信心。很多人從聖經裡或者神跡中去尋找信心，那不是信心，充其量只是些資訊或者二手的信念。爲什麼信基督的人很多，但是能進窄門的人卻很少？因爲他們獲取信心的管道就有問題，那些滿嘴神啊神啊的法利賽人能給他們什麼呢？無非是些人造的神學教條。正是這些害死人不償命的東西阻撓世人認識神及神之眞理，進而喪失信心。耶穌早就說了，「**你們律法師有禍了！因為你們把知識的鑰匙奪了去，自己不進去，正要進去的人你們也阻擋他們。**」（路加福音 11：52）

人想要眞正獲取信心，那不是一件容易的事，首先要對神有信心。因爲神是萬有的主，「**因為神凡事都能。**」（馬可福音 10:27）而「**耶穌知道父已將萬有交在他手裡，且知道自己是從神出來的，又要歸到神那裡去。**」（約翰福音 13:3）所以耶穌直白地告訴世人，「**信子的人有永生，不信子的人得不著永生，**」（約翰福音 3:36）「**信我的人，雖然死了，也必復活。凡活著信我的人必永遠不死。**」（約翰福音 11:25-26）

基督徒藉著福音眞理睜開了屬靈的眼睛，看清了世界的眞相，也認清了基督身上的神性，「**父愛子，已將萬有交在他手裡。**」（約翰福音 3:35）所以基督徒對信主就是信神產生了毋庸置疑的信心。並對基督所講的話，「**天上地下所有的權柄都賜給我了。**」（馬太福音 28:18）「**我就是道路、真理、生命；若不藉著我，沒有人能到父那裡去。**」（約翰福音 14：6）充滿了信心。

其次要對人有信心，因爲人具有神的形像和氣息。人有良心以及由其而出的理性，雖然它們都很弱小，以致人時常犯錯。但是神不會對人的墮落置之不理，祂總會在預定的時間興起屬靈的巨人，在黑暗的屬世世界裡帶領人們追求眞理之光，就像耶穌基督降世拯救人類一樣。

但是世間來自人的苦難又仿佛無窮無盡，總是使人對這個世界以及世界裡的人失去信心。尤其在這個世風日下、人心不古的時代，人們對人的信心幾乎完全被生活的重擔消磨殆盡。因爲不信神，自然也看不見人身上的神性，就在良心日漸泯滅，理性日益蒙昧之中，世人變得拜金、拜權、拜一切滿足肉體私欲的東西。所以「陀斯妥耶夫斯基之所以能夠在十九世紀中葉就預言了二十世紀的血腥暴力，是因爲他從歐洲知識分子開始拋棄上帝、走向純理性和物質主義之中，看到了其背後的恐怖：『不信神，就什麼都信』。」

然而就在這個悖逆無知的時代，基督徒信神，並且相信「**神愛世人，甚至將他的獨生子賜給他們，叫一切信他的，不至滅亡，反得永生。**」（約翰福音 3：16）所以基督徒能在苦難的背後看見神的美意。他們直面苦難，既不抱怨，也不逃避，而是將之視爲財富，或走向成功的基石。因爲他們「**曉得萬事都互相效力，叫愛神的人得益處，**」（羅馬書 8:28）所以他們即使在苦難中也沒有對人失去信心。相反在每一次戰勝苦難後，就多了一份智慧，相應也增加了一份信心。每每見證那些幡然醒悟、洗心革面的人虔誠地來到神的面前，他們彷彿忘記了曾經所受到的苦難，反倒因爲愛人而更加信心爆棚。

第三要對眞理有信心。眞理會賜予人純正信仰和自然理性，幫助人辨識謬誤與邪惡，認清僞善和僞智。因爲世人的良心弱小，理性有限，所以往往在世俗理性的誤導下將自身邪惡的行爲視爲良善，將謬誤當作眞理。就在這種錯誤的思想意識裡，世人習慣將智者的教導拒於千里之外，而去親近那些符合自身世俗觀念的僞善和僞智者。

僞善和僞智者往往都善於僞裝，這使那些智能和智慧都低的人無法從內心中眞正進行判斷。相反，他們的世俗理性只教會他們從外表判斷眞理、良善、謬誤和邪惡，所以他們總是容易被人的外表所迷惑，選擇聽信符合自己觀點的道理，如此就會越來越陷入謬誤之中，並且對此深信不疑。

認識眞理的人愛神會使人趨向無私至善的神性，能夠使人理解眞理和良善的一切，進而透過內在的感知精確分辨僞善和僞智。但無知的人愛神總會陷入迷信，他們總喜歡將那些法利賽人當作榜樣，並且以獲得他們的賞識爲榮。因爲法利賽人最會僞善，整天裡神啊主啊不離口，教條主義和形式主義可以做到極致，但是公義和愛神之心卻是徒有其表，如果你觸犯了他們的利益，他們會將人百般陷害，恨不得殺之而後快。正如耶穌對他們所說：「**我將在神那裡所聽見的真理告訴了你們，現在你們卻想要殺我！**」（約翰福音 8:40）

遠離這些假冒爲善的人需要極大的信心，因爲懷疑你的都是追求屬靈生命的弟兄姐妹，搞不好人這時可能對信仰產生極大的懷疑，甚至遠離信仰。這時候就是考驗人信心之時，爲了不使自己被世俗同化，有時候需要避開人群，獨自追尋眞理，約翰．班揚就是在這種情形之下寫出了著名的《天路歷程》，對眞理的信心就在此時得到彰顯。

愛人也一樣，因爲經常會從僞善和僞智者那裡將謬誤當眞理，結果由於受到各種欺騙而很受傷。但是受傷歸受傷，不能因爲受傷了就放棄，因爲愛人本就是修行中最難做的一件事。在愛人中不但要學會忍受傷害，還要學會舍己，因爲「**人為朋友捨命，人的愛心沒有比這個大的。**」（約翰福音 15：:13）就在這舍己之間，對眞理的信心卻得到眞正彰顯。

需要注意的是，在人陷入迷信的時候也會表現出一種「信心」，這種「信心」並非對世間眞理的通曉，而是源自聽信別人所講的道理，誤將僞理當成眞理，且深信不疑。僞理在世間往往比眞理更加吸引人，因爲形而下的世界總是吸引追求肉體私欲的人迎合它，並且世俗理性會讓人對自己肉眼所看見的事物深信不疑。由此而產生的「信心」只會誤導人相信僞理邪說，並最終使人墜入對人及人造物的迷信之中（無論對自己或者他人）。

當那些迷信者對自己的信心爆棚時，他們甚至會將自己與神等同，典型的就是那些獨裁暴君或邪教首領，如尼祿、洪秀全等人。由於人類出於對未知世界的恐懼和無力，總是會對有力量的人或者組織產生強烈的信心，這種強烈的信心會使人不知不覺間被那些有力量的人或者組織同化。如果那些有力量的人或者組織再被僞裝成「眞理」的化身，那麼人的罪性就會附著在所謂「眞理」身上使專制主義借機而入。出於迷信的人們將會充滿「信心」地接受這種被美化的專制主義理論的同化，不知不覺間喪失良心自由甚至行爲自由，淪爲罪的奴僕而不自知。這種「信心」非但不會使人覺醒，相反會使人更快地陷入罪性之中難以自拔。這種「信心」會使無知者狂熱，有知者沉默；這種「信心」也會使國家政治動盪，民生凋敝；這種「信心」不是對眞理的迴響，反而是對人類的警鐘。

第三我們需要行動。愛要行動，沒有行動的愛就如空口說白話一樣不切實際。外在的言行是一個人的代表，我們內在的意念和思想（即愛與信仰）若沒有具體付諸于外，言行就不完整。徒有思想和意念，但卻不適時行動，宛如被密封在壇罐裡的火焰，隨時都有熄滅的可能。反之，將思想和意念化爲行動，就猶如火焰四處綻放光芒與溫暖。

但行動不僅看表面，還要看果效。世人每天都在講道德、談價値觀，每天都在過著看似相同的生活，做著看似相同的工作，每天都迎接著生或死。世界就在這些行動中變幻莫測，但是很少有人能夠看清這些行動的本質。耶穌教給我們分辨它們的方法，「**憑著他們的果子，就可以認出他們來。荊棘上豈能摘葡萄呢？蒺藜裡豈能摘無花果呢？這樣，凡好樹都結好果子；惟獨壞樹結壞果子。好樹不能結壞果子，壞樹不能結好果子。**」（馬太福音 7:16-18）表面上看大家都在服務人，但是一些人是以屬天的愛服務人，他們的目的是傳遞神的愛，並爲自身的神性作見證，他們的行爲能爲世界帶來美好的和諧。而另一些人是以屬世的愛服務人，他們的目的是要使自己獲利，榮耀自己。他們的行爲誘使肉身的私欲潛滋暗長，最終使世界喪失平衡，充滿危機。服務人的目的不同，致使人的行爲結果有著天壤之別。這也正是屬天之愛與屬世之愛的本質區別。

屬天之愛使人敞開心門面向天堂，不斷汲取著來自屬靈世界的正能量。這樣的人在屬世世界中往往都是平凡而普通的敬業者，正如馬克斯・韋伯在《基督徒新教倫理及資本主義精神》一書中講道的，「在工商業界的經營者、資本所有者以及高級技工中，特別

是在技術和經營方面受過良好訓練的人中，新教徒都占了絕大一部分。」[459]在新教徒中，清教徒又是態度最爲虔敬、生活最爲聖潔的信徒。在「對天國的熱情關注中，清教徒成爲有秩序、實事求是、腳踏實地、懇切禱告、目標明確、講求實際的男女。他們把生活視爲一個整體，將沉思與行爲，敬拜與工作，勞動和休息，愛上帝、愛鄰人和愛自己，個人身分和社會角色，及其彼此廣泛相關的義務，以一種徹底的勤懇謹慎、深思熟慮的方式，整合在一起。」[460]

清教徒不但在行爲上堪稱世人的楷模，而且他們還爲世人建立了一個社會樣板，一個被稱爲「山上之城」的國家——美國。托克維爾說：「當我沉思于這個根本事實所產生的後果時，我好像從第一個在美國海岸登陸的清教徒身上就看到美國後來的整個命運」。[461]清教徒能夠做到這樣純全的原因，是因爲他們明白，「**在你們中間，誰願為首，就必作眾人的僕人。**」（馬可福音10:44）「每個人在自己的位置上都要爲了全體的好處，如果他不是這樣獻上自己，他就是不義。」

而那些熱愛世界的人卻因爲愛己之心使自己背向天堂，拼命獲取著屬世的利益。無私與自私的行爲截然劃分出天堂與地獄的界限，人類的罪性也因此產生且不斷地加重。愛己的人往往是在屬世世界裡掌權的，因爲他們的僞智使他們顯得比普通人更有學問，比他人更具有透徹眞理的能力，致使那些不善於分辨眞理、良善、錯誤和邪惡的人總是以他們馬首是瞻。這些人往往爲了表明自己代表眞理，總是喜歡做一些表面上的慈善之舉，所以很多人被他們的僞善所矇騙。這些人的內在顯然已經關閉，而外在層級的開啓已到了冥頑不靈的程度。這種人外表上也閃耀著光彩，在屬世的人眼中更健康更耀眼。但這只能欺騙屬世人的肉眼，其實他們的內心早已被無邊的黑暗所籠罩。他們雖有聰明和能力，卻不認識神。他們的智力只能體會自然界的一切，卻無法認知屬天的智慧和愛。他們被眼前的俗世之光蒙蔽了靈眼，無法感知眞理之光。因爲在黑暗中呆久了怕見光，不但自己怕見光，也害怕別人見到光。於是就把別人連同自己都關進黑屋子裡，並欺騙世人說世界就是這樣黑暗的，睡吧，睡著了就習慣了。

同樣是行動，而效果卻迥異。一個是由自然理性而產生出的眞理認知，一個是由世俗理性而產生出的僞理認知。若不行動，無所謂眞理僞理，都僅停留在思想階段，不產生任何實際果效。一旦付諸行動，就顯示出個人是否覺醒以及覺醒的程度。行動是人是否覺醒的外在表現形式，一個人是否靈魂覺醒最終要體現在行動上。個人行動的成熟來自於覺醒，也成就覺醒。因此，個人生命境界的高低最終取決於個人覺醒程度的高低。

---

[459] 《新教倫理與資本主義精神》，第 21 頁。
[460] 《入世的清教徒》，第 5 頁。
[461] 《論美國的民主》，第 354 頁。

實在講，實踐眞理和愛是一個人成爲善的存在並獲得覺醒的根本途徑。

人的外在行爲是由內在的意念和思維所主導，換言之，人的意志和思想本質決定了外在言行的特質。具有良善意圖和思維者，其作爲必爲良善；反之，具有邪惡意圖和思維者，其行爲必爲邪惡。「**善人從他心裡所存的善，就發出善來；惡人從他心裡所存的惡，就發出惡來。**」（路加福音 6:45）但是有時二者的外在看似無異，但是本質卻有天壤之別。在屬世世界裡，僅憑人的肉眼可能無法分清二者的區別，但是在死後，人行爲時的眞正意圖將會徹底暴露無遺，屆時人將會根據自己的核心之愛決定自己要去的地方。

因爲人的內在特質決定人的外在表現，而能否覺醒又關係到人行爲的本質，所以覺醒的重要性直接關係到人最後接受的審判結果。「**我必因他們所行的懲罰他們，照他們所做的報應他們。**」（何西阿書 4:9）那些沒有覺醒或很少覺醒的人，其行爲方式皆呈現出邪惡和虛僞，並且透過「利己」而與地獄產生連結。而覺醒或大部覺醒的人，其行爲方式呈現出良善和眞理 ，並且透過「利他」而與天堂產生連結。

需要注意的是，有些人似乎是以屬天之愛在行動，他們熱情地宣揚基督的愛，甚至不畏死亡深入荒蠻之地。但是這種「愛」裡感性的成分居多，而理性的成分不足，致使表面上做了很多工作，但是實際的果效卻差強人意，甚至產生出一些不好的後果。前一種情形比如前文《缺少理性的信仰就如把房子建在沙土上》裡談到的黑老大，表面上他是做了很多的工作，但是行動的果效眞的令人不敢樂觀。後一種情形比如中國的太平天國運動，那是一場聲勢浩大、席捲了大半個中國的事件，它的起因就是基督教傳教士的傳教行動。但是它給中國社會幾乎沒有帶來任何好處，相反使大半個中國的民眾陷入水深火熱之中。

上述兩種情形都是理性不足的表現，但是還有一種情形表面上似乎很有理性，它將屬天之愛的行動當成了一門事業來做。所謂事業就是有計劃、有目標、有組織、有考核等的一項工作。乍看起來這確實很合理，甚至讓人感到這是傳遞基督之愛的最佳途徑。這尤其讓那些感性的人歡欣鼓舞、躍躍欲試，憑著一腔熱情將基督教當作了一門事業來做。德國布永康牧師講得好：「有一種很類似愛的情感，就叫做狂熱。狂熱跟愛一樣都很強烈，但狂熱可能把福音變成一門事業，我們大可熱烈地歡迎眾人來到教會，但是店家老闆不也一樣歡迎客人嗎？所以我們是傳福音，不是在尋找客戶。我們接觸別人的目的，是要用耶穌的愛去祝福他們，而不是爲了做成績。追求成功並不是罪過，我們當然希望福音可以廣傳，但是傳福音只要能傳遞耶穌的愛，成功或失敗都不是最重要的，重要的是愛。」

有些教會花錢開辦神學院，有些教會以拉人加入教會作爲考核的標準，有些教會喜歡募捐搞些慈善活動。這些行爲如果沒有將基督的愛傳遞出去就什麼都不是，正如保羅

所講，「**我若能說萬人的方言，並天使的話語，卻沒有愛，我就成了鳴的鑼、響的鈸一般。我若有先知講道之能，也明白各樣的奧祕、各樣的知識，而且有全備的信，叫我能夠移山，卻沒有愛，我就算不得什麼。我若將所有的周濟窮人，又舍己身叫人焚燒，卻沒有愛，仍然與我無益。**」（哥林多前書 13:1-3）

缺乏理信的人很容易陷入屬世的迷信之中，因爲他們根本就不明白傳遞基督的愛根本就不是做給人看的。基督就教導人在暗處行事，「**所以你施捨的時候，不可在你前面吹號，像那假冒為善的人，在會堂裡和街道上所行的，故意要得人的榮耀。……你施捨的時候，不要叫左手知道右手所作的。要叫你施捨的事行在暗中，你父在暗中察看，必然報答你。**」（馬太福音 6:2-4）既然不是做給人看的就無需制定什麼目標、計畫，搞什麼組織、考核。只要順其自然而爲，無需刻意地安排。

需要注意的是，覺醒完全是個人的事，所以行動也不需要成立任何組織，更不需要搞出什麼領袖來。它只需要將愛與良善傳遞給周圍的人，且無需介意什麼人或者神的回報。人行事時只需要考慮「愛人如己」，正如基督所說，「**無論何事，你們願意人怎樣待你們，你們也要怎樣待人。**」（馬太福音 7：12）

行動是人覺醒後在屬世世界中的外部表現，它反映出一個人是否眞正獲得重生，是否眞正靈魂覺醒，良知復蘇，理性啓蒙。這時候，人雖然還活在肉體皮囊之中，但是思維方式已經不再按自然界的方式思考，而是轉爲以世人無法理解的靈性方式思考。這樣的人已經開啓了內在本質，明瞭自身來自神的神性，展現出「天使」的一面。當一個人眞正覺醒後，他將不再是靈魂沉睡的行屍走肉，他的行爲不會再是迷信的狂熱之舉，也不是肉體私欲誘惑下的愛己之舉，或是世俗理性主導下的愛世之舉。而是靈眼睜開後愛與信仰的表達，是對眞理和良善的追求，以及對生命眞義的踐行。

如果能夠按照上面所講到的三點做，我們的靈魂就可以覺醒，並自由地選擇眞理和良善。我們就會明白肉體只是生命的寄居地，肉體生命不過短短數十載。當我們脫離將要朽壞的肉體時，我們都將接受最後的審判。你在這場考試中的答案將會最眞實地反映你內心中的認知，你活著時每一個內心確認都將在審判之日在你的面前重放，讓你無可推諉。如果你的意念敗給了肉體情欲，理智也輸給了世俗理性，那麼神啊、佛啊、眞理啊都救不了你，你的考分將決定你該去的地方。你也不用怨天尤人，機會不是沒給過你。你認眞想想，你的良心難道沒有多次地提示你該如何去做嗎？神借著人的口就沒有多次地提醒你該如何去做嗎？就算這些你都沒有明確地感受到過，那麼今天你有機會看到了這裡，當你扭頭而去時，你的罪將無可推諉了。「**我若沒有來教訓他們，他們就沒有罪；但如今他們的罪無可推諉了。**」（約翰福音 15:22）

今天我們有機會聽到基督福音，就應該脫離那使人墮落的罪，勿要顧念肉體的軟弱，要像保羅那樣「**我為基督的緣故，就以軟弱、淩辱、急難、逼迫、困苦為可喜樂的，因我什麼時候軟弱，什麼時候就剛強了。**」（哥林多後書 12:10）爲了我們永恆的生命，不要再錯過醒來的機會了，因爲「**你們曉得現今就是該趁早睡醒的時候，因為我們得救，現今比初信的時候更近了。黑夜已深，白晝將近；我們就當脫去暗昧的行為，帶上光明的兵器。行事為人要端正，好像行在白晝。不可荒宴醉酒，不可好色邪蕩，不可爭競嫉妒。總要披戴主耶穌基督，不要為肉體安排，去放縱私欲。**」（羅馬書 13：11－14）

人啊！覺醒吧！爲了早日從噩夢中醒來，爲了不在噩夢中死去，爲了孩子們都能生活在更加自由平等的世界裡，覺醒吧！

百度問答篇

「所以，無論何事，你們願意人怎樣
待你們，你們也要怎樣待人。」

（馬太福音 7：12）

以下問答主要來自于作者對網路上相關問題的解答，雖然不是很系統，但是都很有針對性和實用性，對很多基督徒弟兄姐妹來講能夠切實解決生活中遇到的實際問題。

為什麼要成為一名基督徒？

因爲成爲一名基督徒就等於選擇了一條通往天國的捷徑。只要你遵照基督的教導，用信、望、愛去實踐眞理和良善，就可以深具屬天的智慧，擺脫屬世思慮的羈絆，全心全意以眞理爲依歸，實現生命的眞義，且活出豐盛的生命。「**因為神本性一切的豐富，都有形有體地居住在基督裡面，你們在他裡面也得了豐盛。**」（歌羅西書 2:9-10）」另外，基督徒因爲以眞理爲依歸，所以更容易通過學習、思考、領悟而掌握理性，進而學會理信。唯有在信仰和生活上理信上帝者，才能藉由洞察力和知識，讓自己變得更有智慧，更具靈性。並從內心中發出眞理之光，不僅使自己深具光澤，而且也爲周圍的人帶來了光明。

每個基督教堂的信仰都是一樣的嗎?

不完全一樣，雖然都奉耶穌基督爲主，但是由於各種歷史原因和人爲因素，最初的信仰被後來的宗教（如天主教、東正教、新教等）所替代，形成了形形色色的信仰對象，比如天主教和東正教還信仰瑪利亞和使徒等。原本純正的信仰因後來摻雜了過多的人欲和世俗理性，逐漸變得雜亂起來。

基督徒喪事可以戴白布嗎？

首先要清楚戴白布是爲什麼？是做給別人看，還是爲表達哀思。如果是做給別人看，大可不必做基督徒，因爲基督徒本就不屬於這個世界，「**你們若屬世界，世界必愛屬自己的；只因你們不屬世界，乃是我從世界中揀選了你們，所以世界就恨你們。**」（約翰福音 15:19）如果是爲表達哀思，基督教的方式也很多，如追思會或獻鮮花等。尊重中國民間傳統戴白布也不是不可以，就是擔心會被這種世俗主義的東西所捆綁，對世界的認識停留在膚淺的表面上，而眞正本質的東西卻忽略了。正如基督所講，「**將薄荷、芸香並各樣**

菜蔬獻上十分之一，那公義和愛神的事反倒不行了。」（路加福音 11:42）如果人能守好自己的良心，行那公義和愛神的行爲，就不會被世俗主義捆綁而失去了良心自由。若人的行爲只是爲了附和他人，人的心也就會在不經意間與世俗同流合污，最終遠離主的聖靈。

文玩珠子基督徒可以佩戴麼？

要清楚這些東西都是屬世世界的一些裝飾品，除了裝飾作用外沒有什麼其他用處。只要能守好自己的良心，行那公義和愛神的行爲，不論戴不戴或者戴什麼配飾都不存在任何問題。不要刻意在乎這些形而下的東西，更不要賦予它們什麼特殊意義讓它左右你的心。即使十字架、聖像、聖經書等也不過是一種形而下的有形物，不可將它們神聖化、偶像化。神的國不在這個世界，而在人們的心裡。「**因為神的國就在你們的心裡。**」（路加福音 17:21）

我是基督徒，請問一下從玉佛寺買來的月餅能吃嗎？

放心吃，只要能守好自己的良心，行那公義和愛神的行爲，一切有形的事物都不要放在心上。請記住，基督帶給我們的是自由，不是枷鎖。「**主的靈在哪裡，那裡就得以自由。**」（哥林多後書 3：17）不要被那些有形的東西禁錮你的心，那看不見的才要怕祂。

基督徒可不可以將教堂做靈宮？

不可以，「**因為神的國就在你們的心裡。**」（路加福音 17:21）教堂只是一個石頭建築，它沒有生命。我們要清楚，賜人生命的是神，祂不在外部世界，而在人的心裡。所以每一個人都是主的聖殿（即靈宮），保持聖殿的潔淨要靠主賜的活水。因此我們每一個人無論遇到何事，都不應當求助於外，而應當求助於內。

媽媽信基督教，自己車子能掛什麼掛件辟邪嗎？

眞正的基督徒都是主的聖殿，都要在世間做光做鹽，不需要任何偶像之物。內心中的十字架就是最好的辟邪之物，無需掛任何掛件。眞正的基督徒既不崇尚掛什麼掛件，也不避諱任何掛件。

基督徒當怎樣禱告把自己借貸給別人的錢，求上帝幫助收回？

有求你的，就給他，並且不要指望對方償還。因爲「**並要借給人不指望償還，你們的賞賜就必大了。**」（路加福音 6:35）他若想還你，自然會還你。若不想還你，就當做了慈善，神自會祝福你。

基督徒可以跳老人舞嗎？可以打太極嗎？可以練瑜伽嗎？

這幾個問題可以放在一起回答，首先一定要清楚，基督帶給我們的是自由而不是枷鎖，「**主的靈在哪裡，那裡就得以自由。**」（哥林多後書 3：17）所以只要不違背良心的事都可以做。其次鍛煉身體是好事，它可以使我們更好地服務人，榮耀神。第三不要將鍛煉身體與宗教混淆，宗教本是勸人向善的屬靈學問，彼此絕無衝突，衝突的只是人的思想認知。基督徒本是認眞理爲主，絕不可像那屬世之人，仍活在世俗之中，而被各種世俗理性捆綁。「**你們若是與基督同死，脫離了世上的小學，為什麼仍像在世俗中活著，服從那「不可拿、不可嘗、不可摸」等類的規條呢？**」（歌羅西書 2:20-21）

需要注意的是，在做這些事情的時候注意不要打擾他人的學習、生活和工作，因爲基督徒的天職就是做一位好鄰舍，好鄰舍不能爲了滿足自己的願望而忽視旁人的需要。

我是基督徒，我兒子很叛逆怎麼辦？

堅持爲他禱告，並做好榜樣。奧古斯丁年輕時不信基督，其母親莫妮卡日日爲他禱告。終於有一天，奧古斯丁靈魂覺醒，並寫下了《懺悔錄》一書。約翰．牛頓年幼時受母親教導信仰基督，後來母親去世，約翰．牛頓就過上了放蕩的生活。在經歷了一番風雨後幡然悔悟，並寫下了《奇異的恩典》。喬治．穆勒與約翰．牛頓有些相似，母親去世時還在賭博，後在聖靈的做工下改過自新，靠著絕對的信心一生幫助八千多名孤兒被養育、受教育。此外，他送出各種語言的聖經二十八萬多冊，新約近一百五十萬冊。美國總統小布希年輕時也沒叫老布希省心，一直到四十歲才找到人生的意義。所以，不要著急孩子的叛逆，這是正常的。不同的是每一個做父母的該如何去引導。你自己首先應做好榜樣，要讓孩子能在你身上看到神的良善和愛，並進而學會感恩和回報社會。「**你們的光也當這樣照在人前，叫他們看見你們的好行為，便將榮耀歸給你們在天上的父。**」（馬太福音 5：16）說到底，你要做到用心靈和誠實去敬拜神，並以愛人如己之心服務人。

我家裡人是信基督教的，男朋友家裡是信佛教的，現在我家裡反對，我該怎麼辦？

世界上所有的宗教都是勸人向善的，絕無例外（邪教除外）。但是佛教勸人出世，基督教教人入世。出世只爲個人的自由，入世是爲所有人的自由，此二者最主要的區別。

當然選擇婚戀對象與宗教信仰沒有直接關係，只要這個人誠實、正直、善良、寬厚、仁慈，充滿愛心，喜歡助人爲樂，絕不損人利己，那麼這人就算沒有金錢、沒有地位甚至沒有文化，都是值得託付的人。否則，即使表面上彬彬有禮、謙卑順服，骨子裡卻狡詐僞善、自私自利，這樣的人無論自稱是誰的信徒都是枉然。不但無助於自己的生命修行，也徒然使他的宗教信仰和教友們蒙羞。這樣的人豈可託付終身。

所以，選擇終身伴侶重在觀察一個人的品行。如果他的三觀純正，無論他家裡是信仰何種宗教的，都應該堅持自己的選擇。但是人是善變的，也善於僞裝，所以多觀察一段時間還是必須的。

我是一名基督徒，經常被鄰居欺壓。找個村幹部卻沒有人按真理辦事，因為這一家人都不講理，受不了，怎麼辦？

作爲一名基督徒，你信神嗎？你認爲神看不見這一切嗎？「**你們為什麼稱呼我『主啊，主啊』卻不遵我的話行呢？**」（路加福音 6：46）「**只是我告訴你們這聽道的人，你們的仇敵，要愛他！恨你們的，要待他好！咒詛你們的，要為他祝福！淩辱你們的，要為他禱告！**」（路加福音 6：27-28）

曾經基督徒被羅馬人扔在鬥獸場喂野獸，身上綁上獸皮喂野獸，綁在十字架上點天燈……基督徒沒有怨恨他們，而是爲他們禱告，後來羅馬人都信了基督教。今天我們受到的逼迫比那時的基督徒少很多，可我們還心覺不滿，捫心自問我們配得上自稱基督徒嗎？

基督徒如何建立敬拜祭壇？

基督徒本身就是聖殿，祭壇就在你的心裡。每天思考經上的話語，領悟基督的福音。每日用心靈和誠實去敬拜神、服務人，就是用活水清潔聖殿和祭壇。不要刻意在乎那些屬世的儀式，正如保羅所說，「**惟有裡面作的，才是真猶太人；真割禮也是心裡的，在乎靈，不在乎儀文。**」（羅馬書 2:29）

基督徒平時可以開玩笑嗎？

基督徒們是和平喜樂的群體，他們熱心助人，幽默風趣，但絕不低俗搞笑，嘩眾取寵。

基督徒退休後可以再找一份工作嗎？

首先要清楚基督徒工作的目的是服務人，榮耀神，不是爲賺錢，這是基督徒的天職。基督徒不是只待在家裡過屬靈生活，而是要將基督的愛傳遞給周邊的人，「**你們的光也當這樣照在人前，叫他們看見你們的好行為，便將榮耀歸給你們在天上的父。**」（馬太福音5：16）神造人的初衷是要爲自己作見證，所以人必須要通過愛人的行爲將自身的神性彰顯出來，使自己成爲神那樣的存在。基督教導門徒要在這個世界作光作鹽，在此做光是指在屬靈層面爲人做出表率，指引方向；做鹽是指在屬世層面爲人創造價值，提供服務。所以退休後如果還有能力繼續爲他人服務，那就儘管放心去做，這完全是得神祝福的事。

作為一個基督徒如何看待自己的婚姻？

婚姻這個事，既是祝福，又是考驗，因爲牽涉屬靈和屬世兩個層面，所以也屬於一個二律背反。說它是祝福，因爲上帝造女人的初衷就是覺得男人太孤單，所以將一個人分爲兩部分。然後借著婚姻關係使二者相合，恢復爲一體。「**因此，人要離開父母與妻子連合，二人成為一體。**」（創世紀 2:24）

男人和女人天然構造不同，所以雖然雙方都被賦予了理智/理性和意念/感性，但男人受理性特質主導，女人則是受感性特質主導，因此會形成不同的個性。男人和女人不同的個性借著婚姻形成了互補，妻子的感性也是丈夫的感性，丈夫的理性也是妻子的理性，因爲彼此都希望和對方一樣，因此會互相吸收各自的特質，最終合而爲一。此爲相得益彰的結合，妻子的感性進入丈夫的理性，丈夫的理性進入妻子的感性，特別是當他們互望的時刻。當理智和意念合而爲一時，稱之爲心靈的結合，所以心靈的結合是婚姻的關鍵。

組成婚姻最重要的成分在於「心」和「靈」的契合，心靈的本質決定婚姻雙方相愛和結合的本質。「心」完全由眞理與良善所構成，因爲宇宙中的事物都與兩者的結合有關，而「靈」的構成亦有賴於眞理和良善。心靈結合的本質，取決於造就內在一切的良善和眞理的本質。所以，沒有任何愛勝過眞理與良善之間的愛，這就是婚姻之愛的緣起。

但是很多人（尤其是現代人）已經不懂得屬靈生命的事，他們關注肉體的程度遠遠高過關注心靈，這樣一來，婚姻這一美好的祝福，反而變成了一場考驗。人們將婚姻之愛與肉體性愛緊密掛鉤，邪情私欲借著婚姻關係潛入了人的內心。這肉體私欲是與人的心靈爭戰的，「**這私欲是與靈魂爭戰的。**」（彼得前書 2:11）罪借著肉體私欲的誘惑使人陷入愛己的肉體之中，不知不覺中淪爲了罪的奴僕。「**私欲既懷了胎，就生出罪來；**」（雅各書 1:15）「**所有犯罪的，就是罪的奴僕。**」（約翰福音 8:34）

因爲不認識代表眞理和良善的婚姻之愛，人們出於肉體之愛而對伴侶產生出強烈的控制欲。這種控制使原本互相分享喜樂的動力消失不見，靈性之愛也隨之消逝。人們由愛彼此的心靈，變爲愛對方的肉體，並由此想方設法地控制對方的自由。這種源自肉體的愛一旦展現爲控制欲，會使彼此雙方都失去自由，控制的一方會將對方視爲奴僕，而自己亦淪爲控制欲的奴僕。處於此種奴役的情形下，雙方的心靈便無法結合。沒有了自由的婚姻會使人的心靈處於奴役的境況，變得沒有意念或違反自己的意念而行。違反意念，即會產生恨，而失去愛。

在這場考驗中，婚姻反而成爲了折磨伴侶的工具，婚姻雙方彼此憎恨，有些甚至鬥得你死我活。因爲肉體有腐敗的趨勢，所以婚姻越往後越需要心靈的塑造。理智引人領受眞理，意念領人感受良善。眞理和良善塑造出天使，也塑造出智慧、智慧和喜樂。當人們意識不到婚姻之愛源自於眞理和良善（理性和感性）的結合，人就無法產生出對天地萬物的愛。歸根結底還是因爲屬靈的眼睛沒有睜開之故，錯將源自心靈的婚姻之愛當作源自肉體的世俗之愛。相較而言，基督徒因爲自己的宗教信仰能夠更好地因信主的眞理和神的良善而沉浸在婚姻之愛中，這也是基督徒的婚姻能夠更爲堅守和純潔的緣故。

婚姻是一個人的合體，所以不可以再和他人分享，這也是基督教主張「一夫一妻制」的根源。一夫一妻才是眞正的婚姻之愛，一夫多妻或一妻多夫關係容易摧毀婚姻之愛心靈合一的靈性特質，進而損害內在良善和眞理的結合。多妻或多夫制就如同將理智切割，並和多個意念結合，就好像一個人信奉多種宗教一樣，容易造成信仰的斷裂，或淪爲沒有信仰。

現今社會由於良心虧欠、信仰蒙塵，人們對離婚現象過於的寬容，這在基督徒的眼中更是與婚姻之愛背道而馳的褻瀆行爲。基督徒認爲如果離婚再娶或再嫁就屬於「犯姦淫了」，「**凡休妻另娶的，就是犯姦淫，辜負他的妻子；妻子若離棄丈夫另嫁，也是犯姦淫了。**」（馬可福音 10:11-12）「犯姦淫」屬於謬誤與邪惡結合的通姦行爲，這種源自肉體的愛因違背婚姻之愛的靈性本質，會使人最終墜入地獄。地獄裡的人（內心邪惡之輩）無不和婚姻之愛作對，並用盡一切心力刻意去破壞和摧毀婚姻。在基督徒的心中，婚姻與天國相對應，它不但促進著人類的繁衍，而且也是天國得以延續的根基，因此視婚姻

爲神聖。那些背叛婚姻的人，實爲背叛神之旨意和天國的律法，他們生前沉迷於姦淫之樂，死後更是沉迷於地獄之樂中。

實際上，源於肉體結合的婚姻在追求屬靈生命的宗教眼中，還是屬於形而下的行爲。凡是覺悟者（無論先知先覺者還是後知後覺者）都不會對人世間的婚姻過於執著。有人曾故意拿婦人嫁娶的問題刁難耶穌，耶穌則告訴他們：「**這世界的人有嫁有娶，惟有算為配得那世界，與從死裡復活的人也不娶也不嫁，因為他們不能再死，和天使一樣，既是復活的人，就是神的兒子。**」（路加福音 20:34-36）此處「配得那世界」的人指的是先知先覺者，「從死裡復活的人」指的是後知後覺者，這些覺悟者因爲考慮到，「**沒有娶妻的，是為主的事掛慮，想怎樣叫主喜悅；娶了妻的，是為世上的事掛慮，想怎樣叫妻子喜悅。**」（哥林多前書 7:32-33）所以基本不會選擇人世間的婚姻，他們在世間已經成爲了天使，所以無需再通過婚姻的試煉。正如保羅所講的，「**論到你們信上所提的事，我說男不近女倒好。**」（哥林多前書 7:1）但這樣的覺悟者畢竟是少數，絕大多數人還是受血氣的控制，還要爲人類的繁衍做貢獻。「**所以，神配合的，人不可分開。**」（馬太福音 19:6）

基督教如何看待墮胎？

任何宗教（邪教除外）都是反對殺生的，因爲生命神聖，這是由《聖經》中「神愛世人」得出的。生命是來自於上帝的恩典，每個人都擁有追求豐盛生命的自然權利，任何人都沒有權力隨意剝奪，所以反對墮胎基督教也不例外。

可能會有人認爲墮胎是個人自由，他人也無權干涉。其實這是對自由的一種誤解和濫用。個人自由分兩種，一種是良心自由，一種是行爲自由。良心自由與人的靈魂密切相關，它決定了人意志是否自由。行爲自由與人的肉體密切相關，它又分精神自由和肉體自由。因爲良心自由決定了意志自由，而且沒有自由意志就沒有行爲自由。所以良心自由是主，行爲自由居次，良心自由統領著行爲自由。世俗人通常理解的自由屬於行爲自由，但是在宗教裡通常理解爲良心自由。有人不以爲然是因爲他們根本就沒有意識到自己的良心被捆綁時，他的行爲就會喪失理性。馬丁·路德講道：「若人的良心墮落，……他的理性也必會變得昏暗、扭曲、匱乏。」[462]一個人如果丟棄了良心，他的理性就會向世俗理性的底層滑去，成爲一具靈魂失喪、良心迷失、道德敗壞、寡廉鮮恥的行屍走肉。「**有人丟棄良心，就在真道上如同船破壞了一般。**」（提摩太前書 1：19）

人行爲的動機如何，端看他的良心。良心決定了一個人的行爲是否符合理性，這也

[462] 《信仰與秩序——法律與宗教的複合》，第 138 頁。

是人與動物最大的區別。人因爲有了良心自由才能面對上帝的審判，並爲自己的行爲負責。失去良心自由，人類就像動物一樣四處亂跑，動物是覓食，人類是逐利。動物沒有良心，無須死後接受審判。人卻不同，人有良心，具有理性，可以思考問題，人的良知具有分別善惡的能力。所以人最終要接受審判，並根據自己的思想和行爲決定靈魂的歸宿。

自然法是自然理性的一桿秤，也是人類良心的一桿秤。墮胎符不符合自然法，只要把同意墮胎的人放進去試試就知道了。如果支持墮胎的人不同意他們的父母將他們在母腹中打掉，那麼他們就不應當支持打掉他人的行爲。因爲「**無論何事，你們願意人怎樣待你們，你們也要怎樣待人。**」（馬太福音 7：12）如果支持墮胎的人同意他們的父母在母腹中打掉他們的話，那說明他們根本就不應該來到這個世界上。

需要注意的是，對那些非自願懷上的胎兒，因爲本身違背良心自由，相當於受到逼迫去做違背良心的事。因爲違反自然法基本原則，侵犯了做人的基本權利，本質上屬於「不義」，因此在人類良心上不具有約束力。從理性上講沒有人願意受逼迫去做自己不願意的事，更遑論淪爲惡人的生育機器。這時墮胎不違背良心，相反它會使良心獲得自由。

我是基督徒，可是現在不想信了，該怎麼辦？

其實你本來就是隨信或淺信的基督徒，因爲你根本就不明白信仰基督意味著什麼。建議你在百度搜「基督教啓蒙讀物——最後的爭戰」，看完後再決定是否繼續信下去。如果眞的不想信了也不要緊，只要你能做個善良的人就好了。

基督徒可以看屬世的書嗎？

你這個問題問得淺顯實用，不但要看，而且必須看，比如哲學書、歷史書、法學書、科學書或者文學書等等。不僅要看國內出版的，還要看國外出版的。千萬不要聽信什麼法無二門之類的鬼話，只有博覽群書，你才有可能接觸到眞理，並從中學會如何分辨，何爲眞理？何爲僞理？何爲理信？何爲迷信？何爲良善？何爲邪惡？今天高速發展的科技爲世人提供了前所未有的巨大信息量，雖然這些資訊良莠不齊，但是只要認眞辨識，努力求眞，還是有機會從中發現眞理的。

非基督徒怎麼著手讀《聖經》？

建議在讀聖經前先瞭解一下基督教，否則直接讀聖經可能會產生許多困惑。如果想瞭解基督教的話，推薦在百度搜「基督教啓蒙讀物——最後的爭戰」，對基督教有了一定認識後，再去閱讀聖經會事半功倍。另外讀時注意，聖經的重點在新約，新約的重點在福音書，福音書的重點在耶穌的話。

認識基督信仰，存在哪些障礙？

最大障礙就是沒有機會全面徹底地瞭解基督信仰，建議在百度上搜「基督教啓蒙讀物」，先全面徹底地瞭解一下基督信仰。

神恩召的指望是什麼？

唯有信心，「**信就是所望之事的實底，是未見之事的確據。**」（希伯來書 11:1）信在信望愛中是基礎，沒有信心就沒有指望，更不會有愛。

盲目的信仰是什麼形式？

盲目信仰大致有三種形式，隨信、淺信和迷信。用耶穌的話來說，「**有一個撒種的出去撒種。撒的時候，有落在路旁的，飛鳥來吃盡了；有落在土淺石頭地上的，土既不深，發苗最快，日頭出來一曬，因為沒有根，就枯乾了；有落在荊棘裡的，荊棘長起來，把它擠住了；**」（馬太福音 13:3-7）第一種可以稱之爲隨信，就是屬於隨大流，看別人都信，自己也跟著信。實際上根本沒有做好信的準備，一隻耳朵進一隻耳朵出，完全沒有眞正體會到信的大能。第二種可以稱之爲淺信，屬於聽福音時當下能感受神的大能，心情歡喜領受，靈魂受感動。可是「**只因心裡沒有根，不過是暫時的，及至為道遭了患難，或是受了逼迫，立刻就跌倒了；**」（馬太福音 13:21）這種信在信眾中很普遍；第三種可以稱之爲迷信，屬於做好了信的準備，也努力追求眞道。但是「**後來有世上的思慮，錢財的迷惑，把道擠住了，不能結實；**」（馬太福音 13:22）迷信的人表面上很熱忱，但是因爲夾雜了屬世的私欲，不知不覺中走入了歪路。他們一般都掌握些宗教基礎知識，比普通信徒更能熟練運用聖經上的話語。但是他們還未能眞正領悟經文中的精意，未能認清基督的眞理性，也未能用心靈和誠實敬拜上帝。他們還擁有一顆貪戀世俗的虛榮心，無法擺脫屬世的自大心，更被一顆投機取巧的教條心裹挾。因此他們被一層層屬世的私欲捆縛住，變得虛僞而狡詐，古人稱之爲「智慧之樹的蛇」。他們僅僅是披了一張虔誠的皮，內心裡根本沒有明白唯有良善和愛才是進入窄門的鑰匙。迷信之人是最最危險的人，他們拿著鑰匙卻不進去，還阻攔其他人進去，實在是罪孽深重。「**你們把知識的鑰匙奪了去，自己不進去，正要進去的人你們也阻擋他們。**」（路加福音 11：52）「**就是把磨石拴在這人的頸項上，丟在海裡，還強如他把這小子裡的一個絆倒了。**」（路加福音 17:2）

迷信的人最喜歡神學教條一類的東西，那種便宜拿來嚼吧嚼吧就成了自己的東西，好像自己就變得與神一樣了。正是因爲他們的虛榮心、自大心和教條心使活的信仰變成了死的宗教，實在是害人害己。這種人的代表就是祭司和法利賽人，所以耶穌批評他們「**是離棄神的誡命，拘守人的遺傳。**」（馬可福音 7：8）「**你們好像粉飾的墳墓，外面好看，裡面卻裝滿了死人的骨頭和一切的污穢。**」（馬太福音 23:27）（詳閱前文《爲什麼說聖經也是一部信經？》）

如何確信我所信的是耶穌基督，而非被洗腦？

信基督的人不會貪財，因爲神與錢之間只能二選一；信基督的人不會愛權，因爲離權力越近，離主的道越遠；信基督的人不會追名，因爲曉得來自人的榮耀是虛榮；信基督的人不會怕死，因爲肉體是無益的；信基督的人總是時常孤獨，因爲自然理性總是叫人難以理解；信基督的人時常遭人厭煩，因爲在黑暗中待久的人害怕光；信基督的人身上會有愛的光芒，因爲他們內心中充滿良善和眞理；信基督的人一定常懷著一顆感恩的心和一個寬容的心態，因爲他們明白眞理常在謙卑和柔和之中。

凡是宗教都是在屬靈世界追求眞理的一門學問，它的基本功能是勸人向善。所以絕不會有洗腦之舉，如果有，那一定是邪教。（詳閱前文《如何認清邪教的眞實面目？》）

基督教和天主教最大的區別是什麼?

你說的基督教實際是指基督教新教。

新教與天主教的主要區別在於：1、教會以《聖經》爲宗教信仰的唯一依據，不承認教皇的權威；2、地方教會自主；3、取消聖像崇拜；4、只實行洗禮和聖餐兩件聖事；5、政教分離；6、人人皆祭祀，在上帝面前人人平等；7、神職人員可以結婚等。

二者最大的區別在於天主教有一個人設的偶像和一套世俗宗教系統，偶像和世俗宗教系統有利於其團結和行動，但反過來也容易限制人的思想和行爲自由，人爲製造出一

套屬靈枷鎖。

英國宗教信仰對英國人的影響？

早期英國的宗教信仰很雜亂，很多已不可考。現今英國的宗教信仰主要就是基督信仰，基督信仰在英格蘭的傳播最早可以追溯到不列顛時期。隨著羅馬帝國的入侵，基督信仰也傳入了不列顛。但隨著羅馬人的離去，基督信仰也湮沒無聞。當英格蘭進入「七國時期」，基督教傳教士再一次來到英格蘭，這一次基督教傳教士們成功了，他們使盎格魯-撒克遜人將自己的原始民主觀與基督教的「神愛世人」觀結合起來，形成了以後英格蘭民族崇尚自由平等的民主觀。十八世紀時，孟德斯鳩在長期考察英格蘭社會後發現，「這個民族出奇地熱愛自由」，「在宗教方面，這個國家的每一個公民都有自己的意志。」英格蘭人的基督信仰顯然支持了他們這種自由主義傾向，並將他們這種對自由的強烈取向與對上帝的信仰結爲一體，使之獨異於世界其他民族。

由於受基督教「人皆有罪」教義的長期影響，英格蘭國王從來都未被神化，國王雖「被尊崇爲其子民的最高宗教領袖——一部盎格魯-撒克遜的法律文獻將其名爲『基督的代表』；不過基督教把國王也看作是人，像其他每一個人一樣，他所犯的罪也要受上帝懲罰，唯有蒙上帝之恩方能得救。」[463]正是因爲在世人眼裡國王也是一個罪人，所以「君權神授」觀無從談起，無形中拉近了兩者間的距離。

另根據《聖經》中的契約理念，國王的權力乃是來自民眾的信託。國王必須按照契約神聖原則，遵守他在享受契約賦予的權力時所承諾的契約加予的義務，歷任英王對這種權利義務觀念的確認可以在他們的加冕宣誓中得以體現（詳閱前文《試論爲什麼近代議會制度首先誕生於英格蘭？》）。當英國的君主一次次地想要違背他們的誓言肆意妄爲時，英國的民眾就會拿起以前的憲章和刀劍捍衛他們的權利，其中最著名的一起就是西元 1215 年，英國民眾用武力迫使國王約翰簽訂了《自由大憲章》。

此後英國的「清教徒革命」和「光榮革命」都是這一系列行爲的延續，英國民眾的基督信仰無疑在屬靈方面撐起了他們對眞理的嚮往，並由此喚醒了他們對自由的渴望。因爲「**主的靈在哪裡，那裡就得以自由。**」（哥林多後書 3：17）

當英國的君主立憲制已經不能滿足他們對自由的嚮往時，他們又漂洋過海，來到了一塊荒無人煙的不毛之地——北美大陸。他們在這塊乾淨的土地上，依著心目中的純正信仰建立起一個公平、正義、友愛的「山巔之城」——美國。美國的建立，是建基於最

[463] 《信仰與秩序——法律與宗教的複合》，第 45 頁。

初到達北美大陸的英國清教徒對基督信仰的執著堅持。正如托克維爾所說，「當我沉思于這個根本事實所產生的後果時，我好像從第一個在美國海岸登陸的清教徒身上就看到美國後來整個命運。」[464]

宗教在美國具有怎麼的社會地位與作用？

推薦閱讀托克維爾的《論美國的民主》一書，裡面有相關的解答。

西方宗教對中國的影響？

參閱《基督教啓蒙讀物——最後的爭戰》第七章第二節內容。

影響洪秀全的《勸世良言》是本什麼書？

《勸世良言》是由基督教新教第一位中國傳教士梁發于 1832 年所編寫的一本基督教讀物。《勸世良言》基本上是九本小冊子合訂一起，其中一部分是從聖經的舊約全書、新約全書的教訓中摘選出來的；另外一部分講述基督教的教義。梁發用很淺顯的，普通人易懂的話把基督教的教義和一部分的聖經精選出來編纂成爲《勸世良言》，這本書後來對洪秀全建立太平天國產生很大的影響。

馬禮遜到中國傳基督教新教，後來共有多少傳教士？

這是一個非常大的數字，具體沒人統計過。1867 年偉烈亞力在上海出版《在華新教傳教士紀念錄》一書，對於自 19 世紀初至 1867 年以來，來華傳教士及其在中國出版的書籍作了全面總結，這是一本研究基督教在華傳教歷史的重要文獻。1867 年以後具體有多少沒人統計過。

文藝復興、宗教改革和科學革命三者之間有何聯繫？

文藝復興是一場自外而內地反抗中世紀天主教宗教專制，以文藝形式追求以基督信

[464] 《論美國的民主》，第 354 頁。

仰爲眞理的人文主義運動。表面上文藝復興是借助古希臘和古羅馬文化中的理性來與天主教教義抗衡，實際上是糾正當時陷入謬誤的天主教對基督信仰的歪曲和誤導。文藝復興通過啓蒙世人的自然理性，實際上讓人們發覺基督信仰裡的自然理性。幫助世人擺脫中世紀長期以來天主教散布的迷信和世俗理性，不但讓人們意識到奴性的可悲一面，更使人們恢復了良心自由和對眞、善、美的追求，爲接下來的宗教改革創設了外部環境。

宗教改革是一場基督教內部由內而外反抗天主教歪曲基督信仰的眞理之戰。它由基督教內部一些堅持眞理，充滿屬靈智慧的勇士，冒著無情逼迫和生命危險，與巨無霸一般的天主教會進行的一場力量懸殊的屬靈爭戰。它比文藝復興的內涵更加深刻，也更加劇烈。它追求的不只是理性解放，也更注重靈魂層面的覺醒。它發生在基督教內部，影響卻遍及整個世界。

科學革命開始只是基督徒科學家探尋神的大能和世界眞相的一種探索，起初稱爲自然哲學，後來主要表現爲自然科學。科學革命是人類在追求眞理時在形而下世界裡發現的一些客觀規律，本質上推動了人類歷史前進的腳步。其重要意義在於與神學的論戰中，因爲嚴謹的實證精神而暴露出神學的荒謬無知，狂妄自大。最終使神學在這場論戰中顏面掃地，連帶宗教也受其影響而遭到世人的輕視。

為什麼猶太民族自古及今那麼多的磨難？

因爲他們雖然天天手裡捧著聖經，嘴裡念著上帝，卻從不信服上帝。「**耶和華對摩西說：『這百姓藐視我要到幾時呢？我在他們中間行了這一切神跡，他們還不信我要到幾時呢？』**」（民數記 14:11）「**耶和華對摩西、亞倫說：『因為你們不信我，不在以色列人眼前尊我為聖，所以你們必不得領這會眾進我所賜給他們的地去。』**」（民數記 20:12）上帝從萬民中揀選了以色列人，可他們卻不珍惜，「**他們卻不聽從，竟硬著頸項，效法他們列祖，不信服耶和華他們的神**」，（列王紀下 17:14）

以色列人的信仰是一種迷信，他們信仰的是被擬人化的神，而不是眞神。這眞神原本是無私、至善和永恆的化身，祂創造世界，充斥其間，無處不在，無所不能。凡祂所預定的必定成就，只是人的信心太小了，根本無法揣測到神的意志。而那些意圖窺測神意的人創造出各種神學理論，愚昧自己，攪擾世人，其中最具代表性的就是聖經中的祭司和法利賽人。他們明明不明白上帝的意志，卻爲要獲取人的榮耀而裝模作樣地給人看，「**他們一切所做的事都是要叫人看見，所以將佩戴的經文做寬了，衣裳的穗子做長了；喜愛筵席上的首座，會堂裡的高位；又喜愛人在街市上問他安，稱呼他拉比（「拉比」就是「夫子」）。**」（馬太福音 23:5-7）他們是猶太人中最有知識的人，但卻是屬靈生命尚淺的人。

這些迷信之人不但自己迷信偶像，而且也阻擋他人信仰上帝。「**你們把知識的鑰匙奪了去，自己不進去，正要進去的人你們也阻擋他們。**」（路加福音 11：52）當耶穌基督降世傳講天國福音時，他們不是虛心認眞聽講，反而試圖阻止世人獲救的通道。他們的屬世心使他們厭惡光而喜歡黑暗，「**光照在黑暗裡，黑暗卻不接受光。**」（約翰福音 1:5）他們不明白信基督就是信上帝，「**你們當信我，我在父裡面，父在我裡面；**」（約翰福音 14:11）「**我對你們所說的話，不是憑著自己說的，乃是住在我裡面的父做他自己的事。**」（約翰福音 14:10）他們甚至殘忍地逼迫自己的同胞耶穌，並將祂釘在了十字架上。正如猶太人的祖先在釘死耶穌時所說的，「**他的血歸到我們和我們的子孫身上。**」（馬太福音 27:26）正是這一原罪使以色列人背負了千百年來飽受磨難的宿命。

在此後漫長的歷史長河中，以色列人沒有吸取經驗教訓，在遭受世界各地其他民族迫害的同時，沒有體察上帝的心意，沒有反省自身的罪過，乃至沒有任何更新變化，仍然死守教條，保守而僵化。在中世紀的歐洲，以色列人受到天主教的逼迫，但是當新教給他們提供了一個相對自由的荷蘭居住時，他們仍然逼迫那些希望改變舊習的以色列人，斯賓諾莎就是因爲目睹了以色列人的愚蠢行爲後，冒著巨大的風險脫離了猶太教。

第二次世界大戰中，以色列人如喪家之犬，惶惶不可終日。在納粹的屠刀下，六百多萬人失去了生命。爲什麼上帝對猶太人如此殘酷，就因爲他們拒絕上帝的救恩。聖經中明確告知他們要回到耶路撒冷重新建國，但是就因爲那是一塊貧瘠的土地，所以他們不願捨棄享受慣了的安逸生活，拒絕回到上帝的應許之地。但是當遭受納粹德國暴風驟雨般地摧殘後，他們終於明白了上帝的旨意，選擇回到故土。「**主耶和華如此說：『看哪，我必親自尋找我的羊，將他們尋見。牧人在羊群四散的日子，怎樣尋找他的羊，我必照樣尋找我的羊。這些羊在密雲黑暗的日子散到各處，我必從那裡救回他們來。我必從萬民中領出他們，從各國內聚集他們，引導他們回歸故土，**』」（以西結書 34:11-13）當以色列人順服上帝的召喚回歸故土後，試問天下誰能敵。

可是時至今日，還有許多以色列人依然拒絕基督的救贖，傲慢的教條態度和自尊自大的作風使他們失去了一次次自我更新、認識上帝的機會。以色列人是上帝的選民是事實，可是一次次拒絕上帝的拯救也是事實。上帝愛以色列人是事實，可是以色列人爲自己的迷信和殘忍受到懲罰也是事實。不是上帝不愛以色列人，而是這個離家的浪子還沒有找到回家的路。（參閱前文《耶穌爲什麼講「除了神一位之外，再沒有良善的」？》）

教會與團契的區別？

教會與團契都是信眾靈裡的集合，但是兩者又有區別，表現在：

首先，通常教會都比團契人數要多很多，這是因爲團契中的信徒基本都是一個層次，或高或低。而教會裡的信眾就難分層次，魚龍混雜；

其次，團契因爲信眾少，並且層次差距小所以交流就多。而教會因爲信眾多，層次差距大所以交流就少；

第三，團契因爲信眾少，交流多，所以凝聚力就較教會大，主要體現在「團」字上。而教會相對於團契而言則較爲鬆散，適合各種不同層次的信仰者。

二者各有所長，各有所短，相輔相成。

人生的意義和價值是什麼？

人生的意義就在於感恩和回報，並通過這些行爲彰顯神對世人的恩典和愛。人生的價值就在於創造和奉獻，使創造者見證祂的偉大創造，並獲得無上榮耀。以上兩項可以簡單地概括爲「服務人，榮耀神」。

什麼是倫理？

倫理是人講的道理，它可能出自自然理性，也可能出自世俗理性，所以有對有錯，絕非眞理。對人造的倫理要辯證分析，去其糟粕，取其精華。

是否為了一個人的好就可以剝奪他自由選擇的權利？

自由（良心自由）是人與生俱來最爲重要的權利，人失去選擇自由就失去了自身存在的價值，生命將不具有任何意義。不管出於何種理由，剝奪人的自由是最大的錯誤。如果眞愛一個人就給他自由，即使他還不懂得自由的眞正內涵，那麼讓生活去教育他，基督教裡不是有浪子回頭的故事嗎？不要總想著越俎代庖，可能你是出於好心，也有可能就是沒安好心。出於好心的代表就是爲人父母的，沒安好心的代表就是大搞愚民政策的專制政府。雖然兩者的初衷不同，但是結果相似，都是以孩子不懂事或者刁民不可教爲由剝奪他人自由選擇的權利。如果爲了孩子的好就剝奪他的自由，那麼無疑會使他喪失繼續獨立尋求自己生活方式的信心和勇氣。長此以往，一個人就會不知不覺中變成他人的附庸或傀儡，變得自暴自棄，平庸而缺乏個性。中國有很多父母就是以這樣的心態坑了孩子，還自以爲是地認爲自己做得很對。政府如果爲了方便統治就剝奪民眾自由選擇的權利，那麼這個苦果遲早會讓統治者自己吃到。這種自以爲是的人治心理，實在是不明白，剝奪人的自由就是與神爲敵。如果剝奪他人自由選擇的權利，就是剝奪他人選擇自由的權利，失去了自由的人生，活著還有什麼意義呢？

須知一個人的一生就是在不斷地犯錯中成長，頭腦清醒的智者就少犯錯誤，頭腦蒙昧的愚者就多犯錯誤。正是在犯錯中人才可以吸取經驗教訓，不斷地領悟人生的道理。如果只是簡單地告之以人生道理，不去由本人實踐，那將無法深刻領悟道理中所蘊含的深意。所以不要怕犯錯，更不要借此剝奪人自由選擇的權利。只要以寬容和愛心待人，凡事把道理講明白，能不能聽進去，能聽進去多少就靠個人的良知和悟性了。還是那句老話，不經歷風雨哪能看見彩虹。

為什麼要上天堂呢？天堂裡又沒有吃喝嫖賭，不是活地很無聊嗎？

天堂裡是沒有吃喝嫖賭，但那裡的人都很善良、很眞誠、很潔淨。地獄裡有吃喝嫖賭，但那裡的人很邪惡、很虛僞、很骯髒。是想活在好人堆堆裡，還是想活在壞人堆堆裡，這一點在人世時可要想清楚了。因爲只有在人世間是好人和壞人共處的，也只有在人世間才有選擇和提升的機會。

信仰基督能報軍校嗎？

基督徒既是信徒，同時也是一個國家的公民。基督是人的信仰，是人屬靈生命的追求。有了信仰，人可以更好地選擇人生道路，不再盲目徘徊。但是人還有一個屬世身分，還是一個國家的公民，還負有履行國家主人義務的責任。不管是報考軍校還是從事其他行業，都只是個人的職業選擇，工作的目的都在服務人，並創造價值，造福人群。

在此需要注意的是，有信仰的人和沒信仰的人最大的差別在於服務人的最終目的不同。有信仰的人服務人是爲了爲神作見證，並使自己靈魂中的神性覺醒，獲得良心自由。所以無論做任何事都要，「**你要盡心、盡性、盡意，愛主你的神。這是誡命中的第一，且是最大的。**」（馬太福音 22：37）其次有信仰的人懂得，愛神的果效要體現在愛人上，所以不論做任何事都應愛人如己，「**其次也相彷，就是要愛人如己。**」（馬太福音 22：38）所以他們能夠眞心實意、盡心盡力地爲公眾謀福利。可能很多世俗理性的人不明白他們

這樣做的目的，並套以一些自私的揣測，其實這只是出於他們的信仰使然。沒信仰的人服務人的目的就是為了滿足各種肉體的私欲，直白點講就是做什麼事都是為了愛己或愛世。生命認知上的不同，決定了兩者在生命境界上的高低。

所以報不報軍校不是最終目的，基督徒如果有志於為捍衛民眾自由而亮劍，報考軍校顯然是一個不錯的選擇。人來到這個世界本就是修行，關於採取何種方式修行取決於人對真理的認知。既然選擇了做真理的信徒，那麼就不應該還在為採取何種修行方式而苦惱。如果能將這個屬世世界打造的更加美好、更加有利於人類靈命成長的自由生態，那麼信仰和愛人只會相輔相成，並無衝突。

基督徒能使用武力嗎？

很多基督徒對這個問題產生錯誤認識的原因，是在馬太福音裡耶穌有句話，「**收刀入鞘吧！凡動刀的，必死在刀下。**」（馬太福音 26:52）很多基督徒據此以為基督徒不可使用武力，因為動武的人就會死于武力。其實在這句話裡耶穌根本就沒有不讓使用武力的意思，祂只是講，使用武力可能會產生一種什麼樣的後果。

值得注意的是，這句話只在馬太福音裡出現過，約翰福音裡記錄下的這句話與馬太福音存在很大出入。在約翰福音十八章十一節這樣寫道，「**收刀入鞘吧！我父所給我的那杯，我豈可不喝呢？**」（約翰福音 18:11）這裡並不想探究哪句話是真，哪句話有誤。而是想說明耶穌從來就沒有反對使用武力的意思，甚至祂還要求門徒做好動武的準備。在路加福音裡耶穌說道：「**但如今有錢囊的可以帶著，有口袋的也可以帶著，沒有刀的要賣衣服買刀。**」（路加福音 22:36）四部福音書裡都提到了有門徒帶刀砍人的事，這句話應該就是門徒們帶刀的原因。

有人以為基督不是教人要忍耐嗎？因為基督講「**不要與惡人作對。有人打你的右臉，連左臉也轉過來由他打；**」（馬太福音 5：39）沒錯，基督是要基督徒在個人利益受損時應當學會包容忍耐，但是它的目的不是縱容，而是希望以此警醒那些施暴者不要一錯再錯，趕緊悔改。但若施暴者不自反省，以為基督徒是軟弱可欺，甚至變本加厲地侵犯更多人的利益時，為了眾人的利益，基督徒就一定要敢於亮劍。

在此眾人的利益並非指國家、民族、種族或家族的私利，而是指對所有人都有益的自然權利（即公義）。要理解自然權利就一定要清楚自然理性，只有搞清自然理性才能辨析出行為的內在本質，也才能真正稱為一個人。不理解自然理性的人枉自為人，雖然有些博學多聞的人可能腦子裡記了很多東西，但是因為不會理性思考，所以只會道聽塗說。他們通常借助記憶的東西思考，根本沒有培養出理性思考能力，無法辨別是非善惡，其實是愚昧之極。對不明白自然理性而又以世俗理性自以爲是的人是無理可講的，典型如鴉片戰爭中的清政府。但有時候人們似乎是明白了，他們發奮學習，努力引進西方先進文化知識，但是這只是一種假像，一旦條件成熟，就會暴露出世俗理性的本來面目。典型如日本的明治維新在給日本人民帶來先進文明的同時，也爲日後侵略其他國家，給日本人民帶來深重災難埋下了伏筆。

自然理性是眞理的重要組成部分，也是人之稱之爲人的根本。一個人能否稱之爲人關鍵就看他是否具有自然理性，是否明白「人道」。只有明白「人道」的人才可以正確使用武力，成爲維護世間公義、保護良心自由和捍衛宇宙眞理的人。應該說沒有哪個人願意活在不自由之中，但是因爲理性的不足，很多良心虧欠、理性蒙昧的人就是活在專制政府統治下的不自由之中而不自知。對此，具有純正信仰和自然理性的基督徒有著清醒地認識。他們從聖經中找出了「反抗專制統治者就是順服上帝」的依據，並認爲「人民根據上帝的旨意，僅給予了政府有限的權力，並且是有條件的給予——如果統治者違反了契約條款，人民保留與其解除契約的權利。因此，如果統治者違背上帝的律法和自然規律，破壞人民的基本自由，他的權力就失去合法來源。在這種情形下，就沒必要繼續遵從他。事實上，他應當受到抵制。抵制這樣的統治者是基督徒的責任——必要時可以使用武力。」[465]正是在這種信念影響下，美國人民取得了美國獨立戰爭和世界反法西斯戰爭的偉大勝利。

在此要特別強調一點，武力和暴力完全是兩個不同的概念。武力是在具有自然理性的情形下動武，而暴力是在非理性的情形下施暴。一個是在自由被剝奪，公義受踐踏，良善遭欺壓，生命受侵犯時，爲捍衛生命和自由，保守公義和良善挺身而出，揮舞正義之劍與施暴者抗爭。一個是爲滿足個人或集團私利而欺壓良善，損害公義，剝奪和侵犯他人的自由和生命。施暴都是爲了個別人或組織的私欲以強淩弱，動武則是爲了所有人的良心自由抗衡強暴。動武的前提是遇到暴行，在無理可講的情況下，以上帝的名義，揮舞正義之劍，懲惡揚善，以武抑暴。

武力和暴力區別的關鍵點就在於是否符合自然理性，關於理性可詳閱前文《什麼是理性？什麼是哲學？什麼是法律？什麼是形而下？》或《何謂眞理》。基督徒絕不能使用暴力，但是可以使用武力。要注意武力是用來自衛而非施暴，所以基督徒絕不能輕易使用武力，更不能首先使用武力，否則武力就有可能會不經意間演變成暴力。

[465] 《美國憲法的基督教背景》，第 11 頁。

信仰和人性是什麼樣的關係？

信仰是人對屬靈世界神靈的確信，它產生自人的靈魂對屬靈生命境界提升的渴求，以及神性覺醒的原始本能。根據信仰的純正與否可以分為純正信仰和雜亂信仰。純正信仰對至善的神有一個正確認識，這位神是無私至善的恒在，祂是靈，沒有人的情欲，也不喜歡人的阿諛和祭祀，祂只喜歡人們用心靈和誠實敬拜祂。雜亂信仰是出於人的世俗理性去信仰神，當世人在頂禮膜拜人格化的神時，其實是將神當作人一樣做起了交易。（詳見上文《什麼是信仰？什麼是宗教？什麼是律法？什麼是形而上？》）

人性是複雜多樣的，它裡面既有自然理性，也有世俗理性，甚至發展到極端還會出現真理性或非理性。人性就是在自然理性和世俗理性之間不斷地轉化，絕大部分由世俗理性掌控的一個彈性發展過程。隨著兩種理性的此起彼伏隨時隨刻都發生著變化，有可能此時趨善下一刻又趨惡，也有可能此時趨惡下一刻又趨善。最終是趨善還是趨惡，取決於人理性的成熟程度。

人的成熟程度取決於人的理性，也即通常所講的素質。自然理性越成熟，人認識世界的能力就越強，越能活出生命的真義。相反，自然理性越弱，世俗理性就越強，人認識世界的能力就越狹窄片面，世俗理性發展到極端還會與雜亂信仰結合而趨向非理性，這時的人通常被稱之為行屍走肉。從表面上看，兩種理性似乎都是出於追求自身利益最大化，但實際果效卻天差地別。（詳見上文《什麼是理性？什麼是哲學？什麼是法律？什麼是形而下？》）

自然理性能夠幫助人認清世界的本質和生命的真義，能從更高的層次出發，真正明白「**叫人活著的乃是靈，肉體是無益的。**」（約翰福音 6:63）當自然理性幫助人性不斷趨善（神性）時，人的良知也會持續喚醒沉睡的靈魂，使人對生命產生出一種正確的認識。當它遇見純正信仰時，會主動與之融合，共同構成真理的兩面。人在此時才能真正樹立信仰，並獲得良心自由和人格獨立。

世俗理性是以愛己和愛世為出發點，根本就不明白世界的本質和生命的真義是什麼，且自以為是地認為這個屬世世界就是人的出發點和歸宿，進而為了享受人生拼命地攫取世間的利益，將這個世界當作爾虞我詐、巧取豪奪的動物世界。當人性不斷趨惡（罪性）時，人的良知會逐漸泯滅且使靈魂沉睡，人的意識只能產生出雜亂信仰或乾脆無信仰。

人夾在兩種理性當中，受著各種各樣私欲的影響，人性總是搖擺不定。自然理性和世俗理性，神性和罪性，靈與肉之間的爭戰和博弈使人性表現出紛繁複雜、波譎雲詭的特徵。除非最終選定了接受神性或罪性，信仰真理或偽理，才將會決定此人的人性是趨善還是趨惡。但即使如此，只要是人，只要這具肉體還沒徹底死亡，還是會有片刻的惡念或善念閃現，只不過最終還是會由他信仰的「眞理」決定他的人性。

應當清醒地看到人是一個複雜體，屬靈方面受著純正信仰和雜亂信仰的交錯影響，屬世方面受著自然理性和世俗理性的相互博弈。所以形成什麼樣的人性，不止與理性有關，還與信仰有關，這實在是一件非常複雜的事。明白了這個道理，就會明白爲什麼講人生就是一場考試或修行了。（詳閱前文《何謂眞理？》）

如何評價伯爾曼名句「法律必須被信仰」？

以前我以爲這句話是對的，後來發現這句話不全對。如果說律法必須被信仰還勉勉強強，因爲律法本身來自神與人之間訂立的神聖契約，屬於「神法」範疇。而作爲世俗世界人造的法律有什麼資格被信仰，如果缺少對神的信仰，以及對祂賜給人類的良善和眞理的理解，法律只會是任人擺弄的工具，根本無法成爲一個信仰對象。

在基督教文明的國家中，世俗權力與精神權力的關係是怎樣的？

世俗權力是管家婆，負責管理好主人託付的世俗事務。精神權力是啓蒙師，負責培植和提高人的自然理性，樹立和提升人的理信能力。兩者在不同的領域中各司其職，互不相擾，正所謂「政教分離」。但又因爲人是一個屬靈生命和屬世生命的統一體，所以二者又通過對人的作用而互相影響，共同構成一個完整的、充滿張力的社會系統。（詳見上文《政府的職能是什麼？》）

如何能做基督教裡的善人？

基督教裡沒有善人，只有罪人。所以基督徒必須時刻警醒自守，不要貪戀和在意屬世世界的虛榮，更不可做那僞善的人，要單單仰望來自神的應許，將感恩的心獻上給神。**「並且仰望神的應許，總沒有因不信，心裡起疑惑，反倒因信，心裡得堅固，將榮耀歸給神。」**（羅馬書 4:20）

「善」不是來自於人，而是來自於神。不要以爲自己的善行義舉是自己所爲，實乃是出自內心中的良善，自然而然地生髮出來，讓人感受到與生俱來的神性。人作爲一個靈肉的結合體，稍不注意就會自以爲大，將自己的善行義舉歸給自己。尤其是那些故意做給人看的善行義舉更屬於僞善，**「將善事行在人的面前，故意叫他們看見」**（馬太福音 6:1）**「愛站在會堂裡和十字路口上禱告，故意叫人看見。」**（馬太福音 6:5）

人切勿羨慕「善」名，那會叫人迷失於來自世俗的虛榮，因爲「**他們愛人的榮耀過於愛神的榮耀。**」（約翰福音 12:43）被世人稱爲「善人」並非一件可喜樂的事，因爲他們生前已經獲取了他們的報酬，死後就無法獲得來自神給的賞賜了。「**我實在告訴你們，他們已經得了他們的賞賜。**」（馬太福音 6:5）「**就不能得你們天父的賞賜了。**」（馬太福音 6:1）「**所以你施捨的時候，不可在你前面吹號，像那假冒為善的人，在會堂裡和街道上所行的，故意要得人的榮耀。……你施捨的時候，不要叫左手知道右手所作的。要叫你施捨的事行在暗中，你父在暗中察看，必然報答你。**」（馬太福音 6:2-4）因此不要想做什麼基督教裡的善人，要做就要做那認罪悔改且因信稱義的義人。

基督徒若遇到聖經裡不一致的時候當怎麼做？

聖經是一本關於生命的書，但是因爲聖經是由幾十位作者在兩千多年的時間裡完成，並且又經過後人的增刪，所以不可避免地存在謬誤之處（參閱斯賓諾莎《神學政治論》）。而神的奧祕又浩瀚無垠，所以很多人可能無法看懂。「聖經是在聖靈的默示下寫成的，既具有顯在的意義，又具有向大多數讀者隱藏起來的意義。……整個律法是屬靈的，但聖靈默示的意義並不被所有的人認識到——只有神以智慧和知識之道賦予聖靈恩賜的人才能認識到。」[466]

因此當遇到聖經裡的內容不一致時，堅守好以下幾點最重要：

首先保守好自己的良心，「**你要保守你心，勝過保守一切(或作「你要切切保守你心」)，因為一生的果效，是由心發出。**」（箴言 4:23）良心是神留在人靈魂中的神性，人藉著它才能與神溝通。馬丁·路德說，良心是「人與上帝關係的依託」，是「人的信仰之根」[467]。保守好良心，人的理性就可以得到培植和堅固。若人的理性得到堅固，人就自然而然會產生自然法思想，並按照自然法則去指導自己的行爲。

其次堅持追求眞理，「**你們必曉得真理，真理必叫你們得以自由。**」（約翰福音 8：32）自由是神賦予人類按照良心行事的內心意念和行動力，當人們將生命沉浸於神的眞理時，人才會具有良心自由，並致力於良善，所行所爲都具有智慧。（詳閱前文《爲什麼耶穌講「眞理必叫你們得以自由」？》）

第三按照基督的話去做，「**我對你們所說的話就是靈，就是生命。**」（約翰福音 6:63）「**凡屬真理的人就聽我的話。**」（約翰福音 18:37）我們信基督不是把祂當作有求必應的菩薩，而是認祂作眞理，藉著祂，我們認識了神。「**這道理就是曆世歷代所隱藏的奧祕，**

466 《基督教會史》，第 63 頁。
467 《信仰與秩序——法律與宗教的複合》，第 138 頁。

但如今向他的聖徒顯明了。」（歌羅西書 1:26）「**要叫他們的心得安慰，因愛心互相聯絡，以致豐豐足足在悟性中有充足的信心，使他們真知神的奧祕，就是基督，所積蓄的一切智慧知識，都在他裡面藏著。**」（歌羅西書 2:2-3）

所以如果遇到聖經有不一致的時候，想想耶穌的話語，想想耶穌會怎麼去做，相信就不會再有任何困惑了。

為什麼我們對基督或者上帝的信心時常軟弱？

因爲人們不明白什麼是眞理？爲什麼要追求眞理？也不明白什麼是生命之道？什麼是人生眞義？更不明白信仰基督或者上帝意味著什麼？人們苦苦求索，時常在黑暗中跋涉，無數次地跌倒，無數次地失望，以致變得本性迷失，被罪性塡滿。正如使徒保羅所說，「**因為我所做的，我自己不明白；我所願意的，我並不做；我所恨惡的，我倒去做**」。（羅馬書 7：15）特蕾莎修女是基督徒裡的聖人，也是世俗社會裡諾貝爾獎的獲得者。看過她日記的人卻會發現，即使像特蕾莎那樣堅強的人也時常處於肉體的軟弱中而感到信心不足。

信心不足的根本原因是肉體軟弱，因爲「**這私欲是與靈魂爭戰的。**」（彼得前書 2:11）只要還擁有這具肉體，還處於這場考試之中，信心就會不斷地受到各種私欲的試煉。這時我們一定要保持頭腦清醒，不要焦慮，也無需失望，這是人生修煉的正常現象。此時，我們應當靜下心來看看《聖經》。《聖經》原本就是一部信經，它是爲我們確立對基督或上帝的信心而寫的（詳見上文《爲什麼說聖經也是一部信經？》）。讀懂它，我們就會有芥菜種般的信心，無論晴天雨天，我們的內心都會充滿感恩的活水；讀不懂它，我們就會時常軟弱，活水時有時無，信心時大時小。《聖經》能幫助我們認識基督，藉著基督傳給我們的眞理，我們就能認識上帝，而上帝必能幫助我們重拾信心。

除了讀懂聖經，我們還要遠離世俗（注意不是遠離世人），耐得住精神孤獨。基督徒不是那麼好當的，不是嘴上說是基督徒，或周末去教堂做做禮拜、吃吃聖餐就可以當得上的。如果那麼容易的話，通往天堂的路豈不寬敞地像海面一樣。然而基督告訴我們：天路是窄的，是充滿荊棘的，是孤獨寂寞的。史懷哲也是基督徒裡的聖人和諾貝爾獎的獲得者，他這樣告訴我們，做一個基督徒要能「保有希望，保持沉默，孤獨地工作。」他將自己的大半生奉獻給了非洲叢林裡的黑人。所以一定要耐得住孤獨，既要眞心地把所有人當作自己去愛，又要保持一段清醒的距離。不要隨波逐流或刻意地與他人拉近距離，那樣很容易在不知不覺中迷失理性，最終導致喪失信心。

擁有信心的關鍵是認識基督，當人清醒地意識到基督身上的神性時，自然就會對祂

說的話確信無疑，自然就會有江河般奔流不息的信心。「**信我的人，就如經上所說，『從他腹中要流出活水的江河來。』**」（約翰福音 7:38）當人眞正認識了基督，就會睜開屬靈的眼睛，充滿信心地行動起來（詳見上文《人啊，覺醒吧！》）。當人眞正認識了基督，必然會明白：基督就是通天的道路，藉著祂就能認識上帝。「**我就是道路、真理、生命；若不藉著我，沒有人能到父那裡去。**」（約翰福音 14：6）認識上帝我們才能信心百倍，勇敢地走下去。可能我們會因此失去很多，但一定會獲得的更多。因爲在這個過程中我們才會明白什麼是眞理，什麼是人生的眞義，什麼是主所賜予我們的生命之道。

基督的降生到底有何獨特呢？

首先，祂不是從情欲所生，乃是聖靈感孕。祂沒有人類的肉體情感，你看祂稱呼瑪利亞爲婦人，稱呼上帝爲天父，稱呼那些與祂素不相識的人爲弟兄姐妹；其次，祂眞的對這個世界毫不留戀，祂沒有成家，也沒有積蓄任何財產，在這個世界上徹徹底底一無所有；第三，祂具有完全的神性，祂所做的一切都不是凡人能做出來的。你知道有一位被黑格爾推崇備至的哲學家叫斯賓諾莎的怎樣評價他嗎？「基督與其說是一個預言家，不如說是上帝的發言人。」[468]「上帝的智慧在基督本身具有了人的性質，基督是得救的道路。……只有基督不借想像中的語言或異象接受了上帝的啓示。」[469]「上帝把他自己啓示於基督，也就是說，直接啓示於基督的心……只有心領會了一件事，才算是對於這件事理解了。」[470]「基督被打發了來，不只是教導猶太人，而是教導全人類。」[471]類似的話還被許多偉大的人說過（詳見上文《生命之道》），如果一兩個人這樣認爲也許可以講是偶然，如果無數偉大的人物都是這樣認爲，那就一定是必然。

基督降生的獨特還體現在以下事實上：今日世界各國幾乎都以祂的出生重新紀元；全世界一半以上的人信仰祂（伊斯蘭教稱祂爲「爾薩」，是天使和先知）；幾乎全世界所有的人都在有意或無意中歡度紀念祂的節日——「耶誕節」；祂的標誌「十字架」遍布世界各地的醫院、各種醫療機構以及紅十字會等慈善組織；記載祂事蹟的《聖經》從古至今都是全世界發行量最大的一本書；現今使用的科學單位很多都是祂信徒的名字；當今世界上排名前列的國家幾乎都是基督教國家；當今世界上排名前列的大學幾乎都是基督徒開辦的私立大學；諾貝爾獎的獲得者 90%都是基督徒或與基督教有關的人；現今的教

[468] 《神學政治論》，第 66 頁。
[469] 《神學政治論》，第 16-17 頁。
[470] 《神學政治論》，第 67 頁。
[471] 《神學政治論》，第 66 頁。

育包括幼稚教育、中小學教育、大學教育、特殊教育等都源自基督徒的教育理念……如果眞要細細說下去，恐怕直到天荒地老也說不完。（推薦百度上搜「基督教啓蒙讀物——最後的爭戰」，瞭解詳細內容）

今天基督的眞理性已經越來越得到顯明，無論在時間上，在空間上，在人心中，越來越多的人正在或將要成爲祂的信徒。基督說「**我就是道路、真理、生命；若不藉著我，沒有人能到父那裡去。**」（約翰福音 14：6）這話是確實可信的。

如何使基督信仰不變質？

因爲人天生具有肉體以及由其而出的世俗理性，它們就是人類罪性的源頭，也是肉體生命趨死的根源。所以要使基督信仰不變質至少要做到以下三點：

一、切忌屬世之人的虛榮心作祟

我們每一個人不管是承認或是不承認，都喜歡被別人誇獎、奉承以及仰慕，即使我們已經認識到這種心理不好，但是仍然難以克服，這就是我們的虛榮心。這種虛榮心伴隨著人類的成長，也伴隨著我們自身的成長，使我們不斷地消耗著自身的神性，拖曳著我們的靈命難以增長。

耶穌很早就發現了人的這一缺陷，他借著文士和法利賽人的例子告訴人們，「**他們一切所做的事都是要叫人看見，所以將佩戴的經文做寬了，衣裳的穗子做長了；喜愛筵席上的首座，會堂裡的高位；又喜愛人在街市上問他安，稱呼他拉比(「拉比」就是「夫子」)。**」（馬太福音 23:5-7）爲了使世人避開虛榮心，眞正獲得來自神的榮耀，耶穌又告誡人們：「**你們要小心，不可將善事行在人的面前，故意叫他們看見。若是這樣，就不能得你們天父的賞賜了。所以你施捨的時候，不可在你前面吹號，像那假冒為善的人，在會堂裡和街道上所行的，故意要得人的榮耀。我實在告訴你們，他們已經得了他們的賞賜。你施捨的時候，不要叫左手知道右手所作的。要叫你施捨的事行在暗中，你父在暗中察看，必然報答你。你們禱告的時候，不可像那假冒為善的人，愛站在會堂裡，和十字路口上禱告，故意叫人看見。我實在告訴你們，他們已經得了他們的賞賜。你禱告的時候，要進你的內屋，關上門，禱告你在暗中的父，你父在暗中察看，必然報答你。**」（馬太福音 6:1-6）

喜歡被人誇獎、奉承和仰慕，說明這人的靈命尙淺，還活在屬世世界的虛榮之中。除此之外，世人還喜歡追逐屬世世界裡那些能給人帶來虛榮的東西。他們通過成立組織，設定階級，製作各種各樣的華服和儀式，想方設法地提高自己的社會地位，以方便更輕易地獲得人們的敬仰和羡慕。其中最典型的就是天主教。戴著那個煙筒似的帽子，顯得他們尊貴無比。這樣做的結果就是使宗教完全喪失了它的效用，淪爲了世俗人等實現野心的工具。「世俗的宗教不外是對教士的尊崇。這種錯誤觀念的傳布使無用之徒醉心獲得教職，這樣，傳播宗教的熱忱逐漸衰敗退化，一變而爲卑鄙的貪婪與野心。」[472]這些人表面上努力地追求著神的道，實際上只是爲自己的屬世生命作安排。正如耶穌所說，「**他們愛人的榮耀過於愛神的榮耀。**」（約翰福音 12:43）「**他們已經得了他們的賞賜。**」（馬太福音 6:5）「**就不能得你們天父的賞賜了。**」（馬太福音 6:1）保羅也諄諄教誨，「**凡事不可結黨，不可貪圖虛浮的榮耀；**」（腓立比書 2:3）但是他們的話被這些人拋到了九霄雲外。他們明明知道耶穌基督努力向下走，自己則努力往上爬。他們雖自詡爲屬靈的人，但在屬世世界中卻依然努力追名逐利。耶穌基督謙卑地爲世人犧牲了一切，而這些奉祂名的人卻把世界當做了追名逐利的競技場。耶穌基督在這個世界上什麼都沒有，而擭取祂名的人卻想要撈取整個世界。

他們所行這一切時，不管有著多麼堂皇的理由，實際上都是受屬世虛榮心的驅使。他們不明白基督講的，「**我就是生命的糧。**」（約翰福音 6:48）「**然而你們不肯到我這裡來得生命。我不受從人來的榮耀，但我知道，你們心裡沒有神的愛……你們要互相受榮耀，卻不求從獨一之神來的榮耀，怎能信我呢？**」（約翰福音 5:40-44）所以要堅持基督信仰不變質，首先要摒棄屬世之人的虛榮心。

二、切忌屬世之人的自大心作祟

雖然聖經中經常教導人要謙卑自視己小，總要看別人比自己高。「**只要存心謙卑，各人看別人比自己強。**」（腓立比書 2:3）但是由於各種各樣複雜的情形，致使人的自大心總是在不經意間就冒了出來，尤其是那些對聖經略知一二的人更是如此。最典型的就是神職人員和神學院的學生。他們自以爲是受上帝的揀選，懂得比別人多，仿佛屬靈生命也比他人更豐盛一些。所以莫名其妙地自視己高，喜歡在教堂教訓人，喜歡斥人爲異端，可能的話也喜歡把異見之人送上火刑柱。他們有自己的組織、教堂、神職和收入，儼然是一個屬世的組織機構。他們喜歡門禁森嚴，等級分明，上下有序（有些人總喜歡把統續掛在嘴上，卻不知這正是人造的教條之一）。他們總是努力地將活的信仰變成死的宗教，他們名爲神的使者卻淪爲魔鬼的爪牙。正如耶穌所說，「**你們走遍洋海陸地，勾引一個人入教，既入了教，卻使他作地獄之子，比你們還加倍。**」（馬太福音 23:15）

耶穌教人謙卑自視己小，「**你們裡頭為大的，倒要像年幼的；為首領的，倒要像服侍**

---

[472] 《神學政治論》，第 4 頁。

人的。」（路加福音 22:26）而奉祂名的人卻驕傲自視己大；耶穌順服地上了十字架，而傳祂教的人卻受不得半點忤逆。這些人在行一切事時，總是忘記基督的教誨，「**僕人不能大於主人，差人也不能大於差他的人。**」（約翰福音 13:16）他們的自大心總是使他們變得狂熱，爲了所謂的「信仰」不惜構陷或迫害其他人。這時他們總是忘記基督曾說過的話，「**他們若逼迫了我，也要逼迫你們。**」（約翰福音 15:20）因爲他們心中根本不認識主，也缺少愛，所以在狂妄自大、自以爲是的偏執中對那些異見者毫不寬容，眞正活成了「敵基督」。

在追求屬靈生命的過程中，屬世的自大心猶如一座難以逾越的高山，不知道阻擋了多少信徒前進的腳步。這種殺人不見血的自大心使多少信徒步入謬誤無法統計，而且這種罪性隱祕性很高，輕易不易發現，往往發現時已追悔莫及。所以要堅持基督信仰不變質，必須要克服屬世之人的自大心。

三、切忌屬世之人的教條心作祟

人與身俱來的罪性中就有惰性，而這種惰性在宗教信仰中就體現爲教條心。人們不管是初信，還是略知一二，都喜歡尋找信仰的終南捷徑，就好像練武的人想要找到速成法門一樣。正是抱著這種心理，人們並不喜歡認眞動腦思考，努力感悟生命。而是想著簡單地求教於神職人員，或多讀幾遍聖經，或勤於參加宗教活動，或與神職人員搞好關係等，這都屬於屬世之人投機取巧的心理。這種心理往往使人對前人盲目迷信和崇拜，偏執地遵守前人制定的教條。

起初使徒和教父們將每日更新而變化的信仰制定爲信條，實在是爲屬靈生命尚淺的信徒免受雜亂信仰和世俗理性的誤導，樹立正確的三觀所制定的。但是由於後人的屬世之心未死，總是盲目的驕傲自大，逐漸詮釋出更多的死教條，而這些教條恰恰是捆綁人良心、剝奪人理性的枷鎖，使那些無知的羔羊在不知不覺中成爲「地獄之子」。正如加爾文所說，「用新的規條給人的良心增加負擔，或用我們自己的發明玷污崇拜。」[473]這也就是今天很多人認爲沒有信仰比有信仰更好的根本原因。

因爲人的肉體懶惰，不能因勢而更新變化，總是被那些趨死的教條捆綁手腳。他們不明白「**主的靈在哪裡，那裡就得以自由。**」（哥林多後書 3：17）也不明白耶穌基督賜給的自由到底是什麼？他們總是迷信書上寫的或教會神職人員講的教條，他們不明白「**那字句是叫人死，精意是叫人活（「精意」或作「聖靈」）。**」（哥林多後書 3:6）書本上的字句通常都含有兩層意思，「聖經是在聖靈的默示下寫成的，既具有顯在的意義，又具有向

[473] 鐘百恩，《加爾文論崇拜》，四川人民出版社 2015 年版，第 15 頁。

大多數讀者隱藏起來的意義。……整個律法是屬靈的，但聖靈默示的意義並不被所有的人認識到——只有神以智慧和知識之道賦予聖靈恩賜的人才能認識到。」[474]那隱藏的眞義確是需要用良心感悟的。抱著一顆屬世的心，習慣用世俗理性思維的人，眞的只會將屬世的教條當作眞理，無法用良心去感悟生命之道。

教條心就像保羅講的那「帕子」(因爲不認識基督，所以那「帕子」至今還蒙在臉上)，使他們蒙蔽了靈眼，盲目迷信表像，對那些書上記載的、前人講過的、身邊神職人員耳提面授的都不加思考地相信。懶於思考使他們的理性得不到啓蒙，惰於感悟使他們的靈命永遠無法被喚醒。屬靈生命就這樣被屬世教條心的枷鎖牢牢栓死，與眞理越來越遠。

我曾經看到過這樣一些提問，「基督徒能否練氣功」、「基督徒能否跳老人舞」、「基督徒能否戴文玩珠子」、「基督徒能否清明上墳」等。基督給我們的難道不是自由，而是枷鎖嗎？氣功對身體健康有好處的，爲什麼不能練？文玩珠子就是個形而下的裝飾品，只要不讓它捆綁你的心智就可以戴。對春節、清明這樣的傳統節日，只要是你眞實的感情表露，並且不違背用心靈和誠實敬拜上帝，爲什麼不能與大家一起去過呢？在明末時，利瑪竇就已經解決了類似的「祭祖祭孔」問題，可惜今天還有很多人在爲類似的問題煩惱。更糟糕的是，還有很多「法利賽人」隨意解答信徒的疑惑，將他們引入屬靈生命的誤區。其實，耶穌早就看透了這些「法利賽人」的眞實面目，祂講：「**你們這假冒為善的文士和法利賽人有禍了！因為你們正當人前，把天國的門關了，自己不進去，正要進去的人，你們也不容他們進去。**」(馬太福音 23:13)

說起這些「法利賽人」眞正是被教條心徹底捆死了的，他們經文背的很熟，話講的頭頭是道，但是寬容和愛卻很少見到。保羅講過，「**我若能說萬人的方言，並天使的話語，卻沒有愛，我就成了鳴的鑼、響的鈸一般。我若有先知講道之能，也明白各樣的奧祕、各樣的知識，而且有全備的信，叫我能夠移山，卻沒有愛，我就算不得什麼。我若將所有的周濟窮人，又舍己身叫人焚燒，卻沒有愛，仍然與我無益。**」(哥林多前書 13:1-3) 而這些「法利賽人」表面上很風光，恰恰卻如基督講的，「**好像粉飾的墳墓，外面好看，裡面卻裝滿了死人的骨頭和一切的污穢。**」(馬太福音 23:27) 這些被教條心栓死的人，實在是與基督無緣，也與人無益。

因爲不認識眞理，所以這些「法利賽人」總是教人這個不准做，那個不能做，仿佛主的靈完全由他們掌握。可是偏偏就有些懶人看好他們，奉他們的話爲圭臬，偏聽偏信，盲目順服。因爲世人普遍神性暗淡又缺乏理性，出於世俗理性盲目地迷信權威和儀式，致使自古及今這些「法利賽人」總能披上正統基督教的外衣，卻將那些基督眞正的追隨

---

[474] 《基督教會史》，第 63 頁。

者們斥之爲異端，就仿佛兩千年前的一幕一而再，再而三地上演一樣。

這些「法利賽人」以屬世的教條心，借著人的聰明曲解聖經本意，不但連累別人，也使自己陷入迷信而不自知。他們最常見的表現就是凡認爲好的事物都歸給上帝，凡認爲不好的事物都拋給魔鬼。他們不明白萬事萬物都互相效力，只是以人的眼或以爲是，或以爲非。正如中國古人所講「禍兮福所倚，福兮禍所伏」的道理，這世上的事情哪一樣不是神的作爲。他們不清楚前因，當然也無法理解後果，只能以屬世的眼去揣測屬靈的事，並創造出一門害死人不償命的「神學」，結果基督的福音就總是因爲這些人造的教條而受到歪曲和誤解。所以要堅持基督信仰不變質，不但要對這個世界的事物勤學善思，還要對那個世界的事物禱告感悟。就如保羅所講：「**不要效法這個世界。只要心意更新而變化，叫你們察驗何為神的善良、純全、可喜悅的旨意。**」（羅馬書 12：2）最終通過理信上帝，拋棄屬世之人的教條心，恢復屬靈之人的自由心。

因爲沒有睜開屬靈的眼，今天這些「法利賽人」依舊以教堂大小、教階高低、教眾多少來衡量一個人的能力。奇怪的是他們總是得勝，曾經許多次那些眞正的屬靈導師由於他們的緣故連教堂的門都無緣得入，不得不在曠野裡、街道中、河湖邊去宣講天國的眞理。也許能進天國窄門的人畢竟很少，所以這屬世的虛榮心、自大心和教條心總是像三座大山一樣根深蒂固，難以撼動。

但是也有這樣的「法利賽人」，他們憑著聖靈的恩賜和絕對的信心揚棄了屬世生命中的虛榮心、自大心和教條心，戰勝了內心中的老我。不但拯救了自己的屬靈生命，而且改變了人類歷史和整個世界的走向。他們就是保羅和馬丁．路德這樣的人。他們從死的宗教中掙脫出來，徹底恢復了良知和理性，成爲新天新地裡的新人。

歸根結底，睜開屬靈之眼的人太少，而人的罪性又太重了。想要做一個警醒自守的基督徒，保持基督信仰不變質，就必須努力地棄絕屬世的虛榮心、自大心和教條心，堅決不做基督教裡的懶散人和「法利賽人」，並藉著基督所賜的福音眞理去追求那永生的盼望。

須知天國的門是窄的，唯有寬容和愛才是進入窄門的鑰匙。希望大家都能夠彼此共同警醒守望，努力脫去暗昧的行爲，登上光明的彼岸。

怎樣守好基督徒的良心？

人能否認識眞理，恢復神性，最終得享永生，關鍵就在於能否保守好自己的良心。「**你要保守你心，勝過保守一切（或作「你要切切保守你心」），因為一生的果效，是由心發出。**」（箴言 4:23）因爲基督教具有純正信仰，所以特別重視人的良心。良心來自上

帝，是人與上帝聯繫的管道，「良心是『人與上帝關係的依託』，是『人的信仰之根』」[475]。它能幫助人類區分善惡，明辨是非，是爲人處事的根本，所以保守好自己的良心對基督徒來講比任何事都重要。

那麼如何保守好它呢？首先應當信仰基督。信基督就是信神，「**你們當信我，我在父裡面，父在我裡面；**」（約翰福音 14:11）當我們信仰基督時，我們就會藉著祂的福音看見神。「**有了我的命令又遵守的，這人就是愛我的；愛我的必蒙我父愛他，我也要愛他，並且要向他顯現。**」（約翰福音 14:21）

人的良心原本來自於神的神性，它不是人本有的，而是來自天賦。當人藉著道成肉身的基督認識神時，就會重新發現良心。基督的偉大之處就在於，祂使人不必借助於哲學思考，單憑祂的福音（注意不是神跡）就可以喚醒人沉睡的良心，幫助人認識生命之道。「**我對你們所說的話，不是憑著自己說的，乃是住在我裡面的父做他自己的事。**」（約翰福音 14:10）「**我對你們所說的話就是靈，就是生命。**」（約翰福音 6：63）藉著基督的話語，人們看清了世界的眞相和生命的奇跡，由此靈魂得以覺醒，良知得以復蘇，生命得以豐盛。耶穌說：「**我來了，是要叫羊（或作「人」）得生命，並且得的更豐盛。**」（約翰福音 10:10）（詳見前文《為什麼講基督福音就是生命之道？》）

其次應當認識眞理。眞理是兩個世界互相結合的產物，它來自於聖靈，可以保守人良心的自由。人類起初具有良心自由，這良心自由不是因爲認識眞理，而是因爲不認識邪惡，僅僅出於簡單純樸的性情而行事爲人。隨著年齡日長，肉體私欲和世俗理性開始不斷地侵擾人的良心，有的人保守住了良心，沒有因私欲的誘惑而墮落，沒有因世俗理性的誤導而沉淪。但是絕大多數人沒有經受住私欲的誘惑和世俗理性的誤導丟棄了良心，行爲偏離正道，偏行己路，最終都沉淪了。「**有人丟棄良心，就在真道上如同船破壞了一般。**」（提摩太前書 1：19）

人在不認識眞理時，人的行爲很難始終如一，不偏不離。在人類歷史上我們經常能看到因人的良知泯滅而導致的行爲錯亂，究其原因就在於人不認識眞理的情形下，良心很容易失去自由，行爲也隨之失去自由，變得喪心病狂，無法無天。在中國歷史上這種情形尤其多見。只有認識眞理才能使人保守好良心，行走義路。而這眞理就藏在神的奧祕中，「**這道理就是曆世歷代所隱藏的奧祕，但如今向他的聖徒顯明了。**」（歌羅西書 1:26）這奧祕就是基督，「**要叫他們的心得安慰，因愛心互相聯絡，以致豐豐足足在悟性中有充足的信心，使他們真知神的奧祕，就是基督，所積蓄的一切智慧知識，都在他裡面藏著。**」（歌羅西書 2:2-3）

---

[475] 《信仰與秩序——法律與宗教的複合》，第 138 頁。

藉著信仰基督，世人得以重新認識眞理，明白眞理是屬靈世界的純正信仰和屬世世界的自然理性的完美結合，並借此擺脫雜亂信仰和世俗理性對人性的捆綁，良心也因此重新獲得自由，「**你們必曉得真理，真理必叫你們得以自由。**」（約翰福音 8：32）

第三應當做一個愛的使者。耶穌說要「**愛人如己**」，這愛源自於神，「**因為神就是愛。**」（約翰一書 4：8）藉著認識眞理，基督徒獲得了良心自由，並由此明白了愛就是良心在世間的彰顯。「**愛是恒久忍耐，又有恩慈；愛是不嫉妒，愛是不自誇，不張狂，不做害羞的事，不求自己的益處，不輕易發怒，不計算人的惡，不喜歡不義，只喜歡真理；凡事包容，凡事相信，凡事盼望，凡事忍耐；愛是永不止息。**」（哥林多前書 13：4-8）作爲基督的信徒和認識眞理者，基督徒就是要化身爲愛的使者，將天堂的眞理和良善、信仰和愛、光和熱傳布到人間，爲自己的神性作見證，爲心中的上帝添榮耀。

基督徒要想做世間愛的使者，讓自己的良心在世間發光發熱，並非一件容易的事，至少還需具備以下三心：

首先要有一顆寬容心。因爲瞭解人肉體的軟弱、私欲的旺盛和理性的不足，以及上帝在每個人身上都有祂的作爲，所以發自內心的愛每一個人的靈魂，包括他的不足。寬容每一個人所犯的錯誤以及對自己的過犯，並期盼和禱告給那些犯錯的人一個認識錯誤和改正錯誤的機會。這寬容心的背後是一顆愛心，只有眞正具有了愛心，人才能夠眞心寬以待人，而那些缺乏愛心的寬容實際是一種僞善。（詳見前文《爲什麼基督要我們饒恕人的過犯？》）

其次要有一顆謙卑心。因爲知道每個人都具有造物主的形象和天賦的神性，所以總是會看別人比自己強。「**只要存心謙卑，各人看別人比自己強。**」（腓立比書 2:3）耶穌是謙卑的榜樣，祂待人以誠，從不趾高氣揚。祂通過爲門徒洗腳，告訴世人說，「**在你們中間，誰願為首，就必作眾人的僕人。**」（馬可福音 10:44）基督徒是基督的信徒，所以也應當效仿基督服務他人，做眾人的僕人。但謙卑並非低聲下氣，而是不趾高氣揚。也非唯唯諾諾，以謙卑掩蓋自己的無知懦弱。當遇見僞理邪說時，就應當放膽傳講眞理，引領大家認識眞神。若對方固執己見，不必強求，而應默默退去爲他禱告。（詳見前文《爲什麼不能隨己意自稱「神的僕人」？》）

第三要有一顆堅強心。藉著基督賜予的福音，世人認識了生命之道，明白了世界的眞相和生命的奇跡，所以基督徒能夠義無反顧地愛人如己。藉著對眞理的認知，基督徒絕不會因任何艱難險阻而跌倒，相反在任何逼迫面前都能看見神的美意。「**為基督的緣故，就以軟弱、淩辱、急難、逼迫、困苦為可喜樂的，因我什麼時候軟弱，什麼時候就剛強了。**」（哥林多後書 12:10）基督徒也不懼怕死亡威脅，他們總是學他們的主那樣視死如歸，因爲基督應許他們，「**我實實在在地告訴你們：人若遵守我的道，就永遠不見死。**」

（約翰福音 8：51）「**復活在我，生命也在我！信我的人，雖然死了，也必復活。凡活著信我的人必永遠不死。**」（約翰福音 11：25－26）

這三心的背後存著信、望、愛，「**如今常存的有信，有望，有愛；這三樣，其中最大的是愛。**」（希伯來書 11:1）基督徒藉著基督看清了世界眞相，明白了屬世世界的虛妄和短暫。基督徒藉著眞理瞭解了生命眞義，活出了屬靈生命的豐盛和永恆。基督徒相信基督的許諾，相信產生了永生的盼望，他們眼望天國的家，努力地愛神與愛人，努力讓自己變成一名愛的使者。

藉著對基督的信仰，對眞理的認知以及做一名愛的使者，世人才能時刻警醒自守，保守好自己的那顆良心。人是趨善還是趨惡，不是取決於人的理性，也非取決於人的勇氣，而是取決於人的良心。只有那些信仰純正、追求眞理、無私奉獻的基督徒才能夠堅強抵制住各種罪性的侵襲，保守好自己那顆無虧的良心。「**你要保守你心，勝過保守一切（或作「你要切切保守你心」），因為一生的果效，是由心發出。**」（箴言 4:23）

後記

今日社會是最好的社會，也是最壞的社會，人們在享受人類歷史上從未有過的豐富多彩的屬世生命時，屬靈生命卻如荒漠般貧瘠地可憐。政府統一的宣傳和引導創造了虛僞的萬眾一心、國富民強的盛世假像。世人由此分不清靈與肉，善與惡，眞理與僞理的區別。滿世界的經濟發展和物質誘惑敗壞了世道人心，讓這個屬世世界變成了一個心靈大垃圾場。教人好的書見不到幾本，教人壞的書滿大街都是。神性中蘊含的良善遭人嫌棄，肉體裡埋藏的私欲卻到處肆虐。生命之道無人理會，僞理邪說滿世界咆哮。靈魂彷徨失措，分不清屬靈生命和屬世生命的界限，錯將屬靈生命的進取當作瘋魔，而將屬世生命的貪婪當作進取。金錢變成了這個世界的主宰，人卻淪爲了金錢的奴隸，眞正用許多愁苦把自己刺透。「**但那些想要發財的人，就陷在迷惑、落在網羅和許多無知有害的私欲裡，叫人沉在敗壞和滅亡中。貪財是萬惡之根！有人貪戀錢財，就被引誘離了真道，用許多愁苦把自己刺透了。**」（提摩太前書 6：9－10）

但這又是一個最好的社會，人類從來沒有像今天這樣與眞理接近。科學技術的飛速發展讓世界變得像個小村莊，市場經濟的無孔不入使人類從來沒有像今天這樣自由交往，互聯網的出現使人類獲得海量的資訊變得輕而易舉，而在這海量的資訊中認識眞理的機會也變得多起來（本書的作者就是通過互聯網上一家視頻網站最先認識眞理的）。雖然專制主義從來就沒有放棄遮掩眞理，這是它的魔鬼本性一向的做派，但是今天在這滾滾前進的時代潮流面前，也只能是阻攔一時。須知「世界潮流，浩浩蕩蕩，順之則昌，逆之則亡。」

但就是這一時，對一個人來講也許就是一世。難怪滿腦子世俗理性的人們都積極地追求著及時行樂，拼命地打拼著眼前那點兒蠅頭小利，卻無視內心中焦慮不安、幾乎饑渴要死的靈命。即使滿世界的抑鬱症患者，人們也沒有意識到這是靈命饑渴的症狀。良心沒有自由，內心就會失去平衡，人就很難擁有智慧，並用理性的眼光去觀察和分析這個世界的是非善惡。被動地接受非理性文化的灌輸，被專制主義奴性教育反復地洗腦，人眞的就會變成一個偏信盲從、喪失是非分辨能力的蠕蟲。

醒醒吧，人生就是一場「綠洲」，在裡面不管經歷多少艱難險阻都不要抱怨，生命本

就是來磨礪的。但若將「綠洲」當作了生命的主場，將「綠洲」裡的生活當作了生命的唯一，那就大錯特錯了。遊戲終歸是遊戲，當GAME OVER時，我們的靈魂還將繼續存在，而那裡才是我們靈魂眞正的家。

然而每一個靈魂在經歷了「綠洲」裡的一番歷練後，都會得到不同程度地改變。有的人因爲發現了生命之道，理性啓蒙了，良知復蘇了，靈魂覺醒了。生命得以完善，靈魂恢復了與生俱來的神性，重新認識神，歸向神，成爲神家裡的一員；有的人迷戀「綠洲」，誤將虛幻當眞實，貪戀屬世世界裡的邪情私欲，最終戀戀不捨虛幻的「綠洲」，成爲孤魂野鬼；有的人深陷邪門歪道，奉魔鬼爲主，爲逞一己之私不擇手段，爲所欲爲，最終淪爲地獄中的邪靈惡魔。

千百年來，受雜亂信仰和世俗理性的薰染浸淫，世人不知不覺中變成了睜眼瞎、張耳聾、活死人。寫作此書的目的正是爲了勸諭世人，保守好自身天性中的良善，藉著基督賜予的福音眞理和生命靈糧，喚醒我們靈魂中的神性，使瞎子睜眼，聾子聽見，死人復活。希望世人在日常生活中能夠行出神的行，彰顯神的形，榮耀神的名，爲屬世生命結束時能夠順利回歸天家做好準備。

祝願這本書能夠幫助千千萬萬個還在黑暗中苦悶彷徨的靈魂，引導它們進入絢爛奪目的天堂之光中。同時也祈盼那些仍然在屬世世界裡苦苦追求功名利祿和肉身享樂的人，早日明白生命之道，棄絕肉體的私欲，遠離貪婪僞善的世俗理性，成功做一個回頭的浪子，早日回到天父的懷抱中。

最後請讓我用臺灣歌手盛曉玫的歌聲來結束本書:「這個世界眞有一位上帝，祂愛你，祂願意幫助你。茫茫人海雖然寂寞，但愛能溫暖一切冷漠。這個世界眞有一位上帝，祂的雙手渴望緊緊擁抱你。漫漫長夜陪你走過，祂愛你，伴你一生之久……」

國家圖書館出版品預行編目資料

基督教入門讀物：基督教真義問答／平正著. --
初版. --臺中市：白象文化，2021.6
面； 公分.
ISBN 978-986-5559-83-0(平裝)
1. 哲學 2. 基督教
242 110000912

基督教入門讀物：基督教真義問答

作　　者　平正
校　　對　平正
專案主編　林孟侃
出版編印　林榮威、林孟侃、陳逸儒、黃麗穎
設計創意　張禮南、何佳諠
經銷推廣　李莉吟、莊博亞、劉育姍、王堉瑞
經紀企劃　張輝潭、洪怡欣、徐錦淳、黃姿虹
營運管理　林金郎、曾千熏
發 行 人　張輝潭
出版發行　白象文化事業有限公司
412台中市大里區科技路1號8樓之2（台中軟體園區）
出版專線：（04）2496-5995　傳真：（04）2496-9901
401台中市東區和平街228巷44號（經銷部）
購書專線：（04）2220-8589　傳真：（04）2220-8505
印　　刷　基盛印刷工場
初版一刷　2021 年 6 月
定　　價　650 元